Inventiveness

U1070444

# 专利创造性答辩理论与实务

上海弼兴律师事务所 / 组织编写

薛　琦 / 主编

知识产权出版社
全国百佳图书出版单位
—北京—

**图书在版编目（CIP）数据**

专利创造性答辩理论与实务/薛琦主编．—北京：知识产权出版社，2020.8
ISBN 978－7－5130－6943－4

Ⅰ.①专… Ⅱ.①薛… Ⅲ.①专利权法—案例—中国 Ⅳ.①D923.425

中国版本图书馆 CIP 数据核字（2020）第 085907 号

**内容提要**

本书对创造性的理解、判断方法和标准、答复创造性相关的审查意见的处理方法、思维策略和技巧进行了系统的总结和解析，并结合精选案例，具体解析各种实战技巧，帮助读者深入理解和运用创造性答复的技巧，可作为专利代理师专利代理实务操作指南。

**策划编辑**：卢海鹰
**责任编辑**：王玉茂　　**责任校对**：谷　洋
**封面设计**：博华创意·张冀　　**责任印制**：刘译文

**专利创造性答辩理论与实务**
上海弼兴律师事务所　组织编写
薛　琦　主编

| | | | |
|---|---|---|---|
| **出版发行**： | 知识产权出版社有限责任公司 | **网　　址**： | http：//www.ipph.cn |
| **社　　址**： | 北京市海淀区气象路 50 号院 | **邮　　编**： | 100081 |
| **责编电话**： | 010－82000860 转 8541 | **责编邮箱**： | wangyumao@cnipr.com |
| **发行电话**： | 010－82000860 转 8101/8102 | **发行传真**： | 010－82000893/82005070/82000270 |
| **印　　刷**： | 三河市国英印务有限公司 | **经　　销**： | 各大网上书店、新华书店及相关专业书店 |
| **开　　本**： | 787mm×1092mm　1/16 | **印　　张**： | 56.5 |
| **版　　次**： | 2020 年 8 月第 1 版 | **印　　次**： | 2020 年 8 月第 1 次印刷 |
| **字　　数**： | 1300 千字 | **定　　价**： | 240.00 元 |

ISBN 978－7－5130－6943－4

**出版权专有　侵权必究**
**如有印装质量问题，本社负责调换。**

## 本书编委会

主　　编　薛　琦

副 主 编　钟　华　朱水平　王卫彬　杨东明　余化鹏

编　　委　（按姓氏音序排序）

柴　雪　陈　卓　邓忠红　高晓莉　高小荣

郭冉柠　何桥云　胡晓丹　黄益澍　金学来

巨　静　李梦男　罗　朗　罗　洋　吕学辰

沈逸弢　孙　静　王雯吉　徐婕超　叶静莹

袁　红　曾莺华　张　冉　郑众琳　邹　玲

# 出版说明

本书是从专利代理师的视角阐述专利创造性答辩的理论和实务，全书共分7章，近130万字，体例庞大。作者以创造性答辩的理论为主线，从答辩的处理步骤、创造性突破点的挖掘两方面，结合精选的95个案例进行编写。作者在各案例中收录了权利要求书、说明书、审查意见、对比文件、专利代理师的建议函或意见陈述书。为了更好地围绕创造性答辩这一主题，作者删除了与创造性答辩不相关的内容，仅摘录了与创造性答辩相关的内容。

为了更好地方便读者阅读本书中的案例，需要在此说明各案例的编写思路，本书案例主要由案例编号、案例名称、案由简要、相关权利要求、相关说明书内容、相关对比文件、审查意见、答辩要点分析思路以及专利代理师的建议函或意见陈述书的原文摘录组成。其中，案例编号来自上海弼兴律师事务所内部案件管理系统，并无特殊含义；案由简要、答辩要点分析思路由代理师根据案情需要提炼总结，是本书最精彩的部分，也是最重要的部分；相关权利要求、相关说明书内容、相关对比文件、审查意见、建议函和意见陈述书则以摘录的形式，为读者展现与创造性答辩相关的文献资料和正式答辩内容，特别是在对比文件部分，所引用图表均保留了原始图表编号，所摘录的段落也保留了原文体例编号，同时，这三部分内容均以仿宋字体进行了区分。需要特别说明的是，由于是部分摘录，所提到的相关专利附图未全部列出，而仅列出了体现创造性答辩要点的附图，其图序为原附图号。例如在案例 No. 1510594 的审查意见中提到说明书附图1、2、3、4，而在相关说明书摘录中并未涉及，读者在阅读时，可忽略该部分图表内容。

最后，在本书附录部分，作者给出了挖掘创造性答辩突破点的思维导图，该思维导图按照创造性答辩的步骤，整理了各个步骤可以运用的答辩突破点，读者可结合各章节的具体案例来熟悉和运用。

# 序　一

2020年是中国专利法实施三十五周年，国家知识产权局（前中国专利局）成立四十周年。中国专利制度自同步于国家的改革开放建立以来，已经进入了而立、不惑之年，在鼓励发明创造、促进创新发展以及推进社会进步等方面发挥了巨大作用。在广泛国际化背景下逐渐鲜明其中国特色的专利制度显示出越来越旺盛的生命力。尤其是党的十八大以来，国家知识产权战略实施工作继续稳步推进，知识产权事业驶入了发展的快车道，开启了知识产权强国建设的新时代。国家知识产权局受理发明专利已经连续多年居世界首位，专利创造大国地位已然确立。中国专利事业的大厦基础已经筑牢，辉煌就在明天。

一项发明创造价值有多大，很大程度上取决于它能否获得专利权，专利权的范围有多大，稳定性有多高；同时也决定了它的保护力度和强度有多大，它的运营前景有多大。因此，获得高质量的专利是至关重要的。其中，一方面，除了专利技术原本的质量外，专利审查员和专利代理师又起到了关键性的作用。另一方面，一项发明创造能否获得专利，需要满足很多专利法的条款，其中创造性是审查的一个重点、难点。审查员在审理一件专利时，下发的审查意见通知书中最经常引用的、最重点关注的条款就是创造性。因此，如何进行专利创造性答辩，既要针对审查员的观点进行辩驳，又要建立自己的一套逻辑体系阐述创造性，显得尤为重要。

《专利创造性答辩理论与实务》一书，是在以薛琦为代表的弼兴代理师团队二十多年实务经验基础上，历经七年精心打磨完成的，它从不同技术领域，从不同角度，从理论到实务，系统地、有条理地、深入地研究总结了专利创造性答辩。本书从大量的实际案例中，精选出作者团队自己办理的近百个案例，真实还原了具体答辩过程，详细解析了整个答辩思路，具有非常强的实务指引性和操作性。本书不仅对于专利代理师提高业务水平有益，对于专利审查员更好地把握创造性的评判标准和尺度也大有裨益，同时对于申请人和发明人进行发明创造也给出了一些启示和指引。本书体现了编著者扎实的理论功底和丰富的实务经验，展现了编著者独到的观点、视角和思考。这种刨根问底，精益求精，勇于探索，敢于展示，乐于分享的态度和精神实属难能可贵。

希望本书的出版，能够为中国专利事业大厦的建设再添一块砖，再加一片瓦。

田力普

中国知识产权研究会会长

国际保护知识产权协会中国分会长

中国国家知识产权局原局长党组书记

2020 年 8 月 8 日

# 序　二

案例精列似织锦，研析画龙再点睛。

从容善对审查员，全面雄辩创造性。

知识产权指南针，专利代理定盘星。

学奇此书授锦囊，近朱者赤上水平。

近日拜读薛琦主任赐予我先睹为快的这一部《专利创造性答辩理论与实务》书稿，深深切切感觉到这就是一部理论与实务相结合，广度与深度相融合，专业与实操相契合的专利代理之葵花宝典；确确实实感受到这就是围绕创造性答辩实务在专利申请、专利复审、专利无效等流程中指路导向的导航指南。本书通篇共近千页合百万余字，循“绪论、创造性答辩实务处理步骤、挖掘论述创造性的突破点总论、以对比文件不属于现有技术为突破点、从技术角度挖掘论述创造性的突破点、从专利法角度挖掘论述创造性的突破点、从判断创造性的其他考虑因素挖掘突破点”共七章带95个案例而一一展开，书末还附有专利申请进程中创造性答辩的“思维导图”。书中案例精选先叠彩织锦，研析深入再画龙点睛；案件与规则共讨论，理论与实践相结合；娓娓道来，如数家珍；虚实结合，案论并行；条分缕析，提纲挈领。

本书是弼兴专利代理团队二十余年来对专利申请中创造性答辩业务之日积月累的厚积薄发。弼兴专利代理团队“在每年数千件专利申请文件撰写、每年上千件实质审查阶段的审查员意见答复以及每年上百件复审和专利无效宣告请求业务中，就创造性的判断和挖掘，积累了丰富的实战经验”。而在专利“三性”即新颖性、创造性、实用性三者之中，创造性的判断往往是最复杂和最困难的。1985年我奉钱伟长校长之命创建“上海工业大学专利事务所”，从而报考成为我国第一批专利代理人之后，切身体会是代理专利申请中感觉最烧脑、最难应对的就是创造性的判断及其如何善对审查员的审查意见。多年来我在学校课堂上和社会讲座上老是感慨：在专利“三性”的评判中，新颖性好比举重打分，斤斤两两算得清，好评定；实用性好比铅球打分，远远近近留实痕，看得明；就是这创造性好比体操打分，客观上常常扑朔迷离，主观上往往见智见仁，但又不能学习体育上“去掉一个最高分，去掉一个最低分”的评委评分制，鉴于专利代理师每代理一件专利申请只面对一位审查员，每件专利无效宣告请求案只面对一个合议组。所以如何与审查员交流就成为关键环节，如何庖丁解牛和以技服人就成了瓶颈问题。因我那时往往胸中无垒，技不如人，脑中少慧，词不达意，故常难以恰到好处，如愿以偿。现在想想，那时我手边要是有一本如本书这样的宝鉴秘籍就好了。

法律的真谛在于践行，践行过程中的经验应当善于及时总结与推广；知识产权的精髓在于应用，应用过程中的结晶更应着力抓紧提炼与分享。而及时总结出经验的最高境界是贡献社会，着力提炼出结晶的最佳用途是以飨同行。春种转秋收，秋实源春华；继往当开来，厚积已薄发。薛琦主任说：“本书的出版凝聚了我所团队这二十年来的经验和智慧，希望能给我国知识产权行业贡献一份力，发出一份光。”同时，在本书前言中编写组提到“本书的完成特别感谢两位团队导师——薛琦老师与朱水平老师”，可谓“学奇（薛琦）此书授锦囊，近朱者赤上水平（朱水平）”。而本书后记中薛琦主编也说：“我感谢陪伴了我十几年的同事们，没有他们，就没有现在的弼兴，就没有本书的出版。”可以说，本书是弼兴专利代理团队集思广益、群策群力所共同筑造的又一座金字塔；本书是弼兴知识产权事业发展进程中的又一块里程碑。

这一部理论与实践密切结合的《专利创造性答辩理论与实务》，“廿载累积起，下笔七年期；实务真务实，理论当论理”，此书藉以指导判断创造性，指点善对审查员，饱含真才加实学，传授实锤巧功夫。开卷大有益，值得君一读。

陶鑫良教授<br>上海大学知识产权学院名誉院长<br>大连理工大学知识产权学院名誉院长

# 前　言

创造性是专利法中用以评价发明创造创新价值的一个法律概念，也是专利申请可授予专利权所需满足的最重要的一项实质性要求。同其他实质性要求相比，对创造性的理解和判断更具复杂性和主观性，掌握难度最大。同时，创造性又是专利代理实务中专利代理师最常接触的一个法律概念。实务中，在专利申请文件的撰写阶段、专利申请的审查阶段以及专利无效请求宣告程序中，均涉及大量的创造性判断以及挖掘创造性的工作。其中，尤以发明申请的实质审查程序涉及的创造性问题最为集中。由于创造性问题的复杂性，审查员参差不齐的审查水平，以及日趋严格的审查标准，如何在审查过程中准确判断创造性，如何挖掘论述创造性的突破点，为申请人争取尽可能多的利益，是一个考验专利代理师业务水平的高难度问题。

上海弼兴律师事务所的专利代理师团队从业二十余年，在每年数千件专利申请文件撰写、每年上千件实质审查阶段的审查意见答复以及每年上百件复审和专利无效请求宣告业务中，就创造性的判断和挖掘，积累了丰富的实战经验。回顾二十余年的积累过程，我们不禁感慨万千。每一次与发明人反复深入沟通，每一次与审查员小心翼翼“斗智斗勇”，每一次对着数十页或寥寥几页的申请文件绞尽脑汁冥思苦想，每一次字字斟酌、反复修改，撰写答复审查意见的意见陈述书，每一次与同事激烈争论，无不凝结着专利代理师点点滴滴的心血和汗水，让我们深深体味着专利代理师这份职业所包含的艰辛。但每一次通过严谨细致的查阅文件、灵活敏锐的深思，在申请文件和发明人提供的信息有限的情况下，终于挖掘出逻辑完整的创造性论述理由，找到充实有力的证据，在绝望中挖掘出一点希望的那一刻，又常常让我们欣喜若狂。每一次让一份专利申请“起死回生”，为心情迫切的申请人争取到最符合其需求的授权结果的时候，无不让我们感到之前一切的艰辛付出都有所值。在看似平静枯燥的专利代理日常工作中，这样的跌宕起伏实则日日上演。个中滋味，只有真正热爱、全身心投入专利代理这份职业的专利代理师可以体味。

针对目前市面上已有的与专利代理实务相关的书籍多由专利审查员从审查的角度编著的情况，本所希望奉献出我们团队二十余年积累的代理实务经验，从专利代理师实务工作的角度编著专利代理实务丛书，以飨同仁，为中国专利代理行业的发展尽一点绵薄之力。

《专利创造性答辩理论与实务》汇集了我们团队多年的经验，对创造性的理解、判断方法和标准、答复创造性相关的审查意见的处理方法、思维策略和技巧，进行了系统的总结和解析，并精选了部分实践案例和根据较多实践案例抽象提炼归纳的案例帮助读者加深理解。希望本书对奋战在一线的专利代理师或从事企业专利管理事务的工作人员能有所裨益。

本书的完成特别感谢两位团队导师——薛琦老师和朱水平老师，薛琦老师开启了整个团队的专利代理启蒙教育，以简单形象、富有比喻的语言精准地阐释了创造性等法律概念的含义，让专利代理师始终能从宏观上准确把握和理解创造性的大方向；朱水平老师通过其丰富的实践经验，对创造性等法律概念在不同领域、不同类型的具体案例中千变万化的演绎进行了详细入微的剖析，让专利代理师加深了对法律概念的理解，开拓了思路，学习了各种灵活多变的技巧用以实践。本所代理师团队能始终保持高质量的专利代理业务水平，使本所对创造性问题的审查意见答复的通过率达到80%以上，这两位老师功不可没。

本书从写作到出版历经七年多，编著人员均为本所资深代理师。由于水平有限，其中错误之处在所难免，为此还望读者批评指正。

上海弼兴律师事务所<br>专利代理实务丛书编委会<br>2020 年 7 月 1 日

# 目　录

# 第一章　绪　论

为了熟练并准确地掌握有关创造性的判断方法及标准，将其灵活运用于专利代理实务中，需要全面透彻地理解创造性这一法律概念。基于此，本章主要对创造性的含义、判断方法及标准进行解析，并对创造性的价值和作用、渊源和发展及其在代理实务中的地位进行概述性的介绍。

## 第一节　创造性的含义和价值

### 一、创造性的法律依据

《专利法》第22条第1款规定，授予专利权的发明和实用新型，应当具备新颖性、创造性和实用性；其第3款规定，创造性，是指与现有技术相比，该发明具有突出的实质性特点和显著的进步，该实用新型具有实质性特点和进步；其第5款规定，本法所称现有技术，是指申请日以前在国内外为公众所知的技术。

基于上述法条，《专利审查指南2010（修订版）》（下文简称《审查指南》）进一步解释：发明有突出的实质性特点，是指对所属技术领域的技术人员来说，发明相对于现有技术是非显而易见的。发明有显著的进步，是指发明与现有技术相比能够产生有益的技术效果。

进一步，《审查指南》还规定了对“突出的实质性特点”的判断方法，明确地解释了“非显而易见”的含义：对于发明采用其区别技术特征应用于最接近的现有技术以解决发明实际解决的技术问题，现有技术整体上没有给出能够让本领域技术人员产生足够动机以改进最接近的现有技术而获得该发明的技术启示。对于“显著的进步”，《审查指南》给出了判断的标准，即“具有有益的技术效果”，并列举了典型的符合“有益的技术效果”要求的情形。在对“非显而易见”的定义中，其实既涉及了对发明技术方案本身具有的区别技术特征的审视，又涵盖了对发明所实现的有益的技术效果（发明实际解决的技术问题）的考量。因此，创造性含义的实质及核心在于上述对“非显而易见”的理解。

### 二、创造性的意义及作用

要对一项发明创造授予专利权，理所当然应当对该发明创造的创新价值有所要求，如此才能达到通过设立专利制度以合理保护专利权人权益，鼓励发明创造，推动发明创造的应用，提高创新能力，促进科技进步和社会发展的目的。对一项可授予专利权的发明创造的创新价值的要求应当如何设定是一个很关键的问题。如果要求太高，只有少量的、含金量很高的发明创造可以获得专利权，则不能充分地激励技术人员积极进行研发创新。若要求的门槛太低，技术上细微、简单的改动就可以获得专利权，则会造成专利权泛滥，从而使发明创造的推广应用受到阻碍，从社会的宏观角度来看，也会妨碍科技的进步和社会的发展。因此，在对可授予专利权的发明的创新价值要求上选择恰当的平衡点，可以最佳地利用好专利制度这一工具，为国家和社会的发展服务。

对于发明创造的创新价值的评定，在不同的评定体系下为不同的目的有不同的评定方法和标准，并且其中很大程度涉及了作为评审主体的个人的主观判断过程，很难把控。在不同的体系下，不同的评审主体，对同一发明创造的创新价值的评定可能会有不同的结论。专利制度中，从专利法设立的宗旨出发，并且基于专利制度因其法律属性需要对涉及的法律概念有明确清晰的界定的要求，对于可授予专利权的发明创造所要求的创新价值高度，通过设定“新颖性”和“创造性”这两个法律概念来明确。其中，“新颖性”主要考察所要求保护的发明创造与已有的技术相比“不相同”。“创造性”则在“新颖性”的基础上，进一步要求所要求保护的发明创造是相对于现有技术是“不容易想到”的。这里所述的“不容易想到”是对专利法中创造性规定的一种通俗解释。“新颖性”与“创造性”之间是递进式的关系。“新颖性”是第一个台阶，“创造性”是第二个台阶。两者体现了对创新价值高度不同程度的要求。只有能踏上这两个台阶的发明创造，才能满足专利法对授予专利权的发明创造在创新价值上的要求。

专利法之所以不仅要设定“新颖性”，还要设定“创造性”提高可授予专利权的发明创造的门槛，其目的就是避免因门槛太低造成专利权泛滥，阻碍科技进步和社会发展的情况的发生。因为绝大部分发明创造都不会与已有的技术完全相同，可以轻易地满足“新颖性”的要求。若只设立“新颖性”门槛，一些仅在现有技术上作了简单改变没有多少创新价值的技术方案也可轻易获得专利权，从而很容易造成专利权泛滥的结果，阻碍科技社会的进步。这种不良结果在仅设立了“新颖性”要求的专利制度的发展初期已经得到了事实的证明。正是认识到这一问题，在专利制度后来的发展历程中，才引入了“创造性”的概念，以将专利权授予的对象限定于那些与现有技术相比有实质上的区别、真正具有一定的创新价值、值得保护的发明创造上，从而达到设立专利制度的初衷。简单地说，“创造性”考察的是发明创造“值不值得”保护的问题。

之所以要分别设定“新颖性”和“创造性”两个法律概念，而不是以高台阶的“创造性”直接代劳低台阶“新颖性”的作用，其中可能有创造性是在专利制度发展过程中在新颖性要求之后才引入的渊源这个原因，更主要的应当是出于专利制度的法律属性，需要以尽可能清晰的方式解析对可授予专利权的发明创造的创新价值的要求，并需要采用操作方便、逻辑清晰、不容易出现模糊混淆的方式进行判断，从而拆分成“新颖性”和“创造性”两个独立的法律概念分别进行判断。分两步踏上高台阶，显然比一步踏上高台阶，走得更稳。

“新颖性”评判的是发明创造与已有技术相不相同的问题，其判断方式和判断标准都比较客观，一般不会引起争议。而“创造性”考察发明创造与现有技术相比是否容易想到的问题，其判断的过程及标准则更带有主观性。关于“是否容易想到”，基于不同的目的和需求可以划定不同的判断标准。目前，各国家的专利制度中对创造性的标准基本采用“非显而易见”作为创造性的评判标准。但“非显而易见”仍然是一个比较模糊的词语。具体应当如何理解“非显而易见”的含义、如何设定判断标准，各国根据不同的时期下自身国情的不同，在具体实践中对判断的标准不断进行调整，以保证专利制度适应当下的现实发展状况，满足未来发展的需要，最佳地发挥其对创新的激励作用，促进各国科技经济的发展。如果说专利制度是一件有力地撬动科技及经济发展的工具，创造性则是这件工具上最重要的一个调节部件。

以世界上率先引入“创造性”概念的美国为例，其对于“创造性”的判断标准经历了漫长的演变。18 世纪中期，在 *Hotchkiss* 案中，通过采用模糊的“发明”一词表明，专利除满足“新颖性”外还需要具有明显的区别。由此，美国专利制度中的“创造性”开始萌芽。19 世纪 40 年代，在限制垄断的背景下，美国一度将专利所需的与现有技术相比的明显区别标准拔高到“要显示出创造天才的光辉”的地步，造成因标准过严极大损害了专利制度的激励作用的结果。为了改变因采用模糊的“发明”标准而造成的长时期的困惑以及修订“要显示出创造天才的光辉”的过严标准，1952 年美国修改了专利法并明确引入了“创造性”的概念，并将判断标准调整到“非显而易见”的水平。之后，在著名的 *Graham* 案中确立了“创造性”判断中需要考虑的事实要件：现有技术的范围和内容，现有技术与权利要求之间的区别，以及所属技术领域普通技术人员的水平，其他辅助判断因素。并建立了“教导、提示、动机”检验法（Teaching，Suggestion，Motivation test，TSM）：当现有技术给出了建议和教导，使普通技术人员有动机组合现有技术时，才可以否定发明的创造性。通过 *Graham* 案和 TSM 检验法，美国的专利制度进一步统一了创造性判断的方法和标准。20 世纪初，面对美国专利权过于泛滥的情况，美国又通过 *KSR* 案明确，不应僵化死板地而应更灵活地运用 TSM 检验法，具体包括四个方面：判断中不应仅着眼于申请人所要解决的技术问题；本领域技术人员具有基本的创造能力；明显值得尝试的情形应认定为显而易见；不应过分强调现有文献中明确记载的教导和提示的文字的重要性，技术启示也可存在于公知常识中。通过 *KSR* 案，美国提高了创造性判断的标准，抬高了专利授权的门槛。

美国顺应不同时期的情况灵活调整创造性判断标准的演变史对我国根据国情确定创造性的判断标准有一定的借鉴作用。目前，我国专利制度确立的创造性判断方式和标准与美国相比，存在一些差异，但总体上基本相同。但相对于美国，我国的创新能力和科技水平还有较大差距，国情不同因而并不适合完全照搬外国的方法及标准。此外，目前我国申请量快速增长，已居世界首位，为提高专利质量，就目前实践的情况而言，国家知识产权局对创造性的审查标准已日趋严格。

## 第二节 创造性的判断

### 一、创造性判断的主体

为统一审查的标准，尽量避免不同审查主体的主观因素影响，《审查指南》明确：

判断创造性的主体应当是假设的“所属技术领域的技术人员”，其所具有的知识和能力水平为：他知晓申请日或优先权日之前发明所属技术领域所有的普通技术知识，能够获知该领域中所有的现有技术，并且具有应用该日期之前常规试验手段的能力，但他不具有创造能力。如果所要解决的技术问题能够促使本领域的技术人员在其他技术领域寻找技术手段，他也应具有从该其他技术领域中获知该申请日或优先权日之前的相关现有技术、普通技术知识和常规实验手段的能力。

由于创造性的判断主要是主观判断的过程，极易受到不同判断主体的知识背景、经历、性格、主观印象等不定因素的影响，对同一发明创造往往会得出“仁者见仁，智者见智”的判断结果。为了能使创造性的判断符合专利法设立创造性要求的本意，避免因不同判断主体带来的影响，确定统一判断主体的标准是统一创造性判断标准的基础也是关键。在不同的阶段，不同的判断主体都应当尽量假想自己是上述定义中假设的“所属技术领域的技术人员”。该“所属技术领域的技术人员”不是一般的社会公众，也不是一般的或通用的技术领域的技术人员，也不是独特的某一个技术人员，而是符合上述定义的技术人员。采用“所属技术领域的技术人员”的知识能力水平判断创造性，不仅针对技术方案及其技术效果本身的理解分析，而且针对“技术启示”和“非显而易见”这些法律概念的分析判断。

## 二、发明专利创造性的判断

判断发明的创造性包括两部分的判断：突出的实质性特点和显著的进步。

**1. 突出的实质性特点的判断方法——三步法**

对于“突出的实质性特点”的判断，就是对发明相对于现有技术的非显而易见性的判断，一般按照《审查指南》给出的经典“三步法”进行判断，这也是创造性判断的难点和重点。具体步骤如下：

（1）确定最接近的现有技术。

最接近的现有技术，是指现有技术中与要求保护的发明最密切相关的一个技术方案。相关考虑因素的优先顺序为技术领域的相同或相近或不同、所解决的技术问题（技术效果或用途）的相同或相近、公开发明的技术特征最多。

（2）确定发明的区别技术特征和发明实际解决的技术问题。

发明的区别技术特征，是指所有发明具有但最接近的现有技术不具有的技术特征。

发明实际解决的技术问题，根据发明的区别技术特征所能达到的技术效果而确认。发明实际解决的技术问题可能因所确认的最接近的现有技术的不同而不同。任何依据说明书中所记载的内容，能够使所属领域的技术人员确认的技术效果均可以作为确认发明实际解决的技术问题的基础，即便说明书中未明确记载该技术效果是发明要解决的技术问题。

（3）判断要求保护的发明对本领域的技术人员来说是否显而易见。

此步骤的判断是主观判断的过程，极易受主观因素的影响。判断中，应当严格扣准《审查指南》的标准进行：要确定的是现有技术整体上是否存在某种技术启示，即现有技术中是否给出将上述区别技术特征应用到该最接近的现有技术以解决其存在的技术问题（即发明实际解决的技术问题）的启示，这种启示会使本领域的技术人员在面对所述技术问题时，有动机改进该最接近的现有技术并获得要求保护的发明。如果现有技术存在这种技术启示，则发明是显而易见的。

其中，关键是掌握使发明显而易见的“技术启示”的定义，属于该技术启示的常见情况包括：①采用所述区别技术特征解决发明实际解决的技术问题是公知常识；②作为最接近的现有技术的对比文件的其他部分揭示了发明的区别技术特征及其作用，该作用与其在发明中未解决发明实际解决的技术问题所起的作用相同；③其他对比文件揭示了发明的区别技术特征及其作用，该作用与其在发明中未解决发明实际解决的技术问题所起的作用相同。

**2. “显著的进步”的判断标准**

所谓“显著的进步”，就是对发明相对于现有技术的有益的技术效果的判断。一般的发明创造都能产生某些技术效果，因此一般都可以满足该要求。《审查指南》中列举了几种常见的具有优异技术效果的情况：①发明克服了现有技术中存在的确定和不足；②发明与现有技术相比具有更好的技术效果；③发明提供了一种技术构思不同的技术方案；④发明代表某种新技术发展趋势；⑤尽管发明在某些方面有负面效果，但在其他发明方面具有明显积极的技术效果。

## 三、实用新型专利创造性的判断

根据《专利法》的规定，实用新型专利的创造性要求为“具有实质性特点和进步”，没有发明专利的创造性中对实质性特点需要“突出”、进步需要“显著”的要求，相对于发明专利，实用新型专利的创造性要求的程度较低，具体体现在下述两方面。

第一，现有技术的领域。对发明而言，需要考虑发明所属技术领域、相近或相关的技术领域，以及该发明所要解决的技术问题能够促使本领域的技术人员到其中寻找技术手段的其他技术领域。而对实用新型而言，一般着重于考虑实用新型所属技术领域。只有当现有技术中有明确的启示促使本领域的技术人员到相近或相关的技术领域寻找有关技术手段的，才可以考虑其相近或相关的技术领域。

第二，现有技术的数量。对发明而言，可以引用一项、两项或多项现有技术评价其创造性。而对实用新型而言，一般引用一项或两项现有技术评价其创造性。对简单叠加现有技术而成的实用新型，可根据情况引用多项现有技术。

除上述两方面外，实用新型专利创造性判断的方法及标准等其他方面均与发明专利的创造性判断相同。

## 四、创造性判断中需考虑的其他因素

《审查指南》给出了四种需考虑的因素，以辅助审查员进行专利创造性判断：①发明解决了人们一直渴望解决但始终未能获得成功的技术难题；②发明克服了技术偏见；③发明取得了预料不到的技术效果；④发明在商业上获得成功。

当发明属于上述四种情况时，基本可以认定发明专利具备创造性。需要注意的是，这四种因素并不能取代“三步法”的判断方式，其作用仅仅在于当发明创造属于这些情形时，审查员应当予以考虑，不应轻易得出发明不具备创造性的结论。

### 五、创造性判断中的原则

原则一：在评价发明的创造性时，需要考虑发明的技术方案本身、发明所属技术领域、所解决的技术问题和所产生的技术效果。

原则二：一项或多项现有技术中的不同技术内容可以组合在一起评价要求保护的发明的创造性。

原则三：独立权利要求具备创造性，该独立权利要求的从属权利要求也具备创造性。独立权利要求不具备创造性，该独立权利要求的从属权利要求不一定也不具备创造性。

### 六、创造性判断中应当注意的一些问题

问题一：创立发明的途径不影响对该发明创造性的评价。

问题二：避免“事后诸葛亮”的分析方式。

问题三：若发明与现有技术相比具有预料不到的技术效果，可以确定发明具备创造性，但预料不到的技术效果并非发明具备创造性的必要条件。

问题四：创造性的评价应针对权利要求书中所限定的技术方法整体进行。

# 第二章　创造性答辩实务处理步骤

答复质疑创造性的审查意见是专利代理师在实践中接触最多的与创造性相关的实务类型，最考验专利代理师对创造性的判断方法及标准掌握水平。在拿到一份指出创造性问题的审查意见后，很多初学者常常觉得无处下手，或者处理过程中没有头绪、章法，思路比较混乱。基于笔者十几年积累的实践经验，本章对答复质疑创造性的审查意见的处理步骤进行了总结梳理，旨在提供一套有章可循的处理套路，以飨读者。

## 第一节　核查对比文件

在拿到一份审查意见初步阅读后，首先需要做的事并非是埋头苦思答辩对策，而是核查审查员引用的对比文件的内容是否构成《专利法》第22条第5款定义的现有技术。

通常情况下，审查员不会错误引用对比文件，但并不能排除审查员因为疏忽或者一些特殊情况下，所引用的对比文件记载的内容不属于现有技术的可能性。在具体分析案件实质内容之前，先核查对比文件相关内容是否引用正确非常有必要。若审查员的确引用错误，则答辩方案即可马上确定且有十足的胜算。审查员引用对比文件内容不属于现有技术，论述创造性的基础有误，因此其认为该申请不具备创造性的观点不成立。若不养成先核查审查员所引用的对比文件相关内容是否属于现有技术的好习惯，在遇到审查员引用错误时，只顾埋头分析实质内容，就会白白浪费精力，从根本上走错方向。

## 第二节　准确理解审查意见

在核对对比文件无误后，接下来就应仔细阅读审查意见，必要时与审查员进行电话沟通，以准确理解审查员认为在审申请不具备创造性的理由所在。

准确理解审查员的意见非常关键，它是后续分析案情、给予申请人建议、确定答辩方案及撰写意见陈述书的基础。只有准确地理解审查员的意思表达，才能为答辩找准方向并撰写出有针对性的意见陈述。有些专利代理师对准确理解审查意见不够重视，对审查员的意思理解不到位，未针对审查员的意见，仅凭着自己的思路论述发明的创造性，意见陈述总是答不到点子上，因而很难说服审查员。为了避免答辩走偏方向，一定要准确理解审查员的意见，打好后续工作的基础。

首先，可查看审查意见通知书第2页第7点给予申请人的三种总体意见中审查员勾选的情况，了解审查员对申请授权前景的总体态度。通常，对于质疑创造性的审查意见，审查员一般勾选第2项或第3项。如选择第2项“申请人应当在意见陈述中论述其专利申请可以被授予专利权的理由，并对通知书正文部分中指出的不符合规定指出进行修改，否则将不能授予专利权”，通常表明审查员认为该申请中存在创造性的部分，或者对该发明创造性的认定处于犹豫、不能完全确定的状态，通过申请人进一步的修改和/或解释，该申请具有一定的授权可能性。若审查员勾选第3项“专利申请中没有可以被授予专利权的实质性内容，如果申请人没有陈述理由或者陈述理由不充分，其申请将被驳回”，表明审查员总体上基本认定该发明没有创造性，驳回可能性较高。审查员若选择第3项，也并非意味该申请授权无望，根据笔者的实践经验，经过充分的答辩使处于此类情况的申请起死回生的案例也不在少数，只是答辩成功的难度较高，需要更谨慎地处理。

其次，应仔细阅读审查意见的正文部分。对于质疑创造性的审查意见，最主要的意见在于对独立权利要求的创造性的评述。审查员通常按照“三步法”的模式进行评述。阅读审查意见时，要看清审查员所确认的区别技术特征是哪些，实际解决的技术问题是什么，以及为何认为该发明显而易见。对于评述理由中的关键语句，应当反复斟读，准确体会审查员的意思，为后续准备答辩素材找准方向。对于从属权利要求的创造性的评述，大部分情况是采用“属于常规手段”的理由认为不具备创造性，少数也特别引用某对比文件评述其显而易见，不具备创造性。也应仔细阅读此部分的审查意见，这对于后续考虑缩小保护范围，以从属权利要求修改为新的独立权利要求论述创造性的情况非常重要。

最后，如果遇到审查意见本身表述不清楚、前后有矛盾或其他在理解上不能完全确认的情况，应当及时与审查员进行电话沟通，了解其真实意思，以便准确分析案情，准备答辩方案。实践中，有时会遇到通过电话沟通发现，审查意见通知书中的书面文字表达和审查员真实所想并不完全相符，有一定差别的情况。因为进行了电话沟通，才真正明了审查员的意思，从而答辩答到审查员心坎儿上，使得申请顺利授权。可见，除了仔细阅读审查意见，电话沟通也不失为一种准确理解审查员意见的有效方式。

## 【案例No. 1711508】[1] 蛋白芯片、蛋白质芯片诊断试剂盒制备及使用方法

### ☞ 案由简要

申请涉及一种蛋白芯片、蛋白质芯片诊断试剂盒制备及使用方法。

➢ 一通：审查员引用两篇对比文件认为权利要求1～6不具备创造性；权利要求5～6属于《专利法》第25条规定的不授予专利权的范围。

➢ 原代理机构答一通：将原权利要求3提为独立权利要求1，并增加了新的技术特征；删去权利要求1～2和5～6。

➢ 二通：审查员指出权利要求1的修改不符合《专利法》第33条的规定。

---

[1] 本书案例编号来自上海弼兴律师事务所内部管理系统，无特殊意义。——编辑注

➢ 答二通：根据原始申请文本对权利要求书重新修改；针对属于《专利法》第25条规定的不授予专利权的范围将原权利要求5～6进行了修改，并就一通指出的创造性问题进行了争辩与解释。

➢ 三通：审查员继续指出权利要求1～6不具备《专利法》第22条第3款规定的创造性。

➢ 答三通：对发明主题进行了修改，将产品权利要求修改为用途权利要求。

➢ 审查结果：针对审查员进一步指出的清楚问题，对权利要求书进行修改后获得了授权。

**☞ 相关权利要求**

公开文本的权利要求1：

一种蛋白质芯片，其特征在于：包含但不仅仅包含以下6种肺癌自身抗原蛋白的蛋白标志物：（1）P53抗原片段，其特征氨基酸序列如ID. 1 sequence所示；（2）SOX2抗原片段，其特征氨基酸序列如ID. 2 sequence所示；（3）COPB1抗原片段，其特征氨基酸序列如ID. 3 sequence所示；（4）EFHD2抗原片段，其特征氨基酸序列如ID. 4 sequence所示；（5）EIF4G3抗原片段，其特征氨基酸序列如ID. 5 sequence所示；（6）PCNA抗原片段，其特征氨基酸序列如ID. 6 sequence所示。

答三通修改后的权利要求1：

一种蛋白质芯片在制备早期诊断或普查筛检肺癌的诊断制品中的用途，其特征在于：

所述蛋白质芯片包含但不仅仅包含以下6种肺癌自身抗原蛋白的蛋白标志物：（1）P53抗原片段，其特征氨基酸序列如ID. 1 sequence所示；（2）SOX2抗原片段，其特征氨基酸序列如ID. 2 sequence所示；（3）COPB1抗原片段，其特征氨基酸序列如ID. 3 sequence所示；（4）EFHD2抗原片段，其特征氨基酸序列如ID. 4 sequence所示；（5）EIF4G3抗原片段，其特征氨基酸序列如ID. 5 sequence所示；（6）PCNA抗原片段，其特征氨基酸序列如ID. 6 sequence所示。

**☞ 相关说明书内容**

摘录一：该发明的部分背景技术。

英国诺丁汉大学研发出了EarlyCDT® －Lung，并由Oncimmune公司成功推出注册的诊断产品。它是一组7个相关自身抗体肿瘤标志物（P53、NY－ESO－1、CAGE、GBU4－5、SOX2、HuD和MAGE A4）联合检测的产品，从2009年在美国上市以来，已经由2000名医生在超过10万名肺癌高危患者中使用，该产品在2010年美国临床肿瘤协会（ASCO）与2010年美国胸科医师年会（ACCP）上被重点推荐用于肺癌早期辅助诊断。EarlyCDT® －Lung的敏感性根据2008年的报道在早期小规模临床试验中达到76%，特异性为92%。在2013年发表的1600位高危人群的检测中，敏感性为46%，而在Ⅰ期和Ⅱ期患者中敏感性达到57%，特异性为91%。因此，EarlyCDT® －Lung的敏感性有待进一步提高。另一家采用自身抗体来进行肺癌早期检测的产品是GENESYS BIOLABS HAWAII公司的Paula's test，与EarlyCDT® －Lung明显不同，通过检测3种肿瘤抗原蛋白含量和1种肺癌自身抗体含量来诊断肺癌，其初步报道的敏感性达到74%，特异性为80%，该试剂盒的特异性还有待进一步提高。

摘录二：该发明的积极进步效果。

利用该发明提供的新的诊断人肺癌的蛋白质芯片及其衍生的诊断试剂盒，则可以非常方便、快捷、无创、高效地早期诊断或普查筛检肺癌疑似患者或肺癌高危人群，以及参加检测的正常健康人群。

摘录三：说明书实施例，采用新的早期诊断肺癌的蛋白质芯片及衍生试剂盒诊断普查筛检肺癌疑似患者、肺癌高危人群以及健康人群。

采用实施例3所述的试剂盒（采用蛋白芯片加免疫荧光法）检测肺癌患者200例、正常人对照200例、肺部良性病变200例、肺癌高危人群2000例、普通社区人群1000例。采用正常人对照200例划定肺癌诊断标准进行结果判断。结果如下表所示：

| 分类 | 亚分类 | 总例数 | 阳性例数 | 阳性率（%） |
|---|---|---|---|---|
| 肺癌总计 | 总计 | 200 | 164 | 82.00 |
| | NSCLC 总计 | 180 | 147 | 81.67 |
| | Ⅰ期 | 50 | 41 | 82.00 |
| | Ⅱ期 | 36 | 28 | 77.78 |
| | Ⅲ期 | 40 | 34 | 85.00 |
| | Ⅳ期 | 54 | 44 | 81.48 |
| | SCLC 全期 | 20 | 17 | 85.00 |
| 正常人 | 总计 | 200 | 24 | 12.00 |
| 相关肺部疾病 | 总计 | 200 | 35 | 17.50 |
| 肺癌高危人群 | 总计 | 2000 | 282 | 14.10 |
| | 随访确诊肺癌 | 46 | 28 | 60.87 |
| | 随访确诊未患肺癌 | 1954 | 254 | 13.00 |
| 普通社区人群 | 总计 | 1000 | 103 | 10.30 |
| | 随访确诊肺癌 | 2 | 2 | 100.00 |
| | 随访确诊未患肺癌 | 998 | 120 | 12.02 |

**☞ 相关对比文件公开内容**

对比文件1［“肺癌血清分子标志物的研究及应用”，李国惠，中国优秀博硕士学位论文全文数据库（博士），医药卫生科技辑，第12期，E072－118，2006－12－15］公开了：

采集肺癌患者样本，建立cDNA文库，通过自体血清和异体血清进行免疫印记筛选，得到56个不同的肺癌相关抗原（第一部分）；从这56个抗原克隆中，筛选所得的15个抗原构建蛋白质芯片方法，并研究肺癌相关抗原的自身抗体谱（第二部分）；用这15个抗原构建的蛋白质芯片，对318例肺癌患者和318例正常人的血清抗体进行了检测，以大于或等于2个克隆阳性作为最后的阳性判断标准，得到肺癌患者的阳性率为87.4%，正常人的阳性率为17.0%；肺癌Ⅰ期、Ⅱ期、Ⅲ期、Ⅳ期的阳性率分别为

81.5%、87.3%、90.5%和91.9%（第三部分）。

对比文件2（CN103492590A）公开了：

一种检测生物样品中的一种或多种生物标志物的方法，包括：使用生物样品与设计用于确定所述一种或多种生物标志物的存在或水平的接触，其中所述一种或多种生物标志物选自图1～60或表3～10、表12～17、表19～20、表22、表26、表28～50、表52、表54～64、表66、表67、表69～71、表73～85、表89～91任一个中的生物标志物及其组合，鉴定所述生物样品中的所述一种或多种生物标志物，从而检测所述生物样品中的所述一种或多种生物标志物（权利要求1）。其中表5公开了标志物为：乳腺癌标志物P53（说明书第98页）、结肠直肠癌囊泡标志物COPB1. PCNA（说明书第95页、第103页）、肺癌标志物PCNA（说明书第100页）、已知癌基因SOX2（说明书第111页），以及肺癌的肺部疾病的生物标志物EFHD2（说明书第156页）。

☞ **审查意见**

第一次审查意见通知书摘录

……

2. 权利要求1不符合《专利法》第22条第3款的规定

权利要求1要求保护一种蛋白质芯片。对比文件1［“肺癌血清分子标志物的研究及应用”，李国惠，中国优秀博硕士学位论文全文数据库（博士），医药卫生科技辑，第12期，E072－118，2006－12－15］公开了：采集肺癌患者样本，建立cDNA文库，通过自体血清和异体血清进行免疫印记筛选，得到56个不同的肺癌相关抗原（第一部分）；从这个56个抗原克隆中，筛选所得的15个抗原构件蛋白质芯片方法，并研究肺癌相关抗原的自身抗体谱（第二部分）；用这15个抗原建立的蛋白质芯片，对318例肺癌患者和318例正常人的血清抗体进行了检测，以大于或等于2个克隆阳性作为最后的阳性判断标准，得到肺癌患者的阳性率为87.4%，正常人的阳性率为17.0%；肺癌Ⅰ期、Ⅱ期、Ⅲ期、Ⅳ期的阳性率分别为81.5%、87.3%、90.5%和91.9%（第三部分）。

权利要求1与对比文件1的区别技术特征在于：所选用的蛋白质标志物为：（1）P53抗原片段，其特征氨基酸序列如ID.1 sequence所示；（2）SOX2抗原片段，其特征氨基酸序列如ID.2 sequence所示；（3）COPB1抗原片段，其特征氨基酸序列如ID.3 sequence所示；（4）EFHD2抗原片段，其特征氨基酸序列如ID.4 sequence所示；（5）EIF4G3抗原片段，其特征氨基酸序列如ID.5 sequence所示；（6）PCNA抗原片段，其特征氨基酸序列如ID.6 sequence所示。其实际解决的技术问题是：提供另一种检测肺癌患者血清中自身抗体的蛋白质芯片。

然而，对比文件1公开了一整套筛选肺癌血清分子标志物的筛选方法，并且公开了包被抗原的蛋白质芯片，检测这些筛选出来的标志物对应的自身抗体，以此诊断肺癌，获得了较好的效果。在对比文件1的启示下，本领域技术人员亦可用同样的方法筛选肺癌血清标志物，通过有限的试验最终必然可以得到一组标志物（如该发明所述的6种标志物），通过鉴定可知所述标志物对应的名称，这一过程并无须本领域技术人员付出创造性劳动；并且，本发明筛选出来的6种标志物与对比文件1筛选出来的标志物相比，阳性率检出率相似，并未取得意料不到的技术效果。

综上所述，对本领域技术人员而言，在对比文件1的基础上，结合本领域的公知常识，从而得到权利要求1要求保护的技术方案是显而易见的。因此，该权利要求保护的技术方案不具有突出的实质性特点和显著的进步，即不符合《专利法》第22条第3款规定的创造性。

……

8. 权利要求1不符合《专利法》第22条第3款的规定

权利要求1要求保护一种蛋白质芯片，其是一个产品权利要求。然而蛋白的性质由其结构、化学组成决定，"肺癌自身抗原蛋白的蛋白标志物"此技术特征对此六种抗原蛋白本身并没有限定作用，因此，权利要求1的保护范围应理解为：包含P53、SOX2、COPB1、EFHD2、EIF4G3、PCNA六种抗原的蛋白质芯片。

对比文件2（CN103492590A）公开了：一种检测生物样品中的一种或多种生物标志物的方法，包括：使用生物样品与设计用于确定所述一种或多种生物标志物的存在或水平的接触，其中所述一种或多种生物标志物选自图1~60或表3~10、表12~17、表19~20、表22、表26、表28~50、表52、表54~64、表66、表67、表69~71、表73~85、表89~91任一个中的生物标志物及其组合，鉴定所述生物样品中的所述一种或多种生物标志物，从而检测所述生物样品中的所述一种或多种生物标志物（权利要求1）。

其中表5公开了标志物为：乳腺癌标志物P53（说明书第98页）、结肠直肠癌囊泡标志物COPB1、PCNA（说明书第95、第103页）、肺癌标志物PCNA（说明书第100页）、已知癌基因SOX2（说明书第111页），以及肺癌的肺部疾病的生物标志物EFHD2（说明书第156页）。权利要求1与对比文件1的区别技术特征在于：将包括上述六种抗原的蛋白质作为蛋白芯片，其实际解决的技术问题是：提供一种检测癌症标志物的蛋白芯片。

然而，对比文件1已经公开了包括上述六种蛋白的癌症标志物，本领域技术人员易于想到利用这些癌症标志物筛选、诊断癌症相关疾病；而将抗原制作成蛋白质芯片，利用诸如竞争法、间接法的方式实现检测，这也是本领域的常规技术手段。

综上所述，对本领域技术人员而言，在对比文件2的基础上，结合本领域的公知常识，从而得到权利要求1要求保护的技术方案是显而易见的。因此，该权利要求要求保护的技术方案不具有突出的实质性特点和显著的进步，即不具备《专利法》第22条第3款规定的创造性。

……

第三次审查意见通知书摘录

……

1. 权利要求1不符合《专利法》第22条第3款的规定

权利要求1要求保护一种蛋白质芯片，其是一个产品权利要求。然而蛋白的性质由其结构、化学组成决定，"肺癌自身抗原蛋白的蛋白标志物"此技术特征对此六种抗原蛋白本身并没有限定作用，因此，权利要求1的保护范围应理解为：包含P53、

SOX2、COPB1、EFHD2、EIF4G3、PCNA 六种抗原的蛋白质芯片。

对比文件2（CN103492590A）公开了：一种检测生物样品中的一种或多种生物标志物的方法，包括：使用生物样品与设计用于确定所述一种或多种生物标志物的存在或水平的接触，其中所述一种或多种生物标志物选自图1~60或表3~10、表12~17、表19~20、表22、表26、表28~50、表52、表54~64、表66、表67、表69~71、表73~85、表89~91任一个中的生物标志物及其组合，鉴定所述生物样品中的所述一种或多种生物标志物，从而检测所述生物样品中的所述一种或多种生物标志物（权利要求1）。

其中表5公开了标志物为：乳腺癌标志物P53（说明书第98页）、结肠直肠癌囊泡标志物COPB1、PCNA（说明书第95页、第103页）、肺癌标志物PCNA（说明书第100页）、已知癌基因SOX2（说明书第111页），以及肺癌的肺部疾病的生物标志物EFHD2（说明书第156页）。本领域技术人员可根据本领域的公知常识知晓权利要求1所涉及的氨基酸序列如ID.1 sequence 即为P53抗原的全序列，氨基酸序列如ID.2 sequence 为SOX2的全序列，氨基酸序列如ID.3 sequence 为COPB1的全序列，氨基酸序列如ID.4 sequence 为EFHD2的全序列，氨基酸序列如ID.5 sequence 为EIF4G3的全序列，氨基酸序列如ID.6 sequence 为PCNA的全序列。

### ☞ 答辩要点分析思路

1. 该发明的发明点及效果

首先，该发明的发明点为：一种蛋白质芯片，其至少包括以下蛋白质标志物：（1）P53抗原片段，其特征氨基酸序列如ID.1 sequence 所示；（2）SOX2抗原片段，其特征氨基酸序列如ID.2 sequence 所示；（3）COPB1抗原片段，其特征氨基酸序列如ID.3 sequence 所示；（4）EFHD2抗原片段，其特征氨基酸序列如ID.4 sequence 所示；（5）EIF4G3抗原片段，其特征氨基酸序列如ID.5 sequence 所示；（6）PCNA抗原片段，其特征氨基酸序列如ID.6 sequence 所示。上述蛋白质芯片可用于肺癌的筛查和早期诊断。

其次，该发明的效果：在用于肺癌的筛查和早期诊断中，该发明的蛋白质芯片兼具高灵敏度（89.0%）及高特异性（85.5%），并且检测方便、快速、高效和无创。

2. 准确理解审查员意见，提炼答辩要点

在该案的第一次审查意见通知书（以下简称“一通”）中，审查员指出对比文件1是最接近的现有技术，该发明与对比文件1的区别特征在于所选用的蛋白质标志物不同，因此认为该发明实际解决的技术问题是：提供一种检测癌症标志物的蛋白质芯片。而对比文件1公开了一整套筛选肺癌血清分子标志物的筛选方法，并且公开了包被抗原的蛋白质芯片。审查员认为，本领域技术人员受到对比文件1的启示，亦可用同样的方法筛选肺癌血清标志物，通过有限的实验最终必然可以得到该发明所述的6种标志物。并且，该发明筛选出来的6种标志物与对比文件1筛选出来的标志物相比阳性率检出率相似，并未取得意料不到的技术效果。一通中还指出权利要求5~6属于《专利法》第25条规定的不授予专利权的范围。答复一通时，申请人未就权利要求5~6的主题进行修改，仅简单地删去权利要求5~6和权利要求1~2。为了增加保护包含所述蛋白质芯片的试剂盒的原权利要求3的技术方案的创造性，申请人在原权利要求3中引入技术特征“所述的蛋白标志物偶联微珠为多色荧光编码微球”形成新的权利要求1，但该修改后的权利要求超出了原始申请权利要求书和说明书记载的范围，不符合《专利法》第33条的规定，进而收到了第二次审查意见通知书（以下简称“二通”），申请人将该案转由专利代理师处理。

（1）准确理解审查员的意见

在实质审查中创造性的有无成为审查员手中的一把利剑，而申请人则是竭尽所能地证明发明申请具备创造性，以期获得授权。在答辩过程中，专利代理师想要交出一份完美的意见陈述书，理解审查员的意见至为关键。

在该案中，二通审查员指出了修改超范围的缺陷，事实上克服这个缺陷后，还是需要针对一通创造性的问题进行答辩。代理师分析了原始申请文本和一通后归纳出：对比文件1公开了用15个肺癌相关的抗原构建的蛋白质芯片，而该发明申请的蛋白质芯片包含了6个蛋白标志物，其中部分标志物为该发明首次发现与肺癌相关，结合该发明的技术效果可以尝试争辩创造性。但比较特别的是：审查员在一通正文最后的第8~9项又换用对比文件2作为最接近现有技术来评判该发明蛋白质芯片的创造性。可见，虽然该发明的权利要求1中的各种蛋白标志物采用了用途限定，但该发明的权利要求1并未保护蛋白质芯片的用途，其还是属于产品权利要求，很可能审查员在判断新颖性和创造性的时候不予考虑该用途限定，因此在开放式技术方案下，其相对于对比文件2，能获得创造性认可的可能性较低。然而，代理师考虑到审查员首先选用的是对比文件1来评判该发明创造性，而且产品是绝对保护，想要尽可能地在答辩中为申请人谋取更大的保护范围，同时试探一下审查员的审查尺度，因此代理师建议申请人：在原始申请文本的基础上，将原权利要求5和6的蛋白质芯片的使用方法（《专利法》第25条不授予专利权的主题）修改成所述蛋白质芯片试剂盒在制备早期诊断或普查筛检肺癌的诊断制品中的用途，然后在未实质性修改原权利要求1的基础上，先尝试重点阐述为检测肺癌，采用含有所述6种抗原/蛋白标志物的蛋白芯片的技术方案是非显而易见的而具备创造性。申请人采纳了专利代理师的建议。

审查员随后发出的第三次审查意见通知书（以下简称“三通”）仍指出了权利要求1的创造性问题，专利代理师认真比较了一通与三通的异同，发现其主要有两个区别：①在基于结论性意见进行综合评价时（第一次审查意见通知书第2页第7点，相应的第三次审查意见通知书第6点），审查员在一通中勾选了否定性意见的第3项，三通中改成勾选不确定性意见的第2项；②在论证权利要求1不符合《专利法》第22条第3款的规定时，三通中最接近的现有技术仅为对比文件2，即一通正文的第8项评述。根据本书第二章第一节“准确理解审查意见”中的阐述，区别①暗示着二通时申请人关于创造性的争辩至少部分获得了审查员的认可，如果申请人能在答复三通时以更有力的论证，或对权利要求进行进一步的修改，则该申请具有一定的授权前景。区别②则意味着通过申请人在答复二通的意见陈述，审查员对该申请的技术方案有了更清晰的理解，从而将一通中分别以对比文件1和对比文件2评价权利要求1的创造性变更为在三通中仅以对比文件2评价权利要求1的创造性。

三通的发出，进一步说明审查员已经更了解该发明申请的技术方案，因此其并未完全否认权利要求1的创造性，只是认为原权利要求的“肺癌自身抗原蛋白的蛋白标志物”中，“肺癌自身抗原蛋白”并不对“蛋白标志物”起限定作用。也就是说蛋白芯片这一类产品，同药物组合物类似，其新用途特征在评判创造性时，审查员并不予以考虑；如果现有技术都已揭示所用抗原（蛋白标志物）的诊断功能，则包含其组合的技术方案会被认为是本领域技术人员容易想到的。因此综合一通和三通的内容，审查员的实际意图可能是要求申请人将蛋白质芯片的产品权利要求限定成封闭式的或改成用途权利要求。为此，代理师特致电审查员，与审查员就此技术方案的创造性进行了细致的讨论。电话沟通的内容验证了专利代理师的推测，即对权利要求1进行修改后，该申请有望获得授权。

（2）提炼答辩要点

随后专利代理师进一步与申请人沟通，了解到申请人想要尽快获得授权的意图。于是，根据和审查员电话沟通的结果，以及专利代理师对一通和三通的进一步分析，代理师为申请人提供了两种策略：①在此案中，将其修改为用途权利要求，以期尽快获得授权；②就蛋白质芯片改成封闭式权利要求进行分案申请。如果母案申请和分案申请都能获得授权，将能更好地保护申请人的权益。

具体地，在策略①中，由于审查员认为技术方案“6种肺癌自身抗原蛋白的蛋白标志物”中的“肺癌自身抗原蛋白”并未对蛋白质芯片起到实质性限定作用。答复审查意见通知书时，专利代理师建议申请人对原权利要求1进行了修改，对蛋白质芯片进行了“在制备早期诊断或普查筛检肺癌的诊断制品中的用途”的限定，并沿袭了答复二通时专利代理师就含上述6种蛋白标志物的蛋白质芯片这一技术方案在肺癌检测方面的创造性进行的阐述，即论述了包含上述6种蛋白标志物在肺癌检测方面的技术方案较现有技术具有突出的实质性特点和显著性进步，具备创造性，符合《专利法》第22条第3款的规定。

该用途权利要求通过了创造性的答辩。而上述策略②中的封闭式的产品权利要求的分案申请也已提交。

**☞ 意见陈述原文摘录（创造性部分）**

对于本领域技术人员来说，本发明请求保护的技术方案是非显而易见的。

根据本领域常识，灵敏度反映的是测得目标物的难易程度，灵敏度越高则漏诊率（假阴性率）越低；而特异性反映的是所测得目标物的准确性，特异性越高则误诊率（假阳性率）越低；灵敏度和特异性是任何检测方法（诊断方法）中并存的两个相互制约的方面，通常灵敏度的提高意味着准确性的降低，反之亦然。类似地，在疾病的诊断和筛查中，通常存在敏感性高的同时假阳性率即误诊也高，而特异性高时则会出现假阴性即漏检的问题。因此，如何平衡敏感性和特异性，是疾病的诊断筛查难以解决的问题。在肺癌的诊断中，由于肺癌通常发现晚，一发现则几乎难以治愈，所以敏感性相对特异性来说要重要得多。提高早期肺癌的诊断率，将亚临床肺癌或隐匿性肺癌从人群中筛查出来，对于提高肺癌的治愈率及降低死亡率具有重大的意义（本申请说明书［0006］）。但目前检测肺癌灵敏度高的如螺旋CT，则特异性差；反之，特异性强的支气管镜活检测不能发现早期或周围性肺癌（灵敏度差），且为有创检查。目前已经发现了60余种蛋白类的血液型肺癌生物标志物（本申请说明书［0015］），这些标志物单独诊断肺癌的意义不是太高，联合检测仍具有一定的诊断、判断预后的意义，但是检测的敏感性和特异性不高。对比文件1也指出，不同特异性的条件下，肺癌检测的敏感性会随之变化，当特异性为100%时，敏感性为26.7%；特异性为90%时，敏感性为65.1%（第130页，表3~4）。抗原数目少的时候，阳性率较低，假阳性率高；当抗原数目从15增加到23时，肺癌的阳性率可以从80%增加到82%，同时假阳性率维持在18%（第139页，表3~14）。含23个抗原的芯片比含15个抗原的芯片，敏感性和特异性分别提高了3%和1%［第146页，需进一步改进的问题（3）］。由对比文件1的信息可知，要提高敏感性和特异性很难，增加8个抗原后其提高的敏感性和特异性也有限；因此，在该发明降低抗原种类到6种的技术方案里，还能维持灵敏度89.0%，准确度为85.5%，且假阳性率与对比文件1一样（仅有18%，见说明书［0062］）的技术效果，可见其技术方案的创造性。

对比文件1虽然公开了一整套筛选肺癌血清分子标志物的筛选方法，并公开了包被抗原的蛋白质芯片，然而，其56个不同的肺癌相关抗原的具体信息并未公开，而且现有技术没有公开本发明的技术方案。另外，现有技术和公知常识也没有给出将上述区别特征应用到对比文件1以解决上述问题的启示，具体陈述如下：

审查意见中认为，在对比文件1的启示下，本领域技术人员亦可用同样的方法筛选肺癌血清标志物，通过有限的试验最终必然可以得到一组标志物（如本发明所述的6种标志物），通过鉴定可知所述标志物对应的名称，这一过程并无须本领域技术人员付出创造性劳动。在《审查指南》第二部分第四章的3.2.1.1中指出，“判断过程中，要确定的是现有技术整体上是否存在某种技术启示，即现有技术中是否给出将上述区别特征应用到该最接近的现有技术以解决其存在的技术问题（即发明实际解决的技术问题）的启示，这种启示会使本领域的技术人员在面对所述技术问题时，有动机改进该最接近的现有技术并获得要求保护的发明。”可见专利法所谓的“启示”需要同时满足：①现有技术中具有该区别特征；②该区别特征被应用于解决发明实际解决的技术问题。在本发明中首次发现，该蛋白质芯片所采用的6种抗原中有4种（COPB1抗原、EFHD2抗原、EIF4G3抗原、PCNA抗原）目前尚未见到肺癌病人体内存在相应抗体的报道，也尚未见到其用于诊断、检测肺癌的报道（说明书［0063］）。在对比文件1和现有技术均未公开上述区别技术特征的前提下，根本就不存在“将上述区别特征应用到该最接近的现有技术”的基础，也就无以所述区别特征解决发明实际解决的技术问题的可能，因此，即使在对比文件1的基础上结合现有技术及本领域的公知常识，也不存在将上述区别特征结合以解决上述技术问题的启示。

此外，审查意见中的“通过有限的试验最终必然可以得到一组标志物（如本发明所述的6种标志物）”，申请人不同意以上观点。首先，任何发明都必然是“通过有限的试验”完成的。其次，众所周知，癌症的种类繁多，常见的就有几十种，肺癌也有鳞癌、腺癌、小细胞未分化癌和肺泡细胞癌等分类，每一种具体的癌还有不同的分期，其机理复杂不清；每种癌症的抗原成百上千，不同的癌症间有相同或不同的抗原；抗癌实验的步骤烦琐且周期冗长，每种抗原对应的检测技术也数以百计；抗癌标志物的筛选仅以上简单的加乘就有上万种组合方式；且如前所述，抗原的组合种类越少，就越容易得到假阳性数据……因此，不是任何没有创造性劳动的试验都能够获得一组标志物，该组标志物必具备和对比文件1中相似的阳性率检出率和较低的假阳性率。最后，即便忽略以上事实，使用6种抗原进行检测就能和对比文件1的23种抗原的阳性和假阳性检出率相似，其技术方案本身就是一种突破，具备突出的实质性特点。

另外，审查员认为对比文件2公开了乳腺癌标志物P53、结肠直肠癌囊泡标志物COPB1及PCNA、肺癌标志物PCNA及已知癌基因SOX2，以及肺癌的肺部疾病的生物标志物EFHD2，故本领域技术人员通过常规手段可筛选到本发明标志物组合来进行癌症标志物筛选，诊断癌症相关疾病。同上，申请人认为对比文件2中虽然公开了众多癌症标志物，但它们属于不同癌症的标志物；其并未公开本发明的标志物组合。众所周知，不同癌症有不同也可有部分相同的标志物，但即便不同癌症具有相同标志物，其对于检测不同癌症也具有不同的敏感性和特异性，上述P53、COPB1未揭示与肺癌相关，故本领域技术人员不会想到在解决本发明上述技术问题时会选用这两个标志物；若是针对乳腺癌、结肠直肠癌和肺癌的联合检测，则该三种癌具有的标志物则成百上千，如对比文件1所公开的仅肺癌的就56种，本领域技术人员没有动机仅筛选出本发明的6种标志物组合来检测上述3种癌，且本发明对于肺癌的高敏感度和高特异性尚未可知是否对乳腺癌和肠癌检测也具有同样好的效果。

综上所述，对本领域技术人员而言，在对比文件1或对比文件2的基础上，结合其他现有技术和公知常识也无法预见到本发明的技术方案能取得上述技术效果，故本发明所保护的技术方案具有突出的实质性特点。

## 【案例No. 111624】商品购买系统和方法

### ☞ 案由简要

该案涉及一种商品购买方法（权利要求1~14）及一种商品购买系统（权利要求15~28）。

➢ 一通：审查员引用对比文件1（CN101727636A）认为权利要求1~28不具备创造性。

➢ 答一通：将原权利要求4和5的附加技术特征增加至原权利要求1中以形成新的独立权利要求1，将原权利要求18和19的附加技术特征增加至原权利要求15中以形成新的独立权利要求，论述新的权利要求1~24具备创造性。

➢ 二通：审查员补充检索对比文件2（CN101206752A）及对比文件3（CN102193954A）认为新的权利要求1~24不具备创造性。

➢ 答二通：删除一通修改后的权利要求1和11，并将一通修改后的权利要求12上升为新的独立权利要求1，删除一通修改后的权利要求13和23，并将一通修改后的权利要求24上升为新的独立权利要求11，论述新的权利要求1~20具备创造性。

➢ 审查结果：授权。

## ☞ 相关权利要求

原权利要求：

1. 一种商品购买方法，其特征在于，所述商品购买方法包括以下步骤：

S101. 读入用户输入的目标商品名称并生成一商品列表；

S102. 在一商品数据库中查找与所述商品列表中的目标商品名称匹配的商品信息；

S103. 生成包含匹配得到的所有商品信息的一第一显示页面。

4. 如权利要求 1～3 中任一项所述的商品购买方法，其特征在于，在步骤 S101 之前还包括以下步骤：

S1001. 基于用户的历史购买数据生成推荐商品类别和/或推荐商品关键词；

S1002. 在商品数据库中查找属于所述推荐商品类别和/或包含所述推荐商品关键词的商品信息；

S1003. 生成包含查找得到的全部商品信息的一第二显示页面。

5. 如权利要求 4 所述的商品购买方法，其特征在于，在步骤 S102 中还包括以下步骤：

用户将所述第二显示页面中包括的部分或全部商品信息的商品名称加入所述商品列表；

在所述商品数据库中查找与所述商品列表中的商品名称匹配的商品信息。

13（一通修改后 11）. 如权利要求 4 或 5 所述的商品购买方法，其特征在于，所述步骤 S1001 中还包括以下步骤：

在用户的历史购买数据中查找符合一第三推荐标准的用户购买商品的商品名称；

将查找得到的商品名称写入一第五用户购买商品列表；

分析得到所述第五用户购买商品列表中用户购买商品的商品名称所包含的所有的商品关键词；

基于得到的商品关键词生成推荐商品关键词；

其中所述第三推荐标准为处于用户购买商品序列的前一第三推荐数量中；所述用户购买商品序列为基于用户购买商品的关键词权重、购买个数和购买次数对用户购买商品排序得到的序列。

14（一通修改后 12）. 如权利要求 13 所述的商品购买方法，其特征在于，所述关键词权重通过下式计算得到：

$$F = a \times N1 + b \times N2 + c \times N3 + d \times N4$$

其中 $N1$ 为用户对用户购买商品的关键词搜索次数，$N2$ 为全体用户对关键词的搜索次数，$N3$ 为关键词所对应商品的种类的数量，$N4$ 为搜索关键词并购买所述关键词所对应商品的次数，$F$ 为关键词权重；

并且所述参数 a、b、c 和 d 均大于零并且满足下式 $a + b + c + d = 1$。

一通修改时，权利要求 13 编号改为权利要求 11，权利要求 14 编号改为权利要求 12。

二通修改时：将原从属权利要求 4、5、13 及 14 的附加技术特征合并至原权利要求 1。

☞ **相关说明书内容**

步骤201，在用户的历史购买数据中查找符合一第一推荐标准的用户购买商品的商品名称。其中所述第一推荐标准为购买时间小于一时间阈值并且处于用户购买商品序列的前一第一推荐数量中；所述时间阈值和第一推荐数量可以根据需要任意设置。其中所述用户购买商品序列为基于用户购买商品的类别权重、购买个数和购买次数对用户购买商品排序得到的序列。即在所有处于所述时间阈值范围内的用户购买商品的序列中选取前第一推荐数量的用户购买商品，所以进一步地对用户购买数据进行了筛选，提高推荐成功的概率。

步骤202，将查找得到的商品名称写入一第一用户购买商品列表。

步骤203，分析得到所述第一用户购买商品列表中用户购买商品的商品名称的所有的商品类别。从而得到用户在一定时间段内用户购买商品所属的商品类别。所述商品类别为与所述第一用户购买商品列表中用户购买商品的商品名称所属的商品分类的大类或小类。

步骤204，基于所述商品类别生成推荐商品类别。所以基于一定时间段内购买商品所属的商品类别推测得到用户现阶段可能购买的商品所述的商品类别。

步骤205，在用户的历史购买数据中查找符合一第二推荐标准的用户购买商品的商品名称。其中所述第二推荐标准为处于用户购买商品序列的前一第二推荐数量中；所述第二推荐数量可以根据需要任意设置。所述用户购买商品序列为基于用户购买商品的购买时间、类别权重、购买个数和购买次数对用户购买商品排序得到的序列。即在用户的历史购买数据中所有用户购买商品的序列中选取前第二推荐数量的用户购买商品。

步骤206，将查找得到的商品名称写入一第三用户购买商品列表。

步骤207，分析得到所述第三用户购买商品列表中用户购买商品的商品名称所属的最小的商品类别。

步骤208，基于得到的最小的商品类别生成推荐商品类别。即上述步骤在用户购买数据中寻找用户购买的所有商品所属的商品类别。

步骤209，在用户的历史购买数据中查找符合一第三推荐标准的用户购买商品的商品名称。其中所述第三推荐标准为处于用户购买商品序列的前一第三推荐数量中。所述第三推荐数量可以根据需要任意设置。所述用户购买商品序列为基于用户购买商品的关键词权重、购买个数和购买次数对用户购买商品排序得到的序列。

其中所述关键词权重通过下式计算得到：

$$F = \mathrm{a} \times N1 + \mathrm{b} \times N2 + \mathrm{c} \times N3 + \mathrm{d} \times N4$$

其中$N1$为用户对用户购买商品的关键词搜索次数，$N2$为全体用户对关键词的搜索次数，$N3$为关键词所对应商品的种类的数量，$N4$为搜索关键词并购买所述关键词所对应商品的次数，$F$为关键词权重。并且所述参数a、b、c和d均大于零并且满足下式$\mathrm{a} + \mathrm{b} + \mathrm{c} + \mathrm{d} = 1$。

即在用户的历史购买数据中所有用户购买商品的序列中选取前一第三推荐数量的用户购买商品。

步骤210，将查找得到的商品名称写入一第五用户购买商品列表。

步骤211，分析得到所述第五用户购买商品列表中用户购买商品的商品名称所包含的所有的商品关键词。即上述步骤在用户购买数据中寻找用户购买的所有商品所包含的商品关键词。

步骤212，基于得到的商品关键词生成推荐商品关键词。

通过步骤201至步骤212，基于用户的历史购买数据生成了推荐商品类别和/或推荐商品关键词。即可以推测得到用户可能购买商品的商品类别和/或推荐商品关键词，从而便于用户快速查找需要购买的商品。

步骤213，在商品数据库中查找属于所述推荐商品类别和/或包含所述推荐商品关键词的商品信息。

步骤214，生成包含全部查找得到的商品信息的一第二显示页面，从而为用户提供了可视的商品推荐信息，从而便于用户快速查找需要购买商品的商品信息。

步骤215，读入用户输入的目标商品名称并生成一商品列表，即用户可以一次输入多个大量的需要购买的目标商品的名称，因而减少了用户大量的重复的搜索时间。

步骤216，从所述商品列表中目标商品名称中分析得到所述目标商品名称所属的商品类别和/或所述目标商品名称所包含的商品关键词。其中所述商品类别为所述目标商品名称所属的商品分类的大类或小类。

步骤217，用户将所述第二显示页面中包括的商品信息的商品名称的一部分或全部加入所述商品列表。即用户将生成的推荐商品信息选择性地加入用户的搜索列表，从而减少用户重复查找需要购买商品的信息。

步骤218，在所述商品数据库中查找与所述商品列表中商品名称匹配的商品信息。

步骤219，在一商品数据库中基于分析得到的商品类别和/或商品关键词查找商品信息。

步骤220，生成包含匹配得到的所有商品信息的一第一显示页面。即生成用户需要购买商品的详细信息，并以可视的形式提供给用户，从而用户可以进行后续的购买操作。

### ☞ 相关对比文件公开内容

**【对比文件1】**

8. 一种商品信息管理方法，应用在电子装置中，该方法包括如下步骤：

设置商品类别；接收用户所输入的商品信息以及商品所对应的类别，其中，商品信息包括商品的价格；根据每两个商品之间的类别差以及价格差计算商品之间的关联度；根据所计算的商品之间的关联度对相关商品进行链接；根据关联度的高低对链接的商品进行排序；显示商品的各类信息以及相关商品的链接。

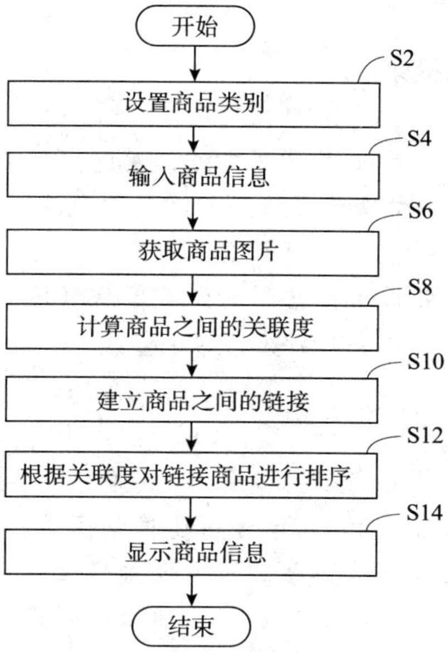


**【对比文件2】**

5. 一种电子商务网站相关商品推荐方法，包括如下步骤：

（1）处理购物历史数据库中的数据部分：

① 从数据库中准备原始数据，

② 提取数据源中有用的计算信息数据字段，

③ 通过分析提取的数据，建立“商品－顾客”计算模型，

④ 用核心计算公式计算每个商品的相关商品集合；

（2）处理购物商品内容的数据部分：

① 准备相关商品的信息，

② 对商品信息进行词法分析，得到计算特征词组和特征词的备选集合，

③ 计算特征词组，把备选词组合作为特征词组，

④ 计算特征词，对备选词排序，得到备选词的权重，

⑤ 将特征词组和特征词联合构成代表商品特征的向量集，

⑥ 计算每个商品的相关商品，并显示推荐的结果给顾客。

**【对比文件3】**

［0020］信息搜索装置20。用于根据对搜索信息的用户输入的关键词1和关键词2在数据库中分别查询到匹配的信息，并将查询到的信息合并分析，找出合并后同时含有这两个关键词的发布信息的商家，将该商家与搜索信息的用户输入的关键词1和关键词2匹配成功的两个信息以及两个信息关联的相关信息同时提供给搜索信息的用户30。

［0021］信息服务器40，用于为用户提供关键词1查询字输入窗口41和关键词2查询字输入窗口42，将用户输入的信息发送到信息搜索装置20。

☞ **审查意见**

第二次审查意见通知书摘录

……

1. 权利要求1请求保护一种商品购买方法，对比文件1（CN101727636A）公开了一种商品信息管理方法，并具体公开了如下技术特征（参见权利要求1～10）：一种商品信息管理方法，接收用户所输入的商品信息以及商品所对应的类别，根据输入的关键字检索相应的商品信息，并显示检索到的商品信息（相当于一种商品购买方法，读入用户输入的目标商品名称，在一商品数据库中查找与目标商品名称匹配的商品信息，生成包含匹配得到的所有商品信息的一第一显示页面）；

权利要求1与对比文件1的区别在于：(1) 在步骤$S_{101}$之前还包括以下步骤：$S_{1001}$. 基于用户的历史购买数据生成推荐商品类别和/或推荐商品关键词；$S_{1002}$. 在商品数据库中查找属于所述推荐商品类别和/或包含所述推荐商品关键词的商品信息；$S_{1003}$. 生成包含查找得到的全部商品信息的一第二显示页面；(2) 用户将所述第二显示页面中包括的部分或全部商品信息的商品名称加入所述商品列表；在所述商品数据库中查找与所述商品列表中的商品名称匹配的商品信息。

基于区别（1）权利要求1实际解决的技术问题为：如何向用户推荐商品：对比文件2（CN101206752A）公开了电子商务网站相关商品推荐方法，并具体公开了如下技术特征（参见权利要求5）：从数据库中准备原始数据，提取数据源中有用的计算信息数据字段，通过分析提取的数据，建立“商品－顾客”计算模型，用核心计算公式计算每个商品的相关商品集合：处理购物商品内容的数据部分，计算每个商品的相关商品，并显示推荐的结果给顾客：且其在对比文件2中所起的作用与其在本发明中为解决其技术问题所起的作用相同，都是用于向用户推荐商品，也就是说对比文件2给出了将该技术特征用于该对比文件1以解决其技术问题的启示。

基于区别（2）权利要求1进一步解决的技术问题为：如何实现多个商品搜索和显示；对比文件3（CN102193954A）公开了一种同时搜索两种或两种以上信息的方法，并具体公开了如下技术特征（参见说明书第2页，图1～2）：用于根据对搜索信息的用户输入的关键词1和关键词2在数据库中分别查询匹配的信息，并将查询的信息合并分析，找出合并后同时含有这两个关键词的发布信息的商家，将该商家与搜索信息的用户输入的关键词1和关键词2匹配成功的两个信息以及两个信息关联的相关信息同时提供给搜索信息的用户30；且其在对比文件3中所起的作用与其在本发明中为解决其技术问题所起的作用相同，都是用于多个商品搜索和显示，也就是说对比文件2给出了将该技术特征用于该对比文件1以解决其技术问题的启示；由此可知，在对比文件1的基础上结合对比文件2及对比文件3得出该权利要求所要求保护的技术方案，对本领域的技术人员来说是显而易见的，因此该权利要求所要求保护的技术方案不具有突出的实质性特点和显著的进步，因而不具备《专利法》第22条第3款规定的创造性。

……

4. 从属权利要求9～12是依据商业领域本身特性，人为设定符合该领域的商品推荐标准，以解决如何进行商品营销的问题，这种商品推荐标准的改变并没有带来任何技术上的改变，上述特征仅涉及了商业领域中由于商品营销所具备的商业属性不同而导致规则的差异，对于本领域技术人员来说，为了实现网上商品的营销在对比文件1的基础上应用该领域的商业规则，以实现权利要求9～12请求保护的技术方案是容易想到和实现的，因此权利要求9～12不具备《专利法》第22条第3款规定的创造性。

**☞ 答辩要点分析思路**

在阅读审查意见通知书时，专利代理师不仅需要关注审查员对独立权利要求的评述，还需要关注对每一项从属权利要求的评述。但实践中，专利代理师往往对独立权利要求的评述非常重视，对从属权利要求的评述容易忽略，尤其是从属权利要求较多时。如果通过仔细阅读从而准确理解审查员对每一项从属权利要求的评述，就有可能从中发现答辩突破点，使之最终成为获得授权的“救命稻草”。

具体到该案，专利代理师仔细阅读了对每一项权利要求的评述后，发现审查员对从属权利要求12（一通修改后）的理解过于片面和主观，没有充分的论据和论证，从而找到了答辩突破点，将从属权利要求12上升为新的独立权利要求1，并进行了创造性的论述。其中，重点论述了从属权利要求12的附加技术特征涉及数据计算、数据排序、数据输出、数据显示等技术手段，属于对现有技术所做出的技术上的改进，并不属于商业规则。

**☞ 意见陈述原文摘录**

答复第二次审查意见陈述摘录

一、新的权利要求1

1. 新的权利要求1具有突出的实质性特点

权利要求1与对比文件1的区别在于：（1）在步骤$S_{101}$之前还包括以下步骤：$S_{1001.}$基于用户的历史购买数据生成推荐商品类别和/或推荐商品关键词；$S_{1002.}$在商品数据库中查找属于所述推荐商品类别和/或包含所述推荐商品关键词的商品信息；$S_{1003.}$生成包含查找得到的全部商品信息的一第二显示页面；（2）用户将所述第二显示页面中包括的部分或全部商品信息的商品名称加入所述商品列表；在所述商品数据库中查找与所述商品列表中的商品名称匹配的商品信息；（3）所述步骤$S_{1001}$中还包括以下步骤：在用户的历史购买数据中查找符合一第三推荐标准的用户购买商品的商品名称；将查找得到的商品名称写入一第五用户购买商品列表；分析得到所述第五用户购买商品列表中用户购买商品的商品名称所包含的所有的商品关键词；基于得到的商品关键词生成推荐商品关键词；其中所述第三推荐标准为处于用户购买商品序列的前一第三推荐数量中；所述用户购买商品序列为基于用户购买商品的关键词权重、购买个数和购买次数对用户购买商品排序得到的序列；所述关键词权重通过下式计算得到：$F = a \times N1 + b \times N2 + c \times N3 + d \times N4$；其中$N1$为用户对用户购买商品的关键词搜索次数，$N2$为全体用户对关键词的搜索次数，$N3$为关键词所对应商品的种类的数量，$N4$为搜索关键词并购买所述关键词所对应商品的次数，$F$为关键词权重，并且所述参数a、b、c和d均大于零并且满足下式$a + b + c + d = 1$。

审查意见中指出，上述区别（2）已被对比文件3公开，上述区别（3）是依据商业领域本身特性人为设定的商品推荐标准，进而认为本发明不具备创造性，申请人对此有完全不同的意见。

对于上述区别（2），审查意见中认为对比文件3公开了一种同时搜索两种或两种以上信息的方法，并具体公开了如下技术特征（参见说明书第2页，图1-2）：用于根据对搜索信息的用户输入的关键词1和关键词2在数据库中分别查询到匹配的信息，并将查询到的信息合并分析，找出合并后同时含有这两个关键词的发布信息的商家，将该商家与搜索信息的用户输入的关键词1和关键词2匹配成功的两个信息以及两个信息关联的相关信息同时提供给搜索信息的用户30；并进而认为其在对比文件3所起的作用与其在本发明中为解决其技术问题所起的作用相同，申请人对此表示不认同。

申请人认为对比文件3公开的上述技术手段与本发明的上述区别（2）之间有很大差别，在本发明中，所述商品列表中存储有两种商品名称，一种是用户输入的目标商品名称，另一种是第二显示页面中包括的部分或全部商品信息的商品名称，所述第二显示页面中的商品名称即基于用户的历史购买数据自动生成的关键词所对应的商品名称，由此可知，在本发明中，用于搜索商品的商品名称关键词不仅有用户手动输入的，而且有基于用户的历史购买数据自动生成的，而在对比文件3中，其给出的技术教导是用于搜索商品信息的关键词1和关键词2均是用户手动输入的，因此，对比文件3给出的技术教导与本发明的上述区别（2）完全不同，进而其所起的作用也与本发明的上述区别（2）完全不同，即对比文件3并没有公开本发明的上述区别（2），进而也没有给出将本发明的上述区别（2）应用到对比文件1中以解决其技术问题的技术启示。

对于上述区别（3），审查意见中指出其是依据商业领域本身特性，人为设定符合该领域的商品推荐标准，以解决如何进行商品营销的问题，这种商品推荐标准的改变并没有带来任何技术上的改变，上述特征仅涉及了商业领域中由于商品营销所具备的商业属性不同而导致规则的差异，对于本领域技术人员来说，为了实现网上商品的营销在对比文件1的基础上应用该领域的商业规则，以实现原权利要求12（即新的权利要求1）的技术方案是容易想到和实现的，申请人对此有完全不同的意见：

审查意见中认为本发明的上述区别（3）设定商品推荐标准是为了解决如何进行商品营销的问题，仅涉及商业领域中，申请人认为审查意见中的上述观点过于片面和主观，诚然，本发明要求保护的技术方案是一种商品购买方法，其中涉及了商业领域，但申请人认为本发明绝不仅仅是为了进行商品营销，也不仅仅涉及商业领域，具体地，在上述区别（3）中限定了具体如何基于用户的历史购买数据生成推荐商品类别和/或关键词，其中采用算法公式得到关键词，并基于关键词、购买个数、购买次数等对用户购买商品排序生成用户购买商品序列，其无疑是利用技术手段实现，上述算法公式需要相应的软件计算模块进行计算，上述商品序列则需要利用数据结构的相关技术进行数据排序，而在商品序列生成之后将其输出显示以进行商品推荐也无疑需要技术手段才能够实现，由此可知，上述区别（3）中均涉及技术，虽然其处于商业领域，但其中涉及了软件模块、数据计算、数据排序、数据输出、数据显示等，这些毫无疑问都是利用技术手段才能够实现的，因此，上述区别（3）并不是为了解决商品营销的问题，而是为了基于用户的历史购买数据生成相应的关键词，其中涉及数据计算、数据排序、数据输出、数据显示等技术手段，属于对现有技术所做出的技术上的改进，而并不是如审查意见中指出的属于商业规则。

因此，上述区别（3）是本发明为了基于用户的历史购买数据生成相应的关键词对现有技术所做出的技术上的改进，并且其中涉及的对用户的历史购买数据进行的数据提取、数据计算、数据排序、数据输出和数据显示等一系列技术手段在现有技术中并没有公开，特别是其中的关键词权重的计算算法，更是本领域现有技术所未曾公开的，由此可知，上述区别（3）是技术手段，并且现有技术没有公开过，并不属于本领域的公知常识，即对本领域的技术人员来说是不容易想到的，是非显而易见的。

综上，本发明的上述区别技术特征特别是区别（3）并不属于本领域的公知常识，对本领域的技术人员来说不容易想到，是非显而易见的，进而新的权利要求1具有突出的实质性特点。

2. 新的权利要求1具有显著的进步

新的权利要求1可以同时为用户提供多种不同商品的检索信息，减少用户的检索时间，并且通过分析用户历史购买记录和数据，为用户提供适合的商品的快速定位，减少用户寻找商品的时间，为用户提供个性化的推荐服务，提高用户购买商品的效率，从而取得有益的技术效果，具有显著的进步。

综上所述，与现有技术相比，新的权利要求1具有突出的实质性特点和显著的进步，具备《专利法》第22条第3款规定的创造性。

## 第三节 初步分析后给予申请人全面建议

在准确理解审查员意思后，紧接着就是根据已有的资料信息，对案情进行初步分析，考虑可行的答辩方案，给予申请人尽可能考虑周全的建议。

首先，应当根据申请文件及对比文件，针对审查意见从各角度寻找论述创造性的突破点。若基于现有的权利要求范围，针对审查意见即可找出胜算较大的答辩突破点，则最好。若找不到或者找到的突破点胜算不大，还应当考虑适当修改权利要求缩小保护范围之后，是否有较充分的理由论述创造性。涉及修改权利要求，还需考虑怎样修改，才能不超出原权利要求书及说明书记载范围。在是否需要修改权利要求、论述创造性的基本观点是什么，以及支持该观点的具体理由及所需的相关证据这些问题都基本考虑清楚后，即可整理可行的答辩方案，准备向申请人提供答辩建议。

向申请人提供答辩建议的方式可为提供书面的答辩建议函，或者直接与申请人进行口头沟通。具体内容包括：

（1）应当简要概述审查意见的要点，使申请人准确理解审查员意思。

这里所说的“概述审查意见的要点”不是指仅将审查意见的结论“审查员认为该发明相对于对比文件××不具备创造性”告知申请人，而是指将审查员认为该发明不具备创造性的理由的核心意思精练准确地归纳提炼出来，转达给申请人。这是实践中代理师很容易忽视的一点。仅用常规用语告知申请人“审查员认为该发明相对于对比文件××不具备创造性”，没有有效地转达审查意见，对于后续答辩的进行没有实际的意义和帮助。这样的结论，申请人自己也能从审查意见的表格部分很容易地看到。对于不了解“创造性”这一专业法律概念的含义、判断方法及标准的申请人而言，基于这句结论，申请人不能清楚准确地理解审查员的核心意见，通过其自己阅读审查意见的正文部分也不一定能抓住审查员的意思要点。而准确理解审查员认为不具备创造性的理由的核心意思，是保证后续申请人能够明确答辩的总方向、理解专利代理师的建议、全力配合准备相关答辩资料的基本前提。尤其是对于专利代理师不了解的技术内容或角度，专利代理师虽然给不出具体建议，但若让申请人能够准确理解审查员的核心意思，使其明确寻找答辩突破点，收集相应证据的总方向，可以启发申请人根据其专业知识及经验挖掘出用于答辩的关键内容。

另外，提炼归纳审查员的核心意思，也能进一步帮助专利代理师自己准确透彻理解审查意见，抓住关键点，进行针对性的答辩。实践中常常遇到专利代理师自己就没有仔细阅读审查意见，没抓住审查员的意思要点，撰写出的意见陈述缺乏针对性的现象。准确理解审查员意思要点是万里长征开始的第一步，找准方向很关键！

（2）提供经专利代理师分析整理后可行的答辩方案，具体涉及是否需要修改权利要求、若需修改具体如何修改、针对审查意见论述该申请具备创造性的主要观点是什么，支持该观点的已有的具体理由及证据，还需发明人进一步提供的理由及证据。

在考虑答辩方案时，除了专利法外，专利代理师还应当对其他方面的因素加以考虑。如不同时期审查员的审查尺度的松紧变化、申请人可能的各种需求、对后续程序或其他相关申请的影响等，以给予申请人考虑周全的建议。因此很多情况下，经专利代理师综合分析，可能有几套可行的答辩方案。例如，对某一申请的第一次审查意见通知书进行分析后，有下述两种答辩方案：①不修改权利要求，有一定的论述创造性的立足点，但并没有十足的把握，只能是可尝试；②缩小权利要求保护范围，论述创造性的理由较方案①更充分，胜算更大。对于这样的情况，应向申请人提供所有可行的方案，并指明各答辩方案分别适合何种情况。对于上述方案，可建议申请人：若申请人希望争取尽可能大的范围，并不急于授权，可选择方案①；若申请人希望尽快授权，范围小一点也可以，则可选择方案②。这样的答辩建议为申请人提供了可根据不同需求选择的答辩方案，会让申请人感到专利代理师考虑周全，相当专业。

对于支撑论述创造性观点的具体理由和相关证据，专利代理师应当基于申请文件和对比文件尽量收集，必要时进行适当文献检索。当然，发明人应当最了解其发明创造，也最能从技术角度提供有用信息的重要来源。在为申请人提供建议时，若需发明人提供相关的理由或证据，应当为发明人指明方向，清楚地告知具体需要怎样的信息，以便发明人及时准备。例如，告知发明人最好能提供论证某观点的技术角度的解释分析或文献证据，根据情况还需指明文献证据的公开时间应当是或者最好是什么时间之前。再如，告知发明人最好能提供可证明某结论的实验数据，实验具体应当以什么方式进行等。总之，需要发明人提供的资料内容及方式应尽量清楚，以免发明人未能理解专利代理师意思，花了较多时间准备的资料却不能使用，耽误时间。

（3）告知申请人答辩期限，若需发明人提供相关资料或做进一步沟通，应当约定合适的时间，以便后续留有充足时间撰写意见陈述书。

## 【案例 No. 1210772】热采水平井膨胀管悬挂器及其使用方法

☞ **案由简要**

该案涉及一种“热采水平井膨胀管悬挂器及其使用方法”。在第一次审查意见中，审查员引用了 3 篇对比文件，分别为对比文件 1（CN101575951A）、对比文件 2（CN101392633A）和对比文件 3（CN101260791A），认为权利要求 1～6 不具备创造性。

申请人收到第一次审查意见后，给予申请人答辩建议函，申请人根据建议函从技术角度对相关问题作了相应的补充以及进一步的解释和说明，在答复第一次审查意见时，专利代理师结合申请人补充的资料更加充分地反驳了审查员的观点，并得到了审查员的认可。

☞ **相关权利要求**

1. 一种热采水平井膨胀管悬挂器，包括一钻杆、一防落物帽、一由膨胀管、悬挂牙凸、悬挂胶环组成的膨胀悬挂体和一膨胀发射室，其特征在于，所述膨胀发射室由一膨胀锥、一推进活塞、一承载螺帽和一封堵与所述膨胀管围设而成，所述封堵下方连接有一密封连接付用于和所述钻杆、所述膨胀发射室形成密闭腔，所述钻杆下方连接有一提拉连接付用于提拉所述密封连接付，所述膨胀管下方连接有一尾管接箍，所述密封连接付包括一密封连接管和一投球座，所述密封连接管上端与所述封堵连接，下端与所述投球座连接，所述提拉连接付包括一提拉锥和一位于所述密封连接管内的中心杆，所述中心杆上端与所述钻杆通过接箍连接，下端与所述提拉锥连接。

☞ **相关说明书内容**

摘录一

在石油钻井和特殊井型施工中要下入多层套管，同一规格套管之间多以螺纹方式连接；而不同直径的套管则以悬挂方式连接，这种悬挂装置称为悬挂器。目前普遍使用的是一种机械轨道式悬挂器，这种悬挂器由于受连接空间限制和结构设计欠缺影响，使用时常表现出悬挂力不足，悬挂牙爪经常断裂脱落，导致被悬挂尾管落井，造成事故；而且这种悬挂器连接空间所限，其内径大幅度缩小，所能悬挂的管径也相应大幅度减少；还有一个致命的弱点，机械轨道式悬挂器只能起悬挂作用，连接重复段要依靠薄水泥环密封，据资料统计这种悬挂器 90% 以上达不到密封要求，直接影响油井寿命。另外，膨胀管技术兴起后，采用膨胀管悬挂器，解决了现有悬挂器悬挂力不足和密封泄漏的问题，但结构复杂，注浆固井操作难度高，且悬挂完成需再次钻铣基底，有时对下部尾管易产生影响，操作不当会钻铣到下部尾管，尤其在热采水平井中无法进行钻铣作业。同时，在膨胀管膨胀施工过程中，因上部筒壁敞开，有时会因为掉入杂物或泥沙等妨碍膨胀过程或在钻铣时无法钻通。

摘录二

本发明的积极进步效果在于：通过本发明的运用，简化了操作，降低了作业难度，减少了尾管的损坏，同时避免了落入杂物。

摘录三

如图2所示，一种热采水平井膨胀管悬挂器，包括一钻杆1、一防落物帽2、一由膨胀管9、悬挂牙凸3、悬挂胶环4组成的膨胀悬挂体和一膨胀发射室，所述膨胀发射室由一膨胀锥6、一推进活塞7、一承载螺帽8和一封堵10与所述膨胀管9围设而成，所述封堵10下方连接有一密封连接付用于和所述钻杆1、所述膨胀发射室形成密闭腔，钻杆1下方连接有一提拉连接付用于提拉所述密封连接付，所述膨胀管9下方连接有一尾管接箍11。

所述密封连接付包括一密封连接管12和一投球座15，密封连接管12上端与封堵10连接，下端与投球座15连接。

所述提拉连接付包括一提拉锥14和一位于密封连接管12内的中心杆13，中心杆13上端与钻杆1通过接箍连接，下端与提拉锥14连接。当提拉锥14上行至封堵10时，可以带动所述提拉连接付及所述密封连接付提拉出膨胀管9外。

膨胀管9上方设置有一防落物帽2，可以有效防止杂物坠入。封堵10由带有O形密封圈的钢件或铝件组成，封堵10内部与密封连接付连接。钻杆1上部设有母扣用于和上部钻具的公扣连接。尾管接箍11通过旋拧并焊接固定在膨胀管9上，尾管接箍11下端设有一母扣用于和尾管连接。

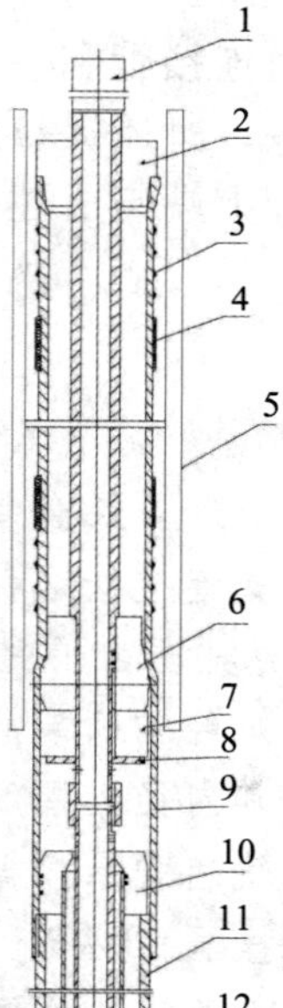


图2

### ☞ 相关对比文件公开内容

**【对比文件1】**

图1中膨胀管悬挂器由钻杆柱、膨胀悬挂体、调长旋套组、膨胀发射室和尾管连接付所组成，上述所说的钻杆柱由调节扶正短节2、过渡钻杆5、推拉中心管9和承载螺帽14组成。调节扶正短节上部母扣与上部钻具公扣连接，下部公扣与过渡钻杆母扣连接，通过螺纹调节与调长旋套组的相对位置。过渡钻杆下端的公扣与推拉中心管上端母扣连接。推拉中心管下部台阶装有膨胀头，通过承载螺帽组压紧膨胀头。推拉中心管中部通过牵引帽安装了推进活塞。所说的膨胀管悬挂体由套管1、悬挂管6、悬挂牙凸8和悬挂胶环7组成。通过膨胀悬挂管，使悬挂管扩径并压挤悬挂牙凸和悬挂胶环咬合于套管内壁，形成轴向悬挂力，所说的调长旋套组由调长旋套4与压紧螺帽3组成。调长旋套为上部带螺纹的圆桶，其下部有锥形导向鞋，伸入悬挂管上端喇叭孔之内，调整调长旋套固定悬挂管，然后用压紧螺帽锁紧，所说的膨胀发射室由牵引帽10、推进活塞11、膨胀头13、上膨胀管腔体12和下膨胀管腔体15、钢球18、发射座19、孔用弹性挡圈16和O型密封圈17组成。上膨胀管腔体和下膨胀管腔体，接触面的直径相同并焊合。钢球落在带中孔的发射座上，用孔用弹性挡圈和O型密封圈固定发射座，O型密封圈保证发射座与下膨胀管之间密封。

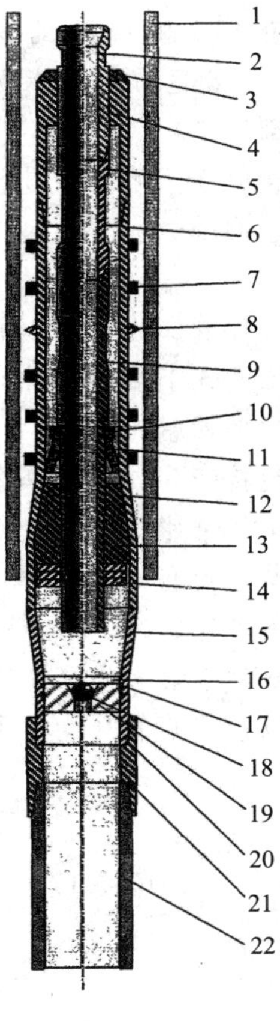


**图1**

【对比文件2】

摘录一

……胀塞4套在中心管2上，胀塞4能在中心管2上面滑动。胀塞4分别与中心管2和膨胀管3之间有橡胶圈密封。固定套20固定连接在中心管2上，能阻止胀塞4相对于中心管2相对向下滑动。

中心管2下端外壁上螺纹连接有连接管5。中心管2与连接管5之间有橡胶圈密封。

中心管2下端内壁上通过剪钉17固定有上滑套7。中心管2与上滑套7之间有橡胶圈密封。上滑套7的内孔直径为60毫米。上滑套7的作用：投入的小球15阻断送入管柱到筛管串的内部通道，上滑套7与大球19一起打通被阻断的内部通道。参阅图4。上滑套7的外壁上有两个对称的剪钉孔，上滑套7的座封平面与中心孔之间有两个上侧孔18。上侧孔18的作用是：当大球19在压力液的作用下，上滑套7下滑并推动下滑套下滑后，打通送入管柱与筛管串的内部通道。上滑套7的外壁与中心孔之间有两个侧孔16。侧孔16的作用是：上滑套7下滑的过程中……连接管5通过剪钉14固定有下滑套8。连接管5与下滑套8之间有橡胶圈密封。下滑套8固定在连接管5内部的台阶上。下滑套8的内孔直径为50毫米。下滑套8的作用是：与小球15一起作用，阻断送入管柱和筛管串之间的通道，进行憋压。参阅图5。下滑套8的外壁上有两个对称的剪钉孔，下滑套8的外壁上有两个侧孔13。侧孔13的作用是：投入大球19，推动上滑套7和下滑套8运动到设计位置后，打开送入管柱和筛管串之间的内部通道。

连接管5下端螺纹连接有冲管9。连接管5与冲管9之间有橡胶圈……

摘录二

……冲管9的下端外侧固定有冲管接箍11。

膨胀管3下端连接外连接套6。膨胀管3与外连接套6之间有橡胶圈密封。

外连接套6内壁与冲管9外壁之间有密封套10。密封套10的作用是：将外连接套6与冲管9之间的环空密封。外连接套6与密封套10之间有密封圈，冲管9与密封套10之间有密封圈。密封套10坐封在外连接套6的内台阶12上。外连接套6的下端有外螺纹。施工时，外连接套6下端能连接筛管，以便将筛管悬挂在井下的套管壁上。

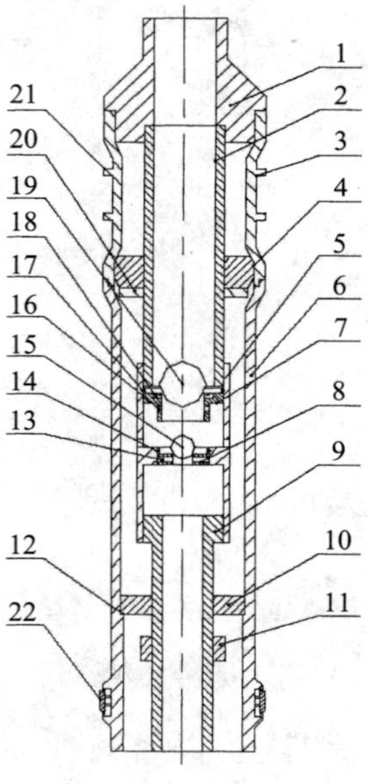

图1

【对比文件3】

摘录一

一种可提出式球座，包括：短节15，压帽17，球24，球座体22，密封圈23，外壳21；……

摘录二

……32；压帽17套在短节15之外，压帽17上孔内径与短节15上节的外径之间为间隙配合；压帽17圆环面台阶32的内缘压在短节的水平圆环面30上；所述的球座体22的上段为圆筒状，球座体22上段的上端面顶在压帽17的圆环面台阶32之下；球座体22上段的内径与短节15下节的外径之间为间隙配合；球座体22下段的外径大于球座体22上段的外径；压帽17下孔套在球座体22上段的外面，压帽17下孔与球座体22上段之间为螺纹紧固联接和螺钉紧固联接；……

摘录三

所述的锥形孔13内表面为抛光面；锥形孔13的上端口与短节15下节的下端面之间留有轴向间隙31；所述的短节15上端开有外螺纹；所述的外壳21上部开有内径加大的沉孔，外壳21上部沉孔内的上端开有联接螺纹18；外壳21下端的外表面开有套管螺纹29；所述的压帽17的上部外侧设有倒角；所述的球座体22的下部外侧设有倒角；压帽17下孔的内表面开有压帽螺纹19，球座体22上段外表面开有外螺纹，压帽17下孔与球座体22上段之间有连接螺钉20。

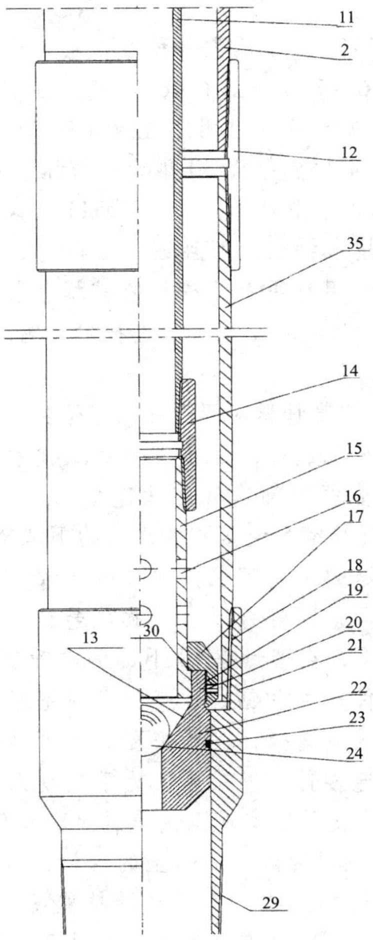


图4

### ☞ 审查意见

摘录一

本申请实际所要解决的技术问题是如何应用膨胀悬挂器以及如何连接投球座以及如何取出投球座。

对于上述区别技术特征，对比文件2（CN1013926331）公开了一种膨胀管悬挂器，并具体公开了以下特征（参见说明书第4~6页，图1~6）：还包括一密封套10（密封套与外连接套、胀塞组成膨胀发射腔室，故相当于封堵），一连接管5、支撑小球的下滑套8（相当于投球座）组成的密封连接付，密封连接付用于和中心管2、外连接套6、胀塞4组成的膨胀发射腔室形成密闭腔，密封连接付包括一连接管5（相当于密封连接管）和一支撑小球的下滑套8（相当于投球座），连接管5下端与下滑套8连接。由此可见，对比文件2公开了部分区别技术特征，而且该特征在对比文件2中所起的作用与其在本申请中的作用相同，都是在密封连接付上设置投球座，也就是说对比文件2给出了将该技术特征用于该对比文件1以解决其技术问题的启示。

摘录二

对比文件3（CN101260791A）公开了一种可提出式球座，并具体公开了以下特征（参见说明书第2~4页、第6~7页、图1~6）：送入工具1下方连接有一中心管11、短节15组成的提拉连接付，提拉连接付用于提拉球座25，提拉连接付包括一面30可设置为圆锥面的短节15（短节15、锥面30用于支撑压帽进而提拉球座25，故相当于提拉锥）和一中心管11（相当于中心杆），中心管11下端与短节15连接。由此可见，对比文件3公开了部分区别技术特征，而且该特征在对比文件3中所起的作用与其在本申请中的作用相同，都是利用可提拉的管柱直接提拉投球座，也就是说对比文件3给出了将该技术特征用于该对比文件1以解决其技术问题的启示。

摘录三

对于其余区别技术特征，“悬挂器应用于热采水平井”仅仅是本领域技术人员对膨胀管悬挂器应用领域的一种常规选择，其不需要克服技术上的障碍，且都是利用内部套管膨胀以实现两种不同的直径石油套管悬挂连接，也未产生预料不到的技术效果；在对比文件2给出的可通过连接管5连接支撑小球的下滑套8进而改变球座设置位置的基础上，根据液压膨胀悬挂器的不同需求，本领域技术人员有动机调整球座位于管柱上的位置以实现其在管柱不同位置都可以液压膨胀悬挂，而在密封套与外连接套、胀塞组成膨胀发射腔室的情况下，在密封套10下部的冲管9上连接球座与连接管5（即在封堵下方连接有密封连接付）并和钻杆、膨胀发射室形成密闭腔仅仅是球座设置于管柱上有限可能位置的一种具体选择，其不需要付出创造性劳动：在对比文件3公开的送入工具1下方连接提拉连接付的基础上，为了实现对管柱内球座的提拉，在对比文件1的钻杆下部设置提拉连接付以实现无论是对对比文件2中下滑套8的直接提拉，还是对密封套10的提拉进而实现可设置于其上的密封连接付的提拉以形成本申请的技术方案均是根据具体的管柱连接结构不需创造性技能便可进行的一般性实践的范畴；而密封连接管上端与封堵连接、提拉连接付中心杆位于密封连接管内以及中心杆上端与钻杆通过接箍连接仅仅是密封连接管以及提拉连接付中心杆连接方式的本领域常用技术手段。

☞ **答辩要点分析思路**

在第一次审查意见中，审查员对于热采水平井膨胀管悬挂器这个技术领域的认知较少，对于该专利申请权利要求1相对于对比文件1实际所要解决的技术问题确定有误。另外，审查员以一种事后诸葛亮的方式认为在对比文件2和3的基础上容易想到相关区别技术特征。

因此，代理师在撰写答辩建议函时，第一，简要概述审查意见的要点。第二，确定区别技术特征，且指出审查员对该申请技术方案相对于对比文件1实际解决的技术问题的确定有误，并根据对该专利申请的申请文件和对比文件1的深入理解，重新确定实际解决的技术问题。第三，为了更加充分地、清楚地向审查员阐述该专利申请的技术方案相对于对比文件1所解决的技术问题，请发明人对背景技术部分的相关技术作详细的阐述，并对该申请技术方案相对于对比文件1所产生的技术效果作详细的阐述。具体为，分别说明封堵、提拉连接付、密封连接付所起的作用和具有的功能，还说明封堵、提拉连接付、密封连接付三者相结合整体上所起的作用和具有的功能，最后说明包括上述区别技术特征A～E的技术方案所产生的技术效果或有益效果。第四，代理师阐述本领域技术人员不容易想到的主要区别技术特征，同时给出了核心的论点和论据，并请发明人从技术角度对相关部分做进一步的补充和说明。第五，告知申请人答辩期限，并请发明人在一定期限以内提供相关资料或做进一步沟通，以便后续留有充足时间撰写意见陈述书。

☞ **答辩建议函原文摘录**

尊敬的××老师：

您好！

敝司已对上述专利申请的第一次审查意见通知书进行了分析，审查员在意见中指出，权利要求1～6不具备创造性，不符合《专利法》第22条第3款的规定（具体评述参见第一次审查意见通知书），并给出了3篇对比文献（参见邮件附件），其中对比文件1为贵司2008年5月5日申请的一份专利申请文件。

对此，我方对原始申请文件、对比文件和审查意见通知书进行了详细的分析，建议从如下角度进行意见陈述：

权利要求1具备创造性

一、权利要求1相对于对比文件1的区别技术特征和实际解决的技术问题

将本申请权利要求1与对比文件1相比较可知，其区别在于：

A. 该悬挂器用于热采水平井膨胀管；

B. 该悬挂器还包括一封堵和一密封连接付，密封连接付用于和所述钻杆、所述膨胀发射室形成密闭腔，所述密封连接付包括一密封连接管和一投球座，所述密封连接管下端与所述投球座连接；

C. 所述密封连接付连接于所述封堵下方，所述密封连接管上端与所述封堵连接；

D. 悬挂器包括一提拉连接付，所述提拉连接付包括一提拉锥和一中心杆，中心杆

下端与所述提拉锥连接；

E. 所述提拉连接付用于提拉所述密封连接付，所述中心杆位于所述密封连接管内，所述中心杆上端与所述钻杆通过接箍连接。

关于本技术方案相对于对比文件1实际解决的技术问题，审查员指出其为如何应用悬挂器以及如何连接投球座以及如何取出投球座。经过分析，我方认为，本技术方案相对对比文件1实际解决的技术问题应为：在避免热采水平井中完成膨胀管悬挂后再次钻铣基底时钻铣难度大、易磨损甚至磨穿膨胀管以及易损坏尾管的同时，避免钻杆内和膨胀发射室内的高压介质泄漏至热采水平井内部。

为便于我方能够进一步更加充分地、清楚地向审查员阐述本专利申请的技术方案相对于对比文件1所解决的技术问题，请发明人提供以下技术支持：

该专利申请背景技术部分记载了："另外，膨胀管技术兴起后，采用膨胀管悬挂器，解决了现有悬挂器悬挂力不足和密封泄漏的问题，但结构复杂，注浆固井操作难度高，且悬挂完成需再次钻铣基底，有时对下部尾管易产生影响，操作不当会钻铣到下部尾管，尤其在热采水平井中无法进行钻铣作业"。

在对比文件1（参见说明书第2页倒数第1段，第3页第1段，以及图1）中，膨胀管悬挂器由钻杆柱、膨胀悬挂体、调长旋套组、膨胀发射室和尾管连接付所组成，膨胀管悬挂体由套管1、悬挂管6、悬挂牙凸8和悬挂胶环7组成，通过膨胀悬挂管，使悬挂管扩径并压挤悬挂牙凸和悬挂胶环咬合于套管内壁，形成轴向悬挂力；另外，膨胀发射室由牵引帽10、推进活塞11、膨胀头13、上膨胀管腔体12和下膨胀管腔体15、钢球18、发射座19、孔用弹性挡圈16和O型密封圈17组成，钢球落在带中孔的发射座上，用孔用弹性挡圈和O型密封圈固定发射座，O型密封圈保证发射座与下膨胀管之间密封。

基于上述基础，请发明人提供以下技术支持：

（1）请发明人说明背景技术部分说明的膨胀管悬挂器是否指的就是对比文件1中的膨胀管悬挂器的结构类型？

若是，请发明人说明为何该类膨胀管悬挂器结构复杂，需要注浆固井，且悬挂完成需要再次钻铣基底，同时，又为何在热采水平井中无法进行钻铣作业。

（2）请发明人详细说明该专利申请相比于对比文件1，包含上述区别技术特征A～E的技术方案所产生的技术效果或有益效果以及实现的最终技术目的，具体可从以下几个方面说明：

Ⅰ. 说明密封连接付所起的作用和具有的功能，并说明封堵所起的作用和具有的功能；

Ⅱ. 说明"密封连接付连接于所述封堵下方，所述密封连接管上端与所述封堵连接，密封连接付用于和所述钻杆、所述膨胀发射室形成密闭腔"所起的作用和具有的功能；

Ⅲ. 说明"所述提拉连接付包括一提拉锥和一中心杆，中心杆下端与所述提拉锥连接"和"所述提拉连接付用于提拉所述密封连接付，所述中心杆位于所述密封连接管内，所述中心杆上端与所述钻杆通过接箍连接"所起的作用和具有的功能；

Ⅳ. 说明上述区别技术特征A～E（即封堵、提拉连接付和密封连接付相结合的结构）整体所起的作用和功能；

Ⅴ. 说明包括上述区别技术特征A～E的技术方案所产生的技术效果或有益效果。

二、权利要求1中的技术方案对于本领域技术人员来说是非显而易见的

1. 本领域技术人员在对比文件2的基础上不容易想到上述区别技术特征C

审查员在第一次审查意见中指出，对比文件2中的密封套10相当于该专利申请权1中的封堵，对比文件2中的下滑套8相当于该专利申请权1中的投球座，对比文件2中的连接管5相当于该专利申请权1中的密封连接管，在此基础上，本领域技术人员容易想到将下滑套8与连接管5设置于在密封套10下方的冲管上并和中心管2、膨胀发射室形成密闭腔仅仅是球座设置于管柱上有限可能位置的一种选择。也就是说，审查员指出对比文件2公开了上述区别技术特征B“该悬挂器还包括一封堵，所述封堵连接有一密封连接付用于和所述钻杆、所述膨胀发射室形成密闭腔，所述密封连接付包括一密封连接管和一投球座，所述密封连接管下端与所述投球座连接”，且在对比文件2的基础上，本领域技术人员容易想到上述区别技术特征C“密封连接付连接于所述封堵下方，所述密封连接管上端与所述封堵连接”。

经过分析，我方认为，上述区别技术特征B确实如审查员所说的已被对比文件2所公开，但上述区别技术特征C并没有被对比文件2所公开，且在对比文件2的基础上，本领域技术人员不容易想到上述区别技术特征C，具体理由如下：

对比文件2中并没有给出将下滑套8设置于位于密封套10下部的冲管9上的技术启示，审查员是在看到该专利申请的发明内容后才会想到将改变下滑套的设置位置，是一种事后诸葛亮的行为。

另外，在对比文件2的基础上，本领域技术人员根本不可能想到上述区别技术特征C。若将对比文件2中的下滑套8和连接管5连接于冲管的底端时，该下滑套8和连接管5并不能和中心管、膨胀发射室形成密闭腔，且当中心管内通入高压介质时，即使在下滑套内投入小球，高压介质仍然将会通过连接管5侧壁上的孔流入空腔中从而与泄漏至井内，且该高压介质并不能进入膨胀发射室内，从而不能实现膨胀管的扩径，进而无法完成膨胀管的悬挂。因此，在此基础上，本领域技术人员根本就不可能想到将对比文件2中的下滑套8和连接管5连接于冲管的底端，即不容易想到上述区别技术特征C。

对此，请发明人提供以下技术支持：

（1）请发明人确认对比文件2中的连接管5、一支撑小球的下滑套8是否分别相当于该专利申请中的密封连接管和投球座？

若是，请发明人从本技术领域的角度进一步说明在对比文件2的基础上是否不容易想到将对比文件2中的下滑套8和连接管5连接于冲管的底端。若是，请具体说明其理由，比如，若将下滑套8和连接管5连接于冲管的底端，将会带来额外的技术问题等。

若否，请发明人具体说明其理由，并对比说明连接管5和一支撑小球的下滑套8

在对比文件2中所起的作用，以及密封连接管和投球座在该专利申请中所起的作用。

(2) 在对比文件2的基础上，为了提高膨胀发射室的密封性能，避免中心管2内和膨胀发射室内的高压介质泄漏至热采水平井内部，请发明人举例说明本领域技术人员通常想到的技术手段（比如，对外连接套6与密封套10之间的结构进行改进，以提高密封套10在沿竖直方向移动过程中膨胀放射室的密封性，等等）。

2. 本领域技术人员在对比文件3的基础上不容易想到上述区别技术特征E

审查员在第一次审查意见中指出，对比文件3中的中心管11相当于该专利申请权1中的中心杆，对比文件3中的短节15相当于该专利申请权1中的提拉锥，在此基础上，本领域技术人员容易想到将对比文件3中的中心管11设置于密封连接管内，并将中心管11的上端连接于对比文件1中的推拉中心管的底面。也就是说，审查员指出对比文件3公开了上述区别技术特征D“悬挂器包括有一提拉连接付，所述提拉连接付包括一提拉锥和一中心杆，中心杆下端与所述提拉锥连接”，且在对比文件3的基础上，本领域技术人员容易想到上述区别技术特征E“所述提拉连接付用于提拉所述密封连接付，所述中心杆位于所述密封连接管内，所述中心杆上端与所述钻杆通过接箍连接”。

经过分析，我方认为，上述区别技术特征D确实如审查员所说的已被对比文件3所公开，但上述区别技术特征E并没有被对比文件3所公开，且在对比文件3的基础上，本领域技术人员不容易想到上述区别技术特征E，具体理由如下：

对比文件3与对比文件1根本无法结合。在对比文件1公开的膨胀管悬挂器中，通过在推拉中心管内通入高压介质推动推进活塞、牵引帽、膨胀头、承载螺帽、推拉中心管、扶正短节、过渡钻杆5整体向井口方向移动，从而使得悬挂管膨胀进而咬合于套管内壁。若将对比文件3中的中心管11、短节15、压帽17、球座体22、密封圈23、球24组成的整体结构连接至对比文件1的膨胀管悬挂器中所得到的结构中，对比文件3中的中心管11的顶面连接至对比文件1中的推拉中心管9的底面，且球座体22与悬挂管的内壁密封连接，同时，球座体22、球24、短节15、推拉中心管9与悬挂管、膨胀头13围绕形成一膨胀发射室。然而，当推拉中心管9内通过高压介质时，高压介质经传压孔16进入膨胀发射室中从而推动膨胀头13。推拉中心管9、短节15、压帽17、球座体22整体向井口方向移动，导致球座体22与悬挂管之间存在间隙，从而使得膨胀发射室内的高压介质泄漏至井内，进而阻碍了膨胀头的移动。因此，在此基础上，本领域技术人员根本就不可能想到将对比文件3中的中心管的顶面连接于对比文件1中的推拉中心管9的底面，即不容易想到上述区别技术特征E。

对此，请发明人提供以下技术支持：

请发明人从本技术领域的角度进一步说明在对比文件3的基础上是否不容易想到将对比文件3中的中心管的顶面连接于对比文件1中的推拉中心管9的底面，并将中心杆设置于一密封连接管内。

若是，请具体说明其理由，比如，若采用这种设置方式，将会带来额外的技术问题等，或者，为了解决该专利申请实际解决的上述技术问题，请发明人举例说明本领域技术人员通常采用的技术手段，并体现与上述区别技术特征C截然不同。

综上所述，权利要求1的技术方案，是本领域技术人员根据对比文件1并结合对比文件2、3和公知常识等其他现有技术也是不容易想到的，具有非显而易见性，故具有突出的实质性特点。因此，权利要求1相比于对比文件1～3以及公知常识的结合具备创造性。

若发明人从技术角度还有其他意见补充，请提供给我方。

题述案件此次答辩最终期限为××××年××月××日。为使我方有充分时间与贵方发明人进行技术沟通，并撰写答辩文稿，请贵方最迟于××××年××月××日前，给予我方明确指令是否要进行答辩，并结合上述建议给予我方您的意见。

## 【案例No. 101612】一种金雀异黄素烟酰胺共晶、其晶体及其制备方法

### ☞ 案由简要

该案涉及一种金雀异黄素烟酰胺共晶、其晶体及其制备方法。在第一次审查意见中，审查员指出权利要求不符合《专利法》第26条第4款、《专利法实施细则》第22条第2款规定，申请人在答复第一次审查意见通知书后，收到第二次审查意见通知书。在第二次审查意见通知书中，审查员引用了3篇对比文件，分别为：对比文件1（WO2010/068861A1）、对比文件2（药物共晶在药学中的应用，闻聪等，中国新药杂志，第16卷第15期，第1167～1171页）和对比文件3（药物共晶研究进展，高缘等，化学进展，第22卷第5期，第829～836页），认为权利要求1～9不具备创造性。

专利代理师收到第二次审查意见后，给予申请人答辩建议函，建议函中有两种方案可供申请人选择，申请人最后选择了方案Ⅱ，并从技术角度对相关问题作了相应的补充以及进一步的解释和说明，在答复第二次审查意见时，专利代理师结合申请人补充的资料更加充分地反驳了审查员的观点，并得到了审查员的认可。

### ☞ 相关权利要求

1. 一种金雀异黄素烟酰胺共晶化合物晶体，在X－射线粉末衍射图中，辐射源为CuKα1，该晶体在衍射角度2θ＝7.466，11.564，12.733，14.571，15.984，17.323，18.035，26.345，27.414，28.701和29.448度处有主峰；在2θ＝12.159，16.564，19.189，20.966，22.456，23.241，23.947，24.793，25.596，33.661，34.991和36.380度处有次要峰；其中2θ值误差范围为±0.3；所述的金雀异黄素烟酰胺共晶化合物如式Ⅰ所示：

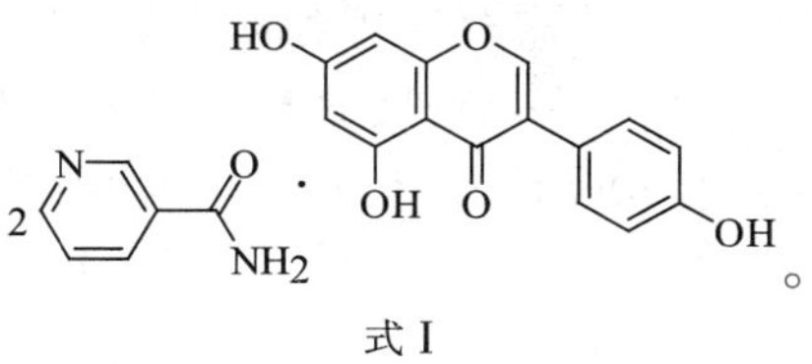


式Ⅰ

2. 一种如权利要求1所述的晶体的制备方法，其特征在于：其包括下述步骤：在反应溶剂中，在搅拌条件下，金雀异黄素与烟酰胺发生反应，将反应溶液结晶，即可；所述反应溶剂为强极性溶剂和/或中等极性溶剂；所述反应的温度为室温～180℃；所

述结晶采用溶剂挥发法、反溶剂法、冷却法、反溶剂－冷却法、反溶剂－晶种法、冷却－晶种法或反溶剂－冷却－晶种法进行；所述强极性溶剂选自甲醇、乙醇、二甲亚砜、二甲基乙酰胺和二甲基甲酰胺中的一种或多种；所述中等极性溶剂选自异丙醇、1，4－二氧六环和四氢呋喃中的一种或多种。

☞ **相关说明书内容**

摘录一

在理化性质方面，金雀异黄素为异黄酮类化合物，淡黄色树枝状针晶粉末，不溶于水。按生物药剂分类系统分类，该化合物属于低溶解度－高渗透性药物，即 BCS－Ⅱ类药物。金雀异黄素的主要问题为水溶性差，其在水中溶解度小于0.001mg/mL。而溶解度差则可能导致其体内生物利用度个体差异大，易受饮食影响等。提高药物溶解度有很多方法，如通过结构修饰、药剂学方法等。在中国专利的检索中，其衍生物和前体药物有染料木素磺酸酯衍生物（CN200810046631.1）、染料木素－3′－磺酸钠（CN200410026270.6）、染料木素衍生物（CN200410041157.5）、染料木素的衍生物（CN200610161369.6）等。另外，文献报道的还有染料木素乙酰阿魏酸酯的合成、染料木素的磷酰化结构改造。这些衍生物和前体药物缺乏必要的药理学数据和临床疗效的支持。制剂学方面的研究文献则有固体分散体、自微乳、胶束或环糊精增溶等。

然而，国内应用共晶筛选提高金雀异黄素的溶解度的专利未见报道。

摘录二

本发明的积极进步效果在于：（1）相比于现有技术，本发明的金雀异黄素烟酰胺共晶化合物及其晶体不但溶解度和溶出速率好，而且吸湿性低，稳定性高，具有较高的生物利用度，具有优良的临床应用前景。

（2）本发明的共晶化合物或其晶体的制备方法简便，易操作，适用于工业生产，晶体产率可达72%～90%。

摘录三

图2为实施例1制得的金雀异黄素烟酰胺共晶化合物晶体的DSC和TGA图。由图2可知，晶体在120℃失重0.4395%，随后晶体开始熔融并分解，在286℃失重59.5%。该晶体的熔融分解温度为150.26℃。相比较而言，烟酰胺原料药本身于130℃左右熔融分解；金雀异黄素原料药本身于300℃左右熔融分解。由于图2中仅有一个熔融峰，由此可以判断烟酰胺和金雀异黄素形成了复合结构。

图4是实施例1制得的金雀异黄素烟酰胺共晶化合物晶体的动态吸湿等温线曲线图。由图4可知，晶体在0到75%的相对湿度之间增重1.052%；晶体在0到95%的相对湿度之间增重9.718%，金雀异黄素烟酰胺共晶化合物晶体在低相对湿度的环境中吸湿缓慢，吸湿性适中，但在高于70%的相对湿度环境中，该晶体吸湿速率增加，吸湿性增加。

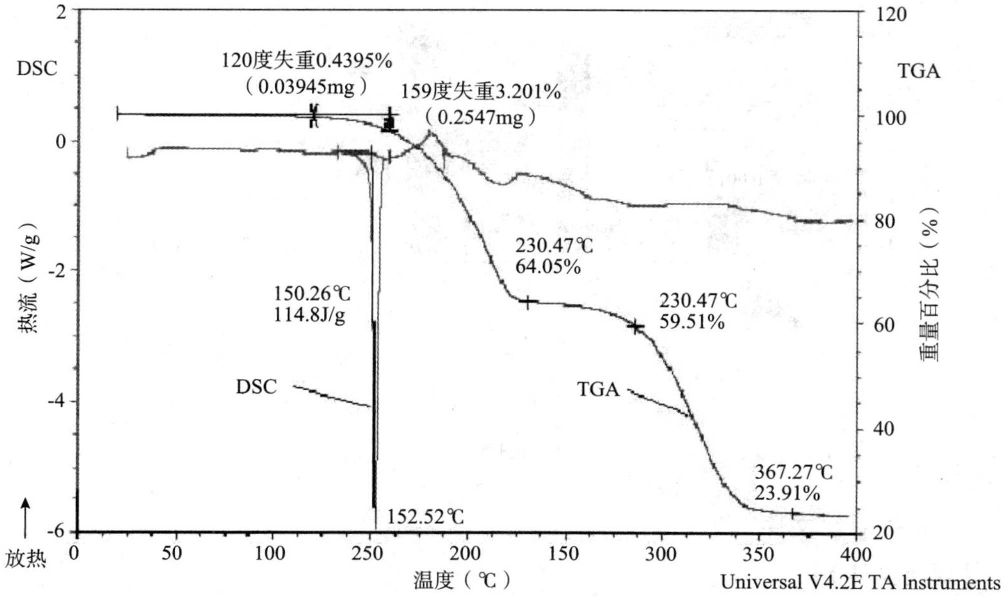


**图 2**

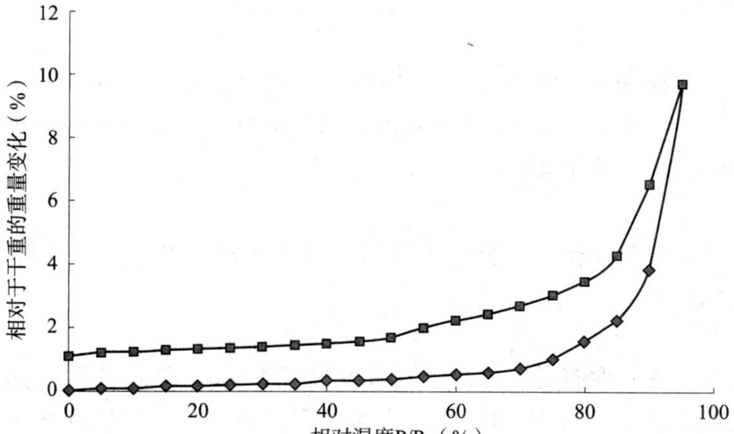


**图 4**

图 5 为金雀异黄素与实施例 1 制得的金雀异黄素烟酰胺共晶化合物晶体的溶解度图。由图 5 可知，金雀异黄素在人工模拟胃液（简称“人工胃液”）、空腹下人工模拟肠液（简称“未进食人工肠液”）、进食后的人工模拟肠液（简称“人工肠液”）中溶解度分别为 0.0002mg/mL、0.0006mg/mL 和 0.0034mg/mL；金雀异黄素烟酰胺共晶化合物晶体在人工胃液、未进食人工肠液、人工肠液中溶解度分别为 0.0012mg/mL、0.0045mg/mL、0.0046mg/mL。由此可知，金雀异黄素烟酰胺共晶化合物晶体的溶解度相比于金雀异黄素有明显改善。

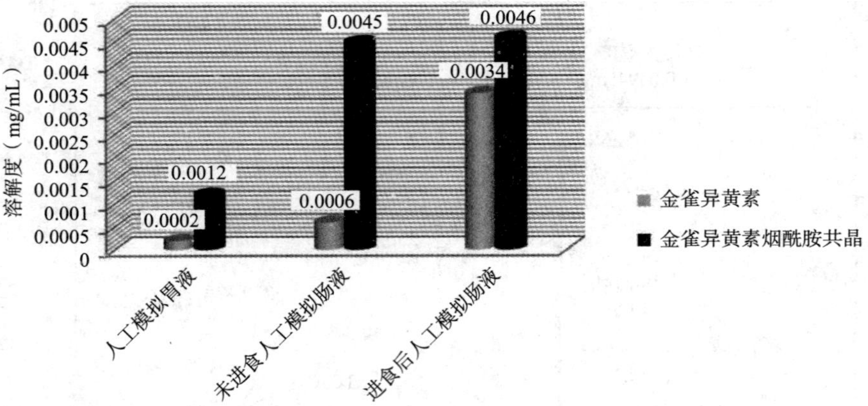


**图5**

### ☞ 相关对比文件

**【对比文件1】**

金雀异黄素实际上不溶于水，但具有高的细胞膜渗透性，低的水溶性和慢的溶出速度；经常是造成药物化合物低生物利用度的限制性因素，从而限制其应用。

**【对比文件2】**

摘录一

按照晶体工程学和超分子化学的设计原理，通过共结晶的方式可制备药物共晶，作为活性药物成分（API）的一种固体形态，其具有改善药物的溶解度和溶出速率，提高生物利用度和稳定性等特点。

摘录二

用来构造共晶的超分子异合成元不仅仅局限于羧酸，醇－酰胺和醇－吡啶在晶体工程中也有类似作用。

摘录三

在共晶的研究中，常需进行不同溶剂（或其混合物）、不同的结晶方式和结晶条件的尝试，采用高通量结晶系统（HTCS）尤为方便；药物共晶的制备方法很多，常用的有溶剂重结晶法，通过溶剂缓慢蒸发或者冷却的方式制备药物共晶。

**【对比文件3】**

摘录一

溶液结晶，包括了蒸发溶剂法、降温析晶法等，用溶剂法制备结晶，API（活性药物成分）和CCF（共晶形成物）在溶剂中的相互作用需比各物质分子间或API和溶剂分子间的作用力大，这样才能保证共晶的生成，并且需要了解API和CCF在溶剂中的溶解度，选择对API和CCF溶解情况类似的溶剂，以便减少其中一种物质单独析出的可能性。

### ☞ 审查意见

摘录一

权利要求1与对比文件1相比，其区别技术特征在于：权利要求1是金雀异黄素烟酰胺共晶，对比文件1是金雀异黄素。根据说明书的记载，本申请共晶化合物的溶解度相对于对比文件1的金雀异黄素有明显提高，而且吸湿性低，物理化学稳定性高，具有较高的生物利用度，所以权利要求1实际解决的技术问题是改善金雀异黄素的溶解度和稳定性，提高生物利用度。

对比文件2给出了以下技术启示：通过共结晶方式制备药物共晶可以改善溶解度和稳定性，提高生物利用度，可以利用醇或酚与酰胺之间的氢键作用形成共晶化合物，共晶形成物可以是异烟酰胺。在此基础上，本领域技术人员为了改善金雀异黄素的溶解度及稳定性，容易想到制备共晶化合物，而烟酰胺是本领域常用的既含吡啶又含烟酰胺的化合物，所以本领域技术人员有动机制备金雀异黄素烟酰胺共晶，并通过本领域常用的共晶制备方法得到共晶化合物，测试得到其X射线衍射图谱。而共晶化合物因为药物分子与共晶形成物之间氢键的作用，药物分子中可形成氢键的基因被占用，从而难以与水作用，药物的引湿性也就降低了。

所以，在对比文件1的基础上结合对比文件2和本领域的普通技术知识得到权利要求1，是本领域技术人员容易想到的，而且本申请没有证据证明其共晶化合物具有预料不到的技术效果。

摘录二

权利要求2与对比文件1相比，其区别技术特征在于：a）权利要求1是金雀异黄素烟酰胺共晶，对比文件1是金雀异黄素；b）对比文件1没有公开共晶的制备方法。根据区别特征产生的技术效果确定权利要求2实际解决的技术问题是提供一种方法，改善金雀异黄素的溶解度和稳定性。

对于区别特征a）来说，参见审查意见摘录一的评述，本领域技术人员容易想到制备金雀异黄素烟酰胺共晶。

对于区别特征b），对比文件2~3给出了可以使用蒸发溶剂法、降温析晶法制备共晶的技术启示，并且教导了如何选择溶剂，可以使用高通量结晶系统对溶剂、结晶方法、结晶条件进行筛选。在对比文件2~3公开的上述内容的基础上，本领域技术人员出于制备金雀异黄素烟酰胺共晶的需要，容易想到使用高通量结晶系统，对溶剂、结晶方法、结晶条件进行筛选，并通过有限的试验确定适宜的溶剂和条件。搅拌条件下发生反应是为了使药物分子和共晶形成物充分接触容易想到的。

所以，在对比文件1的基础上结合对比文件2~3和本领域的普通技术知识得到权利要求2，是本领域技术人员容易想到的，而且本申请没有证据证明其技术方案具有预料不到的技术效果。即权利要求2是显而易见的，不具有突出的实质性特点和显著的进步，不具备创造性。

### ☞ 答辩建议函撰写要点分析思路

在第二次审查意见通知书中，对于权利要求1，审查员认为，为了改善金雀异黄素的溶解度及稳定性，容易想到制备共晶化合物，而烟酰胺是本领域常用的既含吡啶又含烟酰胺的化合物，本领域技术人员有动机制备金雀异黄素烟酰胺共晶，并且通过本领域常规方法得到共晶化合物，测试得到其X射线衍射图谱。对于权利要求2，审查员认为在对比文件2和3的基础上容易想到相关区别技术特征。

因此，代理师在撰写答辩建议函时，第一，简要概述审查意见的要点。第二，根据审查员的意见撰写两个方案以供发明人选择，分别阐述每一种方案如何操作及其优缺点，发明人可以根据实际需求选择合适的方案；另外，对于给出的核心论点和论据，希望发明人从技术角度对相关部分作进一步的补充和说明。第三，告知申请人答辩期限，并请发明人在一定期限内提供相关资料或作进一步沟通，以便后续留有充足时间撰写意见陈述书。

☞ **答辩建议函原文摘录**

尊敬的××老师：

您好!

敝司已对上述专利申请的第二次审查意见通知书进行了分析，审查员在意见中指出，权利要求1~9不具备创造性，不符合《专利法》第22条第3款的规定（具体评述参见第二次审查意见通知书），并给出了3篇对比文献（参见邮件附件）。

审查员认为在对比文件1的基础上，结合对比文件2、对比文件3以及本领域内普通技术知识，本领域内技术人员很容易想到的，且本申请没有证据证明权利要求1~9所要求保护的技术方案具有意料不到的技术效果，即权利要求1~9是显而易见的，不具有突出的实质性特点和显著的进步，不具备创造性。

针对上述意见，我方建议如下，发明人可以择一进行选择。

方案一：不作修改，争辩本申请具备创造性。

对比文件1公开了金雀异黄素的缺陷，对比文件2公开了药物共晶可以改善药物的溶解度、溶出速率和生物利用度等性质，故审查员提出很容易将两者结合，得到权利要求1。针对上述意见，发明人需向审查员证明，虽然对比文件2提及药物共晶可以改善药物的性质，但是本身共晶形成物的选择或此共晶化合物的制备还是存在很大难度的。

请问发明人，是否像对比文件2提及的，只要是具有醇－酰胺和醇－吡啶的结构，就能够形成共晶化合物或者能够达到本发明共晶化合物的产率及优异的性能？若是此结论不对，发明人可以通过举对比实施例或者通过相关的文献、专利或教科书向审查员证明，并非只要具有该些特定结构就一定能形成共晶化合物。如果在共晶制备工艺中，还存在很多其他的影响因素，特别是一些负面影响因素，导致共晶无法形成的，请发明人补充相关的机理论述。

此外，为什么本发明特定选择了烟酰胺作为共晶形成物？在选择烟酰胺时，考虑了哪些相关的因素？其他类似的结构是否能够作为本发明的共晶形成物进行制备？若其他的一些常用的共晶形成物难以实现本发明的技术效果的，即在产率、溶解度、吸湿性等方面不如本发明的，建议发明人可以从反应机理等方面进行相关论述，以反驳审查员的观点；同时，最好还可以补充一些相应的对比实施例，用数据向审查员表明：本发明中所选择的烟酰胺实现了更好的技术效果。

虽然对比实施例的补充存在一定不被审查员接受的风险，但是若要争辩权利要求1具备创造性，最好还是能够提供相关的对比实施例。

若贵方对于上述问题难以补充或答复，则争辩权利要求1的难度较大。

方案二：删除权利要求1，将权利要求2上升为新的权利要求1。经我方分析，选择该方案授权的可能性较大，具体分析如下：

（一）新权利要求1相对于对比文件1的区别技术特征和实际解决的技术问题

新权利要求1与对比文件1相比较，区别技术特征在于：

(1) 本发明为现有技术中不存在的金雀异黄素烟酰胺共晶化合物晶体，且给出了具体的结构式及其对应的X射线粉末衍射数据，其中，金雀异黄素与烟酰胺的摩尔比例为1∶2；而对比文件1仅仅公开了金雀异黄素及其理化性质的缺陷。

(2) 本发明为针对金雀异黄素烟酰胺共晶化合物晶体特定的制备方法，其中包含对特定的反应温度的选择、特定的结晶方法的选择以及对特定的结晶溶剂的选择；而对比文件1均没有提及相关内容。

关于新权利要求1相对于对比文件1实际解决的技术问题，审查员指出其为提供一种方法，改善金雀异黄素的溶解度和稳定性。经过分析，我方认为上述解决的技术问题并不全面，应为提供一种现有技术不存在的、结晶工艺可操作性强、方法简便、适用于产业化生产的金雀异黄素烟酰胺共晶化合物晶体的制备方法，以及同时改善现有金雀异黄素晶体在产率、溶解度、溶出速率、吸湿性、稳定性和生物利用度上的不足。

（二）新权利要求1中的技术方案对于本领域技术人员来说是非显而易见的

虽然对比文件2、对比文件3均公开了制备共晶的大体工艺方法，但是我方认为，对比文件2、3只给出了本领域制备共晶的公知常识，并没有披露制备金雀异黄素共晶的具体反应溶剂、反应温度、结晶方法及共晶形成物，更没有提供相应的实施例来证明。而且对比文件2中同时公开了：虽然药物共晶制备的条件温和，但是其制备和纯化并非一个常规的操作；此外，溶剂的选择也是从溶液中获得的共晶重要因素，但溶剂在晶体和共晶成核过程中的作用仍缺乏研究（参见对比文件2“药物共晶在药学中的应用”第1169页，左栏第四段）。由上述也可见，对于药物共晶的制备和纯化并非一个常规的操作，因此，本发明的金雀异黄素烟酰胺共晶的制备是极其困难的，对比文件1、2和3及现有技术并没有给出如何解决本发明所述的技术问题并取得所述效果的任何技术启示。为便于我方能够进一步更加充分地、清楚地反驳审查员的观点，请发明人提供以下技术支持：

针对纯化方面，请问发明人，能否从效果实施例反向测定推算出实施例中产物的纯度？若是可以，请给出相关的推算依据。针对共晶的制备方面，发明人还需要向审查员证明，制备方法中的技术特征（如溶剂、温度和结晶方法）的筛选过程是不容易得到的，且该些技术特征产生了预料不到的技术效果。具体的，可以从下面几个角度进行论述：

① 根据本发明共晶的制备方法的研发过程强调筛选出上述技术特征不容易。

首先，向发明人了解一下，在本发明共晶的研究过程中，针对溶剂、温度和结晶方法的筛选过程是怎样设计实验的？是采用高通量结晶系统（HTCS）吗？请发明人介绍下本发明的研发过程。最好能明确指出本发明在设计实验时的考虑要点，实验中考察的因素个数，每个因素可选的试剂个数、含量范围，各种可能的组合方案的个数，以体现对本领域技术人员来说难以想到。

其次，除了新权利要求1中对溶剂、温度和结晶方法的限定外，是否还有其他参数的控制对本发明共晶化合物的制备是至关重要的？若有需要，可将其进一步限定到新权利要求1中，进一步与对比文件1、对比文件2区别开。如金雀异黄素与烟酰胺投料摩尔比、反应溶剂与金雀异黄素体积质量比、搅拌速率、反应时间和温度等。发明人可以通过补充对比实施例（某个参数不包含在上述优选范围内的），来体现出本发明对于该些参数进行了特定的选择，不在本发明所限定的范围内，都无法达到本发明的产率，并实现共晶化合物的优异性能。

②最好能够向审查员证明，并非所有的药物共晶都能改善原药物的理化性质（如溶解度及稳定性），其与具体所选择的共晶形成物有关，共晶形成物的选择是付出了创造性劳动的。

我方找到一文献［药物的共晶与盐，2012，43（5），447页右栏，第4段］，公开了药物共晶的溶解度与客分子（即共晶形成物）的种类相关，随着客分子种类的不同，共晶的溶解度也随之改变；盐酸氟西汀与苯甲酸形成共晶后溶解度减小；与琥珀酸形成共晶后溶解度基本无变化。因此，在制备共晶时选择合适的客分子有助于提高药物的溶解度。对此请问，为什么本发明特定选择了烟酰胺作为共晶形成物？在选择烟酰胺时，考虑了哪些相关的因素？其他类似的结构是否能够作为本发明的共晶形成物进行制备？若其他的一些常用的共晶形成物难以实现本发明的技术效果的，即在产率、溶解度、吸湿性等方面不如本发明的，建议发明人可以从反应机理等方面进行相关论述，以反驳审查员的观点。

③即使本领域技术人员想到了选用烟酰胺为共晶形成物，也无法预料到其在改善金雀异黄素溶解度的同时还能降低其吸湿性，提高其稳定性。活性药物分子溶解度的提高，不一定表示其他理化性能也同时改善。该文献［药物的共晶与盐，2012，43（5）］中也公开了共晶的稳定性与客分子的种类有关，咖啡因在高湿条件下易转化为水合物。稳定性试验结果表明，咖啡因与草酸形成共晶后，在高湿度条件下放置7周仍然稳定；与戊二酸制成共晶后，迅速转变为咖啡因水合物并且吸湿严重，稳定性较差不如原药物。对此，若发明人有更多的理论或实际反例能够证实活性药物分子的溶解度与吸湿性等理化性能直接无必然的联系，请予以提供。

④是否像对比文件2提及的，只要是具有醇-酰胺和醇-吡啶的结构，就能够形成共晶化合物或者能够达到本发明共晶化合物的产率及优异的性能？若是此结论不对，发明人可以通过举对比实施例或者通过相关的文献、专利或教科书向审查员证明，并非只要具有该些特定结构就一定能形成共晶化合物。如果在共晶制备工艺中，还存在很多其他的影响因素，特别是一些负面影响因素，导致共晶无法形成的，请发明人补充相关的机理论述。

⑤我方还检索到一篇2012年时发表的文章，文献二［药物共晶筛选与理化性质研究进展，2012，43（8），707页右栏，第2段］，其公开了“由于至今还没有方法能准确预测共晶的形成，只能通过反复试验，因此共晶并不存在显而易见性，所以新发现的且未报道过的共晶一般都可获得专利授权”。可见，即使是在2012年，都还没有

方法能准确预测共晶的形成的前提下，再加上对比文件2指出的，对于药物共晶的制备和纯化并非一个常规的操作，显然，为了筛选出一个综合性能优异、具有临床应用前景的金雀异黄素烟酰胺晶体，这都是需要本领域技术人员通过千百次的实验筛选才能获得的，需要付出创造性的劳动才能得到的。后续我方还会尝试从该角度论述本发明的创造性。

另外，对于删除的权利要求1（请求保护一种金雀异黄素烟酰胺共晶化合物晶体），贵方若还想争取，可提交分案继续争取。若有此需要，请指示。

若发明人还有其他方面的意见，也请补充。由于发明人对于本发明有着极为深刻和专业的认知，所以希望发明人可以根据自身的经验和知识补充您的意见和建议。

题述案件此次答辩最终期限为××××年××月××日。为使我方有充分时间与贵方发明人进行技术沟通，并撰写答辩文稿，请贵方最迟于××××年××月××日前，给予我方明确指令是否要进行答辩，并结合上述建议给予我方您的意见。

## 第四节　与申请人和审查员进行沟通

沟通是答辩方案确定过程中很重要的一个环节。通过充分的沟通，专利代理师可以全面深入地了解到相关信息、申请人的意见及需求以及审查员的意见及审查尺度，以进行综合分析，在以审查员为代表的依据要求和为申请人争取尽可能大的符合其需求的权利范围之间取得最佳平衡点，从而最终确定答辩方案。

首先，肯定是与申请人的沟通。在提供了全面建议后，应当及时与申请人进一步沟通。申请人由于对专利法中创造性的含义及判断方法不了解，有可能对专利代理师之前提供的建议理解还不清楚。及时了解申请人的疑惑，进一步为申请人进行清楚明了的口头或书面解释，很有必要，以免由于双方信息沟通不畅，影响答辩的理由及证据的准备。通过充分沟通，专利代理师还可能从申请人处获知一些不了解的技术信息，或未想到的答辩突破点。当然，由于对专利法不了解，申请人可能不知道哪些信息应当提供给专利代理师。因此，在交流过程中，专利代理师应当善于用通俗易懂的语言，按照专利法的思路去引导申请人提供相关的信息，善于在申请人可能比较混乱的语言中敏锐地捕捉任何可能有用的信息，进一步深入探讨，以寻找一切可能的创造性论述的突破点。在充分的交流沟通过程中，专利代理师和申请人的思路不断碰撞、交融、相互启发，常常可以迸发出一些意想不到的火花，使得为论述准备的理由和证据不断丰满起来，为最终撰写出内容充实的意见陈述提供充足的素材。此外，沟通中，专利代理师还需要充分了解申请人的实际需求，权衡利弊，为申请人量身打造对其有利的答辩方案。

必要情况下，与审查员进行沟通也十分重要。无论审查员的意见是否合理，就具体个案而言，最终的授权或驳回都取决于审查员的决定。即便是可以通过后续复审的救济途径撤销驳回决定，最终为申请人争取到授权，对于申请人而言启动复审程序费时、费财、费力，也是不小的损失。因此，根据具体案情及申请人的需要，专利代理师要在必要时与审查员进行充分的沟通，要做好申请人和审查员之间的润滑剂，尽量在实质审查程序中为申请人争取到有利的结果。例如，若申请人希望尽快授权，或者已经属于就创造性问题答复两次以上的审查意见通知书的情况，可通过与审查员电话沟通，就初步拟定的答辩方案征询其意见，根据其意见补充一些内容，或者再与申请人协商，调整方案，尽可能在正式提交意见陈述书文本前，确定审查员和申请人都能接受的方案，以加快审查程序的进行，更有把握地为申请人争取到授权。例如，若申请人希望基于较大的保护范围争取授权，但论述创造性的理由及证据又不是很充分，担心被直接驳回，可与审查员事先沟通，强调此申请对申请人的重要性，请求其在阅读意见陈述后，若有不同意见请再给予申请人一次意见陈述的机会，不要急于驳回。与审查员的沟通过程中，无论审查员的态度固执与否，其意见偏颇与否，始终要尽量营造愉快和谐的沟通氛围，为双方的沟通留有余地，以利于申请的授权。

## 【案例 No. 1410655】人口腔鳞癌 CAL－27－CDDP 耐药细胞株

### ☞ 案由简要

该申请涉及一种人口腔鳞癌 CAL－27－CDDP 耐药细胞株。

- 一通：审查员引用一篇英文对比文件认为权利要求 1～2 不具备创造性。
- 答一通：未对权利要求书进行修改，引入对比文件论述权利要求 1～2 具备创造性。
- 审查结果：授权。

### ☞ 相关权利要求

权利要求 1：一种人口腔鳞癌 CAL－27 耐药细胞株，其特征在于，其是保藏号为 CCTCC NO：C2012150 的人口腔鳞癌 CAL－27－CDDP 耐药细胞株。

### ☞ 相关说明书内容

摘录一：部分背景技术

针对鳞状细胞癌，虽然目前已经开发出了很多的治疗药物并且已经被有效应用于临床上，然而，在众多的化疗过程中经常遇到耐药和多药联用耐药的情况。耐药性一般由众多因素导致，其中不容忽视的是个体化基因的差异，差异基因的筛查与深入的耐药分子机制研究对未来的临床治疗有很深远的意义。传统诱导与筛选的方法建立的口腔鳞癌细胞株由于大剂量给药对细胞状态影响较大，造成差异基因的人为改变，不利于后期筛查。

摘录二：该发明的积极进步效果

本发明人首次提供了一种可以具临床上的人口腔鳞癌的生物学性状，呈增殖促进且交叉耐 5－Fu 和 MTX 的人口腔鳞癌 CAL－27－CDDP 耐药细胞株。

摘录三：说明书实施例，多药耐药测定

以 MTT 法测定耐药指数，结果如表 5 所示。CAL－27－CDDP 细胞耐药指数为 3.587，与亲本细胞相比差异显著（$P<0.05$），而且除对顺铂（CDDP）有耐药性外，对 5－氟尿嘧啶（5－Fu）和甲氨蝶呤（MTX）等也有一定的交叉耐药。

**表 5**

| 药物（Drug） | $IC_{50}$/（μg/ml） | | 耐药指数（RI） |
|---|---|---|---|
| | CAL-27 | CAL-27-CDDP | |
| CDDP | 2.334 | 8.351 | 3.587* |
| 5-Fu | 1.650 | 7.038 | 4.264* |
| HCPT | 0.101 | 0.242 | 2.389 |
| TAX | 0.407 | 0.974 | 2.394 |
| MTX | 0.855 | 3.487 | 4.080* |
| L-OHP | 5.327 | 14.405 | 2.704 |

### ☞ 相关对比文件

对比文件 1（Gosepath et al.，Acquired cisplatin resistance in the head-neck cancer cell line Cal27 is associated with decreased DKK1 expression and can partially be reversed by overexpression of DKK1，Int. J. Cancer：123，2013-2019）被认为是最接近的现有技术。其公开了耐受 CDDP 的 CAL-27 细胞株，并公开了用浓度不断增加的顺铂（10～50μM）处理 CAL-27 细胞系，最终筛选获得可耐受顺铂的细胞系 Cal27cis［Treatment of the tongue cancer cell line Cal27 with 6 cycles of cisplatin（increasing from 10 to 50μM）each followed by a recovery period resulted in a cell line named Cal27cis showing decreased chemosensitivity against cisplatin（～10-fold）］。

*Int. J. Cancer:* **123**, 2013–2019 (2008)
© 2008 Wiley-Liss, Inc.

**Acquired cisplatin resistance in the head–neck cancer cell line Cal27 is associated with decreased DKK1 expression and can partially be reversed by overexpression of DKK1**

**Eva M. Gosepath[1], Niels Eckstein[2], Alexandra Hamacher[1], Kati Servan[2], Georg von Jonquieres[2], Hermann Lage[3], Balazs Györffy[3], Hans D. Royer[2] and Matthias U. Kassack[1*]**

[1]*Pharmaceutical Biochemistry, Institute of Pharmaceutical and Medicinal Chemistry, University of Duesseldorf, Duesseldorf, Germany*
[2]*Stiftung Caesar, Center of Advanced European Studies and Research, Bonn, Germany*
[3]*Institute of Pathology, Charité-University Medicine, Berlin, Germany*

**Head and neck cancers are treated by a combination of surgery, radiotherapy and/or chemotherapy. The clinical success of cisplatin-based chemotherapy, mostly in combination with 5-FU or a taxane, is however limited by multifactorial intrinsic or acquired resistance. So far, known genes involved in cisplatin resistance do not sufficiently allow the prediction of cancer chemosensitivity. Thus, the purpose of this study was to search for further genes involved in cisplatin resistance by differential gene expression analysis of the parental tongue cancer cell line Cal27 and its 10-fold more resistant sub-cell line Cal27cis, which was obtained by treating Cal27 with increasing concentrations of cisplatin. As found by the suppression subtractive hybridization, expression of *DKK1*, an inhibitor of canonical WNT signaling, was decreased in Cal27cis. Microarray analysis, qPCR and ELISA confirmed the ~2-fold difference in expression. Cisplatin treatment and serum starvation increased by 2-fold the secretion of DKK1 in Cal27 and Cal27cis, thus rendering DKK1-levels significantly different in both cell lines under basal and stress conditions. Recombinant overexpression of *DKK1* in Cal27 and Cal27cis resulted in clonal cell lines, which were both 2.2- to 3-fold more sensitive toward cisplatin in cell viability (MTT) and in proliferation (BrdU) assays. In conclusion, acquired (10-fold) resistance of Cal27 against cisplatin is associated with decreased *DKK1* expression and could partially be reversed by *DKK1* overexpression, thus suggesting *DKK1* and the WNT signaling pathway as a marker and target for cisplatin chemosensitivity.**
© *2008 Wiley-Liss, Inc.*

**Key words:** cisplatin; resistance; head-neck cancer; dickkopf-1; WNT-signaling

tion of cisplatin allowed obtaining the ~10-fold more resistant cell line Cal27cis. Gene expression of Cal27cis was compared with its parental sensitive cell line Cal27 by suppression subtractive hybridization (SSH), an unbiased detection method of differentially expressed sequences[13] and revealed dickkopf 1 (DKK1), a secreted extracellular inhibitor of the canonical WNT signaling pathway.[14] WNT signaling plays key roles in embryogenesis, tissue homeostasis, cell proliferation and cancer.[15–18]

Genotoxic stress caused by UV and chemotherapeutic agents enhance *DKK1* expression. It is also known that *DKK1* sensitizes cells to alkylating agent-mediated apoptosis.[19] In our study, *DKK1* expression was found by SSH to be decreased in the developed resistant head/neck cancer cell line Cal27cis. This was confirmed by microarray analysis, qPCR and ELISA. Differences of short-term and long-term treatment with cisplatin upon DKK1 secretion and the functional contribution of decreased and increased (recombinant) *DKK1* expression on chemosensitivity against cisplatin were examined in Cal27 and Cal27cis.

**Material and methods**

*Cell lines and cell culture*

The human head and neck carcinoma cell line Cal27 was obtained from DSMZ (Deutsche Sammlung von Mikroorganismen und Zellkulturen, Braunschweig, Germany). The cisplatin-resistant cell line Cal27cis was established by clonal selection of Cal27 using 6 cycles of 1 passage treatment with 10–50 μM cisplatin fol-

### ☞ 审查意见

第一次审查意见通知书摘录

本申请涉及人口腔鳞癌 CAL－27－CDDP 耐药细胞株，经审查，现提出如下的审查意见。

一、权利要求 1～2 不具备《专利法》第 22 条第 3 款规定的创造性

1. 权利要求 1 请求保护人口腔鳞癌 CAL－27 耐药细胞株，并限定了其是保藏号为 CCTCC NO：C2012150 的人口腔鳞癌 CAL－27－CDDP 耐药细胞株，对比文件 1［Gosepath EM et al，Acquired cisplatin resistance in the head－neck cancer cell line Cal27 is associated with decreased DKK1 expression and can partially be reversed by overexpression of DKK1，Int J Cancer，123（9）：2013－2019；公开日为 2008.11.01］公开了耐受顺铂（CDDP）的 CAL－27 细胞株，并具体公开了"用浓度不断增加的顺铂（10～50μM）处理 Cal－27 细胞系，最终筛选获得可以耐受顺铂的细胞系，命名为 Cal27cis，Cal27cis 表现出 10 倍降低的顺铂化疗敏感性"（参见摘要，第 2013 页右栏倒数第 2 段，第 2015 页右栏第 2 段），由此可见，对比文件 1 公开了同样可以耐受顺铂的 CAL－27 细胞株，权利要求 1 请求保护的技术方案与对比文件 1 的区别在于，具体的细胞株不同并限定了具体的保藏号。基于上述区别，权利要求 1 实际解决的技术问题是如何获取其他的耐受顺铂的 CAL－27 细胞株并保藏。然而，对于上述区别，在对比文件 1 公开了具体的获取方法的基础上，为了进一步研究顺铂耐受细胞株的其他特性，本领域技术人员有动机获得其他来源的顺铂耐受的 CAL－27 细胞株，并且本申请的细胞株相对于对比文件 1 也没有表现出更为显著的优点，而对获得的细胞株进行保藏也是本领域常规的技术手段，因此在对比文件 1 的基础上结合本领域常规的技术手段获得权利要求 1 请求保护的技术方案，对本领域技术人员而言是显而易见的，权利要求 1 不具备突出的实质性特点和显著的进步，因而不具备创造性。

### ☞ 答辩要点分析思路

生物领域技术方案的创造性有其特殊性，例如在保护微生物、细胞株以及杂交瘤的产品技术方案中，其权利要求往往仅包含微生物、细胞株或杂交瘤细胞的保藏号；在保护蛋白质、核酸的产品技术方案中，其权利要求可能仅包含氨基酸或核苷酸的序列号；而不具备传统意义上直接用技术术语表达的技术特征。因此对这些技术方案的创造性的判断上有一定的难度。对于微生物，《审查指南》第二部分第十章 9.4.2.2 规定："与已知种的分类学特征明显不同的微生物（即新的种）具备创造性。如果发明涉及的微生物的分类学特征与已知种的分类学特征没有实质区别，但是该微生物产生了本领域技术人员预料不到的技术效果，那么该微生物的发明具备创造性。"虽然《审查指南》未对细胞株的创造性有特殊规定，但实践中其与微生物的创造性有很高的相似性，即与已知的细胞株的分类学特征明显不同，或产生了本领域技术人员预料不到的技术效果时，该细胞株的发明具备创造性。但上述规定的缺陷在于过于简略，实际审查中指导性不强，容易造成不同的审查员执行的结果不同。

细胞株是一个活的生命体，且由于现有技术的局限性，无法完全确定出其与另一

个现有技术的细胞株之间的所有区别技术特征，包括细胞形态、基因组及蛋白表达等。而且即使区别技术特征得到了确定，现有技术是否提供了启示也是很难确定的。换句话说，由于细胞株的特殊性，其结构和性能往往不能通过传统技术手段例如对细胞的结构进行调整就可以得到的，因此，即使现有技术有所谓的“启示”，也很难根据确定的区别技术特征或“启示”制备出理想中的细胞株，即本领域技术人员很难通过启示来改进现有技术的细胞株，从而获得与要求保护的发明完全相同的技术方案。这就对传统的创造性判断的““三步法””提出了挑战。一般而言，只要细胞株与现有技术的同属同种的细胞株不同，判断其是否具备创造性，只要从细胞株是否获得了预料不到的技术效果出发即可。通常地，申请人应当充分证明获得了预料不到的技术效果，例如提交与出发细胞株或最接近现有技术的细胞株的对比实验来证明。

具体到该案中，该发明申请的权利要求书共有 2 项权利要求，其权利要求 1 要求保护一种人口腔鳞癌 CAL－27 耐药细胞株，并限定了具体的保藏号；权利要求 2 保护的是该耐药细胞株在制备用于哺乳动物中产生鳞状细胞癌的试剂中的用途。审查员在第一次审查意见通知书中指出该发明权利要求 1 的人口腔鳞癌 CAL－27 耐药细胞株和现有技术耐受顺铂（CDDP）的 CAL－27 细胞株之间的区别技术特征仅在于“具体的细胞株不同并限定了具体的保藏号”，该发明实际解决的技术问题是如何获取其他的耐受顺铂的 CAL－27 细胞株并保藏；并认为该发明的细胞株对于对比文件 1 的细胞株没有表现出更为显著的优点。基于权利要求 1 的撰写方式，已经无法通过增加技术特征来修改权利要求以增加其创造性。看到该审查意见，缺乏答辩经验的申请人往往无从入手。

代理师注意到该发明细胞株的制备（筛药）方法和获得的细胞株的性状与现有技术均有所不同。代理师发现可以从①筛选方法的不同、②耐药指数的比较、③生物性状的不同以及④获得的交叉耐药的特征四个角度去争辩。

例如在筛药方法的不同上，对比文件 1 公开了用浓度不断增加的顺铂（10～50μM，即 3～15μg/ml）处理 Cal－27 细胞系；其属于该申请说明书背景技术中所说的大剂量给药，可能对细胞状态影响较大，造成差异基因的人为改变。针对审查员的上述意见，主要针对权利要求 1 的创造性进行争辩，代理师对申请人提出以下建议：强调 CAL－27－HCPT 细胞株的筛选和对比文献所用方法是不一样的，如果有文献或数据证明，使用该对比文件中公开的顺铂浓度不能获得有效的临床细胞株，则可以说明对比文件 1 公开的筛选方法对该发明没有教导。代理师还在答辩建议函中指出，如有与该发明技术方案有相反技术启示的现有技术，可进一步体现该发明的独特之处。

通过与该申请的发明人进一步电话沟通，得知发明人恰巧尝试过直接以 3μg/ml 或 5μg/ml 作用 CAL－27，即现有技术中较大剂量给药筛选的方法。发明人发现在上述较大剂量给药的过程中，细胞大量死亡，细胞边界模糊；即便是存活的细胞，其大小也不一，并且贴壁状态不佳，与临床细胞株生物学性状差异较大。该数据可以用于证明对比文件 1 公开的筛选方法对该发明没有教导，而该发明采用的筛药方法，获得了更接近临床生物学性状的交叉耐药细胞株。细胞生长良好，不存在直接以大剂量给药作用时出现的细胞状态不佳的问题。因此该申请的筛选方法和对比文件 1 方法不同，制得的耐药细胞株生物学特性也不同。

随后，申请人提供了 CAL－27 细胞株在不同浓度 CDDP（μg/ml）诱导和作用下的细胞状态图。其显示在 0、0.75μg/ml 和 1.5μg/ml 浓度处理时，CAL－27 耐药细胞株具有临床上的人口腔鳞癌的生物学性状，较亲本细胞 CAL－27 胞体增大，核仁增大，细胞内颗粒增粗，细胞运动性显著下降。在 3μg/ml 和 5μg/ml 浓度的 CDDP 处理下，CAL－27 细胞株与临床细胞株生物学性状差异较大。该部分内容作为创造性论述的重要证据被纳入了意见陈述书。

对于耐药指数的比较，该申请的人口腔鳞癌耐药株 CAL－27－HCPT 耐药性能增加到 CAL－27 细胞株的 33.208 倍（$p<0.01$）。对比文件 1 是人口腔鳞癌细胞株 CAL－27 的顺铂耐药株，采用了 pEC50 计算法，其约 10 倍的敏感度和该申请细胞株相同，但所耐药物和计算方法不同，耐药性可能无可比性。在与申请人沟通后，申请人反馈：按照 pEC50 的计算法，该发明的耐药指数提高 2.504 倍。由于该发明提高的耐药指数不如对比文件 1，因此决定答辩中不在此方面作主要论述。此外，代理师提出的上述③和④的角度均得到了申请人的认可。

代理师和申请人沟通后，确认了该人口腔鳞癌 CAL－27－CDDP 耐药株达到的技术效果是：①耐药细胞株性状稳定，可稳定多次传代，方便对导致细胞耐药的分子机制进行深入研究；②细胞株较亲本还具有增殖促进（$p<0.05$）的特征，有利于缩短科研周期、降低生产及商用的成本；③使用该发明的诱导法，获得的耐药细胞株具有临床上的人口腔鳞癌的生物学性状，较亲本细胞 CAL－27 胞体增大，核仁增大，细胞内颗粒增粗，细胞运动性显著下降；④对 5－Fu 和 MTX 有交叉耐药，其耐药指数分别为 4.264（$p<0.05$）和 4.080（$p<0.05$）；交叉耐药的出现，使得该发明的 CAL－27－CDDP 耐药细胞株不仅可用于 CDDP 耐药机制研究，还可以用于 5－Fu、MTX 的耐药机制和 5－Fu 与 MTX 的交叉耐药机制研究。

☞ **意见陈述原文摘录**

摘录一：本次意见陈述所涉及的附件

附件 1：邹健等，人结肠癌羟基喜树碱耐药细胞株 SW1116/HCPT 的建立与鉴定，《胃肠病学》，第 11 卷，第 6 期，第 327－331 页；公开日为 2006－06－25，一式一份共 5 页。

附件 2：应葳等，筛选 MDA－MB－231 乳腺癌耐药细胞株两种方法的比较，《医学分子生物学杂志》，2011 年第 3 期，一式一份共 7 页。

附件 3：闫雪冬等，不同方式诱导卵巢癌顺铂耐药细胞系的比较，《基础医学与临床》，2006 年第 7 期，一式一份共 6 页。

摘录二：耐药株制备原理解释及现有技术的反证

首先，申请人简介一下耐药细胞株制备的技术特点。如本领域技术人员所知，耐药机制研究最佳对象是临床来源的实际耐药株，但其来源少、偶然性大，因此获得极为不易，从而通常由实验室在体外对亲本细胞株进行耐药筛选。大剂量给药法诱导与筛选耐药株用时短，因此传统方法采用大剂量给药法，但由于大剂量给药对其建立的口腔鳞癌细胞株的细胞状态影响较大，造成差异基因的人为改变，不利于后期筛查

（参见本申请说明书背景技术部分），也造成和临床耐药株不同的生物学性状及特性。换言之，耐药株制备方法的不同，特别是试验药物剂量的不同，极可能影响体外细胞株的性状或其他特性。

具体来说，对比文件1公开了用浓度不断增加的顺铂（10～50μM）处理CAL－27细胞系，由CDDP的分子量为300.05，计算得10～50μM对应的浓度是3～15μg/ml，即对比文件1用浓度不断增加的顺铂（3～15μg/ml）处理CAL－27细胞系。当直接以3μg/ml或5μg/ml作用CAL－27细胞系时，细胞大量死亡，边界模糊，即便是存活细胞，其大小不一，并且贴壁状态不佳（见图1），与临床细胞株生物学性状差异较大。

相对于对比文件1的大剂量，本发明耐药株的筛选方法是用低浓度的药物先倍增至第一定值再渐增至第二定值的浓度倍增诱导法。本发明首先确定初筛浓度，通过MTT法及改良寇氏法计算得出CAL－27的IC50浓度为2.333μg/ml，根据IC20值选取0.75 μg/ml作为初筛浓度。确定初筛浓度以后，药物浓度先选择一倍增方式，当药物浓度达到第一定值3.0 μg/ml时，改变浓度倍增为渐增（每次升高0.05μg/ml）至第二定值3.5 μg/ml，此时细胞生长良好，细胞对药物的耐受是逐渐增加的，故该发明采用低浓度递增到第一定值3.0 μg/ml及至第二定值3.5 μg/ml时，细胞生长良好，不存在直接以3.0 μg/ml或3.5 μg/ml药物作用时出现的细胞状态不佳的问题。因此本申请的筛选方法和对比文件1方法不同，制得的耐药细胞株生物学特性也不同。

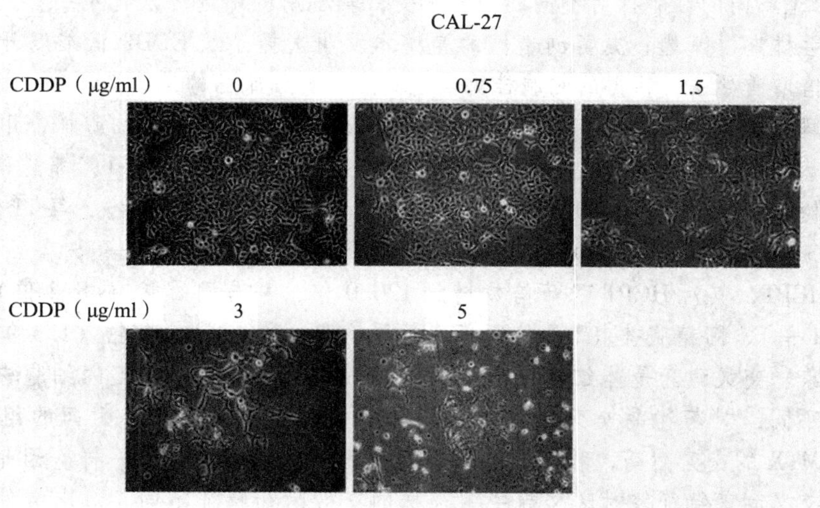


**图1**

图1为CAL－27细胞株在不同浓度CDDP（μg/ml）诱导下的细胞状态，从左上至右下浓度依此为0、0.75μg/ml、1.5μg/ml、3μg/ml，5μg/ml。

摘录三：非显而易见性的阐述

现有技术中，特别是公知常识，没有给出将上述区别特征应用到最接近的现有技术，即对比文件1中以解决本发明上述技术问题的启示。具体陈述如下：

当前对细胞株耐药筛选有许多需求，耐药株筛选方法不一，并无任何公知常识或现有技术能够指明：对于特定的某种细胞株，用某种既定的耐药筛选方法，就一定能得出其耐药株，并且其耐药性能确定。具体描述如下：

（1）即使有获得耐药株的动机，但对于特定的细胞株，并非通过筛选就一定能获得耐药性能。实验中耐药株筛选经常会多次失败，例如药物浓度过高引起细胞死亡，浓度过低细胞不产生耐药等。大部分实验设计通常会失败，但失败的实验往往不会报道，这是公知常识。

（2）耐药株的筛选方法有很多种，没有绝对的优劣之分。耐药株的筛选方法除了大剂量给药法、浓度梯度筛选法和本申请中提出的诱导方法以外，还有紫外线诱导耐药法和点突变、随机突变筛选耐药株的方法等。对于不同的细胞株的不同耐药，在创造性的劳动之前，无法确定哪一种方法就一定适于某一个细胞株进行某一种耐药筛选。例如，现有技术（请参见附件2：应葳等，筛选 MDA－MB－231 乳腺癌耐药细胞株两种方法的比较，《医学分子生物学杂志》，2011 年第3 期第225～231 页）公开了药物间歇刺激法和浓度梯度递增法筛选乳腺癌耐药株的比较，得出高浓度药物间歇刺激法优于浓度梯度递增法的结论（见第230 页讨论部分）。现有技术（请参见附件3：闫雪冬等，不同方式诱导卵巢癌顺铂耐药细胞系的比较，《基础医学与临床》，2006 年第7期）对比了大剂量药物间歇刺激法和小剂量间歇刺激法（即低浓度梯度增加法）筛选乳腺癌耐药株，得出小剂量间歇刺激法获得的耐药指数高的结论（第741 页，2. 1 耐药指数）。可见不同的细胞株对不同的药物耐受，其适用的筛选方法也不一样，需要创造性的劳动去排查、筛选。更富创造性的是：本发明选择了从 CDDP 低浓度开始倍增渐增的浓度倍增诱导法，筛得的细胞株更具有临床耐药细胞株的性状。

（3）即使能获得耐药株，也无任何公知常识公开对于特定的细胞株，用特定的筛选方法，就能获得特定的交叉耐药细胞。例如现有技术（参见附件1：邹健等，人结肠癌羟基喜树碱耐药细胞株 SW1116/HCPT 的建立与鉴定，《胃肠病学》，第11 卷第6 期，第327～331 页；公开日为2006－06－25）公开了人结肠癌羟基喜树碱耐药细胞株 SW1116/HCPT，其对 HCPT 耐药倍数增加 120.0 倍，并与阿霉素（48. 2 倍）、氧化苦参碱（2. 1 倍）、阿糖胞苷（2. 0 倍）、5－氟尿嘧啶（1. 8 倍）、顺铂（1. 3 倍）存在交叉耐药现象。交叉耐药是体细胞或耐药株常见的特征，但对于特定的细胞株，其耐药诱导方法不同，对药物的交叉耐受则是不一样的。本申请的交叉耐药的组合 CDDP、5－Fu 和 MTX 的交叉耐药，和现有技术的交叉耐药的组合明显不一样。因此，本申请的耐药株交叉耐药特征较对比文献中耐药株的交叉耐药特征不同，对比文件 1 与对比文献或公知常识的结合，也不能给本领域技术人员以 CDDP 诱导能产生 CDDP、5－Fu 和 MTX 交叉耐药的启示。

因此需要本领域技术人员结合各方面知识与技术，合理地分析、假定和设计实验，进行创造性的劳动，在失败的实验基础上调整策略，反复试错、纠错，才有可能而非一定能获得某一细胞株的一种或多种耐药性状。

（4）此外，最重要的是，即使能获得交叉耐药细胞株，也无任何公知常识公开耐药细胞株一定具有增殖促进的效果，反而现有技术经常揭示耐药细胞增殖速度较亲本株降低，例如对比文件1，以及附件3（闫雪冬等，不同方式诱导卵巢癌顺铂耐药细胞系的比较，基础医学与临床，2006 年第 7 期）中指出，SKOV3/CDDP－P 和 SK0V3/CDDP－80（二者为 CDDP 耐药株）群体倍增时间明显高于 SKOV3（亲本细胞株，倍增时间高即生长变慢，具体内容见 742 页 2.3 生长曲线和细胞群体倍增时间）。而增值促进这一本发明中的效果有利于缩短科研周期，降低研发、生产及商业化的成本。

本申请中发明人通过创造性劳动，对低浓度诱导的起始浓度、第一定值、第二定值、倍增及渐增浓度进行了精心选择，获得了具有临床上的人口腔鳞癌的生物学性状，呈增殖促进且同时交叉耐 5－Fu 和 MTX 的人口腔鳞癌 CAL－27－CDDP 耐药细胞株这样非常规的技术效果，这对本领域人员而言是非显而易见的。

综上所述，对本领域技术人员而言，在对比文件 1 的基础上，结合公知常识和其他现有技术也是无法预见到本发明的技术方案能取得上述技术效果，故本发明所保护的技术方案具有突出的实质性特点。

## 【案例 No. 1510594】智能投影仪

### ☞ 案由简要

该案涉及一种智能投影仪（权利要求 1～10）。

➢ 一通：审查员引用对比文件 1（US5394203A）认为权利要求 1 不具备新颖性，权利要求 2～10 不具备创造性。

➢ 答一通：将权利要求 6 和 8 的附加技术特征增加至权利要求 1 中，将说明书中记载的技术特征“实现用户和反射屏所呈图像之间的交互”增加至权利要求 1 中，删除权利要求 7，论述修改后的权利要求 1～7 具备创造性。

➢ 二通：审查员补充检索对比文件 2（CN101881921A）认为一通修改后的权利要求 1～7 不具备创造性。

➢ 答二通：未修改权利要求，论述一通修改后的权利要求 1～7 具备创造性。

➢ 答二通后主动修改：将该发明的主题名称修改为“车载智能投影仪”，将说明书中记载的技术特征“其中，交互动作包括放大或缩小反射屏上的图像、移动反射屏上的图像；用户动作包括偏移头部”增加至一通修改后的权利要求 1 中，论述修改后的权利要求 1～7 具备创造性。

➢ 审查结果：授权。

### ☞ 相关权利要求

1. 一种智能投影仪，包括机盒，其特征在于，所述智能投影仪还包括：

设置在所述机盒上，用于播放信号源的光机；

设置在所述机盒的相对两侧壁处的成像屏和反射屏，其中所述成像屏用于接收信号源并在成像面显示影像，所述反射屏用于接收所述成像屏投射的影像并进行反射。

6. 如权利要求 1 至 4 中任一项所述的智能投影仪，其特征在于，所述智能投影仪还设有交互模块，用于接收用户输入的操作指令。

8. 如权利要求6所述的智能投影仪，其特征在于，所述交互模块为摄像模块，设置于所述成像屏上与所述成像面相对的一面，用于获取用户动作操作指令。

☞ **相关说明书内容**

摘录一

智能导航仪能帮助司机清楚地了解路况，司机根据导航仪标示的路线可以非常方便地行驶到所需要到达的目的地。现有技术中，司机在使用导航仪时需要时不时低头查看导航，低头的过程会使注意力分散从而丧失对交通路况的掌握，很容易造成交通事故。

摘录二

图1示出了一种智能投影仪，作为一种车载多媒体播放设备，用于给用户播放路况信息、歌曲歌词等内容，其中播放内容以信号源的形式存储在车载控制系统或其他设备中（如USB存储设备中，通过USB接口和车载系统连接）。

本发明的智能投影仪包括：机盒1；设置在机盒1上用于播放信号源的光机2；设置在机盒1的相对两侧壁处的成像屏3和反射屏4，其中成像屏3用于接收信号源并在成像面显示影像，反射屏4用于接收成像屏3投射的影像，并对该影像进行反射，使得用户可以直接观看反射屏4即可获取需要的信息。

在使用本发明的智能投影仪时，将智能投影仪摆放在汽车仪表盘上方，且在工作状态下反射屏4竖立于汽车挡风玻璃前，反射屏4的正面面朝司机。司机将所需的路况信息输入机盒1后，光机2将信号源传出至成像屏3，成像屏3将影像信息反射至反射屏4，反射屏4通过漫反射将路况信息呈现在司机眼前，当司机在行车过程中需了解路况时，只需直视反射屏4就能得到路况信息，又不妨碍视线穿透反射屏4同时观察路面情况。

这里所说的成像屏3，包括依次设置有扩散膜、光学胶和镜面膜的成像膜。反射屏4表面依次镀有光学膜和指纹油膜。

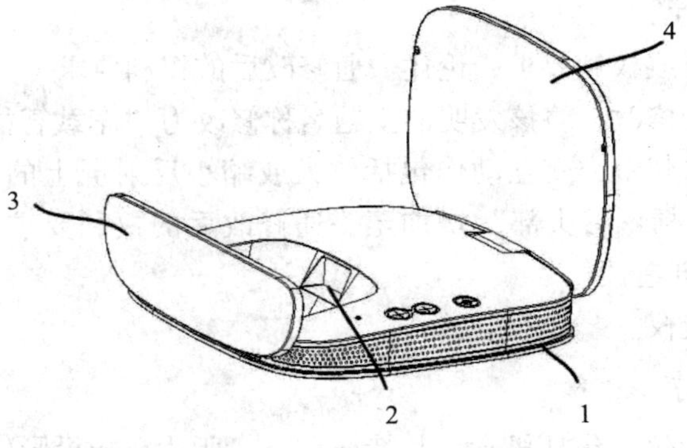


**图1**

摘录三

交互模块为摄像模块，包括摄像头8，该摄像头8设于成像屏3在与成像面相对的另一面，如图5所示，用于通过摄像头8获取用户的操作指令，实现用户和反射屏4所呈图像之间的交互。交互动作包括放大或缩小图像、移动地图等。用户的操作指令，可进行预先设置。例如，当用户将头微左偏，摄像头8捕捉到用户的动作后，将反射屏4上的图像相应地向左移。同样，用户根据自己的需求可以将呈现在反射屏4上的图片相应地向右移、向上移或向下移。

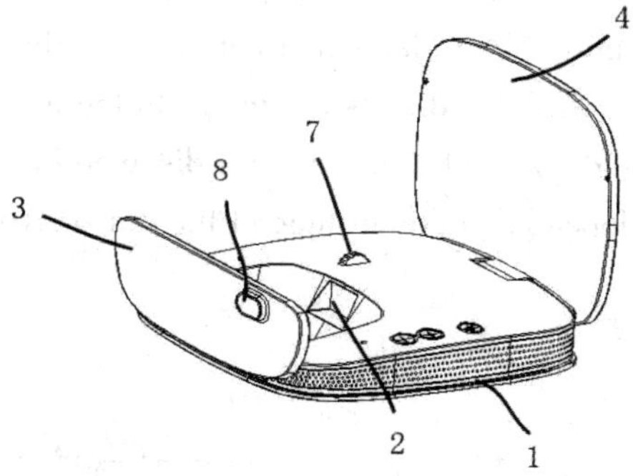


图5

### ☞ 相关对比文件公开内容

**【对比文件1】**

摘录一

Description of The Invention

Referring to FIG. 1, a motor vehicle 10 has a windshield 12, a dashboard 14 just to the rear of the windshield, and a HUD combiner or other reflecting element 16 projecting upward from the top of the dashboard. The vehicle operator 18 can view the roadway scene by looking over the reflecting element, and can view vehicle speed or other data by the HUD virtual image 20 which is projected by the reflecting element 16. Generally, for ease of viewing, the virtual image 20 appears to be at the front of the vehicle or even further away.

FIGS. 2 and 3 show the vehicle dashboard 14 which comprises a dash pad or top 22 which is generally horizontal, and an instrument panel 24 which is generally vertical and contains instruments 26 as well as an image position adjustment switch knob 28 and a HUD storage switch 30. The reflecting element 16 is a concave mirror facing the operator and is covered on its forward side by a panel 32. An aperture 34 in the dash pad 22 just to the rear of the mirror is sized to receive the mirror 16 and panel 32. The panel 32 and mirror 16 are assembled as a unit for movement together and are hinged at the forward edge of the aperture 34 for folding into the aperture 32 as shown in FIG. 3. In the storage position the panel 32 just fits into the aperture 34, and the panel is finished to blend into the dash pad 22.

The mechanism for moving the mirror 16 and panel 32 between operating and stored positions is shown in FIG. 4. The panel 32 is mounted along one edge to a sector gear 36 having a pivot or hinge axis 38. The panel and sector gear are the support for the mirror 16. A worm 40 driven by a motor 45 engages the sector gear for moving the panel and thus the mirror about the hinge axis 38. The motor 42, in turn, is controlled by the manually controlled HUD storage switch 30. As indicated in FIG. 6, the switch 30 connects either the for ward or the reverse motor lead 44 to a voltage source 46. The HUD optical system is shown in FIG. 4. A display image source 48 such as a vacuum fluorescent display of a liquid crystal display is illuminated in a desired pattern and a folding mirror 50 reflects that pattern onto the concave mirror 16 as indicated by the light ray 52. The mirror 52 directs the image to the operator and is shaped to form a virtual image 20 of the desired size and at the desired distance in front of the vehicle. The position of the observed image depends on the attitude of the mirror 16 and the eye position of the operator 18.

摘录二

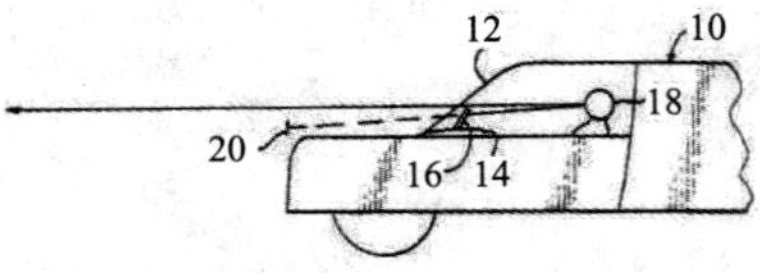


FIG.1

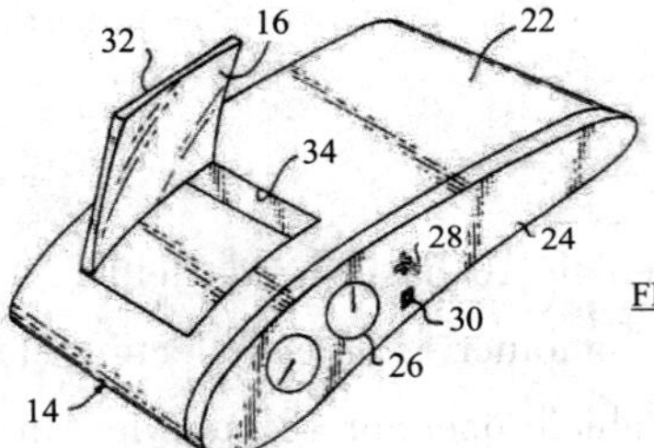


FIG.2

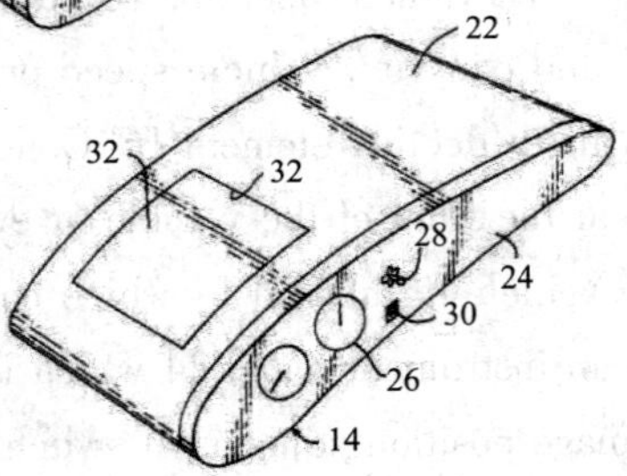


FIG.3

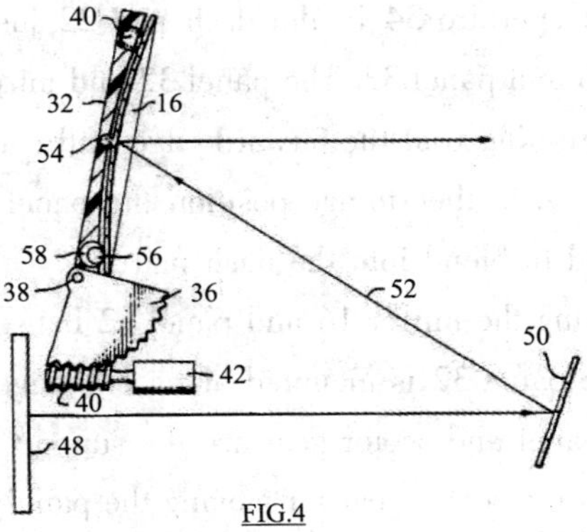


FIG.4

**【对比文件2】**

摘录一

［0025］参照图1，手势控制投影系统包括一具有投影功能的投影设备主体1，还包括一摄像系统2。摄像系统2连接一微型处理器系统3，微型处理器系统3设有一存储器31。摄像系统2摄取外界影像，并将外界影像信息传送至微型处理器系统3，微型处理器系统3从存储器31中调取所存储的控制指令信息与外界影像信息中所含有的信息进行对比。在外界影像信息中含有符合控制指令信息的信息时，微型处理器系统3响应控制指令信息。微型处理器系统3设有一USB接口模块。摄像系统2与微型处理器系统3之间通过USB接口连接。

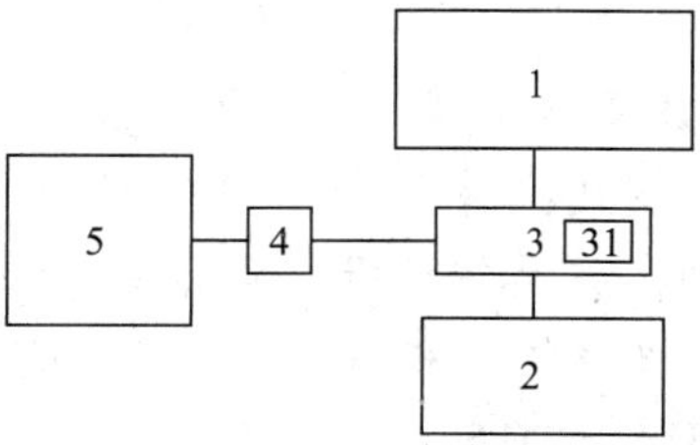


**图1**

摘录二

［0029］参照图2，摄像系统2的摄像头21可以朝向投影设备主体1的后方，以便于操作人员在手势控制投影系统后面进行操作。摄像系统2的摄像头21还可以朝向投影设备主体1的投射方向，摄像系统2摄取投影设备主体1投射方向的外界图像，特别是屏幕出的图像。微型处理器系统3以当前所显示的图像信息直接作为背景图像，将外界图像与背景图像进行对比，获取差异图像信息，将所述差异图像信息与存储器31中所存储的控制指令信息进行对比，以便于降低运算强度。上述设计中的背景图像信息直接来源于系统内部，而不是或者不仅来自于摄像系统2，可以使信息对比更加精确。这种设计便于操作人员在手势控制投影系统与屏幕之间进行手势操作。背景图像信息中也可以再加入来自于摄像系统2的图像信息，进行参数校正。

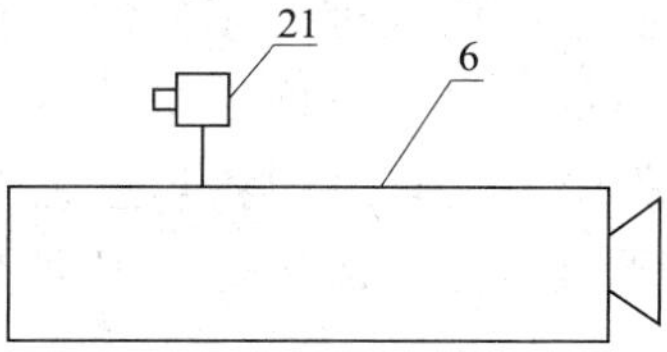


**图2**

## ☞ 审查意见

第二次审查意见通知书摘录

权利要求1请求保护一种智能投影仪，对比文件1（US5394203A）公开了一种可实现位置调节的抬头显示装置，并具体公开了以下技术特征（参见说明书第1页第2

栏第51行～第2页第3栏第29行，图1～图4)：应用于机动车辆的一种抬头显示装置（相当于本申请中的智能投影仪），包括仪表板14（相当于本申请中的机盒），抬头显示装置包括，设置在仪表板14上，用于播放信号源的图像信号源显示器48（相当于本申请中的光机）；设置在仪表板14的相对侧壁处的折叠镜50（相当于本申请中的成像屏）和凹面镜16（相当于本申请中的反射屏），其中折叠镜50用于接收信号源显示器48并在成像面显示影像，凹面镜16用于接收折叠镜50投射的影像并进行反射。

权利要求1请求保护的技术方案与对比文件1相比区别技术特征是：智能投影仪还设有交互模块，用于接收用户输入的操作指令，交互模块为摄像模块，设置于成像屏上与成像面相对的一面，用于获取用户动作操作指令，实现用户和反射屏所呈图像之间的交互。

基于区别技术特征1，权利要求1请求保护的技术方案实际解决的技术问题是：如何实现用户与投影仪的交互。对比文件2（CN101881921A）公开了一种手势控制投影系统，与本申请技术领域相同，并具体公开了以下技术特征（参见说明书第25段)：手势控制投影系统还包括一摄像系统（相当于本申请中的摄像模块)，手势控制投影系统通过摄像系统2读入外界影像信息，将外界影像信息通过微型处理器系统3处理，最终实现与外界影像之间的交互。上述技术特征在对比文件2中的作用与其在本申请中的作用相同，都是利用摄像模块实现了交互功能。因此，对比文件2给出了启示，使本领域技术人员有动机将上述技术特征应用到对比文件1中。至于，根据实际需要即便于获取用户动作操作指令，将摄像系统设置在成像屏上与成像面相对的一面，实现用户和反射屏所呈图像之间的交互，属于本领域的常规技术手段。

综上所述，在对比文件1的基础上结合对比文件2以及本领域的公知常识得到权利要求1请求保护的技术方案，对于本领域技术人员而言是显而易见的，权利要求1不具备突出的实质性特点和显著的进步，不具备创造性。

☞ **答辩要点分析思路**

对于一项发明创造来说，由于最了解技术的是申请人，并且最终的授权或驳回都取决于审查员的决定，往往并不能仅依靠专利代理师一己之力来获得授权。在答辩方案确定过程中，专利代理师需要与申请人进行充分的沟通，一方面获知一些不清楚的技术信息并向申请人提供答辩建议，另一方面需要及时了解申请人的实际需求，从而便于确定答辩方案。在沟通过程中，也有可能获知意想不到的答辩突破点。而且，专利代理师在必要时需要与审查员进行充分的沟通，根据申请人的实际需求尽量为申请人争取最有利的结果。

具体到该案，在提交答二通意见陈述后不久，申请人向专利代理师提出希望该案尽快授权的需求，提示两篇对比文件并未公开该申请说明书中记载的通过偏移头部来进行操作等内容。专利代理师参考申请人提供的信息后发现，由于该申请的智能投影仪应用于汽车上，用户在开车过程中不方便使用双手来操作智能投影仪，因此车载智能投影仪结合通过偏移头部来进行操作的方案可以得到意想不到的效果。考虑到二通中创造性论述较弱，授权前景不明朗，若增加这一特征可使得权利要求1创造性非常充分，极大提升授权可能性，专利代理师马上主动与审查员电话沟通，就初步拟订的答辩方案征询审查员的意见，并且根据审查员的意见补充及修改一些内容，确定了审查员和申请人都能接受的方案，以加快审查程序的进行，最终主动修改后很快获得授权。

☞ **意见陈述原文摘录**

答复第二次审查意见通知书陈述摘录

申请人认为上述修改没有超出原说明书和权利要求书的记载，符合《专利法》第33条的规定，具体地，参见本发明说明书第［0025］段，其中记载了：一种智能投影仪，作为一种车载多媒体播放设备，用于给用户播放路况信息、歌曲歌词等内容；由此可知，本发明要求保护的智能投影仪是一种车载设备，因此，上述将本发明的主题名称从“智能投影仪”修改为“车载智能投影仪”，并没有超出本发明原说明书和权利要求书记载的范围，符合《专利法》第33条的规定。

另外，参见本发明说明书第［0038］段，其中记载了：通过摄像模块获取用户的操作指令，实现用户和反射屏所呈图像之间的交互，交互动作包括放大或缩小图像、移动地图等。例如，当用户将头微左偏，摄像头捕捉到用户的动作后，将反射屏上的图像相应地向左移，同样，用户根据自己的需求可以将呈现在反射屏上的图片相应地向右移、向上移或向下移；由此可知，在本发明中，交互动作具体包括放大或缩小反射屏上的图像、移动反射屏上的图像等，且用户动作包括偏移头部等，因此，上述将技术特征“其中，交互动作包括放大或缩小反射屏上的图像、移动反射屏上的图像；用户动作包括偏移头部”增加至权利要求1中的修改并没有超出本发明原说明书和权利要求书记载的范围，符合《专利法》第33条的规定。

申请人认为本发明具备《专利法》第22条第3款规定的创造性。

一、权利要求1

1. 权利要求1具有突出的实质性特点

（1）关于区别技术特征

审查意见中认为，权利要求1请求保护的技术方案与对比文件1相比区别技术特征是：智能投影仪还设有交互模块，用于接收用户输入的操作指令；所述交互模块为摄像模块，设置于所述成像屏上与所述成像面相对的一面，用于获取用户动作操作指令，实现用户和反射屏所呈图像之间的交互，申请人对此没有异议。

另外，由于申请人在本次答复中对权利要求1进行了修改，因此，申请人认为修改后的权利要求1与对比文件1相比，其区别技术特征应当为：

车载智能投影仪还设有交互模块，用于接收用户输入的操作指令；所述交互模块为摄像模块，设置于所述成像屏上与所述成像面相对的一面，用于获取用户动作操作指令，实现用户和反射屏所呈图像之间的交互；其中，交互动作包括放大或缩小反射屏上的图像、移动反射屏上的图像；用户动作包括偏移头部。

（2）关于本发明实际解决的技术问题

审查意见中认为，权利要求1实际解决的技术问题是：如何实现用户与投影仪的交互，申请人对此有完全不同的意见，申请人认为，审查意见中确定的技术问题并没有明确体现本发明的技术改进和发明点。本发明的主要技术改进和发明点体现在：本发明针对的是车载智能投影仪，并且本发明中不需要用户进行任何手动操作，仅通过用户的头部偏移就可以与投影仪进行交互，这一点可以根据本发明权利要求 1 所能达到的技术效果来证明。

申请人认为利用上述区别技术特征，权利要求 1 所能达到的技术效果为：

使用本发明的智能投影仪，放置在汽车前操作平台上，工作状态下反射屏竖立在汽车前挡风玻璃前，将路况信息通过光机，成像屏再反射至反射屏，从而司机只需直视反射屏就能得到路况信息；并且，参见本发明说明书第［0038］段的记载，通过摄像模块获取用户的操作指令，实现用户和反射屏所呈图像之间的交互，交互动作包括放大或缩小图像、移动地图等。例如，当用户将头微左偏，摄像头捕捉到用户的动作后，将反射屏上的图像相应地向左移，同样，用户根据自己的需求可以将呈现在反射屏上的图片相应地向右移、向上移或向下移，即本发明不需要用户进行任何手动操作，可以直接通过摄像模块获取用户的操作指令，并根据操作指令控制图像的缩放和移动等，来实现用户和反射屏所呈图像之间的交互。

所以，申请人认为，在确定本发明权利要求 1 实际解决的技术问题时，应当体现本发明的上述技术改进和发明点，这样才能体现出本发明的技术创新高度。

因此，申请人认为，根据上述区别技术特征及其所能达到的技术效果确定本发明实际解决的技术问题应当为：

如何在用户不进行任何手动操作的前提下，仅通过头部移动来对车载智能投影仪进行交互和控制。

（3）关于本发明的非显而易见

审查意见中认为，对比文件 2 公开了一种手势控制投影系统，与本申请技术领域相同，并具体公开了以下技术特征：手势控制投影系统还包括一摄像系统（相当于本申请中的摄像模块），手势控制投影系统通过摄像系统读入外界影像信息，将外界影像信息通过微型处理器系统处理，最终实现与外界影像之间的交互。并认为上述技术特征在对比文件 2 中的作用与其在本申请中的作用相同，都是利用摄像模块实现了交互功能。进而对比文件 2 给出了将上述技术特征应用到对比文件 1 的启示；另外，审查意见中还认为根据实际需要即便于获取用户动作操作指令，将摄像系统设置在成像屏上与成像面相对的一面，实现用户和反射屏所呈图像之间的交互，属于本领域的常规技术手段。从而认为在对比文件 1 的基础上结合对比文件 2 以及本领域的公知常识得到权利要求 1 的技术方案是显而易见的，权利要求 1 不具备创造性，申请人有完全不同的意见：

首先，申请人认为对比文件 2 并没有给出将上述区别技术特征应用到对比文件 1 的技术启示，具体地，申请人认为，对比文件 2 的技术领域与对比文件 1 和本发明均完全不同，对比文件 2 所涉及的手势控制投影系统，其针对的投影仪并不是放置在汽车里的，即其并不是针对车载设备，而对比文件 1 与本发明均是车载设备，所以，对比文件 2 与对比文件 1 技术领域不同，导致本领域技术人员并不容易想到将对比文件 1 和 2 进行结合。

其次，申请人认为，对比文件2的摄像系统并不能相当于本发明的摄像模块，二者无论是在获取的数据上还是在执行的操作上都完全不同，本发明的摄像模块用于获取用户动作操作指令，即本发明的摄像模块其获取的数据为用户动作操作指令，具体可参见本发明说明书第［0038］段，通过摄像模块获取用户的操作指令，实现用户和反射屏所呈图像之间的交互，交互动作包括放大或缩小图像、移动地图等。例如，当用户将头微左偏，摄像头捕捉到用户的动作后，将反射屏上的图像相应地向左移，同样，用户根据自己的需求可以将呈现在反射屏上的图片相应地向右移、向上移或向下移，由此可见，本发明中用户动作操作指令是由用户自身执行各种动作（如偏移头部等动作）所产生的操作指令；而在对比文件2的说明书第［0025］段，其明确记载了：摄像系统2摄取外界影像，由此可见，对比文件2的摄像系统获取的数据为外界影像；可见二者获取的数据完全不同。

另外，本发明的摄像模块所执行的动作为实现用户和反射屏所呈图像之间的交互，具体交互动作包括放大或缩小图像、移动地图等。但在对比文件2中，虽然其中公开了手势控制投影系统通过摄像系统读入外界影像信息，将外界影像信息通过微型处理器处理，通过微型处理器系统实现与外界影像之间的交互，但申请人认为，需要明确的是，在对比文件2中，执行交互操作和实现交互功能是微型处理器系统，而并不是摄像系统，在对比文件2中摄像系统所执行的操作仅仅只有获取外界影像信息，并传送外界影像信息至微型处理器系统，可见对比文件2的摄像系统所执行的操作与本发明的摄像模块完全不同；另外，参见对比文件2说明书第［0027］段，其中明确公开了对比文件2所谓的交互是指外界影像与智能工具之间的交互，而本发明的交互则是用户动作操作指令与反射屏所呈图像之间的交互，二者虽同样叫作交互，但所表征的意思完全不同，交互对象也完全不同。

由此，申请人认为由于对比文件2的摄像系统与本发明的摄像模块二者在获取的数据和执行的操作上都完全不同，导致对比文件2的摄像系统并不能相当于本发明的摄像模块，即对比文件2中并没有公开本发明的摄像模块。另外，由于对比文件2中记载的外界影像与智能工具之间的交互并不能相当于本发明的用户和反射屏所呈图像之间的交互，进而本发明的区别技术特征“所述交互模块为摄像模块，用于获取用户动作操作指令，实现用户和反射屏所呈图像之间的交互”并未被对比文件2公开，即对比文件2也不可能给出将上述区别技术特征应用到对比文件1以解决本发明实际解决的技术问题的技术启示。

并且，申请人认为，对比文件2所给出的技术启示是：用户通过手势动作来实现手势控制投影系统与外界影像之间的交互，即对比文件2中明确告诉本领域技术人员，若要实现交互，则需要用户的手势动作；但是在本发明中，车载投影仪设备是放置在汽车里的，众所周知，用户在开车的时候，双手是需要一直握住方向盘的，并不方便腾出双手来执行手势动作，因此，本发明中要求用户不进行任何手动操作来实现对车载智能投影仪的交互和控制，由此可见，对比文件2给出的技术启示与本发明的实际要求完全相反，导致即使本领域技术人员同时参考对比文件1和2，所得出的技术方案也仅仅是用户利用手势操作来进行交互，而并不可能得到本发明权利要求1的不需要用户执行手动操作，仅通过用户的头部偏移来实现对车载智能投影仪的交互和控制的技术方案。

再次，申请人认为本发明的上述区别技术特征并不属于本领域的公知常识，具体地，在现有技术中，一方面，并没有任何技术人员将投影仪应用到汽车中来对路况信息进行显示，即使对比文件1中公开了利用抬头显示装置来进行图像显示，但是参见上述在确定本发明区别技术特征时的意见陈述，对比文件1的抬头显示装置并不能相当于投影仪，所以即使参考对比文件1也无法说明现有技术中已经将投影仪应用到汽车中；另一方面，现有技术中对投影仪等显示设备进行图像的调整和控制都需要用户的手动操作（可参见对比文件2，其中就需要用户手势来控制投影）。众所周知，一般的投影仪基本是靠遥控器来进行遥控，此时就需要用户手动按压遥控器的相应按键来调整投影的图像，或者在投影仪上设置相应的按钮，此时就需要用户按压投影仪上的相应按钮来调整投影的图像，无论是上述哪一种方式，如果想要调节投影仪的投影图像，现有技术中都需要用户的手动按压操作才能够实现，这些才是本领域现有技术中的常规技术手段，而由此带来的问题就是：如果用户在开车过程中通过手动按压操作来控制投影图像，那么就会导致用户对汽车方向盘的控制不稳定，进而有可能造成车祸等严重后果。

将本发明的上述区别技术特征与上述常规技术手段进行对比可知，本发明的上述区别技术特征正是对本领域的常规技术手段以及由此带来的驾驶问题做出了针对性的改进，具体地，通过在汽车里设置智能投影仪来投影显示路况信息，并且通过摄像模块来获取用户的动作操作指令，并根据用户的动作操作指令来直接对智能投影仪的投影图像做相应的调整和控制，从而不需要用户执行任何手动按压操作，保证用户的双手一直握在方向盘上，保障了用户的驾驶安全，本发明的这种调整和控制投影仪的投影图像的方式是绝无仅有的，在本领域中属于技术上的突破性改进，对本领域技术人员来说并不容易想到，因此，本发明的上述区别技术特征并不属于本领域的惯用技术手段（而应当属于对本领域惯用技术手段的针对性改进），对本领域技术人员来说是不容易想到的，即不属于本领域的公知常识。

另外，本领域中也没有教科书或工具书等技术资料明确记载过利用本发明的上述区别技术特征来解决本发明实际解决的技术问题，由此也印证了本发明的上述区别技术特征并不属于本领域的公知常识。

最后，退一步说，即使本领域技术人员参考了本发明的上述区别技术特征，也不可能想到将其应用到对比文件1中，具体地，在对比文件1中，虽然公开了对凸面镜通过铰链轴进行调整，但其依然需要通过开关旋钮（switch knob28）来进行调整，即需要用户手动旋转开关旋钮来进行调整，可见对比文件1中给出的技术教导是：通过用户的手动操作来实现对凸面镜的调整，这样，如果需要调整投影图像，对比文件1给出的技术教导也应当是：通过用户的手动按压操作来实现对投影图像的调整，在此基础上，本领域技术人员根据对比文件1的上述教导，根本不可能想到将本发明的区别技术特征应用到对比文件1中，即不可能想到“不通过用户的手动按钮操作”就实现了对投影图像的调整。

所以，申请人认为本发明的上述区别技术特征并不属于本领域的公知常识，对本领域技术人员来说并不容易想到，即现有技术没有给出将本发明的上述区别技术特征应用到最接近的现有技术中以解决本发明实际解决的技术问题的技术启示，从而权利要求 1 的技术方案对本领域技术人员来说是非显而易见的，具有突出的实质性特点。

2. 权利要求 1 具有显著的进步

使用本发明的智能投影仪，放置在汽车前操作平台上，工作状态下反射屏竖立在汽车前挡风玻璃前，将路况信息通过光机，成像屏再反射至反射屏，从而司机只需直视反射屏就能得到路况信息；并且，本发明不需要用户进行任何手动操作，可以直接通过摄像模块获取用户的操作指令，并根据操作指令控制图像的缩放和移动等，来实现用户和反射屏所呈图像之间的交互，从而取得了有益的技术效果，具有显著的进步。

综上所述，与现有技术相比，权利要求 1 具有突出的实质性特点和显著的进步，具备《专利法》第 22 条第 3 款规定的创造性。

## 【案例 No. 1610346】移动式热解反应设备及其热解方法

### ☞ 案由简要

该申请涉及一种移动式热解反应设备（权利要求 1～15），及一种移动式热解反应设备的热解方法（权利要求 16～19）。

➢ 一通：审查员引用两篇对比文件（CN202016986U 和 CN202558808U）认为权利要求 1～19 不具备创造性。

➢ 答一通：修改独立权利要求 1、10、16，论述权利要求 1～19 具备创造性。

➢ 二通：审查员未认可之前的意见陈述，仍然认为权利要求 1～19 不具备创造性。

➢ 答二通：将原权利要求 4 上升为新的权利要求 1，并相应修改另外两项独立权利要求，论述新的权利要求 1～17 具备创造性。

➢ 三通：审查员未认可之前的修改，认为权利要求 1～17 不具备创造性。

➢ 答三通：将原权利要求 3 上升为新的权利要求 1，并在新的权利要求 1 中引入说明书中的技术特征，并相应地修改另外两个独立权利要求，论述新的权利要求 1～13 具备创造性。

➢ 三通后主动修改：将独立权利要求 7 中的一部分技术特征添加到另外两项独立权利要求中。

➢ 审查结果：授权。

### ☞ 相关权利要求

原权利要求 1

1. 一种移动式热解反应设备，其特征在于，所述设备包括：

热解反应室，具有用于导入待热解物料的物料进口及用于导出热解产物的物料出口；

移动组件，设置于所述热解反应室内部，所述移动组件用于将所述待热解物料从

所述物料进口传输至所述物料出口；以及

热源床体，所述热源床体包括与所述移动组件相对应的第一反应表面及第二反应表面，所述第一、第二反应表面分离设置并具备物料热解所需的温度条件，所述移动组件在所述第一反应表面上移动所述待热解物料，并将所述待热解物料从所述第一反应表面转移至所述第二反应表面，以在所述第二反应表面上移动所述待热解物料。

答一通时修改的权利要求 1，其中画线部分为修改时添加的技术特征：

1. 一种移动式热解反应设备，其特征在于，所述设备包括：

热解反应室，具有用于导入待热解物料的物料进口及用于导出热解产物的物料出口；

移动组件，设置于所述热解反应室内部，所述移动组件用于将所述待热解物料从所述物料进口传输至所述物料出口；以及

热源床体，所述热源床体设置于所述热解反应室内部，所述热源床体包括与所述移动组件相对应的第一反应表面及第二反应表面，所述第一、第二反应表面分离设置并具备物料热解所需的温度条件，所述移动组件在所述第一反应表面上移动所述待热解物料，并将所述待热解物料从所述第一反应表面转移至所述第二反应表面，以在所述第二反应表面上移动所述待热解物料。

答二通时修改的权利要求 1，其中画线部分为修改时添加的技术特征：

1. 一种移动式热解反应设备，其特征在于，所述设备包括：

热解反应室，具有用于导入待热解物料的物料进口及用于导出热解产物的物料出口；

移动组件，设置于所述热解反应室内部，所述移动组件用于将所述待热解物料从所述物料进口传输至所述物料出口；以及

热源床体，所述热源床体设置于所述热解反应室内部，所述热源床体包括与所述移动组件相对应的第一反应表面及第二反应表面，所述第一、第二反应表面分离设置并具备物料热解所需的温度条件，所述移动组件在所述第一反应表面上移动所述待热解物料，并将所述待热解物料从所述第一反应表面转移至所述第二反应表面，以在所述第二反应表面上移动所述待热解物料；

所述移动组件包括链条组件及至少两个与所述链条组件配合的承载轮，所述链条组件在所述第一、第二反应表面上做回转运动，所述承载轮中包括主动承载轮，所述链条组件上设置有用于带动待热解物料运动的刮料件。

答三通时修改的权利要求 1，其中画线部分为修改时添加的技术特征：

1. 一种移动式热解反应设备，其特征在于，所述设备包括：

热解反应室，具有用于导入待热解物料的物料进口及用于导出热解产物的物料出口；

移动组件，设置于所述热解反应室内部，所述移动组件用于将所述待热解物料从所述物料进口传输至所述物料出口；以及

热源床体，所述热源床体设置于所述热解反应室内部，所述热源床体包括与所述移动组件相对应的第一反应表面及第二反应表面，所述第一、第二反应表面分离设置

并具备物料热解所需的温度条件，所述移动组件在所述第一反应表面上移动所述待热解物料，并将所述待热解物料从所述第一反应表面转移至所述第二反应表面，以在所述第二反应表面上移动所述待热解物料；

所述移动组件包括链条组件及至少两个与所述链条组件配合的承载轮，所述链条组件在所述第一、第二反应表面上做回转运动，所述承载轮中包括主动承载轮，所述链条组件上设置有用于带动待热解物料运动的刮料件；

所述热源床体包括分离设置的第一热源床体及第二热源床体，所述第一热源床体具备所述第一反应表面，所述第二热源床体具备所述第二反应表面；

所述第一热源床体、第二热源床体分别具备用于流通热源体的第一热源通道、第二热源通道，所述第一、第二热源通道相互独立设置；

所述第一热源床体内热源体的流通方向与所述第一热源床体上物料的运动方向相反，所述第二热源床体内热源的流通方向与所述第二热源床体上物料的运动方向一致。

答三通后主动修改的权利要求1，其中画线部分为主动修改时添加的技术特征：

1. 一种移动式热解反应设备，其特征在于，所述设备包括：

热解反应室，具有用于导入待热解物料的物料进口及用于导出热解产物的物料出口；

移动组件，设置于所述热解反应室内部，所述移动组件用于将所述待热解物料从所述物料进口传输至所述物料出口；以及

热源床体，所述热源床体设置于所述热解反应室内部，所述热源床体包括与所述移动组件相对应的第一反应表面及第二反应表面，所述第一、第二反应表面分离设置并具备物料热解所需的温度条件，所述移动组件在所述第一反应表面上移动所述待热解物料，并将所述待热解物料从所述第一反应表面转移至所述第二反应表面，以在所述第二反应表面上移动所述待热解物料；

所述移动组件包括链条组件及至少两个与所述链条组件配合的承载轮，所述链条组件在所述第一、第二反应表面上做回转运动，所述承载轮中包括主动承载轮，所述链条组件上设置有用于带动待热解物料运动的刮料件；

所述热源床体包括分离设置的第一热源床体及第二热源床体，所述第一热源床体具备所述第一反应表面，所述第二热源床体具备所述第二反应表面；

所述第一热源床体、第二热源床体分别具备用于流通热源体的第一热源通道、第二热源通道，所述第一、第二热源通道相互独立设置；

所述第一热源床体内热源体的流通方向与所述第一热源床体上物料的运动方向相反，所述第二热源床体内热源的流通方向与所述第二热源床体上物料的运动方向一致；

其中，所述移动组件包括位于物料进口与第一热源床体之间的第一部分，及位于第一热源床体与第二热源床体之间的第二部分。

备注：另外两项独立权利要求与权利要求1之间具备单一性，因此不再列出。

**☞ 相关说明书内容**

摘录一

［0029］本实施例中，热解反应室2内部设置有第一热源床体3、第二热源床体4

以及与第一、第二热源床体相配合的移动组件5。第一热源床体3和第二热源床体4分离设置，两者均通过在内部流通热源体，从而在各自表面上达到热解反应所需的高温条件；移动组件5用于实现待热解物料在第一、第二热源床体上的移动热解过程。本实施例中，热源体为高温烟气，然而，在本发明其他实施例中，所述高温热源不限于高温烟气。

[0030] 本实施例中，第一热源床体3和第二热源床体4分别具有相互独立的热源通道，以确保两个热源床体的传热效率及便于实现温度控制。其中，第一热源床体3具有连通于热源床体3的热源进管部分及热源出管部分，所述热源进管部分包括第一管道31、第二管道35及连接于第一、第二管道之间的第三管道33，热源进管部分包括第四管道37、第五管道32及连接于第四、第五管道之间的第六管道39，第二管道35、第四管道37分别自所述第一热源床体3的侧部向外延伸，所述第一管道31、第五管道32的高度低于所述移动组件的高度。第三管道33和第六管道39分别呈圆弧状。

摘录二

[0032] 继续配合参照图2、图3及图4所示，移动组件5包括链条组件51及与该链条组件51配合的一个主动承载轮53及一个从动承载轮55，主动承载轮53具有一转轴530，从动承载轮55具有一转轴550。其中，主动承载轮53通过驱动机组6提供驱动力，从而带动链条组件51沿着第一热源床体3、第二热源床体4的表面运动。然而，本领域普通技术人员易于想到的是，承载轮的数目不限于两个，同时主、从动承载轮的数目及其位置均可根据具体情况而做改变。

[0033] 结合图2、图5所示，本实施例中，第一热源床体3具有用于进行物料热解反应的第一反应表面30，而第二热源床体4具有用于进行物料热解反应的第二反应表面40，第一、第二反应表面分别是卧式热源床体的上表面。链条组件51上设置有用于推送待热解物料的刮料件57，随着链条组件51的回转式运动，该链条组件51始终保持有一部分与第一反应表面30相接触，另一部分与第二反应表面40相接触的状态。本发明优选的实施例中，第一热源床体3内热源的流通方向与第一热源床体3上物料的运动方向相反，参照图5中所示，物料在第一反应表面30上沿着方向D1运动，而烟气在第一反应床体3内部沿着方向D2流通，由于烟气自身的热量损耗，可确保物料在第一方面表面上移动时，其热解温度逐步增加，这样可缓解物料在热源床体表面结焦情况；更为优选地，第二热源床体4内热源的流通方向与第二热源床体4上物料的运动方向一致，即物料在第一反应表面40上沿着方向D2运动，而烟气在第一反应床体4内部沿着方向D2流通，如此物料在从第一反应表面转移至第二反应表面上时，其热解温度基本没有变化，从而更利于热解反应的延续。

摘录三

[0034] 配合参照图2、图3、图4及图5所示，本实施例中，链条组件51包括位于第一热源床体3与物料进口21之间的部分，以及位于第一热源床体3与第二热源床体4之间的部分，链条组件51上间隔设有若干刮料件57。链条组件51沿着第一热源床体3的表面30及第二热源床体4的表面40作回转运动，刮料件57分别设置于热源床体3的表面30以及热源床体4的表面40的上方，其中，刮料件57与反应表面30或

40之间容许留有一定的间隙。

本实施例中，刮料件57包括主体部570及位于所述主体部570上的相背设置的刮擦部571和刮擦部572。该刮料件57大致呈薄板状，其主体部570大致与链条组件呈垂直状态，伴随着链条组件的回转，刮料件57上的两个刮擦部也做相应翻转运动，即，刮擦部572带动待热解物料在反应表面30上运动，刮擦部571带动待热解物料在反应表面40上运动。于本发明各实施例中，刮料件可设计为条状、曲板状等形式。

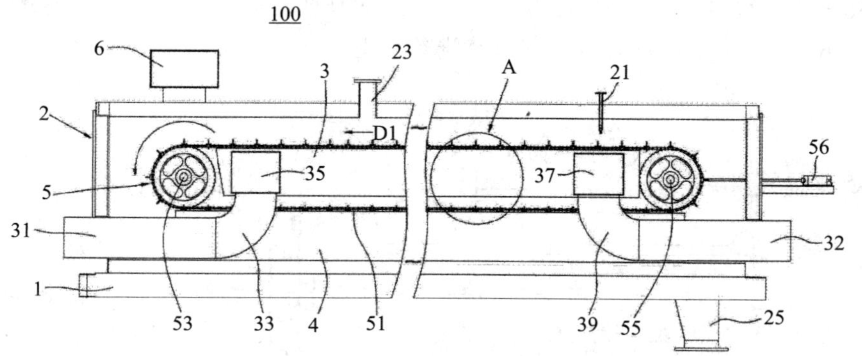


图2

### ☞ 相关对比文件公开内容

**【对比文件1】**

摘录一

［0009］本发明如图1、图2所示，该设备由变频电机2、9，传动链条15、20，一组螺旋热裂解室、燃烧炉11、自动连续进料机构1和自动出渣机构10组成，燃烧炉11设在装置下部，燃烧炉11上部是密闭的加热室12，加热室12顶部设有排烟口13，螺旋热裂解室一组四个纵向均匀分布在加热室11内，每个螺旋热裂解室后端下面都设有一个进出料连接管16、5、21与下一个螺旋热裂解室前端上面连通；第一个螺旋热裂解室23的出料口与第二个螺旋热裂解室4的进料口相连接，第二个螺旋热裂解室4出料口与第三个螺旋热裂解室7进料口相连接，第三个螺旋热裂解室7出料口与第四个螺旋热裂解室22进料口相连接，自动进料机构1与第一个螺旋热裂解室23进料口相连接，自动出渣机构10与第四个螺旋热裂解室22后端的出料口相连接；每个螺旋热裂解室一端的上面分别设有裂解油气出口14、17、18、8，裂解油气出口14、17、18、8串联后与冷却系统相连接；四个螺旋热裂解室23、4、7、22由两个变频电机2、9传动，第一个螺旋热裂解室23一端的转动轴由变频电机2传动，第二个螺旋热裂解室4的转动轴是通过安装在另一端的主动链轮、传动链条15和被动链轮联动；第四个螺旋热裂解室22一端的转动轴由变频电机9传动，第三个螺旋热裂解室7的转动轴通过安装在另一端的主动链轮、传动链条20和被动链轮联动。

［0010］加热室12由耐火材料砌成，四个螺旋热裂解室两端分别支撑在两端的耐火墙上：热气导流板3、6、19纵向分布，交错设置在每两个相邻的螺旋热裂解室之间，一侧固定在耐火墙上，热气导流板3、6、19两端一端固定在两端的耐火墙上，另一端固

定在螺旋热裂解室下面的进出料管16、5、21壁上：热气流从下向上交错通过热气导流板，并对各个螺旋热裂解室进行加热，废烟气从加热室12顶部的排烟口13排出。

［0011］本实用新型的工作原理及工作过程：首先燃烧炉11点火、升温，开启自动进料机构1和螺旋热裂解室上的电机启动开关，使自动进料机构1和四个螺旋热裂解室开始工作，把原料通过自动进料机构1送入第一个螺旋热裂解室23内进行裂解，没充分裂解的物料通过螺旋推动进入下一个螺旋热裂解室，依次类推，直至彻底裂解完毕，灰渣从自动出渣机构10排出。裂解过程中的热裂解油气通过各个裂解油气出口14、17、18、8进入下一设备即冷却系统进行处理。

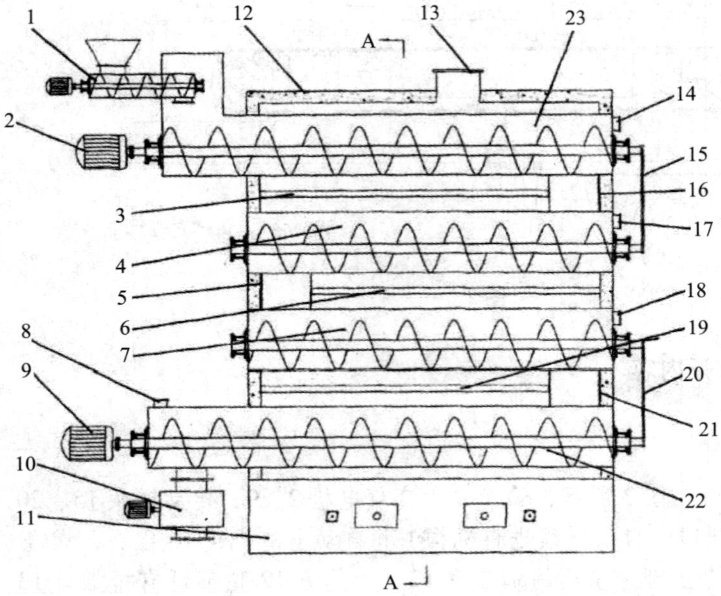


**图1**

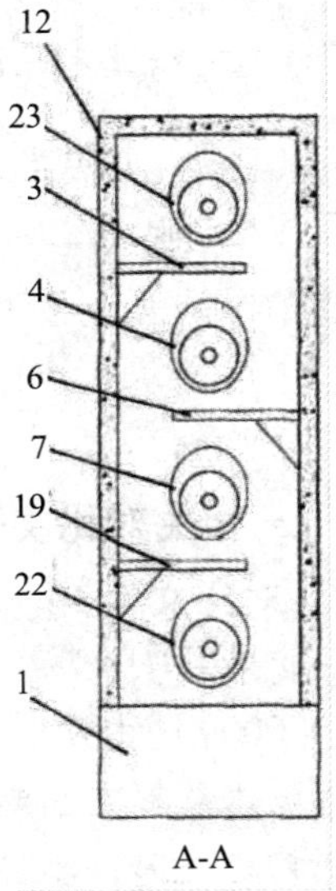


**图2**

**【对比文件2】**

［0010］本实用新型如图1所示，该装置由螺旋进料机1、保温外壳13、热裂解室3、链条输送机4、箱式内热风道9、螺旋出渣机12组成，热裂解室3顶部有油气出口2，保温外壳13顶部有烟气出口5，热裂解室3设在保温外壳13内，其周边与保温外壳13之间形成一个外热风道6；箱式内热风道9设在热裂解室3下部，链条输送机4长度稍小于热裂解室3的长度，设在箱式内热风道9上方，一端分别有两个链轮8，带动两根链条转动，电动机经传动轮15给链条输送机4传递动力，在链条上均匀设有刮板10，刮板10下端稍离开箱式内热风道9上平面；箱式内热风道进风口7设在进料端，箱式内热风道出风口11一侧一个设在出渣端；箱式内热风道出气口11与外热风道6相连通，在箱式内热风道出风口11上方、热裂解室3外壁与保温外壳13内壁之间设有水平方向的热气折流板14，在进料端有1/5～1/3的一端不设热气折流板14，以使热气流从靠近进料端进入外热风道进行二次利用；出渣口设在链条输送机4尾端下方。

［0011］本实用新型的工作原理及工作过程：首先燃烧炉点火，并开启引风机，让热风从箱式内热风道进风口7进入箱式内热风道，热风行至另一端，从两侧的箱式内热风道出风口11进入外热风道6，然后由烟气出口5引出进入脱硫除尘系统，整个加热过程完成。当装置内部链条输送机4部分温度升至200℃左右时，螺旋进料机1开始进料，螺旋进料机1把切割好的废橡胶块送到链条输送机4并落在箱式内热风道9上平面上，废橡胶块在被加热的同时，也被刮板推动向前运动，最后裂解完毕后的炭渣从螺旋出渣机导出。此时热裂解油气从出油气口2不断进入冷凝系统，裂解完毕后的炭渣也不断从螺旋出渣机12导出，实现不间断密闭式连续生产。

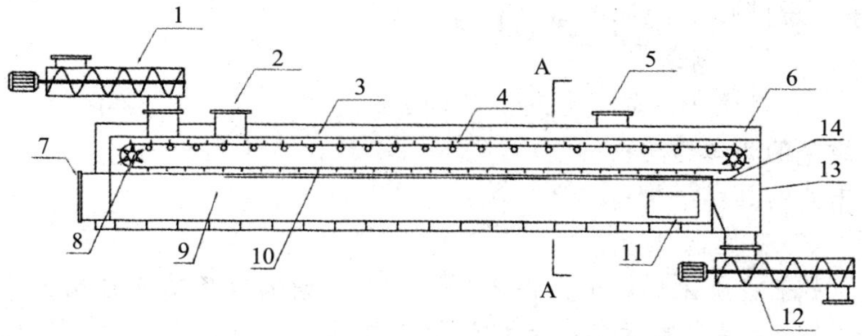


**图1**

## ☞ 审查意见

第二次审查意见通知书摘录一

针对申请人的意见陈述：

申请人认为，对比文件1没有公开如下特征：

A. 热源床体设置于热解反应室内部；

B. 移动组件在所述热源床体的第一反应表面上移动待热解物料；

C. 移动组件并将所述待热解物料从热源床体的第一反应表面转移至第二反应表面，以在第二反应表面移动待热解物料；

审查员持以下不同意见：

1. 对比文件1公开了燃烧炉整体（即权利要求1中的反应室），且明确公开了热气导流板设置与燃烧炉整体中对比文件1中热气导流板与本申请中的热源床体仅仅是名称上的不同，其作用结构完全一样，都是在其中通入换热介质以加热板上的待裂解物料，因此，申请人认为的区别特征A已经被对比文件1公开。

2. 如上所述，对比文件1中的热气导流板与本申请的热源床体仅仅是名称上的不同，其结构原理完全一致，且权利要求1中也并未对第一、第二表面进行具体的限定，因此，申请人认为的特征B、C已被对比文件1公开。

此外，申请人认为对比文件1中，螺旋传动机构在螺旋裂解室的底部移动热解物料，并没有在热气导流板上移动待热解物料，热气导流板位于裂解室之外，但技术人员基于本领域的技术常识可以确定，螺旋输送组件在输送物料时，虽然会导致物料翻滚并不一直处于热气导流板上，但由于热气导流板的加热作用，在板上的物料也连续地发生裂解反应，且如上所述，从图1可以确定，热气导流板位于燃烧炉这一整体内，因此，认定对比文件1公开了上述三个特征没有问题。

第三次审查意见通知书摘录一

☐ 申请人应当按照通知书正文部分提出的要求，对申请文件进行修改。

☒ 申请人应当在意见陈述书中论述其专利申请可以被授予专利权的理由，并对通知书正文部分中指出的不符合规定之处进行修改，否则将不能授予专利权。

☐ 专利申请中没有可以被授予专利权的实质性内容，如果申请人没有陈述理由或者陈述理由不充分，其申请将被驳回。

第三次审查意见通知书摘录二

针对申请人的意见陈述：

申请人认为，对比文件1没有公开如下特征：

A. 移动组件的具体结构；

B. 热源床体的具体结构；

审查员持以下不同意见：

1. 如通知书正文所述，对比文件2公开了本申请的链条输送结构，且事实上，带有承载轮的链条输送结构是本领域常规的输送结构，且将这种输送结构应用于对比文件1中以代替螺旋输送结构并不需要克服技术上的障碍。

2. 对比文件1公开了燃烧炉整体（即权利要求1中的反应室），且明确公开了热气导流板设置与燃烧炉整体中，对比文件1中热气导流板与本申请中的热源床体仅仅是名称上的不同，为了方便理解，审查员将第一、第二反应表面在对比文件1的图1中标出，如下图所示：

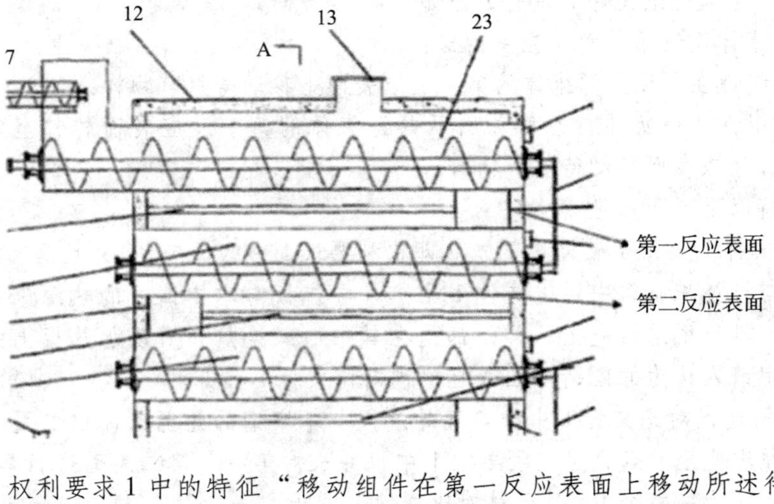


可见，权利要求1中的特征“移动组件在第一反应表面上移动所述待热解物料”以及“在第二反应表面上移动所述待热解物料”已经被对比文件1公开，申请人的意见陈述没有说服力。此外，通过申请人的陈述，审查员同样认为，本申请说明书中的内容与对比文件存在一定区别，但提醒申请人，专利的保护范围以权利要求书为准，申请人在进行意见陈述和权利要求修改时，应考虑权利要求的实际保护范围尽量避免

主观地将说明书内容带入权利要求书中，导致权利要求概括范围较大而相对于对比文件缺乏新颖性或创造性。

☞ **答辩要点分析思路**

在答复第一次审查意见通知书和第二次审查意见通知书时，专利代理师对于审查员用对比文件1的“热气导流板”对应该发明的“第一反应表面”从而认定技术特征“移动组件在第一反应表面上移动所述待热解物料”以及“在第二反应表面上移动所述待热解物料”被对比文件1揭示这一点始终不认同，并反复进行了陈述。

在接到第三次审查意见通知书时，专利代理师注意到一个问题，在第三次审查意见通知书中，审查员仍然声称：“移动组件在第一反应表面上移动所述待热解物料”以及“在第二反应表面上移动所述待热解物料”这两个技术特征已经被对比文件1所公开，甚至为了便于申请人理解而添加了说明性的附图标出了第一反应表面和第二反应表面，但是由于图片清晰度不足，第二反应表面标示的位置并不清晰，而第一反应表面更是标错了位置，图中标示第一反应表面的位置明显不能对应于该发明的第一反应表面；而且，审查员虽然否定了所有权利要求的创造性，却在结论性意见中勾选了“申请人应当在意见陈述书中论述其专利申请可以被授予专利权的理由，并对通知书正文部分中之处的不符合规定之处进行修改，否则将不能授予专利权”。

这种情况下，只通过通知书的文字无法判断审查员的真正意图，因此，专利代理师与审查员进行了电话沟通。通过电话沟通，专利代理师了解到，审查员在通知书中引用了错误的名词“热气导流板”，并且第一反应表面的标示错误，导致专利代理师对审查意见造成了误解，实际上，与第一反应表面对应的是第一个螺旋热裂解室23的内部下表面，与第二反应表面对应的是第二个螺旋热裂解室4的内部下表面。在误解解开后，专利代理师才真正理解并认同了审查员关于上述特征已经被揭示的观点。

通过与审查员就方案的进一步沟通，专利代理师了解到，审查员认为该申请的总体方案与对比文件1差别较大，具备授权前景，只是目前权利要求所限定的技术方案仍然不足以与对比文件1形成明显区分，因此，希望专利代理师对权利要求进行进一步限定。

在与审查员进行沟通之前，专利代理师已经与申请人进行了沟通，了解到申请人的意愿是尽快取得专利权，对于权利要求的保护范围并不强求。

因此，专利代理师在电话中对审查员也委婉表达了申请人希望尽快授权的愿望，并在答三通时，针对审查员的意见，进一步修改了权利要求。

在答三通的意见陈述书提交后，专利代理师再次与审查员进行了沟通，了解到专利代理师的修改并未达到预期，因此，经过协商后，专利代理师提交了主动修改，最终该申请获得授权。

在上述答辩过程中，如果不是事先与审查员进行了沟通，而是直接按照审查意见进行答复，进一步论述上述特征未被公开，那么极有可能授权的案件就会被驳回。

此外，与申请人沟通，了解申请人的意愿也非常重要，这样在与审查员进行交涉时，就不会太被动，专利代理师与审查员进行沟通时已充分了解了申请人的意愿。因此，在沟通时对于审查员提出的修改要求，就可以进行肯定答复，并且及时将申请人的意愿转达给审查员，审查员在审查时，也会酌情考虑申请人的意愿。虽然专利代理师的第三次修改并不符合审查员的预期，但是审查员并未直接发出第四次审查意见通知书，而是允许专利代理师以主动修改的方式克服权利要求书中仍然存在的创造性缺陷，最终该申请获得授权。

当然，在与审查员沟通过程中，也不能一味迎合审查员，如果申请人的意愿是尽力保证权利要求的最大保护范围，那么在与审查员的沟通过程中，就要注意分寸，不能一味答应审查员的修改要求，而是要基于客观事实，在创造性判断上达成基本一致的基础上，对保护范围进行适当的争取要尽量说服审查员接受专利代理师的观点，或者在无法说服审查员时提出备用修改方案以确保权利要求的保护范围不会缩得太小。

**☞ 意见陈述原文摘录**

答一通时的意见陈述摘录

对比文件1并没有公开该专利申请新的权利要求1中的以下技术特征：

A. 所述热源床体设置于所述热解反应室内部；

B. 所述移动组件在所述热源床体的第一反应表面上移动所述待热解物料；

C. 所述移动组件并将所述待热解物料从所述热源床体的第一反应表面转移至所述第二反应表面，以在所述第二反应表面上移动所述待热解物料。

具体理由如下：

对比文件1仅仅公开了以下技术特征（参见说明书0009～0011段以及图1)：所述废塑料连续裂解装置包括加热室12，四个螺旋热裂解室23、4、7、22和四个螺旋传动机构，四个螺旋热裂解室均匀分布在加热室内，四个螺旋传动机构分别设置于四个所述螺旋热裂解室内，四个所述螺旋热裂解室通过进出料管16、5、21首尾相连通，每相邻两个所述螺旋热裂解室之间设置有一块热气导流板，每一热气导流板的一端固定在加热室的耐火墙，另一端固定在相应的螺旋热裂解室下面的进出料管的壁上。

由此可知，在对比文件1中，螺旋传动机构在相对应的所述螺旋热裂解室的底部移动待热解物料，并没有在热气导流板上移动待热解物料；热气导流板位于所述螺旋热裂解室外，并没有与待热解物料接触；同时，热气导流板所起的作用仅仅是导热，将加热室的侧壁上的热量传导至加热室中间的空腔区域，以使所述螺旋热裂解室内的温度提高并均匀化，其并没有作为待热解物料的反应表面。

因此，对比文件1并没有公开以上技术特征A～C。

答二通时的意见陈述摘录

首先，对比文件2并未揭示区别技术特征A和B，也没有给出将区别技术特征A和B应用到对比文件1中以解决上述技术问题的启示。

在对比文件2中，参见图1和说明书第［0010］、［0011］段的描述，该链条刮板式废旧橡胶热裂解装置仅具有一个反应表面即箱式内热风道9的上表面，链条输送机4仅在一个反应表面上做回转运动。

而在该发明中，所述热源床体包括与所述移动组件相对应的第一反应表面及第二反应表面，所述第一、第二反应表面分离设置并具备物料热解所需的温度条件，所述移动组件在所述第一反应表面上移动所述待热解物料，并将所述待热解物料从所述第一反应表面转移至所述第二反应表面，以在所述第二反应表面上移动所述待热解物料；所述移动组件包括链条组件及至少两个与所述链条组件配合的承载轮，所述链条组件在所述第一、第二反应表面上做回转运动，所述承载轮中包括主动承载轮，所述链条组件上设置有用于带动待热解物料运动的刮料件。

因此，对比文件2并未揭示上述区别技术特征A和B。

此外，本领域的技术人员也不容易想到将对比文件2与对比文件1结合。

对比文件1公开了以下内容（参见说明书［0009］～［0011］段以及图1）：所述废塑料连续裂解装置包括加热室12，四个螺旋热裂解室23、4、7、22和四个螺旋传动机构，四个螺旋热裂解室均匀分布在加热室内，四个螺旋传动机构分别设置于四个所述螺旋热裂解室内，四个所述螺旋热裂解室通过进出料管16、5、21首尾相连通，每相邻两个所述螺旋热裂解室之间设置有一块热气导流板，每一热气导流板的一端固定在加热室的耐火墙，另一端固定在相应的螺旋热裂解室下面的进出料管的壁上。

可见，对比文件1采用的是螺旋推动方式，且加热装置（热气导流板）与移动组件（螺旋热裂解室）相互分离，原料仅在移动组件中移动和反应而不与加热装置接触。

对比文件2采用的是链条推进方式，且通过链条上的刮板直接在加热装置（箱式内热风道9）上移动待裂解物（废橡胶块），原料在加热装置上移动和反应。

对比文件1和对比文件2在结构和工作原理上都有明显差异，在未看到本发明之前，本领域的技术人员根本不可能想到将对比文件1与对比文件2结合。

并且，对比文件1和对比文件2也是不可结合的。如果将对比文件1的螺旋热裂解室替换成对比文件2的链条和刮板，由于刮板直接在加热装置即热气导流板上移动原料（待裂解物料），则原料直接与燃烧炉11中的产生的烟气接触，原料将受到污染，直接作废。因此，对比文件2根本不可能与对比文件1结合。

**答三通时的意见陈述摘录**

在本发明中，限定了移动组件的具体结构："所述移动组件包括链条组件及至少两个与所述链条组件配合的承载轮，所述链条组件在所述第一、第二反应表面上做回转运动，所述承载轮中包括主动承载轮，所述链条组件上设置有用于带动待热解物料运动的刮料件"；限定了热源床体的具体结构："所述热源床体包括分离设置的第一热源床体及第二热源床体，所述第一热源床体具备所述第一反应表面，所述第二热源床体具备所述第二反应表面；所述第一热源床体、第二热源床体分别具备用于流通热源体的第一热源通道、第二热源通道，所述第一、第二热源通道相互独立设置"，并且进一步限定了物料裂解的具体方式："所述第一热源床体内热源体的流通方向与所述第一热源床体上物料的运动方向相反，所述第二热源床体内热源的流通方向与所述第二热源床体上物料的运动方向一致"。

可见，本发明是通过链条回转驱动可以形成两个相反的运动方向和独立设置两个不同的热源通道，实现所述第一热源床体内热源体的流通方向与所述第一热源床体上物料的运动方向相反，所述第二热源床体内热源的流通方向与所述第二热源床体上物料的运动方向一致。这样，可确保物料在第一反应表面上移动时，其热解温度逐步增加，达到缓解物料在热源床体表面结焦的情况，同时，物料在从第一反应表面转移至第二反应表面上时，热解温度基本没有变化，从而更利于热解反应的延续。（热源在进入热源通道后会逐步降温，其在热源通道中间和后方的温度难以精确控制，但是热源进入时的温度却可以控制，由于物料在从第一反应表面转移至第二反应表面时其接触到的都是刚进入热源通道时的热源，因此，可以保证物料在从第一反应表面转移至第二反应表面上时，热解温度基本没有变化）（参见本申请的说明书［0033］段）。

因此，本发明的热解反应设备更有利于热解反应的延续同时有效缓解热源床体表面结焦的情况。

对比文件1提供了一种废塑料连续裂解装置，参见图1和说明书［0009］段，该废塑料连续裂解装置通过螺旋热裂解室23、4、7、22使得原料在加热室12中连续地移动。热源从下方向上移动，热源的流通方向与物料的移动方向垂直，并且热源流通过程中，热量不断散失，物料在转移时，其热解反应温度发生了变化，有可能导致热解反应不稳定，并且物料在螺旋热解室中移动时，接触到的热源的温度是恒定的，达不到防结焦的效果。

因此，本发明相对于对比文件1实际解决的技术问题是：提供一种有利于热解反应延续同时有效缓解热源床体表面结焦的情况的热解反应设备。

## 第五节　确定答辩方案

在全面准确地了解来自申请人及审查员两方面的意见后，专利代理师即可根据专业知识及经验，确定最终的答辩方案。

### 一、综合考虑专利法要求、审查员的审查尺度和申请人需求以确定修改方案

对权利要求是否需要修改、具体如何修改是答辩方案中需重点考虑的部分，因为这直接关系到授权后专利权范围的大小，与申请人的利益直接相关。关于修改，考虑的因素包括专利法的要求、审查员的审查尺度和申请人需求三方面。其中，对于专利法的要求需考虑：如不修改，现有的权利要求是否有较充足的创造性；如需修改，具体如何修改可满足《专利法》第33条的规定不超范围；修改后的权利要求是否有较充足的创造性。除了考虑修改本身及修改后的权利要求的创造性是否基本符合专利法要求外，还需考虑个案中审查员的审查尺度的松紧。尽管《审查指南》对修改是否超范围和创造性判断给出了固定化的评价方法的指导，但实践中对这些问题的判断仍然属于主观判断的过程。不同的审查员对法的理解程度、审查经验、知识背景及性格等不同，审查尺度也不尽相同。类似的案情不同审查员有不同处理方式的情况，专利代理师肯定符合专利法要求但审查员却因主观原因认为不符合的情况并不少见。个案处理中，专利代理师通过与审查员的沟通可摸清个案审查员对某一问题处理的松紧尺度，以了解不同方案得到审查员认可的概率。申请人的需求是确定修改方案的决定性因素。

专利代理师基于专利法要求及审查员的审查尺度可得出不同胜算把握的修改方案，但最终需根据申请人的需要进行抉择。若申请人首要目的是希望尽快获得授权，则可舍弃一些可能获得保护的权利范围，尽量按照审查员意见处理；若申请人注重专利权

的稳定性，则可舍弃一些处于判断的模糊地带的保护范围，以肯定满足专利法要求为原则处理；若申请人想尽力争取尽可能大的权利范围，则需与审查员据理力争，按不轻易放弃尽量争取的原则处理。总之，确定修改方案的总原则是：在以审查员依专利法的要求和为申请人争取尽可能大的符合其需求的权利范围之间取最佳平衡点。

## 【案例 No. 1510192】一种高效检测弓形虫急性感染的方法及其靶标蛋白

### ☞ 案由简要

该申请涉及一种非疾病诊断或治疗目的的检测弓形虫急性感染的方法（权利要求 1 ~7），一种检测弓形虫急性感染的抗体（权利要求 8 ~9）及一种检测弓形虫急性感染的试剂盒（权利要求 10 ~11）。

➢ 一通：审查员引用一篇对比文件（对比文件 1）认为权利要求 1、2、4、8 和 9 不具备新颖性；权利要求 1 ~11 不具备创造性。

➢ 答一通：修改引用关系，删除权利要求 5 对权利要求 4 的引用；删除权利要求 8 ~10；将权 11 “如权利要求 10 所述检测弓形虫急性感染的试剂盒” 修改为 “一种试剂在制备检测弓形虫急性感染的试剂盒中的用途”，论述权利要求 1、2 和 4 具备新颖性，权利要求 1 ~8 具备创造性。

➢ 二通：审查员未认可之前意见陈述，仍然认为权利要求 1、2 和 4 不具备新颖性；权利要求 1 ~8 不具备创造性。

➢ 答二通：放弃答一通时的修改方式以及意见陈述，在原始申请文件的基础上重新修改权利要求：将原权利要求 10 的保护主题 “试剂盒” 修改为 “用途” 类型，并根据说明书的记载添加新的技术特征 “所述试剂盒所检测的样本为血清样本”，作为新权利要求 1，并相应调整其从属权利要求，形成新权利要求 2 ~6。将原权利要求 1 及其从属调整为新权利要求 7 ~13。论述新权利要求 1 ~13 具备创造性。

➢ 审查结果：授权。

### ☞ 相关权利要求

原申请中权利要求 10，答二通时修改为权利要求 1，同时修改保护主题的类型为 “用途”。

原权利要求 1 如下：

一种非疾病诊断或治疗目的的检测弓形虫急性感染的方法，其特征在于，所述方法包括下述步骤：使待检测样本与弓形虫 Coronin 蛋白或所述弓形虫 Coronin 蛋白的抗体发生反应。

原权利要求 10 如下：

10. 一种检测弓形虫急性感染的试剂盒，其特征在于，其包括如权利要求 1 ~2 任一项所述 Coronin 蛋白和/或如权利要求 8 ~9 任一项所述检测弓形虫急性感染的抗体。

新权利要求 1 和 7 如下：

1. 弓形虫 Coronin 蛋白和/或弓形虫 Coronin 蛋白的抗体在制备一种检测弓形虫急性性

感染的试剂盒中的用途，其特征在于，所述试剂盒所检测的样本为血清样本。

7. 一种非疾病诊断或治疗目的的检测弓形虫急性感染的方法，其特征在于，所述方法包括下述步骤：使待检测样本与弓形虫 Coronin 蛋白或所述弓形虫 Coronin 蛋白的抗体发生反应，所述检测样本为血清样本。

☞ **相关说明书内容**

摘录一：背景技术

弓形虫循环抗原（Circulating Antigens，CAg）是弓形虫急性感染期虫体自身排泄和裂解产物，动物感染弓形虫 1～2 天即可检出 CAg，2 周后滴度显著降低，CAg 阳性提示弓形虫病急性、活动性感染，是病原体存在的重要标志，是早期感染的可靠指标。排泄－分泌抗原（Excretory／Secretory Antigens，ESA）为 CAg 的主要成分，现有研究大多是提取 ESA 抗原或者表达某个分泌蛋白制备多抗来检测血清中的 CAg，由于 CAg 抗原的含量较少，且成分复杂，从而使得这些方法的特异性、灵敏度有限。目前尚缺少一种特异性和灵敏度都较高的检测弓形虫的方法。

摘录二：积极进步效果

本发明的积极进步效果在于：本发明所提供的一种检测弓形虫急性感染的靶标蛋白及其抗体，以及一种利用所述靶标蛋白及其抗体的检测弓形虫急性感染的方法能够有效、快速地检测弓形虫早期急性感染，并具有较高的特异性和灵敏度。

摘录三：效果实施例 3，比较重组蛋白 Coronin 与进口试剂盒检测弓形虫急性感染的效果

为检验 Coronin 重组蛋白的临床检测效果，将临床采集的 90 份犬的血清进行检测，并与进口试剂盒（ID Screen ® Toxoplasmosis indirect multi－species ELISA kit，IDVET，France）检测结果进行比较，如表 2 所示。

**表 2　利用重组蛋白和进口试剂盒检测犬弓形虫感染结果**

| | | 进口试剂盒 | | |
|---|---|---|---|---|
| | | 阳性 | 阴性 | 合计 |
| Coronin 重组蛋白检测 | 阳性 | 18 | 3 | 21 |
| | 阴性 | 2 | 67 | 69 |
| | 合计 | 20 | 70 | 90 |

由表 2 可以看出，利用重组蛋白 Coronin 检测犬弓形虫感染的特异性达 95.71%，敏感性为 90.00%，观察一致率（$Po$）为 94.44%，机遇一致率（$Pe$）为 64.82%，$\kappa=(Po-Pe)/(1-Pe)=0.83$，$\kappa>0.6$ 表示利用重组蛋白 Coronin 检测犬弓形虫感染的结果一致可靠。

结果表明该重组蛋白检测犬弓形虫感染具有较高的敏感性和特异性，与进口试剂盒的一致性高。

☞ **相关对比文件公开内容**

**【对比文件 1】**

Structure of Toxoplasma gondii coronin，an actin－binding protein that relocalizes to the posterior pole of invasive parasites and contributes to invasion and egress, Julien Salamun, et al., The FASEB Journal · Research Communication, Vol. 28, No. 11, pages: 4729 - 4747, 2014 - 11 - 30, 第 4732 页左栏，具体内容如下：

Indirect immunofluorescence assays.

HFFs infected with parasites or extracelular parasites were fixed for 15min at room temperature with 4% paraformaldehyde (PFA) in PBS. The cells were neutralized for 5min in 0.1M glycine/PBS and permeabilized with 0.2% Triton/PBS for 20min. The cells were then incubated with the myc monoclonal antibody 9E10 (1 : 1000), a mouse monoclonal anti - actin (1 : 1000), polyclonal anti - coronin (1 : 500), anti - PRF (1 : 3000), anti - gliding - associated protein 45 (GAP45; 1 : 3000), anti - rhoptry neck protein 4 (RON4; 1 : 2000), or anti - micronemal protein 4 (MICC4; 1 : 3000) primary antibodies (diluted in 2% bovine serum albumin, 0.2% Triton X - 100, and PBS) for 1h at room temperature; washed 3 times with 0.2% Triton X - 100/PBS; and incubated with green anti - mouse or red anti - rabbit fluorescent secondary antibodies. The cells were washed 3 times, stained for 5 min with 4′, 6 - diamidino - 2 - phenylindole (50μg/ml in PBS), washed again, and mounted with Fluoromount G (Southern Biotech, Birmingham AL, USA; 0100 - 01) on glass slides with coverslips.

☞ **审查意见**

第一次审查意见通知书摘录

权利要求 1 请求保护一种非疾病诊断或治疗目的的检测弓形虫急性感染的方法。对比文件 1 (“Structure of Toxoplasma gondii coronin, an actin - binding protein that relocalizes to the posterior pole of invasive parasites and contributes to invasion andegress”, Julien Salamun, et al, The FASEB Journal · Research Communication, Vol. 28, No. ll, pages: 4729 - 4747, 2014 - 11 - 30) 公开了 (参见第 4732 页左栏) 检测弓形虫感染的方法：利用含有 4% PFA 的 PBS 将被寄生虫感染的 HFFs 或细胞外寄生虫在室温下固定 15min，然后加入 0.1M 甘氨酸 - PBS 缓冲液中和 5min，利用含 0.2% Triton 的 PBS 破膜 20min，然后加入 Coronin 多克隆抗体，孵育后洗涤，加入荧光标记的二抗，洗涤后染色，再洗涤，然后进行检测。可见，对比文件 1 公开了使待检测样本与弓形虫 Coronin 蛋白的抗体发生反应。由于该样品为被感染的 HFFs 细胞系，其目的为研究 Coronin 的定位，因此可知该检测方法为非疾病诊断或治疗目的。由此可见，对比文件 1 已经公开了该权利要求的全部技术特征，且对比文件 l 所公开的技术方案与该权利要求所要求保护的技术方案属于同一技术领域，解决相同的技术问题，并能产生相同的技术效果，因此该权利要求所要求保护的技术方案不具备《专利法》第 22 条第 2 款规定的新颖性。

第二次审查意见通知书摘录

对于申请人的意见陈述：(1) 申请人认为权利要求 1 所要解决的问题是提供一种非疾病诊断或治疗目的的检测弓形虫急性感染的方法，即检测样本是否已经被弓形虫急性感染，而对比文件 1 所要解决的问题是观察 TgCOR 的重定位，其披露的非直接免疫荧光实验采用被寄生虫或细胞外寄生虫感染的 HFFs 来观察 TgCOR 的重定位，其建立的实验对象建立在实验对象处于被寄生虫感染的基础上，二者所要解决的技术问题不同。(2) 本申请利用重组蛋白 Coronin 检测犬弓形虫感染的特异性、敏感性强，能够快速、有效检测急性弓形虫感染。

审查员阅读申请人的意见陈述，认真考虑后认为：(1) 正如申请人所说，对比文件 1 是采用被寄生虫或细胞外寄生虫感染的 HFFs 作为试验对象，观察 TgCOR 的重定位，那么对于本领域技术人员而言，如果该试验对象被感染，则能够观察到 TgCOR 的重定位；如果没有被感染，则无法观察到 TgCOR 的重定位，而且其目的是观察 TgCOR 的重定位，因此其在定位的同时也能判断是否被感染，因此其实质上就是一种非疾病诊断或治疗目的的检测弓形虫感染的方法。(2) 权利要求 1 的主题是非疾病诊断或治疗目的的检测弓形虫急性感染的方法，然而申请人强调该蛋白检测犬弓形虫感染的特异性和敏感性，在检测犬弓形虫感染时，其实质上是一种以疾病诊断或治疗目的的检测弓形虫感染的方法，与本申请权利要求 1 的主题是相互矛盾的。

**☞ 答辩要点分析思路**

该发明涉及一种检测弓形虫急性感染的方法。申请人希望"务必对该检测方法进行保护"。为了满足申请人的需求，有效地保护该发明创造的实质，同时又避免涉及《专利法》第 25 条规定的不予保护的客体之一——疾病的诊断和治疗方法，原权利要求主题包括了实施该检测方法的核心：包括弓形虫 Coronin 蛋白和/或弓形虫 Coronin 蛋白的抗体的试剂盒。

但根据实践经验，在试剂盒主要组分已知的情况下，由其制备的试剂盒的创造性不被认可。

因此，综合考虑客户需求，《专利法》规定，以及当前新修订的审查标准，在二通修改时，将试剂盒的产品权利要求修改为用途权利要求，虽然保护力度弱于产品权利要求，然而该修改方式与申请人的要求"保护检测方法"相契合，并兼顾了专利法的要求以及审查员的审查尺度。

**☞ 意见陈述原文摘录**

……

3. 对于本领域技术人员来说，公知常识等现有技术没有给出采用上述区别技术特征应用在对比文件 1 中来解决上述技术问题的技术启示，该发明是非显而易见的，具体陈述如下：

首先，对比文件 1 中的 Coronin 蛋白与本发明的 Coronin 蛋白所处位置不同。对比文件 1 虽然公开了用抗体以及二抗定位细胞中的 TgCOR，即公开的蛋白存在于弓形虫虫体内，但我们无法得知该蛋白是否为弓形虫在感染宿主时分泌到宿主血液中的蛋白，是否在弓形虫急性感染时发挥作用，更无法得知该蛋白是否可以作为检测弓形虫急性感染的抗原蛋白；而本发明的 Coronin 蛋白是作为抗原存在于急性感染动物的血液中，血液中的抗原与对比文件 1 中虫体细胞内的蛋白具有不同的生理学意义。

其次，并非所有的弓形虫虫体的蛋白都能作为弓形虫急性感染的判定标准和依据。在急性感染弓形虫时，弓形虫会在宿主血液中分泌一系列的抗原蛋白帮助参与虫体入侵宿主等过程，这些蛋白称为弓形虫循环抗原（Circulating Antigens，CAg）。弓形虫循环抗原是急性感染期虫体自身排泄和裂解的产物（参见本发明说明书第1页第3段），弓形虫循环抗原阳性提示弓形虫病急性和活动性感染。由此可见，如果某一蛋白仅仅是弓形虫虫体的蛋白，但该蛋白并不属于弓形虫循环抗原，其就不能作为弓形虫早期感染的指标。同时，一般的弓形虫循环抗原含量少、成分复杂，导致检测的特异性和灵敏度有限（参见本发明说明书第1页第3段）。

再次，并非所有的弓形虫虫体的蛋白都具有良好的免疫原性，即使具有良好的免疫原性，这些蛋白也可能因为与弓形虫亲缘关系相近的物种存在较高的同源性而不能用于弓形虫感染的诊断。因此，鉴定免疫原性良好的且能够特异性鉴定弓形虫急性感染鉴定诊断候选分子是目前研究的难点。

本申请的发明人通过免疫蛋白组学鉴定了具有良免疫原性的弓形虫循环抗原，从中又经过创造性劳动才筛选出了弓形虫 Coronin 蛋白及基于其建立检测弓形虫急性感染的方法。目前已经成功鉴定的弓形虫虫体的蛋白有几千种，仅仅是弓形虫的分泌排泄抗原也有2000余种，但是并不是所有的这些蛋白都具有良好的免疫原性，即使具有良好的免疫原性，这些具有良好免疫原性的蛋白可能由于与弓形虫亲缘关系相近的物种存在较高的同源性并且在样品中的含量低于检测限度而不能用于弓形虫感染的诊断；进一步地通过建立弓形虫急性感染犬模型及血清免疫蛋白组学鉴定了30余种高可信度的具有良好免疫原性的循环抗原，从而通过分析发现弓形虫 Coronin 蛋白与寄生虫蛋白的同源性较低，具有作为诊断弓形虫病的潜在诊断价值，接着通过大量的试验进行验证。

最后，本发明的检测方法具有较高的灵敏度和特异性。由于并非所有的与弓形虫有关抗原－抗体反应都可以用于弓形虫感染的诊断，尽管利用抗原－抗体反应检测感染是常规的检测手段，但是由于大多数抗原的同源性高、免疫原性低以及在样本中的含量少，使得利用抗原－抗体检测弓形虫感染出现假阳性和漏检，从而限制了利用抗原－抗体反应来诊断弓形虫感染的应用。本发明人经过创造性劳动，才从上述数以千计的蛋白中选择获得了弓形虫急性感染的检测标志物——弓形虫 Coronin 蛋白及其抗体，接着通过大量的试验进行验证，验证结果表明，弓形虫 Coronin 蛋白不但能够作为包被抗原来检测弓形虫感染动物血清中 Coronin 的抗体，还可以作为抗体来检测弓形虫急性感染犬血清中的循环抗原组分 Coronin 蛋白，并且具有较高的特异性和灵敏度，达到能够有效、快速地检测弓形虫急性感染的优异的技术效果。

综上所述，本领域技术人员根据对比文件并结合公知常识或其他现有技术也没法想到本发明的技术方案具有上述技术效果，新权利要求1请求保护的技术方案是非显而易见的，具有突出的实质性特点。

4. 权利要求1取得了预料不到的技术效果

弓形虫是一种世界范围内寄生的原虫，可导致人畜流产、死胎和免疫抑制患者死亡，其临床表现复杂，确诊困难，给公共卫生和畜牧业带来极大危害。目前本领域常规的检测弓形虫病的方法是免疫学检测法，但是这些方法不能判断是否为弓形虫急性感染，因而错失最佳治疗时间，给实际的畜牧业生产造成了严重的损失。因此对本领域技术人员而言，如何快速、可靠地检测弓形虫急性感染是一个重大而亟待解决的问题。

而权利要求1请求保护的用途克服了目前检测弓形虫感染的方法难以区分急性感染和既往感染、利用循环抗原来检测急性感染的方法因循环抗原含量低、成分复杂等原因特异性和灵敏度有限的问题，提供了适用于弓形虫早期急性感染检测，兼具高特异性和高敏感性的检测方法。在一较佳实施例中达到了特异性达95.71%，敏感性为90.00%，与进口试剂盒相比，观察一致率（*Po*）为94.44%，机遇一致率（*Pe*）为64.82%，$\kappa=(Po-Pe)/(1-Pe)=0.83$（参见本发明说明书第11页最后第2段），这是本领域技术人员事先无法预测或推理出来的，具有预料不到的技术效果。

综上，权利要求1取得了预料不到的技术效果，从这一角度来说，权利要求1具备创造性；或者至少具有显著的进步。

## 【案例No.111849】移动终端及其待机界面的操作方法

### ☞ 案由简要

该案涉及一种移动终端（权利要求1～10及权利要求21～25），及移动终端的待机界面的操作方法（权利要求11～20及权利要求26～30）。其中，权利要求1、11、21及26均为独立权利要求。

➢ 一通：审查员引用对比文件1（CN101796478A）认为权利要求1～30不具备创造性。

➢ 答一通：未修改权利要求，论述权利要求1～30具备创造性。

➢ 二通：审查员依然认为权利要求1～30不具备创造性。

➢ 答二通：删除原权利要求1和4，并将原权利要求5和6的技术方案以并列选择的方式形成新的权利要求1，删除原权利要求11和14，并将原权利要求15和16的技术方案以并列选择的方式形成新的权利要求8，论述修改后的权利要求1～24具备创造性。

➢ 审查结果：授权。

### ☞ 相关权利要求

1. 一种移动终端，其包括：

一图标显示模块，用于在所述移动终端的桌面上显示多个图标；

一图标选中模块，用于供用户选中一图标，所述图标位于所述桌面的一第一位置；

一图标移动模块，用于供用户将被选中的图标从所述第一位置移动至所述桌面的一第二位置；

其特征在于，所述移动终端还包括一图标运动模块，用于在用户利用所述图标选中模块解除对被选中的图标的选中后，控制被解除选中的图标随即开始在所述桌面上进行运动，被解除选中的图标的运动方式包括：被解除选中的图标以所述第二位置为起点做一阻尼运动，并最终静止于所述第一位置。

4. 如权利要求1所述的移动终端，其特征在于，所述图标运动模块还用于在被解除选中的图标到达所述桌面上除被解除选中的图标之外的至少一个图标处时，控制所述至少一个图标与被解除选中的图标进行碰撞，并控制碰撞后的所述至少一个图标随即开始在所述桌面上进行运动。

5. 如权利要求4所述的移动终端，其特征在于，所述至少一个图标的运动方式包括：所述至少一个图标分别以碰撞前的初始位置为起点做一阻尼运动，并最终静止于所述至少一个图标的初始位置。

6. 如权利要求4所述的移动终端，其特征在于，所述至少一个图标的运动方式包括：所述至少一个图标分别沿碰撞后的初始运动方向并以碰撞前的初始位置为起点在一时间段内做一匀速直线运动，并在所述时间段后移回至所述至少一个图标的初始位置。

☞ **相关说明书内容**

摘录一

本实施例的移动终端包括一图标显示模块1、一图标选中模块2、一图标移动模块3以及一图标运动模块4。

所述图标显示模块1在所述移动终端的桌面上显示多个图标，用户通过所述图标选中模块2选中一位于桌面的一第一位置的图标，再通过一图标移动模块3将被选中的图标从所述第一位置移动至所述桌面的一第二位置，在用户利用所述图标选中模块2解除对被选中的图标的选中后，所述图标运动模块4控制被解除选中的图标随即开始在所述桌面上进行运动，通过所述移动终端的上述模块的相互配合，即可以实现在所述移动终端的待机模式下对所述移动终端的桌面上的图标进行选中、移动以及控制所述图标进行运动。

可以预先将所述移动终端的导航键或事先设定好的一其他按键与所述图标选中模块2以及所述图标移动模块3绑定，这样用户便可以通过按下经过绑定的该按键来选中图标，此时，所述第一位置与所述第二位置之间的距离可以与用户对所述按键的按压时长呈正相关，按压时长越长，距离越远；按压时长越短，距离就越近。而对于触屏手机而言，用户对图标的选中和移动则更为便捷，即用户可以通过在触屏上直接点击图标来实现选中，并通过拖动图标来实现所述图标从所述第一位置到第二位置的移动，此时所述图标在所述第一位置与所述第二位置之间的移动轨迹显然与用户的触摸轨迹是一致的。

当然，本发明的改进之处主要在于：在用户通过所述图标选中模块2解除对被选中的图标的选中后，即用户不再按压所述移动终端的所述按键或用户的手指离开所述移动终端的触屏后，所述图标运动模块4将控制被解除选中的图标随即开始在所述桌面上进行运动。

而对被解除选中的图标的运动方式的设置主要是所述图标运动模块4控制被解除选中的图标以所述第二位置为起点做一阻尼运动，即将所述桌面模拟成具有摩擦阻力，被解除选中的图标在运动时会受到摩擦阻力的作用而慢慢减速，并且所述图标运动模块4会在被解除选中的图标运动一段时间后控制被解除选中的图标最终静止于所述第一位置，也即被解除选中的图标的初始位置。如图2所示，用户选中位于所述第一位置的图标1，并将图标1移动至所述第二位置，对图标1解除选中后图标1就在桌面上的所述第一位置与所述第二位置的连线方向上以所述第一位置为平衡位置的阻尼振动，即被解除选中的图标1有类似橡皮筋拉伸的效果，会在所述第一位置与所述第二位置之间弹动并最终静止于所述第一位置。

如果所述第一位置与所述第二位置之间的距离比较远，导致被解除选中的图标在运动时到达了所述桌面的边界，则被解除选中的图标也可以与边界发生碰撞。

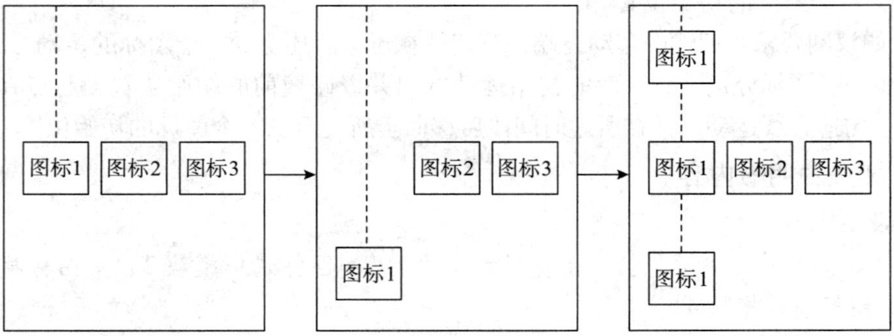


**图2**

摘录二

本实施例与第一实施例的区别在于：当被选中的图标被解除选中进行运动，并在运动中到达所述桌面上除被选中的图标之外的至少一个图标处时，所述图标运动模块4还可以控制桌面上未被选中的其他图标与被解除选中的图标进行碰撞，并控制碰撞后的其他图标也随即开始在所述桌面上进行运动，类似打桌球时的碰撞效果，本实施例主要描述其他图标的运动。

如图4所示，在本实施例中，被解除选中的图标4如第一实施例中一样做一阻尼运动。碰撞后的其他图标如图标1、图标2和图标3的运动方式也可以同样被设置为以碰撞前的初始位置为起点的一阻尼运动，并同样在一段时间后静止于其他图标的初始位置，碰撞后的所述至少一个图标的运动方式也可以被设置为其他图标分别沿碰撞后的初始运动方向并以碰撞前的初始位置为起点在一时间段内做一匀速直线运动，并在所述时间段后移回至其他图标各自的初始位置。

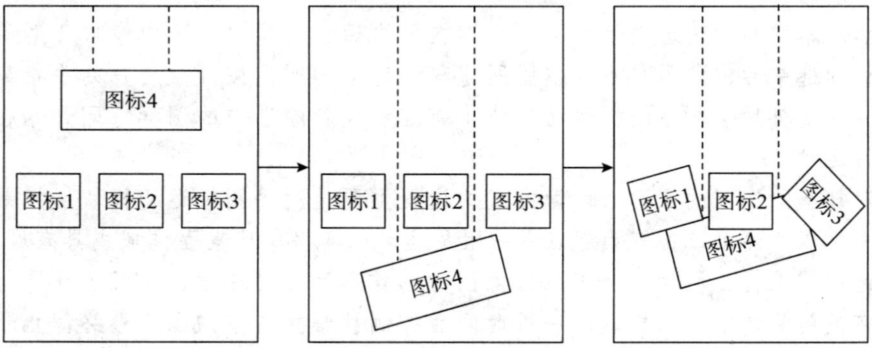


**图4**

☞ **相关对比文件公开内容**

**【对比文件1】**

摘录一

［0283］尽管图11B至11D例示了区域802中的一个或多个图标的移动，但是在其他实施例中，在用户界面的其他区域例如托盘408中一个或多个图标的位置可以独立于或附加于区域802中的一个或多个图标中的位置而改变。

［0284］区域802中的一个或多个图标的随时间变化位置向用户直观地表示可以修改一个或多个图标的位置。这在图11C至11D中例示出，其示出了在界面重新配置模式期间图标的重新定位。用户在位置1108处与一个正在移动的图标相接触，并且在显示平面上移动该点接触。该接触和移动由便携式多功能设备100来检测。结果，相应地移动所显示的图标，在这个示例中对应于股票应用程序149－2。

［0285］如图11D所示，用户将股票应用程序图标149－2移动到位置1110，并且断开与显示器表面的接触。股票应用程序图标149－2现在显示在位置1110处。尽管在图11D中股票应用程序图标149－2的显示位置被示出为固定的，但是在一些实施例中，股票应用程序图标149－2的位置可以在用户断开与显示器表面的接触时而改变。在一些实施例中，在界面重新配置模式期间，仅显示在用户界面的一个或多个子部分中的图标被显示以变化的位置。由此，如果股票应用程序图标149－2已经被拖到区域802中的另一位置处，则在用户断开与显示器的接触后，它可以显示为具有变化的位置。在一些实施例中，在图标移动到新位置时，设备可以提供音频和/或触觉反馈，例如听得到的谐音和/或振动。

［0286］图11D还例示了浏览器图标147到位置1112处的可选移位。浏览器图标147由于与股票应用程序图标149－2的至少部分重叠而从其初始位置被移位到其新位置1112，即当便携式多功能设备100确定用户将股票应用程序图标149－2定位到浏览器图标147之上时，浏览器图标147的显示位置发生改变。

［0287］在其他实施例中，当诸如iPod图标152的一个附加图标被添加到托盘408时，一个图标可以被逐出或移出托盘408。例如，托盘408可以被配置为容纳有限数量个图标，例如4个图标。如果将一个附加图标添加到托盘408中，则可以将最靠近该附加图标的图标或者与附加图标至少部分重叠的图标逐出或移出托盘408。在一些实施例中，被逐出的图标从其在托盘408中的位置浮动或缩放到区域802中的新位置，在新位置处它可以加入一个排序的图标列表。在一些实施例中，如果驱逐处理还没有完成（例如，附件图标没有被添加到托盘408中），则被逐出的图标可以终止其朝向区域802中的新位置的进程，而返回到其在托盘408中的位置。

［0288］图11E例示了根据一些实施例的在界面重新配置模式已经被终止或已经终止（由于超时）之后的用户界面。UI1100E中的图标具有固定的位置。股票应用程序图标149－2和浏览器图标147显示在托盘408中它们的新位置处。

摘录二

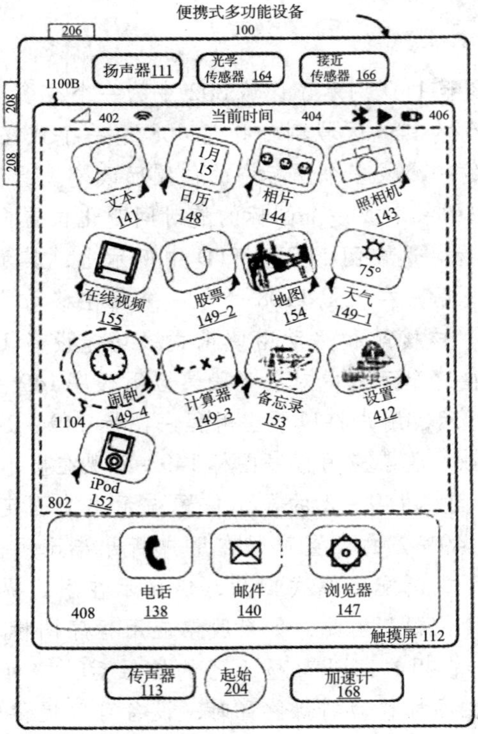
便携式多功能设备
100
206
208
208
1100B
扬声器111
光学传感器 164
接近传感器 166
402
当前时间
404
406
文本 141
日历 148
1月 15
相片 144
照相机 143
在线视频 155
股票 149-2
地图 154
天气 149-1
75°
闹钟 149-4
计算器 149-3
备忘录 153
设置 412
1104
iPod 152
802
电话 138
邮件 140
浏览器 147
408
触摸屏 112
传声器 113
起始 204
加速计 168

摘录三

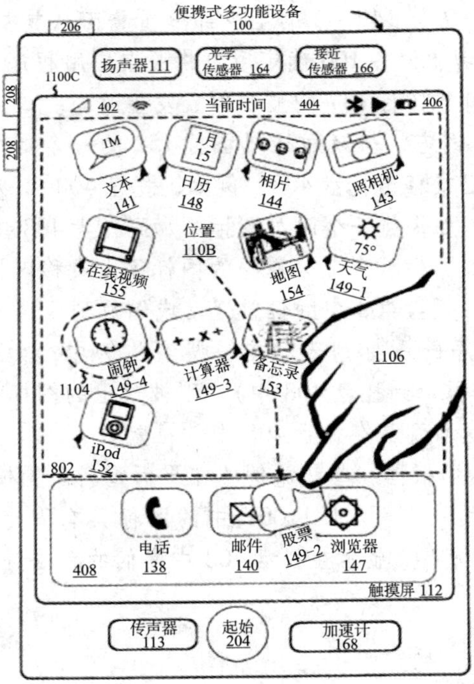
便携式多功能设备
100
206
208
208
1100C
扬声器111
光学传感器 164
接近传感器 166
402
当前时间
404
406
IM
文本 141
日历 148
1月 15
相片 144
照相机 143
在线视频 155
位置 110B
地图 154
天气 149-1
75°
闹钟 149-4
计算器 149-3
备忘录 153
1106
1104
iPod 152
802
电话 138
邮件 140
股票 149-2
浏览器 147
408
触摸屏 112
传声器 113
起始 204
加速计 168

### ☞ 审查意见

第二次审查意见通知书摘录

摘录一

权利要求1要求保护一种移动终端，对比文件1（CN101796478A）公开了一种移动终端，并具体公开了如下技术特征（参见说明书第30～37页，图10～12）：从图11中可以看到移动终端的桌面上显示了多个图标，如文本141、日历148、股票149－2、ipod图标152……以及电话图标138、邮件图标140和浏览器图标147，其必然存在图标显示模块。用户可以利用手势或姿态选中便携式设备上的一个或多个软按钮（如显示在显示器上的一个或多个图标），则必然存在图标选中模块，用于供用户选中一个图标，而图标的原始位置可认为是其位于桌面的第一位置。检测在相应图标的第一位置处与触摸屏显示器的点接触，检测点接触到第二位置的移动。显示相应图标到第二位置的移动，并且在第二位置处显示相应图标，则必然存在图标移动模块，用于供用户将被选中的图标从所述第一位置移动至桌面的第二位置。股票应用程序图标149－2被拖到区域802中的另一个位置处，在用户断开与显示器的接触后，它可以显示为具有变化的位置。改变一个或多个图标中相应图标的位置对应于在触摸屏显示器基本上一致的平面中的运动等式，运动等式可以具有小于阀值的摩擦系数，从而允许对浮动或滑动一个或多个图标进行仿真和/或动画显示。相应图标的运动等式可以具有非零初始速度、非零角速度和/或关于该相应图标的相应平均位置的回复力，以使得相应图标的位置在基本上以该相应图标的相应平均位置为中心的区域1104（图11B）电振荡。用户断开与显示器的接触相当于用户解除对被选中的图标的选中，而图标会显示为具有变化的位置，而在重新配置模式期间具有动画效果，其相当于被接触选中的图标会在桌面上进行行动。相当于移动终端能完成图标运动模块的部分功能，移动终端还包括一图标运动模块，用于在用户利用所述图标选中模块解除对被选中的图标的选中后，控制被解除选中的图标随即开始在所述桌面上进行运动。

由此可见，权利要求1与对比文件1的区别在于，被解除选中的图标的运动方式包括：被解除选中的图标以所述第二位置为起点做一阻尼运动，并最终静止于所述第一位置。由该区别特征可知权利要求1相对于对比文件1实际解决的技术问题是设置运动模块控制解除选中的图标如何运动。然而对比文件1中已经公开了在图标解除选中后，图标会显示为具有变化的位置，而在重新配置模式期间具有动画效果，其相当于被接触选中的图标会在桌面上进行行动。运动的方式为以所述第二位置为起点做一阻尼运动，并最终静止于所述第一位置，也是一种常见的运动方式选择，如在对比文件1中的对应图标的运动等式可以有多种选择。因此，在对比文件1的基础上结合本领域常用技术手段，得到权利要求1的技术方案对本领域技术人员而言是显而易见的，权利要求1不具备突出的实质性特点和显著的进步，不符合《专利法》第22条第3款有关创造性的规定。

摘录二

权利要求4引用权利要求1，其附加特征已部分被对比文件1公开了（参见说明书第30～37页，图10～12）：当第一图标的第二位置与第二图标的相应初始位置至少部分重叠时（相当于在被解除选中的图标到达所述桌面上除被解除选中的图标之外的至少一个图标处时，至少一个图标与被解除选中的图标进行碰撞），计算设备被将第二图标从相应的初始位置移动到相应的新位置（从图11K至图11L中所示），相当于在碰撞后的第二个图标随即开始在所述桌面上进行运动，进入到新位置。本领域技术人员很容易想到由图标运动模块来对这个被接触选中图标之外的至少一个图标的运动进行控制。因此，当其引用的权利要求不具备创造性时，该从属权利要求也不符合《专利法》第22条第3款有关创造性的规定。

权利要求5~8都是从属权利要求，其附加特征都是对所述至少一个图标的运动方式作进一步限定，而该图标的运动方式如初始位置、终止位置以及运动的速度、状态和路线都是可由本领域技术人员按需要进行选择的，属于本领域的惯用手段。因此，当其引用的权利要求不具备创造性时，该从属权利要求也不符合《专利法》第22条第3款有关创造性的规定。

☞ **答辩要点分析思路**

进行答辩时，专利代理师不应当盲目地对权利要求进行修改，若修改不当造成保护范围不必要的损失，就无法再次扩大独立权利要求的保护范围，这有可能对申请人后续行使专利权产生不利影响。因此，专利代理师基于专利法要求及审查员的审查尺度所得出的不同保护范围的修改方案，最终需根据申请人的需要进行抉择。

具体到该案，专利代理师发现对比文件1并没有公开关于碰撞后的图标进行运动的内容，更没有公开碰撞后的图标运动后静止或移回至初始位置（表征未对图标进行编辑）的内容，因此，专利代理师认为可以选择两种修改方案，第一种是将原权利要求4的技术方案修改为新的独立权利要求1，第二种是将原权利要求5和6的技术方案以并列选择的方式修改为新的独立权利要求1，但是采用第二种修改方案时，论述新独立权利要求1的创造性的理由更为充分，进而授权可能性更高。

具体地，专利代理师确定修改方案时综合考虑了以下几个方面。首先，原权利要求4引用了原权利要求1，原权利要求5和6分别引用了原权利要求4，因此，将原权利要求5、6的技术方案以并列选择的方式修改为新的独立权利要求1明显不会超范围，并且修改后的独立权利要求1的两个技术方案满足单一性的要求。其次，根据第二次审查意见通知书中分别对权利要求4~6的评述，可以分析出评述权利要求4的证据和理由明显比评述权利要求5、6的证据和理由充分，因此专利代理师认为将权利要求5、6的技术方案作为突破口，论述则更有依据。最后，专利代理师建议申请人根据实际需求在两种修改方案中进行选择，若选择第一种则可以争取相比于第二种更大的保护范围，但存在更大的风险和花费更长的时间，若选择第二种则可能尽快获得授权，虽然获得的保护范围可能较小。最终申请人选择第二种修改方案，并且在答二通后很快获得授权。

☞ **意见陈述原文摘录**

第二次意见陈述书摘录

一、新的权利要求1

1. 新的权利要求1具有突出的实质性特点

(1) 确定最接近的现有技术

在第二次审查意见通知书中没有引用新的对比文件，在前次审查意见通知书中引用的对比文件1中公开了一种便携式多功能设备（参见对比文件1的说明书第30~37页，图10~12)，其中公开的本发明的技术特征最多，因此将其作为最接近的现有技术。

(2) 确定本发明的区别技术特征和本发明实际解决的技术问题

为了更清楚地说明本发明与所述最接近的现有技术的区别，现对所述最接近的现有技术的技术方案进行详细说明如下：

所述最接近的现有技术公开了一种具有界面重新配置模式的便携式多功能设备，所述设备的桌面上显示了多个图标（参见图11)，所述设备能够根据用户的预订姿态启动界面重新配置处理，在界面重新配置期间能够对桌面上的图标进行编辑，例如对图标的位置进行移动和调整，从而实现对所述设备的界面进行重新配置。

具体地，用户可以利用手势或姿态选中便携式设备上的一个或多个软按钮（例如，显示在触摸敏感显示器上的一个或多个图标)，来启动界面重新配置处理（参见对比文件1的说明书第30页第3~6行)，在界面重新配置期间，通过改变一个或多个图标的位置来向用户直观地表示用户可以重新配置一个或多个图标的位置（即表示图标可以被编辑)，进而用户可以通过修改、改变和/或重新配置一个或多个图标的位置来实现对图标的编辑（参见对比文件1的说明书第29页第27~28行)。

而上述一个或多个图片位置的改变会产生动画效果，具体可以按照在与触摸屏显示器表面上基本一致的平面中的一个或多个图标的相应运动等式，运动等式可以具有小于阈值的摩擦系数，从而允许对浮动或滑动一个或多个图标进行仿真和/或动画显示。相应图标的运动等式可以具有非零初始速度、非零角速度和/或关于该相应图标的相应平均位置的回复力，以使得相应图标的位置在基本上以该相应图标的相应平均位置为中心的区域1104（图11B）中振荡（参见对比文件1说明书第31页倒数第5行至第32页第1行)。

对于关于相应的平均位置而具有改变的位置的图标（即表示可以被编辑的图标)，检测在相应图标的第一位置处与触摸屏显示器的点接触，检测点接触到第二位置的移动，显示相应图标到第二位置的移动，并且在第二位置处显示相应图标（参见对比文件1的说明书第30页第22~24行)，从而实现了对图标的移动和图标位置的调整处理。

此时，如果检测到用户发出的终止界面重新配置处理的第二预订用户动作，则固定一个或多个图标的位置（即固定在第二位置)，如果没有检测到用户发出的终止界面重新配置处理的动作，则所述设备仍然处于界面重新配置期间，在用户断开与显示器的接触后，被移动到第二位置处的图标依然可以在第二位置区域显示为具有变化的位置，以表示该图标依然可以被编辑。

将新的权利要求1与所述最接近的现有技术进行比较，得到本发明的区别技术特征为：

被解除选中的图标的运动方式包括：被解除选中的图标以所述第二位置为起点做一阻尼运动，并最终静止于所述第一位置；所述图标运动模块还用于在被解除选中的图标到达所述桌面上除被解除选中的图标之外的至少一个图标处时，控制所述至少一个图标与被解除选中的图标进行碰撞，并控制碰撞后的所述至少一个图标随即开始在所述桌面上进行运动；所述至少一个图标的运动方式包括：所述至少一个图标分别以碰撞前的初始位置为起点做一阻尼运动，并最终静止于所述至少一个图标的初始位置，或，所述至少一个图标的运动方式包括：所述至少一个图标分别沿碰撞后的初始运动方向并以碰撞前的初始位置为起点在一时间段内做一匀速直线运动，并在所述时间段后移回至所述至少一个图标的初始位置。

利用所述区别技术特征，新的权利要求1的技术方案所能够达到的技术效果为：本发明的移动终端能够选中图标并控制被选中的图标移动，在解除对被选中的图标的选中后，还能够控制被解除选中的图标做阻尼运动，并最终静止于第一位置，而且被解除选中的图标在到达其他图标时会发生碰撞，碰撞后的其他图标会做阻尼运动或者匀速直线运动，并最终静止于各自的初始位置。

由此可知，本发明的移动终端能够控制桌面上的图标进行运动，无论是被解除选中的图标还是与被解除选中的图标发生碰撞的其他图标，都会在运动后最终静止于各自的初始位置，由于图标的位置在运动前后没有任何变化，使得本发明的移动终端不需要进入编辑模式就能够控制图标的运动，在控制图标运动的同时，维持了移动终端中的图标的原始设定，并没有对图标进行任何编辑，也没有对移动终端的界面进行重新配置处理，从而提供了一种全新的控制图标运动的方式，同时也不需要在移动终端的内存中增设并运行任何的界面重新配置处理的应用程序，丰富了移动终端的图标控制方式的同时也节省了移动终端的内存占用率，提高了移动终端的运行效率。

审查意见中指出本发明实际解决的技术问题是设置运动模块控制解除选中的图标如何运动，申请人对此有完全不同的意见与您商榷：在所述最接近的现有技术中，公开的是一种具有界面重新配置模式的便携式多功能设备，其技术方案的核心就在于通过对图标位置进行调整的编辑来实现界面的重新配置处理，其虽然会将选中的图标从第一位置移动至第二位置，但前提是用户需要利用手势或姿态启动界面重新配置处理，在所述设备进入界面重新配置模式期间（即进入编辑模式），图标才会转换为具有可编辑的状态（通过具有变化的位置来表征），此时才能够控制图标进行运动，并且运动前后图标的位置发生了变化，使得图标的原始设定发生了改变，即对图标的位置进行了重新编辑，从而实现对图标的位置调整处理，通过对图标的编辑实现了界面的重新配置处理。

因此，所述最接近的现有技术中控制图标的运动的前提是设备进入界面重新配置模式期间，并且图标进入可编辑的状态，结果是运动前后图标的位置发生了变化，对图标进行了重新编辑，而新的权利要求1的技术方案与所述最接近的现有技术相比，所取得的技术效果中最明显的就是运动前后图标的位置不变，从而不需要对图标进行任何编辑就能够控制图标运动，这也是本发明的核心所在。所以，申请人认为在确定本发明实际解决的技术问题时，应当考虑“移动终端不需要进入编辑模式就能够控制图标运动，并且没有对图标进行任何编辑”这一核心的技术效果。

根据所述区别技术特征及其所能达到的技术效果确定本发明实际解决的技术问题是如何控制被解除选中的图标以及与被解除选中的图标发生碰撞的其他图标进行运动，并保证不对图标进行任何编辑。

(3) 新的权利要求1的技术方案对本领域的技术人员来说是非显而易见的

首先，申请人认为对比文件1从整体上没有给出将所述区别技术特征应用到所述最接近的现有技术中以解决本发明所要解决的技术问题的启示。

参见在确定本发明的区别技术特征和本发明实际解决的技术问题时的意见陈述，对比文件1公开的是一种具有界面重新配置模式的便携式多功能设备，其技术方案的核心就在于在用户利用手势或姿态启动界面重新配置处理的前提下，通过控制图标运动，对图标进行位置调整来实现界面的重新配置处理。因此，对比文件1整体的出发点和前提就是对图标进行移动来实现对图标位置的重新编辑，而在新的权利要求1中，其核心就在于在“不需要对图标进行任何编辑”的前提下就能够控制图标进行运动。由此可见，二者的出发点相差很远，技术方案实施的前提条件甚至都是完全相反的。

在对比文件1中，在图标从第一位置被移动到第二位置，用户断开与显示器的接触之后（即所述图标被解除选中之后），图标会停留在所述第二位置而不会再返回所述第一位置，此时在运动前后，图标的位置已经发生了变化，即在所述设备中已经对图标进行了位置的重新编辑，图标所对应的各种系统内部参数也已经发生了变化。即使如对比文件1中所述，之后若没有检测到终止界面重新配置处理的第二预订用户动作（即所述设备仍然处于界面重新配置期间），所述图标在所述第二位置处可以具有变化的位置，但此变化的位置所对应的动画效果和运动等式也仅仅是所述图标以相应平均位置为中心，在所述第二位置的区域中振荡，其作用也仅仅表示所述图标依然处于可以被编辑的状态。

因此，对比文件1中并没有公开被解除选中的图标以所述第二位置为起点做一阻尼运动，并最终静止于所述第一位置，也没有公开运动后的图标返回初始位置（即从所述第二位置返回所述第一位置）来实现不对图标进行任何编辑就能够控制图标运动。

在对比文件1中还公开了当第一图标的第二位置与第二图标的相应初始位置至少部分重叠时，计算设备将第二图标从相应的初始位置移动到相应的新位置。通过对对比文件1的整体技术方案进行分析可知，当第一图标移动至第二位置并且被解除选中之后，第一图标只能以相应平均位置为中心，在第二位置的区域中振荡，所以，在被解除选中之后，第一图标仅在第二位置的区域中振荡，不可能与任何其他图标发生碰撞。

而且，此处对比文件1公开的仅仅是图标尚未被解除选中期间，在用户将第一图标从第一位置移动到第二位置时，若第二位置的区域中已经有一第二图标，则设备会将第二图标从相应的初始位置移动到新位置，而其初始位置则被第一图标占据，但是很明显，这个动作是发生在第一图标被解除选中之前，在第一图标被解除选中之后，参见上面的陈述，第一图标不可能与任何其他图标发生碰撞。

并且即使如对比文件1中所述，第一图标的第二位置与第二图标的初始位置至少部分重叠时，也是由第一图标占据初始位置，第二图标则被移动到新位置，从而无论是第一图标还是第二图标，移动前后其位置都发生了变化，即在所述设备中已经对第一图标和第二图标进行了位置的重新编辑，第一图标和第二图标所对应的各种系统内部参数也已经发生了变化。

因此，对比文件1中没有公开被解除选中的图标能够与其他图标发生碰撞，而即使被解除选中的图标能够与其他图标发生碰撞，对比文件1也没有公开控制其他图标在桌面上进行阻尼运动或匀速直线运动，更没有公开通过使得被碰撞的其他图标在运动后最终静止于各自的初始位置来实现不对图标进行任何编辑就能够控制图标运动。

所以，申请人认为对比文件1从整体上并没有公开任何本发明的区别技术特征，也没有给出将所述区别技术特征应用到所述最接近的现有技术中以解决本发明所要解决的技术问题的启示。

其次，申请人认为所述区别技术特征并不是本领域的公知常识。

众所周知，在本领域中，控制图标的运动都是在编辑图标的模式下进行的，在移动终端进入编辑模式期间，如果用户选中一图标，并将其从第一位置移动至第二位置，当用户解除选中后，图标会停留在第二位置，进而移动终端会对图标的位置进行重新编辑和设置（可参见对比文件1中的描述以及现有市面上的几乎所有智能手机），这是本领域的公知常识。显然，在本领域中，移动图标的同时会对图标进行编辑，而在新的权利要求1中，整个技术方案不需要移动终端进入编辑模式，被解除选中的图标会以第二位置为起点做阻尼运动，并最终静止于第一位置（即原始位置），从而保持了图标的原始设定，并没有对图标进行任何编辑。所以，“控制被解除选中的图标以所述第二位置为起点做阻尼运动，并最终静止于所述第一位置”这一区别技术特征并不是本领域的公知常识。

并且，在本领域中，在编辑模式期间，当第一图标被移动至第二位置并且被解除选中后，第一图标只会在第二位置区域中，不可能再通过运动而与其他图标发生碰撞，并且当被移动的第一图标的最终位置与第二图标的原始位置具有至少部分重叠时，第一图标会占据第二图标的原始位置，而第二图标会被移动至新位置，这基本上是现有的手机等移动终端通用的处理方式（具体可参见现有市面上的几乎所有智能手机），这也是本领域中对于相互接触的两个图标在编辑模式下的惯用处理手段和常规选择。

而在新的权利要求1中，在移动终端不进入编辑模式的前提下，被解除选中的图标能通过运动与其他图标发生碰撞，并且在发生碰撞后，还控制碰撞后的其他图标做阻尼运动或匀速直线运动，并且能够保证运动后的被解除选中的图标以及其他图标均返回各自的初始位置，从而保持了被解除选中的图标以及其他图标的各自的原始设定，没有对图标进行任何编辑。

由此可见，新的权利要求1中的“所述图标运动模块还用于在被解除选中的图标到达所述桌面上除被解除选中的图标之外的至少一个图标处时，控制所述至少一个图标与被解除选中的图标进行碰撞，并控制碰撞后的所述至少一个图标随即开始在所述桌面上进行运动；所述至少一个图标的运动方式包括：所述至少一个图标分别以碰撞前的初始位置为起点做一阻尼运动，并最终静止于所述至少一个图标的初始位置，或，所述至少一个图标的运动方式包括：所述至少一个图标分别沿碰撞后的初始运动方向并以碰撞前的初始位置为起点在一时间段内做一匀速直线运动，并在所述时间段后移回至所述至少一个图标的初始位置”这一区别技术特征并不是本领域的公知常识。

所以，新的权利要求1中的所有区别技术特征均不是本领域的公知常识。

而在审查意见中指出“被解除选中的图标的运动方式为阻尼运动，并最终静止于所述第一位置，是一种常见的运动方式选择”（记为结论1）以及“通过对比文件1的启示使得本领域技术人员很容易想到有图标运动模块来对被解除选中的图标之外的至少一个图标的运动进行控制，并且至少一个图标的运动方式如初始位置、终止位置以及运动的速度、状态和路线都是可由本领域技术人员按需要进行选择的，属于本领域的惯用手段”（记为结论2），进而认为本发明不具备创造性，申请人对此有完全不同的意见与您商榷。

审查意见中在评述本发明的创造性时，其对本发明实际解决的技术问题的确定有失偏颇，其忽略了本发明的“移动终端不需要进入编辑模式就能够控制图标运动，并且没有对图标进行任何编辑”这一核心的技术效果（具体可参见申请人关于确定本发明实际解决的技术问题时的意见陈述），进而导致对本发明实际解决的技术问题的确定偏离了本发明的设计构思，与本发明的技术方案以及技术效果也没有做到相互适应。所以，申请人认为审查意见中在评判本发明的创造性时，并没有综合考虑本发明的技术方案、所解决的技术问题和所产生的技术效果，没有将本发明作为一个整体看待，导致在一个有失偏颇的技术问题的基础上评判本发明的创造性，申请人认为这一做法有待商榷。

另外，对于审查意见中的结论1，虽然在移动终端中，用户可以根据实际需要设计和选择被解除选中的图标的运动方式，但是，在现有技术中，其前提是移动终端需要进入编辑模式，并且被从第一位置移动至第二位置的图标最终会静止于第二位置，而不会返回第一位置，导致图标的位置被重新编辑，而新的权利要求1中根本没有涉及对图标的编辑，移动终端并不需要进入编辑模式，并且控制被解除选中的图标运动的最终结果是被解除选中的图标会返回原始位置，保持原始设定。所以，新的权利要求1中在移动终端不进入编辑模式的前提下就能够控制图标运动，这相对于现有技术做出了很大的改进，其控制图标的具体运动方式并不是本领域的常规选择，申请人认为结论1的观点有待商榷，不能仅通过“控制图标的运动方式是常规选择”来认为新的权利要求1不具备创造性，即使在对比文件1的基础上再结合本领域的常用技术手段，也不可能得到新的权利要求1中控制被解除选中的图标的运动方式。

对于结论2，对比文件1中已经明确公开了，当被选中的第一图标的第二位置与第二图标的初始位置有至少部分重叠时，第一图标会占据初始位置，第二图标会被移动至新位置，在没有任何技术启示的情况下，本领域技术人员仅参考对比文件1，是不可能想到在第一图标被解除选中后，控制第一图标运动从而与其他图标发生碰撞，也不可能想到在发生碰撞之后，所有图标都会进行运动，并且运动后能够分别返回各自的原始位置，保持各自的原始设定的。并且为了保证图标不被编辑，无论是被解除选中的图标，还是与被解除选中的图标发生碰撞的其他图标，其运动后的终止位置都必须是各自的原始位置，这是基于本发明的设计构思所确定的，其并不是本领域的惯用手段，因此，申请人认为结论2的观点也有待商榷。

另外，在审查意见中，还指出“在苹果手机中，当用户选中并移动某图标到达页面边缘（未进入到下一分屏页面）时，解除选中即松开触摸时，图标会自动回复到原始位置，可见这种解除选中图标后，其回复到原位置静止的运动方式并不具备创造性，而是本领域的惯用选择”，申请人对此有完全不同的意见与您商榷。

在苹果手机中，用户选中并移动图标的前提是，移动终端需要进入编辑模式，这与新的权利要求1的技术方案中移动终端不需要进入编辑模式相比，其技术方案从最开始就已经有很大差别，并且在苹果手机中，图标无论是刚开始被选中，还是回复到原位置，其一直都具有变化的位置（即在相应区域中振荡），以表示图标处于可编辑状态，这与在未被选中时的原始设定相比，图标的设定依然发生了变化，并没有完全保持图标的原始设定，因此其与新的权利要求1的技术方案整体相差很远，申请人认为并不能仅以此来认为新的权利要求1中控制被解除选中的图标运动的方式不具备创造性。

并且，上述也只是描述了苹果手机在编辑模式期间时被解除选中的图标的运动方式，其并没有公开被解除选中的图标还能与其他图标发生碰撞，而即使能够发生碰撞，在现有技术中依然是被解除选中的图标占据其他图标的原始位置，其他图标被移动至新位置，由此可见，仅参照上述苹果手机中对图标的控制，是不可能得到新的权利要求1的技术方案的，因而也不能得出新的权利要求1的所有区别技术特征都是本领域的惯用技术手段这一结论，申请人认为不能以此来否定新的权利要求1的创造性。

综上所述，申请人认为新的权利要求1中的所有区别技术特征均不是本领域的公知常识，而且现有技术从整体上也没有给出将所述区别技术特征应用到所述最接近的现有技术中以解决本发明所要解决的技术问题的启示，新的权利要求1具有突出的实质性特点。

2. 新的权利要求1具有显著的进步

新的权利要求1使得移动终端能够选中图标并控制被选中的图标移动，在解除对被选中的图标的选中后，还能够控制被解除选中的图标做阻尼运动，并最终静止于第一位置，而且被解除选中的图标在到达其他图标时会发生碰撞，碰撞后的其他图标会做阻尼运动或者匀速直线运动，并最终静止于各自的初始位置，从而使得本发明的移动终端在控制图标运动的同时，维持了移动终端中的图标的原始设定，并没有对图标进行任何编辑，也没有对移动终端的界面进行重新配置处理，从而提供了一种全新的控制图标运动的方式，同时也不需要在移动终端的内存中增设并运行任何的界面重新配置处理的应用程序，丰富了移动终端的图标控制方式的同时也节省了移动终端的内存占用率，提高了移动终端的运行效率，从而取得了有益的技术效果，具有显著的进步。

综上所述，新的权利要求1与现有技术相比，具有突出的实质性特点和显著的进步，具备《专利法》第22条第3款所规定的创造性。

## 【案例 No. 1410258】金属快插接头

### ☞ 案由简要

该申请涉及一种金属快插接头。

➢ 一通：审查员引用一篇对比文件（对比文件 1，CN201057330Y）认为权利要求 1～2 不具备创造性。

➢ 答一通：未作修改，指出审查员漏找区别技术特征，并论述权利要求 1～2 具备创造性。

➢ 二通：审查员未认可有关创造性的意见陈述，仍然引用对比文件 1，认为权利要求 1～2 不具备创造性。

➢ 答二通：在权利要求 1 中加入新的技术特征（来自于说明书附图 1 和附图 4）以进一步限定其保护范围，论述权利要求 1～2 具备创造性。

➢ 审查结果：授权。

### ☞ 相关权利要求

原权利要求 1～2：

1. 一种金属快插接头，其特征在于，其包括一金属壳体、一金属卡簧、一密封圈和一锁止挡圈，所述金属壳体为内径逐级递减的台阶管，所述金属壳体的内壁设有一第一环形槽和一第二环形槽，所述第一环形槽的内径大于所述第二环形槽的内径，所述金属卡簧以过盈配合方式环设于所述第一环形槽，所述密封圈通过所述锁止挡圈卡设于所述第二环形槽，所述锁止挡圈以过盈配合方式环设于所述第二环形槽，所述金属壳体的内径最小的端部为一直管部。

2. 如权利要求 1 所述的金属快插接头，其特征在于，所述密封圈为 O 型密封圈。

答二通时修改的权利要求 1～2：

1. 一种金属快插接头，其特征在于，其包括一金属壳体、一金属卡簧、一密封圈和一锁止挡圈，所述金属壳体为内径逐级递减的台阶管，所述金属壳体的内壁设有一第一环形槽和一第二环形槽，所述第一环形槽的内径大于所述第二环形槽的内径，所述金属卡簧以过盈配合方式环设于所述第一环形槽，所述密封圈通过所述锁止挡圈卡设于所述第二环形槽，所述锁止挡圈以过盈配合方式环设于所述第二环形槽，所述金属壳体的内径最小的端部为一直管部；

所述第一环形槽的末端往所述第二环形槽逐渐收缩延伸；

所述金属卡簧为弯折状的金属卡簧，所述金属卡簧的外周环沿着所述第一环形槽至所述第二环形槽的方向逐渐收缩延伸，所述金属卡簧的首端以过盈配合方式环设于所述第一环形槽，所述金属卡簧的内周环的末端用于抵接阳接头的凸起的环形圈。

2. 如权利要求 1 所述的金属快插接头，其特征在于，所述密封圈为 O 型密封圈。

☞ **相关说明书内容**

摘录一

如图1所示，一种金属快插接头，其包括金属壳体1、金属卡簧2、锁止挡圈3和O型密封圈4，金属壳体1为内径逐级递减的台阶管，金属壳体1的内壁设有第一环形槽和第二环形槽，第一环形槽的内径大于第二环形槽的内径，金属卡簧2以过盈配合方式环设于第一环形槽，O型密封圈4通过锁止挡圈3卡设于第二环形槽，锁止挡圈3以过盈配合方式环设于第二环形槽，金属壳体1的内径最小的端部为一直管部。

摘录二

金属壳体中间有通孔导通，使用时，将阳接头5插入本发明的金属快插接头，如图2、图3和图4所示。阳接头的外壁上通常设有凸起的环形圈。阳接头插入后，金属卡簧可以将该凸起的环形圈卡住。密封圈与阳接头的外壁过盈配合，从而达到密封的效果。

摘录三

本发明可配合阳接头尺寸设计成不同尺寸，金属壳体的直管部可以直接焊接到管路上使用，也可以焊接不同形状、尺寸的接头，如竹节型、双包型，再装配到气、液管路口。

本发明的金属快插接头结构简单、紧凑，安装方便，成本低，能提高连接和装配效率；还能提高气、液管路连接处的密封性，并提高耐高温性能。

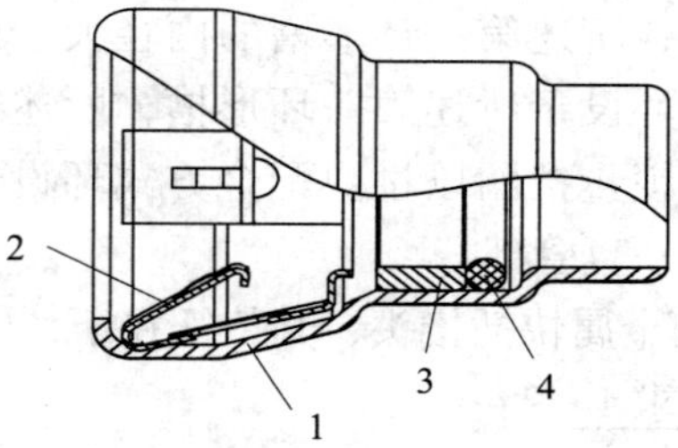


**说明书附图1**

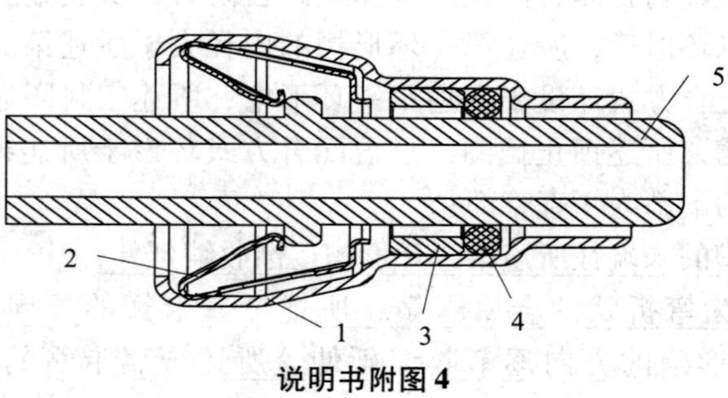


**说明书附图4**

☞ **相关对比文件公开内容**

摘录一

参见图1~图5，本实用新型提供的一体式快速管道接口包括管状本体2、管状卡子1和密封圈4，所述管状本体的内壁设有一个环形凹槽，所述管状卡子插在所述管状本体上，其里段分成若干轴向延伸的弹片13，插在所述管状本体内，所述各弹片的里端是一个设有径向凸起的卡头131，所述各卡头均嵌装有至少一个卡簧片5，其径向凸起部分位于所述管状本体的环形凹槽内，所述卡簧片的内端从所述卡头的内表面延伸出来，所述密封圈位于所述管状卡子的里侧，嵌放在所述管状本体内壁的环形凹槽里。

所述管状卡子的外端设有环形凸缘12，挡在所述管状本体的管口外。

所述管状卡子的各弹片之间可以设有间隙14，各弹片同管状卡子的其他部分可以是一体的。

所述卡头的径向凸起的外侧可以是一个端面，由此在卡头上形成一个肩台。如果管状卡子被向外拔，该端面与所述管状本体内壁的环形凹槽的外端面相接触，被环形凹槽的外端面挡住，保证了管状卡子不能被拔出。

所述卡头的径向凸起的里侧的外表面可以是直径逐渐减小的斜面，类似于楔形，以便组装时能够顺利地从管状本体的管口插入。图2和图4所示实施例的主要区别在于该斜面的倾斜程度不同，形成的“楔形”形状也不同，其中图2所示的卡头里侧的外表面倾斜程度小，卡头里端有一个较为明显的端面。

所述管状卡子的内径至少在卡簧片部位由外到内逐渐收缩，其中图2所示实施例的管状卡子的内径是自其外端口开始这种收缩的，图4所示实施例的管状卡子的内径是自卡簧片的起始处开始这种收缩的。使用时外接管道的外径同管状卡子的外管口内径间隙配合，大于管状卡子里端的内径。将外接管道插入后，管状卡子受力变形，同外接管道的外壁压力接触，将两者连接起来。

所述密封圈的内径小于所述管状卡子外端的管口内径，当外接管道插入后，密封圈受力变形，内外两侧分别紧压在管状本体内壁和外接管道的外壁上，由此形成外接管道同管状本体之间的密封。

所述密封圈可以采用橡胶O型圈，以提高密封效果。

所述卡簧片从所述卡头内表面延伸出来的部分一般可以斜向向里延伸，形成“倒钩”，当外接管道插入后，这些倒钩卡在外接管道的外壁上，阻止外接管道向外移动。

摘录二

如前面所述，所述管状本体内壁的环形凹槽的外端设有一个端面，挡在所述卡头径向凸起外侧端面的外侧，使管状卡子不能被拔出。

所述管状本体内壁的环形凹槽的内端设有一个端面，挡在所述密封圈的内侧，以限定密封圈的位置。

所述管状卡子的卡头和所述密封圈之间还可以设有环形垫片3，以便于各部分的配合，所述管状卡子的卡头、所述环形垫片和所述密封圈依次相接触。

所述管状本体位于环形凹槽内侧的内壁上可以设有内凸环、内肩台或其他限位结构，以便阻挡外接管道继续插入，形成对外接管道的限位。

摘录三

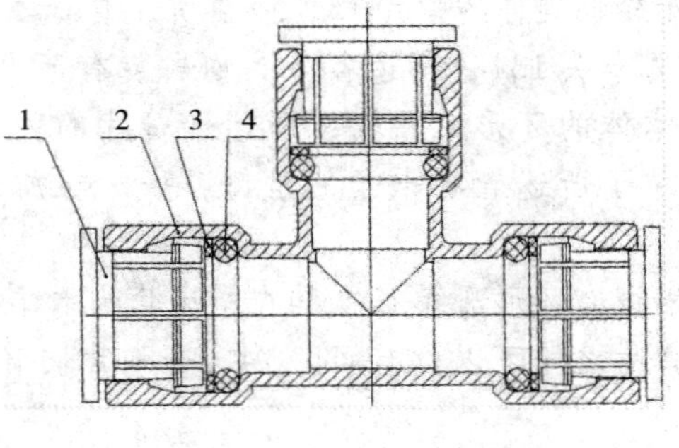


**图 1**

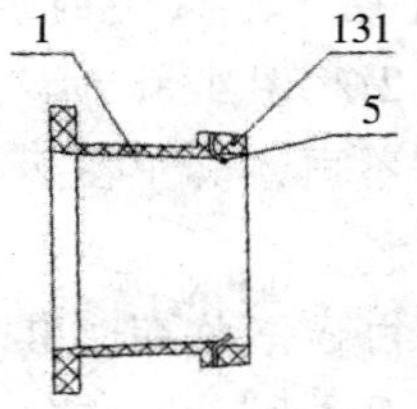


**图 2**

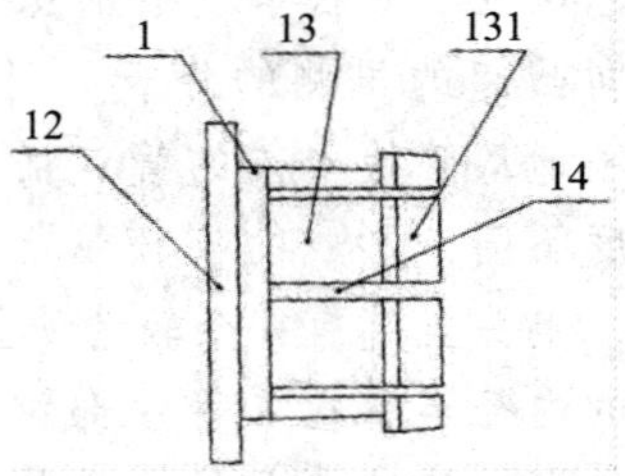


**图 3**

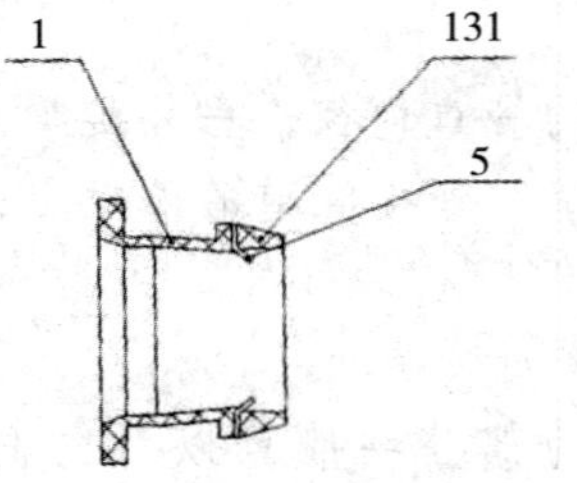


**图 4**

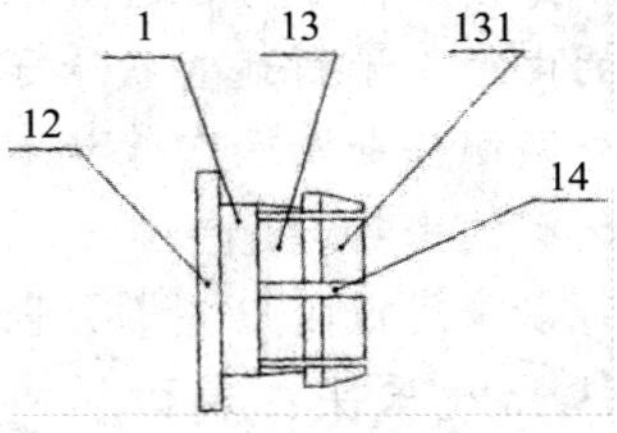


**图 5**

☞ **审查意见**

审查员在发出的第二次审查意见中，引用了与一通相同的一篇对比文件，即对比文件 1（CN201057330Y）。

摘录一

权利要求 1 请求保护的技术方案与对比文件 1 公开的方案相比，其区别技术特征在于：金属卡簧以过盈配合方式环设于所述第一环形槽，锁止挡圈与第二环形槽的配合方式为过盈配合，台阶管内径逐级递减，第一环形槽的内径大于所述第二环形槽的内径，金属壳体的内径最小的端部为一直管部。

基于该区别技术特征，权利要求 1 实际解决的技术问题是：如何实现接头的稳固性。

然而，为了增强接头的密封性，将金属卡簧以过盈配合方式环设于所述第一环形槽，锁止挡圈与第二环形槽的配合方式为过盈配合是本领域的常规技术手段，并不需要本领域技术人员付出创造性劳动，且为了提高装配的效率，本领域技术人员容易想到将金属壳体的内径最小的端部设置为直管部。在对比文件已经公开了接头为内径逐级改变的情况下，根据实际连接的需要，将内径各级设置为逐级递减，第一环形槽的内径大于第二环形槽的内径，是本领域技术人员容易想到的适应性调整。

在该对比文件的基础上结合上述本领域的常规技术手段以获得该权利要求所要求保护的技术方案，对所属技术领域的技术人员来说是显而易见的，因此该权利要求所要求保护的技术方案不具备突出的实质性特点和显著的进步，因而不具备《专利法》第22条第3款规定的创造性。

摘录二

权利要求2是对权利要求1的进一步限定，对比文件1公开了密封圈为O型密封圈（参见权利要求6）。

因此，在其引用的权利要求不具备创造性时，该从属权利要求也不具备创造性。

摘录三

申请人在意见陈述中指出如下几点，归纳为：（1）锁止挡圈单独用于实现O型密封围的限位，对比文件1中的环形垫片仅用于调节卡头、密封围之间的空隙，充当调节部件；因而对比文件1中的“环形垫片”与本申请中的“锁止挡圈”并不相当；（2）本申请的金属壳体为内径逐级递减的台阶管。

审查员在经过认真考虑之后，认为：

（1）锁止挡圈是通过与管过盈配合实现将O型密封圈4卡设在环形槽中，对比文件1中虽然只公开了环形垫片，但是为了接头的密封效果，将密封圈固定增强接头的密封性是本领域常规需要解决的技术问题，而将环形垫片与环形槽过盈配合是本领域技术人员容易想到的适应性调整。

（2）对比文件1已经公开了接头的凹槽为多级变化，为了方便接头的连接，将管状本体设为内径逐级递减的台阶管是本领域的常规技术手段，且从对比文件1的整体结构来看，管状卡子1的内径，密封圈4所在的位置的内径也不相同。

### ☞ 答辩要点分析思路

审查员在二通中指出权利要求不具备创造性的问题，专利代理师在答复审查意见时，一般有两种可选方案：一是不做修改，以现有的权利要求记载的技术方案与审查员进行争辩；二是对权利要求进行修改，对其保护范围进行限缩，提高其记载的技术方案的创造性。具体选择何种方案，应当综合考虑专利法的要求、审查员的审查尺度以及申请人的需求。

在该案中，可以从审查员发出的两次审查意见通知书中分析得出其审查尺度。一通中，审查员的意见可以总结为：相比对比文件1而言，该案的权利要求的区别技术特征是本领域内解决所确定的技术问题的常规技术手段，比如说，过盈配合以解决紧固的技术问题。通过对一通的分析，专利代理师认为审查员漏找部分区别技术特征，既然是审查员的判断有误，那么即使答复一通未做修改，即使专利代理师关于创造性的争辩不能获得审查员的认可，答复一通后审查员直接驳回的可能性也非常低；因此，针对这样的审查意见通知书，可以尽量争取保护范围，不必过早地对权利要求进行限缩。故而，在答复一通时专利代理师指出审查员漏找的若干区别技术特征，并且未对独立权利要求进行进一步限定。二通中审查员虽然部分认可了专利代理师对于区别技术特征的论述，但是依然没有认可对创造性的论述，审查员而是延续了一通的观点，并且认为其一通漏找的那些区别技术特征并没有提高该案的创造性。可以看出，审查员的意见较为明确。

而根据专利法的要求，权利要求应当具备创造性，对于发明而言，即具备“突出的实质性特点和显著的进步”，专利代理师分析认为当前的权利要求记载的技术方案的创造性确实略显不足。因此，结合专利法的要求以及审查员的尺度，答复二通时若不修改，而去争取一个较大的范围，被审查员认可的可能性较低，风险较大。如果申请人对保护范围抱有“寸土必争”的态度，那答二通时还是可以不做修改，再尝试一次。但是在该案中，申请人的诉求是尽快获得授权，故而，最后选择对独立权利要求进行适当的修改，以新增的技术特征为重点，论述权利要求记载的技术方案的创造性。

那么此时，具体如何修改、修改时应该注意哪些内容是需要考虑的重点，既要考虑专利法的要求，如修改不超范围，又要找到具备创造性的点，以期能够说服审查员，帮助申请人尽快获得授权。修改时较常采用的策略是将从属权利要求中的附加技术特征补入独立权利要求，一般而言，如此修改超范围的风险较低，但是针对该案，由于仅有一项从属权利要求，而且其特征仅仅是常规限定，无法作为争辩创造性的有利点，故而此路不通。接下来，还可以采取的方法是从说明书文字部分去找，看看有无更多的记载，但是针对该案，说明书文字部分对结构的直接描述也较为笼统，只对结构带来的效果有简单解释，并没有较有利的点可以直接补入权利要求书。此时，专利代理师发现，说明书附图中记载的金属卡簧的具体结构可以作为争辩点，结构特征可以从附图中得出，且由于机械结构较为直观，其效果部分可以结合该结构特征与说明书文字部分的相应记载直接推导而出。

综上，综合考虑专利法的要求、审查员的审查尺度以及申请人需求，该案最终选择的是修改权利要求，具体为将说明书附图中的技术特征补入独立权利要求，以此争辩创造性；而针对不同的案情，可以采取类似的分析思路，最后选择不同的策略。

**☞ 意见陈述原文摘录**

摘录一

申请人仔细阅读了审查意见，现对权利要求书做如下修改：

1. 在原权利要求1中加入技术特征

“所述第一环形槽的末端往所述第二环形槽逐渐收缩延伸；

“所述金属卡簧为弯折状的金属卡簧，所述金属卡簧的外周环沿着所述第一环形槽至所述第二环形槽的方向逐渐收缩延伸，所述金属卡簧的首端以过盈配合方式环设于所述第一环形槽，所述金属卡簧的内周环的末端用于抵接阳接头的凸起的环形圈。”

上述特征均可从说明书文字部分及说明书附图1、附图4直接地、毫无疑义地得出。

具体请见权利要求书修改页和替换页。上述修改均未超出原说明书和权利要求书记载的范围，符合《专利法》第33条的规定。

经上述修改，形成了新的权利要求1~2。

摘录二

新的权利要求1~2具备创造性

一、新的独立权利要求1具备创造性

（一）权利要求1具有突出的实质性特点

1. 确定最接近的对比文件

审查员引用了对比文件（CN201057330Y），该对比文件披露了本发明的部分技术特征，因此将该对比文件1作为最接近的现有技术。

2. 权利要求1相对于对比文件1的区别技术特征和实际解决的技术问题

将本申请的权利要求1与对比文件1相比较可知，本申请的金属快插接头与对比文件1所公开的一体式快速管道接口、接头和堵头的区别至少在于：

A. 所述金属壳体为内径逐级递减的台阶管；

B. 所述第一环形槽的内径大于所述第二环形槽的内径；

C. 所述金属卡簧以过盈配合方式环设于所述第一环形槽；

D. 所述锁止挡圈以过盈配合方式环设于所述第二环形槽；

E. 所述金属壳体的内径最小的端部为一直管部；

F. 所述第一环形槽的末端往所述第二环形槽逐渐收缩延伸；

G. 所述金属卡簧为弯折状的金属卡簧，所述金属卡簧的外周环沿着所述第一环形槽至所述第二环形槽的方向逐渐收缩延伸，所述金属卡簧的首端以过盈配合方式环设于所述第一环形槽，所述金属卡簧的内周环的末端用于抵接阳接头的凸起的环形圈。

在进一步论述前，先进一步解释一下上述区别技术特征：

关于区别技术特征A~E，审查员已经认可，在此不再赘述。

关于区别技术特征F。

对比文件1没有公开第一环形槽的末端与所述第二环形槽之间逐渐收缩的结构，对比文件1没有公开区别技术特征F。

关于区别技术特征G。

本申请中金属卡簧的结构与对比文件1中的结构本质不同，金属卡簧的结构特征、金属卡簧与金属壳体的具体配合、金属卡簧与阳接头的具体配合均在对比文件1中没有相同或相似记载，对比文件1没有公开区别技术特征G。

本申请中将金属壳体设置为内径逐级递减的台阶管，具体为设有第一环形槽、第二环形槽，第一环形槽的内径大于第二环形槽的内径，第一环形槽末端往第二环形槽逐渐收缩延伸，这样第一环形槽的空间大于第二环形槽的空间，便于金属卡簧的放置以及阳接头的插入，便于第一环形槽容纳阳接头的凸起的环形圈。

本申请中金属卡簧为弯折状的金属卡簧，金属卡簧的外周环沿着第一环形槽至第二环形槽的方向逐渐收缩延伸，金属卡簧的首端以过盈配合方式环设于第一环形槽，金属卡簧的内周环的末端用于抵接阳接头的凸起的环形圈；这样金属卡簧与金属壳体的结构较好地匹配，较好地卡设于第一环形槽。且如本申请说明书第［0014］段所述“阳接头插入后，金属卡簧可以将该凸起的环形圈卡住”，具体工作原理为：阳接头插入时，阳接头的凸起的环形圈作用于金属卡簧的内周环，使得金属卡簧的内周环与金属卡簧的外周环之间的夹角变小，阳接头顺利越过金属卡簧的内周环，此后，由于环形圈不再作用于金属卡簧，金属卡簧的内周环回复至初始位置，金属卡簧的内周环的末端抵接于环形圈，限制阳接头拔出。本申请中借助金属卡簧的内周环的末端卡住阳接头，结构简单、紧凑、成本低。而对比文件1需要设置管状卡子用于安装卡簧片，且管状卡子的外端需要设置环形凸缘，内端需要设置径向凸起的卡头，结构非常复杂，成本必然高昂。

综上所述，本申请的技术方案相对对比文件1实际解决的技术问题是，提供了一种金属快插接头，便于第一环形槽容纳凸起的环形圈、金属卡簧的内周环的末端卡住凸起的环形圈，结构简单、紧凑、可靠性高，安装方便，成本低廉，能提高连接和装配效率。

3. 权利要求1中的技术方案对于本领域技术人员来说是非显而易见的

区别技术特征F、G均是不容易想到的：

对比文件1公开的管状本体仅仅设有一个环形凹槽，其管状卡子里段分成若干轴向延伸的弹片，各弹片之间设有间隙。其工作原理为：使用时外接管道的外径同管状卡子的外管口内径间隙配合，大于管状卡子里端的内径；将外接管道插入后，管状卡子受力变形，同外接管道的外壁压力接触，将两者连接起来；卡簧片从卡头内表面延伸出来的部分一般可以斜向向里延伸，形成“倒钩”，当外接管道插入后，这些倒钩卡在外接管道的外壁上，阻止外接管道向外移动。管状卡子在对比文件1中公开的技术方案起着很重要的作用，包括：通过变形夹住外接管道，嵌装固定卡簧片、实现卡簧片的轴向的限位等以防止外接管道拔出，帮助实现密封圈的位移限制等。

而本申请的金属卡簧为弯折状的金属卡簧，金属壳体设置内径不同的第一环形槽、第二环形槽以及它们之间内径逐渐变小延伸结构，金属壳体的结构与卡簧的结构相匹配，工作原理为：阳接头插入时，阳接头的凸起的环形圈作用于金属卡簧的内周环，使得金属卡簧的内周环与金属卡簧的外周环之间的夹角变小；然后，阳接头顺利越过金属卡簧的内周环；此后，由于环形圈不再作用于金属卡簧，金属卡簧的内周环回复至初始位置，金属卡簧的内周环的末端抵接于环形圈，限制阳接头往回运动，使得阳接头无法拔出。

对比文件1与本申请相比，两者的结构、工作原理均具有本质的区别。

对比文件1实现外接管道的夹持主要依靠管状卡子这个结构，在对比文件1的基础上，本领域技术人员为了更好地夹住管道，可能想到更改弹片之间的间隙大小、卡头形状等，但不可能想到去除管状卡子如此关键的一个结构。即本领域技术人员即使在对比文件1的基础上做出多种改变，也不可能想到去省略管状卡子，完全脱离通过变形实现管道夹持的原理，去设想一个根本上不同的技术方案。而本申请则提供了一种技术方案，并不需要用到管状卡子。进一步而言，本申请的金属卡簧对对比文件1提及的外接管道的夹持反而是不利的，那么本领域技术人员更不可能对对比文件1的技术方案做出这种改变。同时，没有任何教科书或者对比文件给出将区别技术特征 F、G 应用到对比文件 1 中的启示。

综上所述，独立权利要求 1 的技术方案，是本领域技术人员根据对比文件 1 并结合其他现有技术不容易想到的，具有非显而易见性，故具有突出的实质性特点。

（二）权利要求 1 具有显著的进步

提供了一种金属快插接头，便于第一环形槽容纳凸起的环形圈、金属卡簧的内周环的末端卡住凸起的环形圈，结构简单、紧凑、可靠性高，安装方便，成本低廉，能提高连接和装配效率。因而获得了有益的技术效果，具有显著的进步。

综上所述，新的独立权利要求 1 具有突出的实质性特点和显著的进步，具备《专利法》第 22 条第 3 款所规定的创造性。

二、从属权利要求 2 具备创造性

在新的独立权利要求 1 具备创造性的情况下，其从属权利要求 2 也必然具备创造性。

……

## 二、创造性论述应与权利要求相对应

实务中，为了使创造性论述充分，代理师会全面搜索申请文件记载的内容，竭力论述与对比文件相比该发明在技术方案及技术效果上所具有的独特之处。然而，常常会因“用力过猛”，不自觉地又陷入另一误区：创造性论述与权利要求不相对应。在意见陈述中，代理师着重阐述的一些该发明所具有的独特的技术特征或技术效果并非对应当前论述的权利要求 1，而是对应从属权利要求或说明书记载的优选方案。为了使审查员认可创造性，代理师急切地想将申请中能找到的所有闪光点充分展示给审查员的心情可以理解，但需时时谨记：代理师应当时刻保持头脑清醒，时时审视答辩方案的整体逻辑严谨性，保证创造性的论述与当前论述的权利要求范围及该权利要求方案所能达到的技术效果相对应。

## 【案例 No. 1310573】用于采用机械制动设备处理容器的设备和方法

### ☞ 案由简要

该申请涉及一种用于处理容器的设备（权利要求 1 ~ 8），及一种用于处理容器的方法（权利要求 9 ~ 14）。

- 一通：审查员引用两篇对比文件（US6502672B1 和 CN101830337A）认为权利要求 1 ~ 14 不具备创造性。
- 答一通：不修改权利要求，论述权利要求 1 ~ 14 具备创造性。
- 二通：审查员未认可之前意见陈述，仍然认为权利要求 1 ~ 14 不具备创造性。
- 答二通：修改权利要求 1 和 9，论述新的权利要求 1 ~ 14 具备创造性。
- 答二通后主动修改：进一步修改权利要求 1 和 9。
- 审查结果：授权。

### ☞ 相关权利要求

原权利要求1：

1. 一种用于处理容器的设备，具有设置于可绕一转动轴（Z）旋转的一载物架（2）上的用于以预设方式处理容器的多个处理装置、用于驱动该载物架的一驱动设备（3）和至少一机械制动设备（4、5），该至少一机械制动设备（4、5）在至少一段时间内接触该载物架以减缓该载物架（2）的转速，其特征在于，该制动设备（4、5）具有至少一阀门（V1B、V2B、V1C、V2C、V1D、V1e），该至少一阀门用于由和该制动设备（4、5）通信连接的一控制设备可变地进行切换，切换的方式为在该制动设备（4、5）的制动缸上使具有压强（P1、P2）的流体介质各自独立地从该制动设备（4、5）的一储藏区流出或将具有压强（P1、P2）的流体介质各自独立地供应至该制动设备（4、5）的该储藏区以取得制动效果或者通过该制动设备（4、5）的制动缸将具有压强（P1、P2）的流体介质各自独立地从该制动设备（4、5）的该储藏区中移出或将具有压强（P1、P2）的流体介质各自独立地供应至该制动设备（4、5）的该储藏区以取得制动效果。

答二通时修改的权利要求1，其中画线部分为修改时添加的技术特征：

1. 一种用于处理容器的设备，具有设置于可绕一转动轴（Z）旋转的一载物架（2）上的用于以预设方式处理容器的多个处理装置、用于驱动该载物架的一驱动设备（3）和至少一机械制动设备（4、5），该至少一机械制动设备（4、5）在至少一段时间内接触该载物架以减缓该载物架（2）的转速，其特征在于，该制动设备（4、5）具有至少一阀门（V1B、V2B、V1C、V2C、V1D、V1e），该至少一阀门用于由和该制动设备（4、5）通信连接的一控制设备可变地进行切换，切换的方式为在该制动设备（4、5）的制动缸上使具有压强（P1、P2）的流体介质各自独立地从该制动设备（4、5）的一储藏区流出或将具有压强（P1、P2）的流体介质各自独立地供应至该制动设备（4、5）的该储藏区以取得制动效果或者通过该制动设备（4、5）的制动缸将具有压强（P1、P2）的流体介质各自独立地从该制动设备（4、5）的该储藏区中移出或将具有压强（P1、P2）的流体介质各自独立地供应至该制动设备（4、5）的该储藏区以取得制动效果，<u>驱动该制动设备必需的一运行压强由该至少一阀门的可变切换来进行调节。</u>

答二通后主动修改的权利要求1，其中画线部分为主动修改时添加的技术特征：

1. 一种用于处理容器的设备，具有设置于可绕一转动轴（Z）旋转的一载物架（2）上的用于以预设方式处理容器的多个处理装置、用于驱动该载物架的一驱动设备（3）和至少一机械制动设备（4、5），该至少一机械制动设备（4、5）在至少一段时间内接触该载物架以减缓该载物架（2）的转速，其特征在于，该制动设备（4、5）具有至少一阀门（V1B、V2B、V1C、V2C、V1D、V1e），该至少一阀门用于由和该制动设备（4、5）通信连接的一控制设备可变地进行切换，切换的方式为在该制动设备（4、5）的制动缸上使具有压强（P1、P2）的流体介质各自独立地从该制动设备（4、5）的一储藏区流出或将具有压强（P1、P2）的流体介质各自独立地供应至该制动设备（4、5）的该储藏区以取得制动效果或者通过该制动设备（4、5）的制动缸将具有压强（P1、P2）的流体介质各自独立地从该制动设备（4、5）的该储藏区中移出或将具有压强（P1、P2）的流体介质各自独立地供应至该制动设备（4、5）的该储藏区以取得制动效果，驱动该制动设备必需的一运行压强由该至少一阀门的可变切换来进行调节，该阀门可以由该控制设备以下述方式驱动：该阀门在某一时间允许压强值为第一压强的流体介质流入该制动缸或者从该制动缸流出，在另一时间允许压强值为第二压强的流体介质流入该制动缸或者从该制动缸流出，这样该制动缸中的压强数值就能够进行设置，从而能够将不同的制动效果施加于该载物架上，该第二压强小于该第一压强。

☞ **相关说明书内容**

摘录一：发明内容

在一较佳实施例中，如上所述的，也可以将比如两个、三个或者更多的制动设备设置在该载物架的外缘上并且这些制动设备之间的间距为一距离，各个制动设备各自具有独立的气体阀门或者液体阀门，从而接触该载物架的多个制动设备的这些阀门可以由该控制设备独立并可选地进行切换。这意味着一制动设备或者多个制动设备的阀门可以根据需要同时开启或者在时间上交替触发，这样各个制动设备就能向该载物架施加一规定的制动作用。这种情况下，单个制动设备的制动效果可以是相互不同的并且这些制动设备的制动作用是由该载物架的质量的值所确定的，该质量的值是由该控制设备根据该载物架的当前转速和/或由该载物架的转矩所确定的振动或起伏来确定的。

摘录二：具体实施方式

实施例 4

图 1d 示出了本发明的实施例 4 设备中的制动设备 4、5，其中仅采用单个阀门 V1D，如本领域公知并且如图 1a 所示举例说明了的，此处示出的五通三位阀 V1D 能够采用两个不同的压强 P1 和 P2 设置该制动缸 8 内的两个压强数值。这意味着该单个阀门 V1D 可以由一控制设备（此处未示出）以下述方式驱动，即该单个阀门在某一时间允许压强值为 P1 的一气流（当采用的是气体阀门时）或一流动液体（当采用的是液体阀门时）流入该制动缸 8 或者从该制动缸 8 流出，在另一时间允许压强值为较低的 P2 的一气流（当采用的是气体阀门时）或一流动液体（当采用的是液体阀门时）流入该制动缸 8 或者从该制动缸 8 流出，这样该制动缸 8 中的压强数值就能够进行设置，因此就能够将不同的制动效果施加于该载物架上。

☞ **相关对比文件公开内容**

**【对比文件 1】**

摘录一

The illustrated brake system 24 includes a pair of spaced apart brake member or bands 28a and 28b, shown in FIGS. 2 and 3, which are provided to stop the rotation of the turntable 10. The brake band 28a defines an upper brake band, and the brake band 28b defines a lower brake band 28b. The illustrated brake system 24 further includes a rotary braking member or brake drum 32 which is engaged by the upper brake band 28a and the lower brake band 28b as described herein, eight band supports 40, two actuators 36, and two anchors 44a, 44a. The band supports 40 are operative to position the upper brake band 28a and the lower brake band 28b in a desired position relative to the brake drum 32. The two actuators 36 are operative to move the upper brake band 28a and the lower brake band 28b into contact with a portion of the brake drum 32. The two anchors 44a and 44b are operative to secure the upper brake band 28a and the lower brake band 28b at a desired fixed point. Alternatively, the number and structure of one or more of the brake bands 28a and 28b, the supports 40, the actuators 36, and the anchors 44a and 44b can be other than illustrated if desired. The upper brake band 28a includes a first anchored end 144a and a second opposite control end 150a. The control end 150a of the upper brake band 28a is operatively connected to the actuator 36 in any suitable manner and is spaced apart from the brake drum 32. The anchored end 144a of the upper brake band 28a is fixed to the anchor 44a in any suitable manner.

摘录二

The illustrated accumulator 264 is in fluid communication with the cylinder 272 at a blind end 280 of the cylinder 272. The accumulator 264 stores a fluid, such as for example air or hydraulic fluid, under pressure. The accumulator 264 may employ a spring, lever, or other components as necessary to allow the fluid to be stored under pressure. The valve 268 is adapted to regulate a flow of the fluid from the accumulator 264 to the blind end 280 of the cylinder 272.

### ☞ 审查意见

第一次审查意见通知书摘录

该权利要求与对比文件 1 的区别在于：本申请为用于处理容器的设备，具有设置于载物架上的用于以预设方式处理容器的多个处理装置，至少一阀门用于由和该制动设备通信连接的一控制设备可变地进行切换。基于上述区别技术特征可以认定权利要求 1 实际所要解决的技术问题是如何设计处理容器的设备中的制动装置。

基于对比文件 1 公开的机械加工设备具有转动的载物架，本领域技术人员容易想到将该设备应用于同样具有转动载物架的处理容器的设备中，在处理容器的设备中，令载物架上设置有用于以预设方式处理容器的多个处理装置是本领域的公知常识；对于由压力流体驱动的制动缸装置，为了控制压力流体的供给，使用与制动设备通信连接的控制设备对其中的流体阀进行切换，是该类型制动设备中采用的常规技术手段。

第二次审查意见通知书摘录

申请人在意见陈述书中陈述权利要求 1 具有创造性的理由为：

在现有权利要求 1 的技术方案中，在该设备中设置与该制动设备通信连接的控制设备以可变地切换该制动设备的至少一阀门，可以在载物架转速减小的过程中，通过对该制动设备的阀门进行可变地切换从而调节机械制动器的制动力以调节转矩。尤其是在紧急制动的情况下，一直接作用（即通过可变地切换制动设备的阀门调节制动力）能够施加于制动器的转矩的起伏上，从而使得载物架的转动运动能够在最短时间内制动或减速至完全停止的状态而不会引起载物架的明显的振动和马达输出转矩的急剧增高。在这一情况下，特别是载物架和驱动设备的成本能够进一步降低，并且用于驱动载物架的组件尺寸可以更小。

对比文件1的目的是非常快速地减速，从而制动器的转矩起伏甚至不会发生。对比文件1采用了长条形的制动带28a和28b来增加摩擦力以达到快速制动的目的，并未考虑到载物架的振动和马达的转矩补偿。并且，对比文件1仅仅揭示了可以启动制动的开关，该开关仅能对制动设备的制动状态和非制动状态进行单次地切换，而并未揭示任何能够控制制动设备的转矩的控制装置。

在紧急制动的情况下，由于驱动马达和载物架的机械制动器可输出的转矩全部同时施加到载物架上，这种设计导致的载物架的活动方式会产生明显的振动，驱动马达输出的转矩峰值比在规定时间内停止载物架质量的物体的运动所必需的转矩高出数倍。在这种情况下，一般采用的技术手段是选择能够输出更大转矩峰值的驱动马达，同时，为了缓解或避免上述明显的振动，将载物架制得较大，这样，载物架和驱动马达的成本上升。而权利要求1的技术方案通过对该制动设备的阀门进行可变地切换从而调节机械制动器的制动力以调节转矩，避免了马达转矩的急剧上升和载物架的明显振动，从而降低载物架和驱动设备的成本和减小驱动载物架的组件尺寸。因此，区别技术特征并不是本领域的公知常识或常用技术手段。

上述理由不能成立，具体理由如下：

首先，根据《专利法》第59条的规定，专利权的保护范围以其权利要求的内容为准。权利要求1中仅记载了："该至少一阀门用于由和该制动设备通信连接的一控制设备可变地进行切换，切换的方式为在该制动设备的制动缸上使具有压强的流体介质各自独立地从该制动设备的一储藏区流出或将具有压强的流体介质各自独立地供应至该制动设备的该储藏区以取得制动效果或者通过该制动设备的制动缸将具有压强的流体介质各自独立地从该制动设备的该储藏区中移出或将具有压强的流体介质各自独立地供应至该制动设备的该储藏区以取得制动效果"，上述限定内容中，仅描述了通过阀门的切换，能够实现具有压强的流体介质从该制动设备的一储藏区流出或者供应至该制动设备的该储藏区，以取得制动效果，完全没有限定阀门的切换与制动力调节和转矩调节之间的关系，因而，申请人在意见陈述中提及的"通过对该制动设备的阀门进行可变地切换从而调节机械制动器的制动力以调节转矩"以及"在紧急制动的情况下，一直接作用（即通过可变地切换制动设备的阀门调节制动力）能够施加于制动器的转矩的起伏上"在权利要求1中并没有体现。

其次，对比文件1公开了通过阀门268的切换，实现对具有压强的流体介质控制，从而取得制动效果（具体参见第一次审查意见通知书中对权利要求1的评述），对于区别技术特征"至少一阀门用于由和该制动设备通信连接的一控制设备可变地进行切换"，在液压控制领域中，通过与设备通信连接的控制设备对阀门进行可变的切换，例如阀门的换向、阀门开度的控制等，是本领域的常规技术手段，由于权利要求1的技术方案中并没有体现出具体如何对制动设备转矩进行控制，因此在对比文件1的基础上结合上述公知常识得到权利要求1的技术方案对本领域技术人员来说是显而易见的。

### ☞ 答辩要点分析思路

答复一通时重点论述了“通过对该制动设备的发明进行可变地切换从而调节机械制动器的制动力以调节转矩”以及“在紧急制动的情况下，一直接作用（即，通过可变地切换制动设备的阀门调节制动力）能够施加于制动器的转矩的起伏上”，但这部分内容相应的技术特征并未在权利要求1中限定。后续经与审查员沟通，在二通及二通后主动补正中，将体现上述内容的相应特征限定在权利要求1中，最终获得授权。

### ☞ 意见陈述原文摘录

答一通的意见陈述摘录

①区别技术特征和实际解决的技术问题

现有权利要求1相对于对比文件1的区别技术特征为：

（A）本申请为用于处理容器的设备，具有设置于载物架上的用于以预设方式处理容器的多个处理装置；

（B）至少一阀门用于由和该制动设备通信连接的一控制设备可变地进行切换。

具有该区别技术特征的该技术方案实际所要解决的技术问题是：如何降低载物架和驱动设备的成本和减小驱动载物架的组件尺寸。

在现有权利要求1的技术方案中，用于处理容器的设备具有设置于载物架上的用于以预设方式处理容器的多个处理装置并且制动设备的至少一阀门用于由和该制动设备通信连接的一控制设备可变地进行切换。该设备在紧急制动的情况下（在这种情况下载物架的转动运动或转速必须在规定时间内制动或减速至载物架完全停止转动运动），由于驱动马达和载物架的机械制动器可输出的转矩全部同时施加到载物架上，这种设计导致载物架的活动方式会产生明显的振动，这种振动特别是产生在该载物架的附属部件之间，进而产生的后果是驱动马达输出的转矩峰值比在规定时间内停止载物架质量的物体的运动所必需的转矩高出数倍。这一影响在伺服驱动技术中可通过一种所谓的急升限制（jerk limitation）来减轻，其中加速/减速以及转矩均以线性的方式增加和减小。用于载物架的制动或载物架转速的减小的过程的转矩尤其是来源于机械制动器，因而有必要设置或调节转矩。因此，在该设备中设置与该制动设备通信连接的控制设备以可变地切换该制动设备的至少一阀门，可以在载物架转速减小的过程中，通过对该制动设备的阀门进行可变地切换而使得载物架的转速以线性的方式减小。因此，驱动马达和机械制动器的相互作用通过如下方式被改善：尤其是在紧急制动的情况下，一直接作用能够施加于制动器的转矩的起伏上，从而使得载物架的转动运动能够在最短时间内制动或减速至完全停止的状态。在这一情况下，特别是载物架和驱动设备的成本能够进一步降低，并且用于驱动载物架的组件的尺寸可以更小。因此，具有该区别技术特征的该技术方案所要解决的技术问题是：如何降低载物架和驱动设备的成本和减小驱动载物架的组件尺寸。

答二通的意见陈述摘录一

……

②区别技术特征和实际解决的技术问题

(A) 本申请为用于处理容器的设备，具有设置于载物架上的用于以预设方式处理容器的多个处理装置；

(B) 至少一阀门用于由和该制动设备通信连接的一控制设备可变地进行切换。

(C) 驱动该制动设备必需的一运行压强由该至少一阀门的可变切换来进行调节。

具有该区别技术特征的该技术方案实际所要解决的技术问题是：降低载物架和驱动设备的成本和减小驱动载物架的组件尺寸。

在现有权利要求1的技术方案中，用于处理容器的设备具有设置于载物架上的用于以预设方式处理容器的多个处理装置并且制动设备的至少一阀门用于由和该制动设备通信连接的一控制设备可变地进行切换，驱动该制动设备必需的一运行压强由该至少一阀门的可变切换来进行调节。在该设备中设置与该制动设备通信连接的控制设备以可变地切换该制动设备的至少一阀门，可以在载物架转速减小的过程中，通过对该制动设备的阀门进行可变地切换从而调节驱动该制动设备必需的运行压强，通过调节该运行压强，该制动设备对载物架的制动力也改变了，在制动设备的力臂不变的情况下，制动力改变了，制动设备的制动力矩（或可称为制动设备的转矩）也改变了。

因此，驱动马达和机械制动器的相互作用通过如下方式被改善：尤其是在紧急制动的情况下，一直接作用（即通过可变地切换制动设备的阀门调节制动力）能够施加于制动器的转矩的起伏上，从而使得载物架的转动运动能够在最短时间内制动或减速至完全停止的状态而不会引起载物架的明显的振动和马达输出转矩的急剧增高。在这一情况下，特别是载物架和驱动设备的成本能够进一步降低，并且用于驱动载物架的组件的尺寸可以更小。

而对比文件1采用了长条形的制动带28a和28b来增加摩擦力以达到快速制动的目的，并未考虑到载物架的振动和马达的转矩补偿。对比文件1仅公开了通过阀门268的切换获得制动效果，并未揭示任何能够控制制动设备的制动力或转矩的控制装置。

因此，具有该区别技术特征的该技术方案相对于对比文件1所要解决的技术问题是：降低载物架和驱动设备的成本和减小驱动载物架的组件尺寸。

答二通的意见陈述摘录二

对比文件1采用了长条形的制动带28a和28b来增加摩擦力以达到快速制动的目的，并未考虑到载物架的振动和马达的转矩补偿。并且，对比文件1仅仅揭示了可以启动制动的开关，该开关仅能对制动设备的制动状态和非制动状态进行单次地切换，而并未揭示任何能够控制制动设备的转矩的控制装置。在对比文件1的启示下，本领域的技术人员所能想到的是如何改进制动设备以进一步增加制动力，而不会想到如何改进对制动设备的控制，更不可能想到设置一控制装置可变地切换制动设备的至少一阀门，通过可变地切换该至少一阀门来调节驱动该制动设备必需的一运行压强，从而控制制动设备的转矩。

## 【案例 No. 1410076】一种钠离子电池电极及其制备方法

### ☞ 案由简要

该申请涉及一种钠离子电池电极的制备方法（权利要求1～9），及由该制备方法制得的钠离子电池电极（权利要求10）。

➢ 一通：审查员引用对比文件1认为权利要求1～7、10不具备创造性。

➢ 答一通：论述权利要求1～7、10具备创造性；未修改申请文件。

➢ 二通：审查员同样指出权利要求1～7、10不具备创造性。

➢ 答二通：将权利要求8上升为新的独立权利要求1；未进行创造性论述。

➢ 审查结果：授权。

### ☞ 相关权利要求书

1. 一种钠离子电池电极的制备方法，其包括下述步骤：

（1）将石墨烯、活性材料和乙醇混合，超声分散，得分散料液；其中，所述石墨烯和所述活性材料的质量比为1∶9～5∶5；所述活性材料为下述组分Ⅰ或组分Ⅱ；所述的组分Ⅰ为$Na_{2/3}Ni_{1/3}Mn_{2/3}O_2$、$Na_3NiZr(PO_4)_3$、$NaFeO_2$、$NaLi_{0.2}Ni_{0.25}Mn_{0.75}O_2$、$Na_3V_2(PO_4)_3$、$NaFePO_4$、$NaMn_{0.44}O_2$、$Na_xCoO_2$、$Na_{1-y}Ni_{0.5}Mn_{0.5}O_2$、$NaTi_2(PO_4)_3$和普鲁士蓝类材料中的一种或多种，其中，$0<x<1$，$0<y<1$；所述的组分Ⅱ为硬碳，$Na_2Ti_3O_7$、$Na_2C_8H_4O_4$、Sn/C和FeS中的一种或多种；

（2）将所述分散料液通过微孔滤膜进行抽滤，得复合材料；

（3）将所述复合材料干燥，即得。

2. 如权利要求1所述的制备方法，其特征在于，步骤（1）中，所述石墨烯和所述活性材料的质量比为3∶7～5∶5。

3. 如权利要求1或2所述的制备方法，其特征在于，步骤（1）中，所述超声分散的时间为20～60分钟。

4. 如权利要求1或2所述的制备方法，其特征在于，步骤（2）中，所述微孔滤膜的孔径为100～300nm。

5. 如权利要求1或2所述的制备方法，其特征在于，步骤（2）中，所述抽滤时的压力为-1～-0.8atm，所述抽滤的时间为10～20小时。

6. 如权利要求1或2所述的制备方法，其特征在于，步骤（3）中，所述干燥为真空干燥；和/或，步骤（3）中，所述干燥的时间为20～48小时，所述干燥的温度为100～120℃。

7. 如权利要求1或2所述的制备方法，其特征在于，步骤（3）中，在所述的干燥后，还进行切片的操作。

8. 如权利要求1或2所述的制备方法，其特征在于，所述步骤中不使用集流体和/或黏结剂。

9. 如权利要求8所述的制备方法，其特征在于，所述步骤中不使用集流体和黏结剂。

10. 一种由权利要求1~9任一项所述钠离子电池电极的制备方法所制得的钠离子电池电极。

### ☞ 相关说明书内容

摘录一：发明内容

本发明中，所述的钠离子电池电极的制备方法，较佳地，其所述步骤中不使用集流体和/或黏结剂；更佳地，其所述步骤中不使用集流体和黏结剂。其中，所述的集流体为本领域常规使用的集流体，包括各种金属箔，如铝箔、铜箔等；所述的黏结剂为本领域常规使用的黏结剂，包括聚偏氟乙烯（PVDF）、羧甲基纤维素钠（CMC）和丁苯橡胶（SBR）等。

摘录二：积极进步效果

本发明的积极进步效果在于：

本发明的钠离子电池电极的制备方法，其中采用石墨烯作为导电剂，其同时还起到黏结剂的作用，避免了本领域常规黏结剂和集流体的使用，提高了电极的导电性能，并且该制备方法的工艺简单，设备要求低，生产周期短，且制得的钠离子电池电极具有良好的稳定性。本发明的钠离子电池电极电化学性能优异，充放电容量高，倍率性能优异，循环性能佳。

摘录三：实施例1~3

实施例1

一种钠离子电池电极的制备方法，其包括下述步骤：

（1）将0.3g石墨烯、0.7g的P2 – $Na_{2/3}Ni_{1/3}Mn_{2/3}O_2$ 活性材料和100mL乙醇混合，超声分散30分钟，得分散料液；

（2）在 –1atm的压力下，将分散料液通过孔径为100nm的微孔滤膜抽滤12小时，得复合材料；

（3）将复合材料于120℃下真空干燥24小时，切片，即得。

将制得的钠离子电池电极作为工作电极，金属钠片作为对电极，含有1mol/L $NaClO_4$ 的EC：PC（1：1）有机溶液作为电解液，在充满氩气气氛的手套箱内装配成扣式电池进行电化学性能检测，充放电截止电压为2V~4V。图1为实施例1的钠离子电池电极的扫描电镜图，如图1所示，石墨烯与活性材料形成了良好的复合结构。此外，图1中左上角方框内显示的为该钠离子电池电极的外观形貌，其为黑色圆片状。图2为该钠离子电池电极的充放电循环性能图。经测试，在1C的充放电条件下，其可逆容量为83mAh$g^{-1}$，循环200周后，比容量仍保持在95%以上，如图2所示。经10C充放电性能检测显示，其10C/1C的倍率性能为70.4%，其具有优异的循环和倍率性能。

实施例2

一种钠离子电池电极的制备方法，其包括下述步骤：

（1）将0.1g石墨烯、0.9g的 $Na_3V_2(PO_4)_3$ 活性材料和300mL乙醇混合，超声分散20分钟，得分散料液；

（2）在 –0.8atm的压力下，将分散料液通过孔径为200nm的微孔滤膜抽滤10小时，得复合材料；

（3）将复合材料于100℃下真空干燥20小时，切片，即得。

将制得的钠离子电池电极作为工作电极，组装扣式电池与测试均同实施例1，测得在2.6V～3.7V、1C的充放电条件下，其可逆容量为$91mAhg^{-1}$；经10C充放电性能检测显示，其10C/1C的倍率性能为58%。

实施例3

一种钠离子电池电极的制备方法，其包括下述步骤：

（1）将0.5g石墨烯、0.5g的硬碳活性材料和200mL乙醇混合，超声分散60分钟，得分散料液；

（2）在－0.9atm的压力下，将分散料液通过孔径为300nm的微孔滤膜，抽滤20小时，得复合材料；

（3）将复合材料于120℃下真空干燥48小时，切片，即得。

将制得的钠离子电池电极作为工作电极，组装扣式电池同实施例1，测得在2V～0.1V，1C的充放电条件下，其可逆容量为$273mAhg^{-1}$；经10C充放电性能检测显示，其10C/1C的倍率性能为79%。

摘录四：对比实施例

采用常规电极极片制备工艺制备钠离子电池电极，具体如下：

将$P2-Na_{2/3}Ni_{1/3}Mn_{2/3}O_2$活性材料和导电剂乙炔黑、黏结剂PVDF按照7∶2∶1的质量比加入到1－甲基－2－吡咯烷酮溶剂中混合均匀，调制后的浆料均匀涂覆在铝箔上，放入80℃的烘箱中烘干1小时；将烘烤后的铝箔取出，冲成直径14mm的极片，在120℃真空下干燥10小时，然后进行压片，于120℃下真空干燥12小时，即制得钠离子电池电极。

将制得的钠离子电池电极作为工作电极，组装扣式电池同实施例1，测得在2V～4V，1C的充放电条件下，其可逆容量为$74mAhg^{-1}$，循环200周后，比容量仅为81%；经10C充放电性能检测显示，其10C/1C的倍率性能为52%。

**☞ 相关对比文件公开内容**

摘录一：对比文件1权利要求1、8

1. 一种钠离子电池，于壳体（1）内设有正极（2）、负极（3）、隔膜（4）以及注入的电解液，其特征在于所述正极（2）材料组成中选择地含通式为$Na_3M_2(PO_4)_3$的贫钠层状化合物或过渡金属氧化物复合物或磷酸盐化合物，或通式为$Na_3M_2(PO_4)F_3$的氟磷酸盐化合物；所述负极（3）材料组成中含由石墨、沥青焦、石油焦、硬碳、有机裂解物组成的碳；所述隔膜（4）材料是选用含聚丙烯微孔隔膜（PP）材料或聚乙烯微孔隔膜（PE）材料；所述电解液材料组成中选择地含碳酸乙烯酯（EC）/碳酸二乙酯（DEC）（1∶1）、碳酸乙烯酯（EC）/碳酸二甲酯（DMC）（1∶1）或碳酸丙烯酯（PC）/碳酸二乙酯（DEC）（1∶1）作溶剂，和含（1mol/L）六氟化磷酸钠（$NaPF_6$）或高氯酸钠（$NaClO_4$）作电解质。

8. 一种制备权利要求1所述的钠离子电池的方法，1）同时将正极（2）活性物质$Na_xCoO_2$、导电剂碳粉、石墨、黏结剂，负极（3）活性物质碳、石墨、黏结剂，分别进行混合；2）同时将混合物分别经搅拌机搅拌成糊状均匀地涂在铝箔（正极）和铜箔（负极）的两面，然后干燥、辊压成型；3）将成型的坯条裁剪成正极片（2）和负极片（3）；4）于正、负极片（2、3）之间加入隔膜（4）进行卷绕后装入壳体（1）中；5）进行封口前期处理；6）注入电解液；7）封口、洗静；8）成品包装、轧边和检验。

摘录二：对比文件1说明书第5页第3~4行

六氟化磷酸钠（$NaPF_6$）或高氯酸钠（$NaClO_4$）作电解质。

结合附图及附图4，其制备方法有如下实施方式：

（一）用 $Na_xNi_{0.6}Co_{0.4}O_2$ 作为正极2活性物质，将 $Na_xNi_{0.6}Co_{0.4}O_2$：石墨：PVDF = 85：10：5的比例混合均匀，搅拌成糊状，均匀地涂在厚度为25μm的铝箔两面，85℃干燥，辊压至单面涂层厚度15~20μm，剪切成规定的尺寸，得正极片2。将石油焦与10%的PVDF混合均匀，搅拌成糊状，均匀地涂在厚度为25μm的铜箔两面，110℃干燥，辊压至厚度为25μm，按要求剪切成规定尺寸，得负极片3。在正极片2、负极片3之间放入聚丙烯微孔隔膜4，卷绕后放入电池壳体1中，注入浓度为1mol/L溶解在EC/DEC（1：1）中的 $NaClO_4$ 电解液，进行封口、洗静，成品包装、轧边和检验，得钠离子电池产品。

☞ **审查意见**

第一次审查意见通知书摘录

1. 权利要求1请求一种钠离子电池电极的制备方法，对比文件1（CN1630126A）公开了一种钠离子电池及其制备方法，并具体公开了如下技术特征（参见权利要求1、8）：将正极活性物质 $Na_xCoO_2$、导电剂碳粉、石墨、黏结剂混合，涂覆在正极集流体上，干燥滚压成正极。权利要求1请求保护的技术方案与对比文件1公开的内容相比，区别技术特征为：（1）活性材料是和石墨烯还有乙醇混合超声分散得到分散料液，其中石墨烯和活性材料的质量比为1：9~5：5；（2）得到的分散液通过微孔滤膜进行抽滤，得到复合材料；（3）活性组分1还可以为 $Na_{2/3}Ni_{1/3}Mn_{2/3}O_2$、$Na_3NiZr(PO_4)_3$、$NaFeO_2$、$NaLi_{0.2}Ni_{0.25}Mn_{0.75}O_2$、$Na_3V_2(PO_4)_3$、$NaFeO_4$、$NaMn_{0.44}O_2$、$Na_{1-y}Ni_{0.5}Mn_{0.5}O_2$、$NaTi_2(PO_4)_3$ 和普鲁士蓝类材料中的一种或多种，其中，$0<x<1$，$0<y<1$：所述的组分Ⅱ为硬碳，$Na_2Ti_3O_7$、$Na_2C_8H_4O_4$、Sn/C 和 FeS 中的一种或多种：上述区别技术特征在该发明中实际要解决的技术问题为：如何进一步提高电极材料的性能。

对于上述区别技术特征（1），对比文件1已经公开了将石墨、导电剂碳粉与活性材料混合，在此公开的基础上，本领域技术人员可以选择与石墨以及导电剂碳粉性质相同的石墨烯与正极活性材料混合，而在混合料中加入溶剂乙醇是本领域的常用技术手段，为了混合均匀，采用超声分散是本领域的常用技术手段。对比文件1已经公开了（参见说明书第5页第3~4行）活性材料与石墨的比例为85：10，在此公开的基础上，本领域技术人员可以调节石墨烯与活性材料比例在此范围上，得到本申请的比例。

对于上述区别技术特征（2），为了得到颗粒均匀的电极材料，将混合液通过微孔滤膜进行抽滤是本领域的常用技术手段，属于公知常识。

对于上述区别技术特征（3），对比文件1已经公开了本申请的活性物质 $Na_xCoO_2$，在此公开的基础上，本领域技术人员还可以选择与其作用相似的其他活性物质，并且对比文件1还公开了活性材料还可以为 $Na_3M_2(PO_4)_3$，本领域技术人员可以选择 $Na_3NiZr(PO_4)_3$、$Na_3V_2(PO_4)_3$，其技术效果是可以预期的。对比文件1还公开了负极活性物质可以为硬碳（说明书摘要），而对于其他活性物质，也是本领域的常规选择，并不会起到预料不到的技术效果。

第二次审查意见通知书摘录

关于申请人的意见陈述

申请人认为：(1) 权利要求1实际解决的技术问题是：如何提供一种充放电性能和倍率性能更好，且原料中可以不含有集流体和黏结剂的钠离子电池电极的制备方法。(2) 对比文件1中公开的导电剂与本申请差异很大，因此，正极活性材料与导电剂的比例不可借鉴，本申请中的各区别技术特征是与权利要求1中的其他特征的协同配合来解决本申请实际解决的技术问题，本申请所得的钠离子电池电极可以获得较好的技术效果，具有显著的进步。

对于申请人的意见陈述，申请员并不认同，理由如下：(1) 提醒申请人注意，申请人并没有对本申请的权利要求8~9进行创造性评述，因为，审查员是基于权利要求保护范围来进行新创性的评价，从本申请的权利要求1中可以看出，其并没有限定是否使月了集流体和/或黏结剂，这一点，本领域技术人员也无法与对比文件1公开的技术方案区别开来，因此，申请人应当进一步缩小权利要求1的保护范围，将不使用集流体和/或黏结剂的技术方案加入权利要求1中；(2) 而对于其他原料的选择，对比文件1已经公开了将石墨、导电剂碳粉与活性材料混合，在此公开的基础上，本领域技术人员可以选择与石墨以及导电剂碳粉性质相同的石墨烯与正极活性材料混合，而在混合料中加入溶剂乙醇是本领域的常用技术手段，石墨与石墨烯虽然性能上存在差异，但是应用在钠离子电池中，主要还是应用了其导电性，因此，对比文件1已经公开了活性材料与石墨的比例为85：10，在此公开的基础上，本领域技术人员是可以调节石墨烯与活性材料比例在此范围上，得到本申请的比例，这是可以通过有限试验得到的，且技术效果可以预期。而在对比文件1公开的基础上结合本领域的公知常识得到技术方案最后必然可以产生本申请的技术效果。因此，申请人的意见陈述不具有说服力。

提醒申请人注意，如果申请人依然坚持不具备创造性的权利要求1~7、10，本申请将被驳回。

### ☞ 答辩要点分析思路

该案答一通的创造性论述重点阐述：该发明技术方案可以“不使用黏结剂和集流体”，仍然能获得优异的性能，本领域技术人员无法预料。这一点的确可以使得该发明技术方案明显区别于对比文件，但这一论点所涉及的技术特征根本不在权利要求1中，而是在从属权利要求8中。无论将此点论述得多充分，都不是在论述权利要求1的创造性，而是在论述权利要求8的创造性。但审查员并未指出权利要求8有创造性问题。代理师未抓住要点，白费力气。在答二通时，将权利要求8的附加技术特征加入权利要求1中，使得新权利要求1的方案与答一通的创造性论述逻辑一致，最终获得授权。

☞ **意见陈述原文摘录**

与对比文件1相比，权利要求1的区别技术特征在于：

（1）权利要求1中活性材料是和石墨烯还有乙醇混合超声分散得到分散料液，其中石墨烯和活性材料的质量比为1：9～5：5；而对比文件1中的导电剂为石墨和碳粉；

（2）权利要求1得到的分散液通过微孔滤膜进行抽滤，得到复合材料；而对比文件1未公开；

（3）权利要求1中活性组分Ⅰ还可以为$Na_{2/3}Ni_{1/3}Mn_{2/3}O_2$、$Na_3NiZr(PO_4)_3$、$NaFeO_2$、$NaLi_{0.2}Ni_{0.25}Mn_{0.75}O_2$、$Na_3V_2(PO_4)_3$、$NaFePO_4$、$NaMn_{0.44}O_2$、$Na_{1-y}Ni_{0.5}Mn_{0.5}O_2$、$NaTi_2(PO_4)_3$和普鲁士蓝类材料中的一种或多种，其中，$0<x<1$，$0<y<1$；所述的组分Ⅱ为硬碳、$Na_2Ti_3O_7$、$Na_2C_8H_4O_4$、Sn/C和FeS中的一种或多种；而对比文件1未涉及。

由上述区别技术特征，与权利要求1中的其他技术特征相结合，得到了权利要求1的技术方案。从本发明的实施例1来看，将实施例1的钠离子电池电极作为工作电极，金属钠片作为对电极，得到的石墨烯与活性材料形成了良好的复合结构，而且在1C的充放电条件下，其可逆容量为$83mAhg^{-1}$，循环200周后，比容量仍保持在95%以上，如图2所示。经10C充放电性能检测显示，其10C/1C的倍率性能为70.4%，其具有优异的循环和倍率性能。实施例2的钠离子电池电极组装得到的扣式电池的数据为：测得在2.6V～3.7V、1C的充放电条件下，其可逆容量为$91mAhg^{-1}$；经10C充放电性能检测显示，其10C/1C的倍率性能为58%。实施例3的钠离子电池电极组装得到的扣式电池的数据为：在2V～0.1V、1C的充放电条件下，其可逆容量为$273mAhg^{-1}$；经10C充放电性能检测显示，其10C/1C的倍率性能为79%。

而对比文件1中根本未涉及钠离子电池的任何性能测试。

基于上述主要区别技术特征，以及本发明在应用了这些区别技术特征之后所解决的技术问题，以及所达到的技术效果，可以确定权利要求1实际解决的技术问题是：如何提供一种充放电性能和倍率性能更好且原料中可以不含有集流体和黏结剂的钠离子电池电极的制备方法。

采用权利要求1的技术方案解决上述技术问题，达到上述技术效果，对于本领域技术人员而言是非显而易见的，具体阐述如下：

首先，申请人希望指出的是，对比文件1依然存在本申请背景技术中的技术问题，或者说，本申请的技术方案正是以对比文件1为基础进行改进的。

本申请背景技术部分已经指出，目前行业内普遍采用的钠离子电池电极的制备工艺与锂离子电池电极的制备工艺基本雷同，在电极的制备过程中都必须用到黏结剂和集流体，由于黏结剂本身不导电，对电极的导电性、倍率性能和循环性能会有一定的负面影响。对比文件1的方案，正是如此，其不仅使用了黏结剂，例如PVDF，还使用了铝箔和铜箔分别作为正极和负极的集流体。也就是说，其依然存在本申请所旨在解决的黏结剂和集流体的使用影响电池性能的技术问题，进一步地，其制备的钠离子电池也仍然存在充放电容量较低、循环性能较差、倍率性能较差的现状。

在此基础上，对于本申请中石墨烯作为导电剂的特别选择，申请人希望指出，这与对比文件1的导电剂石墨、碳粉的性质相差很大。

从结构上来讲，石墨烯由有碳六元环组成的两维周期蜂窝状点阵结构，而石墨是由大量石墨烯堆垛而成的三维结构。石墨烯的单层或少数层结构使其具有区别于石墨的独特的电子结构及特别的高电子迁移率和优秀的柔韧性。对比文件1中的导电剂是石墨，没有石墨烯的柔韧性和包覆性能，使用石墨作导电剂必须使用黏结剂，这与本申请的方案有本质区别。

本申请的发明人是通过大量的实验研究发现，直接采用石墨烯包覆电极活性材料制备电极片相比较传统石墨导电剂具有如下优势：其一，石墨烯导电性比石墨更好，可提高材料倍率性能；其二，借助石墨烯良好柔韧性和包裹效果，制备电极的方法中可以不使用黏结剂，降低了电极电阻，而且还可以不使用集流体。应该说，在可以不使用黏结剂和集流体的前提下，仅依赖于石墨烯优异的导电性还能制成本申请所说的各方面性能都如此之好的锂离子电池，是本领域技术人员根本无法预料的。

在此，申请人还希望重点指出的是，虽然在本申请的申请日之前本领域中也有一些使用石墨烯制备电池的技术，然而，并没有任何一篇文献公开了石墨烯在钠离子电池中的应用。也就是说，在本申请的申请日之前，现有技术均没有给出“石墨烯可以用于钠离子电池的制备，且不需要使用黏结剂和集流体，甚至可以获得非常好的充放电性能和倍率性能的电池电极”的技术启示。

另外，对于审查员认为的对比文件1的说明书第5页第3~4行公开了活性材料与石墨的比例为85：10，并认为本领域技术人员在此基础上进行常规调整可以获得本申请中石墨烯和所述活性材料的质量比为1：9~5：5这一区别技术特征，申请人有不同意见与您商榷。

对比文件1该处的内容是以$Na_xNi_{0.6}Co_{0.4}O_2$为正极活性物质、石墨为导电剂、PVDF为黏结剂来制备电极材料的。即，对比文件1中公开的$Na_xNi_{0.6}Co_{0.4}O_2$：石墨：PVDF=85：10：5的方案，与本申请的正极活性物质并不相同，在导电剂方面，石墨与本申请的石墨烯的差异也很大，如前所述，而且对比文件1中还使用了黏结剂。可以说，在本领域中，任何一点原料上的细微改变差异都可能使得工艺参数发生巨大变化，例如活性物质种类上的区别就可能使得活性材料与石墨的比例不可借鉴，更何况，是在导电剂种类、黏结剂使用情况等都不相同的状况下！换一个角度，即使说对比文件1可以给出原料配比的启示，其也仅限于给出$Na_xNi_{0.6}Co_{0.4}O_2$为正极活性物质、石墨为导电剂、PVDF为黏结剂来制备电极材料的原料配比，而无法给出原料种类在其基础上发生巨大变化的本申请以任何借鉴。

最后，申请人希望指出，本申请的各区别特征是与权利要求1中的其他特征的协同配合来解决本申请实际解决的技术问题的。本申请的原始申请文件已经记载了如下对比实施例：将P2－$Na_{2/3}Ni_{1/3}Mn_{2/3}O_2$活性材料和导电剂乙炔黑、黏结剂PVDF按照7：2：1的质量比加入到1－甲基－2－吡咯烷酮溶剂中混合均匀，调制后的浆料均匀涂覆在铝箔上，放入80℃的烘箱中烘干1小时；将烘烤后的铝箔取出，冲成直径14mm的极片，在120℃真空下干燥10小时，然后进行压片，于120℃下真空干燥12小时，即制得钠离子电池电极。结果表明：将制得的钠离子电池电极作为工作电极，组装扣式电池同实施例1，测得在2V～4V、1C的充放电条件下，其可逆容量为74mAhg$^{-1}$（实施例1中可逆容量为83mAhg$^{-1}$），循环200周后，比容量仅为81%（实施例1中比容量为95%以上）；经10C充放电性能检测显示，其10C/1C的倍率性能为52%（实施例1中倍率性能为70.4%）。可见，不使用权利要求1特别限定的原料种类和配比，即使加上集流体参与制备，得到的充放电性能和倍率性能都远差于本申请，而且制备步骤更多更复杂。这一对比实施例足以体现本申请中各区别技术特征与其他技术特征的协同配合所达到的难以预料的技术效果。

### 三、尽可能全面多角度论述创造性

要使得对发明创造性的论述充实有说服力，获得最大的成功概率，应当尽可能全面地从不同的角度论述发明的创造性。因此，在准备论述创造性的理由和证据时，专利代理师应全面撒网，以“寻找一切可能性”的理念，挖掘出任何可能促使审查员认可发明的创造性论述点。具体可从哪些方面去寻找创造性的论述点，参见下文第二节中的详细介绍。

### 【案例 No. 1210092】通信模块及其运行方法

**☞ 案由简要**

该案涉及一种通信模块（权利要求1～5），及一种通信模块的运行方法（权利要求6～10）。

➢ 一通：审查员引用对比文件1（CN101841590A）认为权利要求1～10不具备创造性。

➢ 答一通：未修改权利要求，论述权利要求1～10具备创造性。

➢ 二通：审查员认为权利要求1及6得不到说明书的支持，不符合《专利法》第26条第4款的规定。

➢ 答二通：对权利要求1及6进行修改，论述权利要求1及6符合《专利法》第26条第4款的规定。

➢ 审查结果：授权。

**☞ 相关权利要求**

一种通信模块，其特征在于，该通信模块中设有多个接口，该多个接口输出的高低电平的组合固定，且该高低电平的组合与一行业类型唯一对应；

该通信模块包括一用于对该通信模块的运行进行控制的控制模块，该控制模块选自一控制模块集，该控制模块集中的每个控制模块分别与一行业类型唯一对应，并且该控制模块集中的每个控制模块均设有一检测模块；该通信模块中的该控制模块的检测模块用于检测该通信模块中的该多个接口输出的高低电平的组合，获得与该高低电平的组合唯一对应的行业类型，并判断获得的该行业类型与该通信模块中的该控制模块唯一对应的行业类型是否相同，若是，则该控制模块允许该通信模块继续正常运行；

若否，则该控制模块禁止该通信模块继续运行。

☞ **相关说明书内容**

摘录一

通信模块特别是GSM（全球移动通信系统）模块在工业和无线接入方面的应用非常广泛，而且应用的行业也非常多，各个行业需要的通信模块的功能差别也非常大。出于行业和市场需求的差异，通信模块针对不同的行业和市场售价差异会比较大，销售和代理商经常利用价格差来进行串货行为。比如：行业A是一个成熟的行业，对通信模块需求的数量非常大，通信模块针对该行业的售价比较低；而行业B是一个刚起步的新兴行业，对通信模块需求的数量比较小，通信模块针对该行业的售价就会比较高。因此，代理商在销售的时候，经常会以行业A的价格购买通信模块，然后以高价销售到行业B，也就是进行了串货行为。代理商的这种串货行为会损害通信模块生产厂家的利润和市场规划，给通信模块的生产厂家带来很大的经济损失。以往应对串货行为的做法是发现后给予一定的惩罚或取消代理商的代理资格，但这并不能从根本上杜绝这种串货行为。

摘录二

如图1所示，本发明较佳实施例的通信模块为一GSM模块1，该GSM模块1中设有4个GPIO接口，每个GPIO接口均直接接地以输出低电平或是通过一电阻接地以输出高电平。通过4个GPIO接口来区分GSM模块1适用的行业类型，针对不同的行业类型和市场需求，GSM模块1在生产的时候4个GPIO接口输出的高低电平的组合也不同，每个GPIO接口具体可通过选择是否焊接电阻来输出高低电平。这样，对于GSM模块1，4个GPIO接口输出的高低电平的组合就是固定不变的，并且与一行业类型是唯一对应的。

图3列出了本实施例的GSM模块1中的4个GPIO接口输出的高低电平与16个行业类型的对应关系，当然，根据需要区分的行业类型的数量的变化，可以相应地增加或减少GSM模块1中的GPIO接口数量。参照图3，若本实施例的GSM模块1在硬件上与行业4唯一对应，则要求GPIO 4a、GPIO 4b输出高电平，GPIO 4c、GPIO 4d输出低电平，在生产时就要求GPIO 4a、GPIO 4b焊接电阻后接地，而GPIO 4c、GPIO 4d则直接接地，对应的GSM模块1的GPIO接口连接电路图如图4所示。

该GSM模块1包括一控制模块2，该控制模块2用于对该GSM模块的运行进行控制，该控制模块2选自一控制模块集，这样，该控制模块2就可能有很多个类型，并且每个控制模块2分别与一行业类型唯一对应。而本发明的GSM模块1的设置是：只有当该4个GPIO接口输出的高低电平的固定组合唯一对应的行业类型与该GSM模块1的该控制模块2唯一对应的行业类型相同时，该控制模块2才会允许该GSM模块1正常运行。

其中，该GSM模块1中的该控制模块2还包括一检测模块3，该检测模块3检测该GSM模块1中该4个GPIO接口输出的高低电平的固定组合，获得与该高低电平的固定组合唯一对应的行业类型，并判断获得的该行业类型与该GSM模块1中的该控制模块2唯一对应的行业类型是否相同，根据本发明的GSM模块1的设置，若是，则该控制模块2允许该GSM模块1继续正常运行；若否，则该控制模块2禁止该GSM模块1继续运行。

从而，通过该GSM模块1中的该控制模块2的检测模块3对行业类型的检测以及比较判断，就可以确保只有在上述行业类型相同的时候才运行该GSM模块1，这样就可以有效地防止代理商的串货行为，保证GSM模块1的生产厂家对不同市场的GSM模块1的生产供应以及市场规划，保障GSM模块1生产厂家的经济利益。其中，上述的GSM模块1也可以是其他的通信模块，如GPRS模块、EDGE模块、3G模块、4G模块等。

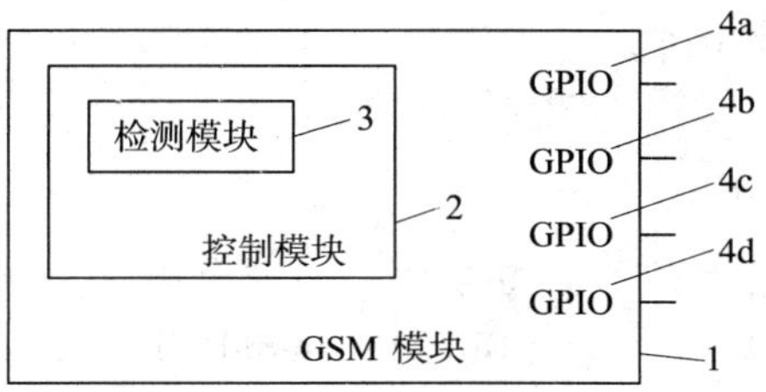


**图1**

| GPIO 4a | GPIO 4b | GPIO 4c | GPIO 4d | 行业类型 |
|---|---|---|---|---|
| L | L | L | L | 行业1 |
| H | L | L | L | 行业2 |
| L | H | L | L | 行业3 |
| H | H | L | L | 行业4 |
| L | L | H | L | 行业5 |
| H | L | H | L | 行业6 |
| L | H | H | L | 行业7 |
| H | H | H | L | 行业8 |
| L | L | L | H | 行业9 |
| H | L | L | H | 行业10 |
| L | H | L | H | 行业11 |
| H | H | L | H | 行业12 |
| L | L | H | H | 行业13 |
| H | L | H | H | 行业14 |
| L | H | H | H | 行业15 |
| H | H | H | H | 行业16 |

**图3**

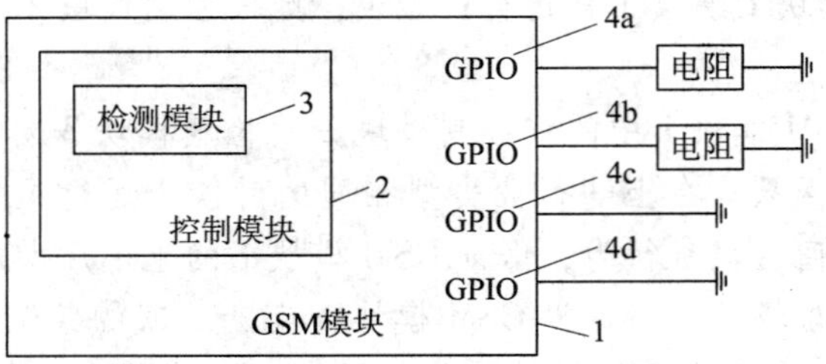


**图 4**

### ☞ 相关对比文件公开内容

**【对比文件 1】**

摘录一

［0003］一种典型的情况是不同型号的手机硬件其实由同一份原型机的原理图产生，只是对应不同硬件的物料清单（Bill of Material，BOM，又称结构清单）而已。由于 BOM 或者外设电路的改变，软件经常需要更换版本以适应这种改变，现有的情况通常是一份 BOM，即一个硬件版本，对应一个软件版本，这导致同一个产品原型机衍生出众多不同的硬件版本和软件版本，而且两者之间必须一一对应才能保证系统的正常运行。目前业内实现的手机同一个软件版本支持多个硬件版本的功能，其原理是利用手机中自带的 MCU（微控制器，Micro Controlling Unit）的 GPIO（通用型输入输出，General Purpose Input/Output）管脚，将各个 GPIO 管脚配置成高电平或者低电平，再利用 GPIO 管脚的高低电平状态的组合代表不同的硬件版本，检索到硬件版本之后，再启动与该硬件版本对应的软件，包括驱动程序或者板极支持包（BSP，Board Support Package），以使得硬件对应的软件支持操作系统，使之能够更好地运行于硬件主板。

［0004］请参图 1，图 1 所显示的利用 MCU 的 GPIO 管脚实现软硬件匹配的原理框图。简述如下：利用 MCU 的三个管脚 GPIO1、GPIO2、GPIO3 分别连接至数字分压电路（图中虚线框内），数字分压电路在工作电压（VDD）与接地点之间接入电阻 R1～R6。GPIO1、GPIO2、GPIO3 分别通过上拉电阻 R1、R3、R5 或者下拉电阻 R2、R4、R6 将 GPIO1、GPIO2、GPIO3 的电平配置成高或低状态，高低电平的组合有多种，每种则对应一种硬件版本，其对应关系可参表 1。

**表 1**

| 电阻接入情况 | | | | | | GPIO 电平 | | | 硬件版本 |
|---|---|---|---|---|---|---|---|---|---|
| R1 | R2 | R3 | R4 | R5 | R6 | GPIO1 | GPIO2 | GPIO3 | |
| ⊗ | ○ | ○ | ⊗ | ○ | ⊗ | L | H | H | V0. 01 |
| ⊗ | ○ | ⊗ | ○ | ○ | ⊗ | L | L | H | V0. 02 |
| ⊗ | ○ | ○ | ⊗ | ⊗ | ○ | L | H | L | V0. 03 |
| ⊗ | ○ | ○ | ⊗ | ○ | ⊗ | L | H | H | V. 04 |
| ○ | ⊗ | ⊗ | ○ | ⊗ | ○ | H | L | L | V1. 00 |
| ○ | ⊗ | ⊗ | ○ | ○ | ⊗ | H | L | H | V2. 00 |

续表

| 电阻接入情况 | | | | | | GPIO 电平 | | | 硬件版本 |
|---|---|---|---|---|---|---|---|---|---|
| R1 | R2 | R3 | R4 | R5 | R6 | GPIO1 | GPIO2 | GPIO3 | |
| ○ | ⊗ | ○ | ⊗ | ⊗ | ○ | H | H | L | V3. 00 |
| ○ | ⊗ | ○ | ⊗ | ○ | ⊗ | H | H | H | V4. 00 |

摘录二

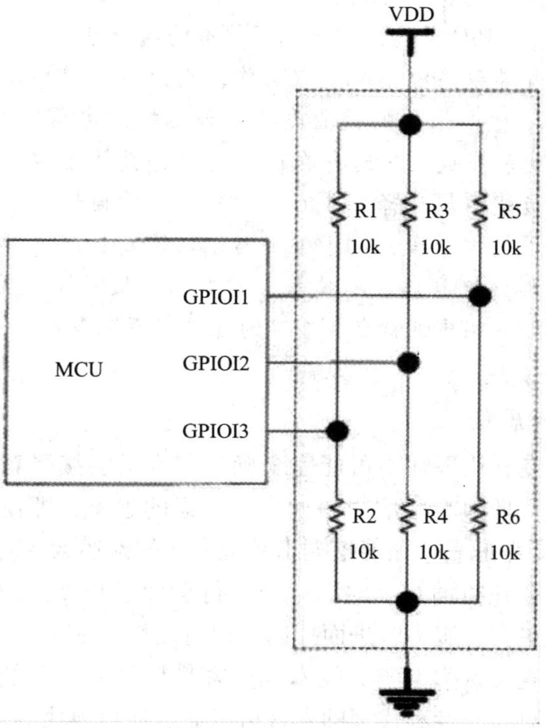


**图 1**

### ☞ 审查意见

1. 权利要求 1 要求保护一种通信模块。对比文件 1（CN101841590A，参见说明书第［0002］~［0012］段，表 1，图 1）公开了一种使用 GPIO 组合电平判断模块是否匹配的方法，并具有如下特征：手机的软件版本与硬件版本匹配系统才能正常工作。为保证手机系统的正常运行，利用手机中自带的微控制器 MCU 的 GPIO 管脚，将各个 GPIO 管脚配置成高电平或低电平，再利用 GPIO 管脚的高低电平状态的组合表示不同的硬件版本（相当于设有多个接口，该多个接口输出的高低电平的组合固定）。检索到硬件版本后（由于存在检索功能，其必然涉及检测多个接口输出的高低电平的组合），再启动与该硬件版本对应的软件，使之能够运行。高低电平组合与版本的对应关系如表 1 所示。

由此，该权利要求所要求保护的技术方案与对比文件1公开的内容的区别特征在于：该权利要求应用于通信模块行业类型的判断，其包括选自控制模块集的控制模块，每个控制模块唯一对应一个行业类型，并包括一个检测模块，检测判断获得的行业类型与控制模块中唯一对应的是否相同，相同则控制模块允许通信模块正常运行，否则禁止通信模块继续运行，而对比文件1中仅公开了不同的高低电平组合唯一确定一个硬件版本，根据高低电平组合判断唯一对应的硬件版本并选择匹配的软件版本。该权利要求实际解决的技术问题是：如何防止通信模块与行业类型不匹配。

对本领域技术人员来说，将相应的方法应用于特定的领域是本领域的常规选择，对比文件1已经公开了GPIO管脚的高低电平状态的组合可以表示不同的信息，硬件和软件信息的版本不匹配导致系统不能正常工作，因而将上述根据高低电平组合来判断版本的方法应用于判断通信模块的行业类型是否匹配是本领域能够想到的，相应地，通过与预定行业类型比较完成匹配时并在匹配时允许模块正常允许不匹配时禁止继续运行是本领域技术人员的常规选择，同时，设置相应的模块并组成模块集来完成特定的功能是本领域的惯用技术手段，属于公知常识。因此，对比文件1的基础上结合本领域的公知常识，得到该权利要求的技术方案对本领域技术人员而言是显而易见的，该权利要求不具备突出的实质性特点和显著的进步，不符合《专利法》第22条第3款有关创造性的规定。

**☞ 答辩要点分析思路**

在进行答辩时，专利代理师不可能完全确定审查员会接受意见陈述书中哪一方面的观点。因此，专利代理师需要培养一种全面考虑的思维，即使已经认为某一个论述点非常“充分”，也要考虑是否还能挖掘出其他方面的论述点，若还存在其他方面的论述点且该些论述点不存在负面影响时，应当进行全面多角度的论述，这样，才能保证对发明创造性的论述更有说服力，进而提高授权可能性。

具体到该案，审查员认为本领域技术人员容易想到采用高低电平的组合来判断通信模块的行业类型，对此，专利代理师发现可以通过通信模块的行业类型与对比文件1检测出的硬件版本是两个截然不同的概念来进行反驳。虽然此论述点已经可以充分证明本领域技术人员不容易想到采用高低电平的组合来判断通信模块的行业类型的观点，但是，专利代理师在考虑了是否还存在其他方面的论述点之后发现，还可以论述该发明给出的通过检测来判断行业类型的具体技术手段也是不容易想到的，而且该方面的论述点不存在负面影响，两方面的论述点均可充分证明上述观点，进而可以更加全面地论述该发明的创造性。

**☞ 意见陈述原文摘录**

一、权利要求1的创造性

1. 权利要求1具有突出的实质性特点

1.1　区别技术特征的认定和实际解决的技术问题

审查员在第一次审查意见通知书中采用对比文件1（以下简称D1）的背景技术作为本申请最接近的现有技术，并指出权利要求1与D1的区别技术特征在于：本申请用于通信模块行业类型的判断，其包括选自控制模块集的控制模块，每个控制模块唯一对应一个行业类型，并包括一个检测模块，检测判断获得的行业类型与控制模块中唯一对应的是否相同，相同则控制模块运行通信模块正常运行，否则禁止通信模块继续运行。

首先，申请人认为，D1 的技术方案所属的技术领域与本申请所属的技术领域不同，D1 作为本申请最接近的现有技术并非是很恰当的。具体地，D1 的分类号为 H04M 1/725，属于无绳电话机领域，而本申请的分类号为 H04W80/00，属于无线网络协议或对于无线操作的协议适应（如 WAP）领域，可见，两者所属的技术领域差别很大。

其次，即使将 D1 作为本申请最接近的现有技术，申请人也认为，审查员对权利要求 1 与 D1 的区别技术特征的认定是不全面的，审查员用自己的语言概括出的区别技术特征相对于本申请权利要求 1 中记载的技术特征是有缺失的。

理由一，审查意见中指出的“由于存在检索功能，其必然设计检测多个接口输出的高低电平的组合”，参见 D1 中的图 1，可知，D1 中的 MCU 上的三个管脚 GPIO1、GPIO2、GPIO3 是接收外部具有 VDD 的回路上的电阻 R1 ~ R6 配置成的高低电平值，是作为 MCU 检测管脚电平的输入接口，而并非是电平的输出接口，而参见本申请的图 4，本申请中的多个接口是作为高低电平的输出接口，是运用在某一行业时则会输出高低电平的接口。可见，本申请的通信模块的接口与 D1 中的 GPIO 接口的电平的输入和输出方向不同。

理由二，D1 的整个申请文件中并未涉及对通信模块的运行进行控制，D1 也就不会公开本申请的控制模块的功能，且 D1 未涉及任何关于行业类型的记载，也就不会公开本申请中高低电平组合与行业类型的对应关系，因此，该通信模块的功能、高低电平的组合与行业类型的对应关系也均应作为权利要求 1 与 D1 的区别技术特征。

理由三，本申请的保护主题是一种通信模块，该通信模块是用于与其他的功能模块进行配合以实现通信，而 D1 中的背景技术部分记载的是针对手机内的微控制器 MCU 的管脚上配置的高低电平组合，并获得与高低电平组合对应的硬件版本，该硬件版本可以为手机内的硬件板子的版本，也可为手机内的硬件板子上的元器件的版本。也即，D1 只是针对手机的 MCU 上执行的硬件版本的获取，该 MCU 更多地用于控制，且该 MCU 上的管脚的侦测是与硬件版本有关的，而本申请的通信模块更多地用于通信，如本申请列举的 GSM 模块、GPRS 模块等，其与硬件版本并无任何关系。因此，保护主题的截然不同也应作为权利要求 1 与 D1 的区别技术特征。

最后，申请人认为，审查员还模糊了本申请中各功能模块之间的所属关系，实际上，本申请中的通信模块是包括控制模块的，而该控制模块集内的每一控制模块均是包括一检测模块的，而 D1 的整个申请文件中并未公开任何关于 MCU 与其他功能模块之间的所属关系，因此，本申请中各功能模块之间的所属关系也应作为权利要求 1 与 D1 的区别技术特征。

由上述分析可见，申请人认为权利要求 1 与 D1 的区别技术特征应在于：

一种通信模块，该多个接口输出的高低电平的组合固定，且该高低电平的组合与一行业类型唯一对应，该通信模块包括一用于对该通信模块的运行进行控制的控制模块，该控制模块选自一控制模块集，该控制模块集中的每个控制模块分别与一行业类型唯一对应，并且该控制模块集中的每个控制模块均设有一检测模块，该检测模块检测该通信模块中的该多个接口输出的高低电平的组合，获得与该高低电平的组合唯一对应的行业类型，并判断获得的该行业类型与该通信模块中的该控制模块唯一对应的行业类型是否相同，若是，则该控制模块允许该通信模块继续正常运行；若否，则该控制模块禁止该通信模块继续运行。

由于D1并没有涉及行业类型，D1的MCU并不能对行业类型进行区分，D1也就无法防止不同行业之间产生的串货现象，而本申请利用上述区别技术特征，能够检测通信模块在硬件接口上的工作状态，并与通信模块内已有的控制模块对应的行业类型相呼应，在硬件接口输出的高低电平组合对应的行业类型与控制模块的行业类型不一致时，禁止通信模块的运行，而即使不同行业的工作人员将通信模块的硬件接口的工作方式篡改，使得硬件接口输出的高低电平的组合改变以符合该工作人员所服务的行业，但通信模块内部的控制模块所对应的行业类型仍然是与该工作人员所服务的行业不同的，反之亦然，在该些情况下仍然会禁止通信模块的运行。可见，可靠地防止了通信模块运用于非控制模块所在行业的其他行业所产生的串货现象。

因此，基于上述区别技术特征所达到的技术效果确定本发明相对于D1实际解决的技术问题是：如何可靠地防止通信模块在不同行业之间产生的串货现象。

1.2　权利要求1的技术方案对本领域技术人员来说是非显而易见的

审查员在第一次审查意见通知书中指出：将GPIO管脚的高低电平状态的组合来判断版本的方法应用于判断通信模块的行业类型是否匹配是本领域技术人员容易想到的。对此，申请人有不同意见与您商榷：

1.2.1　申请人认为，本领域技术人员不容易想到采用高低电平的组合来判断通信模块的行业类型。

首先，通信模块的行业类型与D1中的MCU的管脚检测出的硬件版本是两个截然不同的概念。通信模块的行业类型是指通信模块运用在各个行业的区分，比如用于车载行业、语音报警行业等。而MCU的管脚检测出的硬件版本是指MCU检测出手机内的硬件板子的硬件版本，或者是手机内的硬件板子上的元器件的硬件版本。可见，该行业类型与硬件版本是两个毫无任何关系的术语，譬如说，D1中手机内的MCU的管脚测出的硬件版本为V1，但硬件版本为V1的硬件板子或元器件是可适用于多个行业类型的，如该硬件板子或元器件适用于车载行业、语音报警行业等。反之，用于同一行业的通信模块，该通信模块内可能涉及的硬件版本可以不断地变换更新，不论硬件版本如何变化，均可适用于同一行业。可见，通信模块的行业类型与MCU的管脚测出的硬件版本二者是毫无关系的两个技术术语。

就在这样的技术背景下，本领域技术人员在面临本申请的技术问题时，在D1中涉及的硬件版本与本申请的行业类型毫无任何联系的基础上，并不知道要采取何种检测方式，设置何种接口，甚至将接口设置成电平的输出端口还是设置成接收外部电路电平的输入端口，来检测通信模块的行业类型，才能防止不同行业之间的串货。在无明确技术指引的情况下，本领域技术人员并不会想到采用高低电平的组合来检测通信模块的行业类型。

其次，即使本领域技术人员知道采用何种方式来检测行业类型，其通常检测通信模块的行业类型的方式为识别通信模块上可能标示的条码，该条码表征了通信模块的行业类型、通信模块的物理参数等，或者查找该通信模块的货号，以追溯通信模块的相关信息，抑或是在条码和货号均不能获得通信模块的行业类型时，通过判断通信模块内安装的软件版本的方式来检测行业类型。原因在于，不同行业之间，通信模块上安装的软件程序通常也是不同的，比如，行业A使用的通信模块其安装的软件程序为a，行业B使用的通信模块其安装的软件程序则为b，将不同的软件版本承载于通信模块内，以服务于不同的行业。然而，不同行业的客户，会通过刷软件版本的方式来跨越行业之间的差异，也即，行业A使用的通信模块可能会将自身的软件程序a刷成软件程序b，以使该通信模块应用到行业B内。而就本领域技术人员的这种做法虽然在一定程度上能够防止不同行业间的串货，但仍然会在刷软件版本时产生串货漏洞。

因此，从上述论述可知，本领域技术人员在面临本申请的技术问题时，在D1的基础上，并不能从现有技术中获得技术启示，想到从硬件接口的角度出发，通过检测接口输出的高低电平的组合来检测通信模块的行业类型。

审查员在第一次审查意见通知书中还指出：且与预定行业类型比较并在匹配时允许模块正常运行不匹配时禁止模块进行运行是本领域技术人员的常规选择，且设置相应的模块并组成模块集来完成特定的功能是本领域的惯用技术手段。

对此，由于审查员对权利要求1与D1的区别技术特征的认定并不完整，导致审查意见关于本发明非显而易见性的认定也是不全面的。鉴于此：

1.2.2　申请人认为，上述区别技术特征均不是本领域的常规技术手段。具体说明如下。

由于本领域技术人员在面临本申请的技术问题时，并不知道要采用何种方式来检测通信模块的行业类型，使得他更不知道要采用何种技术手段来防止不同行业之间的串货。而即便是本领域技术人员在通过其他的技术手段来获得通信模块的行业类型后，他在防止不同行业之间产生的串货时，最容易想到也最容易实现的技术手段是将获得的行业类型与预设的行业类型做比较，在不符合预设行业类型时便将通信模块做串货排除。可以说，本领域技术人员通常是从软件角度出发，并始终与一个行业类型做比较的方式来实现串货排除。

然而，本申请在防止不同行业间的串货所采用的技术手段与本领域技术人员的通常做法截然不同，本申请是从硬件角度出发，将通信模块在硬件接口上的工作方式与行业类型对应起来，并与通信模块内部的来自控制模块集内的另一硬件（即控制模块）所对应的行业类型做关联比较，其始终是与自身的硬件所对应的行业类型做比较。且本申请的通信模块的硬件接口的工作方式与控制模块还是多个一对一的关联比较，也即，若通信模块的接口输出的高低电平的组合有8种，分别对应8种行业类型，而控制模块集内也有对应于8种行业类型的8个控制模块，本申请只有在通信模块内的两个硬件（通信模块的接口和控制模块）对应的行业类型保持一致时，才会允许通信模块运行，其始终是与外部预设的行业类型无关的。

可见，本申请在防止不同行业间的串货所采用的技术手段并非是本领域技术人员在面临本申请的技术问题时容易想到的，因此，本申请中与通信模块内部自身的控制模块所对应的行业类型进行比较并控制通信模块的运行并非是本领域的常规技术手段，进而，上述区别技术特征均不是本领域的常规技术手段。

综上，本领域技术人员在面临本申请的技术问题，在D1的基础上，并不能从现有技术中获得技术启示，以将上述区别技术特征应用到与本申请的技术领域根本不同的D1中，并获得本申请权利要求1的技术方案。

因此，权利要求1所要求保护的技术方案是非显而易见的，具有突出的实质性特点。

2. 权利要求1具有显著的进步

本申请能够检测通信模块在硬件上的工作状态，并与通信模块内已有的控制模块对应的行业类型相呼应，在硬件接口输出的高低电平组合对应的行业类型与控制模块的行业类型不一致时，禁止通信模块的运行，而即使不同行业的工作人员将通信模块的硬件接口的工作方式篡改，使得硬件接口输出的高低电平的组合改变以符合该工作人员所服务的行业，但通信模块内部的控制模块所对应的行业类型仍然是与该工作人员所服务的行业不同的，反之亦然，在该些情况下仍然会禁止通信模块的运行。

可见，本申请从通信模块本身的硬件出发，无论是单方地更改控制模块，还是单方地更改通信模块的接口的输出电平，均能够从硬件角度上可靠地防止通信模块运用于非控制模块所在行业的其他行业所产生的串货现象。可见，取得了有益的技术效果，具有显著的进步。

## 【案例 No. P1410711】一种气化炉及其应用、含碳物质的气化方法

### ☞ 案由简要

该申请涉及一种气化炉（权利要求1～6）及其应用（权利要求7）、含碳物质的气化方法（权利要求8～10）。

➢ 一通：审查员引用两篇对比文件1和对比文件2，认为权利要求1～10不具备创造性。

➢ 答一通：未修改申请文件，直接论述权利要求1～10具备创造性。

➢ 二通：审查员仍然认为权利要求1～10不具备创造性。

➢ 答二通：将原权利要求4的附加技术特征、说明书中关于助熔剂喷嘴室的设置位置和角度以及分级给氧喷嘴的设置位置进一步限定到权利要求1中，论述权利要求1～9的创造性。

➢ 审查结果：授权。

### ☞ 相关权利要求

原申请中权利要求1、3、4、5、7和8：

1. 一种气化炉，其包括一竖直炉体，所述竖直炉体上开设有一出渣口、一合成气出口和至少一工艺烧嘴，其特征在于，所述竖直炉体的中下段的侧壁上还固定设有至少一助熔剂喷嘴室，以及安装于所述助熔剂喷嘴室内的助熔剂喷嘴；所述助熔剂喷嘴

室的轴线距离所述竖直炉体的底部的高度小于等于所述竖直炉体的高度的0.4倍。

3. 如权利要求1或2所述的气化炉，其特征在于，所述助熔剂喷嘴室的数量为2～4个；所述助熔剂喷嘴室设置于所述竖直炉体的同一横截面上且沿该横截面均匀分布；所述助熔剂喷嘴的轴线在水平面上与所述助熔剂喷嘴室的轴线之间的夹角小于等于30°；所述助熔剂喷嘴室的轴线距离所述竖直炉体的底部的高度为所述竖直炉体的高度的0.3倍。

4. 如权利要求2所述的气化炉，其特征在于，所述竖直炉体的中下段的侧壁上还固设有至少一分级给氧喷嘴室，以及安装于所述分级给氧喷嘴室内的分级给氧喷嘴。

5. 如权利要求4所述的气化炉，其特征在于，所述分级给氧喷嘴室设置于所述助熔剂喷嘴室的下方的竖直炉体的侧壁上，并设置于所述出渣口的上方的竖直炉体的侧壁上；所述分级给氧喷嘴室的数量为1～2个。

7. 一种如权利要求1～6任一项所述的气化炉在气化含碳物质上的应用。

8. 一种含碳物质的气化方法，其特征在于，其采用如权利要求1～6任一项所述的气化炉进行，其包括以下步骤：

S1. 将氧化剂、蒸汽和含碳物质通入所述工艺烧嘴中，并进入所述竖直炉体内进行气化反应；

S2. 在气化反应过程中通过所述助熔剂喷嘴室的助熔剂喷嘴向竖直炉体内通入助熔剂；

S3. 气化反应生成的粗煤气从所述合成气出口排出，气化反应生成的液态渣在所述气化炉的底部与助熔剂接触混合后，从所述出渣口排出。

☞ **相关说明书内容**

摘录一：本申请背景技术第1～2段

煤气化技术是将煤炭等固态一次能源转化为气态清洁二次能源的主要途径，该技术主要运用于合成氨、合成甲醇、制氢和制备燃气等领域中。气流床气化是利用流体力学中射流卷吸的原理，将煤浆或煤粉颗粒与气化介质通过喷嘴高速喷入气化炉内，射流引起卷吸，并高度湍流，从而强化了气化炉内的混合，有利于气化反应的充分进行。气流床气化炉的高温、高压、混合较好的特点决定了它有在单位时间、单位体积内提高生产负荷的最大潜能，符合大型化工装置单系列、大型化的发展趋势，代表了煤气化技术发展的主流方向。

液态排渣指煤等固体燃料产生的灰渣在高温条件下以液体状态从气化炉渣口排出，即要求炉温高于煤等固体燃料的灰熔点。液态排渣可以大幅提高碳转化率和气化效率，所以目前主流的气流床气化技术（SE. OMB. Texaco、Shell 和 GSP 等）均采用液态排渣。但由于气化炉材料和制造工艺的限制，目前灰熔点大于1500℃的高灰熔点煤难以直接采用气流床气化技术。这一条件限制了大量高灰熔点煤的气流床气化应用。我国能源供应日益紧张，所以高灰熔融性温度（灰熔点大于1500℃）劣质煤的高效利用备受关注。

摘录二：本申请背景技术第4段

现有技术是将助熔剂与煤混合制粉或浆后通过工艺烧嘴一起送入气化炉（ZL98110616.1、ZL200410073361.5、ZL201110074557.6、ZL201110044695.X）；但是，

助熔剂易跟随飞灰排出，利用率较低，添加量较大。同时，为了保证液态排渣，需要维持较高的氧煤比，以融化灰渣，确保渣口畅通。这样使得气化炉壁面热损失过大，壁面耐火衬里热负荷过高，氧耗高，气化冷煤气效率低。

摘录三：本申请实施例 1 ~6

实施例 1

本实施例中，所采用的气化炉的结构如图 1 所示，所述气化炉包括一竖直炉体 1，所述竖直炉体 1 上开设有一出渣口 2、一合成气出口 3 和两个工艺烧嘴 4，所述竖直炉体 1 的中下段的侧壁上还固定设有两个助熔剂喷嘴室 5，以及安装于所述助熔剂喷嘴室 5 内的助熔剂喷嘴 501，两个助熔剂喷嘴室 5 设置于所述竖直炉体 1 的同一横截面上且沿该横截面均匀分布。出渣口 2 与合成气出口 3 为同一出口，均设于竖直炉体 1 的底部。工艺烧嘴 4 设置于竖直炉体 1 的上段的侧壁上。

助熔剂喷嘴室 5 和助熔剂喷嘴 501 的结构放大示意图如图 2 所示。其中所述助熔剂喷嘴室 5 的轴线距离所述竖直炉体 1 的底部的高度为所述竖直炉体 1 的高度的 0.4 倍。所述助熔剂喷嘴 501 的轴线在水平面上与所述助熔剂喷嘴室 5 的轴线之间的夹角为 5°。

一个日处理 1500 吨煤的气化炉，以粉煤为原料进行气化，气化压力 4.0MPa，气化炉的耐火衬里为膜式水冷壁。具体的气化方法包括以下步骤：

S1. 将氧化剂、蒸气和含碳物质通入所述工艺烧嘴 4 中，并进入所述竖直炉体 1 内进行气化反应；

S2. 在气化反应过程中通过所述助熔剂喷嘴室 5 的助熔剂喷嘴 501 向竖直炉体 1 内通入助熔剂；

S3. 气化反应生成的粗煤气从所述合成气出口 3 排出，气化反应生成的液态渣在所述气化炉的底部与助熔剂接触混合后，从所述出渣口 2 排出。

该粉煤原料的煤质分析数据如表 1 所示。

**表 1　煤质分析表**

| 参数 | 数值 |
|---|---|
| 水分 Mar | 1.7%（wt） |
| 固定碳 FCar | 43.1%（wt） |
| 挥发分 Var | 39.8%（wt） |
| 灰分 Aar | 27.1%（wt） |
| 发热量 Qgr，d | 25.80MJ/kg |
| 灰熔点（流动温度 FT） | 1500℃ |

本实施例中，采用的氧化剂为纯氧气，即氧气的体积百分含量为 100%。

采用本实施例的气化炉气化后，助熔剂（石灰石）加入量可减至粉煤原料的 6wt%，气化炉壁面热损失减至 3%，有效气成分增加为 89.0%。

实施例 2

本实施例的条件和实施例 1 相比，差别仅在于：本实施例采用的是图 3 的气化炉结构，其中6为分级给氧喷嘴室，601为设置于所述分级给氧喷嘴室6内的分级给氧喷嘴。助熔剂喷嘴501的轴线在水平面上与所述助熔剂喷嘴室5的轴线之间的夹角为30°；所述助熔剂喷嘴室5的轴线距离所述竖直炉体1的底部的高度为所述竖直炉体1的高度的0.3倍；所述竖直炉体1的中下段的侧壁上还固定设有两个分级给氧喷嘴室6，其设置于所述助熔剂喷嘴室5的下方的竖直炉体1上，并位于所述出渣口2的上方的竖直炉体1上；两个分级给氧喷嘴室6固定设置于所述竖直炉体1的同一横截面上且沿该横截面呈均匀分布；所述分级给氧喷嘴室6的轴线距离所述竖直炉体1的底部的高度为所述竖直炉体1的高度的0.25倍；工艺喷嘴4仅有一个，设置于所述竖直炉体1的顶部。本实施例的原料除了实施例1中的粉煤外，还掺混了30%的石油焦，所述百分比为质量百分比。

采用本实施例的气化炉气化后，助熔剂（石灰石）加入量可减至5%（wt）（煤基），气化炉壁面热损失减至3%，有效气成分增加为90.0%。

实施例3

本实施例的条件和实施例1相比，差别仅在于：本实施例采用的是图4的气化炉结构，工艺烧嘴4的数量为3个，除了设置于竖直炉体1的上段的侧壁上的两个工艺烧嘴外，还包括设置在竖直炉体1的顶部的一个工艺烧嘴。原料除了实施例1中的煤外，还掺混了10%的渣油。

采用本实施例的气化炉气化后，助熔剂（石灰石）加入量可减至6%（wt）（煤基），气化炉壁面热损失减至3%，有效气成分增加为89.5%。

实施例4

本实施例的条件和实施例1相比，差别仅在于：本实施例采用的是图5的气化炉结构，工艺烧嘴4只有一个，设置于竖直炉体1的顶部。原料除了实施例1中的煤外，还掺混了10%的沥青。

采用本实施例的气化炉气化后，助熔剂（石灰石）加入量可减至6%（wt）（煤基），气化炉壁面热损失减至3%，有效气成分增加为89.5%。

实施例5

本实施例条件和实施例1相比，差别仅在于：本实施例采用的是图5的气化炉结构，原料除了实施例1中的煤外，还掺混了10%的生物质。

采用本发明的气化炉气化后，助熔剂（石灰石）加入量可减至6%（wt）（煤基），气化炉壁面热损失减至3%，有效气成分增加为86.5%。

实施例6

本实施例条件和实施例1相比，差别仅在于：本实施例采用的是图6的气化炉结构，两个工艺烧嘴4的位置位于竖直炉体1的中下段，并将出渣口2和合成气出口3分开设置，前者位于竖直炉体1的顶部，后者位于竖直炉体1的底部；原料除了实施例1中的煤外，还掺混了10%的污泥。

采用本实施例的气化炉气化后，助熔剂（石灰石）加入量可减至6%（wt）（煤基），气化炉壁面热损失减至3%，有效气成分增加为85.5%。

摘录四：摘要附图

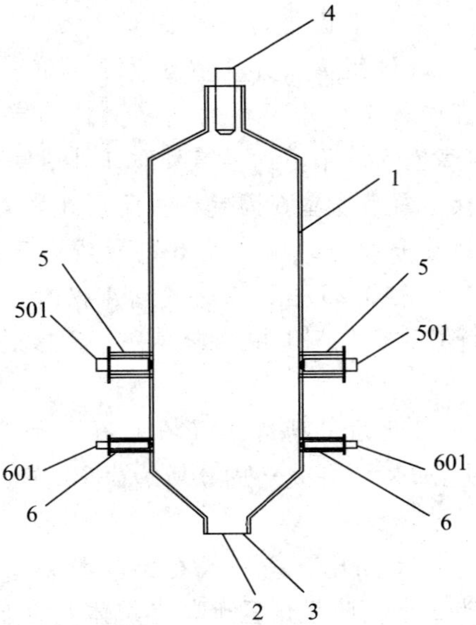


☞ **相关对比文件公开内容**

**【对比文件1】**

摘录一

由图1可知，本发明提供的以天然气和煤为原料的合成气制备炉为一包括内砌高温耐火材料制成的炉体13和位于炉体13之外的水冷夹套3的压力容器，其特征在于：中间段粗，上下段细，横截面为圆形；该合成气制备炉自上而下分为上部干馏段和下部气化段；所述上部干馏段的上段细下段粗，其上下段之间的变径过渡段的炉壁上设有3~12个带喷嘴41的氧气、水蒸气入口管4，细段的顶部设有加料仓14及块煤加料口1，所述下部气化段上段粗下段细，其上下段之间的变径过渡段的炉壁上设有3~12个带喷嘴61的天然气、氧气入口管6，喷嘴41和61的喷射方向可分别调节，其位置分别沿炉体13的纵轴线方向上下调节；炉体13中部的炉壁上对称设有合成气出口管5；所述下部气化段底部的炉壁上设有冷却水入口管7和液态排渣管9，冷却水入口管7与水冷夹套3相连通。

摘录二

本发明提供的以天然气和煤为原料的合成气制备方法，其特征在于：首先选用不易崩裂的块煤，根据块煤中灰分的含量及组成，在块煤中配入适量的块状石灰或石灰石，由本发明的以天然气和煤为原料的合成气制备炉炉顶的加料仓14及块煤加料口1加到炉体内，通过设置在制备炉上部干馏段的上下段之间的过渡变径段的炉壁上的喷嘴41将水蒸气和氧气喷入炉内：通过设置在制备炉下部气化段的上下段之间的过渡变径段的炉壁上的喷嘴61将天然气、水蒸气和氧气喷入炉体内。

摘录三

还可在向炉体内通过设置在制备炉下部气化段的上下段之间的过渡变径段的炉壁上的喷嘴61喷入天然气、水蒸气和氧气的同时，通过喷嘴61向炉体内喷入石灰或石灰

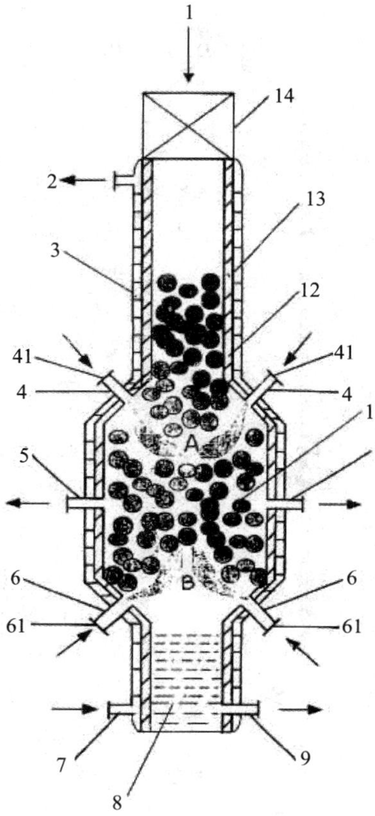


图 1

石粉，将煤中的大部分硫转化为 CaS、$CaSO_4$……

**【对比文件 2】**

［0040］参考图 2，多喷嘴分级给氧气流床气化炉包括气化炉主体 1、至少两个工艺喷嘴 2、至少两个工艺喷嘴室 3、至少两个二次给氧喷嘴 4、至少两个二次给氧喷嘴室 5，以及位于气化炉主体 1 顶部的点火喷嘴室 6 和底部的气化炉出口 7。

［0041］工艺喷嘴 2 安装在工艺喷嘴室 3 内，且工艺喷嘴室 3 设置在气化炉中上部，均匀地对称布置于气化炉主体 1 的四周，用于输入含碳物质及部分氧化剂（对于粉状物料为气化剂，即氧化剂和水蒸气）。

［0042］二次给氧喷嘴 4 安装在二次给氧喷嘴室 5 内。二次给氧喷嘴室 5 设置于工艺喷嘴室 3 和气化炉出口 7 之间，并均匀地对称布置于气化炉主体 1 的四周。

［0043］二次给氧喷嘴 4 和二次给氧喷嘴室 5 的设置可以调整进入气化炉的氧气分布，达到合理调节炉内温度的目的。这样可以避免上部工艺喷嘴室一次性给氧造成的炉内上部温度过高，从而提高上部耐火衬里的寿命。

［0044］此外，二次给氧喷嘴 4 设置在气化炉中下部，有助于提高气化炉中下部的温度，促进中下部的气化反应，同时确保气化炉液态排渣。

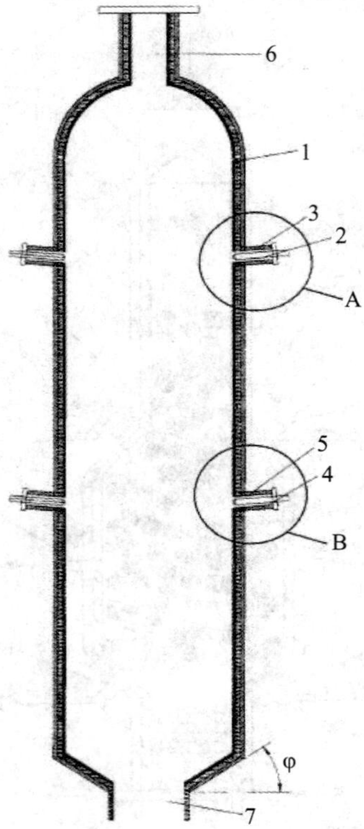


图 2

## ☞ 审查意见

第一次审查意见通知书摘录

1. 权利要求 1 请求保护一种气化炉。对比文件 1（CN1418935A）公开了一种以天然气和煤为原料的合成气制备方法及其制备炉，并具体披露了以下技术特征：

由图 1 可知，本发明提供的以天然气和煤为原料的合成气制备炉（即气化炉）为一包括内砌高温耐火材料制成的炉体 13（结合图 1 可直接毫无疑义得知炉体是竖直炉体）和位于炉体 13 之外的水冷夹套 3 的压力容器，其特征在于：中间段粗，上下段细，横截面为圆形；该合成气制备炉自上而下分为上部干馏段和下部气化段；所述上部干馏段的上段细下段粗，其上下段之间的变径过渡段的炉壁上设有 3～12 个带喷嘴 41（即工艺烧嘴）的氧气、水蒸气入口管 4，细段的顶部设有加料仓 14 及块煤加料口 1，所述下部气化段上段粗下段细，其上下段之间的变径过渡段的炉壁上设有 3～12 个带喷嘴 61 的天然气、氧气入口管 6（即助熔剂喷嘴室），喷嘴 41 和 61 的喷射方向可分别调节，其位置分别沿炉体 13 的纵轴线方向上下调节；炉体 13 中部的炉壁上对称设有合成气出口管 5（即合成气出口）；所述下部气化段底部的炉壁上设有冷却水入口管 7 和液态推渣管 9（即出渣口），冷却水入口管 7 与水冷夹套 3 相连通（参见说明书第 5 页倒数第 4 段，图 1）。

还可在向炉体内通过设置在制备炉下部气化段的上下段之间的过渡变径段的炉壁

上的喷嘴61喷入天然气、水蒸气和氧气的同时，通过喷嘴61（即助熔剂喷嘴）向炉体内喷入石灰或石灰石粉（即助熔剂），将煤中的大部分硫转化为CaS、$CaSO_4$，（参见说明书第6页倒数第2段）。结合附图可直接毫无疑义得知，入口管6（即助熔剂喷嘴室）位于竖直炉体13的中下段侧壁上。

权利要求1的技术方案与对比文件1相比，区别技术特征在于：权利要求1中所述助熔剂喷嘴室的轴线距离所述竖直炉体的底部的高度小于等于所述竖直炉体的高度的0.4倍。基于上述区别技术特征，权利要求1实际要解决的技术问题是保障液态排渣，提高气化效率。

对于上述区别技术特征，对比文件1公开了：所述下部气化段上段粗下段细，其上下段之间的变径过渡段的炉壁上设有3~12个带喷嘴61的天然气、氧气入口管6（即助熔剂喷嘴室），喷嘴41和61的喷射方向可分别调节，其位置分别沿炉体13的纵轴线方向上下调节；炉体13中部的炉壁上对称设有合成气出口管5（即合成气出口）；所述下部气化段底部的炉壁上设有冷却水入口管7和液态排渣管9（即出渣口），冷却水入口管7与水冷夹套3相连通（参见说明书第5页倒数第4段，图1）。可见对比文件1也已经教导了喷嘴的位置可以上下调节，结合图1可知也是设置于炉体的中下段，而本申请设置于0.4倍的位置仅是一种具有相同可能性的选择，本领域技术人员有理由来期望其可以达到预期的技术效果。在该对比文件的基础上结合上述常规技术手段以获得该权利要求所要求保护的技术方案，对所属技术领域的技术人员来说是显而易见的，因此该权利要求所要求保护的技术方案不具备突出的实质性特点和显著的进步，因而不具备《专利法》第22条第3款规定的创造性。

第二次审查意见通知书摘录

对申请人意见的答复。

（1）申请人认为，对比文件1没有公开权利要求1具有专用的助熔剂喷嘴室和助熔剂喷嘴，对比文件1中喷嘴61喷入石灰或石灰石粉的作用在于脱硫。与本申请背景技术记载的助熔剂所具有的“降低高灰熔点煤中气化渣的灰熔点”的作用截然不同。对比文件1没有设置单独的助熔剂喷嘴和助熔剂喷嘴室。

然而，本申请说明书中所有实施例记载的助熔剂都是石灰石，而对比文件1喷嘴61中喷出的也是石灰石，与本申请是相同的物质。如果本申请的“石灰石”能够起到“降低高灰熔点煤中气化渣的灰熔点”的助熔剂作用，那么对比文件1的“石灰石”为什么就不能起到相同的作用？虽然对比文件1是记载了喷入石灰石将硫转化，但是鉴于石灰石是本领域常用的一种助熔剂，本领域技术人员可以合理预期，对比文件1石灰石的加入必然也能够起到“降低高灰熔点煤中气化渣的灰熔点”的作用。因此，对比文件1的喷嘴61实质上相当于本申请的助熔剂喷嘴。

（2）申请人认为，对比文件1公开的是固定床气化炉，而本申请是气流床气化炉，两者相差甚远，不存在结合的启示。

然而，首先，对比文件1并没有任何地方记载了其为固定床气化炉。根据本领域常规的固定床气化炉的特点来看，对比文件1的气化炉确实有点类似。申请人认为，本申请的技术特征“将氧化剂、蒸气和含碳物质通入所述工艺烧嘴中”间接表明了本申请是气流床，工艺烧嘴进料时气流床的基本特点。但是，对比文件1公开了，首先选用不易加热的块煤，根据块煤中灰分的含量及组成，在块煤中配入适量的块状石灰或石灰石，由本发明的以天然气油和煤（即含碳物质）为原料的合成气制备炉炉顶的加料仓14及块煤加料口1加到炉体内，通过设置在制备炉上部干馏段的上下段之间的过渡变径段的壁炉上的喷嘴41（即工艺烧嘴）将水蒸气（即蒸汽）和氧气（即氧化剂）喷入炉内；通过设置在制备炉下部气化段的上下段之间的过渡变径段的炉壁上的喷嘴61将天然气、水蒸气和氧气喷入炉体内（参见说明书第5页倒数第1段）。过程中自然形成的少量粉煤（即含碳物质）也可直接用工艺用天然气喷入炉内（参见说明书第7页第4段）。可见对比文件1已经公开了本申请的技术特征“将氧化剂、蒸汽和含碳物质通入所述工艺烧嘴中”。也就是说，该特征并未造成本申请与对比文件气化炉的区别。无论是固定床还是气流床，在特征对比上并未能体现本申请与对比文件1在这两种类型气化炉上的区别。

（3）申请人认为，对比文件1的气化炉设计复杂，本申请的特殊设置获得了更好的效果。

然而，无论对比文件1有多么复杂，只要对比文件1公开或者教导了本申请的技术方案，都可以作为最接近的现有技术去评价本申请的创造性。正如上文所评述，对比文件1公开的喷嘴61喷出的也是石灰石。石灰石本身固有的属性决定了其也能够起到助熔剂的作用，喷嘴61相当于本申请的熔剂喷嘴，并且也是安装于炉体中下度的侧壁，即对比文件1已经公开了本申请的发明构思。区别仅在于具体高度的设置，这只是常规技术手段。

因此，申请人的意见不具说服力，本申请仍然不具备创造性。

☞ **答辩要点分析思路**

第一次审查意见中，审查员仅认定了一个区别技术特征。但经代理师仔细分析及与发明人反复沟通确认，一通对区别技术特征的认定并不成立，审查员漏找了一个区别技术特征——助熔剂喷嘴室和助熔剂喷嘴。相应地，对比文件1实质上公开的是脱硫剂喷嘴。若能够多角度、全方位地设置论述点，还是具备一定授权前景的。因此，一通答辩时建议发明人暂时不修改申请文件，先做创造性争辩，试探一下审查员的接受尺度。

具体而言，一通答辩中首先有理有据地论述了上述审查员漏找的区别技术特征，然后论述了对比文件1的方案依然存在该申请背景技术中提及的缺陷，根本没有设置单独的助熔剂喷嘴室和助熔剂喷嘴，仍然是使用助熔剂与粉煤一同加入的方式。接下来通过各种特征的对比分析引申到对比文件1与该申请的气化炉在类型上的差异，前者实质上是一种固定床气化炉，而该申请属于气流床气化炉。再结合本领域常识对于这两种气化炉类型的理解来强调差异巨大，无法相互借鉴。最后，还从气化炉结构的简洁性上作了进一步对比。

在二通中，针对审查员的质疑，代理师作了针对性的论述，一方面，再次阐述上述漏找的区别技术特征的认定，并进一步解释说明对比文件1的喷嘴61是一种复合型的喷嘴，其复合了输送含碳物质、气化剂和脱硫剂的功能，与该发明公开的单一功能的助熔剂喷嘴无法相提并论，解决的技术问题也不同，属于不同的技术手段，同时进一步反驳了审查员的观点“对比文件 1 中的石灰石的加入也必然能够起到降低灰熔点煤中气化渣的灰熔点的作用”，并引入证据 1 强调，助熔剂和脱硫剂的基本原理是完全不同的。另一方面，补充证据 2 和 3 证明固定床气化炉和气流床气化炉的区别和相互借鉴的难度非常大，这属于本领域约定俗成的公知常识，并根据该公知常识的界定标准，对对比文件 1 的气化炉的类型作进一步认定，以推翻审查员的固定思维。

同时应发明人尽快授权的诉求，还建议发明人进一步将原权利要求 4 的附加技术特征、说明书中关于助熔剂喷嘴室的设置位置和角度以及分级给氧喷嘴的设置位置限定到权利要求 1 中，从而使区别技术特征还包括特征（3）~（5），并结合该申请实际解决的技术问题进一步补充了这三个区别技术特征的论述点，从而形成了一个一环扣一环、各个击破、有理有据的有机体。

整体看来，对于改进型发明来说，其技术改进点较多，但技术方案与现有技术相似点也较多，创造性论述的被接受度相对较低。该申请的答辩中并没有一个能“一举定乾坤”，全面扭转审查员观点的论述点，但通过多个不同区别点的多角度论述，使意见陈述更为全面立体，增加说服力。

☞ **意见陈述原文摘录**

答复第一次审查意见通知书意见陈述摘录

与对比文件 1 相比，权利要求 1 的区别技术特征在于：

（1）权利要求 1 具有专用的助熔剂喷嘴室和助熔剂喷嘴，而对比文件 1 未涉及；

（2）权利要求 1 中助熔剂喷嘴室的轴线距离所述竖直炉体的底部的高度小于等于所述竖直炉体的高度的 0.4 倍。

对于技术特征（1），申请人认为该特征属于审查员漏找的一项区别技术特征。具体理由如下：

审查员认为对比文件 1 说明书第 6 页倒数第 2 段公开了“还可在向炉体内通过设置在制备炉下部气化段的上下段之间的过渡变径段的炉壁上的喷嘴 61 喷入天然气、水蒸气和氧气的同时，通过喷嘴 61 向炉体内喷入石灰或石灰石粉，将煤中的大部分硫转化为 CaS、$CaSO_4$”，从而认为对比文件 1 中喷嘴 61，天然气、氧气入口管 6 分别相当于本申请权利要求 1 中的助熔剂喷嘴和助熔剂喷嘴室。对此，申请人无法认同，陈述如下：

按照本领域基本常识，对比文件 1 中喷嘴 61 喷入石灰或石灰石粉的作用机理在于将煤中的大部分硫转化为 CaS、$CaSO_4$，这实质上是固定硫的作用，即，石灰或石灰石粉在此是作为脱硫剂使用的，具体来说是参与硫转化的化学反应的，与本申请背景技术记载的助熔剂所具有的“降低高灰熔点煤中气化渣的灰熔点”的作用截然不同。即，对比文件 1 中的喷嘴 61 实际上是脱硫剂喷嘴，不存在将其等同于本申请中的助熔剂喷嘴的可能性。

故，上述技术特征属于审查员漏找的区别技术特征之一。

1.2 实际解决的技术问题

由上述区别技术特征，与权利要求1中的其他技术特征相结合，得到了权利要求1的技术方案。从本发明的记载来看，采用权利要求1的气化炉进行的气化方法将助熔剂从气化炉底部加入，使气化炉上部的气化灰渣保持在高灰熔点区，使靠近气化炉底部的气化灰渣保持在低灰熔点区，实现高效气化以及液态排渣，降低氧化剂消耗，降低了气化炉壁面热损失，降低助熔剂使用量，提高了气化炉内产生的冷煤气效率和气化炉在线率。

基于上述主要区别技术特征，以及本发明在应用了这些区别技术特征之后所解决的技术问题，以及所达到的技术效果，可以确定权利要求1实际解决的技术问题是：如何设计一种特殊的气化炉结构，来解决高灰熔点煤气化技术中助熔剂利用率低、壁面热损失过大、氧气消耗过高和气化冷煤气效率低的问题。

1.3 采用权利要求1的技术方案解决上述技术问题，达到上述技术效果，对于本领域技术人员而言是非显而易见的，具体阐述如下：

首先，申请人认为，对比文件1的方案依然存在本申请背景技术中提及的缺陷，其对于解决本发明的技术问题无任何技术启示而言。

本申请背景技术第4段已经明确记载“现有技术是将助熔剂与煤混合制粉或制浆后通过工艺烧嘴一起送入气化炉（ZL98110616.1、ZL200410073361.5、ZL201110074557.6、ZL201110044695.X），但是，助熔剂易跟随飞灰排出，利用率较低，添加量较大。同时，为了保证液态排渣，需要维持较高的氧煤比，以融化灰渣，确保渣口畅通。这样使得气化炉壁面热损失过大，壁面耐火衬里热负荷过高，氧耗高，气化冷煤气效率低”。

而根据对比文件1的说明书第5页倒数第1－2段公开的内容，“本发明提供的以天然气和煤为原料的合成气制备方法，其特征在于：首先选用不易崩裂的块煤，根据块煤中灰分的含量及组成，在块煤中配入适量的块状石灰或石灰石，由本发明的以天然气和煤为原料的合成气制备炉炉顶的加料仓14及块煤加料口1加到炉体内……”，可见对比文件1公开的方法正是本申请背景技术中提到的助熔剂与煤混合后一起送入气化炉进行气化的方法，这也进一步说明从天然气、氧气入口管6的喷嘴61喷入的石灰或石灰石粉，属于脱硫剂，而非助熔剂。即，对比文件1公开的方案中根本没有设置单独的助熔剂喷嘴室和助熔剂喷嘴，这也进一步增强了申请人关于上述区别技术特征（1）的评述的说服力。

本发明的发明人在研发之初就发现，现有工艺普遍存在“助熔剂易随煤灰排出，利用率很低，导致其添加量增大、气化效率低；同时为了实现液态排渣，需氧量也大大增加”的缺陷，基于此，本领域技术人员普遍认为高灰熔点煤在气化过程中产生的高灰熔点渣不利于气化炉的高效运行，对于气化炉的高温区的壁面的热量维持尤其不利。而受限于现有的气化炉结构的禁锢和束缚，本领域技术人员一般只会考虑通过助熔剂性质的研发、气化工艺的调整来达到目的。

而发明人却反其道而行之，打破了助熔剂与煤粉必须从同一烧嘴加入、参与气化的惯性思维的束缚，通过在气化炉底部的特殊位置处设置单独的助熔剂喷嘴克服了上述缺陷，并意外地发现在这种特殊的气化炉结构下，高灰熔点渣的积累对于气化炉的高温区反而是有利的，其不仅有助于保护炉壁，降低气化炉壁面热损失，而且降低了氧化剂的消耗量，提高了气化炉的生产效率。这直接体现了本申请权利要求1的创造性。

鉴于此，申请人认为，本申请正是在对比文件1的方案基础上进行改进的，对比文件1其他部分也没有给出采用上述区别技术特征来解决本发明的技术问题的启示。

在此基础上，对比文件1公开的制备炉实质上是一种固定床气化炉，而本申请属于气流床气化炉，两者相差甚远，不存在在对比文件1的基础上结合常规手段即可获得本申请权利要求1的方案的可能性。

本申请的背景技术第1－2段就介绍了气流床气化的含义以及气流床气化炉的特点，并指出主流的气流床气化技术均采用液态排渣，并进一步引出了本申请的技术问题：气流床气化技术中助熔剂与煤混合后进料带来的助熔剂利用率低、壁面热损失过大、氧气消耗过高和气化冷煤气效率低等问题。由此可见，本申请权利要求1的气化炉是在现有的气流床气化炉的基础上改进得到的，其本身属于气流床气化炉的范畴。这一特点也可以从本申请实施例1－5记载的“将氧化剂、蒸汽和含碳物质通入所述工艺烧嘴”得到间接体现，因为使用工艺烧嘴进料是气流床气化炉的基本特点。

而根据对比文件1的记载可知，其制备炉实质上是一种固定床气化炉，从图1可以非常直观地看出；同时，其说明书第5页倒数第1段记载的“首先在块煤中配入适量的块状石灰或石灰石，从炉顶的加料仓14及块煤加料口1加到炉体中，然后通过喷嘴41将水蒸气和氧气喷入炉内，再通过喷嘴将天然气、水蒸气和氧气喷入炉内……”也间接体现了其是将大量原料、大块堆放在气化炉中，然后通入反应气体进行气化的，这是完全符合本领域常识关于固定床气化炉的操作要点的。固定床气化工艺虽然操作简单，但是由于气化温度低，粗煤气中甲烷的含量较高，并且含有焦油和酚类等污染物，气体净化和废水处理复杂，投资较高。

而在本领域中，是将煤气化工艺技术分为固定床气化技术、流化床气化技术和气流床气化技术三大类的，具体来说，固定床气化技术是将碎煤固定层加压气化，采用的原料煤粒度为6～50mm，采用水蒸气与纯氧作为气化剂；由于使用的是块煤，有效气（CO、$H_2$）产率低，干灰排渣，环保问题较多。而气流床气化技术大都以纯氧作为气化剂，在高温高压下完成气化过程，粗煤气中有效气（CO、$H_2$）含量高，碳转化率高，不产生焦油、萘和酚水等，是一种环境友好型的气化技术，具有对煤种适用性广、气化压力高、生产能力大、气化效率高、污染少的优点。相对应地，固定床气化炉和气流床气化炉也属于两种区别很大的设备，两者在气化时间、气化速率、操作量等方面都存在很大差异，而且两者的结构设计也截然不同，主要体现为煤的进料口的结构设计的不同、氧化剂的进料口的位置不同、蒸汽的进料位置不同等。

鉴于固定床气化炉和气流床气化炉的巨大差异，本领域技术人员也不会为了解决本发明的技术问题，而想到从固定床气化炉的结构中获得气流床气化炉的改进的启示，也就不存在审查员认为的对比文件1已经教导了喷嘴的位置可以上下调节而认为上述区别特征属于常规选择的可能性。

最后，申请人还希望强调，对比文件1是采用天然气和煤为原料，并对气化炉结构进行了多处复杂设计，才得以克服其背景技术部分指出的单独以煤为原料制备合成气存在的流程复杂、设备投资高、二氧化碳的排放量大等缺陷，而本申请通过权利要求1的助熔剂喷嘴的加设及其位置的特殊设计，竟然出乎意料地克服了对比文件1所指出的客观存在的缺陷，甚至获得了其他更好的技术效果，这也是本发明创造性的一大体现！

答复第二次审查意见通知书意见陈述摘录

申请人仔细阅读了您的审查意见，现对权利要求书做作下修改：

将原权利要求4的附加技术特征、说明书中关于助熔剂喷嘴室的设置位置和角度以及分级给氧喷嘴的设置位置进一步限定到权利要求1中，从而形成新的权利要求1，同时删除原权利要求4以及原权利要求3、5中与新权利要求1重复的技术特征；并相应地调整其他权利要求的编号。

权利要求1要求保护一种气化炉，其包括一竖直炉体，所述竖直炉体上开设有一出渣口、一合成气出口和至少一工艺烧嘴，其特征在于，所述竖直炉体的中下段的侧壁上还固定设有至少一助熔剂喷嘴室，以及安装于所述助熔剂喷嘴室内的助熔剂喷嘴；所述助熔剂喷嘴室的轴线距离所述竖直炉体的底部的高度小于等于所述竖直炉体的高度的0.4倍；所述助熔剂喷嘴室设置于所述竖直炉体的同一横截面上且沿该横截面均匀分布；所述助熔剂喷嘴的轴线在水平面上与所述助熔剂喷嘴室的轴线之间的夹角小于等于30°；所述竖直炉体的中下段的侧壁上还固设有至少一分级给氧喷嘴室，以及安装于所述分级给氧喷嘴室内的分级给氧喷嘴；所述分级给氧喷嘴室设置于所述助熔剂喷嘴室的下方的竖直炉体的侧壁上，并设置于所述出渣口的上方的竖直炉体的侧壁上。

那么，与对比文件1相比，权利要求1的区别技术特征除包括答一通中指出的区别技术特征（1）和（2）外，还包括下述区别技术特征（3）~（5）：

（1）权利要求1具有专用的助熔剂喷嘴室和助熔剂喷嘴；而对比文件1未涉及。

（2）权利要求1中助熔剂喷嘴室的轴线距离所述竖直炉体的底部的高度小于等于所述竖直炉体的高度的0.4倍。

（3）权利要求1中还限定了所述助熔剂喷嘴室设置于所述竖直炉体的同一横截面上且沿该横截面均匀分布；所述助熔剂喷嘴的轴线在水平面上与所述助熔剂喷嘴室的轴线之间的夹角小于等于30°；而对比文件1未公开。

（4）权利要求1还限定了所述竖直炉体的中下段的侧壁上还固设有至少一分级给氧喷嘴室，以及安装于所述分级给氧喷嘴室内的分级给氧喷嘴；而对比文件1未涉及。

（5）权利要求1还限定了所述分级给氧喷嘴室设置于所述助熔剂喷嘴室的下方的竖直炉体的侧壁上，并设置于所述出渣口的上方的竖直炉体的侧壁上；而对比文件1未涉及。

在一通答辩基础上，申请人希望再补充如下几点论述：

首先，申请人无法认同审查员认为的对比文件1的喷嘴61实质上相当于本申请的助熔剂喷嘴的观点。

申请人认为，本申请设置助熔剂喷嘴室与对比文件1的喷嘴61所解决的技术问题并不相同，对比文件1中关于喷嘴61的作用的介绍共出现了两处，第一处为权利要求3的“通过设置在制备炉下部气化段的上下段之间的过渡变径段的炉壁上的喷嘴

61将天然气、水蒸气和氧气喷入炉体内”，第二处为说明书第6页倒数第2段公开的内容“还可在向炉体内通过设置在制备炉下部气化段的上下段之间的过渡变径段的炉壁上的喷嘴61喷入天然气、水蒸气和氧气的同时，通过喷嘴61向炉体内喷入石灰或石灰石粉，将煤中的大部分硫转化为CaS、$CaSO_4$”，本领域技术人员据此可以毫无疑义地推导得到，喷嘴61的主要目的是将煤和天然气同时气化而设置的将天然气、水蒸气和氧气同时喷入的喷嘴，其次要目的才是将脱硫剂一并喷入气化炉内。

那么，即使说对比文件1公开的喷嘴具有输入脱硫剂的功能，那么该喷嘴也是一种复合型的喷嘴，其复合了输送含碳物质、气化剂和脱硫剂的功能，与本发明公开的单一功能的助熔剂喷嘴无法相提并论，其设置该喷嘴所解决的是天然气和煤同时气化所存在的技术问题，与本发明为了解决传统助熔剂添加形式引起的问题也截然不同。那么，按照《审查指南》给出的第二部分第四章创造性评价过程中如何判断是否存在技术启示的判断方法（iii），“所述区别特征在另一份对比文件中披露的相关技术手段，该技术手段在该对比文件中所起的作用与该区别特征在要求保护的发明中为解决重新确定的技术问题所起的作用相同，则认为存在技术启示；反之则没有”，这两个技术手段在两个文件中的作用并不同，从而不存在给出了技术启示的可能性。

如果按照审查员所认为的，本领域技术人员可以合理预期，对比文件1中的石灰石的加入也必然能够起到降低灰熔点煤中气化渣的灰熔点的作用，申请人认为，审查员的理解是赋予了本不具有创造能力的本领域技术人员一定的创造能力。因为，一种物质的用途往往是多种多样的，在对比文件1已经给出了石灰石是作为脱硫剂使用的明确启示下，将其转用为助熔剂喷嘴，这是超出本领域技术人员的能力范围的，在对比文件1已经给出了石灰石是与含碳物质和气化剂复合为一个喷嘴的明确启示下，将该复合喷嘴改进为一个单一的助熔剂喷嘴，而不影响气化炉的正常运行，更是超出本领域技术人员的能力范围的。退一万步讲，即使说本领域技术人员无意中发现对比文件1中石灰石还能发挥助熔剂作用，这种喷嘴形式依然存在本申请背景技术中指出的助熔剂与含碳物质必须同时加入所存在的各种缺陷，无法解决本发明实际解决的技术问题。

在此，申请人还希望进一步强调，助熔剂和脱硫剂的基本原理是完全不同的。助熔剂的原理在于降低高灰熔点煤气化渣的灰熔点，与对比文件1的脱硫剂参与的化学反应是有本质区别的。助熔剂的原理可以结合本申请的背景技术记载的助熔剂的作用机理“一般是通过调节煤灰中主要氧化物含量变化，促使体系形成三元或多元的低共熔点矿物”进行理解，同时申请人还补充了证据1（路宏权等，钙基助熔剂对煤灰熔融性影响及熔融机理研究，煤炭科学技术，2011年第39卷第2期，第111~114页、118页）来论述助熔剂的作用机理，以钙基助熔剂为例，其原理是：助熔剂与煤灰生成钙长石（钙铝硅酸盐矿物，$CaO \cdot Al_2O_3 \cdot 2SiO_2$）等低灰熔融温度矿物，抑制耐高温的莫来石（铝硅酸盐，$3Al_2O_3 \cdot 2SiO_2$）出现，从而达到降低灰熔融温度的目的。按照本领域常规，其他的镁基、铁基、钠基和复合助熔剂等原理也与钙基助熔剂类似，都是促进低灰熔融温度矿物的生成，抑制耐高温矿物的出现。而脱硫剂的原理是：将Ca与煤中的 S 反应转化为 CaS 或 $CaSO_4$。

因此，申请人认为对比文件 1 中的喷嘴 61 不存在将其等同于本申请中的助熔剂喷嘴的可能性。

在此基础上，申请人还希望强调，固定床气化炉和气流床气化炉的区别和相互借鉴的难度非常大，这属于本领域约定俗成的公知常识。

申请人在本次二通答辩中补充了申请日（2014－12－18）之前公开的证据 2（吴琼等，典型煤气化技术概述，山西化工，2012 年第 32 卷第 4 期，第 23～28 页）和证据 3（吴蓬勃，煤气化工艺技术的开发及应用，甘肃石油和化工，2010 年第 3 期，第 14～17 页）来证明这一点。证据 2 和证据 3 能够充分表明固定床气化炉和气流床气化炉属于两种完全不同的气化技术。

对应地，对比文件 1 的气化炉属于固定床气化炉的原因在于：使用不易崩裂的块煤为原料，气化炉顶部巨大的块煤进料口，炉内床层分为干馏（干燥、热解）、气化和火焰（燃烧）区，干馏过程中有污染物焦油产生（见权利要求 3），这些特征都是吻合证据 2 和证据 3 中关于固定床气化炉的入炉煤和具体反应过程的描述的。

而本发明的气化炉属于气流床气化炉的原因在于：所有含碳物质都通过喷嘴进入气化炉，进入气化炉的煤为煤粉，加工成为浆态或粉状，利用高速射流使浆态或粉状原料快速破碎弥散充分混合，而且与对比文件公开的实施例 1、2、3、5、6 的处理煤量分别为 110 吨/天、88 吨/天、66 吨/天、83 吨/天、36 吨/天相比，本申请的处理规模大得多，本申请实施例 1 的处理煤量为 1500 吨/天，这些特征也是吻合证据 2 和证据 3 中关于气流床气化炉的进料方式和特征的描述的。

至于审查员认为的，对比文件 1 中指出的“过程中自然形成的少量粉煤也可直接用工艺用天然气喷入炉内”，这一特征与本发明公开的“将氧化剂、蒸汽和含碳物质通入所述工艺烧嘴中”的特征相当，申请人有完全不同的意见。申请人认为，对比文件 1 中主要是使用块煤进行气化的，这里所说的“过程中自然形成的少量粉煤也可直接用工艺用天然气喷入炉内”，只能理解为：粉煤只是非常少量的，这根本不足以构成气化炉的类型转变为气流床气化炉的理由，而且如前所述，对比文件 1 中天然气是通过喷嘴 61 喷入的，喷嘴 61 位于气化炉的底部，也不吻合气流床气化炉中含碳物质通过顶部或中上部的喷嘴进料的常规特征。

因此，申请人认为，本申请与对比文件 1 属于两种完全不同的气化技术，相互之间本来就存在很大的技术差异，不存在通过简单改进就能获得的可能性。

然后，申请人还希望强调，如区别技术特征（3）所述，本申请限定的助熔剂喷嘴室设置于所述竖直炉体的同一横截面上且沿该横截面均匀分布；所述助熔剂喷嘴的轴线在水平面上与所述助熔剂喷嘴室的轴线之间的夹角小于等于 30°。即使将对比文件 1 中喷嘴 61 与本申请的助熔剂喷嘴相提并论，本领域技术人员也无法从其公开的斜向上布置的方式（见图 1）获得本申请中助熔剂喷嘴布置在竖直炉体的横截面上的启示。而对比文件 1 全文中仅说明书第 5 页倒数第 4 段记载了“喷嘴 41 和 61 的喷射方向可分别调节，其位置分别沿炉体 13 的纵轴线方向上下调节”，本领域技术人员据此，只能获得对比文件 1 的喷嘴 61 沿炉体的纵轴线进行上下调节的启示，而无法获得本申请中助熔剂喷嘴可以沿水平面方向调节喷嘴方向的启示，更无法获得本申请中设置“所述助熔剂喷嘴的轴线在水平面上与所述助熔剂喷嘴室的轴线之间的夹角小于等于30°”的启示。究其根源，本申请中由于采用的是气流床气化炉，所以炉内的气流流场非常重要。水平面夹角的范围选取是为了获得一个适宜的旋流流场，这样有利于助熔剂的均匀分布、促进物料的混合、保护气化炉和喷嘴、提高效率。申请人认为，其他现有技术对此也没有给出任何启示。

最后，申请人还希望结合区别技术特征（4）和（5）强调研发过程中分级给氧喷嘴室与助熔剂喷嘴室结合设计时所存在的难度是本领域技术人员根据对比文件1和2所无法逾越的。虽然对比文件2公开了二次给氧喷嘴的设置，但是与该喷嘴配合使用的仅仅有工艺烧嘴，而不涉及本申请中专门的助熔剂喷嘴。在本领域中，气流床气化炉中的流场、温度分布、物料走向等都是十分复杂的，任何一个因素的轻微波动都可能使最后的气化结果发生大幅变化，也就是说，根本不存在审查员认为的助熔剂喷嘴的高度设置只是常规技术手段的可能性。即使本领域技术人员面对本申请的技术问题，即使他想到要去设置助熔剂喷嘴，“他”也根本不知道助熔剂喷嘴应该设置在哪里为宜？助熔剂喷嘴与二级给氧烧嘴应该如何配合？位置关系如何排布？从另一个方面来讲，本申请这些区别技术特征的协同配合最终实现了高效气化以及液态排渣，降低氧化剂消耗，降低了气化炉壁面热损失，降低助熔剂使用量（助熔剂用量仅为含碳物质的10%以下），提高气化炉内产生的冷煤气效率和气化炉在线率等技术效果，本来就是创造性的巨大体现。

## 四、证据应能确凿证明所述观点，避免不利证据的使用

对于专利代理师自己收集或由申请人提供的证据材料，专利代理师应进行全面审视以最终确定是否使用。首先，证据应当确实能证明所阐述的观点。使用证据的目的只在于证明观点，增强意见陈述书的说服力。不能为了使用证据而随意地找一些根本不能说明所述观点的材料充当证据。其次，对于提供的证据材料应仔细查看其中是否含有对答辩或后续程序可能产生不利影响的信息，如果有宁可不采用，也要避免不利证据的使用，以免为后续程序带来新的麻烦。

## 【案例 No. 081497】盲用手机

### ☞ 案由简要

该案涉及一种盲用手机（权利要求1~5）。

➢ 一通：审查员引用对比文件1（CN101110003A）及对比文件2（CN201060481Y）认为权利要求1~5不具备创造性。

➢ 答一通：未修改权利要求，论述权利要求1~5具备创造性。

➢ 二通：审查员补充引用对比文件3（CN200959623Y）及对比文件4（CN101135940A）认为权利要求1~5不具备创造性。

➢ 答二通：未修改权利要求，论述权利要求1~5具备创造性。

➢ 三通：审查员认为权利要求 1 缺乏必要技术特征，不符合《专利法实施细则》第 20 条第 2 款的规定。

➢ 答三通：对权利要求 1 进行修改，论述权利要求 1 符合《专利法实施细则》第 20 条第 2 款的规定。

➢ 审查结果：授权。

☞ **相关权利要求**

1. 一种盲用手机，包括一设置有盲文识别系统和语音系统的触摸屏手机，其特征在于，该盲用手机包括：

一设置在触摸屏正面的盲文输入板，其中，该盲文输入板设有两个输入区，每个输入区中设有用于输入盲文的通孔；

一设置在手机侧面的输入笔，其顶部为锥子形；

一与该盲文输入板相配合的手机壳。

☞ **相关说明书内容**

摘录一

如图 1 所示，本发明中的盲用手机包括一设有触摸屏 1 的常用手机，该手机的两侧设有安装盲文输入板 2 的工位；一设置在该触摸屏正面的盲文输入板 2，该盲文输入板 2 设有两个输入区，每个输入区包含六个用于点字盲文的通孔 3；一设置在手机侧面的输入笔，该输入笔为可伸缩式，顶部为锥子型便于盲人点字使用。伸长后为普通的触摸屏输入笔。使用时，就如同在点字板上点击盲文一样（盲人输入法采用“布莱尔”盲文）。另外，该手机内设有一盲文文字识别系统用于将输入的盲文转化为汉字或英文后在手机屏幕上显示出来，以及一语音提示系统，用于播放的语音操作提示和确认，以便使用者完成下一步操作。

摘录二

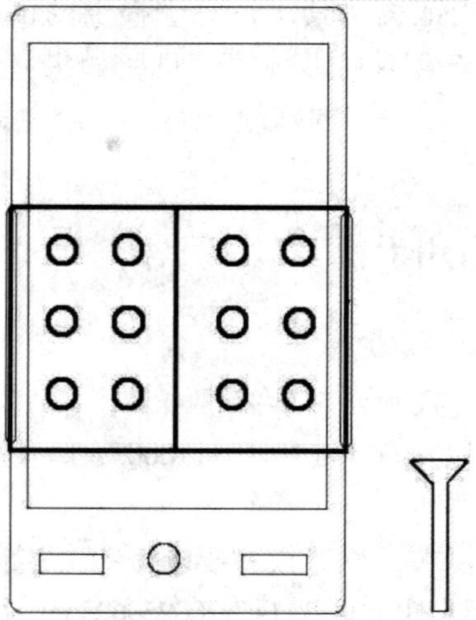

摘录三

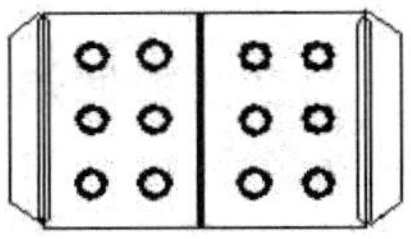

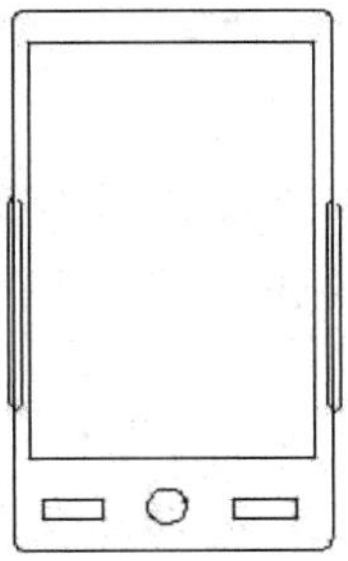

☞ **相关对比文件公开内容**

**【对比文件3】**

摘录一

所述滑动上壳10包括：输入键区101a，位于滑动上壳10的上表面上，占据滑动上壳10的中部，用于根据盲文输入法输入数字、字符或者文字信息；扬声器103a，设置在滑动上壳10的上部，用于在通话时输出和用户进行通话者的语音。

所述主体20包括：显示单元102，位于主体20的中下部，用于显示输入的文字信息或接收到的文字信息；麦克风103b，位于主体的下侧，用于在进行通话时输入用户的语音。

当滑动上壳10向上滑动打开主体20时，显示单元102被暴露，此时显示单元102和位于滑动上壳10上的输入键区配合，方便用户输入或阅读信息。

如图2所示，当滑动上壳10关闭时，显示单元102被关闭。

摘录二

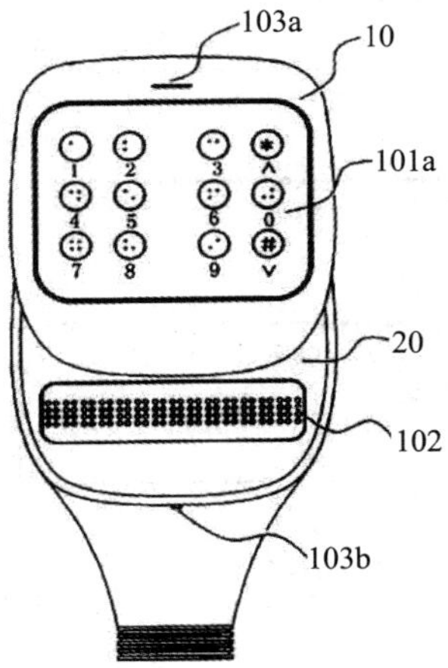

【对比文件4】

摘录一

本发明针对现有的盲文输入方法所存在的问题，提出了一种盲文计算机点字输入系统，其基本原理是：根据电脑手写板4可以读取书写笔轨迹的特点，将盲人在纸张上用的点字模板安装到电脑手写板4上，这样盲人在这个板上点字的时候，就可以通过电脑手写板4将点字的坐标位置输入计算机6，再通过点字处理软件模块将坐标点转换成代码和文字。

如图1所示，本发明的盲文计算机点字输入系统，包括计算机6、电脑手写板4、盲文点字输入导板1、点字笔3，以及盲文点字处理模块31。所述盲文点字输入导板1与所述电脑手写板4的书写区域5的尺寸相一致，安装在手写板的书写表面。

所述电脑手写板4通过接口与所述计算机6相连接。

所述盲文点字处理模块31，用于当使用者在所述盲文点字输入导板1上进行点字时，对来自手写板的点字输入信号进行处理，并转换成文字。

摘录二

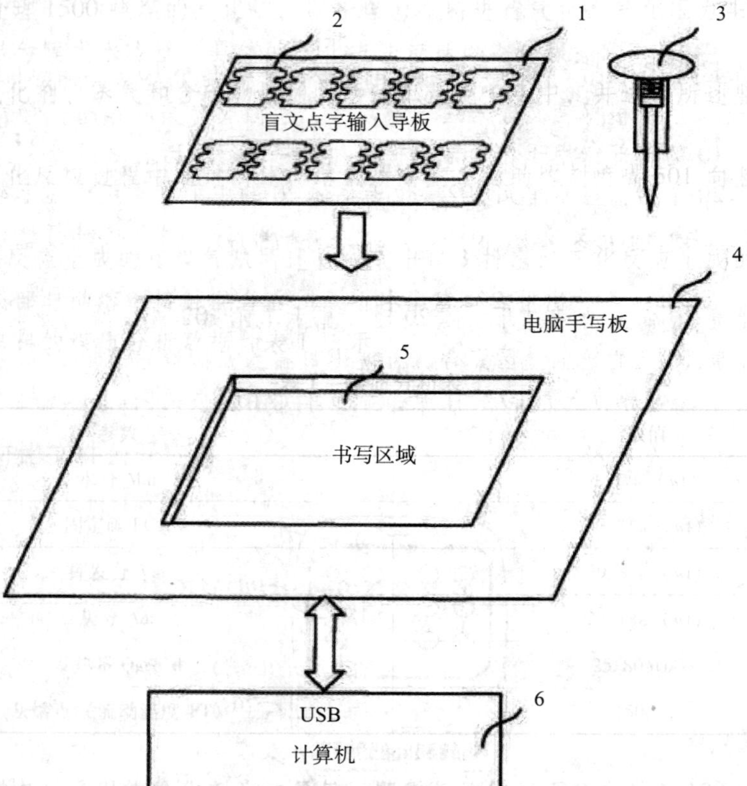


☞ **审查意见**

第二次审查意见通知书摘录

权利要求1要求保护一种盲用手机，对比文件3（CN200959623Y）公开了一种盲人通信终端，并且具体公开了如下内容（参见说明书第3页第10～26行，第4页第15～30行，第5页第15～30行，第6页第1～10行，第8页第1～10行，图3）：盲文点位组合识别单元，接收来自按键识别单元的识别信息，并将根据预先约定的按键与盲文点位的对应关系以及标准的盲文点位结构对输入的按键信息进行组合识别；字符转换单元107，根据盲文点位组合识别单元对按键的组合识别结果，将对输入的盲文字符信息进行盲文字符信息的转换；盲文显示驱动单元，将根据按键识别单元的输出信息或是根据盲文点位组合识别单元的输出信息驱动显示单元，将字符转换单元转换的盲文字符信息进行盲文字符的点位结构显示（可见公开了该通信终端能识别盲文输入，同时能将该输入信息通过显示单元显示出来，也即公开了盲文识别系统）：盲人通信终端包括滑动上壳10和主体20，其中滑动上壳10（相当于盲文输入板）能沿着主体20的纵向滑动，以打开主体20（相当于公开了该通信终端具有与该盲文输入板相配合的壳体）：滑动上壳10包括输入键区101a，位于滑动上壳10的上表面上，用于根据盲文输入法输入数字、字符或者文字信息：输入键区101a按照盲文的格式要求分为两组，每组6个，视力障碍者可以按照日常盲文书写的点戳的方式，点按这12个按键，从而完成文本输入（相当于公开了盲文输入板上设有两个输入区）。

权利要求1相对于对比文件3的区别特征在于：（1）设置了语音系统；（2）每个输入区中设有用于输入盲文的通孔，设置在手机侧面的输入笔，其顶部为锥子形；（3）该手机为触摸屏手机。基于上述区别特征，可以确定该权利要求相对于对比文件3具体实施例所实际解决的技术问题是：通过何种方式对盲文输入信息进行展现，以及如何设置盲文输入板以输入盲文。

对于区别特征（1），对比文件3还公开了如下内容（参见说明书第1页第10～26行）：已经开发了一些语音提示软件以通过语音提醒来协助盲文拨打电话或者阅读来电显示（可见已经公开了可以通过在通信终端中设置语音系统来对盲文输入进行识别和展现），且该特征在对比文件3背景技术实施例中所起到的作用与其在本发明中所起到的作用相同，都是通过在通信终端中设置语音系统来对盲文输入进行识别和展现，即对比文件3背景技术实施例给出了将上述技术特征应用到对比文件3具体实施例中以进一步解决其技术问题的技术启示，这种启示会使本领域技术人员在面对所述技术问题时，有动机将对比文件3中具体实施例的技术内容进行改进。

对于区别特征（2），对比文件4（CN101135940A）公开了一种盲文计算机点字输入装置，并且具体公开了如下内容（参见说明书第6页第10～26行，图1～2）：盲文计算机点字输入系统包括计算机6、电脑手写板4、盲文点字输入导板1（相当于盲文输入板）、点字笔3（相当于输入笔），以及盲文点字处理模块31；盲文点字输入导板1与所述电脑手写板4（具有触摸屏功能）的书写区域5的尺寸相一致，安装在手写板的书写表面：由图1可知，输入笔的顶部为锥子形：盲文点字处理模块31，用于当使用者在所述盲文点字输入导板1上进行点字时，对来自手写板的电子输入信号进行处理，并转换成文字（相当于公开了在每个输入区中设有用于输入盲文的通孔，还设置了用于盲文输入的输入笔）。且该特征在对比文件2中所起到的作用与其在本发明中所起到的作用相同，都是在输入区中设有用于摄入盲文的通孔，设置了用于盲文输入的输入笔，其输入笔的顶部为锥子形，即对比文件2给出了将上述技术特征应用到对比文件1中以进一步解决其技术问题的技术启示，这种启示会使本领域技术人员在面对所述技术问题时，有动机将对比文件1中的技术内容进行改进。

对于区别特征（3），对比文件4还公开了点字笔在电脑手写板的书写，从而可以输入盲文，而此时电脑手写板相当于具有触摸屏功能，对于所属技术领域的技术人员来说，可以在对比文件4公开内容的基础上，根据需要将手机设置为触摸屏手机，通过输入笔实现盲文输入，这些都是惯用的技术手段，属于公知常识。

因此，在对比文件3实用新型具体实施例的基础上结合对比文件3背景技术实施例、对比文件4和公知常识得出该权利要求所保护的技术方案，对所属技术领域的技术人员来说是显而易见的，不具备突出的实质性特点和显著的进步，不符合《专利法》第22条第3款有关创造性的规定。

### ☞ 答辩要点分析思路

该案二通答辩要点之一为如何向审查员提供证据材料来证明观点。在整个答辩过程中提供证据材料往往会起到尤为重要的作用，合适的证据材料可使审查员信服，较容易接受意见陈述中的观点。当然，凡事有利就有弊，若盲目提供不合适的证据材料，则会成为双刃剑，对答辩或后续程序可能产生不利影响，例如，证据材料反而给审查员“某种”审查启示，进而无意间降低该发明的创造性高度。因此，在使用证据材料时，必须重点关注证据材料中是否存在对答辩或后续程序可能产生不利影响的信息，一旦证据材料中存在这种不利信息，则该证据材料就不能使用，即使当中也存在有利信息。

具体到该案，在论述对比文件4没有给出将盲文输入板应用到对比文件3中的启示时，经代理师分析，对比文件4中的盲文电子输入导板根本就不具有通孔这一结构，而且其余结构也与该申请的盲文输入板大有不同。但是，对比文件4提供的示出盲文电子输入导板的附图（参见相关对比文件公开内容的摘录四）无法清楚地显示盲文电子输入导板是否具有通孔。此时，代理师觉得有必要检索出本领域通用的盲文电子输入导板的清晰照片或图片作为证据材料，希望能够帮助审查员分析并确定对比文件4中的该盲文电子输入导板的结构，从而证明对比文件4中的盲文电子输入导板不具有通孔且与该申请的盲文输入板结构不同。当然，在检索过程中，需要时时考虑检索出的照片或图片中是否含有对答辩或后续程序可能产生不利影响的信息，显然，该案中提供的照片或图片（参见意见陈述原文的图1至图4）并不存在上述问题，因此可作为证据材料来证明观点。

另外，尤其在对比文件中的结构不清楚或存在多种解释时，除了查找现有技术中对其结构的明确解释外，还可以检索出相应的实物照片或图片作为证据材料，给审查员带来直观的感受，让审查员较容易接受意见陈述中的观点。

### ☞ 意见陈述原文摘录

<u>答二通的意见陈述摘录</u>

申请人认为本发明具备《专利法》第22条第3款规定的创造性，具体理由陈述

如下：

一、权利要求1

1. 权利要求1具有突出的实质性特点

(1) 确定最接近的现有技术

在审查意见中引用了对比文件3和4，其中对比文件3公开了一种盲人通信终端的技术方案，其与本发明技术领域最接近并且公开本发明的技术特征最多，因此，将其作为最接近的现有技术。

(2) 确定本发明的区别技术特征和本发明实际解决的技术问题

审查意见中在确定本发明的区别技术特征时指出，所述最接近的现有技术中公开了盲文点位组合识别单元、字符转换单元以及盲文显示驱动单元，并由此认为其公开了该通信终端能识别盲文输入，同时能将该输入信息通过显示单元显示出来，进而认为其公开了权利要求1中的盲文识别系统（记为特征1）；盲人通信终端包括滑动上壳10和主体20，认为滑动上壳10相当于权利要求1中的盲文输入板（记为特征2），主体20相当于权利要求1中的与该盲文输入板相配合的手机壳（记为特征3）；滑动上壳10包括输入键区101a，并认为其相当于权利要求1中的盲文输入板的两个输入区（记为特征4）；申请人对审查意见中的上述认定有完全不同的意见与您商榷：

申请人对审查意见中在确定本发明的区别技术特征时所采用的一些标准和手段有不同的认识，在此进行详细说明，以期与审查员老师作进一步探讨，申请人认为在认定权利要求1中的某一技术特征与所述最接近的现有技术中的某一技术特征是否相当（即相同或等同）时，不应当从技术方案中抽离出单个的技术特征，并仅基于技术特征的字面含义或功能进行判断，更恰当的做法应当是将技术特征放在整体的技术方案中，考虑权利要求1中的该技术特征与所述最接近的现有技术中的该技术特征分别在各自的技术方案中是否具有相同或相似的形状、构造并且是否起到相同或等同的作用，申请人认为只有当二者具有相同或相似的形状、构造并且作用相同或等同时，才能认为二者相当；否则，不应当认为二者相当。

具体到本发明中，权利要求1的技术方案是一种盲用的触摸屏手机，所述最接近的现有技术的技术方案则是一种实体按键手机，具体可参见对比文件3的说明书的实用新型内容部分以及具体实施方式部分，其中都不止一次提及所述最接近的现有技术的盲人通信终端是通过输入键区的按键才实现供盲人使用的功能的，并且参见对比文件的图3和图5，从中也能清楚地得出，该盲人通信终端是实体按键手机。手机类型这一适用主体的不同是权利要求1与所述最接近的现有技术的技术方案最根本的区别，基于这一区别，申请人认为审查意见中在认定本发明的区别技术特征时的结论有失偏颇。

对于特征1，申请人认为所述最接近的现有技术中公开的盲文点位组合识别单元、字符转换单元以及盲文显示驱动单元并不能实现权利要求1中的盲文识别系统的功能，进而也不可能相当于该盲文识别系统，原因在于：触摸屏手机与实体按键手机对输入信号的识别以及输入信息的确认有着根本的区别，实体按键手机由于按键位置固定，每个按键都与手机芯片内固定的引脚连接，因而当不同的按键被按压时，根据不同引脚的电平变化生成不同的触发信号，进而就能识别不同按键的输入信号并产生不同的输入信息；而触摸屏手机的整个屏幕都能作为信号输入点，因而位置不可能像实体按键手机那样固定，因此触摸屏手机都是基于屏幕电板的电阻或电容的变化来确定触摸屏的哪个坐标点被触摸，进而才能识别不同位置的输入信号并产生不同的输入信息。

在所述最接近的现有技术中，盲文点位组合识别单元接收来自按键识别单元的识别信息，但按键识别单元只能识别实体按键手机中哪些按键被操作，基于上述分析，由于触摸屏手机与实体按键手机对输入信号的识别以及输入信息的确认有着根本的区别，该按键识别单元无法适用于权利要求1的触摸屏手机中，即其不可能识别触摸屏手机的输入信号，进而该盲文点位组合识别单元也无法适用于权利要求1的触摸屏手机中，也不可能识别出触摸屏手机中哪些位置被触摸，更加不可能对触摸屏手机的输入信号进行识别，也无法对输入信息进行确认，进而该字符转换单元与该显示驱动单元也无法适用于权利要求1的触摸屏手机中，更加不可能基于触摸屏手机的输入信号来识别并输出显示盲文。由此可见，所述最接近的现有技术中公开的盲文点位组合识别单元、字符转换单元以及盲文显示驱动单元无法适用于权利要求1的盲用触摸屏手机中，也不可能具有权利要求1中的该盲文识别系统在该盲用触摸屏手机中所具有的功能，即其不能相当于权利要求1中的盲文识别系统，该盲文识别系统是本发明的区别技术特征。

对于特征2，所述最接近的现有技术中的该滑动上壳10与传统的实体按键手机的按键输入板相比，除了按键的排列方式由4行3列变为3行4列之外，其他没有太大区别，从根本上来说该滑动上壳10就是实体按键手机的按键输入板，不可能存在通孔这一结构（具体也可参见对比文件3的图3和图5），而权利要求1中的盲文输入板则具有用于输入盲文的通孔，可见二者在结构上有很大区别，并且该滑动上壳10只能适用于实体按键手机，根本无法应用在权利要求1的盲用触摸屏手机中，也不可能具有权利要求1中的盲文输入板在该盲用触摸屏手机中所具有的结构和功能，即该滑动上壳10不能相当于权利要求1中的盲文输入板，该盲文输入板是本发明的区别技术特征。

对于特征3，所述最接近的现有技术中的主体20是实体按键手机的主体，与其所配合的是该滑动上壳10，而权利要求1中的手机壳是触摸屏手机的手机壳，与其所配合的是该盲文输入板，二者无论是适用的主体还是配合的对象都完全不同，申请人认为不能认为二者相当，即该手机壳是本发明的区别技术特征。

对于特征4，所述最接近的现有技术中的输入键区101a只是滑动上壳10的一部分，即其只是按键输入板的一部分，无论是基于对比文件3的文字记载还是参照对比文件3的图3和图5，从中都能够清楚地得出，该输入键区101a不会具有通孔这一结构，而参见本发明的说明书的具体实施方式部分（参见本发明说明书第2页倒数第4～5行），其中记载了每个输入区包含六个用于点字盲文的通孔。由此可见，该输入键区101a与权利要求1中的该输入区在结构上有很大区别，二者并不相当，即该输入区是本发明的区别技术特征。

基于此，将权利要求1的技术方案与所述最接近的现有技术进行比较后，得出本发明的区别技术特征为权利要求1的技术方案的全部技术特征：一种盲用手机，包括一设置有盲文识别系统和语音系统的触摸屏手机，该盲用手机还包括：一设置在触摸屏正面的盲文输入板，其中，该盲文输入板设有两个输入区，每个输入区中设有用于输入盲文的通孔；一设置在手机侧面的输入笔，其顶部为锥子形；一与该盲文输入板相配合的手机壳。

利用所述区别技术特征，权利要求1的技术方案所能达到的技术效果为：首先通过语音系统提示盲人使用者进入相应的操作界面，再通过盲文输入板、输入笔以及用于输入盲文的通孔，实现在手机的触摸屏上输入盲文，再通过盲文识别系统对盲文进行识别然后转换为正常文字，以及语音系统将正常文字转换成语音读给使用者听。从而使得盲人使用者能够利用本发明的手机实现盲文的输入，使得盲人也能够和正常人一样顺利地使用手机。

根据本发明的区别技术特征及其所能达到的技术效果确定本发明实际解决的技术问题是如何使盲人使用手机并顺利实现在手机中输入盲文。

(3) 权利要求1对本领域的技术人员来说是非显而易见的

首先，申请人认为对比文件4从整体上没有给出将所述区别技术特征应用到对比文件3中的所述最接近的现有技术以解决本发明实际解决的技术问题的启示。

第一，申请人认为本领域技术人员不可能想到将对比文件3与对比文件4进行结合，对比文件3涉及的是实体按键手机，对比文件4涉及的是计算机，二者无论是在物理结构上、硬件电路上还是软件系统上都有很大差别，众所周知，计算机与手机在结构上完全不同，计算机的硬件电路也更加复杂，其复杂度与手机相比完全不在一个数量级，计算机的芯片处理能力也不是手机能比拟的，所应用的软件系统及软件程序更是有很大差别。因此，本领域技术人员很难想到将对比文件4的计算机中的装置应用到对比文件3的实体按键手机中。另外，对比文件4中的盲文计算机点字输入装置是基于计算机的电脑手写板进行设计的，没有电脑手写板也不可能设计出对比文件4中的盲文计算机点字输入装置，而对比文件3中的实体按键手机根本就不具有该电脑手写板，在对比文件3中连电脑手写板这一设计基础都不具有的情况下，申请人认为本领域技术人员不可能想到将对比文件4与对比文件3进行结合。

另外，审查意见中在指出对比文件4给出了技术启示时是基于审查意见中确定的本发明的区别技术特征进行认定的，根据上述在确定本发明的区别技术特征时的意见陈述可知，审查意见中确定的区别技术特征不是很全面，存在不完整之处，在此基础上，申请人认为审查意见中指出的对比文件4给出了技术启示这一认定也是有待商榷的。申请人认为应当逐一分析本发明的所述区别技术特征，判断对比文件4是否公开了与之相当的技术特征，只有当对比文件4中公开了相当的技术特征，且公开的技术特征在对比文件4中所起的作用与该技术特征在权利要求1的技术方案中所起的作用相同时，才能认定对比文件4中给出了与对比文件3进行结合的启示，否则，本领域技术人员是不可能想到将对比文件3与对比文件4进行结合的。

审查意见中认为，对比文件4中公开的盲文电子输入导板1相当于权利要求1中的盲文输入板，电脑手写板4具有权利要求1的触摸屏手机的触摸屏功能，以及对比文件4还公开了点字笔在电脑手写板的书写，从而可以输入盲文，而电脑手写板相当于具有触摸屏功能，从而给出了将手机设置为触摸屏手机，通过输入笔实现盲文输入的启示，申请人对审查意见中的上述认定有完全不同的意见与您商榷。

对于对比文件4中公开的盲文电子输入导板1，在对比文件4的图7中已经公开了盲文电子输入导板1，但考虑到图7非常不清楚，导致无法清楚地得到盲文电子输入导板1的具体结构，申请人通过百度等搜索引擎检索发现，现有技术中的所有的盲文电子输入导板都不具有通孔结构，下面举出4张图（参见下面图1～图4）供审查员参考。虽然不能百分之百保证下列图中公开的结构与对比文件4中的该盲文电子输入导板1的结构完全相同，但同为本领域的盲文电子输入导板，通过合理的类比推测，申请人认为图1～图4中公开的结构在很大程度上能够帮助分析并确定对比文件4中的该盲文电子输入导板1的结构，即该盲文电子输入导板1的结构与图1～图4中公开的结构基本上应当是相同的。

**图1**

**图2**

图 3

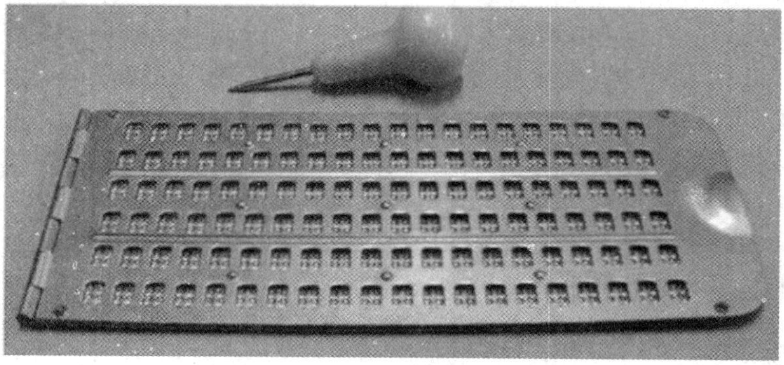

图 4

接下来，再参见本发明的盲文输入板的结构示意图，参见图5。

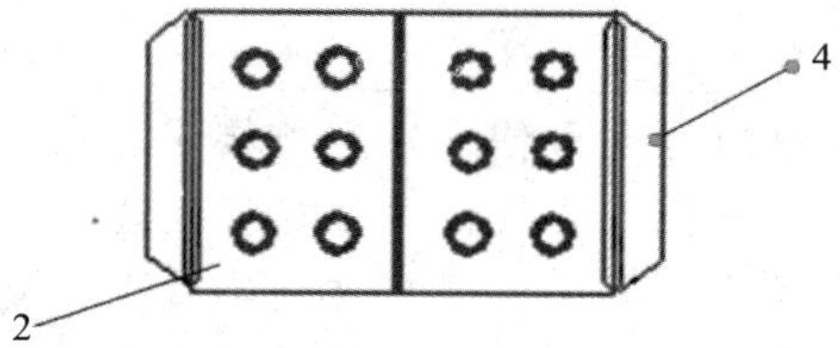


图 5

通过将对比文件4中的盲文电子输入导板1与图1～图4中公开的结构进行类比，并将图1～图4中公开的结构与图5中的结构进行对比后，申请人认为可以比较清楚地确定对比文件4中的该盲文电子输入导板1与权利要求1中的盲文输入板在结构上完全不同，具有很大差别，具体地，对比文件4中的盲文电子输入导板1根本就不具有通孔这一结构，并且二者无论在尺寸还是具体的内部构造上都完全不同，基于二者的结构差别巨大，申请人认为不能简单地认为二者相当，本领域技术人员在参照对比文件4中的盲文电子输入导板1的情况下，也不可能想到如何设置该发明的盲文输入板的结构，尤其不可能想到在该盲文输入板中设有用于输入盲文的通孔，即对比文件4中没有给出将盲文输入板应用到对比文件3中的所述最接近的现有技术中的启示。

对于对比文件4中的电脑手写板4，虽然在对比文件4中公开了电脑手写板的硬件模块包括触摸屏接口电路模块，但申请人认为不能仅基于此就将其认定为与权利要求1的触摸屏手机的触摸屏相当，原因在于，该触摸屏手机的触摸屏首先需要具有最基本的作为手机屏幕的显示功能，这对触摸屏的透明度以及材质具有很高的要求，其次该触摸屏才是用作输入信号的输入装置，而对比文件4中的电脑手写板仅仅是计算机的一个外接输入装置，其只具有用于输入信号的功能，在其连触摸屏手机的触摸屏的显示功能这一最基本的功能都不具有的情况下，申请人认为不能简单地认定二者相当，况且本领域技术人员参照计算机的电脑手写板，根本不可能想到将其与触摸屏手机的触摸屏相当，因为二者根本就不具有同样的应用环境，进而不会使得本领域技术人员产生相互借鉴的联想。

另外，申请人认为仅通过对比文件4中公开的“点字笔在电脑手写板的书写，从而可以输入盲文”，本领域技术人员不可能想到将对比文件3中的实体按键手机设置为触摸屏手机，并在触摸屏手机上实现盲文输入。原因在于，参见上面的意见陈述，对于对比文件3中的实体按键手机、对比文件4中的计算机以及权利要求1中的触摸屏手机来说，三者无论在物理结构上、硬件电路上还是软件系统上都有很大差别，本领域技术人员仅参照对比文件3的实体按键手机以及对比文件4的计算机，不可能想到将实体按键手机设置为触摸屏手机，因为从二者公开的技术内容中来看，根本就没有涉及触摸屏手机的相关概念以及技术手段，进而也不可能给本领域技术人员关于触摸屏手机的技术启示。

而且对比文件4中的电脑手写板只是计算机的一个外接输入装置，即对比文件4只公开了在计算机这一终端上外接电脑手写板这一输入装置，并在这一外接输入装置中设置盲文电子输入导板，进而在计算机这一终端中实现盲文点字输入的功能。因此，本领域技术人员在参照对比文件4公开的技术内容时，只能得到如下的技术上的启发：在对比文件3中的盲人通信终端上外接手写板这一输入装置，并在这一外接输入装置中设置盲文电子输入导板，同时在盲人通信终端中设置与计算机相同的处理软件，进而在盲人通信终端中实现盲文点字输入的功能。申请人认为上述才是对比文件4所给出的技术上的启发，而并不是审查意见中指出的对比文件4给出了将对比文件3的实体按键手机设置为触摸屏手机的启示，申请人有理由相信审查意见中的上述结论是在参考了权利要求1的技术方案之后得出的，有“事后诸葛亮”的嫌疑。

综上，申请人认为对比文件4、对比文件3以及权利要求1三者的应用环境具有很大差别，并且对比文件4也没有公开权利要求1的上述区别技术特征（即手机为触摸屏手机、盲文输入板等），更加没有公开权利要求1中的“触摸屏手机具有盲文识别系统、语音系统以及与该盲文输入板相配合的手机壳”等区别技术特征，本领域技术人员仅参照对比文件4公开的技术内容，不可能想到将对比文件3与对比文件4进行结合。

第二，退一步说，即使将对比文件3与对比文件4进行结合，申请人认为也无法得到权利要求1的技术方案。参见上面的意见陈述，即使将对比文件3与对比文件4进行结合，所得到的也只是如下的技术方案：在对比文件3中的盲人通信终端上外接手写板这一输入装置，并在这一外接输入装置中设置盲文电子输入导板，同时在盲人通信终端中设置与计算机相同的处理软件，进而在盲人通信终端中实现盲文点字输入的功能。这一技术方案无论是在适用的主体上（即实体按键手机与触摸屏手机）、应用的环境上（即二者的物理机构、硬件电路结构以及软件系统）还是主体中各个部件的结构、位置关系以及相互的配合关系上，都与权利要求1的技术方案具有很大差别，即将对比文件3与对比文件4进行结合后所得到的技术方案与权利要求1的技术方案具有很大差别，不可能得到权利要求1的技术方案。

综上，申请人认为对比文件4不可能给出将权利要求1中的所述区别技术特征应用到对比文件3中的所述最接近的现有技术中以解决本发明实际解决的技术问题的启示。

其次，申请人认为所述区别技术特征不是本领域的公知常识。

参见本发明的说明书的背景技术部分，在本领域的现有技术中，基本不存在供盲人使用的手机，即使参见对比文件3，也仅仅是利用实体按键手机的按键，并对实体按键手机中的信号转换以及软件系统进行改进，才实现了在实体按键手机中进行盲文输入，这些才是本领域的公知常识。虽然对比文件4只涉及计算机领域，与手机领域具有很大差别，但即使再参照对比文件4，也只能将本领域的公知常识扩展为：在实体按键手机上外接手写板这一输入装置，并通过盲文电子输入导板与手写板进行配合来实现盲文输入。由此可见，本领域的公知常识中根本没有涉及如何对触摸屏手机进行设置和改进，特别是没有涉及如何在触摸屏手机上增设权利要求1中的各个部件、各种软件以及如何设置各个部件的具体结构及部件与部件之间、部件与软件之间的相互配合的协同作用关系，来实现盲人通过触摸屏手机输入盲文，进而使得盲人能使用触摸屏手机的功能。而权利要求1中的所述区别技术特征正是基于本领域的现有技术存在的缺陷和问题所做出的改进，即所述区别技术特征都是基于本领域的公知常识所做出的改进，因此，所述区别技术特征不是本领域的公知常识。

最后，申请人认为对比文件3的其他部分也没有给出将所述区别技术特征应用到所述最接近的现有技术中以解决本发明实际解决的技术问题的启示。

审查意见中指出，对比文件3中还公开了如下内容（参见对比文件3说明书第1页第10～26行）：已经开发了一些语音提示软件以通过语音提醒来协助盲人拨打电话或者阅读来电显示，进而由此认为对比文件3中公开了可以通过在通信终端中设置语音系统来对盲文输入进行识别和展现，申请人对此有完全不同的意见与您商榷。

对比文件3中公开的语音提示软件仅仅是针对盲人在拨打电话时，由于视力因素，经常会对输入键区误操作的问题而对手机的语音提示进行的开发，由此可见，现有技术中开发出的语音提示软件仅仅是通过语音提醒盲人拨打电话时按压的是哪个按键，例如，当按压按键9时，语音提示软件会发出语音提醒“9”，来对盲人进行提醒以免盲人对输入键区误操作，这是现有的语音提示软件所具有的功能，其与盲文的输入与识别没有任何技术上的关联。

而权利要求1中的语音系统则是专门为权利要求1的触摸屏手机的盲文输入功能而进行的设置，该语音系统能够与触摸屏手机中的盲文识别系统相互配合，通过二者之间的协同作用实现对盲人输入盲文的识别和语音提示，以指导盲人顺利使用触摸屏手机。因此，对比文件3中公开的语音提示软件与权利要求1中的语音系统的适用主体完全不同，二者的应用环境不同，对比文件3中的语音提示软件更是与盲文输入与识别以及盲文提醒没有任何关联，也不可能与权利要求1中的盲文识别系统相互进行配合，进而也实现不了权利要求1中的语音系统的功能，即二者具有很大差别，本领域技术人员仅参照对比文件3中公开的语音提示软件，根本不可能想到权利要求1中的语音系统，更加不可能想到将该语音系统应用到对比文件3中的该最接近的现有技术中。

同时，对比文件3的其他部分也没有公开手机为触摸屏手机、盲文输入板、触摸屏手机具有盲文识别系统、语音系统、输入笔以及与该盲文输入板相配合的手机壳等区别技术特征，即对比文件3的其他部分没有涉及任何本发明的区别技术特征。因此，申请人认为对比文件3的其他部分没有给出将本发明的所述区别技术特征应用到所述最接近的现有技术中以解决本发明实际解决的技术问题的启示，而且现有技术从整体上也没有给出将所述区别技术特征应用到所述最接近的现有技术中以解决本发明实际解决的技术问题的启示，即权利要求1的技术方案是非显而易见的，具有突出的实质性特点。

2. 权利要求1具有显著的进步

权利要求1的技术方案能够解决上述的技术问题，使得盲人使用者能够利用触摸屏手机实现盲文的输入，进而使得盲人也能够和正常人一样顺利地使用手机，取得了有益的技术效果，具有显著的进步。

综上所述，权利要求1与现有技术相比，具有突出的实质性特点和显著的进步，具备《专利法》第22条第3款规定的创造性。

## 【案例 No. 081477】一种茶提取物及其制备方法

### ☞ 案由简要

该申请涉及一种茶提取物（权利要求1~6）及其制备方法（权利要求7~11）。

➢ 一通：审查员引用一篇对比文件1并结合常识，认为权利要求1~3不具备新颖性和创造性；权利要求7~11不具备创造性；审查员还引用了一篇对比文件2并结合本领域常规技术手段的知识，认为权利要求4和5不具备创造性。

➢ 答一通：将原权利要求2中的“茶氨酸与咖啡因的含量比值为1~1000”的技术方案上升为新权利要求1，克服创造性问题；用符合说理的方式引入了“咖啡因的含量计算方式”，并在论述创造性的过程中采用了附件1。

➢ 二通：审查员认为权利要求1~6不具备新颖性，且不清楚。

➢ 答二通：将原权利要求7的制备方法特征限定到原权利要求1中，并进一步澄清了审查员的计算方式的错误之处，论述新颖性；创造性的论述理由同一通。

➢ 审查结果：授权。

### ☞ 相关权利要求

原申请文件中的相关权利要求书：

1. 一种茶提取物，其特征在于，其含有茶氨酸和儿茶素，其中，所述的茶氨酸的含量为3%～40%，较佳的为3%～30%，更佳的为5%～30%，最佳的为5%～20%；百分比为茶氨酸含量占茶提取物干重的质量百分比。

2. 如权利要求1所述的茶提取物，其特征在于，所述的茶提取物中，茶氨酸与咖啡因的含量比值为1～1000，更佳的为1～200，最佳的为1～100；含量比值为重量比。

7. 如权利要求1～5任一项所述的茶提取物的制备方法，其特征在于，其包括如下步骤：将茶叶和/或粉碎的茶梗，0～70℃下用水浸提；将提取液离心过滤，滤液经有机膜过滤，透过液再经分子量截留范围为1000～5000道尔顿的超滤膜过滤，超滤膜透过液经反渗透膜浓缩，所述的离心过滤、有机膜过滤、超滤膜过滤和反渗透膜浓缩均在10～35℃下进行，之后除菌，即得浓缩汁形态的茶提取物。

一通修改后的相关权利要求书：

1. 一种茶提取物，其特征在于，其含有茶氨酸和儿茶素，其中，所述的茶氨酸的含量为3%～40%，较佳的为3%～30%，更佳的为5%～30%，最佳的为5%～20%；百分比为茶氨酸含量占茶提取物干重的质量百分比；所述的茶提取物中，茶氨酸与咖啡因的含量比值为1～1000，含量比值为重量比。

二通修改后的相关权利要求书：

1. 一种茶提取物，其特征在于，其含有茶氨酸和儿茶素，其中，所述的茶氨酸的含量为3%～40%，较佳的为3%～30%，更佳的为5%～30%，最佳的为5%～20%；百分比为茶氨酸含量占茶提取物干重的质量百分比；所述的茶提取物中，茶氨酸与咖啡因的含量比值为1～1000，含量比值为重量比；所述的茶提取物由下列方法制得：将茶叶和/或粉碎的茶梗，0～70℃下用水浸提；将提取液离心过滤，滤液经有机膜过滤，透过液再经分子量截留范围为1000～5000道尔顿的超滤膜过滤，超滤膜透过液经反渗透膜浓缩，所述的离心过滤、有机膜过滤、超滤膜过滤和反渗透膜浓缩均在10～35℃下进行，之后除菌，即得浓缩汁形态的茶提取物，所述的茶叶为绿茶叶或白茶叶；所述的茶梗为绿茶茶梗。

**☞ 相关说明书内容**

摘录一

本发明的积极进步效果在于：

（2）本发明的优选实例中，茶氨酸与咖啡因的含量比值较高，使得该茶提取物中所含的对人体不利的咖啡因成分较低，功效更佳。

摘录二

实施例1

绿茶叶50公斤（茶氨酸含量为1wt%）和绿茶茶梗150公斤，粉碎到粒径0.1～0.3mm后置于3吨多功能提取罐，加纯水2000升，30℃搅拌浸提30分钟后，过滤；滤渣再加纯水1000升，30℃搅拌浸提15分钟，过滤。两次滤液合并，高速管式离心（14000转/分），过滤，滤液经管式PVDF管式有机膜（AQU250－B10，0.22μm）过滤。滤液经截留分子量为5000道尔顿PVDF超滤膜过滤，超滤膜透过液再经反PA渗透膜（DOW FILMTEC BW30LE－400）浓缩，得浓缩汁80升，固含物为30wt%。离心过滤、有机膜过滤、超滤膜过滤和反渗透膜浓缩均在30℃下进行。浓缩汁再经过UHT除菌，即得浓缩汁形态的茶提取物。

将浓缩汁喷雾干燥（进风温度：250℃和出风温度：110℃），得32公斤绿茶粉产品A，得率为16%。绿茶粉产品A中茶氨酸含量5.89%，咖啡因5.89%，总儿茶素含量29.45%，茶氨酸/咖啡因的含量比值为1.00，茶氨酸/总儿茶素的含量比值为0.20，非酯型儿茶素与酯型儿茶素的含量比值为1.5。

实施例7　原料的优选

测定下述样品中所含成分的含量，结果如表1所示：

**表1　干茶叶和茶梗有效成分比较**

| 样品 | 总儿茶素/wt% | 咖啡因/wt% | 茶氨酸/wt% |
|---|---|---|---|
| 立顿绿茶包 | 7.23 | 2.82 | 1.23 |
| 龙井 | 4.22 | 2.27 | 1.03 |
| 眉茶 | 4.82 | 1.48 | 0.66 |
| 白茶 | 3.06 | 1.84 | 3.27 |
| 茶梗 | 3.69 | 1.27 | 1.44 |

由表1可见，白茶和茶梗含有较丰富的茶氨酸，较低儿茶素和咖啡因，因此本发明优选茶梗为原料。

对比实施例

市场一款较高档绿茶粉中，茶氨酸含量1.9%，咖啡因6%，茶氨酸/咖啡因的含量比值0.32，茶氨酸/总儿茶素的含量比值0.07，非酯型儿茶素/酯型儿茶素的含量比值0.95。

### ☞ 相关对比文件公开内容

实施例

将红茶叶在温度为5℃的水中浸制10分钟持续时间（$C_{mins}=50$）。将茶叶和溶液分离，然后将溶液离心以除去粗材料，从而剩下具有0.58wt%干燥固体的含水茶提取物，所述干燥固体经分析含有5.9wt%茶氨酸。

使所述溶液经过0.2微米的微量过滤步骤，以除去任何可能损害纳米滤器的级分。然后使透过物通过使用Trisep NX45滤器的纳米过滤步骤，从而产生具有0.065wt%干燥固体但经分析包含15wt%茶氨酸的透过物。使所述透过物通过反渗透步骤以去除水，从而得到具有大约10wt%干燥固体的溶液，所述干燥固体含有15wt%茶氨酸。所述的溶液能够进一步冷冻干燥，以提供15wt%茶氨酸的粉末。

附件1相关内容

膜分离技术是一项新兴的分离、净化和浓缩技术。由于这种技术具有高效、节能、过程基本无相变、一般在常温下进行及工艺简单、操作方便、投资省、占地少、低污染等优点，已广泛地应用于石化、电子、纺织、轻工、冶金、医药、生物工程、食品、环保等领域，并发挥着独特的作用，被认为是20世纪末到21世纪初最有发展前途的高新技术之一。

**1 纳滤膜技术①**

常见的膜分离技术有反渗透（RO）、超滤（UF）、微滤（MF）、透析（Dialysis）、电渗析（ED）以及渗透气化（PV）等。纳滤（Nanofiltration，NF）是80年代中期发展起来的介于超滤和反渗透之间的同属于压力驱动的新型膜分离技术，适宜于分离相对分子质量在200以上，分子大小约为1 nm的溶解组分[1]。一般认为其截留相对分子质量（MWCO）在200～1 000之间，也有报道大于100或300的[2]。NF膜能截留有机小分子而使大部分无机盐通过，可实现不同价态离子的分离，能分离相对分子质量差异很小的同类氨基酸和同类蛋白质，并实现高相对分子质量和低相对分子质量的有机物的分离。它的出现填补了反渗透和超滤之间的空白。

**1.1 纳滤膜的分离性能及特点**

纳滤膜通常是带电荷的，荷电纳滤膜可通过静电斥力排斥溶液中与膜上所带电荷相同的离子，因此，荷电膜对物质的分离性能主要是基于荷电效应和膜的纳米级微孔的筛分效应[3]。纳滤膜与其他分离膜的分离特性见图1。

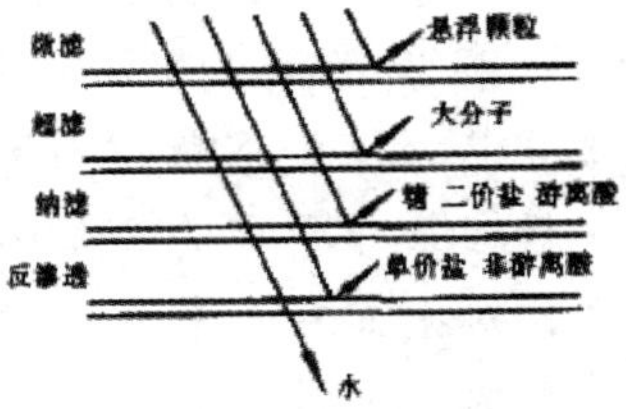


图1 NF膜的分离特性

纳滤膜技术的特点有：（1）具有离子选择性。由于在膜上或膜中常带有荷电基团，通过静电相互作用，可实现不同价态离子的分离，故有时也称“选择性反渗透（Selective RO）”。（2）操作压力低。通常比反渗透低0.5～3.0 MPa，由于所施加的跨膜压差比用反渗透达到同样的渗透通量所必须施加的压差低，有时也称“低压反渗透（Low pressure RO）”。

**1.2 荷电纳滤膜**

由于用荷电高聚物制成的分离膜在透水、抗污染、耐压密性、耐酸碱性及选择透过性等方面具有中性膜所不具备的优势，因此在分离膜中备受关注。荷电聚合物膜根据所带基团电荷不同可分为3种[4]，即荷负电膜、荷正电膜和双极膜。其中，荷负电膜通常由含有磺酸基（—$SO_3H$）或羧

① 收稿日期：1999－12－16；修订日期：2000－01－14。
作者简介：叶曹（1971－），女，浙江温州人，工程师，现从事信息研究工作。

## ☞ 审查意见

第一次审查意见通知书摘录

本申请涉及一种茶提取物及其制备方法。经审查，现提出如下的审查意见。

1. 权利要求1要求保护一种茶提取物。对比文件1（CN101031314A）公开了一种制备茶提取物的方法，其采用冷水提取，其中冷水的温度可选择5～20℃，提取时间可选择10～45min，提取之后，将提取物过滤除去叶子，然后，优选离心溶液以除去任何已经通过滤器的粗材料；纳米过滤步骤，优选在纳米过滤之前有微量过滤步骤，以保护纳米滤器免受粗的颗粒，优选的，微量过滤步骤使用孔径大小为0.2微米的滤器。纳米过滤的目的是富集冷水提取物中茶固体的茶氨酸内容物。冷水提取物将含有具有大约6wt%茶氨酸的茶固体，因此，浓缩成粉末将得到5wt%的茶氨酸粉末。所述的冷水提取物可使用聚乙烯吡咯烷酮处理以沉淀多酸（参见对比文件1说明书第2页倒数第4行至第3页倒数第3段，说明书第4页倒数第7行，实施例）。可见，对比文件1公开了一种茶冷水提取物，其含有茶氨酸及茶多酚（常规的茶叶中大部分茶多酚为儿茶素，即对比文件1的茶提取物中含有儿茶素），其中茶氨酸的含量约为6wt%茶固体

（落入权利要求1中茶氨酸的含量范围内）。由此可知，权利要求1的全部技术特征已经被对比文件1公开，且两者属于同一技术领域，采用相同的技术手段，能够解决同样的技术问题，并能产生相同的技术效果，因此该权利要求所要求保护的技术方案不具备《专利法》第22条第2款规定的新颖性。

2. 权利要求2对茶提取物中茶氨酸与咖啡因的含量之比进行了限定。然而，咖啡因的含量一般占茶叶干重的2%～4%，基于该常规含量，忽略制备过程中咖啡因的损失，推之，对比文件1中冷水提取物的咖啡因的含量约为干重的2%～4%，那么，对比文件1的冷水提取物中茶氨酸与咖啡因的含量之比约为3～1.5（落入权利要求2中1～1000、1～200、1～100的比值范围内），因此，在其引用的权利要求1不具备新颖性的情况下，该从属权利要求2也不具备《专利法》第22条第2款规定的新颖性。

3. 权利要求3对茶提取物中茶氨酸与总儿茶素的含量之比进行了限定。然而，茶多酚在茶叶中的含量一般在15wt%～20wt%（干重），其中，儿茶素类物质的含量约占茶多酚总量的70%，基于上述常规含量，忽略制备过程中茶多酚的损失，推之，对比文件1中冷水提取物的儿茶素的含量约为10.5%～14%，那么，对比文件1的冷水提取物中茶氨酸与总儿茶素的含量之比约为0.57～0.43（落入权利要求3中0.2～200、0.2～100的比值范围内，与0.5～20的比值范围部分重叠），因此，在其引用的权利要求1不具备新颖性的情况下，该从属权利要求3也不具备《专利法》第22条第2款规定的新颖性。

4. 权利要求4对茶提取物中非酯型儿茶素与酯型儿茶素的含量之比进行了限定。然而，对比文件2（大孔吸附树脂分离茶多酚的研究，叶俭慧等，《茶叶》，2006年第32卷第3期，第128～132页）公开了大孔吸附树脂在分离茶多酚方面的应用，即对比文件2给出通过大孔吸附树脂可以分离茶多酚的启示（参见对比文件2的摘要及第2节）；同时本领域熟知，以EGCG为代表的酯型儿茶素约占茶叶中儿茶素总量的80%，具有较强的苦涩味，收敛性强，而以EGC为代表的非酯型儿茶素苦涩味低，收敛性弱，在此基础上，本领域技术人员可以根据终产品的风味需求选择合适的大孔吸附树脂对对比文件1中的茶冷水提取物进行吸附处理，进而脱除苦涩味较强的酯型儿茶素而使苦涩味低的非酯型儿茶素占主体地位（相应于非酯型儿茶素与酯型儿茶素的含量比例在1以上）得到相应的低苦涩味产品，这对本领域技术人员而言是容易想到并实施的，所产生的效果也是可以预料的。因此，结合对权利要求1的评述可知，在对比文件1公开的内容的基础上，结合对比文件2给出的处理手段以及本领域对终产品的实际需求得到权利要求4所要求保护的技术方案对本领域技术人员而言是显而易见的，该权利要求所要求保护的技术方案不具备突出的实质性特点和显著的进步，因而，不具备《专利法》第22条第3款规定的创造性。

7. 权利要求7要求保护权利要求1～5任一项所述的茶提取物的制备方法。

1）对于制备权利要求1的茶提取物的技术方案：对比文件1公开了一种制备茶提取物的方法，其包括：所选用的茶原料可为叶和/或茎（相应于权利要求7的茶梗）：采用冷水提取，其中冷水的温度可选择5～20℃（落入权利要求7的冷水温度范围内），提取时间可选择10～45min，提取之后，将提取物过滤除去叶子，然后，优选离心溶液以除去任何已经通过滤器的粗材料（相应于权利要求7的将提取液离心过滤）；纳米过滤步骤，优选在纳米过滤之前有微量过滤步骤，以保护纳米滤器免受粗的颗粒，优选的，微量过滤步骤使用孔径大小为0.2微米的滤器。纳米过滤的目的是富集冷水提取物中茶固体的茶氨酸内容物。富集的提取物可通过反渗透方法进行浓缩（相应于权利要求7的反渗透膜浓缩）。冷水提取物将含有具有大约6wt%茶氨酸的茶固体。所述的冷水提取物可使用聚乙烯吡咯烷酮处理以沉淀多酚。此外，实施例进一步公开了经过微米过滤、纳米过滤处理后，能够产生包含15wt%茶氨酸的透过物（参见对比文件1说明书第2页倒数第4行～第4页倒数第7行，实施例）。可见，对比文件1公开了一种茶提取物的制备方法，其以茶叶和/或茎为原料，用冷水提取，将提取液离心过滤，然后采用微量过滤、纳米过滤、反渗透浓缩等手段获得浓缩状态的茶提取物；该浓缩态的茶提取物含有约15wt%的茶氨酸（干重）（落入引用的权利要求1的茶氨酸含量范围内）；对比文件1对儿茶素等成分没有过多地关注，但本领域技术人员可以推测其提取物中或多或少会含有儿茶素。

权利要求7与对比文件1的区别在于：（1）权利要求7限定了浸提的茶梗为粉碎状态；（2）权利要求7限定了将提取液离心过滤后采用有机膜过滤，然后再经分子量截留范围为1000～5000道尔顿的超滤膜过滤；而对比文件1将提取液离心过滤后采用0.2微米的滤器过滤，然后通过纳滤富集茶氨酸；（3）权利要求7限定了所述离心过滤、有机膜过滤、超滤膜过滤和反渗透过滤浓缩均在10～35℃下进行，之后除菌。然而，对于区别技术特征（1），为了充分提取，选用粉碎的茶梗作为原料对本领域技术人员而言是一种常规性选择。

对于区别技术特征（2），对比文件1公开了离心过滤后用0.2微米的滤器过滤，而本申请采用有机膜过滤，其孔径较佳的为0.1～0.5微米（对比文件1所用的微米孔径落入本申请所述有机膜孔径范围内）（参见本申请说明书第5页第7～9行），可见本申请进行的也是微米级过滤，对于微米滤器而言，采用有机材料制备的有机膜是本领域常见的，其被选用属于本领域的常规性选择；对比文件1采用的纳米过滤器（其孔径为纳米级）目的是富集冷水提取物中茶固体的茶氨酸内容物，而将其他杂质进一步截留，本申请采用的超滤膜其分子量截留范围为1000～5000道尔顿，也能在有机膜过滤的基础上截留一部分其他杂质，进而使固形物中茶氨酸的含量相对提高，在对比文件1给出通过纳滤富集茶氨酸的基础上，本领域技术人员可以根据实际设备的提供情况、终产品的杂质含量、茶氨酸的含量需求等对除杂手段进行常规选择，而选用一定分子量截留范围的超滤设备进行过滤所产生的效果对本领域技术人员而言也是可以预料的。

对于区别技术特征（3），本领域公知茶氨酸具有热不稳定性，为了获得较高含量的茶氨酸，本领域技术人员容易想到在过滤和浓缩过程中使其处于较低的温度，对比文件1公开的冷提取温度为5～20℃，在此温度下茶氨酸是稳定的，本领域技术人员可以在过滤和浓缩过程中借鉴使用该环境温度；对于除菌是产品制备过程中常规的处理方式，本领域技术人员可以根据实际采用的除杂设备及终产品的微生物指标要求对是否增加除菌步骤进行常规选择；当选用精度低的过滤设备得到的终产品未能满足微生物指标要求时，本领域技术人员能够合理地增加除菌处理；当选用精度高的过滤设备得到的终产品能够满足微生物指标要求时，本领域技术人员能够合理地省去额外的除菌步骤，这对本领域技术人员而言是能够根据实际情况做出的适应性调整。

因此，在对比文件1公开的内容的基础上结合本领域的常规技术得到权利要求7所要求保护的技术方案对本领域技术人员而言是显而易见的，该权利要求所要求保护的技术方案不具备突出的实质性特点和显著的进步，因而，不具备《专利法》第22条第3款规定的创造性。

第二次审查意见通知书摘录

2. 权利要求1~6不符合《专利法》第22条第2款的规定：

2.1 权利要求1要求保护一种茶提取物。对比文件1（CN101031314A）公开了一种制备茶提取物的方法，其采用冷水提取，其中冷水的温度可选择5~20℃，提取时间可选择10~45min，提取之后，将提取物过滤除去叶子，然后，优选离心溶液以除去任何已经通过滤器的粗材料；纳米过滤步骤，优选在纳米过滤之前有微量过滤步骤，以保护纳米滤器免受粗的颗粒，优选的，微量过滤步骤使用孔径大小为0.2微米的滤器。纳米过滤的目的是富集冷水提取物中茶固体的茶氨酸内容物。冷水提取物将含有具有大约6wt%茶氨酸的茶固体，因此，浓缩成粉末将得到6wt%的茶氨酸粉末。所述的冷水提取物可使用聚乙烯吡咯烷酮处理以沉淀多酸（参见对比文件1说明书第2页倒数第4行至第3页倒数第3段，说明书第4页倒数第7行，实施例）。可见，对比文件1公开了一种茶冷水提取物，其含有茶氨酸及茶多酚（常规的茶叶中大部分茶多酚为儿茶素，即对比文件1的茶提取物中含有儿茶素），其中茶氨酸的含量约为5wt%茶固体（落入权利要求1中茶氨酸的含量范围内）。虽然，对比文件1没有公开提取物中茶氨酸与咖啡因的含量比值，但由于权利要求1中没有限定导致该参数特征区别于对比文件1的其他技术特征，本领域技术人员可以推测两者茶氨酸与咖啡因的含量比值相同或部分重叠，即推测两者具有相同的参数特征。因此，推测权利要求1所要求保护的技术方案不具备《专利法》第22条第2款规定的新颖性。

申请人在意见陈述中计算对比文件1中红茶提取物的咖啡因含量时，基于原料中咖啡因的常规含量一般为干重的3%以上、提取物的提取率一般低于20%，以及咖啡因在水中的高溶解性，得出咖啡因的理论含量为15%［即3%（原料中咖啡因的含量）÷20%（提取物的提取率）］，考虑实际咖啡因提取率为60%、红茶提取物中咖啡因的含量为9%（15%×60%）。而本申请具体实施方式中，实施例1是以绿茶为原料，其提取率为16%，对比实施例绿茶粉的咖啡因含量为6%（可认为是现有绿茶原料中咖啡因的含量），那么基于同样的计算方式，本申请绿茶提取物中咖啡因的理论含量应为6%÷16%=37.5%，考虑实际咖啡因提取率为60%，实际提取物中咖啡因的含量为22.5%，而与实施例1中实际计算得出的咖啡因的含量为5.89%相距甚远，可见，申请人在意见陈述书中咖啡因含量的推理过程不具有说服力，不予接受。

### ☞ 答辩要点分析思路

一通答辩时，主要是围绕该发明得到的茶提取物中茶氨酸/咖啡因的比例大于1构成了与对比文件1的区别技术特征进行论述（并提供了咖啡因含量的计算方法），该发明具备新颖性。在新权利要求1的创造性的论述中，主要是通过对“该发明的提取物在本领域是极有意义的，而现有技术一直无法制得具有这样特点的提取物，并且针对这样的目的，现有技术中没有给出相关的技术启示，如何制得该提取物”这一论点进行论述，并且在论述过程中引用了一篇证据（即附件1）来说明对比文件1中采用的膜过滤和该发明中涉及的膜过滤导致的产物是完全不同的，来辅助证明创造性论述的观点。选择对比文件以外的证据，例如附件1时，要特别注意几点：第一，能够证明自己的论点；第二，避免其公开的信息对该发明的其他论点产生干扰，进而影响创造性或其他实质方面。而此次答辩中的附件1，关于膜过滤的信息是比较独立的，没有和该发明的其他部分，或者对比文件的有关部分联系或干扰。

二通意见中，就审查员指出的“咖啡因含量的计算方法”这一焦点问题的论述，代理师的处理过程中也注意了证据的使用要求。为纠正审查员的理解，可以引入教科书或文献证据来表明相应的依据，但同样需要注意的是，引入的教科书或文献证据需要能够说明此计算方式的通用性，因此，该案中，代理师通过符合逻辑的说理论述，选择了合适的证据，从而使审查员最终接受了该发明的提取物与对比文件1能够区别开来的论点。

### ☞ 意见陈述原文摘录

答复第一次审查意见通知书陈述摘录

1. 新权利要求1具备突出的实质性特点

对比文件1公开了一种茶提取物，根据其实施例，其主要通过下述方法制得：

将红茶叶在温度为5℃的水中浸制10分钟，将茶叶和溶液分离，然后将溶液离心以除去粗材料；将所述溶液经过0.2微米的微量过滤步骤，然后将透过物进行纳米过滤，再将得到的透过物通过反渗透步骤以去除水，将所得溶液冷冻干燥，得到粉末。根据上述对本发明的新颖性的论述，该提取物中茶氨酸和咖啡因的含量比例远小于1。

本发明公开了一种茶提取物，其含有茶氨酸和儿茶素，其中，所述的茶氨酸的含量为3%~40%，较佳的为3%~30%，更佳的为5%~30%，最佳的为5%~20%；百分比为茶氨酸含量占茶提取物干重的质量百分比；所述的茶提取物中，茶氨酸与咖啡因的含量比值为1~1000，含量比值为重量比。其主要由下列方法制得：将未经发酵的茶叶和/或未经发酵的粉碎的茶梗，0~70℃下用水浸提；将提取液离心过滤，滤液经有机膜过滤，透过液再经分子量截留范围为1000~5000道尔顿的超滤膜过滤，超滤膜透过液经反渗透膜浓缩，所述的离心过滤、有机膜过滤、超滤膜过滤和反渗透膜浓缩均在10~35℃下进行，之后除菌，即得浓缩汁形态的茶提取物。

因此，本发明与对比文件1的区别技术特征在于：本发明的茶提取物中茶氨酸与咖啡因的含量比为1~1000，而对比文件1的提取物中的该比例远小于1。

本申请在背景技术中提到，咖啡因是茶叶中所含的一种生物碱，其具有祛除疲劳和兴奋神经的作用，它不仅作用于大脑皮层，还能直接兴奋延髓，但高剂量摄入（大于1000mg）会引起阵发性惊厥和骨骼震颤，损害肝、胃、肾等重要内脏器官，诱发呼吸道炎症、妇女乳腺瘤等疾病，甚至导致吸食者下一代智能低下，肢体畸形，并且其有成瘾性，一旦停用会出现精神委顿、浑身困乏疲软等各种戒断症状。目前，对茶粉的质量都以茶多酚和咖啡因的含量为指标进行控制，忽略了茶叶中的重要功效成分茶氨酸。因此开发具有咖啡因和茶氨酸的特殊比例的茶叶提取物，在功效产品开发中很有意义。

在上述背景技术的前提下，本领域一直在努力研发茶氨酸含量高，且茶氨酸与咖啡因的含量比高于1的茶提取物。

因此，基于上述区别技术特征和本发明的提取物的重要意义，可确定本发明实际解决的技术问题是提供了一种茶氨酸含量高，且茶氨酸与咖啡因的含量比高于1的茶提取物。

本发明人经过大量研究，终于发现了一种特别的提取方法，即以未经发酵的茶叶和/或未经发酵的粉碎的茶梗为原料，通过特定温度下的水浸提，离心过滤，特定温度下的特殊的有机膜过滤，特殊的超滤膜过滤，以及反渗透膜浓缩、除菌，终于制得了独特的，且本领域一直未曾得到的茶氨酸含量高，且茶氨酸与咖啡因的含量比高于1的茶提取物。

并且，对比文件1对于通过怎样的方法控制，可以得到在茶氨酸含量高的前提下，茶氨酸与咖啡因的含量比高于1的茶提取物没有任何技术启示。

本发明人在上述对于本发明新颖性的分析中已经论述过，本发明人在实验研发过程中，发现发酵过的茶原材料本身就具有高咖啡因、低茶氨酸、低儿茶素、高茶色素的特点，在此前提下，加上咖啡因本身分子量较小、水溶性好的特点，更重要的是咖啡因和茶氨酸的分子量、水溶性、极性等性质相差很近，因此极难做到使所得提取物中茶氨酸含量高，咖啡因含量低，即茶氨酸/咖啡因的比例大于或等于1的结果。

而本发明人在新颖性分析中已提到，对比文件1的方法，在以发酵处理过的红茶为原料的工艺中，各步骤并没有可以将茶氨酸和咖啡因区分开的条件，其在得到高含量茶氨酸的同时，必然也会得到高含量的咖啡因。

而本发明人通过特别的原料的选择，对其他工艺条件进行反复摸索和筛选，惊喜地发现结合了原料、工艺等特点的本发明的提取方法可以达到在保证茶氨酸含量很高的前提下，得到使咖啡因含量降低的提取物，从而使所得提取物中的茶氨酸与咖啡因的含量比达到1~1000的目的。这是本领域技术人员在对比文件1、2以及其他现有技术的基础上无法预料到的。

进一步具体来说：

（1）在原料上进行筛选。本发明经过大量研究发现，只有选择未经发酵的茶叶和/或未经发酵的粉碎的茶梗，与本发明的各工艺条件进行配合，才可以达到最终的效果。

（2）在工艺条件上进行筛选。即使对比文件1中，公开了冷水提取的方式，但在针对本发明实际解决的技术问题时，其没有任何可与其他工艺以及本发明的原料结合在一起的启示。同样，对比文件1中的微量过滤、纳米过滤、反渗透步骤仅特定地存在于对比文件1的情况下，针对的是对比文件1的目的，对于本发明实际解决的技术问题，没有任何启示将这些步骤应用在本发明中。

并且，对比文件1中的纳米过滤膜与本发明所用的超滤膜差别很大，本发明的超滤膜的分子截留范围为1000~5000道尔顿，而对比文件1中所用的纳米过滤膜分子量截留范围多为200~1000道尔顿（见附件1：叶蕾等，纳滤膜技术及其应用，石化技术与应用，2000年第18卷第2期，第99~102页），由此可见两者的作用、目的完全不同。因此，对比文件1没有可以将本发明的超滤膜用于本发明要解决的技术问题中的技术启示，对比文件2和其他现有技术也没有这样的技术启示。

另外，对比文件1中，核心工艺步骤为，冷水选择提取茶氨酸，并结合纳滤膜排斥大分子茶叶有机成分，从而富集茶氨酸。其先得到固含物0.58%的含水茶提取物，经过Trisep NX45纳滤器处理，得到近10倍稀释的含茶氨酸的透过液（含0.065%干燥固体），稀浓缩液经反渗透浓缩到固含物约10%。该方法需要处理大量稀茶提取物，耗时长，耗能高。而茶氨酸及其他氨基酸富集的茶叶提取物，在长时间室温下，将会引起微生物滋生而变质。因此，对比文件1，可以在实验室少量操作，但工艺应用性很差。

而本发明利用工业上广泛使用的有机膜设备，可大规模处理原料，通过低温提取茶叶提取物，直接经过比纳滤膜处理通量更高的超滤膜处理，除去大分子成分，而富集茶氨酸，较佳的也可选择经过大孔吸附树脂去除茶多酚（而不是高成本的供实验室使用的聚乙烯吡咯烷酮沉淀茶多酚法）等成分后，再经超滤膜处理，超滤膜透过液再经反渗透浓缩，可得到浓缩汁，之后杀菌，即得浓缩汁形态的茶提取物。制备本发明提取物的方法更适合工业化，可以低成本，大规模生产具有高茶氨酸、低咖啡因，且口感鲜爽的茶叶提取物。因此，从上述两者方法的效果比较的角度，也可以说明对比文件1的方法与制备本发明提取物的方法相差很大，因此，对比文件1没有给出任何技术启示，如何来解决本发明实际解决的技术问题。

对于本发明来说，在本申请的申请日前，原料和工艺的研发过程并无先后顺序，在面对本发明要实际解决的技术问题时，现有技术中的各种原料、各种工艺手段如茫茫大海，如何选择、筛选组合出一套可以达到本发明目的的方法，需要大量的实验、经验，以及创造性的思考，这个过程是极其艰辛的。

本申请人进行的上述陈述，一方面可以证明本发明提取物的提取方法（新权利要求7）与对比文件1、2和现有技术相比是非显而易见的，具备创造性。更重要的是，本申请人通过上述陈述说明了本发明的提取物在本领域是极有意义的，而现有技术一直无法制得具有这样特点的提取物，并且针对这样的目的，现有技术中没有给出相关的技术启示，如何制得该提取物。而本发明人通过自己研发的一套特别方法，制得了这样难得的提取物，该提取物自然具备创造性。

植物提取方法对我国的中药现代化具有极其重要的意义，如何在该领域寻求突破，提高中药科学在国际上的地位和竞争力，需要大量的经验、劳动，当然，也需要有力的鼓励。在本领域，做出新的而有价值的研发成果极不容易，恳请审查员老师能酌情考虑本领域的研发特点。

综上所述，在面对本发明实际解决的技术问题时，现有技术中没有给出任何技术启示，使本领域技术人员有动机将前述区别技术特征应用于对比文件1中，得到本发明的技术方案。新权利要求1的技术方案对本领域技术人员来说是非显而易见的，具备突出的实质性特点。

2. 新权利要求1具备显著的进步

根据本申请的实施例1~6，本发明得到了茶氨酸含量高、茶氨酸和咖啡因的含量比大于或等于1的提取物。因此，新权利要求1的技术方案取得了有益的效果。新权利要求1具备显著的进步。

综上所述，新权利要求1具备突出的实质性特点和显著的进步，符合《专利法》第22条第3款的规定。

答复第二次审查意见通知书陈述摘录

新权利要求1具备新颖性

申请人在答复第一次审查意见中，已经论述了修改前的权利要求1具备新颖性，具体理由在答复第一次审查意见时的意见陈述书中有详细阐述，此处将理由简要说明如下：

对比文件1公开了一种制备茶提取物的方法，但其具体所用的茶原材料为经过发酵处理得到的红茶叶，而本发明是绿茶叶或白茶叶，或者粉碎的绿茶茶梗，其均为未经发酵的茶叶或茶梗。

而根据本发明人的研究，在制备红茶过程中，鲜茶叶经萎凋，破碎，发酵（茶叶多酚氧化酶催化，和空气中氧气反应），并经高温烘干，茶叶中儿茶素成分绝大部分转化为大分子茶色素（包括茶黄素、茶褐素），茶氨酸含量也会有所降低，而咖啡因稳定不变，因此红茶原料具备几个特征：高咖啡因、低茶氨酸、低儿茶素、高茶色素。

对一般红茶原料而言，咖啡因含量为2%~4%，考虑冷水提取条件下，提取物的得率低于20%，忽略咖啡因损失，冷水提取物中咖啡因含量将为10%~20%，而非审查员老师提到的2%~4%。

而本发明人在大量实验的基础上，对对比文件1的实施例进行分析：

首先要明确的是，原料红茶叶中，咖啡因的含量一般为干重的3wt%以上，茶氨酸一般为干重的0.5wt%~1.5wt%。由于咖啡因很高的稳定性，其在冷水和热水中的溶解性均很好。

对比文件1的实施例中，将红茶叶在5℃的冷水中提取。由于温度较低，提取物的总提取率较低，一般低于20wt%。而由于咖啡因在水中的高溶解性，咖啡因在冷水下（低于30℃）的浸出率不会小于60wt%，因此经冷水提取后，所得的提取物中咖啡因含量将大于9wt%［计算过程如下：假定红茶原料中咖啡因含量3%，冷水提取物提取率为20%，如果咖啡因全部提取出来，且无任何损失，红茶冷水提取物中咖啡因理论含量为15%（3%÷20%）。考虑实际咖啡因提取率为60%，实际红茶冷水提取物中咖啡因含量为9%（15%×60%）］。对比文件1的实施例中，冷水提取中的干燥固体，经分析含5.9wt%茶氨酸。因此，该提取物中茶氨酸/咖啡因的含量比值必定远小于1。而随后的微量过滤步骤、纳米过滤，以及反渗透步骤，均为对提取物中的大分子物质进行截留的步骤，作为水溶性均较好、均为小分子（茶氨酸分子量174.2，咖啡因194.2）、极性接近的茶氨酸和咖啡因来说，均很难在这三个步骤中被去除，即使可以被去除，两者也会达到类似程度的损失，因此，两者的重量比例在随后的这三个步骤中不会发生较大变化，绝对不可能出现咖啡因低于茶氨酸的结果。

因此，对比文件1公开的提取物中，茶氨酸/咖啡因的含量比值必定远小于1，而本发明中，在所述的茶提取物中，茶氨酸与咖啡因的含量比值为1~1000，是大于或等于1的。因此，本次修改前的权利要求1的技术方案没有被对比文件1或其他现有技术公开，具备新颖性，符合《专利法》第22条第2款的规定。

审查员老师在第二次审查意见中提到，“本申请的具体实施方式中，实施例1是以绿茶为原料，其提取率为16%，对比实施例绿茶粉的咖啡因含量为6%（可认为是现有绿茶原料中咖啡因的含量），那么基于同样的计算方式，本申请绿茶提取物中咖啡因的理论含量应为6%÷16%=37.5%，考虑实际咖啡因提取率为60%，实际提取物中咖啡因的含量为22.5%，而与实施例1中实际计算得出的咖啡因的含量为5.9%相距甚远，可见，申请人……不具有说服力”。对于审查员老师的上述意见，申请人特别作如下澄清：

审查员老师的上述意见中，将本申请的具体实施方式中的绿茶粉等同为实施例1中的原料绿茶叶，将绿茶粉中的咖啡因含量等同于实施例1中绿茶叶中的咖啡因含量，这是错误的，从而导致产生了错误的结论。

本申请具体实施方式的对比实施例中涉及的是“一款市场较高档绿茶粉”，这显然是将绿茶叶进行提取、分离或加工等工序而得到的成品，而非还未经任何加工的绿茶叶原料，并且该绿茶粉中的咖啡因含量也绝不会与绿茶叶中的咖啡因含量等同。而本申请的实施例1中所用的原料为绿茶叶，其中的咖啡因含量显然不能用对比实施例中的“绿茶粉”来等同说明。

从另一角度来说，本发明之所以在对比实施例中，以一款“市场较高档绿茶粉”中茶氨酸与咖啡因的比值以及其他参数来进行对比，就是要说明实施例1中经过对绿茶叶的提取后，得到的产品的茶氨酸与咖啡因的比值以及其他参数，要优于现有技术中用其他方法制备得到的“绿茶粉”，该绿茶粉显然不是，也不能等同于实施例1中所用的未经任何处理的绿茶叶原料，也不能用该绿茶粉的咖啡因含量来说明实施例1中所用的绿茶叶原料中的咖啡因含量。

因此，在答复第一次审查意见中，申请人的陈述是正确的，证明了本次修改前的权利要求1具备新颖性。

并且，在本次答复中，申请人对权利要求1进行了进一步的限定，即用明确的制备方法对茶提取物进行了限定，其必然会带来与对比文件1的提取物更多的区别，因此，本次修改后的新权利要求1也具备新颖性，符合《专利法》第22条第2款的规定。

## 第六节　撰写意见陈述书

答辩方案确定及所需相关证据收集完整后，即可撰写意见陈述书。关于意见陈述书的撰写，本节从意见陈述书的整体安排、论述创造性的基本撰写模式以及语言表达等方面介绍常用的一些思路及需注意的要点。

### 一、意见陈述书的整体安排

针对不同的情况，意见陈述书的整体安排应当酌情考虑。

对于第一次答复质疑创造性的审查意见或者是审查员补充检索后提出新的理由质疑创造性的情况，通常按论述创造性的基本模式（先采用“三步法”论述突出的实质性特点，之后论述显著的进步），完整论述发明的创造性。

对于已经在之前的意见陈述中按上述基本方法论述过发明的创造性，但未能说服审查员，双方争议聚焦于某些发明点时，此时撰写意见陈述书可以直接针对争议点进行进一步的意见陈述，可不用将之前已经全面论述的内容重复一遍。

对于涉及判断创造性其他考虑因素的情况（审查指南第二部分第四章第 5 节，包括解决了人们一直渴望解决但始终未能获得成功的技术难题，发明克服了技术偏见，发明取得了预料不到的技术效果，发明在商业上获得成功），可单独另起章节，特别阐述发明属于审查指南中特别指明的这些具备创造性的情况。

### 二、论述创造性的基本撰写模式

遵循专利法中创造性的定义，论述创造性的基本撰写模式包括两部分的论述：发明具有突出的实质性特点，以及发明具有显著的进步。

#### （一）论述发明具有突出的实质性特点

第一步，确定最接近的现有技术。

对于此步骤，直接以审查员选定的对比文件 1 作为最接近的现有技术，这里不再详述。

第二步，确定发明的区别技术特征和发明实际解决的技术问题。

确定发明的区别技术特征及发明实际解决的技术问题基于发明与对比文件 1 的技术方案及效果的对比。为便于审查员视觉上清楚地对比，尤其是在审查员因为疏忽或者理解错误而找错或找漏区别技术特征和/或发明实际解决的技术问题的情况下，撰写意见时，最好将对比文件 1 及发明的技术方案及技术效果分别写明。对于技术效果最好注明申请文件出处，以便于审查员确认。必要之处，还需对相关技术知识进行解释澄清以纠正审查员的误解。在分别写明对比文件 1 和发明的技术方案及技术效果后，即可得出结论：相对于对比文件 1，该发明的区别技术特征是什么，发明实际解决的技术问题是什么。

实践中，很多专利代理师撰写的意见陈述书在此步骤仅列举对比文件 1 及发明的技术方案，后文即给出区别技术特征及实际解决的技术问题的结论。根据《审查指南》，发明实际解决的技术问题是依赖区别技术特征所能达到的技术效果而确定的。因此，在对比文件1及发明的技术效果未列明的情况下，即给出发明实际解决的技术问题的结论，从上下文的逻辑联系而言缺乏依据，不够严谨，也不利于审查员直观清楚地确认意见陈述中认定的发明实际解决的技术问题。

此步骤中需特别注意的是，在列举发明的区别技术特征时，应当将所有找出的区别技术特征全部列出，一个都不能少。有些专利代理师在列举区别技术特征时，仅仅将其认为重要的、将要在后续非显而易见性论述中准备重点评述的区别技术特征列出，而对于那些被认为属于常规技术手段或已经被对比文件给出了明显启示、很难进行非显而易见性评述的区别技术特征则忽略不写。这样的做法是不可取的。无论一个技术特征在体现发明非显而易见性中的地位重要与否，只要最接近的现有技术的技术方案未公开此技术特征，则不能否认该技术特征属于区别技术特征的事实。如果在列举区别技术特征时不写，则表明申请人默认此技术特征非区别技术特征，这相当于抹去了发明与最接近的现有技术的一个差异点。重要的是，这有可能在后续程序中产生对申请人不利的影响。例如，专利代理师有可能对于此技术特征在发明非显而易见性中发挥的作用判断有误，但由于在意见陈述书中未列明其属于区别技术特征，留下了默认其属于与最接近的现有技术相同特征的把柄，若想在答复后续的审查意见通知书、复审或无效宣告请求程序中针对该技术特征评述发明的非显而易见性，则会处于需要反悔之前意见陈述的尴尬处境。例如，由于这样的写法可被认为申请人自己承认该技术特征不属于区别技术特征，则很可能影响对该技术特征的保护范围的理解，若后续涉及侵权诉讼，有可能给专利权人自己造成不必要的麻烦。因此，谨慎起见，专利代理师一定要将所有找出的区别技术特征全部列出，不放弃对申请人有利的任何一点，为申请人在后续程序留有灵活的选择余地，避免意见陈述撰写中可能引起风险的任何语言漏洞。

此外，在列举区别技术特征时，为了与最接近的现有技术对比清楚，很多专利代理师习惯每列一个区别技术特征，就紧跟着写出最接近的现有技术对应的技术特征。这样的写法并非不能使用。但需要指明的是，在这样的撰写习惯的影响下，部分专利代理师形成了一个错误的认识：列举区别技术特征时不仅针对要求保护的发明，还针对最接近的现有技术。甚至在过往的实务中，笔者还曾碰到过专利无效宣告请求案件在专利复审和无效审理部进行的口审中，审查员表示只陈述发明的区别技术特征不完全，还要陈述对比文件对应的区别技术特征的情况。可见，有这样错误认识的情况并不少见。在此，需要提醒专利代理师清楚认识：区别技术特征是要求保护发明的技术方案中区别于最接近现有技术的技术特征，绝没有现有技术有区别技术特征的说法。撰写意见陈述书时，专利代理师也应当注意语言的法律严谨性。

## 【案例 No. 1410541】一种索非布韦的中间体的制备方法

### ☞ 案由简要

该申请涉及一种索非布韦的中间体化合物的制备方法（权利要求1～10）。

> 一通：审查员引用一篇对比文件（对比文件 1）认为权利要求 1～10 不具备创造性。
> 答一通：直接在原权利要求 1 基础上论述权利要求 1～10 具备创造性。
> 二通：审查员认可之前意见陈述，但认为权利要求 1 得不到说明书支持。
> 答二通：缩小独立权利要求范围。
> 三通：审查员仍认为新权利要求 1 得不到说明书的支持。
> 答三通：缩小独权范围。
> 审查结果：授权。

☞ **相关权利要求**

权利要求 1：一种如式（Ⅱ）所示的索非布韦的中间体化合物的制备方法，其包含下列步骤：无水非质子性溶剂中，将如式（Ⅱ）所示的化合物在有机碱和/或无机碱的作用下进行动态动力学拆分，制得如式（Ⅰ）所示的化合物；所述的非质子性溶剂为酯类溶剂、酮类溶剂和醚类溶剂中的一种或多种；所述的有机碱和/或无机碱的质量为如式（Ⅱ）所示的化合物质量的 0.1%～10%；所述的动态动力学拆分的温度为 10～30℃；所述的动态动力学拆分的时间为 5～10h。

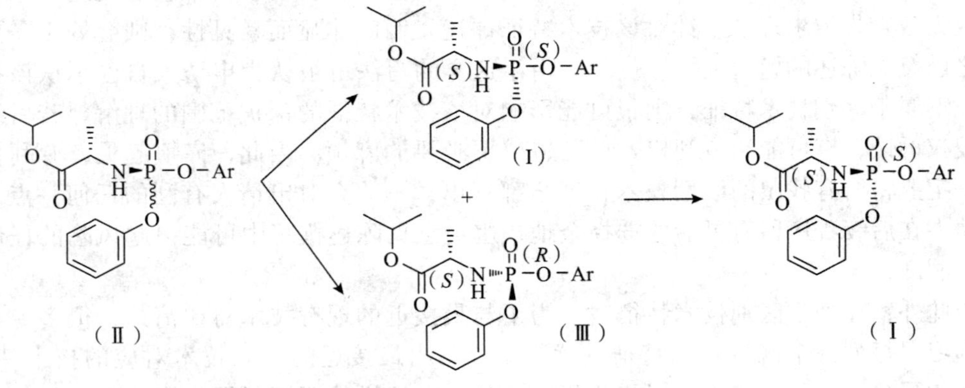


如式（Ⅱ）所示的化合物为如式（Ⅰ）所示的化合物和如式（Ⅲ）所示的化合物组成的混合物，其中，如式（Ⅰ）所示的化合物的质量含量与如式（Ⅲ）所示的化合物的质量含量比为 1∶1～1∶9；“～～～”表示 S 构型或 R 构型；Ar 为取代的 $C_5$～$C_{10}$ 的芳基，所述的取代的 $C_5$～$C_{10}$ 的芳基中所述的“取代”是指被一个或多个吸电子取代基所取代，当取代基为多个时，所述的取代相同或不同。

☞ **相关说明书内容**

摘录一

本发明在前期研究的基础上，成功开发了一种能在合成该磷酸酯片段的同时，选择性地将不需要的 S，Rp 型磷酸酯差向异构化为需要的 S，Sp 型，并且可以在结晶过程中重复使用。此外，令人惊奇的是，本发明还成功研发了一种通过动态结晶拆分而不需要再循环中间体就能直接将 S，Rp 型磷酸酯转化为 S，Sp 型磷酸酯的方法，反应的收率在 70% 以上，d. e. % 值达到 99% 以上，并且本发明的方法中所用的溶剂与试剂现有的专利或文献更为环保与绿色。

本发明中，所述的动态动力学拆分可以理解为动力学拆分反应与消旋化反应相结合的技术，该技术的关键是在动力学拆分反应进行的同时，通过改变反应条件（如pH、反应温度等）或加入能够产生消旋化反应的催化剂（包括过渡金属络合物或消旋化酶）使没有参加反应的底物异构体进行消旋化反应。

摘录二

实施例 1

将二氯磷酸苯酯 6.23g（29.8mmol）、L－丙氨酸异丙酯盐酸盐 5g（29.8mmol）在氮气保护下溶于 50mL 二氯甲烷中，干冰浴降温至 －60℃以下，将三乙胺的二氯甲烷溶液（三乙胺 6.01g 溶于 5mL 二氯甲烷中）滴加到反应体系中，自然升温，反应过夜。

向上述反应体系加入五氟苯酚 5.70g（31.0mmol），同样氮气保护，控制温度 20℃左右，滴加三乙胺的二氯甲烷溶液（三乙胺 6.01g 溶于 5mL 二氯甲烷中），加完后反应约 3 小时。

反应结束后，将反应液倒入冰水中，有机相用饱和小苏打洗涤 2 次（50mL × 2），最后用饱和食盐水 50mL 洗涤一次至中性，合并所有水层再用 30mL 二氯甲烷萃取一次，将所有的有机层合并干燥，浓缩后得粗品 15g，将以上粗品溶于正庚烷与乙酸乙酯 4∶1（体积比）的溶液 30mL 中，加入 0.5g 三乙胺，溶液用 20g 硅胶过滤，用正庚烷与乙酸乙酯 4∶1（体积比）的溶剂洗干净物料为止，洗脱液浓缩至有大量固体析出后，冷却，抽滤，得固体 6.5g，烘干后得 3.2g，HPLC 检测（手性纯度），异构体质量含量为 1.2%，产物的质量含量为 99.88%（见图 1）。所得母液浓缩至有大量固体析出后，抽滤，得固体，烘干 3.5g，异构体质量含量为 1.5%，二次母液继续浓缩至有固体析出，抽滤，固体烘干得 1.5g，异构体质量含量为 1.5%，三次母液浓缩干得蜡状物 11.5 克。

将以上三批固体合并用正庚烷与乙酸乙酯 4∶1（体积比）的混合溶剂 25mL 打浆，最后得固体烘干 9.6g，经 HPLC 检测（化学纯度），异构体质量含量小于 0.5%（见图 2），总收率为 71%。

图 1 的分析结果如表 1 所示：

**表 1**

| 峰标号 | 保留时间/min | 峰高/mAU | 峰面积/mAU * min | 面积比/% |
|---|---|---|---|---|
| 1 | 7.710 | 0.092 | 0.994 | 0.0119 |
| 2 | 8.567 | 604.854 | 8368.490 | 99.9881 |
| 总计 | — | 604.946 | 8369.484 | 100.00 |

表 1 中 1、2 为峰标号，1 表示异构体，2 表示产物。将峰 2 的组分分离提纯，进行核磁检测，其图谱数据与 J. Org. Chem. 2011，76，8311－8319 实验部分的谱图数据高度一致，故认定其是式Ⅰ化合物，峰 1 和峰 2 在反应液粗品跟踪时比例约 1∶1，故峰 1 为式（Ⅲ）化合物。

图 2 的分析结果如表 2 所示。

**表 2**

| 峰标号 | 保留时间/min | 峰面积/mAU * min | 分离度 | 拖尾因子 | 面积比/% |
|---|---|---|---|---|---|
| 1 | 2.003 | 10155 | 0.000 | 0.895 | 0.109 |
| 2 | 3.097 | 14656 | 2.550 | 1.926 | 0.158 |
| 3 | 5.645 | 1295 | 5.051 | 0.000 | 0.014 |
| 4 | 5.966 | 2071 | 0.656 | 0.000 | 0.022 |
| 5 | 6.427 | 951 | 1.110 | 1.215 | 0.010 |
| 6 | 7.211 | 353 | 2.414 | 0.982 | 0.004 |
| 7 | 9.113 | 3196 | 4.162 | 0.000 | 0.034 |
| 8 | 9.611 | 3568 | 0.813 | 0.000 | 0.038 |
| 9 | 10.341 | 758 | 1.366 | 1.133 | 0.008 |
| 10 | 17.252 | 9248770 | 9.641 | 1.673 | 99.602 |
| 总和 | — | 9285772 | — | — | 100.000 |

其中，10 表示产物。

实施例 2

按照实施例 1 中式（Ⅱ）化合物的制备方法，制得式（Ⅱ）化合物后，用正庚烷与乙酸乙酯（4∶1）结晶纯化，过滤得母液［母液中异构体（即式Ⅲ化合物）质量含量为 79%，产物（式（Ⅰ）化合物）的质量含量为 21%］，母液浓缩至干，得母液浓缩物，冷藏待用。取母液浓缩物 10g，溶解在干燥的乙酸乙酯 50mL 中，加入 0.5g 三乙胺，室温搅拌 10 小时，$NH_4Cl$ 洗涤，干燥。经 HPLC 检测（手性纯度），异构体的质量含量为 43%，产物的质量含量为 56%（见图 3）。适当浓缩，加入正庚烷，析出白色固体，过滤。HPLC 检测（手性纯度），异构体的质量含量为 1.3%，产物的质量含量为 98.7%（见图 4），析出产物的质量为 3.1g。

图 3 的分析结果如表 3 所示。

**表 3**

| 峰标号 | 保留时间/min | 峰面积/mAU × min | 峰高/mAU | 面积比/% | 柱效/[th. pl] | 分离度 | 拖尾因子 |
|---|---|---|---|---|---|---|---|
| 1 | 7.683 | 1890.877 | 174.289 | 43.2657 | 11316 | — | 1.181 |
| 2 | 8.683 | 2479.501 | 199.405 | 56.7343 | 10800 | 3.218 | 1.281 |
| 总计 | — | 4370.378 | 373.695 | 100.0000 | — | — | — |

表 3 中 1、2 为峰标号，1 表示异构体，2 表示产物。

图 4 的分析结果如表 4 所示。

**表4**

| 峰标号 | 保留时间/min | 峰面积/mAU × min | 峰高/mAU | 面积比/% | 柱效/[th. pl] | 分离度 | 拖尾因子 |
|---|---|---|---|---|---|---|---|
| 1 | 7.713 | 21.247 | 2.061 | 1.3127 | 12355 | — | 1.106 |
| 2 | 8.720 | 1597.258 | 132.979 | 98.6873 | 11669 | 3.362 | 1.204 |
| 总计 | — | 1618.505 | 135.040 | 100.0000 | — | — | — |

表4中1、2为峰标号，1表示异构体，2表示产物。

实施例3

按照实施例1中式（Ⅱ）化合物的制备方法，制得式（Ⅱ）化合物后，用正庚烷与乙酸乙酯（4∶1）结晶纯化，过滤得母液［母液中异构体（即式Ⅲ化合物）质量含量为79%，产物（式（Ⅰ）化合物）的质量含量为21%］，母液浓缩至干，待用。取母液浓缩物3g，溶解在干燥的甲基叔丁基醚20mL中，加入0.1g叔丁醇钾，室温搅拌12小时，$NH_4Cl$洗涤，干燥，粗品经HPLC检测（手性纯度），异构体的质量含量为46%，产物的质量含量为54%（见图5）。适当浓缩，加入正庚烷，析出白色固体，过滤。HPLC检测，异构体的质量含量为1.0%，产物的质量含量为99.0%，析出产物的质量为1.2g。

图5的分析结果如表5所示。

**表5**

| 峰标号 | 保留时间/min | 峰面积/mAU × min | 峰高/mAU | 面积比/% | 柱效/[th. pl] | 分离度 | 拖尾因子 |
|---|---|---|---|---|---|---|---|
| 1 | 7.633 | 1651.431 | 157.410 | 46.3475 | 11621 | — | 1.233 |
| 2 | 8.632 | 1911.716 | 160.933 | 53.6525 | 11412 | 3.275 | 1.219 |
| 总计 | — | 3563.147 | 318.343 | 100.0000 | — | — | — |

表5中1、2为峰标号，1表示异构体，2表示产物。

实施例4

按照实施例1中式（Ⅱ）化合物的制备方法，制得式（Ⅱ）化合物后，用正庚烷与乙酸乙酯（4∶1）结晶纯化，过滤，母液待用［母液中异构体（即式Ⅲ化合物）质量含量为79%，产物（式（Ⅰ）化合物）的质量含量为21%］。取母液2g，溶解在干燥的丙酮20mL中，加入0.1g DBU，室温搅拌8小时，取小样经HPLC检测（手性纯度），异构体的质量含量为46%，产物的质量含量为54%（见图6）。适当浓缩，加入正庚烷，析出白色固体，过滤。HPLC检测，异构体的质量含量为1.1%，产物的质量含量为98.9%，析出产物的质量为0.8g。

图6的分析结果如表6所示。

表 6

| 峰标号 | 保留时间/min | 峰面积/mAU × min | 峰高/mAU | 面积/% | 柱效/[th. pl] | 分离度/[ - ] | 对称/拖尾/[ - ] |
|---|---|---|---|---|---|---|---|
| 1 | 7.660 | 2051.276 | 193.099 | 45.9920 | 11248 | — | 1.262 |
| 2 | 8.650 | 2408.798 | 198.026 | 54.0080 | 11090 | 3.215 | 1.250 |
| 总计 | — | 4460.074 | 391.125 | 100.0000 | — | — | — |

表 6 中 1、2 为峰标号，1 表示异构体，2 表示产物。

对比实施例 1

按照实施例 1 中式（Ⅱ）化合物的制备方法，制得式（Ⅱ）化合物后，用正庚烷与乙酸乙酯（4∶1）结晶纯化，过滤，母液浓缩至干，得母液浓缩物，待用［母液中异构体（即式Ⅲ化合物）质量含量为 79%，产物（式（Ⅰ）化合物）的质量含量为 21%］。取母液浓缩物 1g，溶解在二氯甲烷（含水量 1%）中，加入 0.1g 三乙胺，室温搅拌 10 小时，TLC 检测发现式（Ⅱ）化合物已经完全降解，未见有式（Ⅰ）化合物和式（Ⅲ）化合物生成，试验失败。

对比实施例 2

按照实施例 1 中式（Ⅱ）化合物的制备方法，制得式（Ⅱ）化合物后，用正庚烷与乙酸乙酯（4∶1）结晶纯化，过滤，母液浓缩至干［母液中异构体（即式Ⅲ化合物）质量含量为 79%，产物（式（Ⅰ）化合物）的质量含量为 21%］，得母液浓缩物。取母液浓缩物 1g，溶解在 20mL 乙酸乙酯中，加入 0.1g 三乙胺，室温搅拌 24 小时，TLC 检测发现式（Ⅱ）化合物已有 20% ~30% 降解。

对比实施例 3

按照实施例 1 中式（Ⅱ）化合物的制备方法，制得式（Ⅱ）化合物后，用正庚烷与乙酸乙酯（4∶1）结晶纯化，过滤，母液浓缩至干［母液中异构体（即式Ⅲ化合物）质量含量为 79%，产物（式（Ⅰ）化合物）的质量含量为 21%］，得母液浓缩物。取母液浓缩物 1g，溶解在 20mL 乙酸乙酯（含 2% 的水）中，加入 0.1g 三乙胺，室温搅拌 10 小时，TLC 检测发现式（Ⅱ）化合物已有 50% 降解。

对比实施例 4

按照实施例 1 中式（Ⅱ）化合物的制备方法，制得式（Ⅱ）化合物后，用正庚烷与乙酸乙酯（4∶1）结晶纯化，过滤，母液浓缩至干［母液中异构体（即式Ⅲ化合物）质量含量为 79%，产物（式（Ⅰ）化合物）的质量含量为 21%］，得母液浓缩物。取母液浓缩物 2g，溶解在 15mL 乙酸乙酯中，加入 0.1g 三乙胺，40℃搅拌 8 小时，TLC 检测发现式（Ⅱ）化合物已经有 50% 降解。

### ☞ 相关对比文件公开内容

对比文件 1（CN103804446A）公开了一种（*S*）-2-［（*S*）-（4-三氟甲基-苯氧基）-苯氧基-磷酸基氨基］丙酸异丙酯（S-异构体，即权利要求 1 所述的索非布韦中间体化合物）的制备方法及其具体实施方式。

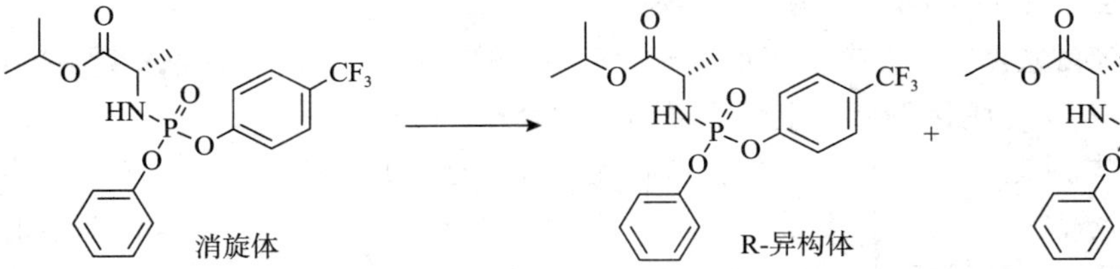


实施例2 (S)-2-[(S)-(4-三氟甲基-苯氧基)-苯氧基-磷酰基氨基]丙酸异丙酯的制备：氮气/氩气保护下，将10.2g粗品(S)-2-[(4-三氟甲基-苯氧基)-苯氧基-磷酰基氨基]丙酸异丙酯(±)加入到甲基叔丁基醚15mL中，然后加入石油醚45mL，降温至-20℃，在此温度搅拌12~24小时。趁冷过滤，固体用-20℃的石油醚洗涤，得到(S)-2-[(S)-(4-三氟甲基-苯氧基)-苯氧基-磷酰基氨基]丙酸异丙酯，进一步用石油醚重结晶得到高纯度的(S)-2-[(S)-(4-三氟甲基-苯氧基)-苯氧基-磷酰基氨基]丙酸异丙酯，干燥后得到产物2.58g，收率25.3%。$^1$HNMR ($CDCl_3-d_6$，400MHz) δ (ppm)：1.226 (d，3H，J=2.4H Z，$-CH_3$)，1.242 (d，3H，J=2.4Hz，-CH)，1.393 (d，3H，J=6.8Hz，$-CH_3$)，3.873-3.926 (m，1H)，4.063-4.159 (m，lH)，4.974-5.068 (m，1H)，7.183-7.263 (m，3H，-)，7.337-7.395 (m，4H)，7.6-8 (m，J=8.8Hz，4H)；$^{31}$PNMIR ($CDCl_3-d_6$，400MHz) δ (ppm)：-2.74；$^{13}$CNMR (300MHz，$CDCl_3$) δ (ppm)：20.86，20.92，21.49，21.56，50.54，69.38，120.11，120.17，120.52，120.59，120.94，122.03，125.23，125.63，127.01，127.06，127.45，128.49，129.72，150.36，150.46，153.24，153.32，172.48，172.59；MS (ES-) m/e：($M^-$) 430.1；熔点：53.3~55.1℃。

☞ **审查意见**

一、权利要求1~10不具备《专利法》第22条第3款规定的创造性

1. 权利要求1请求保护一种索非布韦的中间体化合物的制备方法。对比文件1 (CN103804446A，公开日：2014-05-21) 公开了一种(S)-2-[(S)-(4-三氟甲基-苯氧基)-苯氧基-磷酸基氨基]丙酸异丙酯(S-异构体，即权利要求1所述的索非布韦中间体化合物)的制备方法：

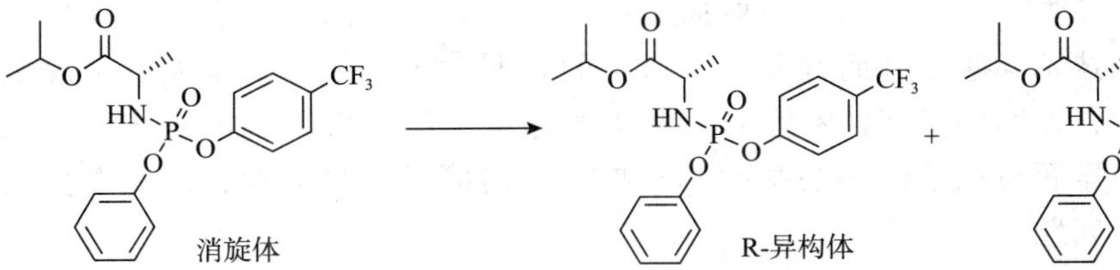


(参见对比文件1说明书第12段)，并具体公开了(参见对比文件1实施例2)：氮气/氩气保护下，将10.2g粗品(S)-2-[(S)-(4-三氟甲基-苯氧基)-苯氧基-磷酸基氨基]丙酸异丙酯(±)加入到甲基叔丁基醚15mL中，然后加入石油醚45mL，降温至-20℃，在此温度搅拌12~24小时。趁冷过滤，固体用-20℃的石油醚洗

涤，得到（S）-2-[（S）-（4-三氟甲基-苯氧基）-苯氧基-磷酸基氨基]丙酸异丙酯，进一步用石油醚重结晶得到高纯度的（S）-2-[（S）-（4-三氟甲基-苯氧基）-苯氧基-磷酸基氨基]丙酸异丙酯，干燥后得到产物。

权利要求1与对比文件1相比，其区别技术特征在于：1）权利要求1公开了在碱的作用下进行拆分，而对比文件1没有公开，因而也没有公开碱与消旋体化合物的质量比；2）拆分温度和时间不同，权利要求1为10~30℃、5~10h，而对比文件1为-20℃、12~24小时；3）权利要求1公开了R构型和S构型的质量比，而对比文件1没有公开。

基于以上区别技术特征，可以确定权利要求1相对于对比文件1实际解决的技术问题是：提供一种索非布韦中间体的替代制备方法。

对于区别技术特征1），虽然对比文件1没有公开碱，然而，碱是本领域常见的动态动力学拆分催化剂，本领域技术人员可以根据拆分的实际情况选择进一步使用碱催化剂，并选择合理的用量范围，不需要付出创造性劳动。

对于区别技术特征2），虽然拆分温度和时间不同，然而反应温度和时间是本领域技术人员在优化反应路线的过程中最容易想到的反应条件，为了优化反应路线，本领域技术容易优先想到对反应温度和时间进行选择和调整，不需要付出创造性劳动。

对于区别技术特征3），尽管对比文件1没有公开消旋体中两种构型的质量关系，然而该质量比是消旋体中常见的质量关系，本领域技术人员仅需依靠常规实验手段即可做出选择，不需要付出创造性劳动。由此可见，由对比文件1得到权利要求1的技术方案是显而易见的，该技术方案不具有突出的实质性特点和显著的进步，因此，该权利要求不具备《专利法》第22条第3款规定的创造性。

### ☞ 答辩要点分析思路

审查员在该案的审查意见通知书中指出，该申请与对比文件1的技术方案相比，其区别技术特征仅在于拆分条件（包括碱及其用量、拆分温度和拆分时间）以及底物混合物中两种异构体的比例。然而上述区别技术特征的选择均属于本领域常规知识，不需要付出创造性劳动。因此，该申请权利要求不具备创造性。

在准备具体答辩方案之前，我们先对审查员的上述结论进行初步分析。评价发明相对于现有技术是否显而易见，应当严格按照《审查指南》第二部分第四章3.2.1.1的“三步法”进行判断，即根据最接近的现有技术确定发明的区别技术特征和实际解决的技术问题，进而判断要求保护的发明对于本领域技术人员来说是否显而易见。其中，发明的区别技术特征和发明实际解决的技术问题的确定，是进行核心步骤——非显而易见性论述的基础和前提。我们可以清楚地看到，审查员的分析思路存在以下问题：

首先，审查员在确定该申请技术方案的区别技术特征时，遗漏了一项特别关键的技术特征：该申请的技术方案，即所述的索非布韦的中间体化合物的制备方法中，底物混合物是采用“动态动力学拆分”策略进行拆分的。在该发明的创造性评估中，这一区别技术特征起到了至关重要的作用，这一点在后文中会具体论述。

其次，审查员完全未提及该申请技术方案所取得的技术效果如何，专利代理师对本申请文本中记载的技术方案与对比文件 1 中的技术方案进行详细分析后发现：对比文件 1 的制备方法所得到的产品收率仅为 25.3%；而该申请的技术方案得到的产品手性纯度可达到 99%。该申请技术方案的技术效果的优异性相对而言是特别突出的。

最后，审查员在对比文件 1 及该申请的技术效果未列明的情况下，即给出了该申请实际解决的技术问题的结论，然而发明实际解决的技术问题是依赖区别技术特征所能达到的技术效果而确定的，可知审查员的这一结论从上下文的逻辑联系而言是缺乏依据的，不够严谨的。在该发明实际解决的技术问题明显判断有误的前提下，如何去判断现有技术中是否给出将区别技术特征应用到该最接近的现有技术以解决其技术问题的启示呢？

此外，考虑到该申请的具体技术方案，由于其属于较为特殊的一类化学发明，涉及手性分离的拆分方法，代理师还需要对手性拆分策略的相关技术知识进行解释澄清，以帮助审查员正确理解该申请的技术方案内容。在介绍完这一领域基础技术知识后，代理师可重点阐述以下两点关键信息：

（1）技术效果的比较。该申请的制备方法中，反应物为产品及其非对映异构体的混合物，因此，其产品手性纯度也可表示为其反应收率，通过该申请的制备方法得到的产品手性纯度可达到 99%，也可以表述为，通过该申请的制备方法得到的产品收率可达到 99%。而对比文件 1 的制备方法所得到的产品收率仅为 25.3%。通过技术效果的直接比较可以看出：该申请的制备方法将索非布韦的中间体化合物的手性拆分效率大幅提高，这在药物合成工艺领域属于显著的技术进步，可以说，该申请的制备方法的技术效果极为优异，同时取得了预料不到的技术效果。

（2）区别技术特征的重点论述。从手性拆分的机理来讲，该申请的制备方法之所以能够获得上述显著的技术效果，主要是基于其采用了特别的拆分策略——动态动力学拆分。动态动力学拆分的理论收率可达到 100%，而对比文件 1 采用的经典动力学拆分的理论收率最高只有 50%。试问：理论收率只有 50% 的技术方案，又如何能够对于取得了 99% 收率的发明给出任何技术启示呢？

上述两点即是该案答辩思路的关键。

当然，基于前文所论述的，在列举发明的区别技术特征时，应当将所有找出的区别技术特征全部列出，一个都不能少。虽然对于该案来说，采用动态动力学拆分策略是最主要的区别技术特征，在后续的非显而易见性论述中会重点评述；然而动态动力学拆分的具体条件，包括所用的溶剂的类型、所用的碱的种类和用量、拆分的温度和时间以及拆分底物（非对映异构体的混合物）的比例，这些区别技术特征作为次要的技术特征，也是不能遗漏的，应完整地罗列于意见陈述中。

**☞ 意见陈述原文摘录**

一、权利要求 1 具备创造性

1. 权利要求 1 具备突出的实质性特点

本发明权利要求 1 请求保护索非布韦的中间体化合物的制备方法，其包含下列步骤：无水非质子性溶剂中，将如式（Ⅱ）所示的化合物在有机碱和/或无机碱的作用下进行动态动力学拆分，制得如式（Ⅰ）所示的化合物；所述的非质子性溶剂为酯类溶剂、酮类溶剂和醚类溶剂中的一种或多种；所述的有机碱和/或无机碱的质量为如式（Ⅱ）所示的化合物质量的0.1%～10%；所述的动态动力学拆分的温度为10～30℃；所述的动态动力学拆分的时间为5～10h；

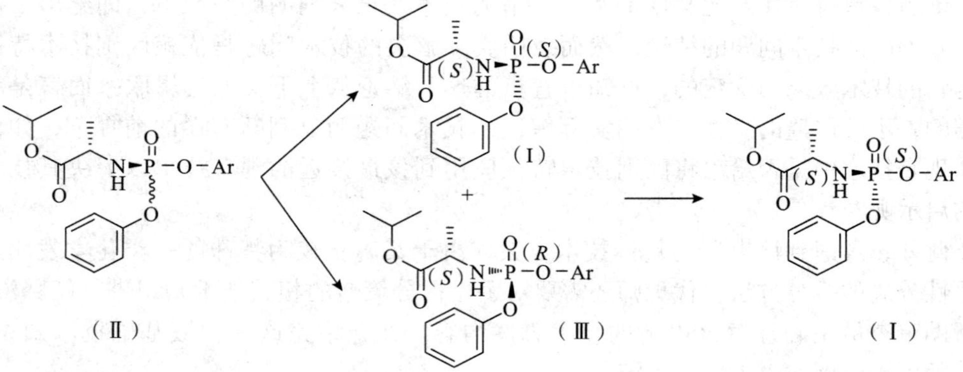


如式（Ⅱ）所示的化合物为如式（Ⅰ）所示的化合物和如式（Ⅲ）所示的化合物组成的混合物，其中，如式（Ⅰ）所示的化合物的质量含量与如式（Ⅲ）所示的化合物的质量含量比为1:1～1:9；“~~~~”表示S构型或R构型；Ar为取代的$C_5$～$C_{10}$的芳基，所述的取代的$C_5$～$C_{10}$的芳基中所述的“取代”是指被一个或多个吸电子取代基所取代，当取代基为多个时，所述的取代相同或不同。

上述技术方案的技术效果为：本申请的制备方法能够选择性地在磷酸酯中心进行差向异构化又不破坏L－丙氨酸异丙酯的手性，反应转化率和产品纯度高，成本低，对环境友好。根据本申请实施例的记载，本申请的制备方法得到的产品手性纯度可达到99%（因本申请采用动态动力学拆分策略，反应物为产品及其非对映异构体的混合物，因此，此处的手性纯度也可表示为其收率）。

1）最接近的现有技术

对比文件1（CN103804446A）公开了一种（*S*）－2－[（*S*）－（4－三氟甲基－苯氧基）－苯氧基－磷酸基氨基]丙酸异丙酯（S－异构体，即权利要求1所述的索非布韦中间体化合物）的制备方法（参见对比文件1说明书第12段以及实施例2）：氮气/氩气保护下，将10.2 g粗品（*S*）－2－[（*S*）－（4－三氟甲基－苯氧基）－苯氧基－磷酸基氨基]丙酸异丙酯（±）加入到甲基叔丁基醚15mL中，然后加入石油醚45mL，降温至－20℃，在此温度搅拌12～24小时。趁冷过滤，固体用－20℃的石油醚洗涤，得到（*S*）－2－[（*S*）－（4－三氟甲基－苯氧基）－苯氧基－磷酸基氨基]丙酸异丙酯，进一步用石油醚重结晶得到高纯度的（*S*）－2－[（*S*）－（4－三氟甲基－苯氧基）－苯氧基－磷酸基氨基]丙酸异丙酯，干燥后得到产物。

上述的对比文件1所公开的制备方法，其产物收率仅为25.3%。

2）区别技术特征和本申请实际所解决的技术问题

与对比文件1所公开的技术方案中的制备方法相比，本申请权利要求1的区别技术特征在于：

①本申请权利要求1采用动态动力学拆分策略，对比文件1采用经典动力学拆分策略；

②本申请权利要求1还公开了所述的动态动力学拆分的具体条件，包括所用的溶剂的类型、所用的碱的种类和用量、拆分的温度和时间以及拆分底物（非对映异构体的混合物）的比例，对比文件1未涉及。

与对比文件1相比，本申请结合上述区别技术特征与其他技术特征所得到的技术方案，其实际解决的技术问题为：提供了一种与现有技术不同的索非布韦的中间体化合物的制备方法，本申请的制备方法采用动态动力学拆分策略，能够选择性地在磷酸酯中心进行差向异构化又不破坏L－丙氨酸异丙酯的手性，反应转化率和产品纯度高达99%，成本低，对环境友好。

3）发明对本领域技术人员非显而易见

上述区别技术特征与其他技术特征结合以得到权利要求1中的技术方案，达到本发明所述技术效果，解决本发明实际需要解决的技术问题，相对于对比文件1和其他现有技术是非显而易见的。

首先，本领域技术人员均知晓，有机合成领域中的动力学拆分包括经典动力学拆分、平行动力学拆分和动态动力学拆分三种策略。

其中，所述的经典动力学拆分的具体原理如下所示：

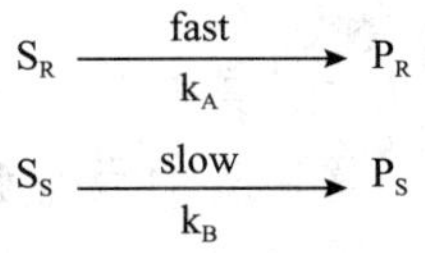


缺点：

（1）最大理论产量为50%

（2）回收底物和产物的对映体纯度受转化程度的影响

所述的动态动力学拆分的具体原理如下所示：

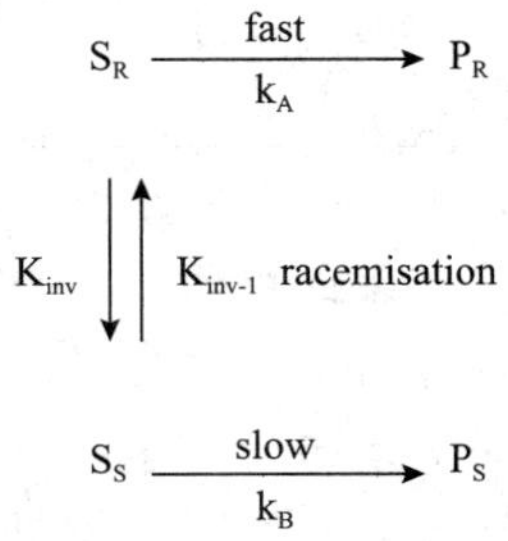


特点：

（1）理论产率达到100%

（2）$k_A/k_B \geqslant 20$，$k_{inv} > k_A$

（3）底物的构型不稳定，能在反应条件下发生立体转化

本发明的技术方案属于上述拆分策略中的动态动力学拆分，而对比文件1的技术方案如其在公开文本中所描述的，属于经典动力学拆分。这二者是完全不同的两种拆

分策略，完全不具有可比性。

通过采用动态动力学拆分策略，并进一步对其拆分条件进行具体设定，从而获得高达99%产品手性纯度，即是该发明的主要发明点，也是本发明创造性之主要体现。对比文件1、任何现有技术或其结合均没有给出本发明采用动态动力学拆分来解决本发明实际所需要解决的技术问题，达到所述的技术效果的任何技术启示。

其次，动态动力学拆分策略中，常用的拆分手段主要包括酶催化、手性助剂、手性有机金属试剂和有机催化等。本发明中采用的是有机催化的方式，其具体机理为：利用（S，$R_p$）异构体在碱性条件下能够转化成对应的（S，$S_p$）异构体，而后者在反应液中更易结晶析出，从而将动力学拆分和消旋化过程相结合，达到本发明中通过动态动力学过程来拆分非对映异构体的目的。而针对本申请中如何选择优化拆分手段即拆分试剂的种类和用量（具体为本申请中所用的碱及其用量），从而获得高达99%产品手性纯度，对比文件1、任何现有技术或其结合均不能给出任何技术启示。

再次，动态动力学拆分策略中，拆分的具体温度和时间的控制，以及拆分底物（非对映异构体的混合物）的比例的控制，对于其拆分效果也有重要影响。而针对本申请中如何设定拆分的具体温度和时间以及拆分底物（非对映异构体的混合物）的比例，从而获得高达99%产品手性纯度，对比文件1、任何现有技术或其结合均不能给出任何技术启示。

最后，申请人强调：本发明的反应效果是上述区别技术特征共同作用的结果，并不是单一因素的作用结果，而其中任意因素的微小调整，可能都会造成反应效果的巨大变化。因此，当本领域技术人员在面对本申请所要解决的技术问题时，与本申请的技术方案所采用的拆分策略完全不同的对比文件1、其他现有技术，或其结合均不能给出任何技术启示。

综上所述，在对比文件1的基础上，结合本领域常规技术手段，均没有对本发明给出任何技术启示，本申请权利要求1的技术方案非显而易见。因此，本申请权利要求1具有突出的实质性特点。

此外，从创造性论述的另外一种方式来看，本发明的方案1还取得了预料不到的技术效果。以对比文件1为代表的现有技术中，由于采用经典动力学拆分策略，其理论收率不可能高于50%，因此索非布韦的中间体化合物的产率极低，如对比文件1的方法仅得到25.3%的收率；而本申请的制备方法采用动态动力学拆分策略，可以将其收率提升至高达99%（因本发明采用动态动力学拆分，反应物为产品及其非对映异构体的混合物，此处的手性纯度也可代表其收率），在药物合成工艺领域，这是显著的技术进步，也说明本申请的制备方法取得了预料不到的技术效果。

2. 新权利要求1取得显著的进步

本申请提供了一种与现有技术不同的索非布韦的中间体化合物的制备方法，采用动态动力学拆分策略，能够选择性地在磷酸酯中心进行差向异构化又不破坏L-丙氨酸异丙酯的手性，反应转化率和产品纯度高达99%，成本低，对环境友好。因此，本申请权利要求1的技术方案具有显著的进步。

因此，本发明权利要求1具备创造性，符合《专利法》第22条第3款的规定。

## 【案例No. 1410501】紧贴型可绕式铝金属套多功能电缆

☞ **案由简要**

该案涉及一种紧贴型可绕式铝金属套多功能电缆（权利要求1~2）。

➢ 一通：审查员引用3篇对比文件，分别为：对比文件1（CN201000783Y）、对比文件2（CN202662357U）、对比文件3（CN204029429），认为权利要求1~2不具备创造性。

➢ 答一通：将说明书中的技术特征“铝套紧贴绝缘线芯”增加至原权利要求1中，论述新权利要求1~2具备创造性。

➢ 审查结果：授权。

☞ **相关权利要求**

1. 一种紧贴型可绕式铝金属套多功能电缆，其特征在于，包括若干绝缘线芯，该些绝缘线芯绞合为一成缆，每一绝缘线芯包括一导体和一绝缘层，所述成缆的外表面挤压一铝套，所述绝缘线芯的绞合节距与所述铝套的节距相同。

修改后的权利要求：

1. 一种紧贴型可绕式铝金属套多功能电缆，其特征在于，包括若干绝缘线芯，该些绝缘线芯绞合为一成缆，每一绝缘线芯包括一导体和一绝缘层，所述成缆的外表面挤压一铝套，所述铝套紧贴绝缘线芯，所述绝缘线芯的绞合节距与所述铝套的节距相同。

☞ **相关说明书内容**

摘录一

在本方案中，将成缆好的多个绝缘线芯外侧直接挤制一层铝套，无须填充，通过滚压工艺将铝套挤压在绝缘线芯的表面上，使之紧贴绝缘线芯，即紧贴绝缘线芯的外轮廓，由于铝套紧贴绝缘缆芯表面，绝缘线芯与铝套之间几乎不存在空隙，也就几乎不会存在空气，因此电缆散热性能增强。铝套本身带有与绝缘缆芯相同的节距，使电缆的弯曲性能得到改善。整根电缆结构紧凑，直径更小。由于散热性能提高，因此，电缆的载流量也会相应提高。

摘录二

一种紧贴型可绕式铝金属套多功能电缆，包括3个绝缘线芯，该些绝缘线芯绞合为一成缆，每一绝缘线芯包括一导体1和一绝缘层2，成缆的外表面挤压一铝套3，绝缘线芯的绞合节距与铝套3的节距相同。

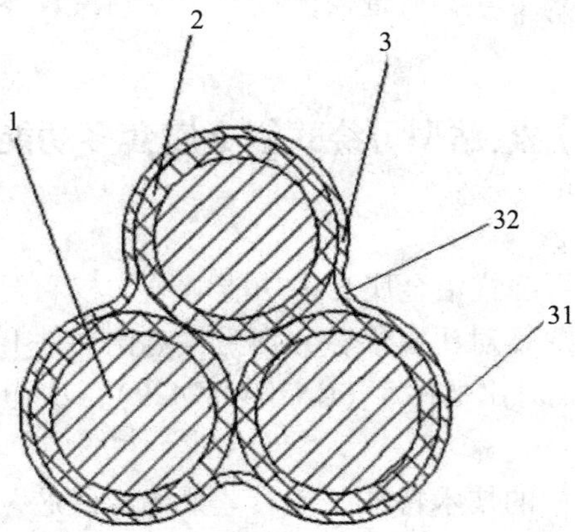


☞ **相关对比文件公开内容**

**【对比文件1】**

图1是本实用新型0.6/1kV及以下皱纹高柔性电力电缆的结构示意图，包括若干绞合导体1、绝缘层2、填充绳3和外护套7，每个绞合导体1外包裹绝缘层2，各绞合导体1之间填充有填充绳3，还包括缓冲层4和皱纹铝套5，所述填充绳3由内到外依次包裹缓冲层4、皱纹铝套5和外护套7。

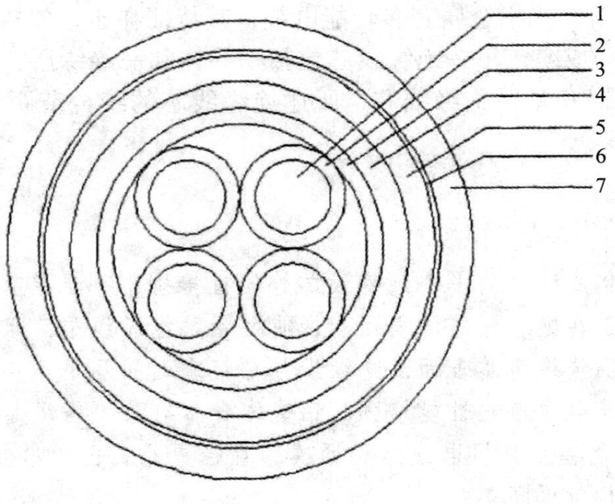


**图1**

**【对比文件2】**

摘录一

［0012］本实用新型为一种新型电线，从内至外依次包括缆芯组、绝缘层2和护套层3，其中，所述的绝缘层2和护套层3之间设置有间隙4，缆芯组包括三根线芯1。

摘录二

［0005］采用本实用新型技术方案的一种新型电线，由于绝缘层和护套层之间设置有间隙，护套层作为填充物填入各包裹有线芯的绝缘层之间，但在绝缘层和护套层之

间又有间隙，因此，不仅稳定了各线芯，避免线芯在护套层内打转的现象，又能通过间隙简单剥离护套层。

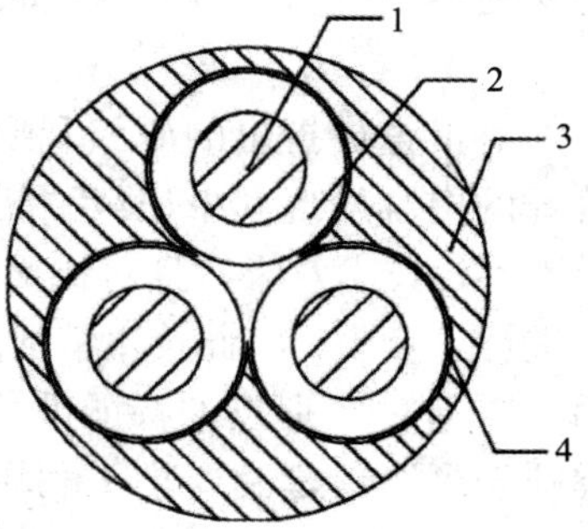


☞ **审查意见**

独立权利要求1请求保护一种紧贴型可绕式铝金属套多功能电缆，对比文件1（CN201000783Y）公开了一种皱纹柔性电力电缆，并具体公开了（参见该对比文件1说明书P1第17行至P3第1行，图1），该皱纹柔性电力电缆包括若干绝缘线芯，绝缘线芯绞合为一成缆缆芯（绝缘线芯具有一绞合节距），每一绝缘线芯包括一导体1和一绝缘层2，成缆缆芯外包裹缓冲层，缓冲层外为皱纹铝套5，皱纹铝套5采用螺旋轧纹皱纹铝套。该权利要求1所要求保护的技术方案与对比文件1的区别在于：铝套被挤压在成缆的缆芯的外表面，绝缘线芯的绞合节距与铝套的节距相同，使得电缆构成了紧贴型可绕式铝金属套多功能电缆。对比文件2（CN202662357U）公开了（参见该对比文件第［0003］~［0014］段，图1）护套3被设置在缆芯组的线芯之间的间隙中，可以避免线芯在护套内打转的现象，显然此时护套内部的结构对应于缆芯的外形，即护套内部呈现与缆芯相同的绞合节距的螺距，在此基础上，当铝套直接套装在缆芯的绝缘表面时，本领域技术人员很容易想到铝套被压入绝缘线芯之间的间隙中。本领域技术人员熟知，铝套挤制一般需要在较高的温度下和一定的压力下进行（使铝处于熔融状态），铝套直接挤制在绝缘表面，很容易损伤绝缘层，通常会采用垫层或衬层（缓冲层），以避免铝套直接挤制在绝缘表面时，造成绝缘层的损伤，当绝缘层足够抵抗铝套的高温和挤制时的压力时，本领域技术人员很容易想到取消垫层或衬层（缓冲层），而将铝套直接挤在成缆缆芯的绝缘表面。本领域技术人员也很容易想到，当铝套被压入到绝缘线芯之间的间隙中时，如果各处厚度一致，铝套的外形必然与绝缘线芯相一致，即铝套的节距与绝缘线芯的绞合节距相同，此时电缆构成一种紧贴型可绕式铝金属套多功能电缆。由此可知，在对比文件1的基础上结合对比文件2以及本领域的公知常识，得出该权利要求1的技术方案，对本技术领域的技术人员来说是显而易见的，因此该权利要求1所要求保护的技术方案不具有突出的实质性特点和显著的进步，因而不具备《专利法》第22条第3款规定的创造性。

☞ **答辩要点分析思路**

在答复审查意见时，代理师对审查员认定的发明实际解决的技术问题不认可或对权利要求进行修改之后，需要重新认定发明实际解决的技术问题。在这之前，应当结合说明书的内容，详细分析并列明权利要求的技术方案利用区别技术特征所能达到的技术效果，进而根据该技术效果推导出发明实际解决的技术问题，从而使得论述有理有据，逻辑清晰有序，这样能够使得审查员更容易接受代理师重新确定的发明实际解决的技术问题。

在该案分析过程中，代理师对审查员指出的原权利要求1不具备创造性的观点难以反驳，但经过研读说明书公开的内容发现其中记载“铝套紧贴绝缘线芯”这一技术特征可以给技术方案带来意想不到的技术效果，且对比文件1并未公开这一技术特征，因此，代理师对原权利要求1进行了修改，将此技术特征增加至原权利要求1中。

在对原权利要求1修改后，重新对区别技术特征进行了认定，在重新认定发明实际解决的技术问题之前，代理师先列明新权利要求1利用上述区别技术特征所能达到的技术效果为：由于铝套紧贴绝缘缆芯表面，绝缘线芯与铝套之间几乎不存在空隙，也就几乎不会存在空气，因此电缆散热性能增强，进而根据该技术效果认定该发明实际所要解决的技术问题为：如何提高电缆的散热性能、改善弯曲性能及缩小电缆外径。

在此基础上，进一步论述现有技术的技术方案均达不到上述技术效果，解决不了该发明实际所要解决的技术问题，现有技术整体上不能给出技术启示，以使审查员理解该发明的创造性高度。

**☞ 意见陈述原文摘录**

一、新权利要求1的创造性

1. 新权利要求1具有突出的实质性特点

1.1 最接近的现有技术

审查意见中引用对比文件1和对比文件2，其中对比文件1公开了一种皱纹柔性电力电缆，公开本申请技术特征最多，解决技术问题最接近，故将其作为最接近的现有技术。

1.2 区别技术特征及实际解决的技术问题的认定

由于对比文件1并未公开技术特征“所述铝套紧贴绝缘线芯”，因此修改后的权利要求1中新增的技术特征“所述铝套紧贴绝缘线芯”也应作为新权利要求1与对比文件1的区别技术特征，从而，申请人认为新权利要求1相比于对比文件1的区别技术特征为：电缆的外表面挤压一铝套，所述铝套紧贴绝缘线芯，绝缘线芯的绞合节距与铝套的节距相同。

从而，申请人认为，审查员在审查意见中指出的该区别技术特征带来的效果“使得电缆构成了紧贴型可绕式铝金属套多功能电缆”只是上述区别技术特征带来的技术效果中的其中一点，并不是全部。这是因为，新权利要求1利用上述区别技术特征后，不仅使电缆结构紧贴，从而大大缩小电缆外径，且改善了电缆的弯曲性能，还使得绝缘线芯与铝套之间几乎不存在空隙，也就几乎不会存在空气，从而散热效果大为改善，其载流能力也有所增强。

综上，基于上述区别技术特征及新权利要求1所能达到的技术效果，新权利要求1的技术方案实际解决的技术问题是：如何提高电缆的散热性能、改善弯曲性能及缩小电缆外径。

1.3　新权利要求1的技术方案对本领域技术人员来说是非显而易见的

(1) 对比文件2无法给出技术启示

审查意见中认为，对比文件2公开了（参见该对比文件第［0003］~［0014］段，附图1）护套3被设置在缆芯组的线芯之间的空隙中，可以避免线芯在护套内打转的现象，显然此护套内部的结构对应于缆芯的外形，即护套内部呈现与缆芯相同的绞合节距的螺距，在此基础上，当铝套直接套装在缆芯的绝缘表面时，本领域技术人员很容易想到铝套被压入绝缘线芯之间的空隙中。对此，申请人难以认同。

申请人认为，对比文件2中并未披露“护套内部呈现与缆芯相同的绞合节距的螺距”该技术特征，且也不能从对比文件2公开的内容中推导出上述技术特征，这是因为，本领域技术人员为了避免线芯在护套内打转的现象，可以有多种实现方式，如常规的实现方式：护套当作填充物将包裹线芯组的绝缘层包裹（参见对比文件2背景技术）；也可在绝缘线芯的部分位置设置填充物。也就是说，为了实现避免线芯在护套内打转的技术效果，并不是必须将护套内部呈现与缆芯相同的绞合节距的螺距才能实现，即“避免线芯在护套内打转”与“护套内部呈现与缆芯相同的绞合节距的螺距”没有直接的推导关系。因此，申请人认为，由于对比文件2并未公开“护套内部呈现与缆芯相同的绞合节距的螺距”，且从“避免线芯在护套内打转”该技术效果也不能直接推断出“护套内部呈现与缆芯相同的绞合节距的螺距”这一技术特征，也就更加不能推断出“当铝套直接套装在缆芯的绝缘表面时，铝套被压入绝缘线芯之间的空隙中”这一技术手段，申请人认为，审查员的推论过于武断。

另外，申请人认为，修改后的权利要求1增加了技术特征“所述铝套紧贴绝缘线芯”，其对挤压的程度作了进一步限定，即通过挤压使得铝套紧贴在绝缘线芯的表面上。从而，新权利要求1的线缆的设置方式为：铝套紧贴绝缘线芯，铝套与绝缘线芯之间几乎不存在空隙，且铝套与绝缘线芯之间没有填充材料。而参见对比文件2第［0005］段记载，绝缘层和护套层之间设置有空隙，护套层作为填充物填入各包裹有线芯的绝缘层之间。可见，对比文件2中线缆的设置方式为：线芯的绝缘层包裹有填充物，且绝缘层与护套层之间设有空隙。可见，对比文件2中线缆的设置方式与本申请中线缆的设置方式是完全不同的，也就是说，对比文件2没有公开上述区别技术特征。从而，申请人认为，在当铝套直接套装在缆芯的绝缘表面时，本领域技术人员参考对比文件2公开的技术内容是不容易想到将铝套直接挤压在绝缘线芯的表面，且使铝套紧贴绝缘线芯的。

再者，对比文件2中公开了一种新型电缆，从内至外依次包括缆芯组、绝缘层和护套层，其中，绝缘层和护套层之间设置有空隙（参见对比文件2说明书第［0004］段）。从而，对比文件2公开的上述技术内容在对比文件2中所起的作用为：避免线芯在护套层内打转，又能通过空隙简单剥离护套层。而新权利要求1则将铝套直接挤压在绝缘线芯的表面上，铝套紧贴绝缘线芯，绝缘线芯的绞合节距与铝套的节距相同。新权利要求1的区别技术特征在本申请中所起的作用为：通过在成缆外侧直接挤压一铝套，一方面，减少了填充材料的耗费；另一方面，铝套本身外径减小，耗材更少，电缆缆芯不再为空气所隔绝，散热效果大为改善，其载流能力也有所增强，又由于绝缘线芯的绞合节距与铝套的节距相同，改善了电缆弯曲性能。可见，两者差异是非常明显的。

综上所述，本领域技术人员在面对上述技术问题时，对比文件2无法给出将上述区别技术特征应用到该最接近的现有技术以解决本发明实际解决的技术问题的启示。

（2）上述区别技术特征不属于本领域的公知常识

本申请的背景技术记载：波峰与波谷之间具有空气存在，波谷与绝缘层和填充材料之间是以一条螺旋状的线相接触。可见，现有技术的线缆均在绝缘线芯外填充有填充材料且铝套不是紧贴绝缘线芯的，这才是线缆的常规设置。又参见对比文件1说明书第6段记载“本实用新型的高柔性电力电缆，包括若干绞合导体、绝缘层、填充绳（相当于填充材料）和外护套”，以及对比文件2说明书第［0005］段记载“护套层作为填充物填入各包裹有线芯的绝缘层之间”，两份对比文件中线缆的设置方式均为在线芯的绝缘层外设填充材料，铝套也就不可能紧贴在绝缘线芯，由于对比文件1和对比文件2是与本申请最相关的现有技术，进一步说明了在线芯的绝缘层外设填充材料且铝套于绝缘线芯不紧贴才是本领域的公知常识。而现有技术的线缆的设置方式均存在电缆散热性能差、外径大、耗材多的缺陷，新权利要求1的技术方案是在绝缘线芯外侧直接挤制铝套，且铝套紧贴绝缘线芯，也就是说铝套与绝缘线芯之间无填充，且两者之间几乎不存在空隙，也就几乎不存在空气，因此电缆的散热性能增强，同时缩小了电缆的外径。从而，申请人认为，权利要求1的区别技术特征是针对本领域的公知常识做出的改进，上述区别技术特征不属于本领域的公知常识。

综上所述，现有技术从整体上无法给出将上述区别技术特征应用到最接近的现有技术以解决上述技术问题的技术启示。

因此，新权利要求1的技术方案具有突出的实质性特点。

2. 新权利要求1具有显著的进步

新权利要求1的技术方案，将成缆好的多个绝缘线芯外侧直接挤制一层铝套，无须填充，通过滚压工艺将铝套挤压在绝缘线芯的表面上，使之紧贴绝缘线芯，即紧贴绝缘线芯的外轮廓，由于铝套紧贴绝缘缆芯表面，绝缘线芯与铝套之间几乎不存在空隙，也就几乎不会存在空气，相比于最接近的现有技术，新权利要求1的技术方案电缆散热性能增强，且铝套本身带有与绝缘缆芯相同的节距，使电缆的弯曲性能得到改善，再者，整根电缆结构紧凑，直径更小。

因此，新权利要求1的技术方案具有显著的进步。

综上，新权利要求1相对于现有技术具有突出的实质性特点和显著的进步，具备《专利法》第22条第3款所规定的创造性。

## 【案例 No. 1510124】毛用藏青染料组合物及其制备方法

### ☞ 案情简要

该申请权利要求1涉及一种毛用藏青染料组合物（1～7）及其制备方法（8和9）。

➢ 一通：审查员引用一篇对比文件（CN200480009038. X），认为权利要求1～9不具备创造性。

➢ 答一通：未作修改。

➢ 审查结果：授权。

☞ **相关权利要求**

1. 一种毛用活性藏青染料组合物，其特征在于，其原料包括化合物1和化合物2，

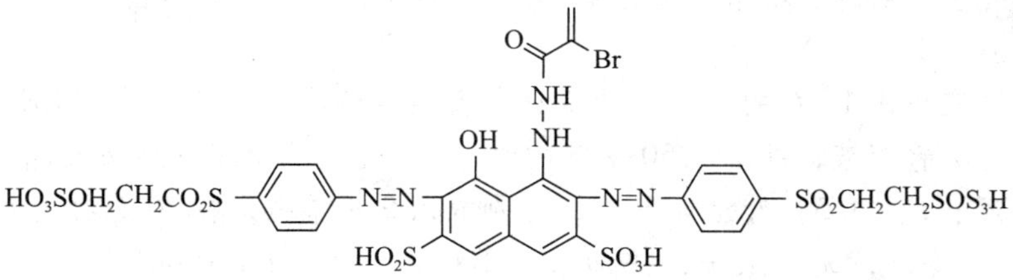

1

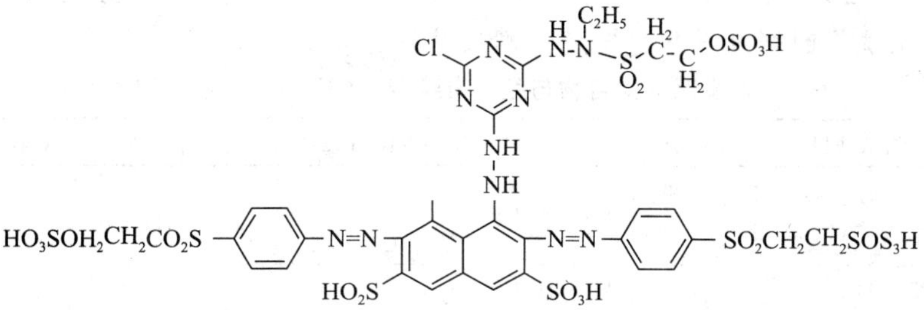

2

其中，化合物1与化合物2的质量比为1∶2.5～1∶2.7。

☞ **相关说明书内容**

1. 本发明的毛用活性藏青染料组合物比兰纳素藏青染深度更高；

本发明的毛用活性藏青染料组合物2%（owf）深度达到兰纳素藏青3.2%（owf）深度。即采用羊毛染色市场使用的90%的深藏青色，只要用毛用活性藏青染料组合物用量4%～5%（owf）即可达到，而兰纳素藏青（CE）需要6.5%～7.5%（owf）。

2. 本发明的毛用活性藏青染料组合物比兰纳素藏青日晒色牢度更高：本发明的毛用活性藏青染料组合物日晒色牢度较兰纳素藏青高，同样深度2.5%（owf）本发明的毛用活性藏青染料组合物较兰纳素藏青（CE）高0.5～1级。

3. 本发明的毛用活性藏青染料组合物后整理不变色：由于目前毛纺厂取代媒介的要求，对于毛用活性染料的后整理变色要求很高，而兰纳素藏青（CE）染色后，产生泛红现象，面料服装厂很难接受，需要开发泛红较小的，色牢度不低于兰纳素藏青（CE）的毛用活性藏青。本发明的毛用活性藏青染料组合物，克服了兰纳素藏青（CE）后整理变色的缺点。

4. 本发明的毛用活性藏青染料组合物遮盖性好（即染色时毛尖毛根遮盖性好），比国内其他毛用活性藏青要好很多。

5. 本发明的毛用活性藏青染料组合物色牢度高：达到4～5级以上，而国内毛用活

性藏青一般为3级。(日晒色牢度国际标准为4~5级)

6. 本发明的毛用活性藏青染料组合物可以单独使用，或者与其他染料和/或匀染剂配合使用，配伍性好，更适合于工业化生产。

实施例1（化合物1与化合物2的质量比为1∶2.5）

将19.9克化合物1、49.6克化合物2、30克元明粉、0.5克除尘剂，一起用砂磨机进行研磨处理，研磨至粉末粒径为45μm，即得本发明的毛用活性藏青染料组合物。

效果实施例1

各取1克实施例1~6的毛用活性藏青染料组合物和兰纳素藏青（CE）溶解在50毫升水中成为染料溶液，并加入50毫升的水与之混合，加入0.1克安诺科匀染剂B02，以醋酸调染浴pH为4.5，升温至30℃，分别放入5克羊毛，在70分钟内升温至98℃，保温60分钟，降温，充分水洗，并加入水100ml，加入2%（owf）纯碱（碳酸钠），pH为8.0~8.5，升温至80℃，洗20分钟，放去，充分淋洗，吹干。染色羊毛样采用ISO 105 - C02 - 2013（C02法）、ISO 105 - B02—2013（方法2）、GB/T 5718—1997分别测试其耐水洗、耐光及升华色牢度。测试结果见表1。

**表1 本发明的组合物与兰纳素藏青（CE）的染色效果对比**

| 测试项目 | 本发明的毛用活性藏青染料组合物 | 兰纳素藏青（CE） |
| --- | --- | --- |
| 色牢度（深度一致比较）水洗（ISO 105/ C02） | 4~5级以上 | 4~5级以上 |
| 汗渍（ISO 105/E04） | 4~5级以上 | 4~5级以上 |
| 水浸（ISO 105/E01） | 4~5级以上 | 4~5级以上 |
| 摩擦（ISO 105/X12） | 干摩4级，湿摩3级 | 干摩4级，湿摩3级 |
| 煮呢（ISO 105/E09） | 4级以上 | 4级以上 |
| 日晒色牢度（ISO 105/B02） | 2%（owf）本发明的毛用活性藏青染料组合物4级；<br>4%（owf）本发明的毛用活性藏青染料组合物5级 | 2%（owf）藏青CE 3级；<br>4%（owf）藏青CE 4~5级 |
| 蒸呢色牢度（ISO 105 /E10） | 3.5级 | 2.5级 |

实验结果表明：本发明的毛用活性藏青染料组合物价格较兰纳素藏青低1/4，而且染料力份强度（特别是染浅色时）较兰纳素藏青高50%~60%（即本发明的毛用活性藏青染料组合物2%（owf）力份等同于3.2%（owf）藏青（CE）)，同时日晒色牢度高，后变色较少，为毛纺厂节约了成本，客户的效益非常可观，同时节约了维修色光的成本。(如果后变色整理泛红，一般毛纺厂的普遍做法是，在染色配方中加入蓝色染料，以减少后整理变色，同时增加了客户成本)。

效果实施例2：本发明的毛用藏青染料组合物与一般毛用藏青染料的生产成本比较。

江苏阳光集团的配方实例：如果以3.5%（owf）本发明毛用活性藏青染料组合物的标准色光，需用藏青CE 4.3%（owf），黄CE 0.5%（owf），蓝CE 0.92%（owf）达到，成本大大增加，增加约40%。

效果实施例3：安诺菲克斯黄 ARC 0.06%（owf），安诺菲克斯蓝 A3G 0.5%（owf），本发明的毛用藏青染料组合物3.5%（owf）。染5吨66S羊毛，色光稳定（为藏青色），色牢度为4~5级，后整理变色达到3~4级，无毛尖毛根问题产生。

效果实施例4：本发明的毛用藏青染料组合物的重复性。

采用本发明的毛用藏青染料组合物，用江苏阳光集团染色的配方，安诺菲克斯黄 ARC 0.06%（owf），安诺菲克斯蓝 A3G 0.5%（owf），本发明的毛用活性藏青染料组合物（其中化合物1与化合物2的质量比为1：2.5）3.5%（owf）。跟踪10天，每缸染色色光稳定，可见本发明的染料组合物重复性好。

效果实施例5：本发明的毛用藏青染料组合物对羊毛染色效果（配伍性）。

江苏阳光集团配方：安诺菲克斯黄 ARC 0.06%（owf），安诺菲克斯蓝 A3G 0.5%（owf），本发明的毛用活性藏青染料组合物（其中化合物1与化合物2的质量比为1：2.5）3.5%（owf）。

实验结果表明，染色后的羊毛颜色为藏青色，日晒牢度达到4~5级，后整理色变3~4级。

华西浅色配方：安诺菲克斯红 C-3BN 0.8%（owf），本发明的毛用活性藏青染料组合物（其中化合物1与化合物2的质量比为1：2.6）4.0%（owf），安诺菲克斯深黑 GR0.64%（owf）。

实验结果表明，染色后的羊毛颜色为深藏青色，日晒牢度达到5级，后整理色变3~4级。

华西深色配方：安诺菲克斯黑 GR 6.5%（owf），安诺菲克斯红 C-3BN 0.2%（owf），本发明的毛用活性藏青染料组合物（其中化合物1与化合物2的质量比为1：2.5）1.24%（owf）。

实验结果表明，染色后的羊毛颜色为深藏青色，日晒牢度达到5~6级，后整理色变3~4级。

由此可见，本发明的毛用活性藏青染料组合物可以用于不同的染料配方，配伍性好。

**☞ 相关对比文件公开内容**

摘录一

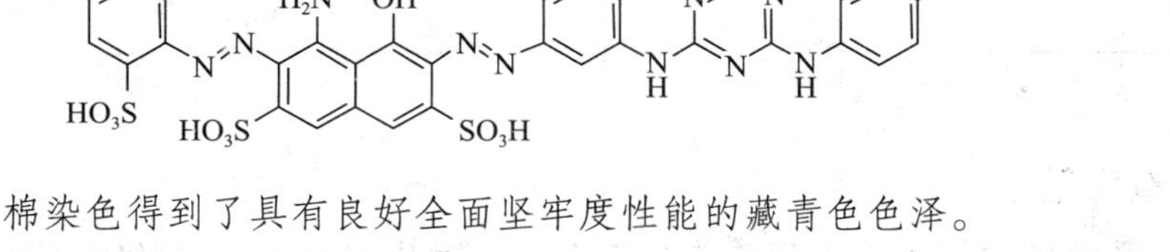


（102）

对棉染色得到了具有良好全面坚牢度性能的藏青色色泽。

染色方法Ⅱ

将0.1份制备实施例的染料溶解于200份水中并向其中加入0.5份硫酸钠、0.1份匀染剂（以高级脂肪胺和氧化乙烯的缩合反应为基础）和0.5份醋酸钠。然后，用醋酸（80%）将其 pH 调至 5.5，将该染料浴在 50℃下加热 10 分钟，然后向其中加入 10 份羊毛织物。在约 50 分钟的过程中将该浴加热至 100℃的温度并在该温度下染色 60 分钟。然后，将该染料浴冷却至 90℃并取出被染色的物品。将该羊毛织物用热水和冷水进行洗涤，然后将其旋转脱水并对其进行干燥。

实施例 1：在 60℃下，将 100 份棉织物引入到在 1000 份水中包含 0.6 份式（101）的染料、5.4 份式（102）的染料和 60 份氯化钠的染料浴中。

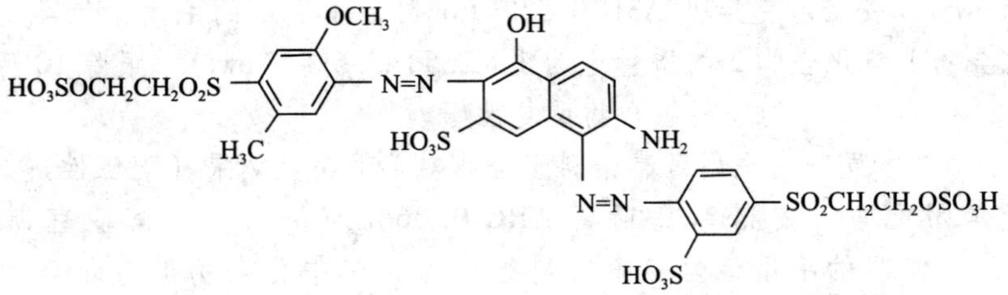

（101）

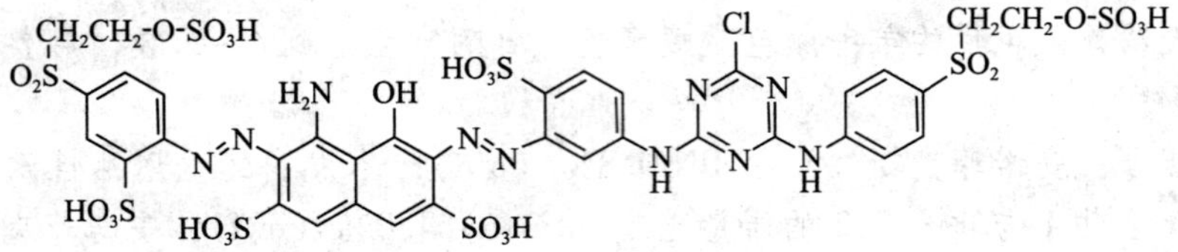

（102）

在使其 60℃下 45 分钟染料浴后，向其中加入 20 份纯碱末。将被染料浴的温度在 60℃下再维持 45 分钟。然后，将该被染色的织物以常规方式进行清洗和干燥。得到具有良好的坚牢度性能的海军兰染色。

摘录二

1. 一种染料混合物，包含至少一种式（1）的染料和至少一种式（2）的染料

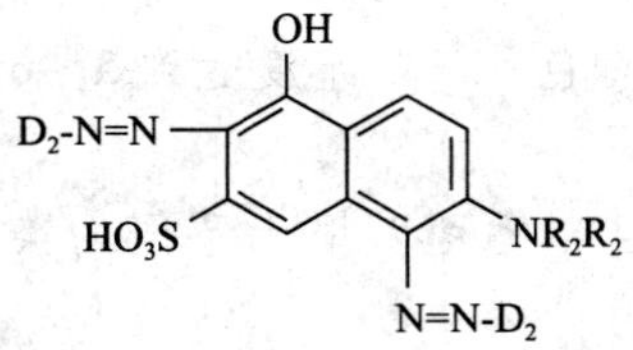

（1）

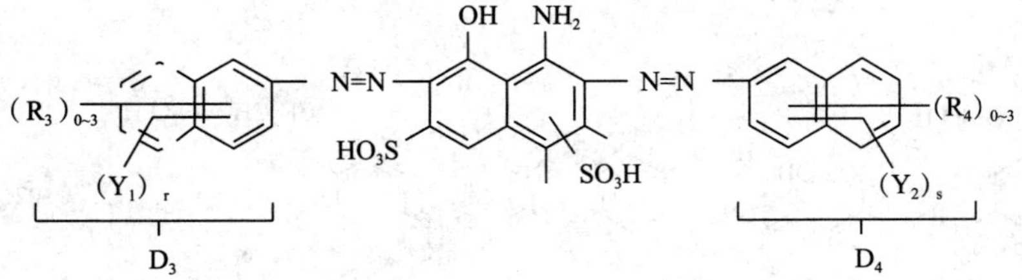

（2）

☞ **相关审查意见**

权利要求 1 要求保护一种毛用藏青染料组合物，对比文件 1（CN10033556IC）公开了一种可用于羊毛的藏青染料（参见说明书第 27 页“染色方法Ⅱ”），所述染料的具体结构为：

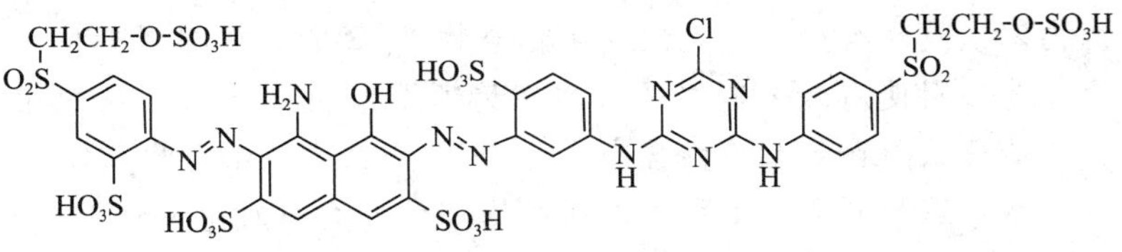

式（102）

本申请权利要求1要求保护的实质上是一种可将羊毛染成藏青色的活性染料，而对比文件1公开的式（102）活性染料同样可以将羊毛染成藏青色。而且根据本申请说明书的记载可知，化合物1、2能够将该藏青活性染料与现有技术区别开来且对现有技术做出贡献的是染料组分：

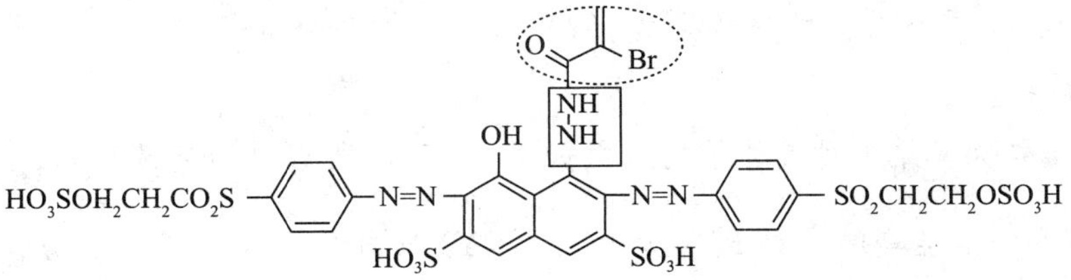

1

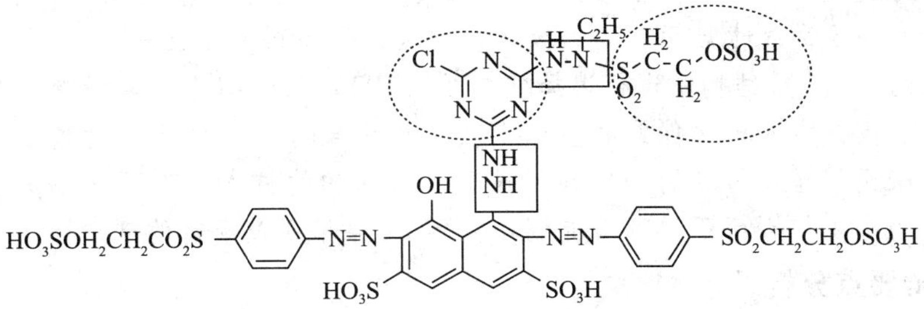

首先，对于上述化合物1、2，本申请原权利要求书及说明书中均未记载，制备方法或任何其他公众在申请日之前能够购买或获得的其他途径；因此，根据本申请公开的内容，本领域技术人员无法获得本申请所述藏青活性染料的关键成分“化合物1”和“化合物2”。

其次，经查阅技术手册和检索现有技术文献，未发现公开了上述两种具体结构的活性染料的现有技术；而且由于化合物1、2在结构上与现有技术存在较大的差异：①化合物1、2实质上为在本领域常见的C.I.活性黑5母体H酸的氨基上重新接入了活性基团，而对于3、6位均以重氮基连接其他共轭基团的H酸，该位点并非常见的连接位点，并且该连接位直接存在于染料母体的核心位置，其对于染料母体共轭结构影响较大，会导致染料色光、染色条件等性能与现有技术差异较大。②化合物1、2中使用1，2-亚肼基“-NH-NH-”（方框标记处）作为染料母体与活性基（圆形标记处的基团）之间，以及不同活性基之间的桥基，其中，“肼基”不是活性染料领域的桥基，其具有较强的反应活性，使用其连接同样具有较强反应活性的活性基的结构，以及对应的制备方法均不属于现有技术，也难以预期。而对于化合物1、2中存在的上述不可预期性，本申请说明书中也没有任何说明。

综上所述，虽然本申请给出了化合物1、2的化学结构，但是本领域技术人员根据本申请公开的内容以及现有技术，无法确认化合物 1、2 能否根据现有技术制备得到稳定存在，以及作为染料使用……这些解决本申请所要解决的技术问题的相关性能及物化参数，进而不能确认所述效果是由含有化合物 1、2 的染料组合物直接产生的。

由此可见，本申请权利要求 1 所要求保护的技术方案与对比文件 1 公开内容相比，其区别在于：本申请中藏青色染料组合物由一种三活性基染料和一种四活性基染料构成；而对比文件 1 中藏青染料为一种三活性基染料。基于上述区别技术特征可知本申请实际所要解决的技术问题是如何提供一种毛用藏青染料组合物的替代方案。

对于上述区别技术特征，对比文件 1 公开了一系列可以相互拼混的活性染料（参见权利要求 1），其具有共同的结构通式（2）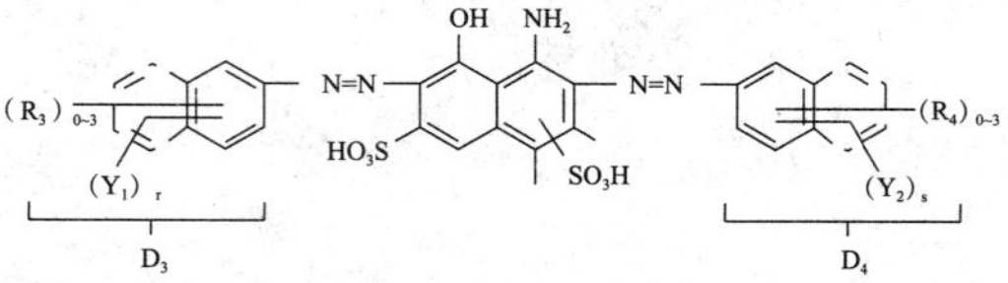，式（102）染料为其中一种具体结构。根据通式（2）所概括的范围可知，其中还可以含有四活性基的活性染料（如 r、s 为 1，Y1、Y2 选自 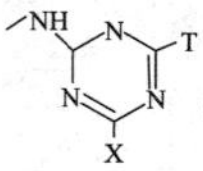，T 为反应性基团），即对比文件 1 通过通式（2）给出了上述式（102）染料还可以与其他符合通式（2）的四活性基染料拼混的技术启示。本领域技术人员为了获得更多性能类似的染料组合物，容易想到从通式（2）结构中进行选择并与式（102）染料拼混，且没有任何预料不到的技术效果。因此在对比文件 1 的基础上获得权利要求 1 要求保护的技术方案对本领域技术人员来说是显而易见的，权利要求 1 要求保护的技术方案不具备突出的实质性特点和显著的进步，因而不具备《专利法》第 22 条第 3 款规定的创造性。

**☞ 答辩要点分析思路**

1. 初步思路

对于创造性问题，代理师认为：

首先，从技术方案来看，该发明与对比文件 1 所述技术方案的区别技术特征在于：①活性染料的结构不同；②活性染料的混合比例不同。

其次，从技术效果来看，对比文件 1 的技术效果与该发明无法直接比较。

在此情况下，代理师在整理答辩思路时认为：虽然该发明与对比文件 1 相比具有两个区别技术特征，但是区别技术特征②是在区别技术特征①的前提下才成立的。因此，若要论述该发明的创造性，本质上应主要从区别技术特征①入手。具体地，基于原始申请文件记载的情况，虽然该发明从技术效果上无法直接与最接近的现有技术相比是否有优势，但是从活性染料的结构上来看相差巨大。因此，代理师决定从活性染料结构与染料效果之间关系的不确定性来论述该发明的创造性。

故在初次撰写时，代理师主要论述是以区别技术特征为活性染料的结构不同，然后从理论上论述了“活性染料结构与染料效果关系的不确定性”，进而证明该发明的创造性。

2. 最终处理思路

初稿成文后，仔细阅读发现整体说服力较弱，经过分析发现区别技术特征②虽然是在区别技术特征①的前提下成立的，但是，其作为一个区别技术特征，在创造性答辩过程中，不能仅通过代理师的主观判断就简单地将其弱化甚至忽略不写。在论述过程中，不论有几个区别技术特征，都应全面、具体地呈现并进行挖掘和论述。值得一提的是，如果在列举区别技术特征时不写某个区别技术特征，则表明申请人默认此技术特征非区别技术特征，这相当于抹去了发明与最接近的现有技术的一个差异点，这有可能在后续程序中对申请人产生不利的影响。

就这个案子本身来说，虽然代理师的上述进行创造性论述的逻辑无明显错误之处，但其成文的意见陈述说服力还是受到影响。因此代理师与发明人进行进一步沟通，确定“活性染料组分的比例”［即区别技术特征②］是否影响该发明的效果。经过与发明人的沟通，代理师发现“活性染料组分的比例”确实对染色效果有很大的影响，并且发明人还提供了一系列的对比例用于证明其影响。

基于上述情况，代理师重新撰写了意见陈述书，将区别技术特征②在区别技术特征部分作了补充，并且在论述非显而易见性时又增补了“对比文件 1 无法给出将区别技术特征②和对比文件 1 相结合以解决该发明技术问题的启示”的论述。这样的论述更全面，并且说服力更强。

3. 问题总结

在创造性的论述过程中，当具有多个区别技术特征时，原始申请文件本身或者发明人答辩过程中提供的一些论据往往会呈现出“不同的区别技术特征对技术效果的贡献是不同的”这一现象。基于此种情况，代理师往往会通过自己的主观判断，将区别技术特征分主次对待。但是需要注意的是，代理师在罗列区别技术特征时，不能仅将认为对非显而易见的论述有帮助的区别技术特征进行罗列，而将其他区别技术特征弱化甚至忽略不写，避免后续程序中产生的不利影响。另外，要注意的是，若存在多个区别技术特征，各区别技术特征之间具有关联性（例如需要各区别技术特征协同配合才能实现技术效果时）时，各区别技术特征就更需要在论述的过程中体现出来。

### ☞ 意见陈述书摘录

1. 权利要求 1 具有实质性的特点

权利要求 1 要求保护一种毛用藏青染料组合物，其原料包括化合物 1 和化合物 2，化合物 1 与化合物 2 的质量比为 1∶2.5～1∶2.7；对比文件 1 公开了一种可用于羊毛的藏青染料（参见说明书第 27 页“染色方法Ⅱ”），所述染料为式（102）所示化合物。化合物 1、化合物 2 和式（102）所示化合物结构如下所示：

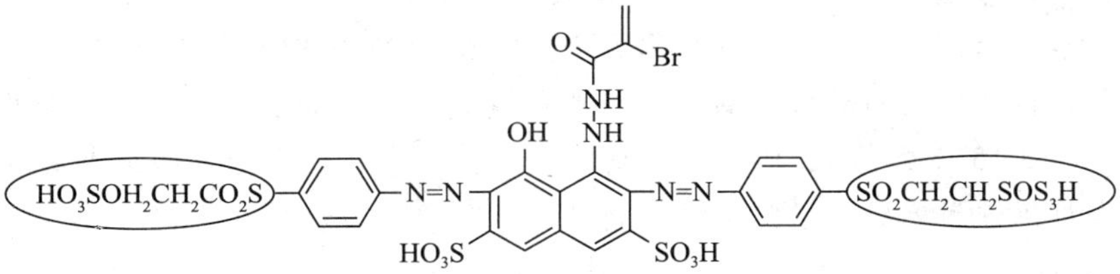


化合物1

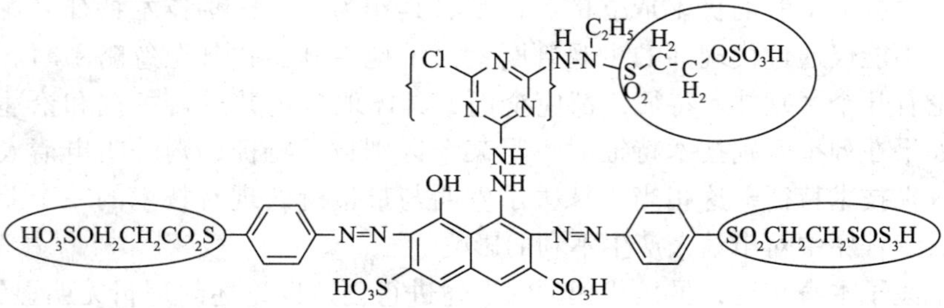

化合物2

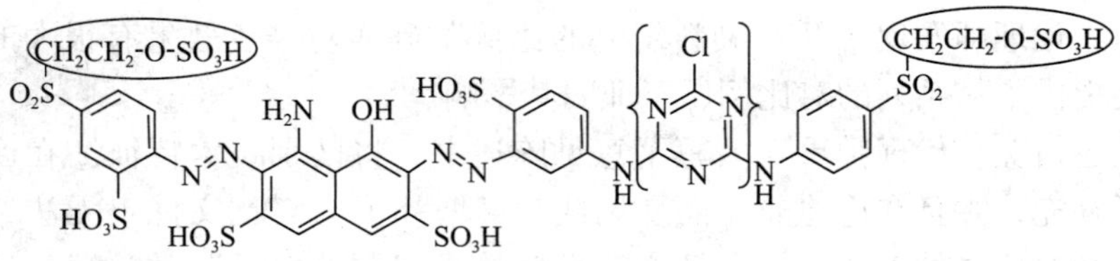

式（102）

A. 本申请所述藏青活性染料的关键成分“化合物1”和“化合物2”在本发明申请日（即2015年5月12日）以前均为现有技术中已知的化合物，且可通过本领域常规方法制得。具体解释如下：

对于化合物1而言，首先，其是本发明的申请人公司型号为安诺菲克斯藏青 ARC－B 01的产品，一般出售给羊毛染色厂商，可提供销售发票（见附件1，开票日期为2015年3月31日，早于本申请的申请日2015年5月12日）以及该产品的安全技术说明书（见附件2，印刷日期为2013年8月20日，早于本申请的申请日2015年5月12日）予以证明，由附件1、2可知，本发明的化合物1在本发明的申请日以前为市售产品；其次，化合物1可通过本领域常规方法制得，其具体制备方法可参见附件3中第762页，右栏，C.I. 活性蓝69，以及附件3中第781页，C.I. 活性黑39的制备方法。

对于化合物2而言，首先，其是本发明的申请人公司型号为安诺菲克斯藏青 C－BN的产品，一般出售给羊毛染色厂商，可提供销售发票（见附件4，开票日期为2015年3月12日，早于本申请的申请日2015年5月12日）以及该产品的安全技术说明书（见附件5，印刷日期为2014年10月15日，早于本申请的申请日2015年5月12日）予以证明，由附件4、5可知，本发明的化合物2在本发明的申请日以前为市售产品；其次，化合物2可通过本领域常规方法制得，其具体制备方法可参见附件3中第779页，C.I. 活性黑5，以及附件3中第781页，C.I. 活性黑39的制备方法。

由此可知，本申请所述藏青活性染料的关键成分“化合物1”和“化合物2”在本发明申请日（2015年5月12日）以前均为现有技术中已知的化合物，市售可得；且本领域技术人员可通过本领域常规方法制得。

B. 本申请权利要求1所要求保护的技术方案与对比文件1公开的“染色方法Ⅱ”内容相比，有以下区别技术特征：（1）活性染料的结构不同；（2）活性染料的混合比例不同。

关于区别技术特征（1），由化合物1、化合物2及式（102）所示化合物的结构可以看出，化合物1、化合物2与式（102）所示化合物母核上的结构差别巨大，且母核上的取代基的种类及数量均差别较大。如化合物1、化合物2的4位均使用具有较强反应活性的1，2－亚肼基“－NH－NH－”作为染料母体与活性剂之间以及不同活性剂之间的桥基，而对比文件1中4位为氨基“$-NH_2$”。另外，化合物1、化合物2与式（102）所示化合物相比，活性基团的种类和数目也有很大差别：化合物1中包含一个α－溴代丙烯酰胺类活性基团和两个乙烯砜型活性基团；化合物2中包含三个乙烯砜型活性基团和一个卤代均三嗪活性基团；式（102）所示化合物包含两个乙烯砜型活性基团和一个卤代均三嗪活性基团。

关于区别技术特征（2），本申请中化合物1与化合物2的质量比为1∶2.5～1∶2.7；对比文件1中仅使用了如式（102）化合物，为单一组分。

正如审查员所指出的，本申请中藏青色染料组合物是由一种三活性基染料和一种四活性基染料构成，而对比文件1中藏青染料为一种三活性基染料，活性基团均见标示。由于如上述区别技术特征所述，化合物1、化合物2与对比文件1中的式（102）化合物的母核的结构差别很大，且活性基团的类型和数目也均不相同，同时，结合本申请说明书第5～8页效果实施例1～4可见，本发明提供了一种色牢度（深度一致比较）水洗（ISO 105/C02）4～5级以上，汗渍（ISO 105/E04）4～5级以上、水浸（ISO 105/E01）4～5级以上、摩擦（ISO 105/X12）干摩4级，湿摩3级、煮呢（ISO 105/E09）、日晒色牢度（ISO 105/B02）4级以上、蒸呢色牢度（ISO 105/E10）3.5级、价格低廉、可重复性好且具有良好配伍性的染料组合物。因此，本发明实际解决的技术问题是，提供一与现有技术不同且具有良好染色性能的染料组合物，该染料组合物的日晒色牢度（ISO 105/B02）可达到4级以上、蒸呢色牢度（ISO 105/E10）可达到3.5级。

2. 权利要求1要求保护的发明对本领域技术人员来说是非显而易见的

a）对比文件1无法给出将区别技术特征（1）和对比文件1相结合以解决本发明技术问题的启示。理由如下：在染料领域，染料的结构不同，其对应的染色效果也有很大的差别。本领域技术人员根据本领域公知常识可知，各种染料分子中化学键的本质（如单键、双键或大π键）、键的共轭性（共轭或非共轭）、基团的平面性（多基团共平面或多基团不在一个平面上）、电子的流动性（强或弱）、基团电子效应（如基团的吸电子效应、供电子效应）及基团极性（极性基团、非极性基团或带电荷基团）的不同导致分子间作用力不同，染料之所以能够上染纤维，并在纤维织物上具有一定牢度，是因为染料分子与纤维分子之间存在各种引力的缘故。因此，染料分子的溶解性、分子量大小、分子上的可形成氢键的基团、疏水基团等都会对染料与纤维之间的作用力大小带来影响，进而影响染色效果，例如提升力、色牢度等。可见，染料的结构和染色效果之间的关系是非常密切并且复杂的，本领域技术人员根据对比文件1所公开的结构所对应的效果，无法预料本申请染料在结构改变较大的情况下，染色效果究竟如何变化。同时，申请人在研发过程中发现，当说明书第5页的效果实施例中的兰纳素藏青（CE）为化合物2时（此处称为对比例1，该处的对比例1不作为本次申请文件的补充内容，仅作为此次意见陈述的对比例使用)，其余操作条件不变，其测试结果见下表。

| 测试项目 | 本发明的毛用活性藏青染料组合物（该实施例为本发明说明书第5页中的效果实施例） | 化合物2作为染料（该对比实施例1是本次答复审查意见所提供的对比实施例） |
|---|---|---|
| 色牢度（深度一致比较）水洗（ISO 105/ C02） | 4~5级以上 | 4~5级以上 |
| 汗渍（ISO 105 /E04） | 4~5级以上 | 4~5级以上 |
| 水浸（ISO 105/ E01） | 4~5级以上 | 4~5级以上 |
| 摩擦（ISO 105/X12） | 干摩4级，湿摩3级 | 干摩4级，湿摩3级 |
| 煮呢（ISO 105/E09） | 4级以上 | 4级以上 |
| 日晒色牢度（ISO 105/B02） | 2%（owf）本发明的毛用活性藏青染料组合物4级；<br>4%（owf）本发明的毛用活性藏青染料组合物5级 | 2%（owf）化合物2：2.5级；<br>4%（owf）化合物2：3.5级 |
| 蒸呢色牢度（ISO 105/E10） | 3.5级 | 2.5级 |

由于本申请权利要求1中所要保护的染料组合物为化合物1与化合物2的质量比为1：2.5~1：2.7，对比例1中可认为染料组合物为化合物1：化合物2的质量比为1：2.5~1：2.7，即二者的差别仅为化合物1与化合物2在结构上的差别。而由上表可以看出：其他条件一致的情况下，2%（owf）本发明的毛用活性藏青染料组合物的日晒色牢度（ISO 105/B02）为4级，4%（owf）本发明的毛用活性藏青染料组合物的日晒色牢度（ISO 105/B02）为5级；而对比例1中的2%（owf）染料（活性染料为化合物2）的日晒色牢度（ISO 105/B02）仅为2.5级，4%（owf）染料的日晒色牢度（ISO 105/B02）仅为3.5级。同样条件下，本发明的毛用活性藏青染料组合物的蒸呢色牢度（ISO 105/E10）可达到3.5级，而对比例1染料的蒸呢色牢度（ISO 105/E10）仅为2.5级。即在相同条件下，将化合物1替换为化合物2时，其日晒色牢度和蒸呢色牢度明显降低。

可见，染料结构不同时，其染色效果是不可预见的。另外，化合物2与化合物1的母核是一样的，差别仅在于4位的取代基与活性基团，如此差别的情况下，其染色效果都有如此大的差别，因此，若将该区别技术特征（1）应用于对比文件1中，所形成的技术方案其染色效果是本领域技术人员不可预知的，也就是说，对比文件1无法给出将区别技术特征（1）和对比文件1、现有技术相结合以解决本发明技术问题的启示。

b）对比文件1无法给出将区别技术特征（2）和对比文件1相结合以解决本发明技术问题的启示。理由如下：在染料领域，对于染料组合物，由于不同的活性染料组分其结构不同，导致其性质上也有很大的差异，因此，不同的活性染料组分在相互配比时，达到的效果更是不可预料的。如在本申请研发过程中，对比实施例2（该对比实施例同样仅用于此次审查意见的答复，不会补充至申请文本中）如下：取1克染料组合物（染料组合物中化合物1和化合物2的质量比为0.5：2.5）溶解在50毫升水中成为染料溶液，并加入50毫升的水与之混合，加入0.1克安诺科匀染剂B02，以醋酸调染浴pH为4.5，升温至30℃，分别放入5克羊毛，在70分钟内升温至98℃，保温60分钟，降温，充分水洗，并加入水100ml，加入2%（owf）纯碱（碳酸钠），pH为8.0~8.5，升温至80℃，洗20分钟，放去，充分淋洗，吹干。染色羊毛样采用ISO 105 C02－2013（C02法）、ISO 105 B02－2013（方法2）、GB/T 5718—1997分别测试其耐水洗、耐光及升华色牢度。实验发现，采用2%（owf）该染料组合物（染料组合物中化合物1和化合物2的质量比为0.5：2.5）时，日晒色牢度降低，仅能达到3级。即在其他条件相同的情况下，活性染料配比不同时，其染色效果是不可预见的。因此，从此角度来看，若将该区别技术特征（2）应用于对比文件1中所得到的技术方案，其染色效果应该是不可预见的，而对比文件1中式（102）所示化合物与通式（2）中其他化合物混拼时并未达到任何意料不到的技术效果。可见，对比文件1无法给出将区别技术特征2与对比文件1、现有技术结合以解决本发明技术问题的启示。

因此，对比文件1无法给出将区别技术特征（1）、区别技术特征（2）与对比文件1相结合以解决本发明技术问题的启示。

3．权利要求1具有显著的进步

由本发明实施例效果可看出，本发明所提供的染料组合物提供了一种色牢度（深度一致比较）水洗（ISO 105/ C02）4~5级以上，汗渍（ISO 105/E04）4~5级以上、水浸（ISO 105/ E01）4~5级以上、摩擦（ISO 105/X12）干摩4级，湿摩3级、煮呢（ISO 105/E09）、日晒色牢度（ISO 105/B02）4级以上、蒸呢色牢度（ISO 105/E10）3.5级的染料组合物，达到了有益效果。

综上所述，权利要求1具备创造性。

## 【案例No.1510402】风冷冰箱及其装配方法

### ☞ 案由简要

该发明涉及一种风冷冰箱（权利要求1~7），及风冷冰箱的装配方法（权利要求8~10）。

➢ 一通：审查员引用一篇对比文件1（KR100693191B1）认为权利要求1~10不具备创造性。

➢ 答一通：对权利要求作了微小修改，论述权利要求1~10具备创造性。

➢ 二通：审查员未认可之前意见陈述，仍然认为权利要求1~10不具备创造性。

➢ 答二通：将权利要求2的附加技术特征增加至权利要求1中，以形成新的权利要求1，论述新的权利要求1~9具备创造性，论述新的权利要求1~9具备创造性。

➢ 答二通后主补：对说明书进行了微小修改，并放弃与该发明属于同样发明创造的实用新型专利。

➢ 审查结果：授权。

☞ **相关权利要求**

答二通时在修改后所形成的新的权利要求 1：

1. 一种风冷冰箱，包括内胆、固定于所述内胆上的风道、两端部分别连接于蒸发器和压缩机的吸气管，其特征在于，所述吸气管包括与所述蒸发器相连的蒸发器连接段、与所述压缩机相连的压缩机连接段、分别与所述蒸发器连接段和压缩机连接段相连的折弯段；

所述折弯段位于所述风道和内胆之间，所述风道抵靠于所述折弯段并用于固定所述吸气管，所述吸气管利用所述风道的抵靠作用固定于所述风道与所述内胆之间。

☞ **相关说明书内容**

摘录一

现有的风冷冰箱中均设置有如图 1 所示的内胆 1′、风道 2′和吸气管 3′，吸气管 3′的上下两端部分别连接于蒸发器和压缩机。

并且，在传统的风冷冰箱中，风道 2′固定于内胆 1′，吸气管 3′位于风道 2′的侧面，吸气管 3′通过胶带 4′或卡勾 5′等部件被固定于内胆 1′。

采用胶带 4′或卡勾 5′等部件固定吸气管 3′时，操作较为烦琐，同时，由于装配过程中冰箱需要经历多次翻转，吸气管 3′容易松动脱落。此外，当向冰箱的箱体内注射发泡液时，发泡液固化膨胀后挤压吸气管 3′，会使吸气管 3′翘曲并与背板接触，背板接触吸气管 3′后遇冷出现冷凝水，使背板产生结露现象，影响制冷效果。

摘录二

本发明要解决的技术问题是为了克服现有技术中传统的风冷冰箱中吸气管固定方式烦琐、固定牢固度不够，且吸气管容易翘曲并使背板结露等缺陷，提供一种风冷冰箱及其装配方法，该风冷冰箱中吸气管的固定无须胶带或卡勾等固定部件，固定方式简单、固定牢固，并且吸气管受到发泡液的挤压后不易翘曲变形，有效解决了背板结露的问题。

摘录三

本发明的积极进步效果在于：

(1) 所述风道抵靠于所述吸气管并用于固定所述吸气管，相较于传统的胶带和卡勾固定方式，上述固定方式操作简单，省去了贴胶带或安装卡勾的时间，提高了生产效率，并且上述固定方式固定牢固，所述风冷冰箱经历多次翻转后，所述吸气管不会松动；

(2) 由于所述风道较宽，其抵靠于所述吸气管后，所述吸气管受到发泡液的挤压后不易翘曲变形，可防止所述吸气管接触所述风冷冰箱的背板，有效避免所述背板结露现象的产生。

摘录四

一种风冷冰箱，如图 2 所示，吸气管 3a 设置于风道 2 与内胆 1 之间，并且吸气管 3a 利用风道 2 的抵靠作用固定于风道 2 和内胆 1 之间。

此外，如图3所示，为了便于风道2抵靠于吸气管3a，吸气管3a整体呈弯曲状，并且其具体可分为三段，包括与蒸发器相连的蒸发器连接段31、与压缩机相连的压缩机连接段32以及分别与蒸发器连接段31和压缩机连接段32相连的折弯段33a。

其中，折弯段33a位于风道2和内胆1之间，并且折弯段33a包括三个首尾依次连接的U形折弯331a，风道2抵靠于折弯段33a并用于固定吸气管3a。

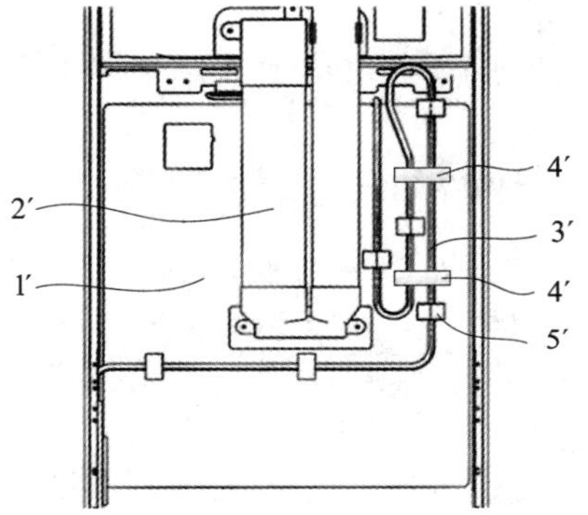


图1

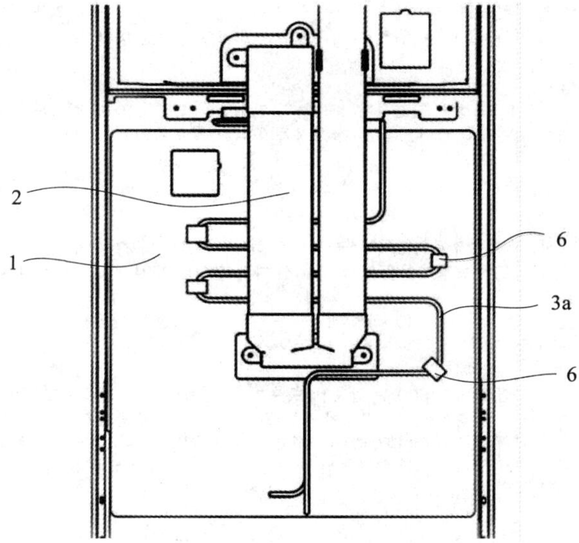


图2

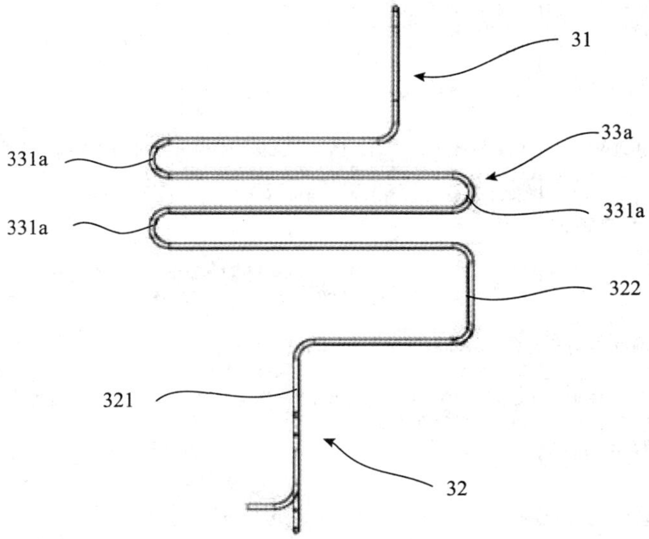


图3

## ☞ 相关对比文件公开内容

### 摘录一

도 3은 본 발명에 따른 바텀 프리저 타입 냉장고의 석션 파이프 고정장치를 개략적으로 도시한 도면이고, 도 4는 도 3의 리턴덕트에 형성된 고정돌기를 도시한 도면으로서, 도시된 바와 같이, 바텀 프리저 타입 냉장고의 배면측에는 상부의 냉장실(100)과 하부의 냉동실(200)을 연결하여 증발기(미도시)로부터 냉각된 냉기가 냉동실(200)을 거쳐 냉장실(100)로 강제 송풍되도록 하는 리턴덕트(300)가 마련된다.

상기 리턴덕트(300)의 외주에는 상기 리턴덕트(300)를 감싸고 있는 관형상의 리턴덕트 하우징(310)이 형성되어 있으며, 상기 리턴덕트 하우징(310)의 외주에는 도 4에 도시된 바와 같이, 중간부분에 요홈(410)을 형성한 고정돌기(400)가 형성되어 있다.

구체적으로, 상기 고정돌기(400)는 중간부분에 요홈(410)이 형성되도록 고정돌기(400)로부터 두 갈래로 이격된 돌기를 형성하여 석션 파이프(500)가 고정돌기(400)의 요홈(410)에 탄성적으로 삽입되어 고정될수 있도록 형성한다.

### 摘录二

이때, 상기 고정돌기(400)는 리턴덕트 하우징(310)의 중간위치 즉, 상기 냉장고의 내상과 후판의 중간 위치에 형성하여 석션 파이프가 고정되었을때, 상기 석션 파이프(500)가 냉장고의 내상과 후판 사이에서 일정거리 이격되도록 한다.

한편, 상기 리턴덕트(300)의 일측에는 냉장고의 내상을 관통하여 압축기와 증발기를 연결하고 있는 석션 파이프(500)가 마련되어 있다.

상기 석션 파이프(500)는 압축기, 응축기, 팽창밸브, 증발기 등으로 이루어지는 냉동 사이클이 원활한 냉각효율을 얻기 위하여 충분한 길이를 확보하여야 하는데(즉, 압축기와 증발기를 연결하고 있는 석션 파이프(500)가 충분한 길이를 확보하여 석션 파이프(500) 내부를 유동하는 냉매가 증발기에서 압축기로 유입되는 과정동안 충분한 열교환을 할 수 있어야 한다.), 이로 인하여 도 1에 도시된 바와 같이, 석션 파이프(500)를 절곡형성하여 그 길이가 연장되도록 형성하였음을 알 수 있다.

이때, 상기 석션 파이프(500)는 내상과 후판 사이에 일정거리가 이격되어 위치하도록 상기 리턴덕트 하우징(310)의 외주에 형성된 고정돌기(400)의 요홈(410)에 상기 석션 파이프(500)를 끼움 고정하여 석션 파이프(500)가 냉장고의 내상 및 후판 사이에 일정거리 이격되도록 한다.

여기서, 상기 리턴덕트 하우징(310)의 외주에 고정돌기(400)를 다수개 형성하고, 상기 다수개의 고정돌기(400)를 리턴덕트(300)의 길이방향을 따라 나란하게 배열되도록 하여 상기 석션 파이프(500)를 고정하면, 상기 석션 파이프(500)가 상기 리턴덕트 하우징(310)에 견고하게 고정되도록 할 수 있다.

### 摘录三

구체적으로, 상기 석션 파이프(500)를 리턴덕트 하우징(310) 방향으로 인출하여 한번 절곡한 후, 상기 리턴덕트 하우징(310)의 외주에 형성한 다수개의 고정돌기(400)에 석션 파이프(500)를 고정하는데, 상기 석션 파이프(500)의 고정은 고정돌기(400)의 두 갈래 사이에 석션 파이프(500)를 삽입하게 되면, 석션 파이프(500)가 상기 고정돌기(400)의 요홈(410)에 삽입되어 탄성적으로 고정이 된다.

따라서, 고정돌기(400)가 상기 리턴덕트 하우징(310)의 중간 위치에 형성되어 상기 고정돌기(400)의 요홈(410)에 고정된 석션 파이프(500)가 상기 냉장고의 내상과 후판 사이에서 상기 내상과 후판으로부터 일정거리 이격되어 위치한다.

한편, 도 5는 본 발명에 따른 바텀 프리저 타입 냉장고의 석션 파이프 고정장치의 적용예를 도시한 도면으로서, 도시된 바와 같이, 압축기, 응축기, 팽창밸브, 증발기 등으로 이루어지는 냉동 사이클이 원활한 냉각효율을 얻도록 상기 석션 파이프(500)가 충분한 길이를 확보하여 리턴덕트 하우징(310)에 고정되도록 상기 석션 파이프(500)를 한번 절곡한 후, 리턴덕트 하우징(310)의 외주에 형성된 고정돌기(400)의 요홈(410)에 삽입하고, 상기 석션 파이프(500)를 리턴덕트 하우징(310)으로부터 멀어지는 방향으로 다시 한번 절곡하여 석션 파이프(500)가 냉장고의 내상과 후판 사이에 일정거리 이격되도록 형성한 것이다.

결론적으로, 리턴덕트 하우징(310)의 외주에 요홈(410)을 구비한 고정돌기(400)를 형성하여 석션 파이프(500)를 상기 고정돌기(400)의 요홈(410)에 고정함으로써, 석션 파이프(500)가 냉장고의 내상 및 후판으로부터 일정거리 이격되도록 고정할 수 있기 때문에, 석션 파이프(500) 내부에 유동하는 냉매에 의해 냉장고 내상이 굴곡되거나, 후판에 이슬맺힘 현상이 발생하는 것을 방지할 수 있다.

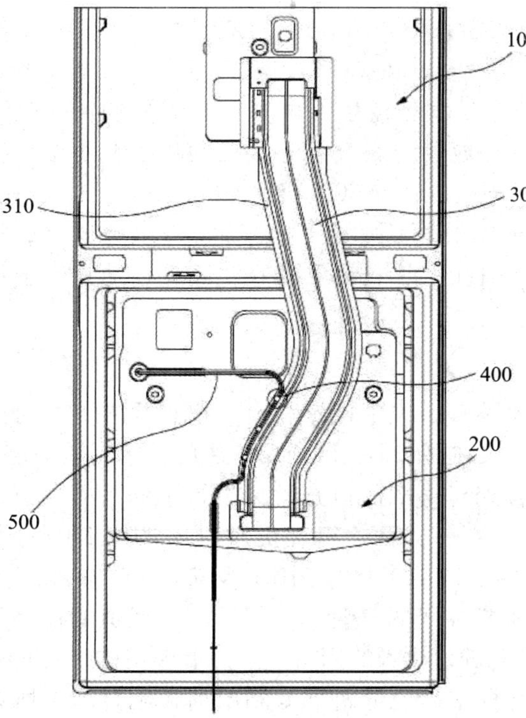


图 3

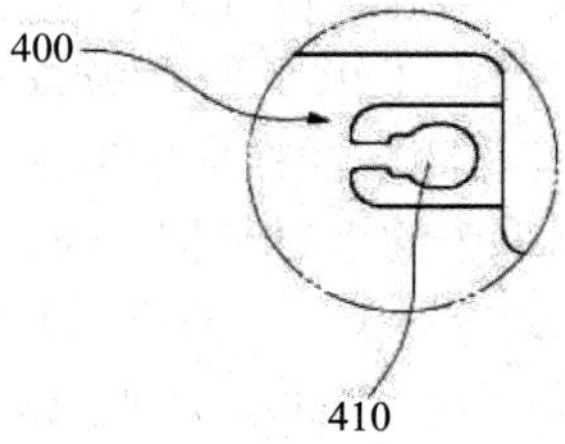


图 4

## ☞ 审查意见

第二次审查意见通知书摘录

摘录一

1. 权利要求 1 请求保护一种风冷冰箱，对比文件 1（KR100693191B1）是最接近的现有技术，公开了一种风冷式冰箱吸气管的固定装置，并具体公开了如下技术内容（参见说明书第 3 页第 5 段至第 4 页第 9 段，图 2～5）：包括内胆、固定于内胆上的回风道 310、两端部分别连接于蒸发器和压缩机的吸气管 500，吸气管 500 插在回风道 310 上的卡槽 410 上用于固定吸气管 500（相当于本申请中的风道抵靠于吸气管并用于固定吸气管，吸气管利用风道的抵靠作用固定吸气管）。由此可见，权利要求 1 所要求保护的技术方案与对比文件 1 公开的技术内容相比，其区别技术特征是吸气管设置于风道与内胆之间，基于该区别技术特征，本申请实际要解决的技术问题是如何放置吸气管。对比文件 1 已经公开了吸气管 500 设置于内胆和回风道 310 的一侧，而为了使吸气管与内胆隔开一定距离，防止背板结露的问题，将吸气管设置于内胆的任何位置，这是本领域技术人员可以根据实际需要做出的常规技术选择，因此，在对比文件 1 的基础上结合本领域的常规技术选择得到权利要求 1 所要求保护的技术方案对本领域技术人员来说是显而易见的，因而权利要求 1 不具备突出的实质性特点和显著的进步，不具备创造性，不符合《专利法》第 22 条第 3 款的规定。

摘录二

2. 权利要求2是权利要求1的从属权利要求，对比文件1公开了如下技术内容（参见说明书第3页第5段至第4页第9段，图2~5）：吸气管500与蒸发器和压缩机相连，则吸气管必包括与蒸发器相连的蒸发器连接段和与压缩机相连的压缩机连接段，从附图上可直接地、毫无疑义地确定还包括与蒸发器连接段和压缩机连接段相连的折弯段，回风道310抵靠折弯段并用于固定吸气管500。而将吸气管的折弯段设置于风道与内胆之间，这是本领域技术人员可以根据实际需要做出的常规技术选择，因此，在其引用的权利要求不具备创造性的基础上，该权利要求也不具备创造性，不符合《专利法》第22条第3款的规定。

☞ **答辩要点分析思路**

审查员对该发明的技术方案理解不够，关于该专利申请权利要求1相对于对比文件1的区别技术特征以及该专利申请权利要求1实际所要解决的技术问题确定有误。

在该案的分析过程中，代理师首先对第二次审查意见进行了深入的分析，发现审查员主要提出了以下两个方面的观点：一方面，审查员对对比文件1中的卡扣结构（即“吸气管500插在回风道310上的卡槽410上用于固定吸气管500”）和该专利申请权利要求1中的抵靠结构（即“风道抵靠于吸气管，吸气管利用风道的抵靠作用固定于所述风道与所述内胆之间”）并没有进行深入的剖析，认为卡扣结构也是抵靠结构的一种方式；另一方面，审查员并没有仔细研究分析该专利申请权利要求1所请求保护的技术方案产生的技术效果以及解决的技术问题，在此基础上，因该专利申请权利要求1所请求保护的技术方案较简单，以一种先入为主的方式认为将吸气管设置于内胆的任何位置是本领域技术人员可以根据实际需要做出的常规技术选择，并且认为将吸气管与内胆隔开一定距离，便能解决防止背板结露的问题。

针对审查员提出的上述观点，代理师认为审查员并没有理解该专利申请权利要求1所请求保护的技术方案具体如何解决防止背板结露的技术问题，以及卡扣结构与抵靠结构之间的区别。为此，代理师对该专利申请以及对比文件1再次进行了深入的分析，发现该专利申请的背景技术中记载了传统的风冷冰箱中吸气管通过胶带或卡勾等部件被固定于内胆，然而，采取这种结构存在“当向冰箱的箱体内注射发泡液时，发泡液固化膨胀后挤压吸气管，会使吸气管翘曲并与背板接触，背板接触吸气管后遇冷出现冷凝水，使背板产生结露现象，影响制冷效果”的技术问题，而该专利申请权利要求1所请求保护的技术方案解决了上述技术问题；并且，在对比文件1所公开的风冷冰箱中，吸入管500设置于冷冻室200的内胆上并位于回风管300的一侧，插入固定突出物400的槽410内以实现固定，即吸入管500也是通过卡勾结构固定于内胆，并且也存在“背板产生结露现象”的技术问题，即并没有解决“背板产生结露现象”的技术问题。由此可知，为了解决“背板产生结露现象”的技术问题，本领域技术人员根本就不可能从对比文件1得到技术启示获得该专利申请权利要求1所请求保护的技术方案。

另外，代理师还发现，为了能够解决上述技术问题，该专利申请权利要求1所请求保护的技术方案中核心的改进点在于吸气管利用风道的抵靠作用固定于风道与内胆之间，即采用抵靠结构实现吸气管的固定。然而，在对比文件1中，采用卡扣结构实现吸入管 500 的固定，并不能解决“背板产生结露现象”的技术问题。从这个角度来说，卡扣结构和抵靠结构必然为两种不同的结构形式。同时，就本技术领域而言，卡扣结构与抵靠结构也是两种完全不同的结构形式。由此可知，对比文件 1 中所公开的卡扣结构并不是抵靠结构的一种方式。

综合以上各方面考虑，代理师认为针对第二次审查意见可从以下两个方面进行争辩：针对区别技术特征的确定，指出对比文件 1 中的卡扣结构并不相当于该专利申请新的权利要求 1 中的抵靠结构，从而得出对比文件 1 并没有公开“所述折弯段设置于所述风道与内胆之间”“所述风道抵靠于所述折弯段”和“所述吸气管利用所述风道的抵靠作用固定于所述风道与所述内胆之间”这三个技术特征；另外，根据确定的区别技术特征，深入分析了该发明相对于对比文件 1 所能达到的技术效果：（1）风道抵靠于吸气管，吸气管利用风道的抵靠作用固定于风道与内胆之间，无须在风道上额外设置固定突出物，生产成本较低；同时，直接将风道抵靠于吸气管即可，固定方式操作简单，相比于对比文件 1 而言无须将吸气管依次插入固定突出物的槽内，提高了生产效率，且上述固定方式固定牢固，所述风冷冰箱经历多次翻转后，所述吸气管不会松动；（2）因所述风道较宽，其抵靠于所述吸气管的折弯段后，使得吸气管的绝大部分区域被风道顶住和挡住，在受到发泡液的挤压后不易翘曲变形，可防止所述吸气管接触风冷冰箱的背板，有效避免背板结露现象的产生，从而重新确定了该发明实际所要解决的技术问题，以使审查员能够更加直观地确认意见陈述中认定的发明实际解决的技术问题。

备注：将原权利要求 2 的附加技术特征增加至原权利要求 1 中，对原权利要求 1 的保护范围实质上并没有影响，且原权利要求 2 的附加技术特征的增加实际上并没有给原权利要求 1 所请求保护的技术方案带来新的技术效果。

**☞ 意见陈述原文摘录**

2. 新的权利要求 1 相对于对比文件 1 的区别技术特征和实际解决的技术问题

第一，关于区别技术特征。

将本申请新的权利要求 1 与对比文件 1 相比较可知，其区别除了审查员所指出的以下技术特征：

A. 所述折弯段设置于所述风道与内胆之间；

申请人认为至少还包括：

B. 所述风道抵靠于所述折弯段；

C. 所述吸气管利用所述风道的抵靠作用固定于所述风道与所述内胆之间。

具体理由如下：

对比文件 1 中的卡扣结构并不相当于该专利申请新的权利要求 1 中的抵靠结构。在该专利申请新的权利要求 1 中，风道抵靠于吸气管的弯折段，吸气管利用风道的抵靠作用固定于所述风道与所述内胆之间，就本技术领域而言，抵靠结构指的是顶住、挡住并接触，也就是说，风道挡住并与吸气管的弯折段接触，无须额外在风道或内胆上设置用于连接吸气管并与吸气管相配合的一连接部件，便可使得吸气管固定于风道与内胆之间。

在对比文件 1 中，吸气管 500 插入回风管 300 的回风管外壳 310 底部的外周缘设置的固定突出物400的槽410内以实现固定，也就是说，为实现吸气管相对于内胆和回风管的固定，必须设置具有槽410的固定突出物400这一额外的部件，即通过卡扣结构来实现固定。由此可知，卡扣结构与抵靠结构属于两种完全不同的结构方式，其并不是抵靠的一种方式。

因此，对比文件1没有公开上述区别技术特征B和C。

第二，关于实际解决的技术问题的确定。

审查员在第二次审查意见中指出上述区别技术特征实际解决的技术问题为如何放置吸气管，对此，申请人持不同的意见，申请人认为上述区别技术特征实际解决的技术问题为：降低生产成本，提高了生产效率，提高吸气管固定的牢固性，更加有效地避免背板结露现象的产生，具体理由如下：

在对比文件1中，吸气管500设置于冷冻室200的内胆上并位于回风管300的一侧，回风管外壳310的底部的外周缘设置有固定突出物400，所述固定突出物400中形成有槽410，吸入管500插入固定突出物400的槽410内以实现固定。采用这种结构形式存在以下缺陷：

（1）需要在回风管300的回风管外壳310上额外设置具有槽410的固定突出物400，结构复杂，生产成本较高，且需要将吸气管依次插入固定突出物的槽内，操作较为烦琐，生产效率较低，同时，所述风冷冰箱经历多次翻转后，吸气管易松动从固定突出物400的槽410内脱离。

（2）吸气管500设置于冷冻室200的内胆上并位于回风管300的一侧，仅仅通过在吸气管长度方向上局部设置定位吸气管的固定突出物400，因吸气管的长度方向上的极大部分并没有被固定至风道或内胆，当向冰箱的箱体内注射发泡液时，发泡液固化膨胀后挤压吸气管的极大部分区域，对吸气管施加向上的力，会使吸气管翘曲并与背板接触，背板接触吸气管后遇冷出现冷凝水，使背板产生结露现象，影响制冷效果。

相比于对比文件1所公开的技术方案，本发明具有以下技术效果：

（1）风道抵靠于吸气管，吸气管利用风道的抵靠作用固定于风道与内胆之间，无须在风道上额外设置固定突出物，生产成本较低；同时，直接将风道抵靠于吸气管即可，固定方式操作简单，相比于对比文件1而言无需将吸气管依次插入固定突出物的槽内，提高了生产效率，且上述固定方式固定牢固，所述风冷冰箱经历多次翻转后，所述吸气管不会松动。

（2）就风冷冰箱这个技术领域而言，在背板上设置有发泡液注射口，冰箱的箱体预装件都装配以后，盖上背板，然后从“发泡液注射口”向注入发泡液，发泡液从内胆最底部开始反应，形成高密度的泡沫状，形成的泡沫沿着箭头方向迅速地膨胀，从而向上挤压吸气管，因所述风道较宽，其抵靠于所述吸气管的折弯段后，使得吸气管的绝大部分区域被风道顶住和挡住，在受到发泡液的挤压后不易翘曲变形，可防止所述吸气管接触风冷冰箱的背板，有效避免背板结露现象的产生。

因此，本专利申请新的权利要求1所请求保护的技术方案相对于对比文件1实际解决的技术问题是：降低生产成本，提高了生产效率，提高吸气管固定的牢固性，更加有效地避免背板结露现象的产生。

第三步，判断要求保护的发明对本领域的技术人员来说是否显而易见。

此部分是意见陈述中的核心内容。有些专利代理师在撰写此步骤内容时往往不知从何说起，无头绪地堆砌文字以凑出一篇看上去内容挺多的意见陈述书，但实际上论点不清，逻辑混乱，内容空洞无力，对审查意见答非所问。下面，对于阐述发明非显而易见性部分的撰写，介绍几个推荐遵循的原则及注意要点。

（1）动笔前理清思路，提炼总结出准备阐述的论点。

专利代理师撰写一份论述创造性的意见陈述书好比画家绘一幅画。提笔前，应当对即将绘制的画的整体内容风格，画面的整体布局、局部构思在脑海里已有较清晰的架构图。先画什么后画什么，画面上部、下部、左部、右部、中间分别画什么，哪里是重点，哪里是次要，哪里要浓墨重彩，哪里要轻描淡写，了然于心。这样，下笔才有章法可依，从容不迫。撰写意见陈述书同画画其实一样。

在本章第四节和第五节的介绍中，整个非显而易见性论述的基本框架其实已经基本形成。在具体撰写前，对已经确定的答辩方案中要阐述的大小论点做语言上更精要明确的归纳提炼，可使得思路更加清晰明朗。首先，按照“非显而易见性”的法的含义，对发明为何具有非显而易见性的核心论点要用一句话提炼总结出来，即“对于该发明通过采用××特征，实现了××效果，对比文件××整体上未给出相应的技术启示，使本领域技术人员有足够的动机获得该发明，因此该发明非显而易见”。全文始终要围绕这一核心进行论述。进一步，对于从不同角度论述上述核心论点的各具体理由，也分别用一句话概括出具体论点，并分别列出用以支撑具体论点所准备的证据。经过这一整理过程，论述发明非显而易见性部分的撰写提纲就明确了。这样，在提笔撰写前就会心中有数，不会觉得毫无头绪，撰写中也不会写了上段不知道下段写什么。

## 【案例 No. 118387】3，3－二甲基丁酰氯的合成方法

### ☞ 案由简要

该申请涉及3，3－二甲基丁酰氯的合成方法（权利要求1～8）。

➢ 一通：审查员引用了3篇对比文件，认为权利要求1～8不具备创造性。

➢ 答一通：权利要求未作任何修改。

➢ 审查结果：授权。

### ☞ 相关权利要求

1. 一种3，3－二甲基丁酰氯的合成方法，包括如下步骤：

①向1，1，2－三氯乙烷中滴加NaOH溶液，使1，1，2－三氯乙烷在碱性条件下发生消除反应，得到偏二氯乙烯、氯化钠和水，反应方程式为：

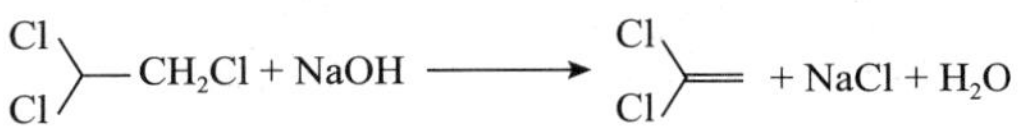


通过蒸馏冷凝分离出偏二氯乙烯；

②在温度为 -5~5℃的条件下，向浓硫酸中滴加偏二氯乙烯和叔丁醇的水溶液，反应生成3，3-二甲基丁酸和氯化氢，其反应方程式为：

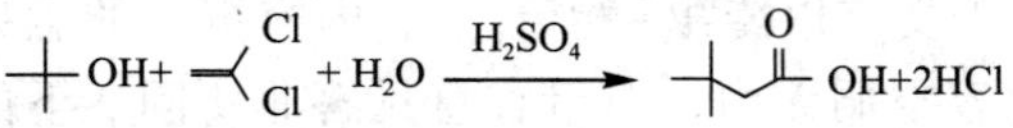


反应完毕后，倒入冰水中分层，水层用二氯乙烷萃取，合并有机层，用干燥剂干燥，常压蒸馏回收二氯乙烷，然后减压蒸馏收集3，3-二甲基丁酸；

③在温度为20~40℃条件下向3，3-二甲基丁酸中滴加 $PCl_3$，其反应方程式为：

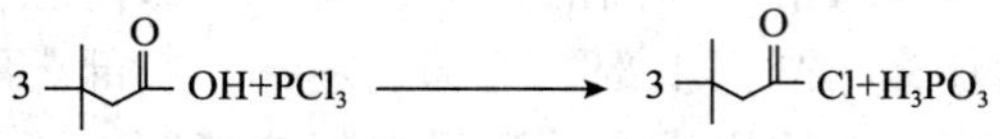


滴毕保温1.5小时，取样中控合格后，将反应液静置分层，下层 $H_3PO_3$ 回收处理，上层经减压蒸馏先馏出未反应的 $PCl_3$，回收套用，再馏出产品3，3-二甲基丁酰氯。

☞ **相关说明书内容**

摘录一

采用本发明所提供的3，3-二甲基丁酰氯合成方法，与现有方法相比，具有原料易得、无特殊设备、后处理简单、产品质量和收率较高的特点，是一条可工业化方法。

摘录二

实施例一：在500ml的烧瓶中投入1，1，2-三氯乙烷99.8%×150g，控制温度在60~65℃滴加20.0%的NaOH溶液242g，通过柱分离，蒸馏冷却装置，控制柱顶的温度在30~35℃，不断收集偏二氯乙烯，称重约为107.2g，GC含量为99.7%，收率98.2%。

在500ml的四口烧瓶中加入60ml的浓硫酸，冷却至0~5℃，在2小时左右滴加99.7%×63.6g偏二氯乙烯、15.0g水和99.6%×45g叔丁醇混合液，滴毕保温45min，然后倒入盛有660g冰的烧杯中分层，水层用3×112.8g的二氯乙烷萃取三次，合并有机层，用6g无水 $Na_2SO_4$；干燥，然后在温度为80~140℃的条件下常压蒸馏回收二氯乙烷约为324g，接着在温度为80~120℃、气压为-0.095MPa的条件下减压蒸馏收集3，3-二甲基丁酸约为64.5g，GC含量98.62%，收率90.56%。

在500ml的烧瓶中投入56g含量98.62%的3，3-二甲基丁酸，控制温度在25~35℃并滴加 $PCl_3$99.0%×35.0g，滴毕，在此温度下保温1.5小时，静置20min，上层取样，要求3，3-二甲基丁酸<0.5%，待分析合格后，分层，下层回收副产亚磷酸，上层在温度为30~45℃、气压为-0.095Mpa的条件下减压蒸馏回收 $PCl_3$ 约3g，然后再在温度为45~80℃、气压为-0.095Mpa的条件下减压蒸馏收集3，3-二甲基丁酰氯约61.5g，GC含量99.52%，收率95.8%。

## ☞ 相关对比文件公开内容

摘录一

A stirred solution of 100 parts of 3,3-dimethylbutyric acid and 59 parts phosphorous trichloride was heated to 100°C. for one hour. Phosphoric acid precipitated from the resulting 3,3-dimethylbutyryl chloride solution.

Slow addition of 100 parts of 3,3-dimethylbutyryl chloride to a solution of 288 parts bromine in 500 parts pyridine at 5° – 15°C. resulted in precipitation of pyridine hydrobromide. After 2 hours, the reaction mixture was poured into 2 liters of water and extracted with methylene chloride. Evaporation of the solvent, in vacuo, resulted in 240 g., 79%, of 2,2-dibromo-3,3-dimethylbutyric acid as the pyridine salt. Recrystallization from hexane resulted in a crystalline material, m.p. 88° – 92°C.

A mixture of pyridinium 2,2-dibromo-3,3-dimethyl butyrate, 71 parts, and thiocarbohydrazide, 22 parts, in 500 parts of (1:1) methanol and water was heated to reflux for 3 hours. Upon cooling the reaction mixture to 0°C., a precipitate formed and was collected to yield 35 parts (94% of theory) of 4-amino-6-t-butyl-3-mercapto-1,2,4-triazin-5-one, m.p. 213° – 214°C.

Compounds of formula I where R is H and Y is OH can be made by the acid catalyzed addition of vinylidene chloride (1,1-dichloroethylene) to a tertiary butyl cation source:

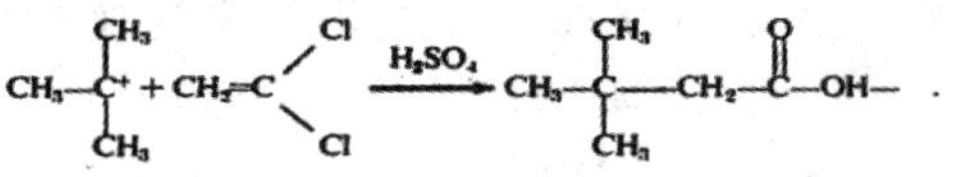


Suitable t-butyl cation sources include t-butyl chloride, t-butyl alcohol, 2-methylpropene and 1-(2,4,4-trimethyl)pentene. This reaction is described in Bott, K., Angew. Chem. Int. Ed. 4, (1965). Equimolar quantities of the t-butyl cation precursor and vinylidene chloride are added to 50 – 100% aqueous sulfuric acid containing 0 – 8% boron trifluoride. At temperatures between –20° – 80°C, the reaction proceeds in 1 – 15 hours to yield 3,3-dimethylbutyric acid upon aqueous workup. The addition of boron trifluoride (or its ether complex) is not necessary; however, it dramatically reduces the reaction time. The reaction is considered complete when the vinylidene chloride is completely consumed. This may be determined by gas chromatography.

摘录二

具体实施时，先生产3，3－二甲基丁酸；

（1）缩合反应：在3000L反应釜中加入2450kg 98%的硫酸，冰盐浴冷至5～10℃，搅拌滴加465kg叔丁醇和868kg偏二氯乙烯组成的混合液，控制最高温度不超过5℃，滴毕，关闭冰盐浴水阀，继续搅拌3小时，取样测得丁酸的含量再停止反应；（2）水解：将反应液分批加入冰水中，且不断搅拌，保持温度不超过50℃，加毕继续搅拌0.5～2小时，滴加时，最好能够分散滴加、减少成柱状滴加时容易产生副产品；（3）精馏：静置分层，取上层油相，经精馏得3，3－二甲基丁酸的粗品。在3000L反应釜中加入1300kg 3，3－二甲基丁酸，在常温下搅拌滴加1012.5Hkg的氯化亚砜（H为丁酸的百分含量）或通入适量光气酰化试剂，滴加完毕，搅拌半小时，再升温90～100℃，进行回流反应4小时，再经精馏即可得到3，3－二甲基丁酰氯成品，其反应方程式为：……

摘录三

在装有搅拌和水浴的三口烧瓶中，加入94%的1，1，2－三氯乙烷150g（1.0mol），用恒压滴管滴加20%的氢氧化钠水溶液242g（1.2mol），通过简单的柱分离、蒸馏冷却装置（填料为玻璃弹簧），控制柱顶温度小于31.5℃，产物不断生成，冷凝，收集产品，得到偏二氯乙烯102g。经GC归一化分析含量为95%，收率达99.8%。在产物中加入少量苯酚，低温保存，以减少自聚。

☞ **审查意见**

申请号：2009101155155

本申请涉及一种3，3－二甲基丁酰氯的合成方法。经审查，现提出以下审查意见。

1. 权利要求1要求保护的技术方案不具备《专利法》第22条第3款规定的创造性

权利要求1要求保护一种3，3－二甲基丁酰氯的合成方法。对比文件1（US4013649A）公开了4－氨基－6叔丁基－3－硫－1，2，4－三嗪－5－酮的制备方法，并具体公开了以下内容（参见第5栏实施例2）：在100℃下，100份的3，3－二甲基丁酸与59份的三氯化磷搅拌反应1h，磷酸从3，3－二甲基丁酰氯溶液中沉淀出来。

权利要求1要求保护的技术方案与对比文件1公开的上述内容相比，其区别在于：

（1）权利要求1的步骤③中三氯化磷滴加完毕反应温度是20～40℃，反应时间是1.5小时，而对比文件1中的反应温度是100℃，反应时间是1小时；步骤③中的另一产物是亚磷酸，而对比文件1中为磷酸；同时步骤③中还限制了“下层$H_3PO_3$回收处理，上层经减压蒸馏先馏出未反应的$PCl_3$，回收套用，再馏出产品3，3－二甲基丁酰氯”。

（2）权利要求1中还包括步骤①和②。

基于上述区别，本申请实际要解决的技术问题是提供一种合成3，3－二甲基丁酸并优化由3，3－二甲基丁酸合成3，3－二甲基丁酰氯的方法。

针对区别特征（1），作为本领域的公知常识，一般来说温度越高反应速度越快，能耗也越高，同时副反应也越多，进而也就影响反应的收率。所以本领域技术人员很容易想到在对比文件1的基础上通过降低反应温度来降低能耗，同时减少副反应的发生，进而提高反应收率，而具体的反应温度是本领域技术人员通过有限次实验即可确定的。反应时间的控制取决于反应是否完全进行，当通过检测原料已经反应完毕即可以停止反应，就不需再延长时间，因此本领域技术人员根据反应的具体情况即可确定具体的反应时间。由于亚磷酸在空气中会缓慢氧化成磷酸，而且对比文件1中的反应温度为100℃，更会加快亚磷酸氧化成磷酸，但是这对目标产物3，3－二甲基丁酸的生成并没有影响。对于步骤③中限制的“下层$H_3PO_3$回收处理，上层经减压蒸馏先馏出未反应的$PCl_3$，回收套用”，虽然对比文件1没有明确记载，但是减压蒸馏是本领域技术人员在分离纯化化合物时常用的技术手段，由于$PCl_3$在反应中是过量的，而其沸点又比3，3－二甲基丁酰氯的沸点低，因此在减压蒸馏3，3－二甲基丁酰氯的粗品时必然是先馏出未反应的$PCl_3$，至于下层$H_3PO_3$是否回收处理和$PCl_3$是否回收套用是本领域技术人员根据成本的考虑来确定的。

另外，虽然本申请在背景技术中提到采用对比文件1中的方法合成3，3－二甲基丁酰氯会造成产品收率低、质量差，但是从对比文件1公开的内容来看并没有证据能证明其中的方法相对于申请具有上述缺点。

针对区别特征（2），对比文件1还公开了以下内容（参见第3栏倒数第1段）：3，3－二甲基丁酸可以氯乙烯与叔丁基碳正离子在酸催化下加成反应制得，合适的叔丁基碳正离子源包括叔丁醇，也就是说，对比文件1已经给出了使用偏二氯乙烯和叔丁醇在酸催化下反应合成3，3－二甲基丁酸的技术启示，对比文件2（CN1778789A）也公开了一种3，3－二甲基丁酰氯的生产工艺，并具体公开了以下内容（参见说明书第2页）：“具体实施时，先生产3，3－二甲基丁酸：（1）缩合反应：在3000L反应釜中加入2450kg 98%的硫酸，冰盐浴冷至5～10℃，搅拌滴加465kg叔丁醇和868kg偏二氯乙烯组成的混合液，控制最高温度不超过5℃，滴毕，关闭冰盐浴水阀，继续搅拌3小时，取样测得丁酸的含量再停止反应；（2）水解：将反应液分批加入冰水中，且不断搅拌，保持温度不超过50℃，加毕继续搅拌0.5～2小时，滴加时，最好能够分散滴加、减少成柱状滴加时容易产生副产品；（3）精馏：静置分层，取上层油相，经精馏得3，3－二甲基丁酸的粗品。”

权利要求1中的步骤②与对比文件2公开的上述内容相比区别仅仅在于具体反应条件和后处理方式不完全相同，但是选择合适的反应条件和后处理方式是本领域技术人员采用常规的实验手段通过有限次的实验就可以确定的。因此，在已知对比文件1的基础上本领域技术人员有动机去寻找合成3，3－二甲基丁酸的具体方法，进而将对比文件2中公开的上述内容和本领域的公知常识结合到对比文件1中得到由叔丁醇和偏二氯乙烯合成3，3－二甲基丁酰氯的方法。

同时，对比文件3（贾正桂，偏二氯乙烯的合成，化工时刊，第19卷第12期，第19～21页和第24页，2005年12月）公开了偏二氯乙烯的生产方法，具体公开了以下内容（参见第20页实验部分）：“在装有搅拌和水浴的三口烧瓶中，加入94%的1，1，2－三氯乙烷150g（1.0mol），用恒压滴管滴加20%的氢氧化钠水溶液242g（1.2mol），通过简单的柱分离、蒸馏冷却装置（填料为玻璃弹簧），控制柱顶温度小于31.5℃，产物不断生成，冷凝，收集产品，得到偏二氯乙烯102g。”由此可见，对比文件3也是使1，1，2－三氯乙烷在碱性条件下发生消除反应得到偏二氯乙烯。虽然纯化方式有所不同，但是这些纯化方法都是本领域技术人员惯用的技术手段。因此，在已知由叔丁醇和偏二氯乙烯合成3，3－二甲基丁酰氯的方法的基础上，本领域技术人员很容易想到将对比文件3中的方法应用在合成偏二氯乙烯上。

综合以上分析可知，本领域技术人员很容易在对比文件1的基础上结合对比文件2、3和本领域的公知常识得到权利要求1要求保护的技术方案，因此权利要求1要求保护的技术方案对本领域技术人员来说是显而易见的，不具备突出的实质性特点和显著的进步，不符合《专利法》第22条第3款有关创造性的规定。

**☞ 答辩要点分析思路**

该发明与对比文件1区别技术特征很多，但技术效果（例如，制备方法中最常规的效果数据：收率或纯度）却无法根据文本的记载内容直接进行比较。对此，先设法对该发明与对比文件 1 的技术效果进行比较。不能直接比对，则通过间接的方式进行了比对：①通过比较实施例中的产物质量上的差别体现出该发明“更适合工业化”的效果优势；②通过提供采用对比文件 1 的反应温度，其他特征与该发明相同的对比试验，其获得较差的收率，从而说明该发明在收率上优于对比文件 1。在将技术效果进行了有效比对的前提下，即可确定“该发明实际解决的技术问题”。

进一步，基于上述客观事实的分析，在“非显而易见性”的论述过程中，可以从整体上围绕“区别技术特征配合其他技术特征达到该发明的效果对本领域技术人员而言是预料不到的”这一观点来论述。为了充分论述这一观点，建议重点关注以下几方面：首先，根据分析，在众多的区别技术特征中确定温度为该案非显而易见性论述的重点，从理论上（高温到低温时反应的不可预测性）并配合对比实验详细阐述这一区别技术特征的选取及其带来的技术效果不可预料。其次，依次对其他区别技术特征的特别之处从不同角度进行阐述。最后，还需注意陈述中不孤立地看待各区别技术特征，强调该发明效果的实现依靠这些特征共同的作用。

在论述创造性时，先将确定论述核心点所需的论据充分准备好，再理清技术特征与技术效果之间的关系，分清主次，提炼出各个论述点，在撰写前形成一个清晰的主体框架，之后在成文过程中内容丰满，最终形成一篇思路清晰、言之有物、具有说服力的意见陈述。

**☞ 意见陈述原文摘录**

一、权利要求 1 具备创造性

1. 权利要求 1 的技术方案具备突出的实质性特点

对比文件 1 在实施例 2 中具体公开了：将 100 份的 3，3 - 二甲基丁酸和 59 份的三氯化磷的溶液加热至 100℃，搅拌 1 小时，磷酸从所得的 3，3 - 二甲基丁酰氯溶液中沉淀出来。根据该实施例的第 2 段，将 3，3 - 二甲基丁酰氯进行后续反应后，得到 240g 的 2，2 - 二溴 -3，3 - 二甲基丁酸的吡啶盐。由此可推知，该实施例中，制备 3，3 - 二甲基丁酰氯的反应的量级在数百克左右，属于实验室级别的量级。

本发明要求保护一种 3，3 - 二甲基丁酰氯的合成方法，其包括如下步骤：

①向 1，1，2 - 三氯乙烷中滴加 NaOH 溶液，使 1，1，2 - 三氯乙烷在碱性条件下发生消除反应，得到偏二氯乙烯、氯化钠和水，反应方程式为：

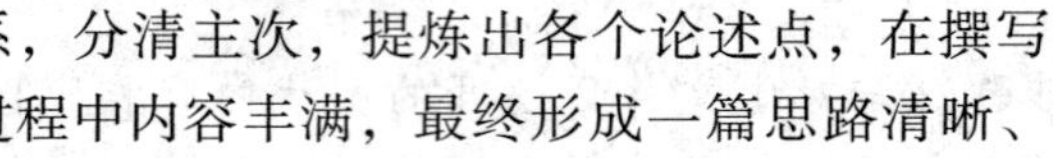


通过蒸馏冷凝分离出偏二氯乙烯；

②在温度为 -5 ~ 5℃ 的条件下，向浓硫酸中滴加偏二氯乙烯和叔丁醇的水溶液，反应生成 3，3 - 二甲基丁酸和氯化氢，其反应方程式为：

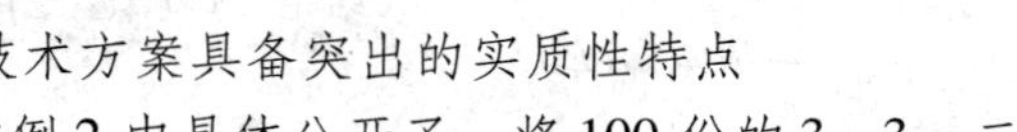


反应完毕后，倒入冰水中分层，水层用二氯乙烷萃取，合并有机层，用干燥剂干燥，常压蒸馏回收二氯乙烷，然后减压蒸馏收集 3，3 - 二甲基乙酸；

③在温度为20～40℃条件下向3，3－二甲基丁酸中滴加$PCl_3$，其反应方程式为：

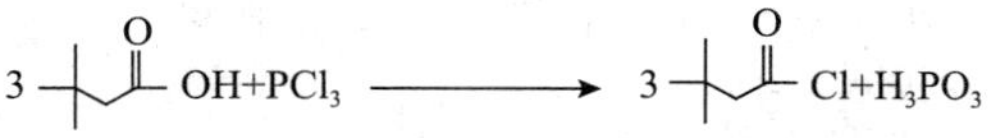

滴毕保温1.5小时，取样中控合格后，将反应液静置分层，下层$H_3PO_3$回收处理，上层经减压蒸馏先馏出未反应的$PCl_3$，回收套用，再馏出产品3，3－二甲基丁酰氯。

与对比文件1相比，本发明的主要区别技术特征在于：（1）步骤③的酰氯化反应中，反应温度为20～40℃；（2）步骤③的酰氯化反应中，反应时间为1.5小时；（3）步骤③的酰氯化反应中，反应的产物为亚磷酸；（4）步骤③的酰氯化反应中，加料方式为向3，3－二甲基丁酸中滴加$PCl_3$；（5）步骤③的酰氯化反应中，加料完毕后，保温1.5小时；（6）步骤③中，取样中控合格后，反应液静置分层，下层$H_3PO_3$回收处理，上层经减压蒸馏先馏出未反应的$PCl_3$，回收套用，再馏出产品3，3－二甲基丁酰氯；（7）本发明还包含特别筛选过反应、后处理条件的步骤①和②。

根据本申请说明书实施例一和实施二，本发明在应用上述区别技术特征后，步骤①的收率可达97.5%～98.2%，产物纯度可达99.6%～99.7%；步骤②的收率可达90.2%～90.56%，产物纯度可达98.5%～98.62%；步骤③的收率可达95.5%～95.8%，产物纯度可达99.52%～99.6%。步骤①、②和③的反应时间都在1小时左右。根据实施例二的各步骤，反应物投料量可达500kg左右，可以直接应用于工业化。

因此，本发明实际解决的技术问题是提供了一种反应温和、时间短、能耗低、安全、高产率、高纯度、可直接应用于工业化的极具实用价值的3，3－二甲基丁酰氯的合成方法。

对于上述区别技术特征（1）来说，审查员老师提到，“作为本领域的公知常识，一般来说温度越高反应速度越快，能耗也越高，同时副反应也越多，进而也就影响反应的收率。所以本领域技术人员很容易想到在对比文件1的基础上通过降低反应温度来降低能耗，同时减少副反应的发生，进而提高反应收率，而具体的反应温度是本领域技术人员通过有限次实验即可确定的”。

对于上述意见，申请人有不同意见与您商榷：

在有机反应领域，反应温度的选择从来都不是一个高温可以，低温也一定可以的简单的温度变换的问题，其直接相关的是能否达到反应所需的基本的活化能，以及与反应相关的本领域技术人员的一般认识。具体来说，根据有机反应热力学和动力学理论，每个反应都有自己实现反应的基本活化能，即存在一个能垒，只有提供能量，克服这个能垒，迫使分子接近才能发生反应。因此许多反应都需要加热到很高的温度才能达到发生所需的能量，一旦温度低于反应发生的基本温度，往往就不是简单的反应收率降低的问题，而是反应完全无法进行，更不用说提高收率，降低能耗等其他效果了。因此，基于这样的有机反应常识，本领域技术人员不会简单地认为“通过降低反应温度来降低能耗，同时减少副反应的发生，进而提高反应收率”，因为更常见的情况是，在现有技术中已明确提示要高温进行反应的前提下，大幅度地降低温度，目标反应往往就不会进行了，自然也不存在提高收率的问题。

而根据对比文件1的记载，其明确提到进行3，3-二甲基丁酸和$PCl_3$的酰氯化反应，需要100℃的条件，对于本领域技术人员来说，其得到的有效信息是，该反应需要加热到很高的温度。在此前提下，并且前述已论述现有技术中对反应温度与反应效果之间的理解，不是简单地降低温度还可进行，并且还能提高收率。那么本领域技术人员综合对比文件1和现有技术的知识，其即使有动机通过尝试将温度适当降低一些的方式（如降低到70℃、80℃），来降低能耗，其也不会有动机，彻底摒弃掉“高温”这样一个关键的反应条件，而尝试另一个极端的反应温度，即室温环境，也就是该发明步骤③中的20～40℃。因为，按照正常的理论认识，从100℃的高温降低到室温，已经是实质条件的质变，很可能反应就不能进行了。而本发明人恰恰通过创造性的分析判断，反其道而行之，将反应温度进行颠覆性的改变，更加令人意外的是，这样的改变，配合其他必要技术特征，带来的效果不是反应不能进行，甚至不是反应产率、速率降低，而是达到了95.5%～95.8%这样极高的产物收率，以及99.52%～99.6%的产物纯度，反应时间也在2小时以内，并且可以直接进行工业级别的反应生产，这都是本领域技术人员在现有技术的基础上极难预料到的。

并且，本发明人可提供以下对比实验，来说明本发明的步骤③取得的技术效果远远高于对比文件1所用的100℃高温条件。

本发明人在进行本发明前曾经做过下述实验：

在500ml烧瓶中投入56g，含量98.6%的3，3-二甲基丁酸，缓慢升温至100℃，在此温度下滴加$PCl_3$35.0g，滴毕，在该温度下反应1.5小时，静置20分钟，上层取样，要求3，3-二甲基丁酸<0.5%，待分析合格后，静置分层，下层回收副产物亚磷酸，上层在温度30～45℃、气压为-0.095Mpa的条件下减压蒸馏回收$PCl_3$约3g，然后再在温度为45～80℃、气压为-0.095Mpa的条件下减压蒸馏收集3，3-二甲基丁酰氯约48.1g，GC含量99.5%，收率74.4%。

也就是说，在100℃的高温条件下，该反应的产物收率仅可达74.4%。

而根据本申请的记载，本发明的步骤③可达到95.5%～95.8%这样极高的产物收率，以及99.52%～99.6%的产物纯度，反应时间也在2小时以内，并且可以直接进行工业级别的反应生产。对于本领域技术人员来说，其在对比文件1和其他现有技术的基础上，预料不到本发明在如此大幅度的降低温度（从对比文件1的100℃降到20～40℃）的前提下，反应不仅仍可以进行，还可以达到比100℃（对比文件1所用的温度）的反应条件下产率高出20%的程度！这种差别已经绝不是简单的操作误差，而是实实在在的，因为反应条件的不同而导致的工艺效率的巨大差异！这是本领域技术人员在对比文件1和现有技术的基础上预料不到的，由此带来的巨大社会效益和经济效益可想而知。与此同时，本发明步骤③的反应时间也在2小时以内，还可以直接进行工业级别的反应生产！这都是本领域技术人员预料不到的。

而且，区别技术特征（1）也并非孤立的存在的，其与本发明步骤③的其他必要技术特征有着紧密的联系，共同作用才实现了本发明的意外效果。

因此，在本申请的申请日前，本领域技术人员在面对本发明实际解决的技术问题时，现有技术中没有技术启示，使本领域技术人员有动机将上述区别技术特征（1）和对比文件1进行结合，来解决该技术问题。

对于上述区别技术特征（2）来说，前述已经提到，在现有技术中已明确提示要高温进行反应的前提下，大幅度地降低温度，目标反应往往就不会进行了。即使在个别情况下反应仍可进行，其反应时间也会大大延长，在有意义的时间范围内，达不到可接受的产率。而本发明在应用上述区别技术特征（1）之后，反应时间仅仅由对比文件1的1小时变为了1.5小时，基本上仍然是一个程度的时间范围，可以说变化很小，并且仍然达到了极高产率和纯度等效果，极具产业意义，这对于本领域技术人员来说，在现有技术的基础上是无法预料到的。因此，区别技术特征（2），从另外一个角度来说，是本发明在应用了上述其他各区别技术特征之后可达到的一个本领域技术人员预料不到的技术效果。

对于上述区别技术特征（3），审查员老师提到"由于亚磷酸在空气中缓慢氧化成磷酸……反应温度为100℃，更会加快亚磷酸氧化成磷酸"，申请人要强调，本领域技术人员均清楚，如果没有加入较强的氧化剂（如双氧水），即使在如100℃的高温条件下，亚磷酸也是很难氧化成磷酸的，在空气存在下，即使高温也是极难氧化成磷酸的，也不会"缓慢"地氧化成磷酸。本发明人提供的上述对比实验也证实了这一点。

因此，从本领域技术人员的角度来说，对比文件1的实施例2是有问题的，其极可能隐瞒了某个重要反应条件，才得到了磷酸。或者，其得到磷酸而非亚磷酸的事实，反过来也提示了本领域技术人员，其反应方法和本发明步骤③的区别除上述各区别特征外，极可能还有很多实质条件上的区别，因此更加不能断言本发明相对于对比文件1来说是显而易见的。

对于区别技术特征（4），本发明特别筛选出来的$PCl_3$的加料方式，虽然孤立地来看，是本领域中经常出现的滴加操作，但该加料方式是针对本发明步骤③的其他必要技术特征特别筛选出的最恰当的加料方式，若非如此操作，而是如对比文件1那样将3，3-二甲基丁酸和$PCl_3$混合反应，产物产率、纯度都会受到影响。正因为这样的筛选，其和本发明其他各必要技术特征配合在一起，达到了产物产率、纯度极高，可进行工业化的效果。

对于区别技术特征（5），加料完毕后的保温时间，也是本发明为配合其他各必要技术特征，而特别筛选出的重要反应条件，是实现本发明技术效果的必不可少的特征之一。如果此过程中降温或升温，或者保温时间不够1.5小时或过长，也会导致产物产率、纯度受到影响。

对于区别技术特征（6），其是本发明人经过大量实验摸索选择出的最适合本发明的反应，且最高效，最适于工业化的后处理方式，其中的静置分层是最重要的，现有技术中没有相关技术启示。在有机化学领域，诚然，有机反应是重要的，但是，绝不能因此而忽视反应后处理的重要性，尤其在工业上的合成工艺中，后处理方式的选择是非常有讲究的，理论上可行的方式，在工业生产中往往无法实施，或者效果很差。因此，本发明人经过大量的思考和实际实验摸索，终于针对本发明的其他必要技术特征，筛选出了这种最佳的后处理方式，若非这种分层加蒸馏的后处理方式，整个反应的效果都无法最终体现出来。其使本发明步骤③在反应转化率很高的前提下，锦上添花，共同配合，达到了产物产率、纯度极高，可进行工业化的效果。

对于区别技术特征（7）来说，即本发明方法的步骤①和步骤②，我们首先来分析步骤②：

对比文件1公开了3，3-二甲基丁酸可以通过偏二氯乙烯与叔丁基碳正离子在酸催化下加成反应制得，合适的叔丁基碳正离子源包括叔丁醇。对比文件2具体公开了一种3，3-二甲基丁酰氯的生产工艺，其包括缩合、水解和精馏步骤。本发明的步骤②与这两篇对比文件的最主要区别在于：本发明的步骤②通过向浓硫酸中滴加偏二氯乙烯和叔丁醇的水溶液，实现了缩合和水解的一锅反应，更重要的是，根据本申请的实施例一和实施例二，步骤②还得到了收率可达90.2%~90.56%，产物纯度可达98.5%~98.62%的技术效果，反应时间可以达到仅需约2.5小时（实施例一），而对比文件2中的具体反应至少需要3.5小时。这是本领域技术人员预料不到的。

审查员老师提到"……区别仅在于具体反应条件和后处理方式不完全相同，选择合适的反应条件和后处理方式是本领域技术人员采用常规的实验手段通过有限次的实验就可以确定的。"这对于在有机反应领域中，为改进反应，埋头于实验室，孜孜不倦，查阅大量文献，进行烦琐的理论猜想、思考以及实验的广大研发人员来说，是不太公平的，客观上是对该领域研发人员进行改进型发明热情的很大打击。在有机化学领域，几乎任何发明的每一个技术特征，都可以在某个现有技术中找到，任何一个技术特征，孤立地看，都是"常规"的，但这绝不意味着对大量的"常规"技术特征进行思考、尝试、反复实验、筛选组合得到的发明都是常规的、没有创造性的，否则在有机化学领域，基本上就没有可授权的方法发明了，而这显然是不可能的。

审查员老师也提到，本发明步骤②的条件通过"采用常规的实验手段和有限次实验"即可得到，审查意见中也多次提到该观点。申请人要说明的是，在有机化学领域，没有什么发明是通过"无限次"的试验得到的，很多发明甚至在极偶然的一两次实验中就得到了，但不能就此说明其发明一定没有创造性。并且，有机化学发展到今天，已经极少用所谓"不常规"的实验手段来发明创造了，如果有，那么很可能就是开创性发明，但事实上，该领域目前大多仍是改进型发明，总是要用到"常规"的实验手段，同样，也不能因此而判定发明就是没有创造性的。对于发明创造性的判断，仍然应当基于虚拟的"本领域技术人员"的视角，确定在解决实际要解决的技术问题时，现有技术是否给出启示，使其有动机将区别特征和最接近的现有技术结合，从而得到发明。

上述两段陈述，对审查员老师绝无不敬之意，请原谅我们在做出了大量有价值的工作后，焦急、企盼、甚至有些委屈的心情。

而对于本发明的步骤②来说，现有技术中根本没有技术启示，即如何实现将缩合反应和水解反应合并成一锅式反应，并且，对于本领域技术人员来说，现有技术中即使报道了两步反应的方法，其也无法显而易见地推知，将两步反应合并成一锅式的方法同时进行时，也可以实现两步反应的效果。也正是因此，“一锅式”反应也是有机化学领域非常看重的一种方法改进，因为其可以实实在在地简化反应，使之更利于工业化，也正因为其不容易实现，真正的可用于一锅式的方法很不多。因此，本领域技术人员在对比文件1和2的基础上，即使结合公知常识，也无法显而易见地推知本发明的步骤②的一锅式反应方法，并且也无法预料到，在应用了该一锅式反应方法后，还可以达到极高的产物收率、纯度，更少的反应时间，以及实现工业化生产。

对于本发明方法的步骤①来说，对比文件3公开了一种偏二氯乙烯的生产方法，本发明的步骤①和其主要区别在于后处理的纯化方式不同，虽然区别不是很大，但在上述陈述的基础上，步骤②和③对于本领域技术人员都是非显而易见的，在此基础上结合步骤①，当然是更加非显而易见的。

并且，申请人要强调，上述各区别技术特征都不是孤立存在的，它们之间相互配合，和其他必要技术特征结合在一起，共同实现了本发明的技术效果，解决了上述技术问题。

基于上述论述，即可确定，对于本领域技术人员来说，本发明是非显而易见的。

或者，从判断创造性的另一个角度来说，在上述陈述后，可确定，本发明取得了本领域技术人员预料不到的技术效果。即：

对于本发明的步骤③来说，在对比文件1和其他现有技术的基础之上，本领域技术人员预料不到本发明在应用了步骤③的多个区别技术特征之后，可以达到95.5%~95.8%这样极高的产物收率，以及99.52%~99.6%的产物纯度，反应时间也在2小时以内，并且可以直接进行工业级别的反应生产。

本发明人要特别强调，在有机合成领域，实验室级别的实验和工业级别的实验是完全不同的。实验室可以达到的效果，往往在工业级别上就难以达到，而需要进一步的创造性改进。这也正是有机合成实验为何需要经历小试、中试以及工业级别实验，否则任何实验室成功的路线都可以直接移植到工业上，中试和工业级别实验就没有存在的必要了。因此，小量级或者实验室级别的实验和中试级以及接近工业级的实验是完全不同的。本领域技术人员在对比文件1的实验室级别的基础上，即使结合其他现有技术，也很难想到本发明的步骤③可以进行工业级别的实验，且可以达到很高的产率和纯度！

因此，本发明的步骤③取得了本领域技术人员预料不到的技术效果。

对于本发明的步骤②来说，本领域技术人员在对比文件1、2和其他现有技术的基础上，预料不到本发明步骤②可以适用一锅式的方式反应，并且收率可达90.2%~90.56%，产物纯度可达98.5%~98.62%，反应时间可以达到仅需约2.5小时。因此，本发明的步骤②取得了本领域技术人员预料不到的技术效果。

因此，包含步骤①、②和③三步反应的，制备3，3－二甲基丁酰氯的合成方法取得了本领域技术人员预料不到的技术效果，具备创造性。

综上所述，在申请日前，面对本发明实际解决的技术问题时，现有技术和对比文件2中没有给出任何技术启示，使本领域技术人员有动机将前述各区别技术特征应用于对比文件1中，得到本发明的技术方案。权利要求1的技术方案对本领域技术人员来说是非显而易见的，具备突出的实质性特点。

2. 权利要求1具备显著的进步

根据本申请的实施例一和实施例二，步骤①的收率可达97.5%~98.2%，产物纯度可达99.6%~99.7%；步骤②的收率可达90.2%~90.56%，产物纯度可达98.5%~98.62%；步骤③的收率可达95.5%~95.8%，产物纯度可达99.52%~99.6%。步骤①、②和③的反应时间都在1小时左右。根据实施例二的各步骤，反应物投料量可达500kg左右，可以直接应用于工业化。本发明不仅取得了有益的效果，还取得了本领域技术人员预料不到的效果。

因此，权利要求1具备显著的进步。

综上所述，权利要求1具备突出的实质性特点和显著的进步，符合《专利法》第22条第3款的规定。

## 【案例No. 1310528】水泵

### ☞ 案由简要

该发明涉及一种水泵（权利要求1~18）。

➢ 一通：审查员引用对比文件1（US2010/0329889A1）、对比文件2（CN203129272U）、对比文件3（CN103206396A）和对比文件4（CN103151879A），认为权利要求1~18不具备创造性。

➢ 答一通：删除原权利要求1和2，将原权利要求3和6合并为新的权利要求1，论述新的权利要求1~15具备创造性。

➢ 二通：审查员认可之前的意见陈述，但重新检索了新的对比文件（对比文件5和6），认为权利要求1~13不具备创造性。

➢ 答二通：将权利要求13~14的附加技术特征增加至权利要求1中，形成新的权利要求1，论述新的权利要求1~13具备创造性。

➢ 审查结果：授权。

### ☞ 相关权利要求

答一通时将原申请中的权利要求3和6合并为新的权利要求1：

1. 一种水泵，包括一顶盖、一泵总成和一浮球阀，所述泵总成包括一电机，其特征在于，所述浮球阀包括一用于启动所述电机的开关和一用于触动所述开关的杠杆；

所述开关设置于所述顶盖内；

所述杠杆套设于一用于提供杠杆一支点的支撑部件内，所述支撑部件的两端部分别包覆有一用于密封所述杠杆和所述顶盖的密封件；

所述浮球阀还包括一用于固定所述顶盖与所述支撑部件、密封件的紧固件；

2. 各所述密封件套设于所述杠杆上3，所述顶盖的一侧面上设有一固定有所述紧固件的连接孔，所述紧固件套设于所述杠杆上，并通过一垫片压设于靠近所述顶盖外侧的所述密封件上；

所述浮球阀还包括一滑杆和一滑设于所述滑杆上浮球，所述滑杆的一端设有一用于限定所述浮球滑出所述滑杆的限位部件，所述滑杆的另一端与所述杠杆的一端铰接。

☞ **相关说明书内容**

摘录一

如图1所示，本发明水泵包括一顶盖1、一底盖2、一底座3、一泵总成4和一浮球阀5。所述泵总成4包括一电机41和一泵体42。其中，所述泵体42的一端与顶盖1固接，所述泵体的另一端与底盖2固接。所述底盖2固定于底座3上。

摘录二

在本实施例中，所述浮球阀5包括一用于启动所述电机41的开关51、一用于触动所述开关51的杠杆52、一滑杆53和一浮球54。其中，开关51设置在顶盖1内。所述浮球54滑设于所述滑杆53上。所述滑杆53的一端设有一用于限定所述浮球54滑出所述滑杆53的限位部件7，所述滑杆53的另一端与杠杆52的一端铰接。所述顶盖1的一侧面上设有一连接孔11。

如图1～图2所示，所述杠杆52套设于一用于提供杠杆52一支点的支撑部件55内。所述支撑部件55的两端部分别包覆一用于密封杠杆52和顶盖1的密封件56。密封件56套设于所述杠杆52上。

另外，浮球阀5还包括一用于固定顶盖1与支撑部件55、密封件56的紧固件58。该紧固件58套设于杠杆52上，并通过一垫片57压设于靠近所述顶盖1外侧的所述密封件56上。

所述紧固件58固定于连接孔11内，所述杠杆52的一端固设有一套接件59，所述套接件59上设有一套孔591。所述开关51的一端套设于所述套孔591内，所述开关51的另一端与所述电机41电连接。在本实施例中，所述套接件59的形状为C型。

该水泵在使用过程中，浮球阀依靠浮球受液面作用的降低和升高，去控制一个阀门的开启或关闭。浮球放置在具有大量积水的基坑或者沟槽内，当基坑或者沟槽的液位上升至一第一预设值位置时，所述浮球联动杠杆的套接件，从而接合所述开关，在所述第一预设值位置，所述浮球触发电机，从而带动叶轮动作，使得从流体入口进入的流体经流体出口从连接出水流道的软管接头流出。当基坑或者沟槽的液位下降至所述预设位置以下时，所述浮球回落至一底部位置，所述浮阀松开开关，从而使所述电机停止工作。

在本实施例中，在杠杆52上套设有密封件56，使得水泵外部的水不能进入泵总成内，密封效果好；另外，开关设置在该水泵内，使得开关不易受外界环境的影响，性能稳定、使用时间长以及可靠性大。

## ☞ 相关对比文件公开内容

**【对比文件1】**

摘录一

［0028］FICGS. 1 and 2 show, in perspective and side sectional views, a first embodiment of an assembly 10 for controlling the level of a liquid in a vessel, such as a sump basin or a sewer basin, in which a submersible pump 300, as is generally known in the prior art is disposed. The pump 300 has an electrical motor 310 housed in a motor housing 320.

Such a pump 300 will be energized by an external power source (not shown), but this aspect is well known and the power will typically be 120 or 240 volt alternating current. As will be known, the pump 300 maybe a centrifugal impeller pump when the service involves a sump basin, but will more commonly be a grinder pump when the service involves a sewage basin. The level control assembly 10 has several pieces, including a switch housing 30, a float housing 50, and a cord assembly 70 that passes the power from the external power source to the interior of the switch housing in an environmentally – sealed manner.

摘录二

［0029］The float housing 50 is arranged in close proximity to the switch housing 30, and a float 52 is disposed in the float housing for linear movement in a vertical direction that is responsive to the liquid level in the vessel. Unlike some of the float assemblies that have been used in the prior art, it is desirable to enclose the float 52 in the float housing 50. When the float 52 or, for that matter, a switch associated with the float, is exposed in the sump basin to the rippling of the liquid in the basin, multiple strikes of the switch contacts can occur.

This tends to shorten the service life of the switch. This rippling can be caused, for example, by the flow of liquid from a footer pipe into the basin. In general, then, a particularly useful float housing 50 is effectively closed along its sides, with liquid access to the interior of the float housing provided by a plurality of access holes 54 in a lower surface of the float housing. To accommodate air inside the float housing 50, it may also be useful to provide access holes at the upper end of the float housing.

［0030］The float 52 should be sized to slide easily upward and downward in the float housing 50. The float 52 has a density that can be carefully determined to provide the correct reaction to an increased liquid level, which may include, in some instances, filling at least some of the float with water, or another dense material. Having an appropriate weight to the float 52 is important in the proper operation of the switching…

摘录三

…system, as there needs to be sufficient weight present to counteract the attractive force of the magnets used to couple the action of a switch in the switch housing 30 with the float.

［0031］The switch housing 30 is intended to provide a sealable internal environment that is distinct from either the motor housing 320, a pump housing (if the pump housing is separate from the motor housing, although they can be the same) and the float housing 50. Unlike the float housing 50, which will be subjected to humidity, the switch housing 30 should be as dry as possible. Unlike the motor housing 320, where oil mist from the motor will be commonplace, the switch housing 30 should be free of oil mist.

[0032] A switch 32 is disposed in the switch housing 30.

The switch 32 is positioned in an electrical circuit provided between the motor 310 and the external power source operative to selectively connect the motor to, and disconnect the motor from, the external power source, as required to maintain the liquid level. In the illustrated embodiment, the switch 32 is a snap - action switch. To the extent that there is a preference, the switch 32 is preferably a commercially - available snap action switch that is provided with a pivoted lever 34 that can be urged against a switch button 36 that is biased against the action of the lever. Certainly, the lever 34 may be provided if it is not an integral part of the switch 32.

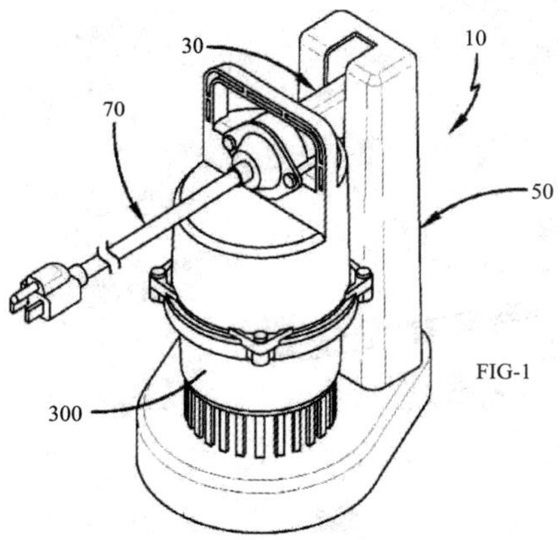


图 1

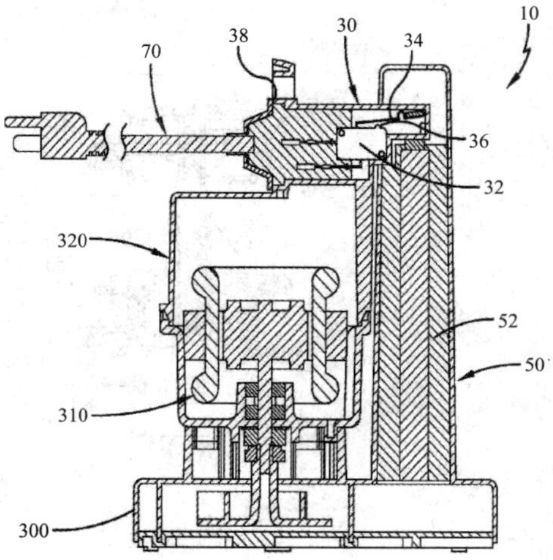


FIG-2

图 2

**【对比文件 2】**

摘录一

[0018] 如图 2 至图 4 所示，该实施例的排水控制组件 5 包括排水杠杆 51、中间开孔的杠杆球 52、杠杆球衬套 53 以及杠杆固定螺母 54，杠杆球衬套 53 用于将杠杆球 52 固定在出水器主体 4 上并可使杠杆球 52 在杠杆球衬套 53 内转动，排水杠杆 51 穿过杠杆球 52 的孔伸入出水器主体 4 中，杠杆固定螺母 54 旋接在出水器主体 4 上而实现固定排水杠杆 51 并密封出水器主体 4 上连接排水控制组件 5 的接口 42。其中该排水杠杆 51 伸入出水器主体 4 内的部分与调节螺杆 2 相接触，又由于调节螺杆 2 与出水塞头 1 相连接，故通过向下压排水杠杆 51 外端部而实现排水杠杆 51 内端部向上翘起，进而带动调整螺杆 2 和出水塞头 1 向上抬起实现排水，如图 4 所示状态；要在洗涤盆里蓄水时，用手向下按压出水塞头 1，出水塞头 1 带动调整螺杆 2 向下运动至出水塞头 1 上的“O”形密封圈 7 与出水法兰 3 紧密配合，同时调整螺杆 2 下方的排水杠杆 51 内端部向下摆动，而排水杠杆 51 的外端部向上翘起，如图 3 所示状态。

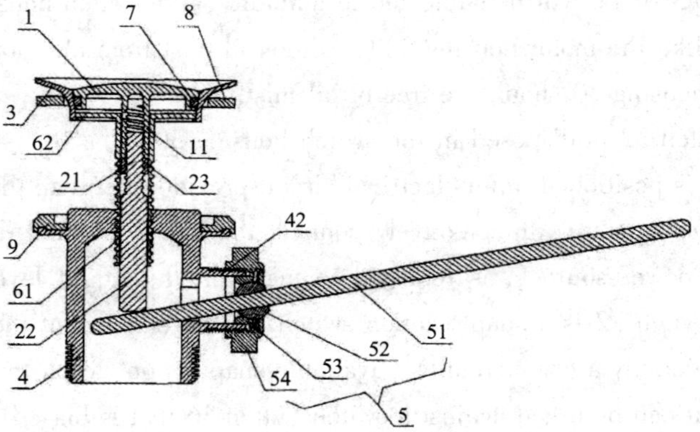


图3

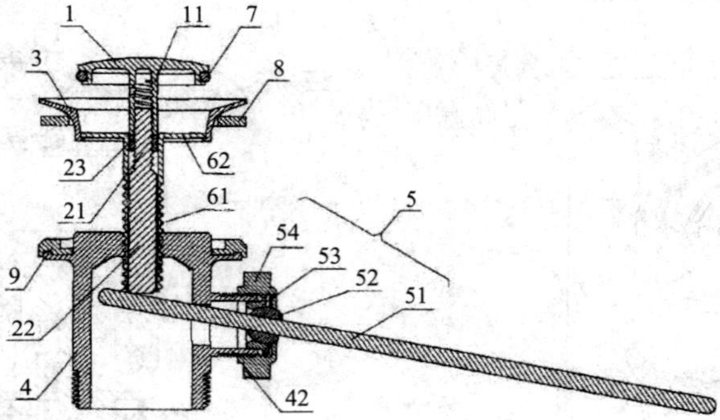


图4

## ☞ 审查意见

摘录一

1. 权利要求1请求保护一种水泵，对比文件1（US2010/0329889A1）公开了一种潜水泉（即水泵的一种），并具体公开了以下技术特征（参见说明书第［0028］~［10032］段，图1~2）：该潜水泵包括一开关壳体30（相当于本申请中顶盖），装设电动机310的壳体320（电动机310和壳体320之组合相当于本申请中泵总成，相当于泵总成包括一电机），浮子52随水位变化在套筒50中做线性运动，参见图2可知，开关32与杠杆34连接，杠杆34的运动可以触动开关32的按钮36，从而通过开关32控制电机310（浮子52、开关32、杠杆34共同组成本申请中浮球阀，相当于公开了本申请中浮球阀包括一用于启动所述电机的开关和一用于触动所述开关的杠杆），开关32位于开关壳体30内（相当于本申请中开关设置于所述顶盖内）。

权利要求1和对比文件1的区别技术特征为：所述杠杆套设于一用于提供杠杆一支点的支撑部件内，所述支撑部件的两端分别包覆有一用于密封所述杠杆和所述顶益的密封件，所述浮球阀还包括一用于固定所述顶盖与所述支撑部件、密封件的紧固件。

基于上述区别技术特征，权利要求1的技术方案实际解决的技术问题是：如何使杠杆转动及实现杠杆和顶盖密封。

摘录二

6. 从属权利要求6引用权利要求1。对其附加技术特征，对比文件1还公开了（参见说明书第［0029］段第2行）：浮子52（相当于本申请中浮球）。对于未被公开的附加技术特征“浮球阀还包括一滑杆，浮球滑设于所述滑杆上，所述滑杆的一端设有一用于限定所述浮球阀滑出所述滑杆的限位部件，所述滑杆的另一端与所述杠杆的一端铰接”，在对比文件1公开了“浮子套筒50，浮子52在浮子套筒50中上下运动”（参见图6、图7）的基础上，本领域技术人员可以确定，浮子52与浮子套筒50的配合与本申请中浮球与滑杆的配合起到的作用相同，都是浮子（或浮球）随水位升降在一导向结构（即滑杆或套筒）中上下运动，因此，将对比文件1中浮子套筒50与浮子52替换为本申请中滑杆和滑设于滑杆上的浮球，属于本领域技术人员的常规技术手段的替换；为了防止浮球滑出滑杆，在滑杆一端设置一限位部件，这种设置是本领域技术人员的常规设置手段；所述滑杆的一端与杠杆的一端铰接以使得上升的浮球带动滑杆向上顶起，属于本领域技术人员的常规技术手段。

摘录三

对于上述区别技术特征，对比文件2（CN203129272U）公开了一种方便安装和清洗的排水器，并公开了以下技术特征（参见说明书第［001］段，图3和图4）：排水控制组件5包括排水杠杆51（相当于本申请中杠杆）、中间开孔的杠杆球52（相当于本申请中提供杠杆一支点的支撑部件），排水杠杆51穿过杠杆球52的孔伸入出水器主体4中，杠杆固定螺母54旋接在出水器主体4上而实现固定排水杠杆51（因此杠杆固定螺母54相当于本申请中固定顶盖和支撑部件的紧固件）并密封出水器主体4上连接排水控制组件5的接口42。即对比文件2公开了一种排水控制装置，其和本申请属于相近技术领域，且上述技术特征在对比文件2中所起的作用和在本申请中相同，均为实现杠杆转动，因此，对本领域技术人员而言，存在技术启示，将上述技术特征应用于对比文件1中以解决其技术问题；至于权利要求1中未被公开的技术特征“所述支撑部件的两端部分别包覆有一用于密封所述杠杆和所述顶盖的密封件，紧固件固定密封件”，对比文件2中公开了（参见说明书第［0018］段，图3和图4）：杠杆球衬套53用于将杠杆球52固定在出水器主体4上并可使杠杆球52在杠杆球衬套53内转动，本领域技术人员可以确定，杠杆球衬套53与杠杆球52之间滑动配合，配合面具有密封作用，且固定螺母54密封出水器主体4上连接排水控制组件5的接口42，即固定螺母54也具有密封作用，在上述公开内容的基础上，本领域技术人员很容易想到设置本申请中所限定的密封件，并具体设置为所述支撑杆的两端部分别包覆有一用于密封所述杠杆和所述顶盖的密封件，并使得紧固件可以固定密封件以防止密封件滑动。

摘录四

特征在本申请中所起的作用是：通过密封件密封杠杆，防止水泵外湿空气进入水泵内。然而，对比文件2还公开了（参见说明书第［0018］段，图3和图4）：杠杆球衬套53用于将杠杆球52固定在出水器主体4上并可使杠杆球52在杠杆球衬套53内转动，本领域技术人员可以确定，杠杆球衬套53与杠杆球52之间滑动配合，配合面具有密封作用，且固定螺母54密封出水器主体4上连接排水控制组件5的接口42，即固定螺母54也具有密封作用，在上述公开内容的基础上，本领域技术人员很容易想到设置本申请中所限定的密封件，并将密封件套设于杠杆上以起到密封作用。

摘录五

3. 从属权利要求3引用权利要求2。其附加技术特征为：所述顶盖的一侧面上设有一固定有所述紧固件的连接孔，所述紧固件套设于所述杠杆上，并通过一垫片压设于靠近所述顶盖外侧的密封件上。上述附加技术特征在本申请中所起的作用是：确定紧固件的安装方式。然而，对比文件2中公开了（参见说明书第［0018］段，图3和图4）：杠杆固定螺母54旋接在出水器主体4上而实现固定排水杠杆51（因此杠杆固定螺母54相当于本申请中固定顶盖和支撑部件的紧固件）并密封出水器主体4上连接排水控制组件5的接口42。即对比文件2公开了紧固件，且其在对比文件2中的作用和在本申请中的作用相同，都是限制内部所包覆元件的移动，在此基础上，本领域技术人员将密封件设置为本申请权利要求3的上述附加技术特征所限定的安装方式，并加装一垫片以起到更好的紧固作用，属于本领域技术人员的常规技术手段。

☞ **答辩要点分析思路**

在第一次审查意见中，审查员认为区别技术特征A和B是本领域的公知常识，区别技术特征C已被对比文件2所公开，且在对比文件2的基础上容易想到区别技术特征D~F。

在该案的分析过程中，代理师发现审查员存在“事后诸葛亮”的嫌疑，且将该发明中的技术特征拆分成多个独立的部分，并没有从技术方案整体出发来评述其创造性。代理师经详细分析后，简明扼要地归纳提炼出答辩中要阐述的多层次论点，使得思路更加清晰明朗。具体如下：

首先，提炼总结该发明的核心论点：该发明通过采用包括“将浮球滑设在滑杆上，且杠杆的一端与滑杆的一端铰接，另一端用于触动设置在顶盖内的开关，并将杠杆套设于一支撑部件内，以提供杠杆一支点，采用密封件密封杠杆和顶盖，通过紧固件固定顶盖、支撑部件和密封件”特征的技术方案，达到了“提高了浮球阀对水位响应的灵敏度以及使用可靠性，并保证了顶盖内部的密封性”效果，对比文件2和其他现有技术整体上未给出相应的技术启示，使本领域技术人员有足够的动机获得该发明，因此该发明非显而易见。

围绕上述核心论点，按下述层层递进，展开论述：

第一，具体论述本领域技术人员根本没有动机将对比文件1与对比文件2结合。此论点具体可从以下两点论述：（1）本领域技术人员根本就没有动机去寻找对比文件2；（2）即使本领域技术人员无意之中看到了对比文件2，也没有动机将对比文件2与对比文件1结合。

第二，具体论述即使在对比文件1的基础上结合对比文件2和公知常识也不容易想到该专利申请新的权利要求1的技术方案，主要从以下两个角度论述：

（1）具体论述对比文件2没有公开上述区别技术特征A~F，也没有给出将上述区别技术特征A~F应用于对比文件1以解决上述技术问题的技术启示。此论点具体可从以下三点论述：①对比文件2中的排水杠杆并不相当于该专利申请新的权利要求1中杠杆，从而，对比文件2没有公开区别技术特征A和B；②对比文件2中的杠杆球并不相当于该专利申请新的权利要求1中支撑部件，从而对比文件2没有公开区别技术特征C和D；③对比文件2中的杠杆螺母并不相当于该专利申请新的权利要求1中紧固件，从而对比文件2没有公开区别技术特征E和F。

（2）具体论述上述区别技术特征A～F不是本领域公知常识。此论点具体可从以下三点论述：

第一，上述区别技术特征A～B不是本领域公知常识。此论点具体可从以下三点论述：A. 审查员指出上述区别技术特征A～B属于本领域的公知常识时，其并没有提供本领域的教科书、工具书等技术资料进行证明，并且存在“事后诸葛亮”的嫌疑；（B）对比文件1的潜水泵的工作原理与该专利申请新的权利要求1的水泵的工作原理完全不同，本领域技术人员根本就没有动机将对比文件1的结构改变为与其工作原理完全不同的该专利申请新的权利要求1中的结构，从而根本就不容易想到上述区别技术特征A～B；（C）假设本领域技术人员硬对对比文件1的结构进行改进，也不容易想到上述区别技术特征A～B。

第二，上述区别技术特征C～F并不是本领域公知常识。具体说明本领域技术人员在D2的基础上没有动机想到区别技术特征C～F，从而不容易想到区别技术特征C～F。

第三，上述区别技术特征A～F之间相互协同，作为一个整体更不是本领域公知常识。说明上述区别技术特征之间息息相关，相互协同，产生了有益的技术效果，在整体方案上进行了区别于现有技术的技术创新。

**☞ 意见陈述原文摘录**

……

新的权利要求1与对比文件1相比，具有以下区别技术特征：

A. 所述浮球阀包括一滑杆，所述浮球滑设于所述滑杆上；

B. 所述滑杆的一端设有一限位部件，另一端与所述杠杆的一端铰接，所述限位部件用于限定所述浮球滑出所述滑杆；

C. 所述杠杆套设于一支撑部件内，所述支撑部件用于提供杠杆一支点；

D. 所述支撑部件的两端部分别包覆有一密封件，各所述密封件套设于所述杠杆上，且所述密封件用于密封所述杠杆和所述顶盖；

E. 所述浮球阀还包括一紧固件，所述紧固件用于固定所述顶盖与所述支撑部件、密封件；

F. 所述顶盖的一侧面上设有一连接孔，所述紧固件固定于所述连接孔内，且所述紧固件套设于所述杠杆上，并通过一垫片压设于靠近所述顶盖外侧的所述密封件上。

本技术方案相对于对比文件1实际解决的技术问题是：提高了浮球阀对水位响应的灵敏度以及使用可靠性，并保证了顶盖内部的密封性。

关于非显而易见性。

核心观点：对于本发明通过采用“将浮球滑设在滑杆上，且杠杆的一端与滑杆的一端铰接，另一端用于触动设置在顶盖内的开关，并将杠杆套设于一支撑部件内，以提供杠杆一支点，采用密封件密封杠杆和顶盖，通过紧固件固定顶盖、支撑部件和密封件”特征，实现了“提高了浮球阀对水位响应的灵敏度以及使用可靠性，并保证了顶盖内部的密封性”效果，对比文件2和其他现有技术整体上未给出相应的技术启示，使本领域技术人员有足够的动机获得本发明，因此本发明非显而易见。

3.1　本领域技术人员根本没有动机将对比文件1与对比文件2结合。

Ⅰ. 本领域技术人员根本就没有动机去寻找对比文件2。

详细说明对比文件2所属的技术领域与该专利申请完全不同。

Ⅱ. 即使本领域技术人员无意之中看到了对比文件2，也没有动机将对比文件2与对比文件1结合。

在对比文件2中，主要涉及如何实现杠杆与出水器主体连接处的密封，完全没有涉及如何提高浮球阀对水位的灵敏度以及使用可靠性。因此，为了提高浮球阀对水位的灵敏度以及使用可靠性，本领域技术人员根本没有动机将对比文件2与对比文件1结合来解决该专利申请新的权利要求1所要解决的技术问题。

3.2　即使在对比文件1的基础上结合对比文件2和公知常识也不容易想到该专利申请新的权利要求1的技术方案。

Ⅰ. 对比文件2没有公开上述区别技术特征A~F，也没有给出将上述区别技术特征A~F应用于对比文件1以解决上述技术问题的技术启示。

（1）对比文件2没有公开上述区别技术特征A和B，也没有给出将上述区别技术特征A和B应用于对比文件1以解决上述技术问题的技术启示。

对比文件2中的排水杠杆并不相当于该专利申请新的权利要求1中杠杆。针对对比文件2中的排水杠杆的结构与该专利申请新的权利要求1中的杠杆的结构以及两者的作用进行详细的对比，以体现两者的结构和所起的作用完全不同，即两者并不相当。因此，对比文件2没有公开上述区别技术特征A和B，也没有给出将上述区别技术特征A和B应用于对比文件1以解决上述技术问题的技术启示。

（2）对比文件2没有公开上述区别技术特征C和D，也没有给出将上述区别技术特征C和D应用于对比文件1以解决上述技术问题的技术启示。

对比文件2中的杠杆球并不相当于该专利申请新的权利要求1中支撑部件。针对对比文件2中的杠杆球的结构与该专利申请新的权利要求1中的支撑部件的结构不同以及两者的作用进行详细的对比，以体现两者的结构和所起的作用完全不同，即两者并不相当。因此，对比文件2没有公开上述区别技术特征C和D，也没有给出将上述区别技术特征C和D应用于对比文件1以解决上述技术问题的技术启示。

（3）对比文件2没有公开上述区别技术特征E和F，也没有给出将上述区别技术特征E和F应用于对比文件1以解决上述技术问题的技术启示。

对比文件2中的杠杆螺母并不相当于该专利申请新的权利要求1中紧固件。针对对比文件2中的杠杆螺母的结构与该专利申请新的权利要求1中的紧固件的结构不同以及两者的作用进行详细的对比，以体现两者的结构和所起的作用完全不同，即两者并不相当。因此，对比文件2没有公开上述区别技术特征E和F，也没有给出将上述区别技术特征E和F应用于对比文件1以解决上述技术问题的技术启示。

Ⅱ. 上述区别技术特征 A ~ F 不是本领域公知常识。

(1) 上述区别技术特征 A ~ B 不是本领域公知常识。

在审查意见中，审查员认为，上述区别技术特征 A ~ B 属于本领域的常规技术手段。申请人对此具有不同的意见，申请人认为，上述区别技术特征 A ~ B 并不属于本领域的常规技术手段，是本领域技术人员不容易想到的，具体理由如下：

①审查意见中，审查员指出上述区别技术特征 A ~ B 属于本领域的公知常识时，其并没有提供本领域的教科书、工具书等技术资料进行证明，并且存在“事后诸葛亮”的嫌疑，这种审查方式对申请人来说无疑是不公平的。

②对比文件 1 的潜水泵的工作原理与该专利申请新的权利要求 1 的水泵的工作原理完全不同，本领域技术人员根本就没有动机将对比文件 1 的结构改变为与其工作原理完全不同的该专利申请新的权利要求 1 中的结构，从而根本不容易想到上述区别技术特征 A ~ B。

分别说明对比文件 1 的潜水泵的工作原理与该专利申请新的权利要求 1 的水泵的工作原理，形成鲜明的对比，以说明本领域技术人员根本就没有动机将对比文件 1 的结构改变为与其工作原理完全不同的该专利申请新的权利要求 1 中的结构，从而根本就不容易想到将浮球滑设于滑杆并将滑杆的另一端与杠杆的一端铰接，即不容易想到上述区别技术特征 A ~ B。因此，上述区别技术特征 A ~ B 并不是本领域公知常识。

③假设本领域技术人员硬对对比文件 1 的结构进行改进，也不容易想到上述区别技术特征 A ~ B。

首先，结合对比文件 1 中潜水泵的具体结构以及工作原理，详细说明为了提高浮球阀对水位的灵敏度以及使用可靠性，本领域技术人员也仅仅能够想到对浮球阀的材质、第二磁铁 42 和第一磁铁 54 的结构进行改进，根本就不可能想到对杠杆与开关壳体之间的结构、浮子与浮子壳体之间的结构以及浮子与杠杆之间的结构进行改进。

进一步地，假设将对比文件 1 中的套筒设置为滑杆，则使得浮子上无法设置第一磁铁，从而无法实现杠杆与浮子之间的联动；在此基础上，若进一步将滑杆的一端与杠杆的一端铰接，则必然使得滑杆或杠杆贯穿于开关壳体，从而导致开关壳体的密封性较差，使得开关的使用可靠性较差。

因此，本领域技术人员在看到对比文件 1 的基础上，根本没有动机将对比文件 1 中杠杆贯穿于开关壳体，也没有动机将套筒替换为滑杆并将滑杆的一端与杠杆的一端铰接。即，在对比文件 1 的基础上不容易想到上述区别技术特征 A ~ B。因此，上述区别技术特征 A ~ B 并不是本领域公知常识。

(2) 上述区别技术特征 C ~ F 并不是本领域公知常识。

在审查意见中，审查员认为，上述区别技术特征 C 被对比文件 2 所公开，且上述区别技术特征 D ~ F 是本领域技术人员容易想到的。申请人对此具有不同的意见，申请人认为，如前所述，上述区别技术特征 C 并未被对比文件 2 所公开，且本领域技术人员不容易想到上述区别技术特征 C ~ F，其并不是本领域公知常识。具体理由如下：

本领域技术人员并没有动机在对比文件 2 的杠杆球的两端设置密封件以及在密封件上设置垫片。在对比文件 2 中，杠杆球 52 与杠杆球衬套 53 之间的结合面形成密封面，且杠杆球52与杠杆球衬套53之间可以产生相对转动，杠杆球52与杠杆固定螺母54之间的结合面也形成了密封面，杠杆球与杠杆固定螺母之间能产生相对转动。因此，本领域技术人员在看到对比文件2的基础上，根本就没有必要且也不可能想到在杠杆球的两端分别固定设置两个密封件，且更加不可能将固定螺母通过一垫片压设在密封件上。因此，在对比文件2的基础上，本领域技术人员不容易想到上述区别技术特征C～F。因此，上述区别技术特征C～F并不是本领域公知常识。

（3）上述区别技术特征A～F之间相互协同，作为一个整体更不是本领域公知常识。

说明上述区别技术特征之间息息相关，相互协同，在提高浮球阀对水位响应的灵敏度以及使用可靠性的同时，保证了顶盖内部的密封性，在整体方案上进行了区别于现有技术的技术创新。

（2）尽量采用“帽子—身子—鞋子”的行文方式阐述观点。

意见陈述书其实就是一篇陈述申请人观点的议论文。好的议论文应当观点鲜明，逻辑清晰。按照“帽子—身子—鞋子”的方式行文最恰当不过。帽子比喻论点。帽子一亮，论点即明，以使审查员在阅读某一段落或章节的开始就能明了所要陈述的观点，不至一段话读了很长时间还不清楚到底要陈述什么。身子比喻证明论点的具体理由及证据。在已鲜明亮出的论点的引领下，按一定的逻辑逐一陈述支撑该论点的具体理由和证据，给出有理有据的论证，以说服审查员接受该论点。鞋子比喻在之前充分论证的基础上再次总结强调论点，以与帽子遥相呼应，使论点更加突出鲜明。这样的行文方式逻辑清晰，可使读者快速了解所阐述的观点，非常适合处于繁重紧迫的审查工作中的审查员阅读。给人方便即是给己方便。审查员读着觉得清楚舒服，也利于申请的审查。采用这样的方式阐述观点其实也是代理业务中涉及的口审、庭审最适合的意见陈述方式。在平时的意见陈述书撰写的过程中，有意识地不断训练这样的行文方式对以后参与口审和庭审也是非常有利的经验积累。

对发明非显而易见性部分的论述所涉及核心论点及围绕此核心论点进行阐述的若干具体论点，都应当注意采用上述“帽子—身子—鞋子”的方式行文。对于核心论点，在“三步法”的第二步陈述完所确定的区别技术特征和发明实际解决的技术问题后，即应单起段落总述：“基于××对比文件，该发明由××区别技术特征实现××技术效果（发明实际解决的技术问题）非显而易见”，之后具体阐述理由。具体理由阐述完毕，应当基于之前的详细阐述，再次总结强调：“综合上述分析，对于该发明通过采用××特征，实现了××效果，对比文件××整体上未给出相应的技术启示，使本领域技术人员有足够的动机获得该发明，因此该发明非显而易见。”对于阐述具体理由的小论点，也应当注意按段首、章节首段或小标题为论点总述，中间为具体分析解释，段末或章节末段为再次总结强调论点的方式行文。

行文中，“帽子”和“鞋子”分别所代表对论点的首次总述及再次强调总结，可以直接采用前述第一点在动笔前已经在语言上提炼出的大小论点。在语言表述上可以根据具体情况进行适当调整。为了使论点更清晰，对这些精练总结的论点，可以用加粗或加下横线的方式使其更凸显。

## 【案例 No. 108011】一种污泥石油焦浆及其制备方法和用途

### ☞ 案由简要

该申请涉及一种污泥石油焦浆（权利要求 1 ~ 3），该污泥石油焦浆的制备方法（权利要求 4），及该污泥石油焦浆的用途（权利要求 5）。

➢ 一通：审查员引用一篇对比文件（对比文件 1）认为权利要求 1 ~ 6 不具备创造性。

➢ 答一通：未修改申请文件，论述权利要求 1 ~ 6 具备创造性。

➢ 驳回决定：审查员未认可之前意见陈述，仍然认为权利要求 1 ~ 6 不具备创造性。

➢ 提复审：删除原权利要求 1，将原权利要求 3 上升为新权利要求 1，论述新权利要求 1 ~ 5 具备创造性。

➢ 复审决定：撤销驳回决定。

➢ 审查结果：授权。

### ☞ 相关权利要求

原权利要求 1：一种污泥石油焦浆，含有：100 ~ 200 重量份的石油焦，5 ~ 100 重量份的含水污泥，50 ~ 200 重量份的水，0. 01 ~ 2 重量份的分散剂，0. 01 ~ 2 重量份的污泥改性药剂；

所说的石油焦是石油深加工后的副产物；

所述的含水污泥选自城市污水处理厂产生的污水污泥、工业废水处理产生的废水污泥、造纸厂废水处理产生的造纸污泥或其混合物；

所说的分散剂为萘磺酸盐、甲基萘磺酸钠甲醛缩合物、聚羧酸盐或木质素磺酸盐中的一种以上；

所说的污泥改性药剂为碳酸钙、碳酸钠、碳酸氢钠、碳酸钾、氢氧化钙、氢氧化钠或氢氧化钾中的一种以上。

原权利要求 3：根据权利要求 1 所述的污泥石油焦浆，其特征在于，优选含有：石油焦 100 ~ 150 重量份，含水污泥 25 ~ 45 重量份，水 50 ~ 200 重量份，分散剂 0. 01 ~ 1 重量份，污泥改性药剂 0. 01 ~ 0. 5 重量份。

提复审阶段将原申请中权利要求 3 上升为新权利要求 1：

1. 一种污泥石油焦浆，含有：

石油焦 100 ~ 150 重量份，含水污泥 25 ~ 45 重量份，水 50 ~ 200 重量份，分散剂 0. 01 ~ 1 重量份，污泥改性药剂 0. 01 ~ 0. 5 重量份；

所说的石油焦是石油深加工后的副产物；

所述的含水污泥选自城市污水处理厂产生的污水污泥、工业废水处理产生的废水污泥、造纸厂废水处理产生的造纸污泥或其混合物；

所说的分散剂为萘磺酸盐、甲基萘磺酸钠甲醛缩合物、聚羧酸盐或木质素磺酸盐中的一种以上；

所说的污泥改性药剂为碳酸钙、碳酸钠、碳酸氢钠、碳酸钾、氢氧化钙、氢氧化钠或氢氧化钾中的一种以上。

☞ **相关说明书内容**

摘录一

该发明的积极进步效果在于：本发明的污泥石油焦浆，不仅固体含量高，同时带入了污泥中存在的大量钾、钠和钙等组分，可以提高石油焦的反应活性，提高石油焦的利用效率，所说的污泥石油焦浆，可泵送，并易于雾化、贮存与稳定着火燃烧与气化，可以作为燃料燃烧或气化原料。

本发明将污泥（含水80%左右）和石油焦混合制备污泥石油焦浆，充分利用了污泥中的水分、热量，只需少量分散剂即可达到较高的成浆浓度。本发明操作简单，耗能少，成本低，产生的二次污染少。该制备方法具有提高污泥石油焦浆的成浆性的优点及效果，成浆浓度可以提高到60%以上，同时表观黏度在1000mPa·s以下，无须额外投加稳定剂，长时间放置不会产生硬沉淀，并且流动性很好，适合泵送。

本发明制备的高浓度污泥石油焦浆可以作为燃料燃烧，或气化生产合成气和氢气。不仅能使污泥中的热值得到充分利用，而且克服了现有含水污泥热处理耗能高、尾气和残渣有毒有害难治理等问题，具有较大的工业化应用前景。

摘录二

实施例1

1. 原料

(1) 某污水处理厂产生的污水污泥，水含量——80%（质量分数）；

(2) 某炼油厂石油焦，硫含量——0.6%，灰分——0.8%；

(3) 分散剂（木质素磺酸钠）；

(4) 污泥改性药剂（碳酸钠）；

(5) 水。

2. 制备条件

(1) 原料配比（重量份）

石油焦100份，含水污泥25份，水50份，分散剂0.01份，污泥改性药剂0.01份。

(2) 制备方法

首先将污水污泥与污泥改性药剂充分混合，放置4小时，得到改性污泥。然后将改性污泥、石油焦、水及分散剂研磨混合，制成高浓度污泥石油焦浆。

3. 产品性能指标

(1) 外观形状——灰黑色浆体。25℃下，表观黏度在1000mPa·s以下，有良好的流动性，可泵送；

(2) 固含率（质量分数）——60%；

(3) 浆体中固体颗粒粒径小于（毫米）——0.5；

(4) 可稳定放置3天不产生硬沉淀。

4. 产品用途

替代水煤浆，作为燃料用于20吨/时的水煤浆锅炉。燃料燃烬率可达98%以上。

实施例 2

1. 原料

(1) 某污水处理厂产生的污水污泥，水含量—— 80%（质量分数）；

(2) 某炼油厂石油焦，硫含量—— 4%，灰分—— 0.6%；

(3) 分散剂（甲基萘磺酸钠甲醛缩合物）；

(4) 污泥改性药剂（氢氧化钙）；

(5) 水。

2. 制备条件

(1) 原料配比（重量份）

石油焦 150 份，污水污泥 45 份，水 60 份，分散剂 1 份，污泥改性药剂 0.5 份。

(2) 制备方法

首先将污水污泥与污泥改性药剂充分混合，放置 3 天，得到改性污泥。然后将改性污泥、石油焦、水及分散剂研磨混合，制成高浓度污泥石油焦浆。

3. 产品性能指标

(1) 外观形状——灰黑色浆体。25℃下，表观黏度在 1000mPa · s 以下，有良好的流动性，可泵送；

(2) 固含率（质量分数）—— 62%；

(3) 浆体中固体颗粒粒径小于（毫米）—— 0.5；

(4) 可稳定放置 2 天不产生硬沉淀。

4. 产品用途

替代水煤浆，用于如专利 98110616.1 所述的多喷嘴对置式水煤浆气化炉制备合成气，有效气成分（CO、$H_2$）可达 80% 以上，有效气产率为 1.80$Nm^3$/kg，碳转化率在 97% 以上。

### ☞ 相关对比文件公开内容

对比文件 1（CN1908134A）公开了一种高浓度污泥煤浆及其制备方法，并具体公开了"本发明的高浓度污泥煤浆的组分和重量份含量包括：煤粉 100～200 份；含水污泥 10～50 份；水 10～100 份；添加剂 1～5 份；污泥改性药剂 1～5 份，其中所述的含水污泥选自城市污水处理厂产生的污水污泥、工业废水处理产生的废水污泥、造纸厂废水处理产生的造纸污泥或其混合物；添加剂为萘磺酸盐、聚羧酸盐或木质素磺酸盐中的任意一种或几种；污泥改性药剂为碳酸钙、碳酸钠、碳酸氢钠、碳酸钾、氢氧化钙、氢氧化钠或氢氧化钾中的任意一种或几种"（参见说明书第 2 页第 9～22 段）。

### ☞ 审查意见

第一次审查意见通知书摘录

权利要求 1 相对于对比文件 1 不符合《专利法》第 22 条第 3 款规定的创造性。

对比文件 1（CN1908134A）公开了一种高浓度污泥煤浆及其制备方法，并具体公开了"本发明的高浓度污泥煤浆的组分和重量份含量包括：煤粉 100～200 份；含水污泥 10～50 份；水 10～100 份；添加剂 1～5 份；污泥改性药剂 1～5 份，其中所述的含水污泥选自城市污水处理厂产生的污水污泥、工业废水处理产生的废水污泥、造纸厂废水处理产生的造纸污泥或其混合物；添加剂为萘磺酸盐、聚羧酸盐或木质素磺酸盐中的任意一种或几种；污泥改性药剂为碳酸钙、碳酸钠、碳酸氢钠、碳酸钾、氢氧化钙、氢氧化钠或氢氧化钾中的任意一种或几种”（参见说明书第2页第9~22行），其中各组分含量的数值范围与权利要求1中各组分含量的数值范围均有重叠。

该权利要求所要求保护的技术方案与对比文件1所公开的内容相比，区别技术特征是：用石油焦代替煤粉，然而石油焦和煤粉都是常见的制备燃料的成分，本领域技术人员很容易想到使用石油焦代替煤粉以提供一种代替水煤浆的浆料，因此该权利要求所要求保护的技术方案对本领域技术人员来说是显而易见的，不具有突出的实质性特点和显著的进步，因此不符合《专利法》第22条第3款有关创造性的规定。

权利要求3的附加技术特征是对各组分含量的进一步限定，其中，“污泥改性药剂0.01~0.5重量份”虽然未在对比文件1中公开，但是由于石焦油是多孔的结构，对污泥有一定的改性作用，所以本领域技术人员在对比文件1所给的“污泥改性药剂1~5份”的基础上，不需要经过创造性劳动就可以将污泥改性剂的含量减少从而获得“污泥改性药剂0.01~0.5重量份”，没在其引用的权利要求1不具备创造性的情况下，该权利要求所限定的技术方案对于本领域技术人员而言是显而易见的，不具有突出的实质性特点和显著的进步，因此不符合《专利法》第22条第3款的规定。

2. 驳回决定

驳回理由

（1）权利要求1相对于对比文件1不符合《专利法》第22条第3款规定的创造性。

具体理由与第一次审查意见相同。

（2）针对一通的意见陈述的评价。

虽然煤粉和石油焦的结构上存在差别，但是煤粉和石油焦都是以碳为主要成分的物质，并且都是本领域制备燃料常用的成分，原权利要求1中采用石油焦代替煤粉并没有取得任何预料不到的技术效果，本领域技术人员在对比文件1的基础上很容易想到采用石油焦代替煤粉制备燃料。因此，申请人的理由不足以证明原权利要求1相对于现有技术具备创造性。

☞ **答辩要点分析思路**

在代理师经过详细比对二者之间的效果，发现该发明在技术效果方面显著优异于对比文件1。确定此案答复审要点之一为论述该发明实现了比对比文件1更佳的技术效果。

在该案的分析过程中，代理师对该发明说明书及对比文件1中记载的效果进行了全面深入的整理分析，挖掘出了该发明在技术效果上优于对比文件1的三个闪光点：

（1）该发明可不添加稳定剂也能实现优异的稳定性。

（2）该发明减少分散剂和污泥改性药剂用量的同时还保证了优异的成浆浓度。

（3）该发明显著提高了石油焦的燃烧性能。

在描述上述技术效果闪光点时应当语言精准，避免重复啰唆。

☞ **意见陈述原文摘录**

一、对权利要求书作出修改

删除原权利要求3，将原权利要求3的附加技术特征补入原权利要求1。

二、权利要求1具备创造性

1. 创造性评价应基于本领域现有技术的整体进行

《审查指南》第二部分第四章2.4指出“发明是否具备创造性，应当基于所属技术领域的技术人员的知识和能力进行评价”，并给出了本领域技术人员的定义，其中明确他知晓所有本领域普通技术知识，可获知所有本领域现有技术。《审查指南》第二部分第四章3.2.1.1（3）判断发明对本领域技术人员来说是否显而易见的方法指出，“判断过程中，要确定的是现有技术整体上是否存在某种技术启示”。由上述定义可见，就本发明而言，应当基于燃烧浆液领域现有技术的整体进行创造性评价。在明确了上述创造性判断的基本原则的基础上，下面具体分析该发明的创造性所在。

2. 本发明的污泥石油焦浆实现了预料不到的技术效果

（1）可不添加稳定剂也能实现优异的稳定性。

审查员指出，石油焦和煤粉虽然是两种不同物质，但都属于常用燃料成分，因此将对比文件1的煤粉替换为石油焦，是本领域技术人员很容易想到的。

诚然，石油焦和煤粉都属于燃料成分，本领域技术人员的确可容易想到将石油焦和煤粉作为原料制备燃烧浆液，现有技术中也已有石油焦浆和煤粉浆。但是，与之同时为本领域技术人员众所周知的是，石油焦和煤粉是两种理化性质完全不同的物质，两者的成浆性相差迥异，在制备浆液时，必须考虑两者各自的特性选择其他成分。

其中，两者迥异的结构造成的成浆稳定性差异是尤为值得关注的一点。

煤大分子结构主要由芳核骨架、烷基侧链和含氧官能团构成，其中芳核骨架和烷基侧链使煤颗粒具有很强的疏水性，而镶嵌在芳核骨架上的含氧官能团则由于水化和离解作用使煤具有一定的亲水性。总的来说，煤以疏水性为主，亲水性为辅。正是由于煤所具有的亲水性，其与水和含水污泥等的亲和作用较强，通常情况下可达数十小时而不出现硬沉淀。因此，本领域技术人员公知，在制备煤粉浆时，无须加入稳定剂，即可满足浆液的稳定性要求［参见附件3：邹立壮，朱书全等，不同水煤浆分散剂与煤之间的相互作用规律研究（Ⅵ）分散剂对水煤浆静态稳定性的影响，煤炭转化2005年第2期，第42~47页。其中第43页表1很明显地表明不使用稳定剂，也可以得到稳定性良好的水煤浆］。

与煤不同，石油焦是一种石油副产品，含有大量的碳和芳烃，表现出强烈的疏水性，不具有亲水性。这使得石油焦和水、含水污泥等的排斥作用强烈，从而导致石油焦浆的稳定性远差于煤粉浆，通常0.5h以内就出现硬沉淀。因此，本领域技术人员公知，在制备石油焦浆时，必须加入稳定剂，才能得到满足稳定性要求的浆体（参见附件4：US4547200，第1页）。

简而言之，本领域现有技术的整体已经明确表明：煤粉浆无须加入稳定剂，石油焦浆必须加入稳定剂。当本领域技术人员面对对比文件1公开的内容时，可能会想到将煤粉替换为石油焦，但同时也不会忽略他所知晓的上述本领域公知常识，在将煤粉替换为石油焦浆时，必定会根据上述公知的石油焦特性而额外添加稳定剂。

但本发明人在大量实验筛选中出乎意料地发现，采用新权利要求1的配方制备污泥石油焦浆，各成分的协同作用使得无须额外加入稳定剂，即可达到预料不到的优异稳定性（实施例1和2：放置2~3天以上不产生硬沉淀）。现有技术（包括对比文件1）都未给出对于成浆稳定性远差于煤粉的石油焦来说，采用本发明的配方，可以不加稳定剂，即可实现优异稳定性的技术启示。仅此一点即可说明，本发明具有突出的实质性特点，产生了预料不到的技术效果。

（2）减少分散剂和污泥改性药剂用量的同时还保证了优异的成浆浓度。

与对比文件1使用1~5份添加剂（同本发明分散剂），1~5份污泥改性药剂相比，新权利要求1仅使用0.01~1份分散剂、0.01~0.5份污泥改性药剂，用量明显更少。

本发明中，分散剂使石油焦颗粒均匀地分散在分散介质（水）中，从而提高成浆浓度。而污泥改性药剂可以有效地改变污泥的理化性质，杀死污泥中的生物体，使污泥中的固定水变为自由流动的介质水，增加浆体中起降黏作用的水的含量，同样可以达到提高污泥焦浆成浆浓度的目的。与对比文件1相比，本发明在使用较少的分散剂和污泥改性药剂，节省原料降低成本的同时，还能保证达到60%以上的成浆浓度，这无疑是本领域技术人员难以预料的技术效果。

关于审查员在驳回理由3中指出的，石油焦是多孔结构，对污泥有改性作用，因此很容易想到减小污泥改性药剂的用量的论断没有任何科学依据。

（3）显著提高石油焦的燃烧性能。

和煤相比，石油焦的特点为：碳含量高、发热量高、硫含量高；灰含量低、挥发份低、水分低。石油焦主要有长链脂肪烃缩聚物、稠环芳烃、少量低分子有机物及微量无机化合物组成。与其他碳原料相比，石油焦的结晶度高、有序化程度高、结构紧密，本质上是部分石墨化的无定形碳素，因此其气化活性较低。如何提高其气化活性一直是石油焦气化迫切需要解决的问题。

而本发明人发现，本发明的污泥石油焦浆能显著提高石油焦的气化反应活性。在石油焦本身的气化活性明显低于煤的前提下，本发明的污泥石油焦浆与对比文件1的污泥煤浆相比，气化效率几乎没有差别（本发明的实施例2中的产品有效气产率为1.80$Nm^3/kg$，碳转化率在97%以上）。这是本领域技术人员在对比文件1和现有技术的基础上难以想到的。

综合上述（1）~（3）的论述，本发明对于石油焦，在不使用稳定剂，使用较少量的分散剂和污泥改性药剂的条件下，实现了预料不到的优异稳定性、成浆浓度和气化反应活性，这正是属于《审查指南》第二部分第四章5.3所指出的取得了预料不到的技术效果，具备创造性的发明创造。

## 【案例 No. 061917】1－(卤烷氧基)－2－烷氧基－5－硝基苯类化合物的合成方法

### ☞ 案由简要

该申请涉及1－(卤烷氧基)－2－烷氧基－5－硝基苯类化合物的合成方法（权利要求1～13）。

➢ 一通：审查员引用了2篇对比文件，认为权利要求1～13不具备创造性。

➢ 答一通：删除原权利要求1，将原权利要求4上升为新的独立权利要求1；克服创造性问题。

➢ 二通：审查员未接受一通关于创造性的论述。

➢ 答二通：未对权利要求做修改，陈述创造性。

➢ 审查结果：授权。

### ☞ 相关权利要求

原申请文件中的相关权利要求

1. 一种1－(卤烷氧基)－2－烷氧基－5－硝基苯类化合物的合成方法，步骤为将2－烷氧基－5－硝基苯酚或其盐类化合物和卤代烷烃类化合物于反应温度20～95℃下进行反应，其特征在于：反应在碱性物质的水溶液中进行，并加入相转移催化剂。

答一通修改后的相关权利要求

1. 一种1－(卤烷氧基)－5－硝基苯类化合物的合成方法，步骤为将2－烷氧基－5－硝基苯酚、2－苯氧基－5－硝基苯酚、2－苄氧基－5－硝基苯酚或其盐类化合物和卤代烷烃类化合物于反应温度20～95℃下进行反应，其特征在于：反应在碱性物质的水溶液中进行，并加入相转移催化剂；所述的卤代烷烃类化合物为1－氯－2－溴乙烷、1－氯－2－碘乙烷、1，2－二溴乙烷、1－氯－3－溴丙烷、1－氯－3－碘丙烷、1，3－二溴丙烷、1－氯－4－溴丁烷、1－氯－4－碘丁烷、1，4－二溴丁烷、1－氯－5－溴戊烷、1－氯－5－碘戊烷、1，5－二溴戊烷、1－氯－6－溴己烷、1－氯－6－碘己烷或1，6－二溴己烷。

### ☞ 相关说明书内容

摘录一

本发明的积极进步效果在于：本发明的方法采用水作为反应介质，避免了有毒有害的有机溶剂的使用和回收，从而可减少工业“三废”的排放量，减轻对自然环境的破坏，是一种环境友好型的合成方法。且本方法操作简单，生产成本低廉，不仅适用于实验室小规模制备，也适用于工业化大规模生产。

摘录二

实施例1　1－(3－氯丙氧基)－2－甲氧基－5－硝基苯的制备

室温（25～30℃）下在反应瓶中依次加入2－甲氧基－5－硝基苯酚（16.8g，0.1mol）、水（100mL）、氢氧化钠（1.12mol）、1－氯－3－溴丙烷（0.20mol），搅拌均匀后加入n－$Bu_4NBr$（8.4mg，为2－甲氧基－5－硝基苯酚重量的0.05%），之后搅拌加热至20℃反应直接到TLC跟踪2－甲氧基－5－硝基苯酚反应完全。反应结束后，反应液冷却至室温，静置过滤、干燥得到浅黄色固体，收率为90%。

☞ **相关对比文件公开内容**

摘录一

**ALTERNATIVE EXAMPLE 6**

[0064]　2-methoxy-5-nitrophenol（50g，0.30mol）was combined with 250mL isopropyl alcohol. 1N sodium hydroxide solution，310mL（0.31mol），was added to the mixture at such a rate that the temperature remained below 40℃. Alter the addition was completed，the mixture was stirred for at least 30 minutes. The reaction was then charged with 1-bromo-3-chloropropane（93.1g，0.59mol）in a single portion. The mixture was heated to 75℃ and monitored periodically by high performance liquid chromatography（HPLC）. After 3 hours，heating was discontinued and the reaction mixture was allowed to cool to ambient temperature overnight. The product gradually precipitated from the mixture as a light yellow/tan solid. Water，200mL，was added in a single portion and the resulting slurry was stirred for at least 30minutes. The slurry was filtered and washed with water. The damp crude product was slurried in 650mL methanol and heated to reflux until the solids had dissolved or mostly dissolved. The solution was allowed to cool gradually with stirring to ambient temperature over 3～5hours or longer. The mixture was then cooled to 10～15℃ and held for at least 30 minutes. The solids were filtered and washed with cold methanol. The product was then dried in vacuo to give 60.3g of 2-(3-chloropropoxy)-l-methoxy-4-mtrobenzene.

摘录二

1. 一种水相法合成二氟甲氧基硝基苯的方法，其特征在于：由分子结构式为

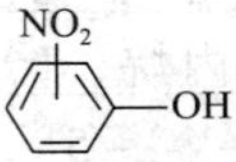


的硝基苯酚在40～100℃的碱性溶剂中，与连续通入的二氟氯甲烷反应1～40小时，在相转移催化剂的作用下制得二氟甲氧基硝基苯。硝基苯酚和二氟氯甲烷的摩尔比为1：1～10。反应式如下：

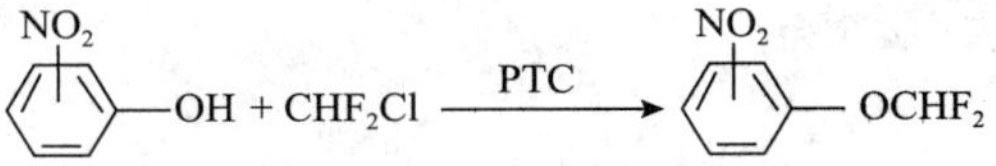


2. 根据权利要求1所述的一种水相法合成二氟甲氧基硝基苯的方法，其特征在于所说的碱性溶剂为氢氧化钠或氢氧化钾溶液，浓度为2.0%～30%。

3. 根据权利要求1所述的一种水相法合成二氟氧基硝基苯的方法，其特征是所说相转移催化剂为四丁基溴化胺或四丁基溴化鏻，其投料量为硝基苯酚量的0～10%。

4. 根据权利要求1所述的一种水相法合成二氟氧基硝基苯的方法，其特征是所说的硝基苯酚是邻硝基苯酚、间硝基苯酚或对硝基苯酚。

摘录三

本发明所说的碱性溶剂为氢氧化钠或氢氧化钾溶液，浓度为2.0%～30%。相转移催化剂为四丁基溴化胺或四丁基溴化鏻，其投料量为硝基苯酚量的0～10%。硝基苯酚

是邻硝基苯酚、间硝基苯酚或对硝基苯酚。

实施例1

水相法合成二氟甲氧基硝基苯的方法是由分子结构式为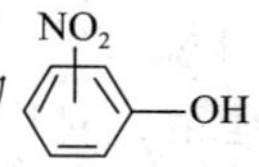的硝基苯酚在40℃的碱性溶剂中，与连续通入的二氟氯甲烷反应1小时，在相转移催化剂的作用下制得二氟甲氧基硝基苯。硝基苯酚和二氟氯甲烷的摩尔比为1∶1。反应式如下：

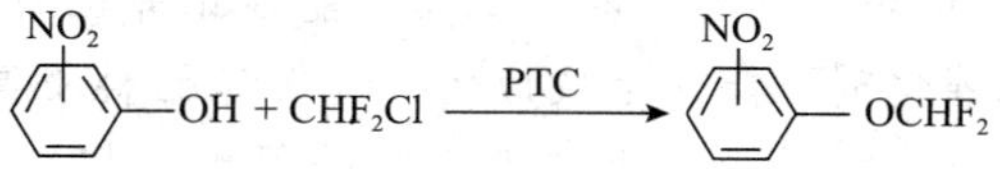

实施例3

将50g对硝基苯酚、15g氢氧化钠、0.5g四丁基溴化胺和375g$H_2O$投入1000ml的四口反应烧瓶中，然后加热升温，回流并搅拌，当反应温度升至40℃，开始持续通入二氟氯甲烷，并于40℃反应1小时。反应结束，冷却出料，分出有机相，然后进行碱洗、水洗得粗产品。将粗产品进行水蒸气蒸馏，可得纯度>98%的对二氟甲氧基硝基苯产品10.1g，产率为14.8%。

☞ **审查意见**

第一次审查意见通知书摘录

一、权利要求1不符合《专利法》第22条第3款的规定

该权利要求请求保护1-(卤烷氧基)-2-烷氧基-5-硝基苯类化合物的制备方法，是将2-烷氧基-5-硝基苯酚或其盐与卤代烷烃在20~95℃下进行反应，该反应是在碱性物质的水溶液中进行，并加入相转移催化剂。

对比文件1公开了同类化合物的制备方法，其中［见说明书第7页］"alternative example 6"中公开了2-(3-氯丙氧基-)-1-甲氧基-4-硝基苯的制备方法：将2-甲氧基-5-硝基苯酚（50g，0.3mol）与250ml异丙醇进行混合，然后向其中加入1N氢氧化钠溶液310ml（0.31mol），然后加入1-溴-3-氯丙烷（93.1g，0.59mol）于75℃下进行反应，反应时间为8小时。

由此可见，对比文件1公开了具体的1-(卤烷氧基)-2-烷氧基-5-硝基苯类化合物的制备方法，与对比文件1相比，该权利要求技术方案的区别技术特征在于：①在碱性物质的水溶液中进行；②加入了相转移催化剂。

这些区别技术特征的目的在于使用水作为反应介质，避免使用有机溶剂，从而减轻"三废"排放量，减轻对环境的破坏。

对比文件2公开了水相法合成二氟甲氧基硝基苯的方法，其中［见权利要求1~4、说明书第2页、实施例1~7］公开了如下技术方案：硝基苯酚在40~100℃的碱性溶液中，与二氟氯甲烷反应1~40小时，在相转移催化剂作用下制得二氟甲氧基硝基苯，硝基苯酚与二氟氯甲烷的摩尔比为1∶1~10；所述碱性溶液可为氢氧化钠或氢氧化钾溶液，浓度为2%~30%；相转移催化剂可为四丁基溴化铵或四丁基溴化胺膦，其量为硝基苯酚的0~10%；硝基苯酚可为邻、间或对硝基苯酚。

同时对比文件2中也陈述了与使用"有机溶剂和水作为溶媒"的现有技术相比，

采用水和相转移催化剂的方法可避免回收溶剂，降低能耗，同时降低环境污染。

由此可见，对比文件2公开了具有相同母体结构、相同反应位点［都是苯酚上的酚羟基］和相同反应机理的类似化合物的制备方法。

基于上述理由，对比文件1公开了相同化合物的制备方法，而对比文件2公开了具有相同母体结构、相同反应位点［都是苯酚上的酚羟基］和相同反应机理的类似化合物的制备方法，虽然对比文件2中原料为硝基苯酚如间硝基苯酚，而该申请中为2－烷氧基－5－硝基苯酚。但烷氧基为推电子基团，能活化邻位的酚羟基的反应活性，当硝基苯酚在水和相转移催化剂下能发生反应时，酚羟基活性更高的2－烷氧基－5－硝基苯酚更容易发生该反应。同时，对比文件2中采用水和相转移催化剂所解决的技术问题与本发明试图解决的技术问题相同。对比文件2给出了在二卤代烷烃与苯酚上的酚羟基进行反应，从而将酚羟基转化为卤代烷氧基的反应中，可使用水和相转移催化剂的技术启示和教导。对本领域技术人员来说，完全可以在对比文件1的基础上，结合对比文件2，从而得到该权利要求的技术方案来，这种结合是显而易见的，并不需要付出创造性的劳动，并可预期其技术效果。因此权利要求1不具备创造性，不符合《专利法》第22条第3款的规定。

**第二次审查意见通知书摘录**

一、权利要求1不符合《专利法》第22条第3款的规定。

该权利要求请求保护1－(卤烷氧基)－2－烷氧基－5－硝基苯类化合物的制备方法，是将2－烷氧基－5－硝基苯酚或其盐与多种具体的卤代烷烃在20～95℃下进行反应，该反应是在碱性物质的水溶液中进行，并加入相转移催化剂。

对比文件1公开了同类化合物的制备方法，其中［见说明书第7页］“alternative example 6”中公开了2－(3－氯丙氧基)－1－甲氧基－4－硝基苯的制备方法：将2－甲氧基－5－硝基苯酚（50g，0.3mol）与250ml异丙醇进行混合，然后向其中加入1N氢氧化钠溶液310ml（0.31mol），然后加入1－溴－3－氯丙烷［即本权利要求1中的1－氯－3－溴丙烷］（93.1g，0.59mol）于75℃下进行反应，反应时间为8小时。

由此可见，对比文件1公开了具体的1－(卤烷氧基)－2－烷氧基－5－硝基苯类化合物的制备方法，与对比文件1相比，该权利要求技术方案的区别技术特征在于：①在碱性物质的水溶液中进行；②加入了相转移催化剂；③反应原料还可为硝基苯酚的盐如钠盐。

这些区别技术特征的目的在于使用水作为反应介质，避免使用有机溶剂，从而减轻“三废”排放量，减轻对环境的破坏，并使用其相应的盐作为反应物。

对比文件2公开了水相法合成二氯甲氧基硝基苯的方法，其中［见权利要求1～4、说明书第2页、实施例1～7］公开了如下技术方案：硝基苯酚在40～100℃的碱性溶液中，与二氟氯甲烷反应1～40小时，在相转移催化剂作用下制得二氯甲氧基硝基苯，硝基苯酚与二氯氯甲烷的摩尔比为1∶1～10；所述碱性溶液可为氢氧化钠或氢氧化钾溶液，浓度为2%～30%；相转移催化剂可为四丁基溴化铵或四丁基溴化胺膦，其量为硝基苯酚的0～10%；硝基苯酚可为邻、间或对硝基苯酚。

同时对比文件2中也陈述了与使用“有机溶剂和水作为溶媒”的现有技术相比，

采用水和相转移催化剂的方法可避免回收溶剂，降低能耗，同时降低环境污染。

由此可见，对比文件2公开了具有相同母体结构、相同反应位点［都是苯酚上的酚羟基］和相同反应机理的类似化合物的制备方法。

基于上述理由，对比文件1公开了相同化合物的制备方法，而对比文件2公开了具有相同母体结构、相同反应位点［都是苯酚上的酚羟基］和相同反应机理的类似化合物的制备方法，虽然对比文件2中原料为硝基苯酚如间硝基苯酚，而该申请中为2-烷氧基-5-硝基苯酚。但烷氧基为推电子基团，能活化邻位的酚羟基的反应活性，当硝基苯酚在水和相转移催化剂下能发生反应时，酚羟基活性更高的2-烷氧基-5-硝基苯酚更容易发生该反应。同时，对比文件2中采用水和相转移催化剂所解决的技术问题与本发明试图解决的技术问题相同。因此，对比文件2给出了在二卤代烷烃与苯酚上的酚羟基进行反应，从而将酚羟基转化为卤代烷氧基的反应中，可使用水和相转移催化剂的技术启示和教导。因此，对本领域技术人员来说，完全可以在对比文件1的基础上，结合对比文件2，并根据目标产物的结构，从而将二卤代烷烃中的碳链长度和卤素原子进行合适的改变再得到该权利要求的技术方案来，这种结合是显而易见的，并不需要付出创造性的劳动，并可预期其技术效果。同时，苯酚盐类化合物也可发生与酚羟基相同的卤代烷烃取代反应，因此使用苯酚的类化合物的相应盐类如钠盐等进行反应也是显而易见的，并可预期其技术效果。

申请人在意见陈述书有如下理由：

1. 本申请技术方案中的卤代烷烃中有两个活泼卤素原子，而对比文件1中只有一个活泼卤素原子。从而认为本申请的目的是使其中的一个卤原子离去，其难度更大。且对比文件2的反应条件是针对与本申请卤代烷烃完全不同的卤代烷烃而进行的，从而认为本领域技术人员没有动机将对比文件2中的反应条件应用到对比文件1中以实现两者的结合。

2. 认为本申请中原料苯环上的烷氧基的存在，会导致更多的副反应发生，从而更加难以控制反应条件，后处理难度也更大。而本申请通过苯酚结构、温度、溶液、相转移催化剂的共同配合，正好得到一个卤原子离去的主要产物，后处理简单，且收率高达71%~90%。

3. 认为对比文件2中的产率低，只有在高温如95~100℃下才可达到较高的产率，而本申请既可在高温，也可在温和的温度条件下实施，且能达到74%~90%的较高产率。

基于这些理由，申请人认为该申请相对于对比文件1与对比文件2而言，具备创造性。

针对申请人提出的上述理由，审查员有如下意见：

1. 本申请中的卤代烷烃中有两个卤原子，这两个卤原子可相同或不同，但相同时，则这两个卤原子位于烷烃的最两端，如1，2-二溴乙烷、1，3-二溴丙烷、1，4-二溴丁烷、1，5-二溴戊烷、1，6-二溴己烷。

在进行反应时，当卤素原子不同时，则根据离去的难易程度与苯酚上的羟基进行卤化氢脱除反应，脱去的为两者中更易脱除的卤原子，例如当为1-氯-4-溴丁烷时，由于溴比氯更易脱除而脱去溴，从而生成相应的氯烷氧基-5-硝基苯［例如见实施例

2、17]。而当两个卤原子相同时，由于两个卤原子位于最两端，且苯酚上只有酚羟基这一个反应位点，则无论脱去哪一个卤原子都能得到相同的目的产物，并不存在孰难孰易以及产物不同的问题。

对比文件2中使用的为二氟氯甲烷，由于氯比氟更易脱去，从而脱去氯。本申请中的两个卤原子也存在相对的脱除难易程度，其反应时则必然主要是脱除更易脱除的卤原子而保留另一个相对较难脱除的卤原子。同时对比文件1中使用了1-溴-3-氯丙［即本权利要求1中的1-氯-3-溴丙烷］，当加入能促进反应的相转移催化剂后，也必然能优化反应而对卤原子的脱除选择并无实质性影响。

因此，对于申请人认为的“对比文件2中仅有一个活泼卤原子，从而没有动机将其与具有两个活泼卤原子的对比文件1进行结合”的理由与观点，审查员并不认同。

2. 对比文件1、2中的反应位点仅限于苯酚上的酚羟基，同时烷氧基活化的也只是酚羟基的活性，同时卤代烷烃上的两个卤原子存在脱除难易之别，该酚羟基的活化并不影响卤原子的脱除，而只是使得反应更易进行而已。

3. 对比文件2中温度以及产物收率虽然与该申请有所差别，但对于本领域技术人员而言，其给出了可使用碳和相转移催化剂促进酚羟基与卤代烃反应的技术启示，不能认为由于对比文件2存在温度限制和收率高低就不能给出该技术启示。与本申请最为接近的现有技术是对比文件1，当对比文件2公开了在相同反应位点上可使用碱和相转移催化剂后，则显而易见地可将该启示用于对比文件1的技术方案中。

4. 至于申请人认为的通过苯酚结构、温度、溶液、相转移催化剂的共同配合而得到了仅一个卤原子离去的主要产物，审查员在上述意见［1］中已经陈述了主反应必然为一个更易脱除卤原子的离去反应的理由。退而言之，即便是果如申请人所言，正是由于该……共同配合而得到了仅一个卤原子离去的主要产物，但在所有实施例中仅仅给出了收率值，但未对产物的结构进行任何表征来证明得到的就是标题所示的产物而非副产物。

基于上述理由，审查员并不接受申请人意见陈述中认为该申请具备创造性的理由。仍认为该申请无授权前景，同时说明书中也不存在可被授予专利权的任何实质性内容。因此，即使申请人根据原申请文件对权利要求进行进一步的重新组合和/或撰写，该申请也无授权前景。

**☞ 答辩要点分析思路**

一通答辩时，对于新权利要求1的创造性的非显而易见的论述主要包含以下几个论点：

①由于对比文件2中的反应物与该发明的差异大，可以从机理上论述对比文件2与对比文件1的不可结合性；

②活性基团“烷氧基”并不一定有利于目标产物的获得，从理论上进行论述多位点反应产物的不确定性，进一步说明对比文件2没有给出启示得到该发明。

③从后处理、温度的差别来证明对比文件2的反应情况与该发明本质上的不同，从而证明对比文件2没有给出启示得到该发明。

为了清晰地阐述观点，该案在行文时采用“观点总结—论据论述—观点再次总结”

的方式，即“帽子—身子—鞋子”的形式。以上述第③个论点为例，代理师首先抛出观点，“申请人再从另外两个角度说明，对比文件2……没有技术启示使本领域技术人员有动机剥离其针对的具体环境（如反应物结构），而将其反应条件孤立出来，针对与其完全不同的对比文件1的反应物，进行结合，从而得到该发明。”然后从两个角度具体阐述：“第一，从后处理分析……；第二，从反应温度分析……”，最后再总结该论点：“本申请人进行上述论述的目的，就是说明，对比文件2的反应条件（碱水溶液、相转移催化剂）是针对特定的反应物进行的，不具备普遍性，不能脱离其应用的具体环境，将其孤立地剥离出来，与其他现有技术进行结合”，这样的行文方式逻辑清晰，可使读者快速了解所阐述的观点，审查员老师读着也会觉得清楚明了，也利于申请的审查。

虽然一通答辩未授权，该行文方式是值得借鉴的。

二通答辩时，关于创造性的论述主要针对审查员对一通意见陈述中的不同意见进行反驳，论点包括：

①在具有多反应位点且仅给出“收率”而未给出“纯度”的情况下，如何证明效果是“确切的、毫无疑问的”。

②从理论上论述当有多个反应位点时获得该发明效果的不可预料性。

③对比文件2中适用的反应温度范围很窄（95～100℃），而该发明中较宽（20～95℃）。

④与带有两个活泼卤原子的二卤代烷烃相关的工艺方法一直是有机化学领域的一个难点，从本领域的研发动向加以证明。

上述各论点的陈述同样采用“帽子—身子—鞋子”的方式。

**☞ 意见陈述原文摘录**

答二通意见陈述原文摘录

新权利要求1具备创造性。

1. 新权利要求1具备突出的实质性特点

对比文件1公开了2－(3－氯丙氧基)－1－甲氧基－4－硝基苯的制备方法，其为在溶于2－甲氧基－5－硝基苯酚（50g，0.30mol）的250ml异丙醇中，加入310ml的1N的氢氧化钠溶液，滴加速度为使温度在40℃以下；滴加结束后，搅拌至少30分钟，然后加入1－溴－3－氯丙烷（93.1g，0.59mol）。将所得混合物加热至75℃，反应8小时（HPLC检测），冷却至室温过夜，淡黄色产物逐渐沉淀。加入200ml水，搅拌至少30分钟，过滤，用水洗涤。再加入650ml甲醇，加热回流直至固体溶解或大部分溶解。将所得溶液在搅拌下逐渐冷却至室温，冷却时间至少3～5小时。然后冷却至10～15℃，静置至少30分钟，过滤出固体，并用冷甲醇洗涤，将产物真空干燥得60.3g 2－(3－氯丙氧基)－1－甲氧基－4－硝基苯。

本发明要求保护一种1－(卤烷氧基)－5－硝基苯类化合物的合成方法，其包含将2－烷氧基－5－硝基苯酚、2－苯氧基－5－硝基苯酚、2－苄氧基－5－硝基苯酚或其盐类化合物和卤代烷烃类化合物于反应温度20～95℃下进行反应，反应在碱性物质的水溶液中进行，并加入相转移催化剂；所述的卤代烷烃类化合物为1－氯－2－溴乙烷、1－氯－2－碘乙烷、1，2－二溴乙烷、1－氯－3－溴丙烷、1－氯－3－碘丙烷、1，

3－二溴丙烷、1－氯－4－溴丁烷、1－氯－4－碘丁烷、1，4－二溴丁烷、1－氯－5－溴戊烷、1－氯－5－碘戊烷、1，5－二溴戊烷、1－氯－6－溴己烷、1－氯－6－碘己烷或1，6－二溴己烷。根据本申请的实施例1～17，本发明的方法在反应结束后，只需冷却、静置、过滤、干燥即可得到产物，可达到71%～90%的较高产率。并且，本发明在温和的温度条件下（20～45℃）也可达到74%～90%的较高产率。

因此，本发明与对比文件1的主要区别技术特征在于：（1）本发明的方法在碱性物质的水溶液中进行；（2）本发明的方法中还加入相转移催化剂。

基于上述分析，可确定本发明实际解决的技术问题是如何发现一种与现有技术完全不同，且条件可以更加温和，后处理更加简单，对环境友好，产率高，可适用于工业化生产的1－（卤烷氧基）－5－硝基苯类化合物的合成方法。

本发明通过上述区别技术特征实现上述技术效果，相对于对比文件1和对比文件2，非显而易见，阐述如下：

（1）对比文件2中的反应物与本发明的差异大，从机理上论述对比文件2与对比文件1的不可结合性。

对比文件2公开了一种水相法合成二氟甲氧基硝基苯的方法，其硝基苯酚在40～100℃的碱性溶剂中，与连续通入的二氟氯甲烷反应1～40小时，在相转移催化剂的作用下制得二氟甲氧基硝基苯，硝基苯酚和二氟氯甲烷的摩尔比为1∶1～10，所说的碱性溶剂可为氢氧化钠或氢氧化钾溶液，浓度为2.0%～30%，所说硝基苯酚可为邻、间或对硝基苯酚，相转移催化剂可为四丁基溴化铵或四丁基溴化胺膦，其量可为硝基苯酚的0～10%，其反应式见下。根据对比文件2的实施例，可知，该反应结束后，需冷却出料，并且经过分出有机相，碱洗，水洗得粗产品，再将粗产品进行水蒸气蒸馏，才能得到产品。并且，根据其实施例3，该方法在40℃的温和条件下反应，产率极低，只有14.8%。

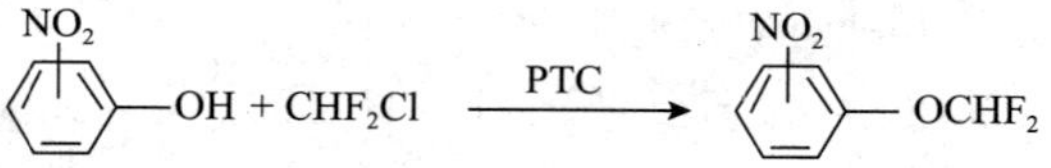

虽然对比文件2公开的技术方案中，是硝基苯酚和一种卤代烷烃在碱水溶液，以及相转移催化剂的作用下进行反应。但是仔细分析即可看出，虽然同是“卤代烷烃”，但对比文件2中的卤代烷烃和本发明中的卤代烷烃类化合物有很大的区别：对比文件2的卤代烷烃为$CHF_2Cl$，其中卤原子为F和Cl；而本发明的卤代烷烃类化合物为氯和溴取代、氯和碘取代或者溴和溴取代的烷烃类化合物。

本发明和对比文件2中公开的反应类型，为典型的亲核取代反应，其基本反应机理为酚羟基进攻卤代烷烃中与卤素连接的碳原子，使卤素原子离去，从而形成新的化合物。而对于有机化学领域来说，众所周知，在涉及离去基团为卤素原子的亲核取代反应中，F原子是极难离去的（在实际实验中几乎是不可能的），一般来说，仅氯、溴和碘原子可以在亲核取代反应中离去。因此，对比文件2中的卤代烷烃$CHF_2Cl$，仅有一个活泼的Cl原子会在反应中离去。而本发明的卤代烷烃中，均有两个活泼的卤素原子，但本发明方法的目的是仅使其中的一个卤素原子离去，难度可想而知。众所周知，正常情况下，某物质在和具有两个可反应位点的化合物反应时，与具有单个反应位点的情况相比，其必然会出现更多的副产物，如和两个位点均反应得到的副产物，以及和另外一个非目标位点反应得到的副产物。因此这种前提下的反应状况，以及相应的后处理状况，和单反应位点时的相应状况是完全不同的，也是难度更高的，正常来说，仅仅简单地将单反应位点情况下的反应条件“转移”到双反应位点的情况下，效果肯定是会变差的，因此本领域技术人员很难想到，本发明却可以达到后处理反而更简单、产率也很高的结果。而原因就在于本发明中，通过各要素之间的特别配合，即卤代烷烃的结构、苯酚的结构，以及反应条件，协同达到了这样一个难以预料的结果。因此，即使某物质在和单反应位点的化合物反应时，具有较好的效果，绝不能想当然地认为将其反应方法转移到双反应活性位点的情况下，也可以达到相类似的效果。

基于此，即可得出这样的结论：对比文件2的反应条件是针对与本发明卤代烷烃类化合物完全不同的卤代烷烃进行的，在此前提下，本领域技术人员没有动机将其中的反应条件，孤立于其特殊的应用环境，剥离出来，应用于另外一个情况完全不同的反应情况中。因此面对本发明实际解决的技术问题，本领域技术人员没有动机将对比文件2和1进行结合。

（2）本发明在涉及活化多个反应位点的情形下实现上述技术效果不可预料。

审查员老师提到，本发明的反应物中，烷氧基为推电子基团，能活化邻位的酚羟基的反应活性。但是，申请人要强调的是，不是在任何情况下，活化反应位点的活性都是有利于反应的目的的。很多时候，特别是反应位点较多时，如果活化某反应位点，会导致涉及活化反应位点的各种反应都更容易发生，从而使得到的副产物增多，增大后处理的难度。如果是只有单反应位点的情况下，这种活化应该是有利的，因为只有单一的反应可以发生，活化只会带来更好的反应效果，但对于有双反应位点的情况下，情况反而恰恰相反，活化很多时候是不利于反应的目的的。对于本发明来说，卤代烷烃类化合物中本来已经有两个很活泼的可离去的卤素原子，而目的又是仅使其中之一离去，正常来说，未活化的苯酚都可使两个卤原子中的任一个离去，也就是说，会有多个副产物，如果进一步活化苯酚的羟基，结果很可能是副产物更多，更加难以控制反应条件，后处理难度也更大。

而事实上，本发明恰恰“违背”了本领域的上述正常认识，不仅活化了苯酚的羟基，而且是和具有两个卤原子，即具有两个反应位点的卤代烷烃反应，通过卤代烷烃结构、特别的苯酚结构、温度、溶液、相转移催化剂的共同配合，正好可以得到仅一个卤原子离去的主要产物，并且后处理极其简单，只需冷却、静置、过滤、干燥即可，就可以达到71%～90%的高产率。在上述背景知识的基础上，这样的效果是本领域技术人员极难预料到的。

（3）对比文件2的反应条件与本发明有本质上不同。

对比文件2的反应条件应用的环境与本发明的反应完全不同，没有技术启示使本领域技术人员有动机剥离其针对的具体环境（如反应物结构），而将其反应条件孤立出来，针对与其完全不同的对比文件1的反应物进行结合，从而得到本发明。

第一，从后处理情况上进行分析。根据对比文件2的实施例，反应结束后，需冷却出料，并且经过分出有机相，碱洗，水洗得粗产品，再将粗产品进行水蒸气蒸馏，才能得到产品。而本发明在反应结束后，只需冷却、静置、过滤、干燥即可得到产物。由此可看出，后处理的情况是完全不同的，由此可看出其对应的反应的情况也是完全不同的，因此本领域技术人员没有动机将其反应条件与对比文件1进行结合。

第二，从反应的温度上进行分析。根据对比文件2的实施例3，该方法在40℃的温和条件下反应，产率极低，只有14.8%。根据其他实施例，都需要在95~100℃的高温条件下进行，才可以达到较高的产率。而本发明的方法不仅在高温条件（60~95℃）下，可达到71%以上的较高产率（可见本申请实施例3、4、6和8），而且即使在温和的温度条件下（20~45℃）也可达到74%~90%的较高产率。因此，如果对比文件2和1可以进行结合，那么其反应温度的情况应该是与对比文件2相似的，而事实上，情况却是相差极大的。从这个角度，也充分说明了对比文件2的反应情况（如其所针对的反应物结构等）和本发明的反应情况是完全不同的，本领域技术人员没有动机将对比文件2的反应条件孤立于其特别的反应情况，而与对比文件1结合。

本申请人进行上述论述的目的，就是要说明，对比文件2的反应条件（碱水溶液、相转移催化剂）是针对特定的反应物进行的，不具备普遍性，不能脱离其应用的具体环境，将其孤立地剥离出来，与其他现有技术进行结合。总之，在此基础上，本领域技术人员没有动机将对比文件2的反应条件和对比文件1结合起来，得到本发明的技术方案。

综上所述，在面对本发明实际解决的技术问题时，现有技术和对比文件2中没有给出任何技术启示，使本领域技术人员有动机将前述区别技术特征应用于对比文件1中，得到本发明的技术方案。权利要求1的技术方案对本领域技术人员来说是非显而易见的，具备突出的实质性特点。

2. 新权利要求1具备显著的进步

根据本申请的实施例1~17，本发明的方法在反应结束后，只需冷却、静置、过滤、干燥即可得到产物，并且可达到71%~90%的较高产率。并且，本发明在温和的温度条件下（20~45℃）也可达到74%~90%的较高产率。

基于前述对本发明“突出的实质性特点”的陈述中，可得出，本发明的上述效果不仅是有益的效果，也是本领域技术人员在现有技术的常识、对比文件1和2的基础上预料不到的。

因此，新权利要求1具备显著的进步。

综上所述，综上所述，新权利要求1具备突出的实质性特点和显著的进步，符合《专利法》第22条第3款的规定。

答二通意见陈述原文摘录

一、权利要求1具备创造性

1. 权利要求1的技术方案具备突出的实质性特点

（1）区别技术特征的确定。

对比文件1（第0064段）公开了2-(3-氯丙氧基-)-1-甲氧基-4-硝基苯的制备方法，其主要包括异丙醇中，将2-甲氧基-5-硝基苯酚和1-溴-3-氯丙烷在氢氧化钠水溶液的作用下进行反应，反应温度为75℃，反应8小时，后处理主要为包含冷却、加水，用甲醇加热溶解、冷却沉淀等烦琐步骤的结晶方法。

本发明要求保护一种1－(卤烷氧基)－5－硝基苯类化合物的合成方法，其包含将2－烷氧基－5－硝基苯酚、2－苯氧基－5－硝基苯酚、2－苄氧基－5－硝基苯酚或其盐类化合物和卤代烷烃类化合物于反应温度20～95℃下进行反应，反应在碱性物质的水溶液中进行，并加入相转移催化剂；所述的卤代烷烃类化合物为1－氯－2－溴乙烷、1－氯－2－碘乙烷、1，2－二溴乙烷、1－氯－3－溴丙烷、1－氯－3－碘丙烷、1，3－二溴丙烷、1－氯－4－溴丁烷、1－氯－4－碘丁烷、1，4－二溴丁烷、1－氯－5－溴戊烷、1－氯－5－碘戊烷、1，5－二溴戊烷、1－氯－6－溴己烷、1－氯－6－碘己烷或1，6－二溴己烷。

因此，本发明与对比文件1的主要区别技术特征在于：①本发明的方法在碱性物质的水溶液中进行；②本发明的方法中还加入相转移催化剂。

（2）本发明实际要解决的技术问题的确定。

本发明实际要解决的技术问题是基于本发明所获得的技术效果来进行确定的，而本发明的技术效果是确切的、毫无疑问的。具体来说：

根据本申请的实施例1～17，本发明的方法的反应可适用较宽的温度范围（20～95℃），并且在反应结束后，只需冷却、静置、过滤、干燥即可得到产物，即可达到71%～90%的较高产率。对于上述本发明实施例可达到的效果，审查员在审查意见中提到“即便是果如申请人所言，正是由于……得到了仅一个卤原子离去的主要产物，但在所有实施例中仅仅给出了收率值，但未对产物的结构进行任何表征来证明得到的就是标题所示的产物而非副产物”。

申请人认为：第一，本发明要求保护的是已知化合物的制备方法，对于这类发明，根据《审查指南》第二部分第十章3.2“化学方法发明的充分公开”，其仅要求方法的原料物质、工艺步骤和条件都应当记载，对于原料物质应确保本领域技术人员能够得到。至于方法发明中已知的产物的结构表征数据，没有相关要求，也没有必要进行公开；即使不进行公开，本领域技术人员也明确方法制备得到的就是目标化合物。

第二，更重要的是，根据本申请的实施例的描述方式，题目为“……硝基苯（目标化合物）的制备”，本领域技术人员均清楚，这些包含了最详细的操作步骤的实施例的目的就是要制备得到实施例题目中所述的化合物，其也当然是纯的化合物。而且各实施例在反应完成后，记载了详细的后处理过程“反应液冷却至室温，静置、过滤、干燥得到……固体”，这是非常完整的后处理步骤，由于反应的效果令人意外，冷却静置后，副产物就留在了母液中，目标产物沉淀出来，进一步过滤、干燥后，自然就得到了纯的目标化合物。这都是符合逻辑的，没有违背任何自然规律。

并且各实施例中都明确记载了收率数据，收率的定义是：实际所得到的目标产物的质量或摩尔量，与理论产率为100%时的目标产物的质量或摩尔量的比值，这对于本领域技术人员来说都是明确的。因此，既然实施例写明了收率值，就意味着其得到了纯的目标化合物，从而才可以计算收率，否则收率将无法计算，或者即使进行粗略计算，得到的也应是“粗产率”而非明确的“收率”。因此，本领域技术人员对于本申请的实施例，绝不会理解成其制备的都是不纯的目标化合物或副产物，按照本领域常规知识，其会自然地认为各实施例制备的都是纯的题目中所述的化合物。也正是这样，这一切才会是符合逻辑的，符合本领域技术人员的一般认识的。

综上，对于本领域技术人员来说，本申请的实施例中制备的都是题目中所述的纯的目标产物，并且有相应的收率结果。事实上，很多已知化合物制备方法的专利申请中，实施例中都不会记载产物的表征数据，但这不能说明产物就是不纯的，并且如果有明确的收率数据，就更加可以确定得到了纯产物，并计算出了收率。

对于本领域技术人员来说，在阅读本申请说明书，尤其是实施例后，本发明可达到的上述效果是确切的，没有疑问的。

因此，可确定本发明实际解决的技术问题是如何发现一种与现有技术完全不同，且条件可以更加温和，后处理更加简单，对环境友好，产率高，可适用于工业化生产的1-（卤烷氧基）-5-硝基苯类化合物的合成方法。

（3）本发明相对于现有技术是非显而易见的。

本发明通过上述区别技术特征实现上述技术效果非显而易见。针对审查员二通意见，申请人有不同意见，阐述如下：

本发明在涉及活化多个反应位点的情形下实现上述技术效果不可预料。

对比文件2公开了一种水相法合成二氟甲氧基硝基苯的方法，其硝基苯酚在40～100℃的碱性溶剂中，与连续通入的二氟氯甲烷反应1～40小时，在相转移催化剂的作用下制得二氟甲氧基硝基苯，硝基苯酚和二氟氯甲烷的摩尔比为1：1～10，所说的碱性溶剂可为氢氧化钠或氢氧化钾溶液，浓度为2.0%～30%，所说硝基苯酚可为邻、间或对硝基苯酚，相转移催化剂可为四丁基溴化铵或四丁基溴化胺膦，其量可为硝基苯酚的0～10%，其反应式见下。根据对比文件2的实施例可知，该反应结束后，需冷却出料，并且经过分出有机相，碱洗，水洗得粗产品，再将粗产品进行水蒸气蒸馏，才能得到产品。并且，根据其实施例3，该方法中原料为对硝基苯酚，在40℃的温和条件下反应，产率极低，只有14.8%；根据其实施例4～7，只有在95～100℃的高温条件下，才能得到80%以上的较高收率。因此，对比文件2的方法适用的温度范围极为有限。

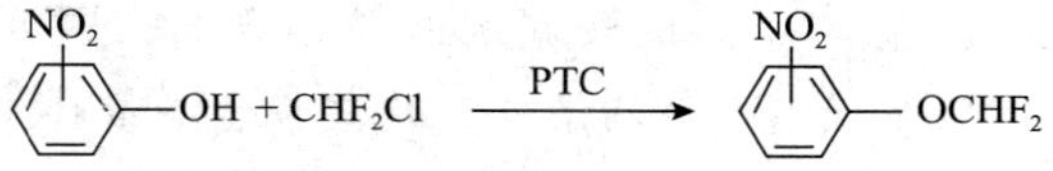


申请人在答复第一次审查意见时，已经陈述了对比文件2中的$CHF_2Cl$与本发明的卤代烷烃有很大区别：对比文件2的卤代烷烃为$CHF_2Cl$，其中卤原子为F和Cl；而本发明的卤代烷烃类化合物为氯和溴取代、氯和碘取代或者溴和溴取代的烷烃类化合物。由此，申请人详细分析了这两种情况下亲核取代反应的差别，以及本发明的亲核取代反应的特别之处，因此，申请人得出结论：本发明恰恰“违背”了本领域的正常认识，不仅活化了苯酚的羟基，而且是和具有两个卤原子，即具有两个反应位点的卤代烷烃反应，通过卤代烷烃结构、特别的苯酚结构、温度、溶液、相转移催化剂的共同配合，正好可以得到仅一个卤原子离去的主要产物，并且后处理极其简单，只需冷却、静置、过滤、干燥即可，就可以达到71%～90%的高产率。在上述背景知识的基础上，这样的效果是本领域技术人员极难预料到的。

审查员针对上述意见指出："在进行反应时，当卤素原子不同时，则根据离去的难易程度与苯酚上的羟基进行卤化氢脱除反应，脱去的为两者中更易脱除的卤原子，例如……""而当两个卤原子相同时，由于两个卤原子位于最两端，且苯酚上只有酚羟基这一个反应位点，则无论脱去哪一个卤原子都能得到相同的目的产物，并不存在孰难孰易以及产物不同的问题"。

对于上述意见，申请人认为：

在有机化学领域中，涉及两个活泼反应位点的二卤代烷烃，与仅有一个活泼反应位点的卤代烷烃反应情况完全不同，不能简单地类比。对于本发明的二卤代烷烃中，卤原子不同时，这两个卤原子为氯、溴，或氯、碘，正如审查员老师所说，这时的两个卤原子在亲核取代反应时有难易的差别，相对来讲，溴比氯更易离去，碘比氯也更易离去。但是，即使有活性差别，氯、溴、碘都是在亲核取代反应中极易离去的基团，而对比文件2中的 $CHF_2Cl$ 中的氟在绝大多数情况下是不会离去的，这是有质的差别的。因此，本领域技术人员均清楚，在亲核取代反应中，二卤代烷只要包含氯、溴，或氯、碘，其中的氯、溴、碘是肯定会离去的，一般反应条件下，即使将硝基苯酚的摩尔量控制的比二卤代烷更少，也必然会产生大量的非目标副产物，只是比例可能不会占到一半而已，但如果条件控制不好，完全可能使副产物占到更大比例。下面可以通过简单的反应式来说明这个反应过程：

假设硝基苯酚为I，本发明的二卤代烷为a～～～b（a，b为卤素，a为更活泼的卤素，如Br或I，b为Cl，～～～为碳链），按照反应机理，产物应该包括更活泼卤素离去的I～～～b，次活泼卤素离去的a～～～I，以及a和b都会离去的I～～～I，反应条件不同，上述三种产物的比例完全可能有很大变化，例如极易发生反应的条件下，更活泼的卤素和次活泼的卤素都会离去，I～～～b和a～～～I的比例应该是相同的，如果硝基苯酚过量较多或者条件控制得不好，I～～～I的比例也会很大，甚至会占到过半的比例。只有在较难发生亲核取代反应的条件下，才可能出现I～～～b比例较高的结果，但这是很难控制的，因此，真正在工业上涉及二卤代烷的反应很少，也是因为副产物比例高，难于控制。

正是因为如此，对比文件1的方法才需要那么苛刻的条件，以及极其烦琐的后处理方法，才可以得到目标产物。另外，审查员提到"当两个卤原子相同时，由于两个卤原子位于最两端，且苯酚上只有酚羟基这一个反应位点，则无论脱去哪一个卤原子都能得到相同的目的产物，并不存在孰难孰易以及产物不同的问题"，该观点忽略了从反应机理上分析反应过程中会出现的另一个重要副产物，即上述中的产物I～～～I，在本发明中，根据机理会出现的该副产物结构如下：

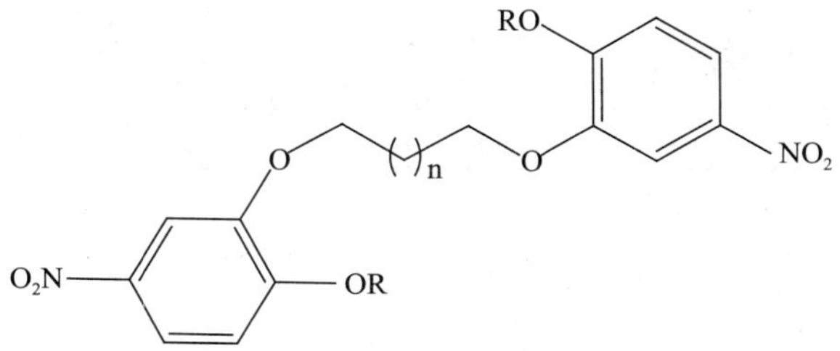

也就是说两个卤原子相同时的二卤代烷在反应中完全有可能都离去，和两个硝基苯酚分子连接，从而形成上述副产物。而非审查员提到的“无论脱去哪一个卤原子都能得到相同的目的产物”。

基于上述分析可知，对于本领域技术人员来说，带有两个活泼卤原子的卤代烷烃参与的亲核取代反应是非常复杂的，远非仅有一个活泼卤原子的二氟氯甲烷可比。

基于此，相应的，审查员提到的“烷氧基活化的也只是酚羟基的活性……不影响卤原子的脱除，而只是使得反应更易进行而已”也是不准确的。烷氧基很可能可以活化酚羟基的活性；但是，活化后的羟基，不仅涉及目标反应，也会涉及副反应，因此不仅会使目标反应增速，副反应同样也会增速，这样的情况下，主产物和副产物的量都在增加，到底两者相对来说谁“消”谁“长”，极难预测，即使副反应增速更多，从而副产物更多，也是完全有可能的。

并且，申请人还要说明的是，亲核取代反应的反应条件和消除反应的条件是极相似的，都可在碱性条件下进行，因此，卤代烷烃发生消除反应生成烯是其在亲核取代反应中最常见的竞争反应，但发生消除反应的前提是两个碳原子以上的卤代烷烃，而单碳原子的卤代烷烃，如对比文件2的二氟氯甲烷是肯定不会发生该反应的。本发明的二卤代烷烃中，尤其是三个碳以上的二卤代烷烃，在碱性条件下极易发生1，2－消除反应，生成双键，以及卤化氢，因此，按照反应机理分析，除了前述分析的容易出现的副产物外，当反应物为本发明的二卤代烷烃时，还极易产生大量与消除反应相关的副产物。由此，也可看出，对比文件2的二氟氯甲烷和本发明的二卤代烷烃不具可比性。

另外，我们再从分子本身分析一下对比文件2的二氟氯甲烷和本发明的二卤代烷烃的区别：

①从物理状态上讲，二氟氯甲烷是气态物质，熔点为零下146度，而本发明的二卤代烷烃均为液态物质。气态物质和液态物质在溶剂中的溶解性，以及反应时的状态都有很大差别，不能简单类比。

②氟原子的电负性很强，远强于氯、溴或碘，而对比文件2中的二氟氯甲烷中有两个氟原子和一个氯原子，而且都连接在同一个碳原子上，从常理上分析，由于被两个电负性很强的氟原子，以及一个氯原子吸引，该碳原子处于极缺电子状态，亲核性很强。而本发明的卤代烷烃中，碳原子连接的均为单一的氯、溴或碘原子，远没有二氟氯甲烷中碳的亲核性强。由此可见两者的巨大差别。

并且，通过已存在的客观事实，也可以直接证明上述不具可比性的较大差别：

根据本申请实施例的记载，本发明的方法可适用很宽的温度范围（20～95℃），并且在反应结束后，只需冷却、静置、过滤、干燥即可得到产物，即可达到71%～90%的较高产率。

而对比文件2中，该反应结束后，需冷却出料，并且经过分出有机相，碱洗，水洗得粗产品，再将粗产品进行水蒸气蒸馏，才能得到产品。并且，根据其实施例3，该方法中原料为对硝基苯酚，在40℃的温和条件下反应，产率极低，只有14.8%；根据其实施例4～7，只有在95～100℃的高温条件下，才能得到80%以上的较高收率。因此，对比文件2的卤代烷烃适用的温度范围极为有限。

由此，可明确得出对比文件2的卤代烷烃与本发明的二卤代烷烃的结构有极大不同，对比文件2的卤代烷烃与硝基苯酚的结合，与该发明的二卤代烷烃和硝基苯酚的结合也有极大不同，从而出现了完全不同的反应效果。

基于上述论述，申请人要进一步强调，与带有两个活泼卤原子的二卤代烷烃相关的工艺方法一直是有机化学领域的一个难点，从对比文件1中对该工艺复杂的操作就可见一斑。也正是因为此，本申请人才从该方向入手进行突破，经过艰苦的研究，反复摸索尝试，意外地找到了一种适合于本发明的两个活泼卤原子的二卤代烷烃及相应的硝基苯酚的亲核取代反应的工艺方法。这对于该领域的整体工艺发展都是有深远的意义的，确确实实地为本领域的技术进步做出了贡献。

申请人进行上述陈述的目的，就是要说明，在有机化学领域，带有两个活泼卤原子的二卤代烷烃，与普通的单卤代烷烃或者带一个活泼卤原子的多卤代烷烃（如对比文件2的二氟氯甲烷）是完全不同的。不能基于对比文件2中公开的二氟氯甲烷的反应，推知本发明的反应也可以进行，并解决上述实际解决的技术问题。另外，再加上本发明的硝基苯酚中还有一个活化羟基的烷氧基，进一步增加了反应的不可预测性，因此不能基于对比文件2的反应，结合对比文件1来推出本发明的反应。

我们也可以换一个角度来分析本发明的非显而易见性：

对比文件1（美国专利申请）的申请日在2004年，利用了2003年的临时申请的优先权。而对比文件2的公开时间为2002年5月15日，早于对比文件1的临时申请申请日近一年时间。因此，对比文件1的发明人在进行与本发明对比的反应时，经过简单的检索就会查到对比文件2的反应，但其完全没有采用对比文件2中的更环保、简便的条件，而是不厌其烦地用一个非常复杂的反应条件，以及后处理来制备产物，由此也可看出，对比文件2的反应物情况与对比文件1完全不同，对比文件1的发明人当时也没有动机将对比文件2的反应条件应用在对比文件1的反应物上。

另外，对比文件2的申请日为2001年10月11日，公开日为2002年5月15日，本申请的申请日为2006年12月8日，中间相隔五年多的时间。如果本发明在对比文件1和对比文件2的基础上很容易想到，在这五年当中，本发明的产物作为非常重要的化工中间体，在本领域一直渴望寻找其更加环保、简洁的方法的前提下，却一直没有人将对比文件2的方法“移植”到该中间体的制备上来，这也可以说明在对比文件2、对比文件1和本发明之间，仍然有一定的、难以预见的“距离”，使本领域技术人员一直没有跨越过去。

因此，从以上角度也可以一定程度上看出，本发明对于本领域技术人员的非显而易见。

审查员提到“对比文件2中温度以及产物收率虽然与该申请有所差别，但对于本领域技术人员而言，其给出了可适用碱和相转移催化剂促进酚羟基与卤代烃反应的技术启示，不能认为由于对比文件2存在温度限制和收率高低就不能给出该技术启示。与本申请最为接近的现有技术是对比文件1，当对比文件2公开了在相同反应位点上可使用碱和相转移催化剂后，则显而易见地可将该启示用于对比文件1的技术方案中”。

申请人在陈述了上述有关本发明的二卤代烷烃与对比文件2的卤代烷烃的差异的基础上，进一步分析对比文件2是否可以给出技术启示，从而和对比文件1结合：

根据《审查指南》第二部分第三章3.2.1.1（3），所谓技术启示，是指：在本申请申请日之前，要确定的是现有技术整体上是否存在某种技术启示，即现有技术中是否给出将上述区别特征应用到该最接近的现有技术以解决其存在的技术问题（即发明实际解决的技术问题）的启示，这种启示会使本领域的技术人员在面对所述技术问题时，有动机改进该最接近的现有技术并获得要求保护的发明。

审查员提到“对比文件2公开了在相同反应位点上可使用碱和相转移催化剂后……则显而易见……”。

申请人对此有不同看法，在有机反应领域，对反应的认识，从来不能脱离反应位点所在的母体结构而孤立地考虑反应。有机化学经过几百年，尤其是近代一百年的发展，各种反应位点的反应公开得已经非常全面，近年来新的反应位点的反应已经极其罕见，如果出现，往往可构成开创性发明。而事实上，有机化学反应领域的新发明大多都是基于母体改变的已知反应位点的改进型发明。如果仅通过反应位点间的反应，来推测其他母体结构下相同反应位点是否可行的话，那么大多数有机化学反应的发明都不具备创造性，而这显然是不可能的，原因也正是有机化学反应的不可预测性，这也是有机化学反应领域的发展仍然如火如荼，为医药、化工领域不断贡献新技术的原因。或者，再换一个角度说，如果仅从现有的已知反应位点上的反应来推测未进行的反应可行的话，大多数反应必然可达到较好的效果，医药、化工领域的工艺研究也不会有现在这么多困难了，而这显然也是不可能的。

申请人进行上述陈述，并非是完全否认现有技术的反应对于任何新反应都没有任何预测性，申请人要强调的是，在考虑这种“预测性”时，要客观地分析现有的反应与新反应，在反应位点相同的前提下，母体结构是否有足够的相似性，可以进行直接的推测。如果现有技术中是二氟氯甲烷与硝基苯酚的反应，某发明是二氟溴甲烷与硝基苯酚的反应，这种情况一般来说如果没有产生意外效果，是可以推测的。但由于二氟氯甲烷本身性质的特殊，如果某发明是二氟溴乙烷与硝基苯酚的反应，由于碳原子的增加，性质本质上已有了质变，都已经较难推测反应是否可进行。对于本发明的二卤烷烃+硝基苯酚与对比文件2的二氟氯甲烷+硝基苯酚具有更大的差别的情况，肯定是无法推测的。

本申请人在前述内容中，也已用大量篇幅说明和证明了对比文件2的卤代烷烃的母体结构与本发明的二卤代烷烃的差别，以及对比文件2中卤代烷烃和硝基苯酚的结合，与本发明的二卤代烷烃和硝基苯酚的结合的巨大差别。由此可见，对比文件2的反应的母体结构与本发明的母体结构的差别是非常大的，明显不能对本发明进行直接的预测。因此，在通过对对比文件2的卤代烷烃及硝基苯酚的整体上的分析后（即确定现有技术整体上是否存在某种技术启示），本领域技术人员不会仅考虑对比文件2中相同反应位点能够进行该反应的启示，而会从现有技术整体上判断，对比文件2的卤代烷烃的结构以及卤代烷烃与硝基苯酚的结合，与本发明的相应特征的巨大差别，在差别明显多于、大于相似之处的前提下，其没有动机，将对比文件2的条件和对比文件1进行结合。因此对比文件2对本发明不存在技术启示。

换句话说，本领域技术人员仅可以看出：对比文件2仅给出了在单碳原子、包含两个电负性极强的F原子、仅有一个亲核取代反应离去位点的二氟氯甲烷，可以和不带活化基团的硝基苯酚进行反应的技术启示。而结合整体的现有技术的知识，在二氟氯甲烷与本发明的卤代烷烃的物理、化学性质有很大差别的前提下，在硝基苯酚也具有明显的活化基团，对反应影响难以预测的前提下，其无法显而易见地推知本发明可以适用这样的反应条件。

审查员还提到“不能认为由于对比文件2存在温度限制和收率高低就不能给出该技术启示”。对技术启示的考虑是不能完全脱离效果地对比的，否则，如果对比文件中提到某反应可以做，但效果很差，而某发明的新母体的该反应取得了明显预料不到的效果，这种情况下如果也有技术启示，显然就不合理了。也正是因为此，《审查指南》第二部分第四章5.3专门针对“发明取得了预料不到的技术效果”进行规定，也明确说明这种情况也反映出发明是非显而易见的。并且，换个角度，从效果的差别上也可以判断母体结构的差异性，如果母体结构真的较相似，那么效果也应是相似的，但对于该案来说，恰恰相反，对比文件2的温度适应性很差，本发明的温度适应范围很广，这就侧面说明了母体结构的很大不同，说明了基于对比文件2不能显而易见地将该反应孤立于其应用的母体结构，应用于对比文件1的母体结构中去。

综上，基于上述分析，已经足以得出结论：本发明是非显而易见的。

另外，从另一角度来说，本发明显然也取得了本领域技术人员预料不到的技术效果：

基于对比文件1和对比文件2，本领域技术人员即便会想到可以将两者结合进行反应，但可预料到的效果应该是与对比文件2的情况类似的，即温度范围适应性差，只能在很高温度下才能得到较高产率，在很低温度下产率必然也很低，并且后处理也较复杂。而本发明的实际效果恰恰是在很宽的温度范围（20~95℃）下，即可达到71%~90%的较高产率。并且后处理也非常简单。这都是本领域技术人员预料不到的。因此，本发明具备创造性。

最后，我们再按照““三步法””推演一下本发明是否是显而易见的：

设想，在本申请的申请日之前，本领域技术人员在面对本发明实际解决的技术问题：寻找一种与现有技术完全不同，且条件可以更加温和，后处理更加简单，对环境友好，产率高，可适用于工业化生产的1-(卤烷氧基)-5-硝基苯类化合物的合成方法时，对比文件2虽然提供了一种卤代烷烃的反应，但同时根据常规知识和现有技术进行判断，对比文件2的卤代烷烃与本领域技术人员针对的卤代烷烃物理、化学性质都差别很大，其反应无法脱离具体应用环境而“移植”过来。因此，本领域技术人员没有动机将其与对比文件1结合，来解决上述技术问题。

综上所述，在面对本发明实际解决的技术问题时，现有技术和对比文件2中没有给出任何技术启示，使本领域技术人员有动机将前述区别技术特征应用于对比文件1中，得到本发明的技术方案。权利要求1的技术方案对本领域技术人员来说是非显而易见的，具备突出的实质性特点。

2. 权利要求1具备显著的进步

根据本申请的实施例1~17，本发明的方法在反应结束后，只需冷却、静置、过滤、干燥即可得到产物，并且可达到71%~90%的较高产率。并且，本发明在很宽的温度范围内（20~95℃）都可达到74%~90%的较高产率。因此本发明取得了本领域技术人员预料不到的效果。

因此，权利要求 1 具备显著的进步。

综上所述，权利要求 1 具备突出的实质性特点和显著的进步，符合《专利法》第 22 条第 3 款的规定。

## 【案例 No. 101649】制冰机及其水箱无水检测方法

### ☞ 案由简要

➢ 该案涉及一种制冰机（权利要求 1 ~ 9），及水箱无水检测方法（权利要求 10 ~ 16）。

➢ 一通：审查员引用一篇对比文件（JP 5306860A），认为权利要求 1、3 ~ 6、8、10、12、13 不具备新颖性，认为权利要求 2 ~ 3、7、9、11、14 ~ 16 不具备创造性。

➢ 答一通：将原权利要求 2 和 7 的附加技术特征增加至原权利要求 1 中，以形成新权利要求 1，将原权利要求 11 和 15 的附加技术特征增加至原权利要求 10 中，以形成新权利要求 8，论述新权利要求 1 ~ 12 具备创造性。

➢ 审查结果：授权。

### ☞ 相关权利要求

1. 一种制冰机，该制冰机包括一水箱、一进水控制器、一制冰盒以及一温度传感器，其特征在于，该制冰机还包括：

一制冰盒控制模块，用于控制制冰盒的制冰动作；

一进水控制器控制模块，用于控制进水控制器的开启和关闭；

一温度判断模块，用于按照预设的温度采集时间间隔接收并处理温度传感器产生的温度数据，以及检测处理后的温度数据是否在预设的温度阈值内；以及

一 MCU，用于检测制冰盒的制冰状态、接收温度判断模块的温度处理数据并控制进水控制器控制模块和制冰盒控制模块，以及设定温度判断模块的温度采集时间间隔和温度阈值；

2. 如权利要求 1 所述的制冰机，其特征在于，该制冰机还包括一制冰开关，用于输出制冰机的制冰工作状态，该 MCU 还用于采集并控制该制冰开关输出的制冰机的制冰工作状态。

……

7. 如权利要求 1 所述的制冰机，其特征在于，所述的温度采集时间间隔为 60 ~ 300 秒。

### ☞ 相关说明书内容

摘录一

[0046] 如图 1 所示的制冰机的电路结构框图，其中该制冰机包括一水箱 1、一制冰盒 2、一进水控制器 3、一制冰盒控制模块 4、一进水控制器控制模块 5、一温度传感器 6、一温度判断模块 7、一 MCU8（微控制器）、一制冰开关 9 以及一提示装置 10。其中 MCU8 分别与制冰盒控制模块 4、进水控制器控制模块 5、温度判断模块 7、制

冰开关9以及一提示装置10电连接，温度传感器6分别与温度判断模块7和制冰盒2电连接，进水控制器控制模块5与进水控制器3电连接，制冰控制模块4与制冰盒2电连接。

［0047］而且，所述制冰盒控制模块4用于控制制冰盒2的制冰动作，所述的进水控制器控制模块5用于控制进水控制器3的开启和关闭，所述的温度判断模块7用于按照预设的温度采集时间间隔T接收并处理温度传感器6产生的温度数据，以及检测处理后的温度数据是否在预设的温度阈值 $T_t$ 内，所述MCU8用于检测制冰开关9输出的制冰机的制冰工作状态和制冰盒2的制冰状态、接收温度判断模块7的温度处理数据并控制进水控制器控制模块5、制冰盒控制模块4和制冰开关9，以及设定温度判断模块7的温度采集时间间隔T和温度阈值T，和向提示装置10发送水箱无水的提示信息，所述温度传感器6用于检测制冰盒2的温度，所述进水控制器3用于控制水箱1是否对制冰盒2注水，所述的提示装置10用于向用户发出水箱无水的提示信息。

摘录二

［0050］此外，本实例中优选的预设的该温度采集时间间隔T的范围为60～300秒；温度阈值 $T_t$ 的范围为5～10℃。

**☞ 相关对比文件公开内容**

【0001】
【産業上の利用分野】本発明は、製氷皿への給水から製氷完了後の離氷までを自動的に行う自動製氷機に関する。
【0002】
【従来の技術】従来より、冷蔵庫においては、自動製氷装置を備えたものが供されている。この自動製氷装置は、制御装置により自動製氷に関わる一連の行程を順次実行するもので、使用者は冷蔵室内の給水タンクに水を補給するのみで氷を得ることができる。
【0003】すなわち、冷蔵庫には、冷却器から冷気の供給を受ける製氷室が設けられている。この製氷室内にはモータに連結された製氷皿が配設されており、制御装置は、まず先給水ポンプを駆動して給水タンクから製氷皿に一定量給水する。製氷皿に溜められた水は製氷室に供給される冷気により冷やされて氷になる。製氷が完了すると、制御装置は、モータを駆動して製氷皿を上下反転させて捩る。これにより、製氷皿の氷が離氷して落下して貯氷容器内に貯留される。
【0004】この自動製氷装置では、製氷皿の底部に温度センサが装着されており、制御装置は、この温度センサの検出温度により実際に製氷皿に水が供給されたか否か、および製氷が完了したか否かを判断するようにしている。
【0005】すなわち、製氷が完了すると、製氷皿は極低温となる。また、離氷後、製氷皿に水が供給されると、それまで極低温にあった製氷皿は水により暖められて温度上昇する。そこで、例えば製氷皿の温度が－１３．５℃以下になったとき製氷完了、給水ポンプの給水動作後、１２分経過した時点での製氷皿の温度が－９．５℃以上であったとき実際に製氷皿に水が供給されたと判断するように構成している。
【0006】そして、給水ポンプの給水動作後、１２分経過した時点での製氷皿の温度が－９．５℃以下であった場合には、給水タンクが空になっていて給水が行われなかったことをランプ表示させるようにしている。

### ☞ 审查意见

摘录一

权利要求1要求保护一种制冰机。对比文件1（JP 5306860A）公开了一种自动制冰装置，并具体公开了以下技术特征（参见说明书第［0001］~［0032］段及图1~5）：包括水箱15、水泵18（即该权利要求中的“进水控制器”）、冰盘12（即该权利要求中的“制冰盒”）、温度传感器19、23（即该权利要求中的“温度传感器”）、控制装置25（即该权利要求中的“MCU”），由图4、图5可以直接地、毫无疑义地确定：在制冰装置中一定存在制冰盘控制模块，用于控制制冰盘的制冰动作；在该制冰机中也一定存在水泵控制模块，进而实现对水泵的开启和关闭：同时，由图5可以直接地、毫无疑义地确定：在制冰系统中一定存在温度判断模块，用于在规定的温度时间间隔内接收并处理温度传感器产生的温度数据，以及检测处理后的温度数据是否在预设的温度阈值ΔT内；而控制装置25用于检测制冰盘的制冰状态、接收温度判断模块的温度处理数据并控制水泵控制器和制冰盘控制器，以及设定温度判断模块的温度采集时间间隔和温度阈值。

由此可知，权利要求1请求保护的技术方案与对比文件1公开的技术方案实质上相同，且对比文件1所公开的技术方案与权利要求1所要求保护的技术方案属于相同的制冰技术领域，并且采用相同的技术方案解决了同样的技术问题，并能产生相同的通过二次检测的温度差值与预设的温度阈值进行比较，进而判断制冰机中是否缺水的技术效果，因此该权利要求不具备《专利法》第22条第2款规定的新颖性。

摘录二

权利要求2是权利要求1的从属权利要求，其附加技术特征是：该制冰机还包括一制冰开关，用于输出制冰机的制冰工作状态，该MCU还用于采集并控制该制冰开关输出的制冰机的制冰工作状态。

上述附加技术特征即为该权利要求的区别技术特征。

基于上述区别技术特征，权利要求2实际解决的技术问题是：如何方便地控制制冰机的工作状态。

针对上述附加技术特征，为了灵活控制制冰机的工作状态，本领域技术人员很容易想到在制冰机上设置一制冰开关，并使控制装置25与制冰开关进行通信，从而采集该制冰开关输出的制冰工作状态，这是本领域惯用的技术手段，并且所达到的技术效果是可以预期的。

摘录三

权利要求7是权利要求1的从属权利要求，其附加技术特征是：所述的温度采集时间间隔为60~300秒。

上述附加技术特征即为该权利要求的区别技术特征。

基于上述区别技术特征，权利要求7实际解决的技术问题是：设定一温度采集时间间隔。

针对上述附加技术特征，对比文件1公开了（参见说明书第［0005］~［0007］段）：温度采集时间间隔为12分钟。虽然对比文件没有公开时间间隔为60~300秒，但本领域技术人员可以根据需要通过有限次的实验不断调整该时间间隔，这是本领域技术人员惯用的技术手段，并且所达到的效果是可以预期的。

由此可见，在对比文件1的基础上结合本领域的公知常识，得出该权利要求的技术方案，对本领域技术人员来说是显而易见的，因此在其引用权利要求1不具备新颖性的基础上，该权利要求所要求保护的技术方案不具有突出的实质性特点和显著的进步，因而不具备《专利法》第22条第3款规定的创造性。

☞ **答辩要点分析思路**

该案对于新权利要求1的“非显而易见”的论述主要从两方面进行：

（1）整体上论述区别技术特征不属于公知常识；

（2）对审查员指出的“温度采集时间间隔”是惯用技术手段的观点进行反驳。

代理师在阐述上述两个观点时均采用“帽子—身子—鞋子”的写法，以（1）为例：

论点：区别技术特征“MCU还用于采集并控制该制冰开关输出的制冰机的制冰工作状态，所述的温度采集时间间隔为60～300秒”不属于本领域的公知常识。

论述：列举现有技术中的两种制冰机的控制方式，逐一比对新权利要求1与现有技术中的两种制冰机的控制方式的不同。

结论：该发明关于制冰开关的区别技术特征并不是本领域的惯用技术手段，不属于本领域的公知常识。

这样的行文方式逻辑清晰，比较有层次感，审查员能够快速了解代理师所阐述的观点，有利于申请的审查。

☞ **意见陈述原文摘录**

一、新的权利要求1

1. 新的权利要求1具有突出的实质性特点

与对比文件1相比，本发明的区别技术特征为：该制冰机还包括一制冰开关，用于输出制冰机的制冰工作状态，该MCU还用于采集并控制该制冰开关输出的制冰机的制冰工作状态，所述的温度采集时间间隔为60～300秒。

利用上述区别技术特征，本发明实际解决的技术问题是：如何方便地控制制冰机的工作状态。

审查意见中认为本发明的上述区别技术特征均为本领域的公知常识，具体地，审查意见中指出：为了灵活控制制冰机的工作状态，本领域技术人员很容易想到在制冰机上设置一制冰开关，并使控制装置与制冰开关进行通信，从而采集该制冰开关输出的制冰工作状态，这是本领域惯用的技术手段，以及虽然对比文件1没有公开温度采集时间间隔为60～300秒，但本领域技术人员可以根据需要通过有限次的实验不断调整该时间间隔，这是本领域技术人员的公知常识。申请人对此有不同意见与您商榷：

申请人认为上述区别不属于本领域的公知常识，具体地，本领域的现有技术中并没有公开过采用制冰开关来输出制冰机的制冰工作状态，并通过MCU与制冰开关之间的通信来控制制冰机的工作状态，具体参见本发明说明书背景技术部分的描述，其中记载了现有技术中制冰机的控制方式有两种：（1）不感知水箱有无水，制冰机定时动作，完成注水、结冰、冰盘翻转脱冰等一系列过程；（2）利用重力或者其他传感器感知水箱有无水，如水箱无水，则制冰机不工作。在上述第一种控制方式中，因为不需要感知水箱有无水，所以与本发明以及对比文件 1 的技术方案相差甚远，自然不会给出将上述区别技术特征应用到对比文件 1 中形成本发明的技术方案的启示，在上述第二种控制方式中，也并没有相关技术公开过采用制冰开关来输出制冰机的制冰工作状态以及制冰机与控制装置进行通信，即没有公开本发明的上述关于制冰开关的区别技术特征；另外，对比文件 1 作为本发明的最接近的现有技术，其在技术上与本发明最为相近，但其中也没有公开任何关于制冰开关的技术内容，即没有公开本发明的上述关于制冰开关的区别技术特征，由此可知，本领域的现有技术中都没有涉及采用制冰开关来输出制冰工作状态，并利用制冰开关与控制装置进行通信，可见本发明的关于制冰开关的区别技术特征并不是本领域的惯用技术手段，不属于本领域的公知常识。

同样，本发明中关于温度采集时间间隔的设置也不属于本领域的公知常识，具体地，本领域的现有技术中并没有公开过将温度采集时间间隔的具体范围设置为 60~300 秒，即使在对比文件 1 中公开了时间间隔为 12 分钟，但对比文件 1 中并没有说明时间间隔可以进一步缩短为 60~300 秒，即本领域中包括对比文件 1 在内的现有技术中均没有公开本发明的上述关于温度采集时间间隔的区别技术特征，可见本发明的上述关于温度采集时间间隔的区别技术特征也不是本领域的惯用技术手段，不属于本领域的公知常识。

另外，审查意见中指出本发明的上述区别技术特征均为本领域的公知常识，却没有提供相应的证据进行证明，即没有提供本领域的记载有上述区别技术特征的教科书或工具书作为证据，申请人认为审查意见中这种缺乏证据支持的认定方式难以令人信服，而经过上述分析，申请人认为上述区别技术特征并不是本领域的公知常识，对本领域技术人员来说是不容易想到的。

最后，关于新的权利要求 1 中的制冰盒控制模块、进水控制器控制模块以及 MCU 对制冰盒控制模块、进水控制器控制模块的控制的相关技术特征，在对比文件 1 的文字部分并没有进行任何公开，审查意见中仅通过对比文件 1 的图 4 和图 5 就直接认定图中公开了本发明的上述模块以及 MCU 对上述模块的控制，申请人对此表示质疑，具体为审查意见中仅通过一句根据图 4 和图 5 可以直接地、毫无疑义地确定：在制冰装置中一定存在制冰盘控制模块、水泵控制模块以及控制装置控制水本控制器和制冰盘控制器，却并没有提供相应的分析说明，申请人审查意见中的上述结论难以令人信服，并且申请人有理由怀疑审查意见中的上述结论是参照本发明权利要求 1 的相关技术特征之后才得出的相应结论，有“事后诸葛亮”的嫌疑，因此，审查意见中的观点值得商榷。

综上，申请人认为本发明新的权利要求 1 的上述区别技术特征不属于本领域的公知常识，对本领域技术人员来说是非显而易见的，具有突出的实质性特点。

2. 新的权利要求 1 具有显著的进步

新的权利要求 1 能够解决上述技术问题，使得本发明不需要再额外增加任何的硬件电路，降低了冰箱制造的复杂程度并有效地节约了成本，同时还更加方便、更加精确地控制制冰机的工作状态，从而取得了有益的技术效果，具有显著的进步。

综上所述，与现有技术相比，新的权利要求 1 的技术方案具有突出的实质性特点和显著的进步，具备《专利法》第 22 条第 3 款规定的创造性。

## 【案例 No. 1310129】真空蒸发内冷式单芯电缆循环系统

### ☞ 案由简要

该申请涉及一种真空蒸发内冷式单芯电缆循环系统（权利要求 1 ~ 10）。

➤ 一通：审查员引用了对比文件 1（US3962529A），认为权利要求 1 ~ 10 不具备创造性。

➤ 答一通：删除原权利要求 1 和 2，将原权利要求 10 中引用原权利要求 2 的权利要求上升为新的权利要求 1，论述新权利要求 1 ~ 8 具备创造性。

➤ 审查结果：授权。

### ☞ 相关权利要求

原权利要求：

1. 一种真空蒸发内冷式单芯电缆循环系统，包括一电缆和一真空冷却装置，其特征在于，该真空冷却装置包括具有一冷凝部件的一真空冷凝罐，该真空冷凝罐内存储有冷却液，该电缆内设有一冷却液管和一回流管，该冷却液管通过一连接管与该真空冷凝罐密闭相连并通有冷却液，该回流管密闭连接到该真空冷凝罐内，该回流管的管口高于该真空冷凝罐中冷却液的液面。

2. 如权利要求 1 所述的真空蒸发内冷式单芯电缆循环系统，其特征在于，该电缆还包括一导体层，该冷却液管和该导体层依次套设于该回流管外。

10. 如权利要求 1 ~ 9 中任意一项所述的真空蒸发内冷式单芯电缆循环系统，其特征在于，该冷却液为水。

### ☞ 相关说明书记载内容

摘录一

本实施例的真空蒸发内冷式单芯电缆循环系统包括一电缆 1 和一真空冷却装置 2，该真空冷却装置包括具有一冷凝部件（图中未示出）的一真空冷凝罐 2，该真空冷凝罐 2 内存储有冷却液，该电缆 1 内设有一冷却液管 12 和一回流管 11，该冷却液管 12 通过一连接管与该真空冷凝罐 2 密闭相连并通有冷却液，该回流管 11 密闭连接到该真空冷凝罐 2 内，该回流管 11 的管口高于该真空冷凝罐 2 中冷却液的液面 3。

摘录二

该电缆 1 还包括一导体层 13，该冷却液管 12 和该导体层 13 依次套设于该回流管 11 外。在该导体层 13 外，还依次套设有一绝缘层 14、一金属屏蔽套 15 和一外护套 16。其中，该导体层 13 处于冷却液管 12 外部，这与现有电缆 1 中导体线芯位于中心的结构不同。该冷却液管 12 为铝质圆形空管。

摘录三

通过该真空泵组接口 22 能够连接真空泵、真空表等真空系统设备，以营造负压环境，使冷却液在可控温度下实施气化蒸发。

附图一

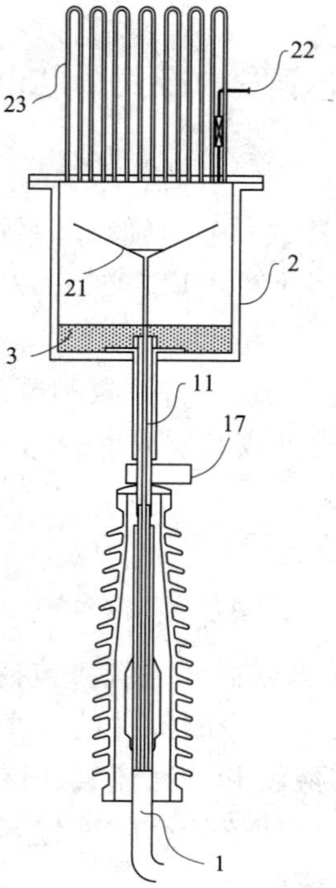


附图二

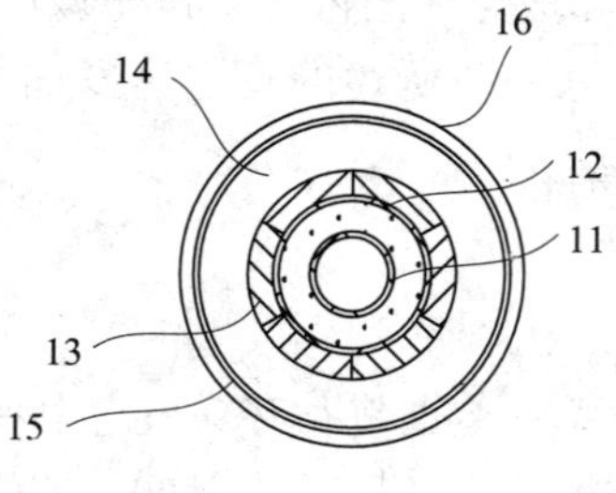


☞ 相关对比文件公开内容

摘录一

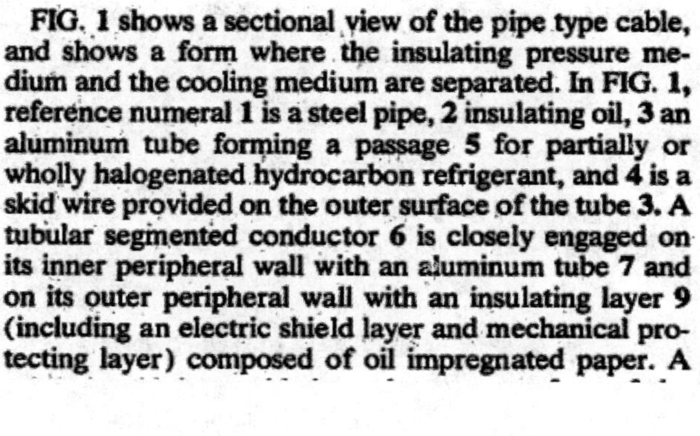
FIG. 1 shows a sectional view of the pipe type cable, and shows a form where the insulating pressure medium and the cooling medium are separated. In FIG. 1, reference numeral 1 is a steel pipe, 2 insulating oil, 3 an aluminum tube forming a passage 5 for partially or wholly halogenated hydrocarbon refrigerant, and 4 is a skid wire provided on the outer surface of the tube 3. A tubular segmented conductor 6 is closely engaged on its inner peripheral wall with an aluminum tube 7 and on its outer peripheral wall with an insulating layer 9 (including an electric shield layer and mechanical protecting layer) composed of oil impregnated paper. A

摘录二

Referring now to FIG. 4, which shows one example of the power cable line of this invention, numeral **21** is a cable horizontally buried in the cavity **51** under the ground surface **50**. Joints **22** and **23** are provided at both ends of one section of the cable **21**, **24** and **27** are refrigerant tubes wherein the former is the gas side, while the latter is the liquid side. **25** is a condenser, **26** is a refrigerant liquid reservoir provided on the ground to be naturally cooled. It may, of course, be forced air cooled or water cooled. The cable **21** may be directly buried or may be provided under water or on the ground. The refrigerant reservoir **26** absorbs the expansion and contraction of the refrigerant based on the temperature change to be provided so that the liquid level of the refrigerant is generally at a predetermined level.

摘录三

Referring to FIG. **16**, which shows a cooling means used in the power cable line of this invention.

Reference character A illustrates a reservoir tank, containing liquid hydrocarbon B. The liquid hydrocarbon is supplied from the cable joint D through the pipe C into the cable E. The passage of hydrocarbon is properly provided in the cable E so that the heat generated in the cable is transmitted to the hydrocarbon. The cable may be of a single core of the three cores type. The hydrocarbon heated in the cable is evaporated. Accordingly, a fluid flow is generated at the rising portion of the pot head F of the cable. The hydrocarbon in the cable E moves from the joint portion D to the pot head F and has a very low viscosity which makes it easy to evaporate so that the heat absorption amount upon evaporation is very lage with the result that it is optimum for this purpose.

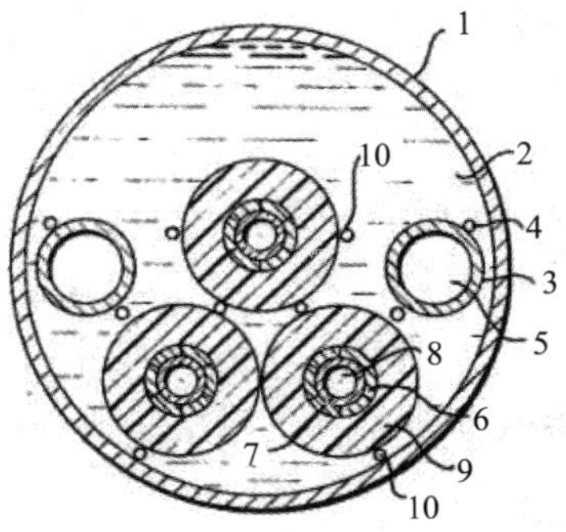


**FIG. 1**

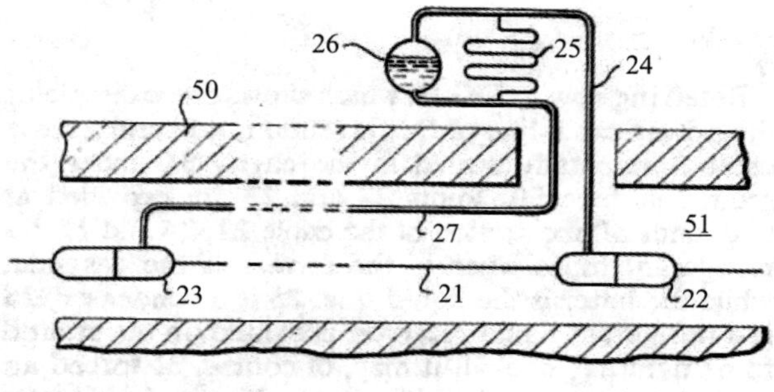


FIG. 4

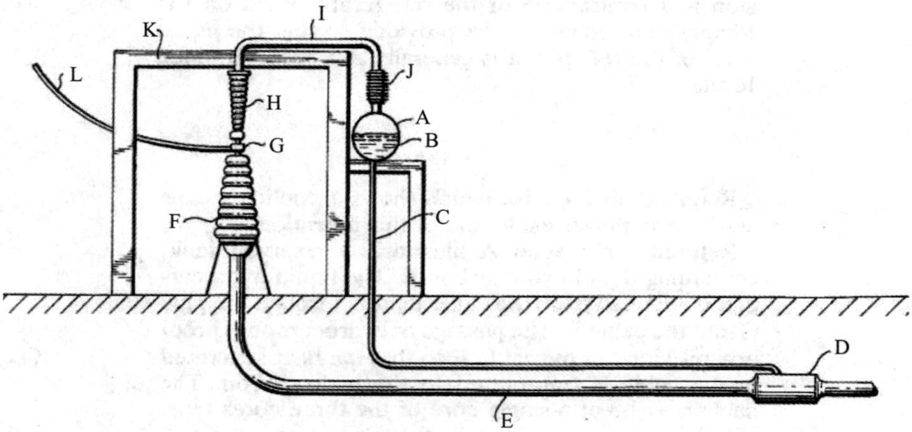


FIG. 6

☞ **审查意见**

摘录一

权利要求1请求保护一种真空蒸发内冷式单芯电缆循环系统。对比文件1（US3962529A）是最接近的现有技术，其公开了一种蒸发冷却电力电线，并具体公开了以下技术特征（参见说明书第2~3、5~7栏、13栏及图1~图21）：图1给出了一种管状电缆的截面图（相当于本申请所述的电缆），管状分割导体6紧贴铝管7内壁固定，在它的外壁是绝缘层9（包括屏蔽层和机械保护层）；如图4所示，是本发明的一个实施例，21是水平埋于地面50表面下面的空间51内的电缆，连接头22和23设于电缆中冷却剂管道21、24和27的一部分的端部，前者是气体流通通道，后者是液体流通通道，25是冷凝器（相当于本申请所述的冷凝部件），26是设于地面上以自然冷却方式冷却的冷却剂液体储存器（相当于本申请所述的冷凝罐，且冷凝罐中储存有冷却液）；图18所给出的这种情况，到冷凝器25的距离长，通道上到连接头23的阻力也就会大，同时到连接头22的距离也就近了，因此，更多的气化冷却剂从连接头22这边流出，这样，在连接头22和23之间就会产生一个压力差以至冷却剂在电缆中开始以气液混合态从23流向22，平衡状态也就变得按照一个方向流动；图16所示，电缆可以是三芯电缆中的一根单芯：且从对比文件1的附图可以得出，所述的管24即相当于本申请所述的回流管，电缆中的D部分即相当于本申请所述的电缆内设有冷却液管，且该冷却液管通过管24与冷凝罐密闭相连，并通有冷却液；所述的冷凝器和冷却液储存器共同组成了本申请的冷却装置。且本领域技术人员能够直接地毫无疑义地确定对比文件1所述的此种电缆也是一种蒸发内冷式单芯电缆循环系统。

在对比文件1所公开的此种构思的基础上，更便于内部冷却液的保存以及使所述冷却液的冷却效果更好，本领域技术人员很容易想到使对比文件1所公开的冷却液储存器以及整个系统处于真空状态，以使所述系统中各部分的液体和气化后的冷却液不受外界环境影响。另外，由于对比文件1所述的回流管和冷却液管以及连接两者与冷凝器和冷却液储存器的管道是分别处于线缆两端，所述的冷却系统占用的空间较大，且所需要的连接部件也较多，耗费成本较大，因此，当本领域技术人员在面对对比文件1的此种技术问题时，很容易想到将所述的回流管设于电缆内，然后为了使所述的冷却液与被加热混合后的冷却液易于分离，便于冷热水的循环，本领域技术人员很容易想到将回流管设于电缆内部并将其密闭连接到真空冷凝罐内，同时为了更便于冷却后的液体直接通过回流管流到冷却液管内，而不是与冷却液储存器内的冷却液混合后再回到冷却液管，本领域技术人员很容易想到将回流管的管口高于冷却液的液面，以便于对冷却后的冷却液直接进行回收利用。

摘录二

权利要求2对权利要求1做了进一步的限定。对比文件1还公开了（参见说明书第5栏及图1~图3）：管状分割导体6（相当于本申请所述的该电缆还包括导体层）紧贴铝管7内壁固定，在它的外壁是绝缘层9（包括屏蔽层和机械保护层）。而对于本领域技术人员来说，将所述的回流管设置于电缆内之后，选择将所述的回流管设置于冷却液流通管内部以便于冷却液的回流是本领域技术人员在具备本领域公知常识的基础上便可以做出的选择，这并不需要付出创造性的劳动。因此，在其引用的权利要求不具备创造性的基础上，该权利要求也不具备创造性。

摘录三

权利要求10对权利要求1~9中任一项做了进一步的限定。对比文件1还公开了（参见说明书第6栏）：

25是冷凝器，26是设置于地面上通过自然冷却方式进行冷却的冷却液储存器，当然，还可以通过风冷或水进行冷却。即对比文件1公开了其附加技术特征，因此，在其引用的权利要求不具备创造性的基础上，该权利要求也不具备创造性。

### ☞ 答辩要点分析思路

在创造性的非显而易见论述过程中，为了避免大篇幅的论述使读者不清楚笔者所要表达的主要观点，应当采用“帽子—身子—鞋子”的写法，即“观点—通过论据论述观点—总结观点”。

具体到该案，对于新的权利要求1的创造性中“非显而易见”部分的论述主要包含以下论点：

（1）对比文件1中的实施例2没有公开上述区别技术特征A~F，也没有给出将上述区别技术特征A~F结合到对比文件1中的实施例1中以解决上述技术问题的启示。

（2）在对比文件1的实施例1的基础上结合公知常识，也不容易想到区别技术特征。

上述论点均采用“帽子—身子—鞋子”的方式进行阐述。以（2）为例，代理师的处理方法是：首先抛出观点，“在实施例1的基础上结合公知常识，也不容易想到上述区别技术特征A～F。”然后通过论据论述观点：“第一，关于区别技术特征A……；第二，该发明中的区别技术特征A和区别技术特征F是相辅相成的……；第三，关于区别技术特征B～D……；第四，关于区别技术特征E……；第五，上述区别技术特征A～F也不是常用技术手段”，最后总结该观点：“在实施例1的基础上结合公知常识，也不容易想到上述区别技术特征A～F”，这样的行文方式逻辑清晰，可使读者快速了解所阐述的观点，审查员读着也会觉得清楚舒服，也利于申请的审查。

☞ **意见陈述原文摘录**

新的权利要求1具备创造性。

（一）新的权利要求1具有突出的实质性特点

1. 确定最接近的对比文件

审查员引用了对比文件1（US3962529A），并引用了对比文件1中图1、图4所示的实施例1和图16所示的实施例2，其中，将对比文件1中图1、图4所示的实施例1作为最接近的现有技术。

2. 新的权利要求1相对于对比文件1中的实施例1的区别技术特征和实际解决的技术问题

将本专利申请新的权利要求1与对比文件1中的实施例1相比，其区别技术特征至少包括：

A. 冷却装置为真空冷却装置，冷凝罐为真空冷凝罐；

B. 该电缆内设有一回流管，该回流管的管口高于真空冷凝罐中冷却液的液面；

C. 该回流管密闭连接到真空冷凝罐内；

D. 该电缆内设有一冷却液管，该冷却液管通过一连接管与该真空冷凝罐密闭相连并通有冷却液；

E. 该电缆还包括一导体层，该冷却液管和该导体层依次套设于该回流管外；

F. 该冷却液为水。

在进一步论述前，先进一步解释一下上述区别技术特征：

关于区别技术特征A。

本发明通过真空冷却装置实现负压，调制冷却液的沸点，使冷却液在可控温度下实施气化，电缆的冷却效果不会受制于温度高低的影响而功亏一篑。

然而，在对比文件1中，从头至尾都未提及“真空”或“真空系统”，因此，对比文件1中的实施例1不可能实现对于冷却液的沸点的调制。

关于区别技术特征B与C。

发明人认为对比文件1中的管24并不相当于新的权利要求1中的回流管，理由如下：

本发明中的回流管设于电缆内，并密闭连接到真空冷凝罐内，回流管的管口高于真空冷凝罐中冷却液的液面。通过在电缆内设置回流管并使得回流管的管口高于真空冷凝罐中冷却液的液面，使得冷却后的液体直接通过回流管流到冷却液管内，而不是与真空冷凝罐内的冷却液混合后再回到冷却液管中；另外，利用液面的位差使得冷却液在冷却液管和回流管内循环流转，将电缆输电过程中产生的热量被直接带走，提高了电缆的散热能力和输电效率。

然而，在对比文件1中，管24通过接头22连接于电缆21的一端，而非设于电缆21的内部；管24连接于冷却剂液体储存器26（相当于冷凝罐）的外部，而非密闭连接到真空冷凝罐内；另外，管24仅仅是将连接头22与冷却剂液体储存器26连接起来。

从而，对比文件1中的管24与新的权利要求1中的回流管相比，结构大不相同，且管24在对比文件1中所起的作用与回流管在新的权利要求1中所起的作用也完全不同。从而，对比文件1中的管24并不相当于新的权利要求1中的回流管。

关于区别技术特征D。

对比文件1中的实施例1不包括“电缆中的D部分”，“电缆中的D部分”实质上为对比文件1中图16所示的实施例2中的内容，从而，对比文件1中的实施例1没有公开区别技术特征D。

关于区别技术特征E。

本发明中将导体层设于冷却液管的外部，将其与区别技术特征B和C相结合，导体层的热量由冷却液管中的冷却液带到了真空冷凝罐内，能够更好地对电缆进行降温，从而降低输电过程中因温升导致导体阻抗升高而造成的能量损耗；从而，进一步提高了电缆的散热能力和输电效率。

关于区别技术特征F。

本发明中，冷却液采用了水，水的热容值比油大，这是第一个好处；水的气化潜热比油更大（100℃的水转化成100℃的汽，其气化热为539卡/克），这是第二个好处；水的气化点（沸点）随着系统真空度值的高低在50~100℃范围可以进行人工调制，而这又恰恰是电缆主体绝缘交联聚乙烯（XLPE）相适应和可以长时期安全工作的温度范围，这是第三个好处；气化点越低，水的气化潜热吸收率越大（60℃时为600卡/克左右），极有利散热效益的提升，这是第四个好处；当然还有如无毒、无害、来源广泛，价格又廉等效果。

然而，对比文件1之中采用的是绝缘油或者氟利昂，因此实现不了上述的效果。选用氟利昂之类的，既难以驾驭（由于气化点低与电缆额定的工作温度90℃高温相遇，会剧烈沸化造成压力陡变异动和温度失控，又不利于安全环保（氟利昂泄漏破坏臭氧层））。更有甚者，它的高昂的制作成本和对比文件1中图1所示的钢管绝缘油压力浸渍冷却循环型电力电缆，敷设所需庞大的占地空间等诸多不利因素，导致40年前（1976年）问世的对比文件1未曾得到实际的应用和青睐（世界当前正热衷于开“超导”来传输大容量电流即是佐证）。

本技术方案相对于实施例1实际解决的技术问题是：使冷却液在可控温度下实施气化，并提高电缆的散热能力和输电效率。

3. 基于对比文件对比文件1中的实施例1和实施例2，本发明由上述区别技术特征

A～F实现使冷却液在可控温度下实施气化、提高电缆的散热能力和输电效率的技术效果非显而易见

3.1　对比文件1中的实施例2没有公开上述区别技术特征A～F，也没有给出将上述区别技术特征A～F结合到对比文件1中的实施例1中以解决上述技术问题的启示。

对比文件1中的实施例2公开了储存器A中储存有液烃B，液烃B通过管C从电缆接头D传送到电缆E。从而，对比文件1中的实施例2没有公开上述区别技术特征A－F。

其中，关于上述区别技术特征D，新的权利要求1中，电缆内设有一冷却液管，该冷却液管通过一连接管与该真空冷凝罐密闭相连并通有冷却液。冷却液管与回流管相配合，使得冷却液在冷却液管与回流管之间循环流转；另外，冷却液管能够将导体层中产生的热量带入冷凝罐中。

然而，在对比文件1中的实施例2中D为电缆接头，仅仅起到连接作用。

从而，对比文件1中的实施例2中的D部分与新的权利要求1中的冷却液管相比，结构上大为不同，且对比文件1中的实施例2中的D部分的作用与新的权利要求1中的冷却液管所起的作用也完全不同。因此，对比文件1中实施例2中的D部分并不相当于新的权利要求1中的冷却液管。

综上，对比文件1中的实施例2没有公开上述区别技术特征A～F，也没有给出将上述区别技术特征A～F结合到对比文件1中的实施例1中以解决上述技术问题的启示。

3.2　在实施例1的基础上结合公知常识，也不容易想到上述区别技术特征A～F。

首先，关于区别技术特征A，对比文件1从头至尾未曾提及“冷却液储存器以及整个系统处于真空状态”，这绝不是40年前的专利发明者的疏漏所致，而是常识上的“不能”。

因为对比文件1油浸渍压力电缆怕的就是真空，一旦系统呈负压，油质绝缘层间就会出现低压态的气泡，“气泡”恰恰是造成电缆绝缘击穿的杀手，这一点对于本领域的技术发明者而言，是不会不知晓的常识。因此，本领域技术人员绝对不会在对比文件1的实施例1的基础上采用区别技术特征A。对比文件1的实施例1由于不能用“真空”手段来调制冷却液的沸点，电缆的冷却效果就不得不受制于环境温度高低的影响而可能功亏一篑。

其次，本发明中的区别技术特征A和区别技术特征F是相辅相成的。若没有采用区别技术特征F将水作为冷却液，采用例如对比文件1中的实施例1中的绝缘油，那么此时就无法采用区别技术特征A进行真空负压，也就导致冷却效果受制于环境温度。因此，发明人是需要经过创造性思维后，将这两个区别技术特征结合，而不可能是简单的叠加就得出的。无论是区别技术特征A或者区别技术特征F，对于本领域技术人员来说，其单独都不可能增加对比文件1中的实施例1的性能，甚至会产生不利的影响，从而，本领域技术人员根本没有动机去这样做。

再次，关于区别技术特征B～D，对比文件1中的管24和管27以及连接两者与冷凝器、冷却液储存器的管道分别位于电缆的两端，冷却系统占用的空间较大，同时连接部件也较多，成本较大。基于上述事实，一方面，对比文件1中的冷却系统本身为

一个实现特定功能的完整的方案，在没有任何技术启示的前提下，本领域技术人员不容易想到在这样一个完整的方案中增设回流管和冷却液管；另一方面，该冷却系统涉及较多的连接部件以及气体流通通道、液体流通通道等，即使发明人能够想到增设回流管和冷却液管，但是最终也可能会由于空间的限制或无法正常实现其功能等原因而无法进行下去；另外，面对对比文件1中的冷却系统，在众多可选择的设置位置的前提下，本领域技术人员不容易想到将回流管和冷却液管设于电缆内，更不容易想到如区别技术特征B~D中所述的具体设置。

然后，关于区别技术特征E，对比文件1中电缆虽包括管状分隔导体，但是，该管状分隔导体紧贴铝管的内壁固定且该管状分隔导体的外壁是包括屏蔽层和机械保护层的绝缘层；然而，在本发明中，冷却液管和导体层依次套设于回流管外。由上可知，本发明中的电缆与对比文件1中的电缆在结构上完全不相同。一方面，如上所述，在没有任何技术启示的前提下，本领域技术人员并不容易想到将回流管设于电缆内；另一方面，即使本领域技术人员能够想到将回流管设于电缆内，由于对比文件1中管状分隔导体紧贴铝管的内壁固定，引入回流管后，本领域技术人员的常规设置通常是将回流管套设于管状分隔导体或者设于管状分隔导体的内壁，而不容易想到本发明中将冷却液管和导体层依次套设于回流管外这一特殊的结构形式。

最后，上述区别技术特征A~F不是常用技术手段。如前所述，区别技术特征A和F的结合，通过真空冷却装置提供负压，对冷却液的沸点进行调制，从而使得冷却效果不会受制于温度的高低。其中，真空负压环境对冷却液提出了高要求，也就是说，常用的冷却液（如对比文件1中的绝缘油）很可能根本就不适用于真空负压环境。从而，对于本领域技术人员来说，在常规的冷却装置中根本就不会采用真空环境，更不会像本发明中一样，在采用真空冷却装置的基础上，将冷却液进一步设置为水。从而上述区别技术特征A和F不是常用技术手段。另外，本发明中，发明人为了提高电缆的散热能力和输电效率，一方面，对冷却液的流动形式进行了巧妙的设计；另一方面，对电缆的内部结构进行了独创设计，并将冷却液的流动形式与电缆的内部结构相结合。这其中包括但不限于以下创造性思维过程：为了实现冷却液的循环流转，增加一循环流道；为了实现冷却后的液体直接流到电缆的冷却液管内，经过大量检索和思考，增加一回流管和一冷却液管，但是回流管的位置以及管口高度、回流管和冷却液管与冷凝罐的连接关系又不是任意设置的，需要考虑到连接可靠性、冷却液的流向及冷却效果等；为了进一步提高电缆的散热能力和输电效率，通过对电缆降温，降低输电过程中因温升造成的能量损耗，发明人想到电缆中的导体层产生的热量由冷却液管中的冷却液带到冷凝管中，而不是采用常规电缆中导体发热是经绝缘、护套向外扩散的形式；在对整体结构的布局进行反复尝试，考虑到各个部件间可能的连接及相互影响、空间占用率和成本等因素后，发明人将回流管和冷却液管设置在电缆内；但是，回流管在电缆中的具体位置以及其与冷却液管、导体层的连接和位置关系又需要进行合理设置，并不是简单的叠加。最终，发明人在经过一系列的创造性思维后，最终得出将上述区别技术特征B~E相结合的技术方案。从而，上述区别技术特征B~E不是常用技术手段。

综上所述，在实施例1的基础上结合公知常识，也不容易想到上述区别技术特征A~F。

综上，本发明通过采用包含“上述区别技术特征A～F”的技术方案，实现“使冷却液在可控温度下实施气化、提高电缆的散热能力和输电效率”的技术效果，实施例2和其他现有技术整体上未给出相应的技术启示，使本领域技术人员有足够的动机获得本发明，因此本发明非显而易见。

综上所述，新的权利要求1的技术方案，是本领域技术人员根据对比文件1并结合其他现有技术和公知常识也是不容易想到的，故具有突出的实质性特点。

（二）新的权利要求1具有显著的进步

本发明通过真空冷却装置提供负压环境，使冷却液在可控温度下实施气化，电缆的冷却效果不会受制于温度高低的影响而功亏一篑；通过在电缆内设置回流管并使得回流管的管口高于真空冷凝罐中冷却液的液面，利用液面的位差使得冷却液在冷却液管和回流管内循环流转，将电缆输电过程中产生的热量被直接带走，提高了电缆的散热能力和输电效率；通过将电缆的导体层设于冷却液管的外部，进一步提高了电缆的散热能力和输电效率；采用水作为冷却液，保证了电缆主体材料的安全工作温度，且无毒无害，利于环保。

因而，本技术方案获得了有益的技术效果，具有显著的进步。

综上所述，新的权利要求1具有突出的实质性特点和显著的进步，具备《专利法》第22条第3款所规定的创造性。

（3）论述应对审查意见有明确的针对性。

论述缺乏对审查意见的针对性是代理实务中常犯的一个毛病。实践中遇到的情况有：

① 审查员在一通中指出的某意见在二通中已经不再使用而是提出了新的意见，但在答复二通时意见陈述书还揪着一通中的意见不放，重复答一通时进行的阐述。

② 审查员引用对比文件1作为最接近的现有技术，指出发明与对比文件1相比所采用的区别技术特征及带来的技术效果，被对比文件2给出了相应的技术启示。答辩的重点应当集中在对比文件2的技术启示上，但在意见陈述书中却大谈发明与对比文件1之间的区别。

③ 专利代理师在意见陈述中花费大量笔墨阐述的内容都不是对审查员所认为发明显而易见的理由进行的针对性答复。几次审查意见通知书下来，始终是审查员说审查员的，专利代理师说专利代理师的，好似两条靠得比较近的平行线，却始终交不到一块儿。由于意见陈述缺乏针对性，使得审查员感到其观点没有得到理由充分的反驳，最终等来一纸驳回决定。

实践中诸如此类缺乏针对性的意见陈述并不少见。

应当明确，撰写意见陈述书的目的在于，通过修改和/或意见陈述，克服审查员所指出的缺陷或说明申请中并不存在审查员所指出的缺陷。因此，意见陈述书的重点应当是对审查员的观点及理由进行针对性的答复。如果意见陈述缺乏对审查员意见的针对性，会让审查员感到申请人答非所问，根本没理解审查意见，自说自话。在这样的主观印象下，即使意见陈述中部分内容有一定道理，但审查员不会很有耐心仔细阅读整个意见陈述。这样就很难说服审查员改变观点。专利代理师应当尤其重视意见陈述中的论述对审查员意见的针对性。

## 【案例 No. 1210931】地暖用送变器

### ☞ 案由简要

该申请涉及一种地暖用变送器（权利要求 1～10）。

➢ 一通：审查员引用了对比文件 1（CN2136466Y）和对比文件 2（CN1192066A），认为权利要求 1～10 不具备创造性。

➢ 答一通：删除原权利要求 1，将原权利要求 7 和原权利要求 10 合并以形成新的权利要求 1，论述新权利要求 1～5 具备创造性。

➢ 审查结果：授权。

### ☞ 相关权利要求

原权利要求：

1. 一种地暖用变送器，其包括相互连接的一本体和一外壳，所述本体内设有一中空部，所述中空部内设有一传感器元件，其特征在于，所述传感器元件包括一弹性体、一电阻硅和一补偿板，所述弹性体和所述电阻硅通过微熔烧结形成一体，所述补偿板粘贴在所述弹性体上。

……

4. 如权利要求 1 所述的地暖用变送器，其特征在于，所述外壳的远离所述本体的一端设有一插接件，用于与一控制终端连接。

5. 如权利要求 4 所述的地暖用变送器，其特征在于，所述插接件上设有四根插针，所述插针穿透所述外壳，并与设于所述外壳内的电路板上对应的插孔焊接。

6. 如权利要求 5 所述的地暖用变送器，其特征在于，所述传感器元件上覆设有一垫圈，所述垫圈的边缘设有通孔，与所述补偿板连接的导线从所述通孔中穿出，并连接至所述电路板。

7. 如权利要求 6 所述的地暖用变送器，其特征在于，所述垫圈上覆设有一压条。

10. 如权利要求 1 所述的地暖用变送器，其特征在于，所述本体内还设有一第二密封圈，所述第二密封圈位于所述中空部的底部。

### ☞ 相关说明书内容

摘录一

本发明的传感器元件 3 包括一弹性体 31、一电阻硅 32 和一补偿板（图中未示出）。其中，弹性体 31 和电阻硅 32 采用微熔技术烧结成一体，补偿板粘贴在弹性体 31 上。由于整个变送器的体积跟传感器元件 3 的体积有很大关系，采用微熔技术可以实现将小体积的弹性体 31 和电阻硅 32 结合起来，使整个变送器的体积也得以减小，从而满足地暖供暖监测系统对变送器体积小的要求。

摘录二

该传感器元件 3 置于中空部 11 的底部，弹性体 31 的底面承受来自地暖供暖管道的流体的压力。为了密封，在弹性体31的底面与中空部11的底面之间设有一O型密封圈4。

在传感器元件3上覆设有一垫圈5，垫圈5的边缘设有通孔51，与补偿板连接的导线6从通孔51中穿出，并连接至设于外壳2内的电路板21。垫圈5上还覆设有一压条7。

电路板21上有四个插孔，这些插孔与穿透外壳2的四根插针22焊接。这四个插针22设置在外壳2上端的插接件8上，插接件8再与一控制终端连接。

附图一

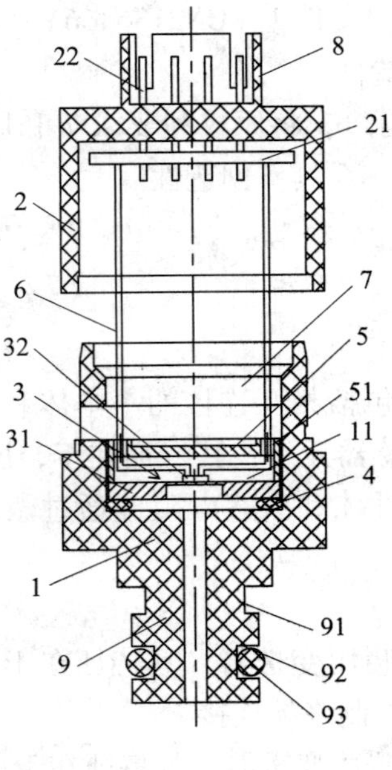


附图二

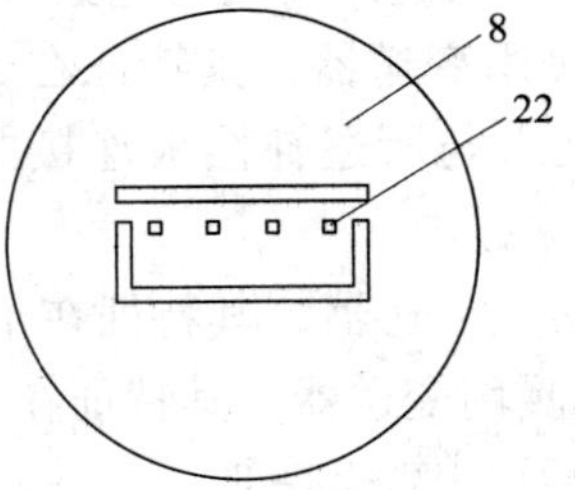


### ☞ 相关对比文件公开内容

**【对比文件1】**

摘录一

1. 一种利用电的压敏元件测量流体压力的半导体压力传感器，其特征在于：

A）具有一个上部空心而下部开有引压孔（13）的传感器管座（1），传感器管座（1）上部旋接有空心的上盖螺帽（2），在上盖螺帽（2）内装有一个压力敏感元件（6），压力敏感元件（6）的顶部与上盖螺帽（2）之间垫有垫圈（4），底部与传感器管座（1）间垫有密封圈（3）；B）压力敏感元件（6）从上至下依次由上压片（7）、密封片（8）、保护框（9）、敏感元件管座（10）、硅芯片（11）、封孔弹性膜（12）及背贴衬片（13）这七层组成，除硅芯片（11）与封孔弹性膜（12）之间直接相叠合外，其余每相邻两层之间用化学黏胶剂等相粘接，在敏感元件管座（10）和保护框（9）中心开设的通孔与密封片（8）中心开设的盲孔相连通，一同构成标准压力腔（17），在背贴衬片（13）上开有通孔与密封圈（3）的中心孔和传感器管座（1）下部的引压孔（13）相连通……

摘录二

将这四组硅扩散电阻（21 至 24）取用两组，十二根位于标准压力腔（17）内的硅铝丝内引线（16）的一端分别与八个电阻相连，另一端则分别与敏感元件管座（10）上的十二个金属化镀金内电极（15）相接，金属化镀金内电极（15）又分别与敏感元件管座（10）边缘的十二个金属化镀金外电极（14）相连通，将每组硅扩散电阻中的一个电阻分别与硅芯片（11）外的补偿电阻 Rp（28）和补偿电阻 Rp′（29）相串联后成为一个桥臂，再分别与同组中的其他三个电阻连成桥路，将这两组电桥的一端连成公共端 G，从而两组电桥形成七个从金属化镀金外电极（14）输出后连接而成的输出端头，一根七芯屏蔽线（5）分别与七个端头相接后，穿过上压片（7）侧面和中心的屏蔽线穿孔（19），再依次穿过垫圈（4）和上盖螺母（2）顶部的中心开孔而伸出在上盖螺母（2）顶部之外。

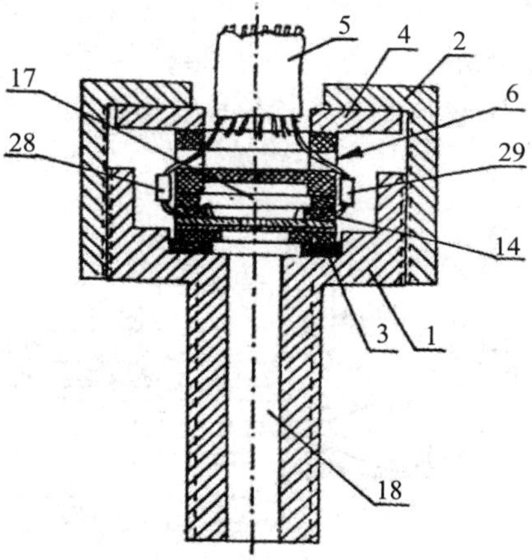


**图 1**

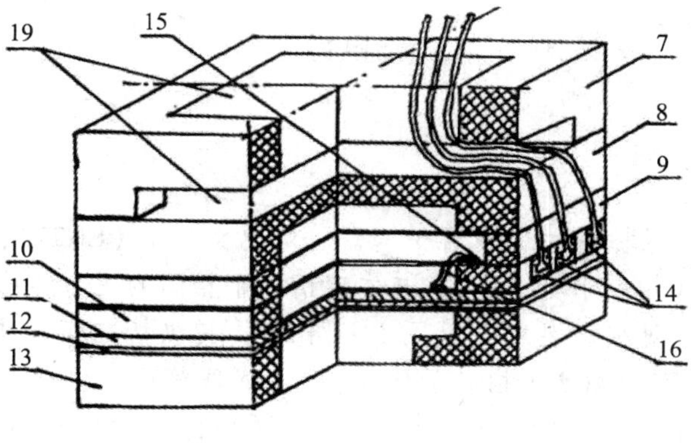


**图 2**

【对比文件2】

摘录一

然而，如果需要的话，挡块17也可以在插接件6装入连接件3之后，通过在套筒形连接件的内部空间，即塞头6和支承套8的环形凸缘9之间的空间注入可硬化的密封剂如合成树脂来形成。

设置有一密封件以密封连接件3的构成连接套筒5的长度部分以防止水和灰尘从插接件6的连接端进入。可采用一O型圈嵌入套筒形连接件3上的环槽内，以密封连接件3的形成连接套5的长度部分内孔中的塞头6的圆周。

然而，最好是借助于插装在插接件6上的由锁止凸缘14形成的环槽内的一密封环22在连接件3顶端即连接端部形成密封，当插接件6处于结合位置时，密封环22夹在环槽底面和连接件3顶部之间而承受密封压力。

在金属连接件3的构成连接套5的长度部分上，连接件有一外部环槽23，用于借助于人们通常所熟悉的U型插塞卡箍（plug yoke）将铠装电缆接头连接在匹配连接件上（图1中未表示）。匹配连接件以已知方式具有与电连接……

摘录二

件13相对应的电连接件，并以通常方式形成有两条平行的切向槽，插塞式卡箍可插入所述切向槽中并卡紧环槽23，从而形成铠装电缆接头的抗拉连接。在图示实施例中，连接件3在其部分5上还形成有另一环槽24，其位于压力环槽7和环槽23之间并形成一拆卸槽，如果例如为了替换护套和/或电缆接5头而需将整个连接件3在压力接头处与护套2拆升时，可将一工具插入拆卸槽。

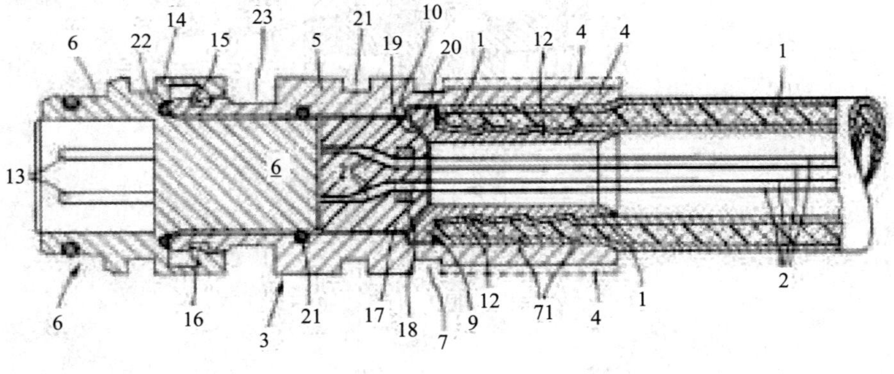


图1

☞ 审查意见

摘录一

权利要求1要求保护一种地暖用变送器，对比文件1（CN2136466Y）公开了一种半导体压力传感器（相应于变送器），与本申请属于相同的压力传感领域，并具体公开了以下技术特征（参见权利要求1及图1～图2）：其包括相互连接的一传感器管座1（相应于本体）和上盖螺帽2（相应于外壳），传感器管座1（相应于本体）内设有一中空部，中空部内设有一压力敏感元件6（相应于传感器元件），压力敏感元件6（相应于传感器元件）包括一封孔弹性膜12（相应于弹性体）、硅芯片11上加工的二硅扩散电阻 $R_1$ 至 $R_4$21（相应于电阻硅），补偿电阻Rp28和补偿电阻Rp′29。

权利要求1与对比文件1相比，其区别特征在于：（1）本申请变送器为地暖用；（2）传感器元件还包括一补偿板，弹性体和电阻硅通过微熔烧结形成一体，补偿板粘贴在弹性体上。基于上述区别特征，权利要求1实际解决的问题是（1）提供一种地暖用变送器；（2）如何将弹性体和电阻硅紧密结合起来提高传感器可靠性；如何进行线性补偿和温度补偿使输出的电压信号达到需求效果。

对于区别技术特征（1），对比文件1公开的是一种半导体压力传感器（相应于变送器），同样可以应用于地暖领域，从而本领域技术人员有动机结合对比文件1公开的压力传感器构成一种地暖用变送器；对于区别技术特征（2），对比文件1公开了包含补偿电阻Rp28和补偿电阻Rp′29，在对比文件1的基础上传感器元件还设置补偿板来对信号进行线性补偿和温度补偿使输出的电压信号达到需求效果是本领域容易想到的常用手段，相应的补偿板粘贴在弹性体上是常规设置方式：微熔技术是本领域技术人员公知的一种现有技术，采用微熔技术将弹性体和电阻硅烧结在一起，可以将弹性体和电阻硅紧密结合起来使得整个传感器元件提高可靠性，是本领域容易想到的常用手段。由此可知，在对比文件1的基础上结合本领域的公知常识，得出该权利要求的技术方案，对本技术领域的技术人员来说是显而易见的，因此该权利要求所要求保护的技术方案不具有突出的实质性特点和显著的进步，不具备《专利法》第22条第3款规定的创造性。

摘录二

权利要求4对权利要求1作了进一步限定，对比文件2公开了（参见说明书第6页第20行到第8页第29行）：插接件6，且其在对比文件2中所起的作用与其在该权利要求中为解决其技术问题所起的作用相同，都是用于实现与其他部件的电连接，也就是说对比文件2给出了将上述技术特征用于该对比文件1中的地暖用变送器以解决其技术问题的启示：而插接件设置在外壳的远离本体的一端并用于与一控制终端连接以对电信号进一步处理为本领域的常用技术手段。因此，在其引用权利要求1不具备创造性的基础上，权利要求4也不具备《专利法》第22条第3款规定的创造性。

摘录三

权利要求5对权利要求4作了进一步限定，对比文件2公开了（参见说明书第6页第20行到第8页第29行）：插接件6具有两根电连接件13（相应于插接件上设有插针），导体2与电连接件13间的电连接在插接件6插入连接件3时通过这些电连接件间的接触而自动完成。而设置4根插针为本领域的常规选择，为了连接电路板以传递电信号，将插针穿透外壳，并与设于外壳内的电路板上对应的插孔焊接，是本领域技术人员很容易想到的设置方式。因此，在其引用权利要求4不具备创造性的基础上，权利要求5也不具备《专利法》第22条第3款规定的创造性。

摘录四

权利要求6对权利要求5作了进一步限定，对比文件1公开了（参见权利要求1及图1～图2）：压力敏感元件6从上至下依次由上压片7、密封片8（相应于传感器元件上覆设有一垫圈)、保护框9、敏感元件管座10、硅芯片11、封孔弹性膜12及背贴衬片13组成，一根七芯屏蔽线分别与七个端头相接后，穿过上压片侧面和中心的屏蔽线穿孔，再依次穿过垫圈和上盖螺帽顶部的中心开孔而伸出在上盖螺帽顶部之外。在此基础上，为了传递并处理电信号，垫圈的边缘设有通孔替代对比文件1中的上压片侧面和中心的屏蔽线穿孔，与补偿板连接的导线从通孔中穿出，并连接至电路板是本领域技术人员的常规设计方式。因此，在其引用权利要求5不具备创造性的基础上，权利要求6也不具备《专利法》第22条第3款规定的创造性。

权利要求7对权利要求6作了进一步限定，对比文件1公开了（参见权利要求1及图1~图2）：密封片8上覆设有一上压片7（相应于垫圈上覆设有一压条）。因此，在其引用权利要求6不具备创造性的基础上，权利要求7也不具备《专利法》第22条第3款规定的创造性。

摘录五

权利要求10对权利要求1作了进一步限定，对比文件1公开了（参见权利要求1及图1~图2）：压力敏感元件6包含密封片8。虽然其设置的位置与本申请中的位置不同，但是所起的作用是一致的，都是为了密封。因此本体内还设有一第二密封圈，第二密封圈位于中空部的底部仅仅是设本领域技术人员可以灵活设置的，即本领域技术人员可以根据实际需要而设置。

**☞ 答辩要点分析思路**

围绕结构的技术特征通常包括零件、零件的位置关系、零件的连接关系和零件的配合关系。以技术特征X为例，X包括X1、X2、X3和X4，其中，X1表示零件，X2表示零件的位置关系，X3表示零件的连接关系，X4表示零件的配合关系。在审查意见通知书中，审查员对区别技术特征X的评述可以分为以下两种情况：

（1）审查员认为对比文件公开了与该区别技术特征X（包括X1、X2、X3和X4）相同或相当的特征。

（2）审查员认为对比文件中的零件Y与区别技术特征X中的X1相同或相当，对比文件公开了该区别技术特征X中的X1，并认为该区别技术特征X中的X2、X3和X4是常规设置。

在论述“非显而易见”部分时，应当针对上述不同情况分别进行针对性的论述。具体如下：

关于（2），如该案中的区别技术特征C，假如要反驳审查员的观点，一方面，需要针对零件Y与X1的作用是否相同、对比文件能不能给出技术启示进行论述；另一方面，还需要针对X2、X3和X4是否是常用技术手段进行论述。若仅针对X1的作用进行论述，或仅针对X2、X3、X4不是常用技术手段进行论述都属于没有针对审查员的意见进行论述。

另外，当审查员引用多篇对比文件对多个区别技术特征进行论述时，假如要反驳审查员的观点，首先应当看关于某一区别技术特征审查员是用哪一篇对比文件进行评述的，然后再针对该篇对比文件对该区别技术特征进行论述。如该案中的区别技术特征F和G，审查员在评述时引用的是对比文件1，那么在论述“非显而易见”部分时，应当针对对比文件1对区别技术特征F和G进行论述。而如果仅针对对比文件2或其他现有技术进行论述，则属于没有针对审查员的意见进行论述。

具体进行论述时，将区别技术特征按照上述情况进行分类，然后有针对性地对审查员的观点进行反驳，便不至于出现“答非所问”的现象，有利于审查员改变原来的观点。

☞ **意见陈述原文摘录**

一、新的权利要求1具备创造性

（一）新的权利要求1具有突出的实质性特点

1. 确定最接近的对比文件

审查员引用了对比文件1（CN2136466Y）和对比文件2（CN1192066A），其中，将对比文件1作为最接近的现有技术。

2. 新的权利要求1相对于对比文件1的区别技术特征和实际解决的技术问题

A. 本申请变送器为地暖用；

B. 所述传感器元件还包括一补偿板，所述弹性体和所述电阻硅通过微熔烧结形成一体，所述补偿板粘贴在所述弹性体上；

C. 所述外壳的远离所述本体的一端设有一插接件，用于与一控制终端连接；

D. 所述插接件上设有四根插针，所述插针穿透所述外壳，并与设于所述外壳内的电路板上对应的插孔焊接；

E. 所述传感器元件上覆设有一垫圈，所述垫圈的边缘设有通孔，与所述补偿板连接的导线从所述通孔中穿出，并连接至所述电路板；

F. 所述垫圈上覆设有一压条；

G. 所述本体内还设有一第二密封圈，所述第二密封圈位于所述中空部的底部。

在进一步论述前，先进一步解释一下上述区别技术特征：

关于区别技术特征B。

本发明中的所述传感器元件包括体积较小的所述弹性体和所述电阻硅，通过微熔烧结技术将所述弹性体和所述电阻硅连接在一起的过程包括：所述弹性体通过高温处理后，对其需要烧结所述电阻硅的表面进行喷砂处理并做清洁，然后在其需要烧结所述电阻硅的表面指定位置通过治具涂刷专用胶水，再将所述电阻硅放置于胶水上，并再次进入烘箱进行烧结。微熔烧结对所述弹性体表面的体积占用量很小，所述弹性体与所述电阻硅连接后体积不会明显增加，使得所述传感器元件的体积较小，进而使得所述变送器的体积较小；另外，微熔烧结能够使得所述弹性体和所述电阻硅可靠地连接。

关于区别技术特征C和D。

本发明中所述传感器元件通过所述插接件与所述控制终端连接，从而将地暖供暖管道中的流体的压力转换为电压信号而传输给所述控制终端。本发明中的所述插接件通过四根所述插针与所述电路板上的插孔配合来实现所述外壳与所述控制终端的电连接，结构简单、使用方便且节省空间；且所述插针与所述插孔一一对应连接，其连接后不易晃动或松脱，连接较为可靠，从而提高了所述外壳与所述控制终端的电连接的可靠性。

关于区别技术特征E。

本发明中所述传感器元件上覆设有所述垫圈，所述导线从所述垫圈上的通孔穿出，进而连接至所述电路板。首先，所述垫圈对所述弹性体施加压力，迫使所述弹性体的所述第二密封圈变形，形成密封，且所述垫圈可以根据自身的尺寸来限定所述第二密封圈的变形量（压缩量），以达到最佳的密封效果。其次，所述垫圈能够一定程度上起到保护所述传感器元件的作用。最后，所述垫圈上的通孔不仅为所述导线提供了连接至所述电路板的通道，也对所述导线起到了限位作用，使得所述导线能够有序地连接至所述电路板，减少甚至是避免了由于所述导线的混乱而与所述本体内的其他零部件缠绕或被其他零部件损坏而造成无法实现电连接现象的发生，从而进一步提高了电连接的可靠性。

关于区别技术特征F和G。

所述中空部的底部设有所述第二密封圈，所述第二密封圈主要是对所述变送器内部进行密封，防止待测流体通过所述传感器元件泄漏入所述变送器内部而导致所述变送器的损坏。

将区别技术特征F和G相结合，所述压条通过对所述垫圈施加压力，进而迫使所述弹性体下的所述第二密封圈进一步变形，通过保证所述第二密封圈的变形量来保证所述垫圈、所述传感器元件和所述第二密封圈的压紧密封，即所述压条的主要作用是保证密封效果。

将区别技术特征E～G相结合，相当于所述垫圈增大了所述压条与所述传感器元件的接触面积，若不在所述传感器元件上覆设所述垫圈，除了降低了电连接的可靠性外，由于所述压条不能可靠地铺设于所述传感器元件，且不能保证所述第二密封圈的变形量，进而也会影响所述变送器内部的密封效果。

另外，发明人认为对比文件1中的密封片8既不相当于本发明中的垫圈也不相当于本发明中的第二密封圈，理由如下：

首先，对比文件1中的密封片8为一个零件，而本发明中的所述垫圈和所述第二密封圈为作用不同的两个零件，在此，一个零件不可能同时相当于两个不同的零件；

其次，如前所述，本发明中的所述垫圈能够对所述导线的限位作用、提高电连接的可靠性、保护所述传感器元件以及间接提高所述变送器内部的密封效果的作用；而对比文件1中的密封片8设于上压片7和保护框9之间，密封片8仅仅起到了密封的作用；因此，对比文件1中密封片8的作用与本发明新的权利要求1中所述垫圈的作用完全不同，即对比文件1中的密封片8并不相当于本发明中的垫圈。

最后，本发明新的权利要求1中所述第二密封圈与所述垫圈、所述压条配合使用，通过压缩所述第二密封圈实现密封，且能够保证所述变送器的密封效果；而对比文件1中并未披露上述内容；因此，对比文件1中的密封片8并不相当于本发明中的第二密封圈。

从而，对比文件1没有公开上述区别技术特征E～G。

本技术方案相对于实施例1实际解决的技术问题是：减少变送器的体积、提高变送器与控制终端电连接的可靠性以及提高变送器内部的密封效果。

3. 新的权利要求1中的技术方案对于本领域技术人员来说是非显而易见的

3.1 对比文件2没有公开上述区别技术特征A~G，也没有给出将上述区别技术特征A~G应用于对比文件1以解决上述技术问题的技术启示

对比文件2涉及一种用于铠装电缆的插接式接头，其主要通过将压套与连接套组合成一整体连接件以及通过借助于卡扣连接将插接件轴向锁定于连接套，从而解决现有技术中结构复杂、成本高和不便于组装的问题。而本发明主要是通过所述插接件将包括经过微熔烧结的所述传感器元件的地暖用的所述变送器电连接于所述控制终端，从而减少所述变送器的体积、提高所述变送器与所述控制终端电连接的可靠性、提高所述变送器内部的密封效果。本发明与对比文件2属于不同的技术领域（对比文件2的分类号为：H01R 13/506，而本发明的分类号为：G01L 9/00），所要解决的技术问题也不同，且本发明中的所述插接件与对比文件2中的插接件6的结构完全不同。从而，对比文件2没有公开上述区别技术特征A~D，也没有给出将上述区别技术特征A~D应用于对比文件1以解决上述技术问题的技术启示。

另外，对比文件2也没有公开上述区别技术特征E~G，也没有给出将上述区别技术特征E~G应用于对比文件1以解决上述技术问题的技术启示。

从而，对比文件2没有公开上述区别技术特征A~G，也没有给出将上述区别技术特征A~G应用于对比文件1以解决上述技术问题的技术启示。

3.2 上述区别技术特征D~G不是常用技术手段

3.2.1 上述区别技术特征D不是常用技术手段

所述插接件虽然是现有技术中已存在的零部件，但是现有技术中并未指出要解决本发明中提高所述变送器与所述控制终端电连接的可靠性就要采用包括上述区别技术特征D的技术方案。

为了实现所述变送器与所述插接件的电连接，首先，发明人想到分别在所述变送器的所述外壳内和所述插接件内设置一连接元件；其次，发明人考虑到提高电连接的可靠性，发明人想到设置一限位结构，以防止由于所述外壳和所述插接件之间的所述连接元件产生相对晃动而影响电连接的可靠性；最后，发明人为了尽可能节省空间及简化结构，结合所述限位结构，将所述外壳内的所述连接元件设置为电路板，并将所述插接件内的所述连接元件设置为插针，所述插针插设于所述电路板上的所述插孔。

也就是说，所述插接件和所述外壳的连接方式是发明人考虑到连接可靠性、结构简易程度以及节省空间等综合因素下进行的结构设计。

另外，没有任何一本教科书或工具书披露解决上述技术问题，就要采用包含区别技术特征D的技术方案。

从而，上述区别技术特征D不是常用技术手段。

3.2.2 上述区别技术特征E~G不是常用技术手段

本发明中，为了实现所述变送器内部的密封，首先，发明人想到在需要所述变送器内设置一密封圈（即第二密封圈）；之后，关于所述第二密封圈的位置，考虑到所述本体、所述外壳的具体结构、所述变送器的工作原理等因素，将所述第二密封圈设置在所述中空部内、所述传感器元件的底部；然后，为了实现所述传感器元件连接至所

述电路板的同时能够更好地实现密封，发明人想到在所述传感器元件上设置开设有所述通孔的所述垫圈，一方面，所述导线能够穿过所述通孔连接至所述电路板；另一方面，所述垫圈对所述弹性体施加压力，所述弹性体下的所述第二密封圈受力变形，进而形成密封；另外，通过合理设置所述垫圈的体积，可以更好地控制所述第二密封圈的变形量，进而更好地实现密封；最后，为了进一步保证所述变送器内部的密封效果，发明人想到在所述垫圈上覆设所述压条，所述压条能够对所述垫圈施加压力，能够增加所述第二密封圈的变形量，由于保证了所述第二密封圈的变形量，从而，能够保证所述变送器内部的密封效果。

从而，所述变送器内部的密封结构是发明人考虑到所述变送器的结构、工作原理以及密封效果的可靠性等综合因素的基础上进行的结构设计。

另外，没有任何一本教科书或工具书披露解决上述技术问题，就要采用包含区别技术特征 E ~ G 的技术方案。

从而，上述区别技术特征 E ~ G 不是常用技术手段。

综上，该专利申请新的权利要求 1 的技术方案是发明人在为了实现减小所述变送器的体积、提高所述变送器与所述控制终端电连接的可靠性以及提高所述变送器内部的密封效果的目标驱动下，而设计出的一种新型的地暖用变送器，需要付出创造性劳动。从而，上述区别技术特征 D ~ G 既不是常用技术手段，也不是公知常识。

综上所述，新的权利要求 1 的技术方案，是本领域技术人员根据对比文件 1 和对比文件 2 并结合其他现有技术和公知常识也是不容易想到的，故具有突出的实质性特点。

（二）新的权利要求 1 具有显著的进步

本技术方案通过微熔烧结将所述传感器元件中的所述电阻硅和所述弹性体连接在一起，能够获得体积较小的所述传感器元件，从而减小了所述变送器的体积；通过所述插接件、所述电路板和所述垫圈的配合，提高了所述变送器与所述控制终端电连接的可靠性；并通过所述压条、所述垫圈和所述第二密封圈的配合，保证了所述第二密封圈的变形量，进而保证了所述变送器内部具有较好的密封效果。

因而，本技术方案获得了有益的技术效果，具有显著的进步。

综上所述，新的权利要求 1 具有突出的实质性特点和显著的进步，具备《专利法》第 22 条第 3 款所规定的创造性。

## 【案例 No. 1610458】一种高纯度奥贝胆酸的精制方法

### ☞ 案由简要

该申请涉及一种高纯度奥贝胆酸的精制方法（权利要求 1 ~ 10）。

➢ 一通：审查员引用两篇对比文件 1 和对比文件 2，认为权利要求 1 ~ 10 不具备创造性。

➢ 答一通：将原权利要求 2 上升为新的权利要求 1，论述权利要求 1 ~ 9 具备创造性。

➢ 二通：审查员指出不支持的缺陷。

➢ 答二通：相应修改权利要求书。

➢ 审查结果：授权。

☞ **相关权利要求**

原申请中权利要求 1 ~3。

1. 一种高纯度奥贝胆酸的精制方法，其特征在于，其包括以下步骤：

(1) 第一步：溶解，将奥贝胆酸溶于有机溶剂中，加热搅拌至溶解；

(2) 第二步：脱色，加入活性炭回流，热过滤收集滤液；

(3) 第三步：冷却析晶，滤液加热至回流，自然冷却至析出白色固体，搅拌析晶；

(4) 第四步：过滤干燥，过滤滤饼用非极性溶剂洗涤，抽干减压干燥。

2. 根据权利要求 1 所述的方法，其特征在于，步骤（1）中所述有机溶剂为单一溶剂或者混合溶剂，单一溶剂选自二氯甲烷、氯仿中的一种；混合溶剂为二氯甲烷与醇类混合溶剂或者二氯甲烷与酮类混合溶剂。

3. 根据权利要求 2 所述的方法，其特征在于，所述醇类溶剂选自异丙醇、叔丁醇；所述酮类溶剂选自甲基叔丁基甲酮、丙酮。

☞ **相关说明书内容**

摘录一：背景技术最后一段

从以上奥贝胆酸合成路线可以看出，奥贝胆酸杂质谱中含有多个异构体杂质及原料鹅去氧胆酸，其理化性质与成品非常相近，除去这些杂质较困难。经详尽的文献检索，我们发现有大多文献是对与奥贝胆酸合成路线的论述，而关于奥贝胆酸精制方法的报道较少。中国专利 ZL201380043964.8 中提到以乙酸丁酯重结晶及“碱溶酸析”的处理方法，经乙酸丁酯重结晶的奥贝胆酸成品纯度可达到不低于 98.5%，收率 77.9% 左右，此方法存在所用溶剂乙酸丁酯沸点较高，后处理困难的缺点，且传统的“碱溶酸析”精制方法对异构体杂质并无明显除杂效果。

摘录二：积极进步效果

本发明的有益效果在于：

本发明步骤（2）采用活性炭进行脱色，脱色效果显著且还能有效去除一些杂质。

进一步循环此精制过程，更有利于提高精制效果，达到严格的质量标准。

通过本发明方法可将奥贝胆酸中异构体杂质的含量降低至 0.1% 以下，可将鹅去氧胆酸杂质的含量降低至 0.15% 以下，产品纯度 99.5% 以上。

摘录三：实施例 1 ~4。

实施例一

将 20g 奥贝胆酸粗品和 600ml 二氯甲烷投入反应瓶中，升温至 40℃，固体全部溶清，加入活性炭 0.5g，回流 20min，保温 40℃ 过滤，收集滤液。将滤液重新加热至回流，停止加热，冷却降温至 0℃，搅拌析晶 12 小时，过滤，滤饼用 50ml 正己烷洗涤，于 40℃ 真空干燥 12 小时，得 18.0g 奥贝胆酸精品。

实施例二

将 20g 奥贝胆酸粗品和 300ml 二氯甲烷及 10ml 异丙醇投入反应瓶中，升温至

42℃，固体全部溶清，加入活性炭0.5g，回流30min，保温过滤，收集滤液。将滤液重新加热至回流，停止加热，冷却降温至0℃，搅拌析晶12小时，过滤，滤饼用50ml正己烷洗涤，于60℃真空干燥12小时，得17.1g奥贝胆酸精品。

实施例三

将20g奥贝胆酸粗品和400ml二氯甲烷及50ml丙酮投入反应瓶中，升温至40℃，固体全部溶清，加入活性炭0.5g，回流1h，保温40℃过滤，收集滤液。将滤液重新加热至回流，停止加热，冷却降温至0℃，搅拌析晶12小时，过滤，滤饼用50ml正庚烷洗涤，于40℃真空干燥12小时，得17.3g奥贝胆酸精品。

实施例四❶

将20g奥贝胆酸粗品和400ml乙酸乙酯投入反应瓶中，升温至60℃，固体全部溶清，加入活性炭0.5g，保温搅拌1h，保温60℃过滤，收集滤液。将滤液重新加热至60℃，停止加热，冷却降温至0℃，搅拌析晶12小时，过滤，滤饼用50ml正庚烷洗涤，于40℃真空干燥12小时，得14.6g奥贝胆酸精品。

**表1　奥贝胆酸精制效果数据对比**

| 精制方法 | 奥贝胆酸成品 | | | | | 收率 |
|---|---|---|---|---|---|---|
| | 纯度（HPLC） | 鹅去氧胆酸 | 6α－乙基熊去氧胆酸 | 6β－乙基熊去氧胆酸 | 6β－乙基鹅去氧胆酸 | |
| CN201380043964.8 | 不低于98.5% | 0.2% | <0.05% | <0.05% | <0.05% | 77.9% |
| 实施例一 | 99.61% | 0.1% | 未检出 | 未检出 | 未检出 | 90.1% |
| 实施例二 | 99.51% | 0.13% | 未检出 | 未检出 | 未检出 | 85.6% |
| 实施例三 | 99.52% | 0.15% | 未检出 | 未检出 | 未检出 | 86.7% |
| 实施例四 | 98.86% | 0.45% | <0.05% | <0.05% | <0.05% | 73.0% |

### ☞ 相关对比文件公开内容

**【对比文件1】**

［005］制备1

［0056］根据专利文献WO2013192097Al的实施例1反应6制得奥贝胆酸形式C，具体操作如下：

［0057］将3a－羟基－6a－乙基－7－酮基－5β－胆烷－24－酸（86g，205.4mmol）、水（688mL）与50%（w/w）氢氧化钠溶液（56.4mL）的混合物与硼氢化钠（7.77g，205.4mmol）在50%（w/w）氢氧化钠溶液（1.5ml）与水（20mL）的混合物中以90～105℃反应。搅拌下加热回流至少3小时，反应完后，将反应液冷却至80℃。在30～50℃添加柠檬酸（320.2g，无水）、乙酸正丁酯（860ml）与水（491ml）的混合物，保证pH为酸性，将水相分离。蒸馏有机相，蒸馏得到残留物用乙酸正丁酯稀释，缓慢冷却至15～20℃，离心过滤。粗品从乙酸正丁酯中结晶。奥贝胆酸分离出

❶ 在答一通对权利要求书进行修改后，该实施例中使用的溶剂不在新权利要求1限定的范围内，因此该实施例转化为本申请的对比例。

后用乙酸正丁酯（43ml，4 次）洗涤，样品在 80℃真空干燥。得到 67.34g（77.9%）结晶状形式 C 奥贝胆酸。

［058］晶型 C 的 XRPD 图谱如图 1 所示。

**【对比文件 2】**

**EXAMPLE**

A mixture of 100g of raw chenodesoxycholic acid containing about 2% of impurities consisting essentially of foreign bile acids with about 0.5% of 3a-hydroxy-cholanic acid (lithocholic acid), 40 ml of 100% ethanol denatured of butanol, 210 ml of methylene chloride and 0.1g of sodium acetate was vigorously stirred at 20 ~ 25℃ until dissolution occurred and the solution was refluxed for 20 minutes. 450 ml of methylene chloride were added with vigorous stirring over 10 minutes to the refluxing solution which caused an abundant crystallization. The mixture was refluxed for one hour and was cooled over 3 hours to 0 ~ 2℃. The mixture was stirred at 0 ~ 2℃ for 2 hours and was then vacuum filtered. The recovered product was washed 3 times with a mixture of 2.8ml of 100% ethanol denatured of butanol and 47.2ml of methylene chloride at 0 ~ 2℃ and was dried in a ventilated oven at 40℃ to obtain 79 g of purified chenodesoxycholic acid melting at 123℃ and containing less than 0.1% of methylene chloride. The product was dissolved in 316 ml of…

☞ **审查意见**

1. 权利要求 1 请求保护一种奥贝胆酸的精制方法，对比文件 1（CN105175473A，公开日为 2015 年 12 月 23 日）公开了一种制备奥贝胆酸结晶的方法，具体为：蒸馏有机相，蒸馏得到残留物用乙酸正丁酯稀释，缓慢冷却至 15 ~ 20℃，离心过滤。粗品从乙酸正丁酯中结晶。奥贝胆酸分离出后用乙酸正丁酯（43mL，4 次）洗涤，样品在 80℃真空干燥。得到 67.34g（77.9%）结晶状形式 C 奥贝胆酸（参见对比文件 1 说明书第 6 页第 57 段）。权利要求 1 与对比文件 1 的区别在于：权利要求 1 还包括加热搅拌、脱色、回流和搅拌析晶的操作。

权利要求 1 实际解决的技术问题是提供一种替代的奥贝胆酸的结晶纯化方法。然而，加热搅拌溶解，采用活性炭进行脱色处理并且趁热过滤，通过回流使得溶解充分是有机化学实验中重结晶的基本操作，采用搅拌析晶的方式析出晶体是结晶纯化中可以常规选择的操作方式。因此，权利要求 1 对于本领域技术人员而言是显而易见的，权利要求 1 不具备突出的实质性特点和显著的进步，不具备《专利法》第 22 条第 3 款规定的创造性。

2. 权利要求 2 ~ 3 进一步限定了精制方法中的溶剂体系，对比文件 2（US4277408，公开日为 1981 年 7 月 7 日）公开了一种鹅去氧胆酸的纯化方法：含有 2% 杂质的鹅去氧胆酸 100g 溶于 40ml 工业乙醇和 210mL 二氯甲烷，搅拌后回流，再加入 210ml 二氯甲烷，再搅拌 10min，使得大量结晶析出，再经回流、冷却等操作，得到的结晶过滤，用乙醇洗涤，干燥（参见对比文件 2 第 2 栏第 58 ~ 65 行）。由于鹅去氧胆酸与奥贝胆酸结构相近，因此对比文件 2 给出了采用二氯甲烷 - 乙醇的溶剂体系对类似结构化合物进行重结晶纯化的技术启示。同时，采用二氯甲烷或者与二氯甲烷相似的氯仿等单一溶剂体系也是本领域技术人员能够想到的常规替换。酮类溶剂与醇类溶剂在溶解性和极性上较为接近，二者的替换是本领域的常规替换。进而，异丙醇、叔丁醇是常用的醇类试剂，甲基叔丁基甲酮、丙酮等是常用的酮类试剂，本领域技术人员对其可以进行常规选择。因此，在权利要求1不具备创造性的基础上，权利要求2~3也不具备《专利法》第22条第3款规定的创造性。

☞ **答辩要点分析思路**

此案一通答辩要点就是理清审查员的几个重要观点，然后有针对性地一一反驳。所谓有针对性还涉及另一个方面，由于一通修改已经将权利要求2上升为新权利要求1，那么，在答辩时就不能只针对审查员评述权利要求1的审查意见，而对评述权利要求2的审查意见置若罔闻，而是应该全面考虑审查员在评述权利要求1和2时的整体意见。

总结下来，审查员的重要观点分解后主要有以下几点，同时可以思考有针对性的答复策略：

第一，权利要求1实际解决的技术问题是提供一种替代的奥贝胆酸的结晶纯化方法。

答复策略：这里需要思考审查员是否忽略了技术效果的比较？或者说，是否能够通过数据分析或者修改申请文件的方法得出该申请具有更好的技术效果的结论，从而将技术问题明确到其应该存在的真实高度，而不仅仅局限于字面上可见的可替代的纯化方法？甚至还能结合本领域常识，进一步阐述该申请取得了预料不到的技术效果。

第二，对于权利要求1的区别技术特征加热搅拌、脱色、回流和搅拌析晶的操作，审查员认为，加热搅拌溶解，采用活性炭进行脱色处理并且趁热过滤，通过回流使得溶解充分是有机化学实验中进行重结晶的基本操作，采用搅拌析晶的方式析出晶体是结晶纯化中可以常规选择的操作方式。

答复策略：可以紧扣“本领域对于基本操作的认知是怎样的，以及该发明实际解决的技术问题又是采用了何种研发机理”展开论述，澄清每一步操作都是特别选择的。

第三，对于权利要求2中的溶剂选择，审查员认为，由于鹅去氧胆酸与奥贝胆酸结构相近，因此对比文件2给出了采用二氯甲烷－乙醇的溶剂体系对类似结构化合物进行重结晶纯化的技术启示。

答复策略：对于溶剂，可以先以对比文件1作一个技术澄清铺垫，得出对比文件1的方案中依然存在该申请背景技术中提及的技术问题的结论，再结合该申请的研发机理、对比例体现溶剂选择的特殊性，最后以对比文件2的鹅去氧胆酸和奥贝胆酸的合成路线完全不同为出发点，得出对于鹅去氧胆酸杂质有明显效果的重结晶溶剂体系不一定适用于奥贝胆酸重结晶，以此进一步推翻审查员的观点。

第四，审查员还认为，采用二氯甲烷或者与二氯甲烷相似的氯仿等单一溶剂体系也是本领域技术人员能够想到的常规替换。因酮类溶剂与醇类溶剂在溶解性和极性上较为接近，二者的替换是本领域的常规替换。

答复策略：对于常规替换的反驳，可以以需要根据具体的化合物以及实验目的来选择，澄清在没有技术启示的前提下，并不存在简单替换就一定能够获得成功的角度来展开。

第五，在构建意见陈述书正文时，还要注意在相应的部分直接援引审查员的观点，例如以“审查员认为……然而申请人并不认同”的形式，或者直接提出与审查员观点完全相反的论点，以便审查员清楚地了解意见陈述书的行文逻辑，以及破与立的过程，知道哪一部分是针对他的哪一观点展开论述的，也就是塑造聚焦的感觉，增强冲击力。切忌眉毛胡子一把抓，全部揉在一起，东扯西拉，即使论点都讲到了，但其实是一盘散沙，根本无法发挥语意逐步加强的、段落集中叠设带来的震撼感和说服力度，并且会使审查员感到毫无逻辑可言，印象大打折扣。

**☞ 意见陈述原文摘录**

与对比文件1相比，权利要求1的区别技术特征在于：

(1) 权利要求1还包括第一步加热搅拌的步骤，并进一步限定了溶解的有机溶剂为单一溶剂或者混合溶剂，单一溶剂选自二氯甲烷、氯仿中的一种；混合溶剂为二氯甲烷与醇类混合溶剂或者二氯甲烷与酮类混合溶剂；而对比文件1为乙酸正丁酯；

(2) 权利要求1还包括第二步加入活性炭回流脱色的步骤；

(3) 权利要求1还限定了第三步搅拌析晶的操作，以及洗涤溶剂为非极性溶剂；而对比文件1为乙酸正丁酯。

由上述区别技术特征，与权利要求1中的其他技术特征相结合，得到了权利要求1的技术方案。从本发明的表1的效果数据来看，实施例1～3的产品纯度在99.5%以上，鹅去氧胆酸的杂质含量为0.15%以下，奥贝胆酸中异构体杂质的含量降至0.1%以下，而且收率在85.6%以上。由于经本次修改后，实施例4中第一步溶解使用的溶剂为乙酸乙酯，不属于新权利要求1的保护范围，因此对其效果数据不纳入考虑范围，或者说可以作为对比例。而对比文件1公开的奥贝胆酸的收率为77.9%，但未公开纯度数据。

基于上述主要区别技术特征，以及本发明在应用了这些区别技术特征之后所解决的技术问题，以及所达到的技术效果，可以确定权利要求1实际解决的技术问题是：对于奥贝胆酸的精制过程，如何在保证收率的前提下，进一步去除杂质，达到提高奥贝胆酸的纯度的目的。

采用权利要求1的技术方案解决上述技术问题，达到上述技术效果，对于本领域技术人员而言是非显而易见的，具体阐述如下：

首先，对于溶解溶剂和洗涤溶剂的特别选择，申请人认为，对比文件1的方案中依然存在本申请背景技术中提及的技术问题，即使在对比文件1基础上结合对比文件2也无法获得技术启示。

本申请的背景技术中已经提及，中国专利CN201380043964.8中提到以乙酸丁酯重结晶及“碱溶酸析”的处理方法，经乙酸丁酯重结晶的奥贝胆酸成品纯度可达到不低于98.5%，收率77.9%左右，此方法存在所用溶剂乙酸丁酯沸点较高后处理困难的缺点，且传统的“碱溶酸析”精制方法对异构体杂质并无明显除杂效果。对比文件1的制备例1就是使用的这样一种乙酸丁酯重结晶的处理方法，其中溶解奥贝胆酸粗品和洗涤所用的溶剂均为乙酸丁酯，其依然存在“所用溶剂乙酸丁酯沸点较高后处理困难”的缺点。

具体来说，后处理困难的机理主要在于：乙酸丁酯的沸点为126.5℃，而根据ICH－Q3C残留溶剂指导原则，作为原料药的奥贝胆酸，其含有的溶剂乙酸丁酯的限度不得超过0.5%。本领域技术人员均知道，对于高沸点溶剂的脱除是相当困难的，需要高温和高真空的协同作用下才有可能达到类似残留溶剂限度的要求，这也决定了乙酸丁酯作为溶剂对于设备以及相关生产工艺的要求都比较高，这是此处所说的“后处理困难”的具体体现。例如对比文件1公开的制备例1中，为了解决乙酸丁酯的残留问题，采用80℃条件下高真空干燥，而根据奥贝胆酸的稳定性试验结果，在>60℃条件下干燥，奥贝胆酸分子间羧基和羟基就会进行脱水缩合，形成二聚体杂质的速率显著加快，从而造成产品的降解，并进一步影响药品的安全性和有效性，使其达不到药用要求，这也属于“后处理困难”造成的更深层次的负面影响。

进一步地，虽然说对比文件2（US4277408，公开日：1981年7月7日）公开了一种鹅去氧胆酸的纯化方法：含有2%杂质的鹅去氧胆酸100g溶于40ml工业乙醇和210mL二氯甲烷，搅拌后回流，再加入210ml二氯甲烷，再搅拌10min，使得大量结晶析出，再经回流、冷却等操作，得到的结晶过滤，用乙醇洗涤，干燥（参见对比文件2第2栏第58~65行）。但是，申请人并不认同审查员的观点“由于鹅去氧胆酸与奥贝胆酸结构相近，因此对比文件2给出了采用二氯甲烷-乙醇的溶剂体系对类似结构化合物进行重结晶纯化的技术启示”，理由如下：虽然鹅去氧胆酸和奥贝胆酸均属于甾体类化合物，但是二者的合成路线完全不同，导致合成奥贝胆酸和鹅去氧胆酸的起始原料、中间体、副产物、降解产物、引入试剂等有机杂质截然不同，这些杂质的溶解性也有较大的差别，对于鹅去氧胆酸杂质有明显效果的重结晶溶剂体系不一定适用于奥贝胆酸重结晶。具体而言，鹅去氧胆酸主要为动物内脏提取物，根据其动物来源不同，所含杂质可能有差别，但基本上属于胆酸相关的类似物，如猪去氧胆酸、熊去氧胆酸、石胆酸等；而奥贝胆酸的杂质主要来源于奥贝胆酸合成过程的工艺杂质、中间体、副产物等；二者的杂质谱差别巨大，不同的杂质谱决定了去除方法的不同，而且重结晶选择的溶剂体系也有较大的差别，因此，对比文件2对本专利申请所能够给出的技术启示微乎其微，或者说将对比文件2中的方案结合到对比文件1中所进行的技术改进是超出了本不具有创造能力的本领域技术人员的能力范围的。

本申请的发明人是通过大量实验研究发现：奥贝胆酸合成过程中的主要杂质（工艺杂质、中间体和副产物）的去除需要采用中等极性的溶剂来溶解结晶，二氯甲烷、氯仿或者相关混合溶剂在回流状态下能够较多溶解奥贝胆酸，低温条件下对奥贝胆酸的溶解性不大，保证了重结晶的收率，同时中等极性对大多数奥贝胆酸工艺杂质有良好的溶解效果，可以将杂质通过固液分离的方式去除，提高了产品纯度，降低杂质，同时这些溶剂具有合适的沸点，较容易通过常规的鼓风或者真空干燥方式在常规工艺条件下去除，从而避免因为高温长时间干燥引起的降解，影响药品的安全性和有效性的问题，也就是说，本申请是通过溶解溶剂的选择与其他区别技术特征的配合，巧妙地克服了对比文件1中乙酸丁酯作溶剂时存在的技术问题，即使在对比文件1中结合对比文件2，也无法获得这一启示。

另外，本申请实施例四的溶解溶剂为乙酸乙酯，如前所述，实施例四可以作为对比例与修改后的权利要求书进行比较，结果表明，其纯度、杂质含量和收率均不如本申请实施例1~3中以二氯甲烷或二氯甲烷与醇类或酮类的混合溶剂的效果好。这也能够体现本申请对于溶解溶剂的特别选择所带来的优异效果，即不在本申请权利要求1限定的溶剂范围内无法实现本申请的效果。

此外，审查员还认为，二氯甲烷和氯仿可以常规替换，酮类和醇类也可以常规替换，申请人并不认同。从化学角度考虑，二氯甲烷和氯仿均为甲烷的氯代物，结构相似，但二者的差异也是十分明显的，氯仿极性更大，对于极性化合物的溶解性更强，氯仿的沸点更高，密度更大，挥发性小，毒性也更强，所以并不能一概而论，需要根据具体的化合物以及实验目的来选择，并不存在简单替换就一定能够获得成功的可能性。此外，对于酮类溶剂和醇类溶剂，这两类中包含的溶剂种类繁多，根据结构的不同，在极性和溶剂性方面也都存在相应的差异，并不能一概而论，也需要根据具体的化合物结构来选择溶剂，也就说，这一特别选择，同样也需要付出创造性的劳动。

再有，采用非极性溶剂作为洗涤溶剂也是特殊选择，是发明人多年研究的结果，发明人通过大量实验发现：由于非极性溶剂对奥贝胆酸溶解性较差但同时具有合适的沸点，用其洗涤能改善奥贝胆酸的性状，使奥贝胆酸形成蓬松的疏散固体粉末，防止结块，更易于干燥和物料转移，同时不损失较多样品。如此，也能进一步与溶解溶剂配合，克服乙酸丁酯沸点较高后处理困难的缺陷。

在此基础上，本申请的加热搅拌、加入活性炭回流脱色和搅拌析晶等步骤，也是本申请的发明人特别选择的，无法从现有技术中获得启示。

对于化合物或者药品的合成，重结晶过程中溶剂体系的选择是最关键的，一般选择高温溶解性好、低温溶解性较差的溶剂，且如果产品和杂质在溶剂中的溶解性差异显著，则更有利于重结晶过程。其次，是否加入活性炭、析晶的方式、冷却速度、搅拌方式、是否加晶种等工艺都是影响重结晶效果或者固体结晶形态的重要操作。虽然说，活性炭因为其有良好的吸附热源、杂质色素以及助滤效果，被广泛应用于制药行业中，例如，在原料药合成过程中，可以吸附色素以及微小机械杂质甚至有机杂质，在注射剂生产过程中加入活性炭可以吸附热源除菌。但是，对于奥贝胆酸而言，现有技术资料均未公开进行活性炭脱色处理的方案，发明人在研发过程中意外发现，不加活性炭的话，样品颜色呈微黄色或者类白色，而经过活性炭处理后的样品呈类白色或白色，而且含量 $<0.1\%$ 的单个杂质明显减少，这一效果是超越了本领域关于活性炭的效果的基础认知的，同时也是与其他区别技术特征协同配合的结果，是本领域技术人员难以预料的。

另外，搅拌析晶以及静置析晶都是晶体纯化中的常见方式，二者的区别在于，静置析晶利于晶体的成长，一般形成的晶体颗粒较大，多用于微量或者少量晶体结晶形态研究过程而非产业化，而搅拌析晶的方式，结合搅拌速度、析晶温度以及降温速率等参数，重点用于重结晶降低杂质、晶型的形成和粒径的控制，是工业化过程中的常用处理方式，对比文件1中采用静置析晶只是为了制备一种晶体形态，而本发明中采用搅拌析晶的方式重点在于降低杂质，晶型和粒径的控制，并且是一种产业化的生产方法。两者手段不同，达到的目的也不同，两种方式中影响因素也很复杂多样，根本不存在在对比文件1基础上进行简单常规替换就能解决本申请实际解决的技术问题的可能性。

最后，申请人还希望强调，本申请还取得了预料不到的技术效果，这足以划入专利法意义上的“显著的进步”的范畴。

首先，本申请的精制方法同时提高了奥贝胆酸的收率和纯度，众所周知，寻求更高纯度的药物是本领域普遍存在的动机，为得到更高纯度的原料药，国内外的通常做法是牺牲收率而提高纯度，中国专利申请 CN201380043964.8 就是一个很好的例子。根据原始申请文件的表 1 可以看出，CN201380043964.8 在牺牲收率至 77.9% 的前提下，才能保证纯度不低于 98.5%，尽管如此，其纯度也无法与本专利申请的纯度 99.5% 以上相媲美，而且鹅去氧胆酸、6α－乙基熊去氧胆酸、6β－乙基熊去氧胆酸和 6β－乙基鹅去氧胆酸等杂质的含量均大于本申请实施例 1～3。

相比之下，本申请在纯度达到了 99.5% 以上的前提下，同时保持收率在 85.6% 以上，更重要的是：单个杂质的含量小于 0.15%，且奥贝胆酸的异构体可以全部被除去。在原料药的研发过程中，行业内的一项重要指导原则是：对于已知结构的杂质，如果单个含量少于 0.15%，可以省去药理毒理方面的研究，通过本专利申请的方法纯化的奥贝胆酸，可以直接作为原料药使用而无须对杂质进行药理毒理等安全性验证，节省了研发成本和研发时间，这无疑是技术上的重大飞跃！

具体来说，药品的安全性、有效性以及质量可控是其最重要的要求，体现在原料药上就是对要求产品纯度的要求和杂质的控制，纯度是影响药物制剂有效性的关键参数，杂质是影响药物制剂安全性的关键参数，纯度的提升也意味着杂质的降低。奥贝胆酸异构体杂质在临床上的药物活性远低于奥贝胆酸，将其控制在较低的限度，增强了药品的有效性，鹅去氧胆酸在临床上有一定的药用价值但其副作用也较大，将其控制在合理的限度范围内具有重大意义，保证了药物制剂的安全性。

其次，本申请的纯化方法摈弃了传统的乙酸正丁酯重结晶的方法，而采用沸点较低的二氯甲烷，也进一步避免了除去溶剂时由于温度过高导致的奥贝胆酸分子间羧基和羟基脱水缩合，造成产品的降解，影响药品的安全性和有效性的问题。

因此，申请人认为，现有技术（包括对比文件 2 以及公知常识）均未给出将上述区别技术特征结合到对比文件 1 中能解决本发明的技术问题，并获得相应的技术效果的启示。

## 【案例 No. 1311024】非结构化数据处理方法及系统

### ☞ 案由简要

该申请涉及一种非结构化数据处理方法（权利要求 1～5），及非结构化数据处理系统（权利要求 6～10）。

➢ 一通：审查员引用对比文件 1（CN103020213A）和对比文件 2（CN101246482A），认为权利要求 1～10 不具备创造性。

➢ 答一通：删去原权利要求 1，将原权利要求 4 作为新方法独立权利要求，删除原权利要求 6，将原权利要求 9 作为新产品独立权利要求，论述新权利要求 1～8 具备创造性。

➢ 审查结果：授权。

☞ **相关权利要求**

1. 一种非结构化数据处理方法，其特征在于，包括以下步骤：

$S_1$ 设置多个特征模板，每个特征模板包括关键词；

$S_2$ 分别使用各个特征模板扫描存储有多条非结构化数据的一数据库，针对各条非结构化数据分别判断其中是否记载有和各个特征模板一致的内容，并将判断结果为是的特征模板作为各条非结构化数据匹配的特征模板记录；

$S_3$ 生成与该多条非结构化数据分别一一对应的多个模板向量，每个模板向量具有一一对应于该多个特征模板的多个维度，该多个维度中，各条非结构化数据匹配的特征模板对应的维度的标量值为1，不匹配的特征模板对应的维度的标量值为0。

4. 如权利要求1～3中任意一项所述的非结构化数据处理方法，其特征在于，该非结构化数据处理方法还包括在 $S_2$ 后执行的是 $S_3$ 的情况下在 $S_3$ 后执行、在 $S_2$ 后执行的是 $S_{3a}$ 的情况下在 $S_{3a}$ 后执行的以下步骤：

$S_4$ 读取待挖掘特征；

$S_5$ 判断该多个特征模板中是否存在和该待挖掘特征一致的特征模板，若是则执行 $S_6$，若否则执行 $S_7$；

$S_6$ 选取和该待挖掘特征一致的特征模板对该多个模板向量进行匹配，选取匹配成功的模板向量作为待输出向量，并执行 $S_9$；

$S_7$ 生成一特征模板组合以表示该待挖掘特征，该特征模板组合为由逻辑运算符连接的若干特征模板；

$S_8$ 采用该特征模板组合对该多个模板向量进行匹配，选取匹配成功的模板向量作为待输出向量，并执行 $S_9$；

$S_9$ 选取和待输出向量对应的非结构化数据，并输出选取的非结构化数据。

6. 一种非结构化数据处理系统，其特征在于，包括：

一模板设置模块，用于设置多个特征模板，其中每个特征模板包括关键词；

一数据匹配模块，用于分别使用各个特征模板扫描存储有多条非结构化数据的一数据库，针对各条非结构化数据分别判断其中是否记载有和各个特征模板一致的内容，并将判断结果为是的特征模板作为各条非结构化数据匹配的特征模板记录；

一第一模板向量生成模块，用于生成与该多条非结构化数据分别一一对应的多个模板向量，每个模板向量具有一一对应于该多个特征模板的多个维度，该多个维度中，各条非结构化数据匹配的特征模板对应的维度的标量值为1，不匹配的特征模板对应的维度的标量值为0。

9. 如权利要求6～8中任意一项所述的非结构化数据处理系统，其特征在于，该非结构化数据处理系统还包括：

一输入模块，用于读取待挖掘特征；

一判断模块，用于判断该多个特征模板中是否存在和该待挖掘特征一致的特征模板，在判断结果为是的情况下启用一第一输出向量模块，在判断结果为否的情况下启用一模板组合模块；

该第一输出向量模块，用于选取和该待挖掘特征一致的特征模板对该多个模板向量进行匹配，选取匹配成功的模板向量作为待输出向量，并启用一输出模块；

该模板组合模块，用于生成一特征模板组合以表示该待挖掘特征，该特征模板组合为由逻辑运算符连接的若干特征模板；

一第二输出向量模块，用于采用该特征模板组合对该多个模板向量进行匹配，选取匹配成功的模板向量作为待输出向量，并启用该输出模块；

该输出模块，用于选取和待输出向量对应的非结构化数据，并输出选取的非结构化数据。

☞ **相关说明书内容**

摘录一

实施例1

如图1所示，本实施例的非结构化数据处理方法包括以下步骤：

$S_1$ 设置多个特征模板，每个特征模板包括关键词；

$S_2$ 分别使用各个特征模板扫描存储有多条非结构化数据的一数据库，针对各条非结构化数据分别判断其中是否记载有和各个特征模板一致的内容，并将判断结果为是的特征模板作为各条非结构化数据匹配的特征模板记录；

$S_3$ 生成与该多条非结构化数据分别一一对应的多个模板向量，每个模板向量具有一一对应于该多个特征模板的多个维度，该多个维度中，各条非结构化数据匹配的特征模板对应的维度的标量值为1，不匹配的特征模板对应的维度的标量值为0。

本实施例中，该数据库属于一在线视频网站，该多条非结构化数据则是多条用户的评论，所采用的全部特征模板均仅包括关键词。为便于理解，此处仅以几个具体的特征模板作为例子进行说明。举例来说，该多个特征模板的数量为8个，这8个特征模板分别仅包括关键词“艺术”“惊险”“动画效果”“演技”“暴力”“唯美”“恐怖”“可怕”。在 $S_2$ 中分别使用这8个特征模板扫描该数据库实质上就是采用特征模板中的8个关键词分别扫描数据库或者在数据库中进行检索。扫描后在 $S_3$ 中生成的多个模板向量，每个模板向量都具有8个维度，即每条非结构化数据对应于一个8维向量。实质上，每个8维向量在影片的类型风格等方面能够直接表现相对应的非结构化数据的内容。

当需要对该数据库中的所有非结构化数据进行一些分析和运算，比如聚类分析或者特征挖掘时，就可以直接对这些8维向量进行运算。由于数据挖掘或者分析中通常是基于某一类需求进行的，而这一类需求下相应地关注的特征通常应当是具有一定的范围的。基于对这一类需求的了解，本领域技术人员自然能够合适地选择具体的特征模板，在本实施例中即选择具体的关键词。比如，本实施例的8个特征模板就能够适应于对于影片类型或者观众对于影片风格上的理解等方面进行分析的需求。

本领域技术人员应当理解，本实施例中出现的这8个特征模板仅仅是示意性的举例说明，以便于理解。实际上，更多的特征模板数量能够起到更大的实际作用。通过上述方法，就将数据挖掘中涉及的需求或者特征的关联性转换为特征模板的关联性并且充分地反映在模板向量中。由于模板向量具有明确且整齐划一的结构，用于挖掘、分类等数据分析过程中，毫无疑问在计算时间和计算资源的消耗上都会显著优于直接对于非结构化数据进行分析。

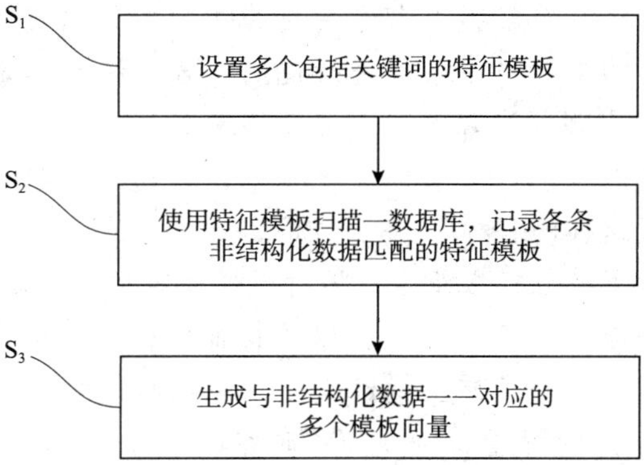


**图 1**

摘录二

实施例 2

如图 2 所示，本实施例的非结构化数据处理方法和实施例 1 相比，区别仅在于本实施例的方法还包括在 $S_3$ 后执行的以下步骤：

$S_4$ 读取待挖掘特征；

$S_5$ 判断该多个特征模板中是否存在和该待挖掘特征一致的特征模板，若是则执行 $S_6$，若否则执行 $S_7$；

$S_6$ 选取和该待挖掘特征一致的特征模板对该多个模板向量进行匹配，选取匹配成功的模板向量作为待输出向量，并执行 $S_9$；

$S_7$ 生成一特征模板组合以表示该待挖掘特征，该特征模板组合为由逻辑运算符连接的若干特征模板；

$S_8$ 采用该特征模板组合对该多个模板向量进行匹配，选取匹配成功的模板向量作为待输出向量，并执行 $S_9$；

$S_9$ 选取和待输出向量对应的非结构化数据，并输出选取的非结构化数据。

$S_4$ 中读取待挖掘特征，是指在上述方法的进行过程读取由用户输入的待挖掘特征。在 $S_4$ 之后，判断是否有和该待挖掘特征一致的特征模板，而该待挖掘特征实际上就是在数据挖掘中的挖掘需求。

在判断结果为是的情况下，可以直接调出一致的特征模板。由于在此前已经采用特征模板对该多条非结构化数据进行了扫描并相应地生成了多个模板向量，因此这种情况下可以容易地找出和一致的特征模板成功匹配的模板向量。其中，使用特征模板对该多个模板向量进行匹配的方式即通过比对特征模板和该多个模板向量中和特征模板对应的维度的标量值来确定两者是否一致，两者一致则确定比对涉及的特征模板和模板向量匹配成功。也就是说，这里所说的匹配成功仅仅是针对模板向量中和特征模板相对应的维度而言，而非针对模板向量的全部维度。容易理解地，$S_6$ 中的运算由于是针对模板向量进行，而和该待挖掘特征一致的特征模板对于该多个模板向量的匹配过程能够充分利用此前这一特征模板对数据库的扫描过程，因而运算量是显著较小的。

若判断结果为否，则需要执行 $S_7$ 以生成一特征模板组合以表示该待挖掘特征，该特征模板组合为由逻辑运算符连接的若干特征模板。在此情况下，仍以实施例1中举例说明的8个特征模板的情况作为条件进行说明。若最终目标是根据用户评论（即该多条非结构化数据）找出哪些影片是适合儿童观看的，这样的需求显然并不能直接采用一个已有的特征模板对于模板向量匹配来选取，但通过对特征模板的组合来形成特征模板组合却可以达成这样的目标。

举例来说，可以设置特征模板组合，该特征模板组合为“动画效果” and not（“惊险” or “暴力” or “恐怖” or “可怕”），以该特征模板组合来表示适合儿童观看这一挖掘需求。这一特征模板组合实质上就确定了匹配成功的模板向量在对应于“动画效果”的特征模板的维度上的标量值为1，同时在对应于“惊险”“暴力”“恐怖”和“可怕”的特征模板的维度上的标量值均为0。通过以该特征模板组合表示待挖掘特征的方式，就使得当数据挖掘中出现了新的需求时，仍能够充分利用原先设置的特征模板，并且仍然以模板向量作为处理对象，提高了数据分析的效率。应当理解的是，在以上说明中为了更简明地叙述，以8个特征模板对应的关键词直接指代相应的特征模板。并且，在特征模板的数量远远超过8个的情况下，不仅能够以特征模板或者特征模板组合的方式来表示挖掘需求的数量大大增加，而且在数据分析中所涉及的运算，仍然是和上述例子中的运算相类似的。仅仅在某一挖掘需求对应的特征模板组合涉及的特征模板数量较大的情况下，运算中涉及对应的模板向量的维度数较多，但由此带来的运算量的增大仍然是极为有限的，在数据分析的效率上仍然具有很大的优势。

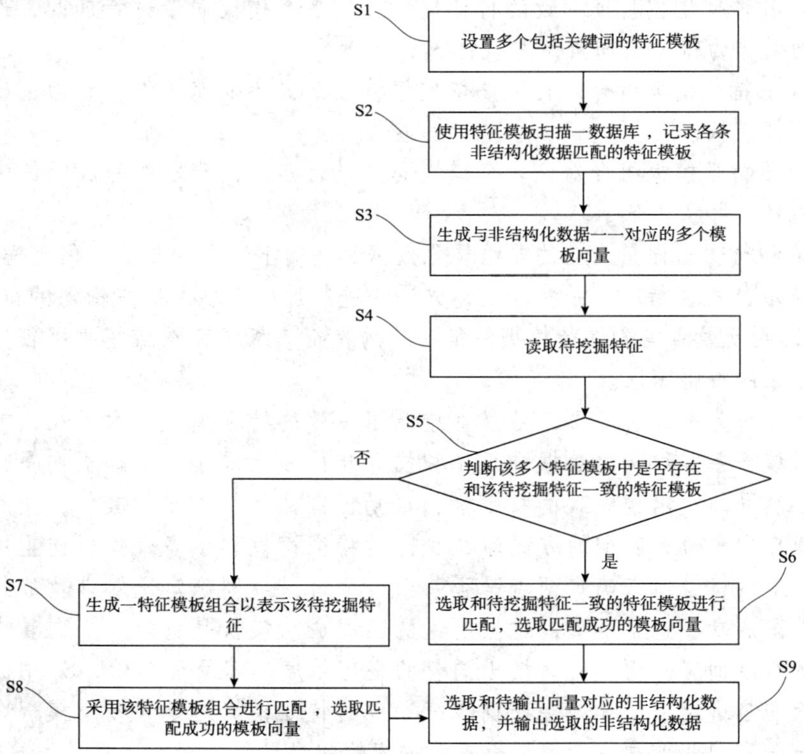


**图2**

☞ **相关对比文件公开内容**

**【对比文件1】**

1. 具有明显类别划分的非结构化电子文档的检索方法，其特征在于：包括文档分类和类型关键词识别阶段：文档分类是将特定集合的文档，按照各文档内容之间存在的关系进行分类；类型关键词识别是将所有类型的关键词识别出来；实时搜索阶段：根据用户输入的搜索词，查询符合搜索结果的文档，并按照文档相关性从高到低返回搜索结果，该阶段所采用的实时搜索相关性算法公式如下：

$$\sum_{1}^{n}\left(\frac{T_w}{T_a}\log\left(\frac{D}{D_w}\right)\left(\frac{D}{C_w\cdot cn}\right)^{\frac{1}{2}}\right)$$

公式中，$N$ 代表一共输入的检索词的个数；$T_w$ 是一个检索词在该文档中出现的次数；$T_a$ 是该文档的总词数；$D$ 是文档的数目；$D_w$ 代表该检索词在搜索文档集合中的多少个文档中出现过；$C_w$ 指的是搜索词对应的类别的文档数目；$cn$ 是类别的数目。

2. 根据权利要求1所述的具有明显类别划分的非结构化电子文档的检索方法，其特征在于：所述文档分类采用“特征向量比较法”，其具体包括如下步骤：

步骤11，根据文档内容，计算文档的特征向量：准备一个字典库，通过分析文档中是否包含字典库的某个词，以及词出现的频率，得到文档的特征向量，特征向量的维数和字典库中词的个数一致；步骤12，通过余弦定理，计算两两文档之间的余弦夹角，判断文档的类型相关性：采用数学中的余弦定理计算每两个文档对应的特征向量之间的夹角，夹角用弧度表示，数值越小，代表文档内容越接近，越有可能被归为同一类；步骤13，通过“自底向上、不断合并”的方法，将余弦夹角小的文档归为同一类：本步骤是一个迭代的计算过程，在每一次迭代确定一个“阈值”数，将余弦夹角小于该“阈值”的两个文档归为同一类，而后进入下一次迭代；后面执行的迭代的“阈值”大于之前迭代的“阈值”，通过这个步骤，可以使得文档分别被归类，且类别越来越少，而每一个类的文档越来越大，当类别的数目到达一个预设值时，迭代终止。

**【对比文件2】**

用户查询：请给我找一家广东口味的菜馆，有停车位的，可以用信用卡付款的。

基本查询关键词的形成：座席人员可以根据用户要求，提炼出查询关键词：广东菜、停车位、信用卡，作为输入关键词进行查询。经过系统处理，查询关键词向量为如下：广东菜、粤菜（粤菜为广东菜同义词，系统可自动生成），广州菜（近义词）、停车位、车位（同义词）、免费泊车（同义词）、泊车（同义词）、信用卡。

这样系统就可以表示查询向量 $W$，查询向量再经数值化就可以形成计算向量 $X$，数值化的过程系统根据一定的规则自动完成。

$W$ = {（广东菜），（粤菜），（广州菜），（停车位），（车位），（免费泊车），（泊车），（信用卡）}

$X'$ = {1.0，1.0，0.8，1.0，1.0，1.0，1.0，1.0}。

同时，企业A的用户信息经过处理可以形成一列被比较的关键词信息，即为被查询信息。$W'$ = {（粤菜），（高级），（包房），……（鱼饺）}。

将被查询信息与查询向量进行比较，取被查询信息中与查询向量相对应的单元形成查询结果向量。同时，根据签约情况和其他情况，为客户的被查询信息加权，数值化（系统可以根据设定自动完成）。如为了与查询向量 $W$ 进行比较，取 {（粤菜），（停车位），（信用卡）} 三个单元进行信息比对，再进行数值化，形成被查询向量 $Y=\{1.0, 1.0, 1.0\}$。同时查询向量为 $X=\{1.0, 1.0, 1.0\}$。

在实际的系统运行中，首先是形成被查询信息的索引信息，并且形成了相应的权重系数，即搜索空间，然后查询向量映射到这个搜索空间，进行向量之间的比对计算。

然后，基于公式 3 进行被查询信息与查询向量之间的相似度计算。

例如，省略其他计算步骤，经过搜索引擎处理后查询向量为 $X=(0.7, 0.8, 0.2, 0.9)$，被查询的数据库记录为两条，处理后的被查询向量为 $Y_1=(0.6, 0, 0, 0.5)$，$Y_2=(0.2, 0.3, 0.1, 0.3)$；则应用欧式语义距离公式计算的过程如下：

$$d(X,Y_1)=1/\sqrt{4}\times\sqrt{(0.7-0.6)^2+(0.8-0)^2+(0.2-0)^2+(0.9-0.5)^2}$$
$$=\frac{1}{2}\times\sqrt{0.01+0.64+0.04+0.16}=0.461$$

$$d(X,Y_2)=1/\sqrt{4}\times\sqrt{(0.7-0.2)^2+(0.8-0.3)^2+(0.2-0.1)^2+(0.5-0.3)^2}$$
$$=\frac{1}{2}\times\sqrt{0.25+0.25+0.01+0.04}=0.371$$

由计算结果可知，$Y_2$ 与 $X$ 相关程度要优于 $Y_1$ 与 $X$ 的相关程度。最后，将 $Y_2$ 返回给电信业务排序模块以便根据电信相关的业务需求以灵活排序方式对查询结果进行排序，并根据排序后的结果将其提供给用户。当然，也可以直接将 $Y_2$ 返回到关键词查询界面以便座席人员根据关键词查询界面上显示的检索结果，与用户进行交流，使用户获得满意的信息为止，之后进行自动语音报号。

☞ **审查意见**

1. 权利要求 1 请求保护一种非结构化数据处理方法。对比文件 1（CN103020213A）作为最接近的现有技术，其公开了一种非结构化电子文档的检索方法，并具体公开了：

（参见权利要求 1）特定集合的文档（隐含公开了"存储有多条非结构化数据的一数据库"）；

（参见权利要求 2）所述文档分类采用"特征向量比较法"，其具体包括如下步骤：步骤 11，根据文档内容，计算文档的特征向量：准备一个字典库（相当于"S1 设置多个特征模板，每个特征模板包括关键词"。其中，字典库中每个词相当于一个"特征模板"），通过分析文档中是否包含字典库的某个词（即公开了"S2 分别使用各个特征模板扫描存储有多条非结构化数据的一数据库"），以及词出现的频率（分析字典库中某个词在文档中出现的频率，即公开了"针对各条非结构化数据分别判断其中是否记载有和各个特征模板一致的内容"），得到文档的特征向量（即公开了"将判断结果为是的特征模板作为各条非结构化数据匹配的特征模板记录"与"S3 生成与该多条非结构化数据分别一一对应的多个模板向量"），特征向量的维数和字典库中词的个数一致（相当于"每个模板向量具有一一对应于该多个特征模板的多个维度"）。

由此可知，对比文件 1 公开了"一种非结构化数据处理方法"。对比文件 1 同样是利用特征模板（字典库中的词）将非结构化数据处理成模板向量，已经解决了本申请所要解决的技术问题，能够达到本申请所要达到的技术效果。权利要求1相对于对比文件1的区别特征在于：该多个维度中，各条非结构化数据匹配的特征模板对应的维度的标量值为1，不匹配的特征模板对应的维度的标量值为0。基于上述区别特征，权利要求1相对于对比文件1实际解决的技术问题在于：区分匹配与不匹配的维度。然而，对比文件1公开了以“词出现的频率”表征匹配的程度。在此基础上，为了简化操作，仅以0、1区分是否匹配，这是本领域的惯用手段，属于公知常识。

因此，在对比文件1的基础上结合本领域公知常识，以得出权利要求1请求保护的技术方案，对本领域技术人员来说是显而易见的。因此，该权利要求不具有突出的实质性特点和显著的进步，不具备《专利法》第22条第3款规定的创造性。

3. 权利要求4引用权利要求1~3中任一项。其附加技术特征构成了其相对于对比文件1进一步的区别特征。基于上述区别特征，权利要求4相对于对比文件1进一步实际解决的技术问题在于：特征挖掘。

对比文件2（CN101246482A）公开了一种基于结构化文本的搜索方法，并具体公开了：

（参见说明书第8~9页）用户查询：请给我找一家广东口味的菜馆，有停车位的，可以用信用卡付款的。基本查询关键词的形成：座席人员可以根据用户要求，提炼出查询关键词：广东菜、停车位、信用卡，作为输入关键词进行查询（相当于“S4读取待挖掘特征”）。经过系统处理，查询关键词向量为如下：广东菜、粤菜（粤菜为广东菜同义词，系统可自动生成），广州菜（近义词）、停车位、车位（同义词）、免费泊车（同义词）、泊车（同义词）、信用卡（相当于“S7生成一特征模板组合以表示该待挖掘特征”，其中，查询关键词向量相当于“特征模板组合”）。

同时，企业A的用户信息经过处理可以形成一系列被比较的关键词信息，即为被查询信息。W′={（粤菜），（高级），（包房）……（鱼饺）}。将被查询信息与查询向量进行比较，取被查询信息中与查询向量相对应的单元形成查询结果向量。将$Y_2$返回给电信业务排序模块以便根据电信相关的业务需求以灵活排序方式对查询结果进行排序，并根据排序后的结果将其提供给用户（相当于“S8采用该特征模板组合对该多个模板向量进行匹配，选取匹配成功的模板向量作为待输出向量，并执行S9；S9选取和待输出向量对应的非结构化数据，并输出选取的非结构化数据”）。对比文件2中相应技术手段在对比文件2中所起的作用与上述区别特征的一部分在该权利要求中为解决特征挖掘的技术问题所起的作用相同。即对比文件2给出了将上述区别特征的一部分用于对比文件1的技术方案，以解决特征挖掘的技术问题的启示。

至于权利要求4中组合特征模板为“由逻辑运算符连接的若干特征模板”：对比文件2公开的组合特征模板包含多个关键词（即“特征模板”）。由于需要同时满足多个关键词，对比文件2中查询向量隐含具备了对各关键词逻辑相与的特点。因而对比文件2中查询向量与权利要求4限定的组合特征模板存在相似之处。同时，进行多关键词检索时，在各字段写入查询的属性值，选择逻辑“与”或逻辑“或”连接，生成完整的查询命令（例如常规SQL语句，或是在CNKI网站搜索符合多个条件的论文），这种以逻辑运算符连接关键词生成查询语句的方式，是本领域常规的数据挖掘方式。

至于权利要求4步骤 $S_5$、$S_6$ 限定的判断是否已存在和待挖掘特征一致的特征模板，如果存在，则直接使用该模板挖掘特征：基于常用功能，预先设置查询模板，这是本领域的惯用手段，属于公知常识。

因此，在对比文件1的基础上结合对比文件2与本领域公知常识，以得出该权利要求请求保护的技术方案，对本领域技术人员来说是显而易见的。因此，该权利要求不具有突出的实质性特点和显著的进步，不具备《专利法》第22条第3款规定的创造性。

☞ **答辩要点分析思路**

此案一通答辩要点之一为论述对比文件2没有给出技术启示。

判断要求保护的发明相对于现有技术是否显而易见，通常是按照“三步法”进行，具体为：①确定最接近的现有技术；②确定发明的区别特征和发明实际解决的技术问题；③判断要求保护的发明对本领域的技术人员来说是否显而易见。

审查员在审查一个发明申请时，会对该发明申请的每一项权利要求按照“三步法”的思路逐一判断其是否具备创造性，代理师为了确认审查员的审查结果是否正确时，同样应该按照“三步法”的思路对每一项权利要求是否具备创造性进行验证。在验证过程中，代理师若是发现审查员在审查过程中某一步或某几步存在错误，则需要针对错误的内容进行有针对性的反驳并说明相应的理由。

具体到该案中，代理师基本认同审查员对原权利要求1、2、3、5的评述，但是对原权利要求4的评述有完全不同的意见，认为审查员的评述明显存在错误，因此，代理师决定对权利要求进行修改，将原权利要求4作为新的独立权利要求争辩其创造性。

在按照“三步法”的思路具体论述新的方法独立权利要求的创造性时，由于第①步确定的最接近的现有技术以及第②步确定的区别特征和实际解决的技术问题与审查员的审查意见并无不同，所以，代理师在此次答辩中不必多此一举地再向审查员解释或强调如何界定区别特征以及实际解决的技术问题，否则会造成审查员的反感。由于第③步需要说明新的方法独立权利要求对本领域的技术人员来说是非显而易见的，这点与审查员的意见完全不同（审查员认为原权利要求4的附加技术特征中部分被对比文件2公开，对比文件2给出将部分区别特征应用于对比文件1的技术方案以解决特征挖掘的技术问题的启示，其余的部分特征属于本领域的公知常识），所以，第（3）步的论述是此次答辩的重点，代理师需要对于审查员的意见有针对性地逐一进行反驳，详细陈述对比文件2没有公开区别特征、没有给出启示以及区别特征不是本领域的公知常识的理由，以此证明新的方法独立权利要求是非显而易见的。

☞ **意见陈述原文摘录**

关于区别技术特征及修改后的权利要求1实际解决的技术问题。

申请人认为修改后的权利要求1与对比文件1相比，区别技术特征为：

$S_3$ 中，该多个维度中，各条非结构化数据匹配的特征模板对应的维度的标量值为1，不匹配的特征模板对应的维度的标量值为0；

$S_4$ 读取待挖掘特征；

$S_5$ 判断该多个特征模板中是否存在和该待挖掘特征一致的特征模板，若是则执行 $S_6$，若否则执行 $S_7$；

$S_6$ 选取和该待挖掘特征一致的特征模板对该多个模板向量进行匹配，选取匹配成功的模板向量作为待输出向量，并执行 $S_9$；

$S_7$ 生成一特征模板组合以表示该待挖掘特征，该特征模板组合为由逻辑运算符连接的若干特征模板；

$S_8$ 采用该特征模板组合对该多个模板向量进行匹配，选取匹配成功的模板向量作为待输出向量，并执行 $S_9$；

$S_9$ 选取和待输出向量对应的非结构化数据，并输出选取的非结构化数据。

利用上述区别技术特征，修改后的权利要求 1 实际解决的技术问题是如何区别匹配与不匹配的纬度，以及如何特征挖掘。

关于非显而易见性。

审查意见中认为：对于区别技术特征“该多个维度中，各条非结构化数据匹配的特征模板对应的维度的标量值为 1，不匹配的特征模板对应的维度的标量值为 0”，由于对比文件 1 公开了以“词出现的频率”表征匹配的程度，在此基础上，为了简化操作，仅以 0、1 区分是否匹配，这是本领域的惯用技术手段，属于公知常识。对比文件 2 给出了将 $S_7$、$S_8$、$S_9$ 用于对比文件 1 的技术方案，以解决特征挖掘的技术问题的启示。至于原权利要求 4 步骤 $S_5$、$S_6$ 限定的判断是否已存在和待挖掘特征一致的特征模板，如果存在，则直接使用该模板挖掘特征：基于常用功能，预先设置查询模板，这是本领域的惯用手段，属于公知常识。申请人对此有完全不同的意见：

首先，申请人认为本领域技术人员根本不可能想到将对比文件 1 与对比文件 2 进行结合。

其一，对比文件 1 和对比文件 2 的处理对象完全不同，对比文件 1 处理的是非结构化的电子文档，而对比文件 2 处理的是结构化文本，参见对比文件 1 说明书第［0002］段，其中明确记载了：所谓结构化数据是指具有良好定义的结构，能够被方便解析，并可以在关系数据库中存储的数据；非结构化数据是相对于结构化数据而言不便于采用二维表结构表示的数据类型。由此可知，结构化数据和非结构化数据属于完全不同的两类数据，二者的处理方式完全不同，二者的处理方法并不能相互结合，所以，由于对比文件 1 处理的是非结构化的电子文档，而对比文件 2 处理的是结构化文本，在此基础上，本领域技术人员根本不可能想到采用对比文件 1 中的处理方式来处理对比文件 2 中的结构化文本，即不可能想到将对比文件 1 与对比文件 2 进行结合；另外，对比文件 1 的处理对象具体为文档数据，而对比文件 2 的处理对象为语音数据（即用户上报的语音查询数据：请给我找一家广东口味的菜馆，有停车位的，可以用信用卡付款的），二者的数据类型完全不同，对比文件 1 中仅仅只能根据文字进行检索，其根本不具有处理语音数据的能力，导致本领域技术人员根本不可能想到利用对比文件 1 来针对对比文件 2 中的语音数据进行检索和查询，即不可能想到将对比文件 1 与对比文件 2 进行结合；

其二，对比文件 1 和对比文件 2 的处理方式完全不同，在对比文件 1 中，提供了一种非结构化电子文档的检索方法，其处理方式为：首先进行文档分类和类型关键词识别，然后根据用户输入的关键词进行实时搜索；而在对比文件2中，提供了一种基于结构化文本的搜索方法，其处理方式为：依赖114平台服务，用户拨打114平台电话后，通过向114平台的座席人员语音上报想要的服务后，由座席人员根据用户要求，从用户语音提炼出关键词，再基于结构化文本对关键词进行搜索；而众所周知，114平台是一个电话导航信息服务平台，即在对比文件2的处理方式中，必须依赖电话导航信息服务平台，并且处理的数据是用户的语音数据，试问：在对比文件1根本没有公开114平台，也没有公开对语音数据进行处理的前提下，本领域技术人员又如何能想到根据对比文件1中公开的文档处理方式来对对比文件2中的用户语音数据进行搜索呢？况且，对比文件1明确公开了针对非结构化数据进行处理，对比文件2明确公开了针对结构化文本进行处理，二者的处理方式在技术上可谓千差万别，导致本领域技术人员根本不可能想到将对比文件1和对比文件2进行结合。

其次，申请人认为对比文件2并没有给出将本发明的上述区别技术特征应用到对比文件1的技术启示。

在此，申请人先对审查意见中关于对比文件2公开的技术内容的认定进行争辩：

审查意见中认为，对比文件2中经过系统处理，查询关键词向量如下：广东菜、粤菜（粤菜为广东菜同义词，系统可自动生成），广州菜（近义词）、停车位、车位（同义词）、免费泊车（同义词）、泊车（同义词）、信用卡（相当于“S7生成一特征模板组合以表示该待挖掘特征”，其中，查询关键词向量相当于“特征模板组合”）；申请人对此有完全不同的意见：

在对比文件2中，根本没有公开预先设置多个特征模板，其虽然可以根据基本查询关键词“广东菜、停车位、信用卡”来生成查询关键词向量：广东菜、粤菜，广州菜、停车位、车位、免费泊车、泊车、信用卡，但其中仅仅是根据初始关键词的同义近义词来对基本查询关键词进行拓展，最终生成查询关键词向量，即对比文件2中生成的查询关键词向量并不是基于一个预设的关键词模板来生成的。

本发明中则与此完全不同，本发明中会预先设置多个特征模板，而在获取待挖掘特征后，生成的特征模板组合来表示该待挖掘特征，该特征模板组合为由逻辑运算符连接的若干特征模板，即本发明中的特征模板组合是基于预设的特征模板（即关键词模板）来生成；可见本发明的特征模板组合与对比文件2中的查询关键词向量无论是生成方式还是包含的数据内容都完全不同，对比文件2根本没有公开本发明的上述S7生成一特征模板组合以表示该待挖掘特征。

审查意见中还认为，对比文件2公开了：同时，企业A的用户信息经过处理可以形成一系列被比较的关键词信息，即为被查询信息。W′={（粤菜），（高级），（包房）……（鱼饺）}。将被查询信息与查询向量进行比较，去被查询信息中与查询向量相对应的单元形成查询结果向量。将$Y_2$返回给电信业务排序模块以便根据电信相关的业务需求以灵活排序方式对查询结果进行排序，并根据排序后的结果将其提供给用户（相当于“$S_8$采用该特征模板组合对该多个模板向量进行匹配，选取匹配成功的模板向量作为待输出向量”），申请人对此有完全不同的意见：

申请人认为对比文件2中公开的“将被查询信息与查询向量进行比较”根本不可

能相当于本发明的“$S_8$ 采用该特征模板组合对该多个模板向量进行匹配”，原因在于，在本发明中，特征模板组合为由逻辑运算符连接的若干特征模板，即特征模板组合中包含的特征模板与多个模板向量中包含的特征模板一模一样，具体可分别参见本发明说明书第［0065］段和第［0079］段，其中公开了模板向量中包含的特征模板包括“艺术”“惊险”“动画效果”“演技”“暴力”“唯美”“恐怖”“可怕”这8个关键词，而特征模板组合中包含的特征模板包括“动画效果”“惊险”“暴力”“恐怖”“可怕”这5个关键词，可见，特征模板组合中包含的特征模板与多个模板向量中包含的特征模板一模一样；

而对比文件2中的被查询信息与查询向量所包含的关键词并不是一模一样，具体地，对比文件2中公开了查询向量W和被查询信息W′，其中：

W′=｛（粤菜），（高级），（包房）……（鱼饺）｝；

W=｛（广东菜），（粤菜），（广州菜），（停车位），（车位），（免费泊车），（泊车），（信用卡）｝；

可见，查询向量中根本没有包括“高级”“包房”“鱼饺”等关键词，即对比文件2中的被查询信息与查询向量所包含的关键词并不是一模一样，所以，对比文件2中的被查询信息和查询向量之间的关系与本发明中模板向量和特征模板组合之间的关系完全不同。

另外，本发明 $S_8$ 中采用特征模板组合对多个模板向量进行匹配时，会判断二者是否包含相同的特征模板，参见上述例子，即判断二者是否均包括“动画效果”；而对比文件2中将被查询信息与查询向量进行比较，只是通过向量运算来计算二者之间的匹配度，并不存在相同不相同一说，并且参见上述意见陈述，由于对比文件2中的被查询信息与查询向量所包含的关键词并不是一模一样，因此，其在比较被查询信息与查询向量时，也不可能直接判断二者是否包含相同的关键词，而是在计算匹配度。

可见，本发明中 $S_8$ 中采用特征模板组合对多个模板向量进行匹配的具体匹配方式与对比文件2中将被查询信息与查询向量进行比较所采用的比较方式完全不同，并且本发明的匹配结果非常精确（即要么包含相同的特征模板要么不包含相同的特征模板，匹配结果非常唯一和确定），而对比文件2中的比较方式非常模糊，其仅是在计算相似度而已，所以，对比文件2中将被查询信息与查询向量进行比较与本发明中的采用特征模板组合对多个模板向量进行匹配完全不同，二者不可能相当。

由此可知，对比文件2中并没有公开本发明的步骤 $S_7$ 生成一特征模板组合以表示该待挖掘特征以及 $S_8$ 采用该特征模板组合对该多个模板向量进行匹配的相关技术特征，即对比文件2没有给出将上述区别技术特征应用到对比文件1的技术启示。

最后，申请人认为有必要对审查意见中的一些关于公知常识的认定进行争辩。

审查意见中认为：由于对比文件1公开了以“词出现的频率”表征匹配的程度，在此基础上，为了简化操作，仅以0、1区分是否匹配，这是本领域的惯用技术手段，属于公知常识，因此，在对比文件1的基础上结合本领域的公知常识，以得出原权利要求1的技术方案，对本领域技术人员来说是显而易见的；申请人对此有完全不同的意见：

申请人认为在对比文件1中根本不可能将模板向量中的各维度的标量值设为0或1，即本领域技术人员根本不可能想到将模板向量的各维度的标量值设为0或1应用到对比文件1中，参见对比文件1的权利要求2，其中记载了，步骤11根据文档内容，计算文档的特征向量：准备一个字典库，通过分析文档中是否包含字典库的某个词，以及词出现的频率，得到文档的特征向量，特征向量的维数和字典库中词的个数一致；步骤12通过余弦定理，计算两两文档之间的余弦夹角；可见在对比文件1中，生成文档的特征向量的最终目的是计算余弦夹角，而为了计算结果的准确性，特征向量的各维度的标量值必然只能是词出现的频率，否则，如果仅以0或1来设定标量值，会导致计算出的余弦夹角与实际情况完全不同，导致根本达不到对比文件1的目的。因此，本领域技术人员根本不可能想到将模板向量的各维度的标量值设为0或1应用到对比文件1的特征向量中。

另外，对于本发明的“$S_7$ 生成一特征模板组合以表示该待挖掘特征，该特征模板组合为由逻辑运算符连接的若干特征模板”，审查意见中还认为：进行多关键词检索时，在各字段写入查询的属性值，选择逻辑“与”或逻辑“或”连接，生成完整的查询指令（例如常规SQL语句，或是在CNKI网站搜索符合多个条件的论文），这种以逻辑运算符连接关键词生成查询语句的方式，是本领域常规的数据挖掘方式，申请人对此有完全不同的意见：

现有技术中在进行多关键词检索时，虽然会选择逻辑“与”或逻辑“或”对关键词进行连接，但需要注意的是，现有技术中对于多个关键词，是预先直接采用逻辑运算符对多个关键词进行连接，而本发明中却完全不同，本发明的初始处理数据是待挖掘特征，而特征模板组合是之后再生成的，这与现有技术中预先对多个关键词进行逻辑运算符连接完全不同，即本发明的上述 $S_7$ 与现有技术中对多个关键词的处理原理完全不同。

由此，申请人认为本发明的上述区别技术特征并不是本领域的公知常识，再参见之前的意见陈述，对比文件2也没有完全公开本发明的上述区别技术特征，所以现有技术从整体上没有给出将本发明的上述区别技术特征应用到对比文件1以解决本发明实际解决的技术问题的技术启示；即本发明权利要求1的技术方案对本领域技术人员来说是不容易想到的，具有非显而易见性。

原权利要求6、9合并后的新产品独立权利要求与上述方法独立权利要求相对应，基于与上述相同的理由，也是非显而易见的。

（4）合理布局论述中的破与立。

论述发明非显而易见性的角度可能有多个，总体上可从立与破两个方向上把握。立，即正面的论述与对比文件相比，该发明为什么具备创造性。破，即针对审查员的一些错误观点进行一一反驳。有破有立，破立结合，方能从正反两面将发明的创造性论述透彻，使审查员信服。

具体成文时，可根据情况，灵活采用先立后破，或者先破后立的行文布局。

例如在分析审查意见后，认为审查员对发明及其所属技术领域的研发历程的理解支离破碎，片面不完全，整体的分析思路与发明所属领域的实际情况有较大偏差，主观上低估发明的创造性。此时，可采用先立后破的方式行文。首先，可正面地完整清晰地介绍发明所属技术领域的研发历程，所要求保护的发明所得出的背景情况、其与现有技术相比的发明点所在及所取得的优异效果、其对于所属技术领域而言所取得的创造性价值，力图先让审查员抛开其错误的思维，全面地了解实际情况，正确认识发明及其所属技术领域。在正面论述透彻、正确基调已定的前提下，再针对审查员的一些错误观点进行针对性反驳。

若根据审查意见，发现审查员对发明及其所属技术领域中的一些技术问题有重大的理解错误，或者对创造性判断方法及原则的理解有明显的错误，以致其得出了不合理的否定发明创造性的结论。对此，可以先破后立。首先针对这些明显的重大错误之处，进行澄清。之后再按照正确的理解，正面地完整评述发明的创造性。

## 【案例 No. 1210899】电容式液位变送器

### ☞ 案由简要

该案涉及一种电容式液位变送器（权利要求 1～9）。

➢ 一通：审查员引用了 3 篇对比文件，分别为：对比文件 1（CN2711704Y），对比文件 2（李杏华等，高精度电容式液位传感器的研究，《2007’仪表，自动化及先进集成技术大会论文集（一）》，2007. 12. 31），对比文件 3（CN102401677A），认为权利要求 1～9 不具备创造性。

➢ 答一通：未修改权利要求，论述了权利要求 1～9 的创造性。

➢ 二通：审查员认可了之前的意见陈述，并补充检索，增加了新的对比文件。

➢ 后续程序：略。

### ☞ 相关权利要求

权利要求 1 一种电容式液位变送器，其特征在于，该液位变送器包括有一测量杆、一补偿电路板和一放大电路板，该测量杆包括一金属外杆和一套接于该金属外杆内的金属内杆，该金属外杆和该金属内杆的长度为 50～450mm，该金属外杆和该金属内杆的截面积为 10～700mm$^2$，该金属外杆和该金属内杆间形成有一液体容置腔，该补偿电路板的线性度范围为 ±1% FS 且温度补偿范围为 0～80℃，该放大电路板的放大倍数高于 1000。

### ☞ 相关说明书内容

摘录一

如图 1 所示，本实施例的电容式液位变送器包括一测量杆，该测量杆包括一空心圆柱形的金属外杆 18 和一空心圆柱形的金属内杆 16，该金属内杆 16 套接于该金属外杆 18 内，并且两者间形成有一液体容置腔 23，该金属外杆 18 具有一进液端 24 和一第一采集端 25，该进液端 24 上开设有四个进液孔 21，该第一采集端 25 上开设有四个排气孔 22，该些进液孔 21 和该些排气孔 22 均与该液体容置腔 23 相连通。

使用时，将测量杆垂直插入待测液体中，待测液体从该些进液孔 21 流入至该液体容置腔 23，此时该些排气孔 22 排出等于灌入液体体积的空气，以减小该液体容置腔 23 内的气压而方便后续待测液体的继续灌入。

由于该金属外杆 18 的长度和外径分别为 140mm 和 16mm，因此特别适合小容量和浅液位的设备的测量。该金属内杆 16 的长度和外径分别为 160mm 和 4mm。生产时，还可以根据实际测量工况适当地加长或缩短该金属外杆和该金属内杆的长度。该金属内杆 16 具有一固定端 26 和一第二采集端 27。

如图 2 所示，该固定端 26 通过一绝缘底座 19 与该进液端 24 相互分隔，并且该进液端 24 处密封有一绝缘端板 20。该绝缘底座 19 用于将该固定端 26 和该进液端 24 隔离开，阻止两者电连通以便形成电容。该绝缘端板 20 用于密封该液体容置腔 23，具有防止该绝缘底座 19 滑脱和阻止灰尘进入该液体容置腔 23 的作用。请结合图 1，该绝缘底座 19 和该绝缘端板 20 能够更好地固定该金属内杆 16 和该金属外杆 18，实际生产时，该绝缘底座 19 和该绝缘端板 20 均可以省去。

如图 3 所示，该第一采集端 25 与一金属基座 15 相连接，该金属基座 15 内具有一通槽 28，该通槽 28 内设置有一金属端板 12，该金属端板 12 通过一绝缘垫圈 13 与该通槽 28 内壁面相固定，该第二采集端 27 穿过该绝缘垫圈 13 的孔且与该金属端板 12 电连接。该绝缘垫圈 13 内设置有一限位槽，该金属端板 12 安装于该限位槽内，并且通过一绝缘板 11 和多个紧固螺母 10 固定。该金属基座 15 的端部固定有一容置基座 8，一补偿电路板 6 和一放大电路板 4 通过一螺钉 5 和一柱形垫圈 7 设置于该容置基座 8 内，该补偿电路板 6 通过一第一电极销 9 与该金属基座 15 电连接，该补偿电路板 6 还通过一第二电极销 14 与该第二采集端 27 电连接。

该容置基座 8 的端部密封有一密封盖 3，该密封盖 3 上通过两枚螺钉 2 固定有一个插接件 1，该插接件 1 与该放大电路板 4 的输出线路电连接。该插接件 1 用于与显示屏或者仪表电连接，以便显示液位测量值。为了保护该金属内杆 16，该金属内杆 16 外覆盖一层绝缘热缩管 17，该绝缘热缩管 17 的材质可以为聚四氟乙烯。

如图 3 ~ 图 4 所示，该补偿电路板 6 的线性度范围为 ±0.05%FS（Full Scale，满量程），且温度补偿范围为 0 ~ 80℃，该放大电路板 4 的放大倍数为 1500。由于液位深度低于 0.5 米（即浅液位），因而电容的数值较小，需要确保该补偿电路板 6 和该放大电路板 4 的电学参数，以便对电信号放大、滤波和消除振荡，并且排除外界温度变化对电信号的影响。因此只有在测量杆的尺寸结构和测量电路精度匹配协调的基础上，才能够实现对浅液位和小容量仪器的测量。

该放大电路板 4 具体上包括依次电连接的一电容检测芯片 41、一控制器 42 和一环路供电芯片 43，该环路供电芯片 43 用于为该控制器 42 供电，该电容检测芯片 41 可以为 ZMDI311210 芯片，该控制器 42 可以为 MSP430F14 芯片，该环路供电芯片 43 可以为 AD5421 芯片。ZMDI311210 芯片是德国 ZMDI 公司的市售产品，能够测量 2 ~ 260pF 的电容，数据更新率为 18ms（毫秒），计量精度为 14bit（比特）。MSP430F14 芯片为得州仪器公司的市售产品。AD5421 为美国 AD 公司的市售产品。实际生产时，可以使用其他公司生产的同等或更高精度的芯片代替上述芯片，以便制作适合测试工况的放大电路板。

使用时，如图 1 ~ 图 4 所示，将测量杆垂直插入待测液体中，待测液体从该些进液孔 21 流入至该液体容置腔 23。由于待测液体的介电常数与液面以上气体的介电常数不同，则当液位升高时，该金属内杆 16 和该金属外杆 18 之间的介电常数随之增大，因而两者之间的电容值也越大。同理，当液位降低时，电容值逐渐减小。该测量杆用于将液体容置腔 23 内的液位变化信号转化为电容变化信号；该补偿电路板 6 用于将电容变化信号温度补偿和线性修正；该放大电路板 4 用于将该补偿电路板处理后的信号放大并输出。

摘录二

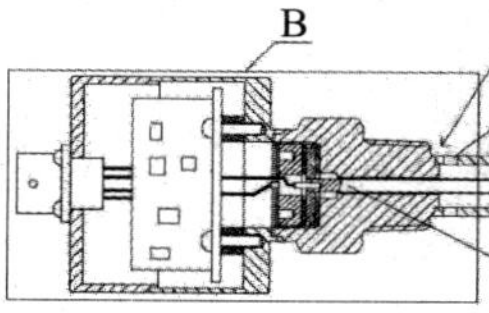


图 1

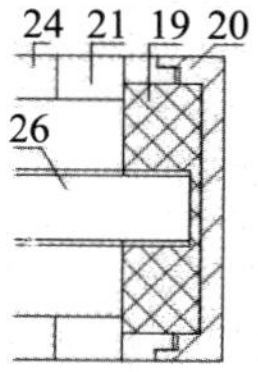


图 2

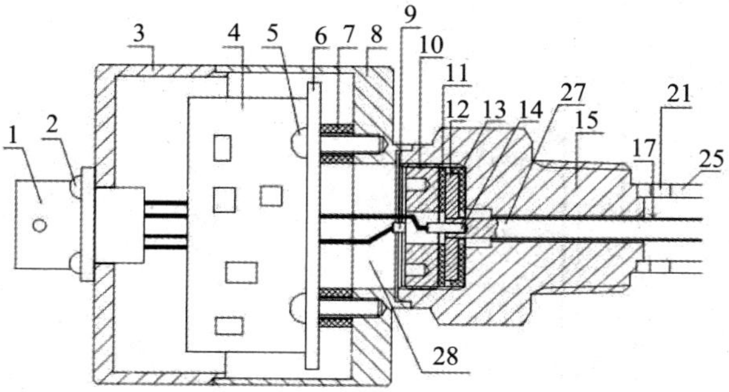


图 3

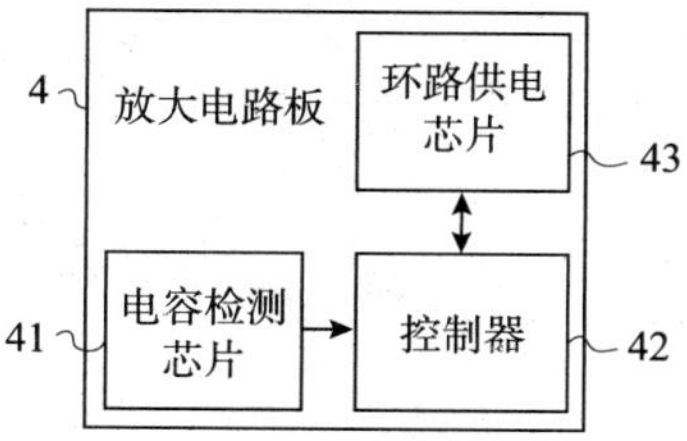


图 4

## ☞ 相关对比文件公开内容

**【对比文件 1】**

摘录一

本实用新型主要由带外管 11 和螺栓孔 2 的固定座 1，置于固定座 1 内带接线柱 7 的电路板 4，置于外管 11 内与电路板 4 通过螺栓 5 固定连接的内电极 10 等构成。外管 11 与内电极 10 之间通过绝缘垫圈 3 和开有进油槽 12 的下垫圈 13 隔离定位，形成电容式电极 21。外管 11 的上部还设有一排气孔 9，并通过短导线 6 与电路板 4 相连。

摘录二

工作时，接通电源，随着外管 11 与内电极 10 之间燃油油位的上升、下降，使外管 11 与内电极 10 间的电容量也随着增大或减小。燃油油位的高低信号经由外管 11 和内电极 10 构成的电容式电极 21 检测后送至电路板 3，由于电容式电极 21 电容量的变化引起电路信号取样级频率变化，输出脉冲也随之发生变化，变化脉冲信号经脉冲频率调制及 A/D 转换电路 17 进行脉冲频率调制、交/直流转换，再经信号放大电路 18 进行信号放大、线性校正电路 20 进行线性度校正后，由信号输出电路 19 输出信号，经信号输出极 Out 接线柱 7 通过铜软导线送至仪表盘燃油表信号输入端，驱动表针偏转，根据不同信号电压驱动表针偏转到不同对应刻度值，使油箱内的燃油油位在仪表盘燃油表上准确显示。

摘录三

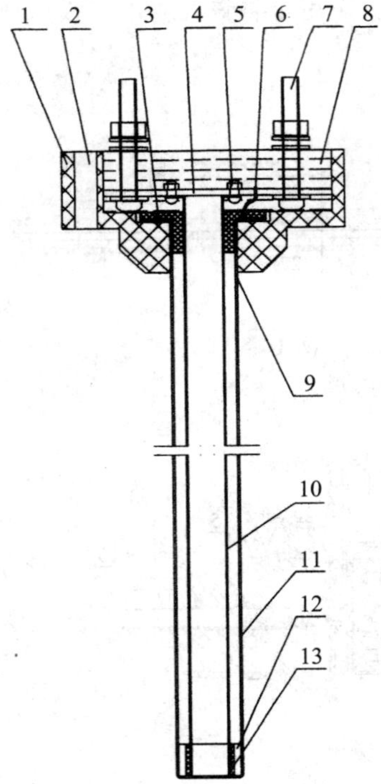


图 1

【对比文件 2】

摘录一

构建如图 2 所示燃油测量系统，油箱中有两个圆筒式传感器，除长度外，所用材料和内外管直径均一致。短管用于测量油的介质变化量，称为介质传感器；长管用于测量油位的高度，称为油位传感器。测量时，燃油要完全浸泡介质传感器。

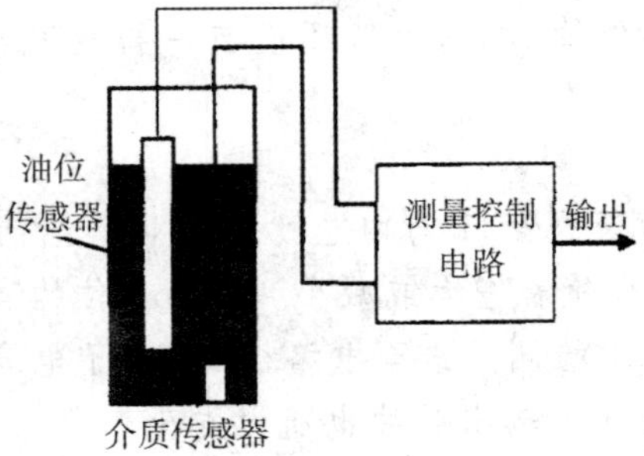


图 2　燃油测量系统框图

摘录二

**常温下，按照图 2 进行仪器的线性实验，测量数据如表 1 所示，线性误差为 0.17%。**

**表 1　传感器线性实验**

| 油管壁上的刻度/mm | 计算机输出的液位/mm | 油管壁上的刻度/mm | 计算机输出的液位/mm |
|---|---|---|---|
| 10 | 10 | 230 | 229.9 |
| 30 | 30.3 | 250 | 249.4 |
| 50 | 50.2 | 270 | 270.8 |
| 70 | 70.1 | 290 | 289.9 |
| 90 | 90.2 | 310 | 309.5 |
| 110 | 109.9 | 330 | 329.4 |
| 130 | 130.4 | 350 | 349.6 |
| 150 | 150.2 | 370 | 369.9 |
| 170 | 170 | 390 | 389.8 |
| 190 | 189.7 | 410 | 409.9 |
| 210 | 210 | 430 | 429.5 |

摘录三

**实验方法如下，将测量油位传感器和测量介电常数传感器放于空气中（即认为传感器温度不变），将电路板放于高低温实验箱中，进行了在 −40～+80 ℃下的温度实验，如表 2 所示，液位变化量为 0.64 mm。**

**表 2　单板温漂实验**

| 温度/℃ | 液位变化量/mm |
|---|---|
| 20 | 0 |
| 0 | −0.10 |
| −20 | −0.18 |
| −40 | −0.31 |
| −20 | −0.20 |
| 20 | 0.08 |
| 40 | 0.25 |
| 80 | 0.33 |
| 60 | 0.30 |
| 40 | 0.29 |
| 20 | 0.07 |

### ☞ 审查意见

（1）权利要求 1 请求保护一种电容式液位变送器，对比文件 1（CN2711704Y）公开了一种电容式车用燃油传感器，其具体公开了以下技术特征（参见说明书第 4～5 页具体实施方式、图1～图3)：包括一测量杆10、11，带有补偿电路20和放大电路18的电路板4，该测量杆包括一金属外杆11和一套接于该金属外杆内的金属内杆10，该金属外杆11和该金属内杆10间形成有一液体容置腔。

权利要求1与对比文件1的区别仅在于：金属外杆和金属内杆的长度为50～450mm，该金属外杆和该金属内杆的截面积为10～700mm$^2$：补偿电路板的线性度范围为±1%FS且温度补偿范围为0～80℃，放大电路板的放大倍数高于1000。基于上述区别技术特征，本发明实际要解决的技术问题是：实现浅液位测量，实现较高的测量精度和稳定性。

对比文件2（李杏华等，高精度电容式液位传感器的研究，《2007’仪表，自动化及先进集成技术大会论文集（一）》，2007.12.31，第32～35页）公开了一种高精度电容式液位传感器，由于线性实验是对传感器整体线性度的测量，因而根据仪器线性实验数据可知，其金属内外杆测量范围为10～430mm，内外杆长度必然与50～450mm的范围有交叠：其常温线性度范围为0.17%落入±1%FS，温度补偿范围为-40～+80℃，且公开了0～80℃补偿范围（参见第34页）。上述技术特征在对比文件2中所起的作用与在本申请中相同，都是实现浅液位测量，实现较高的测量精度和稳定性，即对比文件2给出了将上述技术特征应用于对比文件1以解决其技术问题的技术启示。

而根据处理数据和测量精度需要，放大电路板的放大倍数高于1000是本领域的常规适应性设计。因此在对比文件1的基础上结合对比文件2以及本领域的惯用技术手段得到该权利要求的技术方案对于本领域技术人员而言是显而易见的，权利要求1不具备《专利法》第22条第3款规定的创造性。

☞ **答辩要点分析思路**

创造性的论述通常使用“三步法”，创造性的论述整体上可使用破立结合的方式，也可以在某一个步骤中使用破立结合的方式。该案的审查员对于区别技术特征的确定没有问题，但在论述区别技术特征是否被对比文件2公开时，却出现了问题。因此，可以整体上按照通常“三步法”的逻辑对权利要求1的创造性进行论述，而在论述区别技术特征是否被对比文件2公开时，采用破立结合的方式。

具体而言，在论述区别技术特征是否被对比文件2公开时，审查员有两点重大误解。对此，先针对这两点明显的重大误解进行澄清，即为“破”的过程。

第一点，审查员将区别技术特征中的每个技术特征拆解开，单独与对比文件2中的技术特征相对比，并没有将区别技术特征作为一个整体考虑。

第二点，审查员将其中三个技术特征进行单独对比时，也存在技术方面的理解错误。审查员仅仅看到数值范围有重叠，就认为两者代表的实际含义及作用相同。

基于上述两点对审查员进行反驳之后，再按照正确的理解，正面地完整评述发明的创造性，即为“立”的过程。

为了更加有层次地写明“破”与“立”的过程，可以在立之前先写一段总结性的文字，让审查员了解后续文字的大致内容，起到了承前启后的作用，说明了后续的文字是正面地完整评述发明的创造性。

在“立”的过程中，先总体介绍了对比文件2所公开的技术方案。然后，亮出代理师的观点：不能因该申请与对比文件2的数据范围有重叠，就认为对比文件2披露了区别技术特征或给出了技术启示，应考虑这些数据是否代表了相同的含义，所起到的作用是否相同。然后，从三个不同角度（六小点）全面阐明代理师的观点，即从技术特征的单独对比、技术方案的整体考虑和对比文件的技术启示这三个角度进行了论述。最后，对申请人的观点进行总结，对比文件2未公开该区别技术特征，也未给出解决上述技术问题的技术启示。

☞ **意见陈述原文摘录**

一、独立权利要求1具备创造性

(1) 权利要求1具有突出的实质性特点

1. 确定最接近的现有技术

对比文件1（CN2711704Y）与本发明的技术领域相同，公开了本发明最多的技术特征，因此，对比文件1为最接近的现有技术。

2. 相对于对比文件1，权利要求1的区别技术特征和实际解决的技术问题

对比文件1公开了一种车用燃油传感器，“主要由带外管11和螺栓孔2的固定座1，置于固定座1内带接线柱7的电路板4，置于外管11内与电路板4通过螺栓5固定连接的内电极10等构成。外管11与内电极10之间通过绝缘垫圈3和开有进油槽12的下垫圈13隔离定位，形成电容式电极21。外管11的上部还设有一排气孔9，并通过短导线6与电路板4相连接（见对比文件1说明书第4页第2段）”，“随着外管11与内电极10之间燃油油位的上升、下降，使外管11与内电极10间的电容量也随着增大或减小。燃油油位的高低信号经由外管11和内电极10构成的电容式电极21检测后送至电路板3，由于电容式电极21电容量的变化引起电路信号取样级频率变化，输出脉冲也随之发生变化，变化脉冲信号经脉冲频率调制及A/D转换电路17进行脉冲频率调制、交/直流转换，再经信号放大电路18进行信号放大、线性校正电路20进行线性度校正后，由信号输出电路19输出信号，经信号输出极Out接线柱7通过铜软导线送至仪表盘燃油表信号输入端（见对比文件1说明书第5页第1段）”。

对比文件1的车用燃油传感器，虽然公开了与本发明相似的结构，但并未公开任何关于金属外杆和金属内杆的长度和截面积、补偿电路板的线性度范围和温度补偿范围、放大电路板的放大倍数的参数设置的技术手段。因此，对比文件1未公开权利要求1的“该金属外杆和该金属内杆的长度为50～450mm，该金属外杆和该金属内杆的截面积为10～700mm$^2$，该补偿电路板的线性度范围为±1%FS且温度补偿范围为0～80℃，该放大电路板的放大倍数高于1000”的技术特征。

相对于对比文件1，权利要求1的区别技术特征为：

该金属外杆和该金属内杆的长度为50～450mm，该金属外杆和该金属内杆的截面积为10～700mm$^2$，该补偿电路板的线性度范围为±1%FS且温度补偿范围为0～80℃，该放大电路板的放大倍数高于1000。

上述区别技术特征所能达到的技术效果为：

该金属外杆的长度和截面均较小，因此十分适合测量浅液位和小容量的设备。另外，通过将该金属外杆和该金属内杆制作成相互套接的结构形式，使得电容数值的变

化范围增大，同时结合高精度的该补偿电路板和高放大倍数的该放大电路板，该电容式液位变送器能够将微弱的电容变化信号放大并输出（见公开文本说明书第［0015］段）。

因此，通过金属外杆和金属内杆的长度和截面积、补偿电路板的线性度范围和温度补偿范围、放大电路板的放大倍数的参数设置，使测量杆的尺寸结构和测量电路精度匹配协调，使本发明的电容式液位变送器可适用于浅液位和小容量仪器的测量。

根据该区别技术特征所能达到的技术效果，重新确定发明实际解决的技术问题：

通过对液位变送器的多个部件的参数设置，设计一种电容式液位变送器，使该电容式液位变送器可适用于浅液位和小容量仪器的测量。

3. 权利要求 1 中的技术方案对于本领域的技术人员来说是非显而易见的

1）对比文件 2（李杏华等，高精度电容式液位传感器的研究，《2007’仪表，自动化及先进集成技术大会论文集（一）》，2007. 12. 31）未披露与区别技术特征相关的技术手段，也不存在解决上述重新确定的技术问题的技术启示。

审查员在将对比文件 2 的技术方案与本申请的区别技术特征进行对比时，存在较多的错误。

①判断现有技术是否存在技术启示，应该看该技术手段在该对比文件中所起到的作用与区别技术特征在要求保护的发明中为解决该重新确定的技术问题所起的作用是否相同，是否给出了将区别技术特征应用到最接近的现有技术以解决发明实际解决的技术问题的启示。而审查员将区别技术特征拆解开，与对比文件 2 中的不同技术特征相对比，忽略了技术特征是否代表了相同的含义，所起到的作用是否相同的问题，笼统地得出技术特征相同或等同的结论，这种对比方式是错误的。

例如，对区别技术特征中的“该金属外杆和该金属内杆的长度为 50 ~ 450mm”进行对比时，关于“10 ~ 430mm”的数据来源于对比文件 2 的第 34 页的表 1，表 1 中所表示的“油管壁上的刻度”为 10 ~ 430mm；在对区别技术特征中的“该补偿电路板的线性度范围为 ±1% FS”进行对比时，关于“ ±1% FS”的数据来源于对比文件 2 中“在常温下，进行了仪器的线性实验，测量数据如表 1 所示，线性误差为 0. 17%（见对比文件 2 第 34 页）”；在对区别技术特征中的“温度补偿范围为 0 ~ 80℃”进行对比时，关于“0 ~ 80℃”的数据来源于对比文件 2 第 34 页的另一组温度实验，“ −40℃ ~ 80℃”，是指进行温度实验的实验条件。

因此，审查员在进行技术特征对比时，将区别技术特征拆解开，分别与对比文件 2 所公开的测量系统的参数、测量方法的条件或者测量得到的数据相对比，这样显然是不合理的。

上面所提到的对比文件 2 中的数值是不同实验所涉及的条件或测量结果，如“0. 17%”是常温线性实验后得到的线性误差值，而“ −40 ~ 80℃”是温度实验的实验条件，对比文件 2 中所涉及的多个数值本身分散于多个实验方案中，不能作为一个技术方案来考虑，更不能整体作为一个技术方案与本发明来对比。

②审查员将技术特征单独对比时，也存在技术方面的理解错误。审查员仅仅看到数值相同，就认为两者代表的实际含义及作用相同。

第一，关于“该金属外杆和该金属内杆的长度为 50 ~ 450mm”的技术特征，第一次审查意见中提到“根据仪器线性实验数据可知，其金属内外杆测量范围为 10～430mm，内外杆长度必然与 50～450mm 的范围是有交叠”，这句话是不恰当的。

首先，对比文件 2 中未公开“金属外杆和金属内杆”的技术特征，更未公开“金属外杆和金属内杆的长度”。

其次，关于“10～430mm”的数据来源于对比文件 2 的第 34 页的表 1，表 1 中所表示的“油管壁上的刻度”为 10～430mm。该“油管壁上的刻度”具体指哪里的刻度，对比文件 2 并未明确指出，即使结合上下文，该“油管壁上的刻度”也应指图 2 所示的最外部的油箱壁上的刻度，油箱是用于盛放液体的容器，本发明电容式液位变送器是用于测量液面的仪器，油箱所起的作用与本发明电容式液位变送器所起的作用并不相同，本领域技术人员无法将“油管壁上的刻度”与本发明电容式液位变送器的“金属外杆和金属内杆的长度”相联系。

最后，通过“油管壁上的刻度”为 10～430mm，也不能得出“油管壁”的长度范围，不管“油管壁”的长度设计为 500mm 还是 1000mm，跟“油管壁上的刻度”之间并没有联系。“油管壁上的刻度”不能得出“油管壁”的长度，更不能进一步得到本发明电容式液位变送器的“金属外杆和金属内杆的长度”的技术启示。

因此，对比文件 2 并没有公开“金属外杆和金属内杆的长度”的技术特征，也不能得到本发明中“该金属外杆和该金属内杆的长度为 50～450mm”的技术启示。

第二，关于“该补偿电路板的线性度范围为 ±1% FS”的技术特征，第一次审查意见中认为对比文件 2 中的“其常温线性度范围为 0. 17% 落入 ±1% FS”，实际上是不适当的。

对比文件 2 中“在常温下，进行了仪器的线性实验，测量数据如表 1 所示，线性误差为 0. 17%（见对比文件 2 第 34 页）”。0. 17% 指的是常温线性实验后得到的线性误差值，首先，对比文件 2 的常温线性实验的测量对象跟本发明电容式液位变送器并不相同；其次，0. 17% 是该常温线性实验后得到的测量结果，而本发明的 ±1% FS 是指本发明电容式液位变送器的补偿电路板的线性度范围，这两个数据代表的含义是根本不同的，实际解决了不同的技术问题。因此，对比文件 2 中的常温线性实验后得到的线性误差值为 0. 17%，并不能认为公开了本发明的“补偿电路板的线性度范围”，也不能得到本发明中“补偿电路板的线性度范围为 ±1% FS”的技术启示。

第三，关于“温度补偿范围为 0～80℃”的技术特征，第一次审查意见中认为对比文件 2 中“温度补偿范围为 −40～80℃，且公开了 0～80℃ 补偿范围”，实际上是不适当的。

对比文件 2 中还进行了另一组温度实验（见对比文件 2 第 34 页），“−40～80℃”是指进行温度实验的实验条件。首先，对比文件 2 的温度实验的测量对象跟本发明电容式液位变送器并不相同；其次，“−40～80℃”是指进行温度实验的实验条件，而本发明的“0～80℃”是指本发明电容式液位变送器的补偿电路板的温度补偿范围，这两个数据代表的含义是根本不同的，实际解决了不同的技术问题。因此，对比文件 2 中的进行温度实验的实验条件为 −40～80℃，并不能认为公开了本发明的“补偿电路板的温度补偿范围”，也不能得到本发明中“补偿电路板的温度补偿范围为 0～80℃”的技术启示。

上述是针对审查员第一次审查意见中问题的评述。以下，申请人进一步完整评述本发明相对于对比文件2具有非显而易见性，即对比文件2未披露与区别技术特征相关的技术手段，也不存在解决上述重新确定的技术问题的技术启示。

对比文件2公开了一种高精度电容式液位传感器的研究方法，对比文件2所记载的是一种测量方法以及这种测量方法所得到的数据，对比文件2测量所采用的系统由放置在油箱中的油位传感器和介质传感器，以及连接该油位传感器、介质传感器的测量控制电路组成，其中油位传感器、介质传感器均为圆筒式传感器（见对比文件2第33页图2和图3）。而本发明通过将电容式液位变送器放置在液体中即可测得液位。本发明与对比文件2最明显的区别是，本发明只需要一个液位变送器，而对比文件2需要两个传感器（油位传感器和介质传感器），可见对比文件2所测量的对象与本发明的电容式液位变送器是不相同的，那么对比文件2的测量所使用的实验条件和测量结果，更无法与本发明的技术方案建立联系。

判断现有技术是否存在技术启示，应该看该技术手段在该对比文件中所起到的作用与区别技术特征在要求保护的发明中为解决该重新确定的技术问题所起的作用是否相同，是否给出了将区别技术特征应用到最接近的现有技术以解决发明实际解决的技术问题的启示。对比文件2中的数值是进行测量实验时的条件或者所测得的数据，本发明所涉及的参数是对本发明液位变送器的各个部件的尺寸或者性能的限定，两者代表的实际含义及要解决的技术问题根本不相同。因此，不能因为数据范围有重叠，就认为对比文件2披露了区别技术特征或给出了技术启示，首先应考虑这些数据是否代表了相同的含义，所起到的作用是否相同，具体阐述如下。

第一，关于“该金属外杆和该金属内杆的长度为50～450mm”的技术特征，第一次审查意见中提到“根据仪器线性实验数据可知，其金属内外杆测量范围为10～430mm，内外杆长度必然与50～450mm的范围是有交叠”，这句话是不恰当的。

首先，对比文件2中未公开“金属外杆和金属内杆”的技术特征，更未公开“金属外杆和金属内杆的长度”。

其次，关于“10～430mm”的数据来源于对比文件2第34页的表1，表1中所表示的“油管壁上的刻度”为10～430mm。该“油管壁上的刻度”具体指哪里的刻度，对比文件2并未明确指出，即使结合上下文，该“油管壁上的刻度”也应指图2所示的最外部的油箱壁上的刻度，油箱是用于盛放液体的容器，本发明电容式液位变送器是用于测量液面的仪器，油箱所起的作用与本发明电容式液位变送器所起的作用并不相同，本领域技术人员无法将“油管壁上的刻度”与本发明电容式液位变送器的“金属外杆和金属内杆的长度”相联系。

最后，通过“油管壁上的刻度”为10～430mm，也不能得出“油管壁”的长度范围，不管“油管壁”的长度设计为500mm还是1000mm，跟“油管壁上的刻度”之间并没有联系。“油管壁上的刻度”不能得出“油管壁”的长度，更不能进一步得到本发明电容式液位变送器的“金属外杆和金属内杆的长度”的技术启示。

综上所述，对比文件2并没有公开“金属外杆和金属内杆的长度”的技术特征，也不能得到本发明中“该金属外杆和该金属内杆的长度为50～450mm”的技术启示。

第二，关于“该金属外杆和该金属内杆的截面积为10～700mm$^2$”的技术特征，对比文件2中未公开“金属外杆和金属内杆”的技术特征，更未公开“金属外杆和金属内杆的截面积”，也没有给出相应的技术启示。

第三，关于“该补偿电路板的线性度范围为±1%FS且温度补偿范围为0～80℃”的技术特征，第一次审查意见中认为对比文件2中的“其常温线性度范围为0.17%落入±1%FS，且温度补偿范围为-40～80℃，且公开了0～80℃补偿范围”，实际上是不适当的。

对比文件2中“在常温下，进行了仪器的线性实验，测量数据如表1所示，线性误差为0.17%（见对比文件2第34页）”。0.17%指的是常温线性实验后得到的线性误差值，首先，对比文件2的常温线性实验的测量对象跟本发明电容式液位变送器并不相同；其次，0.17%是该常温线性实验后得到的测量结果，而本发明的±1%FS是指本发明电容式液位变送器的补偿电路板的线性度范围，这两个数据代表的含义是根本不同的，实际解决了不同的技术问题。因此，对比文件2中的常温线性实验后得到的线性误差值为0.17%，并不能认为公开了本发明的“补偿电路板的线性度范围”，也不能得到本发明中“补偿电路板的线性度范围为±1%FS”的技术启示。

对比文件2中还进行了另一组温度实验（见对比文件2第34页），“-40～80℃”是指进行温度实验的实验条件。首先，对比文件2的温度实验的测量对象跟本发明电容式液位变送器并不相同，其次，“-40～80℃”是指进行温度实验的实验条件，而本发明的“0～80℃”是指本发明电容式液位变送器的补偿电路板的温度补偿范围，这两个数据代表的含义是根本不同的，实际解决了不同的技术问题。因此，对比文件2中的进行温度实验的实验条件为-40～80℃，并不能认为公开了本发明的“补偿电路板的温度补偿范围”，也不能得到本发明中“补偿电路板的温度补偿范围为0～80℃”的技术启示。

第四，关于“该放大电路板的放大倍数高于1000”的技术特征，对比文件2中没有公开该技术特征，也没有给出相关的技术启示。

第五，上面所提到的对比文件2中的数值是不同实验所涉及的条件或测量结果，如“0.17%”是常温线性实验后得到的线性误差值，而“-40～80℃”是温度实验的实验条件，对比文件2中所涉及的多个数值本身分散于多个实验方案中，不能作为一个技术方案来考虑，更不能整体作为一个技术方案与本发明来对比。

第六，该区别技术特征，通过多个参数的设置，作为一个整体，解决了使本发明的电容式液位变送器可适用于浅液位和小容量仪器测量的技术问题，对比文件2公开的是一种测量方法以及这种测量方法所得到的数据，只是单纯地记录了一些实验条件、实验数据，并没有记载解决上述技术问题的技术方案。因此，对比文件2未公开任何解决本发明的技术问题的技术手段，也未给出相关的技术启示。

综上所述，对比文件2未公开该区别技术特征，也未给出解决上述技术问题的技术启示。

2）对比文件3（CN102401677A）未披露与区别技术特征相关的技术手段，也不存在解决上述重新确定的技术问题的技术启示。

对比文件3公开了一种复合式油位传感器，对比文件3未公开与液位变送器的技术参数相关的内容，而这些技术参数是解决本发明实际解决的技术问题的技术特征。因此，对比文件3未公开区别技术特征，也未给出解决上述技术问题的技术启示。

3）最接近的现有技术（对比文件1）的其他部分未披露与区别技术特征相关的技术手段，也不存在解决上述重新确定的技术问题的技术启示。

对比文件1通篇未公开与液位变送器的技术参数相关的内容，而这些技术参数是解决本发明的实际解决的技术问题的技术特征。因此，对比文件1的其他部分未公开区别技术特征，也未给出解决上述技术问题的技术启示。

4）该区别技术特征也不是公知常识。

该区别技术特征，通过对金属外杆和金属内杆的长度和截面积、补偿电路板的线性度范围和温度补偿范围、放大电路板的放大倍数的设置，解决使本发明的电容式液位变送器可适用于浅液位和小容量仪器的测量的技术问题。上述这些技术参数的设置，是需要本领域的技术人员付出创造性劳动的。因此，该区别技术特征也不是公知常识。

因此，权利要求1是非显而易见的，具有突出的实质性特点。

(2) 权利要求1具有显著的进步

权利要求1通过对金属外杆和金属内杆的长度和截面积、补偿电路板的线性度范围和温度补偿范围、放大电路板的放大倍数的设置，在测量杆的尺寸结构和测量电路精度匹配协调的基础上，使本发明电容式液位变送器可适用于浅液位和小容量仪器的测量，具有显著的进步。

综上所述，权利要求1具有突出的实质性特点和显著的进步，具备《专利法》第22条第3款所要求的创造性。

## 【案例No.1310350】一种以山梨醇作为碳源提高发酵生产莽草酸产量的方法

### ☞ 案由简要

该申请涉及一种以山梨醇作为碳源提高发酵生产莽草酸产量的方法。

➢ 一通：审查员引用5篇对比文件认为权利要求1～10不具备创造性。

➢ 答一通：修改原权利要求1中碳源的含量“0.1%～5%山梨醇”为“0.1%～2%山梨醇”，相应地修改原权利要求6、7中的山梨醇的含量，删除原权利要求8，论述新权利要求1～9具备创造性。

➢ 审查结果：授权。

### ☞ 相关权利要求

修改后的权利要求：

1. 一种生产莽草酸的发酵培养基，其包括碳源，其特征在于，所述的碳源为0.1%～2%山梨醇，所述的百分比为每100毫升发酵培养基中所含有的山梨醇的克数。

☞ 相关说明书内容

摘录一

随着流感病毒H5N1和H1N1亚型以及2013年在中国首次发现的H7N9亚型的连续爆发，罗氏公司的专利药“达菲”（磷酸奥司他韦，Oseltamivir）成为世界各国争相贮备的首选抗流感病毒药物。作为“达菲”合成的关键手性起始原料，莽草酸也引起人们的广泛关注。然而，本领域目前利用大肠杆菌生产莽草酸的效率仍然不高，难以满足市场对莽草酸的需求，因此，有必要通过一定的技术对发酵过程进行改进，以提高发酵生产莽草酸的产量。

摘录二

本发明用于生产莽草酸的发酵培养基以山梨醇作为碳源，其显著提高了菌株发酵生产莽草酸的产量，其产量较传统的以葡萄糖作为碳源提高至750%。本发明的工艺简单有效，原料价格低廉，可应用于生物合成莽草酸的产业化生产中。

摘录三

对实施例1～实施例31和对比例1的发酵产物进行莽草酸含量的检测，结果如表1和图1所示。从表1可以看出，发酵培养基以山梨醇作为碳源，相比对比例1（传统的培养方法以葡萄糖作为碳源）所用菌株生产莽草酸的能力有了明显提升。在山梨醇含量为2%时，其产量较葡萄糖作为碳源提高至750%，当山梨醇添加量超过2%时，莽草酸产量不再增加。若考虑到培养基的成本问题，则2%的山梨醇即为本发明培养基的最佳添加量。

**表1 各实施例和对比例发酵产物中莽草酸含量的测定结果（部分）**

| 编号 | 莽草酸相对含量 |
|---|---|
| 实施例1 | 148% |
| 实施例2 | 232% |
| 实施例3 | 397% |
| 实施例4 | 750% |
| 实施例5 | 747% |
| 实施例6 | 745% |
| 实施例7 | 746% |
| 对比例1 | 100% |

注：实施例1：山梨醇0.1%；实施例2：山梨醇0.5%；实施例3：山梨醇1%；实施例4：山梨醇2%；实施例5：山梨醇3%；实施例6：山梨醇4%；实施例7：山梨醇5%；实施例8～实施例31：山梨醇2%；对比例1：葡萄糖2%。

☞ 相关对比文件公开内容

【对比文件1】

[Henry Lin et al., Effect of carbon sources differing in oxidation state and transport route on succinate production in metabolically engineered Escherichia coli, J Ind Microbiol Biotechnol, 2005, 32 (3): 87 – 93. Epub 2005 Mar 16]。Sorbitol generates one more mole of NADH than glucose. Fermentation of sorbitol was shown in this study to produce significantly more succinate than fermentation of glucose, due to increased NADH availability. Experimental setup A was used, with 40g/L of carbon source supplemented.

**【对比文件2】**

(钱晋，大肠杆菌莽草酸代谢途径的相关研究，中国优秀硕士学位论文全文数据库(电子期刊) 医药卫生科技辑，2012 年第 1 期，E057 – 25) 公开了在大肠杆菌莽草酸途径中，3 – 脱氢莽草酸 (DHS) 在由 *aroE* 编码的莽草酸脱氢酶的作用下消耗辅酶 NADPH 而转化为莽草酸。

DAHP 进入途径之后在由 *aroB* 编码的 3 – 脱氢奎宁酸合成酶作用下转化为 3 – 脱氢奎宁酸 (DHQ)；随后被由 *aroD* 编码的 DHQ 脱氢酶所催化，经过脱水反应形成 3 – 脱氢莽草酸 (DHS)；DHS 又在由 *aroE* 编码的莽草酸脱氢酶作用下消耗 NADPH 而转化为莽草酸，在这一步中莽草酸将会反馈抑制莽草酸脱氢酶。在一般的莽草酸途径中，生成的莽草酸会被迅速转化为 3 – 磷酸 – 莽草酸 (S3P)，催化这一步反应的莽草酸激酶 Ⅰ和Ⅱ分别由 *aroK*、*arol* 所编码。S3P 再经过一步催化反应形成 EPSP，EPSP 最后转化成途径的节点化合物分支酸 (chorismic acid)，从而被用于合成三种芳香族氨基酸。

**【对比文件3】**

[Aiqin Shi et al., Activating transhydrogenase and NAD kinase in combination for improving isobutanol production, Metabolic Engineering, 2013 年第 16 卷，第 1 ~ 10 页] 公开了大肠杆菌在辅酶失衡的情况下，可以通过膜结合转氢酶和 NAD 激酶将辅酶 NADH 转化成辅酶 NADPH。

4.1. Increasing NADPH supply to solve cofactor imbalance problem for anaerobic isobutanol production

Under anaerobic condition, isobutanol production was limited due to cofactor imbalance of the synthetic pathway (Bastian et al., 2011). Recently, this cofactor imbalance problem was solved by engineering keto – acid reductoisomerase and alcohol dehydrogenase (Bastian et al, 2011). The cofactor specificity of these two enzymes was changed from NADPH to NADH, and theoretical yield was obtained under anaerobic condition. Over – expressing *pntAB* gene together with engineering keto – acid reductoisomerase also led to near theoretical yield.

In this work, this cofactor imbalance problem for anaerobic isobutanol production was solved by increasing NADPH supply through activating membrane – bound transhydrogenase and NAD kinase in combination. Although over – expressing either *pntAB* or *yjB* gene individually had been commonly used to increase NADPH supply (Bastian et al., 2011; Blombach et al, 2011; Lee et al, 2010; Li et al., 2009), to our knowledge, these two genes had not been utilized in combination. NAD kinase (*YfjB*) is a critical enzyme for controlling NAD (H) and NADP (H) balance (Shi et al., 2009). $NADp^+$ is mainly produced by phosphorylation of $NAD^+$, suggesting that NAD kinase may play an important role in regulation of

$NADP^+$ turnover and size of the $NADP^+$ pool (Kawai et al., 2001). $NAD^+$ produced by *PntAB can be phosphorylated to* $NADP^+$ by *YfiB*, pushing the reaction direction towards NADPH synthesis (Fig. 1). Although activating NAD kinase alone had little effect on anaerobic isobutanol production, activating transhydrogenase and NAD kinase in combination led to 50% and 30% increase of isobutanol titer and yield, respectively, comparing to activating transhydrogenase alone. Our results suggested that transhydrogenase and NAD kinase had a synergistic effect on increasing NADPH supply and improving anaerobic isobutanol production. This strategy will be useful for improving production of target compounds using NADPH as reducing equivalent within their synthetic pathways.

☞ **审查意见**

权利要求1请求保护一种生产莽草酸的发酵培养基，其特征在于，其包括碳源，所述的碳源为0.1%～5%山梨醇，所述的百分比为每100毫升发酵培养基中所含有的山梨醇的克数。对比文件1（Henry Lin et al., Efect of carbon sources differing in oxidation state and transport route on succinate production in metabolically engineered Escherichia coli, JInd Microbiol Biotechnol，第32卷第3期，第87～93页，公开日为2005年3月16日）公开了（参见第88页右栏第3段）一种生产琥珀酸的发酵培养基，其中培养基中加入了40g/L的山梨醇作碳源。经过换算，山梨醇按每100毫升发酵培养基中所含有的山梨醇的克数的百分比为4%（落入了0.1%～5%的范围）。

权利要求1请求保护的技术方案与对比文件1相比，其区别特征在于：发酵产物不同。由此可以确定权利要求1的技术方案实际解决的技术问题是用山梨醇为碳源发酵生产莽草酸。

对比文件1还公开了（参见摘要，第92页左栏第3段）在大肠杆菌发酵过程中，山梨醇在代谢过程中能比葡萄糖产生更多的辅酶NADH，而琥珀酸合成途径中辅酶NADH又是限制性因素，因此，使用山梨醇作为碳源合成的琥珀酸相比于使用葡萄糖有显著的增加（结合说明书第［0021］段可知，本申请也是通过将碳源从葡糖糖替换成山梨醇从而提高了莽草酸的产量至750%）。此外，对比文件2（钱晋，大肠杆菌莽草酸代谢途径的相关研究，中国优秀硕士学位论文全文数据库（电子期刊）医药卫生科技辑，2012年第1期，E057－25，公开日为2012年1月15日）还公开了（参见第5页第1～2段）在大肠杆菌莽草酸途径中，3－脱氢莽草酸（DHS）在由aroE编码的莽草酸脱氢酶的作用下消耗辅酶NADPH而转化为莽草酸。由此可知，辅酶NADPH也是莽草酸途径中的限制性因素。最后，对比文件3（Aiqin Shi et al., Activating transhydrogenase and NAD kinase in combination for improving isobutanol production, Metabolic Enginecring，第16卷，第1～10页，公开日为2013年3月31日）还公开了（参见第7页左栏第3～4段）大肠杆菌在辅酶失衡的情况下，可以通过膜结合转氢酶和NAD激酶将辅酶NADH转化成辅酶NADPH。由此可见，本领域技术人员容易想到山梨醇代谢产生的辅酶NADH可以通过膜结合转氢酶和NAD激酶转化为辅酶NADPH，从而解除莽草酸合成途径中的辅酶NADPH限制作用，提高莽草酸的产量。且对比文件1和本申请公开的技术方案都属于大肠杆菌发酵领域，将对比文件1中通过山梨醇代替葡萄糖作为碳源从而解除琥珀酸途径中辅酶限制作用进而提高琥珀酸产量的方法转用到莽草酸合成途径中解除辅酶对莽草酸合成的限制作用提高莽草酸产量是相同技术领域内的转用。该技术转用启示明显、难度低，也不需要克服技术上的困难。通过替换碳源为山梨醇解除莽草酸途径中辅酶的限制作用从而提高莽草酸产量也是本领域技术人员能够合理预期的。

综上可知，在对比文件1的基础上，结合对比文件2和3得到权利要求1所请求保护的技术方案对于本领域技术人员而言是显而易见的。权利要求1不具有突出的实质性特点和显著的进步，不符合《专利法》第22条第3款有关创造性的规定。

☞ **答辩要点分析思路**

一般而言，反驳审查意见，即打破逻辑链的方法有以下几种：①直接打破法，该方法是在字面上就可以看出审查意见的逻辑不清，但在现阶段审查员水平越来越高的前提下一般较少出现；②利用现有理论打破法，这种情况下，审查意见无字面错误，但有现成的理论可直接证明审查意见中的证据理由与结论无因果联系或无必然因果联系；③通过反例反证法，该方法和第二种情况类似，审查意见字面逻辑严谨，但无现成的理论可用于反驳其逻辑，因此需要通过反例来证伪。此时可与发明人沟通，获得其技术支持，若发明人无法提供反例或理论支持，则需要自行进行文献检索，这对代理师的专业能力要求相当之高。

该案审查意见中，审查员先利用对比文件1，抛出了其山梨醇克数的百分比为4%，落入了该发明0.1%～5%的范围的观点；接着，结合对比文件2和3构建了一条从原理上说明山梨醇促进莽草酸生产的逻辑链：山梨醇为碳源给大肠杆菌提供了大量NADH（对比文件1）→NADH在大肠杆菌细胞膜上由转氢酶和NAD激酶催化，转化为NADPH（对比文件3）→增加的NADPH造成了莽草酸的增产（对比文件2）。

乍一看，该逻辑链在字面上相当严谨，且现有理论无法直接反驳其观点，因此先结合申请人意见：该发明中山梨醇的用量范围上限事实上限定为2%即可达到保护目的，因为超过2%后莽草酸的产量没有明显增加，反而增加成本，故先进行了上述修改以便相对于对比文件1增加了区别特征。然而，关键还在打破上述逻辑链，不然山梨醇用量以及发酵产物的区别还会被认为是公知常识或常规技术手段。因此，在答辩中，需要采用先破后立的方法，在打破审查意见的逻辑链后，用"三步法"论证该发明权利要求的创造性。该案中的"破"采用了上述的第三种方案。虽然该逻辑链乍看十分完美，仔细推敲后发现这是在审查员知道该发明的技术方案及技术效果之后的倒推结论。尚不论涉及大肠杆菌发酵以山梨醇为碳源、大肠杆菌生物合成莽草酸的现有技术很多，即便上述3份现有技术均为本领域技术人员所公知的常识，其逻辑链成立的前提条件还需有：NADH/NADPH为大肠杆菌发酵生物合成莽草酸的唯一条件或主要条件。

代理师利用申请人提供的反证文献，从以下三个方面对权利要求1的创造性及山梨醇作为碳源的机理进行解释：①山梨醇作为碳源，不一定能促进细菌莽草酸的生产；②山梨醇促进莽草酸生产的机理尚未阐明，细菌细胞膜上有*pntAB*和NAD激酶不一定必然导致莽草酸产量的提高；③对比文件1中NADH作为限制因素的前提与该发明不同。逻辑链的任何一点被打破，都足以论证该发明具备创造性。而在该案中，审查意见的每一部分均被质疑甚至否定，看似天衣无缝、完美无瑕的逻辑链由此轰然瓦解。随后，代理师构建了新的逻辑链：山梨醇在现有技术中未被用于生产莽草酸→莽草酸合成机理不清→该发明的技术方案达到意想不到的效果→该发明有创造性。

☞ **意见陈述原文摘录**

此次意见陈述所涉及的附件有：

附件1：Rawat G et al.，A Natural Isolate Producing Shikimic Acid：Isolation，Identification，and Culture Condition Optimization，Appl Biochem Biotechnol（2013）169：2290－2302，一式一份共13页。

……

2. 区别特征和发明实际解决的技术问题

本发明新权利要求1与对比文件1最接近的现有技术相比，区别特征在于：1）该发明培养基用于生产莽草酸；2）该发明培养基使用0.1%～2%山梨醇的碳源。

权利要求1请求保护的用于生产莽草酸的发酵培养基达到的技术效果是该发明的以山梨醇作为碳源实现的，其显著提高了菌株发酵生产莽草酸的产量，其产量较传统的以葡萄糖作为碳源提高最高至750%；且该发明的工艺简单有效，原料价格低廉，可应用于生物合成莽草酸的产业化生产（参见该发明说明书发明内容及实施例）。

因此，权利要求1要解决的技术问题不仅是审查员认为的“用山梨醇为碳源发酵生产莽草酸”，而是提供一种以0.1%～2%山梨醇作为碳源（通过含量控制成本、原料价格低廉），但产量较传统的以葡萄糖作为碳源显著提高，可应用于生物合成莽草酸的产业化生产的发酵培养基。

3. 对于本领域技术人员来说，该发明请求保护的技术方案是非显而易见的

现有技术中，特别是对比文件2（钱晋，大肠杆菌莽草酸代谢途径的相关研究，华东理工大学硕士学位论文，2011）和对比文件3（Shi et al.，Activating transhydrogenase and NAD kinase in combination for improving isobutanol production，Metabolic Engineering，16：1－10，发表于2013年3月），没有给出将上述区别特征应用到最接近的现有技术即对比文件1中以解决该发明上述技术问题的启示。具体陈述如下：

对比文件2公开了3－脱氢莽草酸转化为莽草酸时需要消耗NADPH。对比文件3公开了大肠杆菌在辅酶失衡的情况下，可以通过膜结合转氢酶和NAD激酶将NADH转化为NADPH。审查员指出，本领域技术人员将对比文件1～3结合，容易想到山梨醇可作为大肠杆菌莽草酸合成过程中的碳源，其代谢产生的NADH可以经膜转化为NADPH，从而解除莽草酸合成途径中的NADPH限制作用，以提高莽草酸的产量，因此权利要求1没有创造性。

由此可见，审查员认为山梨醇促进莽草酸生产的原因是：山梨醇作为碳源给大肠杆菌提供了大量NADH（对比文件1）→NADH在大肠杆菌细胞膜上由转氢酶和NAD激酶催化，转化为NADPH（对比文件3）→增加的NADPH造成了莽草酸的增产（对

比文件2)。

显然，上述审查员的推论是在知道本发明的技术方案及技术效果之后的倒推结论。尚不论涉及大肠杆菌发酵以山梨醇作为碳源、大肠杆菌生物合成莽草酸的现有技术成千上万，即便上述3份现有技术均为本领域技术人员所公知的常识，其能构成逻辑链的前提条件是NADH/NADPH为大肠杆菌发酵生物合成莽草酸的唯一条件或主要条件。

事实上，本发明的现有技术没有给出上述推论的启示。申请人尝试从以下三个方面对权利要求1的创造性及山梨醇作为碳源的机理进行解释：①山梨醇作为碳源，不一定能促进细菌莽草酸的生产；②山梨醇促进莽草酸生产的机理尚未阐明，细菌细胞膜上有*pntAB*和NAD激酶不一定必然造成莽草酸产量的提高；③对比文件1中NADH作为限制因素的前提与本发明不同。

(1) 山梨醇作为碳源不一定能促进细菌莽草酸的生产。

在本申请之前，尚未发现大肠杆菌利用山梨醇为碳源生产莽草酸的现有技术，在文献（Rawat G et al.，A Natural Isolate Producing Shikimic Acid：Isolation，Identification，and Culture Condition Optimization，Appl Biochem Biotechnol（2013）169：2290－2302，附件1）中，作者使用柠檬酸杆菌（*Citrobacter sp*）GR－21来发酵生产莽草酸，其生产莽草酸途径与大肠杆菌相似，但是作者在碳源优化时却发现山梨醇（0.65g/L，表1）效果远差于葡萄糖（4.25g/L），此为反例。

(2) 山梨醇促进莽草酸生产的机理尚未阐明，细菌细胞膜有*pntAB*和NAD激酶不一定必然造成莽草酸产量的提高。

对比文件2的综述中虽然公开了3－脱氢莽草酸转化为莽草酸时需要消耗NADPH。但由对比文件2图1.3化学合成莽草酸图解及图1.4莽草酸代谢途径可知，合成莽草酸的过程中涉及许多酶，其过程十分复杂，通过对中间代谢物的大量研究发现，大肠杆菌的莽草酸代谢途径的速度限制性酶是DHQ合成酶、莽草酸激酶和EPSP合成酶（参见对比文件2第5页末段及第6页首段），NADPH只是其中一种辅酶；换言之，山梨醇促进莽草酸生产的机理尚未得到阐明。

审查员以对比文件3为例，判断细胞膜上的转氢酶和NAD激酶能把NADH转化为NADPH→增加的NADPH造成了莽草酸的增产。对比文件3是关于大肠杆菌进行异丁醇生产和优化的研究，其实现NADH转化NADPH是调节*pntAB*转氢酶和NAD激酶的表达来实现的。然而，*pntAB*转氢酶和NAD激酶并非NADH转化为NADPH的充分条件，例如，除了大肠杆菌以外，柠檬酸杆菌也具有NAD激酶（UniProt数据库：D2TUN8）、*pntA*（UniProt数据库：D2TI99）及*pntB*（UniProt数据库：D2TIA0），但从附件1可知，拥有NAD激酶和*pntA*、*pntB*转氢酶的柠檬酸杆菌，以山梨醇为碳源，其莽草酸的产量远低于以葡萄糖为碳源。可见仅具有山梨醇、*pntAB*转氢酶和NAD激酶，并不能在柠檬酸杆菌促进莽草酸的生产，因此也不一定能在大肠杆菌中促进莽草酸的生产。

(3) 对比文件1中NADH作为限制因素与本发明中不同。

众所周知，琥珀酸属于三羧酸（TCA）循环，有氧状态下，一分子琥珀酰辅酶A

在琥珀酰辅酶A合成酶作用下生成各一分子的琥珀酸、辅酶A和GTP；一分子琥珀酸氧化脱氢生成一分子延胡索酸，并产生一分子FADH2，产物继续进行下一步反应。所有上述反应在此过程中产生能量，而非消耗能量（此处能量指GTP、FADH2和NADH等），此时琥珀酸的合成途径中NADH不是限制因素。只有在厌氧环境下，大肠杆菌经历复合的酸发酵（对比文件1的第88页左侧第一段）产生微量的琥珀酸，此时每产生一分子琥珀酸需消耗两分子的NADH。因此琥珀酸合成过程仅在厌氧发酵时因NADH供应不足才使得NADH成为限制因素。而莽草酸合成的原料源于中心碳代谢途径（CCM），其过程属于常规的发酵，并未限定发酵条件需要厌氧。

因此，对于莽草酸生产过程中产量过低的问题，本发明权利要求1以0.1%～2%的山梨醇为碳源的培养基，在常规的发酵条件下，生产的莽草酸产量比以2%葡萄糖为碳源的培养基产量高，产量最高的实施例其产量提高到对照组的750%。本发明需要本领域技术人员结合各方面知识与技术，合理地分析、假定和设计实验，进行创造性的劳动，在失败的实验基础上调整策略才有可能，而非一定能获得生产的莽草酸产量是以2%葡萄糖为碳源的产量的一至数倍（最高到750%）的性状。综上所述，对本领域技术人员而言，在对比文件1的基础上，结合对比文件2～3和其他现有技术例如附件1及公知常识也是无法预见本发明的技术方案能取得上述技术效果，故本发明所保护的技术方案具有突出的实质性特点。

附件1摘录

Table 1不同营养参数（a，b）对柠檬酸杆菌GR－21柠檬酸生产的影响。表格分三列，第一列为碳源种类，第二列为生长情况，第三列为莽草酸的产量。由表格可知，葡萄糖为碳源时，莽草酸的产量为4.25g/L；而以山梨醇为碳源时，莽草酸的产量下降到0.65g/L。

**Table 1** Effect of different nutritional parameters (a, b) on shikimic acid production from *Citrobacter freundii* GR-21

| Carbon source | Growth ($O.D_{660n}$) | Shikimic acid production (g/L) |
|---|---|---|
| (a) Effect of different carbon sources | | |
| Fructose | 1.98 | 1.87 |
| Glucose (control) | 3.72 | 4.25 |
| Xylose | 0.65 | 0.71 |
| Mannose | 1.53 | 1.37 |
| Maltose | 0.42 | 0.56 |
| Lactose | 1.84 | 1.95 |
| Sucrose | 0.77 | 0.89 |
| Galactose | 0.32 | 0.45 |
| Sorbitol | 0.59 | 0.65 |
| Arabitol | 0.82 | 0.74 |
| Inositol | 0.33 | 0.21 |

## 【案例No.1310355】手机的多用户控制方法及手机

### ☞ 案由简要

该申请涉及一种手机的多用户控制方法（权利要求1～6），及手机（权利要求 7～12）。

➢ 一通：审查员引用对比文件 1（CN102354353A）、对比文件 2（CN102868813A）和对比文件 3（CN1665260A），认为权利要求 1～12 不具备创造性。

➢ 答一通：未修改，论述权利要求 1～12 具备创造性。

➢ 二通：审查员未认可之前意见陈述，仍然认为权利要求 1～12 不具备创造性。

➢ 答二通：未修改，论述权利要求 1～12 具备创造性。

➢ 审查结果：授权。

☞ **相关权利要求**

1. 一种手机的多用户控制方法，其特征在于，在手机中预存手机号码或国际移动用户识别码，该手机设有多个应用程序，该多个应用程序包括至少一个设置有第一权限和第二权限的权限应用程序，该第一权限大于该第二权限，该多用户控制方法包括以下步骤：

$S_1$ 从当前激活的 SIM 卡中读取手机号码或国际移动用户识别码；

$S_2$ 匹配读取的手机号码或国际移动用户识别码和预存的手机号码或国际移动用户识别码，并记录匹配结果是否一致；

$S_3$ 接收输入的指令；

$S_4$ 判断接收的指令对应的应用程序是否属于权限应用程序，在判断结果为是的情况下执行 $S_5$，在判断结果为否的情况下执行 $S_{4a}$；

$S_{4A}$ 执行接收的指令，并返回 $S_3$；

$S_5$ 在该匹配结果一致的情况下读取接收的指令对应的应用程序的第一权限，在该匹配结果不一致的情况下读取接收的指令对应的应用程序的第二权限；

$S_6$ 判断接收的指令是否超出 $S_5$ 读取的第一权限或第二权限，在判断结果为是的情况下执行 $S_{7a}$，在判断结果为否的情况下执行 $S_{7b}$；

$S_{7A}$ 拒绝执行接收的指令，并返回 $S_3$；

$S_{7B}$ 执行接收的指令，并返回 $S_3$。

7. 一种手机，其特征在于，该手机设有多个应用程序，该多个应用程序包括至少一个设置有第一权限和第二权限的权限应用程序，该手机包括：

一权限存储模块，存储有手机号码或国际移动用户识别码以及权限应用程序对应的第一权限和第二权限，其中该第一权限大于该第二权限；

一 SIM 卡信息读取模块，用于从当前激活的 SIM 卡中读取手机号码或国际移动用户识别码；

一信息匹配模块，用于匹配该 SIM 卡信息读取模块读取的手机号码或国际移动用户识别码和该权限存储模块存储的手机号码或国际移动用户识别码，并记录匹配结果是否一致；

一指令接收模块，用于接收输入的指令，并判断接收的指令对应的应用程序是否属于权限应用程序，在判断结果为是的情况下启用一权限读取模块并将接收的指令转发至该权限读取模块，在判断结果为否的情况下执行接收的指令；

该权限读取模块用于在该匹配结果一致的情况下读取接收的指令对应的应用程序

的第一权限，在该匹配结果不一致的情况下读取接收的指令对应的应用程序的第二权限，并启用一权限判断模块、将读取的第一权限或第二权限、接收的指令发送至该权限判断模块；

该权限判断模块用于判断接收的指令是否超出第一权限或第二权限，在判断结果为是的情况下拒绝执行接收的指令，在判断结果为否的情况下执行接收的指令。

☞ **相关说明书内容**

摘录一

在上述多用户控制方法中，用户无须进行任何和账户、用户名相似的输入，手机直接通过 SIM 卡就确定了用户的身份并进而确定了用户对于各个应用程序的权限，对于用户的操作来说更为便捷。而由于手机号码和国际移动用户识别码均是和 SIM 卡绑定的，因此也避免了传统方法中密码或用户名泄漏可能造成的安全风险。此外，在确定了用户身份后，该多用户控制方法是根据用户输入的指令确定对应的应用程序，再进一步确定应用程序的权限。也就是说，仅仅在有必要确定应用程序的权限时才会进行相应的处理，而对于用户输入的指令不涉及的应用程序不会进行相应的处理，这样就大大减少了手机后台需要处理的数据，减少了占用的资源。

摘录二

本发明一较佳实施例的手机的多用户控制方法，在手机中预存手机号码，该手机设有 8 个应用程序，对该 8 个应用程序中的 5 个设置有第一权限和第二权限，该 5 个程序即权限应用程序，该第一权限大于该第二权限。对于不设置权限的其余 3 个应用程序，任何用户的权限均相同。手机中还存有远程控制命令，每个远程控制命令对应一应用程序和一指令。

参考图 1 所示，该多用户控制方法包括以下步骤：

$S_1$ 从当前激活的 SIM 卡中读取手机号码；

$S_2$ 匹配读取的手机号码和预存的手机号码，并记录匹配结果是否一致；

$S_{21}$ ~ $S_{25}$（在此及图 1 中略去 $S_{21}$ ~ $S_{25}$，后文结合图 2 详细说明）；

$S_3$ 接收输入的指令；

$S_4$ 判断接收的指令对应的应用程序是否属于该 5 个应用程序，在判断结果为是的情况下执行 $S_5$，在判断结果为否的情况下执行 $S_{4a}$；

$S_{4A}$ 执行接收的指令，并返回 $S_2$；

$S_5$ 在该匹配结果一致的情况下读取接收的指令对应的应用程序的第一权限，在该匹配结果不一致的情况下读取接收的指令对应的应用程序的第二权限；

$S_6$ 判断接收的指令是否超出 $S_5$ 读取的第一权限或第二权限，在判断结果为是的情况下执行 $S_{7a}$，在判断结果为否的情况下执行 $S_{7b}$；

$S_{7A}$ 拒绝执行接收的指令，并返回 $S_2$；

$S_{7B}$ 执行接收的指令，并返回 $S_2$。

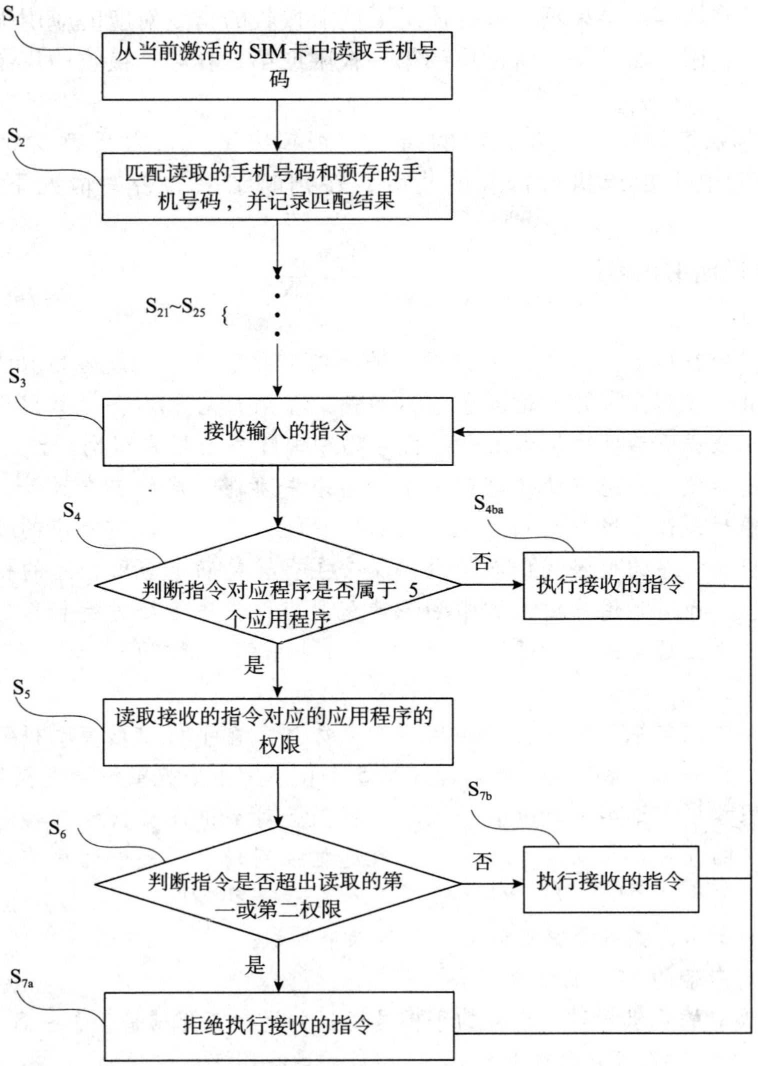


图1

## ☞ 相关对比文件公开内容

**【对比文件1】**

[0005] 有鉴于此，本发明提出了一种数据获取方法，包括：步骤102，分别为终端中的数据以及插入所述终端的用户识别卡设置权限级别；步骤104，根据所述用户识别卡的权限级别来获取所述终端中对应于所述权限级别的数据。在该技术方案中，可以为终端中的数据设置访问权限级别，比如分为一级、二级和三级，这样，对于拥有一级权限的用户识别卡，用户就可以访问全部的数据，而对于拥有二级权限的用户识别卡，用户则不可以访问一级权限的数据，只可以访问二级和三级权限的数据。通过对用户识别卡的权限进行设置并对应于数据的权限，而不采用现有的输入密码等方式，从而可以提高安全性，且不必记录密码，使数据访问过程更方便、更有效。

[0006] 在上述技术方案中，优选地，所述步骤102还包括：将所述用户识别卡的权限级别与所述用户识别卡的标识进行关联存储。在该技术方案中，对于设置了权限级别的用户识别卡，可以将设置的权限级别进行存储，则当终端重启或重新插入用户识别卡后，可以不必再进行重新设置而直接获取对应的权限等级。

**【对比文件2】**

[0004] 本发明实施例是这样实现的，一种安全管理机制的实现方法，所述方法包括下述步骤：

[0005] 设置手机安全管理的内容；

[0006] 监控手机设置的安全管理的内容的访问情况；

[0007] 当设置的手机安全管理的内容被访问时，向用户发出操作选项提示，供用户选择是否执行访问用户设置的安全管理的内容。

[0008] 进一步的，所述设置手机安全管理的内容具体包括：

[0009] 应用程序自动连接网络的权限、应用程序发送短信的权限、应用程序拨打电话的权限、应用程序获取手机地理位置信息的权限、应用程序访问手机联系人信息的权限以及手机设置的特定文件夹的文件的读取权限。

[0010] 监控手机设置的安全管理的内容的访问情况的具体方法为：

[0011] 监控手机的对外通信功能的调用；

[0012] 监控手机的应用程序编程接口的访问调用情况；

[0013] 监控手机设置的特定文件夹的文件访问情况。

**☞ 审查意见**

第一次审查意见通知书摘录

权利要求1要求保护一种手机的多用户控制方法，对比文件1（CN102354353A）公开了一种数据获取方法和终端，并具体公开了以下技术特征（参见对比文件1的说明书第[0005]~[0006]段）：步骤102，分别为终端中的数据以及插入所述终端的用户识别卡设置权限级别（相当于手机中预存手机号码）：步骤104，根据所述用户识别卡的权限级别来获取所述终端中对应于所述权限级别的数据（相当于从当前激活的SIM卡中读取手机号码，匹配读取的手机号码和预存的手机号码，并记录结果是否一致）；在该技术方案中，可以为终端中的数据设置访问权限级别，比如分为一级、二级和三级，这样，对于拥有一级权限的用户识别卡，用户就可以访问全部的数据（相当于接收输入的指令，在匹配结果一致的情况下读取接收的指令对应的应用程序的第一权限），而对于拥有二级权限的用户识别卡，用户则不可以访问一级权限的数据（相当于判断接收的指令是否超出$S_3$，读取的第一权限或第二权限，在判断结果为是的情况下执行拒绝接收的指令，并返回$S_3$，在判断结果为否的情况下，执行接收的指令，并返回$S_3$），只可以访问二级和三级权限的数据（相当于手机设有多个应用程序，该多个应用程序包括至少一个设置有第一权限和第二权限的权限应用程序，该第一权限大于该第二权限）：所述步骤102还包括：将所述用户识别卡的权限级别与所述用户识别卡的标识进行关联存储。

该权利要求所要求保护的技术方案与对比文件1的区别在于：1）在手机中预存国

际移动用户识别码，并根据该识别码判断其是否为预先设置的用户；2）判断接收的指令对应的应用程序是否属于权限应用程序，在判断结果为是的情况下，执行 $S_5$；在判断结果为否的情况下执行接收的指令，并返回 $S_3$；3）在匹配结果不一致的情况下，读取接收的指令对应的应用程序的第二权限。基于该区别特征，该权利要求相对于对比文件1所要解决的实际技术特征是：1）根据何种识别码判断是否为预先设定的用户；2）对于未设定权限的应用程序如何操作；3）如果匹配结果不一致，如何限制其操作权限。

对于区别特征1），无论是采用手机号码还是国际移动识别码或是ICCID码，判断其是否为预先设置的用户，是本领域技术人员的惯用技术手段。

对于区别特征2），对比文件2（CN102868813A）公开了一种安全管理机制的实现方法及手机，并具体公开了以下技术特征（参见对比文件2的说明书第［0004］~［0007］段）：设置手机安全管理的内容；监控手机设置的安全管理的内容的访问情况：当设置的手机安全管理的内容被访问时，向用户发出操作选项提示，供用户选择是否执行访问用户设置的安全管理的内容（相当于判断接收的指令对应的应用程序是否属于权限应用程序，在判断结果为否的情况下执行接收的指令，并返回继续接收用户指令；在判断结果为是的情况下，供用户选择是否执行访问用户设置的安全管理的内容）。而且该特征在对比文件2中所起的作用与其在本发明中为解决其技术问题所起的作用相同，都是用于只有设置权限的程序被访问时才开启判断权限的步骤，也就是说对比文件2给出了将该技术特征用于该对比文件1以解决其技术问题的启示。另外，本领域技术人员在现有技术的基础上很容易想到，当开启的应用程序属于权限应用程序时，执行步骤 $S_3$ 的内容。

对于区别特征3），当匹配结果不一致时，无论是直接读取接收指令对应的应用程序的第二权限，还是给用户设定一个最低权限，均是本领域技术人员根据实际情况，自主选择的结果。

由此可知，在对比文件1的基础上结合对比文件2以及本领域技术人员的惯用技术手段得出该权利要求所要求保护的技术方案，对本领域的技术人员来说是显而易见的，因此该权利要求所要求保护的技术方案不具有突出的实质性特点和显著的进步，因而不具备《专利法》第22条第3款规定的创造性。

**第二次审查意见通知书摘录**

**摘录一**

该权利要求所要求保护的技术方案与对比文件1的区别在于：1）本申请是针对手机中的应用程序的控制权限进行设置；而对比文件1是根据手机的数据的控制权限进行设置；2）在手机中预存国际移动用户识别码，并根据该识别码判断其是否为预先设置的用户；3）判断接收的指令对应的应用程序是否属于权限应用程序，在判断结果为是的情况下，执行 $S_5$；在判断结果为否的情况下执行接收的指令，并返回 $S_3$；4）在匹配结果不一致的情况下，读取接收的指令对应的应用程序的第二权限。基于该区别特征，该权利要求相对于对比文件1所要解决的实际技术特征是：1）如何对手机中的应用程序的控制权限进行设置；2）根据何种识别码判断是否为预先设定的用户；3）对于未设定权限的应用程序如何操作；4）如果匹配结果不一致，如何限制其操作权限。

对于区别特征1），对比文件1给出了分别对终端中的数据以及用户识别卡设置权限级别，例如可以为终端的数据设置访问权限级别：一级、二级、三级，对于拥有一级权限的用户识别卡，可以访问全部的数据的启示。也就是说对比文件1不仅仅对用户识别卡的访问权限进行设置，还对终端的数据进行设置。在对比文件1公开内容的基础上，本领域技术人员很容易想到，还可以对手机中的应用程序的控制权限进行类似于对比文件1中对数据控制权限的设置，即将终端中的应用程序控制权限进行分级。

摘录二

申请人在意见陈述书中，陈述了本专利申请权利要求1～12具备创造性的理由，审查员认真考虑了意见陈述书，不能接受申请人的观点。

申请人在意见陈述书中认为：1）本申请的侧重点在于对手机中的应用程序的控制权限进行设置，而对比文件1中，侧重点在于对手机的用户识别卡的访问权限进行设置；2）对比文件1中没有公开“接收输入指令”这一技术手段，并且对比文件1中的一级、二级、三级限定的只是对应不同级别的用户识别卡时用户所能够访问的数据的级别，其与应用程序之间没有任何关系；3）没有公开本发明中“判断接收的指令是否超出$S_5$。读取的第一权限或第二权限”，并认为对比文件1中二级权限的用户识别卡无法访问一级权限的数据是为了强调不同级别的用户识别卡的访问权限的不同，仅仅是针对用户识别卡进行限定，而本发明针对的是应用程序；4）没有公开“多个应用程序包括至少一个设置有第一权限和第二权限的应用程序”，认为对比文件1拥有不同级别和访问权限的仅仅是用户识别卡；5）对比文件2只是为了向用户发出提示，供用户选择是否访问相应内容，没有公开针对不同的当前用户来设置不同的控制权限，也没有公开如何对手机中的应用程序的权限进行设置，也没有公开如何根据不同用户的手机号码或国际移动用户识别码来设置不同用户对应用程序的控制权限。

审查员对此持有不同看法，因为：

1）对比文件1公开了，分别对终端中的数据以及用户识别卡设置权限级别，例如可以为终端的数据设置访问权限级别一级、二级、三级，对于拥有一级权限的用户识别卡，可以访问全部的数据。也就是说对比文件1不仅仅对用户识别卡的访问权限进行设置，还对终端的数据进行设置。在对比文件1公开内容的基础上，本领域技术人员很容易想到，还可以对手机中的应用程序的控制权限进行类似于对比文件1的设置。

2）对比文件1公开了：对于拥有一级权限的用户识别卡，用户就可以访问全部的数据。隐含公开了当用户需要访问某种数据时，直接输入访问指令，即可获取全部，即获取接收输入的指令，在匹配结果一致的情况下读取接收的指令对应的数据的第一权限。另外，将对比文件1所公开的将数据设置分级的方法应用于终端的应用方法中，实现对应用程序进行设置，是本领域技术人员很容易想到的。

3）对比文件1中所公开的：拥有二级权限的用户识别卡，用户则不可以访问一级权限的数据。该一级权限是针对移动终端数据的，因此，对比文件1中二级权限的用户识别卡无法访问一级权限的数据是为了强调不同级别的用户识别卡可以访问不同级别的数据，而不是如申请人所陈述的“仅仅针对用户识别卡进行限定”，因此，对比文件1公开了“判断接收的指令是否超出$S_5$读取的第一权限或第二权限，在判断结果为是的情况下执行拒绝接收的指令，并返回$S_3$；在判断结果为否的情况下，执行接收的指令，并返回$S_3$。”

4）对比文件4公开了多个数据包括设置有第一权限和第二权限的数据，以便于用户访问。本领域技术人员很容易想到，将对比文件1所公开的将数据设置分级的方法应用于终端的应用方法中，将应用程序设置为多个权限。

☞ **答辩要点分析思路**

审查员通常采用“三步法”来判断请求保护的发明是否具备创造性，代理师需要验证审查员的每一步评述是否正确，立与破的论述方式可适用于“三步法”的每一步中。

在答辩过程中，若只立无破，虽然可以阐述自身的观点，但是未能指出审查员的错误，缺乏说服审查员的证据；若是只破无立，虽然能够指出审查员的错误，但是不能明确自身的观点，使得审查员难以抓住论述的核心观点；有立有破，破立结合，才能充分说明自身的观点，达到说服审查员的目的。

具体地，在“破”时，代理师应该认真寻找审查员的错误评述，一方面，从专利法的角度判断审查员是否按照“三步法”的原则进行创造性判断；另一方面，从技术的角度判断审查员对于该发明和对比文件的理解是否正确，以审查员的错误评述为突破口，充分说明审查员错误的理由。

在“立”时，代理师应该明确自身的观点，必要时可以对该发明进行全面的剖析，突出该发明的发明点及达到的技术效果等，结合“破”的内容，有理有据地论证自身观点的正确性。

具体到该案中，代理师经分析后认为，在第一次审查意见中由于审查员对于该发明的理解与对比文件1的理解存在较大偏差，所以，在确定的该发明相比于对比文件1的区别技术特征时遗漏了部分技术特征，导致低估了该发明的创造性。为了纠正审查员的错误观点，让审查员正确地认识该发明和对比文件1的技术方案，代理师在答复第一次审查意见陈述中采用了先立后破的布局，具体地，先从正面说明了该发明与对比文件1的技术方案与侧重点，再从反面针对审查员在确定区别技术特征时所存在的错误进行反驳，得到重新确定的区别技术特征及权利要求1实际解决的技术问题，最后进行权利要求1是非显而易见的陈述。

在第二次审查意见中，审查员接受了第一次审查意见答复中代理师的部分观点，但是仍认为该发明不具备创造性。经分析，代理师认为审查员在具体评述中还存在一些错误观点，将权利要求1与对比文件1进行对比时，过度解读了对比文件1的技术方案，错误地认为对比文件1隐含公开了权利要求1的部分技术特征，这些错误观点直接导致审查员远远低估了该发明的创造性，因此，为了争取较大的保护范围，代理师选择不对权利要求进行修改，继续争辩权利要求1的创造性。但是考虑到在答复第二次审查意见时如果，采用先立后破的布局，可能使得审查员难以意识到自身的错误之处，更严重地，可能使得该发明因不具备创造性而被驳回，因此，针对这些错误观点，需要向审查员一一指出，说明错误的理由并进行纠正。为了突出对错误观点的重点反驳，让审查员有正确的理解，代理师在答复第二次审查意见陈述中采用了先破后立的布局，具体地，先从反面针对审查员在确定区别技术特征时的错误观点进行反驳，指出审查员在评述对比文件1时的不合理之处，再从正面阐述代理师重新确定的权利要求1与对比文件1的区别技术特征以及该发明实际解决的技术问题，树立正确的观点，说明权利要求1是非显而易见的，以充分论证该发明具备创造性。

**☞ 意见陈述原文摘录**

答复一通意见陈述书摘录

1. 关于本发明的区别技术特征

本发明与对比文件1均是为了解决现有技术中手机采用传统的多用户登录方法不便于进行权限管理的缺陷，二者在要解决的技术问题上比较相近，但二者的技术方案可以说千差万别，为了更清楚地说明本发明与对比文件1的区别，现分别对本发明及权利要求1的技术方案进行介绍：

在本发明中，侧重点在于对手机中的应用程序的控制权限进行设置，并且将设置了不同权限级别的应用程序（即权限应用程序）与一般的应用程序区分开来，使得同一个权限应用程序具有两种不同的权限级别，而本发明中着重通过在不同的情况下获取到的同一个权限应用程序的权限级别的不同来对不同用户的控制权限进行设置。具体地，权限应用程序的不同权限级别的获取则与手机当前使用的手机号码或国际移动用户识别码有关，即通过在手机中预存储手机号码或国际移动用户识别码，再将当前使用的与预存储的进行比较，若二者匹配结果一致，则可以根据相应的指令来读取权限级别较高的权限应用程序的第一权限；若二者匹配结果不一致，则只能根据相应的指令读取权限级别较低的权限应用程序的第二权限，由此实现对不同用户在同一部手机中的控制权限的设置。

而在对比文件1中，侧重点则在于对手机的用户识别卡的访问权限进行设置，通过将不同的用户识别卡设置不同的访问权限级别，使得不同级别的用户识别卡只能访问与其级别相对应的数据，从而实现对不同用户在同一部手机中的访问权限的设置。由于不同的用户识别卡所对应的手机号码或国际移动用户识别码不同，因此，可以说对比文件1中着重通过手机号码或国际移动用户识别码来对不同用户的访问权限进行设置。事实上，在对比文件1中并没有公开任何关于应用程序的技术内容，特别是没有公开对应用程序进行权限设置，但审查意见中在确定本发明的区别技术特征时，却认为对比文件1中公开了本发明中的关于设置应用程序权限的技术内容，申请人对此表示不认同，审查意见中有待商榷的关于区别技术特征的认定具体如下：

审查意见中认为在对比文件1的技术方案中，可以为终端中的数据设置访问权限级别，比如分为一级、二级和三级，这样，对于拥有一级权限的用户识别卡，用户就可以访问全部的数据，上述内容相当于本发明中的“接收输入的指令，在匹配结果一致的情况下读取接收的指令对应的应用程序的第一权限”，申请人对审查意见中的上述认定表示不能认同；参见上面的意见陈述，对比文件1中公开的技术方案非常清楚，即为不同的用户识别卡设置不同的访问权限级别，这样在用户使用某一级别的用户识别卡时，就可以访问与其级别相对应的数据，由此可见，对比文件1中根本没有涉及任何用户的操作，即对比文件1中并没有公开需要用户输入任何指令，进而也不可能公开“接收输入的指令”这一技术手段；而且，对比文件1中的一级、二级和三级所限定的只是对应不同级别的用户识别卡时用户所能够访问的数据的级别，其与应用程序之间没有任何关系，即对比文件1中并没有涉及任何关于对应用程序的控制权限进行设置的技术内容，在此基础上，其不可能公开本发明中的“应用程序的第一权限和第二权限”。

审查意见中接着认为，对比文件1中公开了对于拥有二级权限的用户识别卡，用户则不可以访问一级权限的数据，上述内容相当于本发明中“判断接收的指令是否超出$S_5$读取的第一权限或第二权限，在判断结果为是的情况下执行拒绝接收的指令，并返回$S_3$；在判断结果为否的情况下，执行接收的指令，并返回$S_3$”，申请人对此同样表示不能认同；在对比文件1中二级权限的用户识别卡无法访问一级权限的数据是为了强调不同级别的用户识别卡的访问权限的不同，但其仅仅是针对用户识别卡进行限定，其中并没有任何针对应用程序的控制权限的技术内容，而本发明中的第一权限及第二权限均是用户针对权限应用程序的控制权限，其针对的对象是应用程序，在对比文件1没有公开关于设置应用程序的控制权限的技术内容的情况下，其怎么可能公开本发明中关于对应用程序的不同控制权限进行判断的技术手段呢？况且对比文件1中根本没有公开接收输入指令这一操作，进而更加不可能公开判断接收的指令对应的权限是否超出应用程序的第一权限或第二权限，因此，审查意见中的上述认定有误，对比文件1中并没有公开本发明的上述技术特征。

审查意见中还指出，对比文件1中公开了对于拥有二级权限的用户识别卡只可以访问二级和三级权限的数据，上述内容相当于本发明中“手机设有多个应用程序，该多个应用程序包括至少一个设置有第一权限和第二权限的权限应用程序，该第一权限大于该第二权限”，申请人对审查意见中的上述认定同样表示不能认同，在对比文件1中拥有不同级别和访问权限的仅仅是用户识别卡，而不同用户识别卡所对应的是不同的手机号码或国际移动用户识别码，其与应用程序之间没有任何关联，即对比文件1中不可能公开本发明中的对权限应用程序设置不同的控制权限，因此，审查意见中的上述认定有误，对比文件1并没有公开本发明的上述技术特征。

由此可见，审查意见中关于本发明的区别技术特征的认定存在很多值得商榷的地方，参照上述意见陈述，申请人认为与对比文件1相比，本发明的区别技术特征应当为：

一种手机的多用户控制方法，在手机中预存国际移动用户识别码，该手机设有多个应用程序，该多个应用程序包括至少一个设置有第一权限和第二权限的权限应用程序，该第一权限大于该第二权限，该多用户控制方法包括以下步骤：

$S_1$ 从当前激活的SIM卡中读取手机号码或国际移动用户识别码；

$S_2$ 匹配读取的国际移动用户识别码和预存的国际移动用户识别码，并记录匹配结果是否一致；

$S_3$ 接收输入的指令；

$S_4$ 判断接收的指令对应的应用程序是否属于权限应用程序，在判断结果为是的情况下执行$S_5$，在判断结果为否的情况下执行$S_{4A}$；

$S_{4A}$执行接收的指令，并返回$S_3$；

$S_5$在该匹配结果一致的情况下读取接收的指令对应的应用程序的第一权限，在该匹配结果不一致的情况下读取接收的指令对应的应用程序的第二权限；

$S_6$判断接收的指令是否超出$S_5$读取的第一权限或第二权限，在判断结果为是的情况下执行$S_{7A}$，在判断结果为否的情况下执行$S_{7B}$；

$S_{7A}$拒绝执行接收的指令，并返回$S_3$；

$S_{7B}$执行接收的指令，并返回$S_3$。

2. 关于本发明实际解决的技术问题

审查意见中认为本发明实际解决的技术问题是：1）根据何种识别码判断是否为预先设定的用户；2）对于未设定权限的应用程序如何操作；3）如果匹配结果不一致，如何限制其操作权限。申请人对审查意见中的上述观点有不同意见，参见上面的意见陈述，由于审查意见中所认定的本发明的区别技术特征有误，导致在此基础上，进一步认定本发明实际解决的技术问题也有待商榷，并且审查意见中在认定实际解决的技术问题时并未将本发明技术方案作为整体来进行分析，而仅是简单地根据某些技术特征来指出一些实际解决的技术问题，这种方式无疑会大大降低本发明的创造性。由此，申请人认为本发明实际解决的技术问题就是如何对不同用户设置不同的控制权限。

3. 关于本发明的非显而易见性

审查意见中认为对比文件2公开了本发明的部分区别技术特征，进而在对比文件1的基础上，结合对比文件2以及本领域的惯用技术手段容易得到本发明权利要求1的技术方案，进而认为本发明不具备创造性，申请人对此有完全不同的意见与您商榷。

首先，本领域技术人员根本不可能想到将对比文件1与对比文件2进行结合，本发明实际解决的技术问题是如何对不同用户设置不同的控制权限，但对比文件2中并不是为了解决上述技术问题，参见对比文件2说明书第［0003］段，其中指出对比文件2的目的在于提供一种安全管理机制的实现方法，旨在解决现有手机在使用中安全保护机制不足，通过使得手机安全管理的内容在访问前都需要经过用户允许，从而实现了对手机信息的有效保护。由此可知，对比文件2所解决的技术问题是如何通过用户的允许来实现对手机信息的保护，其与本发明实际解决的技术问题完全没有任何技术上的关联，在此基础上，本领域技术人员不可能想到将对比文件2公开的技术内容与对比文件1进行结合来解决本发明实际解决的技术问题。

其次，退一步说，即使本领域技术人员想到同时参考对比文件1和对比文件2，由于对比文件2并没有公开本发明的任何区别技术特征，导致依然无法得到本发明权利要求1的技术方案，具体地，在对比文件2中仅公开了设置手机安全管理内容，并监控手机设置的安全管理的内容的访问情况，当设置的手机安全管理内容被访问时，向用户发出操作选项提示，供用户选择是否执行访问用户设置的安全管理的内容，对比文件2公开的上述内容在技术上与本发明的上述区别技术特征没有任何关联，对比文件2中只是为了向用户发出提示，供用户选择是否访问相应内容，其访问权限的最终决定权还在于当前用户，但其并没有公开如何针对不同的当前用户来设置不同的控制权限，也没有公开如何对手机中的应用程序的权限进行设置，也没有公开如何根据不同用户的手机号码或国际移动用户识别码来设置不同用户对应用程序的控制权限，即对比文件2并没有公开本发明的任何区别技术特征，在此基础上，在没有其他技术启示的情况下，本领域技术人员即使同时参考对比文件1和对比文件2，也无法得到权利要求1的技术方案。

最后，本发明的上述区别技术特征并不是本领域的公知常识，在本领域中虽然有设置不同用户的不同访问权限的技术内容（如对比文件1），但本领域中仅局限于通过设置不同用户识别卡的权限级别来限定不同用户的访问数据的权限，即本领域的现有技术中着重点都局限于如何对用户识别卡进行设置来实现对权限的区分，但本发明却一反常规，以用户的手机号码或国际移动用户识别码为基础，通过对应用程序的设置来限定不同用户的不同控制权限，从而不需要将很多关于用户识别卡的设置内容写入手机内存，并且仅仅在有必要确定应用程序的权限时才会进行相应的处理，而对于用户输入的指令不涉及的应用程序不会进行相应的处理，从而大大减少了手机后台需要存储以及处理的数据，减少了对手机资源的占用。本发明的这种技术方案是现有技术所没有的，这也是本发明针对性地对现有技术所做出的改进，其所能达到的技术效果也是现有技术所无法达到的，由此可见，本发明的上述区别技术特征并不是本领域的公知常识，而属于对现有技术所做出的有创造性的改进。

综上所述，申请人认为本发明的上述区别技术特征并没有被对比文件2公开，对比文件2并没有给出将上述区别技术特征应用到对比文件1来解决本发明实际解决的技术问题的启示，其也不属于本领域的公知常识，而且现有技术从整体上也没有给出将上述区别技术特征应用到对比文件1来解决本发明实际解决的技术问题的启示，即权利要求1的技术方案对本领域技术人员来说是不容易想到的，具有突出的实质性特点。

答复二通意见陈述书摘录

关于本发明的区别技术特征，审查意见中指出对比文件1公开了“对于拥有一级权限的用户识别卡，用户就可以访问全部的数据”，并以此认为对比文件1隐含公开了本发明权利要求1的接收输入的指令，在匹配结果一致的情况下读取接收的指令对应的数据的第一权限，以及对比文件1公开了“对于拥有二级权限的用户识别卡，用户则不可以访问一级权限的数据，只可以访问二级和三级权限的数据”，并以此认为对比文件1公开了本发明权利要求1的判断接收的指令是否超出$S_5$读取的第一权限或第二权限，在判断结果为是的情况下执行拒绝接收的指令，并返回$S_3$；在判断结果为否的情况下，执行接收的指令，并返回$S_3$，以及手机设有多个应用程序，该多个应用程序包括至少一个设置有第一权限和第二权限的权限应用程序，该第一权限大于该第二权限，申请人对审查意见中的上述观点有完全不同的意见：

申请人认为审查意见中在确定本发明的区别技术特征时有“事后诸葛亮”的嫌疑，上述认定无疑是了解了本发明的技术内容之后才做出的对本发明的创造性评估偏低的判断，具体地，申请人认为在确定本发明的区别技术特征之前，首先需要明确对比文件1公开的技术方案，对比文件1中公开了一种数据获取方法，包括：步骤102，分别为终端中的数据以及插入所述终端的用户识别卡设置权限级别；步骤104，根据所述用户识别卡的权限级别来获取所述终端中对应于所述权限级别的数据，而上述两个步骤为对比文件1公开的技术方案的全部技术手段，审查意见中也指出了其分别相当于本发明中的“手机中预存手机号码”以及“从当前激活的SIM卡中读取手机号码，匹配读取的手机号码和预存的手机号码，并记录结果是否一致”，申请人对此没有异议，但同时申请人认为对比文件1只能公开本发明的上述技术特征，而不可能再公开其他技术特征，原因在于，对比文件1的技术方案只包括上述两个步骤，除了上述两个步骤之外的公开内容均是对技术方案的进一步解释，而这种解释并没有增加其他的技术手段，因而均不属于技术方案的具体技术手段，而这种非技术手段的相关解释显然不可能公开本发明的任何技术特征。

例如，虽然对比文件1中公开了“对于拥有一级权限的用户识别卡，用户就可以访问全部的数据”，这句话只是对一级权限的用户识别卡做进一步解释，指出一级权限可以访问全部的数据，但是其并没有进一步增加对比文件1的技术方案的技术手段，也没有在技术上对对比文件1的技术方案作进一步拓展，上述公开的内容不可能涉及任何关于输入指令的技术手段，即不可能公开本发明的“接收输入的指令”这一技术特征。事实上，对比文件1全文都没有涉及任何关于指令的内容，其仅仅是对用户识别卡的权限进行限定，因而不可能公开本发明的“接收输入的指令”；

另外，虽然对比文件1公开了“对于拥有二级权限的用户识别卡，用户则不可以访问一级权限的数据，只可以访问二级和三级权限的数据”，上述也只是对二级权限以及一级、二级、三级权限的范围大小作进一步解释，但是同样其没有在技术上对技术方案作进一步拓展，对比文件1根本就没有涉及“指令”这一概念，进而更加不可能公开对接收的指令进行判断，同样，对比文件1也没有涉及“应用程序”这一概念，进而不可能公开将应用程序设置为权限应用程序，更加不可能公开判断接收的指令是否对应权限应用程序；

而在本发明中，权限应用程序并不是移动终端中的简单数据，其将同一应用程序设置了不同的访问权限，这是对比文件1未曾公开的；另外，接收的指令存在与权限应用程序相对应的可能，从而赋予指令更深层次的技术含义，而在对比文件1中，根本没有涉及对指令的接收和处理以及对应用程序的设置，更加没有涉及指令可以与权限应用程序相对应，在此基础上，对比文件1不可能公开本发明的上述区别技术特征，审查意见中在确定本发明的区别技术特征时故意将对比文件1中作为解释的非技术性的文字部分内容认定为公开了本发明权利要求1的相关技术特征，申请人认为有“事后诸葛亮”的嫌疑，并且这种将对比文件1中的非技术内容与本发明的技术特征相类比的做法无法令人信服。

根据上述意见陈述，申请人认为对比文件1仅公开了本发明中的“手机中预存手机号码”以及“从当前激活的SIM卡中读取手机号码，匹配读取的手机号码和预存的手机号码，并记录结果是否一致”，而本发明权利要求1的其余技术特征均未被对比文件1公开，均为本发明的区别技术特征，因此，本发明权利要求1的技术方案与对比文件1相比，其区别技术特征应当为：

一种手机的多用户控制方法，在手机中预存国际移动用户识别码，该手机设有多个应用程序，该多个应用程序包括至少一个设置有第一权限和第二权限的权限应用程序，该第一权限大于该第二权限，该多用户控制方法包括以下步骤：

$S_3$ 接收输入的指令；

$S_4$ 判断接收的指令对应的应用程序是否属于权限应用程序，在判断结果为是的情况下执行 $S_5$，在判断结果为否的情况下执行 $S_{4A}$；

$S_{4A}$ 执行接收的指令，并返回 $S_3$；

$S_5$ 在该匹配结果一致的情况下读取接收的指令对应的应用程序的第一权限，在该匹配结果不一致的情况下读取接收的指令对应的应用程序的第二权限；

$S_6$ 判断接收的指令是否超出 $S_5$ 读取的第一权限或第二权限，在判断结果为是的情况下执行 $S_{7A}$，在判断结果为否的情况下执行 $S_{7B}$；

$S_{7A}$ 拒绝执行接收的指令，并返回 $S_3$；

$S_{7B}$ 执行接收的指令，并返回 $S_3$。

关于本发明实际解决的技术问题，审查意见中认为本发明实际解决的技术问题是：1）如何对手机中的应用程序的控制权限进行设置；2）根据何种识别码判断是否为预先设定的用户；3）对于未设定权限的应用程序如何操作；4）如果匹配结果不一致，如何限制其操作权限。申请人对审查意见中的上述观点有不同意见，参见上面的意见陈述，由于审查意见中所认定的本发明的区别技术特征并不完整，导致在此基础上，进一步认定本发明实际解决的技术问题也不全面，并且审查意见中在认定实际解决的技术问题时并未将本发明技术方案作为整体来进行分析，而仅是简单地根据某些技术特征来指出一些实际解决的技术问题，这种方式无疑会大大降低本发明的创造性。因此，申请人认为不应当将本发明实际解决的技术问题分成几个部分，而是应当从整体上考虑权利要求 1 的技术方案，这样，本发明实际解决的技术问题应当是如何设置访问应用程序的不同权限。

关于本发明的非显而易见性，审查意见中指出，对比文件 1 公开了分别对终端中的数据以及用户识别卡设置权限级别，在对比文件 1 公开内容的基础上，本领域技术人员很容易想到，还可以对手机中应用程序的控制权限进行类似设置，即将终端中的应用程序的控制权限进行分级，申请人对此有完全不同的意见：

在对比文件 1 中，虽然会对终端中的数据设置权限级别，但其设置仅限于能否访问该数据，即对于某一数据，可能一级访问权限可以访问该数据，而二级权限不能访问，这种设置非常简单，即根据用户识别卡的权限级别来设置数据能否访问即可，但对数据本身并未分级或者并未对同一数据设置不同权限，由此，本领域技术人员根据对比文件 1 公开的内容只能想到设置某一数据是否可以访问，而并不容易想到对同一数据设置不同的访问权限。

而在本发明中，通过将某些应用程序设置为权限应用程序，并在同一权限应用程序中设置不同的访问权限，来实现不同用户访问该同一权限应用程序时的不同访问权限，参见上述意见陈述，本领域技术人员从对比文件 1 出发并不容易想到本发明中对应用程序的这种设置，其具有非显而易见性。

另外，审查意见中还指出对比文件 2 公开了一种安全管理机制的实现方法及手机，并具体公开了以下技术特征（参见对比文件 2 的说明书第［0004］~［0007］段）：设置手机安全管理的内容；监控手机设置的安全管理的内容的访问情况；当设置的手机安全管理的内容被访问时，向用户发出操作选项提示，供用户选择是否执行访问用户设置的安全管理的内容，并认为其相当于公开了本发明的“判断接收的指令对应的应用程序是否属于权限应用程序，在判断结果为否的情况下执行接收的指令，并返回继续接收用户指令；在判断结果为是的情况下，供用户选择是否执行访问用户设置的安全管理的内容”，申请人对此有完全不同的意见：

在本发明的方法中，在用户识别码、权限应用程序以及指令之间设置了严格的对应关系，输入的指令可以与权限应用程序相对应，并且针对同一个权限应用程序，不同的用户识别码根据输入的指令对应不同的访问权限，而在对比文件2中则是对手机安全管理的内容进行设置，虽然其限定了设置手机安全管理的内容具体包括：应用程序自动连接网络的权限、应用程序发送短信的权限、应用程序拨打电话的权限、应用程序获取手机地理位置信息的权限、应用程序访问手机联系人信息的权限以及手机设置的特定文件夹的文件的读取权限，但显然上述都是对应用程序执行权限的限定，即限定了某一应用程序是否可以执行其原本的操作和功能，其并没有对应用程序的访问权限进行限定，更加没有针对同一应用程序设置不同的访问权限，即其没有涉及本发明中关于“权限应用程序”相关设置的技术内容，其中更加没有公开同一权限应用程序的不同访问权限基于输入的指令与不同的应用识别码分别具有对应关系。

由此可知，对比文件2没有公开本发明的上述关于“权限应用程序”的区别技术特征，也没有公开输入的指令可以与权限应用程序相对应，更加没有公开任何关于用户识别码的技术内容，进而也不可能公开不同的用户识别码与同一应用程序的不同访问权限相对应的技术内容，即对比文件2在技术上与本发明没有任何关联，其并没有公开本发明的任何区别技术特征，进而也不可能给出将本发明的上述区别技术特征应用到对比文件1中来解决本发明实际解决的技术问题的技术启示。在此基础上，本领域技术人员不可能想到将对比文件2公开的技术内容与对比文件1进行结合来解决本发明实际解决的技术问题。

退一步说，即使本领域技术人员想到同时参考对比文件1和对比文件2，由于对比文件2并没有公开本发明的任何区别技术特征，导致依然无法得到本发明权利要求1的技术方案，具体地，在对比文件2中仅公开了设置手机安全管理的内容，并监控手机设置的安全管理的内容的访问情况，当设置的手机安全管理的内容被访问时，向用户发出操作选项提示，供用户选择是否执行访问用户设置的安全管理的内容，对比文件2公开的上述内容在技术上与本发明的上述区别技术特征没有任何关联，对比文件2中只是为了向用户发出提示，供用户选择是否访问相应内容，其访问权限的最终决定权还在于当前用户，但其并没有公开如何针对不同的当前用户来设置不同的控制权限，也没有公开如何对手机中的应用程序的权限进行设置，也没有公开如何根据不同用户的手机号码或国际移动用户识别码来设置不同用户对应用程序的控制权限，即对比文件2并没有公开本发明的任何区别技术特征，因此，对比文件1和对比文件2均没有涉及本发明中关于“权限应用程序的设置”“输入的指令与权限应用程序相对应”以及“不同用户识别码与同一应用程序的不同访问权限相对应”的相关技术特征，在此基础上，在没有其他技术启示的情况下，本领域技术人员即使同时参考对比文件1和对比文件2，也无法得到权利要求1的技术方案。

最后，本发明的上述区别技术特征并不是本领域的公知常识，在本领域的现有技术中，并不存在对同一应用程序设置不同访问权限的技术内容，也没有基于不同的识别码对同一应用程序具有不同访问权限的技术内容，即本发明的上述区别技术特征在现有技术中均未被公开过，属于本发明对现有技术所做出的针对性改进，从而实现了不需要将很多关于用户识别卡的设置内容写入手机内存，并且仅仅在有必要确定应用程序的权限时才会进行相应的处理，而对于用户输入的指令不涉及的应用程序不会进行相应的处理，从而大大减少了手机后台需要存储以及需要处理的数据，减少了对手机资源的占用。本发明的这种技术方案是现有技术所没有的，这也是本发明对现有技术所做出的针对性改进，其所能达到的技术效果也是现有技术所无法预见和实现的，由此可见，本发明的上述区别技术特征并不是本领域的公知常识，而属于对现有技术所做出的创造性的改进。

综上，申请人认为本发明的上述区别技术特征并没有被对比文件2公开，对比文件2并没有给出将上述区别技术特征应用到对比文件1来解决本发明实际解决的技术问题的启示，其也不属于本领域的公知常识，而且现有技术从整体上也没有给出将上述区别技术特征应用到对比文件1来解决本发明实际解决的技术问题的启示，即权利要求1的技术方案对本领域技术人员来说是不容易想到的，具有非显而易见性，具有突出的实质性特点。

（5）合理安排主次内容的顺序。

撰写答辩意见中，应当合理安排阐述发明的非显而易见性的主要内容和次要内容的先后顺序：重要的先写，次要的后写；最充分的理由先写，较次的理由后写；对审查员所提出的问题有针对性的意见先写，对审查员未提出的问题只为了充实意见陈述内容的意见后写。主次内容的顺序安排不当，可能会使得审查员在阅读意见陈述的初期感到意见陈述未答到重点或理由不充分，主观上形成不好的印象。尤其当意见陈述篇幅冗长时，审查员最初的兴趣和耐心都耗费在了前面不重要的意见陈述上，就没有太多的耐心仔细阅读后面重要部分。因此，专利代理师在撰写时应当注意主次内容顺序的合理安排。

## 【案例 No. 091561】滤波装置及其工作方法

### ☞ 案由简要

该申请涉及一种滤波装置（权利要求1~7），及滤波装置的工作方法（权利要求8~11）。

➢ 一通：审查员引用对比文件1（CN101232117A），认为权利要求1~7不具备创造性。

➢ 答一通：在原权利要求1加入技术特征“该输入输出组件将一选择信号输入至该单片机中，以供该单片机识别出当前需要使用的具备所需滤波特性的一个滤波器，然后由该单片机控制该多路开关的各通路的切换，以选通该滤波器”（该技术特征记载于说明书中），形成新的权利要求 1，论述新权利要求 1 ~ 7 具备创造性。

➢ 二通：审查员认可新权利要求 1 ~ 7 具备创造性，指出权利要求 3 不符合《专利法》第 26 条第 4 款。

➢ 答二通：对权利要求 3 进行形式修改。

➢ 审查结果：授权。

☞ **相关权利要求**

1. 一种滤波装置，其包括一输入端口及一输出端口，其特征在于，该滤波装置还包括：

一单片机，该单片机与一输入输出组件相连；

一多路开关，该多路开关通过一控制线与该单片机相连，该多路开关的输入脚与该输入端口相连；

多个滤波特性不同的滤波器，该多个滤波器的输入端分别与该多路开关的各输出脚相连，该多个滤波器的输出端均与该输出端口相连。

☞ **相关说明书内容**

摘录一

如图 1 所示，该滤波装置具有一用于信号接入的输入端口 1，该输入端口 1 在使用时与一待测设备或一信号发生器相连；该滤波装置还具有一用于信号输出的输出端口 2，该输出端口 2 在使用时与一频谱分析仪或其他测试设备相连。此外，该滤波装置还包括一单片机 3，该单片机 3 与一输入输出组件 4 相连，在本实施例中，该输入输出组件 4 采用的是一带触摸屏的 LCM，但该输入输出组件 4 并不局限于此，也可以采用其他可以实现人机交互的输入输出组件来实现，该单片机 3 与该输入输出组件 4 相互通信，该单片机 3 的控制信息由该输入输出组件 4 显示给用户，而用户通过该输入输出组件 4 输入的操作信息则会被输入至该单片机 3 进行处理；一多路开关 5，该多路开关 5 通过一控制线与该单片机 3 相连，由该单片机 3 对该多路开关 5 的各通路的断开及选通进行控制，该多路开关 5 的输入脚与该输入端口 1 相连，在本实施例中，该多路开关 5 采用的是一射频模拟开关，但该多路开关 5 并不局限于此，也可以采用例如机械式开关等；多个滤波特性不同的滤波器 6A、6B、6c……，在本实施例中，由于该滤波装置是用于对无线通信设备的杂散及谐波问题进行验证的，因此，该多个滤波器采用的是分别适用于 GSM、WCDMA、TD – SCDMA 和 WLAN/BT 网络频段的带内以及带外测试的滤波器，该多个滤波器的输入端分别与该多路开关 5 的各输出脚相连，该多个滤波器的输出端均与该输出端口 2 相连。

摘录二

该单片机 3 对该输入输出组件 4 进行设置，使得用户在相应的操作界面下只可对该多路开关 5 的各通路进行单选，从而只会选通某一个滤波器来执行测试工作，……

摘录三

步骤 101，用户通过该输入输出组件选择所需的滤波特性，在本实施例中，即为在触摸屏显示的频段和模式的选项中，选择所需的某网络下的具体频段及模式，例如当需要测试 GSM 网络 900MHz 频段下的带外杂散情况时，将“GSM”类型中的“900MHz”频段和“带外”模式选中即可。该输入输出组件会将该选择信息输入至该单片机中，以供该单片机识别出当前需要使用的具备所需的滤波特性的一个滤波器，然后由该单片机控制该多路开关的各通路的切换，以选通该滤波器，例如适用于 GSM 网络 900MHz 频段下带外测试的一个滤波器。

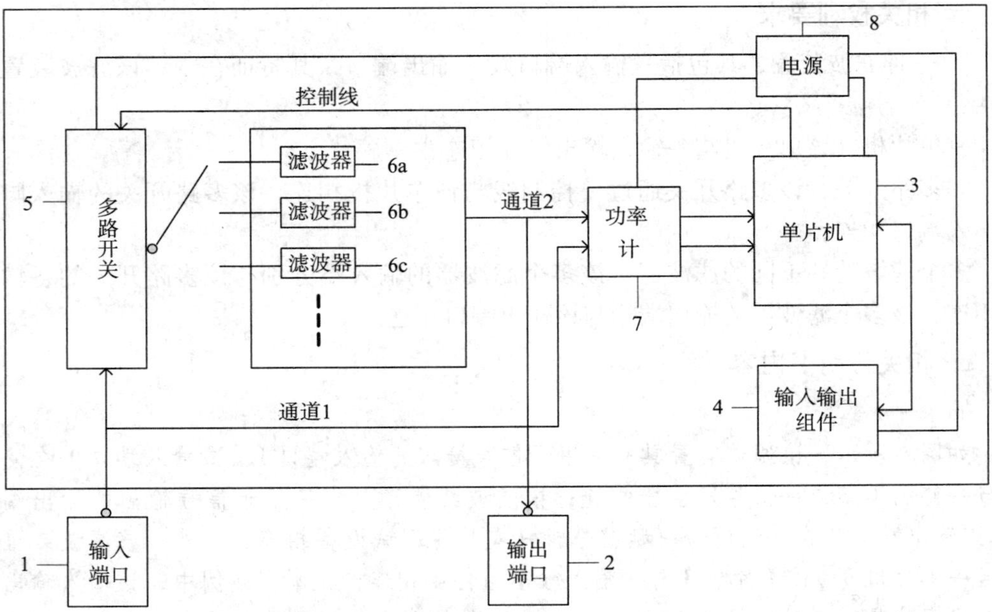


**图 1**

## ☞ 相关对比文件公开内容

**【对比文件 1】**

摘录一

图 11 示出根据本发明的收发信机。它包括根据信号的传播方向而充当多路复用器或多路分配器（为简明起见，它将被称为多路复用器）的滤波器组 FB，所述滤波器组 FB 是根据图 1、图 5、图 7、图 8、图 9 或图 10 之一中所示的实施例之一，并且一个实施例从这些实施例之一中衍生。多路复用器 FB 具有连接到受控开关 CS 的公共接点的第一端口 Pifb，开关的两个其他接点分别连接到放大器 IA 的输出端和另一放大器 OA 的输入端。放大器 IA 的输入端连接到另一开关 SW 的接点，而放大器 OA 的输出端连接到开关 SW 的另一接点。开关 SW 的公共接点连接到天线 ANT。

多路复用器 FB 的各其他端口（Pojfb j = 1 到 N）连接到多路开关 MSW 的所有开关中受控开关 CSWj 的共用接点，两个其他接点分别连接到调制器 MOD 多端口的输出端口和解调器 DMOD 多端口的输入端口。

摘录二

调制器 MOD 因而能够实现在相应子频带中用预定数量的频率脉冲调制输入

数据。

摘录三

解调器 DMOD 因而能够实现解调所述子频带中接收的信号，以恢复发射数据。

摘录四

控制器 CO 提供用于控制开关 CS 和 SW、多路开关 MSW 和调制器 MOD 及解调器 DMOD。当收发信机 TR 用于发射数据时，多路开关 MSW 所处的位置使得调制器 MOD 连接到滤波器组 FB，使其因而充当多路复用器，开关 CS 所处的位置使得滤波器组 FB 连接到放大器 OA，并且开关 SW 所处的位置使得放大器 OA 馈入天线 ANT。收发信机 TR 用于接收数据时，开关 SW 所处的位置使得天线 ANT 馈入放大器 1A，开关 CS 所处的位置使得放大器 IA 连接到滤波器组 FB，使其因而充当多路分配器，以及多路开关 MSW 所处的位置使得滤波器组 FB 连接到解调器 DMOD。

摘录五

图 1 概括地示出根据本发明第一实施例的微波滤波器组 FB1、微波滤波器组 FB1 包括一个输入端口 Pifb、两个输出端口 Po1fb 和 Po2fb、两个带通滤波器 F1 和 F2 及一个互联网络 N1，该网络包括单个输入端口 Pi 和两个输出端口 Po1 和 Po2。

需要注意的是，由于根据本发明的互联网络和滤波器均为可逆类型，因此，在下文中术语“输入”和“输出”指滤波器组用作能量功分器，但并不是暗示它无法用作能量合路器。

互联网络 N1 的输入端口 Pi 连接到输入端口 Pifb，并且输出端口 Pol 和 Po2 分别连接到滤波器 F1 和 F2 的输入端。F1 和 F2 的输出端分别连接到输出端口 Po1fb 和 Po2fb。

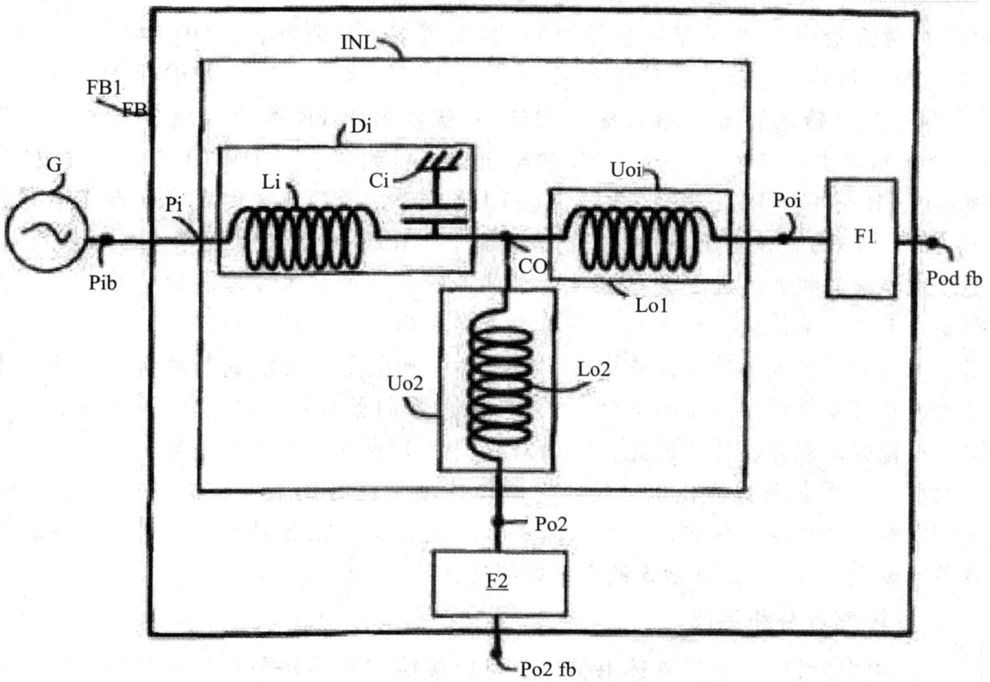


图 1

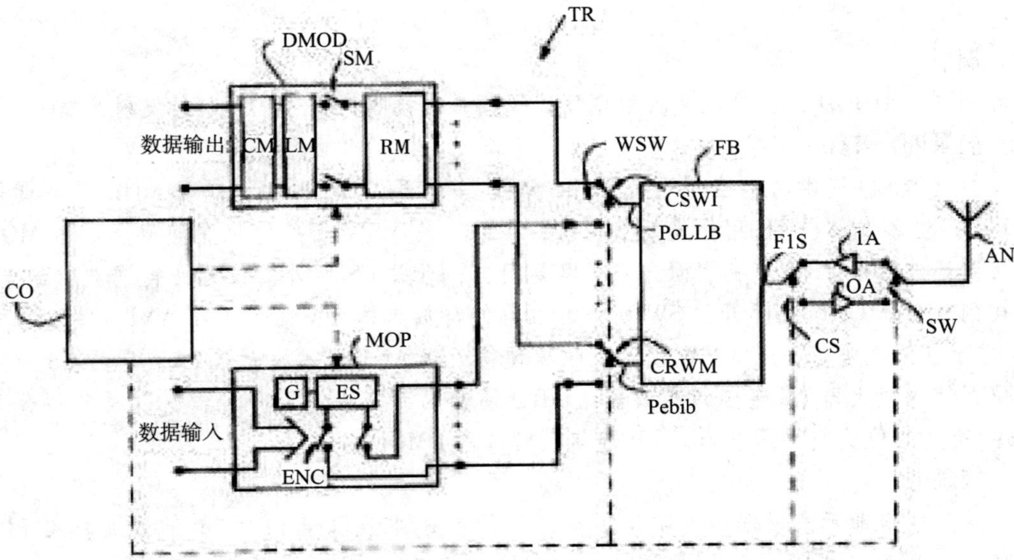


图 11

## ☞ 审查意见

第一次审查意见通知书摘录

1. 权利要求 1 请求保护一种滤波装置，对比文件 1（CN101232117A）公开了一种滤波装置，并具体公开了以下的技术特征（参见说明书第 13 页第 13 行至第 15 页第 1 行，图 1、图 5、图 7 ~ 图 11）：调制器 MOD 的数据输入端口（即输入端口）和解调器 DMOD 的数据输出端口（即输出端口）；控制器 CO 与调制器 MOD 和解调器 DMOD（即输入输出组件）相连；多路开关 MSW 的输入脚连接到调制器 MOD 的数据输入端口（即多路开关的输入脚与该输入端口相连）；滤波器组 FB 的输入端分别与多路开关 MSW 的各输出脚相连，滤波器组 FB 的输出端连接到解调器 DMOD 的数据输出端口；滤波器组 FB 是根据图 1、图 5、图 7 ~ 图 10 之一中所示的实施例之一（即多个滤波特征不同的滤波器）；从图 11 中可以看出多路开关 MSW 通过控制线与控制器 CO。该权利要求所要求保护的技术方案与该对比文件 1 所公开的技术内容相比，其区别仅在于权利要求 1 中是单片机，而对比文件 1 中为控制器。然而该区别特征为本领域的公知常识，本领域技术人员熟知，单片机又称单片微控制器，为控制器的下位概念，本领域技术人员可以根据实际需要将对比文件 1 中的控制器 CO 选用单片机来实现，这无须付出创造性劳动即可获得。因此，在该对比文件 1 的基础上结合上述公知常识以获得该权利要求所要求保护的技术方案，对所属技术领域的技术人员来说是显而易见的，因此该权利要求所要求保护的技术方案不具备突出的实质性特点和显著的进步，因而不具备《专利法》第 22 条第 3 款规定的创造性。

## ☞ 答辩要点分析思路

在论述创造性时，意见陈述书整体上可以按照“三步法”的思路进行布局，具体到每一步中，需要针对性地对审查员的观点进行反驳。有时，需要反驳的观点可能不止一个，如何安排各个观点的论述顺序，是需要代理师仔细斟酌的。合理的论述顺序可以使得审查员清楚地掌握代理师论述的重点。反之，则不但让审查员感觉代理师的逻辑混乱，还容易造成审查员忽视一些关键证据。

针对审查员多个观点的反驳顺序，可以大致分为以下两类：

第一类，需要反驳的各个观点相互独立，这种情况下，代理师可以将这些观点的错误程度、对创造性评价的影响高低、反驳时理由的充分程度进行排序，在意见陈述书中，首先将错误最明显、对创造性影响最大、反驳时理由最充分的观点作为优先、主要论述的内容，然后针对其他观点进行论述。

第二类，需要反驳的各个观点相互关联，这种情况下，代理师需要找到引发审查员一连串观点中最根本的观点，针对该观点先进行反驳，在否定了审查员最根本的观点的前提下，再对其他的观点逐个进行反驳。

具体到该案中，审查员否定了权利要求 1 ~ 7 的创造性，但承认了权利要求 8 ~ 11 的创造性。代理师可以直接删除权利要求 1 ~ 7 而使得该发明得到授权。但是考虑到审查员在评述原权利要求 1 的创造性时理由不够充分，为了争取更大的保护范围，所以代理师决定争辩权利要求 1 ~ 7 的创造性。考虑到虽然审查员的评述存在问题，但是原权利要求 1 所限定的技术方案不足以充分体现出该发明与对比文件 1 在发明构思上的不同，所以在说明书中选取了部分特征加入原对比文件 1 中，以形成新对比文件 1。

在撰写意见陈述书时，按照“三步法”的思路首先确定最接近的现有技术，然后重新认定正确的区别技术特征并说明理由，最后论述新对比文件 1 是非显而易见的。具体在认定区别技术特征时，审查员错评了新权利要求 1 与对比文件 1 的多个区别，这些区别不完全相互关联，并且在整个技术方案中的重要性程度、对创新高度的影响有所差异，因此，在撰写意见陈述书时，先撰写对体现该发明创新高度贡献最大和最重要的区别（即区别 1、2），并重点论述其未被对比文件 1 公开的理由，以引起审查员的注意，然后撰写对体现该发明创新高度贡献相对较小、相对次要的区别（即区别 3 ~ 6），并说明其未被对比文件 1 公开的理由，以保证论述的完整性和一致性。

☞ **意见陈述原文摘录**

1. 修改及修改依据

在原权利要求 1 中添加技术特征“该输入输出组件将一选择信号输入至该单片机中，以供该单片机识别出当前需要使用的具备所需的滤波特性的一个滤波器，然后由该单片机控制该多路开关的各通路的切换，以选通该滤波器”，以形成新的权利要求 1，具体请见权利要求书修改页和替换页。

新权利要求 1 以说明书为依据，明确记载于说明书中（见本发明摘录三），能够得到说明书的支持，未超出原说明书和权利要求书记载的范围，符合《专利法》第 33 条的规定。

2. 新权利要求 1 具备创造性

1）新权利要求 1 具有突出的实质性特点。

（1）确定最接近的现有技术。

在审查意见中引用了对比文件 1 的说明书第 13 页第 13 行至第 15 页第 1 行，图 1、

图5、图7~图11，其公开了一种滤波装置，与本发明的技术领域相同，公开了本发明的技术特征最多，因此，将其作为最接近的现有技术。

（2）确定本发明的区别技术特征和本发明实际解决的技术问题。

新权利要求1公开了一种滤波装置，通过输入端口、输出端口、单片机、输入输出组件、多路开关和多个滤波器之间的连接关系及输入输出组件与单片机之间的信号传输、单片机与多路开关之间的信号传输等信号在各元器件间的动态传输关系，将多个具有不同滤波特性的滤波器集成在一起，利用单片机控制多路开关的切换，选通其中一个滤波器，从而通过对各滤波器的切换实现待测设备在各频段及各模式下的测试。

对比文件1公开了一种收发信机，通过调整多路开关MSW、开关CS和开关SW，依次串联调制器MOD、滤波器组FB、放大器OA和天线ANT，由调制器MOD将输入数据调制在相应子频带，由滤波器组FB合并在相应子频带中的频率脉冲，借助放大器OA和天线ANT实现发射数据，或依次串联天线ANT、放大器IA、滤波器组FB和解调器DMOD，由天线ANT和放大器IA接收数据，由滤波器组FB分配在相应子频带，由解调器DMOD解调恢复接收数据（具体参见对比文件1摘录一）。

申请人认为本发明要保护的技术方案与对比文件1的区别在于：本发明的①输入输出组件能够将一选择信号输入至单片机中，以供该单片机识别出当前需要使用的具备所需的滤波特性的一个滤波器；②单片机能够控制多路开关的各通路的切换，以选通一个滤波器；③多个滤波器；④输入输出组件为一个独立的器件；⑤输入输出组件、输入端口、输出端口为相互独立的三个器件；⑥多路开关与其他器件的连接关系。现对应上述区别逐个进行详细说明：

区别①，本发明的说明书记载了输入输出组件与单片机之间的信号传输关系以及各自的功能。具体的，本发明摘录一明确记载了输入输出组件能够实现人机交互，其与单片机相互通信；本发明摘录三明确记载了输入输出组件将一选择信号输入至单片机中，该选择信号由用户通过输入输出组件输入且包含了所需的滤波特性，单片机接收到该选择信号，从该选择信号中识别出当前需要使用的具备所需的滤波特性的一个滤波器。而根据对比文件1摘录二、摘录三的记载，调制器MOD用于实现在相应子频带中用预定数量的频率脉冲调制输入数据，解调器DMOD用于实现解调所述子频带中接收的信号，它们明显不具备新权利要求1中的输入输出组件的功能。虽然控制器CO能够控制调制器MOD和解调器DMOD，即控制器CO向调制器MOD和解调器DMOD输入信号，但是并没有提及调制器MOD和解调器DMOD能够向控制器CO输入任何信号，并且从图11也可以看出控制器CO与调制器MOD和解调器DMOD之间的箭头是由控制器CO指向调制器MOD和解调器DMOD，即调制器MOD和解调器DMOD与控制器CO之间的信号传输关系不同于新权利要求1中输入输出组件与单片机之间的信号传输关系。另外，在不具备相同的信号传输关系的基础上，控制器CO的功能也不同于新权利要求1中单片机的功能。由此看出，对比文件1虽然公开了部分与本发明相同的连接关系，但是并没有公开“输入输出组件能够将一选择信号输入至单片机中，以供该单片机识别出当前需要使用的具备所需的滤波特性的一个滤波器”，所以此特征为本发明与对比文件1的区别技术特征。

区别②，本发明的说明书记载了单片机与多路开关之间的信号传输关系及多路开关的各通路的切换。本发明说明书摘录一明确记载了单片机对多路开关的各通路的断开及选通进行控制，多路开关的输入脚与输入端口相连，多路开关的各输出脚与多个滤波器的输入端相连，当某一滤波器被选通时，相应的通路为依次串联的输入端口、多路开关、被选通的滤波器及输出端口。而最接近的现有技术中多路开关 MSW 处于不同位置时可以导通两种通路，一种通路为依次串联的调制器 MOD 的数据输入端口、滤波器组 FB、放大器 OA 和天线 ANT，另一种通路为依次串联天线 ANT、放大器 IA、滤波器组 FB 和解调器 DMOD 的数据输出端口。由此看出，无论多路开关 MSW 导通哪种通路，调制器 MOD 的数据输入端口和解调器 DMOD 的数据输出端口都不会处于同一通路中，也就不能实现新权利要求 1 的技术方案。另外，最接近的现有技术中每个滤波器都作为滤波器中的一员，并没有提及多路开关能够从滤波器组 FB 中选通一个滤波器。由此看出，对比文件 1 虽然公开了部分与本发明相同的连接关系，但是并没有公开“单片机能够控制多路开关的各通路的切换，以选通一个滤波器”，所以此特征为本发明与对比文件 1 的区别技术特征。

区别③，根据本发明说明书摘录一对多个滤波器的记载，可以看出该多个滤波器滤波特性不同，而对比文件 1 的滤波器组 FB 根据对比文件 1 摘录一的记载，其充当的是多路复用器或多路分配器，即其虽然具有多个滤波器但是因其还具有其他的器件，已经不是作为单纯的滤波器在使用，所以多个滤波器为本发明与对比文件 1 的区别技术特征。

区别④，根据说明书及图 1 的记载，本发明的输入输出组件作为一个器件与单片机相连，用于显示单片的控制信息及由用户输入控制信息，而对比文件 1 的调制器 MOD 和解调器 DMOD 为两个相互独立的器件，分别与控制器 CO 相连，且这两个器件具有完全不同的功能，而它们的功能又明显不同于本发明的输入输出组件，所以输入输出组件从数量和功能上均不同于对比文件 1 的调制器 MOD 和解调器 DMOD。

区别⑤，根据说明书及图 1 的记载，本发明的输入输出组件、输入端口、输出端口为三个相互独立的、具有不同功能的器件，输入端口与输入输出组件、输出端口与输入输出组件都没有直接的连接关系，而对比文件 1 中数据输入端口是调制器 MOD 的一部分，数据输出端口是解调器 DMOD 的一部分，也就是数据输入端口与调制器 MOD、数据输出端口与解调器 DMOD 都是包含与被包含的关系，所以输入输出组件、输入端口、输出端口从数量上不同于对比文件 1 的数据输入端口和数据输出端口。

区别⑥，根据说明书及图 1 的记载，本发明的多路开关与单片机相连且多路开关的输入脚还与一个输入端口相连，输出脚与多个滤波器的输入端相连，而对比文件 1 的多路开关 MSW 除了与控制器 CO、调制器 MOD 的数据输入端口、滤波器组 FB 的多个端口相连外，还与解调器 DMOD 的数据输出端口相连，所以多路开关与其他器件的连接关系为本发明与对比文件 1 的区别技术特征。

综上所述，新权利要求 1 的技术方案与对比文件 1 相比，区别技术特征为：输入输出组件将一选择信号输入至单片机中，以供该单片机识别出当前需要使用的具备所需的滤波特性的一个滤波器、由单片机控制该多路开关的各通路的切换，以选通该滤波器、多个滤波器、输入输出、输入端口、输出端口、多路开关。

新权利要求1的技术方案相较于最接近的现有技术能达到的技术效果为：本发明的滤波装置通过集成多个具有不同滤波特性的滤波器，并相应地增设用于切换各滤波器的多路开关，使得对待测设备在各频段及各模式下的测试可以通过对各滤波器的切换便捷地完成。

根据所述区别技术特征及其所能达到的技术效果确定本发明实际解决的技术问题是如何克服测试所需的滤波器规格较多且校准不便的缺陷。

（3）新权利要求1的技术方案对本领域的技术人员来说是非显而易见的。

申请人认为现有技术整体上没有给出将所述区别技术特征应用到所述最接近的现有技术中以解决本发明所要解决的技术问题的启示。

本发明通过设计输入端口、输出端口、单片机、输入输出组件、多路开关和多个滤波器的连接电路、输入输出组件与单片机之间的信号传输以及单片机与多路开关之间的信号传输，实现多路开关的各通路的切换，从而解决了现有技术中测试所需的滤波器规格较多且校准不便的技术问题，使得测试人员只需要输入需要的滤波特性，单片机就能控制切换开关切换，选通具有所需要的滤波特性的滤波器。

现有技术中本领域技术人员测试人员在实际测试过程，需要手动地将被测产品与不同滤波器多次连接（具体参见本发明的说明书的背景技术），步骤烦琐、操作复杂。

即使在对比文件1的其他部分（参见说明书摘录五）也给出了多个滤波器组的实施例，这些实施例中包括输入端口、输出端口、滤波器等和本发明相似的器件，并且具有和本发明相似的连接关系，但是其解决的技术问题是如何避免功率分配效应，达到的效果是将输入能量信号的频带分解到多个子频带中。以对比文件1的第一实施例为例，说明书摘录五记载了微滤波器组FB1包括输入端口PifB、输出端口Po1fb和Po2fB、带通滤波器F1和F2及互联网络IN1，且互联网络IN1的输入端口Pi连接到输入端口Pifb，输出端口Po1和Po2分别连接到滤波器F1和F2的输入端，F1和F2的输出端分别连接到输出端口Po1fb和Po2fb。虽然上述器件、连接关系和本发明均很相似，但是其实现的效果是能量功分器。

鉴于上述内容，申请人认为现有技术从整体上没有给出将所述区别技术特征应用到所述最接近的现有技术中以解决本发明所要解决的技术问题的启示。

此外，申请人还认为所述区别技术特征并不是本领域的公知常识，所述区别技术特征并不是本领域中克服测试所需的滤波器规格较多且校准不便的缺陷的惯用手段，申请人无法从教科书或工具书等中获得解决测试所需的滤波器规格较多且校准不便的技术问题的启示。

总而言之，申请人认为本领域技术人员在面对本发明解决的技术问题时，没有动机改进所述最接近的现有技术并获得本发明的技术方案。新权利要求1具有突出的实质性特点。

2）新权利要求1具有显著的进步

新权利要求1的技术方案通过输入端口、输出端口、单片机、输入输出组件、多路开关和多个滤波器之间的连接关系及输入输出组件与单片机之间的信号传输、单片机与多路开关之间的信号传输等信号在各元器件间的动态传输关系，集成多个具有不同滤波特性的滤波器，特别是多个分别适用于 GSM、WCDMA、TD－SCDMA 和 WLAN/BT 网络频段的带内以及带外测试的滤波器，能够根据需要自由控制各滤波器的通断，使得对待测设备在各频段及各模式下的测试可以通过对各滤波器的切换便捷地完成，从而取得了有益的技术效果。

尤其是，输入输出组件与单片机之间的信号传输关系实现了人机交互、解析测试所需的滤波特性，单片机与多路开关之间的信号传输关系实现了选通某一滤波器、简化了操作，输入端口、输出端口等器件的数量最小化大大降低了本发明的滤波装置的成本。

综上所述，申请人认为本发明具有显著的进步。

综上所述，新权利要求 1 与现有技术相比，具有突出的实质性特点和显著的进步，具备《专利法》第 22 条第 3 款所规定的创造性。

## 【案例 No. 1410680】一种 1－氯丁烷的制备方法

### ☞ 案由简要

该申请涉及一种 1－氯丁烷的制备方法（权利要求 1～10）。

- 一通：审查员引用两篇对比文件（1 和 2）认为权利要求 1～7 不具备创造性。
- 答一通：直接在原权利要求 1 基础上论述权利要求 1～7 具备创造性。
- 审查结果：授权。

### ☞ 相关权利要求

权利要求 1：一种 1－氯丁烷的制备方法，其特征在于包含下列步骤：

将催化剂、氯化试剂和水混合后，搅拌，然后再与正丁醇混合，进行氯化反应，制得 1－氯丁烷；其中，所述的催化剂为二甲基亚砜，所述的氯化试剂为氯化氢，所述的氯化试剂与正丁醇的摩尔比为 2.5∶1～5∶1；所述的搅拌的温度为 15～45℃；

### ☞ 相关说明书内容

摘录一

本发明的积极进步效果在于：

（1）现有的 1－氯丁烷的制备方法中，当无催化剂存在时，使用的设备复杂，生产成本高；而本发明使用催化剂，设备简单，对设备要求低，成本低。

（2）现有的 1－氯丁烷的制备方法中，当有催化剂存在时，一般使用金属催化剂，后处理过程中的废水中会有大量的金属离子，环境污染严重；本发明使用 DMSO 作为催化剂，降低成本的同时，后处理中的废液无金属离子，对环境友好。

（3）现有的 1－氯丁烷的制备方法中，当采用 N－甲基咪唑盐酸盐离子液体作为氯化试剂时，后处理耗时过长，生产周期长，不利于工业化生产；本方法使用 DMSO 作为催化剂，氯化氢气体和/或盐酸水溶液作为氯化试剂，所得最终反应液残液，可以再通入氯化氢气体，进而在下一批次中套用，进一步减少“三废”，绿色无污染，同时，本发明的制备方法后处理时间短，蒸馏结束后即可分层，得到产物，收率在90%以上，GC纯度在99.6%以上，收率和纯度均较高，更适用于工业化生产。本发明的制备方法，使用DMSO作为催化剂，整个工艺过程中无任何金属离子参与；所得最终反应液残液，可以再通入氯化氢气体，提高反应液残液中HCl的浓度，进而在下一批次中套用，“三废”少，对环境友好；同时，本发明的制备方法设备简单，成本低，操作便易，收率在90%左右，GC纯度在99.5%以上，收率和纯度均较高，更适用于工业化生产。

摘录二

实施例1

在四口圆底烧瓶中加入浓盐酸（质量分数为33.5%，653.0g，6.0mol）和二甲亚砜（0.31g，0.004mol）后，在20～30℃搅拌30min。加入正丁醇（149.0g，2.0mol），缓慢升温至90～100℃，边反应边蒸馏，随着反应时间的延长，逐渐有馏分缓慢馏出，保温蒸馏和反应约20h后，几乎无任何馏分进一步馏出，认为反应结束，所得馏分分层后，上层有机层即为1－氯丁烷，最终得1－氯丁烷170.3g，收率91.5%，GC纯度99.7%。

实施例2

实施例1反应结束后，最终得反应液残液531.0g，向其中不断通入HCl气体，通入一段时间后，取样检测，HCl含量为34.6%，停止通入HCl气体，此时，通入HCl后的反应液残液总重为：654.1g。补加0.1g的二甲亚砜后，在20～30℃搅拌30min。加入正丁醇（149.0g，2.0mol），缓慢升温至90～100℃，边反应边蒸馏，随着反应时间的延长，逐渐有馏分缓慢馏出，保温蒸馏和反应约20h后，几乎无任何馏分进一步馏出，认为反应结束，所得馏分分层后，上层有机层即为1－氯丁烷，最终得1－氯丁烷172.5g，收率92.7%，GC纯度99.6%。

实施例3

向四口圆底烧瓶中加入水（434.3g），向其中不断通入HCl气体，使其HCl含量达到45%，此时反应液总重为789.6g。加入二甲亚砜（0.78g，0.01mol），在15～20℃搅拌20min。加入正丁醇（149.0g，2.0mol），缓慢升温至85～95℃，边反应边蒸馏，随着反应时间的延长，逐渐有馏分缓慢馏出，保温蒸馏和反应20h后，几乎无任何馏分进一步馏出，认为反应结束，所得馏分分层后，上层有机层即为1－氯丁烷，最终得1－氯丁烷174.7g，收率93.5%，GC纯度99.6%。

实施例4

向四口圆底烧瓶中加入水（876.0g），向其中不断通入HCl气体，使其HCl含量达到20%，此时反应液总重为1095.0g。加入二甲亚砜（0.16g，0.002mol），在35～45℃搅拌2hrs。加入正丁醇（149.0g，2.0mol），缓慢升温至95～105℃，边反应边蒸馏，随着反应时间的延长，逐渐有馏分缓慢馏出，保温蒸馏和反应24h后，几乎无任何馏分进一步馏出，认为反应结束，所得馏分分层后，上层有机层即为1－氯丁烷，最终得1－氯丁烷168.9g，收率90.3%，GC纯度99.5%。

实施例5

在四口圆底烧瓶中加入浓盐酸（质量分数为33.5%，544.8g，5.0mol）和二甲亚砜（0.39g，0.005mol）后，在20~30℃搅拌30min。加入正丁醇（149.0g，2.0mol），缓慢升温至90~100℃，边反应边蒸馏，随着反应时间的延长，逐渐有馏分缓慢馏出，保温蒸馏和反应约20h后，几乎无任何馏分进一步馏出，认为反应结束，所得馏分分层后，上层有机层即为1-氯丁烷，最终得1-氯丁烷167.2g，收率89.6%，GC纯度99.7%。

对比实施例1

在四口圆底烧瓶中加入浓盐酸（质量分数为33.5%，653.0g，6.0mol）和正丁醇（149.0g，2.0mol），缓慢升温至90~100℃，边反应边蒸馏，随着反应时间的延长，逐渐有馏分缓慢馏出，保温蒸馏和反应约24h后，几乎无任何馏分进一步馏出，认为反应结束，所得馏分分层后，上层有机层即为1-氯丁烷，最终得1-氯丁烷153.0g，收率82.2%，GC纯度99.2%。

对比实施例2

在四口圆底烧瓶中加入浓盐酸（质量分数为33.5%，653.0g，6.0mol）、无水$ZnCl_2$（54.8g，0.4mol）和无水$FeCl_3$（0.33g，0.002mol）后，在20~30℃搅拌30min。加入正丁醇（149.0g，2.0mol），缓慢升温至90~100℃，边反应边蒸馏，随着反应时间的延长，逐渐有馏分缓慢馏出，保温蒸馏和反应约20h后，几乎无任何馏分进一步馏出，认为反应结束，所得馏分分层后，上层有机层即为1-氯丁烷，最终得1-氯丁烷165.4g，收率88.9%，GC纯度98.9%。

对比实施例3

在四口圆底烧瓶中加入浓盐酸（质量分数为33.5%，435.8g，4.0mol）、无水$ZnCl_2$（54.8g，0.4mol）和无水$FeCl_3$（0.33g，0.002mol）后，在20~30℃搅拌30min。加入正丁醇（149.0g，2.0mol），缓慢升温至90~100℃，边反应边蒸馏，随着反应时间的延长，逐渐有馏分缓慢馏出，保温蒸馏和反应约20h后，几乎无任何馏分进一步馏出，认为反应结束，所得馏分分层后，上层有机层即为1-氯丁烷，最终得1-氯丁烷140.2g，收率73.9%，GC纯度98.1%。

对比实施例4

在四口圆底烧瓶中加入浓盐酸（质量分数为33.5%，435.8g，4.0mol）和二甲亚砜（0.78g，0.01mol）后，在20~30℃搅拌30min。加入正丁醇（149.0g，2.0mol），缓慢升温至90~100℃，边反应边蒸馏，随着反应时间的延长，逐渐有馏分缓慢馏出，保温蒸馏和反应约24h后，几乎无任何馏分进一步馏出，认为反应结束，所得馏分分层后，上层有机层即为1-氯丁烷，最终得1-氯丁烷150.1g，收率78.5%，GC纯度97.3%。

对比实施例5

在四口圆底烧瓶中加入浓盐酸（质量分数为33.5%，653.0g，6.0mol）和二甲亚砜（0.31g，0.004mol）后，在5~10℃搅拌30min。加入正丁醇（149.0g，2.0mol），缓慢升温至90~100℃，边反应边蒸馏，随着反应时间的延长，逐渐有馏分缓慢馏出，保温蒸馏和反应约24h后，几乎无任何馏分进一步馏出，认为反应结束，所得馏分分层后，上层有机层即为1－氯丁烷，最终得1－氯丁烷171.6g，收率89.1%，GC纯度96.6%。

对比实施例6

在四口圆底烧瓶中加入浓盐酸（质量分数为33.5%，653.0g，6.0mol）和二甲亚砜（0.31g，0.004mol）后，在50～60℃搅拌30min。加入正丁醇（149.0g，2.0mol），缓慢升温至90～100℃，边反应边蒸馏，随着反应时间的延长，逐渐有馏分缓慢馏出，保温蒸馏和反应约24h后，几乎无任何馏分进一步馏出，认为反应结束，所得馏分分层后，上层有机层即为1－氯丁烷，最终得1－氯丁烷169.2g，收率88.3%，GC纯度97.1%。

对比实施例7

在四口圆底烧瓶中加入浓盐酸（质量分数为33.5%，653.0g，6.0mol）、二甲亚砜（0.31g，0.004mol）和正丁醇（149.0g，2.0mol）后，缓慢升温至90～100℃，边反应边蒸馏，随着反应时间的延长，逐渐有馏分缓慢馏出，保温蒸馏和反应约24h后，几乎无任何馏分进一步馏出，认为反应结束，所得馏分分层后，上层有机层即为1－氯丁烷，最终得1－氯丁烷172.1g，收率89.8%，GC纯度97.1%。

☞ **相关对比文件公开内容**

**【对比文件1】**（CN1069018A）公开了一种正丁醇和盐酸不加催化剂连续生产1－氯丁烷的方法。

根据上述措施，该发明的方法由反应段、分离精制段、正丁醇回收段三个工艺程序组成。在反应段，按摩尔比1～1.1：1的盐酸和正丁醇连续地加入反应釜中，生成氯代正丁烷、水和部分未反应的正丁醇一起被蒸出，并夹带少量盐酸，连续进入分离精制段的恒沸蒸馏塔，在共沸点温度时，便有含小量水、正丁醇和微量盐酸的氯代正丁烷蒸出，再经分层处理，得氯代正丁烷粗产品，然后水洗、精馏，获得精产品。恒沸蒸馏塔塔底混合物在塔釜中分为两层：上层未反应的正丁醇和酸性水返回反应釜；下层大量的水和正丁醇以及少量盐酸进入正丁醇回收段的共沸器，蒸出正丁醇和水也返回反应釜，继续反应。

采用该发明所述的方法，使得工艺过程排出的污水及其含酸量大大降低，得到的精产品含氯代正丁烷高于99.5%（质量分数）、正丁醇低于0.1%（质量分数）、二丁基醚低于0.01%（质量分数）。

本实施例的反应段由正丁醇贮罐（1）、盐酸贮罐（4）、泵（3）、泵（6）、正丁醇计量罐（2）、盐酸计量罐（6）、反应釜（7）组成。反应釜（7）的容积为1立方米。

将正丁醇贮罐（1）中的正丁醇经泵（3）送至正丁醇计量罐（2）。经计量后，将445千克正丁醇送至反应釜（7）中。然后，将盐酸贮罐（4）中浓度为30%～31%的工业盐酸经泵（6）送至盐酸计量罐（5）中，经计量后，将250千克工业盐酸也加入反应釜（7）中。

打开反应釜（7）蒸汽夹套的进出口阀，通蒸汽加热，使釜中温度达98～105℃，物料在沸腾下反应，生成的氯代正丁烷、水、部分未反应的正丁醇和少量盐酸一起被蒸出。与此同时，开始按每小时加13～17公升正丁醇和24～32公升工业盐酸的速度连续地往反应釜（7）中补加物料。

分离精制段由冷凝器（8）、（11）、（18）、恒沸蒸馏塔（9）、氯代正丁烷分层罐（12）、粗氯代正丁烷贮罐（13）、水洗釜（15）、泵（16）、精馏塔（17）、精氯代正丁烷贮罐（19）组成。恒沸蒸馏塔（9）由一个理论板数大于14的塔身和塔釜组成，精馏塔（17）由理论板数大于10的塔身和塔釜组成。均使用耐酸材料。

从反应釜中（7）中蒸出的氯代正丁烷、水、部分未反应的正丁醇和少量盐酸经冷凝器（8）进入恒沸蒸馏塔（9）中，调整冷凝器（11）的冷却水量和恒沸蒸馏塔（9）釜夹层中的蒸汽流量，将塔釜中混合物温度控制在70～80℃，在恒沸蒸馏塔（9）塔顶便有含少量水和正丁醇的氯代正丁烷以及微量盐酸蒸出。控制塔顶全凝器的冷却水流量，使塔顶温度保持在68±1℃，则蒸出的共沸物中氯代正丁烷含量可提高到93.49%（质量分数）、水含量6.69%（质量分数）。蒸出的共沸物经冷凝器（11）冷却后进入氯代正丁烷分层罐（12）在该分层罐中，经分层，氯代正丁烷和水分成两相，下层水由底部排至中和池，上层得到纯度为98.22%（质量分数）的氯代正丁烷溢流至粗氯代正丁烷贮罐（13）中，经水洗釜（15），用同体积的工业水洗涤三次，使正丁醇含量低于0.1%（质量分数），然后通过泵（16）送至精馏塔（17）中进行精馏，收集沸程为77～79℃的馏出物，使二丁基醚含量低于0.019%（质量分数）。再经冷凝器（18）装入精氯代正丁烷贮罐（19）。在上述工艺条件下，最后获得的精产品经色谱分析，含氯代正丁烷99.76%（质量分数）、正丁醇0.0339%（质量分数）、二丁基醚0.002%（质量分数）、氯代仲丁烷0.1369%（质量分数）、丁烯0.063%（质量分数）。

正丁醇回收段由共沸器（10）、排水计量罐（14）组成。共沸器（10）是由蒸馏塔釜和塔身组成，用耐酸材料制成，其共沸物出口直接与反应釜（7）相连。

在恒沸蒸馏塔（9）釜中的混合物分为两相，当釜中的混合物达到一定高度时，上层含水20%（质量分数）的正丁醇溢流返回反应釜（7），下层约含7%（质量分数）正丁醇的酸性水溶液进入共沸器（10）。打开共沸器（10）夹套的蒸汽进出口阀，通蒸汽加热，使液体升温至102～108℃时，蒸出约含62%（质量分数）正丁醇的共沸物也返回反应釜（7），从而共沸器（10）底部排出污水中氯化氢含量低于1%（质量分数）、正丁醇含量低于0.1%（质量分数）。该污水通过排水计量罐（14）流入中和池。

本实施例的装置每小时生产14.42千克高纯度的氯代正丁烷。收率为理论值的90%。

**【对比文件2】**（CN1668557A）公开了一种芳香族取代叔醇类化合物制备相应氯代烃的方法。

即，（A）：该发明涉及一种氯化烃化合物的制备方法，其特征在于：使通式（1）所示的化合物

$$C_nR^1_mH_k\ (CR^2R^3OH)_j \qquad (1)$$

式中，n为1～12的整数，m、k分别为0～25的整数，j为1～10的整数。

$R^1$表示选自氯、溴、碘、氧、氮、硫以及磷的原子，在m为2或2以上时，R′可以相同的或各不相同。此外，$C_nR^1_mH_k$所示的j价基团不含有叔碳原子－氢键。$R^2$、$R^3$

分别表示碳原子数为1~5的脂肪族饱和烃基或者其部分氢原子被卤素原子所取代的基团，且不含有叔碳原子－氢键在盐酸水存在下反应后，使油水分离后的有机层与氯化氢气体接触，得到通式（2）所示的化合物

$$C_nR^1_mH_k\ (CR^2R^3Cl)_j \quad (2)$$

[式中，m、n、k、j、$R^1$、$R^2$、$R^3$与上述相同]。

该发明中所使用的有机溶剂，只要是公知的溶剂并无特别的限制，可以使用例如戊烷、环戊烷、新戊烷、己烷、环己烷、庚烷、甲基环己烷、辛烷、降冰片烯、乙基环己烷等饱和烃，苯、甲苯、二甲苯、乙苯等芳烃，四氯化碳、氯仿、二氯甲烷、氯乙烷、二氯乙烷、氯丙烷、氯丁烷、氯乙烷等卤代烃，丙酮、甲基乙基酮、二乙基酮等酮类，二乙醚、二异丙醚、二丁醚、二甲氧基乙烷等醚类，甲醇、乙醇、异丙醇、丁醇等醇类，二甲基甲酰胺、二甲基亚砜、HMPA等。

其中，出于盐酸的溶解度低、工业利用方便的原因，优选饱和烃、芳烃或者卤化有机溶剂，更优选戊烷、环戊烷、新戊烷、己烷、环己烷、庚烷、甲基环己烷、辛烷、降冰片烯、乙基环己烷、苯、甲苯、二甲苯、乙苯、氯丁烷及氯乙烷。

在该发明中，与盐酸水以及氯化氢气体的反应温度通常优选为－10~40℃，出于对反应速度以及目的物质的稳定性考虑，优选为0~30℃。

这时对于使用的溶剂量没有特别限制，从后续处理方面考虑，溶剂量相对于醇的重量比优选为1~100倍，特别优选3~10倍。

该发明中所使用的盐酸水中的氯化氢的量，只要为羟基的当量或当量以上即可没有特别的限制，为了高效地得到目标化合物，优选为羟基的2当量或2当量以上。

☞ **审查意见**

本申请涉及一种1－氯丁烷的制备方法。经审查，现提出如下的审查意见。

1. 权利要求1不具备《专利法》第22条第3款所规定的创造性。

对比文件1（CN1069018A，1993.02.17）公开了一种正丁醇和盐酸不加催化剂连续生产1－氯丁烷的方法，其中公开了如下技术特征：正丁醇和30%~31%盐酸加入到反应釜中，正丁醇和盐酸的摩尔比为1∶1~1.1（参见说明书第2页最后一段），加热至93~105℃，沸腾下反应，蒸馏出反应产物氯正丁烷、水以及未反应的正丁醇和盐酸，该物流送至分离精馏段，冷凝，精馏后获得氯正丁烷，氯正丁烷收率为90%，纯度高于99.5%（参见对比文件1说明书第2~3页，实施例）。

权利要求1与对比文件1的区别在于：(1）权利要求1中使用了二甲基亚砜；对比文件1中未使用；(2）氯化剂与正丁醇的用量以及反应的温度不同，权利要求1氯化试剂与正丁醇的摩尔比为2.5∶1~3.5∶1，反应温度为15~45℃；对比文件1中正丁醇和盐酸的摩尔比为1∶1~1.1，反应温度为93~105℃。

从本申请说明书记载可以看出，本申请相对于对比文件1要解决的技术问题是提供一种设备简单，成本低，操作简易的1－氯丁烷的制备方法，其采用的技术手段是使用二甲基亚砜。

针对区别特征（1），对比文件2（CN1668557A，2005.09.14）公开了一种在有机溶剂与叔丁醇化合物的混合物中加入盐酸并搅拌，制备氯化烃化合物的方法，其中公

开了如下技术特征：通式 $C_nR^1_mH_k\ (CR^2R^3OH)_j$、所示的醇与有机溶剂的混合物中加入盐酸搅拌，可以制备式 $C_nR^1_mH_k\ (CR^2R^3Cl)_j$ 的氯化烃化合物，其中有机溶剂可以选择戊烷……二甲基亚砜、HMPA 等，反应温度优选 0～30℃，溶剂量相对于醇量优选1～100倍，盐酸中氯化氢的量优选为羟基的 2 当量或 2 当量以上（参见对比文件 2 说明书第 3、第 6～8 页），由此可见，对比文件 2 中给出了利用二甲基亚砜作为溶剂来进行醇的氯化反应的技术启示，本领域技术人员在对比文件 2 的启示下，自然会想到加入二甲基亚砜进行反应，而无须付出创造性劳动；针对区别特征（2），对比文件 2 中公开了氯化剂的用量和反应的温度范围，与权利要求 1 的范围重叠，本领域技术人员在对比文件 2 的启示下，自然有动机去调整原料的用量以及反应的温度，并可以预料其技术效果。

综上所述，权利要求 1 相对于对比文件 1 和 2 不具备《专利法》第 22 条第 3 款所规定的创造性。

2. 权利要求 3 和 4 进一步限定氯化氢水溶液的浓度，对比文件 1 所公开的盐酸浓度落入权利要求 2 和 3 的范围内，在所引用的权利要求不具备创造性的前提下，权利要求 3 和 4 同样不具备《专利法》第 22 条第 3 款所规定的创造性。

3. 权利要求 2 和 5 的附加技术特征被对比文件 2 所公开，在所引用的权利要求不具备创造性的前提下，权利要求 2 同样不具备《专利法》第 22 条第 3 款所规定的创造性。

4. 权利要求 6 和 7 进一步限定氯化剂是以氯化氢的气体形式加入到反应中的。对于本领域技术人员来说，氯化氢气体通入到水中形成盐酸溶液是本领域的公知常识，所以直接采用盐酸反应和将氯化氢气体通入到水中然后反应，其实质是相同的，因此在所引用的权利要求不具备创造性的前提下，权利要求 6 和 7 同样不具备《专利法》第 22 条第 3 款所规定的创造性。

5. 权利要求 4、6 中存在优选范围，造成权利要求保护范围不清楚，不符合《专利法》第 26 条第 4 款的规定。

**☞ 答辩要点分析思路**

该案中，审查员认为，该申请与对比文件 1 的技术方案相比，其区别技术特征在于以下两点：①催化剂；②反应试剂和反应温度。其中，针对催化剂，对比文件 2 给出了利用二甲基亚砜作为溶剂来进行醇的氯化反应的技术启示，本领域技术人员在对比文件 2 的启示下，自然会想到加入二甲基亚砜进行反应，而无须付出创造性劳动。针对反应试剂和反应温度，对比文件 2 中公开了氯化剂的用量和反应的温度范围，与权利要求 1 的范围重叠，本领域技术人员在对比文件 2 的启示下，自然有动机去调整原料的用量以及反应的温度，并可以预料其技术效果。若要有力地反驳上述观点，必然也要围绕上述区别技术特征中各反应条件参数（催化剂、反应温度、反应试剂）对于该申请的技术方案实现所述的技术效果起到何种作用、扮演何种角色来进行。

该申请请求保护的技术方案为一化工产品的制备方法，属于方法学类化学发明，进一步属于方法学改进（优化）类化学发明。对于此类发明的技术方案，其答辩思路一般包括对技术效果上的差异和技术方案上的差异两部分内容的分析，这两部分内容均十分关键，是准备答辩文件前必须考虑的内容。

第一部分，将该案技术方案的技术效果与审查员所指对比文件进行深入对比，以确定两种技术方案在技术效果上的差异有多大，即确定该案在技术效果上的优势如何。一般而言，方法学类化学发明的技术效果包括该反应的反应转化率的提高、反应选择性（例如不对称合成反应的手性选择性以及有副反应存在的主反应的反应选择性等）的提高、产品收率的提高、产品纯度的提高、反应时间的缩短、反应条件要求降低、反应“三废”更少、反应后处理更方便、更适合工业化生产、反应底物的适用范围更广（包括对廉价易得原料的兼容性高等）；对于反应体系中还有催化剂、催化助剂以及反应载体等辅助试剂存在的情况下，其技术效果还包括催化剂活性的提高（即催化剂用量的降低或催化循环次数的增加，一般体现为 S/C（substrate/catalyst）指数）、催化助剂活性的提高（即催化助剂用量的降低，一般体现为催化助剂与反应底物或催化剂的摩尔比）、反应载体（包括催化剂载体和反应试剂载体等）活性的提高（即反应载体用量的降低，一般体现为反应载体与反应底物或催化剂的摩尔比）等。对于方法学类化学发明而言，最常见的效果优势即体现在其目标产物收率和纯度的提高这一方面。然而在具体案例分析时，万万不可基于常规处理经验忽略其可能存在的其他效果优势，从而错失答辩中有利的论据。

第二部分，将该案技术方案的技术特征与审查员所指对比文件进行深入对比，以确定两种技术方案本身的差异有多大，即确定该案的区别技术特征。一般而言，方法学类化学发明的区别技术特征主要体现在其涉及的化学反应的反应体系中所包含的各个具体反应参数之上，具体如反应底物结构；反应试剂的类型、结构以及用量；反应催化剂的有无、类型、结构以及用量；反应温度；参与反应的各个试剂的加料顺序、加料方式；反应溶剂的有无、类型以及用量；反应条件（是否无水无氧等）；后处理步骤（包括反应淬灭方式、萃取条件等）；以及纯化步骤（包括重结晶条件和柱层析纯化条件）等。由于区别技术特征的确定是基于技术方案本身所进行的，因而遗漏的可能性较低。但需要注意的一点是，化学发明的创造性阐述都是围绕其反应机理来进行的，对于上述具体反应参数而言，一旦其被确定为区别技术特征之一，在具体分析时必须将其与该案所涉及化学反应的反应机理联系起来进行分析，否则答辩论述极易浮于表面、难以切中要害。

此外，在对审查员所指的认为给予了该申请“技术启示”的其他对比文件进行分析时，同样也需要从其技术方案以及其技术效果入手，来具体确定其是否足以给出相应技术启示。若该对比文件中涉及的技术方案本身与该发明差异巨大，或其所取得的技术效果与该案不甚相关，甚至是完全处于不同的技术领域，则这些明显的差异性就可以充分证明其难以给出相应技术启示的合理性。完全可以这样说，两种技术方案本身的差异越大，将在理论上越不容易结合而得到该案的技术方案。针对方法学类化学发明而言，技术方案的反应体系中某些反应参数的不同，可能造成反应机理的截然不同，而反应机理不同的两种技术方案，在理论上是难以结合的，从而为答辩提供重要的论据。

具体到该案，结合反应机理判断即可知：在区别技术特征方面，该发明的 1－氯丁烷的制备方法与包含对比文件1、2在内的现有技术最大的不同点，在于该发明的1－氯丁烷的制备方法是一个采用二甲基亚砜催化的$S_N2$卤代反应体系；对比文件1为无催化剂存在的$S_N2$卤代反应体系，对比文件2则为$S_N1$卤代反应体系。在技术效果方面，该发明的1－氯丁烷的制备方法设备简单、成本低、操作便易，反应收率在90%左右，产品GC纯度在99.5%以上，反应污染减少，更适合工业化生产，这些技术效果的获得主要归功于采用催化量的二甲基亚砜催化反应。

结合审查员的上述意见及专利代理师对该申请文件和对比文件公开内容的分析，至此已基本确定该案的答辩思路：此次答辩采用直接在原权利要求1权利请求范围基础上进行答辩的策略，答辩主要围绕此申请与对比文件1、2的技术方案所涉及反应机理的不同，重点强调该案使用特别的催化剂能够获得上述技术效果的非显而易见性。答辩要点确定后，随即也确定了此次答辩阐述发明的非显而易见性的主要内容和次要内容的先后顺序：

第一，对比文件2针对区别技术特征1）无法给予任何技术启示。

（1）对比文件2与该申请请求保护的技术方案中的反应机理完全不同。

（2）对比文件2不足以给出“利用二甲基亚砜作为催化剂来进行醇的氯化反应”的技术启示。

（3）“二甲基亚砜作为溶剂”与“二甲基亚砜作为催化剂”二者的差别巨大。

第二，对比文件2针对区别技术特征2）也无法给予任何技术启示。

结合答辩思路笔者发现，较为重要的部分在于第一点的阐述，也就是对比文件2针对区别技术特征1）无法给予任何技术启示，具体又需要从反应机理的不同、反应适用溶剂的不可参考性、反应溶剂与反应催化剂的角色不同这三个层次来逐步展开论述。以上针对第一点的论述内容将构成此次答辩中足以与审查员的观点抗衡的部分。至于对比文件2针对区别技术特征2）无法给予任何技术启示，相对来说则是次要内容，可安排在后文中。

如果在答辩过程中主次的先后顺序安排不当，比如将强调“对比文件2无法针对区别技术特征2）给出技术启示”放在前文中，而将需要重点强调的“对比文件2无法针对区别技术特征1）给出技术启示”放于后文，那么审查员最初的兴趣和精力将在阅读前文中的次要内容时消耗掉大部分；而重要且关键的后文部分在逻辑上又环环相扣、层层递进，需要审查员耗费大量的耐心和精力才足以理解，这种不合理的行文结构将严重影响审查员对此次意见陈述的答辩观点的接受程度。

**☞ 意见陈述原文摘录**

一、权利要求1具备创造性

1. 权利要求1具备突出的实质性特点

本申请的权利要求1请求保护一种1－氯丁烷的制备方法，其特征在于包含下列步骤：将催化剂、氯化试剂和水混合后，搅拌，然后再与正丁醇混合，进行氯化反应，制得1－氯丁烷；其中，所述的催化剂为二甲基亚砜，所述的氯化试剂为氯化氢，所述的氯化试剂与正丁醇的摩尔比为2.5：1～5：1；所述的搅拌温度为15～45℃。

本发明使用二甲基亚砜作为催化剂来制备1－氯丁烷，此方法设备简单、成本低、操作便易，反应收率在90%左右，产品GC纯度在99.5%以上，反应污染减少，更适合工业化生产。

1）最接近的现有技术

对比文件1（CN1069018A，1993.02.17）要求保护的是一种正丁醇和盐酸不加催化剂连续生产1－氯丁烷的方法。其中说明书第2—3页实施例部分中公开了如下技术方案：正丁醇和30%～31%盐酸加入反应釜中，正丁醇和盐酸的摩尔比为1：1～1.1，加热至93～105℃，沸腾下反应，蒸馏出反应产物1－氯丁烷、水以及未反应的正丁醇和盐酸，该混合物流送至分离精馏段，冷凝，精馏后获得1－氯丁烷，其收率为90%，纯度高于99.5%。

上述技术方案虽然也能够取得较佳的收率与产品纯度，但工艺设备复杂，成本高，操作烦琐。因此与对比文件1所述的技术方案相比，本发明的技术效果为：本发明使用二甲基亚砜作为催化剂来制备1－氯丁烷，此方法设备简单、成本低、操作便易，更适合工业化生产。

2）区别技术特征和本申请实际所解决的技术问题

由上述分析可知，与对比文件1所述的技术方案相比，本申请权利要求1的区别技术特征在于：

①权利要求1中采用二甲基亚砜作为催化剂，对比文件1中反应不使用催化剂；

②权利要求1中氯化试剂与正丁醇的摩尔比为2.5：1～3.5：1，对比文件1中氯化试剂与正丁醇的摩尔比为1.1：1～1：1；

③权利要求1中搅拌温度为15～45℃，对比文件1中没有对搅拌温度进行限定。

关于区别技术特征③，申请人与审查员有不同意见，具体为，审查员在审查意见通知书中指出与对比文件1中公开的技术方案相比，本申请的区别技术特征之一为："权利要求1中反应温度与对比文件1不同，权利要求1中反应温度为15～45℃，对比文件1中反应温度为93～105℃。"本申请权利要求1中已经写明"所述的搅拌温度为15～45℃"，可见15～45℃是搅拌的温度，而不是反应的温度，对比文件1没有对搅拌温度作任何限定，因此申请人将本申请与对比文件1公开的技术方案进行对比之后，将区别技术特征③写为"权利要求1中搅拌温度为15～45℃，对比文件1中没有对搅拌温度进行限定"。

与对比文件1相比，本申请结合上述区别技术特征与其他技术特征所得到的技术方案，其实际解决的技术问题为：本发明提供了一种使用二甲基亚砜作为催化剂来制备1－氯丁烷的方法，此方法设备简单、成本低、操作便易，反应收率在90%左右，产品GC纯度在99.5%以上，反应污染减少，更适合工业化生产。

3）发明对本领域技术人员非显而易见

上述区别技术特征与其他技术特征结合以得到权利要求1中的技术方案，解决本发明实际需要解决的技术问题，达到所述技术效果，相对于对比文件1、2和其他现有技术是非显而易见的。

a）针对区别技术特征①，审查员在审查意见通知书中指出“对比文件2公开了一种在有机溶剂与叔丁醇化合物的混合物中加入盐酸并搅拌，制备氯代烃化合物的方法，其中说明书第3、6－8页部分公开了如下技术特征：通式 $C_nR^1_mH_k(CR^2R^3OH)_j$ 所示的醇与有机溶剂的混合物中加入盐酸搅拌，可以制备式 $C_nR^1_mH_k(CR^2R^3Cl)_j$ 的氯代烃化合物，其中有机溶剂可以选择戊烷……二甲基亚砜、HMPA等……由此可见，对比文件2给出了利用二甲基亚砜作为溶剂来进行醇的氯化反应的技术启示，本领域技术人员在对比文件2的启示下，自然会想到加入二甲基亚砜进行反应，而无须付出创造性劳动。”申请人认为：

首先，对比文件2公开的技术方案是一种以芳香族取代叔醇类化合物为中间体制备相应氯代烃的两步法反应，其适用的中间体底物为各类芳香族取代叔醇类化合物，这一点可以从对比文件2权利要求1要求保护范围中的化学式通式 $C_nR^1_mH_k(CR^2R^3OH)_j$ 和其说明书中的相关描述得知。

本领域技术人员均知晓，氢卤酸与醇类化合物的亲核取代反应，其反应机理因醇类底物的结构不同而异：对于大多数一级醇，反应按照 $S_N2$ 机理进行（见下式（1）、（2））；而对于三级醇或空间位阻大的一级醇，反应按照 $S_N1$ 机理进行［见下式（3）、（4）、（5）］——这是有机化学中基本的机理常识。

$$RCH_2OH + HX \rightleftharpoons RCH_2\overset{+}{O}H_2 + \overset{-}{X} \qquad (1)$$

$$\overset{-}{X} + RH_2C-\overset{+}{O}H_2 \longrightarrow RCH_2X + H_2O \qquad (2)$$

---

$$ROH + HX \rightleftharpoons R\overset{+}{O}H_2 + \overset{-}{X} \qquad (3)$$

$$R\overset{+}{O}H_2 \rightleftharpoons R^+ + H_2O \qquad (4)$$

$$R^+ + \overset{-}{X} \longrightarrow RX \qquad (5)$$

对比文件2公开的技术方案中的反应中间体为叔丁醇类化合物，且为苄醇结构，苯基与两个烷基通过给电子效应使烯醇正离子稳定存在，烯醇正离子的正电荷更可以通过离域到苯环结构得到进一步稳定，毫无疑问，反应按照 $S_N1$ 机理进行，而本发明中反应底物为正丁醇，与盐酸的卤代反应则是按照 $S_N2$ 机理进行的，这也是为何对比文件1中反应副产物为醚，而对比文件2中反应副产物为烯烃的原因，二者的机理是完全不同的。

因此，与本发明所涉及的反应机理完全不同的其他技术方案，例如对比文件2，是无法在对比文件1公开的技术方案基础之上，给出解决本发明中实际解决的技术问题而进行改进的任何技术启示的。

其次，不同类型的溶剂在反应中的作用是不同的。质子溶剂由于可以稳定负离子从而有利于解离反应，所以是更适用于 $S_N1$ 反应的；偶极非质子溶剂由于与负离子作用微弱，亲核试剂一般不受偶极非质子溶剂包围，因此更适用于 $S_N2$ 反应。——这也是有机化学中的基本理论。本领域技术人员基于本领域的公知常识，没有任何动机为了解决本发明中涉及的 $S_N2$ 反应实际需要解决的技术问题，而从涉及 $S_N1$ 反应的相关技术文件如对比文件 2 中，寻求技术启示。因为基于上述本领域中的基本理论，二者对于适用溶剂的选择往往并不一致，甚至有可能是截然相反的。

因此，与本发明所涉及的反应机理完全不同的其他技术方案，例如对比文件 2，是无法在对比文件 1 公开的技术方案基础之上，给出将“二甲基亚砜作为溶剂”与区别技术特征②、③以及其他技术特征相结合，应用于本发明从而解决本发明实际解决的技术问题的技术启示的。

最后，也是最重要的，就算本领域技术人员可从对比文件 1 与 2 的结合中得到技术启示，从而将二甲基亚砜作为溶剂应用于本申请，但本申请中二甲基亚砜是作为催化剂存在的，“作为溶剂的二甲基亚砜”与“作为催化剂的二甲基亚砜”，二者所起作用的差别在任何一个有机反应中都是巨大的，因为：

溶剂不会直接参与反应。在绝大多数有机反应中，选取合适的溶剂对于反应成功具有重要的作用。但溶剂一般不对溶解于其中的溶质产生化学反应，也即，对于溶剂中的各种反应物或产物，溶剂是相对惰性的。

催化剂直接参与化学反应。在一个化学反应中，催化剂的作用是降低该反应发生所需要的活化能，通过加速化学反应，使反应尽快达到化学平衡。从本质上讲，“二甲基亚砜作为溶剂”的反应与“二甲基亚砜作为催化剂”的反应，已经涉及机理的改变。

本发明说明书部分实施例与对比实施例的效果数据证实（实施例 1*vs.* 对比实施例 1，5～7，说明书第 5～8 页），本发明是经过特别优化得到的技术方案，本发明所采用的技术方案使得反应收率和纯度都得到显著提高，这种提高是通过加入催化量的二甲基亚砜，并将其与浓盐酸进行简单的搅拌，进行后续反应才能够实现的。本发明并非简单地采用二甲基亚砜作为溶剂来进行反应，而是以二甲基亚砜作为催化剂，并结合了区别技术特征②、③以及其他技术特征，才得以解决本发明实际解决的技术问题。

基于以上分析，申请人认为对比文件 2 对于二甲基亚砜这一技术特征的披露，其与对比文件 1 的结合，是不能给出本领域技术人员任何技术启示以解决本发明实际需要解决的技术问题的。本发明所述的技术方案能够达到其对应的技术效果，从而解决本发明实际解决的技术问题，是对比文件 1、2 其他的现有技术或它们的结合均无法给出任何技术启示的。

b）针对区别技术特征②、③，审查员指出“对比文件 2 中公开了氯化剂的用量和反应的温度范围，与权利要求 1 的范围重叠，本领域技术人员在对比文件 2 的启示下，自然有动机去调整原料的用量以及反应的温度，并可以预料其技术效果”。申请人认为：

如前所述，对比文件 2 与本发明所涉及的化学反应机理是完全不同的。因此对比文件 2 或其他与本发明所涉及的反应机理完全不同的技术方案，都是无法在对比文件 1

公开的技术方案基础之上，给出将“反应试剂的用量进行调整”或“反应温度进行调整”的区别技术特征与区别技术特征①以及其他技术特征相结合，应用于本发明从而解决本发明实际解决的技术问题的技术启示的。

本发明能够解决上述的技术问题，是在权利要求1要求保护的技术方案的整体基础上才得以实现的，是将区别技术特征①、②、③以及其他技术特征结合起来，共同协作才能实现的。这些都是无法从对比文件1和2、其他的现有技术或它们的结合中都得到的。

综合以上所述，在对比文件1和/或2的基础上，结合本领域的公知常识，均没有对本发明给出任何技术启示，本申请权利要求1的技术方案非显而易见。因此，本申请权利要求1具有突出的实质性特点。

2. 权利要求1取得显著的进步

首先，化学反应的本质在于其机理。申请人认为，申请人在申请文件中通过效果数据证实，此技术方案涉及一种新的由二甲基亚砜催化的$S_N2$卤代反应。在此基础上，本申请提出了一种与现有技术完全不同的二甲基亚砜催化的1-氯丁烷的制备方法，属于技术构思不同的技术方案，并且达到与现有技术相同或更优的技术效果，从方法学角度来讲具有显著的进步。

其次，从技术效果来讲，本发明采用催化量的二甲基亚砜催化反应，所得产物收率高达90%，纯度更高于99.5%；并且本发明引入的催化剂不会带来重金属离子污染，反应所得反应液残液还可循环套用，对环境友好；最重要的是，本发明的催化体系避免了复杂设备的使用，操作简单，将浓盐酸和催化量的二甲基亚砜简单搅拌后，加入正丁醇，常规蒸馏装置进行蒸馏，即可分馏得到产物。

对比文件1中说明书第1页记载“该发明旨在……提供一种排出污水量少、含醇和酸量低、产品纯度高、杂质（特别是二丁基醚）含量极低的……连续生产……的工艺方法”；说明书第2页记载“该发明的目的可以通过下述措施实现……”；“为了降低从反应混合物分离出来的水中的醇和酸的量……使反应混合物进入恒沸蒸馏塔”；“为了进一步回收未反应的正丁醇和减少污水排放量，并降低排出水的酸度，该发明还采用了共沸器装置”；“为了获得纯度高、杂质（特别是二丁基醚）含量极低的氯代正丁烷……该发明还采用了精馏手段”。因此，对比文件1中的“方法是由反应段、分离精制段、正丁醇回收段三个工艺程序组成”（说明书第2页）。经过对上述技术方案的分析，对比文件1中记载的技术方案实际是一种用于工业生产的连续生产方案，包含反应段、分离精制段、正丁醇回收段三个工艺程序，通过复杂的反应装置（包括恒沸蒸馏塔、共沸器、精馏塔等）来提高反应收率和纯度，此处的收率为整个工艺流程的总收率，可知反应段收率一定低于90%。对比文件1中通过复杂的生产设备虽然能获得收率与纯度均佳的产品，但氯代反应本身的收率是必然低于90%的，且同时带来生产设备投资高、操作困难等工艺问题。

对比文件2中的反应与本发明为两类完全不同的反应，不属于为了解决同一技术问题而设计的技术方案，没有可比性。

因此本发明与现有技术相比确实具有更好的技术效果。

综上，本申请权利要求1具有突出的实质性特点和显著的进步，具备创造性，符合《专利法》第22条第3款规定的创造性。

## 【案例No. 1310465】一种手术室

### ☞ 案由简要

该申请涉及一种手术室（权利要求1~7）。

➢ 一通：审查员引用了对比文件1（CN102635907A）、对比文件2（CN201373517Y）和对比文件3（JP2003214668A），认为权利要求1~7不具备创造性。

➢ 答一通：未修改权利要求，论述权利要求1~7具备创造性。

➢ 二通：审查员未认可之前意见陈述，仍然认为权利要求1~7不具备创造性。

➢ 答二通：删除原权利要求1和原权利要求2，将原权利要求3作为新的权利要求1，论述新权利要求1~5具备创造性。

➢ 审查结果：授权。

### ☞ 相关权利要求

原权利要求：

1. 一种手术室，其包括一回风系统，所述手术室包括一由土建墙与内墙围出的夹墙层、一顶层，其特征在于，所述回风系统嵌设在所述夹墙层内，包括自上而下依次连接的一回风总管、一回风支管、一静压箱单元和一回风单元；所述回风单元包括若干回风口，各所述回风口倾斜地嵌设于所述夹墙层的下部，并且与所述土建墙相对设置；各所述回风口的下部固设有一过滤装置；位于各所述回风口下方的所述夹墙层为敞开式。

2. 如权利要求1所述的手术室，其特征在于，所述静压箱单元包括若干静压箱，各所述静压箱与各所述回风口一一对应配套连接；各所述静压箱均连接至所述回风支管。

3. 如权利要求2所述的手术室，其特征在于，各所述静压箱分别通过一法兰与所述回风支管固定连接。

### ☞ 相关说明书内容

摘录一

如图1所示，一种手术室，其包括一送风系统8和一回风系统，送风系统8与所述回风系统分别连接至一空调机组（图中未示出）。所述手术室包括一由土建墙与内墙围出的夹墙层1、一顶层2。送风系统8设置在顶层2上，包括一层流送风天花和一送风总管。所述回风系统嵌设在夹墙层1内，并且自上而下依次连接有一回风总管6、一回风支管5、一静压箱单元4和一回风单元3。回风总管6与所述空调机组相连（图中未示出）。

摘录二

回风单元3包括若干回风口，所述回风口倾斜地嵌设于夹墙层1的下部，并且与所述土建墙相对设置，如此可使所述回风口隐蔽于所述夹墙层内，从手术室内不会看见裸露的回风口。各所述回风口的下部固设有一过滤装置，具体来说，所述过滤装置是一过滤网。各所述过滤装置分别通过一支架固定在各所述回风口的下部，所述支架与所述内墙连接。静压箱单元4包括若干静压箱，各所述静压箱与各所述回风口一一对应配套连接。各所述静压箱分别通过一法兰与回风支管5固定连接，回风支管5与回风总管6固定连接。

位于各所述回风口下方的所述夹墙层为敞开式，以免阻挡所述手术室内的风和空气进入所述回风口。具体来说，从地面至距地面500毫米处且在各所述回风口下方的这一部分的夹墙层是敞开的、无遮挡的。

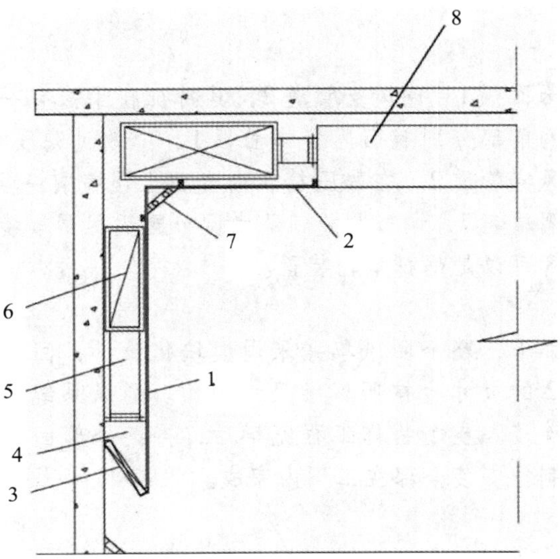


**图1**

## ☞ 相关对比文件公开内容

**【对比文件1】**

摘录一

［0042］实施例1

［0043］参照图1所示，一种节能手术室风处理系统，包括空调机组和消声直流风机机组。

［0044］空调机组和消声直流风机机组设置在手术室的双层墙3内，所述空调机组由恒温恒湿直澎式空调组成，即第一空调11和第二空调12。

［0045］消声直流风机机组由消声直流风机2组成。

［0046］手术室的双层墙3内设有无菌隔离墙体31。

［0047］本实施例中的风处理系统采用两路进新风的方式，其中新风为自吸式进入系统。

风处理系统采用二次回风技术，减少涡流死角区，使净化效果更好。

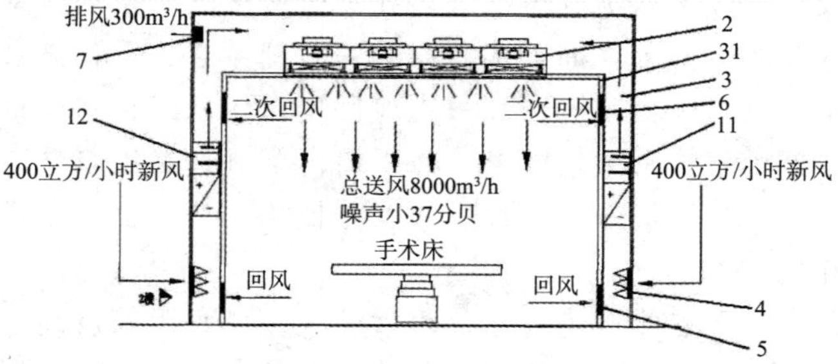


图 1

【对比文件 2】

摘录一

图中包括回风装饰面板 1、回风支管道 2，其特征在于：有一静压箱 3 安装在洁净室墙体上，静压箱 3 的前部分别有回风装饰面板 1、中效过滤段 4、调节风阀 5，静压箱 3 的后顶部连接回风支管道 2。在静压箱 3 内表面上覆盖有一层消声材料 6。在回风装饰面板 1 上有调节阀旋钮 7，调节阀旋钮 7 由调节阀远程调节装置 8 连接调节风阀 5。调节阀远程调节装置 8 可以是蜗杆蜗轮装置。

摘录二

具体的实施方式如下，整个回风单元采用模块化设计，回风口的宽度与墙板的宽度一样，回风支管道 2 的尺寸也按照标准尺寸制作。通风系统制作完成后，将下部回风单元与回风管道相连接。整个装饰工程完毕后，再把外部回风装饰面板 1 上的保护膜撕掉，整个单元的制作安装全部在工厂内完成。

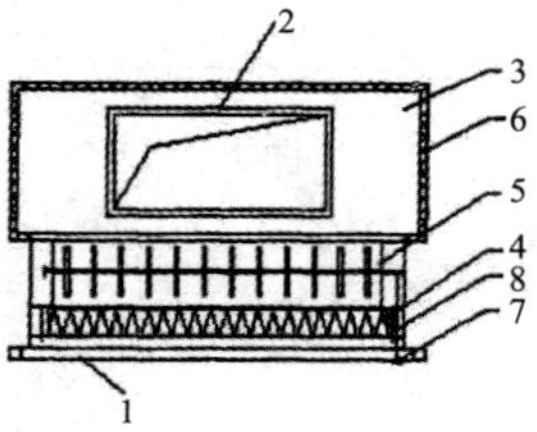


图 1

【对比文件 3】

摘录一

【０００２】

【従来の技術】精密機器製造ラインが設置されるクリーンルームは、半導体製造ラインが設置されるクリーンルームよりも、要求される清浄度が低いので、低コストの観念からローカルリタン方式を採用することが一般的である。例えば、図７に示すクリーンルームは、室１の床面が平坦に形成されるとともに、室１の側壁２に巾木吸込口３が形成されている。室１の天井面には、ＦＦＵ(ファンフィルタユニット) ５が配設され、室１の内部には、精密機器の製造装置４が設置されている。製造装置４は、その子機などをリターン空間６に設置する都合上、側壁２の近傍に配置されている。

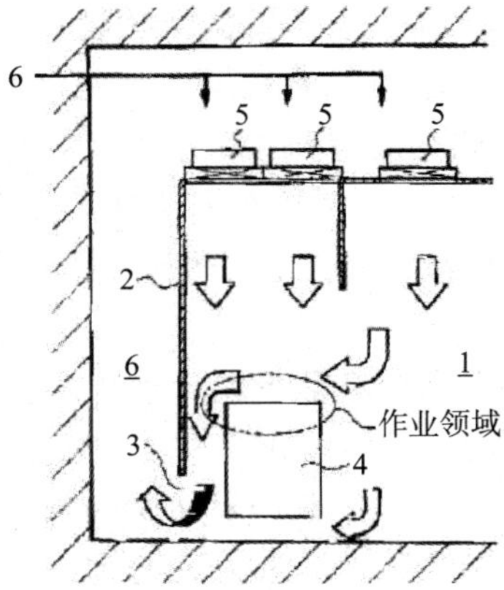


图1

## ☞ 审查意见

第二次审查意见通知书摘录

摘录一

权利要求1请求保护一种手术室，对比文件1（CN102635907A）公开了一种洁净手术室，其具体披露了如下特征（说明书第0044～0048段、图1）：包括一回风系统，所述手术室包括一由无菌隔离墙体31和土建墙围出的双层墙3（相当于本申请中的夹墙层），空调机组和消声直流风机机组均设置在双层墙3内，手术室具有顶层（参见图1），所述回风系统嵌设在所述双层墙3内，其包括若干第二可拆式初中效过滤器的栅栏口5（相当于本申请中的下部固设有过滤装置的回风口）。

可见，权利要求1与对比文件1的区别特征为：回风系统包括自上而下依次连接的一回风总管、一回风支管、一静压箱单元和一回风单元；各所述回风口倾斜地嵌设于所述夹墙层的下部，并且与所述土建墙相对设置：位于各所述回风口下方的所述夹墙层为敞开式。基于该区别特征，权利要求1实际要解决的技术问题为：确定回风系统的具体结构以及如何设置回风口的具体位置。

对比文件2（CN201372517Y）公开了一种洁净室专用回风单元，其具体披露了如下特征（说明书第2页第3段、图2）：包括自上而下依次连接的回风支管道2（相当于本申请中的回风支管）、一静压箱3、一回风装饰面板1、中效过滤段4、调节风阀5（三者共同相当于本申请中的回风单元），回风装饰面板1的位置即为回风口。可见，对比文件2公开了大部分回风系统的结构，该特征在对比文件2中的作用与其在权利要求1中为解决其技术问题所起的作用相同，均是提供了一种洁净室回风系统的具体结构，本领域技术人员确定其可以用于洁净手术室，即对比文件2给出了将上述特征应用到对比文件1以进一步解决其技术问题的启示。

对比文件3（JP2003－214668A）公开了一种洁净室，其具体技露了如下特征（说明书第0002段、图7）：

包括一回风口3，所述回风口3设置在夹墙层的下部，且夹墙层下部为敞开式。可见，对比文件3公开了部分回风口的结构，该特征在对比文件3中的作用与其在权利要求1中为解决其技术问题所起的作用相同，均是提供了一种洁净室回风口的具体设置位置，本领域技术人员确定其可以用于洁净手术室，即对比文件3给出了将上述特征应用到对比文件1以进一步解决其技术问题的启示。

未被对比文件2、3公开的特征“回风系统还包括回风总管”是手术室回风系统常见的回风管路设置方式，“各所述回风口倾斜地嵌设于所述夹墙层的下部，并且与所述土建墙相对设置”是本领域技术人员在对比文件3公开的敞开式回风口的基础上，结合回风单元通常具有的结构并考虑回风量等容易想到的设置。

因此，在对比文件1的基础上结合对比文件2、3及本领域惯用技术手段从而得到权利要求1所要保护的技术方案对于本领域技术人员来说是显而易见的，故该权利要求不具有突出的实质性特点，不具备《专利法》第22条第3款规定的创造性。

摘录二

权利要求2是对权利要求1的进一步限定，其附加技术特征“所述静压箱单元包括若干静压箱，各所述静压箱与各所述回风口一一对应配套连接；各所述静压箱均连接至所述回风支管”是本领域技术人员在对比文件2的基础上，结合本领域常见设置容易得到的。因此，在其引用的权利要求不具备创造性的情况下，权利要求2也不具有突出的实质性特点，不具备《专利法》第22条第3款规定的创造性。

摘录三

权利要求3是对权利要求2的进一步限定，其附加技术特征“各所述静压箱分别通过一法兰与所述回风支管固定连接”是本领域常见连接固定方式。因此，在其引用的权利要求不具备创造性的情况下，权利要求3也不具有突出的实质性特点，不具备《专利法》第22条第3款规定的创造性。

摘录四

审查员不能同意上述观点：

对于区别特征A，该特征记载了回风系统的具体结构，而对比文件1中并没有明确记载回风系统除了回风口5、6外还包括其余那些部件，因而本领域技术人员可以寻找其余更加具体的回风系统来改善对比文件1中的回风结构，而对比文件2公开了一种与本申请类似的回风系统结构，尽管其没有明确记载是否可以用在夹墙层中，但依据本领域技术人员的判断，为了改善对比文件1中回风结构，可以将对比文件2中的具体回风系统结构引入对比文件1中，此外，对比文件1的夹墙层中确实设置了第一、第二空调，但不能否认夹墙层空间大，而回风系统必然要与回风口临近，那么将包含有回风管、静压箱等部件的回风系统设置在夹墙层中而不影响空调的使用是完全可行的，即对比文件2可以结合到对比文件1中。

对于区别特征C，对比文件3中公开了下部敞开式的夹墙层，而且尽管其声称是出于为了便于清洁制造装置18的目的而进行回风，但其实质仍然提供了一种下端敞开式的且带有回风口的夹墙层结构，而本领域技术人员能够明了，该结构可以客观起到避免阻挡手术室内的风和空气进入回风口的作用，因此，鉴于此种设置的优点，本领域技术人员可以改进对比文件1中回风口5的结构，将其设置为下端敞开式的回风口；因此，对比文件3有动机结合到对比文件1中。

在上述基础上，进一步改进回风面积，将回风口倾斜设置（即获得区别特征 B）是本领域技术人员在现有技术基础上能够获得的。

因此，申请人的意见陈述不具备说服力。基于上述观点，本申请的权利要求 1 仍然不具备创造性，其从属权利要求 2 ~7 也不具备创造性。

☞ **答辩要点分析思路**

审查员在评述围绕结构的区别技术特征时，可以分为以下三种情况：

（1）对于某一区别技术特征，审查员在审查意见通知书中针对专利代理师在上一次意见陈述中的关于该区别技术特征的观点进行了反馈，且不同意专利代理师的观点；

（2）对于某一区别技术特征，审查员引用了对比文件进行了较大篇幅的论述，认为该区别技术特征在对比文件的基础上是常用技术手段；

（3）对于某一区别技术特征，审查员未引用对比文件且仅较为笼统地评述该区别技术特征是常见的设置方式，是常用的技术手段。

其中，对于（1），如该案中的区别技术特征 A，一方面，关于区别技术特征 A 的论述是对审查员在审查意见通知书中观点的反驳，是对审查员提出问题的反馈，先行撰写该部分能够体现出专利代理师的论述就是针对审查员的意见进行的，有助于给审查员留下较好的主观印象，有利于审查工作的进行；另一方面，在众多的区别技术特征中，专利代理师认为区别技术特征 A 对新的权利要求 1 的创造性的贡献较大，在具体论述时，关于区别技术特征 A 的论述应当写在前面。从而，关于区别技术特征 A 的论述属于主要的部分，应当先行撰写。

对于（2），如该案中的区别技术特征 D，区别技术特征 D 对新的权利要求 1 的创造性也具有较大的贡献，但其贡献程度略次于区别技术特征 A，因此，相对于区别技术特征 A 的论述，关于区别技术特征 D 的论述属于较为次要的部分，应当位于区别技术特征 A 的论述的后面。

对于（3），如该案中的区别技术特征 E，区别技术特征 E 对新的权利要求 1 的创造性也具有一定的贡献，且其贡献程度又次于区别技术特征 D，关于区别技术特征 E 的论述是对新的权利要求 1 创造性论述的补充说明，属于次要的部分，应当位于区别技术特征 D 论述的后面。

☞ **意见陈述书原文摘录**

答二通意见陈述书摘录

一、新的权利要求 1 具备创造性

（一）新的权利要求 1 具有突出的实质性特点

1. 确定最接近的对比文件

对比文件 1（CN102635907A）披露了本发明的部分技术特征，因此将对比文件 1 作为最接近的现有技术。

2. 新的权利要求 1 相对于对比文件 1 的区别技术特征和实际解决的技术问题

将本申请新的权利要求 1 与对比文件 1 相比较可知，本申请的手术室与对比文件 1 所公开的洁净手术室的区别技术特征至少包括：

A. 回风系统包括自上而下依次连接的一回风总管、一回风支管、一静压箱单元和一回风单元；

B. 各所述回风口倾斜地嵌设于所述夹墙层的下部，并且与所述土建墙相对设置；

C. 位于各所述回风口下方的所述夹墙层为敞开式；

D. 所述静压箱单元包括若干静压箱，各所述静压箱与各所述回风口一一对应配套连接；各所述静压箱均连接至所述回风支管；

E. 各所述静压箱分别通过一法兰与所述回风支管固定连接。

在进一步论述前，先进一步解释一下上述区别技术特征：

关于区别技术特征A，本发明的回风系统包括自上而下依次连接的一回风总管、一回风支管、一静压箱单元和一回风单元，通过本发明的回风系统进行回风。

然而对比文件1包括第二含可拆卸式初中效过滤器的栅栏口5以及第三含可拆卸式初中效过滤器的栅栏口6两个回风的口，而且栅栏口5和栅栏口6之间设置有第一空调11。也就是说对比文件1之中，在设置回风系统的地方设有第一空调11和第二空调12，从而，若在对比文件1中设置回风系统需要夹墙层具有足够的空间。

关于区别技术特征B，本发明的各所述回风口倾斜地嵌设于所述夹墙层的下部，并且与所述土建墙相对设置，如此可使所述回风口隐蔽于所述夹墙层内，从手术室内不会看见裸露的回风口。这样保证了美观，此外，风口直接外露容易因为与手术室繁多的设备过于贴近而阻碍了气流，隐藏式的风口具有足够的空间让气流自由流动，从而避免了对风量噪音和洁净均衡性的影响。

然而对比文件1之中的第二含可拆卸式初中效过滤器的栅栏口5以及第三含可拆卸式初中效过滤器的栅栏口6均是设置在墙上，直接暴露出来。这样，不但能够看到栅栏口，影响美观，而且暴露在外的栅栏口也容易受到碰触损坏，而且会阻碍了气流。

关于区别技术特征C，本发明的各所述回风口下方的所述夹墙层为敞开式。这样通过与区别技术特征B的结合，以免阻挡所述手术室内的风和空气进入所述回风口。

然而对比文件1之中的第二含可拆卸式初中效过滤器的栅栏口5以及第三含可拆卸式初中效过滤器的栅栏口6均是直接与室内连通的，因此没有也不需要设置为敞开式。

关于区别技术特征D，本发明的各所述静压箱与各所述回风口一一对应配套连接，这样通过与区别技术特征B和C的结合，以便于所述手术室内的风和空气进入各所述回风口后有序、均匀地分配风量，提高了洁净均衡性。

关于区别技术特征E，本发明的各所述静压箱分别通过一法兰与所述回风支管固定连接，各所述静压箱均与所述回风支管紧密连接，这样通过与区别技术特征D结合，进一步提高了洁净均衡性。

综上所述，本技术方案相对于对比文件1实际解决的技术问题是，充分利用原本浪费了的手术室夹墙层空间，提高空间利用率。保证了美观，也可以避免回风口遭到碰触而损坏，避免了对风量噪音和洁净均衡性的影响。所述手术室内的风和空气进入各所述回风口后有序、均匀地分配风量，进一步提高了洁净均衡性。

3. 新的权利要求1中的技术方案对于本领域技术人员来说是非显而易见的

（1）本领域技术人员是不容易想到将区别技术特征A运用到对比文件1之中的。

对比文件2（CN201373517Y）公开了一种洁净室专用回风单元，其包括回风支管2、静压箱3、回风装饰面板1、中效过滤段4、调节风阀5。虽然对比文件2公开了与本发明的区别技术特征A的相关结构，但不意味着本领域技术人员能将对比文件2结合到对比文件1之中。

从对比文件2的记载之中，仅仅只能看到洁净室专用回风单元的自身结构，并没有记载回风单元是如何引用到洁净室之中的。对比文件1之中，不只夹墙层，还有很多空余位置，本领域技术人员在不存在任何技术启示的情况下，不一定会将回风单元设置到夹墙层内。

此外，对比文件1设置有第一空调11，这个位置是相当于本发明的回风系统的位置。对比文件1中的第一空调11起到了在一次回风和二次回风之间的调节作用，是对比文件1的重要组成部分，影响到整个洁净室的正常工作。也就是说，如果如审查员所述将对比文件1与对比文件2结合，那么本领域技术人员在不存在任何启示的情况下，为了不影响第一空调11的正常工作，通常也会避开第一空调11所在的位置。另外，即使夹墙层的空间足够大，将对比文件2中包括回风管、静压箱等部件的回风系统应用到对比文件1中且设置在夹墙层中而不影响第一空调11的正常使用，也需要考虑第一空调11是否会影响回风系统的正常工作。因此可见，对比文件2没有给出将区别技术特征A运用到对比文件1的技术启示，本领域技术人员没有动机在对比文件1的基础上进行改进以获得新的权利要求1的技术方案。

（2）本领域技术人员是不容易想到将区别技术特征D运用到对比文件1之中的。

本发明中所述静压箱单元包括若干静压箱，各所述静压箱与各所述回风口一一对应配套连接，以便于所述手术室内的风和空气进入各所述回风口后有序、均匀地分配风量，提高了洁净均衡性。而对比文件2公开了一种洁净室专用回风单元，其包括回风支管2、静压箱3、回风装饰面板1、中效过滤段4、调节风阀5。对比文件2中并未公开静压箱3与回风装饰面板之间的对应关系，而本发明中的各所述静压箱并不是简单的叠加，而是发明人为了有序、均匀地分配风量以及提高洁净均衡性而进行的创造性劳动。从而，区别技术特征D并不是一种常规设置，本领域技术人员在不存在任何技术启示的前提下，并不容易想到将对比文件2结合到对比文件1中。

另外，即使将对比文件2结合到对比文件1中，由于本发明中回风口和静压箱的数量均可以为多个，而对比文件2中回风单元由于结构的限制，若需要将回风口和静压箱3的数量设置为多个，本领域技术人员容易想到的是采用多个对比文件2中的回风单元，如此，需要占用大量的空间。在对比文件1中已经设置第一空调11和第二空调12的前提下，考虑到夹墙层的空间大小，将多个对比文件2中回风单元应用到对比文件1中是难以实现的。

（3）区别技术特征E不是常用技术手段。

本发明的各所述静压箱分别通过一法兰与所述回风支管固定连接，各所述静压箱均与所述回风支管紧密连接，进一步提高了洁净均衡性。这种连接方式并不仅仅是为了实现所述静压箱与所述回风支管的连接，而是在实现所述静压箱与所述回风支管连接的基础上，进一步提高洁净均衡性。从而，区别技术特征E对应的连接方式并不是从常见固定连接方式中的随机选择，且这种连接方式在对比文件2中没有进行记载，因此并不是本领域的常用技术手段。

(4) 区别技术特征B并不是在现有技术的基础上能够简单获得的。

如前文所述，本发明的区别技术特征B是为了使所述回风口隐蔽于所述夹墙层内，从而保证了美观和避免回风口遭到损坏，避免了对风量噪音和洁净均衡性的影响而设计的。这在对比文件1、对比文件2和对比文件3之中均没有进行记载，也不是单纯的结构变化，因此并不是本领域的常规技术手段。

综上所述，独立权利要求1的技术方案，是本领域技术人员根据对比文件1、对比文件2和对比文件3并结合其他现有技术也是不容易想到的，故具有突出的实质性特点。

(二) 新的权利要求1具有显著的进步

本技术方案充分利用原本浪费了的手术室夹墙层空间，提高空间利用率。保证了美观，也可以避免回风口遭到碰触而损坏，避免了对风量噪音和洁净均衡性的影响。所述手术室内的风和空气进入各所述回风口后有序、均匀地分配风量，进一步提高了洁净均衡性。

因而获得了有益的技术效果，具有显著的进步。

综上所述，独立权利要求1具有突出的实质性特点和显著的进步，具备《专利法》第22条第3款所规定的创造性。

(6) 论述的内容应有理有据，避免空洞无力。

对于发明显而易见性的论述应尽量有理有据，言之有物，富有说服力，尽量避免空洞无力的文字的反复堆砌。例如，审查员认为发明的区别技术特征通过简单的试验很容易想到。意见陈述中反复陈述发明人是经过了大量的艰苦试验才获得了该发明，并非如审查员所述容易想到。这样的答复看上去十分勉强，显得苍白无力。仅凭这样的反复陈述，是很难说服审查员改变观点的。如果能从多个角度，如对比文件给出的技术启示、本领域技术研发的特点和现状，要获得该发明技术方案需尝试的试验数量等进行阐述并提供相关的文献予以佐证，显然要比“大量的艰苦试验”显得更有力度。要做到论述内容充实有力确实不容易，尤其是对于部分申请创造性较低，可供陈述的理由较少的情况。但真正考验专利代理师价值水平的，正是从“茅草堆里找金子”的本领。多动脑筋，多想办法，尽力使意见陈述内容具体化、真实化，以增强意见陈述的说服力。

## 【案例 No. 1510690】一种红茶菌蛋白饮料及其制备方法

### ☞ 案由简要

该申请涉及一种制备红茶菌蛋白饮料（权利要求10：方法限定的产品）及其制备方法（权利要求1~9为方法）。

➢ 一通：审查员引用一篇对比文件认为权利要求 1～10 不具备创造性。
➢ 答一通：未修改。
➢ 审查结果：答一通后授权。

☞ **相关权利要求**

1. 一种制备红茶菌蛋白饮料的方法，其包括下述步骤：将活菌数比例为 1∶1∶1 酿酒酵母（*Saccharomyces cerevisiae*）S288C、嗜酸乳杆菌（*Lactobacillus acidophilus*）NCFM 和干酪乳杆菌（*Lactobacillus casei*）LC2W 加入红茶菌蛋白发酵基料中发酵，使发酵液 pH 在 3.6～4.5，杀菌后即得所述红茶菌蛋白饮料；所述红茶蛋白发酵基料包括 1%～20%糖、0.2%～2%红茶粉、2%～20%蛋白质基料和补至 100%的水，所述百分比为占所述红茶菌蛋白发酵基料总质量的质量百分比；所述蛋白质基料为选自脱脂乳、生鲜乳和脱盐乳清中的一种；所述酿酒酵母 S288C、嗜酸乳杆菌 NCFM 和干酪乳杆菌 LC2W 的添加量均为 $10^7$～$10^9$cfu/mL，所述 cfu/mL 为 cfu 每毫升所述红茶菌蛋白发酵基料。

☞ **相关对比文件公开内容**

1.3 方法

1.3.1 红茶菌的培养

茶、白砂糖、水按照质量比 0.2∶5∶20 混合，煮沸 15min，过滤，冷却至室温备用，红茶菌菌液按 1∶5 的比例接到滤液中，在 40℃条件下培养 8～10 天，使其充分生长。

1.3.2 菌种的活化

取符合国家标准的鲜牛奶 100ml 放入 250ml 的锥形瓶中，在高压灭菌锅中用 115℃灭菌 5min，取出冷却到室温，在无菌条件下加入菌液 25ml，放在不同温度下进行培养，在不同时间测定菌液的酸度和菌种的活力。

1.3.3 工艺流程

原料乳一过滤→均质→杀菌一冷却→接种→培养一冷藏后熟→产品

1.3.4 红茶菌酸奶工艺中单因素的研究

1.3.4.1 发酵温度对酸奶感官品质的影响发酵温度分别选择 38℃、40℃、42℃、44℃、46℃5 个水平，试验选择接种量为 10%，发酵时间选择 8h。

☞ **审查意见**

1. 权利要求 1 不具备《专利法》第 22 条第 3 款规定的创造性

权利要求 1 请求保护一种制备红茶菌蛋白饮料的方法，其特征部分采用措辞“包括”限定了具体的工艺步骤。对比文件 1（郑有为等，红茶菌酸奶的工艺，食品研究与开发，第 31 卷第 10 期，第 91～95 页，2010 年 10 月）公开了一种红茶菌酸奶的制备方法，具体如下：红茶菌的培养茶、白砂糖、水按照质量比 0.2∶5∶20 混合，煮沸 15min，过滤，冷却至室温备用，红茶菌菌液按 1∶5 的比例接到滤液中，在 40℃条件下培养 8～10d，使其充分生长。

菌种的活化

取符合国家标准的鲜牛奶 100mL 放入 250mL 的锥形瓶中，在高压灭菌锅中用

115℃灭菌5min，取出冷却到室温，在无菌条件下加入菌液25mL，放在不同温度下进行培养，在不同时间测定菌液的酸度和菌种的活力。

工艺流程

原料乳→过滤→均质→杀菌→冷却→接种→培养→冷藏后熟→产品并通过设置单因素试验研究发酵温度、发酵时间、接种量对于酸奶品质的影响（参见对比文件1第92页1.3方法）。

权利要求1与对比文件1均涉及一种制备红茶菌蛋白饮料的方法，两者相比，区别特征为：权利要求1限定了菌种的具体种类、比例以及添加量，且将菌种直接加入到红茶菌蛋白发酵基中进行发酵，限定了发酵后发酵液的pH、发酵基料的组成配比、蛋白质基料的种类、发酵后需杀菌。基于上述区别特征，权利要求1相对于对比文件1所实际解决的技术问题是：如何提供一种风味口感不同的红茶菌蛋白饮料。

对于上述区别特征，对于菌种的选择，按照本领域普通技术知识即可获知，红茶菌是由酵母菌、醋酸菌、乳酸菌组成的共生体系。但是由于醋酸菌在繁殖过程中容易在培养液表面形成菌膜，虽然该菌膜含有丰富的营养成分且具有多重保健功效，但是就饮料产品来说，其使产品的外观存在缺陷，故本领域技术人员可结合实际产品品质以及风味、口感需求合理将对比文件1中的红茶菌菌种的具体组成进行合理调整。酿酒酵母、嗜酸乳杆菌以及干酪乳杆菌分别是本领域常见的酵母菌和乳酸菌，本领域技术人员熟知其各自的生物活性特点可结合实际需要合理选用，而对于具体菌株的选择，本领域技术人员可结合不同菌种的生物活性以及产品预期达到的风味、口感等合理确定为酿酒酵母S288C、嗜酸乳杆菌NCFW以及干酪乳杆菌LC2W。对于三者的配比以及用量，本领域技术人员可结合常规的配比范围、三者不同的生物活性，并借助有限的试验合理调鲜乳、脱脂乳以及脱盐乳清也是本领域常见的蛋白质基料，本领域技术人员可结合实际需要合理代替对比文件1中的鲜牛奶。对于发酵后发酵液的pH、各原料的配比，本领域技术人员可结合所选用菌种的生物活性特点、常规的配比范围、产品预期达到的风味口感等因素并借助有限的试验合理调整获得。发酵后杀菌是本领域技术人员基于实际需要所做出的常规选择。

因此，本领域技术人员在对比文件1的基础上结合本领域普通技术知识并根据需要做出常规选择就可以得出权利要求1所请求保护的技术方案。故权利要求1所请求保护的技术方案不具备突出的实质性特点和显著的进步，不具备《专利法》第22条第3款规定的创造性。

☞ **答辩要点分析思路**

1. 初步处理思路

在初步处理思路中，代理师仅仅将该发明权利要求1的技术方案和对比文件1公开的方法用文字罗列出来，然后就得出对比文件1中的产品、制备方法与该发明完全不同的结论，没有任何推理和延伸，即对比文件1中的产品、制备方法为何与该发明完全不同？如何不同？怎么不同？

另外，对于审查意见通知书中审查员指出的“通过有限的试验得到、本领域常规技术选择或本领域合理范围调整即可确定”，代理师在初步处理思路中，仅采用简单的语言描述，而没有很好地结合该发明自身对原料比例进行详细阐述。

可见，在代理师的初步处理思路中，首先简单罗列该申请和对比文件1公开的内容，然后就得出“对比文件1没有给出如何解决该技术问题的任何技术启示”或“权利要求1的技术方案是发明人经过创造性劳动获得的”结论，而没有具体分析的过程，在权利要求未修改的情况下，很难说服审查员。

2. 最终处理思路

在最终处理思路中，代理师深入分析该申请和对比文件1公开的内容。例如该申请权利要求1是红茶菌饮料的制备，而对比文件1公开的是红茶菌酸奶的制备。一个是红茶菌饮料，一个是红茶菌酸奶，这完全属于不同的食品领域。从产品本身出发，论述二者产品不同，制备工艺也不同，相互之间没有任何可比性和借鉴性。另外，由于微生物领域的特殊性，同一微生物很难同时用于制备两种以上不同的乳制品，从这个角度向审查员进行详细阐述。

另外，结合该发明自身对比例1进行详细阐述，说明权利要求1相对于对比文件1的区别技术特征是特别筛选的，其配合权利要求1的其他技术特征，解决该发明所述的技术问题并实现所述的效果，而并非通过有限的试验得到、本领域常规技术选择或本领域合理范围调整获得。

3. 问题总结

在创造性论述中，一定要有推理和推论的过程，即在反驳审查员的观点或抛出代理师的观点时，要有因有果。如果仅仅是将发明或对比文件公开的内容进行简单的文字罗列，这个谁都可以做到，这样做很难使审查员接受发明具备创造性。另外，反驳审查员的观点时，也要做到有理有据，不是在审查员的观点前面加入“不是”“不对”等就可以，而是从所属领域的发展过程、特点等深入挖掘审查员观点的漏洞与不合理之处。

### ☞ 意见陈述原文摘录

**【意见陈述书初稿】**

1.1 与对比文件1相比，权利要求1的区别技术特征在于：

（1）产品不同。本发明是含有少量蛋白质的茶饮料。对比文件1中是酸奶。

（2）原料组分和含量的角度。本发明权利要求1中限定“1%~20%糖、0.2%~2%红茶粉、2%~20%蛋白质基料和补至100%的水”，即水：蛋白质基料≥1.4倍。对比文件1中红茶菌菌液与培养液（“茶、白砂糖、水按照质量比0.2∶5∶20混合”）为1∶5，之后菌液与鲜牛奶配比为25mL∶100mL，推导为“糖约4%、红茶粉<0.2%、蛋白质基料约80%和补至100%的水约16%”。即水：蛋白质基料≤0.2倍。由此也可进一步确认本发明是含有少量蛋白质的液态茶饮料。对比文件1中是酸奶。

（3）菌种及比例不同。权利要求1中为“活菌数比例为1∶1∶1酿酒酵母（*Saccharomyces cerevisiae*）S288C、嗜酸乳杆菌（*Lactobacillus acidophilus*）NCFM和干酪乳杆菌（*Lactobacillus casei*）LC2W”。D1中未披露具体菌种及比例。

（4）权利要求1中，“所述酿酒酵母S288C、嗜酸乳杆菌NCFM和干酪乳杆菌LC2W的添加量均为$10^7$~$10^9$cfu/mL，所述cfu/mL为cfu每毫升所述红茶菌蛋白发酵基料”。对比文件1中没有明确限定，唯一公开的是每毫升中$4.0\times10^7$cfu（见对比文件1

第94页右栏2.7酸奶中菌的计数结果)。

(5) 权利要求1中，限定发酵液pH在3.6~4.5。对比文件1中没有限定。

(6) 工艺方面：权利要求1中为将活菌加入到红茶菌蛋白发酵基料中发酵。即发酵基料中直接发酵，杀菌后即得。对比文件1中①“茶、白砂糖、水按照质量比0.2：5：20混合，煮沸15min，过滤”；②红茶菌菌液按1：5的比例接到滤液中，在40℃条件下培养8~10d，使其充分生长；③鲜牛奶在无菌条件下加入菌液培养。

1.2 通过采用由上述区别技术特征，与权利要求1中的其他技术特征相结合，使权利要求1的技术方案实现了如下技术效果：

本发明的红茶菌蛋白饮料的制备工艺，发酵时间短(16~20h，见说明书第2页第[0008]段)，采用纯菌发酵，避免了杂菌污染，保证了不同批次产品的稳定性，有利于工业化生产；制得的红茶菌蛋白饮品具有酸甜相宜、清香爽口的风味，感官评定结果高(稳定性>9.0、风味>8.8、总体口感>8.5、回味>8.6、总体评价>72)(见说明书第6~7页表2~表4)。

1.3 基于上述主要区别技术特征及达到的技术效果，可以确定本发明权利要求1实际解决的技术问题是：

克服现有市面上尚缺少一种具有蛋白饮料保健和营养功能的红茶菌蛋白饮料的缺陷，而提供了一种发酵时间短(16~20h)，产品稳定性好，有利于工业化生产的，制得的红茶菌蛋白饮品具有酸甜相宜、清香爽口的风味，感官评定结果高(稳定性>9.0、风味>8.8、总体口感>8.5、回味>8.6、总体评价>72)的红茶菌饮料制备方法。

1.4 采用权利要求1的技术方案解决上述技术问题，达到上述技术效果，对于本领域技术人员而言是非显而易见的，具体阐述如下：

首先，对比文件1与权利要求1所涉及的产品不同。

如上所述，本申请提供的是一种含蛋白的红茶菌的饮品。从原料组分和含量的角度来分析可知：本发明权利要求1中限定“1%~20%糖、0.2%~2%红茶粉、2%~20%蛋白质基料和补至100%的水”，即水：蛋白质基料≥1.4倍，产品主体是水。而D1中红茶菌菌液与培养液(“茶、白砂糖、水按照质量比0.2：5：20混合”)为1：5，之后菌液与鲜牛奶配比为25mL：100mL，推导为“糖约4%、红茶粉<0.2%、蛋白质基料约80%和补至100%的水约16%”。即水：蛋白质基料≤0.2倍，产品以蛋白质基料为主。权利要求1中红茶粉含量远大于对比文件1中的含量。由此也可进一步确认本发明是含有少量蛋白质的液态茶饮料，对比文件1中是酸奶，两者是不同的产品。

因此，本领域技术人员根本没有动机尝试从产品、制备方法与本发明完全不同的对比文件1的酸奶的制备工艺中，寻找解决本发明技术问题的技术启示。

其次，审查员在审查意见中指出：红茶菌菌种的具体组成(酿酒酵母、嗜酸乳杆菌和干酪乳杆菌)(因素1)、具体菌株的选择(酿酒酵母S288C、嗜酸乳杆菌NCFM和干酪乳杆菌LC2W)(因素2)、红茶菌菌种的配比(1：1：1)(因素3)和用量(均为$10^7$~$10^9$cfu/mL)(因素4)、发酵基料(糖、红茶粉、蛋白质基料和水)(因素5)及各原料的配比(1%~20%糖、0.2%~2%红茶粉、2%~20%蛋白质基料和补至

100%的水）（因素6）、加入及发酵方式（直接加入发酵）（因素7）和发酵液pH（pH在3.6~4.5）（因素8），均属于通过有限的试验得到、本领域常规技术选择或本领域合理范围调整即可确定。对此，申请人有不同的意见，具体解释如下：

针对上述审查意见，首先，需定义何谓“通过有限的试验得到、本领域常规技术选择或本领域合理范围调整”，本申请人认为为了达到预先设定的目的，要么可供选择的范围较窄，要么如何选择已为人所知；当选择面太广，或者不知道该如何选择时，不能称之为“通过有限的试验得到的、本领域常规技术选择或本领域合理范围调整”。对此本发明申请人特别想强调的是，上述并不是简单的单因素变量，而是8种因素变量的排列组合。暂且不考虑上述8种因素变量与本发明的其他技术特征的排列组合形式，仅总体上考虑上述8种因素变量，根据概率论数理统计计算，其排列组合就存在下述这么多种类：$C_8^1+C_8^2+\cdots+C_8^7+C_8^8$，若再加上每一种具体的因素变量内部本身的种类，其排列组合可以涉及成百上千种，显然，从中挑出本发明的8种因素这一组合并非常规选择能完成的。更重要的是，公知常识、对比文件1的其他部分等现有技术并未教导出上述各种因素是如何解决本发明的技术问题的，针对上述该些因素的排列组合形式，并非全部均可实现本发明的技术效果。发明人是通过创造性的劳动对这些因素变量进行了相关筛选，该些因素变量的改进，再配合其他技术特征，对最终解决本发明的技术问题，实现本发明的技术效果（尤其是制得的红茶菌蛋白饮品具有酸甜相宜、清香爽口的风味，感官评定结果高（稳定性>9.0、风味>8.8、总体口感>8.5、回味>8.6、总体评价>72））也是至关重要的。如此可知，上述因素并非“通过有限的试验得到的、本领域常规技术选择或本领域合理范围调整”获得。

例如，审查员认为“由于醋酸菌在繁殖过程中容易在培养液表面形成菌膜，虽然该菌膜含有丰富的营养成分且具有多重保健功效，但是就饮料产品来说，其使产品的外观存在缺陷”，“本领域技术人员可结合实际产品品质以及风味、口感需求合理将对比文件1中的红茶菌菌种的具体组成进行合理调整”。但是发明人有不同的意见，不论从对比文件1，还是现有技术和公知常识中，都没有给出如何解决该技术问题的任何技术启示。

具体的，例如本申请说明书的对比例1（说明书第4页第［0071］段）中采用的脱盐乳清加入量为1g，其他辅助参数均参照实施例1进行设定，pH也在权利要求1的范围内，然而其口感和风味清淡，风味（8.7）、回味（8.2）和总体评价（70）均低于实施例。显然，本发明的上述技术特征是特别筛选的，其配合其他技术特征，对实现本发明的技术效果具有关键性作用，其并非通过有限的试验得到、本领域常规技术选择或本领域合理范围调整获得。本领域技术人员是无法通过有限的试验得到、本领域常规技术选择或本领域合理范围调整就能得到任何关于该些参数的任何启示，以解决本发明的技术问题，实现本发明的技术效果。由此可见，权利要求1的技术方案是发明人经过创造性劳动获得的，是本领域的普通技术人员不容易想到的，而且对比文件1结合公知常识都没有给出任何启示。

申请人要指出的是，上述各区别技术特征绝不是孤立的，它们与其他各必要技术特征之间紧密配合，才能真正解决上述技术问题，实现权利要求1的技术效果。尤其是在食品配方领域中，各组分的组合及制备工艺本身就是一种重要的技术特征，不能把每个技术特征割裂开来，需要整体地考虑。并且，本发明人经过大量研究，对于红茶菌菌种的具体组成、具体菌株的选择、红茶菌菌种的配比和用量、发酵基料及各原料的配比、加入及发酵方式和发酵液 pH 等制备工艺中的各个操作步骤、工艺参数进行了长期的试验，付出了大量的创造性思考和劳动，终于解决了上述种种技术问题。

此外，申请人还想进一步强调的是，对绝大多数的发明创造而言，组成其技术方案的技术特征都是属于现有技术已经存在的技术特征。每个技术特征都在现有技术特征范围内，并非意味着由这些技术特征组合而成的技术方案没有创造性。创造性评价中，应当着眼的是技术方案的整体，而非割裂地评价各个单独的技术特征。如果现有技术没有给出由这些现有技术特征组成的技术方案能够解决某一技术问题的技术启示，则根据审查指南中的指导原则，这样的技术方案具有突出的实质性特点，在产生了有益的效果基础上，属于具备创造性的技术方案。如果认为一个发明的技术特征都是现有特征，则本发明不具备创造性，那么除了全新的开拓性发明，绝大多数的发明都不具备创造性，这显然是不合理的。必须在确定了发明实际要解决的技术问题后，再来判断现有技术中是否给出技术启示，以将区别特征和最接近的现有技术进行结合来解决该技术问题，如果没有给出应用该特征解决该技术问题的启示，那么该技术特征的选取就不是常规的，容易确定的，也当然是需要付出创造性劳动的。

因此，对比文件 1 的其他部分、其他现有技术以及公知常识中没有任何技术启示，使本领域技术人员在面对本发明实际解决的技术问题时，有动机将上述区别技术特征在对比文件 1 的基础上结合本领域常规技术手段，得到本发明的技术方案。因此，权利要求 1 的技术方案对于本领域技术人员来说是非显而易见的，具备突出的实质性特点。

1.5　权利要求 1 具备显著的进步

本发明的制备方法具有产品稳定性好，有利于工业化生产的优势，而且经本发明制备的红茶菌蛋白饮料具有酸甜相宜、清香爽口的风味，感官评定结果高（稳定性 >9.0、风味 >8.8、总体口感 >8.5、回味 >8.6、总体评价 >72），同时具有蛋白饮料保健和营养功能。由此可以说明，权利要求 1 的技术方案取得了较好的技术效果。因此，权利要求 1 的技术方案具有显著的进步。

综上所述，权利要求 1 的技术方案具有突出的实质性特点和显著的技术进步，符合《专利法》第 22 条第 3 款的规定。

**【意见陈述书终稿】**

1.1　与对比文件 1 相比，权利要求 1 的区别技术特征在于：

（1）产品不同：本发明是茶饮料；对比文件 1 中是酸奶。

（2）菌种的具体种类和比例不同：权利要求 1 中为“活菌数比例为 1∶1∶1 酿酒酵母（*Saccharomyces cerevisiae*）S288C、嗜酸乳杆菌（*Lactobacillus acidophilus*）NCFM 和干酪乳杆菌（*Lactobacillus casei*）LC2W”。对比文件 1 中为红茶菌。

（3）菌种的添加量不同：权利要求 1 中为“所述酿酒酵母 S288C、嗜酸乳杆菌 NCFM 和干酪乳杆菌 LC2W 的添加量均为 $10^7$ ~ $10^9$cfu/mL，所述 cfu/mL 为 cfu 每毫升所述红茶菌蛋白发酵基料”。对比文件1中没有披露。

(4) 菌种加入方式不同：权利要求1中为将活菌直接加入到红茶菌蛋白发酵基料中发酵。对比文件1中先将菌种加入到红茶培养基中培养，再将菌液加入到鲜牛奶中活化。

(5) 发酵液pH不同：权利要求1中，限定了发酵后发酵液的pH在3.6~4.5。对比文件1中没有限定。

(6) 发酵基料的组成配比不同：权利要求1中限定“1%~20%糖、0.2%~2%红茶粉、2~20%蛋白质基料和补至100%的水”。对比文件1中培养液为“茶、白砂糖、水按照质量比0.2:5:20混合”，之后菌液与鲜牛奶配比为25mL:100mL。

(7) 灭菌次序不同：权利要求1中，发酵后需杀菌。对比文件1中鲜牛奶先杀菌，之后在无菌条件下加入菌液培养。

1.2 通过采用由上述区别技术特征，与权利要求1中的其他技术特征相结合，使权利要求1的技术方案实现了如下技术效果：

本发明的红茶菌蛋白饮料的制备工艺，发酵时间短（16~20h，见说明书第2页第[0008]段），采用纯菌发酵，避免了杂菌污染，保证了不同批次产品的稳定性，有利于工业化生产；制得的红茶菌蛋白饮品具有酸甜相宜、清香爽口的风味，感官评定结果高（稳定性>9.0、风味>8.8、总体口感>8.5、回味>8.6、总体评价>72）（见说明书第6~7页表2~表4）。

1.3 基于上述主要区别技术特征及达到的技术效果，可以确定本发明权利要求1实际解决的技术问题是：

克服现有市面上尚缺少一种具有蛋白饮料保健和营养功能的红茶菌蛋白饮料的缺陷，而提供了一种红茶菌饮料制备方法，该制备方法发酵时间短，有利于工业化生产，制得的红茶菌蛋白饮品稳定性好，具有酸甜相宜、清香爽口的风味，感官评定结果高。

1.4 采用权利要求1的技术方案解决上述技术问题，达到上述技术效果，对于本领域技术人员而言是非显而易见的，具体阐述如下：

对比文件1公开的是红茶菌酸奶的制备工艺，而本领域技术人员均清楚，在乳制品领域，酸奶和茶饮料的制备工艺完全不同，互相之间没有可比性和借鉴性，因此，在面对权利要求1实际解决的技术问题时，本领域技术人员根本不会想到对比文件1中去寻找技术启示。

对比文件1全文均在研究红茶菌可以作为酸奶生产用的菌种，并研究了接种量、发酵温度、发酵时间、成熟条件等对红茶菌酸奶产品的影响。而通读对比文件1全文可知，对比文件1没有任何地方记载或暗示，红茶菌还可以用于制备红茶菌蛋白饮料。而根据本领域常识，本领域技术人员均清楚，在乳制品领域，酸奶和茶饮料属于完全不同的两个领域，其制备工艺也完全不同，相互之间没有任何可比性和借鉴性。因此，在面对权利要求1实际解决的技术问题，即克服现有市面上尚缺少一种具有蛋白饮料保健和营养功能的红茶菌蛋白饮料的缺陷时，本领域技术人员根本不会想到从制备红茶菌酸奶的工艺中去寻找制备红茶菌蛋白饮料的方法。

在对比文件1仅公开了红茶菌可以制备酸奶的基础上，审查员老师就认为本领域技术人员在对比文件1的基础上结合本领域普通技术知识并根据需要做出常规选择可以得到权利要求1所请求保护的技术方案，显然是赋予了本领域技术人员极大的创造能力。若审查员的观点成立，任何公开了某一微生物菌能够制备某一类型乳制品的基础上，本领域技术人员结合本领域普通技术知识和常规技术手段，该微生物菌就能够制备其他类型的乳制品。那么，在乳制品领域，显然就没有什么发明创造了，这显然是不可能的。并且，在乳制品领域快速发展的今天，市售的乳制品琳琅满目，尚且未出现可用于制备酸奶的微生物菌的同时，可以用于制备茶饮料的情况。这从侧面也很好地说明了不同类型的乳制品，其原料和制备方法之间没有任何可借鉴之处，没有可比性。

因此，本领域技术人员根本没有动机尝试从产品、制备方法与本发明完全不同的对比文件1中，寻找解决本发明技术问题的技术启示。

对于上述区别技术特征，即产品不同（因素1)、红茶菌菌种的种类和比例（因素2)、菌种的添加量（因素3)、菌种加入方式（因素4)、发酵液pH（因素5)、发酵基料的组成配比（因素6）和灭菌次序（因素7)，审查员在审查意见中认为均属于通过有限的试验得到、本领域常规技术选择或本领域合理范围调整即可确定。对此，申请人有不同的意见，具体解释如下：

首先，需定义何谓“通过有限的试验得到、本领域常规技术选择或本领域合理范围调整”，本申请人认为为了达到预先设定的目的，要么可供选择的范围较窄，要么如何选择已为人所知；当选择面太广，或者不知道如何选择时，不能称之为“通过有限的试验得到的、本领域常规技术选择或本领域合理范围调整”。对此本发明申请人特别想强调的是，上述并不是简单的单因素变量，而是8种因素变量的排列组合。暂且不考虑上述8种因素变量与本发明的其他技术特征的排列组合形式，仅总体上考虑上述8种因素变量，根据概率论数理统计计算，其排列组合就存在下述这么多种类：$C_7^1+C_7^2+\cdots+C_7^6+C_7^7$，若再加上每一种具体的因素变量内部本身的种类，其排列组合可以涉及成百上千种，显然，从中挑出本发明的8因素这一组合并非常规选择能完成的。

例如，审查员认为“由于醋酸菌在繁殖过程中容易在培养液表面形成菌膜，虽然该菌膜含有丰富的营养成分且具有多重保健功效，但是就饮料产品来说，其使产品的外观存在缺陷”，“本领域技术人员可结合实际产品品质以及风味、口感需求合理将对比文件1中的红茶菌菌种的具体组成进行合理调整”。但是发明人有不同的意见，不论从对比文件1，还是现有技术和公知常识中，都没有给出如何解决该技术问题的任何技术启示。

具体的，公知常识、对比文件1的其他部分等现有技术并未教导出上述各种因素是如何解决本发明的技术问题的，针对上述这些因素的排列组合形式，并非全部均可实现本发明的技术效果。发明人是通过创造性的劳动对这些因素变量进行了相关筛选，这些因素变量的改进，再配合其他技术特征，对最终解决本发明的技术问题，实现本发明的技术效果［尤其是制得的红茶菌蛋白饮品具有酸甜相宜、清香爽口的风味，感官评定结果高（稳定性 >9.0、风味 >8.8、总体口感 >8.5、回味 >8.6、总体评价 >72)］也是至关重要的。

例如本申请说明书的对比例1（说明书第4页第［0071］段）中采用的脱盐乳清加入量为1g，其他辅助参数均参照实施例1进行设定，pH也在权利要求1的范围内，然而其口感和风味清淡，风味（8.7）、回味（8.2）和总体评价（70）均低于实施例。显然，本发明的上述技术特征是特别筛选的，其配合其他技术特征，对实现本发明的技术效果具有关键性作用，其并非通过有限的试验得到、本领域常规技术选择或本领域合理范围调整获得。由此可见，权利要求1的技术方案是发明人经过创造性劳动获得的，是本领域的普通技术人员不容易想到的，而且对比文件1结合公知常识都没有给出任何的启示。

申请人要指出的是，上述各区别技术特征绝不是孤立的，它们与其他各必要技术特征之间紧密配合，才能真正解决上述技术问题，实现权利要求1的技术效果。尤其是在食品配方领域中，各组分的组合及制备工艺本身就是一种重要的技术特征，不能把每个技术特征割裂开来，需要整体地考虑。并且，本发明人经过大量研究，对于红茶菌菌种的具体组成、具体菌株的选择、红茶菌菌种的配比和用量、发酵基料及各原料的配比、加入及发酵方式和发酵液pH等制备工艺中的各个操作步骤、工艺参数进行了长期的试验，付出了大量的创造性思考和劳动，终于解决了上述种种技术问题。

此外，申请人还想进一步强调的是，对绝大多数的发明创造而言，组成其技术方案的技术特征都是属于现有技术已经存在的技术特征。每个技术特征都在现有技术特征范围内，并非意味着由这些技术特征组合而成的技术方案没有创造性。创造性评价中，应当着眼的是技术方案的整体，而非割裂地评价各个单独的技术特征。如果现有技术没有给出由这些现有技术特征组成的技术方案能够解决某一技术问题的技术启示，则根据审查指南中的指导原则，这样的技术方案具有突出的实质性特点，在产生了有益的效果基础上，属于具备创造性的技术方案。如果认为一个发明的技术特征都是现有特征，则本发明不具备创造性，那么除了全新的开拓性发明，绝大多数的发明都不具备创造性，这显然是不合理的。必须在确定了发明实际要解决的技术问题后，再来判断现有技术中是否给出技术启示，以将区别特征和最接近的现有技术进行结合来解决该技术问题，如果没有给出应用该特征解决该技术问题的启示，那么该技术特征的选取就不是常规的、容易确定的，也当然是需要付出创造性劳动的。

因此，在对比文件1的基础上结合本领域常规技术手段，本领域技术人员根本没有动机将上述区别技术特征结合得到本发明的技术方案，来解决本发明实际要解决的技术问题。因此，权利要求1的技术方案对于本领域技术人员来说是非显而易见的，具备突出的实质性特点。

1.5 权利要求1具备显著的进步

本发明的制备方法具有产品稳定性好，有利于工业化生产的优势，而且经本发明制备的红茶菌蛋白饮料具有酸甜相宜、清香爽口的风味，感官评定结果高（稳定性>9.0、风味>8.8、总体口感>8.5、回味>8.6、总体评价>72），同时具有蛋白饮料保健和营养功能。由此可以说明，权利要求1的技术方案取得了较好的技术效果。因此，权利要求1的技术方案具有显著的进步。

综上所述，权利要求1的技术方案具有突出的实质性特点和显著的技术进步，符合《专利法》第22条第3款的规定。

## 【案例No. 1311039】移动终端及显示内容偏转方法

### ☞ 案由简要

该案涉及一种移动终端（权利要求1~4）及显示内容偏转方法（权利要求5~8）。

➢ 一通：审查员引用三篇对比文件（对比文件1：CN103234514A；对比文件2：CN102033689A；对比文件3：CN103247072）认为权利要求1~8不具备创造性。

➢ 答一通：未修改权利要求，反驳审查员的观点，论述权利要求1~8具备创造性。

➢ 二通：审查员未认可答一通意见陈述，仍然认为权利要求1~8不具备创造性。

➢ 答二通：依然未修改权利要求，反驳审查员的观点，论述权利要求1~8具备创造性。

➢ 审查结果：授权。

### ☞ 相关权利要求

1. 一种移动终端，其包括一重力传感器，其特征在于，该移动终端还包括一开启模块、一检测模块、一判断模块、一计算模块、一偏转模块、一缩放模块及四个前置摄像头，该四个前置摄像头分别为位于该移动终端的屏幕的上方、下方、左侧、右侧的第一前置摄像头、第二前置摄像头、第三前置摄像头、第四前置摄像头；

该开启模块用于在该重力传感器检测到的加速度发生改变时开启该四个前置摄像头；

该检测模块用于通过人眼识别识别出前置摄像头捕获的图像中包括人眼并分别检测该第一前置摄像头、该第二前置摄像头、该第三前置摄像头、该第四前置摄像头与人眼的距离作为第一距离、第二距离、第三距离及第四距离；

该判断模块用于判断该移动终端是处于前后倾斜状态还是左右倾斜状态；

该移动终端处于前后倾斜状态时进入操作一：该计算模块用于通过该第一距离和该第二距离计算出该屏幕所在平面与人眼所在平面之间的第一偏转角度；该偏转模块用于根据该第一偏转角度将该屏幕的显示内容三维偏转至与人眼所在平面平行的一虚拟平面；该缩放模块用于对三维偏转后的显示内容进行缩放，以使得人眼观察到的显示内容的区域为矩形；

该移动终端处于左右倾斜状态时进入操作二：该计算模块用于通过该第三距离和该第四距离计算出该屏幕所在平面与人眼所在平面之间的第二偏转角度；该偏转模块用于根据该第二偏转角度将该屏幕的显示内容三维偏转至与人眼所在平面平行的一虚拟平面；该缩放模块用于对三维偏转后的显示内容进行缩放，以使得人眼观察到的显示内容的区域为矩形。

### ☞ 相关对比文件公开内容

**【对比文件1】**

摘录一

［0010］采集当前使用者面部的图像，获取所述采集图像的面部轮廓和眼部轮廓，利用数学方法计算所述面部轮廓和眼部轮廓的面积和基于整个画面中线的偏移值；

［0011］距离和偏移计算步骤：

［0012］将采集到的当前使用者数据与标准数据库的数据通过几何和线性数学方法计算出当前使用者观看的距离以及使用者面部偏离摄像头的水平偏移值。

摘录二

［0020］在本实施例中，采集使用者面部距离摄像头分别为0.5米和1米时的图像，通过黑白颜色容差方法获取所述采集图像的面部轮廓和眼部轮廓，利用数学方法计算所述面部轮廓和眼部轮廓的面积和基于整个画面中线的偏移值；将采集和计算获得的数据存入标准数据库；切换各组光栅采集上述两个采样距离不同组光栅的最佳视像的光栅遮挡角度和偏移；采集当前使用者使用时面部的图像，通过黑白颜色容差方法获取所述采集图像的面部轮廓和眼部轮廓，利用数学方法计算所述面部轮廓和眼部轮廓的面积和基于整个画面中线的偏移值；将采集到的当前使用者数据与标准数据库的数据通过几何和线性数学方法计算出当前使用者观看的距离D以及使用者面部偏离摄像头的水平偏移值H；根据上述距离值D和偏移值H通过公式计算获得人眼夹角 $A=\arcsin(D/H)$；根据此人眼夹角A的值并结合上述标准数据采集步骤中获得的两个采样距离不同组光栅的最佳视像的数据，选择光栅并调整光栅的光栅遮挡角度和偏移到最佳视觉状态。在使用过程中如发现效果不太好，可重新采集标准数据进行重新计算调整光栅数据，以恢复最佳观影效果。

**【对比文件2】**

摘录一

［0111］检测终端的工作模式发生改变时，需要确定具体工作模式下用于获取空间信号的具体的传感器，包括但不限于，通过设置在终端的速度计检测，例如检测到终端的速度大于一个速度阈值时，发出设置指令，使摄像头工作；如果检测到终端的速度小于等于一个速度阀值时，发出设置指令，使红外传感器工作。

**【对比文件3】**

摘录一

［0007］提取目标对象待实现的三维界面特征信息，根据提取的三维界面特征信息选取三维坐标系，构建映射三维界面特征信息的数学模型；

［0008］将目标对象加载到数学模型；

［0009］对进行纹理映射处理的数学模型进行坐标变换，获取与待实现的三维界面特征相匹配的倾斜数学模型；

［0010］触发倾斜数学模型旋转，得到旋转数学模型，对旋转数学模型按照预先设置的视点进行透视投影，得到旋转数学模型对应的视平面坐标信息；

［0011］将视平面坐标信息转换为屏幕平面坐标信息，根据转换的屏幕平面坐标信

息呈现三维旋转界面。

［0012］其中，在将目标对象加载到数学模型后，该方法进一步包括：进行纹理映射处理，所述进行纹理映射处理包括……

☞ **审查意见**

摘录一

权利要求1与对比文件1的区别技术特征是：（1）本申请的主题为一种移动终端，该移动终端还包括一重力传感器，开启模块用于在该重力传感器检测到的加速度发生改变时开启该四个前置摄像头；（2）偏转模块用于根据偏转角度将该屏幕的显示内容三维偏转至与人眼所在平面平行的一虚拟平面；缩放模块用于对三维偏转后的显示内容进行缩放，以使得人眼观察到的显示内容的区域为矩形；（3）该移动终端包括四个前置摄像头，该四个前置摄像头分别为位于该移动终端的屏幕的上方、下方、左侧、右侧的第一前置摄像头、第二前置摄像头、第三前置摄像头、第四前置摄像头；并且分别计算出摄像头与人眼的距离；判断模块用于判断该移动终端是处于前后倾斜状态还是左右倾斜状态。基于上述区别技术特征可以确定，权利要求1实际解决的技术问题是如何在移动终端偏转时使用户达到更好的观看效果。

摘录二

对于区别技术特征（1），对比文件2公开了一种移动终端和在移动终端上显示信息的方法，并具体公开了以下技术特征（参见说明书第［0111］段）：包括了速度检测传感器，通过设置在终端的速度计检测，例如检测到终端的速度大于一个速度阈值时，发出设置指令，使摄像头工作。上述特征在对比文件2中所起的作用与其在本发明中为解决其技术问题所起的作用相同，都是采用传感器检测参数来触发摄像头工作，即对比文件2给出了将该技术特征应用到对比文件1以解决其技术问题的启示。在此基础上，本领域技术人员容易想到采用重力传感器来代替对比文件2中的速度检测器进行加速度的检测以作为触发摄像头工作的条件，而将对比文件1中公开的方法应用到移动终端进行实现是本领域的惯用技术手段。

摘录三

对于区别技术特征（2），对比文件3公开了一种基于安卓系统实现三维旋转界面的方法及装置和在移动终端上显示信息的方法，并具体公开了以下技术特征（参见说明书第［0007］~［0012］段）：提取目标对象待实现的三维界面特征信息，根据提取的三维界面特征信息选取三维坐标系，构建映射三维界面特征信息的数学模型，对进行纹理映射处理的数学模型进行坐标变换，获取与待实现的三维界面特征相匹配的倾斜数学模型，触发倾斜数学模型旋转，得到旋转数学模型，对旋转数学模型按照预先设置的视点进行透视投影，得到旋转数学模型对应的视平面坐标信息，将视平面坐标信息转换为屏幕平面坐标信息，根据转换的屏幕平面坐标信息呈现三维旋转界面，为了避免进行平面投影导致的三维旋转界面不具有近大远小的特点，可以根据透视投影原理，通过坐标变换方程，得到旋转数学模型对应的视平面坐标信息，从而使三维旋转界面中，目标对象具有近大远小的特点，使得立体感更强。上述特征在对比文件3中所起的作用与其在本发明中为解决其技术问题所起的作用相同，都是将屏幕的显示内容三维偏转至一虚拟平面，并对显示内容进行缩放以方便用户观看，即对比文件3给出了将该技术特征应用到对比文件1以解决其技术问题的启示。

☞ **答辩要点分析思路**

在该案的答辩过程中，代理师选择的方式是不修改权利要求，直接以原始权利要求进行答辩，之所以采用这种方式进行答辩，是因为代理师经过分析认为，该发明权利要求1相对于对比文件1在技术上存在很明显的区别和改进，因此仅利用权利要求1就可以进行创造性争辩。至于答一通的意见陈述，其架构与答二通意见陈述基本相同，不过可能审查员认为答一通的意见陈述虽然观点鲜明，但是其中的论述可能不够饱满，说理的力度还是稍稍偏弱，因此，审查员并没有直接采纳答一通的观点，而是继续下发了第二次审查意见通知书。

该案与大多数经过两次以上创造性审查的案件相似，都是在进行答一通意见陈述之后，审查员依然没有采纳答一通意见陈述的观点，而坚持自己的观点，具体到该案中，在答一通意见陈述中已经明确说明了在对比文件1的基础上结合对比文件2、3以及本领域的公知常识并不能得到该发明权利要求1的技术方案，而在第二次审查意见通知书中审查员并不采纳答一通的上述观点，并坚持认为：对比文件2给出了采用传感器检测参数来触发摄像头工作的启示，对比文件3给出了将屏幕的显示内容三维偏转至一虚拟平面，并对显示内容进行缩放以方便用户观看的启示，并且将其他的区别技术特征认定为本领域的常用技术手段，进而认为该发明权利要求1不具备创造性。

在这种情况下，如果不进行有理有据的争辩，该发明很容易在答二通之后被驳回，因此，在论述的过程中要尽量做到有理有据，避免空洞无力的争辩。具体地，对于审查意见中引用的对比文件2和3公开的技术内容，在表面上看，和该发明的相关区别技术特征很相近的情况下，即在表面上审查意见的认定很占理的情况下，就需要代理师进行更深入的技术分析，从表面上的相似中找出实质上的不同，进而进行有理有据、富有说服力的答辩。

以对比文件2为例，审查意见中已经指出对比文件2和该发明中都是通过传感器检测参数来触发摄像头工作，而且事实也确实如此，即表面上看对比文件2公开的技术内容与该发明的相关区别技术特征非常相似，在这种情况下，如果代理师仅仅反复强调审查意见的观点是错误的，对比文件2和该发明并不相同，而无法有理有据地说明到底哪里不同，就会导致最终的答复看上去非常勉强，答辩也显得苍白无力。而正确的做法应当是，在对比文件2和该发明表面相似的基础上，深入分析和阐述二者实质上的区别，即虽然表面上对比文件2和该发明都是通过传感器检测参数来触发摄像头工作，但二者技术方案的工作原理和目的完全不同，对比文件2中的速度检测传感器与该发明区别技术特征中的重力传感器并不能相互替代，进而通过一系列的深入说理，有理有据地证明对比文件2和该发明实质上在技术上相差甚远。

以对比文件3为例，审查意见中已经指出对比文件3和该发明中都是实现将屏幕的显示内容三维偏转至一虚拟平面，并对显示内容进行缩放以方便用户观看，而且事实也确实如此，此时如果代理师仅仅从技术内容角度出发，强调对比文件3的技术内容与该发明并不相同，不仅导致整个意见陈述看起来十分勉强，而且会造成整个意见陈述没有任何说服力，导致没有争辩的余地。在这种情况下，代理师应当做到，对于既定的事实，不必要反复争辩其是不正确的，而应当另辟蹊径，在对比文件3与该发明表面上相似的基础上，强调对比文件3公开的技术内容并不是该发明的主要发明点，即对比文件3没有涉及该发明的主要技术改进，并且在此基础上，进一步陈述对比文件3与该发明的相关区别技术特征的技术原理也完全不同，从而使得对于对比文件3没有给出技术启示的意见陈述显得有理有据，富有说服力，也更容易说服审查员改变之前的观点，接纳代理师的观点。

基于上述分析，代理师认为，在该发明权利要求1在技术上与对比文件存在很大区别和改进的情况下，答二通的意见陈述重点在于如何有理有据地向审查员论述该发明权利要求1具备创造性，以及尽量使意见陈述更加具体、更加真实、更加有说服力，做到这一点对于答二通的顺利通过起到了重要作用。

☞ **意见陈述原文摘录**

关于区别技术特征，对比文件1中并没有公开本发明的任何区别技术特征，该发明权利要求1的全部技术特征均为该发明的区别技术特征。

关于该发明权利要求1实际解决的技术问题，审查意见中认为权利要求1实际解决的技术问题是如何在移动终端偏转时使用户达到更好的观看效果，申请人对此有不同意见，审查意见中虽然指出了该发明针对的是在移动终端偏转时，如何使用户达到更好的观看效果，但申请人认为审查意见中并没有突出该发明的一个重要发明点，并且忽略了该发明的一个非常重要的技术效果，即该发明会根据处于不同位置处的前置摄像头与人眼之间的距离来判断移动终端的不同偏转和倾斜状态，进而针对不同的倾斜状态（前后倾斜状态和左右倾斜状态）来进行不同的调整，从而使得该发明可以在移动终端处于不同的偏转和倾斜状态时，都能够为用户提供最佳观看效果。因此，结合该发明的上述区别技术特征及其所能达到的技术效果可以确定该发明实际解决的技术问题是：如何在移动终端处于不同的偏转和倾斜状态时为用户提供更好的观看效果。

关于非显而易见性，申请人认为对比文件2和3均未给出将该发明的上述区别技术特征应用到对比文件1以解决该发明实际解决的技术问题的技术启示，具体地：

关于对比文件2，虽然对比文件2说明书第［0111］段中公开了：通过设置在终端的速度计检测，例如检测到终端的速度大于一个速度阈值时，发出设置指令，使摄像头工作，即通过速度检测传感器检测参数来触发摄像头工作，而该发明中则通过重力传感器检测到的加速度发生改变时来开启前置摄像头，即通过重力传感器检测参数来触发前置摄像头工作，虽然表面上对比文件2和该发明中都是通过传感器检测参数来触发摄像头工作，但申请人认为若仔细比较对比文件2和该发明的技术方案，就可以得出：由于技术方案的工作原理和目的完全不同，对比文件2中的速度检测传感器与该发明中的重力传感器并不能相互替代，具体地，

在对比文件2的技术方案中，参见对比文件2说明书第［0105］~［0111］段，其中记载了利用传感器来检测移动终端当前的不同工作模式，并根据不同的工作模式获取移动终端自身在空间中移动所形成的空间信号。具体地，

高速工作模式，对应的工作场景中，仅需要低精度的空间信号即可完成操作，因

此可以采用检测精度较低的传感器完成检测，生成空间信号，比如采用摄像头。

低速工作模式，对应的工作场景中，例如作为鼠标使用，需要高精度的空间信号完成操作，因此单独采用检测精度较高的传感器完成检测，或者采用精度低的传感器检测，并再次以精度高的传感器进行校正，生成空间信号，比如用红外传感器。

进而，可通过设置在终端的速度计进行检测，例如检测到终端的速度大于一个速度阈值时（即移动终端处于高速工作模式），发出设置指令，使摄像头工作；如果检测到终端的速度小于等于一个速度阈值时（即移动终端处于低速工作模式），发出设置指令，使红外传感器工作。

根据对比文件2的上述记载可知，对比文件2中之所以采用速度计这一传感器，是为了检测移动终端的运动速度，进而可根据检测的速度来判断移动终端的工作模式（高速工作模式或低速工作模式），并根据不同的工作模式启动不同精度的传感器来获取不同精度的空间信号。因此，在对比文件2中，如果想要触发摄像头工作，必须是移动终端处于高速工作模式，而如果想要检测出移动终端处于高速工作模式，必须采用速度检测传感器来对移动终端进行速度检测，可见，对比文件2中只有采用速度检测传感器才能够触发摄像头工作，而对于其他种类的传感器如重力传感器，其并不能检测移动终端的速度，进而也不能确定移动终端的工作模式，最终也无法通过判断移动终端处于高速工作模式来触发摄像头工作，所以，对比文件2中的速度检测传感器（即速度计）并不能被重力传感器代替，即本领域技术人员不可能想到采用重力传感器来代替对比文件2中的速度检测传感器，并且退一步说，即使采用重力传感器来代替速度检测传感器，由于重力传感器不能检测出移动终端的速度，导致在对比文件2的技术方案中并不能触发摄像头工作，即对比文件2中的速度检测传感器也不可能被重力传感器代替。因此，对比文件2中的速度检测传感器与本发明中的重力传感器并不能相互替代。

另外，申请人认为本领域技术人员并不会想到将对比文件1中公开的方法应用到对比文件2的移动终端上，对比文件1公开的是一种利用单摄像头实现裸眼3D光栅调节的方法，而对比文件2中并没有公开移动终端具有裸眼3D的功能，对比文件2中也没有对光栅进行调节，更加没有涉及利用人眼与摄像头之间的距离和夹角来对移动终端进行调节的相关技术内容，在此基础上，由于对比文件1公开的方法与对比文件2在技术上没有任何关联，导致本领域技术人员不可能想到将对比文件1中公开的方法应用到对比文件2的移动终端上；并且，退一步说，即使将对比文件1公开的方法应用到对比文件2的移动终端上，由于二者没有任何技术关联，导致其也无法解决任何技术问题，与对比文件1相比没有任何技术上的进一步改进。

经过上述意见陈述可知，对比文件2没有公开本发明的任何区别技术特征，进而其不可能给出将本发明的上述区别技术特征应用到对比文件1中以解决本发明实际解决的技术问题的启示，同时，由于对比文件1和2在技术上没有任何关联，导致对比文件1无法与对比文件2进行结合，并且即使相互结合，结合后的技术方案与本发明权利要求1的技术方案也没有任何关联，即使结合也不可能得到本发明权利要求1的技术方案。

关于对比文件3，虽然对比文件3公开的三维旋转界面的方法可以实现将屏幕的显示内容三维偏转至一虚拟平面，并对显示内容进行缩放以方便用户观看，但申请人认为对比文件3并没有公开本发明的主要发明点，进而也没有给出会影响本发明创造性的技术启示，并且，对比文件3公开的方法也无法应用到对比文件1中。

具体地，参见上述在确定本发明实际解决的技术问题时的意见陈述，本发明的主要构思在于：本发明会根据处于不同位置处的前置摄像头与人眼之间的距离来判断移动终端的不同偏转和倾斜状态，进而针对不同的倾斜状态（前后倾斜状态和左右倾斜状态）和不同的偏转角度来进行不同的调整，从而为用户提供更好的观看效果，这是本发明一个非常重要的发明点。而反观对比文件3，其对本发明的上述重要发明点以及与上述重要发明点相关的区别技术特征没有进行任何公开，即对比文件3中并没有公开在移动终端的不同位置处设置多个前置摄像头，没有公开如何根据不同前置摄像头与人眼之间的距离来计算和判断移动终端的偏转和倾斜状态，更加没有公开如何根据移动终端的不同偏转和倾斜状态来对移动终端进行相应的调整，对于上述相关的一些区别技术特征，对比文件3不可能给出任何技术启示。虽然对比文件3中公开了如何实现三维旋转界面，但申请人认为这并不是本发明的主要改进之处，对比文件3公开的技术内容并不会影响本发明的技术创新高度，也不会影响到本发明的创造性。

另外，申请人认为对比文件3的方法并不能应用到对比文件1中，具体地，在对比文件1的利用单摄像头实现裸眼3D光栅调节的方法中，其技术原理是当人脸与摄像头之间存在水平偏移时，通过调节光栅的遮挡角度，利用光栅的自动调整和适配，为用户实现最佳3D观看效果；而在对比文件3的三维旋转界面的方法中，其技术原理是通过提取目标对象的三维界面特征信息，选取三维坐标系并构建三维界面特征信息的数学模型，对进行纹理映射处理的数学模型进行坐标变换，来获取与三维界面特征信息相匹配的倾斜数学模型，再通过触发倾斜数学模型的旋转来呈现三维旋转界面；可见对比文件1的方法和对比文件3的方法的技术原理完全不同，对比文件1采用的是光栅调节，对比文件3采用的是三维建模、坐标变换和模型旋转，二者在技术上没有任何关联，并且二者的应用领域、想要解决的技术问题、技术方案以及最终达到的技术效果都完全不同，所以，由于二者的方法在技术上相差太远，对比文件3的方法并不能应用到对比文件1中。

经过上述意见陈述可知，对比文件3虽然公开了如何实现三维旋转界面，但其并没有公开与本发明的主要发明点相关的一些区别技术特征，进而不可能给出将与本发明的主要发明点相关的区别技术特征应用到对比文件1中以解决本发明实际解决的技术问题的启示，同时，由于对比文件1的方法和对比文件3的方法在技术上相差甚远，导致对比文件1无法与对比文件3进行结合，并且即使相互结合，结合后的技术方案与本发明的权利要求1的技术方案也相差甚远，并不能解决本发明想要解决的技术问题，即使结合也不可能得到本发明权利要求1的技术方案。

综上，申请人认为本发明的上述区别技术特征并没有被对比文件2和3公开，即对比文件2和3没有给出将上述区别技术特征应用到对比文件1以解决本发明实际解决的技术问题的启示，另外，参见上述意见陈述，对比文件1也无法与对比文件2和3相结合来得到本发明权利要求1的技术方案，同时本发明的上述区别技术特征也不属于本领域的公知常识，因此现有技术从整体上没有给出将本发明的上述区别技术特征应用到对比文件1以解决本发明实际解决的技术问题的启示，即本发明权利要求1的技术方案对本领域技术人员来说是不容易想到的，具有非显而易见性，具有突出的实质性特点。

（7）善用小标题，合理分段，重视视觉效果上的逻辑清晰性。

为了使审查员对意见陈述的框架结构、要阐述的大小论点一目了然，撰写时可善用诸如“一、二、三……”“1.2.3……”“(1)、(2)、(3) ……”等编号进行内容的划分，标明所要阐述观点的小标题。小标题清楚醒目，可使审查员在未仔细阅读具体文段内容时，即明确所要阐述的要点。对于阐述内容较多的部分，应适当分段，避免烦冗的长段落引起视觉疲劳。意见陈述书视觉效果上的逻辑清晰性可提升审查员阅读的顺畅感，利于审查员的审查。

## 【案例 No. 091309】赛米司酮固体制剂及其制备方法

### ☞ 案由简要

该申请涉及一种赛米司酮固体制剂的制备方法（权利要求1~20），及由该制备方法获得的赛米司酮固体制剂（权利要求21）。

➢ 一通：审查员引用一篇对比文件1认为权利要求1~20不具备创造性，权利要求21不具备新颖性。

➢ 答一通：未修改权利要求，论述权利要求1~20具备创造性。

➢ 驳回决定：审查员未认可之前意见陈述，仍然认为权利要求1~20不具备创造性。

➢ 提复审：

1. 删除原权利要求1~3；

2. 进一步限定原权利要求4中的酸化剂及酸性溶液，以及其他制备工艺至原权利要求4中，从而形成新权利要求1；

3. 论述新权利要求1的创造性。

➢ 撤销驳回决定，并授权。

### ☞ 相关权利要求

1. 权利要求

原权利要求1：一种赛米司酮固体制剂的制备方法，其特征在于：将赛米司酮溶于溶剂中，制得含药液，之后，将辅料和所述的含药液均匀混合，进行湿法制粒；其中，所述的溶剂为有机溶剂或质量百分比85%以上的有机溶剂的水溶液；所述的有机溶剂为赛米司酮可溶的药剂领域可接受的有机溶剂。

原权利要求2：如权利要求1所述的方法，其特征在于：所述的有机溶剂为乙醇和/或丙酮。

原权利要求3：如权利要求1或2所述的方法，其特征在于：所述的溶剂的用量为湿法制粒干物料的质量百分比5%～100%，较佳的为10%～50%。

原权利要求4：一种赛米司酮固体制剂的制备方法，其特征在于其包括如下步骤：将赛米司酮溶于含酸化剂的酸性溶液中，制得含药酸性液；之后，将辅料和所述的含药酸性液均匀混合，进行湿法制粒。

2. 说明书

2.1 说明书第4～5页有关酸化剂的种类、用量及酸性溶液的记载

所述的酸化剂为盐酸、枸橼酸、磷酸、酒石酸和醋酸中的一种或多种；所述的酸化剂的用量为至少能使赛米司酮完全溶解的最小量；所述的含酸化剂的酸性溶液中的溶剂为水、有机溶剂或水和有机溶剂的混合液；所述的有机溶剂为乙醇。

2.2 说明书第6页第2～3段记载

在将赛米司酮溶于含酸化剂的酸性溶液中的同时和/或之后，还加入表面活性剂、增溶剂和固体分散体的水溶性载体中的一种或多种，然后将所得含药酸性液进行后续步骤，即与辅料均匀混合，进行湿法制粒；其中，在将辅料和所述的含药酸性液均匀混合，进行湿法制粒的步骤时，还加入碱化剂，使碱化剂与含药酸性液的混合液的酸性相对于含药酸性液的酸性降低。

3. 新权利要求1

1. 一种赛米司酮固体制剂的制备方法，其特征在于，其包括如下步骤：将赛米司酮溶于含酸化剂的酸性溶液中，制得含药酸性液；之后，将辅料和所述的含药酸性液均匀混合，进行湿法制粒；

在将赛米司酮溶于含酸化剂的酸性溶液中的同时和/或之后，还加入表面活性剂、增溶剂和固体分散体的水溶性载体中的一种或多种，然后将所得含药酸性液进行后续步骤，即与辅料均匀混合，进行湿法制粒；

其中，在将辅料和所述的含药酸性液均匀混合，进行湿法制粒的步骤时，还加入碱化剂，使碱化剂与含药酸性液的混合液的酸性相对于含药酸性液的酸性降低；

所述的酸化剂为盐酸、枸橼酸、磷酸、酒石酸和醋酸中的一种或多种；所述的酸化剂的用量为至少能使赛米司酮完全溶解的最小量；所述的含酸化剂的酸性溶液中的溶剂为水、有机溶剂或水和有机溶剂的混合液；所述的有机溶剂为乙醇。

**☞ 相关说明书内容**

摘录一

本发明背景技术部分有如下记载：

赛米司酮属于弱碱类药物，在水中难溶。在制备固体制剂时，需将赛米司酮粉碎到一定的细度，以保证该固体制剂口服后能迅速溶出。目前，对水难溶性药物的粉碎一般都采用机械粉碎方法。但是，机械粉碎的处理方法存在粉尘多、污染环境和损耗大等缺陷。更严重的问题是，吸入赛米司酮会对操作人员健康产生不良影响，产生劳动防护存在安全隐患的问题。

另外，目前较广泛使用机械粉碎的方法粉碎药物活性成分，如常采用的万能粉碎机，粉碎处理后的粒径一般达到100微米左右。由该方法粉碎处理后制得的固体制剂

的溶出特性尚不够理想。

由于赛米司酮活性较高，在固体制剂中含量较低（≤30wt%），因此在机械粉碎处理的工艺中，还涉及其与赋形剂混合的分散均匀性问题。通常，采用将药物活性成分与赋形剂等量稀释逐步扩大的方法，以使药物在固体制剂中分散均匀。但该方法工艺操作烦琐，同样会产生粉尘多、污染环境、损耗大和劳动防护存在安全隐患等诸多问题。

摘录二

本发明的积极进步效果部分有如下记载：

本发明的积极进步效果在于：

（1）本发明的制备方法避免了机械粉碎处理赛米司酮所带来的污染严重、损耗大和安全隐患严重的缺陷，其操作简便易行，安全系数高，易应用于工业化生产。

（2）本发明的制备方法制得的赛米司酮固体制剂的溶出特性较现有技术有显著的提高，且生物利用度高，个体差异小。

（3）本发明的制备方法制得的赛米司酮固体制剂具有较佳的稳定性和含量均匀度。

摘录三

本发明的实施例部分有如下效果数据：

**表 1**

| 实施例 | 粒径（微米） | | | |
|---|---|---|---|---|
| | 平均粒径（体积） | $D_{10}$ | $D_{50}$ | $D_{90}$ |
| 对比例 1 | 69. 46 | 10. 36 | 54. 12 | 154. 97 |
| 实施例 1 | 25. 39 | 2. 58 | 16. 99 | 49. 03 |
| 实施例 2 | 12. 47 | 2. 74 | 9. 84 | 24. 47 |

**表 2**

| 实施例 | 溶出度（%） | | |
|---|---|---|---|
| | 20min | 30 min | 60 min |
| 对比例 2 | 27. 4 | 40. 3 | 56. 4 |
| 实施例 4 | 38. 9 | 52. 5 | 71. 1 |
| 实施例 7 | 41. 8 | 61. 1 | 79. 5 |

**表 3**

| 实施例 | 性状 | | 含量（%） | | 60 分钟溶出度（%） | | 有关物质（%） | |
|---|---|---|---|---|---|---|---|---|
| | 加速前 | 加速后 | 加速前 | 加速后 | 加速前 | 加速后 | 加速前 | 加速后 |
| 对比例 2 | 浅黄色片 | 浅黄色片 | 97. 3 | 98. 1 | 56. 4 | 55. 9 | 0. 46 | 0. 94 |
| 实施例 4 | 浅黄色片 | 浅黄色片 | 98. 6 | 98. 3 | 71. 1 | 72. 0 | 0. 48 | 0. 91 |

对比例 1 和 2 制得的产品中药物活性成分的粒径大小、产品溶出度和稳定性，远较本发明的方法制得的产品差。

☞ **相关对比文件公开内容**

对比文件1的实施例2公开了一种米非司酮制剂，其技术方案为，米非司酮25g，十二烷基硫酸钠2.5g，乳糖31g，淀粉12g，聚乙烯吡咯烷酮K30 4g，50%乙醇适量，交联聚乙烯比咯烷酮4.8g，硬脂酸镁0.7g，具体工艺为将25g米非司酮和2.5g十二烷基硫酸钠溶于50%乙醇，加入31g乳糖、12g淀粉、4g聚乙烯吡咯烷酮K30、4.8g交联聚乙烯吡咯烷酮和0.7g硬脂酸镁，经湿粒法制粒，压片制得所需片剂。

☞ **驳回决定**

(1) 驳回决定认为：本申请的活性成分赛米司酮和对比文件1的米非司酮属于同类药物，其化学结构类似，物理化学性质相近，且均为弱碱性难溶药物，故制剂领域技术人员会从对比文件1中获得技术启示；

(2) 驳回决定认为：使用酸化剂提高弱碱性药物的水溶性是制剂领域人员的公知常识；

(3) 驳回决定认为：为了获得稳定性及溶出性好的制剂，制剂领域技术人员根据常识可完成常规辅料选择及用量调整；具体来说，驳回决定认为：在制剂领域，为消除制备过程中加入酸碱在患者服用时的不利影响或副作用，为调整pH至中性而加入碱化剂是本领域技术人员的常识。

☞ **答辩要点分析思路**

对于驳回决定中审查员的每个观点，意见陈述书中均应该从多个角度予以反驳。比如说，对于驳回决定的第一个观点，代理师分析后认为，可以从技术问题、技术方案、补充证据三个角度予以反驳。再比如说，对于驳回决定的第二个观点，代理师分析后认为，可以从以下两个角度予以反驳：并非所有的酸化剂都能提高赛米司酮的水溶性，仅有特定的酸化剂才能提高该发明赛米司酮的水溶性；现有技术中，为了提高弱碱性药物的水溶性采用了酸化剂以外的其他方法。再比如说，代理师与发明人深入沟通后发现，该发明的碱化剂的加入并非简单减少酸碱对患者服用的不利影响或副作用，而是在机理上有着更深层次的含义，因此，对于驳回决定的第三个观点，意见陈述中围绕“碱化剂加入所起的作用”展开论述。

由于阐述内容过多，冗长的长段落论述会引起视觉疲劳，为了避免上述情形的发生，同时，为了使审查员对意见陈述的框架结构、要阐述的各大小论点一目了然，代理师在撰写意见陈述时，运用了诸如“一、二、三……”“1.2.3……”“(1)、(2)、(3)……”等编号进行内容的划分，采用小标题标明所要阐述观点，这样可使审查员清晰明确、一目了然地知晓所要阐述的要点，并能提升审查员阅读的顺畅感，从而利于审查员的审查。

为此，针对驳回决定中的第三个观点，代理师作出如下答复：

1.3.1　对比文件1的其他部分未给出采用本发明的技术方案即可解决本发明的技术问题的任何技术启示

(1) 从技术问题角度分析。

对比文件1所要解决的技术问题是：如何获得生物利用度高的米非司酮制剂；而本

发明所要解决的技术问题是：如何获得溶出特性好、稳定性好、含量均匀度佳、生物利用度高、个体差异小的赛米司酮制剂。由此可知，对比文件1不可能给出技术启示。

（2）从技术方案角度分析。

为了获得生物利用度高的米非司酮制剂，对比文件1采用的技术方案是将米非司酮与表面活性剂以特定用量比配合；而为了获得溶出特性好、稳定性好、含量均匀度佳、生物利用度高、个体差异小的赛米司酮制剂，本发明采用的技术方案是将赛米司酮溶于特定的酸性溶液中，且该酸性溶液含有特定种类的酸化剂及特别限定的有机溶剂乙醇。由此可知，对比文件1不可能给出技术启示。

（3）补充证据予以说明。

对比文件1的实施例2被认为是最接近的现有技术，申请人将对比文件1实施例2中的米非司酮替换为本发明的赛米司酮进行实验后发现，由于溶剂量太多而不能制粒，更不用说还要实现本发明的技术效果。由此可知，对比文件1不可能给出技术启示。

1.3.2 使用酸化剂提高弱碱性药物的水溶性不是制剂领域人员的公知常识

（1）并非所有的酸化剂都能提高本发明赛米司酮的水溶性，仅有特定种类的酸化剂才能提高赛米司酮的水溶性。

展开论述：只有本发明特别限定的酸化剂种类，一并配合各步骤及工艺条件，才能够解决本发明的技术问题，并实现本发明的技术效果；引入曾经失败的尝试，也即本发明限定范围之外的酸化剂，即使配合本发明的其他必要技术特征也无法解决本发明的技术问题，并实现本发明的技术效果。

（2）现有技术中，为了提高弱碱性药物的水溶性采用了酸化剂以外的其他方法。

（在实践过程中，为了使论述有理有据，建议可从背景技术、对比文件及其他现有技术中寻求有利证据。）

①为了保证弱碱性难溶性药物赛米司酮的溶出度和分散均匀度，工业生产方法仅限于使用粉碎加上等量稀释逐步扩大法。

②为了提高弱碱难溶性药物米非司酮生物利用度，对比文件1采用的方法是将药物活性物质与特定质量比例的表面活性剂配合使用。

③为了提高弱碱难溶性药物阿立哌唑的水溶性，现有技术中采用的方法是将其制成盐。

1.3.3 本发明中加入碱化剂，并非简单减少酸碱对患者服用的不利或副作用，而是在机理上有着更深层次的含义

本发明先采用特定种类的酸性溶液溶解药物赛米司酮，才能在实际的制粒过程中使药物恢复固体状态；结合碱化剂的加入，使得碱化剂与含药酸性液的混合液的酸性相对于含药酸性液的酸性降低，从而减少药物活性成分在制备过程中的迁移，并获得稳定性佳的固体制剂。

**☞ 复审请求书原文摘录**

一、新权利要求1具备创造性

1. 新权利要求1具有突出的实质性特点

新权利要求1请求保护一种赛米司酮固体制剂的制备方法，其特征在于，……

对比文件1的实施例2被认为是最接近的现有技术，其公开了一种米非司酮制剂，其原料为米非司酮25g，十二烷基硫酸钠2.5g，乳糖31g，淀粉12g，聚乙烯吡咯烷酮K30 4g，50%乙醇适量，交联聚乙烯吡咯烷酮4.8g，硬脂酸镁0.7g；其制备方法如下：将25g米非司酮和2.5g十二烷基硫酸钠溶于50%乙醇，加入31g乳糖、12g淀粉、4g聚乙烯吡咯烷酮K30、4.8g交联聚乙烯吡咯烷酮和0.7g硬脂酸镁，经湿粒法制粒，压片制得所需片剂。

1.1 区别技术特征的认定

与最接近的现有技术相比，新权利要求1的区别技术特征如下：

（1）本发明药物活性成分为赛米司酮；

（2）本发明是将赛米司酮溶于含酸化剂的酸性溶液中，制得含药酸性液，与各辅料混合后，加入碱化剂，使碱化剂与含药酸性液的混合液的酸性相对于含药酸性液的酸性降低，之后湿法制粒；

（3）本发明还特别限定了特定种类的酸化剂及其用量，以及酸性溶液中的溶剂为乙醇。

1.2 新权利要求1实际解决的技术问题

新权利要求1实际解决的技术问题是：提供一种溶出特性好、稳定性好、含量均匀度佳、生物利用度高、个体差异小的赛米司酮固体制剂的制备方法。

1.3 新权利要求1的技术方案对于本领域技术人员来说是非显而易见的

1.3.1 对比文件1的其他部分未给出采用本发明的技术方案即可解决本发明的技术问题的任何技术启示。

（1）从技术问题角度分析。

对比文件1所要解决的技术问题是：如何获得生物利用度高的米非司酮制剂；而本发明所要解决的技术问题是：如何获得溶出特性好、稳定性好、含量均匀度佳、生物利用度高、个体差异小的赛米司酮制剂。

（2）从技术方案角度分析。

为了生物利用度高的米非司酮制剂，对比文件1采用的技术方案是将米非司酮与表面活性剂以特定用量比配合；而为了获得溶出特性好、稳定性好、含量均匀度佳、生物利用度高、个体差异小的赛米司酮制剂，本发明采用技术方案是将赛米司酮溶于特定的酸性溶液中，且该酸性溶液含有特定种类的酸化剂及特别限定的有机溶剂乙醇。

（3）补充证据予以说明。

对比文件1的实施例2被认为是最接近的现有技术，申请人将对比文件1实施例2中的米非司酮替换为本发明的赛米司酮进行实验后发现，由于溶剂量太多而不能制粒，更不用说还要实现本发明的技术效果了。

基于上述分析可知，在对比文件1的基础上，本领域技术人员仅仅知晓，将米非司酮与表面活性剂以特定用量比配合使用，能够获得生物利用度高的米非司酮制剂。在对比文件1的基础上，本领域技术人员并不知晓，如何才能获得溶出特性好、稳定性好、含量均匀度佳、生物利用度高、个体差异小的赛米司酮制剂。此外，将对比文件1实施例2中的米非司酮替换为本发明的赛米司酮后发现，由于溶剂量太多而不能制粒，更不要说还能够实现本发明的技术效果了。

综上所述，对比文件1的其他部分未给出采用本发明的技术方案即可解决本发明的技术问题并实现本发明的技术效果的任何技术启示。

1.3.2　使用酸化剂提高弱碱性药物的水溶性不是制剂领域人员的公知常识

（1）并非所有的酸化剂都能提高本发明赛米司酮的水溶性，仅有特定种类的酸化剂才能提高本发明赛米司酮的水溶性。

本发明人经过大量实验研究发现，只有本发明特别限定的酸化剂的种类，一并配合各步骤及工艺条件，才能够解决本发明所要解决的技术问题，才能获得溶出特性好、稳定性好、含量均匀度佳、生物利用度高、个体差异小的赛米司酮固体制剂。

事实上，本发明人在研发过程中，还试验了药剂领域通常使用的其他种类的酸化剂，比如硫酸、甲磺酸、硝酸、乳酸、硼酸、草酸和甘氨酸。发明人发现，硫酸、甲磺酸和硝酸会对赛米司酮稳定性产生不利影响；乳酸也无法实现本发明的技术效果；硼酸、草酸和甘氨酸对赛米司酮没有增溶作用。

由此可知，并非所有的酸化剂都能提高本发明赛米司酮的水溶性，仅有特定种类的酸化剂并配合新权利要求1中的其他技术特征相配合，才能提高本发明赛米司酮的水溶性，才能实现本发明的技术效果。

（2）现有技术中，为了提高弱碱性药物的水溶性采用了酸化剂以外的其他方法。

①为了保证弱碱性难溶性药物赛米司酮的溶出度和分散均匀度，工业生产方法仅限于使用粉碎加上等量稀释逐步扩大法。

本申请的背景技术部分明确记载了，为了获得溶出度和分散均匀度更好的赛米司酮制剂，目前采用的是粉碎加上等量稀释逐步扩大法，并没有采用本发明的酸化剂的方法。

如前所述，本发明的技术方案是发明人经过大量艰苦卓绝的实验得出的。如果按照审查所说的“酸化剂能够提高弱碱性药物赛米司酮的水溶性是药物制剂领域的公知常识”，那么，现有技术中为何如此长时间仍在使用旧有方法呢?

②为了提高弱碱难溶性药物米非司酮生物利用度，对比文件1采用的方法是将药物活性物质与特定质量比例的表面活性剂配合使用。

对比文件1为了提高弱碱难溶性药物米非司酮生物利用度，其发明人经过大量实验研究，最终发现将药物活性物质与表面活性剂以特定的比例相配合，才能够获得生物利用度高的米非司酮制剂。

③为了提高弱碱难溶性药物阿立哌唑的水溶性，采用的方法是将其制成盐。

中国专利申请CN101238105A公开的阿立哌唑，同样属于难溶弱碱性药物，其发明人最终发现将其制备成阿立哌唑酸式盐，才获得了较好的水溶性。

由此可见，为了提高弱碱难溶性药物的水溶性，现有技术中采取了酸化剂以外的其他方法，若本领域技术人员均知“酸化剂能够提高弱碱性药物的水溶性，使用酸化剂可以提高弱碱性药物的水溶性”，那么，对比文件1和中国专利文献CN101238105A的发明人又何必大费周折地尝试其他方法来提高弱碱难溶性药物的水溶性呢。

综上所述，使用酸化剂提高弱碱性药物的水溶性并不是药物制剂领域人员的公知常识，且只有特定的酸化剂并配合新权利要求1中的其他技术特征，才能提高本发明赛米司酮的水溶性，才能获得溶出特性好、稳定性好、含量均匀度佳、生物利用度高、个体差异小的赛米司酮固体制剂。

1.3.3 本发明中加入碱化剂，并非简单减少酸碱对患者服用的不利影响或副作用，而是在机理上有着更深层次的含义

本发明特定种类的酸化剂与碱化剂的配合使用，并非简单减少酸碱对患者服用的不利影响或副作用，而是在机理上有更深层次的含义。具体地，本发明先采用特定种类的酸性溶液溶解药物赛米司酮，才能在实际的制粒过程，使药物恢复固体状态；结合碱化剂的加入，使得碱化剂与含药酸性液的混合液的酸性相对于含药酸性液的酸性降低，从而减少药物活性成分在制备过程中的迁移，并获得稳定性佳的固体制剂。

2. 新权利要求1具有显著的进步

由本发明的制备方法制得的赛米司酮固体制剂溶出特性好、稳定性好、含量均匀度佳、生物利用度高、个体差异小。由此可见，新权利要求1取得了预料不到的技术效果，具有显著的进步。

综上所述，新权利要求1具有突出的实质性特点和显著的进步，符合《专利法》第22条第3款规定的创造性。

二、权利要求2～23具备创造性

权利要求2～23为新权利要求1的从属权利要求。在新权利要求1具备创造性的前提下，其从属权利要求也具备创造性。

## 【案例No. 1310528】水泵

### ☞ 案由简要

该发明涉及一种水泵（权利要求1～18）。

➢ 一通：审查员引用对比文件1（US2010/0329889A1）、对比文件2（CN203129272U）、对比文件3（CN103206396A）和对比文件4（CN103151879A），认为权利要求1～18不具备创造性。

➢ 答一通：删除原权利要求1和2，将原权利要求3和6合并为新的权利要求1，论述新的权利要求1～15具备创造性。

➢ 二通：审查员认可之前的意见陈述，但重新检索了新的对比文件（对比文件5和6），认为权利要求1～13不具备创造性。

➢ 答二通：将权利要求13～14的附加技术特征增加至权利要求1中，形成新的权利要求1，论述新的权利要求1～13具备创造性。

➢ 审查结果：授权。

### ☞ 相关权利要求

答一通时将原申请中的权利要求3和6合并为新的权利要求1：

1. 一种水泵，包括一顶盖、一泵总成和一浮球阀，所述泵总成包括一电机，其特征在于，所述浮球阀包括一用于启动所述电机的开关和一用于触动所述开关的杠杆；

所述开关设置于所述顶盖内；

所述杠杆套设于一用于提供杠杆一支点的支撑部件内，所述支撑部件的两端部分别包覆有一用于密封所述杠杆和所述顶盖的密封件；

所述浮球阀还包括一用于固定所述顶盖与所述支撑部件、密封件的紧固件；

各所述密封件套设于所述杠杆上，所述顶盖的一侧面上设有一固定有所述紧固件的连接孔，所述紧固件套设于所述杠杆上，并通过一垫片压设于靠近所述顶盖外侧的所述密封件上；

所述浮球阀还包括一滑杆和一滑设于所述滑杆上浮球，所述滑杆的一端设有一用于限定所述浮球滑出所述滑杆的限位部件，所述滑杆的另一端与所述杠杆的一端铰接。

☞ **相关说明书内容**

摘录一

如图1所示，本发明水泵包括一顶盖1、一底盖2、一底座3、一泵总成4和一浮球阀5。所述泵总成4包括一电机41和一泵体42。其中，所述泵体42的一端与顶盖1固接，所述泵体的另一端与底盖2固接。所述底盖2固定于底座3上。

摘录二

在本实施例中，所述浮球阀5包括一用于启动所述电机41的开关51、一用于触动所述开关51的杠杆52、一滑杆53和一浮球54。其中，开关51设置在顶盖1内。所述浮球54滑设于所述滑杆53上。所述滑杆53的一端设有一用于限定所述浮球54滑出所述滑杆53的限位部件7，所述滑杆53的另一端与杠杆52的一端铰接。所述顶盖1的一侧面上设有一连接孔11。

如图1、图2所示，所述杠杆52套设于一用于提供杠杆52一支点的支撑部件55内。所述支撑部件55的两端部分别包覆有一用于密封杠杆52和顶盖1的密封件56。密封件56套设于所述杠杆52上。

另外，浮球阀5还包括一用于固定顶盖1与支撑部件55、密封件56的紧固件58。该紧固件58套设于杠杆52上，并通过一垫片57压设于靠近所述顶盖1外侧的所述密封件56上。

所述紧固件58固定于连接孔11内，所述杠杆52的一端固设有一套接件59，所述套接件59上设有一套孔591。所述开关51的一端套设于所述套孔591内，所述开关51的另一端与所述电机41电连接。在本实施例中，所述套接件59的形状为C型。

该水泵在使用过程中，浮球阀依靠浮球受液面作用的降低和升高，去控制一个阀门的开启或关闭。浮球放置在具有大量积水的基坑或者沟槽内，当基坑或者沟槽的液位上升至一第一预设值位置时，所述浮球联动杠杆的套接件，从而接合所述开关，在所述第一预设值位置，所述浮球触发电机，从而带动叶轮动作，使得从流体入口进入的流体经流体出口从连接出水流道的软管接头流出。当基坑或者沟槽的液位下降至所述预设位置以下时，所述浮球回落至一底部位置，所述浮阀松开开关，从而使所述电机停止工作。

在本实施例中，在杠杆52上套设有密封件56，使得水泵外部的水不能进入泵总成内，密封效果好；另外，开关设置在该水泵内，使得开关不易受外界环境的影响，性能稳定、使用时间长以及可靠性大。

## ☞ 相关对比文件公开内容

**[对比文件1]**

摘录一

[0028] FIGS. 1 and 2 show, in perspective and side sectional views, a first embodiment of an assembly 10 for controlling the level of a liquid in a vessel, such as a sump basin or a sewer basin, in which a submersible pump 300, as is generally known in the prior art is disposed. The pump 300 has an electrical motor 310 housed in a motor housing 320.

Such a pump 300 will be energized by an external power source (not shown), but this aspect is well known and the power will typically be 120 or 240 volt alternating current. As will be known, the pump 300 maybe a centrifugal impeller pump when the service involves a sump basin, but will more commonly be a grinder pump when the service involves a sewage basin. The level control assembly 10 has several pieces, including a switch housing 30, a float housing 50, and a cord assembly 70 that passes the power from the external power source to the interior of the switch housing in an environmentally - sealed manner.

摘录二

[0029] The float housing 50 is arranged in close proximity to the switch housing 30, and a float 52 is disposed in the float housing for linear movement in a vertical direction that is responsive to the liquid level in the vessel. Unlike some of the float assemblies that have been used in the prior art, it is desirable to enclose the float 52 in the float housing 50. When the float 52 or, for that matter, a switch associated with the float, is exposed in the sump basin to the rippling of the liquid in the basin, multiple strikes of the switch contacts can occur.

This tends to shorten the service life of the switch. This rippling can be caused, for example, by the flow of liquid from a footer pipe into the basin. In general, then, a particularly useful float housing 50 is effectively closed along its sides, with liquid access to the interior of the float housing provided by a plurality of access holes 54 in a lower surface of the float housing. To accommodate air inside the float housing 50, it may also be useful to provide access holes at the upper end of the float housing.

[0030] The float 52 should be sized to slide easily upward and downward in the float housing 50. The float 52 has a density that can be carefully determined to provide the correct reaction to an increased liquid level, which may include, in some instances, filling at least some of the float with water, or another dense material. Having an appropriate weight to the float 52 is important in the proper operation of the switching system, as there needs to be sufficient weight present to counteract the attractive force of the magnets used to couple the action of a switch in the switch housing 30 with the float.

摘录三

[0031] The switch housing 30 is intended to provide a sealable internal environment that is distinct from either the motor housing 320, a pump housing (if the pump housing is separate from the motor housing, although they can be the same) and the float housing 50. Unlike the float housing 50, which will be subjected to humidity, the switch housing 30 should be as dry as possible. Unlike the motor housing 320, where oil mist from the motor will be commonplace, the switch housing 30 should be free of oil mist.

[0032] A switch 32 is disposed in the switch housing 30. The switch 32 is positioned in an electrical circuit provided between the motor 310 and the external power source operative to selectively connect the motor to, and disconnect the motor from, the external power source, as required to maintain the liquid level. In the illustrated embodiment, the switch 32 is a snap - action switch. To the extent that there is a preference, the switch 32 is preferably a commercially - available snap action switch that is provided with a pivoted lever 34 that can be urged against a switch button 36 that is biased against the action of the lever. Certainly, the lever 34 may be provided if it is not an integral part of the switch 32.

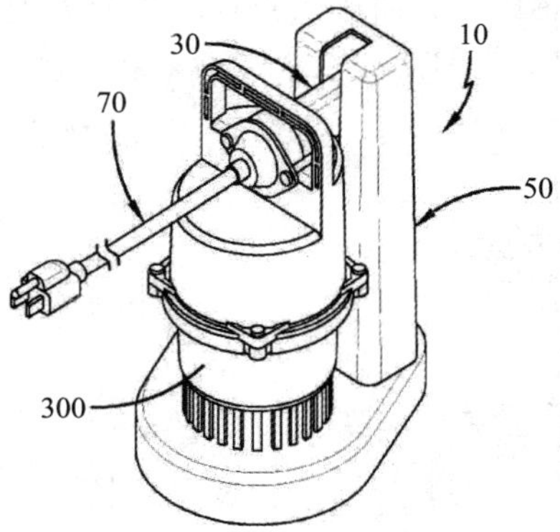


图 1

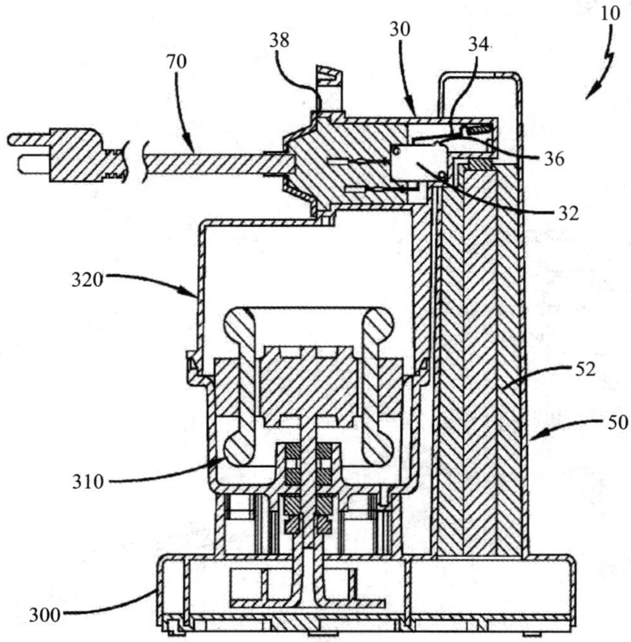


图 2

【对比文件2】

摘录一

[0018] 如图2至图4所示，该实施例的排水控制组件5包括排水杠杆51、中间开孔的杠杆球52、杠杆球衬套53以及杠杆固定螺母54，杠杆球衬套53用于将杠杆球52固定在出水器主体4上并可使杠杆球52在杠杆球衬套53内转动，排水杠杆51穿过杠杆球52的孔伸入出水器主体4中，杠杆固定螺母54旋接在出水器主体4上而实现固定排水杠杆51并密封出水器主体4上连接排水控制组件5的接口42。其中该排水杠杆51伸入出水器主体4内的部分与调节螺杆2相接触，又由于调节螺杆2与出水塞头1相连接，故通过向下压排水杠杆51外端部而实现排水杠杆51内端部向上翘起，进而带动调整螺杆2和出水塞头1向上抬起实现排水，如图4所示状态；要在洗涤盆里蓄水时，用手向下按压出水塞头1，出水塞头1带动调整螺杆2向下运动至出水塞头1上的“O”形密封圈7与出水法兰3紧密配合，同时调整螺杆2下方的排水杠杆51内端部向下摆动，而排水杠杆51的外端部向上翘起，如图3所示状态。

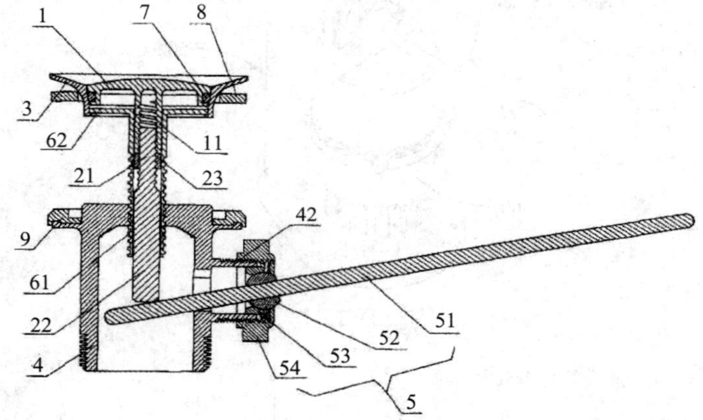


图3

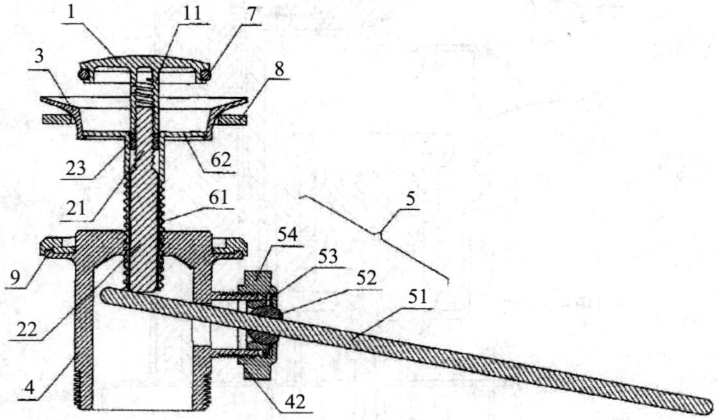


图4

☞ **审查意见**

摘录一

1. 权利要求1请求保护一种水泵，对比文件1（US2010/0329889A1）公开了一种潜水泵（即水泵的一种），并具体公开了以下技术特征（参见说明书第［0028］~［0032］段，图1、图2）：该潜水泵包括一开关壳体30（相当于本申请中顶盖），装设电动机310的壳体320（电动机310和壳体320之组合相当于本申请中泵总成，相当于泵总成包括一电机），浮子52随水位变化在套筒50中做线性运动，参见图2可知，开关32与杠杆34连接，杠杆34的运动可以触动开关32的按钮36，从而通过开关32控制电机310（浮子52、开关32、杠杆34共同组成本申请中浮球阀，相当于公开了本申请中浮球阀包括一用于启动所述电机的开关和一用于触动所述开关的杠杆），开关32位于开关壳体30内（相当于本申请中开关设置于所述顶盖内）。

权利要求1和对比文件1的区别技术特征为：所述杠杆套设于一用于提供杠杆一支点的支撑部件内，所述支撑部件的两端分别包覆有一用于密封所述杠杆和所述顶盖的密封件，所述浮球阀还包括一用于固定所述顶盖与所述支撑部件、密封件的紧固件。

基于上述区别技术特征，权利要求1的技术方案实际解决的技术问题是：如何使杠杆转动及实现杠杆和顶盖密封。

摘录二

6. 从属权利要求6引用权利要求1。对其附加技术特征，对比文件1还公开了（参见说明书第［00291段第2行）：浮子52（相当于本申请中浮球）。对于未被公开的附加技术特征"浮球阀还包括一滑杆，浮球滑设于所述滑杆上，所述滑杆的一端设有一用于限定所述浮球阀滑出所述滑杆的限位部件，所述滑杆的另一端与所述杠杆的一端铰接"，在对比文件1公开了"浮子套筒50，浮子52在浮子套筒50中上下运动"（参见图6、图7）的基础上，本领域技术人员可以确定，浮子52与浮子套筒50的配合与本申请中浮球与滑杆的配合起到的作用相同，都是浮子（或浮球）随水位升降在一导向结构（即滑杆或套筒）中上下运动，因此，将对比文件1中浮子套筒50与浮子52替换为本申请中滑杆和滑设于滞杆上的浮球，属于本领域技术人员的常规技术手段的替换；为了防止浮球滑出滑杆，在滑杆一端设置一限位部件，这种设置是本领域技术人员的常规设置手段；所述滑杆的一端与杠杆的一端铰接以使得上升的浮球带动滑杆向上顶起，属于本领域技术人员的常规技术手段。

摘录三

对于上述区别技术特征，对比文件2（CN203129272U）公开了一种方便安装和清洗的排水器，并公开了以下技术特征（参见说明书第［0018］段，图3、图4）：排水控制组件5包括排水杠杆51（相当于本申请中杠杆）、中间开孔的杠杆球52（相当于本申请中提供杠杆一支点的支撑部件），排水杠杆51穿过杠杆球52的孔伸入出水器主体4中，杠杆固定螺母54旋接在出水器主体4上而实现固定排水杠杆51（因此杠杆固定螺母54相当于本申请中固定顶盖和支撑部件的紧固件）并密封出水器主体4上连接排水控制组件5的接口42。即对比文件2公开了一种排水控制装置，其和本申请属于相近技术领域，且上述技术特征在对比文件2中所起的作用和在本申请中相同，均为实现杠杆转动，因此，对本领域技术人员而言，存在技术启示，将上述技术特征应用于对比文件1中以解决其技术问题：至于权利要求1中未被公开的技术特征“所述支撑部件的两端部分别包覆有一用于密封所述杠杆和所述顶盖的密封件，紧固件固定密封件”，对比文件2中公开了（参见说明书第［0018］段，图3、图4）：杠杆球衬套53用于将杠杆球52固定在出水器主体4上并可使杠杆球52在杠杆球衬套53内转动，本领域技术人员可以确定，杠杆球衬套53与杠杆球52之间滑动配合，配合面具有密封作用，且固定螺母54密封出水器主体4上连接排水控制组件5的接口42，即固定螺母54也具有密封作用，在上述公开内容的基础上，本领域技术人员很容易想到设置本申请中所限定的密封件，并具体设置为所述支撑杆的两端部分别包覆有一用于密封所述杠杆和所述顶盖的密封件，并使得紧固件可以固定密封件以防止密封件滑动。

摘录四

特征在本申请中所起的作用是：通过密封件密封杠杆，防止水泵外湿空气进入水泵内。然而，对比文件2还公开了（参见说明书第［0018］段，图3、图4）：杠杆球衬套53用于将杠杆球52固定在出水器主体4上并可使杠杆球52在杠杆球衬套53内转动，本领域技术人员可以确定，杠杆球衬套53与杠杆球52之间滑动配合，配合面具有密封作用，且固定螺母54密封出水器主体4上连接排水控制组件5的接口42，即固定螺母54也具有密封作用，在上述公开内容的基础上，本领域技术人员很容易想到设置本申请中所限定的密封件，并将密封件套设于杠杆上以起到密封作用。

摘录五

3. 从属权利要求3引用权利要求2。其附加技术特征为：所述顶盖的一侧面上设有一固定有所述紧固件的连接孔，所述紧固件套设于所述杠杆上，并通过一垫片压设于靠近所述顶盖外侧的密封件上。上述附加技术特征在本申请中所起的作用是：确定紧固件的安装方式。然而，对比文件2中公开了（参见说明书第［0018］段，图3、图4）：杠杆固定螺母54旋接在出水器主体4上而实现固定排水杠杆51（因此杠杆固定螺母54相当于本申请中固定顶盖和支撑部件的紧固件）并密封出水器主体4上连接排水控制组件5的接口42。即对比文件2公开了紧固件，且其在对比文件2中的作用和在本申请中的作用相同，都是限制内部所包覆元件的移动，在此基础上，本领域技术人员将密封件设置为本申请权利要求3的上述附加技术特征所限定的安装方式，并加装一垫片以起到更好的紧固作用，属于本领域技术人员的常规技术手段。

### ☞ 答辩要点分析思路

在第一次审查意见中，审查员认为区别技术特征A和B是本领域的公知常识，区别技术特征C已被对比文件2所公开，且在对比文件2的基础上容易想到区别技术特征D～F。

在该案的分析过程中，代理师发现审查员存在“事后诸葛亮”的嫌疑，且将该发明中的技术特征拆分成多个独立的部分，并没有从技术方案整体出发来评述其创造性。代理师在进行详细分析后，对已经确定的答辩方案中要阐述的各级论点进行了精要明确的归纳提炼，并对内容进行各种不同类型的编号划分，同时，标明所要阐述观点的小标题：

首先，用“3.1、3.2、3.3……”编号说明需要阐述的一级论点，具体为“3.1 本领域技术人员没有动机将对比文件1与对比文件2结合”以及“3.2 即使将对比文件1与对比文件2、公知常识结合也不容易想到该专利申请新的权利要求1的技术方案”。

其次，用“Ⅰ、Ⅱ、Ⅲ……”编号说明需要阐述的二级论点，是对一级论点的进一步详细阐述，具体为，当一级论点为“3.1 本领域技术人员没有动机将对比文件1与对比文件2结合”时，所对应的二级论点为“Ⅰ本领域技术人员根本就没有动机去寻找对比文件2”以及“Ⅱ即使本领域技术人员无意之中看到了对比文件2，也没有动机将对比文件2与对比文件1结合”，当一级论点为“3.2 即使将对比文件1与对比文件2、公知常识结合也不容易想到该专利申请新的权利要求1的技术方案”时，所对应的二级论点为“I 对比文件2没有公开上述区别技术特征A～F，也没有给出将上述区别技术特征A～F应用于对比文件1以解决上述技术问题的技术启示”以及“Ⅱ上述区别技术特征A～F不是本领域公知常识”。

再次，用“(1)、(2)、(3) ……”编号说明需要阐述的三级论点，是对二级论点的进一步详细阐述，具体为，当二级论点为“I 对比文件2没有公开上述区别技术特征A～F，也没有给出将上述区别技术特征A～F应用于对比文件1以解决上述技术问题的技术启示”时，所对应的三级论点为“(1) 对比文件2没有公开上述区别技术特征A和B，也没有给出将上述区别技术特征A和B应用于对比文件1以解决上述技术问题的技术启示”“(2) 对比文件2没有公开上述区别技术特征C和D，也没有给出将上述区别技术特征C和D应用于对比文件1以解决上述技术问题的技术启示”和“(3) 对比文件2没有公开上述区别技术特征E和F，也没有给出将上述区别技术特征E和F应用于对比文件1以解决上述技术问题的技术启示”，当二级论点为“Ⅱ上述区别技术特征A～F不是本领域公知常识”时，所对应的三级论点为“(1) 上述区别技术特征A～B不是本领域公知常识”“(2) 上述区别技术特征C～F并不是本领域公知常识”以及“(3) 上述区别技术特征A～F相互协同，作为一个整体更不是本领域公知常识”。

最后，用“1>、2>、3>……”编号说明需要阐述的四级论点，是对三级论点的进一步详细阐述，具体为，当三级论点为“(1) 上述区别技术特征A～B不是本领域公知常识”时，所对应的四级论点为“1>审查员指出上述区别技术特征A～B属于本领域的公知常识时，其并没有提供本领域的教科书、工具书等技术资料进行证明，并且存在‘事后诸葛亮’的嫌疑”“2>对比文件1的潜水泵的工作原理与该专利申请新的权利要求1的水泵工作原理完全不同，本领域技术人员根本没有动机将对比文件1的结构改变为与其工作原理完全不同的该专利申请新的权利要求1中的结构，从而根本不容易想到上述区别技术特征A～B”和“3>假设本领域技术人员非常牵强地对对比文件1的结构进行改进，也不容易想到上述区别技术特征A～B”。

这样能够使审查员在未仔细阅读具体文段内容时，即明确所要阐述的要点。另外，对于阐述内容较多的部分进行适当分段，避免冗长的长段落陈述引起视觉疲劳。

**☞ 意见陈述原文摘录**

新的权利要求1与对比文件1相比，具有以下区别技术特征：

A. 所述浮球阀包括一滑杆，所述浮球滑设于所述滑杆上。

B. 所述滑杆的一端设有一限位部件，另一端与所述杠杆的一端铰接，所述限位部件用于限定所述浮球滑出所述滑杆。

C. 所述杠杆套设于一支撑部件内，所述支撑部件用于提供杠杆一支点。

D. 所述支撑部件的两端部分别包覆有一密封件，各所述密封件套设于所述杠杆上，且所述密封件用于密封所述杠杆和所述顶盖。

E. 所述浮球阀还包括一紧固件，所述紧固件用于固定所述顶盖与所述支撑部件、密封件。

F. 所述顶盖的一侧面上设有一连接孔，所述紧固件固定于所述连接孔内，且所述紧固件套设于所述杠杆上，并通过一垫片压设于靠近所述顶盖外侧的所述密封件上。

本技术方案相对于对比文件1实际解决的技术问题是：提高了浮球阀对水位响应的灵敏度以及使用可靠性，并保证了顶盖内部的密封性。

关于非显而易见性。本发明通过采用“将浮球滑设在滑杆上，且杠杆的一端与滑杆的一端铰接，另一端用于触动设置在顶盖内的开关，并将杠杆套设于一支撑部件内，以提供杠杆一支点，采用密封件密封杠杆和顶盖，通过紧固件固定顶盖、支撑部件和密封件”特征，实现了“提高了浮球阀对水位响应的灵敏度以及使用可靠性，并保证了顶盖内部的密封性”效果，对比文件2和其他现有技术整体上未给出相应的技术启示，使本领域技术人员有足够的动机获得本发明，因此本发明非显而易见。具体理由如下：

3.1　本领域技术人员根本没有动机将对比文件1与对比文件2结合

Ⅰ. 本领域技术人员根本就没有动机去寻找对比文件2。

本专利申请的专利分类号为F04B 49/025，属于的技术领域为：有浮子控制的水泵；然而，对比文件2的专利分类号为E03C 1/23，属于技术领域为带机械关闭装置的洗涤盆。由此可知，对比文件2所属的技术领域与该专利申请完全不同，本领域技术人员为了解决该专利申请新的权利要求1中所要解决的技术问题，根本就不可能想到去与该专利申请所属的技术领域完全不同的其他技术领域去寻找技术启示，从而根本就不可能去寻找对比文件2。

Ⅱ. 即使本领域技术人员无意之中看到了对比文件2，也没有动机将对比文件2与对比文件1结合。

在对比文件2中，主要涉及如何实现杠杆与出水器主体连接处的密封，从而保证出水器主体的内部的密封，避免洗涤盆内的水通过杠杆与出水器主体连接处流出，完全没有涉及如何提高浮球阀对水位的灵敏度以及使用可靠性。因此，为了提高浮球阀对水位的灵敏度以及使用可靠性，本领域技术人员根本没有动机将对比文件2与对比文件1结合来解决该专利申请新的权利要求1所要解决的技术问题。

因此，本领域技术人员根本就没有动机将对比文件1与对比文件2结合得到该专利申请新的权利要求1的技术方案。

3.2　即使在对比文件1的基础上结合对比文件2和公知常识也不容易想到该专利申请新的权利要求1的技术方案

Ⅰ. 对比文件2没有公开上述区别技术特征A~F，也没有给出将上述区别技术特征 A ~ F 应用于对比文件 1 以解决上述技术问题的技术启示。

（1）对比文件 2 没有公开上述区别技术特征 A 和 B，也没有给出将上述区别技术特征 A 和 B 应用于对比文件 1 以解决上述技术问题的技术启示。

对比文件 2 中的排水杠杆并不相当于该专利申请新的权利要求 1 中的杠杆。在该专利申请新的权利要求 1 中，杠杆的一端与滑杆相铰接，另一端用于触动设置于顶盖内的开关，且滑杆上滑设有浮球，其中，杠杆所起的作用为：直接对浮球的运动做出相应的反馈而触动或松开开关。然而，在对比文件 2 中，排水杠杆 51 一端的自由端，另一端抵靠有调整螺栓 2，其中，排水杠杆 51 的作用为：仅仅产生一旋转运动，通过人为的对其自由端施加一外力，使得另一端上升或下降，从而带动调节螺栓上升或下降，进而实现该洗涤盆的排水或蓄水。由此可知，对比文件 2 中的排水杠杆的结构与该专利申请新的权利要求 1 中的杠杆结构不同，所起的作用也不同，即两者并不相当。因此，对比文件 2 没有公开上述区别技术特征 A 和 B，也没有给出将上述区别技术特征 A 和 B 应用于对比文件 1 以解决上述技术问题的技术启示。

（2）对比文件 2 没有公开上述区别技术特征 C 和 D，也没有给出将上述区别技术特征 C 和 D 应用于对比文件 1 以解决上述技术问题的技术启示。

对比文件 2 中的杠杆球并不相当于该专利申请新的权利要求 1 中支撑部件。在该专利申请新的权利要求 1 中，支撑部件用于提供杠杆一支点，且支撑部件通过紧固件固定于顶盖，即支撑部件与紧固件之间不会产生相对运动，其所起的作用为：提供杠杆一旋转支点，使得杠杆可绕该旋转支点旋转。然而，在对比文件 2 中，杠杆球 52 内贯穿并固定有排水杠杆 51，且杠杆球 52 在杠杆球衬套内可转动，杠杆球衬套设置于接口 42 内，也就是说，排水杠杆 51 与杠杆球 52 之间不会产生相对运动，杠杆球 52 并没有提供排水杠杆一支点，且杠杆球 52 相对于杠杆固定螺母 54 可产生相对运动，其所起的作用为：对排水杠杆起到固定作用。由此可知，对比文件 2 中的杠杆球的结构与该专利申请新的权利要求 1 中的支撑部件的结构不同，所起的作用也不同，即两者并不相当。因此，对比文件 2 没有公开上述区别技术特征 C 和 D，也没有给出将上述区别技术特征 C 和 D 应用于对比文件 1 以解决上述技术问题的技术启示。

（3）对比文件 2 没有公开上述区别技术特征 E 和 F，也没有给出将上述区别技术特征 E 和 F 应用于对比文件 1 以解决上述技术问题的技术启示。

对比文件 2 中的杠杆螺母并不相当于该专利申请新的权利要求 1 中紧固件。在该专利申请新的权利要求 1 中，紧固件固定于顶盖连接孔内，并通过一垫片压设于靠近所述顶盖外侧的所述密封件上，且紧固件用于固定所述顶盖与所述支撑部件、密封件，其所起的作用为：将支撑部件、密封件均固定于顶盖上。然而，在对比文件 2 中，杠杆螺母螺纹连接于接口 42 的外螺纹上，并固定于接口的一端，并没有设置于接口内，且该杠杆螺母上并没有设置垫片和密封件，其所起的作用为：对杠杆球 52 仅仅起到限位的作用。由此可知，对比文件 2 中的杠杆螺母的结构与该专利申请新的权利要求 1 中的紧固件的结构不同，其所起的作用也不同，即两者并不相当。因此，对比文件 2 没有公开上述区别技术特征 E 和 F，也没有给出将上述区别技术特征 E 和 F 应用于对比文件 1 以解决上述技术问题的技术启示。

综上所述，对比文件2没有公开上述区别技术特征A～F，也没有给出将上述区别技术特征应用于对比文件1以解决上述技术问题的技术启示

Ⅱ. 上述区别技术特征A～F不是本领域公知常识。

(1) 上述区别技术特征A～B不是本领域公知常识。

在审查意见中，审查员认为，将对比文件1中浮子套筒50与浮子52替换为本申请中滑杆和滑设于滑杆上的浮球，属于本领域的常规技术手段的替换；为了防止浮球滑出滑杆，在滑杆一端设置一限位部件，这种设置是本领域的常规设置手段；所述滑杆的一端与杠杆的一端铰接以使得上升的浮球带动滑杆向上顶起，属于本领域的常规技术手段。申请人对此具有不同的意见，申请人认为，上述区别技术特征A～B并不属于本领域的常规技术手段，是本领域技术人员不容易想到的，具体理由如下：

①审查意见中，审查员指出该发明浮球滑设在滑杆上，且滑杆与杠杆的一端铰接，在滑杆一端设置一限位部件，属于本领域的公知常识时，其并没有提供本领域的教科书、工具书等技术资料进行证明，并且存在“事后诸葛亮”的嫌疑，这种审查方式对申请人来说无疑是不公平的。

②对比文件1的潜水泵的工作原理与该专利申请新的权利要求1的水泵工作原理完全不同，本领域技术人员根本就没有动机将对比文件1的结构改变为与其工作原理完全不同的该专利申请新的权利要求1中的结构，从而根本不容易想到上述区别技术特征A～B。

在该专利申请新的权利要求1中，水泵的工作原理为：浮球放置在具有大量积水的基坑或者沟槽内，当基坑或者沟槽的液位上升至一第一预设值位置时，所述浮球直接联动杠杆，从而接合所述开关，在所述第一预设值位置，所述浮球触发电机，从而带动叶轮动作，使得从流体入口进入的流体经流体出口从连接出水流道的软管接头流出；当基坑或者沟槽的液位下降至所述预设位置以下时，所述浮球回落至一底部位置，直接联动杠杆，从而松开开关，使所述电机停止工作。

然而，在对比文件1中，用于控制容器内液位的总成的工作原理为：当容器内的液位上升至预设值位置时，浮子在浮力、重力和磁铁吸力的作用下沿竖直方向向上移动，随着浮子向上运动，第一磁铁54对第二磁铁42产生的吸力逐渐增大，从而使得杠杆绕铰接点旋转从而触动开关按钮，启动电机；当容器内的液位下降至预设值位置时，所述浮子向下运动，从而使得第一磁铁54对第二磁铁42产生的吸力逐渐减小，杠杆绕铰接点旋转至初始位置，松开开关按钮，停止电机。

由此可知，在该专利申请新的权利要求1中的水泵的工作原理与对比文件1中的用于控制容器内液位的总成的工作原理完全不同，在此基础上，本领域技术人员根本就没有动机将对比文件1的结构改变为与其工作原理完全不同的该专利申请新的权利要求1中的结构，从而根本就不容易想到将浮球滑设于滑杆并将滑杆的另一端与杠杆的一端铰接，即不容易想到上述区别技术特征A～B。因此，上述区别技术特征A～B并不是本领域公知常识。

③假设本领域技术人员非常牵强地对对比文件1的结构进行改进，也不容易想到上述区别技术特征A～B。

在对比文件1中，杠杆的一端铰接于开关32上，该杠杆可绕该铰接点旋转，且杠杆的另一端为自由端，该自由端的顶面上设有第二磁铁42，开关按钮36位于杠杆的下方，杠杆整体设置于开关壳体30的内部；在第二磁铁42的下方还间隔设置有位于所述开关壳体外部的第一磁铁54，第一磁铁54固定于浮子52的顶部。

由此可知，浮子受到三个力的作用，这三个力分别为重力、浮力以及第二磁铁42对第一磁铁54产生的吸力，其中，浮力随着液面高低而产生变化，吸力随着第二磁铁42对第一磁铁54之间的竖直方向上的距离以及产生的磁场线的夹角的变化而变化。也就是说，即使当液面升到一定高度时，浮子向上移动，但极有可能因第二磁铁42对第一磁铁54之间产生的吸力过小而使得杠杆不能做出快速准确的反应，而并不能触动开关；或者，当液面降低到一定值时，即使浮子受到的浮力下降，但也极有可能因浮子受到的重力不足以克服浮力和吸力而无法回落至初始状态，进而并不能断开开关使得电机停止转动。

因此，在对比文件1中，即使为了提高浮球阀对水位的灵敏度以及使用可靠性，本领域技术人员也仅仅能够想到对浮球阀的材质、第二磁铁42和第一磁铁54的结构进行改进，根本就不可能想到对杠杆与开关壳体之间的结构、浮子与浮子壳体之间的结构以及浮子与杠杆之间的结构进行改进。

进一步地，假设将对比文件1中的套筒设置为滑杆，则使得浮子上无法设置第一磁铁，从而无法实现杠杆与浮子之间的联动；在此基础上，若进一步将滑杆的一端与杠杆的一端铰接，则必然使得滑杆或杠杆贯穿于开关壳体，从而导致开关壳体的密封性较差，使得开关的使用可靠性较差。

因此，本领域技术人员在看到对比文件1的基础上，根本没有动机将对比文件1中杠杆贯穿于开关壳体，也没有动机将套筒替换为滑杆并将滑杆的一端与杠杆的一端铰接。即，在对比文件1的基础上不容易想到上述区别技术特征A～B。因此，上述区别技术特征A～B并不是本领域公知常识。

（2）上述区别技术特征C～F并不是本领域公知常识。

在审查意见中，审查员认为，对比文件2中公开了杠杆球衬套53用于将杠杆球52固定在出水器主体4上并可使杠杆球52在杠杆球衬套53内转动，本领域技术人员可以确定，杠杆球衬套53与杠杆球52之间滑动配合，杠杆固定螺母54旋接在出水器主体4上而实现固定排水杠杆51并密封出水器主体4上连接排水控制组件5的接口42，在此基础上，本领域技术人员容易想到设置密封件，并将密封件套设于杠杆上，并将杠杆固定螺母54通过一垫片压在密封件上。申请人对此具有不同的意见，申请人认为，本领域技术人员不容易想到上述区别技术特征C～F，其并不是本领域公知常识。具体理由如下：

本领域技术人员并没有动机在对比文件2的杠杆球的两端设置密封件以及在密封件上设置垫片。在对比文件2中，杠杆球52与杠杆球衬套53之间的结合面形成密封面，且杠杆球52与杠杆球衬套53之间可以产生相对转动，杠杆球52与杠杆固定螺母54之间的结合面也形成了密封面，杠杆球与杠杆固定螺母之间能产生相对转动。因此，本领域技术人员在看到对比文件2的基础上，根本就没有必要也不可能想到在杠杆球的两端分别固定设置两个密封件，且更加不可能将固定螺母通过一垫片压设在密封件上。因此，在对比文件2的基础上，本领域技术人员不容易想到上述区别技术特征C~F。上述区别技术特征C~F并不是本领域公知常识。

(3) 上述区别技术特征A~F之间相互协同，作为一个整体更不是本领域公知常识。

本发明新的权利要求1中不仅记载了将浮球滑设在滑杆上，且滑杆与杠杆的一端铰接，杠杆的另一端用于触动设置在顶盖内的开关，使得该水泵在使用过程中，浮球阀依靠浮球受液面作用的降低和升高，直接联动杠杆来接合或断开开关，从而控制电机的开启或关闭，还记载了在杠杆上套设有密封件，使得水泵外部的水不能进入顶盖内，密封效果好，使得开关不易受外界环境的影响、性能稳定、使用时间长以及可靠性大，并且上述区别技术特征之间息息相关，相互协同，在提高浮球阀对水位响应的灵敏度以及使用可靠性的同时，保证了顶盖内部的密封性，在整体方案上进行了区别于现有技术的技术创新。因此，上述区别技术特征A~F不是公知常识。

综上所述，新的权利要求1的技术方案，是本领域技术人员根据对比文件1并结合对比文件2、公知常识等其他现有技术也是不容易想到的，具有非显而易见性，故具有突出的实质性特点。

## 【案例No.1111074】移动终端的虚拟键盘的显示系统及方法

### ☞ 案由简要

该案涉及一种移动终端的虚拟键盘的显示方法（权利要求1~11）及移动终端的虚拟键盘的显示系统（权利要求12~22）。

➢ 一通：审查员引用对比文件1（CN101315592A）认为权利要求1~22不具备创造性。

➢ 答一通：删除原权利要求1和12，将原权利要求2和13上升为新的独立权利要求进行答辩，反驳审查员的观点，论述修改后的权利要求1~20具备创造性。

➢ 二通：审查员补充对比文件2（CN101943996A），认为权利要求1~20不具备创造性。

➢ 答二通：在答一通的修改基础上，将修改后的权利要求5、6的附加技术特征增加至修改后的权利要求1中，将修改后的权利要求15、16的附加技术特征增加至修改后的权利要求11中，反驳审查员的观点，论述修改后的权利要求1~16具备创造性。

➢ 三通：审查员未认可答二通意见陈述，仍然认为权利要求1~16不具备创造性。

➢ 答三通：反驳审查员的观点，论述权利要求1~16具备创造性。

➢ 审查结果：授权。

### ☞ 相关权利要求

原权利要求

1. 一种移动终端的虚拟键盘的显示方法，其特征在于，所述显示方法针对所述虚拟键盘的两个先后被触控的按键，所述显示方法包括以下步骤：

S1. 接收用户的指令，从一函数库中调用一输出函数 F（P1，P2）；

S2. 获取所述两个按键的坐标 P1、P2，P1 为在先触控的按键的坐标，P2 为在后触控的按键的坐标；

S3. 将 P1、P2 带入所述输出函数 F（P1，P2）中进行计算以得到一输出结果，所述输出结果表示所述虚拟键盘的显示图层；

S4. 将所述输出结果绘制于所述移动终端的显示界面上。

2. 如权利要求 1 所述的显示方法，其特征在于，步骤 S1 中所述输出函数为一轨迹显示函数 F1（P1，P2），步骤 S3 中将 P1、P2 带入所述轨迹显示函数 F1（P1，P2）中进行计算以得到一输出轨迹，所述输出轨迹为所述两个按键之间的连线，步骤 S4 中在所述移动终端的显示屏中绘制所述连线。

12. 一种移动终端的虚拟键盘的显示系统，其特征在于，所述显示系统针对所述虚拟键盘的两个先后被触控的按键，所述显示系统包括：

一输出函数调用模块，用于接收用户的指令，从一函数库中调用一输出函数 F（P1，P2）；

一按键坐标获取模块，用于获取所述两个按键的坐标 P1、P2，P1 为在先触控的按键的坐标，P2 为在后触控的按键的坐标；

一计算模块，用于将 P1、P2 带入所述输出函数 F（P1，P2）中进行计算以得到一输出结果，所述输出结果表示所述虚拟键盘的显示图层；

一显示模块，用于将所述输出结果绘制于所述移动终端的显示界面上。

13. 如权利要求 12 所述的显示系统，其特征在于，所述输出函数调用模块调用的所述输出函数为轨迹显示函数 F1（P1，P2），所述计算模块用于将 P1、P2 带入所述轨迹显示函数 F1（P1，P2）中进行计算以得到一输出轨迹，所述输出轨迹为所述两个按键之间的连线，所述显示模块用于在所述移动终端的显示屏中绘制所述连线。

修改后的权利要求：

1. 一种移动终端的虚拟键盘的显示方法，其特征在于，所述显示方法针对所述虚拟键盘的两个先后被触控的按键，所述显示方法包括以下步骤：

S1. 接收用户的指令，从一函数库中调用一输出函数 F（P1，P2）；

S2. 获取所述两个按键的坐标 P1、P2，P1 为在先触控的按键的坐标，P2 为在后触控的按键的坐标；

S3. 将 P1、P2 带入所述输出函数 F（P1，P2）中进行计算以得到一输出结果，所述输出结果表示所述虚拟键盘的显示图层；

S4. 将所述输出结果绘制于所述移动终端的显示界面上；

步骤 S1 中所述输出函数为一轨迹显示函数 F1（P1，P2），步骤 S3 中将 P1、P2 带入所述轨迹显示函数 F1（P1，P2）中进行计算以得到一输出轨迹，所述输出轨迹为所述两个按键之间的连线，步骤 S4 中在所述移动终端的显示屏中绘制所述连线。

5. 如权利要求 1 ~ 4 中任意一项所述的显示方法，其特征在于，步骤 S4 中在一第一固定时间段内绘制所述连线。

6. 如权利要求5中任意一项所述的显示方法，其特征在于，步骤S4中在所述连线绘制完成后，在一第二固定时间段内显示所述连线。

11. 一种移动终端的虚拟键盘的显示系统，其特征在于，所述显示系统针对所述虚拟键盘的两个先后被触控的按键，所述显示系统包括：

一输出函数调用模块，用于接收用户的指令，从一函数库中调用一输出函数F（P1，P2）；

一按键坐标获取模块，用于获取所述两个按键的坐标P1、P2，P1为在先触控的按键的坐标，P2为在后触控的按键的坐标；

一计算模块，用于将P1、P2带入所述输出函数F（P1，P2）中进行计算以得到一输出结果，所述输出结果表示所述虚拟键盘的显示图层；

一显示模块，用于将所述输出结果绘制于所述移动终端的显示界面上；

所述输出函数调用模块调用的所述输出函数为轨迹显示函数F1（P1，P2），所述计算模块用于将P1、P2带入所述轨迹显示函数F1（P1，P2）中进行计算以得到一输出轨迹，所述输出轨迹为所述两个按键之间的连线，所述显示模块用于在所述移动终端的显示屏中绘制所述连线。

15. 如权利要求11~14中任意一项所述的显示系统，其特征在于，所述显示模块用于在一第一固定时间段内绘制所述连线。

16. 如权利要求15所述的显示系统，其特征在于，所述显示模块还用于在所述连线绘制完成后，在一第二固定时间段内显示所述连线。

### ☞ 相关对比文件公开内容

**【对比文件1】**

摘录一

如图3（b）所示，便为使用者的手指32从第一触控位置211上移动到一第二触控位置212，因此，点选指标40也在使用者的移动控制下由原先所指向的第一虚拟按键311转换为指向虚拟键盘31上的一第二虚拟按键312，即为图中的字母“L”，因而通过此方式的移动后，使用者便可再采用上述的方式来完成所需文字的点选与键入。同理，被指向的第二虚拟按键312亦会产生出和第一虚拟按键311相同的强调显示效果和凹陷变形效果，也就是第二虚拟按键312的底色会转为深色而字母则转为浅色以相对其他按键呈现出不同色调或色调反白的图像效果，以及其按键的外形还会呈现出向下、向内凹陷的缩小变形且字母的大小形状也对应呈现出变化的图像效果。因此使用者便能根据同样的视觉反馈的呈现效果，而能清楚地辨识出所要点选的按键位置。

更进一步地，当使用者触控移动点选指标40时，其间移动的路径可为第一虚拟按键311至第二虚拟按键312的直线，如图所示，其间经过的“H”“J”“K”“L”等按键便皆会被点选指标40所指向而依次呈现出上述的强调显示效果和凹陷变形效果；因此，就使用者的视觉感受而言，该等按……

摘录二

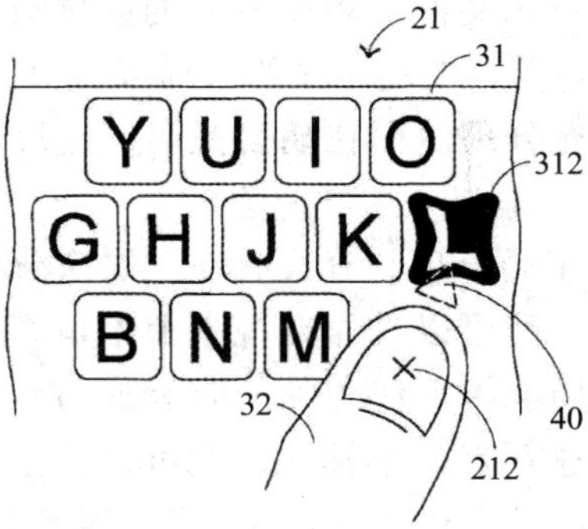


图3（b）

**【对比文件2】**

摘录一

1. 一种显示连线的方法，适用于触碰荧幕，其特征在于该显示连线的方法包括：

储存该触碰荧幕上的复数个历史触碰位置；

显示通过该复数个历史触碰位置的一线于该触碰荧幕上；

根据该些历史触碰位置，以预估方向因子与位置因子；

根据该方向因子与该位置因子，产生预估区间；以及

侦测下一触碰位置，如果该下一触碰位置位于该预估区间内，于该荧幕上显示该些历史触碰位置的最后一触碰位置与该下一触碰位置连线。

**☞ 审查意见**

1. 权利要求1要求保护一种虚拟键盘的显示方法。对比文件1（CN101315592A）公开了一种显示方法，并具体公开了如下内容（参见说明书第6页，说明书附图图3）：如图3（b）所示，便为使用者手指32从第一触控位置211上移动到一第二触控位置212，因此点选指标40也在使用者的移动控制下由原先所指向的第一虚拟按键311（相当于先触控按键）转换为指向虚拟键盘31上的一第二虚拟按键312（相当于后触控按键）。更进一步地，当使用者触控移动点40时，其间移动路径可为第一虚拟按键311至第二虚拟按键312的直线，如图所示，其间经过的“H”“J”“K”“L”等按键便皆会被点选指标40所指向而依次呈现出上述的强调显示效果和凹陷变形效果（相当于将输出结果绘制于显示界面上）。

**☞ 答辩要点分析思路**

该案经历了三次创造性审查，在第三次审查意见通知书中，审查员并没有引用新的对比文件，在这种情况下，说明审查员依然非常质疑该发明的创造性；代理师经过分析发现，虽然对比文件1和该发明都是针对虚拟键盘的显示方法，但二者实际上的实现原理在技术上存在很大不同，但是，由于表面上看对比文件1和该发明关于虚拟键盘的显示非常相似，此时，如果笼统地利用一整段文字陈述对比文件1和该发明的区别和不同，会很容易显得没有逻辑性，也很难在视觉上给审查员造成冲击，从而导

致很难让审查员接受对比文件1和该发明在技术上存在不同这一观点。

考虑到这一点，在论述对比文件1和该发明的区别时，实质内容很重要，但同样的，意见陈述的布局也非常重要，混乱无序的布局很有可能给审查员的第一印象不好，导致审查员怀疑代理师没有充分理由而在胡言乱语，这反而会对该发明的答辩起到相反的效果。

相反，如果意见陈述的布局合理，分段有序、层次分明，再为每一段的意见陈述标明所要陈述观点的小标题，就可以首先在视觉上给审查员以冲击，让此次意见陈述显得有理有据，也可以从布局上体现代理师的胸有成竹、志在必得；同时，在每一段的意见陈述开头标明所要陈述观点的小标题，就可以让审查员在看过每一段后，都能明确每一段意见陈述的要点和整个意见陈述的思路，从而使得整个意见陈述逻辑清晰、层次分明、井井有条、一气呵成，不仅有利于审查员的阅读和审查，也更容易让审查员接受代理师的意见陈述，从而使得该发明的创造性答辩顺利通过。

具体到该发明中，经代理师分析，虽然对比文件1和该发明都是针对虚拟键盘的显示方法，但二者工作原理在技术上存在很多区别，经过代理师的仔细分析和归纳总结，将该发明和对比文件1的区别总结为：用户选取虚拟按键的操作方式完全不同、在显示时所针对的处理对象完全不同、在显示时的处理方式完全不同、显示方式完全不同这四个方面，同样是针对这四个方面，如果把它们放在一整段中进行陈述，很可能导致逻辑混乱，并且给审查员造成阅读困难，而代理师在此的做法就是对其合理分段，并在每一段的开头都添加小标题，从而使得最终的意见陈述在视觉上显得逻辑非常的清晰，从而使此次意见陈述得到审查员的认同，答辩顺利通过。

基于上述分析，代理师认为，在创造性答辩过程中，在论述该发明和对比文件的技术区别时，多用观点清晰的小标题，合理划分段落，注重体现行文的视觉效果，也是使得答辩能够顺利通过的非常有效的手段。

**☞ 意见陈述原文摘录**

一、关于区别技术特征的确定

关于本发明的区别技术特征，审查意见中认为对比文件1（参见对比文件1说明书第6页、说明书附图图3）公开了本发明的在先触控按键、在后触控按键以及将输出结果绘制于显示界面上等技术特征，申请人对此并不认同，申请人认为对比文件1并没有公开本发明的任何技术特征，原因在于，虽然同为针对虚拟键盘的显示方法，但本发明与对比文件1的工作原理在技术上完全不同，具体地：

<u>1. 本发明与对比文件1针对的用户选取虚拟按键的操作方式完全不同</u>

1.1　本发明针对的用户选取虚拟按键的操作方式

在本发明中，<u>用户的操作方式为先后触控点击虚拟键盘上的两个虚拟按键</u>，以实现对不同虚拟按键的先后点选，例如，对于虚拟按键“H”和“L”，用户只需先后点击虚拟按键“H”和“L”就实现了对这两个按键的点选。

1.2　对比文件1针对的用户选取虚拟按键的操作方式

在对比文件1中，<u>用户的操作方式为手指在虚拟键盘上移动</u>，以实现对手指经过的虚拟按键的选取，可参见对比文件1说明书第6页最后一段，其中公开了当使用者触控移动点选指标40时，其间移动的路径为第一虚拟按键311至第二虚拟按键312的直线，由此说明在对比文件1中用户需要在虚拟键盘上移动来实现对虚拟按键的选取。

可见，二者在选取虚拟按键的操作方式上完全不同。

2. 本发明与对比文件1在显示时所针对的处理对象完全不同

2.1 本发明在显示时所针对的处理对象

在本发明中，处理对象为两个被点选的虚拟按键。

2.2 对比文件1在显示时所针对的处理对象

在对比文件1每次进行特殊的效果显示的处理对象仅为一个虚拟按键，在此申请人需要强调，在对比文件1中虽然也会先后对不同的虚拟按键进行选取，但其并不会同时针对两个虚拟按键进行特殊效果显示，即其不会同时针对两个虚拟按键进行处理，所以其并没有公开本发明中针对两个虚拟按键（即在先触控按键和在后触控按键）进行处理这一技术构思。

3. 本发明与对比文件1在显示时的处理方式完全不同

3.1 本发明在显示时的处理方式

在本发明中，处理方式为获取两个按键的坐标，并将坐标代入轨迹显示函数进行计算，然后绘制计算得出的连线。

3.2 对比文件1在显示时的处理方式

在对比文件1中，其处理方式为将点选指标40所指向的虚拟按键进行特殊效果显示，其并没有涉及本发明中的获取坐标、调用函数、绘制连线等技术手段。

可见，二者的处理方式完全不同。

4. 本发明与对比文件1的显示方式完全不同

4.1 本发明的显示方式

在本发明中，显示方式为在固定时间内显示两个虚拟按键之间的连线；

4.2 对比文件1的显示方式

在对比文件1中，显示方式为对一个虚拟按键呈现出强调显示效果和凹陷变形效果，其并没有同时针对两个虚拟按键进行显示。

可见，二者的显示方式完全不同。

由此可知，本发明与对比文件1在用户选取的虚拟按键的操作方式上、针对的处理对象上、处理方式以及显示方式上均完全不同，导致对比文件1与本发明在技术构思上完全不同，二者所采用的上述技术手段也完全不同，对比文件1中并没有公开本发明的任何技术特征，本发明的区别技术特征为权利要求1的整个技术方案的全部技术特征。

### （二）论述发明具有显著的进步

显著的进步涉及发明与对比文件相比能够产生有益的技术效果。有益的技术效果在之前论述突出的实质性特点的过程中必然涉及，此处为避免重复啰唆，可简要地对发明相对对比文件所取得的有益效果概述一下即可。

## 三、意见陈述书的语言表达

关于意见陈述书的语言表达，需注意下述几点：

### （一）避免过激语言，营造良好沟通氛围，客观论述创造性

在撰写论述创造性的意见陈述的过程中，专利代理师很容易为了强调自己观点、反驳审查员，或是因为审查员的观点十分不合理，而不经意间采用了语气较激烈的语言，应当注意避免这种做法。

首先，审查员工作也很繁重，并且不可能对每个技术领域都非常熟悉，对专利法的理解也可能有不准确之处，因此产生一些疏忽或明显不符合技术常识或不合法理的观点，也很正常，应当理解。其次，为了审查的顺利进行，利于申请的顺利授权，专利代理师应当始终营造与审查员之间良好的沟通氛围，以尊重审查员的态度，就事论事，客观评述，避免情绪化。过激的或者可能引起审查员不舒服的语言都需避免使用，以免引起审查员的反感情绪，这会非常不利于后续的审查。

实践中，有时会遇到发明人对于审查意见非常不理解，不满情绪较大，在意见陈述的修改过程中，使用了很多语气激烈的语言。对此，专利代理师应当做好与发明人的沟通工作，告知其使用过激语言可能会带来的弊端，说服发明人删除此类语言。

下面列举一些意见陈述书中可营造良好沟通氛围的语段，供读者参考：

【用于文首】

尊敬的××审查员老师：

您好！

首先非常感谢您对本申请认真细致的审查，您的审查意见让我们深受启发、受益匪浅，对我们进一步提高专利申请质量很有建设性帮助。对于您严谨的工作态度，我们表示衷心的敬意。

申请人仔细读了您的审查意见，关于您提出的权利要求书不具备创造性的问题，申请人仍有不同意见与您商榷。以下，申请人将进行具体陈述，由于申请人专利申请的经验有限，如有不足之处或是言语不周之处，敬请谅解。

【用于文末】

衷心希望通过本次的答辩，能使本专利申请尽快授权。再一次感谢审查员的辛勤劳动！由于申请人对专利申请经验有限，答复难免有不足之处，因此恳请审查员谅解，如有措辞不当的地方，也请见谅。

由于本发明涉及的经济价值及科学价值重大，如果审查员有不同意见，也敬请指出，并给予再一次陈述意见和修改申请文件的机会。只要您的一次电话，我们一定配合积极修改。谢谢！如有任何疑问，可直接与专利代理师××电话联系，联系电话：××××××。

**（二）语言应当清楚、精准，避免过多重复啰唆**

为了使论述内容显得充实一些，在撰写意见陈述书时，很多专利代理师总是希望篇幅尽量长一点，表面上显得内容很多，其实只是对相同内容的重复表述。其实，论述创造性时，将需要阐述的观点准确地表达清楚即可，不需重复啰唆。篇幅过于冗长，语言过于拖沓，会让审查员产生疲惫感，不愿仔细阅读意见陈述。有时因语言不够精练、篇幅太长，使所陈述的若干观点显得分散，让人容易读了前面忘了后面，削弱意见陈述书的力度。

## 【案例 No. 1510105】侧入式背光模块及侧入式导光板

### ☞ 案由简要

该申请涉及一种侧入式背光模块及侧入式导光板。

➢ 一通：审查员引用了两篇对比文件，分别为对比文件 1（TW200928465A）和对比文件 2（CN102681084A），认为权利要求 1 和 4 不具备新颖性，认为权利要求 2～3、5～9 不具备创造性。

➢ 答一通：未修改权利要求，针对审查意见进行了反驳，并论述权利要求 1～9 具备新颖性和创造性。

➢ 审查结果：审查员认可。

### ☞ 相关权利要求

1. 一种侧入式导光板，其特征在于，包含：一透光板体，具有一第一侧面、一出光表面，及一与该第一侧面相对应的第二侧面，该出光表面分别邻接该第一侧面与该第二侧面，且介于两者之间，以及一取光图案，由复数个取光微结构所构成，形成于该出光表面，在侧剖面上，各该取光微结构为由一较接近该第一侧面的第一侧壁及一较接近该第二侧面的第二侧壁所构成的凹孔；该些第一侧壁与该出光表面的夹角，随距离该第一侧面的距离增加而逐渐变小，且该些第二侧壁与该出光表面的夹角，随距离该第二侧面的距离增加而逐渐变小。

4. 一种侧入式背光模块，其特征在于，包含：一侧入式导光板，一透光板体，具有一第一侧面、一出光表面，及一与该第一侧面相对应的第二侧面，该出光表面分别邻接该第一侧面与该第二侧面，且介于两者之间；以及一取光图案，由复数个取光微结构所构成，形成于该出光表面，在侧剖面上，各该取光微结构为由一较接近该第一侧面的第一侧壁及一较接近该第二侧面的第二侧壁所构成的凹孔；以及一第一光源，位于该第一侧面；该些第一侧壁与该出光表面的夹角，随距离该第一侧面的距离增加而逐渐变小，且该些第二侧壁与该出光表面的夹角，随距离该第二侧面的距离增加而逐渐变小。

### ☞ 相关说明书内容

摘录一

侧入式背光模块 1 包含至少一第一光源 10 及一侧入式导光板 12。第一光源 10 为点光源，可以通过选择发光二极管实现，但也不排除其他可能；第一光源 10 具有光轴 I，其为第一光源 10 发出的光线在空间中光强度分布的对称轴。此外，侧入式导光板 12 的底面 1208 可以设置有一反射片 13，用以反射由底面泄漏而出的光线，以提高光线利用效率。

侧入式导光板 12 包含一透光板体 120 及一取光图案 122。

摘录二

透光板体 120 包含第一侧面 1202、出光表面 1204 及第二侧面 1206，第二侧面 1206 相对于第一侧面 1202，出光表面 1204 介于第一侧面 1202 及第二侧面 1206 之间，且邻接于第一侧面 1202 及第二侧面 1206。

第一光源 10 安装于第一侧面 1202，且较佳地，第一光源 10 的光轴 I 垂直于第一侧面 1202 设置。透光板体 120 还可以包含一底面 1208，相对于出光表面 1204，并邻接第一侧面 1202 及第二侧面 1206。

取光图案 122 形成于出光表面 1204，并由复数取光微结构 1222 所构成。取光图案 122 用以引导进入侧入式导光板 12 的光线，使光线能够由出光表面 1204 均匀地射出。

摘录三

第一侧壁 1224 与出光表面 1204 的夹角，随距离第一侧面 1202 的距离增加而逐渐变小，藉以控制光线在每个第一侧壁 1224 的反射量。第二侧壁 1226 与出光表面 1204 的夹角，随距离第二侧面 1206 的距离增加而逐渐变小，如此一来，可以使近光侧及远光侧的光线都能够朝向大致垂直于光轴 I 的方向传递。从本实施方式的光学设计理念的角度来看，第一侧壁 1224 的主要作用在于将光线往后方传送，而第二侧壁 1226 的主要作用则在于将从第一侧壁 1224 出射的光线，反射并调整其反射角度，进而取得较垂直于出光表面 1204 的整体光学表现。

附图

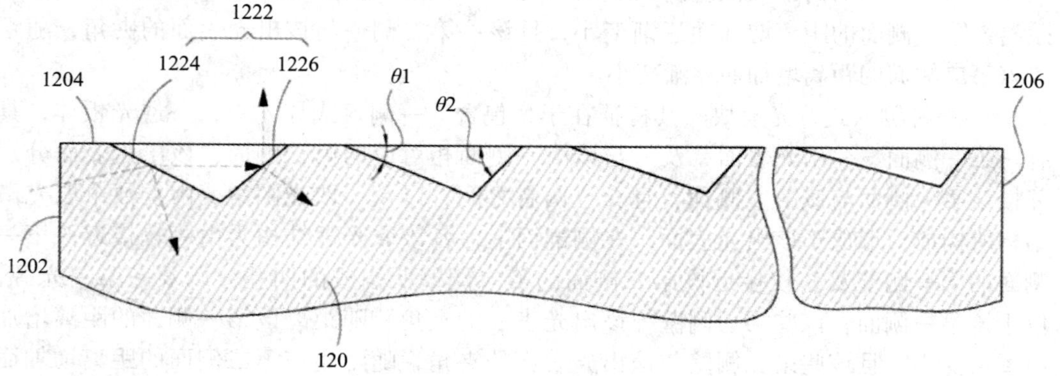

## ☞ 相关对比文件公开内容

**【对比文件 1】**

摘录一

為了使 V 型溝槽 60 之設計能使光線行進路線達到上述效果，其第一表面 62 和第二表面 64 之夾角必須有特殊之設計。如第 4 圖所示，第一表面 62 與第二表面 64 分別與出光面 68 形成一第一夾角以及一第二夾角，分別以角度 B、C 表示。由於光線必須以約略垂直於第一表面 62 之方向經過 V 型溝槽 60 而進入透光薄膜 58，因此第一夾角 B 與光線入射角 A 之關係必須滿足公式：B≦（90°-A）≦90°。再者，若要使光線能被第二表面 64 全反射而垂直射出導光板 54，則第二夾角 C 應為銳角，且第二夾角 C 與光線入射角 A 之關係必須滿足公式：C≦45°+A/2。又由於 LED 光源 52 之光線出射角為正負 70°至 80°，因此 V 型溝槽 60 必須設計成具有不同之角度，以配合入射光線之行進路線。在較佳實施例中，距離入光面 66 較遠之第一夾角 B 較大於距離入光面 66 較近之第一夾角 B，而距離入光面 66 較遠之第二夾角 C 較小於距離入光面 66 較近之第二夾角 C，如第 2 圖所示。

摘录二

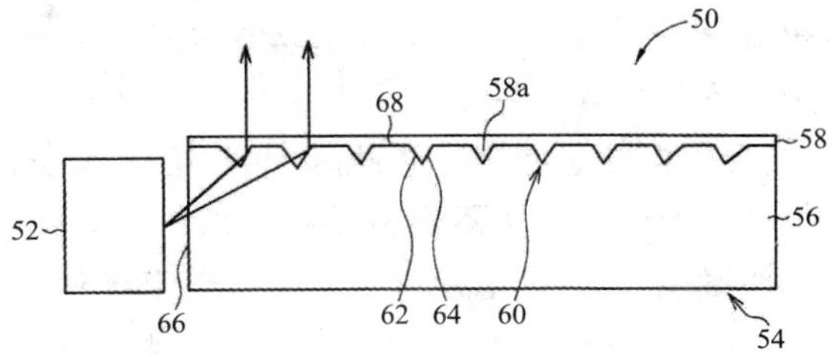


摘录三

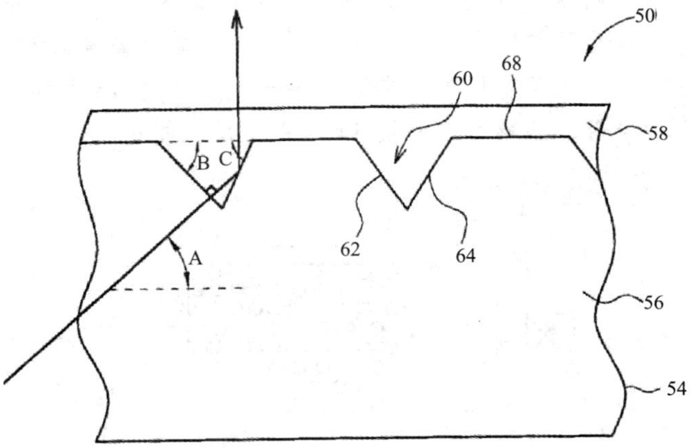

【对比文件2】

摘录一

［0074］配合参阅图13及图14，分别为本发明第四实施例之光源模块之立体图及俯视图。该光源模块30包含至少一发光组件32及一导光板34，该导光板34是使用透光材质制成之一大致呈矩形的板体并包含一入光面340、一镜面342，至少一板面344及复数导光微结构346。

［0075］该发光组件32设置于该入光面340并朝向该入光面340发出光线，该镜面342面对该入光面340，该板面344邻接该入光面340及该镜面342。于本实施例中，该入光面340为该导光板34短边方向（对应图中y轴方向）之一侧面，该板面344为该导光板34具有较大面积之一侧面，且该板面344的x轴方向的长度为b，但是须知此并非为对该发明之限制。该发光组件32的数量可以为一个或多个，于本实施例中，该发光组件32的数量以一个为例，且较佳地，该发光组件32为发光二极管。

［0076］该些导光微结构346设置于该板面344，且该些导光微结构346之亮度影响参数是随着与该入光面340之距离而不同。于本实施例中，该些导光微结构346的轮廓形状以规则排列之圆形为例，实际实施时则不以此限。

［0077］该些导光微结构346之亮度影像参数可以为该等导光微结构346的分布密度（如图13所示）、设置深度及面积之其中之至少之一者，或者，该等导光微结构346之亮度影响参数可以同时为该些导光微结构346的分布密度、设置深度及面积。其次，亮度影响参数的数值高的区块3440得以散射较多的光量，亮度影响参数的数值小的区块3440得以散射较少的光量。

［0078］该板面344沿着平行于该镜面342之法线方向n之一延伸线L撷取复数个等距离分布的区块3440，该些区块3440的尺寸皆相同，其中上述尺寸是指该些区域3440的外形轮廓及面积。于本实施例中，该板面344包含六个区块3440，该些区块3440的外形轮廓以正方形为例说明，实际实施时则不以此限。该等区块3440之其中之一区块3440之亮度影响参数具有一最大值。由于该邻近于该镜面342之该等导光微结构346必须同时地散射通过该入光面340进入该导光板34的光线以及通过该镜面342反射后返回该导光板34的部分光线，为了避免该板面344于邻近于该镜面342处的出光强度大于其他区域，则该些导光微结构346之亮度影响参数的数值必须随着逐渐地邻近该镜面342（即邻近图中b处所示）而递减，使最靠近该镜面342处之该些导光微结构346之亮度影响参数小于亮度影响参数的最大值，如图15所示，通过该等导光微结构346之亮度影响参数以调整该导光板34的出光量，使达到均匀出光。

摘录二

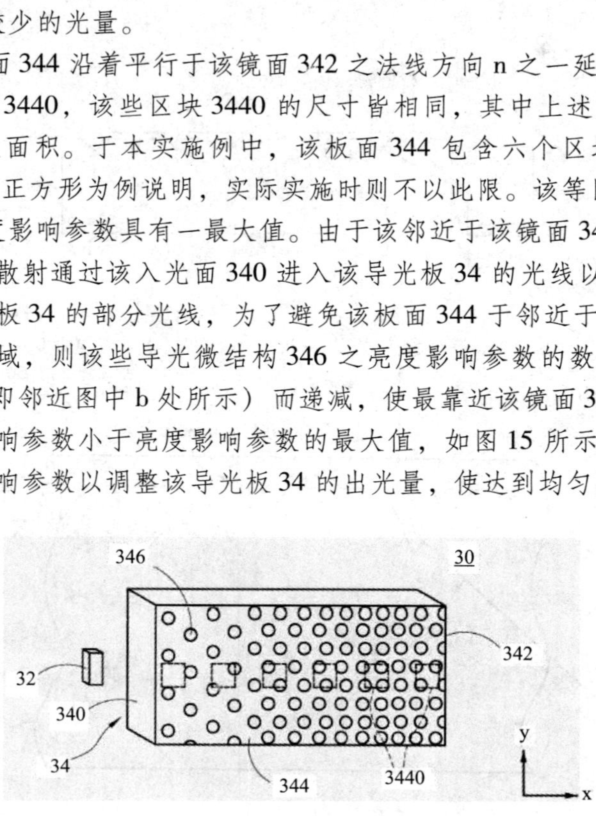


图13

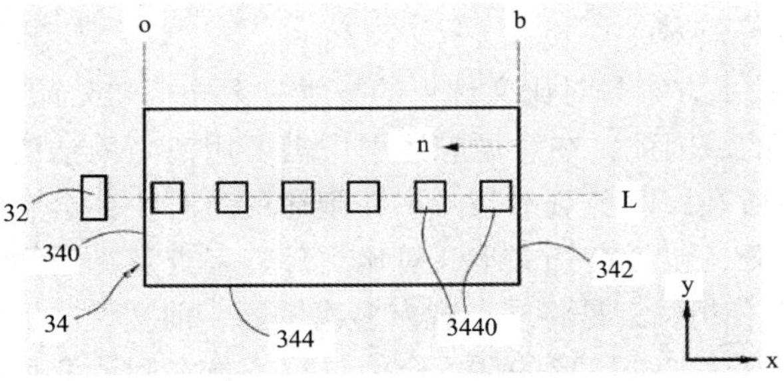


图 14

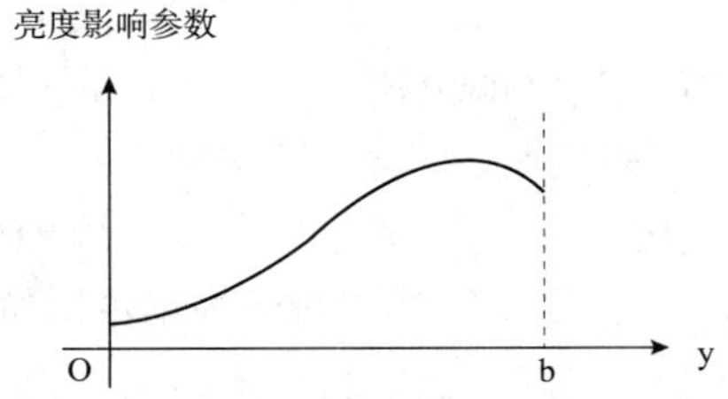


图 15

## ☞ 审查意见

1. 权利要求 1、4 分别请求保护一种侧入式导光板和侧入式背光模块，对比文件 1（TW200928465A）公开了一种复合导光板与背光模组，包括（参见第 7 页首段至第 10 页第 2 段，图 2、图 4、图 6）：背光模组 50 包括至少一 LED 光源 52 与一复合导光板 54；复合导光板 54 包含一透光板体 56；透光板体 56 包含入光面 66（即第一侧面）、与之相对的第二侧面和介于两者之间的出光面 68；出光面 68 表面具有复数个 V 型沟槽 60（即凹孔的取光微结构），其包含一较接近入光面 66 的第一表面 62（即第一侧壁）和一较远于入光面 66 的第二表面 64（即第二侧壁）：第一表面 62、第二表面 64 分别与出光面 68 形成第一及第二夹角 B、C，越远离入光面 66，第一夹角和第二夹角会分别越来越大和越来越小（参见第 9 页第 2 段至第 10 页首段，图 2、图 4）。

由此可见，权利要求 1、4 的全部技术特征已经被对比文件 1 公开了，因此不具有《专利法》第 22 条第 2 款规定的新颖性。

2. 从属权利要求 2、3 引用权利要求 1，从属权利要求 5 ~9 引用权利要求 4，其附加技术特征是相对于对比文件 1 的区别技术特征。

然而权利要求 2、5 ~8 的附加技术特征仅属于本技术领域的常用技术手段，将取光微结构的形式设置为在出光面方向的长度小于垂直出光面方面的高度，以获得合适的聚光效果，例如增加微结构对光线的全反射等作用以增加光线的利用率，选取光源厚度 2 ~3 倍的导光板以使光源入光充分以及获得良好的导光效果，在第二侧面加入另一光源以增强光量或者设置反光材料增加光线利用率，在对比文件 1 的基础上采用这些常用技术手段对本领域普通技术人员而言是显而易见的。

对于权利要求 3、9，对比文件 2（CN102681084A）公开了一种导光板 14 及其光源模块 10（参见说明书第［0051］~［0054］段、图 6 ~ 图 9）：导光板 14 的入光面 140 上设置多个用于增加出光亮度和均匀度的导光微结构 146（即凹孔），其轮廓形状可为椭圆形。该技术特征在对比文件 2 中的作用也是为了形成可以增加导光板出光亮度和均匀度的取光微结构，因此，在对比文件 1 的基础上结合对比文件 2，将其沟槽 60 的轮廓形状设置为椭圆形，对本领域普通技术人员而言是显而易见的。

因此，当其引用的权利要求不具备新颖性时，权利要求 2、3、5 ~9 请求保护的技术方案也不具备突出的实质性特点，不具有《专利法》第 22 条第 3 款规定的创造性。

### ☞ 答辩要点分析思路

该案答辩的难点在于，该发明的技术方案与对比文件1的技术方案相似之处颇多，对于创造性的论述来说是非常有难度的。因此，在意见陈述书中需要用清晰简洁的语言来阐明该发明与对比文件1的区别所在，避免重复啰唆。在阐述的过程中，会有几种造成啰唆的情形：一是大段摘抄原文（包括审查文本、对比文件、审查意见通知书等）；二是反复强调自己的结论而鲜有分析；三是将同一观点多次罗列，前文说完后文再重复叙述。如果意见陈述书中出现上述三种情形的话，会使得审查员在阅读意见陈述书的过程中搞不清楚答辩的核心观点所在，过多的啰唆还会使得审查员潜意识对代理师专业能力产生怀疑。因此，在意见陈述中陈述观点一定要精准到位、观点鲜明，让审查员在阅读意见陈述书时一目了然，更容易接纳代理师的观点，使得答辩顺利通过。

具体到该案，该发明与对比文件1的技术方案在结构上区别很小，仅从结构上证明该发明具备创造性的可能性是很小的，此时，根据该发明与对比文件1中相似的结构所达到的不同技术效果来阐述该发明的创造性是一个突破点。由于在叙述相似的两个结构达到完全不同的技术效果的过程中，是很容易出现重复啰唆、多次罗列同一观点的问题的，因此代理师在叙述过程中，要分析该发明与对比文件1在结构上的区别为什么会带来完全不同的技术效果，即直接从对光传播的方式出发，渐进地阐述结构所带来的技术效果的不同。

在具体意见陈述过程中，代理师的逻辑链是：第一，明确该发明与对比文件1的区别技术特征；第二，阐述该区别技术特征所达到的不同于对比文件1的技术效果；第三，从对光传播的方式出发叙述为何只有该区别技术特征才能达到该发明不同于对比文件1的技术效果而仅凭对比文件1是达不到这个技术效果的，即使将对比文件1和对比文件2结合也是达不到这个技术效果的。通过上述逻辑链论证该发明是具备新颖性和创造性，思路清晰、语言精练、观点鲜明，论述篇幅适中。

### ☞ 意见陈述原文摘录

（一）独立权利要求1的新颖性

（1）对比文件1所公开的技术方案与该专利申请权1所要求保护的技术方案不同。

审查员引用了对比文件1（TW200928465A），并在审查意见中指出对比文件1公开了该专利申请权利要求1中的所有技术特征，对此，申请人持不同的意见，申请人认为对比文件1并没有公开该专利申请权利要求1中的以下技术特征：

A 所述取光图案由复数个取光微结构所构成，形成于该出光表面；

B 在侧剖面上，各该取光微结构为由一较接近该第一侧面的第一侧壁及一较接近该第二侧面的第二侧壁所构成的凹孔；

C 该些第一侧壁与该出光表面的夹角，随距离该第一侧面的距离增加而逐渐变小，且该些第二侧壁与该出光表面的夹角，随距离该第二侧面的距离增加而逐渐变小。

具体理由如下：

首先，对比文件1中的V型沟槽60并不相当于该专利申请权利要求1中的取光微结构。具体来说，取光微结构是一种需要借助显微镜才能观察到的结构，而沟槽则是不需要借助特殊仪器仅凭肉眼就能够观察到的结构，故取光微结构和V型沟槽是完全不同的两种结构。因此，对比文件1并没有公开上述技术特征A。

在对比文件1没有公开该专利申请权利要求1中的取光微结构的基础上，其必然没有公开上述技术特征B和C。

进一步地，对比文件1没有公开上述技术特征C。在对比文件1（参见对比文件1说明书实施例第9页第2段至第10页第1段及图2、图4）中，V型沟槽中的第一夹角B随着距离入光面的距离增大而增大，第二夹角C随着距离入光面的距离增大而减小。而本申请的权利要求1所公开的技术特征是“第一侧壁与出光表面的夹角，随距离第一侧面的距离增加而逐渐变小，第二侧壁与出光表面的夹角，随距离第二侧面的距离增加而逐渐变小”。由上述可知，本申请权利要求1所公开的取光微结构的剖面结构设计完全不同于对比文件1所公开的V型沟槽的剖面结构设计，对比文件1的实施例和附图所公开的技术方案根本没有披露取光微结构中较近于入光面的夹角随着距离入光面的距离增大而减小、较远于入光面的夹角随着距离入光面的距离增大而增大的细部结构，申请人希望澄清的是，随着距离入光面的距离增大而减小的较近于入光面的夹角和随着距离入光面的距离增大而增大的较远于入光面的夹角所组成的光学结构，与随着距离入光面的距离增大而增大的较近于入光面的夹角和随着距离入光面的距离增大而减小的较远于入光面的夹角所组成的光学结构，是完全不同的两个光学结构。

因此，对比文件1所公开的技术方案与本申请权利要求1的技术方案并不相同。

（2）对比文件1所解决的技术问题以及产生的技术效果与该专利申请权利要求1所解决的技术问题以及产生的技术效果不同。

对比文件1所解决的技术问题为：如何提供结构简单又具有较高强度的背光模组。

所产生的技术效果为：在透光板体与透光薄膜之间包含复数个V型沟槽界面，因此可以改变光线行进路线，使得大部分行进至凸型微结构之光线会被V型沟槽界面全反射，以垂直向上之角度射出符合导光板，能提高光线正向射出之比例，进而提升辉度和光线利用率。

然而，该专利申请权利要求1所解决的技术问题为：为了克服传统的导光板用于背光模块时均匀度不佳，导致显示器各区域的亮度不一致，造成观看者不舒服的缺陷。

所产生的技术效果为：侧入式导光板的光线反射量不会随着远离光源减少而是在远离光源的方向上大致保持一均值，进而，侧入式导光板及侧入式背光模组出光更为均匀。

由此可知，两者所解决的技术问题以及产生的技术效果均完全不同。

综上所述，对比文件1所公开的技术方案与该专利申请权利要求1所要求保护的技术方案不同，且两者解决的技术问题及产生的技术效果不同。因此，本申请权利要求1相对于对比文件1而言具备新颖性，符合《专利法》第22条第2款的规定。

（二）独立权利要求1具备创造性

1. 独立权利要求1具有突出的实质性特点

（1）确定最接近的现有技术。

对比文件1（TW200928465A）与本发明的技术领域相同，公开了本发明部分技术特征，因此将对比文件1作为本发明最接近的现有技术。

（2）相比于对比文件1，独立权利要求1的区别技术特征和实际解决的技术问题。

参见上文针对新颖性的陈述部分可知，比较对比文件1和独立权利要求1的技术方案，相对于对比文件1，权利要求1的区别技术特征至少为A、B、C（参见新颖性论述部分）。

在对比文件1所公开的技术方案中，离入光面更远的V型沟槽中的第一夹角B设置得更大，近光侧的V型沟槽中的第一侧面所能反射的光线相比于远光侧的V型沟槽中的第一侧面更少，远光侧有更多的光线被反射，从而造成远光侧的出光量更弱。

相对于对比文件1，上述区别技术特征所能达到的技术效果为：

侧入式导光板的光线反射量不会随着远离光源减少而是在远离光源的方向上大致保持一均值，进而，侧入式导光板及侧入式背光模组出光更为均匀（参见本申请说明书第0025段）。

具体而言，在本申请的权利要求1所公开的技术方案中，离入光面更近的第一侧壁与出光表面的夹角设置得更大，近光侧的第一侧壁所能够反射的光线更多，而离入光面更远的第一侧壁与出光表面的夹角设置得更小，从而使得从远光侧的第一侧壁出射的光线就越少，这部分被反射的光线在透光板体内传播至距离入光面更远的取光微结构的第一侧壁最终出射，有效地降低了出光表面在近光侧的出光量，使得整个侧入式导光板的出光更为均匀。

所以本发明的独立权利要求1相对于对比文件1实际解决的技术问题是：避免过多光线在侧入式导光板的近光侧射出侧入式导光板，保证侧入式导光板整体出光均匀。

（3）独立权利要求1中的技术方案对于本领域的技术人员来说是非显而易见的。

①对比文件2（CN102681084A）未披露上述区别技术特征B～C，也没有给出将上述区别技术特征B～C应用于对比文件1以解决上述重新确定的技术问题的技术启示。

对比文件2公开了一种导光板34及其光源模块30，导光板的板面344上设置多个用于增加出光亮度和均匀度的导光微结构346，该导光微结构346将镜面342反射后的大部分光线散射后由板面344出光。导光微结构346必须同时地散射通过该入光面340光线以及通过该镜面342反射的部分光线，为避免该板面344对应该第一区域3440处的出光强度大于第二区域3442而使该光源模块30产生出光不均的情形（参见对比文件2［0074］段至［0078］段，图13）。

据上文可知，对比文件2仅仅公开了"导光微结构设置于出光面"，并没有公开导光微结构上具有"第一侧壁"和"第二侧壁"，更没有公开"第一侧壁与出光面的夹角随着与入光面的距离增大而减小，第二侧壁与出光面的夹角随着与入光面的距离增大而增大"。

因此，从对比文件2所公开的技术方案，本领域技术人员无法得到将本申请权利要求1的区别技术特征B～C应用于对比文件1以解决上述重新确定的技术问题的技术启示。

②区别技术特征B～C也不是公知常识。

首先，没有任何一本教科书或工具书披露解决侧入式导光板的上述技术问题，就要采用包含上述区别技术特征 B ~ C 的技术方案。

另外，就本技术领域而言，为了解决该专利申请权利要求 1 中的上述技术问题，本领域技术人员根本就不容易想到上述区别技术特征 B ~ C。对比文件 2 中仅仅公开了将与入光面 340 相对的表面 342 设置为镜面，其能够反射该光源模块内部射至其上的光线，故在对比文件2 中导光微结构的设计思路是通过对导光微结构的深度、面积及分布密度等参数进行调整，使得导光微结构能够散射从镜面342 反射的较多的光线，最后达到均匀出光的效果。在此基础上，为了解决该专利申请权利要求1 中的上述技术问题，本领域技术人员只会倾向于对光源的位置、光源与导光板的尺寸调整以及对比文件2 实施例中提及的对导光微结构的深度、面积、分布密度等影响参数进行调整的改进方式来达到侧入式导光板的出光更均匀的目的，而不可能向其他方向尤其是本申请权利要求1 中提及的区别技术特征 B ~ C 的方向去改进。

在对比文件 1 和对比文件 2 的基础上，假设发明人在付出巨大的努力后，最终获得与对比文件 1 和对比文件 2 所公开的技术方案完全不同的该专利申请新的权利要求 1 的技术方案，那么在对比文件 2 的基础上，在将对比文件 1 所公开的复合导光板改进成该专利申请新的权利要求 1 中的侧入式导光板的改进过程中，本领域技术人员所付出的巨大努力本身，便已经足以从侧面证明本专利申请的该技术方案的创造性之高。

本申请权利要求 1 的区别技术特征 B ~ C，通过对取光微结构的光学表面结构的设置，解决避免过多光线在侧入式导光板的近光侧射出侧入式导光板，保证侧入式导光板整体出光均匀的技术问题。上述这些光学结构的设置，是需要本领域的技术人员付出创造性劳动的。因此，上述区别技术特征 B ~ C 也不是公知常识。

综上所述，本发明的独立权利要求 1 的技术方案，是本领域技术人员根据对比文件 1 并结合对比文件 2、公知常识等其他现有技术也是不容易想到的，具有非显而易见性，故具有突出的实质性特点。

2. 权利要求 1 具有显著的进步

权利要求 1 通过将取光微结构设计为“由一较接近该第一侧面的第一侧壁及一较接近该第二侧面的第二侧壁所构成的凹孔；该些第一侧壁与该出光表面的夹角，随距离该第一侧面的距离增加而逐渐变小，且该些第二侧壁与该出光表面的夹角，随距离该第二侧面的距离增加而逐渐变小”的结构，提供了避免近光源侧出射过多光线的侧入式导光板，保证了良好的出光均匀性。因而获得了有益的技术效果，具有显著的进步。

综上所述，独立权利要求 1 具有突出的实质性特点和显著的进步，具备《专利法》第 22 条第 3 款所规定的创造性。

## 【案例 No. 101520】利用有限状态机防止代码重入的方法

### ☞ 案由简要

该案涉及一种利用有限状态机防止代码重入的方法（权利要求 1 ~5）。

➢ 一通：审查员引用一篇对比文件 1（CN101702831A）认为权利要求 1 ~5 不具备

创造性。

➢ 答一通：将权利要求1中的技术特征“否则直接抛弃该触发事件不做任何处理”修改为新的技术特征“若再次向该状态机发送该触发事件，则直接抛弃该触发事件不做任何处理”，反驳审查员的观点，论述修改后的权利要求1～5具备创造性。

➢ 审查结果：授权。

☞ **相关权利要求**

原权利要求1

1. 一种利用有限状态机防止代码重入的方法，其特征在于，其包括以下步骤：

S1. 定义状态机，以及状态机的各个状态结点的数据结构，该数据结构为：状态机名｛结点1，触发事件，处理函数，下一结点｝，

｛结点2，触发事件，处理函数，下一结点｝，……

｛结点n，触发事件，处理函数，下一结点｝，n为自然数；

S2. 当有触发事件发给该状态机时，判断状态机当前处于何种状态，然后查询该状态响应的触发事件类型；

S3. 如果查找到相同的触发事件，就调用相应的处理函数，同时将状态标识置为对应的下一结点；否则直接抛弃该触发事件不做任何处理。

修改后的权利要求1

1. 一种利用有限状态机防止代码重入的方法，其特征在于，其包括以下步骤：

S1. 定义状态机，以及状态机的各个状态结点的数据结构，该数据结构为：状态机名｛结点1，触发事件，处理函数，下一结点｝，

｛结点2，触发事件，处理函数，下一结点｝，……

｛结点n，触发事件，处理函数，下一结点｝，n为自然数；

S2. 当有触发事件发给该状态机时，判断状态机当前处于何种状态，然后查询该状态响应的触发事件类型；

S3. 如果查找到相同的触发事件，就调用相应的处理函数，同时将状态标识置为对应的下一结点；否则直接抛弃该触发事件不做任何处理。

☞ **相关对比文件公开内容**

**【对比文件1】**

摘录一

[0012] 其中，在采用当前运行的事件函数监测是否有呼叫控制的事件消息输入的步骤之前，包括：初始化有限状态机的API，运行当前状态下所有关联的事件函数。

摘录二

[0040]（一）分析有限状态机原理及设计原则

[0041] 1. 必须在状态模式中封装下面两个部分：

[0042] a. 状态转换规则（行为）

[0043] b. 状态属性（属性）

[0044] 2. 状态切换根据事件Event参数，运行相应的状态。

［0045］a. 获得当前状态

［0046］b. 使用当前状态的 next（）转换

［0047］当前状态—事件—新的状态—事件函数

摘录三

［0168］在本发明一个实施例中，接收到所述事件消息后获得呼叫控制的当前状态的步骤中，采用当前运行的事件函数监测是否有呼叫控制的事件消息输入的步骤中，以及根据所述获得的当前状态以及事件消息获取下一状态以及相应的下一事件函数的步骤中，所述当前状态、事件消息、下一状态以及下一事件函数分别为上述格式的 1～10 种状态和事件。这样把所有呼叫控制过程中的所有可能发生的状态，以及某状态下所有可能发生的事件都定义好，在无线设备运行有限状态机时则可以满足各种操作和功能。

摘录四

［0034］参阅图 1：根据本发明精神，本发明提出利用有限状态机的呼叫控制方法一实施例，主要包括：

［0035］步骤 101：采用当前运行的事件函数监测是否有呼叫控制的事件消息输入；

［0036］步骤 102：在有所述事件消息输入时采用当前事件函数接收所述事件消息；

［0037］步骤 103：根据当前状态以及所述事件消息获取下一状态以及相应的下一事件函数，所述当前状态与有可能发生的所有事件的事件函数关联；

［0038］步骤 104：切换至所述下一状态并运行所述下一事件函数，继续所述监测是否有呼叫控制的事件消息输入的步骤。

☞ **审查意见**

摘录一

1. 权利要求 1 请求保护一种利用有限状态机防止代码重入的方法。对比文件 1（CN101702831A）为最接近的现有技术，其公开了一种利用有限状态机的无线设备及其呼叫控制方法，并具体公开了如下内容（参见说明书第［0013］～［0018］段、［0025］～［0049］段、［0131］～［0218］段及图 1～6）：该呼叫控制方法包括：初始化有限状态机的 API，首先定义有限状态机（相当于权利要求 1 的 S1、定义状态机），采用数据结构体进行定义，有限状态机包括：当前状态（相当于权利要求 1 的结点 1－n），事件消息（相当于权利要求 1 的触发事件），下一状态（相当于权利要求 1 的下一结点），事件函数（相当于权利要求 1 的处理函数）；事件函数是当前状态下有可能发生的所有事件的函数，并且与当前状态相关联；采用当前运行的事件函数监测是否有呼叫控制的事件消息输入（相当于权利要求 1 的 S2、当有触发事件发给状态机），在有事件消息输入时采用当前事件函数接收事件消息，在系统运行时，根据当前状态以及所述事件消息查找下一状态并获取下一状态以及相应的下一事件函数（相当于权利要求 1 的判断状态机当前的状态并查询该状态响应的触发事件类型），当前状态与有可能发生的所有事件的事件函数关联，切换至所述下一状态并运行所述下一事件函数（相当于权利要求 1 的 S3、查找到相同的触发事件，调用相应的处理函数，同时将状态切换至下一结点），继续监测是否有呼叫控制的事件消息输入的步骤。

摘录二

由此可知，权利要求 1 与对比文件 1 的区别在于：如果没有查找到相同的触发事件，直接抛弃该触发事件不做任何处理。权利要求 1 实际解决的技术问题是：如何对状态机中没有的触发事件做出响应。

然而上述区别属于本领域的常用技术手段，在有限状态机中未定义的触发事件类型，也不会给该事件定义处理函数，当未定义的触发事件发生时，使状态机不做任何响应，直接抛弃该触发事件是本领域技术人员很容易想到的。

因此，在对比文件 1 的基础上结合本领域常用技术手段以获得该权利要求所要求保护的技术方案，对于所属领域技术人员来说是显而易见的，因此该权利要求所要求保护的技术方案不具备突出的实质性特点和显著的进步，不符合《专利法》第 22 条第 3 款有关创造性的规定。

☞ **答辩要点分析思路**

该案的难点在于，审查意见关于对比文件 1 公开的技术内容以及确定的区别技术特征都是没问题的，所以在此次答辩中对权利要求 1 的技术特征进行了修改，从而采用重新修改的区别技术特征进行答辩；但即使经过修改，在审查员引用的对比文件 1 和该发明非常接近的情况下，论述创造性也依然是很有难度的。这种情况下，在利用新的区别技术特征来论述权利要求 1 的非显而易见性的时候，就要做到语言清楚，表达精准，避免重复啰唆，翻来覆去地对同一个点进行陈述，如果过于啰唆，不仅会让审查员阅读起来感觉很疲惫、烦琐，也会让审查员觉得代理师在故意敷衍，言之无物，因此，在意见陈述时一定要做到语言精练，观点集中，重点突出，从而让审查员通过集中地阅读代理师的意见陈述之后，接纳代理师的观点，使得本申请的答辩顺利通过。

具体到本申请中，在重新确定区别技术特征之后，由于审查员没有引用其他对比文件，此时需要代理师重点论述的就是重新确定的区别技术特征不属于本领域的公知常识。在不方便进行大量举证的情况下，对于区别技术特征不属于公知常识的论述应当避免重复啰唆，即使代理师翻来覆去地讲区别技术特征不属于公知常识，但是只要说理不充分，审查员也不会轻易接受。因此，最重要的是，找出一个合理论述区别技术特征不属于公知常识的论述方式，然后采用精练的语言进行意见陈述。

在具体意见陈述过程中，代理师的主要陈述思路是：首先强调区别技术特征经过修改后有所变化，接着表明观点：区别技术特征不是公知常识，然后解释说明现有技术中本领域的公知常识，最后将区别技术特征与本领域的公知常识进行对比，从技术上说明区别技术特征的改进之处，从而论证区别技术特征不属于本领域的公知常识；并且由于在论述过程中，语言精练清楚，逻辑清晰有序，论述篇幅适中，论述观点重点突出，从而使审查员接受了代理师的意见陈述，此次答辩也最终顺利通过。

基于上述分析，代理师认为，在创造性答辩的过程中，对于观点的表达和意见的论述，语言清楚、精准非常必要，也是非常体现代理师的答辩功底的，一名优秀的代理师，理应做到语言精练、用词精准、观点精辟，这样才能够使得代理师撰写的意见陈述更加容易被审查员接受和信服。

☞ **意见陈述原文摘录**

关于该发明的区别技术特征，申请人认为本发明修改后的权利要求1与对比文件1相比，其区别技术特征应当为：若再次向该状态机发送该触发事件，则直接抛弃该触发事件不做任何处理。

关于本发明实际解决的技术问题，利用上述区别技术特征，本发明权利要求1所能达到的技术效果为：

本发明的有限状态机在初次接收到某一触发事件时，会判断状态机的当前所处状态以及查询当前状态响应的触发事件类型，如果查询出的触发事件类型包括初次接收到的该触发事件，则调用响应的处理函数处理初次接收到的该触发事件，在处理完初次接收到的该触发事件后，如果再次向该状态机发送该触发事件，则直接抛弃该触发事件不做任何处理，例如，参见本发明说明书第［0032］段，其中记载了：如果在播放状态，其只响应退出键与暂停键，如果用户首次按了播放键（即相当于有限状态机初次接收到某一触发事件），系统则处理该触发事件并进入到播放状态，如果用户此时再次按播放键（即相当于如果再次向该状态机发送该触发事件），则系统不会响应（即相当于直接抛弃该触发事件不做任何处理）。这样，本发明中利用有限状态机对于多次接收到的相同的触发事件，只会处理首次接收到的该触发事件，而对之后再次接收到的相同的该触发事件，执行直接抛弃且不做任何处理的操作，从而不会出现代码重入影响系统时序关系的事件操作，即本发明利用有限状态机实现了防止代码重入，从而大大提高了软件系统的稳定性。

而利用上述区别技术特征及其所能达到的技术效果可以得出，本发明实际解决的技术问题应当为：如何利用有限状态机防止代码重入。

关于本发明的非显而易见性，审查意见中认为本发明的上述区别技术特征属于本领域的常用技术手段，在有限状态机中未定义的触发事件类型，也不会给该事件定义处理函数，当未定义的触发事件发生时，使状态机不做任何响应，直接抛弃该触发事件是本领域技术人员很容易想到的，申请人对此有完全不同的意见与您商榷：

申请人认为由于审查意见对本发明的区别技术特征的理解有误，导致其认定的本发明的上述区别技术特征属于本领域的常用技术手段的结论也存在错误，具体地，审查意见中所判断的区别技术特征是“如果没有查找到相同的触发事件，直接抛弃该触发事件不做任何处理”，但参见上述意见陈述，本发明的区别技术特征并不是如审查意见中所认定的，而应当是“若再次向该状态机发送该触发事件，则直接抛弃该触发事件不做任何处理”；因此，申请人认为应当从重新确定的本发明权利要求1的区别技术特征出发，对权利要求1的非显而易见性进行判断，申请人认为本发明权利要求1的技术方案对本领域技术人员来说是不容易想到的，具有非显而易见性，具体原因如下：

申请人认为本发明的上述区别技术特征并不属于本领域的公知常识，在本领域的现有技术中，参见本发明说明书背景技术部分，其中记载了：对于不支持代码重入的手机操作系统，如果出现代码重入，就可能会出现定屏、死机或不可预知的状态。以用户在流媒体播放界面触发播放按键事件为例，用户第一次按了播放键之后，在正式播放前用户又一次触发了播放按键事件，系统会做相同的处理，如此这样的频繁操作多次，整个系统的时序关系就会错乱，导致一些不可预期的结果，比如定屏或死机。

根据上述记载可知，在本领域的现有技术中，对于用户触发的多次相同的触发事件，手机操作系统会对每一次的触发事件均做相同的处理，导致手机操作系统容易出现代码重入的情况，从而造成手机出现定屏、死机等情况，申请人认为这才是本领域现有技术中对多次接收到的相同的触发事件进行操作时的惯用技术手段，即本领域的现有技术中还没有能够防止手机操作系统出现代码重入的相关技术手段。

而本发明从如何防止代码重入这一技术问题出发，对现有技术做了针对性的技术改进，具体通过对有限状态机处理触发事件的操作流程做了进一步优化和改进，从而利用本发明的上述区别技术特征，使得有限状态机在处理初次接收到的触发事件后，如果再次接收到相同的该触发事件，则直接抛弃该触发事件不做任何处理，从而实现了利用有限状态机防止代码重入，进而解决了本领域的现有技术中一直存在的技术问题。并且，对于本发明的上述区别技术特征（即若再次向该状态机发送该触发事件，则直接抛弃该触发事件不做任何处理），现有技术中没有任何教科书、工具书等技术资料有过相关记载，即本发明的上述区别技术特征并不属于本领域的公知常识，从而现有技术从整体上没有给出将本发明的上述区别技术特征应用到对比文件1中来解决本发明实际解决的技术问题的技术启示，所以本发明权利要求1的技术方案对本领域技术人员来说并不容易想到，具有非显而易见性，具有突出的实质性特点。

**（三）句句斟酌，避免对后续程序带来风险的表述**

意见陈述书的撰写中，专利代理师还需记住“言多必失”。对每一句话都应仔细斟酌，其是否会对申请后续程序，如之后的审查意见、专利授权后的无效宣告请求程序、侵权诉讼等产生不利影响。若有可能对这些后续程序带来有风险的陈述应当予以删除。其中，尤其需要注意的是，当向审查员对涉案申请本身的内容，如技术特征、技术效果、技术术语含义进行解释澄清时，一定要考虑这样的陈述是否为配合论证发明创造性的理由所必需的，是否与权利要求保护的范围相适应，是否会对权利要求的技术方案及其技术效果有限制性的影响，对后续程序产生可能的风险。经验丰富的专利代理师在实践中很注意这一问题，在论述时，主要集中对对比文件评述，对发明本身相关的内容只进行必要的陈述，绝不多言，以免对后续程序产生不利影响。

# 第三章　挖掘论述创造性的突破点总论

答复质疑创造性的审查意见最难的部分在于找到反驳审查意见、确立具备创造性的突破点。这需要专利代理师对创造性概念的理解、评判的方法原则有深刻、透彻的理解，以及在实务处理中具备敏锐、严谨细致的思维习惯。本章依据创造性评判的理论脉络，系统汇总整理了实务处理中寻找创造性答辩突破点的角度、要点、误区，并汇集了相关的实践案例或归纳抽象的案例，以助于读者理解和快速掌握这些思维方式。鉴于实用新型申请没有实质审查程序，本章所述的审查意见针对发明申请在实质审查过程中所收到的质疑其创造性的审查意见。针对无效宣告请求过程中无效宣告请求人对创造性质疑的意见，无论发明还是实用新型，均可以采用本章所介绍的思路寻找答辩的对策。

创造性的判断是一个比较的过程。比较前，应当审视对比文件是否符合作为比较基础的现有技术的形式要求。之后，为了获得准确的比较结果，在比较内容之前，首先需要仔细全面的阅读，准确地理解涉案发明的申请文件及审查员引用的对比文件和/或公知常识。必要时，应当查阅所属技术领域的文献或与发明人沟通，以了解所属技术领域的背景情况，以便更准确地以一个本领域技术人员的视角理解涉案发明及现有技术。此点非常重要！

很多质疑创造性的审查意见，以及专利代理师找不出答辩突破点的情况，都是由于对涉案发明的技术、对比文件的技术、所属技术领域的技术背景未能有准确全面的理解所造成。审查员对发明所属技术领域可能不熟悉，也没有与发明人沟通，工作负担较大且没有太多时间花在对辄技术的理解上，所以对申请文件、对比文件和技术常识的理解往往浅尝辄止，在主观因素的影响下，只对技术有模糊理解的情况下，即作出质疑创造性的审查意见，将阐述创造性的负担转移给申请人。应当理解，毕竟申请人是阐述其所做发明的创造性的义务人。作为申请人与审查员之间桥梁的专利代理师，有责任为审查员对技术进行准确清楚的解释，以阐述发明的创造性。在挖掘答辩突破点的过程中，对申请文件应当进行全面仔细的阅读，寻找每一处可作为论述创造性的依据。往往那根救命稻草就躺在当初撰写时并非重点描述的文段角落里。

对于审查员引用的对比文件，更加应当全面仔细地阅读。审查员在搜索对比文件时，往往找到一些符合其既定主观思路的语句即作为其评判创造性的依据，但事实上结合对比文件的上下文，所引用语句的正确理解与审查员的理解可能不同。在对比文件中审查员未引用的地方还可能存在与审查员观点相反的内容，可作为相反技术启示进行答辩。在过往的很多成功案例中，都是通过阅读对比文件全文迅速找到答辩的突破点。这一成功经验尤其值得推广。因此，专利代理师不应怕麻烦，哪怕对比文件是外文文献，也应当阅读全文。此外，对于技术的理解，应当从本领域技术人员的角度出发，为此应当做必要的文献检索或与发明人沟通，正确理解技术。在全面准确地理解涉案发明及审查员引用的现有技术后，即可开始进行比较。

将发明与最接近的现有技术相比，找出技术方案和技术效果上的差异点。找出技术方案的差异点就是确认区别技术特征，进一步找技术效果的差异点结合已确认的区别技术特征就可确认实际解决的技术问题，对应《审查指南》中“三步法”中的第二步。在找技术方案的差异点这个过程中，专利代理师要让自己变为细致严谨、思维敏锐的人，扮演放大镜或者显微镜的角色，把发明与最接近的现有技术在技术方案上、在技术效果上所有的一丝一缕、一点一滴的差异点都挖掘出来，放大再放大，直至使人可以清清楚楚地看到、感受到发明专利与最接近的现有技术之间存在较大的区别。专利代理师要能找出审查员找不出的差异点。专利代理师也要能找出最熟悉技术本身的发明人也找不出的差异点。对于有些技术效果的技术比较，由于申请文件的记载和对比文件的记载方式不一致或者对比文件未记载的情况，专利代理师还应当想办法通过反证等方式对比出技术效果的差异。这正是专利代理师的价值体现所在。这个过程需要专利代理师有足够的细致及思维的敏锐和灵活性。

在找出技术方案和技术效果的差异点后，进一步地，将审查员引用的对比文件和/或本领域公知常识从整体上所给出的技术启示，与通过涉案发明与最接近的现有技术相比在技术方案上的差异点及其所带来的技术效果上的差异点以解决所面对的技术问题进行比较，看两者是否相关。如果前者既未明示也未暗示后者，使得本领域技术人员能预期后者，则涉案发明具备非显而易见性。此步骤即是《审查指南》中“三步法”的第三步。在这一步的分析判断中，审查员常常由于对创造性中“非显而易见性”的概念及判断方法理解不准确，而得出错误的结论。对此，专利代理师应当对这一法律概念的正确理解向审查员进行清楚透彻的解释，以纠正审查员理解上的偏颇之处。若在前述步骤中，找到技术方案和/或技术效果方面审查员未找出的差异点，在评判这些新找出的差异点的非显而易见性上，专利代理师需要向审查员给出清楚准确的阐述。

按照上述步骤，即可对论述创造性的潜在突破点进行一次全面的挖掘，清楚地整理出答复创造性的主要思路。

需要强调的是，无论从哪个角度寻找论述创造性的突破点，都应当紧紧抓住创造性的核心含义，即发明相对于现有技术非显而易见。用法律的语言解释是对于发明采用其区别技术特征应用于最接近的现有技术以解决发明实际解决的技术问题，现有技术整体上没有给出能够让本领域技术人员产生足够动机以改进最接近的现有技术而获得该发明的技术启示。用比较通俗简单的语言解释就是基于现有技术，通过采用发明相对于现有技术的技术改进以解决所面对的技术问题是不容易想到的。围绕这一核心，针对审查意见，我们可以从技术的角度和法律的角度挖掘论述创造性的突破点。其中，从技术的角度挖掘突破点是针对上述“发明相对于现有技术的技术改进”和“解决所面对的技术问题”，从发明的技术方案本身及技术效果上挖掘出与最接近的现有技术相比的所有差异点。从法律的角度挖掘突破点是针对上述“不容易想到”，根据《审查指南》中对“非显而易见性”的判断标准，找出“采用发明相对于现有技术的技术改进以解决所面对的技术问题”与现有技术整体上给出的技术启示之间的差异。

本书第4章至第7章主要从以下几个方面挖掘创造性答复的突破点：（1）以对比文件不属于现有技术为突破点；（2）从技术角度挖掘论述创造性的突破点；（3）从专利法角度挖掘论述创造性的突破点；（4）从判断创造性的其他考虑因素挖掘突破点。下面将结合实践案例更详细地论述挖掘创造性突破点的一些要点及技巧。

# 第四章　以对比文件不属于现有技术为突破点

在前述答复质疑创造性的审查意见处理步骤的第一步即提到，在具体分析案件实质内容之前，应先核查审查员所引用对比文件相关内容是否属于现有技术。若审查员的确引用错误，则可以此作为论述发明创造性最充分的理由。

下面列举几种审查员所引用的对比文件内容不符合现有技术定义的情形：

（1）对比文件公开日在在审申请的申请日之后。

（2）对比文件公开日在在审申请的申请日之前，但审查员所引用的内容中，对相关的实质性内容并未明确记载，而是采用引用另一份对比文件的方式指引该实质内容，但其所引用的另一份对比文件的公开日在在审申请之后，即审查员判断创造性所依据的实质性内容不属于现有技术。

（3）审查员随意扩大或缩小了对比文件的内容。

（4）审查员引用对比文件的附图作为判断基础，其将由附图中推测的内容，或者无文字说明，仅仅是从附图中测量得出的尺寸及其关系作为已公开的内容。

## 【案例 No. 1410969】一种鼠李糖乳杆菌的胞外多糖及其制备方法和应用

### ☞ 案由简要

该申请的申请日为 2014 年 12 月 25 日，优先权日为 2013 年 12 月 27 日。对比文件 1 的公开日为 2014 年 2 月 20 日，时间在该案的优先权日和申请日之间。

该申请涉及一种鼠李糖乳杆菌的胞外多糖（权利要求 1 ~ 2），一种鼠李糖乳杆菌的胞外多糖的制备方法（权利要求 3 ~ 9）及所述多糖在食品、医药和相关领域的应用（权利要求 10）。

➢ 一通：审查员首先指出本申请权利要求 1 ~ 10 不能享有在先申请的优先权；然后引用对比文件 1 评述权利要求 1 ~ 9 不具备创造性。

➢ 答一通：（1）修改引用关系，删除独立权利要求 3 对独立权利要求 1 的引用，论述权利要求 3 ~ 9 能够享有中国专利在先申请的国内优先权，因而具备创造性。（2）论述权利要求 1 和 2 具备创造性。

➢ 二通：审查员认可权利要求 3 ~ 9 具备创造性，但继续指出权利要求 1 ~ 2、10 不具备创造性。

➢ 答二通：放弃答一通时的修改方式，在原始申请文件的基础上重新修改权利要求，具体地，将原权利要求 3（制备方法）作为新的独立权利要求 1，相应修改其从属权利要求的编号；将原权利要求 1（产品）作为新的权利要求 8，其由该发明的制备方法限定，删除原独立权利要求 2。

➢ 三通：审查员不认可修改后的权利要求 8～9 能够享受在先申请的国内优先权，认为其不具备创造性。

➢ 答三通：修改权利要求 8，去掉其结构通式。

➢ 审查结果：授权。

☞ **相关权利要求**

优先权文本中的权利要求 1：

一种鼠李糖乳杆菌的胞外多糖，其特征在于，所述胞外多糖由质量分数比为 45.13%～47.80%的葡萄糖、35.26%～36.17%的鼠李糖和 16.94%～18.70%的半乳糖组成，该胞外多糖的平均重量分子量为 980543～1470237 道尔顿。

本申请原始申请文件中的权利要求 1：

一种鼠李糖乳杆菌的胞外多糖，其特征在于，所述胞外多糖由质量分数比为 45.13%～47.80%的葡萄糖、35.26%～36.17%的鼠李糖和 16.94%～18.70%的半乳糖组成，该胞外多糖由式 I 所示的重复结构单元组成，

→1）-α-D-葡萄糖（2→1）-α-L-鼠李糖（3→1）-α-L-鼠李糖（3→1）-α-L-鼠李糖（3→1）-β-D-葡萄糖（3→1）-β-D-半乳糖（3→

6

↑

丙酮酸盐

（I），

该胞外多糖的平均重量分子量为 98 万～147 万道尔顿。

答一通时没有修改权利要求 1，答二通时将其修改为权利要求 8：

一种如权利要求 1～7 任一项所述的制备方法制得的鼠李糖乳杆菌的胞外多糖，其特征在于，所述胞外多糖由质量分数比为 45.13%～47.80%的葡萄糖、35.26%～36.17%的鼠李糖和 16.94%～18.70%的半乳糖组成，该胞外多糖由式 I 所示的重复结构单元组成，

→1）-α-D-葡萄糖（2→1）-α-L-鼠李糖（3→1）-α-L-鼠李糖（3→1）-α-L-鼠李糖（3→1）-β-D-葡萄糖（3→1）-β-D-半乳糖（3→

6

↑

丙酮酸盐

（I），

该胞外多糖的平均重量分子量为 98 万～147 万道尔顿。

答三通时去掉结构限定，授权后的权利要求 8 如下：

一种如权利要求 1～7 任一项所述的制备方法制得的鼠李糖乳杆菌的胞外多糖。

☞ **相关说明书内容**

本申请相比于优先权文本多出的实施例。

实施例9 胞外多糖的甲基化分析

将多糖S1充分溶解在DMSO－NaOH体系中，与碘甲烷进行甲基化反应。经二氯甲烷萃取得到甲基化产物，再经TFA水解、还原和乙酰化反应，得到糖醇乙酰酯衍生物（PMAA）。PMAA经GC－MS分析，得到主要的离子片段。

甲基化分析结果表明：S1主要由1，3，4－α－L－鼠李糖、1，3－α－L－鼠李糖、1，2－α－D－葡萄糖、1，3－β－D－葡萄糖、1，2，3－α－L－鼠李糖和1，3，6－β－半乳糖组成，还含有少量的T－Gal和T－Glc。通过峰面积计算得到的其含量摩尔比约为1：1：1：1：1：1，Rha、Glc和Gal各单糖含量摩尔比约为2.9：1.69：1，与S1的单糖组成分析的结果基本一致。

实施例10 胞外多糖的NMR分析

（一）$^{1}$HNMR分析

多糖在$^{1}$HNMR谱中的质子信号处于一个很狭窄的范围内，除异头碳上的质子信号在通常$\delta$4.8～5.5易解析外，其他质子信号集中在$\delta$4.0～4.8，信号重叠交叉严重，难以解析。S1的$^{1}$HNMR谱图如图6所示。在$\delta$4.5～5.5内，可看到有6个异头质子的信号，表明S1是由6种类型的单糖组成，这与甲基化的结果一致。在高场区$\delta$1.29、$\delta$1.33和$\delta$1.35处信号峰为Rha残基的甲基质子信号，表明Rha残基有3种不同的糖苷键连接方式，这与甲基化分析结果相符。由L. rhamnosus RW－9595M的胞外多糖中丙酮酸盐（Pyruvate）的氢谱中质子信号峰可知，在δ1.46处的信号为丙酮酸盐的甲基质子的信号。

（二）$^{13}$CNMR分析

多糖S1的$^{13}$CNMR谱图如图7所示，从$^{13}$CNMR图谱可知，在高场区，$\delta$19.66、$\delta$19.51和$\delta$19.40为Rha的6位甲基碳的信号，说明糖单元中含有3种鼠李糖糖残基，在$\delta$28.07为丙酮酸盐中甲基碳的信号峰；在低场区，$\delta$178.98的信号为丙酮酸盐羰基（C＝O）碳的特征信号，而在$\delta$90～110共振信号区$\delta$103.50为丙酮酸盐中2位碳的信号。在$\delta$90～110的共振区出现的信号是异头碳的信号，从图上可以看出有6个异头碳信号，说明糖单元由6个糖残基组成，从左至右分别标记A～F。135°DEPT$^{13}$CNMR谱图可以区分$CH_3$、$CH_2$，从多糖S1的135°DEPT$^{13}$CNMR谱图（图8）上可以看出在$\delta$62.71、63.12、63.89和67.77处的信号峰为$CH_2$的信号峰。

（三）2DNMR分析

COSY谱反映了同一糖环中相邻氢核之间的耦合关系，可以用来归属直接相连的氢。而HSQC谱则是反映直接相连的碳、氢之间的耦合关系，可以用来归属直接相连的碳氢。S1的HSQC谱和COSY45谱图如图9、图10所示。

首先，在HSQC谱图上从异头碳端开始标记，6个异头碳分别标记A1、B1、C1、D1、E1和F1，从而找到对应的异头氢。然后，在COSY图谱上做交叉峰就可以找到H2、H3、H4等。对于难找的H5和H6，可以先综合分析TOCSY谱（图11）和NOESY（Nuclear Overhauser Effect Spectroscopy Y）（图12），然后再通过在HSQC谱中找到相连的C2～C6等信号来确定H5和H6的质子峰，这样所有碳氢的信号都得到了归属。最后，在S1的HMBC谱图（图13）上找相关联的C和H，分析不同糖单元间的连接次序。

综合以上谱图分析，结合S1甲基化的结果，S1糖残基的$^{1}$HNMR和$^{13}$CNMR的化学位移归属结果见表2和表3。

**表2 EPS S1糖残基的$^{1}$HNMR的化学位移（$D_2O$，25℃）**

| 编码 | 糖残基 | H1 | H2 | H3 | H4 | H5 | H6 |
|---|---|---|---|---|---|---|---|
| A | 1，3－β－D－葡萄糖 | 4.65 | 3.25 | 3.61 | 3.42 | 3.94 | 3.94，3.70 |
| B | 1，3－α－L－鼠李糖 | 5.05 | 4.2 | 3.87 | 3.61 | 3.42 | 1.35 |
| C | 1，3，6－β－D－半乳糖 | 5.16 | 4.24 | 3.89 | 3.61 | 3.54 | 4.04，3.9 |
| D | 1，2，3－α－L－鼠李糖 | 5.15 | 4.33 | 4.08 | 3.66 | 3.41 | 1.29 |
| E | 1，3，4－α－L－鼠李糖 | 5.04 | 3.93 | 3.71 | 3.43 | 4.23 | 1.33 |
| F | 1，2－α－D－葡萄糖 | 5.17 | 3.69 | 3.94 | 4.19 | 4.00 | 3.85，3.80 |
| | 丙酮酸盐C1 | | | | | | |
| | 丙酮酸盐C2 | | | | | | |
| | 丙酮酸盐C3 | 1.46 | | | | | |

**表3 EPS S1糖残基的$^{13}$CNMR的化学位移（$D_2O$，25℃）**

| 编码 | 糖残基 | C1 | C2 | C3 | C4 | C5 | C6 |
|---|---|---|---|---|---|---|---|
| A | 1，3－β－D－葡萄糖 | 107.06 | 77.1 | 85.1 | 71.28 | 75.3 | 63.92 |
| B | 1，3－α－L－鼠李糖 | 105.03 | 72.60 | 80.79 | 73.84 | 71.23 | 19.65 |
| C | 1，3，6－β－D－半乳糖 | 103.37 | 69.71 | 77.75 | 74.11 | 74.29 | 67.76 |
| D | 1，2，3－α－L－鼠李糖 | 102.7 | 78.83 | 81.58 | 74.05 | 71.22 | 19.42 |
| E | 1，3，4－α－L－鼠李糖 | 101.07 | 70.8 | 81.00 | 78.62 | 65.30 | 19.52 |
| F | 1，2－α－D－葡萄糖 | 97.5 | 81 | 75.14 | 72.53 | 70.70 | 63.12 |
| | 丙酮酸盐C1 | 178.98 | | | | | |
| | 丙酮酸盐C2 | 103.50 | | | | | |
| | 丙酮酸盐C3 | 28.07 | | | | | |

实施例11 多糖S1的一级结构表征

综合以上S1的1D和2DNMR谱图分析结果，再结合单糖组成、红外光谱、甲基化分析，推断S1具有的结构特征为：

1）S1含有1，2－α－D－Glc、1，3，4－α－L－Rha、1，3－Rha、1，2，3－α－L－Rha、1，3－β－D－Glc和1，3，6－β－D Gal按1：1：1：1：1：1比例构成的主链。

2）在1，3，6－β－D－Gal的6位有分支，在6位连接着丙酮酸盐。

3）1，3，4－α－L－Rha的4位和1，2，3－α－L－Rha的2位在谱图未显示相关的连接信号。在DEPT谱中有一个很弱的亚甲基信号，可能是端基碳的亚甲基信号，同时在甲基化分析中含有T－Gal和T－Glc的信号，但在谱图上未有相关的峰。同时含有大量的丙酮酸根，可能与端基糖反应或者与1，3，4－α－L－Rha的4位和1，2，3－α－L－Rha的2位形成酯。

综合前述可知，本发明所述的鼠李糖乳杆菌的胞外多糖，由质量分数比为45.13%～47.80%的葡萄糖、35.26%～36.17%的鼠李糖和16.94%～18.70%的半乳糖组成，该胞外多糖包含如式I所示的结构单元，

→1）－α－D－葡萄糖（2→1）－α－L－鼠李糖（3→1）－α－L－鼠李糖（3→1）－α－L－鼠李糖（3→1）－β－D－葡萄糖（3→1）－β－D－半乳糖（3→

6

↑

丙酮酸盐

（I）

该胞外多糖的平均重量分子量为98万～147万道尔顿。

所述的胞外多糖包含由1，2－α－D－葡萄糖、1，3，4－α－L－鼠李糖、1，3－鼠李糖、1，2，3－α－L－鼠李糖、1，3－β－D－葡萄糖和1，3，6－β－D半乳糖按1∶1∶1∶1∶1∶1比例构成的主链，在所述的1，3，6－β－D半乳糖的6位连接着丙酮酸盐。

### ☞ 相关对比文件公开内容

对比文件1：Li Shao等，"Partial characterization and immunostimulatory activity of exopolysaccharides from Lactobacillus rhamnosus KF5"，Carbohydrate polymers，第106卷，第51～56页。

审查员所引用的具体小节如下：

2.1 Strain and culture conditions

L. rhamnosus strain KF5 was isolated from the faeces of a healthy human volunteer. It was identified as L. rhamnosus based on the physiological characteristics and 16S rDNA sequences analysis. This microorganism was deposited in China General Microbiological Culture Collection Center（CGMCC No. 6430）. Stock culture was maintained at －80℃ in MRS（Merck，Germany）broth with 20%（v/v）glycerol，and was propagated twice in MRS broth at 37℃ for 16～18h，prior to the experiments.

The medium used for L rhamnosus KF5 to produce EPS was 12% reconstituted skim milk supplemented with 1.0% glucose，sterilized at 118℃ for 15 min. Batch fermentation was performed in a 5.0L fermenter（BioG－Micom，Biotron. Korea）at 32℃ for 30h under araerobic conditions.

2.2 Extraction and purification of exopolysaccharides

The crude EPS were extracted by the procedure described by Ai et al.（2008），with slight modifications. Briefly，the fermented milk was first heated in boiling water，and centrifuged to remove bacteria cells and coagulated proteins. Trichloroacetic acid（TCA）was then added to the cooled supernatant to a final concentration of 7% (w/v) and kept at 4℃ for 10h. After precipitated proteins being removed by centrifugation, EPS in the supernatant were precipitated by slowly adding three volumes of prechilled 95% ethanol. The polysaccharides were collected by centrifugation and redissolved in distilled water, dialyzed extensively against distilled water. The retenate was lyophilized and then white crude polysaccharides were obtained.

……

3.2　Average molecular weight of EpS

The chromatograms from HPSEC analysis of EPS fractions were shown in Fig. 2, and there was only one symmetrical peak in each chromatogram, which further proved that fraction S1 and S2 were homogeneous. The weight average molecular weight (Mw) of S2 (1.23 × 10 Da) was much higher than that of S1 (1.36 × $10^4$ Da). The molecular weight distribution of S1 and S2 were in agreement with the results of LAB EPS (from $10^4$ to 6 × $10^6$ Da) reported previously (De Vuyst et al, 2001; Hassan, 2008).

S2. a fraction with high molecular weight, contained Rha, Glc and Gal in a molar ratio of approximately 1.73: 1.47: 1.00 (Fig. 3). The constituting monosaccharides of S2 were almost present in other LAB EPS, but with different ratios (De Vuyst et al., 2001), such as the heteropolysaccharides produced by L. rhamnosus RW – 9595M and R (Calsteren, Pau – Roblot, Begin & Roy, 2002). L casei LC2W (Ai et al.. 2008) and S. thermophilus EU20 (Marshall et al.. 2001). In general, the monosaccharide composition of EPS by lactic acid…

……

3.5　Immunostimulatory activity of EPS

Several LAB strains and their extracellular polysaccharides were correlation between the potential immune – modulating activities of LAB EPS and their physical – chemical properties (i. e. molecular reported to stimulate the immune system through promoting TB Iymphocyte proliferation, natural killer (NK) cell tumoricidal weight and sharge), lidalgo – cantabranact al, (2012) hypotheized that EPS having negative charges and/or small molecular activity. mononuclear cell phagocytic capacity, mitogenic activ – weight were able to act as strong/ mild stimulators of immune ity, eliciting cytokines and thus might increase the host immune cells. whereas those neutral polymers with a large size exhibdefense against pathogen (Cross, Stevenson & Gill, 2001: Kitazawa, ited a weak stimulation and even suppressive profile. This was Yamaguchi, Miura, Saito & ltoh, 1993; Makino et al. 2006). in agreement with Lopez et al. (2012), who proposed that acidic The effects of EPS fraction S1 and S2 on lymphocyte prolifera – and smaller molecular weight EPS were able to present stronger tion were assayed by the 3H – TdR incorporation, a classic method immune response stimulation than neutral polymers with high as described by Bounous et al. (1992). ConA, a typical Tlymphocyte molecular weight. The result of this study which S1, the low mitogen, was used as the positive control. As shown in Fig. 5, both molecular weight EPS was a stronger mitogen in stimulating the

S1 and S2 were able to significantly stimulate the proliferation proliferation of splenocytes than S2 in vitro was in accordance with of splenocytes compared with 5ug/mL. ConA （$P < 0.05$）, indicating the reported results listed above.

Both of EPS fractions exhibited mitogenic activity. The stimulating effect of S1 and S2 on the proliferation of spleen cells was in a dose dependent manner at the concentrations from 10 to 1000ug/mL Compared with the positive control ConA, at a concentration of 100ug/mL, the proliferation activity was 65% for S1 and 38% for S2.

While at a higher concentration of 1000ug/mL, the proliferation activity of S1 reached 121%, much higher than that of S2 （45%）. As a mitogen, S1 was much stronger than S2.

It was observed that immunomodulatory activities of EPS synthesized by lactic acid bacteria were related to the physicochemical properties of the polymers, such as average molecular weight （LOpez et al. 2012; Yasuda et al., 2008）, electric charges （Sato et al., 2004）, monosaccharide composition, stereochemistry and water – solubility Jouault et al, 1995; Zjawiony. 2004）. Based on the correlation between the potential immune – modulating activities of LAB EPS and their physical – chemical properties （i. e. molecular weight and charge）. Hidalgo – Cantabrana et al. （2012） hypothesized that EPS having negative charges and/or small molecular weight were able to act as strong/mild stimulators of immune cells, whereas those neutral polymers with a large size exhibited a weak stimulation and even suppressive profile. This wasin agreement with Lopez et al. （2012）. who proposed that acidic and smaller molecular weight EPS were able to present stronger immune response stimulation than neutral polymers with highmolecular weight. The result of this study which S1, the low molecular weight EPS was a stronger mitogen in stimulating the proliferation of splenocytes than S2 in vitro was in accordance with the reported results listed above.

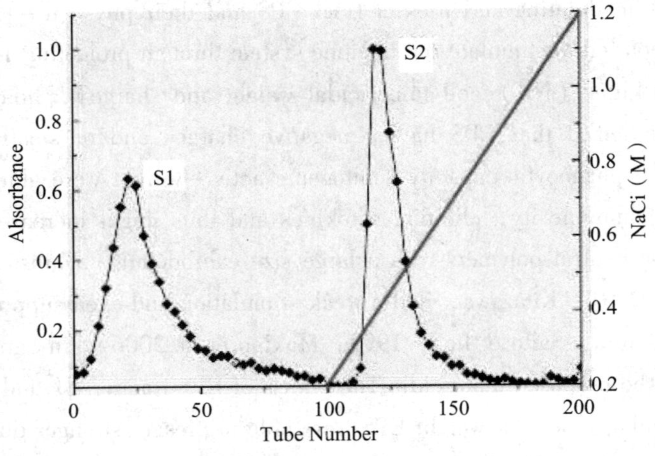


**Fig. 1 Elution profile of exopolysaccharides produced by strain *L. rhamnosus* KF5 on DEAE – sepharose fast fow column.**

## ☞ 审查意见

第一次审查意见通知书摘录

本申请涉及一种鼠李糖乳杆菌的胞外多糖及其制备方法和应用。经审查，现提出如下审查意见。

1. 本申请要求享有在先申请（申请号为201310748058.0）的本国优先权。经审查，本申请权利要求1~10不能享有该优先权，不符合《专利法》第29条第1款的规定，理由如下：本申请独立权利要求1中限定了胞外多糖的重复单元结构和分子量，要求保护任意鼠李糖乳杆菌任意方法获得的具有该重复单元结构和该分子量的特定单糖比例的胞外多糖。然而，该重复单元结构在上述优先权文本中没有记载，其与实施例中的多糖也不是一一对应关系（多糖为混合物，结构复杂，仅有重复单元无法唯一确定）。因此，本申请权利要求1~10不能享有优先权，其申请日为实际申请日（2014年12月25日）。

第二次审查意见通知书摘录

☐权利要求不具备《专利法》第22条第2款规定的新颖性。

☒权利要求1~2、10不具备《专利法》第22条第3款规定的创造性。

☐权利要求不具备《专利法》第22条第4款规定的实用性。

☐权利要求属于《专利法》第25条规定的不授予专利权的范围。

☒权利要求10不符合《专利法》第26条第4款的规定。

☐权利要求不符合《专利法》第31条第1款的规定。

☐权利要求的修改不符合《专利法》第33条的规定。

☐权利要求不符合《专利法实施细则》第19条的规定。

☐权利要求不符合《专利法实施细则》第20条的规定。

☐权利要求不符合《专利法实施细则》第21条的规定。

☐权利要求不符合《专利法实施细则》第22条的规定。

第三次审查意见通知书摘录

审查员认同同样的制备方法应制备出相同的胞外多糖。但是，权利要求8中记载的并不仅是“一种如权利要求1~7任一项所述的制备方法制得的鼠李糖杆菌的胞外多糖”，<u>权利要求8还对该方法得到多糖作了进一步的限定</u>。举例而言，在优先权文件中记载的胞外多糖的分子量为980543~1470237Da，而权利要求8中记载的分子量为98万~147万道尔顿，与优先权中记载的分子量数值范围重叠，实际上构成了对多糖的进一步限定。而98万~147万道尔顿的分子量范围在优先权文件中并没有记载。因此，权利要求8不能享有优先权。

此外，即便申请人将分子量范围修改到与优先权相同，该权利要求仍然不能具备优先权。权利要求8引用的权利要求1~5仅是粗多糖的制备方法。因此，权利要求8引用权利要求1~5时，<u>其实际保护范围将制备得到粗多糖与权利要求8中多糖结构、分子量等特征结合所重新圈定的新多糖的范围</u>。而在优先权文件中并没有这样的范围。优先权文件中记载的仅是粗多糖经过DEAE－sepharose Fast Flow离子交换层析柱经过特定的洗脱处理后，收集第二个组分峰的多糖，本领域技术人员知晓，层析柱类型、洗脱方式、收集的组分峰都对多糖的结构有显著影响，因此，优先权文件中制备得到的多糖与前述权利要求8重新圈定的新多糖的范围并不完全相同（如分子量分布等）。

故而，尽管“如权利要求1~7任一项所述的制备方法制备得到的鼠李糖杆菌的胞外多糖”能够享有优先权，但权利要求8中经过重新限定的多糖范围不能享有优先权。

### ☞ 答辩要点分析思路

该案涉及优先权，审查员否定在后申请可以享受优先权，相应地，便可以用对比文件1评判在后申请的创造性。该类案件的分析思路在于首先分析在后申请是否可以享受到优先权，若可以，即可以审查员所引用的对比文件不属于现有技术为突破点进行答辩。

该案件中，在后申请添加了胞外多糖具体的重复结构单元，虽然其制备方法享有在先申请的优先权，然而其具体结构并没有在在先申请中有记载，不能够享受在先申请的优先权。容易想到如下修改方式：

1）将结构单元删除，恢复为在先申请的权利要求，如此可以享受到在先申请的优先权，相应地具备创造性；但实施例的数据仅涉及具有该重复结构单元的多糖，故修改后的权利要求必然得不到说明书的支持。

2）将产品用制备方法限定，即采用“如权利要求1~n所述的制备方法制备得到的×××”，该类方法于制备方法对应唯一产物的情况可行。而该发明涉及的胞外多糖，其属于高分子化合物领域。该类物质由不同的单糖组成，虽然有特定的重复结构单元，但聚合度（重复单元的数目）并非单一固定数值，其属于混合物，因此制备方法制备所得的产物并非唯一，与此同时，具有特定单糖组成和结构单元的胞外多糖并非仅该发明一种制备方法可以制得。所以，当采用第2种修改方式时，又会如审查员所说重新划定了新多糖的范围。

故采用另一种答辩方式：仅用制备方法限定胞外多糖，去掉其分子量、单糖结构以及重复结构单元等限定。如此，该多糖即可享受到优先权，并且保证了权利要求的范围。

### ☞ 意见陈述原文摘录

答二通意见陈述摘录

二、新权利要求8和9享有在先申请（申请号为201310743058.0）的本国优先权

新权利要求8请求保护的鼠李糖乳杆菌的胞外多糖由权利要求1~7任一项所述的制备方法制得，该制备方法在本发明的中国专利在先申请的说明书第3~5页中有记载，即本发明的制备方法与在先申请的制备方法完全相同。由于完全相同的胞外多糖的制备方法制备出完全相同的胞外多糖，故本发明请求保护的胞外多糖在在先申请中存在，而且有关本发明制备得到的胞外多糖的具体制备实施例、结构鉴定包括分子量以及效果数据等均在在先申请说明书实施例1~8及对比例中记载了；相比于在先申请，本申请说明书只是新增了结构鉴定实施例9~11，但其所用的样品即为上述在先申请中即记载的胞外多糖，本发明根据其只是进一步阐述了所制得的胞外多糖中的具体重复结构单元，因此新权利要求8请求保护的胞外多糖能够享受中国专利在先申请的

国内优先权。相应地，新权利要求9也享有在先申请的国内优先权。

三、新权利要求8和9具备创造性

如上所述，首先，在本发明中国专利在先申请的申请日之前，并没有任何一篇对比文件或本领域公知常识披露过上述胞外多糖，该胞外多糖具备新颖性。其次，本领域公知常识中没有关于该胞外多糖的任何记载，并且该胞外多糖达到了一系列优异的技术效果，因此该胞外多糖具备创造性。

**答复第三次审查意见通知书意见陈述摘录**

新权利要求8请求保护的鼠李糖乳杆菌的胞外多糖由权利要求1~7任一项所述的制备方法制得，该制备方法在本发明的中国专利在先申请的说明书第3~5页中有记载，即本发明的制备方法与在先申请的制备方法完全相同。现申请人将对鼠李糖乳杆菌的胞外多糖的结构、分子量以及胞外多糖的组成类型删除，不存在审查员指出的重新圈定新多糖的范围。因此，新权利要求8中的胞外多糖即为优先权文本中制备得到的多糖，新权利要求8可以享受在先申请的国内优先权。相应地，新权利要求9也享有在先申请的国内优先权。

# 第五章　从技术角度挖掘论述创造性的突破点

从技术角度挖掘突破点包括从技术方案和技术效果两方面寻找与最接近的现有技术相比的差异点。一项具备创造性的发明与最接近的现有技术相比，可能在技术方案上差异较小但在技术效果上差异较大，也可能在技术方案上差异较大但技术效果差异较小甚至相当，还可能在技术方案和技术效果上均有较大的差异。无论是技术方案还是技术效果，能找出的差异点越多，答辩创造性的胜算越大。专利代理师不能放过任何可以找出的技术上的差异点。

## 第一节　从技术方案上挖掘突破点

从技术方案本身挖掘突破点是指对审查员所确认的区别技术特征的重新审视。针对一份质疑创造性的审查意见，首先需考虑的潜在突破点就是确认审查员所认定的区别技术特征是否有误。通过将发明及最接近的现有技术的技术方案进行仔细对比，若发现审查员找错或找漏区别技术特征，即可将此作为构思答辩对策的突破点之一。对于技术效果上与最接近的现有技术相比没有任何优势的发明来说，从区别技术特征的确认中寻求突破点尤为重要。对此类发明，只有找到非显而易见就能想到的区别技术特征，以“解决与最接近的现有技术相同的问题而提供一种不容易想到的替代技术方案”的观点论述创造性，才能有胜算。下面列举 3 种常见的审查员确认区别技术特征有误的情形。

### 一、因疏忽而找漏区别技术特征

实践中，审查员不可能花很多的时间在一件申请的审查上，可能因为阅读文件不仔细而产生疏忽，漏找区别技术特征。专利代理师只要足够细致，仔细比对权利要求和最接近的现有技术的技术方案，就可以很容易核查出这些因审查员疏忽而漏掉的区别技术特征。

### 【案例 No. 1210280】建筑连接桥

**☞ 案由简要**

该申请涉及一种建筑连接桥。

➢ 一通：审查员引用两篇对比文件（CN101173542A、CN1981097A）认为权利要求 1 ~ 10 不具备创造性。

➢ 答一通：删除原权利要求 1，将权利要求 10 引用权利要求 8 的技术方案上升为新权利要求 1，论述新权利要求 1 ~8 具备创造性。

➢ 二通：审查员认可之前意见陈述，由于该案件同时提交了发明与实用新型申请，审查员指出与 CN201220468112.6 专利存在重复授权问题。

➢ 答二通：放弃 CN201220468112.6 专利权。

➢ 审查结果：授权。

☞ **相关权利要求**

原申请中权利要求 1、8、10：

1. 一种建筑连接桥，两端各连接有一刚体，其特征在于，所述建筑连接桥包括若干双向平行交叉连接的钢梁。

8. 如权利要求 1 所述的建筑连接桥，所述建筑连接桥的上方连接有若干楼面板，其特征在于，所述楼面板与所述钢梁间为滑动连接。

10. 如权利要求 1 ~9 任意一项所述的建筑连接桥，其特征在于，所述钢梁与两端的所述刚体之间为刚性连接或铰接。

新权利要求 1：

1. 一种建筑连接桥，两端各连接有一刚体，其特征在于，所述建筑连接桥包括若干双向平行交叉连接的钢梁，所述钢梁的上方连接有若干楼面板，所述楼面板与所述钢梁间为滑动连接，所述钢梁与两端的所述刚体之间为刚性连接或铰接。

☞ **相关说明书内容**

摘录一

背景技术

现有的建筑物之间的连接桥及其他刚体之间的连接体与主体结构的连接一般有两种方式：

1. 强连接方式：连接桥结构具有足够刚度，将主体结构连接为整体，协调受力和变形，两端刚接或铰接。连接桥除承受重力荷载外，更主要的是协调两端结构的变形和内力。

2. 弱连接方式：如果连接桥结构较弱，无法协调连接体两侧的结构共同工作，此时可以做成弱连接，做法往往是连接桥一端与主体结构铰接，另一端做成滑动支座，或两端均做成滑动支座，支座具有限位复位能力，另加阻尼装置，以减小风振地震作用。

对于以上强连接方式，当风和地震作用时，主体结构除产生平动变形外，还会产生扭转变形，扭转效应随两端主体结构不对称性的增加而加剧。即使对于对称双塔连体结构，由于连接桥楼面板变形，两塔楼除有同向的平动外，由于结构振动的相位差和地震的不确定性，完全可能产生两塔楼的反向运动，在塔楼和连接桥中产生巨大的应力和应变。

对于以上弱连接方式，在地震作用下，为防止连接桥滑落或同塔楼发生碰撞，需设计较大的滑动空间，并采用橡胶支座等复位和阻尼装置。

摘录二

如图1至图3所示，本实施例包括若干钢梁1，钢梁1之间双向平行交叉连接形成一钢梁1体系。此处，钢梁1采用工字钢梁，钢梁间通过螺栓连接。通过交叉连接，钢梁1之间形成了若干平行四边形的孔洞，一般情况下，平行四边形的锐角取45度，能达到较佳效果。

由于钢梁1之间采用上述连接，所以所述建筑连接桥能承受较大的变形，同时对刚体的变形和运动产生较小的、可以接受的约束，又提供了一定的阻尼力，减小刚体的振动作用。

钢梁1上方连接有若干楼面板2，为了防止楼面板2扰钢梁1体系的变形，楼面板2采用滑动连接方式连接在钢梁1上方。这里的楼面板2采用压型钢板。

钢梁1与两端刚体间采用刚性连接，避免了采用柔性连接的建筑连接桥时，需要额外的空间的情况。

有些情况下，为了设计外观需要，这时要设计钢梁1之间形成的孔洞是圆形，钢梁1就可以采用异型钢梁，对其翼缘进行改变后，便可实现圆形孔洞。

摘录三

图1为本发明较佳实施例的钢梁连接示意图。

图2为本发明较佳实施例的钢梁和楼面板连接主视图。

图3为本发明较佳实施例的钢梁和楼面板连接左视图。

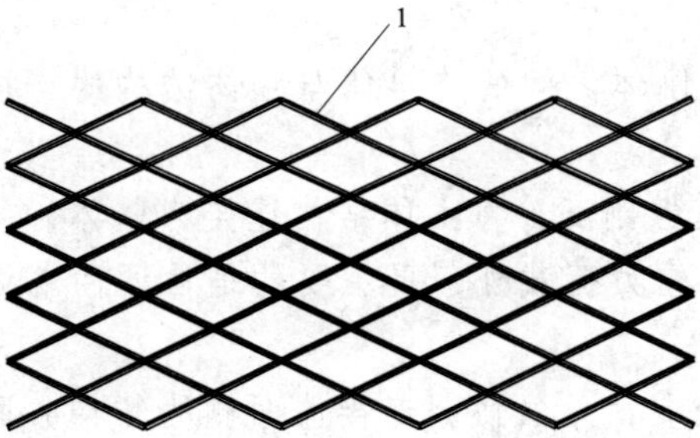


图1

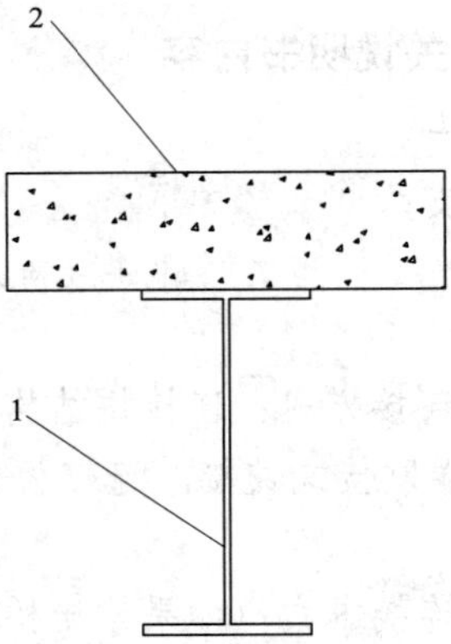


图2

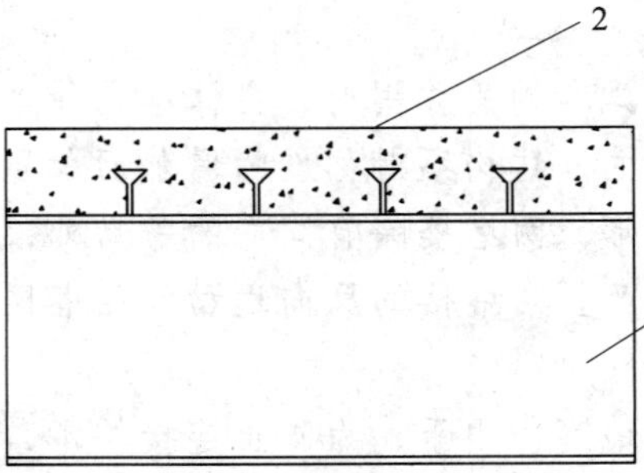


图3

☞ **相关对比文件公开内容**

本发明提供的双向钢—叠合板混凝土组合楼盖由交叉钢梁1、预制板3和后浇层混凝土4三部分组成，并通过抗剪连接件2将各部分组合成整体共同工作。交叉钢梁1可以是工字形。钢梁或箱形钢梁，位于楼盖的下层；交叉钢梁的连接方式可采用螺栓连接或焊接方式，钢梁数量、截面尺寸和钢梁间距根据使用要求确定。抗剪连接件2可以是栓钉、槽钢等形式，是将钢梁与混凝土板连接在一起共同工作的部件。预制板3上表面及侧面应为粗糙面，以提高与后浇层混凝土4的结合程度；预制板3支承于交叉钢梁的上翼缘并覆盖交叉钢梁间的区格，搭接长度不小于5cm；预制板3可以为普通钢筋混凝土板或预应力钢筋混凝土板；预制板3的厚度应根据钢梁的间距确定，当预制板3较薄或预制板跨度较大而不满足施工过程中的变形要求时，施工中应在预制板3下设置临时支承。后浇层混凝土4为浇筑于预制板和钢梁上方的混凝土；浇筑后浇层混凝土4应保证槽口处混凝土的密实性。为防止收缩、温度裂缝并从楼板受力的角度出发，后浇层混凝土4内应配置一定数量的钢筋。

本发明的施工工序是：

(1) 在工厂加工制作钢梁和焊接抗剪连接件2；

(2) 现场安装交叉钢梁1；

(3) 在交叉钢梁1安装就位之后在钢梁上安装预制板3；

(4) 安装完预制板3之后绑扎后浇层钢筋及浇筑后浇层混凝土4。

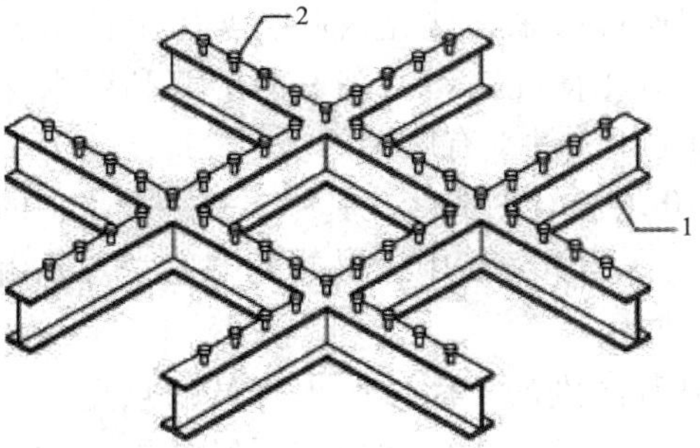


图1

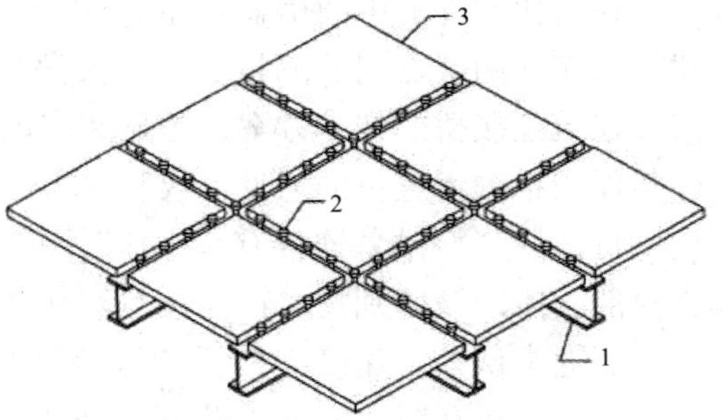


图2

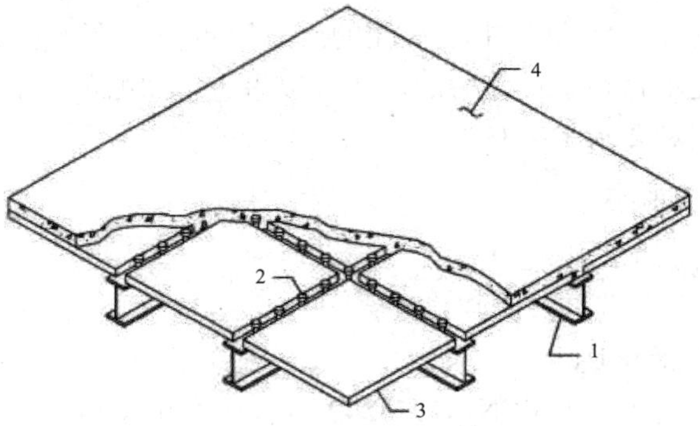


图3

☞ **审查意见**

权利要求1请求保护一种建筑连接桥，对比文件1（CN101173542A）公开了一种双向钢一叠合板混凝土组合楼盖，其中（参见说明书第1~2页，图1~图3）披露了以下技术特征：该组合楼盖包括若干双向平行交叉连接的交叉钢梁1。

由此可见，权利要求1与对比文件1的区别在于：两端各连接有一刚体。由于本领域的楼盖两端通常由刚体支撑，因此，该区别技术特征属于本领域公知常识。

对于权利要求8~9，对比文件1公开了预制板3支撑于交叉钢梁上翼缘并覆盖交叉钢梁间的区格，搭接长度不小于5mm（即滑动连接的楼面板）；而花纹钢板和压型钢板也是本领域常规的楼面板。

对于权利要求10，刚性连接和铰接均为本领域钢梁与两端刚体之间的常规连接方式。

☞ **答辩要点分析思路**

权利要求分为前序部分和特征部分，共同构成技术方案。权利要求的主题也是作为技术特征对技术方案起限定作用。因此，在对比权利要求1和最接近的现有技术时，不仅应该对比权利要求前序部分和特征部分中的技术特征，还应该对比权利要求的主题。在该案中，关于权利要求的主题的对比成了关键。

该发明要求保护的是一种建筑连接桥。在建筑领域，建筑连接桥通常用于连接两个建筑，从而实现两个建筑间的互通。该案件审查意见中，审查员找到了对比文件1（CN101173542A）。对比文件1记载的是一种楼盖。代理师通过仔细查看这篇对比文件，发现对比文件1中的楼盖并不是作为建筑连接桥来连接建筑的。实质上楼盖相当于建筑物相邻两层之间的隔板。所以按照这个对比情况来看，该发明的权利要求保护了关于建筑连接桥的技术方案，是显然应该和对比文件1有区别的。

然而，根据审查员的意见，权利要求1~10均没有创造性。其中，权利要求1的区别技术特征为“两端各连接有一刚体”，审查员认为本领域中，楼盖两端通常都是由刚体支撑的，所以该区别技术特征是本领域公知常识。

根据通常认知，建筑连接桥和楼盖是有显著区别的。而按照审查员的意见，该发明的建筑连接桥和对比文件1公开的楼盖之间的差异属于公知常识。经分析比对，不难发现，审查员并没有将该发明权利要求的主题作为区别技术特征。然而，这个权利要求的主题上的区别起到的是非常关键的作用。因为，在“建筑连接桥”中所存在的技术问题很有可能是在“楼盖”中不存在的。所以审查员在评述中所认定的一些常规连接方式很有可能是不存在于楼盖中的。所以以审查员忽略的“建筑连接桥”为起点，代理师重新审视了权利要求1~10中的其他技术特征。

☞ **意见陈述原文摘录**

一、独立权利要求1具备创造性

（一）权利要求1具有突出的实质性特点

1. 确定最接近的对比文件

审查员引用了对比文件1（CN101173542A），该对比文件的实施例披露了该发明的部分技术特征，因此将对比文件1作为最接近的现有技术。

2. 权利要求 1 相对于对比文件 1 的区别技术特征和实际解决的技术问题

将本申请新权利要求 1 与对比文件 1 相比较可知，本申请的建筑连接桥与对比文件 1 所公开的双相钢一叠合板混凝土组合楼盖的区别在于：

A. 建筑连接桥两端各连接有一刚体，所述钢梁与两端的所述刚体之间为刚性连接或铰接；

B. 所述楼面板与所述钢梁间为滑动连接；

关于区别技术特征 A，权利要求 1 要求保护的是一种建筑连接桥，其两端是分别和一刚体连接。而对比文件 1 公开的则是一种楼盖。审查员认为对比文件 1 的楼盖两端也是分别和一刚体接的，但申请人认为这是不确切的，具体在于：

建筑连接桥连接的是两个独立的刚体（比如马来西亚的双子星大厦之间的连接桥），这两个刚体是分别独立的建筑物，它们具有各自独立的地基和建筑结构，因此这两个刚体受到风和地震影响时产生不同的运动（参见本申请说明书第 0005 段）。然而，对比文件 1 的楼盖并非连接有两个刚体。

楼盖是单一建筑物的不同层次的分隔（比如 2 楼的天花板和 3 楼的地板之间就是楼面板）。而要注意区别的是：楼面板是和建筑结构整体连接的，其首先是整个边缘部都和建筑物相连的（建筑连接桥是朝着两个连接对象延伸的，而楼面板是沿着整个墙壁延伸的，例如横截面圆形的建筑物是只有圆周墙面的，该建筑物的楼面板就无法区分出所谓的"两端"），其次楼面板连接的对象是同一刚体（建筑物的墙壁结构是属于同一地基的，而且是紧密连接在一起的，所以在遇到震动时是一起运动的），所以楼面板本身连接的不是"两个刚体"，而是同一刚体，因此，对比文件 1 的楼面板与本申请的建筑连接桥本身就属于两个不同的领域，而且例如建筑连接桥会遇到的技术问题（建筑连接桥连接的两个建筑朝不同方向运动），在对比文件 1 的楼面板领域也不会遇到。

关于区别技术特征 B，权利要求 1 的技术方案中使得楼面板与钢梁滑动连接。而对比文件 1 的预制板支承于交叉钢梁的上翼缘，但要指出的是，预支板与钢梁是连接为一体的："通过抗剪连接件 2 将各部分组合成整体共同工作"（参见对比文件 1 说明书第 1 页倒数第 1 行）；"预支板 3 上表面及侧面应为粗糙面，以提高后浇层混凝土 4 的结合程度"（参见对比文件 1 说明书第 2 页第 3～4 行）；"后浇层混凝土 4 为浇筑于预制板和钢梁上方的混凝土"。对比文件 1 的楼面板最后通过混凝土的浇筑后，不但不可能产生滑动连接，而且是成为一个整体的。需要指出的是，对比文件 1 中的预制板支承于交叉钢梁的上翼缘仅仅是加工的中间过程，对比文件 1 中并没有使得预制板和钢梁滑动连接；相反，将预制板支承于交叉钢梁的上翼缘仅仅是为了后续的连接为一体做准备工作。

权利要求 1 的技术方案中，通过技术特征 B，使得钢梁和楼面板产生了分离，由此这样楼面板能够在钢梁上方滑动，不干扰钢梁体系的变形（参见本申请说明书第 0016 段），因此不会因为两侧建筑的运动不一致而产生较大附加内力。

综上所述，本技术方案相对于对比文件 1 实际解决的技术问题是，设置面内刚度较小相对容易变形的钢梁体系，并保证楼面板不干扰钢梁体系的变形，使建筑连接桥承受很大变形的同时不会像刚性连接体那样对本身结构和两侧建筑造成较大负担。

3. 权利要求1中的技术方案对于本领域技术人员来说是非显而易见的

从区别技术特征A可以看到，对比文件1和权利要求1的技术方案是属于不同的领域，其连接对象也完全不同，在对比文件1基础上，使得楼盖与两个不同刚体连接是不切实际的，实际上，如本发明背景技术所记载的强连接方式和弱连接方式才是更接近的现有技术。

权利要求1的技术方案中采用了区别技术特征B，从而使得钢梁和楼面板产生了分离，由此这样楼面板能够在钢梁上方滑动，不干扰钢梁体系的变形。而这并非是能够在对比文件1基础上结合现有技术常规手段就能获得的。

首先，对比文件1的楼盖连接的是建筑物的墙壁。如前文所述那样，由于单一建筑物的震动和运动是一致的（单一建筑物的结构是链接为整体的，而且有相同的地基），不存在本申请的建筑连接桥那样的极端情况（两边的建筑物同时朝相反方向移动），所以对比文件1的楼盖是根本不存在承受很大变形的技术问题的；而且，《审查指南》第二部分第四章3.2.1.1中关于“三步法”的核心步骤（3）中明确指出，现有技术中存在技术启示是指在现有技术中给出了将区别技术特征应用于最接近的现有技术，以解决所述技术问题的启示。由此可见，在对比文件1都不存在“承受由不同刚体的各自运动产生的很大变形”这一技术问题的情况下，本领域技术人员是没有动机去改进对比文件1的。

然后，权利要求1中的技术特征A和技术特征B也是相辅相成的。建筑连接桥本身可以通过固定连接（即刚性连接或铰接），也可以通过滑动连接（即滑动支座）和刚体连接。这样两端选择不同的连接方式就有3种连接可能：①一端滑动连接，一端固定连接（即弱连接方式）；②两端固定连接（即强连接方式，也就是技术特征A）；③两端滑动连接。而本申请发明人并不是从其中随意找一种连接方式连接，而是充分结合技术特征B带来的改变，通过创造性思维才从中确切找出来的。申请人具体考虑到，由于采用了技术特征B，楼面板已经不会受到较大变形力，而钢梁作为塑性材料可以承受较大变形，在这种情况下，才使用了技术特征A结合技术特征B的方案，从而不但避免了楼面板承受过大内力和产生太大变形，也杜绝了建筑连接桥由于两侧建筑的不同步运动产生的附加内力，从而减小了本身结构和两侧建筑的负担。

综上所述，独立权利要求1的技术方案，是本领域技术人员根据对比文件1并结合其他现有技术是不容易想到的，故具有突出的实质性特点。

（二）权利要求1具有显著的进步

本技术方案使得楼面板不干扰钢梁体系的变形，使建筑连接桥承受很大变形的同时又节省了建筑空间。因而获得了有益的技术效果，具有显著的进步。

综上所述，独立权利要求1具有突出的实质性特点和显著的进步，具备《专利法》第22条第3款所规定的创造性。

## 【案例 No. 1510014】移动终端及其图片的处理方法

### ☞ 案由简要

该申请涉及一种移动终端中图片的处理方法（权利要求 1 ~ 5），以及移动终端（权利要求 6 ~ 10）。

➢ 一通：审查员引用对比文件 1（CN102650923A）、对比文件 2（CN102902670A）及对比文件 3（CN1926575A），其认为权利要求 1 ~ 10 不具备创造性。

➢ 答一通：论述权利要求 1 ~ 10 具备创造性。

➢ 审查结果：授权。

### ☞ 相关权利要求

1. 一种移动终端中图片的处理方法，所述移动终端包括触摸屏，所述触摸屏上显示有图片，其特征在于，所述移动终端使用数据库，所述数据库中设有若干图形元素模型和若干关键词，每一图形元素模型对应至少一个关键词，所述方法包括以下步骤：

接收显示有所述图片的触摸屏上的触控信号，并根据所述触控信号获取所述图片内的图形元素；

在所述图形元素与所述数据库中的图形元素模型的匹配度大于或等于第一阈值时，将与所述图形元素匹配的所述图形元素模型对应的关键词作为匹配关键词；

使用所述匹配关键词与移动终端内的应用进行匹配，获取与所述匹配关键词匹配成功的应用；

启动所述匹配成功的应用。

### ☞ 相关说明书内容

摘录一

本实施例提供一种移动终端中图片的处理方法，移动终端可为但不限于手机，也可为其他，如平板电脑或者带触屏的智能设备，手机包括一触摸屏，手机使用一数据库，该数据库可为移动终端内的数据库，也可为外部的与移动终端实现信息交互的数据库，如手机的系统为安卓系统时，其自带的数据库为 SQLite，所述数据库中设有若干图形元素模型和若干关键词，每一图形元素模型对应至少一个关键词。

触摸屏上显示有图片，该图片为手机相册内的图片，该图片作为手机的壁纸。

假设数据库内设有的图形元素模型包括篮球模型、花朵模型、购物袋模型等，其中，篮球模型对应的关键词可为“篮球、NBA、CBA、热火、科比”等一系列与篮球有关的词语中的一个或多个，花朵模型对应的关键词可为“玫瑰、养花、壁纸”等一系列与花朵有关的词语中的一个或多个，购物袋模型对应的关键词可为“购物、淘宝、逛街”等一系列与购物袋有关的词语中的一个或多个，在此不做一一列举。

如图 1 所示，所述方法包括以下步骤：

步骤 101：接收显示有所述图片的触摸屏上的触控信号，并根据触控信号获取图片内的图形元素。

假设用户是一个体育爱好者，手机的壁纸内含有篮球图形，本实施例的图片作为壁纸时，壁纸上可放置部分应用图标，也可不放置应用图标，在壁纸上未放置应用图标的部分，用户点击触控屏上壁纸的某位置，手机接收到该触控信号，根据该触控信号在屏幕中的位置与在壁纸中的位置的关系，对壁纸上的该位置周围的相似像素进行截取，从而获得一图形元素。比如花朵，需要完整地获取花朵的各个花瓣，目的是获得一个完整的轮廓有助于之后的匹配操作，这样的图形元素获取方式可通过现有的图像识别技术实现。

步骤102：在图形元素与数据库中的图形元素模型的匹配度大于或等于第一阈值时，将与图形元素匹配的图形元素模型对应的关键词作为匹配关键词。

假设获得的图形元素的轮廓为圆形、颜色为红色、纹理为曲线交叉，初步判断该图形元素为与篮球类似的图形，由于获得的图形元素并非就是完整的，因此需将该图形元素与数据库中的篮球模型进行匹配，以更准确地将图形元素与应用关联起来。具体地，本实施例仅计算图形的轮廓与数据库中的篮球模型的轮廓相似度，图形的颜色与数据库中的篮球模型的颜色相似度，图形的纹理与数据库中的篮球模型的纹理相似度；但也不限于上述轮廓、颜色和纹理三个影响因子，也可以增加影响因子、减少影响因子或变换影响因子，如图片内的物体图案、物体凹凸形状等，只要能够对获取的图形实现更准确的匹配判断即可。

……

步骤103：使用匹配关键词与移动终端内的应用进行匹配，获取与所述匹配关键词匹配成功的应用。

……

本实施例以“篮球”和“NBA”作为匹配关键词，在匹配时，搜索手机内名称含有“篮球”和“NBA”的应用，还搜索应用的各界面含有“篮球”和“NBA”的应用。

……

假设搜索到的手机内的应用有游戏“街头篮球”、视频软件“NBA 直播”，其中，使用次数最多的应用为“街头篮球”。由于用户更多的是玩游戏“街头篮球”，即使该应用内部提供有搜索功能以便于查找相应的游戏道具，但用户使用此应用的根本目的并不在于使用其中提供的搜索能力，而是其提供的一种娱乐，因此这种应用的选定将以用户在手机中的使用次数来进行衡量，因此将“街头篮球”作为匹配成功的应用。可见，本实施例能够特别针对应用本身的使用意义大于在应用中使用该匹配关键词的意义的情形。

步骤104：运行匹配成功的应用的初始界面。

本实施例采用显示“街头篮球”的初始界面的方式来运行“街头篮球”。当显示“街头篮球”的初始界面后，用户点击壁纸上的篮球图案，但进入应用的方式并不限于点击方式，也可为滑动进入方式或其他方式，就能直接打开手机内的“街头篮球”游戏，从而实现了对应用的快捷启动，而不再通过切换界面的方式找寻桌面上的“街头篮球”应用的图标以启动“街头篮球”，因此，为用户提供了一种辅助的便捷应用进入方式，提高了启动应用的速度，还能避免用户误点桌面图标而造成的其他应用的误启动，相对而言，会降低误启动应用的次数。

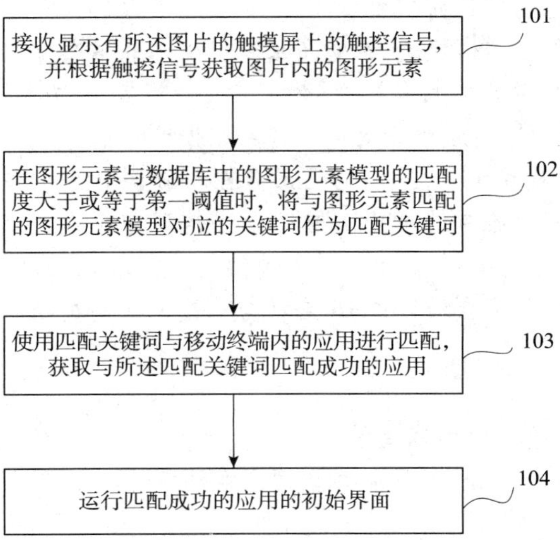


**图 1**

### ☞ 相关对比文件公开内容

**【对比文件 1】**

摘录一

［0015］参阅图 1 所示，是本发明应用程序启动系统 10 较佳实施例的功能模块图。该应用程序启动系统 10 应用于便携式装置 100。该便携式装置 100 可以为便携式计算机、个人数字助理、手机等。该便携式装置 100 还包括存储器 20、触控屏幕 30、模拟/数字信号转换器 40 及处理器 50。

摘录二

［0020］设置模块 11 用于在便携式装置 100 中建立图形资料库，设置图形资料库中图形与应用程序的启动关联，并将设置的图形资料库及启动关联存储至存储器 20。例如，设置模。

摘录三

［0021］设置模块 11 还用于在触控屏幕 30 上设置一个图形感测区域。当用户输入的触控信号发生在该图形感测区域中时，应用程序启动系统 10 启动显示模块 12、图形绘制模块 13、图形识别模块 14 及程序启动模块 15 的功能。设置模块 11 可以设置该图形感测区域为一个空白区域，如图 4 中所示的图形感测区域 31。设置模块 11 也可以设置该图形感测区域为提供栅格点的区域，如图 5 中的图形感测区域 31。所述栅格点可以辅助用户输入触控信号，提高后续图形识别的准确度。

［0022］当用户输入的触控信号发生在该图形感测区域中时，显示模块 12 显示图形感测区域（如图 4 或图 5 所示），便于用户在图形感测区域的范围内输入触控信号。模拟/数字信号转换器 40 将触控信号转换为触控点的坐标信息，并逐一将触控点的坐

标信息发送至图形绘制模块13。

[0023] 图形绘制模块13接收模拟/数字信号转换器40发送的触控点的坐标信息，根据触控点的坐标信息绘制图形。通过是否接收到模拟/数字信号转换器40发送的触控点的坐标信息，图形绘制模块13判断图形感测区域接收的触控信号是否中断，当在预设时间（例如5秒）内未接收到模拟/数字信号转换器40发送的触控点的坐标信息，图形绘制模块13判断中断超过预设时间，并结束图形绘制。

[0024] 图形识别模块14将绘制的图形与图形资料库中的图形进行比较，判断图形资料库中是否存在所述绘制的图形。若图形资料库中不存在所述绘制的图形，则图形识别模块14通过触控屏幕30提示用户所述绘制的图形无法识别。若图形资料库中存在所述绘制的图形，则程序启动模块15启动与该绘制的图形相关联的应用程序。

**【对比文件2】**

摘录一

[0006] 一种根据输入的内容提供应用或业务程序入口的方法，包括：接收用户输入的内容；根据用户输入的内容确定关键词；在词库中查询与所述关键词对应的应用或业务程序的入口。

摘录二

[0010] 根据本发明方法的一个实施例，响应于用户点击所述应用或业务程序的入口，启动与所述入口对应的应用或业务程序；或者，响应于用户点击所述应用或业务程序的入口，打开浏览器使用所述应用或业务程序，或进入所述应用或业务程序的主页或者介绍页面。

**☞ 审查意见**

权利要求1请求保护一种移动终端中图片的处理方法，对比文件1（CN102650923A）公开了一种应用程序启动方法，并具体公开了如下技术特征（参见说明书第4~34段，图1~5）：该便携式装置100还包括存储器20、触控屏幕30（参见说明书第15段，相当于所述移动终端包括触摸屏）；设置模块11用于在便携式装置100中建立图形资料库，设置图形资料库中图形与应用程序的启动关联，并将设置的图形资料库及启动关联存储至存储器20（参见说明书第20段，图3，相当于所述移动终端使用数据库，所述数据库中设有若干图形元素模型）；当用户输入的触控信号发生在该图形感测区域中时，显示模块12显示图形感测区域，便于用户在图形感测区域的范围内输入触控信号；图形绘制模块13接收模拟/数字信号转换器40发送的触控点的坐标信息，根据触控点的坐标信息绘制图形（相当于接收触摸屏上的触控信号，并根据所述触控信号获取图形元素）；图形识别模块14将绘制的图形与图形资料库中的图形进行比较，判断图形资料库中是否存在所述绘制的图形；若图形资料库中存在所述绘制的图形，则程序启动模块15启动与该绘制的图形相关联的应用程序（参见说明书第22~24段，图4~5，即将该绘制的图形与图形资料库中的图形进行匹配，若匹配成功则启动与该图形相关联的应用程序）。

权利要求1与对比文件1的区别技术特征为：（1）权利要求1中数据库里的图形元素通过关键词与应用程序相关联，而对比文件1中图形资料库里的图形元素是与应用程序直接关联；（2）权利要求1中使用触摸屏上已显示的图片内的图形元素作为待匹配图形元素，而对比文件1中使用用户手绘的图形作为待匹配图形；（3）权利要求1中图形元素匹配时设定了阈值，当图形元素与所述数据库中的图形元素模型的匹配度大于或等于第一阈值时，认为图形元素匹配成功。

基于上述区别，权利要求1实际解决的技术问题是：如何提高启动应用程序的准确性、便捷性以及提高匹配成功率。

对比文件2（CN102902670A）公开了一种根据输入内容提供应用程序入口的方法，并具体公开了如下技术特征（参见说明书第5~64段，图1~6）：根据用户输入的内容确定关键词；在词库中查询与所述关键词对应的应用或业务程序；在终端设备上提供所述应用或业务程序的入口（参见说明书第6段）；响应于用户点击所述应用或业务程序的入口，启动与所述入口对应的应用或业务程序（参见说明书第10段，图1~3，相当于在数据库中设有若干关键词，使用匹配关键词与移动终端内的应用进行匹配，获取与所述匹配关键词匹配成功的应用，启动所述匹配成功的应用）。

并且上述技术特征在对比文件2中所起的作用与其在本申请中所起的作用相同，都是在移动终端操作中提高启动应用程序的准确性。此外，同样是用户输入，由用户输入关键词相比于由用户绘制简单图形或者直接点选图形而言，显得烦琐，对比文件1公开了通过图形搜索启动对应的应用程序，因此，在对比文件2的教导下，本领域技术人员为了使搜索更准确，容易想到将对比文件1进行改进，在数据库中将每个图形元素模型与至少一个关键词对应，用户绘制简单图形或者直接点选图形，在图形匹配成功后获取相应的匹配关键词，进而利用该匹配关键词搜索启动应用程序。另外，直接点选已有图片上的图形元素与手绘图形元素都是两种常用的图形元素选择方法，为了达到更便捷的效果，本领域技术人员容易想到使用预先生成好的图形元素供用户点选。同时，由于用户手绘的图形元素或点选图形元素并不一定能与图形资料库里的图形元素完全一致，为了提高匹配成功率，使用匹配阈值来给予用户一定的容错率是常用的技术手段，属于公知常识。因此，本领域技术人员在对比文件1的基础上结合对比文件2以及公知常识得到权利要求1所要保护的技术方案是显而易见的，权利要求1不具有突出的实质性特点和显著的进步，不具备《专利法》第22条第3款规定的创造性。

### ☞ 答辩要点分析思路

代理师在答复审查意见通知书时，需要认真解读审查意见通知书。尤其是审查员将该发明与对比文件进行比较时，需要仔细分析审查员认定的区别技术特征是否正确。审查员在认定区别技术特征时出现错误的原因之一可能是由于疏忽而找漏了区别技术特征，要找出这类错误，对于代理师而言难度并不大，只要一字一句地阅读审查意见通知书和权利要求所请求保护的技术方案以及对比文件，检查审查员是否评述了权利要求中的所有特征即可。

具体到该案，经比对，审查员除了找错了一些区别技术特征外，也没有评述权利要求1中的所有特征，对于“图片内的图形元素”“将与所述图形元素匹配的所述图形元素模型对应的关键词作为匹配关键词……获取与所述匹配关键词匹配成功的应用”

这些技术特征，既没有说明其已经被对比文件1公开，也没有认定其为区别技术特征，完全没有评述，导致对于区别技术特征的认定有误，代理师对于这些被漏掉的特征需要一一指出并进行评述。

**☞ 意见陈述原文摘录**

一、权利要求1的创造性

1. 权利要求1具有突出的实质性特点

1.1 最接近的现有技术

审查意见中引用3篇对比文件，其中对比文件1公开了一种应用程序启动方法，与本发明技术领域相同，公开本发明的技术特征最多，将其作为最接近的现有技术。对此申请人并无疑义。

1.2 区别技术特征及实际解决的技术问题的认定

审查意见中指出，对比文件1中的"图形绘制模块13接收模拟/数字信号转换器40发送的触控点的坐标信息，根据触控点的坐标信息绘制图形"相当于本发明的"接收触摸屏上的触控信号，并根据所述触控信号获取图形元素"。对此，申请人不能认同。

申请人认为，审查意见中对技术特征的认定存在问题。权利要求1中原本的技术特征是：接收显示有所述图片的触摸屏上的触控信号，根据所述触控信号获取所述图片内的图形元素。而审查员为了将对比文件1与权利要求1的技术方案靠近，故意忽略了对图像元素作限定的技术特征"所述图片内的"。参见本申请说明书第［0010］段记载，将图形元素和应用联系起来，实现从图片关联到应用并启动应用的目的。可见，本发明的技术构思是利用图片中的图形元素开启应用，因此只有从图片内获得的图形元素才能实现开启相应的应用，缺少了"所述图片内的"图形元素是不能开启应用，不能解决本发明的技术问题的，因此"所述图片内的"这一技术特征对图形元素作限定是十分必要的，也是必须的。审查员在评述区别技术特征时，将忽略"所述图片内的"之后的技术特征"根据所述触控信号获取图形元素"与对比文件1作比较，显然有失公允。

申请人还认为，对比文件1中的"图形绘制模块13接收模拟/数字信号转换器40发送的触控点的坐标信息，根据触控点的坐标信息绘制图形"与权利要求1中的"接收显示有所述图片的触摸屏上的触控信号，并根据所述触控信号获取图片内的图形元素"并不相当。理由如下：

首先，申请人认为对比文件1中的"触控信号"与本发明中的"触控信号"并不相同，也不相当。这是因为，对比文件1中的"触控信号"与本发明中的"触控信号"包括的信息以及作用均是不同的，具体如下：

(1) 包括的信息不同，参见对比文件1说明书第［0022］~［0023］段记载，模拟/数字信号转换器40将触控信号转换为触控点的坐标信息，并逐一将触控点的坐标信息发送至图形绘制模13。可见，对比文件1只需逐一接收用户的触碰坐标信息，并将其连接成图形即可，无须设置触摸屏像素与图片像素的对应关系，也没有对用户点击、触碰的位置作过多要求，说明对比文件1中的触控信号仅包括触控点的坐标信息，并不包括与图片中的区域的对应关系。而参见本发明说明书第［0052］段记载，用户点击触控屏上壁纸（图片）的某个位置，手机接收到该触控信号，根据该触控信号在屏幕中的位置与在壁纸中的位置的关系，对该位置周围的相似像素进行截取。也即本发明为了通过触碰获取图片中的某个图形元素，必须设置触摸屏像素与图片像素的对应关系，还必须在图形附近点击、触碰，其中隐含公开了本发明中的触控信号不仅包括触碰点的坐标信息，还必须同时包括触碰点区域与图片中的区域的对应关系，两者缺一不可。

（2）作用不同，对比文件1中的触碰信号是用于绘制图形的，本发明的触碰信号是用于从图片中截取图形的。从而，对比文件1中的“触控信号”与本发明中的“触控信号”存在本质的区别，两者并不相同，也不相当。

其次，申请人认为，对比文件1与本发明中图形获取的构思和实现方式也是完全不同的：①构思不同，对比文件1是利用用户在触摸屏上的手动绘图作为图形，实现开启应用，本发明是从触摸屏显示的图片中截取图形元素，实现开启应用。②实现方式不同，对比文件1是将获取的用户输入的多个触控点的坐标信息，按照触控点的输入的前后顺序将其连接、绘制成图形（参见对比文件1说明书第［0022］~［0023］段记载），本发明是根据触控信号在触摸屏中的位置与壁纸（图片）中的位置的关系，对壁纸上的该位置周围的相似像素进行截取，获得图像元素（参见本发明说明书第［0052］段记载）。

从而，对比文件1中的“图形绘制模块13接收模拟/数字信号转换器40发送的触控点的坐标信息，根据触控点的坐标信息绘制图形”与权利要求1中的“接收触摸屏上的触控信号，并根据所述触控信号获取图片内的图形元素”两者并不相当。

审查意见中还认为，权利要求1与对比文件1的区别技术特征为：①权利要求1中数据库里的图形元素通过关键词与应用程序相关联，而对比文件1中图形资料库里的图形元素是与应用程序直接关联；②权利要求1中使用触摸屏上已显示的图片内的图形元素作为待匹配图形元素，而对比文件1中使用用户手绘的图形作为待匹配图形；③权利要求1中图形元素匹配时设定了阈值，当图形元素与所述数据库中的图形元素模型的匹配度大于或等于第一阈值时，认为图形元素匹配成功。对此，申请人有完全不同的意见。

申请人认为，审查意见中认定区别技术特征的方式是不正确的。首先，审查员认定的区别技术特征并不是权利要求1中原本的技术特征，而是对权利要求1中的技术特征的进一步解读。其次，审查员在认定区别技术特征时故意漏掉了“将与所述图形元素匹配的所述图形元素模型对应的关键词作为匹配关键词；使用所述匹配关键词与移动终端内的应用进行匹配，获取与所述匹配关键词匹配成功的应用”这一技术特征。这样的做法显然不符合审查指南的相关规定。

申请人还认为，“在所述图形元素与所述数据库中的图形元素模型的匹配度大于或等于第一阈值时，将与所述图形元素匹配的所述图形元素模型对应的关键词作为匹配关键词；使用所述匹配关键词与移动终端内的应用进行匹配，获取与所述匹配关键词匹配成功的应用”也应为权利要求1相比于对比文件1的区别技术特征。这是因为，对比文件1与本发明中开启应用时匹配的对象以及匹配方式并不相同，对比文件1并未公开上述技术特征，具体的：

（1）匹配的对象不同，对比文件1中是将绘制的图形与图形资料库中的图形进行匹配，而本发明是将在图片中截取的图像元素与数据库中的图像元素模型进行匹配，且上述已经论述了对比文件1与本发明在图形获取的构思和实现方式是完全不同，也即绘制的图像与截取的图像元素是完全不同的，因此对比文件1与本发明进行图形匹配时的匹配对象并不相同。

（2）触发应用开启的方式不同，对比文件1中图形资料库中的图形与应用程序直接关联，当图形资料库中存在有与绘制的图形匹配的图形，则启动与绘制的图形相关联的应用程序，通过一次匹配即开启应用程序；而本发明中，数据库里的图形元素通过关键词与应用程序相关联，若匹配数据库中存在匹配度大于或等于第一阈值的图像元素，则将与图像元素匹配的图像元素模型对应关键词作为匹配关键词，并使用匹配关键词匹配移动终端内的应用程序，即通过两次匹配后开启应用程序。

因而，对比文件1中并未公开“在所述图形元素与所述数据库中的图形元素模型的匹配度大于或等于第一阈值时，将与所述图形元素匹配的所述图形元素模型对应的关键词作为匹配关键词；使用所述匹配关键词与移动终端内的应用程序进行匹配，获取与所述匹配关键词匹配成功的应用程序”，上述技术特征也应为权利要求1相比于对比文件1的区别技术特征。

另外，对比文件1中也未公开“触摸屏上显示有图片”，因此，“触摸屏上显示有图片”也应为权利要求1相比于对比文件1的区别技术特征。

从而，权利要求1相比于对比文件1的区别技术特征为：所述触摸屏上显示有图片，所述数据库中还设有若干关键词，数据库中的每一图形元素模型对应至少一个关键词；接收显示有所述图片的触摸屏上的触控信号，并根据所述触控信号获取所述图片内的图形元素；在所述图形元素与所述数据库中的图形元素模型的匹配度大于或等于第一阈值时，将与所述图形元素匹配的所述图形元素模型对应的关键词作为匹配关键词；使用所述匹配关键词与移动终端内的应用程序进行匹配，获取与所述匹配关键词匹配成功的应用程序。

审查意见中还指出，权利要求1实际解决的技术问题是：如何提高启动应用程序的准确性、便捷性以及提高匹配成功率。对此，申请人有不同意见与您商榷。

首先，参照上述分析可知，审查员认定的区别技术特征存在缺失，因此，根据原认定的区别技术特征以及所能达到的技术效果确定的本发明实际解决的技术问题也是不正确的。

其次，审查员在确认本申请实际解决的技术问题时并没有详细分析权利要求1的技术效果，导致其认定的技术问题缺乏依据，难以令人信服，事实上，权利要求1利用上述区别技术特征后所能达到的技术效果为：

本发明通过关键词将显示屏上的一张图片中的不同图形元素和多个应用程序联系起来，也即将一张图片关联到多个不同的应用程序，从而用户无须切换界面，无须用户执行任何输入搜索内容的操作，通过简单地触控图片中的图像元素的方式，即可快速、准确地启动安装于移动终端中的任一用户想要开启的应用程序，不仅丰富了应用程序的进入方式，还避免了用户在切换界面过程中误点桌面图标而造成的其他应用程序的误启动的情形，降低了误启动应用程序的次数。

综上，基于上述区别技术特征及权利要求1所能达到的技术效果，权利要求1的技术方案实际解决的技术问题为：如何在无须输入搜索内容的前提下，直接利用显示屏上的图片来获取关键词并方便、快捷地启动应用程序。

1.3 权利要求1的技术方案对本领域技术人员来说是非显而易见的

参见上述在确定权利要求1的区别技术特征时的意见陈述，权利要求1相对于对比文件1实际的区别技术特征和审查意见中认定的有所不同，下文的论述主要针对重新认定的区别技术特征。

(1) 对比文件2无法给出技术启示。

审查意见中指出，对比文件2公开了一种根据输入内容提供应用程序入口的方法，并具体公开了如下技术特征（参见说明书第5~64段，图1~6)：根据用户输入的内容确定关键词；在词库中查询与所述关键词对应的应用或业务程序；在终端设备上提供所述应用或业务程序的入口（参见说明书第6段)；响应于用户点击所述应用或业务程序的入口，启动与所述入口对应的应用或业务程序（参见说明书第10段，图1~3)，相当于在数据库中设有若干关键词，使用匹配关键词与移动终端内的应用进行匹配，获取与所述匹配关键词匹配成功的应用，启动所述匹配成功的应用。对此，申请人不能认同。

首先，申请人认为，对比文件2并未公开“匹配关键词”这一技术特征。在本发明中，匹配关键词具有特殊意义，即其是与图形元素相匹配的图形元素模型所对应的关键词，并非一般意义的关键词。而对比文件2中的关键词并未设置、也无须设置与图形元素模型的对应关系。因此，对比文件2中的关键词与本发明中的匹配关键词指代不同的含义，两者并不相同，也不相当，对比文件2并未公开本发明中的“匹配关键词”。

其次，申请人认为，对比文件2也未公开本发明的关键词的获取方式。参见对比文件2说明书第［0032］段、［0063］段记载，接收用户输入的内容；根据用户输入的内容确定关键词；在用户输入内容时，可以对用户输入的内容进行分词处理，确定关键词，也可以将用户的输入内容直接用作关键词；当用户在输入过程中，输入了词库里的关键词，例如“音乐”“金曲”。可见，对比文件2中输入的搜索内容为文字，且将用户输入的文字内容直接作为关键词，或将用户输入的文字内容进行分词处理确定关键词，也即对比文件2是通过文字输入的方式获取关键词，是现有、常规的方式。而本发明中，是将与图片中截取的图形元素匹配的图形元素模型对应的关键词作为匹配关键词，采用的是通过图片获取匹配关键词的方式。因此，对比文件2与本发明获取关键词的方式并不相同，对比文件2并未公开本发明的关键词的获取方式，进而没有公开“在所述图形元素与所述数据库中的图形元素模型的匹配度大于或等于第一阈值时，将与所述图形元素匹配的所述图形元素模型对应的关键词作为匹配关键词”这一区别技术特征。

再次，申请人认为，对比文件2也未公开本发明的匹配应用方式。参见对比文件2说明书第［0033］段记载，在词库中查询与关键词对应的应用或业务程序；其中，词库中存储关键词，以及与此关键词对应的应用或业务程序。可见，对比文件2中是通过一次匹配，即关键词与应用的匹配即可获取相应的应用程序。而本申请是通过两次匹配，先通过图形元素与图形元素模型的匹配获取匹配关键词，再通过匹配关键词与应用的匹配获取相应的应用程序。因此，对比文件2与本发明中匹配应用的方式并不相同，对比文件2并未公开本发明的匹配应用的方式，进而没有公开“在所述图形元素与所述数据库中的图形元素模型的匹配度大于或等于第一阈值时，将与所述图形元素匹配的所述图形元素模型对应的关键词作为匹配关键词；使用所述匹配关键词与移动终端内的应用进行匹配，获取与所述匹配关键词匹配成功的应用”这一区别技术特征。

最后，申请人认为，对比文件2也未公开本发明触发应用开启的方式。对比文件2中是通过用户输入的文字内容触发应用开启，而本发明是通过触碰图片中的图形元素触发应用的开启，两者明显不同，对比文件2未公开本发明触发应用开启的方式，进而没有公开“接收显示有所述图片的触摸屏上的触控信号，并根据所述触控信号获取所述图片内的图形元素；在所述图形元素与所述数据库中的图形元素模型的匹配度大于或等于第一阈值时，将与所述图形元素匹配的所述图形元素模型对应的关键词作为匹配关键词；使用所述匹配关键词与移动终端内的应用进行匹配，获取与所述匹配关键词匹配成功的应用”这一区别技术特征。

另外，对比文件2中也未公开“触摸屏上显示有图片；数据库中的每一图形元素模型对应至少一个关键词”。

综上，对比文件2并未公开权利要求1的上述区别技术特征，即“所述触摸屏上显示有图片，数据库中的每一图形元素模型对应至少一个关键词；接收显示有所述图片的触摸屏上的触控信号，并根据所述触控信号获取所述图片内的图形元素；在所述图形元素与所述数据库中的图形元素模型的匹配度大于或等于第一阈值时，将与所述图形元素匹配的所述图形元素模型对应的关键词作为匹配关键词；使用所述匹配关键词与移动终端内的应用进行匹配，获取与所述匹配关键词匹配成功的应用”，也就不能给出将上述区别技术特征应用于对比文件1解决其存在的技术问题的启示。

审查意见中还认为，上述技术特征在对比文件2中所起的作用与其在本申请中所起的作用相同，都是在移动终端操作中提高启动应用程序的准确性。对此，申请人不能认同。

申请人认为，利用关键词启动应用程序已经属于成熟技术，但本发明的重点在于：如何获取匹配关键词。上述已经阐述了本发明与对比文件2中关键词的获取方式是完全不同的，对比文件2没有公开本发明的关键词的获取方式。且采用对比文件2的关键词获取方式，用户需要手动输入文字，其并不是一种方便、快捷的方式。对比文件2的关键词的获取方式还需要依靠用户的记忆（用户需要牢记每个应用与关键词的对应关系）实现应用的开启，其准确性也难以得到保障，从而对比文件2的技术方案达不到本发明的技术效果，不能解决本发明实际解决的技术问题。因此，本领域技术人员在面对本发明实际解决的技术问题时，仍然无法从对比文件2中得到将上述区别技术特征应用于对比文件1以解决其存在的技术问题的启示。

申请人还认为，事实上对比文件1和对比文件2是无法结合的。这是因为：对比文件1中实现应用启动需要用户一直在显示屏上进行触摸绘图，对比文件2中实现应用启动需要用户手动输入搜索内容找出关键词，两者要求用户执行完全不同的操作，用户无法在同一时刻既输入搜索内容，又进行触摸绘图，因此上述两种技术方案是难以结合的。

退一步讲，即便将对比文件1和对比文件2强行结合，得到的技术方案也应是，将两种启动应用的方式供用户选择的技术方案，也即用户可自行选择要么通过手绘图形启动应用，要么通过输入搜索内容来启动应用，这样的技术方案与权利要求1是完全不同的，即同时参考对比文件1和2也依然无法得到权利要求1的技术方案。

另外，审查意见中还认为：在对比文件2的教导下，本领域技术人员为了使搜索更准确，容易想到将对比文件1进行改进，在数据库中将每个图形元素模型与至少一个关键词对应，用户绘制简单图形或者直接点选图形，在图形匹配成功后获取相应的匹配关键词，进而利用该匹配关键词搜索启动应用程序，申请人对此表示不认同，申请人认为审查意见的上述认定存在“事后诸葛亮”的嫌疑，具体地：

在对比文件1和对比文件2公开的内容的基础上，本领域技术人员是想不到先绘制图形，再在图形匹配成功后获取相应的匹配关键词，进而根据关键词开启应用的。这是因为：无论是对比文件1还是对比文件2，其均仅公开了通过一次匹配就启动对应的应用程序，在对比文件1中是通过对用户绘制图形的匹配来启动应用，对比文件2中是通过对用户输入关键词的匹配来启动应用，而绘图启动应用的方式和文字内容输入启动应用的方式是两种并列的方式，两者并没有时序上的递进关系。并且在本发明之前，现有技术中从来没有通过两次匹配来启动应用程序的技术构思，在此基础上，申请人认为，在没有其他技术启示的情况下，本领域技术人员仅参考对比文件1和对比文件2，不可能想到在数据库中将每个图形元素模型与至少一个关键词对应，用户绘制简单图形或者直接点选图形，在图形匹配成功后获取相应的匹配关键词，进而利用该匹配关键词搜索启动应用程序的；而这一技术特征正是本发明权利要求1限定的相关技术特征，因此，申请人有理由怀疑，审查员是参考了本发明权利要求1的技术方案之后才得出的上述结论，所以有“事后诸葛亮”的嫌疑，进而导致最终的结论很难令人信服。

综上所述，本领域技术人员在面对上述技术问题时，对比文件2无法给出将上述区别技术特征应用到最接近的现有技术以解决本发明实际解决的技术问题的启示。

(2) 上述区别技术特征不属于本领域的公知常识。

在本领域的现有技术中，以对比文件1和对比文件2为例，为了实现应用的启动，现有技术中有很多常用的方案可供选择，例如，用户绘制图形，通过匹配用户绘制的图形，将与图形匹配的应用开启；或者用户输入内容，通过用户输入的内容确定关键词，将与关键词匹配的应用开启，但是现有技术中都是仅通过一次匹配就启动对应的应用程序，申请人认为这才是本领域的公知常识。并且，现有技术中，在不切换界面实现应用启动，都是需要用户手动输入搜索内容的，否则无法实现应用开启。另外，现有技术也从来没有出现过直接利用触摸屏的壁纸图片中的图形元素来启动应用程序，申请人认为上述这些才是本领域的技术现状。

对于本领域的技术人员而言，从现有技术的方案中无论怎么选择和组合都无法得到本发明的这种通过两次匹配来启动应用程序的技术方案，即通过关键词将一张图片中的不同图形元素和多个应用联系起来，通过将与图像元素的匹配度在阈值范围内的图像元素模型的对应的关键词作为匹配关键词，将与匹配关键词匹配的应用开启，进而权利要求1中与这些内容相关的区别技术特征均不是本领域的公知常识。

并且，现有技术的上述方案均需要用户输入搜索内容，其并不是一种方便、快捷的方式，且需要依靠用户的记忆实现，用户需要牢记应用与搜索内容的对应关系，若记忆出现偏差其准确性就难以得到保障。而反观本申请，利用上述区别技术特征，实现了无须切换界面，无须输入搜索内容，不必依靠用户记忆，通过触碰图片中的图形元素即可从众多应用中快速、准确地启动任一用户想要开启的应用。

基于上述分析，申请人为，上述区别技术特征并不像审查员所断言的是本领域技术人员容易想到的设置，审查员也没有给出任何公知教科书或工具书或在所列举的对比文件中用确凿的证据来证明这一点。而且参见上述意见陈述，申请人有理由怀疑审查员是在通篇研究了本发明之后才得出了上述的结论，有“事后诸葛亮”的嫌疑，从而导致对本发明的创造性评价过低。因此，申请人认为，权利要求1的区别技术特征是针对本领域的公知常识做出的改进，上述区别技术特征不属于本领域的公知常识。

综上所述，现有技术从整体上无法给出将上述区别技术特征应用到最接近的现有技术以解决上述技术问题的技术启示。

因此，权利要求1的技术方案具有突出的实质性特点。

2. 权利要求1具有显著的进步

权利要求1的技术方案，通过关键词将一张图片中的不同图形元素和多个应用联系起来，也即将一张图片关联到多个不同的应用，从而用户无须切换界面，无须用户执行任何输入搜索内容的操作，通过简单地触控图片中的图像元素的方式，即可快速、准确地启动任一用户想要开启的应用，不仅丰富了应用的进入方式，还避免了用户在切换界面过程中误点桌面图标而造成的其他应用误启动的情形，降低了误启动应用的次数。

因此，权利要求1的技术方案具有显著的进步。

综上，权利要求1相对于现有技术具有突出的实质性特点和显著的进步，具备《专利法》第22条第3款规定的创造性。

## 【案例No. 1111005C】锂离子电池及其负极材料、制备方法

### ☞ 案由简要

该申请涉及一种锂电池负极材料的制备方法（权利要求1~8），及由该制备方法制得的负极材料（权利要求9）和包含该负极材料的锂离子电池（权利要求10）。

➢ 一通：审查员引用两篇对比文件（对比文件 1 和对比文件 2）认为权利要求 1 ~ 10 不具备创造性。

➢ 答一通：论述权利要求 1 ~ 10 具备创造性。

➢ 二通：审查员指出形式缺陷。

➢ 答二通：相应修改权利要求书。

➢ 三通：审查员指出形式缺陷。

➢ 答三通：相应修改权利要求书。

➢ 审查结果：授权。

☞ **相关权利要求**

原申请中权利要求 1：

一种锂电池负极材料的制备方法，其包括下述步骤：

(1) 将硅和/或一氧化硅进行湿法球磨至平均粒径为纳米尺寸；

(2) 将步骤 (1) 得到的物料与石墨和溶剂混合均匀后再与稳定剂混合均匀，得料浆，控制所述料浆的固含量为 10wt% ~ 30wt%；

(3) 对所述料浆进行喷雾干燥得负极材料前驱物，喷雾干燥时的进口温度为 180 ~ 250℃，出口温度为 100 ~ 120℃；

(4) 在惰性气体气氛下，对所述负极材料前驱物进行炭化处理即可；步骤 (1) 中，硅和一氧化硅的总量占硅、一氧化硅和石墨总量的 5wt% ~ 50wt%。

☞ **相关说明书内容**

摘录一

实施例 1

(1) 分别称取 0.75kg 的硅和一氧化硅，依次加入至超细循环球磨设备中，并加入 6kg 的水，循环球磨 5 小时，检测样品平均粒径为 400 ~ 600nm；

(2) 称取 3.5kg 的人造石墨（平均粒径为 4.5μm）添加至循环球磨机中，并加入 14kg 的水，循环球磨 30 分钟，待均匀混合，加入 15g 聚乙烯醇（分子量为 5000），搅拌得到固含量为 20wt% 的料浆；

(3) 将步骤 (2) 中的料浆通过离心喷雾干燥设备进行处理，喷雾干燥进口温度设定为 220℃，出口温度设定为 110℃，喷雾干燥处理完毕后得到锂离子电池负极材料前驱物；

(4) 将步骤 (3) 中的锂离子电池负极材料前驱物进行炭化处理，炭化处理过程中全程采用工业用氮气进行保护，炭化处理温度是 650℃，炭化处理时间为 90 分钟，保温结束后随炉冷却，最后得到锂离子电池负极材料。

图 1 是实施例 1 的 XRD 图谱。图谱中可以明显看到制备的锂离子电池负极材料以石墨相为主，存在少量的晶体硅相，但物相中没有观察到 SiO 相的存在，这是由于 SiO 原料即为无定型态，它属于非晶结构。图 2 是实施例 1 的 SEM 照片。从图中可以看出，所得产品具有球形结构特征，平均粒径为 15μm。

将得到的负极材料制成电极。电极的制备方法如下：将所得产品按 90：10 的重量比与溶于氮甲基吡咯烷酮的聚偏氟乙烯溶液（分子量为850）混合，用氮甲基吡咯烷酮来调节浆料的黏度；然后将浆料用刮刀均匀涂抹在经过丙酮清洗的铜箔上，在120℃下真空干燥烘干12小时，然后经过压片、裁剪，制得研究电极。

研究电极制成之后，在扣式电池中进行性能测试。电池组装方式如下：以锂片作为对电极，Celgard 2300作为隔膜，电解液采用含1M $LiPF_6$ 的EC－DMC（1∶1）溶液。测试时，温度为室温，采用恒流充放电，电流密度为0.3mA/$cm^2$，电压控制范围是0.005～2.0V。

电化学测试结果显示：本实施例所得产品的首次嵌锂容量为1039.4mAh/g，可逆脱锂容量为768.7mAh/g，首次库仑效率为73.9%。10次循环后可逆脱锂容量为524.8mAh/g，容量为首次容量的68.3%。可逆容量高于石墨碳材料（372mAh/g），循环寿命大大高于纯硅负极材料（10次循环后容量几乎衰减了首次容量的99%）。

实施例2

（1）称取1.5kg的硅，依次加入超细循环球磨设备中，并加入6kg的水，循环球磨5小时，检测样品平均粒径为400～600nm；

（2）称取3.5kg的人造石墨（平均粒径为4.5μm）添加至循环球磨机中，并加入14kg的水，循环球磨30分钟，待均匀混合，加入15g聚乙烯醇（分子量为5000），搅拌得到固含量为20wt%的料浆；

（3）将步骤（2）中的料浆通过离心喷雾干燥设备进行处理，喷雾干燥进口温度设定为220℃，出口温度设定为110℃，喷雾干燥处理完毕后得到锂离子电池负极材料前驱物；

（4）将步骤（3）中锂离子电池负极材料前驱物进行炭化处理，炭化处理过程中全程采用工业用氮气进行保护，炭化处理温度是650℃，炭化处理时间为90分钟，保温结束后随炉冷却，最后得到锂离子电池负极材料。

按照与实施例1相同的方法制备电极。电化学测试结果显示：本实例所得产品的首次嵌锂容量为1266.1mAh/g，可逆脱锂容量为1018.3mAh/g，首次库仑效率为80.4%。10次循环后可逆脱锂容量为528.9mAh/g，容量为首次容量的51.9%。

实施例3

（1）称取1.5kg的一氧化硅加入至超细循环球磨设备中，并加入6kg的水，循环球磨5小时，检测样品平均粒径为400～600nm；

（2）称取3.5kg的人造石墨（平均粒径为4.5μm）添加至循环球磨机中，并加入14kg的水，循环球磨30分钟，待均匀混合，加入15g聚乙烯醇（分子量为5000），搅拌得到固含量为20wt%的料浆；

（3）将步骤（2）中的料浆通过离心喷雾干燥设备进行处理，喷雾干燥进口温度设定为220℃，出口温度设定为110℃，喷雾干燥处理完毕后得到锂离子电池负极材料前驱物；

（4）将步骤（3）中锂离子电池负极材料前驱物进行热处理，热处理过程中全程采用工业用氮气进行保护，热处理温度是650℃，热处理时间为90分钟，保温结束后随炉冷却，最后得到锂离子电池负极材料。

按照与实施例1相同的方法制备电极。电化学测试结果显示：本实施例所得产品的首次嵌锂容量为850.0mAh/g，可逆脱锂容量为571.8mAh/g，首次库仑效率为67.3%。10次循环后可逆脱锂容量为503.6mAh/g，容量为首次容量的88.1%。

实施例4

（1）分别称取0.6kg的硅和0.9kg的一氧化硅，依次加入超细循环球磨设备中，并加入6kg的水，循环球磨5小时，检测样品平均粒径为400～600nm；

（2）称取3.5kg的人造石墨（平均粒径为4.5μm）添加至循环球磨机中，并加入14kg的水，循环球磨30分钟，待均匀混合，加入15g聚乙烯醇（分子量为5000），搅拌得到固含量为20wt%的料浆；

（3）将步骤（2）中的料浆通过离心喷雾干燥设备进行处理，喷雾干燥进口温度设定为220℃，出口温度设定为110℃，喷雾干燥处理完毕后得到锂离子电池负极材料前驱物；

（4）将步骤（3）中锂离子电池负极材料前驱物进行热处理，热处理过程中全程采用工业用氮气进行保护，热处理温度是650℃，热处理时间为90分钟，保温结束后随炉冷却，最后得到锂离子电池负极材料。

按照与实例1相同的方法制备电极。电化学测试结果显示：本实施例所得产品的首次嵌锂容量为987.8mAh/g，可逆脱锂容量为693.4mAh/g，首次库仑效率为70.2%。10次循环后可逆脱锂容量为502.2mAh/g，容量为首次容量的72.4%。

实施例5

（1）分别称取0.9kg的硅和0.6kg的一氧化硅，依次加入超细循环球磨设备中，并加入6kg的水，循环球磨5小时，检测样品平均粒径为400～600nm；

（2）称取3.5kg的人造石墨（平均粒径为4.5μm）添加至循环球磨机中，并加入14kg的水，循环球磨30分钟，待均匀混合，加入15g聚乙烯醇（分子量为5000），搅拌得到固含量为20wt%的料浆；

（3）将步骤（2）中的料浆通过离心喷雾干燥设备进行处理，喷雾干燥进口温度设定为220℃，出口温度设定为110℃，喷雾干燥处理完毕后得到锂离子电池负极材料前驱物；

（4）将步骤（3）中锂离子电池负极材料前驱物进行热处理，热处理过程中全程采用工业用氮气进行保护，热处理温度是650℃，热处理时间为90分钟，保温结束后随炉冷却，最后得到锂离子电池负极材料。

按照与实例1相同的方法制备电极。电化学测试结果显示：本实施例所得产品的首次嵌锂容量为1156.4mAh/g，可逆脱锂容量为897.4mAh/g，首次库仑效率为77.6%。10次循环后可逆脱锂容量为636.0mAh/g，容量为首次容量的70.9%。

### ☞ 相关对比文件公开内容

**【对比文件1】**

（57）摘要

一种球形多孔锂离子电池复合负极材料的制备方法，借助于原位碳热还原法和喷雾造粒技术将纳米硅合成出来的同时将其均匀分散在石墨颗粒表面，得到的复合材料颗粒为球形。球形材料具有流动性好、振实密度高等优点。这种通过黏结剂将硅颗粒黏结在异取向石墨表面的球形颗粒在石墨和硅的结合强度上较其他通过机械混合得到的复合材料要高。天然石墨具有循环稳定性好的优点且导电性也比硅材料高，能在维持复合材料循环稳定性的同时保持电极导电网络的完整性，并充分发挥硅材料高储锂容量的优点，使电极能稳定地释放出可逆容量。该材料具有可逆容量高、循环性能优异和制备工艺简单等优点。

1. 一种球形多孔锂离子电池复合负极材料的制备方法，其特征在于：

原料准备：复合材料的合成原料为含硅氧化物，$SiO_x$，$0 < x \leqslant 1$、天然石墨和黏结剂，所需天然石墨和含硅氧化物的质量比在1∶12与1∶3之间；制备过程：先将含硅氧化物在惰性气氛下高能球磨3~5小时，再将其转移至盛有黏结剂溶液的球磨罐中球磨6~8小时，然后将其转移至容器中并加入天然石墨和分散介质，搅拌均匀后进行喷雾造粒，得到的球形物料再置于电阻炉中在惰性气氛中进行烧结，筛分后得到球形多孔锂离子电池复合负极材料。

2. 根据权利要求1所述的球形多孔锂离子电池复合负极材料的制备方法，其特征在于：得到的球形物料再置于电阻炉中在惰性气氛中烧结时是指在200℃保温2小时后升温至900℃，保温3小时后冷却至室温。

3. 根据权利要求1所述的球形多孔锂离子电池复合负极材料的制备方法，其特征在于：所述的天然石墨纯度≥99%。

4. 根据权利要求1所述的球形多孔锂离子电池复合负极材料的制备方法，其特征在于：所述的黏结剂为CMC、PVA或PVB。

5. 根据权利要求1或4所述的球形多孔锂离子电池复合负极材料的制备方法，其特征在于：黏结剂为CMC或PVA时，分散介质为水；黏结剂为PVB时，分散介质为无水乙醇。

[0016] 实施例1

在手套箱中将一氧化硅置于不锈钢球磨罐中，再加入不锈钢球，球料比为16∶1，密封后取出。在高能球磨机上进行高能球磨，转速475转/分钟，时间3~5小时。再将其转移至盛有CMC或PVA、PVB等溶液的球磨罐中于行星球磨机上球磨6~8小时，然后将其转移至烧杯中并加入一定量的石墨，氧化硅：石墨=1∶12和分散介质，当黏结剂为CMC或PVA时，分散介质为水；黏结剂为PVB时，分散介质为无水乙醇，搅拌均匀后进行喷雾造粒，得到的球形材料再置于电阻炉中进行气氛（氩气）烧结，升温到200℃保温2小时后升温至900℃，保温3小时后冷却至室温，采用500目筛分后与乙炔黑、聚偏氟乙烯（PVdF）按3∶1∶1的质量比在N－甲基吡咯烷酮（NMP）介质中制成浆料，涂布于铜箔上，经过干燥、冲膜和压膜制成工作电极。以金属锂箔为对电极，Celgard聚丙烯膜为隔膜，$MLiPF_6$/（PC＋DMC＋DEC，VC）（1∶1∶1）为电解液，在0.15mA/$cm^2$的电流密度下，0.02~1.5V的电压范围内进行充放电实验。首次嵌锂容量为573.6mAh/g，脱锂容量为368.3mAh/g，库仑效率为64.2%。第100次循环的嵌锂容量为414.7mAh/g，脱锂容量为413.9mAh/g，库伦效率为99.8%。与比较例1中的材料相比，实施例1中的材料不仅具有较好的循环稳定性还可保持较高的可逆容量，说明通过此种方法制备的复合材料较好地结合了天然石墨和硅材料的优点。

**【对比文件2】**

（57）摘要

本发明公开了一种硅碳复合颗粒的制备方法及其作为锂离子电池负极材料的应用。本发明所提供的硅碳复合颗粒制备方法，包括以下步骤：

1）将含有硅源和碳源的溶液进行静电喷雾，得到球形颗粒：其中，所述碳源为含碳的高分子聚合物；2）对所述球形颗粒在非氧化性气氛下进行烧结，得到所述硅碳复合颗粒。该方法可一步成型，无须模板，实用化程度高，且得到的硅碳复合颗粒集成了硅碳复合材料及多孔材料的优点，改善了硅基材料作为锂离子电池负极材料存在的循环性差、库伦效率低的问题。

[0007] 2. 硅基复合材料

[0008] 研究较多的硅基复合材料主要有硅碳复合材料。由于碳具有较好的柔性、良好的电子导电性、较小的密度、较小的体积膨胀（10%），因此成为硅基负极材料的活性基质。

在硅表面进行碳包覆后，有利于隔绝硅与电解液的接触，减少表面积，降低不可逆容量，同时也防止充放电过程中硅颗粒的团聚和生长，从而提高硅基负极材料的容量以保持性能。但硅碳复合材料也存在一些问题，制备时通常采用热解法、球磨法、气相沉积法和聚合—热解法等，这些方法得到的材料均一性较差，且硅在碳基质中分散性不好，硅碳的界面接触较小。

1. 一种制备硅碳复合颗粒的方法，包括以下步骤：

1）将含有硅源和碳源的溶液进行静电喷雾，得到颗粒；其中，所述碳源为含碳的高分子聚合物；

2）对所述颗粒在非氧化性气氛下进行烧结，得到所述硅碳复合颗粒。

2. 根据权利要求1所述的方法，其特征在于，步骤1）中所述硅源选自下述至少一种：

硅量子点、硅粉和一氧化硅。

**☞ 审查意见**

1. 权利要求1请求保护一种锂电池负极材料的制备方法，对比文件1（CN102263245A）公开了（参见该对比文件的摘要，权利要求1~5，说明书第［0016］段）一种锂离子电池复合负极材料的制备方法，并进一步公开了以下技术特征：先将含硅氧化物在惰性气氛下高能球磨3~5小时，所述硅氧化物可以为一氧化硅（相当于将一氧化硅进行球磨），再将其转移至盛有黏结剂溶液的球磨罐中球磨6~8小时，所述黏结剂可以为CC，然后将其转移至容器中并加入天然石墨和分散介质，所述分散介质可以为水，搅拌均匀［相当于将步骤（1）得到的物料与石墨和溶剂混合均匀后再与稳定剂混合均匀，得料浆］后进行喷雾造粒（相当于对所述料浆进行喷雾干燥得负极材料前驱物），得到的球形物料再置于电阻炉中在惰性气氛中进行烧结，筛分后得到球形多孔锂离子电池复合负极材料（相当于在惰性气体气氛中，对所述负极材料前驱物进行炭化处理），氧化硅：石墨＝1：12（经换算，氧化硅占氧化硅和石墨总量的7.69wt%，落入

5wt%～50wt%的数值范围内）。

权利要求1所要求保护的技术方案与对比文件1公开的技术内容相比，区别在于：（1）负极材料中的硅源还可以为硅或硅与一氧化硅的混合物；（2）所述球磨为湿法球磨；（3）硅源球磨后的平均粒径为纳米尺寸，所述料浆的固含量为10wt%～30wt%，喷雾干燥时的进口温度为180～250℃，出口温度为100～120℃。基于上述区别技术特征，可以确定本发明实际要解决的技术问题是：为硅碳复合负极材料提供合适的硅源，并进一步提高负极材料的性能。

对于区别技术特征（1），对比文件2（CN101931076A）公开了（参见该对比文件的摘要，权利要求1～2）一种作为锂离子电池负极材料的硅碳复合颗粒，其中硅源为硅粉和一氧化碳中的至少一种。由此可见，区别技术特征（1）已被对比文件2公开，且其在对比文件2中所起的作用与其在本发明中为解决其技术问题所起的作用相同，即对比文件2给出了将上述技术特征应用到对比文件1中以达到为硅碳复合负极材料提供合适的硅源这一技术效果的启示。

对于区别技术特征（2），湿法球磨是本领域技术人员在进行物料球磨时常用的技术手段，属于本领域的公知常识。

对于区别技术特征（3），为了进一步提高负极材料的性能，本领域技术人员可以通过有限的试验来确定硅源的适宜尺寸、料浆的适宜固含量以及喷雾干燥时进出口的适宜温度，譬如为权利要求1所限定的数值范围，而无须付出创造性劳动，且其效果可以预期。

因此，在对比文件1的基础上结合对比文件2以及本领域的公知常识、有限的试验得出权利要求1所要求保护的技术方案，对于本领域技术人员来说是显而易见的，故权利要求1所要求保护的技术方案不具备突出的实质性特点和显著的进步，不符合《专利法》第22条第3款规定的创造性。

**☞ 答辩要点分析思路**

代理师在阅读审查意见时，对于审查员在确定区别特征之前，做出的“相当于……”“等同于……”的判断，需要格外留意，并尽量能够以放大镜的形式逐一确认是否确实如此。代理师在采用该方法审视该案的审查意见时发现，对比文件1中的黏结剂是一个易引起聚集状态改变的物料，因而其先加与后加的顺序是不容忽视的。乍一看权利要求1的混料顺序与对比文件1可能只是略有不同，但是仔细分析却发现差异很大，正是由于对比文件1中有黏结剂的参与，导致得到的混合物实质不同。对于技术启示方面，由于球磨法正好是对比文件2的方案所明确摒弃使用的方法，技术反差很大，相关性极低，因而其无法给出与湿法球磨相关的物料混料顺序的技术启示；另外，公知常识也没有给出技术启示。

因此，此案一通答辩要点之一为论述审查员因疏忽而漏找的区别技术特征。对于方法权利要求而言，步骤的先后顺序也是一个重要特征，但在实践过程中被审查员轻易忽视的情况不在少数，该案就是如此。该案中，代理师只要将权利要求1的技术特征拆解得足够细，并且做到与对比文件1进行逐一精确对比，不难发现漏找这一区别技术特征。再配合对于该漏找的区别技术特征的非显而易见性的论述，就能达到事半功倍的效果，较容易被审查员接受。

**☞ 意见陈述原文摘录**

1.1 区别技术特征的认定

权利要求1与对比文件1相比，区别技术特征包括：

Ⅰ 步骤（1）采用湿法球磨，并球磨至纳米尺寸；硅源还可以为硅或硅与一氧化硅的混合物；（而对比文件1仅公开了一氧化硅）

Ⅱ 步骤（2）的混料顺序：将硅源与石墨和溶剂先混，再与稳定剂混合（而对比文件1公开的是先将硅源与黏结剂混合球磨，再与石墨和分散介质混合）

Ⅲ 步骤（2）获得的浆料的固含量为10wt%～30wt%；步骤（3）喷雾干燥的进口温度为180～250℃，出口温度为100～120℃；（对比文件1未公开）

Ⅳ 步骤（4）对前驱物进行炭化处理（而对比文件1公开的是对其获得的球形物料进行烧结）。

关于前述的技术特征Ⅱ，申请人认为，属于审查员因疏忽漏找的区别技术特征。具体陈述如下：

对比文件1中，先与黏结剂（CMC）进行球磨的结果是黏结剂将含硅氧化物黏结在一起，后续无法再分散开，随后再与石墨、分散介质混合，其得到的混合物实质上是含硅氧化物聚集体、石墨和分散介质三者形成的混合物，与本发明"将硅源与石墨和溶剂先混，再与稳定剂混合"混合后得到的产物完全不同。本发明步骤（2）得到的产物并不会出现硅源聚集体，而是硅源、石墨、溶剂以及稳定剂形成的较均一的料浆，料浆中硅源依然是离散分布的。

关于前述的技术特征Ⅳ，申请人认为审查员的理解不正确，并直接影响了关于区别技术特征Ⅳ的判断。具体陈述如下：

审查员认为，对比文件1公开的球形物料在电阻炉中在惰性气氛下烧结的过程相当于本发明的炭化处理，对此申请人无法认同。炭化和烧结属于完全不同的两个过程，其实现的功能和效果完全不同。烧结是在低于颗粒基本组分熔点的温度下将颗粒进行黏结。而炭化作用是将有机碳在一定温度下，对颗粒中的高分子有机碳进行炭化，去除H、O等元素，得到具有一定软或硬炭结构的碳颗粒。即烧结过程仅仅起到黏结作用，并不存在形成炭结构的过程。

基于此，前述的技术特征Ⅱ和Ⅳ都属于审查员未提到而实则应该划入本申请与对比文件1相比的区别技术特征中的一部分。

1.2 实际解决的技术问题

根据本发明实施例可知，本发明获得了以下技术效果：

A. 本发明的负极材料大幅度提高了电性能，具体为：首次嵌锂容量达到850.0mAh/g以上，最高可达1266.1mAh/g；可逆脱锂容量可达571.8mAh/g以上，最高可达1018.3mAh/g；库伦效率可达67.3%以上，最高可达80.4%。且经过10次循环后，还能保持非常优秀的电性能。

B. 本发明无须进行2次球磨，避免了对比文件1中所述"与黏结剂球磨6～8小时"的球磨过程，简化过程。

C. 本发明还可以使用硅以及硅和一氧化硅的混合物作为硅源。

而根据对比文件1实施例1的记载，其负极材料的性能效果如下：首次嵌锂容量为573.6mAh/g，脱锂容量为368.3mAh/g，库伦效率为64.2%。

基于上述区别技术特征和本发明实现的技术效果，确定本发明实际解决的技术问题在于，拓展硅源适用面，简化锂电池负极材料的制备过程，并将制得材料的电性能提高至首次嵌锂容量达到850.0mAh/g以上，可逆脱锂容量达到571.8mAh/g以上，库伦效率达到67.3%以上。

1.3　采用权利要求1的技术方案解决上述技术问题，达到上述技术效果，对于本领域技术人员而言是非显而易见的，具体阐述如下：

对于区别特征I，审查员指出对比文件2（参见摘要、权利要求1~2）公开了一种作为锂离子负极材料的硅碳复合颗粒，其为硅量子点、硅粉和一氧化硅中的至少一种，且两者所起作用相同，因此，对比文件2给出了将硅或硅和一氧化硅的混合物应用到对比文件1中，以实现拓展硅源的效果的启示。申请人有截然不同的观点。

申请人想要指出，本发明的制备方法是一个整体，技术效果是同时取得的，在判断现有技术是否给出启示时，并不能剥离出某个技术特征单独看，并以此确定某个区别技术特征带来了某个技术效果，而忽略了特征与特征之间的配合作用。例如，在想要实现拓展硅源的效果时，若忽略制备方法中其他特征的配合作用，仅考虑使用的硅材料特征，那意味着只要含硅化合物以及硅单质均可以实现拓展硅源的效果，这明显是不合理的，有些硅材料显然并不能用于本发明的制备方法中。为了能够适用更多的硅源，本发明的发明人对现有的制备方法进行了改进。而对比文件2并没有指出，对于对比文件1中的锂电池负极材料的制备方法应该怎样改进才能够适用于更广泛的硅源。

甚至于，对比文件2给出了利用球磨法制备硅碳复合材料均一性较差的反向启示。对比文件2中记载硅碳复合材料存在均一性较差的问题，通常的热解法、球磨法、气相沉积法和聚合—热解法等均无法解决（参见对比文件2第3页背景技术第［0008］段倒数第1~2行），而为了解决该问题对比文件2采用了静电喷雾法。本领域技术人员均知晓，电极材料的均一性与其能够实现的电性能成正相关关系，均一性越好，电性能越佳。可见，在制备硅碳复合材料的领域中，采用球磨法提高其电性能并不是常用的技术手段。而本发明采用的湿法球磨显然为球磨法中的一种，基于对比文件2的记载，为了提高负极材料的电性能，并达到首次嵌锂容量达到850.0mAh/g以上，可逆脱锂容量可达571.8mAh/g以上，库伦效率可达67.3%以上的效果，本领域技术人员没有动机将区别特征Ⅰ应用于对比文件1。

以上两种截然不同的制备方法，直接泯灭了本领域技术人员将对比文件1和对比文件2的技术方案相互结合的动机。对比文件1在制备锂离子负极材料的过程中采用了球磨法，而对比文件2中已经明确指出了因为球磨法无法实现良好的均一性，而将其改为了静电喷雾法，由此可知，两者在某种程度上存在一定的矛盾。且现有技术中也没有任何地方记载，应该如何结合球磨法和静电喷雾法来扩展硅源适用面、提升负极材料的电性能、简化涉及球磨法的制备工艺。

进一步地，即使本领域技术人员将对比文件1和对比文件2勉强结合，也无法得到本发明的技术方案。本发明中，并不涉及静电喷雾法，而对比文件2显然需要采用静电喷雾法来实现提升电性能的功效，基于此，在解决本发明实际解决的技术问题时，本领域技术人员基于对比文件2极可能会将静电喷雾法替代球磨法，而这种替换后得到的技术方案与本发明的方法完全不同。

对于区别特征Ⅱ，对比文件2并不涉及球磨法制备硅碳复合材料，更没有记载采用何种混合顺序，能够拓展硅源适用面，简化锂电池负极材料的制备过程，并将制得材料的电性能提高至首次嵌锂容量达到850.0mAh/g以上，可逆脱锂容量可达571.8mAh/g以上，库伦效率可达67.3%以上。在对比文件2根本不涉及球磨法的基础上，其根本无法给出应该如何改进对比文件1中混合顺序来解决本发明实际解决技术问题的技术启示。

而且，改变原料的混合顺序来拓展硅源适用面，简化锂电池负极材料的制备过程，并将制得材料的电性能提高至首次嵌锂容量达到850.0mAh/g以上，可逆脱锂容量可达571.8mAh/g以上，库伦效率可达67.3%以上也不属于本领域的公知常识。

对于区别特征Ⅲ，喷雾干燥的进口温度和出口温度的限定并不是本领域技术人员通过有限次实验可以确定的。根据上述论述可知，对比文件2根本不涉及球磨法，也不涉及喷雾干燥过程，其无法给出喷雾干燥进口温度和出口温度选择的启示。而审查员没有给出任何现有技术证据，表明喷雾干燥进口温度、出口温度与负极材料电性能之间存在相关关系，基于此，喷雾干燥的进口温度和出口温度选择可以有无穷组合，不可能穷尽。因此，本领域技术人员无法通过有限次实验确定能够解决本发明实际解决的技术问题的喷雾干燥的进口温度和出口温度。

对于区别特征Ⅳ，对比文件2也仅给出了对颗粒进行烧结得到硅碳复合颗粒的记载，并不涉及炭化的过程。由此，本领域技术人员根据对比文件2，没有动机将烧结过程替换为炭化过程，并预料得到能够实现拓展硅源适用面，简化锂电池负极材料的制备过程，并将制得材料的电性能提高至首次嵌锂容量达到850.0mAh/g以上，可逆脱锂容量可达571.8mAh/g以上，库伦效率可达67.3%以上的技术效果。

综上所述，在面对本发明实际解决的技术问题时，本领域技术人员没有动机根据对比文件2公开的内容将上述区别技术特征用于对比文件1，并能够预料得到所能实现的技术效果。因此，本发明对于本领域技术人员是非显而易见的，具有突出的实质性特点。

## 二、因对技术方案不理解或理解有误而找漏或找错区别技术特征

实践中，审查员可能因为不理解或错误地理解发明和/或最接近的现有技术的技术方案，而找错或找漏区别技术特征。专利代理师可以通过阅读申请文件和对比文件、查阅资料或者寻求最熟悉技术的发明人的协助，对发明和最接近的现有技术的技术方案理解透彻，即可发现审查员对技术方案不理解或理解有误之处，从而核查出审查员找漏或找错的区别技术特征。在撰写意见陈述书时，应当详细地向审查员剖析解释发明和/或最接近的现有技术的技术方案，以澄清审查员对技术方案的理解不清或偏颇之处，从而使审查员较容易接受由专利代理师重新确认的区别技术特征。

## 【案例 No. 1310448】拉环

### ☞ 案由简要

该案涉及一种“拉环”（权利要求 1～10）。

➢ 一通：审查员引用一篇对比文件（CN203218837U）认为权利要求 1～10 缺乏创造性。

➢ 答一通：反驳审查员的观点，论述权利要求 1～10 具备创造性。

➢ 审查结果：授权。

### ☞ 相关权利要求

1. 一种拉环，用于承力索系统，其特征在于，所述拉环包括一第一主体以及一第二主体，所述第一主体的上部和所述第二主体的上部均为一带有缺口的环形结构，所述第一主体的环形结构和所述第二主体的环形结构上分别设有一第一凸起和一第二凸起，所述第一主体通过所述第一凸起与所述第二主体的缺口相应对接，所述第二凸起与所述第一主体的缺口相应对接而与所述第二主体连接为一体，所述第一主体的下部和所述第二主体的下部均设有一销轴孔，所述两个销轴孔相对，且所述两个销轴孔内贯穿有一销轴，所述第一主体的下部和所述第二主体的下部之间留有空隙。

### ☞ 相关说明书内容

摘录一

承力索系统，不管是在电力行业还是接触网线路中均起到重要的作用，承力索主要通过吊弦将接触线或电力线路悬挂起来。承力索还可承载一定电流来减小牵引网阻抗，降低电压损耗和能耗。

目前市场上常用的安装方式是：悬垂线夹托起夹住线缆，悬垂线夹通过 U 形挂板这一连接装置与锚固座、挂钩等器件连接，由于部件较多，承力索与各个部件之间的安装步骤较为烦琐，给高处作业带来了很多麻烦。而且 U 形挂板通常采用可锻铸铁制造，会产生磁滞损耗和涡流损耗，承力索系统中的多个所述 U 形挂板会产生较大的电能损失。如果选用铝合金制造连接装置，尽管不产生磁滞损耗和涡流损耗，但其制造成本较高，大量使用铝合金制造的 U 形挂板会导致承力索系统整体造价高。

摘录二

[0029] 所述第一主体 11 的上部和所述第二主体 21 的上部均为一带有缺口的环形结构，所述第一主体 11 的环形结构和所述第二主体 21 的环形结构上分别设有一第一凸起 12 和一第二凸起 22，所述第一主体 11 通过所述第一凸起 12 与所述第二主体 21 的缺口相应对接，所述第二凸起 22 与所述第一主体 11 的缺口相应对接而连接为一体。所述第一主体 11 和所述第二主体 21 上均设有用于固定所述第一主体 11 和所述第二主体 21 的卡接扣 31 和卡接孔 32。第一主体 11 和第二主体 21 分别利用各自的缺口穿进所述锚固座圆环式的连接部，然后将第一主体 11 与第二主体 21 通过卡接扣 31 和卡接孔 32 合并在一起，完成拉环与锚固座的连接。

[0030] 所述第一主体11的下部和所述第二主体21的下部均设有一销轴孔34，所述两个销轴孔34相对，所述销轴孔34的内壁上设有锯齿形条纹，当销轴孔34与悬垂线夹的连接孔对应后，将匹配锯齿形条纹的销轴33插入到销轴孔34中，便可以完成拉环与悬垂线夹之间的连接。所述第一主体11的下部和所述第二主体21的下部之间留有空隙35。所述空隙35用于放置悬垂线夹的连接部分。

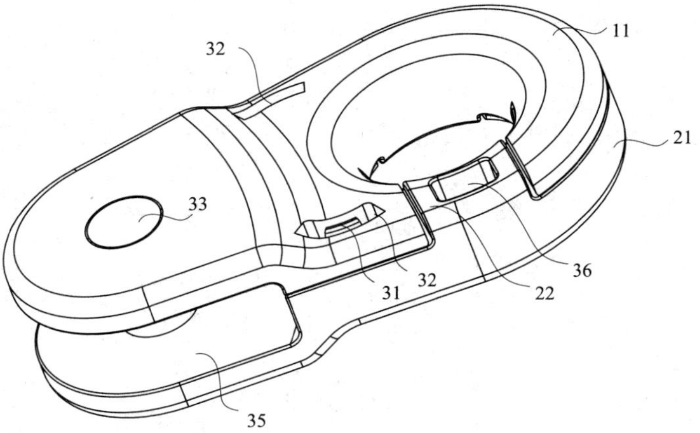


图1

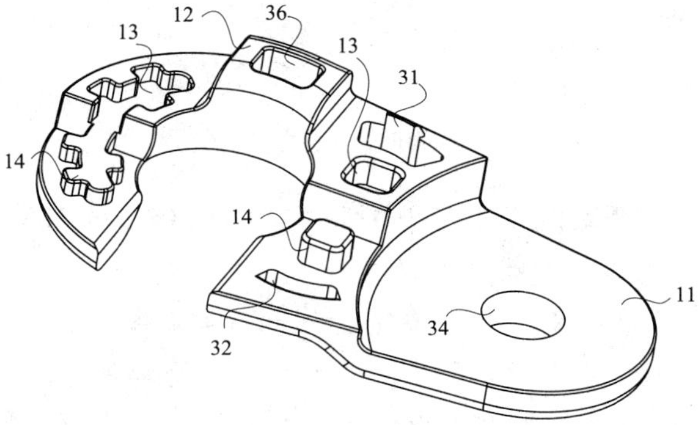


图2

## ☞ 相关对比文件公开内容

摘录一

[0002] 在电力、通信中为防止缆线悬垂变形，通常需要设置金属支撑线，并在缆线与支撑线之间设置悬垂线夹。现有的悬垂线夹，包括由铝铸造而成的左夹块和右夹块，以及螺栓与螺母固定组件，两夹块下端部采用合页方式连接，左夹块和右夹块对称地设置有截面为半圆的槽体，两槽体围成圆孔，两夹块的上端部均设置有悬臂，悬臂上设置有螺栓孔。由于这种悬垂线夹的夹块由铝铸造而成，容易被氧化并遭受雨水的侵蚀而损坏，因此寿命比较短；而受损后，在刮风天气中，缆线的剧烈晃动会引起夹块断裂，导致缆线与支撑线脱离，缆线在失去支撑后会悬垂变形甚至断开，从而引发电力、通信中断，产生比较严重的后果。

摘录二

［0013］本优选实施例如图1至图3所示，一种悬垂线夹，包括连接在一起的左夹块1和右夹块2，左夹块1和右夹块2上端部均设置有悬臂，悬臂上装配有第一螺栓套件3，左夹块1和右夹块2均采用片状模塑料（复合材料SMC）制成。

［0014］左夹块1和右夹块2对称设置有W形槽体，两槽体围成截面为四花瓣形的通孔。

［0015］左夹块1和右夹块2均设置有带螺栓孔5的下坠，螺栓孔5上装配有用于将左夹块1的下端部与右夹块2的下端部固定的第二螺栓套件4，左夹块1的下坠上还设置有与螺栓孔5相通的辅孔6，辅孔6的半径大于第二螺栓套件4螺母的外半径。

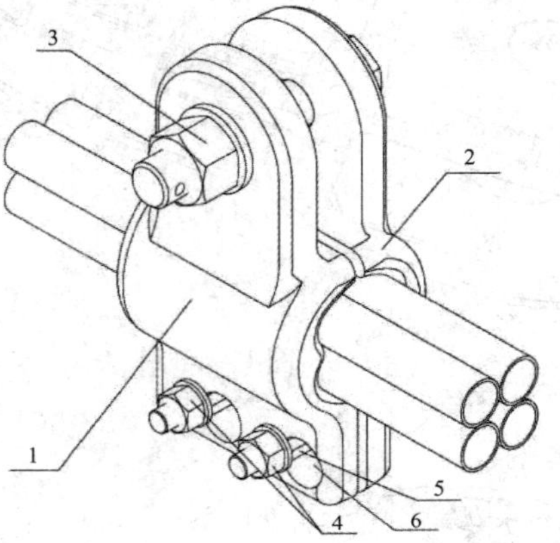


☞ **审查意见**

1. 权利要求1请求保护一种拉环，对比文件1（CN203218837U）涉及一种线夹（相当于拉环），并公开了以下技术特征（参见具体实施方式、新型内容、图1~3）：可以用于承力索系统（隐含公开），其包括一左夹块1（相当于第一主体）以及一右夹块2（相当于第二主体），左夹块1的上部和右夹块2的上部均为一带有缺口的环形结构（图1~3可看出），左夹块1的环形结构和右夹块2的环形结构上分别设有一第一凸起（图1可看出的W形槽体是凸出的）和一第二凸起（图1可看出的W形槽体是凸出的），左夹块1通过所述第一凸起与右夹块2的缺口相应对接，所述第二凸起与左夹块1的缺口相应对接而与所述右夹块2连接为一体，左夹块1的下部和右夹块2的下部均设有一螺栓孔3，两个螺栓孔相对，且两个螺栓孔内贯穿有一螺栓，左夹块1的下部和右夹块2的下部之间留有空隙（图1~3可看出）。

该权利要求与对比文件1所公开的技术内容相比，其区别在于：本申请为销轴孔和销轴，对比文件1为螺栓孔和螺栓。对于该区别技术特征，其为本领域技术人员可以选择替换的。由此可知，在对比文件1的基础上结合本领域的公知常识得出该权利要求所要求保护的技术方案，对本领域的技术人员来说是显而易见的，因此该权利要求不具有突出的实质性特点和显著的进步，因而不具备创造性。

☞ **答辩要点分析思路**

对于区别技术特征的认定，我们应该“寸土必争”，仔细分析该发明权利要求1的技术方案（分析的过程中要结合说明书公开的内容）以及最接近的现有技术公开的内容，并将审查意见中所有审查员认为“相同或相当”的技术特征逐个进行比对，特别是字面意思相同或相近的技术特征，进而核查审查意见中的认定是否正确。

比对前，需要仔细研读对比文件 1 和该发明公开的内容，先从整体上全面地理解该发明和对比文件 1 的整体技术方案，以利于后续技术特征的比对。比对时，不仅要核查审查员摘录的内容，还要仔细研读审查员未摘录的部分，包括背景技术部分以及效果部分的内容，具体包括：

（1）将两个技术方案作为整体比对其原理、作用、使用场景和达到的技术效果是否相同；

（2）分别比对各个技术特征实现的功能、作用。

在该案的分析过程中，代理师仔细地研读了对比文件 1 与该发明的说明书，其中，对比文件 1 的悬垂线夹与该发明的拉环均用于承力索系统，且在文字表述方面，对比文件 1 的悬垂线夹的结构与该发明的拉环结构很相近，两者均包括两个主体（或夹块），主体上均有凸起和缺口，若是不仔细比对两份文件的全文内容，没有比对两者的整体技术方案，就会跟着审查员的思路走，认为“悬垂线夹”与“拉环”是相同的产品，区别仅在于：该案通过销轴孔和销轴组装两个主体，对比文件 1 通过螺栓孔和螺栓组装两个夹块。

而代理师通过研读对比文件 1 与该发明的说明书内容，发现该发明说明书第［0029］段和第［0030］段记载了一个关键点：“第一主体 11 和第二主体 21 分别利用各自的缺口穿进所述锚固座圆环式的连接部”，“所述空隙 35 用于放置悬垂线夹的连接部分”，也就是说，该发明的拉环是连接于悬垂线夹和锚固座之间的，拉环与悬垂线夹属于完全不同的产品。审查员显然忽视了这一点，导致对该发明和最接近的现有技术的技术方案的理解出现偏差。因此，代理师先从整体上论述“悬垂线夹”与“拉环”是不同的，两者没有可比性（就像方向盘和轮胎，虽然都是圆的，但并不是相同的产品一样）。为了让审查员更容易接受代理师的观点，再进一步对审查员指出的对比文件 1 与该发明的各个技术特征相同或相当的观点逐一进行反驳。

**☞ 意见陈述原文摘录**

一、权利要求 1 具备创造性

1. 权利要求 1 具有突出的实质性特点

1.1　最接近的现有技术

审查意见中引用对比文件 1，对比文件 1 公开了一种悬垂线夹，将其作为最接近的现有技术。

1.2　区别技术特征及实际解决的技术问题的认定

审查意见中认为对比文件 1 中的悬垂线夹相当于本申请的拉环，左夹块 1 相当于于第一主体，右夹块 2 相当于第二主体，且对比文件公开了本申请以下技术特征：所述拉环包括一第一主体以及一第二主体，所述第一主体的上部和所述第二主体的上部均为一带有缺口的环形结构，所述第一主体的环形结构和所述第二主体的环形结构上分别设有一第一凸起和一第二凸起，所述第一主体通过所述第一凸起与所述第二主体的缺口相应对接，所述第二凸起与所述第一主体的缺口相应对接而与所述第二主体连接为一体。对此，申请人有不同意见与您商榷。

首先，申请人认为，对比文件1中的“线夹”与本发明中的“拉环”是不相当的。具体的，根据本发明说明书第［0029］段、第［0030］段记载可知，本发明的拉环是连接于悬垂线夹和锚固座之间的，而对比文件1公开的悬垂线夹是用于悬挂或支托导线的，拉环与悬垂线夹是两个完全不同的产品，两者是不可能相同的。因此，申请人认为审查意见中的“线夹相当于拉环”的认定有误，权利要求1的技术方案与对比文件1的技术方案整体上不相同，权利要求1所有的技术特征均应为权利要求1相比于对比文件1的区别技术特征。

其次，申请人进一步认为带有缺口的环状结构、第一凸起和第二凸起是本申请的区别技术特征。具体的，根据对比文件1与本申请的附图可知，对比文件1中的凸起位于夹块上弧形结构的内壁面以形成W形槽体，而本申请中的凸起位于两个主体的端面上，为了堵住环形结构上的缺口，可见，对比文件1中凸起的设置位置及目的与本申请中的凸起完全不同。又根据对比文件1说明书及附图记载可知，对比文件1中在左、右夹块的环形结构上设置缺口是为了在左、右夹块对接后，形成容纳线缆的通孔，设置凸起是为了使缺口是W形槽体，从而使两个W形槽体围成截面为四花瓣形的通孔，使得该悬垂线夹可悬挂四条呈圆周分布的线缆。而根据本申请说明书及附图记载可知，本申请主体上的缺口一方面是为了使主体穿进锚固座圆环式的连接部，另一方面是为了与另一主体的凸起相应对接，也即第一主体的凸起设于第二主体的缺口中以堵住第二主体的缺口，第二主体的凸起设于第一主体的缺口中以堵住第一主体的缺口，从而使拉环的上部形成一个封闭的圆环，实现与锚固座连接。可见，对比文件1中形成W形槽体的缺口及凸起与本申请中的主体上的缺口和凸起的相对位置，及其作用是完全不同的。因此，对比文件1中由缺口与凸起形成的W形槽体不同于本申请中第一主体和第二主体上的环形结构，以及对比文件1中W形槽体中的凸起也不同于本申请中环形结构上的第一凸起和第二凸起。从而对比文件1没有公开本申请中所述第一主体的上部和所述第二主体的上部均为一带有缺口的环形结构，所述第一主体的环形结构和所述第二主体的环形结构上分别设有一第一凸起和一第二凸起的技术特征，从而也就不可能公开以下技术特征：所述第一主体通过所述第一凸起与所述第二主体的缺口相应对接，所述第二凸起与所述第一主体的缺口相应对接。

因此，申请人认为，本发明权利要求1要求保护的技术方案与对比文件1公开的内容相比，其区别技术特征应当包括：一种拉环，所述第一主体的上部和所述第二主体的上部均为一带有缺口的环形结构，所述第一主体的环形结构和所述第二主体的环形结构上分别设有一第一凸起和一第二凸起，所述第一主体通过所述第一凸起与所述第二主体的缺口相应对接，所述第二凸起与所述第一主体的缺口相应对接，所述第一主体的下部和所述第二主体的下部均设有一销轴孔。

权利要求1利用上述区别技术特征后，两个主体分别利用各自的缺口穿进锚固座圆环式的连接部，然后将第一主体与第二主体合并在一起即可实现拉环与锚固座的连接。通过悬垂线夹的连接孔位放置在空隙中并与销轴孔对齐后，再插入销轴便可以十分方便地完成悬垂线夹与拉环的连接。

综上，基于上述区别技术特征，权利要求 1 的技术方案实际解决的技术问题是：如何克服现有技术中悬垂线夹通过连接装置与锚固座、悬垂线夹等器件安装时步骤较烦琐的缺陷。

1.3 权利要求 1 的技术方案对本领域技术人员来说是非显而易见的

参见上述在确定本发明区别技术特征时的意见陈述，本申请相对于对比文件 1 实际的区别技术特征和审查员的意见有所不同，下文的论述主要针对上述区别技术特征。

从本申请背景技术可以看出，在本申请的申请日以前，本领域为了连接悬垂线夹和锚固座、悬垂线夹等器件都是通过 U 形挂板，U 形挂板的部件包括两挂板本体、至少两个螺母、至少四个垫圈、螺栓、闭口销和销钉等，部件非常多，使得 U 形挂板与锚固座、悬垂线夹连接的安装步骤非常烦琐，给高处作业带来了很多麻烦。本领域技术人员为了解决上述技术问题容易想到的做法是减少 U 形挂板的部件以简便安装步骤，例如将两挂板本体一体成型，或者通过减少螺栓、螺母、垫圈、闭口销和销钉的数量的方式。而并不是采用本申请的在第一主体和第二主体的环形结构上开设缺口，以及在环形结构上分别设有第一凸起和第二凸起，第一主体的下部和所述第二主体的下部均设有销轴孔的方式，来克服安装烦琐的缺陷。从而，减少 U 形挂板的部件数量才是本领域技术人员在面对本申请实际解决的技术问题时惯用的技术手段。

而本申请并非采用现有技术的方式解决上述技术问题，而是通过在拉环的两个主体均设置缺口，两个主体分别利用各自的缺口穿进锚固座圆环式的连接部，然后将第一主体与第二主体合并在一起完成拉环与锚固座的连接，又通过悬垂线夹的连接孔位放置在空隙中并与销轴孔对齐后，再插入一销轴便可以十分方便地完成悬垂线夹与拉环的连接。由此可知，本申请为解决上述技术问题采用的手段并不是本领域技术人员在面对本申请实际解决的技术问题时惯用的技术手段。

综上所述，上述区别技术特征不属于本领域公知常识，也未被对比文件 1 的其他部分公开，本领域技术人员在面临本申请的技术问题，在对比文件 1 的基础上，并不能从现有技术中获得技术启示，以将上述区别技术特征应用到对比文件 1 中，并获得本申请权利要求 1 的技术方案。

因此，权利要求 1 所要求保护的技术方案是非显而易见的，具有突出的实质性特点。

2. 权利要求 1 具有显著的进步

本申请通过在拉环的两个主体均设置缺口，两个主体分别利用各自的缺口穿进锚固座圆环式的连接部，然后将第一主体与第二主体合并在一起即可快速、方便地完成拉环与锚固座的连接，又通过悬垂线夹的连接孔位放置在空隙中并与销轴孔对齐后，再插入一销轴便可以十分方便地完成悬垂线夹与拉环的连接。取得了有益的技术效果，具有显著的进步。

综上所述，与现有技术相比，权利要求 1 具有突出的实质性特点和显著的进步，具备《专利法》第 22 条第 3 款规定的创造性。

## 【案例 No. 1310653C】葡聚糖饮料及其制备方法

### ☞ 案由简要

该申请涉及一种葡聚糖饮料的制备方法（权利要求 1～9）及由该制备方法制得的葡聚糖饮料。

➢ 一通：审查员引用一篇对比文件 1 认为权利要求 1～10 不具备创造性。

➢ 答一通：仅将权利要求 2、3、5、8 中用“较佳地”“更佳地”限定的优选技术方案进行拆分，得到新权利要求 2～16，论述权利要求 1～16 具备创造性。

➢ 二通：审查员认为一通意见陈述中权利要求 1 的创造性成立的条件必须建立在将权利要求 7、权利要求 10 的附加技术特征补充作为必要技术特征的基础上，因而认为部分权利要求（权利要求 1～6、8～9、11～16）不具备创造性。

➢ 答二通：在权利要求 1 中进一步限定新权利要求 7、新权利要求 10 的技术特征，未作创造性论述。

➢ 审查结果：授权。

### ☞ 相关权利要求

原申请中权利要求 1，以及答一通时修改得到的新权利要求 7、新权利要求 10：

1. 一种葡聚糖饮料的制备方法，其特征在于，其包括如下步骤：

（1）将肠膜明串珠菌（*Leuconostoc mesenteroides*）发酵菌种接种于发酵培养基中，好氧培养，得发酵液；

（2）将发酵液与含有甜味料和酸味剂的勾兑液混合均匀，均质、灭菌即可。

其中，所述的发酵培养基包括蔗糖和番茄汁水溶液；所述的番茄汁水溶液中番茄汁的体积百分比浓度为 40%～100%；所述的发酵培养基的 pH 用碱调为 6.0～8.0；所述发酵液的含量占所述的葡聚糖饮料总量的体积百分比为 15.5%～66.6%。

7. 如权利要求 1 所述的制备方法，其特征在于，所述的番茄汁水溶液中的番茄汁采用下述方法制得：将成熟番茄洗净、去皮后，进行机械破碎，分离，取上清液，即可；其中，所述的分离为过滤、抽滤和离心中的一种或多种；所述的过滤的介质为纱布或无纺布；所述的离心为 2000～3000g，10～20min 离心。

10. 如权利要求 1 所述的制备方法，其特征在于，步骤（1）中，所述的发酵菌种为肠膜明串珠菌（*Leuconostoc mesenteroides*）LM 57、肠膜明串珠菌（*Leuconostoc mesenteroides*）LM 79、肠膜明串珠菌（*Leuconostoc mesenteroides*）LD 106 和保藏号为 CGMCC NO. 6432 的肠膜明串珠菌（*Leuconostoc mesenteroides*）BD 1710 中的一种或多种。

### ☞ 相关说明书内容

摘录一：积极进步效果。

本发明的积极进步效果在于：

1. 本发明提供的葡聚糖饮料，制备过程采用的发酵培养基的来源广泛、成本低廉、天然安全，经肠膜明串珠菌（*Leuconostoc mesenteroides*）发酵菌种发酵后获得的葡聚糖，在稀释、调味后可直接作为功能性饮料来食用，打破现有市场上稀缺以葡聚糖作为功能性成分饮料的现状。

2. 本发明饮料中葡聚糖来自于微生物，本身存在于发酵基料，相比现有的含多糖饮料的相关研究报道的多糖大多来源于植物，且均人工添加入饮料，本发明所涉及的多糖来源以及简化的制作工艺提高了相关产品的创新性与安全性，应用前景十分广阔。

摘录二：（实施例 1 ~4）。

实施例 1

1. 制备葡聚糖饮料

（1）将发酵菌种肠膜明串珠菌 BD 1710 种子液 Z1 以 2.0%（v/v）的接种量接入上述方法制备的发酵培养基中，所述的发酵培养基 S1，其中蔗糖与番茄汁水溶液的质量体积比为 3g：20mL，所述的番茄汁水溶液的浓度为 100%，pH 为 7.0，28℃、180rpm 摇床培养 48h，发酵结束后取发酵液，经测定，该发酵液中葡聚糖含量为 3.22%（w/v）。

（2）将白砂糖、柠檬酸完全溶解于 50℃的水中，即得勾兑液。将上述发酵液与勾兑液以 1：5.44（v/v）充分混合均匀后在 15MP 压力下进行均质，并于 95℃灭菌 30min，灌装，得本实施例的乳酸菌饮料产品。

经检测，本实施例生产的富含葡聚糖的乳酸菌饮料中葡聚糖含量 0.50%，甜度为含有 10% 的蔗糖甜度，酸度 80°T，所述发酵液的含量占饮料总量的体积百分比为 15.5%。

2. 成分检测

（1）标准样品配置

多糖水解：吸取 100μL 浓度为 4 ~5mg/mL 的多糖样品溶液于 5mL 的具塞刻度试管中，加入 100μL 的 4mol/L TFA，充 $N_2$ 封管，110℃烘箱中水解 2h；冷却后打开盖，加 200μL 甲醇后用 $N_2$ 吹干，如此重复加甲醇并用 $N_2$ 吹 3 次，去除 TFA，将其残渣用水溶解定容至 5mL，用 0.45μm 微孔膜过滤后供进样分析。

（2）色谱条件

色谱柱：CarboPac PA203mmi. d. ×150mm；

流动相：A. $H_2O$；B. 250mmol/L NaOH；C. 1mol/L NaAc；

三元梯度洗脱：流速：0.5mL/min；积分脉冲安培检测器；

Au 工作电极：Ag/AgCl 参比电极；

进样体积：20μL；柱温：30℃。

（3）按前述方法提取制备葡聚糖饮料的步骤（1）发酵液中的葡聚糖样品，并以高效阴离子色谱法测定多糖的单糖组成。

肠膜明串珠菌 BD 1710 多糖样品糖基组成的色谱分析结果见图 1，该多糖在 10.450min 有单一吸收峰，且该吸收峰的保留时间与葡萄糖标品保留时间一致。可见，肠膜明串珠菌所产多糖是由葡萄糖单一糖基组成的，即为葡聚糖。

实施例 2

（1）将发酵菌种（种子液）Z2 以 0.5%（v/v）的接种量接入上述方法制备的发酵培养基中，所述的发酵培养基 S2，其中蔗糖与番茄汁水溶液的质量体积比为 4g：20mL，所述的番茄汁水溶液的浓度为40%，pH为6.0，34℃、发酵罐通气培养54h，发酵结束后取发酵液，经测定，该发酵液中葡聚糖含量为1.05%（w/v）。

（2）将白砂糖、柠檬酸、乳酸完全溶解于50℃的水中，即得勾兑液。将上述发酵液与勾兑液以1∶1（v/v）充分混合均匀后在30MP压力下进行均质，并于100℃灭菌20min，灌装，得本实施例的乳酸菌饮料产品。

经检测，本实施例生产的富含葡聚糖的乳酸菌饮料中葡聚糖含量0.53%，甜度为含有5%的蔗糖甜度，酸度70°T，发酵液含量占饮料总量的体积百分比为50%。

实施例3

（1）将发酵菌种（种子液）Z3以1.0%（v/v）的接种量接入上述方法制备的发酵培养基中，所述的发酵培养基S3，其中蔗糖与番茄汁水溶液的质量体积比为1g∶10mL，所述的番茄汁水溶液的浓度为80%，pH为7.5，31℃、180rpm摇床培养30h，发酵结束后取发酵液，经测定，该发酵液中葡聚糖含量为1.68%（w/v）。

（2）将白砂糖、柠檬酸、醋酸完全溶解于50℃的水中，即得勾兑液。将上述发酵液与勾兑液以1∶2（v/v）充分混合均匀后在20MP压力下进行均质，并于110℃灭菌15min，灌装，得本实施例的乳酸菌饮料产品。

经检测，本实施例生产的富含葡聚糖的乳酸菌饮料中葡聚糖含量0.56%，甜度为含有6.8%的蔗糖甜度，酸度73°T，发酵液含量占饮料总量的体积百分比为33.3%。

实施例4

（1）将发酵菌种（种子液）Z4以4.0%（v/v）的接种量接入上述方法制备的发酵培养基中，所述的发酵培养基S4，其中蔗糖与番茄汁水溶液的质量体积比为1g∶20mL，所述的番茄汁水溶液的浓度为60%，pH为8.0，25℃、发酵罐通气培养12h，发酵结束后取发酵液，经测定，该发酵液中葡聚糖含量为0.81%（w/v）。

（2）将白砂糖、柠檬酸、酒石酸完全溶解于50℃的水中，即得勾兑液。将上述发酵液与勾兑液以1∶0.5（v/v）充分混合均匀后在25MP压力下进行均质，并于125℃灭菌5min，灌装，得本实施例的乳酸菌饮料产品。

经检测，本实施例生产的富含葡聚糖的乳酸菌饮料中葡聚糖含量0.54%，甜度为含有8.5%的蔗糖甜度，酸度77°T，发酵液含量占饮料总量的体积百分比为66.6%。

### ☞ 相关对比文件公开内容

对比文件1公开了一种开菲尔发酵剂发酵果蔬汁饮料及其制备方法，其具体公开了实施例5：选择优质的浓缩番茄汁，加水稀释至10%~12%的固形物，用柠檬酸调pH到3.8左右，85℃杀菌5分钟，冷却至25℃左右加入开菲尔发酵剂，加入2.5g/100L，保温发酵40~60小时至pH为3.6~3.8终止发酵，冷藏静置过夜，除去沉淀物后再85℃杀菌5分钟，冷却后无菌灌装。同时，对比文件1的说明书第19段还公开了开菲尔发酵剂中的各菌株的含量：乳酸乳杆菌1.0-5.0E+10cfu/g；肠膜明串珠菌1.0-5.0E+06cfu/g；嗜热链球菌1.0-5.0E+06cfu/g；开菲尔酵母菌含有乳糖克鲁维酵母1.0-5.0E+04cfu/g（属乳糖发酵酵母的一种），此酵母菌既能产生乳酸又能产生酒精，但产生酒精的能力较弱，故适合用于低醇产品的应用领域。

☞ **审查意见**

……但产生酒精的能力较弱（参见对比文件 1 的说明书第［0019］段和实施例 5），可见，对比文件 1 公开了由乳酸乳杆菌、肠膜明串珠菌、嗜热链球菌和乳糖克鲁维酵母发酵番茄汁得到的饮料，并且本领域技术人员知晓，葡聚糖是肠膜明串珠菌的发酵产物，即对比文件 1 中公开的饮料中也含有肠膜明串珠菌发酵产生的葡聚糖，因此实际上也是一种葡聚糖饮料。从而，权利要求 1 请求保护的技术方案与对比文件 1 公开的技术内容相比，其区别技术特征是：（1）权利要求 1 中所用菌种只有肠膜明串珠菌，不含对比文件 1 中公开的乳酸乳杆菌、嗜热链球菌和乳糖克鲁维酵母，并限定了发酵的方式为好氧培养；（2）权利要求 1 中的发酵培养基中含有蔗糖，并限定了番茄汁水溶液中番茄汁的浓度、发酵培养基的 pH 及发酵液占饮料的体积百分比，权利要求 1 还限定了将发酵液与含有甜味料和酸味剂的勾兑液混合、均质的步骤。基于上述区别技术特征所能达到的技术效果，可以确定出权利要求 1 所请求保护的技术方案实际解决的技术问题是如何制备得到一种葡聚糖含量较高的、风味更优良的饮料。

对于区别技术特征（1），虽然对比文件 1 中所用的发酵菌种为开菲尔发酵剂包括乳酸乳杆菌、肠膜明串珠菌、嗜热链球菌和乳糖克鲁维酵母，但本领域技术人员熟知各菌种的生理特性与代谢产物，如乳酸乳杆菌、嗜热链球菌发酵主要产生乳酸，克鲁维酵母发酵主要产生酒精，肠膜明串珠菌发酵主要产生葡聚糖，因此能够根据对代谢产物的需求而对各菌种进行常规取舍，如期望获得乳酸含量较高的饮料则一般性地选择主要发酵产乳酸的乳酸乳杆菌和嗜热链球菌，如期望获得一定醇含量的饮料则一般性地选择酵母菌，如期望获得葡聚糖含量较高的饮料则一般性地选择能够发酵产生大量葡聚糖的肠膜明串珠菌，并常规省去乳酸乳杆菌、嗜热链球菌和乳糖克鲁维酵母，其技术效果是可以预期的。并且本领域技术人员知晓，肠膜明串珠菌在厌氧与好氧条件下均能生长，因此可以根据所用菌株的具体特性将其接种于发酵培养基后采用好氧培养的发酵方式进而获得发酵液。

对于区别技术特征（2），蔗糖是微生物发酵领域常用的碳源，能够作为肠膜明串珠菌的发酵底物使其产生葡聚糖，从而本领域技术人员考虑到促进菌株的生长和代谢能够想到添加蔗糖与番茄汁一起作为发酵培养基；而番茄汁水溶液中番茄汁的浓度则能够结合菌株的代谢特性、预期最终产品的风味和口感而通过常规实验手段进行调整；发酵培养基的 pH 则需根据所选菌株的理化特性、适宜酸碱度做出常规调整，发酵液占饮料总量的体积百分比也是考虑生产成本、产品在营养和风味方面的标准、消费者的需求等多方面因素而确定得到的。至于将发酵液与含有甜味料和酸味剂的勾兑液混匀、均质的步骤，均为饮料加工过程中经常采用的极为普通的实验手段，从而本领域技术人员能够想到添加甜味料、酸味剂这些调味剂来改善饮料的风味和口感，并通过混匀、均质使得产品的品质更加优良，其技术效果也是可以预期的。

综上，在对比文件 1 的基础上，结合本领域的普通技术知识，获得权利要求 1 所请求保护的技术方案，对于本领域技术人员来说是显而易见的。也就是说，权利要求 1 所请求保护的技术方案不具备突出的实质性特点和显著的进步，因此不具备《专利法》第 22 条第 3 款规定的创造性。

### ☞ 答辩要点分析思路

此案一通答辩要点之一为论述审查员对技术理解有误而找漏了区别技术特征（1），审查员想当然地认为“对比文件1公开了由乳酸乳杆菌、肠膜明串珠菌、嗜热链球菌和乳糖克鲁维酵母发酵番茄汁得到的饮料，并且本领域技术人员知晓，葡聚糖是肠膜明串珠菌的发酵产物，即对比文件1中公开的饮料中也含有肠膜明串珠菌发酵产生的葡聚糖，因此实际上也是一种葡聚糖饮料”。但是当代理师与发明人深入沟通时却得知按照本领域常识葡聚糖并非是肠膜明串珠菌的必然发酵产物，需要同时满足几项条件才可能获得。根据代理师的建议，发明人又进一步将记载有葡聚糖产生条件的现有文献提供给代理师，包括4个附件，其中附件1和附件2表明葡聚糖只是肠膜明串珠菌的某一种发酵产物，并不是唯一产物，更不是必然产物；附件3和附件4表明肠膜明串珠菌发酵获得葡聚糖需要满足如下前提条件：培养基中含有蔗糖，pH在5~7范围，两者缺一不可。

再对照对比文件1，虽然开菲尔发酵剂中含有肠膜明串珠菌，但是发酵培养基为番茄汁，其中不含蔗糖，而且发酵pH为3.8左右，该酸度条件根本不适宜肠膜明串珠菌的生长。即，根据理论分析，对比文件1获得的果蔬汁饮料中不含有葡聚糖。同时，发明人将对比文件1实施例5中的开菲尔发酵剂替换为单一的发酵菌种肠膜明串珠菌，其余条件不变进行对比实验，结果表明，得到的发酵产物中没有检出葡聚糖。据此可以毫无疑义地推出，全部使用肠膜明串珠菌作为发酵菌种都无葡聚糖的产生，更何况是混合发酵剂?

基于上述分析，可有理有据地得出对比文件1公开的饮料中不含有葡聚糖这一结论，从而确定审查员漏找区别技术特征：“权利要求1获得的是一种葡聚糖饮料，而对比文件1制得的是发酵果蔬汁饮料，不能称之为葡聚糖饮料”。

应该说，对于漏找的区别技术特征的确定是一个系统工程，一方面要求代理师不能浮于表面，唯审查员的判断是从，而是需要一字一句仔细推敲，向发明人提出明确的确认建议，另外也少不了技术功底深厚的发明人的大力配合，最终通过由表入里的剖析机理、理论与实践相互论证的方式形成滴水不漏、一气呵成的逻辑推理链。这也是本案被审查员接受的主要原因。

### ☞ 意见陈述原文摘录

1.1　区别技术特征的认定

权利要求1与对比文件1相比，区别技术特征包括：

（1）产物是葡聚糖饮料（而对比文件1制得的是发酵果蔬汁饮料，不能称之为葡聚糖饮料）；

（2）参与发酵的菌种是肠膜明串珠菌，发酵方式为好氧培养（而对比文件1是以包含乳酸乳杆菌、肠膜明串珠菌、嗜热链球菌和乳糖克鲁维酵母的开菲尔发酵剂为发酵菌种）；

（3）发酵培养基为蔗糖和番茄汁水溶液，番茄汁水溶液中番茄汁的浓度为40%~100%、发酵培养基的pH为6.0~8.0，以及发酵液占葡聚糖饮料的体积百分比为15.5%~66.6%；

（4）步骤（2）将发酵液与含有甜味料和酸味剂的勾兑液混合、均质的步骤。

关于前述的技术特征（1），申请人认为审查员关于“肠膜明串珠菌产生葡聚糖的前提条件”的理解不正确，这从根源上影响了关于区别技术特征（1）的判断。具体陈述如下：

在本领域技术人员看来，“葡聚糖是肠膜明串珠菌的发酵产物”这一说法本身没有问题，但是，并不是意味着，只要对肠膜明串珠菌进行发酵，就一定能产生葡聚糖。

申请人希望引入附件1和附件2对上述结论加以证明：附件1，Santos M.，Teixeira J. & Rodrigues A. Production of dextransucrase，dextran and fructose from sucrose using Leuconostoc mesenteroides NRRL B512（f）. Biochemical Engineering Journal，2000，4（3），p. 177；附件2，Montersino S，Prieto A，Muñoz R，et al. Evaluation of exopolysaccharide production by Leuconostoc mesenteroides strains isolated from wine. Journal of food science，2008，73（4）：p. 197。具体地，附件1的第一部分中指出肠膜明串珠菌不仅能发酵合成葡聚糖，还能发酵得到一定数量的果糖；附件2的表1指出，不同保藏号的肠膜明串珠菌的发酵产物不同，有的发酵生成葡聚糖，有的发酵生成果聚糖，还有的菌株能同时产生葡聚糖和果聚糖。可见，葡聚糖并不是肠膜明串珠菌必然的发酵产物。那么，如果要使肠膜明串珠菌发酵获得葡聚糖，至少需要满足什么前提条件呢？

申请人引入的附件3（Neely W B，Nott J. Dextransucrase，an induced enzyme from Leuconostoc mesenteroides. Biochemistry，1962，1（6）：p. 1136.）给出了相关启发。附件3的摘要部分指出，肠膜明串珠菌发酵获得葡聚糖的前提条件是发酵培养基中有促使葡聚糖合成的关键性酶——葡萄糖基转移酶的存在，而葡萄糖基转移酶必须以蔗糖作为诱导因子才会产生。可见，肠膜明串珠菌必须在培养基中含有蔗糖的前提下才可能合成葡聚糖。而对比文件1中，虽然开菲尔发酵剂中含有肠膜明串珠菌，但是发酵培养基为番茄汁，其中不含蔗糖，按照上述论述，对比文件1是无法合成葡聚糖的。

在此基础上，申请人还希望从pH的角度来进一步证明对比文件1获得的发酵液中是不含有葡聚糖的。附件4（Kobayashi，M.，& Matsuda，K.，Characterization of the multiple forms and main component of dextransucrase from Leuconostoc mesenteroides NRRL B-512F. Biochimica et Biophysica Acta（BBA）-Enzymology，1980，614（1），p.56.）中图9表明由蔗糖诱导肠膜明串珠菌产生葡萄糖基转移酶的最适pH在5～7范围内，而当pH为4以下时活力十分低下。而且，附件1中第180页表2的数据也表明，pH为4时，即使肠膜明串珠菌在含有蔗糖的培养基中发酵，得到的发酵液中也无葡聚糖检出。再分析对比文件1，对比文件1中采用的培养基的初始pH为3.8左右，那么按照上述论述，该酸度条件是根本不适宜肠膜明串珠菌的生长的。

为了进一步证实按照对比文件1公开的培养基类型和pH来发酵时获得的果蔬汁饮料中不含有葡聚糖，发明人按照对比文件1的实施例5公开的条件进行了对比实验，对比实验与该实施例5的唯一不同在于：对比实验将实施例5中的开菲尔发酵剂替换为单一的发酵菌种肠膜明串珠菌（Leuconostoc mesenteroides）。实验结果表明：得到的发酵产物中没有葡聚糖的检出。如果说，全部使用肠膜明串珠菌作为发酵菌种都无葡聚糖的产生，那么，将其中的大部分肠膜明串珠菌替换为其他大量产酸但不产葡聚糖的发酵菌种，随着发酵pH的逐渐降低，更不可能在发酵产物中检出葡聚糖。

综上，申请人认为，由于同时缺少必需的蔗糖和适宜的发酵 pH，对比文件 1 公开的饮料中是不含有葡聚糖的，那么其充其量只能称为一种发酵果蔬汁饮料，与本发明所述的葡聚糖饮料完全不同。

基于此，前述的技术特征（1）制得的饮料的类型不同是属于审查员未提到的区别技术特征的一部分。

1.2 实际解决的技术问题

由上述区别技术特征，与权利要求 1 中的其他技术特征相结合，得到了权利要求 1 的技术方案。从本发明的实施例 1 来看，权利要求 1 提供的制备方法制得的富含葡聚糖的乳酸菌饮料中葡聚糖含量 0.50%，甜度为含有 10% 的蔗糖甜度，酸度 80°T，发酵液的含量占饮料总量的体积百分比为 15.5%；而且色谱分析的结果进一步证明，肠膜明串珠菌所产多糖是由葡萄糖单一糖基组成的，即为葡聚糖。

基于上述主要区别技术特征，以及本发明在应用了这些区别技术特征之后所解决的技术问题，以及所达到的技术效果，可以确定权利要求 1 实际解决的技术问题是：如何获得一种原料天然安全、工艺简洁、后处理方便且富含葡聚糖的功能性饮料的制备方法。

1.3 采用权利要求 1 的技术方案解决上述技术问题，达到上述技术效果，对于本领域技术人员而言是非显而易见的，具体阐述如下：

其一，肠膜明串珠菌在蔗糖—番茄汁水溶液这种来源天然、安全的培养基中发酵时，能产生富含葡聚糖的发酵液，对于这一点，对比文件 1 其他部分和本领域其他现有技术均未给出技术启示。

如前所述，申请人已经证明肠膜明串珠菌只有在蔗糖存在的前提下发酵才能生成葡聚糖，而对比文件 1 中由于缺少蔗糖和适宜肠膜明串珠菌生长的 pH 范围而无法合成葡聚糖；那么，审查员的观点“本领域技术人员可以根据对代谢产物的需求而对对比文件 1 中的各种菌进行常规取舍，从而，为了获得葡聚糖含量高的饮料而选取能产生大量葡聚糖的肠膜明串珠菌”显然已经不攻自破了；同时“本领域技术人员容易想到将蔗糖作为碳源，与番茄汁一起作为培养基来促进菌株的生长和代谢，使其产生葡聚糖”的审查意见也站不住脚了，具体阐述如下：

一方面，在对比文件 1 中根本无葡聚糖产生的前提下，本领域技术人员是没有任何动机从其中获取如何制备葡聚糖饮料的技术启示的，那么，审查员企图从“在番茄汁的基础上添加蔗糖来为葡聚糖的生成提供碳源是容易想到的”角度来否定权利要求 1 的创造性便是无法成立的，而且前述内容已经证实，能使得肠膜明串珠菌发酵产生葡聚糖的碳源只有蔗糖，微生物发酵领域常用的碳源如此之多，但并不是所有的碳源都可以达到此目的。

另一方面，抛开蔗糖带来的显著性差异不谈，仅针对番茄汁来说，其能作为肠膜明串珠菌发酵获得葡聚糖的发酵培养基，这在对比文件 1 和本领域其他现有技术中都没有给出任何技术启示。对比文件 1 是为了得到一种开菲尔发酵剂发酵的果蔬汁饮料，其中的浓缩番茄汁仅仅是果蔬汁的一种，那么，番茄汁所起的作用是为了给乳酸乳杆菌、肠膜明串珠菌、嗜热链球菌和乳糖克鲁维酵母形成的混合菌提供一个相互共生的发酵环境，获得的发酵产物主要是乳酸和酒精，也就是说，番茄汁并不是发挥作为获得葡聚糖的发酵底物的作用，基于此，本领域技术人员没有任何理由从中寻找可借鉴之处。而且，对比文件1使用的浓缩番茄汁为市售产品，其商品牌号、制备工艺、成分组成均不明确，与本发明旨在解决的现有培养基多为人工合成、来源不安全的技术问题是背道而驰的。

而其他现有技术中，一般是将肠膜明串珠菌接种于人工合成的培养基（其中含1%的蛋白质）中，再通过其他发酵条件的合理控制，来获得含有葡聚糖的发酵液。该人工合成的培养基一般组成复杂、部分成分来源紧缺，导致发酵基料成本高昂；采用这些基料发酵后，在提取制备多糖的过程中，通常为了去除蛋白质等干扰物质而加入氯仿、正丁醇、三氟三氯乙烷、三氯乙酸等有机溶剂，这些因素对商业化生产的成本、多糖的品质以及多糖在食品、医疗领域应用的安全性均存在不良影响。而本发明正是以“克服该发酵基料的原料来源狭隘，还需经过特定处理方式提取之后，再人为添加得到产品的应用方式缺乏安全性”为所要解决的技术问题的，在现有技术根本没有任何技术信息表明，蔗糖与番茄汁的配合使用能解决人工合成培养基存在的一系列缺陷的前提下，权利要求1所提供的制备方法无疑是具备创造性的。

因此，申请人认为，现有技术并没有给出蔗糖—番茄汁水溶液能解决所存在的技术问题的技术启示。

其二，采用蔗糖—番茄汁水溶液所能达到的明显节约后处理工艺的技术效果也是预料不到的。

按照本领域常规，使用人工培养基作为发酵底物时，得到的发酵基料往往需要冗长的产物分离操作，如前述，现有技术中为了去除蛋白质的干扰而添加有机溶剂的步骤，再如对比文件1中为了获得发酵果蔬汁饮料，需要对发酵液进行“冷藏静置过夜，除去沉淀物”等烦琐操作来除去代谢副产物。而本发明中，通过对发酵培养基的特殊筛选，以及对其他发酵条件（pH、需氧情况）的特殊限定，巧妙地实现了不需要对发酵液进行分离、除杂，也能获得稳定性优良、风味口感俱佳的葡聚糖饮料的预料不到的技术效果。因此，申请人认为，蔗糖—番茄汁水溶液这一发酵培养基的特殊筛选，是付出了创造性劳动的。

## 【案例 No. 1510122】固定冰箱线束的吸盘及包括其的冰箱及吸盘的用途

### ☞ 案由简要

该申请涉及一种固定冰箱线束的吸盘（权利要求1~3）、一种冰箱（权利要求4）以及一种吸盘的用途（权利要求5）。

➢ 一通：审查员引用一篇对比文件1（CN103791161A），认为权利要求1、4~5不具备新颖性，权利要求2~5不具备创造性。

➢ 答一通：删除原权利要求1和2，将原权利要求3上升为新的权利要求1，论述新权利要求1~3具备创造性。

➢ 二通：审查员认可之前意见陈述，但重新检索了新的对比文件2（CN203850626U），认为权利要求1~3不具备创造性。

➢ 答二通：后续省略。

☞ **相关权利要求**

1. 一种固定冰箱线束的吸盘，其包括一吸盘本体，其特征在于，所述吸盘本体的正面为一凹形的吸附面，所述吸盘本体的背面与一杆状部的一端连接，所述杆状部的另一端设有一止动部，所述止动部设有一用于穿设冰箱线束的通孔。

2. 如权利要求1所述的固定冰箱线束的吸盘，其特征在于，所述吸盘本体和所述止动部均一体成型于所述杆状部。

3. 如权利要求2所述的固定冰箱线束的吸盘，其特征在于，所述杆状部为一圆杆，所述止动部为一球体，所述球体的外径大于所述圆杆的直径。

☞ **相关说明书内容**

摘录一

一种固定冰箱线束的吸盘，其包括吸盘本体1，吸盘本体1的正面为一凹形的吸附面11，吸盘本体1的背面与一杆状部2的一端连接；杆状部2的另一端设有一止动部3，止动部3设有一用于穿设冰箱线束的通孔31；吸盘本体1和止动部3均一体成型于杆状部2。

使用时，冰箱线束穿设于通孔，然后将吸盘本体的吸附面吸附于冰箱的其他部件上，就可以达到将冰箱线束束缚住并将其固定于冰箱的效果。这样，使用本实施例的吸盘固定冰箱线束，具有固定方便、快捷的优点；由于可以无须使用胶带，因此，可以避免出现胶带浪费的情况，降低了生产成本。

摘录二

杆状部2和止动部3可以为各种形状。本实施例中，杆状部为圆杆，止动部为球体，球体的外径大于圆杆的直径。这样，仅使用本吸盘固定冰箱线束时，止动部可以串接较多的线束；当本吸盘与胶带配合使用时，止动部可以防止胶带滑出圆杆。

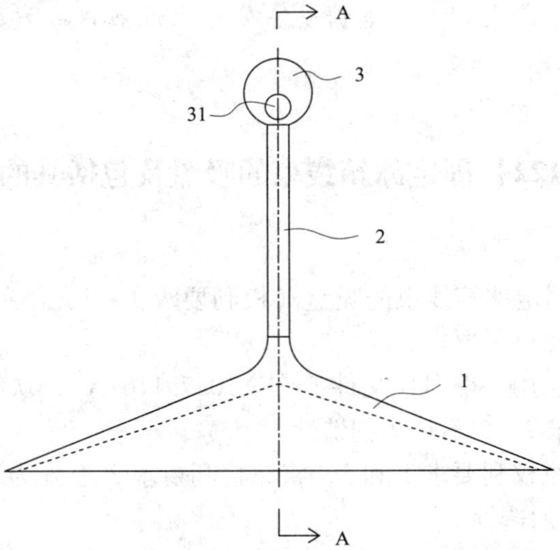


**图1**

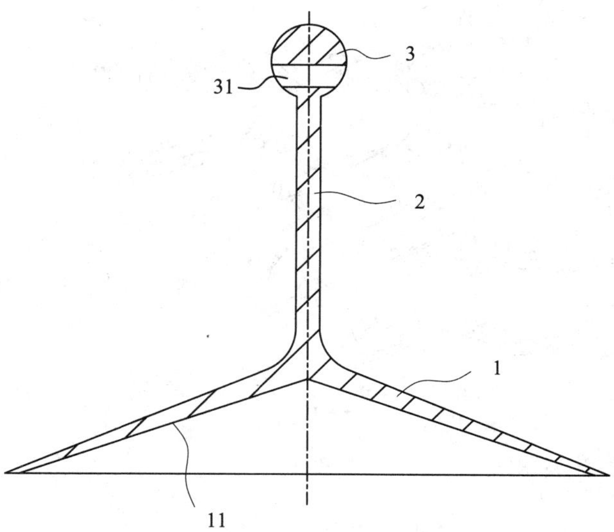


图 2

☞ **相关对比文件内容**

**【对比文件 1】**

摘录一

［0040］具体的安装过程为，首先将线束固定卡 1 的装配块 121 安装于冰箱箱体 2 上的安装口 21 内，并将线束固定卡 1 的吸盘结构 124 与冰箱箱体 2 吸合，然后进行发泡，发泡料 3 进入固定块 122 的发泡料填充孔 123 内并将其充满，完成线束固定卡 1 的固定。

摘录二

［0041］本实施例线束固定卡上的安装部上开有至少一个发泡料填充孔，将该线束固定卡安装在冰箱箱体上后进行发泡，发泡料可充满发泡料填充孔，将线束固定卡固定在冰箱箱体上，结构牢靠，不易脱落。且安装部具有装配块与冰箱箱体进行装配，同时装配块外围还设置有吸盘结构与冰箱箱体吸合，安装方便，结构简单且密封严密、不漏泡。

摘录三

［0035］线束固定部 11 包括环形本体 111，环形本体 111 上具有缺口 112。环形本体 111 上形成所述缺口 112 的两个端头处均具有斜面结构 113，且斜面结构 113 分别向缺口 112 的外侧倾斜，使得安装线束时线束很容易地通过斜面结构 113 滑入环形本体 111 内。斜面结构向环形本体 111 的内侧延伸形成倒刺结构 1131，使得滑入环形本体 111 内的线束不易跑出。

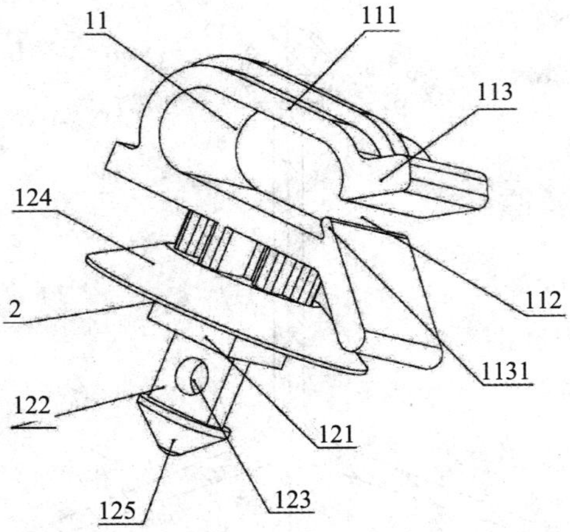


图 1

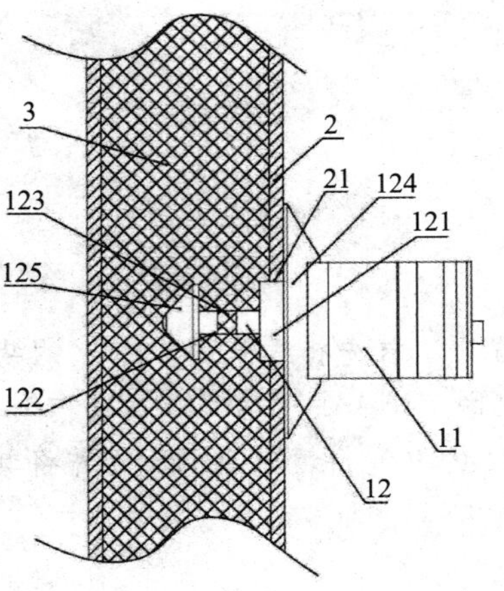


图 2

## ☞ 审查意见

第一次审查意见通知书摘录

权利要求 1 请求保护一种固定冰箱线束的吸盘，对比文件 1（CN103791161A）公开了一种线束固定卡及冰箱线束固定结构，并具体披露了下述的技术内容（参见说明书第 33～36 段及图 1～2）：线束固定卡包括用于固定冰箱线束的线束固定部 11 和用于将所述线束固定卡安装于冰箱箱体上的安装部 12；安装部 12 包括与线束固定部 11 连接的装配块 121，在装配块 121 的外围还设置有吸盘结构 124（相当于该案中的正面为凹形吸附面的吸盘本体）；线束固定部 11 包括环形本体 111（相当于该案中的止动部），环形本体 111 上具有缺口 112（相当于该案中的用于穿设冰箱线束的通孔）。从说明书图 2 可以直接毫无疑义地看出，吸盘结构 124 和环形本体 111 分别连接在一相当于该案“杆状部”两端。由此可见，权利要求 1 请求保护的技术方案与对比文件 1 披露的技术方案实质相同，二者仅是文字的表述上存在区别，其均属于冰箱附件领域，均可解决线束固定麻烦、组装效率低的问题，并可达到相同的预期技术效果，因而权利要求 1 不符合《专利法》第 22 条第 2 款规定的新颖性。

权利要求 2 引用权利要求 1，其附加技术特征未被对比文件 1 公开，因而其构成权利要求 2 相比于对比文件 1 的区别，基于该区别可确定其所要解决的技术问题是如何提高吸盘构件的受力稳定性。但为吸盘构件的稳定性起见，本领域技术人员能够想到使吸盘本体与止动部一体成型于杆状部上。因此，在其引用的权利要求 1 不具备新颖性前提下，权利要求 2 不符合《专利法》第 22 条第 3 款规定的创造性。

权利要求 3 引用权利要求 2，其附加技术特征未被对比文件 1 公开，但对于本领域技术人员来讲，所述杆状部和止动部的结构形式选择属于本领域的常规设计选择，无须付诸创造性劳动。因此，在其引用的权利要求 2 不具备创造性前提下，权利要求 3 不符合《专利法》第 22 条第 3 款规定的创造性。

☞ **答辩要点分析思路**

在机械领域的专利申请审查中，审查员对技术方案的不理解或理解有误包括两种情况：一种是对对比文件的内容不理解或理解有误，另一种是对该发明中权利要求书的内容不理解或理解有误。特别是审查员在看到对比文件的内容里，出现与该发明的零部件的名称在字面上相同或者相近的零部件时，审查员容易认为对比文件中的零部件与该发明中的零部件是相同的，而没有把该发明中的该零部件列为区别技术特征。但有可能该发明中的该零部件与现有技术中的零部件在各自技术方案中的作用是不同的，而导致整体技术方案完全不同。这就要求申请人在答辩过程中，仔细对比该发明中的零部件和对比文件中的零部件，不能光看两者的名称在字面上是否相同或者相近，还要看两者的具体形状构造以及在各自技术方案中所起的作用，来最终确定该发明中的该零部件是否是区别技术特征，从而正确地展开全方位的论述。

在该案中，审查员认为对比文件 1 中的吸盘结构与该发明中的吸盘本体在字面上相近，就认为两者是相同的。但实际上，对比文件 1 中的吸盘结构与该发明中的吸盘本体在作用上完全不同。由此，申请人就对比文件 1 中的吸盘结构与该发明中的吸盘本体在各自技术方案中的具体作用展开了详细的阐述，从而印证了审查员对该技术方案理解有误而找漏了区别技术特征，即该申请的“吸盘本体的正面为一凹形的吸附面”应为相对于对比文件 1 的区别技术特征。

☞ **意见陈述原文摘录**

一、修改说明

1. 删除原权利要求 1 和 2，将原权利要求 3 上升为新的权利要求 1。

2. 根据上述修改，相应地修改其他权利要求的编号及其引用的权利要求的编号。

具体请见权利要求书修改页和替换页。上述修改均未超出原说明书和权利要求书记载的范围，符合《专利法》第 33 条的规定。

二、新的权利要求 1 ~3 具备新颖性

经上述修改，形成了新的权利要求 1，新的权利要求 1 具备《专利法》第 22 条第 2 款规定的新颖性。

并列新的独立权利要求 2 要求保护一种冰箱，在其包括的新的权利要求 1 具备新颖性的情况下，其也必然具备新颖性。

并列新的独立权利要求3要求保护一种吸盘的用途，在其包括的新的权利要求1具备新颖性的情况下，其也必然具备新颖性。

三、新的权利要求1~3具备创造性

（一）新的权利要求1具备创造性

1. 新的权利要求1具有突出的实质性特点

1.1 确定最接近的对比文件

审查员引用了对比文件1（CN103791161A），该对比文件的实施例披露了发明的部分技术特征，因此将对比文件1作为最接近的现有技术。

1.2 新的权利要求1相对于对比文件1的区别技术特征和实际解决的技术问题

将本申请新的权利要求1与对比文件1相比较可知，本申请的固定冰箱线束的吸盘与对比文件1所公开的一种线束固定卡及冰箱线束固定结构的区别在于：

A. 吸盘本体的正面为一凹形的吸附面；

B. 所述止动部设有一用于穿设冰箱线束的通孔；

C. 所述吸盘本体和所述止动部均一体成型于所述杆状部；

D. 所述杆状部为一圆杆，所述止动部为一球体，所述球体的外径大于所述圆杆的直径。

在进一步论述前，先进一步解释一下上述区别技术特征：

关于区别技术特征A，审查员认为：对比文件1中装配块121的外围还设置有吸盘结构124，该吸盘结构相当于本发明中的正面为凹形吸附面的吸盘本体。

申请人对此有着不同的看法，申请人认为对比文件1中的吸盘结构并不相当于本发明中的吸盘本体，理由如下：

本发明的吸盘本体的正面为一凹形的吸附面，有效地使吸盘本体通过吸附面固定于冰箱表面，并且可以灵活地从冰箱表面取下，方便变换位置。

而对比文件1公开的线束固定卡及冰箱线束固定结构中，设置在装配块121的外围的吸盘结构124的作用是通过吸盘结构与冰箱箱体吸合，使线束固定卡与冰箱箱体密封严密、不漏泡。线束固定卡是通过将该线束固定卡安装在冰箱箱体上后进行发泡，发泡料可充满安装部上的发泡料填充孔，而将线束固定卡固定在冰箱箱体上。也就是说，线束固定卡是通过发泡料充满安装部上的发泡料填充孔而固定在冰箱箱体上，同时，线束固定卡一旦固定在冰箱箱体上，就不可以再取下，不能变换位置。

因此，对比文件1中的吸盘结构与本发明的正面为凹形吸阳面的吸盘本体的作用完全不同，即对比文件1中的吸盘结构并不相当于本发明中的吸盘本体。

关于区别技术特征B，审查员认为：对比文件1中环形本体111上具有缺口112，该缺口相当于该案中的用于穿设冰箱线束的通孔。

对此申请人有着不同的看法，理由如下：

本发明的止动部设有一用于穿设冰箱线束的通孔，所述通孔为密封孔结构，有效地将穿设于其中的冰箱线束完全固定于其密封孔结构中。

而对比文件1公开的线束固定卡及冰箱线束固定结构中，环形本体111的结构上形成有缺口112，使环形本体111不是密封环形结构，这样穿设于其中的冰箱线束容易从其缺口中滑出。

因此，对比文件1中的缺口的结构与本发明的通孔的结构完全不同。

关于区别技术特征C，本发明的所述吸盘本体和所述止动部均一体成型于所述杆状部，这样，不仅提高了吸盘自身的稳定性，并使得制造更方便。

关于区别技术特征D，本发明中所述杆状部为一圆杆，所述止动部为一球体，所述球体的外径大于所述圆杆的直径的设计方案，使本发明的吸盘不仅有通过通孔固定冰箱线束的方式，同时还有与胶带配合使用进而固定冰箱线束的方式。具体来说，该种方式是通过胶带的一端将冰箱线束固定，另一端缠绕于杆状部，由于球体的外径大于圆杆的直径，可以有效防止胶带从杆状部滑出，然后将吸盘本体吸附于冰箱的其他部件上，达到将冰箱线束固定束缚住并将其固定于冰箱的效果。这样使得本发明的吸盘使用更为方便，具有固定方便、快捷的优点。

基于上述区别特征，本技术方案相对于对比文件1实际解决的技术问题是，灵活地将固定冰箱线束的吸盘可拆卸地连接于冰箱表面以及冰箱的其他部件上，并方便变换连接的位置；将冰箱线束完全固定于冰箱线束的吸盘上；提高吸盘自身的稳定性，以及通过杆状部和止动部的结构设计使吸盘使用更为方便。

1.3　新的权利要求1中的技术方案对于本领域技术人员来说是非显而易见的

在详细论述之前，申请人特别希望澄清说明的是，如何判断发明相对于现有技术是否显而易见。评价发明相对于现有技术是否显而易见，应当严格按照专利审查指南的“三步法”进行判断，即根据最接近的现有技术确定发明的区别技术特征和实际解决的技术问题，进而判断要求保护的发明对于本领域技术人员来说是否显而易见。《审查指南》第二部分第四章3.2.1.1“三步法”的核心步骤（3）中明确指出，在现有技术中给出了将区别技术特征应用于最接近的现有技术，以解决所述技术问题，并且使本领域技术人员产生动机进行改进的技术启示的情况下，本发明创造才可判断为显而易见（此处的发明实际解决的技术问题是指为获得更好的技术效果而需对最接近的现有技术进行改进的技术任务，有些情况下，在阐述一发明技术方案所解决的技术问题时，该技术方案获得的有益效果通常就是该技术方案解决的技术问题）。由此可知，判断发明创造是否显而易见，是将区别技术特征一并结合获得的更好的技术效果（解决的技术问题），来判断现有技术中是否存在相应的技术启示。可见，判断创造性的重点在于现有技术是否给出实现技术方案及其效果的技术启示。

在本申请的技术方案中，通过技术特征A将固定冰箱线束的吸盘可拆卸地连接于冰箱表面以及冰箱的其他部件上。

本领域技术人员可以采用多种惯用手段将固定冰箱线束的吸盘可拆卸地连接于冰箱表面以及冰箱的其他部件上，在此简单列举如下：

1）通过粘贴的方式实现可拆卸地连接：如通过在原有部件上的连接部分的外表面额外设置背胶或者涂覆粘贴层，来实现可拆卸地连接于冰箱表面以及冰箱的其他部件上；

2）通过增加额外的部件实现可拆卸地连接：如通过增加凸起和凹槽形成的卡扣连

接方式或者螺栓和螺母的配合，来实现可拆卸地连接于冰箱表面以及冰箱的其他部件上。

由此可知，上述两种惯用手段都是通过增设结构或者增设部件来实现可拆卸地连接于冰箱表面以及冰箱的其他部件上。

然而，本申请的新的权利要求1中是通过吸盘本体的正面为一凹形的吸附面，是通过凹形的吸附面可以直接吸附面固定于冰箱表面来实现可拆卸地连接的。由此可见，这种通过凹形的吸附面的结构与上述通过粘贴的方式实现可拆卸地连接以及通过增加额外的部件实现可拆卸的连接属于完全不同的设计方案。

因此，该专利申请新的权利要求1中的上述技术特征A不是实现可拆卸地连接方式的惯用手段，本发明区别技术特征A是发明人不仅考虑到如何将固定冰箱线束的吸盘可拆卸地连接于冰箱表面以及冰箱的其他部件上，进一步更考虑到如何在使用吸盘时能够更为方便灵活地拆卸，并达到更快捷的目的而提出的设计方案。

因此，区别技术特征A不是公知常识。

关于区别技术特征D,“对于本领域技术人员来讲，所述杆状部和止动部的结构形式选择属于本领域的常规设计选择，无须付诸创造性劳动”，所以审查员认为区别技术特征D是本领域技术人员常用技术手段。

对此申请人有着不同的看法：技术特征D实际解决的技术问题是通过杆状部和止动部的结构设计使吸盘使用更为方便，具体来说，是指本发明的吸盘不仅有通过通孔固定冰箱线束的方式，同时还有与胶带配合使用进而固定冰箱线束的方式，其结构更加紧凑，用途更为广泛，利于方便使用。要证明技术特征D是公知常识，就要证明技术特征D是解决该技术问题的惯用手段或者技术特征D在教科书或工具书中披露过能解决该技术问题的情况下才能算作公知常识。

首先，没有教科书或工具书披露过技术特征D能解决该技术问题。

其次，无论是在对比文件1的技术方案还是对比文件背景技术的方案中，都没有在所述球体的外径和所述圆杆的直径的尺寸关系上有限定。

由此可见，本领域技术人员在现有技术的基础上，不会过多地考虑使通过杆状部和止动部的连接关系和所述球体的外径和所述圆杆的直径的尺寸关系达到其他的使用效果。

在解决重新确定的技术问题时，本领域技术人员必定是习惯于在维持大部分原有基本运动原理或结构大致不变的情况下，进行改进（比如，通过限定对比文件1中装配块的形状为方形以便于装配块和冰箱箱体装配牢靠，通过增加填充孔的数量来提高线束固定卡的稳定性，再比如线束固定部的直径来增加可以固定线速的数量等）。然而技术特征D是通过所述杆状部为一圆杆，所述止动部为一球体，所述球体的外径大于所述圆杆的直径的设计方案，来实现当采用与胶带配合使用进而固定冰箱线束的方式，具体来说，是通过胶带的一端将冰箱线束固定，另一端缠绕于杆状部，由于球体的外径大于圆杆的直径，可以有效防止胶带从杆状部滑出，然后将吸盘本体吸附于冰箱的其他部件上，达到将冰箱线束固定束缚住并将其固定于冰箱的效果。所以技术特征D必定不是解决重新确定的技术问题的惯用手段。

综上所述，区别技术特征D不是公知常识。并且，区别技术特征B和C也不是公知常识。

综上所述，新的独立权利要求1的技术方案，是本领域技术人员根据对比文件1并结合其他现有技术也是不容易想到的，故具有突出的实质性特点。

2. 新的权利要求1具有显著的进步

本技术方案通过设置吸盘本体的正面为一凹形的吸附面，使吸盘能够灵活地将固定冰箱线束的吸盘可拆卸地连接于冰箱表面以及冰箱的其他部件上，并方便变换连接的位置；通过所述止动部设有一用于穿设冰箱线束的通孔，将冰箱线束完全固定于密封孔结构内，也就是完全固定于冰箱线束的吸盘上；通过所述吸盘本体和所述止动部均一体成型于所述杆状部，提高了吸盘自身的稳定性；以及通过杆状部和止动部的结构设计使吸盘使用更为方便。因而获得了有益的技术效果，具有显著的进步。

综上所述，新的独立权利要求1具有突出的实质性特点和显著的进步，具备《专利法》第22条第3款所规定的创造性。

### 三、未以“所属领域的技术人员”的角度理解技术而找漏或找错区别技术特征

为了保证创造性判断的公正、客观及一致性，《审查指南》中规定了以“所属领域的技术人员”（即“本领域技术人员”）这一假设的“人”作为评价创造性的主体。这是创造性判断中的核心原则之一。实践中判断创造性的任何主体（包括审查员、发明人、申请人、专利权人、专利代理师、无效宣告请求人、法官）都理应尽可能地以此假设的“所属领域的技术人员”的视角进行创造性评价。但由于客观上不同的人具有不同的知识背景、经验及主观感觉，难以克服个体的差异性，很难真正意义上成为完全理想的一名“所属领域的技术人员”，使得实践中对于创造性的判断随着判断主体的不同而产生偏差。

在区别技术特征的确认过程中，审查员受限于自身对于所属领域技术知识的了解，常常未能以“所属领域的技术人员”的知识水平理解技术特征，而得出错误的判断结果。比如，对同一技术术语，若分别以普通公众、普通技术人员、所属领域的技术人员的角度理解，可能会得出不同的含义和解释，这将直接影响发明与最接近的现有技术在技术方案上差异点的比较分析。在审查员对相关所属领域技术知识不甚了解的情况下，其往往只能凭借一名普通公众或具有一般技术知识的普通技术人员的感觉去把握该技术术语的含义，从而很容易发生找错或找漏区别技术特征的情况。专利代理师在分析答辩策略时，应当多与发明人进行沟通，查阅所属领域的技术资料，加强自身对发明所属领域技术知识的了解，以分辨出此类理解错误。在意见陈述中，应当提供有力的证据，纠正审查员的理解，将其拉回“所属领域的技术人员”的视角，正确地判断发明与最接近的现有技术的技术特征之间的差异。

## 【案例 No. 1510105】 侧入式背光模块及侧入式导光板

### ☞ 案由简要

该申请涉及一种侧入式背光模块及侧入式导光板。

➢ 一通：审查员引用了两篇对比文件，分别为对比文件1（TW200928465A）和对比文件2（CN102681084A），认为权利要求1和4不具备新颖性，认为权利要求2~3、5~9不具备创造性。

➢ 答一通：未修改权利要求，针对审查意见进行了反驳，并论述权利要求1~9具备新颖性和创造性。

➢ 审查结果：审查员认可。

☞ **相关权利要求**

1. 一种侧入式导光板，其特征在于，包含：一透光板体，具有一第一侧面、一出光表面，及一与该第一侧面相对应的第二侧面，该出光表面分别邻接该第一侧面与该第二侧面，且介于两者之间，以及一取光图案，由复数个取光微结构所构成，形成于该出光表面，在侧剖面上，各该取光微结构为由一较接近该第一侧面的第一侧壁及一较接近该第二侧面的第二侧壁所构成的凹孔；该些第一侧壁与该出光表面的夹角，随距离该第一侧面的距离增加而逐渐变小，且该些第二侧壁与该出光表面的夹角，随距离该第二侧面的距离增加而逐渐变小。

4. 一种侧入式背光模块，其特征在于，包含：一侧入式导光板，一透光板体，具有一第一侧面、一出光表面，及一与该第一侧面相对应的第二侧面，该出光表面分别邻接该第一侧面与该第二侧面，且介于两者之间，以及一取光图案，由复数个取光微结构所构成，形成于该出光表面，在侧剖面上，各该取光微结构为由一较接近该第一侧面的第一侧壁及一较接近该第二侧面的第二侧壁所构成的凹孔，以及一第一光源，位于该第一侧面；该些第一侧壁与该出光表面的夹角，随距离该第一侧面的距离增加而逐渐变小，且该些第二侧壁与该出光表面的夹角，随距离该第二侧面的距离增加而逐渐变小。

☞ **相关说明书内容**

摘录一

侧入式背光模块1包含至少一第一光源10及一侧入式导光板12。第一光源10为点光源，可以通过选择发光二极管实现，但也不排除其他可能；第一光源10具有光轴1，其为第一光源10发出的光线在空间中光强度分布的对称轴。此外，侧入式导光板12的底面1208可以设置有一反射片13，用以反射由底面泄露而出的光线，以提高光线利用效率。

侧入式导光板12包含一透光板体120及一取光图案122。

摘录二

透光板体120包含第一侧面1202、出光表面1204及第二侧面1206，第二侧面1206相对于第一侧面1202，出光表面1204介于第一侧面1202及第二侧面1206之间，且邻接于第一侧面1202及第二侧面1206。

第一光源10安装于第一侧面1202，且较佳地，第一光源10的光轴1垂直于第一侧面1202设置。透光板体120还可以包含一底面1208，相对于出光表面1204，并邻接第一侧面1202及第二侧面1206。

取光图案 122 形成于出光表面 1204，并由复数取光微结构 1222 所构成。取光图案 122 用以引导进入侧入式导光板 12 的光线，使光线能够由出光表面 1204 均匀地射出。

摘录三

第一侧壁 1224 与出光表面 1204 的夹角，随距离第一侧面 1202 的距离增加而逐渐变小，藉以控制光线在每个第一侧壁 1224 的反射量。第二侧壁 1226 与出光表面 1204 的夹角，随距离第二侧面 1206 的距离增加而逐渐变小，如此一来，可以使近光侧及远光侧的光线都能够朝向大致垂直于光轴 I 的方向传递。从本实施方式的光学设计理念的角度来看，第一侧壁 1224 的主要作用在于将光线往后方传送，而第二侧壁 1226 的主要作用则在于将从第一侧壁 1224 出射的光线，反射并调整其反射角度，进而取得较垂直于出光表面 1204 的整体光学表现。

附图

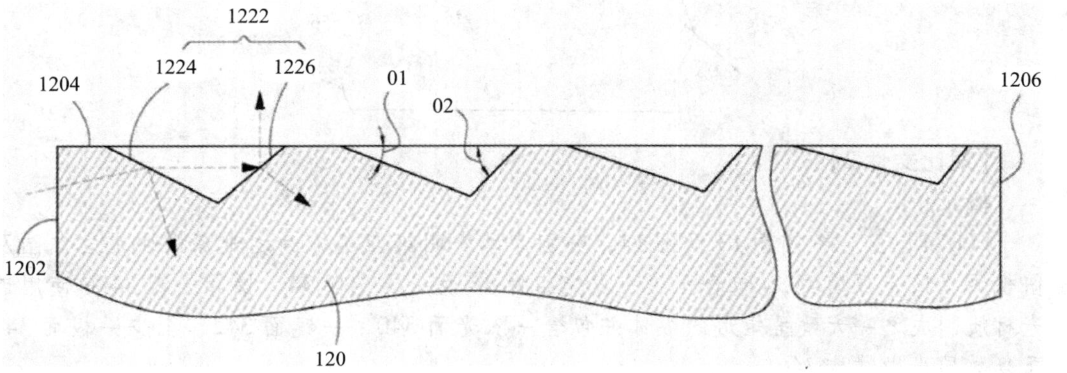


## ☞ 相关对比文件公开内容

**【对比文件 1】**

摘录一

為了使 V 形溝槽 60 之設計能使光線行進路線達到上述效果，其第一表面 62 和第二表面 64 之夾角必須有特殊之設計。如第 4 圖所示，第一表面 62 與第二表面 64 分別與出光面 68 形成一第一夾角以及一第二夾角，分別以角度 B、C 表示。由於光線必須以約略垂直於第一表面 62 之方向經過 V 形溝槽 60 而進入透光薄膜 58，因此第一夾角 B 與光線入射角 A 之關係必須滿足公式：B≦（90°-A）≦90°。再者，若要使光線能被第二表面 64 全反射而垂直射出導光板 54，則第二夾角 C 應為銳角，且第二夾角 C 與光線入射角 A 之關係必須滿足公式：C≦45°+A/2。又由於 LED 光源 52 之光線出射角為正負 70°至 80°，因此 V 形溝槽 60 必須設計成具有不同之角度，以配合入射光線之行進路線。在較佳實施例中，距離入光面 66 較遠之第一夾角 B 較大於距離入光面 66 較近之第一夾角 B，而距離入光面 66 較遠之第二夾角 C 較小於距離入光面 66 較近之第二夾角 C，如第 2 圖所示。

摘录二

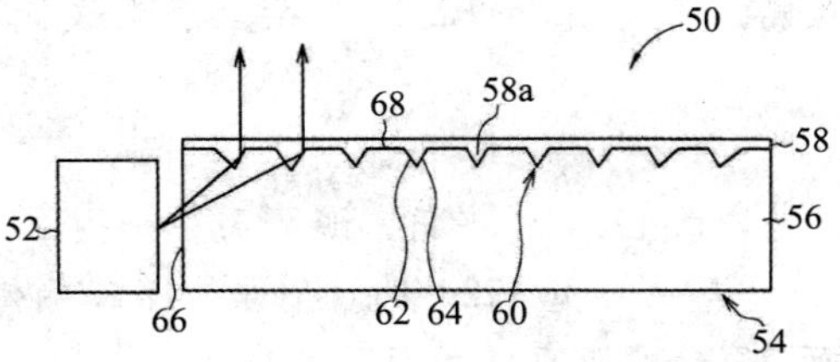


摘录三

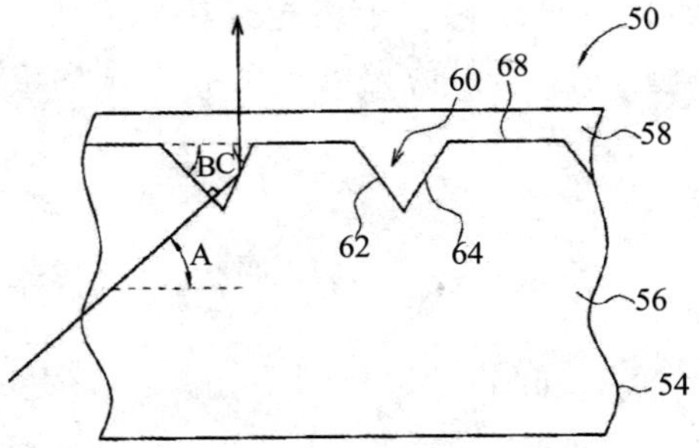


**【对比文件2】**

摘录一

[0074] 配合参阅图13及图14，分别为本发明第四实施例之光源模块之立体图及俯视图。该光源模块30包含至少一发光组件32及一导光板34，该导光板34是使用透光材质制成之一大致呈矩形的板体并包含一入光面340、一镜面342、至少一板面344及复数导光微结构346。

[0075] 该发光组件32设置于该入光面340并朝向该入光面340发出光线，该镜面342面对该入光面340，该板面344邻接该入光面340及该镜面342。于本实施例中，该入光面340为该导光板34短边方向（对应图中y轴方向）之一侧面，该板面344为该导光板34具有较大面积之一侧面，且该板面344的x轴方向的长度为b，但是须知此并非为对本发明之限制。该发光组件32的数量可以为一个或多个，于本实施例中，该发光组件32的数量以一个为例，且较佳地，该发光组件32为发光二极管。

[0076] 该些导光微结构346设置于该板面344，且该些导光微结构346之亮度影响参数是随着与该入光面340之距离而不同。于本实施例中，该些导光微结构346的轮廓形状以规则排列之圆形为例，实际实施时则不以此限。

[0077] 该些导光微结构346之亮度影像参数可以为该等导光微结构346的分布密度（如图13所示）、设置深度及面积之其中之至少之一者，或者，该等导光微结构346之亮度影响参数可以同时为该些导光微结构346的分布密度、设置深度及面积。另外，亮度影响参数的数值高的区块3440得以散射较多的光量，亮度影响参数的数值小的区块3440得以散射较少的光量。

[0078] 该板面344沿着平行于该镜面342之法线方向n之一延伸线L撷取复数个等距离分布的区块3440，该些区块3440的尺寸皆相同，其中上述尺寸是指该些区域

3440 的外形轮廓及面积。于本实施例中，该板面 344 包含六个区块 3440，该些区块 3440 的外形轮廓以正方形为例说明，实际实施时则不以此限。该等区块 3440 之其中之一区块 3440 之亮度影响参数具有一最大值。由于该邻近于该镜面 342 之该等导光微结构 346 必须同时地散射通过该入光面 340 进入该导光板 34 的光线以及通过该镜面 342 反射后返回该导光板 34 的部分光线，为了避免该板面 344 于邻近于该镜面 342 处的出光强度大于其他区域，则该些导光微结构 346 之亮度影响参数的数值必须随着逐渐地邻近该镜面 342（即邻近图中 b 处所示）而递减，使最靠近该镜面 342 处之该些导光微结构 346 之亮度影响参数小于亮度影响参数的最大值，如图 15 所示，通过该等导光微结构 346 之亮度影响参数以调整该导光板 34 的出光量，使达到均匀出光。

摘录二

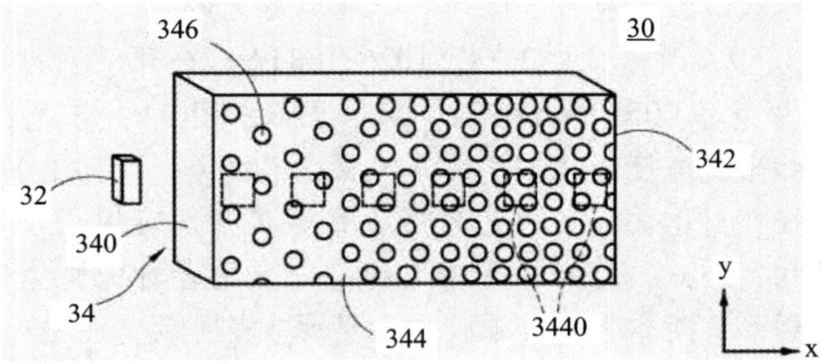


图 13

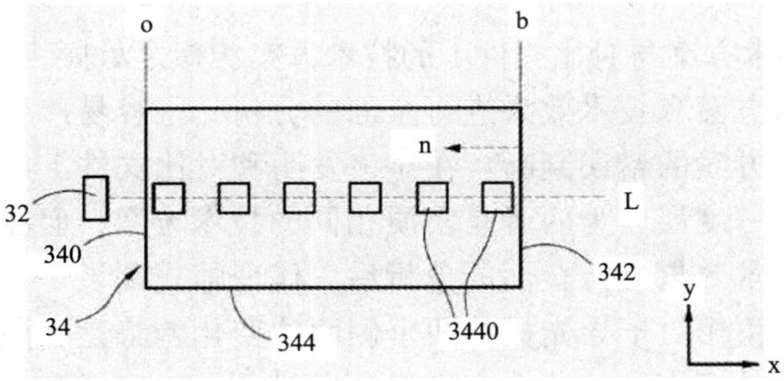


图 14

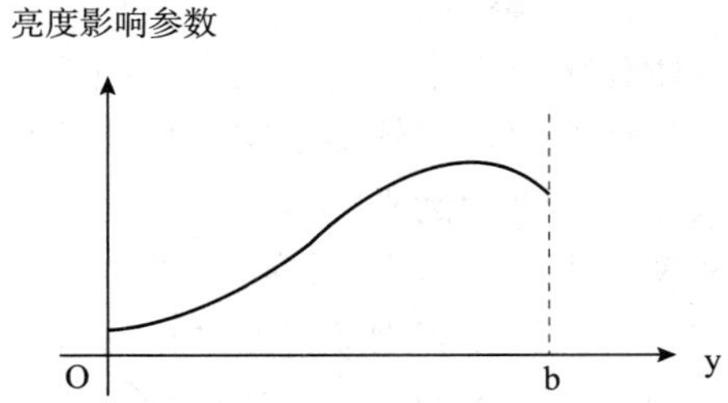


图 15

### ☞ 审查意见

1. 权利要求 1、4 分别请求保护一种侧入式导光板和侧入式背光模块，对比文件 1（TW200928465A）公开了一种复合导光板与背光模组，包括（参见第 7 页首段至第 10 页第 2 段，图 2、图 4、图 6）：背光模组 50 包括至少一 LED 光源 52 与一复合导光板 54；复合导光板 54 包含一透光板体 56；透光板体 56 包含入光面 66（即第一侧面）、与之相对的第二侧面和介于两者之间的出光面 68：出光面 68 表面具有复数个 V 型沟槽 60（即凹孔的取光微结构），其包含一较接近入光面 66 的第一表面 62（即第一侧壁）和一较远于入光面 66 的第二表面 64（即第二侧壁）；第一表面 62、第二表面 64 分别与出光面 68 形成第一及第二夹角 B、C，越远离入光面 66，第一夹角和第二夹角 B、C

会分别越来越大和越来越小（参见第9页第2段至第10页首段、图2和图4）。

由此可见，权利要求1、4的全部技术特征已经被对比文件1公开了，因此不具有《专利法》第22条第2款规定的新颖性。

2. 从属权利要求2、3引用权利要求1，从属权利要求5－9引用权利要求4，其附加技术特征是相对于对比文件1的区别技术特征。

然而权利要求2、5~8的附加技术特征仅属于本技术领域的常用技术手段，将取光微结构的形式设置为在出光面方向的长度小于垂直出光面方面的高度，以获得合适的聚光效果，例如增加微结构对光线的全反射等作用以增加光线的利用率，选取光源厚度2~3倍的导光板以使光源入光充分以及获得良好的导光效果，在第二侧面加入另一光源以增强光量或者设置反光材料增加光线利用率，在对比文件1的基础上采用这些常用技术手段对本领域普通技术人员而言是显而易见的。

对于权利要求3、9，对比文件2（CN102681084A）公开了一种导光板14及其光源模块10（参见说明书第［0051］~［0054］段、图6~图9）：导光板14的入光面140上设置多个用于增加出光亮度和均匀度的导光微结构146（即凹孔），其轮廓形状可为椭圆形。该技术特征在对比文件2中的作用也是为了形成可以增加导光板出光亮度和均匀度的取光微结构，因此，在对比文件1的基础上结合对比文件2，将其沟槽60的轮廓形状设置为椭圆形，对本领域普通技术人员而言是显而易见的。

因此，当其引用的权利要求不具备新颖性时，权利要求2、3、5~9请求保护的技术方案也不具备突出的实质性特点，不具备《专利法》第22条第3款规定的创造性。

### ☞ 答辩要点分析思路

该案答辩的难点在于，该发明的技术方案与对比文件1的技术方案相似之处颇多，如不仔细对两个方案的技术问题、技术方案和技术效果进行全面的分析，很容易产生该发明和对比文件1是实质相同的技术方案的错误判断。在对该发明和对比文件1的技术方案进行剖析的过程中，代理师也一度误以为两者是实质相同的技术方案，但在对两个方案从技术问题、技术方案到技术效果进行全面的分析后，代理师找到了一个突破口：该发明中取光微结构的两个夹角相对于导光板的两个侧面的变化趋势是不同于对比文件1的，此时代理师的眼前豁然开朗，从这个突破口顺藤摸瓜，确定了这个区别技术特征所解决的技术问题和所达到的技术效果是不同于对比文件1的，由此确定审查员并没有以本领域技术人员的角度客观地进行分析。

未能以本领域技术人员的角度分析包括以下两种情况：其一，以高于本领域技术人员的方式，就是在对该发明和对比文件的技术方案进行分析时，在该发明的基础上添油加醋，加入了未公开的技术特征，导致对该发明和对比文件的技术方案的理解产生偏差；其二，以低于本领域技术人员的方式，就是仅理解了该发明和对比文件的技术方案的表象，想当然地做出主观判断，导致对该发明和对比文件的技术方案的理解产生偏差。

具体到该案，根据审查意见通知书，很显然审查员对该发明和对比文件1的技术方案没有进行深入、全面的剖析，以低于本领域技术人员的方式对该发明的新颖性和创造性做出了错误的判断。由于该发明中取光微结构的结构和对比文件1中的V型沟槽的结构从截面上看非常相似，审查员想当然地认为这两个结构是实质相同的结构，实际上忽略了几个问题：第一，该发明的取光微结构和对比文件1的V型沟槽的尺寸相差了几个量级且从整体上看结构完全不同；第二，该发明的取光微结构中的两个夹角相对于导光板的两个侧面的变化趋势与对比文件1的V型沟槽中的两个夹角相对于导光板的两个侧面的变化趋势是完全相反的；第三，该发明所达到的技术效果不同于对比文件1所达到的技术效果。显然，审查员如果能够重视上述三个问题，就能够从“本领域技术人员”的角度客观、全面地对该发明和对比文件1的技术方案进行全面的剖析，就不会错误地判断该发明的新颖性和创造性。

在具体意见陈述过程中，仅仅阐述V型沟槽和取光微结构是完全不同的两个结构以及区别技术特征所达到的技术效果不同于对比文件1是不够的，还应当告诉审查员，该发明的区别技术特征所达到的技术效果是本领域技术人员无法通过简单改变对比文件1的方案或者对比文件1和2结合后的方案来达到的，该点其实是意见陈述书中的核心所在。代理师在阐述这一点时，从该发明、对比文件1各自结构对于光传播的影响出发，明确两者光传播的方式是不同的，那自然达到的效果也是不同的，同时对比文件2中也没有技术启示将对比文件1对光传播的方式改进至该发明对光传播的方式。通过上述思路可以论证该发明具备新颖性和创造性。

☞ **意见陈述原文摘录**

（一）独立权利要求1的新颖性

（1）对比文件1所公开的技术方案与该专利申请权利要求1所要求保护的技术方案不同。

审查员引用了对比文件1（TW200928465A），并在审查意见中指出对比文件1公开了该专利申请权利要求1中的所有技术特征，对此，申请人持有不同的意见，申请人认为对比文件1并没有公开该专利申请权利要求1中的以下技术特征：

A. 所述取光图案由复数个取光微结构所构成，形成于该出光表面；

B. 在侧剖面上，各该取光微结构为由一较接近该第一侧面的第一侧壁及一较接近该第二侧面的第二侧壁所构成的凹孔；

C. 该些第一侧壁与该出光表面的夹角，随距离该第一侧面的距离增加而逐渐变小，且该些第二侧壁与该出光表面的夹角，随距离该第二侧面的距离增加而逐渐变小。

具体理由如下：

首先，对比文件1中的V型沟槽60并不相当于该专利申请权利要求1中的取光微结构。具体来说，取光微结构是一种需要借助显微镜才能观察到的结构，而沟槽则是不需要借助特殊仪器仅凭肉眼就能够观察到的结构，故取光微结构和V型沟槽是完全不同的两种结构。因此，对比文件1并没有公开上述技术特征A。

在对比文件1没有公开该专利申请权利要求1中的取光微结构的基础上，其必然没有公开上述技术特征B和C。

进一步地，对比文件1没有公开上述技术特征C。在对比文件1（参见对比文件1说明书实施例第9页第2段至第10页第1段及图2、图4）中，V型沟槽中的第一夹角B随着距离入光面的距离的增大而增大，第二夹角C随着距离入光面的距离增大而减小。而本申请的权利要求1所公开的技术特征是“第一侧壁与出光表面的夹角，随距离第一侧面的距离增加而逐渐变小，第二侧壁与出光表面的夹角，随距离第二侧面的距离增加而逐渐变小”。由上述可知，本申请权1所公开的取光微结构的剖面结构设计完全不同于对比文件1所公开的V型沟槽的剖面结构设计，对比文件1的实施例和附图所公开的技术方案根本没有披露取光微结构中较近于入光面的夹角随着距离入光面的距离增大而减小、较远于入光面的夹角随着距离入光面的距离增大而增大的细部结构，申请人希望澄清的是，随着距离入光面的距离增大而减小的较近于入光面的夹角和随着距离入光面的距离增大而增大的较远于入光面的夹角所组成的光学结构，与随着距离入光面的距离增大而增大的较近于入光面的夹角和随着距离入光面的距离增大而减小的较远于入光面的夹角所组成的光学结构，是完全不同的两个光学结构。

因此，对比文件1所公开的技术方案与本申请权利要求1的技术方案并不相同。

(2) 对比文件1所解决的技术问题以及产生的技术效果与该专利申请权利要求1所解决的技术问题以及产生的技术效果不同。

对比文件1所解决的技术问题为：如何提供结构简单又具有较高强度的背光模组。

所产生的技术效果为：在透光板体与透光薄膜之间包含复数个V型沟槽界面，因此可以改变光线行进路线，使得大部分行进至凸型微结构之光线会被V型沟槽界面全反射，以垂直向上之角度射出符合导光板，能提高光线正向射出之比例，进而提升辉度和光线利用率。

然而，该专利申请权利要求1所解决的技术问题为：

为了克服传统的导光板用于背光模块时均匀度不佳，导致显示器各区域的亮度不一致，造成观看者不舒服的缺陷。

所产生的技术效果为：侧入式导光板的光线反射量不会随着远离光源减少而是在远离光源的方向上大致保持一均值，进而侧入式导光板及侧入式背光模组出光更为均匀。

由此可知，两者所解决的技术问题以及产生的技术效果均完全不同。

综上所述，对比文件1所公开的技术方案与该专利申请权利要求1所要求保护的技术方案不同，且两者解决的技术问题及产生的技术效果不同。因此，本申请权利要求1相对于对比文件1而言具备新颖性，符合《专利法》第22条第2款的规定。

(二) 独立权利要求1具备创造性

1. 独立权利要求1具有突出的实质性特点

1) 确定最接近的现有技术。

对比文件1 (TW200928465A) 与本发明的技术领域相同，公开了本发明部分技术特征，因此将对比文件1作为本发明最接近的现有技术。

2) 相比于对比文件1，独立权利要求1的区别技术特征和实际解决的技术问题。

参见上文针对新颖性的陈述部分可知，比较对比文件1和独立权利要求1的技术方案，相对于对比文件1，权利要求1的区别技术特征至少为：A、B、C（参见新颖性论述部分）。

在对比文件1所公开的技术方案中，离入光面更远的V型沟槽中的第一夹角B设置得更大，近光侧的V型沟槽中的第一侧面所能反射的光线相比于远光侧的V型沟槽中的第一侧面更少，远光侧有更多的光线被反射，从而造成远光侧的出光量更弱。

相对于对比文件 1，上述区别技术特征所能达到的技术效果为：

侧入式导光板的光线反射量不会随着远离光源减少而是在远离光源的方向上大致保持一均值，进而，侧入式导光板及侧入式背光模组出光更为均匀。（参见本申请说明书 0025 段）

具体而言，在本申请的权利要求 1 所公开的技术方案中，离入光面更近的第一侧壁与出光表面的夹角设置得更大，近光侧的第一侧壁所能够反射的光线更多，而离入光面更远的第一侧壁与出光表面的夹角设置得更小，从而使得从远光侧的第一侧壁出射的光线就越少，这部分被反射的光线在透光板体内传播至距离入光面更远的取光微结构的第一侧壁最终出射，有效地降低了出光表面在近光侧的出光量，使得整个侧入式导光板的出光更为均匀。

所以本发明的独立权利要求 1 相对于对比文件 1 实际解决的技术问题是：避免过多光线在侧入式导光板的近光侧射出侧入式导光板，保证侧入式导光板整体出光均匀。

……

3）独立权利要求 1 中的技术方案对于本领域的技术人员来说是非显而易见的。

①对比文件 2（CN102681084A）未披露上述区别技术特征 B ~ C，也没有给出将上述区别技术特征 B ~ C 应用于对比文件 1 以解决上述重新确定的技术问题的技术启示。

对比文件 2 公开了一种导光板 34 及其光源模块 30，导光板的板面 344 上设置多个用于增加出光亮度和均匀度的导光微结构 346，该导光微结构 346 将镜面 342 反射后的大部分光线散射后由板面 344 出光。导光微结构 346 必须同时地散射通过该入光面 340 光线以及通过该镜面 342 反射的部分光线，为避免该板面 344 对应该第一区域 3440 处的出光强度大于第二区域 3442 而使该光源模块 30 产生出光不均的情形。（参见对比文件 2 第［0074］~［0078］段，图 13）

据上文可知，对比文件 2 仅仅公开了“导光微结构设置于出光面”，并没有公开导光微结构上具有“第一侧壁”和“第二侧壁”，更没有公开“第一侧壁与出光面的夹角随着与入光面的距离增大而减小，第二侧壁与出光面的夹角随着与入光面的距离增大而增大”。

因此，从对比文件 2 所公开的技术方案，本领域技术人员无法得到将本申请权利要求 1 的区别技术特征 B ~ C 应用于对比文件 1 以解决上述重新确定的技术问题的技术启示。

②区别技术特征 B ~ C 也不是公知常识。

首先，没有任何一本教科书或工具书披露解决侧入式导光板的上述技术问题，就要采用包含上述区别技术特征 B ~ C 的技术方案。

其次，就本技术领域而言，为了解决该专利申请权利要求 1 中的上述技术问题，本领域技术人员根本就不容易想到上述区别技术特征 B ~ C。对比文件 2 中仅仅公开了将与入光面 340 相对的表面 342 设置为镜面，其能够反射该光源模块内部射至其上的光线，故在对比文件 2 中导光微结构的设计思路是通过对导光微结构的深度、面积及分布密度等参数进行调整，使得导光微结构能够散射从镜面 342 反射的较多的光线，最后达到均匀出光的效果。在此基础上，为了解决该专利申请权利要求 1 中的上述技术问题，本领域技术人员只会倾向于对光源的位置、光源与导光板的尺寸调整以及对比文件2实施例中提及的对导光微结构的深度、面积、分布密度等影响参数进行调整的改进方式来达到侧入式导光板的出光更均匀的目的，而不可能向其他方向尤其是本申请权利要求1中提及的区别技术特征B～C的方向去改进。

在对比文件1和对比文件2的基础上，假设发明人在付出巨大的努力后，最终获得与对比文件1和对比文件2所公开的技术方案完全不同的该专利申请新的权1的技术方案，那么在对比文件2的基础上，在将对比文件1所公开的复合导光板改进成该专利申请新的权利要求1中的侧入式导光板的改进过程中，本领域技术人员所付出的巨大努力本身，便已经足以从侧面证明本专利申请的该技术方案的创造性之高。

本申请权利要求1的区别技术特征B～C，通过对取光微结构的光学表面结构的设置，解决避免过多光线在侧入式导光板的近光侧射出侧入式导光板，保证侧入式导光板整体出光均匀的技术问题。上述这些光学结构的设置，是需要本领域的技术人员付出创造性劳动的。因此，上述区别技术特征B～C也不是公知常识。

综上所述，本发明的独立权利要求1的技术方案，是本领域技术人员根据对比文件1并结合对比文件2、公知常识等其他现有技术也是不容易想到的，具有非显而易见性，故具有突出的实质性特点。

2. 权利要求1具有显著的进步

权利要求1通过将取光微结构设计为“由一较接近该第一侧面的第一侧壁及一较接近该第二侧面的第二侧壁所构成的凹孔；该些第一侧壁与该出光表面的夹角，随距离该第一侧面的距离增加而逐渐变小，且该些第二侧壁与该出光表面的夹角，随距离该第二侧面的距离增加而逐渐变小”的结构，提供了避免近光源侧出射过多光线的侧入式导光板，保证了良好的出光均匀性。因而获得了有益的技术效果，具有显著的进步。

综上所述，独立权利要求1具有突出的实质性特点和显著的进步，具备《专利法》第22条第3款所规定的创造性。

## 【案例No. 1510716】细胞复苏器

### ☞ 案由简要

该案涉及一种细胞复苏器（权利要求1～10）。

➢ 一通：审查员引用了四篇对比文件，分别为：对比文件1（CN104278466A）、对比文件2（CN201785394U）、对比文件3（玉珍主编，实用细胞培养技术，高等教育出版社，2010年11月，第65页）、对比文件4（吕鹏，最新输血技术学，人民卫生出版社，1994年8月第1版，第480页），认为权利要求1～10不具备创造性。

➢ 答一通：删除原权利要求1，将原权利要求7上升为新权利要求1，论述新权利要求1～9具备创造性。

➢ 二通：审查员重新进行了检索，将对比文件5（CN202290110U）作为最接近的现有技术。

➢ 答二通及后续程序：略。

☞ **相关权利要求**

原权利要求

1. 一种细胞复苏器，包括水浴锅，其特征在于，该细胞复苏器还包括：

升降机构和设置在升降机构上的承载装置；

控制器，与该升降机构电连接，用于控制该升降机构的运动并将该承载装置放入该水浴锅中。

7. 如权利要求1所述的细胞复苏器，其特征在于，该细胞复苏器还包括距离传感器，设置于该升降机构上，该距离传感器与该控制器电连接，且该距离传感器用于定位该承载装置位于该水浴锅中的位置。

☞ **相关说明书内容**

摘录一

本发明涉及细胞生物学技术领域，特别涉及一种细胞复苏器。

摘录二

一种细胞复苏器，用于快速恢复冷存在液氮中的细胞活性。本发明包括水浴锅1，升降机构2，可拆卸地设置在升降机构2上的承载装置，控制器4和距离传感器（图中未示出）。

本实施例中，升降机构2为丝杆升降机，包括电机（图中未示出）、丝杆21、滑块机构22，控制器4与升降机构2电连接，用于控制升降机构2的运动并将承载装置放入水浴锅1中。承载装置为托盘3，但不限于托盘3，可以为可夹持冻存管5的夹具。托盘3上设有卡位孔，托盘3可用于批量固定不同尺寸的冻存管5。

本实施例中，细胞复苏器还包括距离传感器，设置于升降机构2上，距离传感器与该控制器4电连接，用于定位承载装置位于水浴锅1中的位置。

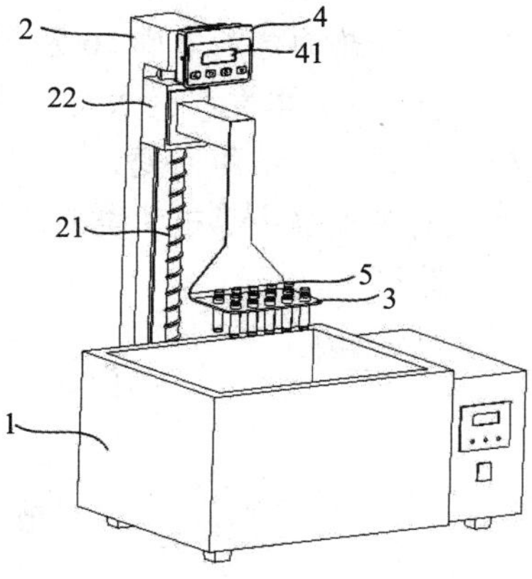


在细胞复苏过程中，操作人员通过控制器4上的按钮或者水浴锅1上的按钮设定水浴锅1的温度，接着操作人员将装有细胞的冻存管5通过卡位孔放置在托盘3上，并通过控制器4设定冻存管5放置在水浴锅1中的时间，该时间通过操作人员大量反复实验并不断总结最后确定。这时控制器4控制升降机构2运动，距离传感器定位升降机构2在水浴锅1中的位置后，控制器4停止升降机构2动作，同时控制器4中的计数器开始计数，当时间达到设定时间值，控制器4控制升降机构2将冻存管5批量取出，实现冻存管5与水浴锅1的分离。

☞ **相关对比文件公开内容**

**【对比文件1】**

摘录一

背景技术

［0002］染整行业是我国比较传统的行业，我国的染整行业是在20世纪90年代中

后期才开始有新的发展，逐步从半机械化朝机械化发展。染色的前期打小样从手工打样慢慢地进入机械化操作，提高了生产效率及技术的准确性和重复性。

［0003］目前国内市场上染色小样机根据其工作原理有二类，即振荡式和翻滚式两类，这两类都是靠机械力来带动染液，使染液运动，从而带动在染液中的织物运动，使其产生搅拌及冲击达到匀染的目的。这两类设备具有以下缺点：一些织物受到大的水流冲击会产生布面毛糙、纤维黏结等问题，从而影响织物的染色结果；硫化染料的小样染色，因其染色的深浅染料与浴比有关，上述二类的染色小样机都需要有较为固定的浴比，才能达到匀染的效果，因此，硫化染料的小样染色也受到局限，人们只能采用手工搅拌的方式来进行小样染色。因此，对现有的小样机进行改进是本领域技术人员亟待解决的问题。

摘录二

［0022］实施例3

［0023］一种升降式小样机，包括机体1、调速电机2，调速电机2设于机体1的下方，由调速电机2通过升降传动机构带动升降轴3上下运动，升降轴3与吊杆升降旋转盘4固定连接，吊杆升降旋转盘4设于升降轴3的顶部，与升降轴3同步上下运动；所述的升降传动机构为调速电机2通过连接同步带及同步带轮5带动蜗轮蜗杆减速箱6，蜗轮蜗杆减速箱6与偏心轮7相连，由偏心轮7带动升降轴3上下运动；所述的吊杆升降旋转盘4下侧连接水浴槽搅拌盘连接套8，水浴槽搅拌盘连接套8连接水浴槽搅拌盘连接杆9，水浴槽搅拌盘连接杆9连接水浴槽搅拌盘10，水浴槽搅拌盘连接杆9带动搅拌盘10随吊杆升降旋转盘4上下运动；所述的吊杆升降旋转盘4内设有微型电机，微型电机通过皮带连接旋转皮带轮11，旋转皮带轮11带动旋转轴12及吊杆夹紧机构13旋转及吊杆14一起旋转；所述的升降式小样机还包括水浴槽15，水浴槽15下部设有用于加热的电加热管16及控制水浴槽温度的温控器。

［0024］本发明提供的解决了现有的小样机染色不均及现有搅拌方式使织物表面毛糙、褶皱、黏结的问题，其结构简单、使用方便、保证织物的均匀染色、节约了劳动力，同时也解决了硫化染料小样染色的浴比问题，填补了目前国内小样机的空白。

附图一

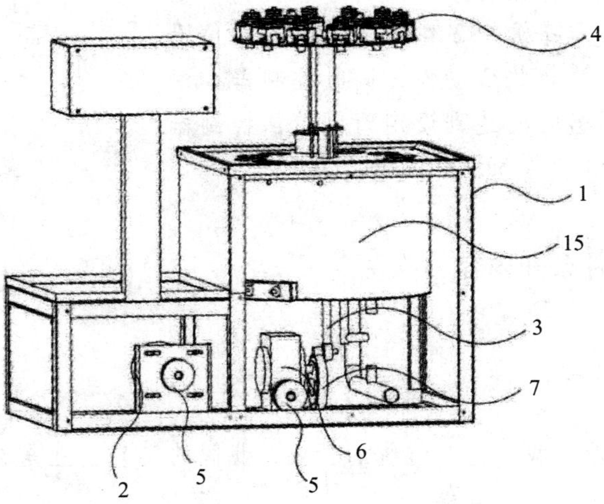

附图二

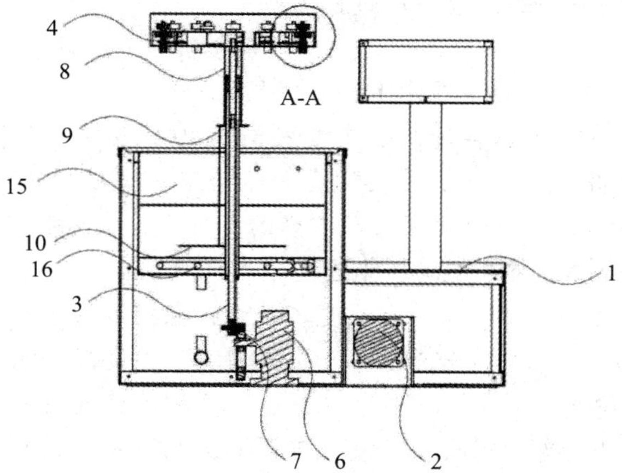


**【对比文件3】**

从液氮罐中取出冻存管，立即放入37～40℃恒温水浴箱或搪瓷杯内，注意水位不能超过冻存管盖，以免增加污染机会。

☞ **审查意见**

摘录一

1. 权利要求1请求保护一种细胞复苏器，对比文件1（CN104278466A，2015年11月4日）公开了一种升降式小样机，具体公开了（参见实施例3）包括机体1、调速电机2，调速电机2设于机体1的下方，由调速电机2通过升降传动机构带动升降轴3（相当于本申请升降机构）上下运动，升降轴3与吊杆升降旋转盘4（相当于本申请承载装置）固定连接，吊杆升降旋转盘4设于升降轴3的顶部，与升降轴3同步上下运动：所述的升降传动机构（相当于本申请控制器）为调速电机2通过连接同步带及同步带轮5带动蜗轮蜗杆减速箱6，蜗轮蜗杆减速箱6与偏心轮7相连，由偏心轮7带动升降轴3上下运动；所述的升降式小样机还包括水浴槽15，水浴槽15下部设有用于加热的电加热管16及控制水浴槽的温度的温控器。权利要求1请求保护的技术方案与对比文件1相比，区别技术特征在于：（1）本申请用于细胞复苏，控制器用于控制该升降机构的运动并将该承载装置放入该水浴锅中，基于上述区别技术特征可以确定，权利要求1相对于对比文件1实际要解决的技术问题是提供一种利用升降结构控制细胞进入水浴锅实现细胞复苏的装置。

对于区别技术特征（1），对比文件1已经公开了利用控制装置控制升降轴上下运动，进而带动承载装置上的承载物进出水浴槽的机械装置，其中涉及的控制装置、升降轴、承载装置和水浴槽与本申请控制器、升降机构、承载装置和水浴锅发挥相同的作用；同时，本领域技术人员知晓细胞复苏操作需要将冻存的细胞从液氮中取出浸入37℃温水中使其快速融化，待融化后再将其从水浴中取出进行后续操作。因此，细胞复苏必然涉及进出水浴锅的步骤，在对比文件1已经公开了利用相关结构通过升降运动，实现进出水浴锅的基础上，本领域技术人员有动机采用类似的装置实现细胞进出水浴锅进行细胞复苏，因此，权利要求1不具备突出的实质性特点和显著的进步，不符合《专利法》第22条第3款有关创造性的规定。

摘录二

4. 权利要求7～10引用权利要求1，对细胞复苏器作出进一步限定。对比文件3已经公开了，从液氮罐中取出冻存管，立即放入37～40℃恒温水浴箱或搪瓷杯内，注意水位不能超过冻存管盖，以免增加污染机会。即给出了需要对冻存管在水浴锅内的位置进行定位的技术启示；在对比文件公开内容的基础上，在为实现自动化的处理，在升降机构上设置距离传感器，并将其与控制器电连接用于控制冻存管的升降是本领域技术人员容易想到并做到的；因细胞复苏对温度较敏感，在控制器中设置报警模块警示水浴温度的异常状态是常规的技术手段；在多管操作领域，为提高记录效率和准确率，使用条形码和扫码枪对信息进行记录是常规的应用，将控制器连接扫码枪并对获取的条形码信息进行存储是常规的设置；在机械领域为方便监测相关参数设置显示屏是常规的技术手段，根据具体需要选择显示内容是本领域技术人员的常规选择，不需要付出创造性的劳动；因此，当其引用的权利要求不具备创造性时，权利要求7～10也不具备突出的实质性特点和显著的进步，不符合《专利法》第22条第3款有关创造性的规定。

**☞ 答辩要点分析思路**

通过比对该案涉及的技术领域与审查员引用的对比文件1的技术领域，发现两者相差甚远，对于该类案件答辩要点之一为纠正审查员的理解，首先论述该案的技术领域是什么，再论述对比文件1的技术领域是什么，分析两者所涉及的技术领域是不同的，也不相近的，将审查员拉回至该案所属技术领域的技术人员的视角，重新判断发明与最接近的现有技术的技术特征之间的差异。

在该案分析过程中，由于重新确定了该案的所述技术领域，因而可以对审查员指出的“升降传动机构”相当于“控制器”进行反驳，论述升降机构应用于纺织领域，控制器应用于细胞复苏领域，两者的作用、控制机理、控制元件的运动方式均是不同的，两者不能相当，来反驳审查员指出的“升降传动机构”相当于“控制器”的观点。

为了进一步突出在不同的技术领域，“升降传动机构”与“控制器”的作用、控制机理、控制元件的运动方式的不同，使审查员更容易接受代理师的观点，将原权利要求7修改为新权利要求1，此时控制器还能实现承载装置在水浴锅中的精确定位，而对比文件1中的升降传动机构显然不能实现上述功能。

在论述申请文件和对比文件的技术领域不同时，可借助申请文件和对比文件的分类号来说明两者技术领域的不同。具体到该案，该发明的分类号为C12M 1，对比文件1的分类号为D06B23。可见，这是两个完全不同技术领域的发明创造，两者没有可比性，从而可从这个角度来论述权利要求1的所有技术特征均应为区别技术特征。

**☞ 意见陈述原文摘录**

一、新权利要求1具备创造性

1. 新权利要求1具有突出的实质性特点

1.1　最接近的现有技术

审查意见中引用对比文件1～4，其中对比文件1公开了一种升降式小样机，公开本申请技术特征最多，解决技术问题最接近，将其作为最接近的现有技术。申请人对此并无疑义。

1.2　区别技术特征及实际解决的技术问题的认定

审查意见中指出，权利要求1请求保护的技术方案与对比文件1相比，区别技术特征在于：本申请用于细胞复苏，控制器用于控制该升降机构的运动并将该承载装置放入该水浴锅中。对此，申请人有不同意见与您商榷。

首先，申请人认为，对比文件1公开的是一种升降式小样机，用于纺织领域的布匹染色，而本申请要求保护的是一种细胞复苏器，用于生物领域的细胞复苏，细胞复苏和纺织属于两个不同的技术领域。

其次，审查意见中指出，对比文件1中的“升降传动机构”相当于本申请的“控制器”，申请人不能认同。参见对比文件1的实施例3及图2，升降轴的升降高度由偏心轮的运动轨迹决定，吊杆升降旋转盘的升降高度由升降轴的升降高度决定，从图2可以看出升降传动机构只能通过升降轴驱动吊杆升降旋转盘在水浴槽的上方做升降运动，并不能将吊杆升降旋转盘放入水浴槽中。而本申请中，控制器控制升降机构运动并将承载装置放入水浴锅中。可见，“控制器”与“升降传动机构”的控制机理、控制元件的运动方式是不同的。从而，“升降传动机构”与“控制器”是不同的，“升降传动机构”不可能相当于“控制器”，“控制器”应当为本申请的区别技术特征。

最后，对比文件1也未公开控制器与升降机构的电连接关系，因此，“控制器，与该升降机构电连接”也应为本申请的区别技术特征。

另外，对比文件1并未公开原权利要求7的附加技术特征，因此，新权利要求1中新增的原权利要求7的附加技术特征也应作为新权利要求1与对比文件1的区别技术特征。

从而，申请人认为，新权利要求1相比于对比文件1具有的区别技术特征为：一种细胞复苏器，包括：控制器，与该升降机构电连接，用于控制该升降机构的运动并将该承载装置放入该水浴锅中；该细胞复苏器还包括距离传感器，设置于该升降机构上，该距离传感器与该控制器电连接，且该距离传感器用于定位该承载装置位于该水浴锅中的位置。

审查意见中指出，权利要求1相对于对比文件1实际要解决的技术问题是提供一种利用升降结构控制细胞进入水浴锅实现细胞复苏的装置。对此，申请人有不同意见与您商榷。

首先，参照上述分析可知，审查员认定的区别技术特征存在缺失，因此，根据区别技术特征以及所能达到的技术效果确定的本申请实际解决的技术问题也是不正确的。

其次，审查员在确认本申请实际解决的技术问题时并没有详细分析权利要求1的技术效果，导致其认定的技术问题缺乏依据，难以令人信服，事实上，新权利要求1利用上述区别技术特征后所能达到的技术效果为：实现了自动化的细胞复苏，保证了细胞复苏操作的一致性，且可实现冻存管在水浴锅中位置的精确定位，即使冻存管中的细胞全部置于水浴锅中，但水浴锅中的水又不会没过冻存管口，避免了温水污染细胞，从而提高了细胞复苏的质量和稳定性。

综上，基于上述区别技术特征及新权利要求1所能达到的技术效果，新权利要求1的技术方案实际解决的技术问题是：提供一种自动化程度高，能保证细胞复苏操作一致性，且能够避免温水污染细胞的细胞复苏器。

1.3　新权利要求1的技术方案对本领域技术人员来说是非显而易见的

（1）对比文件3无法给出技术启示。

审查意见中指出，对比文件3公开了：注意水位不能超过冻存管盖，以免增加污染机会。即给出了需要对冻存管在水浴锅内的位置进行定位的技术启示。对此，申请人难以认同。

首先，虽然对比文件3公开了：注意水位不能超过冻存管盖，以免增加污染机会，但其并未公开解决上述问题的技术手段，使水位不超过冻存管盖可通过多种方式实现，并不是必须以本申请的距离传感器的方式实现。且申请人认为，由于现有技术均是手动将冻存管放入水浴锅中，因此“注意水位不能超过冻存管盖”仅是一个警示语，告诫操作人员将冻存管放入水浴锅中时，不可使水位超过冻存管盖。而正是由于人工手动操作常使水浴锅中的水没过冻存管管口，导致细胞污染，才会有上述警示语。

其次，对比文件3公开的是一种细胞复苏的方法，而对比文件1公开的是一种升降式小样机，用于纺织领域的布匹染色，细胞复苏和纺织属于两个不同的技术领域，两者技术上没有相关性，本领域技术人员在两者没有相关性的基础上，要将对比文件3公开的技术方案毫无障碍地运用到最接近的现有技术来解决上述技术问题，这对本领域技术人员而言，并非是一种显而易见。因此，退一步讲，即便对比文件3公开了上述区别技术特征，本领域技术人员在面对上述技术问题时，仍然无法从对比文件3中得到将上述区别技术特征应用于最接近的现有技术的启示。

（2）上述区别技术特征不属于本领域的公知常识

根据本申请背景技术记载：在现有细胞复苏操作中，人工操作时无法完全避免水浴锅中的水没过冻存管盖造成冷冻管细胞污染问题，可见细胞复苏过程中，人工手动将冻存管放入水浴锅中才是本领域的公知常识。又参见对比文件2第［0013］段记载：对比文件2同样公开了一种细胞复苏器，其可使用托盘手柄方便地将冷冻管托盘取出，由此证明了人工手动将冻存管放入水浴锅中才是本领域的公知常识。

现有技术的细胞复苏方式（人工手动将冻存管放入水浴锅中），均存在无法精确定位冻存管在水浴锅中的位置，导致冻存管中的细胞无法全部置于水浴锅中，或水浴锅中的水可能会没过冻存管管口致使温水污染细胞的问题。而新权利要求1的技术方案是在现有技术的基础上创造性地提出将控制器、升降机构和距离传感器相结合实现自动化的细胞复苏操作，现有技术中从来没有公开过将这些技术特征进行结合，且新权利要求1的技术方案实现了冻存管在水浴锅中位置的精确定位，即使冻存管中的细胞全部置于水浴锅中，但水浴锅中的水又不会没过冻存管管口，避免了温水污染细胞，从而提高了细胞复苏的质量及稳定性。从而，申请人认为，新权利要求1的区别技术特征是针对本领域的公知常识做出的改进，上述区别技术特征不属于本领域的公知常识。

综上所述，现有技术从整体上无法给出将上述区别技术特征应用到最接近的现有技术以解决上述技术问题的技术启示。

因此，新权利要求 1 的技术方案具有突出的实质性特点。

2. 新权利要求 1 具有显著的进步

新权利要求 1 的技术方案，实现了自动化的细胞复苏，保证了细胞复苏操作的一致性，且可实现冻存管在水浴锅中位置的精确定位，即使冻存管中的细胞全部置于水浴锅中，但水浴锅中的水又不会没过冻存管管口，避免了温水污染细胞，从而提高了细胞复苏操作的质量及稳定性。

因此，新权利要求 1 的技术方案具有显著的进步。

综上，新权利要求 1 相对于现有技术具有突出的实质性特点和显著的进步，具备《专利法》第 22 条第 3 款所规定的创造性。

## 【案例 No. 1111012】一种苯并含氮杂环类化合物、其制备方法、中间体和应用

### ☞ 案由简要

该发明涉及一种如式 I 所示苯并含氮杂环类化合物或其盐、其制备方法、中间体、应用（权利要求 1 ~ 9 为化合物或其盐，权利要求 10 ~ 12 为制备方法，权利要求 13 ~ 14 为中间体，权利要求 15 ~ 17 为应用）。

➢ 一通：审查员引用 3 篇对比文件认为权利要求 1 ~ 17 不具备创造性；另外，权利要求 1 ~ 12、15 ~ 17 与权利要求 13 ~ 14（部分）之间没有单一性。

➢ 答一通：删除权利要求 1 的部分技术方案，对其保护范围进行缩小，论述新权利要求 1 ~ 17 具备创造性；另外，删除权利要求 13 ~ 14 中与权利要求 1 ~ 12、15 ~ 17 不具备单一性的技术方案。

➢ 审查结果：审查员认可答一通的意见陈述，在二通时审查员仅指出新权利要求 1 ~ 17 得不到说明书的支持，通过缩小权利要求的保护范围后授权。

### ☞ 相关权利要求

原权利要求 1：

一种如式 I 所示苯并含氮杂环类化合物或其盐；

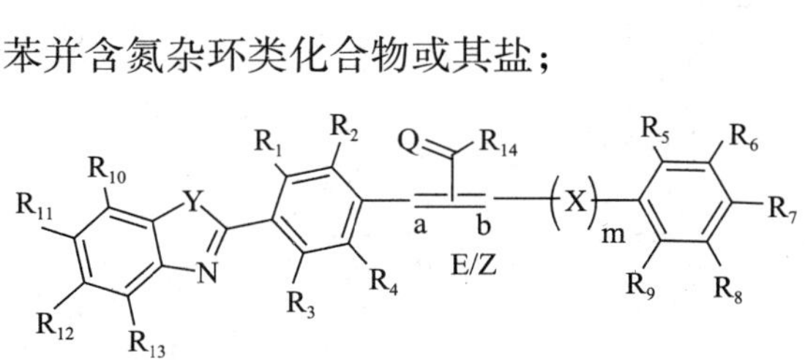


式 I

其中，$R_1$、$R_2$、$R_3$、$R_4$、$R_5$、$R_6$、$R_8$、$R_9$、$R_{10}$、$R_{11}$、$R_{12}$和 $R_{13}$独立地为氢原子、羟基、氰基、硝基、卤原子、$C_1 \sim C_8$的直链或支链烷基、$C_1 \sim C_8$的含 1 ~ 2 个不饱和键

的直链或支链烃基、$C_1 \sim C_8$的烷氧基、$C_1 \sim C_8$的烷基取代的芳氧基、卤素或$C_1 \sim C_8$的烷基取代的$C_6 \sim C_{12}$的芳基；或者独立的$R_{10}$、$R_{11}$以及分别与$R_{10}$、$R_{11}$相连的苯环上的两个碳原子一起成碳环；或者独立的$R_{11}$和$R_{12}$以及分别与$R_{11}$、$R_{12}$相连的苯环上的两个碳原子一起成碳环；或者独立的$R_{12}$和$R_{13}$以及分别与$R_{12}$、$R_{13}$相连的苯环上的两个碳原子一起成碳环；或者独立的$R_5$和$R_6$以及分别与$R_5$、$R_6$相连的苯环上的两个碳原子一起成碳环；或者独立的$R_8$和$R_9$以及分别与$R_8$、$R_9$相连的苯环上的两个碳原子一起成碳环；所述的碳环为五元碳环、六元碳环；其余略。

答一通修改后的新权利要求1：

1. 一种如式Ⅰ所示苯并含氮杂环类化合物或其盐；

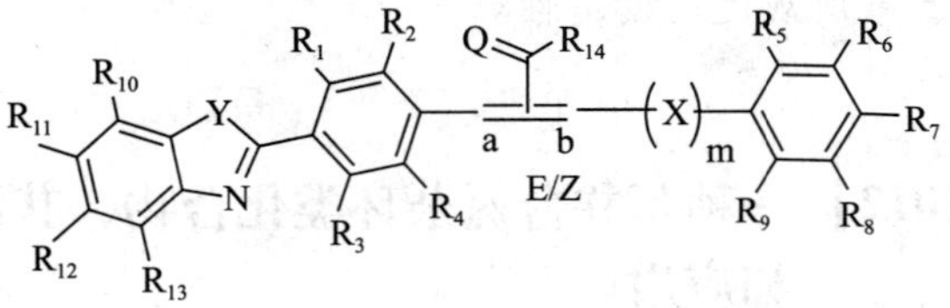

式 I

其中，$R_1$、$R_2$、$R_3$、$R_4$、$R_5$、$R_6$、$R_8$、$R_9$、$R_{10}$、$R_{11}$、$R_{12}$和$R_{13}$独立地为氢原子、羟基、氰基、硝基、卤原子；或者独立的$R_{10}$、$R_{11}$以及分别与$R_{10}$、$R_{11}$相连的苯环上的两个碳原子一起成碳环；或者独立的$R_{11}$和$R_{12}$以及分别与$R_{11}$、$R_{12}$相连的苯环上的两个碳原子一起成碳环；或者独立的$R_{12}$和$R_{13}$以及分别与$R_{12}$、$R_{13}$相连的苯环上的两个碳原子一起成碳环；或者独立的$R_5$和$R_6$以及分别与$R_5$、$R_6$相连的苯环上的两个碳原子一起成碳环；或者独立的$R_8$和$R_9$以及分别与$R_8$、$R_9$相连的苯环上的两个碳原子一起成碳环；所述的碳环为五元碳环、六元碳环；其余略。

**☞ 相关对比文件公开内容**

对比文件1（Yousuke Ooyama等，Molecular Designs and Syntheses of Organic Dyes for Dye－Sensitized Solar Cells，*European Journal of Oraganic Chemistry*，2009（18），2903－2934，公开日期2009年4月30日）：公开了可作为染料光敏化剂的化合物D7（具体见对比文件1第2910页Fig. 8）：

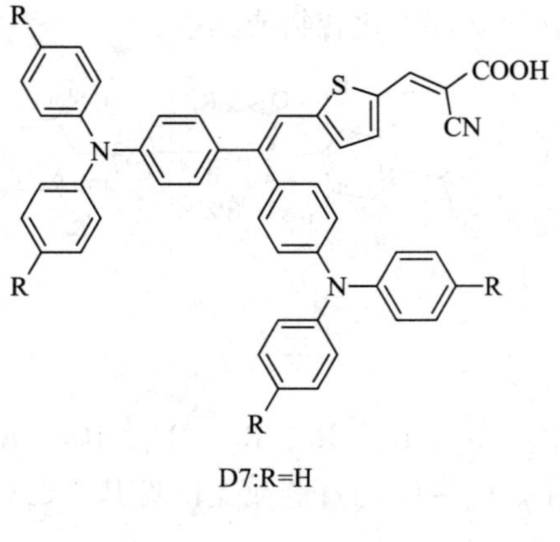

D7:R=H

对比文件2（JP2006310097A，公开日为2006年11月9日）公开的化合物No. 265（参见第51页结构式）：

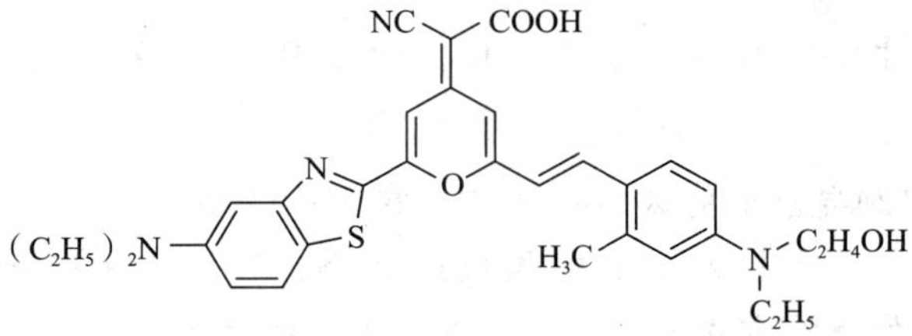

对比文件3（Guangliang Zhang等，High efficiency and stable dye－sensitized solar cells with an organic chromophore featuring a binary π－conjugated spacer，*Chem. Commun*，(16)，2198－2200，公开日为2009年3月2日）公开了3，4－亚乙二氧基噻吩与给体三苯胺连接，提高HOMO能级。

### ☞ 审查意见

1. 权利要求1不符合《专利法》第22条第3款的规定

权利要求1请求保护一种式Ⅰ所示苯并含氮杂环类化合物或其盐，其可用作光敏化介质，结合现有技术和说明书的内容可知，式Ⅰ化合物是一种D－π－A（donor－acceptor π－conjugated）结构的染料敏化剂，该分子具有两个给体D，分别为 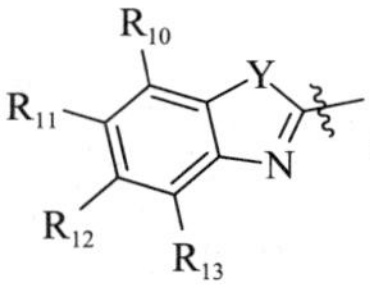 和 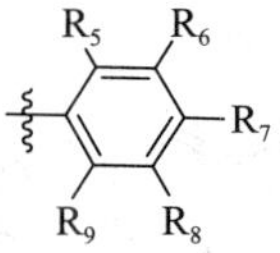，其π桥结构为 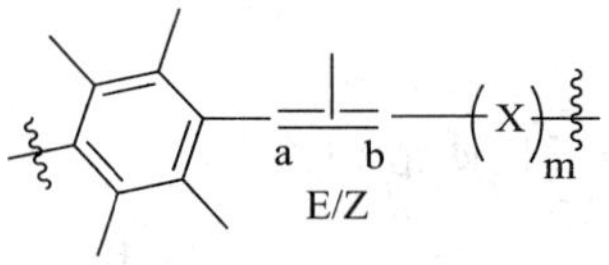，其受体A为 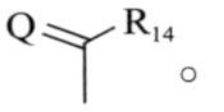。对比文件1公开了可作为染料光敏化剂的化合物D7（参见对比文件1第2910页附图8）。并且从D7的分子结构可以看出，其实质也是一种D－π－A结构的染料敏化剂，分子中两个 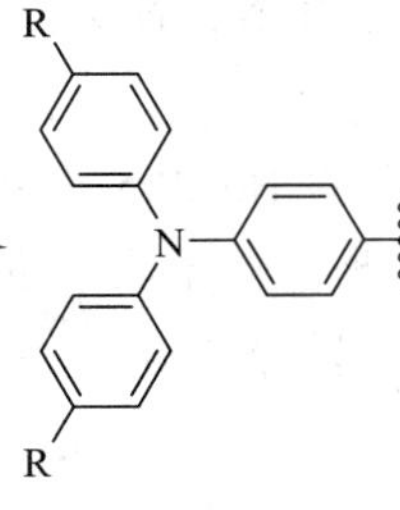 均为给体D，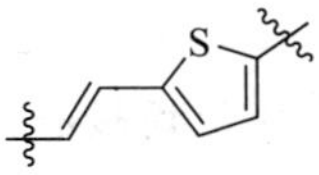 为连接的π－桥、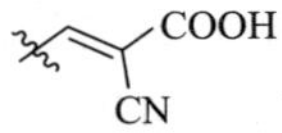 为受体A（electron－accepting）。

权利要求1与对比文件1的区别技术特征在于：1）权利要求1中其中一个给体D为苯并含氮杂环基，而对比文件1中相应地为N，N－二（取代）苯基氨基苯基；2）给体D与π－桥的连接方式不同，权利要求1中的两个给体D分别连接在π－桥的两端，而对比文件1中两给体D连接在π－桥的同一端；3）二者的π－桥结构不一样，权利要求1的π－桥结构为 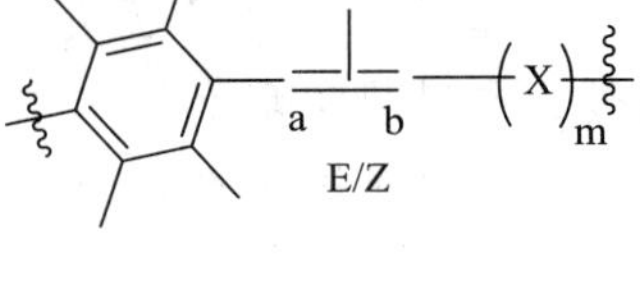，而对比文件1的π－桥结构为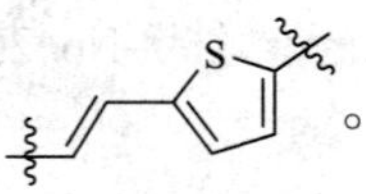。

1.1 对于权利要求1中$R_1$～$R_6$、$R_8$～$R_{13}$为H，$R_7$为二苯基氨基，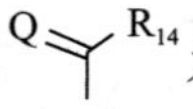为的技术方案而言：

对比文件1与权利要求1的区别技术特征在于：1）权利要求1中其中一个给体D为苯并含氮杂环基，而对比文件1中相应地为N，N－二（取代）苯基氨基苯基；2）给体D与π－桥的连接方式不同，权利要求1中的两个给体D分别连接在π－桥的两端，而对比文件1中两给体D连接在桥的同一端；3）二者的π－桥结构不一样，权利要求1的π－桥结构为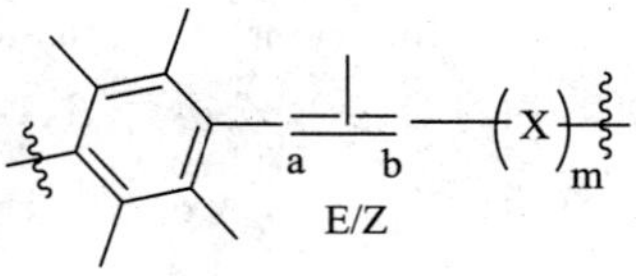，而对比文件1的π－桥结构为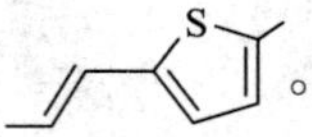。基于上述区别技术特征，本申请实际解决的技术问题是：如何提供一种与现有技术不同的染料光敏化剂。

对于区别技术特征1）：对比文件2同样公开了一种可用于光敏化剂的化合物No.265（参见第51页结构式）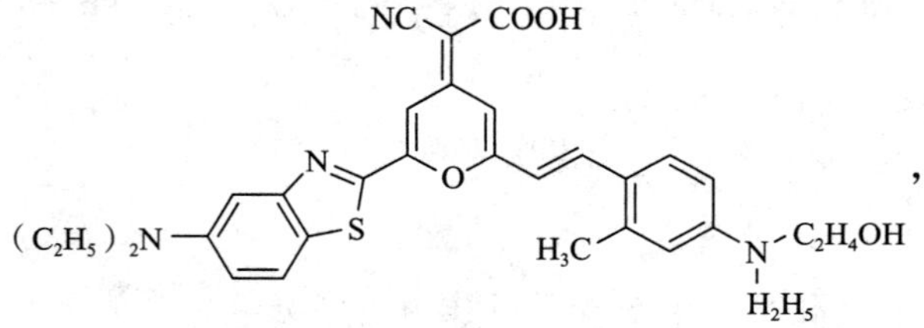，该化合物同样含有2个给体D结构，分别为苯并噻唑和N，N－二取代氨基苯基。即对比文件2启示和/或教导了苯并含氮杂环类化合物可与N，N－二取代氨基苯基共同作为光敏化剂的给体D结构。

对于区别技术特征2）：对比文件2公开的化合物No.265（参见第51页结构式）的两个给体D结构同样是连接在π－桥的两端，因此，对于具有双给体D结构的光敏化剂而言，对比文件2启示和/或教导了给体D是可以分别连接在π－桥的不同端的，这是显而易见的。

对于区别技术特征3）：对于本领域技术人员而言，次甲基（－CH＝CH－）通常可作为染料光敏剂的π－桥结构，同时对比文件1（参见第2910页右栏最后一段）还公开了在π－桥结构中插入噻吩和/或亚苯基不仅可以增加摩尔消光系数（molar extinction coefficient），还可以增加染料的稳定性。因此，本领域技术人员有动机在对比文件1公开的π－桥结构中插入一个或多个噻吩基和/或亚苯基，并对π－桥的各结构单元的排列顺序进行常规调节，这是显而易见的。

本领域技术人员在对比文件1的基础上，为了解决"如何提供一种与现有技术不同的染料光敏化剂"这一技术问题，有动机去现有技术中相同和/或相近领域寻找技术启示，而对比文件2同样是属于有机染料光敏化剂领域，其分子同样含有D－π－A的结构。因此，本领域技术人员，容易想到将对比文件2给出的技术启示结合到对比文件1中去，并结合本领域常规技术手段，进而得到权利要求1的技术方案是显而易见的。因此，权利要求1中相应的技术方案不具备创造性。

1.2　对于权利要求1中其他技术方案而言：

对比文件1（参见第2910页右栏最后一段）还公开了在π-桥结构中插入噻吩，即启示了X可为化合物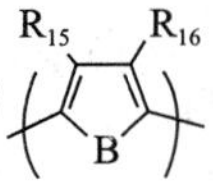中B为S（而Se、O和N-R均为S的常规替换）；可插入苯基，即启示了X可为萘基和蒽基（属于苯的常规替换）：对比文件3（参见第2198页附图1）公开了3，4-亚乙二氧基噻吩与给体三苯胺键连，提高HOMO能级，即启示了X可为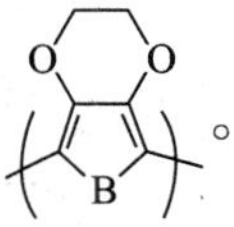。对于$R_{15}$和$R_{16}$、p以及$m$的选择范围也是本领域技术人员通过常规选择得到的。

对于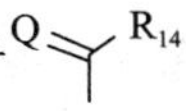与双键的连接位置及其双键构型，是本领域技术人员可以通过常规选择得到的。

对比文件1公开了系列化合物TPR（参见第2910页附图8），即启示了受体A结构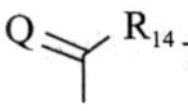可为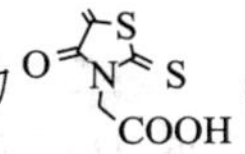；对比文件1公开了系列化合物DYE 42-44（见第2917页附图13），即启示了受体A结构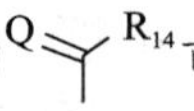可为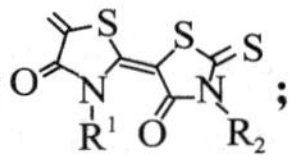；对于Q~Q7的限定其他范围，也是本领域技术人员可以常规选择的。

综上，本领域技术人员在对比文件1的基础上，为了解决“如何提供一种与现有技术不同的染料光敏化剂”这一技术问题，有动机去相同或相近领域的现有技术中去寻找技术启示，而对比文件2和对比文件3均属于D-π-A型染料敏化剂。因而，本领域技术人员很容易在对比文件1公开了与权利要求1化合物结构相近、用途相同的化合物的基础上，结合对比文件2和对比文件3给出的结构修饰的技术启示和本领域常规技术手段，对各取代基团进行简单的选择、替换和/或组合，进而得到权利要求1所要求保护的化合物，是显而易见的。而且，在用途相同、结构相近的前提下，申请人并没有提供任何具体的对比数据来证明权利要求1所述化合物比对比文件1公开的化合物具有预料不到的技术效果。因此，权利要求1所要求保护的化合物，对于本领域技术人员而言是显而易见的，不具有突出的实质性特点，不具有创造性，不符合《专利法》第22条第3款的规定。

**☞ 答辩要点分析思路**

该发明属于染料敏化太阳能电池领域，故为了对该领域技术知识有一定的了解，代理师对染料敏化太阳能电池领域进行了文献检索，并检索到以下文献。

文献①（瞿三寅等，新型D-π-A类敏化太阳能电池染料及其应用，中国科学：化学，2012年第42卷第5期：567-590）中公开了以下内容（参见该文献第576页左栏第 1 段）：此外，增加给电子基团也能有效地拓宽染料的吸收光谱，即设计 D－D－π－A 结构的有机敏化染料。2008 年，Sun 等以甲氧基三苯胺作为给体，甲氧基的给电子性使染料的吸收光谱发生了红移，并有效地提高了染料的开路电压和短路电流。其中以两个甲氧基三苯胺为给体的 71 显示了最佳的光电转换效率，在 100mV/cm$^2$（1.5AM）标准光照下，短路电流达到 13.9mA/cm$^2$，开路电压 740mV，总的光电转换效率达到 7.2%。而无甲氧基取代的染料 72 的效率只有 5.43%。

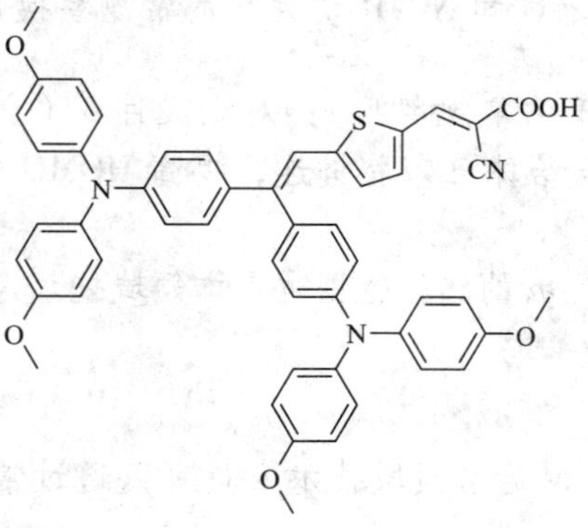

71

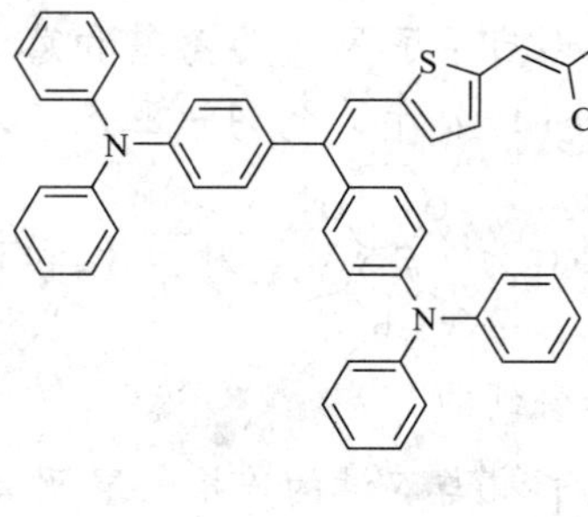

72

由结构对比可知，文献①公开的化合物 72 即为对比文件 1 公开的化合物 D7。该文献中已经提及了化合物 72 即对比文件 1 公开的化合物 D7，其为D－D－π－A 结构的有机敏化染料。因此，可以确定：对比文件 1 公开的化合物 D7 实质上是 D－D－π－A 结构的有机敏化染料，而非审查员认为的 D－π－A 结构的染料敏化剂。

文献②（宋晓睿等，以芳胺为电子给体的 D－π－A 有机光敏染料——染料敏化太阳电池中的应用化学进展，2008 年第 20 卷第 10 期）中公开了以下内容（参见 1525 页右栏第 12～14 行）：由于芳香胺是一类性能优异的电子给体基团，因此在应用于 DSSC 的 D－π－A 类染料中几乎均具有芳香胺基团。另外，代理师对该文献公开的内容进行了仔细分析，发现其公开的近百个 D－π－A 类染料中，均具有芳香胺基团。因此，基于文献②，代理师基本可以确定的是，D－π－A 类染料中，给体 D 应含芳香胺基团。

根据上述文献以及代理师对染料敏化太阳能电池领域的了解，再回过来看审查意见是否合理。在一通中，审查员认为权利要求 1 中的式 I 化合物是一种 D－π－A 结构的染料敏化剂，该分子具有两个给体 D，分别为 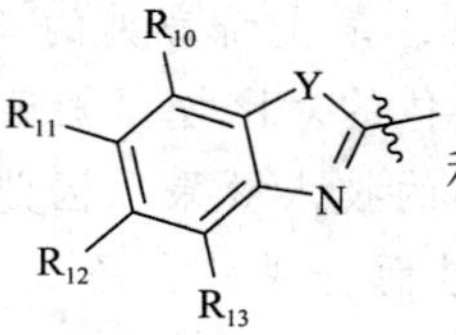

和 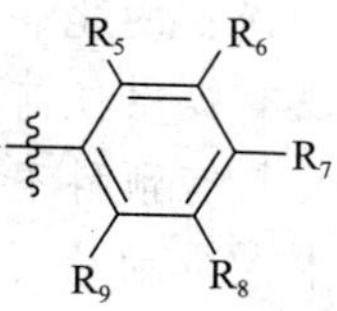

，其 π 桥结构为 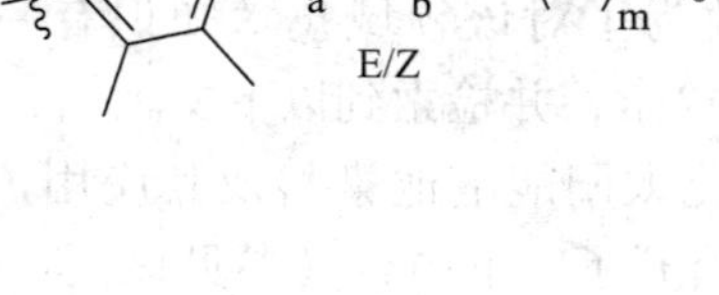

。对比文件 1 公开的可作为染料光敏化剂的化

合物 D7，其实质也是一种 D－π－A 结构的染料敏化剂，分子中两个

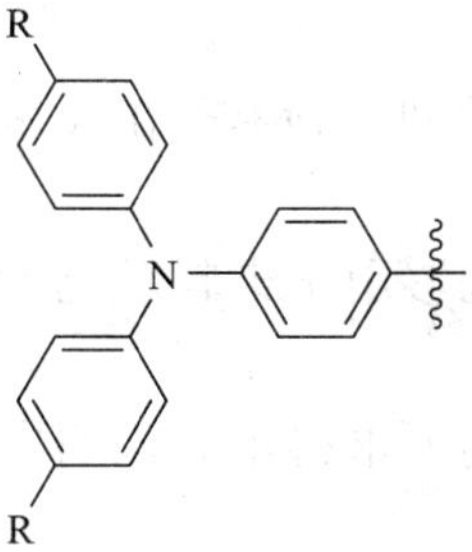

均为给体 D，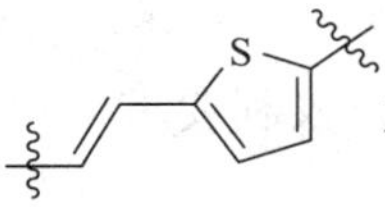

为连接的 π－桥、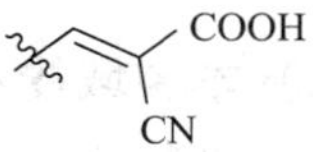

为受体 A（electron－accepting）。

首先，代理师通过对染料敏化太阳能电池领域的文献检索和分析，确定对比文件 1 公开的化合物 D7 实质上是 D－D－π－A 结构的有机敏化染料，而非审查员认为的 D－π－A 结构的染料敏化剂。

其次，代理师与发明人进行了技术上的沟通，发明人指出：该发明式 I 化合物中，

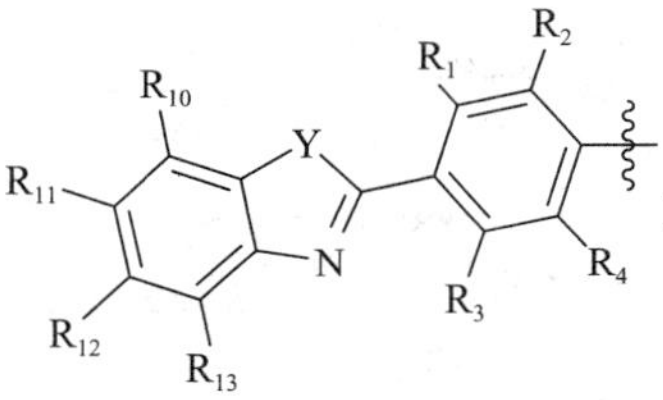

为一缺电子结构单元（为方便论述，以下简称“QDZ 结构”），$R_1$～$R_4$ 和 $R_{10}$～$R_{13}$ 并不具有芳香胺基团，而是为氢或者吸电子基，不能够作为给电子基团 D，其作用是为了增加式 I 化合物的共轭面，使化合物的吸收波长在可见光的吸收波长范围内（一般为 400～600nm）。若缺少该部分结构，式 I 化合物的吸收波长会在蓝紫光的吸收波长范围内，无法满足染料敏化太阳能电池对光敏剂的吸收光谱的要求。基于发明人提供的相关信息资料，为了明确式 I 化合物中的 QDZ 结构并非给体 D，且在修改不超范围的前提下，代理师删除原权利要求 1 中 $R_1$～$R_4$ 和 $R_{10}$～$R_{13}$ 为给电子基团的技术方案，形成新权利要求 1。另外，发明人指出该发明式 I 化合物中

π 桥结构 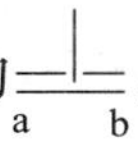

，而非审查员指出的 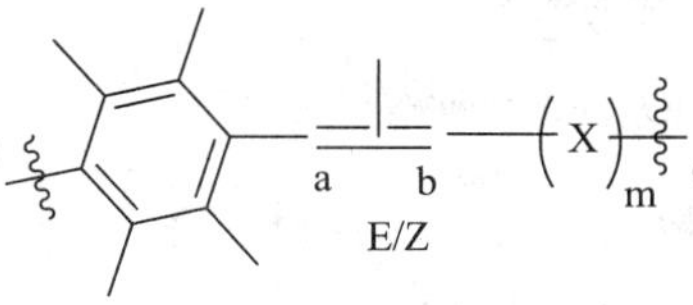

。

可见，代理师通过对现有技术进行检索以及与发明人的沟通，发现审查员将对比文件 1 公开的化合物 D7 的结构类型以及该发明式 I 化合物中的给体 D 认定错误，进而找错区别技术特征。由此可见，审查员并没有了解染料敏化太阳能电池领域的技术知识，显然未能以“所属领域的技术人员”的知识水平理解技术特征。

因此，该发明在答复一通的意见陈述中，代理师向审查员详细论述了该发明的研发过程，明确该发明式 I 化合物的结构类型以及给体 D、π 桥和受体 A 与各基团的对应关系，同时向审查员解释说明对比文件 1 公开的化合物 D7 的结构类型为 D－D－π－A，而非 D－π－A。并基于此，重新确定了相比于对比文件 1 新权利要求 1 的区别技术特征。并且，重新确定区别技术特征后，可以明显看出该发明的式 I 化合物与对比文

件 1 ~ 对比文件 3 公开的化合物的结构完全不同，差别很大。在此基础上，代理师主要通过以下几个方面进行意见陈述：

（1）新权利要求 1 的式 I 化合物结构新颖，对比文件 1 ~ 对比文件 3 没有给出技术启示。

（2）本领域技术人员难以预料，新权利要求 1 中式 I 化合物能够用于染料敏化太阳能电池中。

最终，审查员接受了一通的意见陈述，二通审查员仅指出权利要求得不到说明书支持的问题，通过缩小权利要求的保护范围后授权。

☞ **意见陈述原文摘录**

在对该发明的创造性问题进行详细的论述之前，申请人希望向审查员说明以下问题，以利于审查员更好地理解本发明。

发明人最初设计了一类线性分子 A = B（例如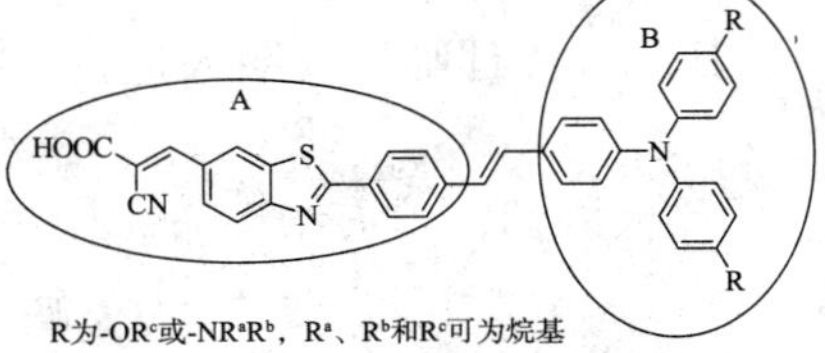）

R为-OR^c或-NR^aR^b，R^a、R^b和R^c可为烷基

作为光敏化剂；通过逆向合成分析，设计了该类化合物的合成路线，在该合成路线中，其关键的一步反应为 Vilsmeier - Haack 反应，即将化合物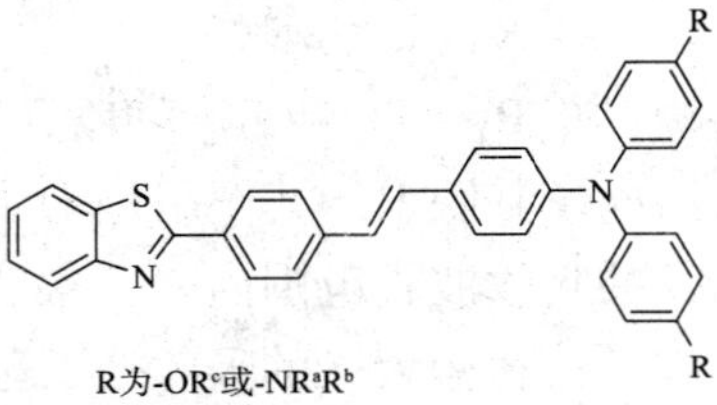

R为-OR^c或-NR^aR^b

制备得到化合物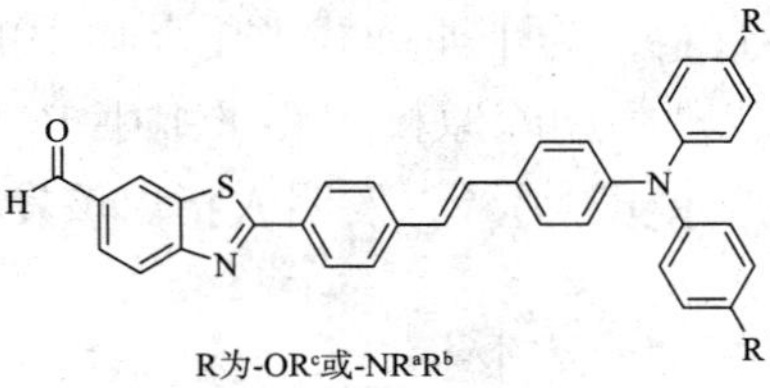，然后进行后续反应。但是在试验过程

R为-OR^c或-NR^aR^b

中，并未得到预期的目标化合物，后经过一系列的结构鉴定和分析发现醛基（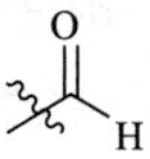）非预期地跑到 A 和 B 中间的烯键上，最终确定生成了结构为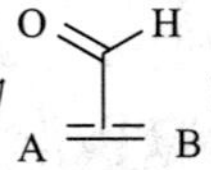的化合物；并且在后续试验过程中，发现最后制备得到的化合物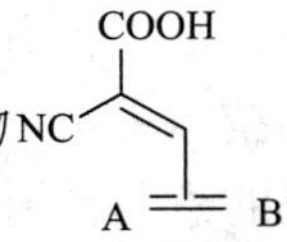，在与最初设计的线性化合物结构相差如此大的前提下，将其用于制备染料敏化纳米晶体太阳能电池时，意外地发现其具有较好的光电效率。基于此，发明人对化合物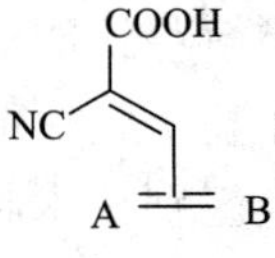进行结构改造和修饰，

最终得到本发明的式Ⅰ化合物。

对比文件1公开了可作为染料光敏化剂的化合物D7（具体见对比文件1第2910页Fig. 8）：

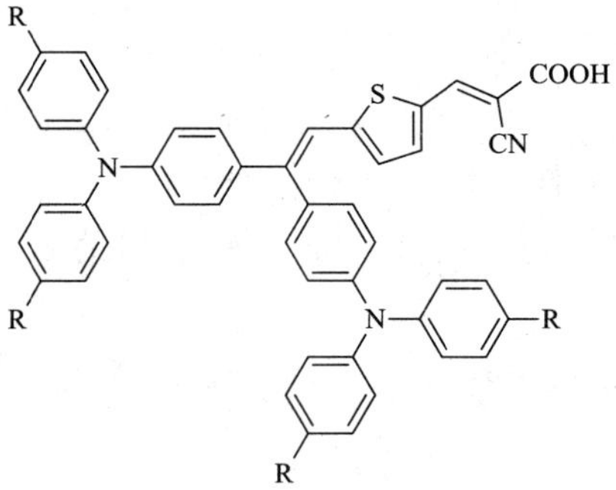

D7:R=H

并且审查员指出对比文件1公开的上述化合物D7，从分子结构可以看出，其实质是一种D－π－A结构的染料敏化剂，分子中两个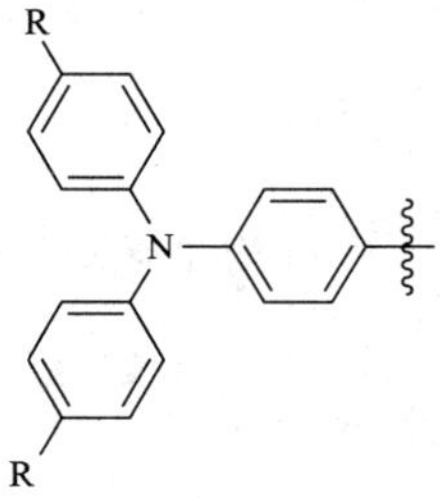均为给体D，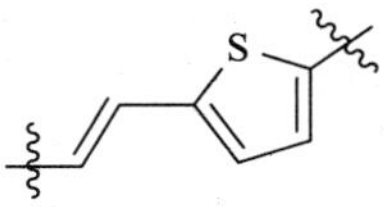为连接的π－桥、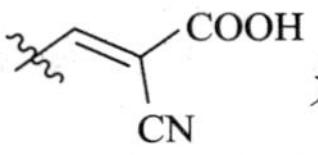为受体A。

本发明请求保护一种如式Ⅰ所示苯并含氮杂环类化合物或其盐（具体见权利要求书替换页）：

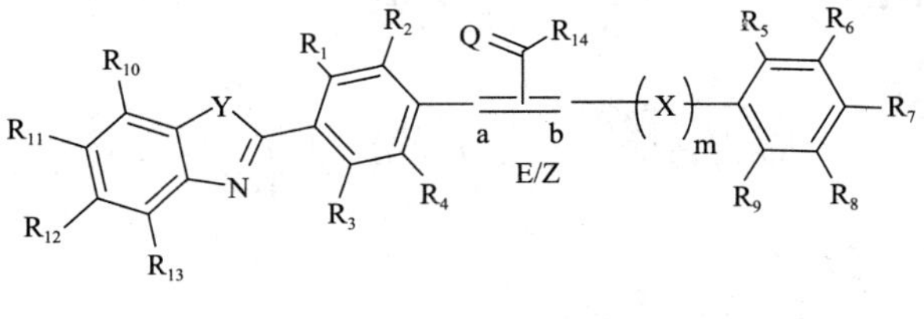

式Ⅰ

审查员指出：结合现有技术和说明书的内容可知，式Ⅰ化合物是一种D－π－A结构的染料敏化剂，该分子具有两个给体D，分别为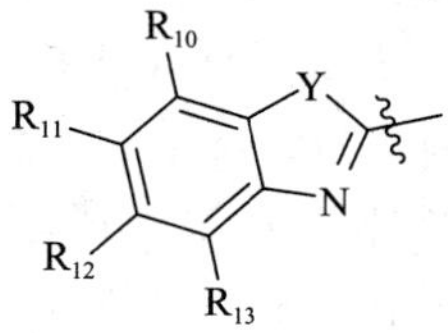和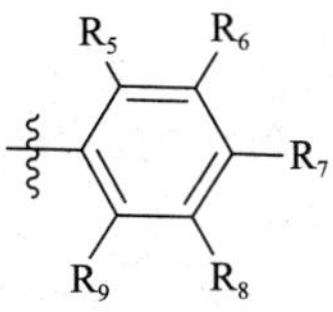，

其π-桥结构为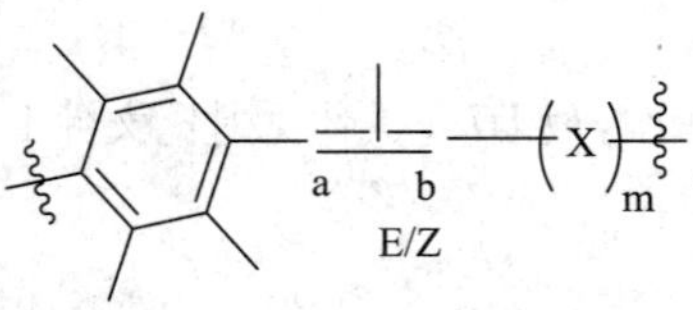，其受体A为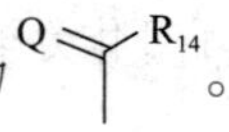。

对于审查员指出的上述内容，申请人有不同意见：首先：对比文件1公开的上述化合物D7，其实质上是一种D-D-π-A结构的有机敏化染料。而对于本发明公开的式Ⅰ化合物来说，其实质上是一种D-π-A结构的有机敏化染料，其给体D为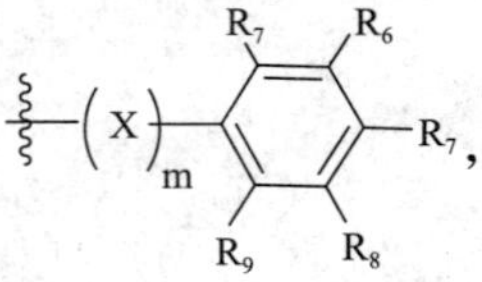，其π-桥结构为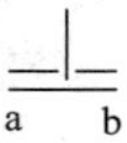，其受体A为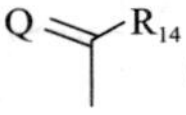；而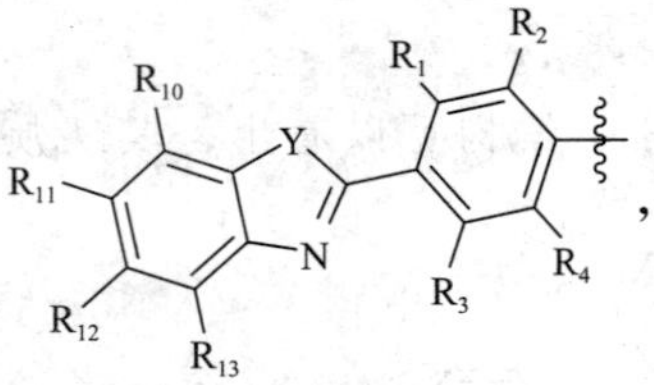，由于其上的取代基$R_1$～$R_4$以及$R_{10}$～$R_{13}$为氢或者吸电子基，其属于缺电子结构单元（为方便论述，以下简称QDZ结构），并非作为给体D结构，其作用是为了增加式Ⅰ化合物的共轭面，使化合物的吸收波长在可见光的吸收波长范围内（一般为400～600nm）。若缺少该部分结构，式Ⅰ化合物的吸收波长会在蓝紫光的吸收波长范围内，无法满足染料敏化太阳能电池对光敏剂的吸收光谱的要求。基于此，对于审查意见通知书1.1中指出的对比文件1与权利要求1的区别技术特征(1)和(2)，显然是不合理的。

根据上述论述，新权利要求1与对比文件1相比，D主要区别技术特征在于：

(1)给体D的个数不同：新权利要求1式Ⅰ化合物中仅有一个给体D，而对比文件1中有两个给体D；另外，新权利要求1式Ⅰ化合物的π桥上还连有一个缺电子的结构，即QDZ结构。

(2)π桥结构不同：新权利要求1式Ⅰ化合物中的π-桥结构为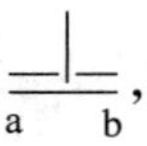，而对比文件1中为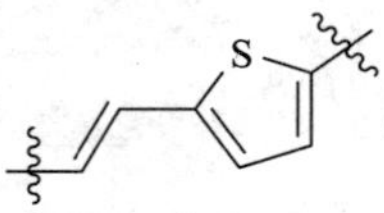。

从本发明效果实施例1可以看出：新权利要求1的如式Ⅰ所示苯并含氮杂环类化合物或其盐，可用于染料敏化太阳能电池中，且部分化合物经DSSC测量，其效率与目前公认的标准染料N719的效率接近或相当，可代替文献或专利中报道的贵金属配合物光敏化剂，能有效地降低这类电池的制作成本。

基于上述区别技术特征及新权利要求1技术方案实现的技术效果，确定新权利要求1实际解决的技术问题在于：提供一种母核结构与对比文件1完全不同的如式Ⅰ所示苯并含氮杂环类化合物或其盐，该类化合物可用于染料敏化太阳能电池中，且部分化合物经DSSC测量，其效率与目前公认的标准染料N719的效率接近或相当，可代替文献或专利中报道的贵金属配合物光敏化剂，能有效地降低这类电池的制作成本。

对于上述区别技术特征（1），审查员指出对比文件2（JP2006310097A，公开日：2006年11月09日）公开的化合物No. 265（参见第51页结构式）：

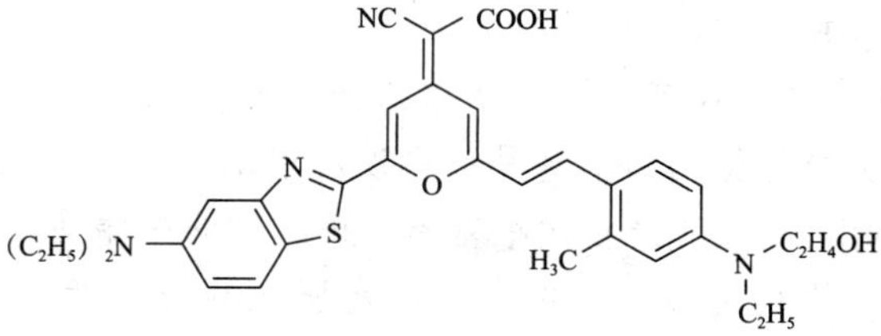

此处申请人想要说明的是：对比文件2公开的化合物No. 265，虽然其母体结构中含有苯并噻唑基团，但是其上带有给电子基（$C_2H_5$）$_2$N，从而形成一种给电子作用，即对比文件2公开的化合物No. 265与对比文件1一样，含有两个给体D，分别为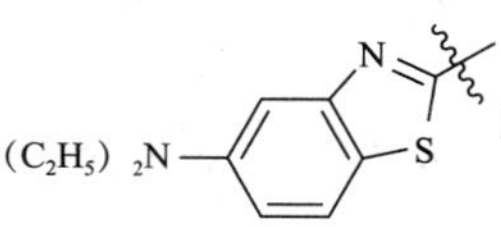和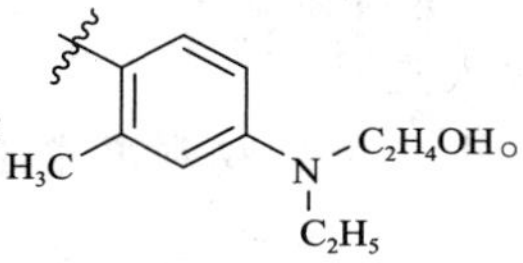。另外，其π桥结构为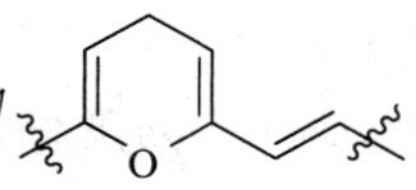，与本发明式I化合物的π－桥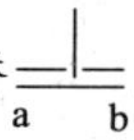结构也完全不同，除此之外，本发明的式I化合物还含有QDZ结构。基于上述分析可知，本发明的式Ⅰ化合物的母体结构与对比文件2公开的化合物No. 265的母体结构也完全不同，其理化性质等也完全不同，也根本没有可比性。在面对本发明所要解决的技术问题时，本领域技术人员根本不会想到将对比文件2中的给体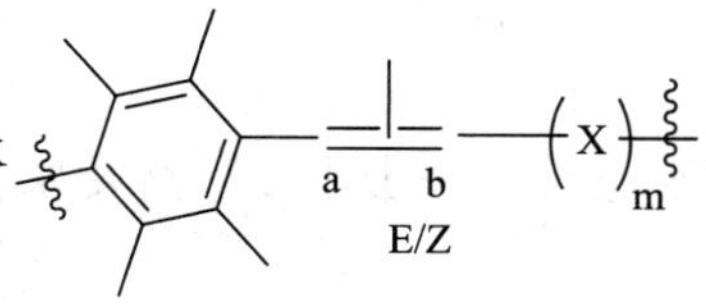替换为缺电子结构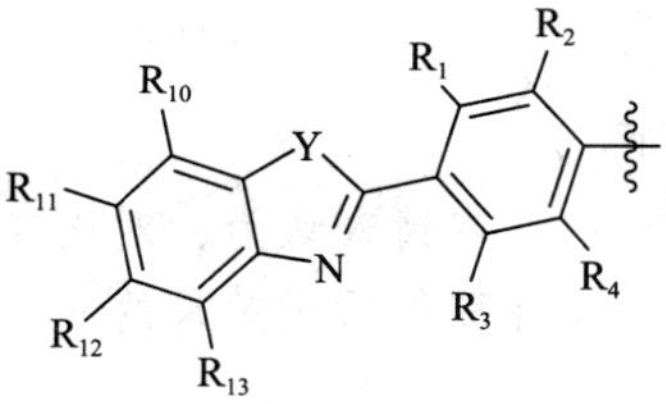得到本发明的式Ⅰ化合物，也得到的化合物可用于染料敏化太阳能电池中，且部分化合物经DSSC测量，其效率与目前公认的标准染料N719的效率接近或相当。也就是说，对比文件2根本没有给出本发明所要求保护的技术方案并取得所述效果的任何技术启示，因此，新权利要求1相对于对比文件1、2或它们的结合是非显而易见的。

而对于上述区别技术特征（2），审查员指出：对于本领域技术人员而言，次甲基（－CH＝CH－）通常可作为染料光敏剂的π桥结构，同时对比文件1还公开了在π－桥结构中插入噻吩和/或亚苯基不仅可以增加摩尔消光系数，还可以增加染料的稳定性（具体见对比文件1第2910页右栏最后一段）。申请人在前述已经论述了：本发明中的式Ⅰ化合物中，桥结构为，并非审查员所认为的，本发明中的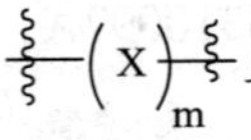与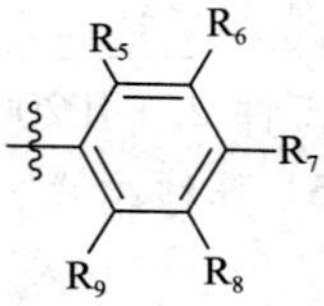共同形成给体 D。正如对比文件 1 所述：在 π－桥结构中插入噻吩和/或亚苯基不仅可以增加摩尔消光系数，还可以增加染料的稳定性，基于此，本领域技术人员能够得到的信息是：当以次甲基（－CH＝CH－）作为染料光敏剂的 π－桥结构时，通常的做法是在次甲基 π－桥结构的一端插入噻吩或亚苯基，以增加摩尔消光系数和染料的稳定性。而本发明的发明人却另辟新径，并非按照本领域常规操作，而是单独次甲基（－CH＝CH－）作为染料光敏剂的 π－桥结构，并且通过在染料光敏剂中引入的缺电子结构，增加式Ⅰ化合物的共轭面，在保证化合物的吸收波长在可见光的吸收波长范围内的同时，还可以增加化合物的稳定性（由于共轭面的增加，使得次甲基（－CH＝CH－）不能旋转，从而保证构型的稳定性），这在对比文件 1、2 和其他现有技术中都没有给出任何的技术启示。

从另一个角度讲，即使审查意见通知书中指出的权利要求 1 中式Ⅰ化合物是一种 D－π－A 结构的染料敏化剂，其具有两个给体 D，分别为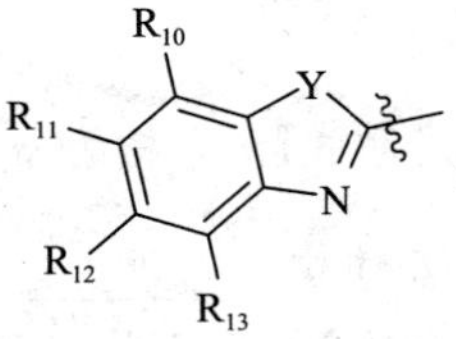和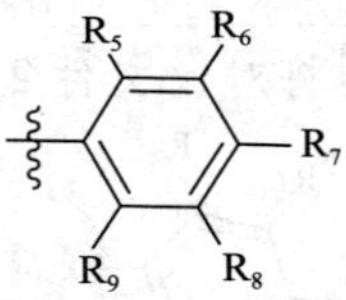，其 π－桥结构为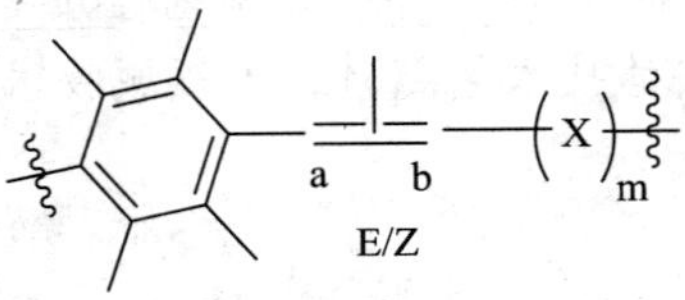，其受体 A 为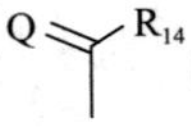的是合理的，申请人认为，对比文件 1、2 或它们的结合也没有给出本发明所要求保护的技术方案并取得所述效果的任何技术启示。

首先，虽然本发明式Ⅰ化合物中的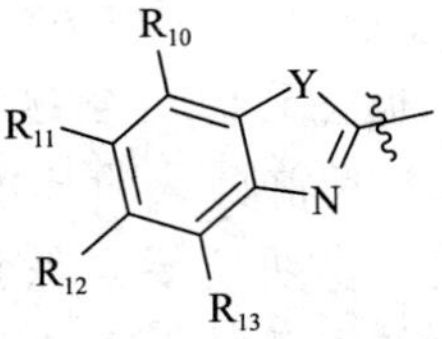与对比文件 2 公开的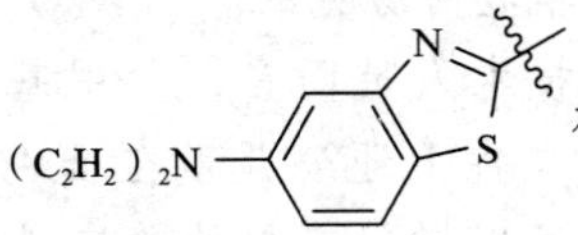在结构上比较相近，但是二者电子效应完全不同，使得整个化合物理化性质完全不同，二者根本不具备可比性。本发明式Ⅰ化合物中的 $R_{10}$～$R_{13}$ 为氰基、硝基、卤原子等，其均为吸电子基，或者 $R_{10}$～$R_{13}$ 与苯并含氮杂环组成一缺电子结构单元，而对比文件 2 中的苯并噻唑中连接有 $(C_2H_5)_2N$～，其为给电子基的结构。基于对比文件 2 公开的内容，本领域技术人员能够得到的信息是：当使用苯并含氮杂环作

为给体D时，其上需要连接一给电子基，例如$(C_2H_5)_2N$~。而本发明的式Ⅰ化合物的

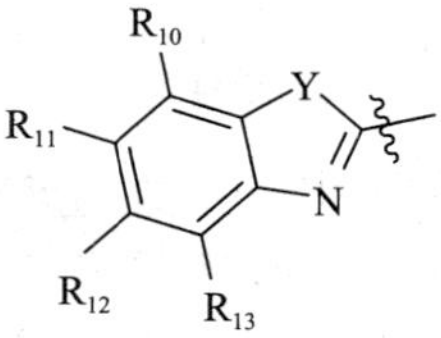

中，$R_{10}$ ~ $R_{13}$为氰基、硝基、卤原子等，其均为吸电子基，或者$R_{10}$ ~ $R_{13}$与苯并含氮杂环组成一缺电子结构单元，在电子效应完全不同的情况下，得到的式Ⅰ化合物还可以用于染料敏化太阳能电池中，这对于本领域技术人员来说是完全预料不到的。也就是说，对比文件2无法给出本发明所要求保护的技术方案并取得所述效果的任何技术启示。

其次，对于审查意见通知书1.1中的区别技术特征3)，审查员指出：对于本领域技术人员而言，次甲基（-CH=CH-）通常可作为染料光敏剂的π-桥结构，同时对比文件1还公开了在π-桥结构中插入噻吩和/或亚苯基不仅可以增加摩尔消光系数，还可以增加染料的稳定性（具体见对比文件1第2910页右栏最后一段）。此处申请人想要说明的是：对比文件1公开的上述内容，其准确含义为“在π-桥结构中插入噻吩或亚苯基不仅可以增加摩尔消光系数，还可以增加染料的稳定性”，而并非审查员所说的“噻吩和/或亚苯基”。并且对比文件1的全文公开的一系列化合物中（具体见对比文件Fig. 8、Fig. 9、Fig. 11、Fig. 12等），其π-桥结构中插入的均为噻吩或亚苯基，没有一个化合物的π-桥结构的两端同时插入噻吩和亚苯基的。基于对比文件1公开的上述内容，本领域技术人员最多能够得到在次甲基（-CH=CH-）的一端插入噻吩或亚苯基的技术启示，根本不会得到在π-桥结构［次甲基（-CH=CH-）］的两端同时插入噻吩和亚苯基的技术启示，并且上述区别技术特征3)在其他现有技术中也没有任何记载或者启示。因此，本发明现对于对比文件1、2或它们的结合适非显而易见的。

对于审查意见1.2中指出的：对比文件1还公开了在π-桥结构中插入噻吩，即启示了X可为式Ⅱ化合物（

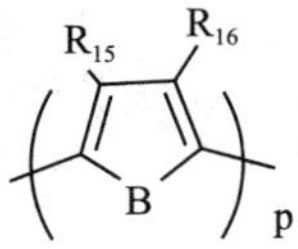

）中B为S（而SE. O和N-R均为S常规替换）；可插入苯基，即启示了X可为萘基和蒽基（属于苯的常规替换）；对比文件3（Guangliang Zhang等，High efficiency and stable dye-sensitized solar cells with an organic chromophore featuring a binary π-conjugated spacer，*Chem. Commun*，(16)，2198 ~ 2200，公开日为2009年3月2日）公开了3，4-亚乙二氧基噻吩与给体三苯胺连接，提高HOMO能级，即启示了X可为

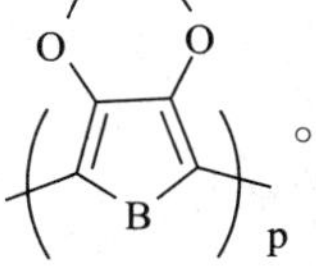

。对于$R_{15}$和$R_{16}$、p以及m的选择范围也是本领域技术人员通过常规选择得到的，对于

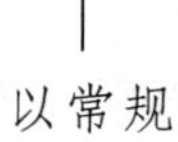

与双键连接位置及其双键构型以及Q ~ $Q_7$的限定范围，也是本领域技术人员可以常规选择的。在此，申请人希望特

别强调的是，对绝大多数的发明创造而言，组成其技术方案的技术特征都是属于现有技术已经存在的技术特征。每个技术特征都在现有技术特征范围内，并非意味着由这些技术特征组合而成的技术方案没有创造性。创造性评价中，应当着眼的是技术方案的整体，而非割裂地评价各个单独的技术特征。如果现有技术没有给出由这些现有技术特征组成的技术方案能够解决某一技术问题的技术启示，则根据《审查指南》中的指导原则，这样的技术方案具有突出的实质性特点，在产生了有益效果的基础上，属于具备创造性的技术方案。如果认为一个发明的技术特征都是现有特征，则本发明不具备创造性，那么除了全新的开拓发明，绝大多数的发明都不具备创造性，这显然是不合理的。

此外，申请人还想进一步强调的是：由于对比文件1～2公开的化合物D7和化合物No. 265是唯一且具体的，其中的每个基团、基团取代的位置都是固定且不可转换的。而正是由于这些唯一且固定的取代基、基团的取代位置的组合，导致了其公开的化合物可用于光敏化剂。由此可以得知，对比文件1～2公开的化合物D7和化合物No. 265本身是个完整的技术方案，其中任何一个结构因素都不能缺少，更无法将其割裂开来看。并且申请人在前面已经强调了，母体结构不同的化合物，它们的理化性质完全不同，对于本发明的式Ⅰ化合物，经DSSC测量，其效率与目前公认的标准染料N719的效率接近或相当，这对于本领域技术人员来说是完全预料不到的。因此，根据对比文件1、2及现有技术，本领域技术人员根本无法预料何种结构的化合物才可作为光敏化剂。所以，本领域技术人员没有动机将对比文件1与对比文件2相结合，以得到本发明的技术方案。

因此，对比文件1～3或者它们的结合以及本领域的公知常识均未给出本发明的式Ⅰ所示苯并含氮杂环类化合物或其盐的技术启示，并且本领域技术人员根据现有技术也无法预料得到本发明所能够达到的技术效果。

综上所述，在面对本发明实际解决的技术问题时，对比文件2、3中没有给出任何技术启示，使本领域技术人员有动机将前述区别技术特征应用于对比文件1中，得到本发明的技术方案。新权利要求1的技术方案对本领域技术人员来说是非显而易见的，具备突出的实质性特点。

2. 新权利要求1具备显著的进步

从本发明效果实施例1可以看出：本发明的如式Ⅰ所示苯并含氮杂环类化合物或其盐，可用于染料敏华太阳能电池中，且部分化合物经DSSC测量，其效率与目前公认的标准染料N719的效率接近或相当，可代替文献或专利中报道的贵金属配合物光敏化剂，能有效地降低这类电池的制作成本。

因此，本发明的技术方案取得了有益的、本领域技术人员预料不到的技术效果。本发明具备显著的进步。

综上所述，新权利要求1具有突出的实质性特点和显著的进步，具备创造性，符合《专利法》第22条第3款的规定。

## 第二节　从技术效果上挖掘突破点

从技术效果上挖掘差异点是寻找论述创造性突破点的重点区域。很多情况下，审查员未仔细阅读分析涉案发明的申请文件及对比文件，或者不了解发明所属技术领域的研发情况，或者因申请文件和对比文件对效果的记载方式不同，或对比文件对相关效果未作记载而难以比对出涉案发明的技术效果的优异性，使得审查员轻易地认为或者主观上先推定涉案发明取得的技术效果没有优势，可以预料。作为创造性答辩时对技术效果分析的一个总原则，发明所具有的任何与最接近的现有技术相比水平相当或更好的技术效果，都可能成为论述创造性的突破点。

作为专利代理师，需要练就一双火眼金睛，不放过申请文件中与技术效果相关的任何内容，尽全力在技术效果上挖掘出闪亮点。很多实际案例中，专利代理师在思索答辩对策时，苦求的就是能找到一丁点儿技术效果上的优势以作为创造性论述的立足点。尤其是对于技术方案上与最接近的现有技术差异性较小，看上去没什么特别之处，很容易被认为技术方案容易想到的发明来说，唯一的出路就是找到比最接近的现有技术更佳的或更新的技术效果。可以说，与从技术方案本身上挖掘突破点相比，从技术效果上挖掘突破点，需要花费更多的工夫，也更考验专利代理师思维的严谨细致及敏锐灵活。

下面介绍在技术效果上挖掘突破点的几种方式。

### 一、挖掘说明书中记载但未指明为所解决技术问题的技术效果

在进行创造性答辩时，所确立的实际解决的技术问题有可能不同于说明书明确记载的该发明所解决的技术问题。造成这种情况的原因主要是，审查过程中审查员认定的最接近的现有技术不同于说明书中描述的现有技术，使得基于最接近的现有技术确定的该发明实际解决的技术问题不同。还可能是在撰写申请文件之初，因撰写不当未将发明所涉及的技术效果全面完整地归纳写入发明所解决的技术问题的文段中，使得对一些技术效果的描述散落在说明书不起眼的文段中。对于这些记载于说明书中，但未被明确记载为发明所解决的技术问题的技术效果，只要说明书公开的内容能够使本领域技术人员确认该技术效果的实现，都有可能作为论述创造性的突破点。只要专利代理师足够细致，将说明书从头到尾过滤一遍，无论是说明书明确记载的所解决的技术问题，还是未特别强调但也属于发明的技术效果的描述内容，都一一研读，很容易发现那些静静躺在说明书文字中，只待细心人捡拾的救命稻草。

### 【案例 No. 1210504】喹唑啉衍生物、其制备方法、中间体、组合物及其应用

**☞ 案由简要**

该申请涉及一种喹唑啉衍生物、其制备方法、中间体、含其的药物组合物和应用（权利要求 1 ~ 16 请求保护如式 I 所示的喹唑啉衍生物，权利要求 17 ~ 19 请求保护其

制备方法，权利要求20请求保护其中间体，权利要求21请求保护其药物组合物，权利要求22请求保护其应用）。

➢ 一通：审查员引用两篇对比文件（其中，对比文件2是用于评述制备方法的，因此，在意见陈述中，并未涉及对比文件2）认为权利要求1～22不具备创造性；另外，审查员还认为权利要求1～16和21未以说明书为依据，得不到说明书的支持。

➢ 答一通：删除原权利要求1，将原权利要求10作为新权利要求1，论述新权利要求1～21具备创造性；另外，删除原权利要求1～16和21中"对映异构体、非对映异构体、互变异构体、消旋体、溶剂化物、代谢前体或前药"的技术方案。

➢ 审查结果：审查员又发出第二次审查意见通知书，表面上是说创造性问题，但实际上是支持问题，最后缩小到部分具体化合物后授权。

☞ **相关权利要求**

原权利要求1：

一种如式Ⅰ所示的喹唑啉衍生物、其药学上可接受的盐，或者它们的对映异构体、非对映异构体、互变异构体、消旋体、溶剂化物、代谢前体或前药；

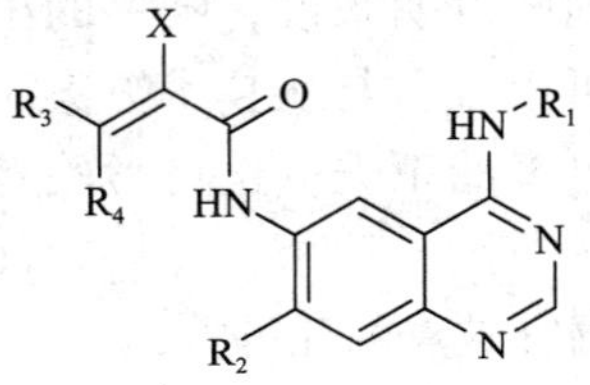

I

X为卤素；其余略。

答一通时新权利要求1：

一种如式Ⅰ所示的喹唑啉衍生物或其药学上可接受的盐；

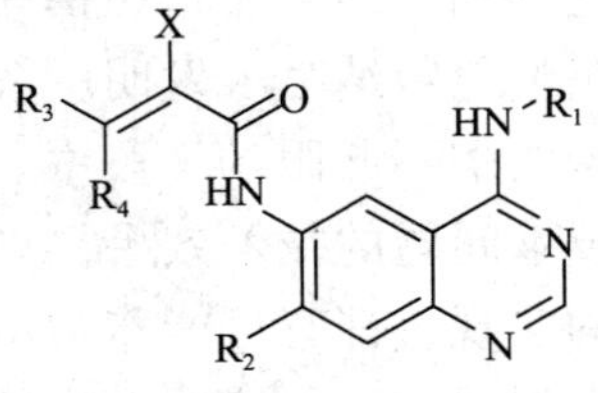

I

X为氟原子或氯原子；其余略。

☞ **相关说明书内容**

摘录一

本发明的积极进步效果在于，本发明提供了一类新的喹唑啉类衍生物，其药效学试验数据显示：其在分子水平对EGFR酪氨酸激酶具有抑制作用，在细胞水平对与EGFR酪氨酸激酶活性相关的肿瘤细胞也具有显著的抑制增殖作用。

摘录二

效果实施例 3 化合物对 A431、H1975 细胞增殖抑制活性测定

| 实施例编号 | $IC_{50}$ (A431)(μM) | $IC_{50}$ (H1975)(μM) |
|---|---|---|
| 2-1 | 0.55 | 0.41 |
| 5 | 3.2 | 2.5 |
| 6 | 0.50 | 1.2 |
| 8-1 | 0.68 | 1.0 |
| 8-2 | 2.1 | 0.76 |
| 19-1 | 0.98 | 0.64 |
| 19-2 | 0.98 | 1.1 |
| 20-1 | 12 | 4.3 |
| 20-2 | >100 | 2.3 |
| 21-1 | 98 | 1.2 |
| 21-2 | 3.1 | 1.5 |
| 22-1 | 8.1 | 3.7 |
| 22-2 | 2.9 | 2.4 |
| 23 | 1.3 | 3.0 |
| 24 | 1.3 | 2.2 |
| 25 | 1.2 | 1.9 |
| 26 | 4.5 | 5.4 |
| 27 | — | 2.7 |
| 28 | 29 | 1.4 |
| 29 | 5.9 | 1.9 |
| 30 | 0.52 | 1.5 |
| 31 | 6.5 | 6.0 |
| 32 | 4.2 | 5.6 |
| 34 | >100 | 5.2 |
| 35 | >100 | 8.5 |
| 37 | >100 | 1.9 |
| 38 | 0.18 | 1.1 |
| 40 | 1.3 | 3.4 |
| 42 | 0.53 | 2.4 |
| 43 | 1.68 | 3.4 |
| 44 | 0.53 | 3.7 |
| 45 | 45 | 9.3 |
| 46 | >100 | 7.7 |
| 47 | 14 | 1.5 |

续表

| 实施例编号 | $IC_{50}$（A431）（μM） | $IC_{50}$（H1975）（μM） |
|---|---|---|
| 48 | 13 | 1.8 |
| 49 | 8.6 | 5.6 |
| 50 | 15 | 2.4 |
| 51 | 20 | 7.3 |
| 52 | 1.6 | 0.47 |
| 53 | 36 | 1.0 |
| 54 | 3.8 | 13 |
| 55 | 22 | 13 |
| 56 | 2.8 | 0.51 |
| 57 | 7.5 | 1.3 |
| 58 | 27 | 8.3 |
| 59 | 10 | 11 |
| 61 | 0.8 | 1.0 |
| 64 | 3.6 | 2.7 |

结论：本发明化合物对 A431 及 H1975 具有明显的抑制增殖活性。

☞ **相关对比文件公开内容**

对比文件 1（CN1745073A，公开日为 2006 年 3 月 8 日）公开了一类可用于治疗癌症等的酪氨酸不可逆抑制剂或其药学上可接受的盐（参见对比文件 1 权利要求 1，说明书第 1 页第 7～10 行、第 30 行，第 2 页第 1～7 行）；

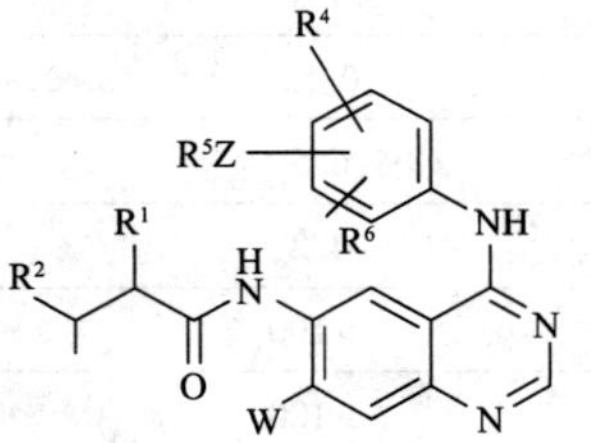


并具体公开了下列化合物（参见对比文件 1 实施例 7）：

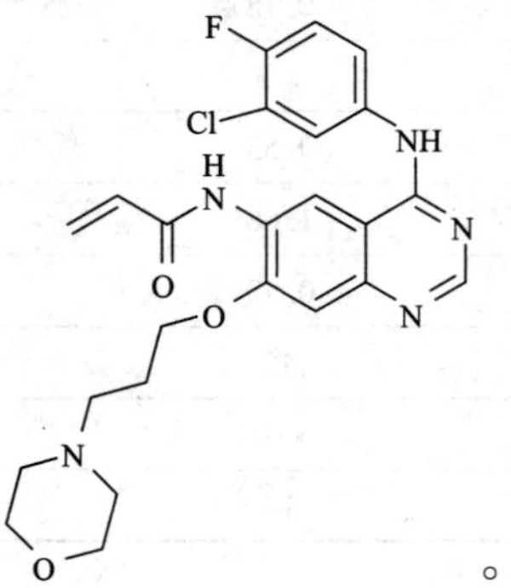


。

且对比文件1说明书第2页第9行公开了：$R^1$ 独立地为氢、卤素……。

☞ **审查意见**

一、权利要求1~16、21未以说明书为依据，不符合《专利法》第26条第4款的规定。

1. 权利要求1请求保护通式Ⅰ化合物、其药学上可接受的盐或者它们的对映异构体、非对映异构体、互变异构体、消旋体、溶剂化物、代谢前体或前药。

对于通式I化合物的溶剂化物而言，说明书中没有提供任何溶剂化物的实施例，更没有对其稳定性、可预期的效果进行任何说明。由于影响稳定溶剂化物形成的因素众多，一种化合物能否形成溶剂化物，尤其是稳定的溶剂化物，具有偶然性和不可预期性，而且其中的溶剂分子数目难以预先确定。因此，根据本申请说明书公开的内容，本领域技术人员难以预见该通式化合物中哪些化合物能形成溶剂化物以及能够形成何种形式的溶剂化物。因此，权利要求1中请求保护的通式I化合物的溶剂化物得不到说明书的支持。

对于通式Ⅰ化合物的互变异构体而言，说明书中既未对"互变异构体"进行定义，也未说明哪些是或者通过何种方法可以确定本发明所请求保护的通式Ⅰ化合物的互变异构体。并且，根据本领域的普通技术知识可知，互变异构体在平衡中的分布与具体的因素，如温度、溶剂和pH等有关，并且受多种因素催化，某种"互变异构体"是否能以稳定形式存在于平衡体系中以及是否能够分离获得均难以预期。因此，权利要求1请求保护的通式Ⅰ化合物的互变异构体得不到说明书的支持。

对于通式Ⅰ化合物的代谢前体或前药而言，说明书中既未对"代谢前体或前药"进行定义，也未说明哪些是或者通过何种方法可以确定本发明所请求保护的通式Ⅰ化合物的代谢前体或前药。并且，药物在体内的吸收和代谢过程非常复杂，某种"代谢前体和前药"是否能够以及在何时能够转化为母体药物是本领域技术人员难以预期的。因此，权利要求1请求保护的通式Ⅰ化合物的代谢前体或前药得不到说明书的支持。对于通式Ⅰ化合物的对映异构体和消旋体而言，说明书中并未提供任何对映异构体化合物（即E、Z构型相同而手性中心立体构型不同的化合物）或消旋体化合物的实施例；对于通式Ⅰ化合物的非对映异构体而言，说明书中只公开了有限数量的非对映异构体化合物（如实施例化合物3~4和化合物11、化合物3~10等）。

由于化学领域可预见性较低，根据说明书的记载和现有技术，本领域技术人员无法确定通式Ⅰ化合物的所有对映异构体、非对映异构体或消旋体都能解决本发明所要解决的技术问题并达到相同的技术效果。因此，权利要求1中请求保护的通式Ⅰ化合物的对映异构体、非对映异构体或消旋体得不到说明书的支持。

综上所述，权利要求1所请求保护的通式Ⅰ化合物的对映异构体、非对映异构体、互变异构体、消旋体、溶剂化物、代谢前体或前药均无法得到说明书的支持，不符合《专利法》第26条第4款的规定。

2. 权利要求2~16在权利要求1的基础上进一步限定了通式Ⅰ化合物的结构。基于上述相同的理由，权利要求2~16所请求保护的通式Ⅰ化合物的对映异构体、非对映异构体、互变异构体、消旋体、溶剂化物、代谢前体或前药也得不到说明书的支持，不符合《专利法》第26条第4款的规定。

二、权利要求1～22不具备创造性，不符合《专利法》第22条第3款的规定。

1. 权利要求1请求保护一种通式I 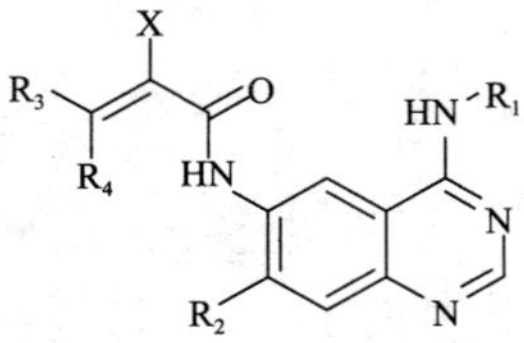 所示的喹唑啉衍生物、其药学上可接受的盐。

对比文件1（CN1745073A，公开日2006年3月8日）公开了一类可用于治疗癌症等的酪氨酸激酶不可逆抑制剂 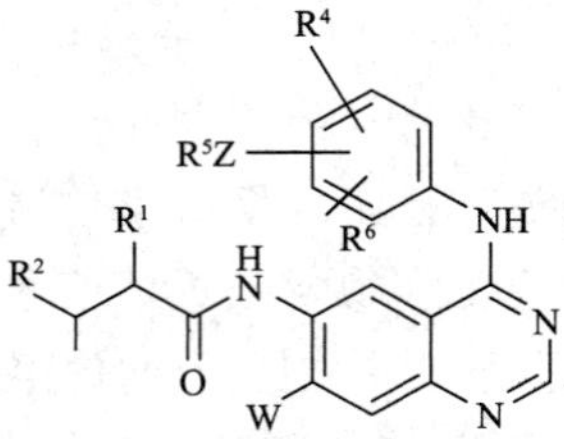 或其药学上可接受的盐（参见对比文件1权利要求1、说明书第1页第7～10行、第30行、第2页第1～7行），并具体公开了符合该通式结构的化合物N－[4－(3－氯－4－氟－苯基－氨基) 7－(3－吗啉－4基－丙氧基) 喹唑啉－6－基－丙烯酰胺 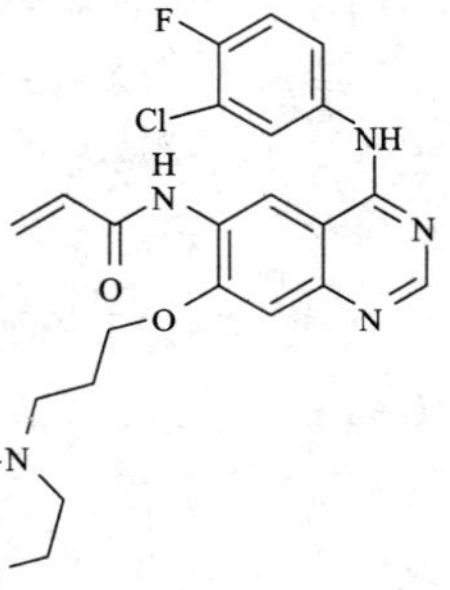 （参见对比文件1实施例7），其相当于权利要求1通式Ⅰ化合物中$R_1$为取代的$C_6$芳基、$R_2$为Het－W－$(CH_2)_a$－Y－、Het为六元杂环基、W为单键、a为3、Y为－O－、$R_3$和$R_4$均为H的情况。

由此可见，权利要求1所请求保护的通式Ⅰ化合物与对比文件1所公开的该具体化合物相比，区别仅在于二者化合物结构中丙烯酰基的2位取代情况不同，权利要求1通式Ⅰ化合物的丙烯酰基2位被卤素基团X取代，而对比文件1该具体化合物的相应位置无卤素取代。基于上述区别技术特征可以确定，发明实际解决的技术问题在于：提供更多同样具有酪氨酸激酶抑制活性的替代喹唑啉衍生物。

然而，对于通式化合物中丙烯酰基的2位可变量$R^1$的选取情况，对比文件1已经公开了$R^1$独立地为氢、卤素……（参见对比文件1说明书第2页第9行）。由此可见，对比文件1已经给出通式化合物中丙烯酰基的2位可以被卤素取代的技术启示。同时，对比文件1还公开了通式化合物中其他可变量的选取情况（参见对比文件1说明书第2页第9～27行、第3页第1～16行）。在此基础上，为了得到更多具有相同用途的替代喹唑啉衍生物，本领域技术人员有动机采用卤素替换丙烯酰基2－位的氢，以及保持喹唑啉丙烯酰胺母体结构不变，对其上的其他取代基进行结构调整和基团替换。并且，与对比文件1公开其化合物可用于治疗癌症等的酪氨酸激酶不可抑制剂相比较，权利要求 1 请求保护的化合物及其药学上可接受的盐也没有取得任何预料不到的技术效果。因此，权利要求 1 相对于对比文件 1 不具有突出的实质性特点和显著的进步，不符合《专利法》第 22 条第 3 款有关创造性的规定。

☞ **答辩要点分析思路**

对比文件 1 公开的化合物与该发明的通式Ⅰ化合物结构非常接近。甚至可以说，该发明的通式Ⅰ化合物是从对比文件 1 中公开的宽范围中，有目的地选出对比文件 1 中未提到的窄范围或个别的发明，即该发明实质上是一个选择发明。对该发明通式Ⅰ化合物进行创造性判断时，找到预料不到的技术效果是考虑的重点。

由对比文件 1 公开的内容可知，其公开的化合物可用于治疗癌症等的酪氨酸激酶不可逆抑制剂。但是对比文件 1 没有公开或者记载该化合物的任何活性测试方法以及任何药理活性数据。而该发明仅提到其所要解决的技术问题是提供一种与现有技术完全不同的喹唑啉衍生物，且积极进步效果部分也仅提到该发明的通式Ⅰ化合物在分子和细胞水平上均对 EGFR 酪氨酸激酶具有抑制作用。因此，单从发明所解决的技术问题和积极进步效果文段中，无法确定该发明通式Ⅰ化合物相比对比文件 1 取得了预料不到的技术效果。在此基础上，审查员很容易得出权利要求 1 请求保护的化合物及其药学上可接受的盐也没有取得任何预料不到的技术效果，权利要求 1 相对于对比文件 1 不具有突出的实质性特点和显著的进步，不符合《专利法》第 22 条第 3 款的规定的结论。

代理师对该发明进行详细阅读和分析后，发现效果实施例 3 中记载了该发明化合物对 A431 和 H1975 细胞增殖抑制活性。这里需要特别注意的是，当测试化合物对不同细胞增殖抑制活性时，除了化合物对各自细胞增殖抑制活性的强弱外，还需要格外注意化合物对不同细胞之间是否存在选择性。具体到该发明中，由效果实施例 3 的数据可以看出：该发明的喹唑啉衍生物对 T790M 突变的肺癌细胞（H1975）的抑制增殖活性的半数抑制浓度一般在 0.41 ~ 11μM，而对 EGFR 野生型高表达的肺癌细胞（A431）的抑制增殖活性的半数抑制浓度大部分高于 0.52μM，部分化合物甚至高于 100μM，由此可见，该发明的喹唑啉衍生物对 T790M 突变的肺癌细胞（H1975）的抑制增殖作用比 EGFR 野生型高表达的肺癌细胞（A431）的抑制增殖作用强，且抑制增殖作用相对稳定和一致，因此，该发明的喹唑啉衍生物对 T790M 突变细胞的选择性较高。

为了验证代理师的上述分析是否合理，代理师对 EGFR 酪氨酸激酶抑制剂进行了简单检索，了解了 EGFR 酪氨酸激酶抑制剂的研发历程。对比文件 1 公开的上述化合物已经被公开，其为开发中的第二代 EGFR 酪氨酸激酶抑制剂卡奈替尼（Canertinib），其对 EGFR – T790M 突变的肺癌细胞和 EGFR 野生型肺癌细胞有同等强度的抑制增殖作用，使用中会产生严重副作用，而且随着剂量增加，毒性反应加重，病人不能耐受。同时，代理师与发明人沟通后，发明人也指出，该发明的化合物对 EGFR – T790M 突变的肺癌细胞有较好的抑制增殖活性和较高的选择性，其主要原因是烯丙酰基 2 位特别选择为氟或氯取代基。对此，发明人还补充了一些对比试验（详见意见陈述书原文摘录）。

最终，由 EGFR 酪氨酸激酶抑制剂研发现状可知，对比文件 1 公开的化合物对 EGFR – T790M 突变的肺癌细胞和 EGFR 野生型肺癌细胞有同等强度的抑制增殖作用。由该发明的效果实施例 3 可知，该发明的喹唑啉衍生物对 T790M 突变细胞的选择性较高。可见，与对比文件 1 相比，该发明的化合物对 EGFR - T790M 突变的肺癌细胞有较好的抑制增殖活性和较高的选择性。而对于这一效果，根据原说明书效果实施例 3 记载的内容，是可以确认出的。该发明的喹唑啉衍生物的烯丙酰基 2 位选择氟或氯，使得该发明取得了预料不到的技术效果，因此，该发明具有突出的实质性特点和显著的进步，具备创造性。

**☞ 意见陈述原文摘录**

一、新权利要求 1 具备创造性

1. 新权利要求 1 具备突出的实质性特点

由于本发明的喹唑啉衍生物是以 EGFR 为靶点的抑制剂，针对该靶点的抑制剂，在对本发明的创造性问题进行详细的论述之前，申请人希望向审查员说明以下问题，以利于审查员理解本领域目前的技术发展状况。

EGFR 酪氨酸激酶抑制剂分为可逆型抑制剂和不可逆型抑制剂两类。其中已经上市的吉非替尼（Gefitinib）、埃罗替尼（Erlotinib）均为可逆型抑制剂，随着它们在临床的使用，可逆性抑制剂逐渐表现出耐药性问题，这已经在本发明说明书第 2 页第 1 段进行了明确的说明。据统计，对吉非替尼耐药的患者中，约 50% 患者存在 EGFR - T790M 突变，因此，为克服 EGFR - T790M 突变引起的耐药，科研人员开发了不可逆抑制剂（也称第二代 EGFR 酪氨酸激酶抑制剂）。其中，开发中的药物包括卡奈替尼（Canertinib）、阿法替尼（Afatinib）、来那替尼（Neratinib）和 Dacomitinib（具体结构如下所示）。而阿法替尼已于 2013 年上市，临床用于吉非替尼和埃罗替尼耐药的非小细胞肺癌（NSCLC）的治疗，但药物在使用中副作用大（病人伴有恶心、呕吐、皮疹等严重副作用），而且随着剂量增加，毒性反应加重，患者不能耐受，从而限制了阿法替尼疗效的发挥。

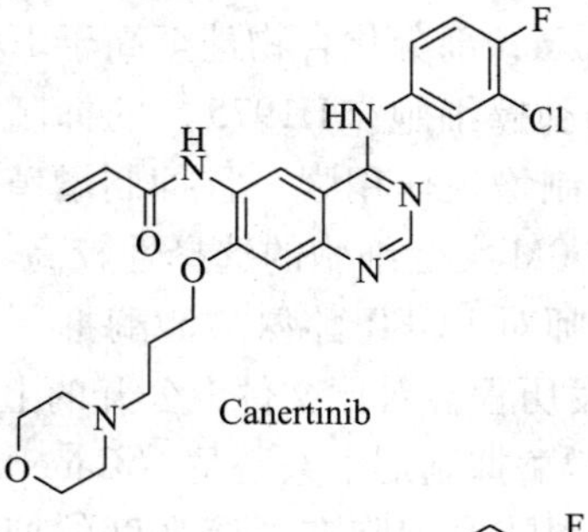

Canertinib

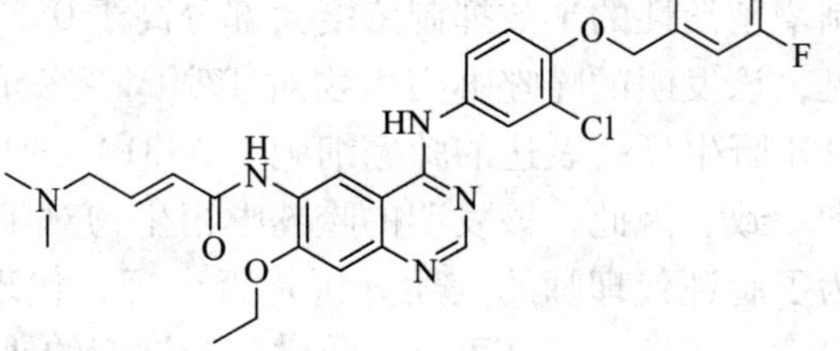

Neratinib

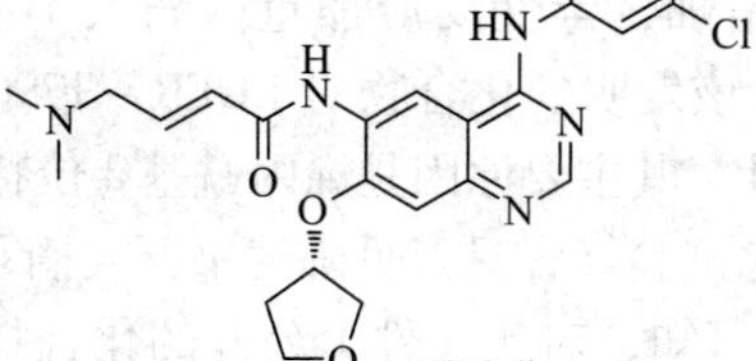

Afatinib

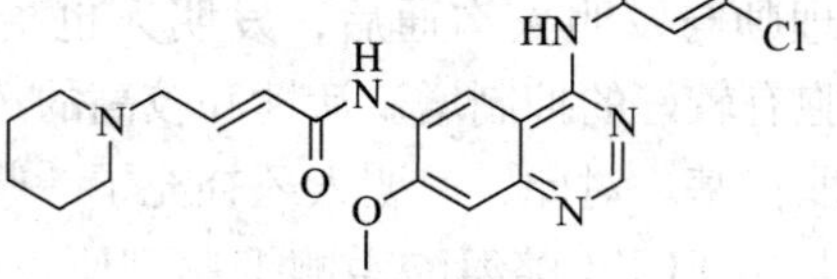

Dacomitinib

经研究表明：阿法替尼毒性反应的原因是对 EGFR－T790M 突变的肺癌细胞和 EGFR 野生型肺癌细胞有同等强度的抑制增殖作用，所以，研发一种对 EGFR－T790M 突变细胞的抑制增殖作用强、对 EGFR 野生型细胞抑制增殖作用弱的化合物（即对 T790M 突变细胞的选择性提高的化合物），则有可能减少副作用。因此，本领域亟须一种对EGFR－T790M 突变的肺癌细胞有较好的抑制增殖活性和较高的选择性，体内药效好，毒副作用低的喹唑啉类化合物，以解决上述技术难题。

对比文件 1（CN1745073A，公开日 2006 年 3 月 8 日）公开了一类可用于治疗癌症等的酪氨酸激酶不可逆抑制剂或其药学上可接受的盐（参见对比文件 1 权利要求 1，说明书第 1 页第 7～10 行、第 30 行、第 2 页第 1～7 行）；

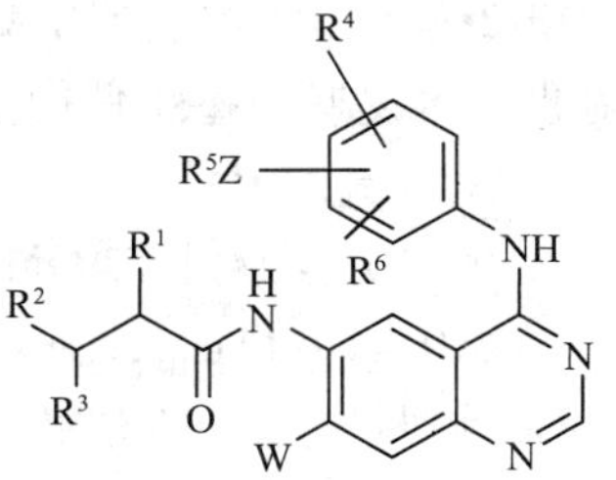

并具体公开了符合该通式结构的化合物 N－［4－(3－氯－4－氯－苯基－氨基)－7－(3－吗啉－4－基－丙氧基) 喹唑啉－6－基］－丙烯酰胺（参见对比文件 1 实施例 7），其相当于本发明通式Ⅰ化合物中 $R_1$ 为取代的 $C_6$ 芳基，$R_2$ 为 Het－W－$(CH_2)_a$－Y－；Het 为六元杂环基、W 为单键、a 为 3、Y 为－O－，$R_3$ 和 $R_4$ 均为 H 的情况。

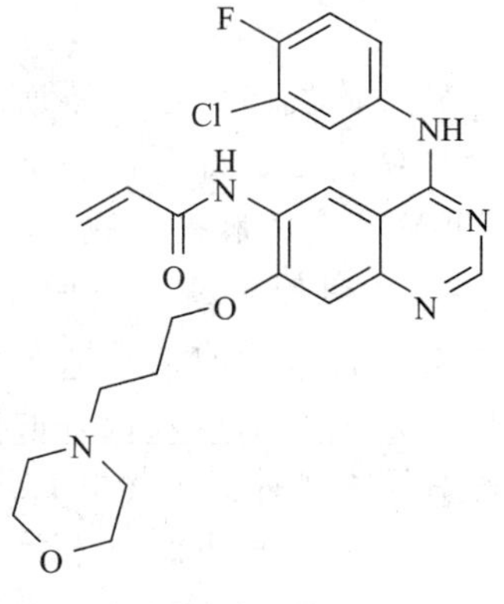

对比文件 1 公开了上述化合物，即为开发中的第二代 EGFR 酪氨酸激酶抑制剂卡奈替尼（Canertinib）发明人已在前面进行了介绍，其烯丙酰基 2 位为氢，对于此类化合物，实际上是一类对 EGFR－T790M 突变的肺癌细胞和 EGFR 野生型肺癌细胞有同等强度的抑制增殖作用，使用中会产生严重不良反应，而且随着剂量增加，毒性反应加重、患者不能耐受的 EGFR 酪氨酸激酶抑制剂；虽然对比文件 1 公开了上述化合物用于治疗癌症、再狭窄、动脉粥样硬化、子宫内膜移位和牛皮癣（参见对比文件 1 说明书第 1 页第 7～10 行），但是对比文件 1 没有公开或者记载该化合物的任何活性测试方法以及任何的药理活性数据。

本发明请求保护一种通式Ⅰ所示的喹啉衍生物或其药学上可接受的盐：

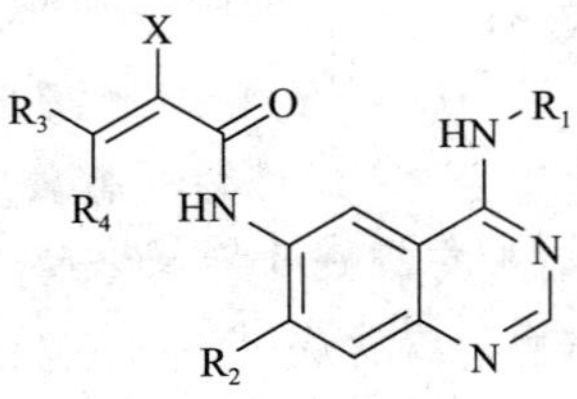

I

X为氟原子或氯原子，其余略。

根据本发明的效果实施例1可以看出：本发明的喹唑啉衍生物对EGFR酪氨酸激酶活性具有很好的抑制作用，对HER2和HER4酪氨酸激酶活性也有一定的抑制作用；根据本发明的效果实施例2可以看出：本发明的喹唑啉衍生物对EGFR酪氨酸激酶活性的半数抑制浓度在0.13～4.7nM，半数抑制浓度较低，达到纳摩尔级。根据本发明的效果实施例3可以看出：本发明的喹唑啉衍生物对T790M突变的肺癌细胞（H1975）的抑制增殖活性的半数抑制浓度一般在0.41～11μM，而对EGFR野生型高表达的肺癌细胞（A431）的抑制增殖活性的半数抑制浓度大部分高于0.52μM，部分化合物甚至高于100μM，由此可见，本发明的喹唑啉衍生物对T790M突变的肺癌细胞（H1975）的抑制增殖作用比EGFR野生型高表达的肺癌细胞（A431）的抑制增殖作用强，且抑制增殖作用相对稳定和一致，因此，本发明的喹唑啉衍生物对T790M突变细胞的选择性较高。根据本发明的效果实施例4可以看出：本发明的化合物对人肺腺癌NCI－H1975裸鼠皮下移植瘤有较强的生长抑制作用，也就是说，本发明的喹唑啉衍生物体内活性也很好。

而且，更需要指出的是，本发明的发明人经过不断的总结和研究，才终于发现在上述喹唑啉衍生物中，化合物母体结构上，烯丙酰基2－位特别选择为氟或氯取代基后，得到的化合物对EGFR－T790M突变的肺癌细胞有较好的抑制增殖活性和较高的选择性。为了更好地证明该结论，本发明的申请人还做了对比实验，需要特别说明的，下面列举的实验数据并非是对本发明补入新的技术效果，而是为了使审查员更明显地了解本发明和更好地突出本发明的效果，申请人进行的进一步补充与说明。本发明的效果实施例3已经能够说明本发明的喹唑啉衍生物对EGFR－T790M突变的肺癌细胞有较好的抑制增殖活性和较高的选择性。本发明的技术效果已经由申请文件中记载的实施例和效果实施例的数据得到体现。具体试验和结果如下所示：按照本发明效果实施例3完全相同的条件下，测试化合物对A431、H1975细胞增殖抑制活性，以测定化合物对EGFR－T790M突变的肺癌细胞的选择性，其中，烯丙酰基2位为氢的化合物（如下所示的化合物A和化合物B），对EGFR－T790M突变的肺癌细胞几乎无选择性，而烯丙酰基2位为氟或氯的化合物对EGFR－T790M突变的肺癌细胞的选择性分别为20.7和36，实验结果如下所示：

| 化合物编号 | 化合物结构 | $IC_{50}$（A431）（μM） | $IC_{50}$（H1975）（μM） | 选择性指数 |
| --- | --- | --- | --- | --- |
| 28 | 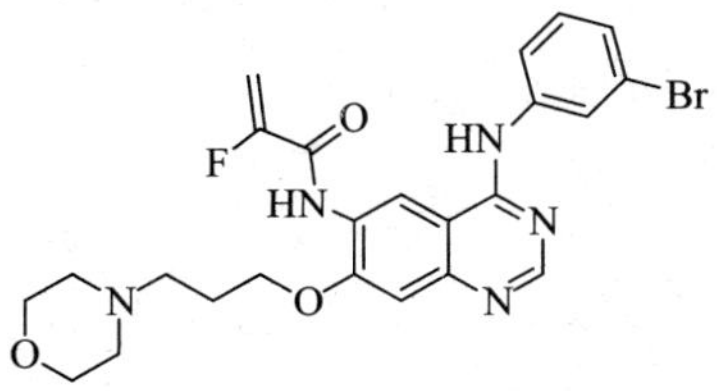 | 29 | 1.4 | 20.7 |
| 化合物 A | 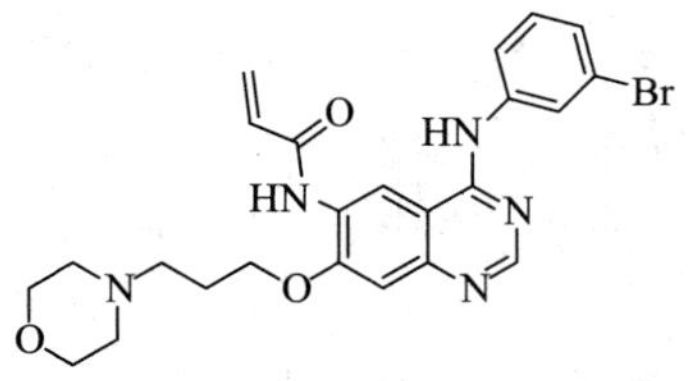 | 3.4 | 2.8 | 1.2 |
| 53 | 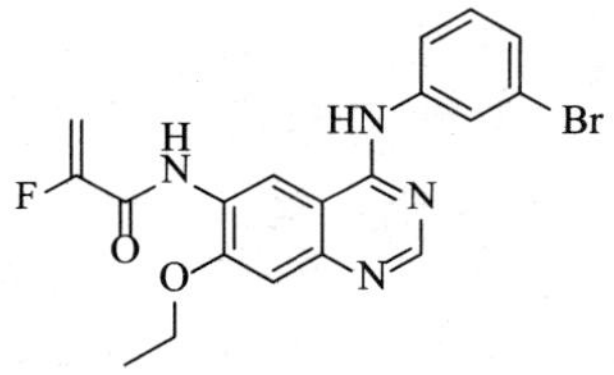 | 36 | 1.0 | 36 |
| 化合物 B | 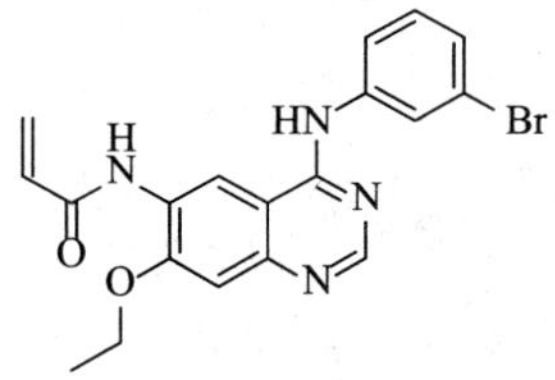 | 2.6 | 3.1 | 0.8 |

由上述结果可以看出：化合物 A 和化合物 B，烯丙酰基 2 位为氢，其对 EGFR－T790M 突变的肺癌细胞几乎无选择性，而化合物 A 和化合物 B 分别对应本发明的化合物 28 和化合物 53，烯丙酰基 2 位为氟，其对 EGFR－T790M 突变的肺癌细胞的选择性分别为 20.7 和 36。

根据上述论述，与对比文件 1 相比，本发明的主要区别技术特征在于：本发明的喹唑啉衍生物的烯丙酰基 2 位为氟或氯，而对比文件 1 相应的位置为氢；此外，本发明通式中，其余取代基与对比文件 1 不完全相同。

基于上述论述，确定本发明实际解决的技术问题在于：提供一种母核结构与对比文件 1 完全不同的，对 EGFR－T790M 突变的肺癌细胞有较好的抑制增殖活性和较高的选择性，体内药效好，毒副作用低的喹唑啉类化合物。

对于上述区别技术特征，审查员认为“对比文件 1 已经公开了 $R^1$ 独立地为氢、卤素……因此，对比文件 1 已经给出通式化合物中丙烯酰基 2 位可以被卤素取代的技术启示。同时，对比文件 1 还公开了通式化合物中其他可变量的选取情况。在此基础上，为了得到更多具有相同用途的替代喹唑啉衍生物，本领域技术人员有动机采用卤素替换丙烯酰基2位的氢，以及保持喹唑啉丙烯酰胺母体结构不变，对其上的其他取代基进行结构调整和基团替换”。

此处申请人想要强调的是：对于已知的具有某种药物活性的化合物来说，改进结构以求得更好或更优异的药效一直是研究热点，也是推动医药领域发展的重要动力。由于化合物的药效往往和结构密切相关，有时稍微改动一个基团或者去掉一个取代基，就会导致整个化合物药效大大降低，甚至失活，因此，药用化合物的结构改进并不是随意的、盲目的，而是需要一定的研究和总结，才能得到效果相似且能够最终应用于临床的药物，所以，具有生物活性的化合物的构效关系的研究往往是改进结构的基础。虽然对比文件1公开了 $R^1$ 独立地为氢、卤素；但是对比文件1还公开了 $R^1$ 为 $NO_2$、CN、$CF_3$、$C_{1\sim6}$烷基、$C_{1\sim6}$卤代烷基、$C_{2\sim6}$链烯基、$C_{3\sim8}$环烷基、$C_{3\sim8}$杂环烷基、羧基、$C_{1\sim6}$烷氧基羰基、$C_{1\sim6}$烷基氨基甲酰基、芳基 $-(CH_2)_m$、杂芳基 $-(CH_2)_m$、$-(CH_2)_mCO_2R_8$、$-(CH_2)_mS(O)_nR_8$……等众多基团，因此，对于对比文件1公开的喹唑啉类衍生物来说，$R^1$ 可以改造的方向枚不胜数，本领域技术人员根据对比文件1，无法得知应该对于对比文件1的喹唑啉衍生物的母体结构中的 $R^1$ 引入怎样的基团，可以得到对 EGFR－T790M 突变的肺癌细胞有较好的抑制增殖活性和较高的选择性，体内药效好，毒副作用低的本发明的化合物。本发明的发明人经过不断的总结和研究，才终于发现在上述喹唑啉类化合物中，化合物母体结构上，烯丙酰基2位的氢特别选择为氟或氯时，能够很好地改善喹唑啉类化合物的活性，引入氟或氯原子后的喹唑啉类化合物对 EGFR－T790M 突变的肺癌细胞有较好的抑制增殖活性和较高的选择性，体内药效好，毒副作用低。并且，申请人在前面补充的实验结果也很好说明了烯丙酰基2位的氟或氯取代基是本发明喹唑啉类化合物活性的关键位点，这在对比文件1以及现有技术中完全没有给出任何启示的。因此，根据对比文件1，本领域技术人员无法得知，将其喹唑啉类化合物的烯丙酰基2位特别选择为氟或氯时，能够得到一种对 EGFR－T790M 突变的肺癌细胞有较好的抑制增殖活性和较高的选择性，体内药效好，毒副作用低的喹唑啉类化合物，因此，本发明的喹唑啉类化合物相对于对比文件1是非显而易见的。

另外，申请人还想进一步强调的是：虽然对比文件1也记载了其公开的喹唑啉类化合物用于治疗癌症、再狭窄、动脉粥样硬化、子宫内膜异位和牛皮癣；但是，对比文件1没有记载任何的生物活性测试方法，也没有任何的生物活性测试数据，本领域技术人员在没有明确的构效关系指引下，根本不可能想到需要对众多化合物中的哪个化合物结构进行改造，以及对哪个化合物的哪种取代基做怎样的改造，能够使得到的化合物取得对 EGFR－T790M 突变的肺癌细胞有较好的抑制增殖活性和较高的选择性，体内药效好，毒副作用低的技术效果，对比文件1的 $R^1$ 公开了一个很大的范围，本领域技术人员无法得知选择何种取代基，能够取得本发明所述的效果。也就是说，对比文件1虽然公开了其喹唑啉类化合物具有的活性，但是衡量活性的方法和数值与本发明的活性测试方法和测得的活性数值不具有可比性。本领域技术人员根据对比文件1公开的内容，最多能够得知其喹唑啉类化合物具有活性，而无法想到或预料得到，在对于将其喹唑啉类化合物的烯丙酰基2位特别选择为氟或氯后，得到的化合物对 EGFR－T790M 突变的肺癌细胞有较好的抑制增殖活性和较高的选择性，并且在本发明的活性测试方法下，可以得到如此优异的抑制率和选择性，更无法想到或预料得到，本发明除了具有体外抑制效果，体内药效还非常好，毒副作用低。

再进一步讲，在 EGFR 酪氨酸激酶药物领域中，各取代基的组合及它们之间的相互作用本身就是一种重要的技术特征，不能把每个技术特征割裂开来，需要整体的考虑。判断某一区别技术特征的选取是否是常规的，无须付出创造性劳动的，一定要基于应用该技术特征的技术方案实际要解决的技术问题来进行判断，如果不以此为基础进行判断，可以说在药物化学领域，任何涉及取代基的区别技术特征都是在现有技术中出现过的，也都是容易确定的，无须付出创造性劳动的。药物化学领域中的每一个药物分子，都是由药物化学领域中的常规取代基组合而成的，可以说本领域中所有的药物分子都没有创造性吗？很显然不是这样的，必须在确定了发明实际要解决的技术问题后，再来判断现有技术中是否给出技术启示，以将区别特征和最接近的现有技术进行结合来解决该技术问题，如果没有给出应用该特征解决该技术问题的启示，那么该技术特征的选取就不是常规的、容易确定的，当然是需要付出创造性劳动的。

申请人还想进一步强调的是，在新药研发领域中，寻找高活性的药物分子是难度非常大的事情，而且药物分子的活性达到一种较高的程度后，再想进一步提高的难度是非常大的，能够找到某种活性相当甚至某些方面活性提高的替代方案的难度也是非常高的，需要付出创造性劳动。尤其，我国自主研发的新药是少之又少，正处于起步阶段，经验也不够丰富，国内的药物研发企业本身就是在困难重重的情况下寻求发展。如果因为专利政策的差异，例如对比文件 1 为美国进入中国的专利，它们做出部分先导化合物，就要求保护非常巨大的范围，这无异于垄断，对社会大众尤其是我国的药企来说是极不公平的，也是不利于经济社会的发展和进步的。

为了突出本发明的喹唑啉衍生物体内药效活性好，毒性作用低，申请人还作了下列对比实施例 1 和 2，供审查员参考。需要特别说明的，下面列举的试验数据并非是对本发明补入新的技术效果，而仅仅是提供不在本发明保护范围内的技术方案的技术效果作为对比，使审查员更明显地了解本发明的技术效果。本发明的技术效果已经由申请文件中记载的实施例和效果实施例的数据得到体现。

对比实施例 1：申请人在此引入了阿法替尼化合物作为对比化合物，按照本发明效果实施例 4 相同的方法，以测得对比化合物、本发明的化合物 2－1 和化合物 6 在小鼠体内药效以及毒性作用，实验结果对比具体如下表所示：

| 化合物 | 化合物结构 | 给药剂量和给药时间 | 小鼠表现 |
|---|---|---|---|
| 化合物 2－1 | 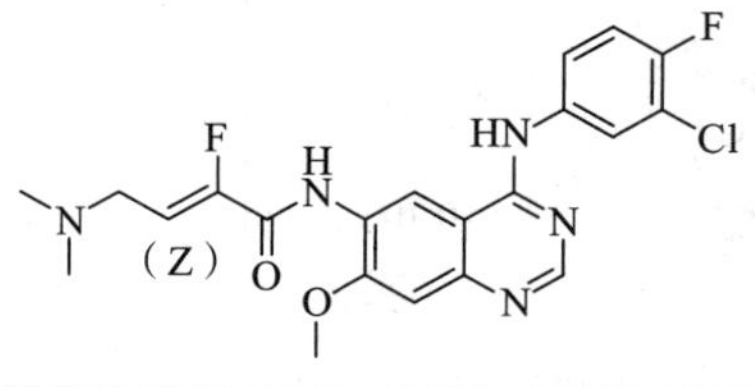 | 160mg/kg 连续给药 4 天 | 体重无减少，活动状态正常，除皮肤潮红外，未见其他异常 |

续表

| 化合物 | 化合物结构 | 给药剂量和给药时间 | 小鼠表现 |
|---|---|---|---|
| 化合物6 | 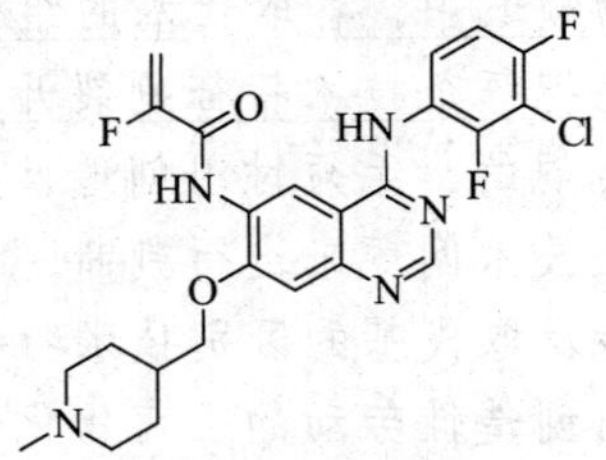 | 160mg/kg 连续给药4天 | 体重无减少，活动状态正常，除皮肤潮红外，未见其他异常 |
| 阿法替尼 | 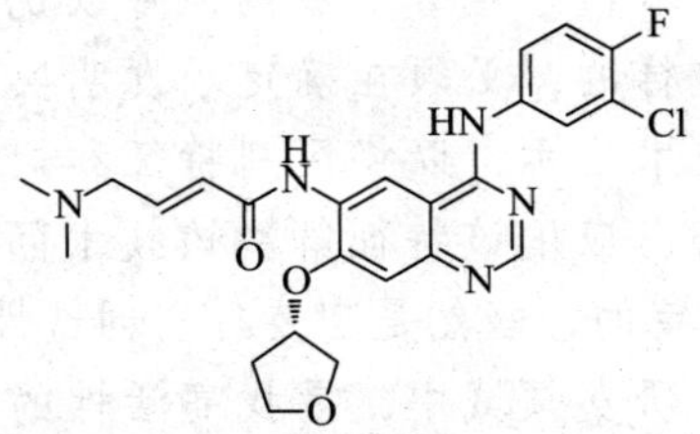 | 30mg/kg 连续给药4天 | 轻度腹泻 |

上述实验结果表明：化合物2-1和6的剂量增加到150mg/kg，连续给药4天后，体重无减少，活动状态正常，除皮肤潮红外，未见其他异常。阿法替尼在30mg/kg剂量就出现轻度腹泻了。由此可见，本发明的喹唑啉类化合物的安全窗范围大，药效强，毒性低。

对比实施例2：药物代谢实验

2.1 生物利用度实验

以化合物阿法替尼作为对比化合物，测得其在小鼠体内的生物利用度，具体实验结果如下所示：

| 化合物 | 化合物结构 | 清除率 CLz (L/min/kg) | 绝对生物利用度 F（%） | Lung/Plasma/Brain Ratio[c] |
|---|---|---|---|---|
| 2-1 | 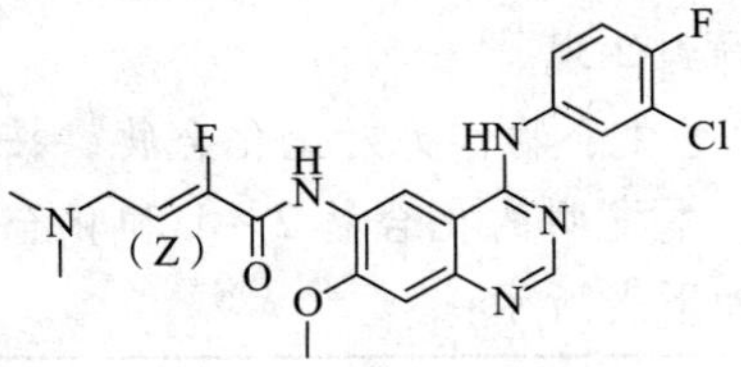 | 0.05 | 98.56 | nd[d] |
| 8-1 | 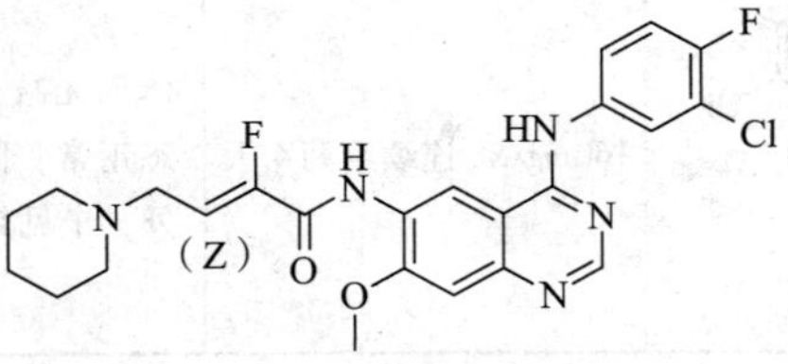 | 0.04 | 105.6 | 20/1.0/2.31 |

续表

| 化合物 | 化合物结构 | 清除率 CLz（L/min/kg） | 绝对生物利用度 F（%） | Lung/Plasma/Brain Ratio[c] |
|---|---|---|---|---|
| 8－2 | 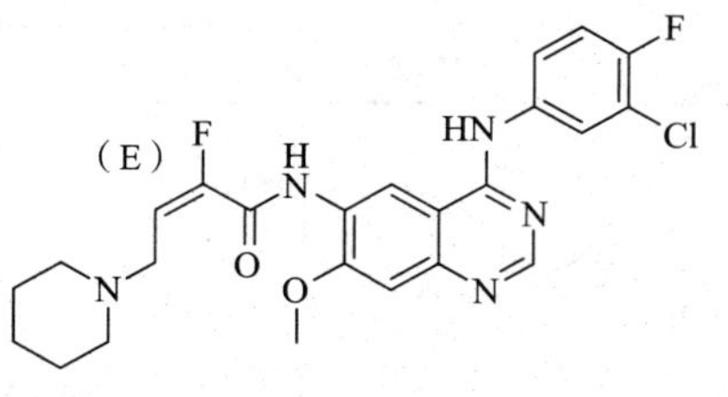 | 0.12 | 16.58 | — |
| 19－1 | 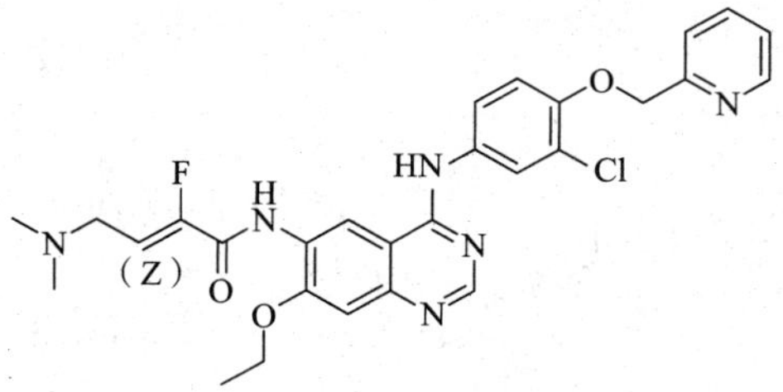 | 0.02 | 89.43 | 11/1.0/0.29 |
| 21－1 | 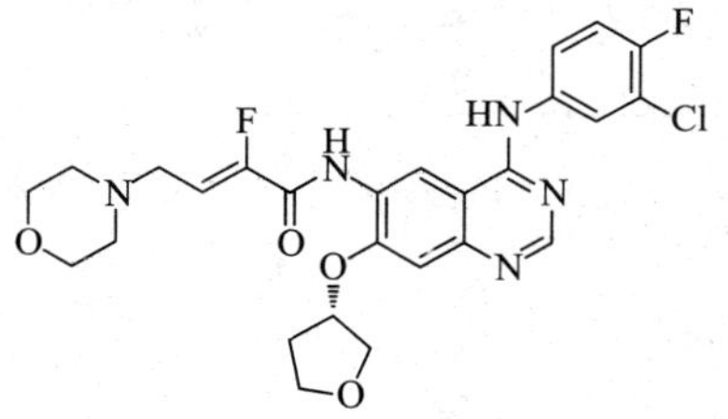 | 0.03 | 84.74 | 25/1.0/0.79 |
| 阿法替尼 | 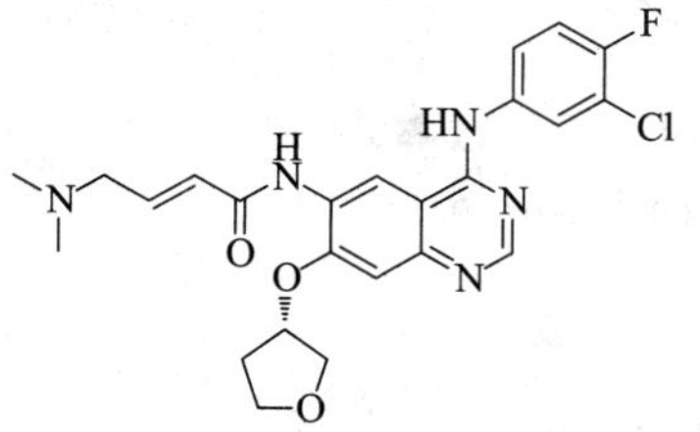 | 0.27 | 37.41 | 18/1.0/0.14 |

上述实验结果表明：喹唑啉类化合物的烯丙酰基2位特别选择为氟或氯后，化合物的生物利用度得到明显的提高，脑内分布也提高，不仅对肺癌治疗带来更好的药效，可能对脑转移更有效。

2.2　谷胱甘肽（GSH）结合物生成速率实验

不可逆的EGFR酪氨酸激酶抑制剂的作用机理：通过作用于EGFR的ATP结合位点，与邻近的胱氨酸残基（Cys773，含有一个巯基－SH）发生特异性的烷基化，产生不可逆的抑制酪氨酸激酶的活性。而不可逆的EGFR酪氨酸激酶抑制剂与谷胱甘肽（GSH）生成速率可以看出药物的药效和毒性的高低，药物与GSH结合速率降低，一方面，生成无活性的代谢产物较少，对维持药效有利；另一方面，预示着与含巯基内源性物质的结合较慢，降低化合物的毒性。申请人以化合物卡奈替尼（Canertinib）作为对比化合物，按照相同的方法测得对比化合物与本发明的化合物5与谷胱甘肽（GSH）结合物生成速率，具体如图1所示：

| 化合物 | 化合物结构 |
|---|---|
| 5 | 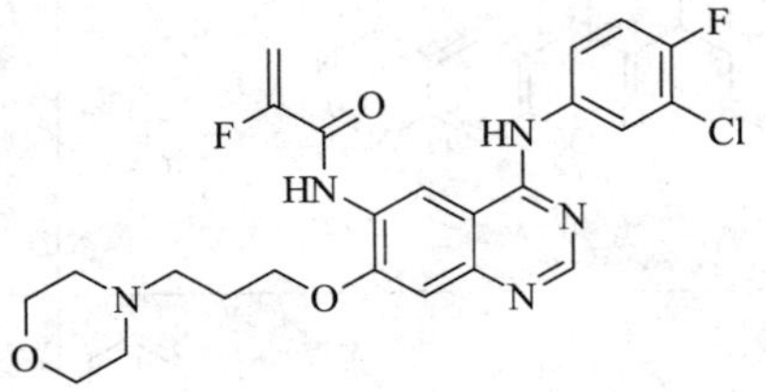 |
| 卡奈替尼 | 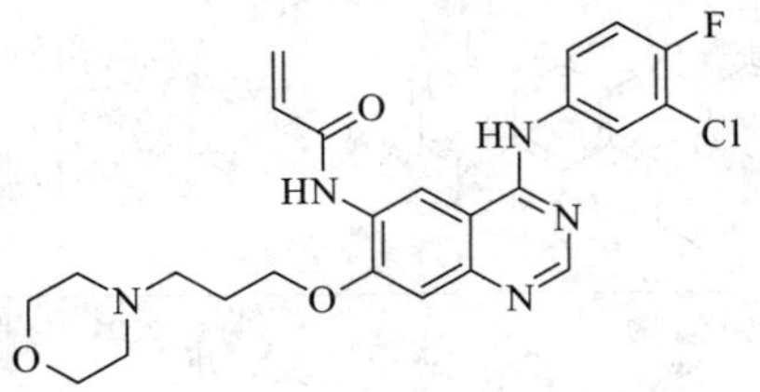 |

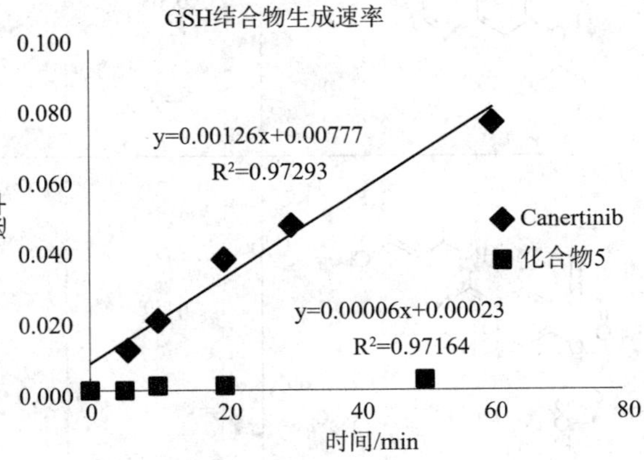


**图1**

备注：◆表示 Canertinib；■表示本发明的化合物5。

由图1可以看出：化合物5与Canertinib相比，烯丙酰基2位引入一个氟，其与GSH结合速率明显降低。由此可见，本发明的喹唑啉衍生物体内药效好，毒性低。

综上所述，再结合本发明的效果实施例1～4，本领域技术人员能够很明显地得出以下几点：1）本发明的喹唑啉衍生物中，烯丙酰基2位是药物活性关键位点，对于药效起到关键的作用，在构效关系中，这个位点的改变往往会给整个化合物的药效带来明显的变化；2）在本发明的喹唑啉衍生物母体结构中，烯丙酰基2位上引入氟或氯取代基，对 EGFR－T790M 突变的肺癌细胞有较好的抑制增殖活性和较高的选择性；同时，得到的化合物还具有很好的体内抑制活性，副作用少，毒性低，药效好，体内生物利用度高，谷胱甘肽（GSH）结合物生成速率明显降低。而通过对比文件 1 的记载，本领域技术人员并不能得知上述几点，也没有其他任何对于母体结构上 $R^1$ 改造后药理活性的研究。因此，对比文件 1 并没有给出得到本发明化合物的改造启示，根据对比文件 1，本领域技术人员根本无法想到所述喹唑啉类衍生物的活性位点在哪里，进行何种修饰后，得到的化合物会对 EGFR－T790M 突变的肺癌细胞有较好的抑制增殖活性和较高的选择性，体内药效好，毒副作用低。

此外，申请人还想说明的是，本发明的化合物还取得了预料不到的技术效果。根据本发明的效果实施例 1 可以看出：本发明的喹唑啉衍生物对 EGFR 酪氨酸激酶活性具有很好的抑制作用，对 HER2 和 HER4 酪氨酸激酶活性也有一定的抑制作用；根据本发明的效果实施例 2 可以看出：本发明的喹唑啉衍生物对 EGFR 酪氨酸激酶活性的半数抑制浓度在 0.13～4.7nM，半数抑制浓度较低，达到纳摩尔级。根据本发明的效果实施例 3 可以看出：本发明的喹唑啉衍生物对 T790M 突变的肺癌细胞（H1975）的抑制增殖活性的半数抑制浓度一般在 0.41～11μM，而对 EGFR 野生型高表达的肺癌细胞（A431）的抑制增殖活性的半数抑制浓度大部分大于 0.52μM，部分化合物大于 100μM，由此可见，本发明的喹唑啉衍生物对 EGFR－T790M 突变的肺癌细胞（H1975）的抑制增殖作用比 EGFR 野生型高表达的肺癌细胞（A431）的抑制增殖作用强，且抑制增殖作用相对稳定和一致。根据本发明的效果实施例 4 可以看出：本发明的化合物对人肺腺癌 NCI－H1975 裸鼠皮下移植瘤有较强的生长抑制作用。这都是对比文件 1、其他现有技术及它们的结合都不能给出任何启示的，故本发明的喹唑啉类化合物取得了预料不到的技术效果。

因此，针对本发明所要解决的技术问题，本领域技术人员没有动机对对比文件 1 进行改进，将上述区别技术特征与对比文件 1 相结合得到本发明的技术方案，也无法预料到本发明的技术方案所能带来的技术效果。因此，本发明相对于现有技术来说是非显而易见的，具有突出的实质性特点。

2. 新权利要求 1 具备显著进步

根据本发明的效果实施例 1 可以看出：本发明的部分喹唑啉衍生物对 EGFR 酪氨酸激酶活性具有很好的抑制作用，对 HER2 和 HER4 酪氨酸激酶活性也有一定的抑制作用；根据本发明的效果实施例 2 可以看出：本发明的部分喹唑啉衍生物对 EGFR 酪氨酸激酶活性的半数抑制浓度在 0.13～4.7nM，半数抑制浓度较低，达到纳摩尔级。根据本发明的效果实施例 3 可以看出：本发明的部分喹唑啉衍生物对 EGFR－T790M 突变的肺癌细胞（H1975）的抑制增殖活性的半数抑制浓度一般在 0.41～11μM，而对 EGFR 野生型高表达的肺癌细胞（A431）的抑制增殖活性的半数抑制浓度大于 0.52μM，部分化合物大于 100μM，由此可见，本发明的喹唑啉衍生物对 EGFR－T790M 突变的肺癌细胞（H1975）的抑制增殖作用比 EGFR 野生型高表达的肺癌细胞（A431）的抑制增殖作用强，且抑制增殖作用相对一致。根据本发明的效果实施例 4 可以看出：本发明的部分化合物对人肺腺癌 NCI－H1975 裸鼠皮下移植瘤有较强的生长抑制作用。

因此，本发明具备显著的进步。

综上所述，新权利要求 1 具备突出实质性特点和显著进步，具备创造性，符合《专利法》第 22 条第 3 款的规定。

## 【案例 No. 1310096】移动终端的显示方法及移动终端

### ☞ 案由简要

该案涉及一种移动终端的显示方法（权利要求 1 ~7），及移动终端（权利要求 8）。

➢ 一通：审查员引用一篇对比文件（CN103049081A），认为权利要求 1、8 不具备新颖性，权利要求 2 ~8 不具备创造性。

➢ 答一通：删除原权利要求 1，将原权利要求 2 上升为新权利要求 1，论述新权利要求 1 ~7 具备创造性。

➢ 审查结果：授权。

### ☞ 相关权利要求

原始权利要求

1. 一种移动终端的显示方法，所述移动终端包括一显示屏，其特征在于，所述显示方法包括如下步骤：

$S_1$ 所述显示屏显示若干对象；

$S_2$ 通过眼球跟踪技术在所述显示屏中获取一用户眼睛注视的显示区域；

$S_3$ 判断所述显示区域在所述显示屏中的位置在一设定时间内是否发生变化，若是流程结束，若否则执行步骤 $S_4$；

$S_4$ 在所述显示屏中对所述显示区域内显示的对象添加一显示效果。

2. 如权利要求 1 所述的移动终端的显示方法，其特征在于，步骤 $S_3$ 包括：

$S_{31}$ 判断在所述显示屏中所述显示区域内显示的对象的像素是否小于一设定像素，若是则执行步骤 $S_{32}$，若否则流程结束；

$S_{32}$ 判断所述显示区域在所述显示屏中的位置在一设定时间内是否发生变化，若是则流程结束，若否则执行步骤 $S_4$；

或者，步骤 $S_3$ 包括：

$S_{31}$ 判断所述显示区域在所述显示屏中的位置在一设定时间内是否发生变化，若是则流程结束，若否则执行步骤 $S_{32}$；

$S_{32}$ 判断在所述显示屏中所述显示区域内显示的对象的像素是否小于一设定像素，若是则执行步骤 $S_4$，若否则流程结束。

### ☞ 相关说明书内容

本发明是通过下述技术方案来解决上述技术问题：一种移动终端的显示方法，所述移动终端包括一显示屏，所述显示方法包括如下步骤：

$S_1$、所述显示屏显示若干对象；

$S_2$、通过眼球跟踪技术在所述显示屏中获取一用户眼睛注视的显示区域；

$S_3$ 判断所述显示区域在所述显示屏中的位置在一设定时间内是否发生变化，若是流程结束，若否则执行步骤 $S_4$；

$S_4$ 在所述显示屏中对所述显示区域内显示的对象添加一显示效果。

本发明的显示方法中，所述显示屏显示的对象可以为文字、图片或控件等，所述移动终端通过眼球跟踪技术在所述显示屏中获取用户眼睛注视的显示区域，眼球跟踪技术为目前比较热门的技术，如公开号为 CN10282771A 的名称为一种基于眼球跟踪器的上下文动作的专利，这一专利公开了一种终端产品能够通过对用户的眼睛的扫描获取用户眼睛在所述终端产品屏幕上位置的方法。其原理是向用户发出不可见的红外光，然后利用两个内置照相机搜寻捕获用户眼球的"闪烁"以及视网膜的反射。对于不同的用户需要校准之后得到比较准确的用户眼球在终端产品屏幕上的位置。

在移动终端上利用眼球跟踪技术，根据用户眼球在移动终端屏幕上的注视点获取一包括所述注视点在内的显示区域，当所述显示屏中的这一显示区域的位置在一预先设定好的时间内未变化，则对这一显示区域中所显示的对象添加一显示效果来增强所述对象的显示。例如，所述显示效果可以为放大所述显示区域内的所述对象的像素的数值，即是将所述显示对象放大，用户不仅读取方便，而且当所述显示对象为触控显示屏中的控件时，控件被放大可使用户点击控件时更加方便，点错的情况大大减少。

较佳地，步骤 $S_3$ 包括：

$S_{31}$ 判断在所述显示屏中所述显示区域内显示的对象的像素是否小于一设定像素，若是则执行步骤 $S_{32}$，若否则流程结束；

$S_{32}$ 判断所述显示区域在所述显示屏中的位置在一设定时间内是否发生变化，若是则流程结束，若否则执行步骤 $S_4$；

或者，步骤 $S_3$ 包括：

$S_{31}$ 判断所述显示区域在所述显示屏中的位置在一设定时间内是否发生变化，若是则流程结束，若否则执行步骤 $S_{32}$；

$S_{32}$ 判断在所述显示屏中所述显示区域内显示的对象的像素是否小于一设定像素，若是则执行步骤 $S_4$，若否则流程结束。

为了防止将所有显示屏中显示的对象均添加所述显示效果，所述移动终端先做两步判断。一种方案是先判断显示区域内显示对象的像素是否足够大，若像素足够大，所述对象不需要添加所述显示效果便能够清楚地辨认或准确地操作。若像素不够大，则判断在所述显示屏中用户注视的显示区域在预设时间内是否发生变化，若发生变化则说明用户在浏览，不对所述对象做处理；若未发生变化，对所述显示区域内显示对象添加所述显示效果。另一种方案是先判断在所述显示屏中用户注视的显示区域在预设时间内是否发生变化，在未发生变化时才判断显示区域内显示对象的像素是否足够大，若像素不够大，对所述显示区域内显示的对象添加所述显示效果。通过上述两种方案能够准确地判断出哪些对象需要添加所述显示效果，节约了移动终端系统资源，使用户在使用所述移动终端时更方便快捷。

**☞ 相关对比文件公开内容**

［0092］进一步，为了更好地表达注视点触发超链接的功能是否处于开启状态，还

可以在启动了视觉触发控件之后，将所在的互联网页面设置为差异化显示状态。比如，该差异化显示状态可以通过在网络浏览器页面的顶部设置蓝色条框的形式进行表达，在没有处于注视点触发超链接功能的情况下，就不输出前述的蓝色条框。

[0093] 步骤S220，在网络浏览器开启的情况下，判定是否能够采集前述视觉触发控件的启动消息，在采集获得的情况下，启动所在终端上的摄像结构，拍摄用户的眼睛注视信息，识别后获取在当前视窗中的注视点位置。

[0094] 步骤S230，判定注视点的位置是否具有开启对象，且在该开启对象处停留的时间是否达到预设阈值，其中该预示阈值为2秒钟，在达到的情况下转入到下一步骤，在达不到的情况下，重复步骤S220~步骤S230。

[0095] 所设置的时间阈值，是为了避免用户在随意查看网络浏览器页面的情况下，通过注视点触发并不希望打开的超链接。

[0096] 前述的阈值，取为2秒钟左右是合适的，在过短或过长的情况下，都会给用户带来不便。

[0097] 步骤S240，采集该超链接形式的目标开启对象中的显示内容，将其转为连续放大状态，其中本实施例中的开启对象的显示内容为字符，对字符中的数据内容进行连续放大操作，以及在目标开启对象所对应字符内容的周围设置阈值外框，该阈值外框是比前述字符内容所在区域大3倍的框体结构，均匀设置在字符内容的周围。

[0098] 步骤S250，在注视点位于前述外框区域内的时间范围内，对所述的目标信息对应的字符内容进行连续放大操作，进而转入到步骤S270；在注视点的位置信息从前述外框区域移开的情况下，转入到步骤S260。

[0099] 步骤S260，停止前述目标信息所对应设置的放大操作，进而重复步骤S220~步骤S250。

[0100] 步骤S270，在前述的目标信息所对应的字符内容放大至前述外框所在位置的情况下，触发前述的目标开启对象所对应的超链接进入到开启状态。

☞ **审查意见**

摘录一

1. 权利要求1要求保护一种移动终端的显示方法，对比文件1（CN103049081A）公开了一种客户端开启对象视觉触发的方法（相当于移动终端的显示方法），并具体公开了以下技术特征（参见对比文件1说明书第0092~0100段、第0108段）：

终端的具体类型是不限定的，比如能够实现该功能的智能手机（相当于移动终端），终端的视窗（相当于移动终端包括一显示屏）开启的情况下，启动所在终端拍摄图像信息；开启对象，为如下类型其中之一（相当于$S_1$，显示屏显示若干对象）：(1) 通过超文本文件所设置的超链接数据；(2) 在文档中所设置的链接数据，该链接数据在触发后能够指向于所在文档的其他位置，或者指向于所在终端中其他独立的文件；(3) 所在终端中的文件夹；(4) 文件数据；启动所在终端上的摄像结构，拍摄用户的眼睛注视信息，识别后获取在当前视窗中的注视点位置（相当于$S_2$，通过眼球跟踪技术在所述显示屏中获取一用户眼睛注视的显示区域）；判定注视点在该开启对象处停留的时间是否达到预设阈值，其中该预示阈值为2秒钟，在达到的情况下转入到下一步骤，在达不到的情况下，重复步骤S220～步骤S230（即本次流程结束，相当于$S_3$，判断所述显示区域在所述显示屏中的位置在一设定时间内是否发生变化，若是流程结束，若否则执行步骤$S_4$）；采集该超链接形式的目标开启对象中的显示内容，将其转为连续放大状态，其中本实施例中的开启对象的显示内容为字符，对字符中的数据内容进行连续放大操作（相当于$S_4$，在所述显示屏中对所述显示区域内显示的对象添加一显示效果）。

由此可见，对比文件1公开了该权利要求的全部特征，权利要求1所要保护的技术方案与对比文件1所公开的技术方案实质上相同，且两者都属于终端显示方法领域，所解决的技术问题都是如何通过视觉触发对象特效显示，并获得相同的避免误操作的预期技术效果。因此权利要求1所保护的技术方案不具备新颖性，不符合《专利法》第22条第2款的规定。

摘录二

2. 从属权利要求2是对权利要求1的进一步限定，对比文件1进一步公开了（参见对比文件1说明书第0082～0085段、第0093～0100段）：

步骤S230，判定注视点的位置是否具有开启对象，且在该开启对象处停留的时间是否达到预设阈值，其中该预示阈值为2秒钟，在达到的情况下转入到下一步骤，在达不到的情况下，重复步骤S220～步骤S230（相当于$S_{31}$，判断所述显示区域在所述显示屏中的位置在一设定时间内是否发生变化，若是则流程结束，若否则执行步骤$S_{32}$）；处于放大状态没有达到预设阈值的目标开启对象，进行停止放大状态的操作，在前述的目标信息所对应的字符内容放大至前述外框所在位置的情况下，触发前述的目标开启对象所对应的超链接进入到开启状态（相当于$S_{32}$，判断在所述显示屏中所述显示区域内显示的对象的像素是否小于一设定像素，若是则执行步骤$S_4$，若否则流程结束）该权利要求相对对比文件1所保护的技术方案的区别在于：将步骤$S_{31}$和步骤$S_{32}$的判断内容互换顺序。

基于上述区别技术特征，该权利要求的技术方案实际解决的技术问题是：如何增加方法的灵活性。

判断注视点在对象上停留的时间和判断该对象是否放大到预设值，这两个判断条件是相辅相成的，但是并没有必然的先后关系，因此先判断其中一个并不影响$S_3$步骤的结果的情况下，为了增加方法的灵活性，该方法可以根据需要进行设置，这是本领域的惯用手段。

因此，在对比文件1的基础上，结合本领域的惯用手段得出该权利要求所要求保护的技术方案，对本领域技术人员来说是显而易见的，因此该权利要求所要求保护的技术方案不具有突出的实质性特点和显著的进步，因而不具备创造性，不符合《专利法》第22条第3款的规定。

### ☞ 答辩要点分析思路

在撰写新申请的环节，代理师很难保证对现有技术进行了完全检索，代理师只能基于发明人提供的有限现有技术确定该发明实际解决的技术问题。而实质审查过程中，审查员很有可能检索出新的对比文件，若检索出的最接近的现有技术已经解决了该发明原先记载的技术问题且公开了该发明权利要求 1 的技术方案，此时就需要重新确定该发明实际解决的技术问题，技术问题与技术方案对应，那重新确定技术问题的前提就需要对权利要求 1 的技术方案进行修改。

在该案分析过程中，对于审查意见中认定的权利要求 1 不具备新颖性的观点难以反驳，代理师只能采用通过修改权利要求，缩小其保护范围的答辩方式。

代理师对该发明说明书进行了研读，发现说明书内容中对原权利要求 2 的技术特征“判断在所述显示屏中所述显示区域内显示的对象的像素是否小于一设定像素”进行了描述，原权利要求 2 的技术方案达到的技术效果为：可节约移动终端系统资源，使用户在使用所述移动终端时更方便快捷。对比文件 1 达不到上述技术效果。

代理师还对技术方案作了进一步解读，并结合说明书公开的内容对修改后的权利要求 1 的技术方案所能达到的技术效果进行了深度挖掘，推论出新权利要求 1 所能达到的技术效果还包括：可避免不必要的操作，使得该发明的显示方法更加高效和合理。

从而，代理师将上述技术效果进行全面完整的归纳，由此重新确定该发明实际解决的技术问题为：如何触发对显示对象执行添加显示效果的操作，并将能实现上述技术效果的原权利要求 2 的技术方案修改为新权利要求 1。在此基础上，论述权利要求 1 的技术方案是非显而易见的，使审查员理解该发明的创造性高度。

### ☞ 意见陈述原文摘录

一、新权利要求 1 的创造性

1. 新权利要求 1 具有突出的实质性特点

关于本发明的区别技术特征，审查意见中认为，对比文件 1 公开了“处于放大状态没有达到预设阈值的目标开启对象，进行停止放大状态的操作，在前述的目标信息所对应的字符内容放大至前述外框所在位置的情况下，触发前述的目标对象所对应的超链接进入到开启状态”相当于本发明的“$S_{32.}$ 判断在所述显示屏中所述显示区域内显示的对象的像素是否小于一设定像素，若是则执行步骤 $S_4$，若否则流程结束”，申请人对此有完全不同的意见与您商榷。

申请人认为对比文件 1 公开的上述技术内容与本发明的上述技术特征完全不同，二者不可能相当，具体地，

首先，对比文件 1 公开的上述技术内容与本发明的上述技术特征在整个方法流程中所处的位置以及所起的作用完全不同，在本发明中，上述技术特征处于步骤 $S_4$ 之前，即处于对显示的对象添加一显示效果这一操作之前，其作用是作为执行添加显示效果这一操作的触发条件，即只有在步骤 $S_{32}$ 判断为是时才会触发执行步骤 $S_4$ 的添加显示效果操作；而在对比文件 1 中，“步骤 S270 的上述触发超链接进入到开启状态”的步骤处在“步骤 S250 的对字符内容进行连续放大操作”（按照审查意见中的认定，步骤 S250 即相当于本发明的步骤 $S_4$ 添加显示效果）的步骤之后，即处于对显示的对象添加一显示效果这一操作之后，其作用也不是作为执行添加显示效果这一操作的触发条件，而是如何在显示超链接形式的目标开启对象的基础上如何进一步开启超链接；由此可见，对比文件 1 公开的上述技术内容与本发明的上述技术特征在整个方法流程中所处的位置以及所起的作用完全不同。

其次，对比文件1公开的上述技术内容与本发明的上述技术特征属于完全不同的技术操作，在本发明中，其明显是一个判断操作，即判断在所述显示屏中所述显示区域内显示的对象的像素是否小于一设定像素，并根据不同的判断结果触发执行不同的后续操作，而在对比文件1公开的上述技术内容中，其并没有涉及任何的逻辑判断，即其并不是一个判断操作，试问一个非判断操作如何与一个判断操作相当呢？

最后，对比文件1公开的上述技术内容与本发明的上述技术特征所操作的对象完全不同，在本发明中，所操作的对象是显示对象的像素，将其与设定像素进行比较，而在对比文件1公开的上述技术内容中，根本就没有涉及任何关于像素的技术内容，其操作的对象是超链接，执行的操作是开启超链接，因此，其操作与显示对象的像素完全无关，即对比文件1中完全没有涉及本发明的操作对象。

综上，通过比较对比文件1公开的技术内容与本发明的上述技术特征可知，二者在整个方法流程中所处的位置及所起的作用完全不同，二者分别属于完全不同的技术操作并且二者所操作的对象完全不同，因此，二者不可能相当，即对比文件1并没有公开本发明的上述技术特征，所以本发明的“$S_{32}$判断在所述显示屏中所述显示区域内显示的对象的像素是否小于一设定像素，若是则执行步骤$S_4$，若否则流程结束”这一技术特征应当为本发明的区别技术特征，审查意见中对本发明的区别技术特征的认定有误。

关于本发明实际解决的技术问题，审查意见中认为本发明实际解决的技术问题是：如何增加方法的灵活性，参见上述意见陈述，由于审查意见中对本发明的区别技术特征的认定有误，导致其认定的本发明实际解决的技术问题也有误，事实上，利用上述区别技术特征，本发明所能达到的技术效果为：本发明通过对显示屏中显示区域内显示对象的像素进行判断，并在判断其小于设定像素时才触发执行后续的添加显示效果的操作，从而实现了只在需要添加显示效果时（即像素需要增大时）才对显示对象的显示效果进行添加，而在显示对象的像素满足设定像素的要求时并不会执行添加显示效果的操作，从而避免了不必要的操作，使得本发明的显示方法更加高效和合理；而根据上述区别技术特征及其所能达到的技术效果确定本发明实际解决的技术问题为：如何触发对显示对象执行添加显示效果的操作。

判断权利要求1的技术方案是非显而易见的，由于审查意见中对于本发明的区别技术特征的认定有误，导致对本发明的非显而易见的判断也有误，申请人认为现有技术从整体上没有给出将上述区别技术特征应用到对比文件1中来解决本发明实际解决的技术问题的技术启示。

首先，对比文件1的其他部分并没有公开本发明的上述区别技术特征，具体地，在对比文件1公开的技术内容中，在执行添加显示效果的操作之前，并不会进行任何的判断的操作，并且，对比文件1也没有公开过对显示对象的像素进行判断，进而更加没有公开将显示对象的像素的判断结果作为对显示对象执行添加显示效果的操作的触发条件，因此，对比文件1的其他部分没有公开本发明的上述区别技术特征，进而也没有给出将上述区别技术特征应用到最接近的现有技术中来解决本发明实际解决的技术问题的启示。

其次，本发明的上述区别技术特征并不属于本领域的公知常识。在本领域的现有技术中并没有普遍采用本发明及对比文件1中的通过用户眼睛的注视来添加显示效果的技术，即本发明以及对比文件1属于本领域比较先进的创新技术，这一点从本发明以及对比文件1的非常接近的申请日和公开日可以看出，在本领域的现有技术中，除对比文件1之外，并没有其他的教科书、工具书等文件记载过通过用户眼睛的注视来添加显示屏的显示效果，更加没有公开过如何触发执行添加显示效果的操作，即本领域包括对比文件1在内，都没有公开过通过对显示对象的像素进行判断来触发执行添加显示效果的操作，即没有公开过采用本发明的上述区别技术特征来解决本发明实际解决的技术问题，所以，本发明的上述区别技术特征并不属于本领域的公知常识。

综上，对比文件1的其他部分没有公开本发明的上述区别技术特征，本发明的上述区别技术特征也不属于本领域的公知常识，因此，现有技术从整体上没有给出将上述区别技术特征应用到对比文件1中来解决本发明实际解决的技术问题的技术启示，本发明新的权利要求1的技术方案对本领域技术人员来说不容易想到，具有突出的实质性特点。

2. 新的权利要求1具有显著的进步

本发明通过对显示屏中显示区域内显示对象的像素进行判断，并在判断其小于设定像素时才触发执行后续的添加显示效果的操作，从而实现了只在需要添加显示效果时（即像素需要增大时）才对显示对象的显示效果进行添加，而在显示对象的像素满足设定像素的要求时并不会执行添加显示效果的操作，从而避免了不必要的操作，使得本发明的显示方法更加高效和合理；进而取得了有益的技术效果，具有显著的进步。

综上所述，与现有技术相比，本发明新的权利要求1具有突出的实质性特点和显著的进步，具备《专利法》第22条第3款规定的创造性。

## 【案例 No. 1410932】内燃机的两级可调增压系统

### ☞ 案由简要

该申请涉及内燃机的增压系统，特别涉及一种内燃机的两级可调增压系统。

➢ 一通：审查员引用两篇对比文件，分别为对比文件1（CN103097688A）和对比文件2（CN203271907U），认为相对于对比文件1、2和公知常识的结合，权利要求1～6不具备创造性。

➢ 答一通：删除权利要求1和权利要求2，将权利要求4和权利要求5合并为新的权利要求1，并在新权利要求1中增加技术特征，论述新权利要求1～3具备创造性。

➢ 二通：审查员认可之前意见陈述，但指出说明书的撰写问题。

➢ 答二通：修改形式问题，以克服所存在的缺陷。

➢ 审查结果：授权。

☞ **相关权利要求**

原权利要求：

1. 一种内燃机的两级可调增压系统，其特征在于，其包括两组分别具有若干个内燃机气缸的内燃机气缸组；

所述内燃机气缸组在排气方向上依次连通设置一高压级涡轮和一低压级涡轮；

所述内燃机气缸组在进气方向上依次连通设置一低压级压气机、一中冷器和一高压级压气机；

所述高压级涡轮与同组的所述高压级压气机共传动轴，所述低压级涡轮与同组的所述低压级压气机共传动轴；

一进排气旁通阀的一侧连通两组所述高压级压气机的出口，另一侧连通两组所述高压级涡轮的进气口。

4. 如权利要求1所述的内燃机的两级可调增压系统，其特征在于，两组所述内燃机气缸组的进气口共用一内燃机气缸进气冷却装置。

5. 如权利要求1所述的内燃机的两级可调增压系统，其特征在于，所述中冷器的进气口和出气口分别设置有一进气腔和一出气腔，所述进气腔和所述出气腔内分别设置有至少一导流板，所述导流板的一端与所述中冷器的进气或者出气的气流方向平行，另一端弯折至垂直于所述中冷器的进气口或出气口。

☞ **相关说明书内容**

摘录一

具有增压压力调节能力的两级增压系统也有被应用，但这些系统都存在一定的问题。例如国际专利（WO2010/097979A1）采用低压级压气机旁通阀、高压级涡轮阀放气等5个旁通或者放气阀门调节增压压力、中国专利CN103615309A采用高压级涡轮旁通阀、低压级涡轮旁通阀等4个旁通阀门调节增压压力。但对于船用V型柴油机，由于其具有两列气缸、两列进气管和两列排气管的特殊结构，这些系统的增压压力控制阀门多，会造成系统结构复杂且难于布置、总体尺寸庞大、管路沿程损失大、控制方法复杂、制造成本高等问题。

摘录二

图1为本实施例的内燃机的两级可调增压系统的结构示意图，如图1所示，本实施例的内燃机的两级可调增压系统用于船用V型柴油机，其包括两组分别具有若干个内燃机气缸的柴油机气缸组和两级增压模块2。

柴油机气缸组的排气管1和排气管13在排气方向上依次连通设置高压级涡轮4和低压级涡轮8。两组柴油机气缸组的进气管15在进气方向上依次连通设置低压级压气机6、中冷器5和高压级压气机3。

高压级涡轮4与同组的高压级压气机3共传动轴，低压级涡轮8与同组的低压级压气机6共传动轴。

进排气旁通阀12的一侧连通两组高压级压气机3的出口，另一侧连通两组高压级涡轮4的进气口。高压级涡轮旁通阀10一侧连通两组高压级涡轮4的进气口（即通过

图1中所示的旁通管路11连通高压级涡轮4的进气口），另一端连通两组高压级涡轮4的出气口（即连通图1中高压级涡轮4与低压级涡轮8之间的涡轮间排气管7）。

两组中冷器5共用可调节流量的冷却水泵9。

两组柴油机气缸组的进气口共用一内燃机气缸进气冷却装置14。

摘录三

一方面，通过调节高压级涡轮旁通阀的开度，利用高压级涡轮的进口和低压级涡轮的进口之间的压力差，使部分柴油机排气不经高压涡轮而直接进入低压级涡轮，降低两级涡轮总功率，达到降低增压压力的目的。另一方面，两列管路共用一台进排气旁通阀，可以通过调节进排气旁通阀的开度，利用高压级压气机出口和高压级涡轮进口之间的压差，使部分空气不进入中冷器而进入高压级涡轮，提高涡轮功率，达到提高增压压力的目的。

针对船用V型柴油机的结构形式，为每组气缸分别装备一台低压级增压器和一台高压级增压器，在两低压级压气机和高压级压气机之间各配置有中间冷却器，用以降低进入高压级压气机的空气温度。中间冷却器置于低压级增压器下方，通过这种构造，可以节约安装空间，控制柴油机尺寸。两列高压级压气机出口管路通过特殊设计，使两列增压空气通过一根进气总管进入内燃机气缸进气冷却装置4（其可以和中冷器5使用同一种冷却装置），该进气总管放置于柴油机的V型夹角内，内燃机气缸进气冷却装置位于柴油机的一端。通过这种构造，可以使两列增压空气共用一台内燃机气缸进气冷却装置，有效利用布置空间，减少了柴油机零件数量和尺寸，可使柴油机结构更紧凑。

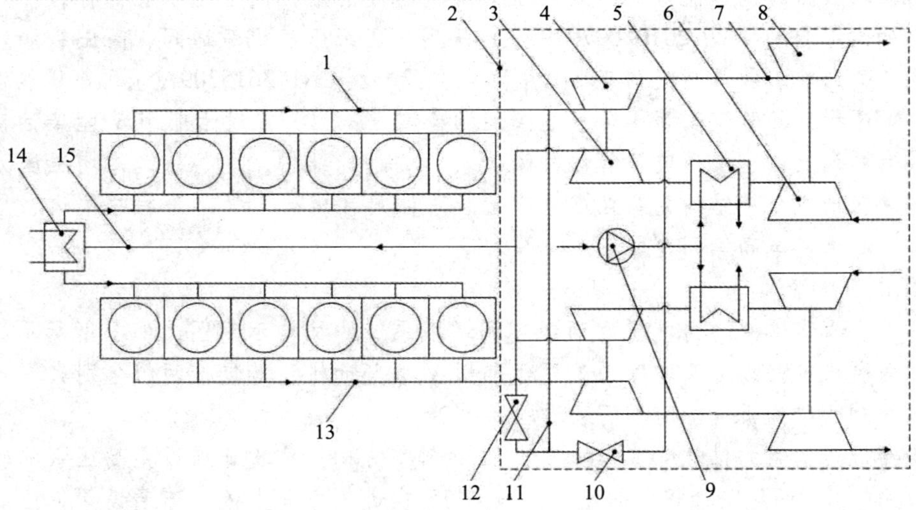


图4

☞ **相关对比文件公开内容**

**【对比文件1】**

摘录一

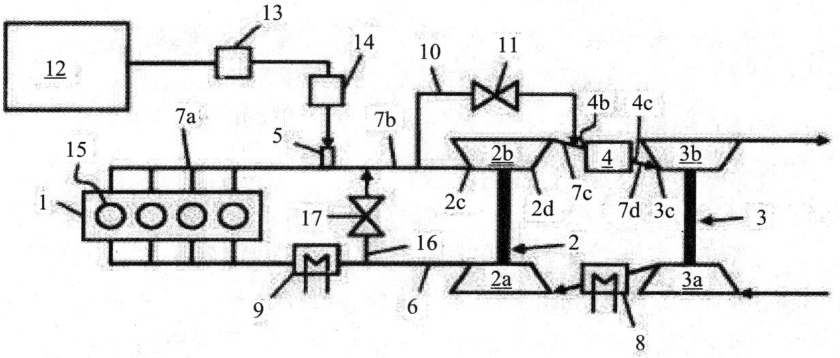


图1

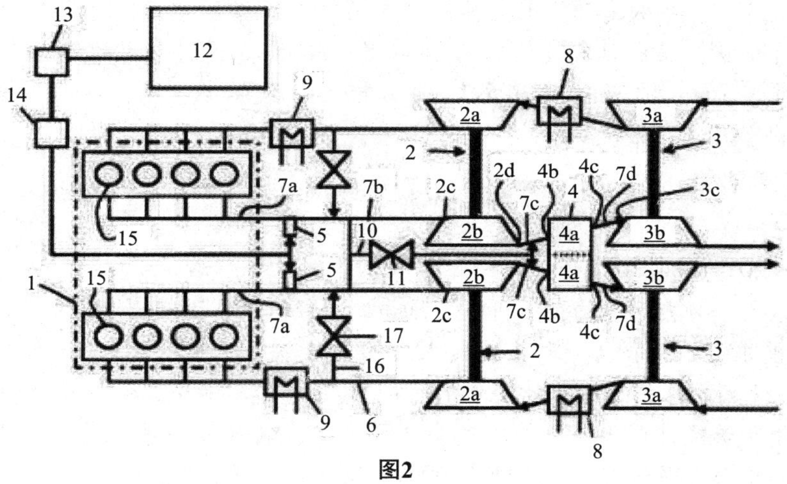


图2

摘录二

在图1中示出了具有两级涡轮增压的内燃发动机1。高压涡轮增压器2与低压涡轮增压器3串联连接。两个涡轮增压器2、3包括压缩机2a、3a和涡轮机2b、3b。

摘录三

排气歧管7a将发动机1的气缸15连接至高压排气管7b，高压排气管7b连接到高压涡轮增压器2的涡轮机入口2c。来自发动机1的排气从发动机1流入排气歧管7a和高压排气管7b，流到高压涡轮增压器2的涡轮机2b。

摘录四

进气管6被设置为将进气引导到发动机1的气缸15中。在图1中示出了四个气缸15，但是发动机1可以包括任意数量的气缸15。进气首先通过低压涡轮增压器3的压缩机3a，然后通过高压涡轮增压器2的压缩机2a。低压增压空气冷却器8设置在低压涡轮增压器3的压缩机3a和高压涡轮增压器2的压缩机2a之间。高压增压空气冷却器

9 设置在高压涡轮增压器 2 的压缩机 2a 和发动机 1 之间。在进气管 6 和高压排气管 7b 之间存在旁通管 16，旁通管 16 设置有用于调节通过旁通管 16 的进气流的旁通阀 17。

摘录五

图 2 的实施方式与图 1 的实施方式的不同之处在于，发动机 1 是 V 型发动机。发动机 1 的另一排气缸设置有第二排气歧管 7a′，第二排气歧管 7a′将气缸 15′连接到第二高压排气管 7b′。排气系统包括具有压缩机 2a′和涡轮机 2b′的第二高压涡轮增压器 2′。第二高压排气管 7b′将第二排气歧管 7a′连接到第二高压涡轮增压器 2′的涡轮机入口 2c′。在图 2 的实施方式中，催化转化器 4 被分成第一隔室 4a 和第二隔室 4a′。两个隔室 4a、4a′都设置有入口 4b、4b′和出口 4c、4c ′。第一高压涡轮增压器 2 的涡轮机出口 2c 通过第一混合管 7c 连接到催化转化器 4 的第一隔室 4a 的入口 4b。第二高压涡轮增压器 2′的涡轮机出口 2c′通过第二混合管 7c′连接到催化转化器 4 的第二隔室 4a 的入口 4b′。催化转化器 4 的第一隔室 4a 的出口 4b 通过第一低压排气管 7d 连接到第一低压涡轮增压器 3 的涡轮机入口 3c。催化转化器 4 的第二隔室 4a 的出口 4c′通过第二低压排气管 7d′连接到第二低压涡轮增压器 3′的涡轮机入口 3c′。

图 2 的实施方式中的发动机 1 同样设置有第二低压增压空气冷却器 8′和第二低压增压空气冷却器 9′。第一排气歧管 7a 和第二排气歧管 7a′通过共用的废气通道 10 连接到第一混合管道 7c 和第二混合管道 7c′。第二排气歧管 7a′设置有用于将还原剂引入到排气系统中的第二喷射器 5′。

**☞ 审查意见**

摘录一

申请号：2014108433627

本申请涉及一种内燃机的两级可调增压系统。经审查，现提出如下的审查意见。

1. 权利要求 1 不符合《专利法》第 22 条第 3 款关于创造性的规定。

权利要求 1 请求保护一种内燃机的两级可调增压系统，对比文件 1（CN103097688A）公开了一种用于选择性催化还原的排气系统及方法，其涉及一种内燃机的两级可调增压系统，并具体公开了（参见说明书第 0009～0029 段，图 1～2）：系统包括两组分别具有若干个内燃机气缸的内燃机气缸组 1；所述内燃机气缸组在排气方向上依次连通设置有一高压级涡轮（2b、2b′）和一低压级涡轮（3b，3b′）；内燃机气缸组 1 在进气方向上依次连通设置有一低压级压气机（3a，3a′）、一中冷器（8，8′）和一高压级压气机（2a，2a′）；所述高压级涡轮（2b，2b′）与同组的所述高压级压气机（2a，2a′）共传动轴，所述低压级涡轮与同组的所述低压级压气机共传动轴；两个进、排气旁通阀的一侧分别连通对应的两组高压级压气机（2a，2a′）的出口，另一侧分别连通两组高压级涡轮（2b，2b′）的进气口；该权利要求与对比文件的区别在于：该申请采用一个进、排气旁通阀连通两组涡轮和压气机；基于上述区别特征可以确定该权利要求实际要解决的技术问题是如何对两组涡轮和压气机连通。

对于上述区别特征，采用一个旁通阀连通两组涡轮和压气机统一控制或采用两个旁通阀分别连通两组涡轮和压气机分别控制或统一控制，是考虑到控制策略、安装空间限制、轻量化设计、成本控制等做出的适应性常规设计，如在空间允许、成本许可并需分别控制两组涡轮、压气机机构时，本领域技术人员容易想到采用两个旁通阀分别连通两个涡轮、压气机机构；而当空间有限、降低成本和同时对两组机构统一控制时，本领域技术人员容易想到采用一个进、排气旁通阀连通两组涡轮和压气机，因此特征采用一进、排气旁通阀的一侧连通两组所述高压级压气机的出口，另一侧连通两组所述高压级涡轮的进气口是本领域的常规设计，对本领域技术人员来说是容易想到的。

综上，在对比文件1的基础上结合上述常规设计以获得该权利要求所要求保护的技术方案，对所属技术领域的技术人员来说是显而易见的，因此该权利要求所要求保护的技术方案不具备突出的实质性特点和显著的进步，因而不具备创造性。

摘录二

权利要求4对权利要求1作了进一步限定，其附加技术特征是“两组所述内燃机气缸组的进气口共用一内燃机气缸进气冷却装置”。然而上述特征为本领域的常规设计，即对于在两组涡轮增压机构与两组内燃机的气缸组进气口间的进气冷却装置，共用一个或分别用两个，这是从简化设计、轻量化设计、空间限制、制造成本等考虑根据所需做出的适应性设计，且本领域技术人员在考虑到上述因素后，共用一个内燃机气缸进气冷却装置是最易想到的。因此，在其引用的权利要求不具备创造性的情况下，该从属权利要求也不具备创造性。

摘录三

5. 权利要求5不符合《专利法》第22条第3款关于创造性的规定。

权利要求5对权利要求1作了进一步限定，其附加技术特征是“中冷器的进气口和出气口分别设置有一进气腔和一出气腔，所述进气腔和所述出气腔内设置分别设置有至少一导流板，所述导流板的一端与所述中冷器的进气或者出气的气流方向平行，另一端弯折至垂直于所述中冷器的进气口或出气口”；对此，其中对比文件2（CN203271907U）公开了一种新型中冷器，并具体公开了（参见说明书第0010~0012段，图1）：中冷器的进气口4和出气口5分别设置一进气腔2和一出气腔3，所述进气腔和所述出气腔内设置分别设置一组导流板8，导流板8的一端向进气或出气的气流方向倾斜并趋向于平行，另一端铰接在腔壁上，并大体垂直于中冷器的进气口或出气口；且其都是用于提供具有导流结构和腔体的中冷器结构，即对比文件2给出了将上述特征应用于对比文件1以获得该申请的启示；而对于导流板的设置则是根据需要作出的常规设计，但总体上都是顺应于将气体从进气口导向并从出气口导出的方向设置。因此，在其引用的权利要求不具有创造性的情况下，该从属权利要求也不具有创造性。

### ☞ 答辩要点分析思路

在第一次审查意见中，审查员对于区别技术特征以及该区别技术特征在该发明中所解决的技术问题的确定是没有问题的，且现有技术与该发明的相似度非常高。区别技术特征仅在于该发明采用一个旁通阀来统一控制，而现有技术采用两个旁通阀来分别控制。

针对上述区别技术特征，代理师进行了全面分析，重新确定了该发明实际解决的技术问题：采用一个旁通阀可使得两组气缸组之间的压力平衡，避免差异性。这一技术效果不同于说明书中原来所描述的要解决的技术问题，也没有在该发明的说明书中有明确指出。但本领域技术人员可根据该发明的说明书所记载的内容确认这一技术效果，因此以此重新确定的所解决的技术问题作为论述创造性的突破点。

☞ **意见陈述原文摘录**

一、关于修改

1. 删除原权利要求1，将原权利要求4和原权利要求5合并为新权利要求1，并在新权利要求1中增加技术特征“所述内燃机气缸组的第一排气管和第二排气管在排气方向上依次连通设置有一高压级涡轮和一低压级涡轮”，修改依据为说明书第4页第［0027］段第1~2行记载的内容，增加技术特征“一高压级涡轮旁通阀的一侧连通两组所述高压级涡轮的进气口，另一侧连通两组所述高压级涡轮的出气口，一旁通管路连通所述高压级涡轮的进气口”，修改依据为说明书第5页第［0029］段第2~4行记载的内容，增加技术特征“两列所述高压级压气机出口管路通过一进气总管进入所述内燃机气缸进气冷却装置”，修改依据为说明书第5页第［0035］段第4~5行记载的内容，增加技术特征“所述导流板的两端分别分割对应的接口为两等分”，修改依据为说明书第5页第［0032］段第6行记载的内容。

2. 删除原权利要求2、4和5。

3. 根据上述修改，相应地修改其他权利要求的编号及其引用的权利要求的编号。

具体请见权利要求书修改页和替换页。上述修改均未超出原说明书和权利要求书记载的范围，符合《专利法》第33条的规定。

二、关于新权利要求1的创造性

（一）权利要求1具有突出的实质性特点

1. 确定最接近的对比文件

审查员引用了对比文件（CN103097688A），该对比文件的实施例披露了本发明的部分技术特征，因此将对比文件的实施例作为最接近的现有技术。

2. 权利要求1相对于对比文件1的区别技术特征和实际解决的技术问题

将本申请新权利要求1与对比文件1相比较可知，本申请的内燃机的两级可调增压系统与对比文件1所公开的用于选择性催化还原的排气系统及方法的区别技术特征在于：

A. 所述导流板的一端与所述中冷器的进气或者出气的气流方向平行，另一端弯折至垂直于所述中冷器的进气口或出气口，所述导流板的两端分别分割对应的接口为两等分。

B. 一高压级涡轮旁通阀的一侧连通两组所述高压级涡轮的进气口，另一侧连通两组所述高压级涡轮的出气口，一旁通管路连通所述高压级涡轮的进气口；两组所述内燃机气缸组的进气口共用一内燃机气缸进气冷却装置，两列所述高压级压气机出口管路通过一进气总管进入所述内燃机气缸进气冷却装置；一进排气旁通阀的一侧连通两组所述高压级压气机的出口，另一侧连通两组所述高压级涡轮的进气口。

在进一步论述前，先进一步解释一下上述区别技术特征：

关于区别技术特征A，本发明的导流板的一端与中冷器的进气或者出气的气流方向平行，另一端弯折至垂直于中冷器的进气口或出气口，导流板的两端分别分割对应的接口为两等分。这样，空气从流入开始即进行分流，且贯穿整个流通管路，导流板实现空气在进气腔和出气腔中流动的均匀性。在进气和出气的导流板均是平行于气流方向的，且弯折至垂直于中冷器的进气口或出气口，这样减小对空气流动的阻力，减少扰流损失。

然而，对比文件1并没有记载这一技术特征。

关于区别技术特征B，权利要求1的技术方案中，首先，所述内燃机气缸组在进气方向上依次连通设置有一低压级压气机、一中冷器和一高压级压气机，两组所述内燃机气缸组的进气口共用一内燃机气缸进气冷却装置，两列所述高压级压气机出口管路通过一进气总管进入所述内燃机气缸进气冷却装置。由于两组高压级压气机的出口之间相汇集并共同连通于进气管，从而使得两组柴油机气缸组均在进气方向上的压力平衡，避免进气方向上管路的差异性，从而使得柴油机气缸组的工作状态一样，各缸曲柄连杆机构的受力受压也均相同，可提高运行效率，避免受力偏差造成的损坏，延长使用寿命。

其次，所述内燃机气缸组的第一排气管和第二排气管在排气方向上依次连通设置一高压级涡轮和一低压级涡轮，一高压级涡轮旁通阀的一侧连通两组所述高压级涡轮的进气口，另一侧连通两组所述高压级涡轮的出气口，一旁通管路连通所述高压级涡轮的进气口；一进排气旁通阀的一侧连通两组所述高压级压气机的出口，另一侧连通两组所述高压级涡轮的进气口。由于柴油机气缸组的第一排气管和第二排气管在排气方向上通过旁通管路相连通，从而使得两组柴油机气缸组均在排气方向上的压力平衡，避免排气方向上管路内工质状态的差异性，提高运行效率，保证在排气方向上结构的可靠性和安全性，延长使用寿命。

最后，一进、排气旁通阀的一侧连通两组所述高压级压气机的出口，另一侧连通两组所述高压级涡轮的进气口。仅仅采用一进、排气旁通阀控制两组气缸组的增压压力以同时满足两组气缸组的空气流量需求，更易实现对两组气缸组管路中的调节控制。

然而，对比文件1中记载每一气缸组中的进气管和高压排气管之间存在旁通管，旁通管设置有用于调节通过旁通管的进气流的旁通阀。每组气缸组中的旁通阀只是将各组的进气管和出气管之间相连通，在对比文件1的图2中，很明显两列进气管路之间并没有连通，两列排气管路之间也并没有连通，且通过两个旁通阀分别控制各组的管路。因此，对比文件1之中并没有记载这一技术特征。

综上所述，本技术方案相对于对比文件1实际解决的技术问题是，保证空气流动的均匀性，空气在管路流通时有效减少对空气流动的扰流损失，如何避免两组气缸组之间的差异性，从而提高系统运行效率、控制稳定性和可靠性。

3. 权利要求1中的技术方案对于本领域技术人员来说是非显而易见的

首先，区别技术特征A是不容易想到的。

对比文件2（CN203271907U）虽然公开了新型中冷器中的进气腔与出气腔内均设有导流板，但是并不能等同于本发明的导流板。参见对比文件2说明书实施例、附图以及本意见陈述书图A，在进气腔中，空气通过气流方向进入进气腔，导流板的首端与进气腔的内壁连接，导流板的末端是活动的，导流板的首端和末端并没有与进气接口和器体之间进行连接，且导流板的首端和末端之间的长度相对于从进口到器体之间的距离相差非常大，无法使得空气在进气腔进行分层，所以可以看出对比文件2中的导流板并不是一个分层结构且没有贯穿整个进气腔。

同时，对比文件2的导流板的首端和末端是一个直板结构，而未采用弯折引导气流，对空气产生扰流损失。同时也不可能实现首端平行于气流方向和末端垂直于器体，如本意见陈述书图A中的下端导流板，是绝对不可能实现垂直于器体，也就无法实现气流的方向垂直于进入器体中，进一步增加空气的扰流损失。导流板在出气腔中与进气腔中也是相同结构，不再复述。所以，对比文件2并没有公开区别技术特征A，也就没有将区别技术特征A应用于对比文件1的以获得本发明的启示。

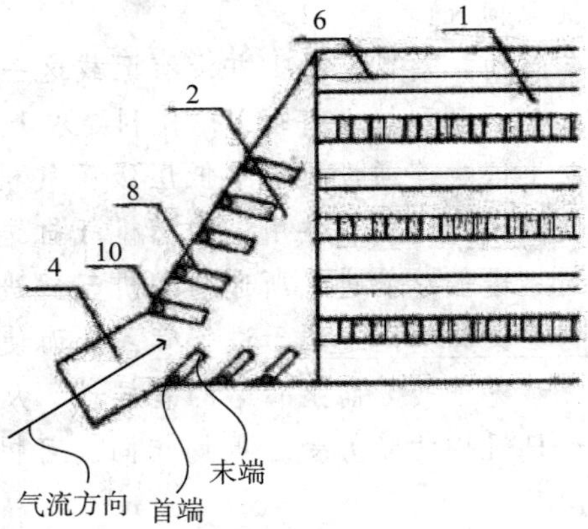

图A

其次，区别技术特征B是不容易想到的。

在对比文件1中，进气管和排气管之间设有旁通管，旁通管上设有旁通阀，通过旁通阀用于调节排气流。审查员认为只要考虑控制策略、安装空间限制、轻量化设计、成本控制等作出的适应性常规设计，本领域技术人员容易想到采用一个旁通阀连通两组涡轮和压气机统一控制。

对此，申请人持有不同的看法。在对比文件1中进气管和排气管之间设的旁通阀是用于控制调节各自每组气缸组的进气管路和排气管路中的气体流量和压力，其效果是通过旁通阀使得部分高压气体能够直接到排气管路中并进入涡轮中，在涡轮中高压气体的能量转化为机械能，涡轮与压气机共轴连接，使得通过压气机的气体压力进一步提高。对比文件1没有给出两组气缸组之间的进气管路和排气管路之间压力和流量的平衡，并没有考虑到两组气缸组在工作中的平衡问题。也就是说，对比文件1中不存在解决如何避免两组气缸组之间的差异性，设计人员自然也无法以对比文件1为基础去改进。

同时，在对比文件1中采用两个旁通阀分别控制的技术难度低，且现有技术并没有将四通旁通阀应用到内燃机中来同时控制两个进气管路和两个排气管路的设计，其结构布置上具有技术难度，技术设计水平要求高。也就是说，对比文件1中不存在采用一个旁通阀控制系统的运行工况，设计人员自然也无法以对比文件1为基础去改进。

综上所述，独立权利要求1的技术方案，是本领域技术人员根据对比文件1、对比文件2并结合其他现有技术也是不容易想到的，具有非显而易见性，故具有突出的实质性特点。

（二）权利要求1具有显著的进步

本技术方案保证空气流动的均匀性，有效减少对空气流动的扰流损失，避免两组气缸组之间的差异性，提高系统运行效率、控制稳定性和可靠性，因而获得了有益的技术效果，具有显著的进步。

综上所述，独立权利要求1具有突出的实质性特点和显著的进步，具备《专利法》第22条第3款所规定的创造性。

## 二、对效果数据进行数据分析挖掘出更优技术效果

有些情况下，某些技术效果并未在说明书中有明确的文字描述，而是隐藏在说明书记载的一堆效果数据中。之所以如此，有可能在当初撰写时此效果并非发明人所认为的与背景技术中描述的现有技术相比最显著的效果优势，而未作特别的说明；也有可能是撰写不当未对技术效果作完整的描述，或撰写的方式使得这些效果很难一目了然；还有可能是发明人对自己所做的实验也未作深入的分析，并未发现此技术效果。对于这些隐藏的技术效果，只要对说明书中记载的效果数据进行适当的分析处理，甚至仅以更清楚的方式重新列举，就可以立刻呈现出来，作为论述创造性的重大突破点。作为一名优秀的专利代理师，不仅需要对专利法有准确的理解，对于技术本身也应当有深入透彻的理解。只有对技术有透彻的理解，才能帮助发明人争取尽可能大的保护范围。这样的理解不是仅仅停留在表面上的转述发明人描述的技术，而是通过专利代理师对专利法的理解以及分析方法的灵活运用，引导发明人对技术本身的价值进行更加深入透彻的解析。这正是常说的专利代理师是“半个发明人”的价值体现所在。专利代理师要善于做一名“挖矿工人”，运用灵活的分析能力当作手中的铁锹，挖掘出掩埋在土中的金子，让其绽放光彩。

具体的，在分析技术效果的过程中，首先用更清楚的方式重新列举说明书中记载的效果数据，进一步运用一些简单的数据处理方法对这些效果数据进行排列、计算等，看能不能呈现出一些文字未曾明确说明，且不能一眼看出的技术效果。

### 【案例 No. 061126】盐酸多西环素脂质体及其制备方法

#### ☞ 案由简要

该申请涉及一种盐酸多西环素脂质体（权利要求1~5），及该脂质体的制备方法（薄膜分散法：权利要求6~8，注入法：权利要求9，逆向蒸发法：权利要求10）。

➢ 一通：审查员引用一篇对比文件（对比文件1）认为权利要求1~10不具备创造性。

➢ 答一通：删去对比文件1，将对比文件2作为新的对比文件1，论述新对比文件1~9具备创造性。

➢ 二通：审查员未认可之前意见陈述，仍然认为新对比文件1~9不具备创造性。

➢ 答二通：论述新对比文件1~9具备创造性。

➢ 审查结果：授权。

#### ☞ 相关权利要求

原申请中对比文件2，答一通时修改为新对比文件1：

1. 一种盐酸多西环素脂质体，其特征在于其包括下列重量份的组分：5~10 份磷脂、0.5~2 份胆固醇、1 份盐酸多西环素和 0.5~100 份乳化剂。

☞ **相关说明书内容**

摘录一

本发明的积极进步效果在于：本发明的产品粒径在 80~500nm，使现有盐酸多西环素对光和热具有更佳的稳定性。而且本发明的脂质体，特别是通过薄膜分散法制备的产品具有较好的包封率；另外，本发明通过将药物盐酸多西环素包裹进具有特定组分（如膜材具有荷电性）的脂质体中，脂质体与生物膜具有更好的黏附性，药物不易流失，使药物在局部维持较高的浓度。通过将药物盐酸多西环素制备成脂质体可以提高盐酸多西环素透过皮肤、黏膜的能力，并在局部保持较高浓度，从而有效地增强抗菌效果，并由于皮肤和黏膜中药物滞留量的增加而延长了药物的作用时间。

摘录二

实施例 1

将 500mg 大豆卵磷脂、100mg 胆固醇和 11mg 维生素 C 棕榈酸酯共溶于乙醇中，于 50℃ 的水浴中通过旋转蒸发成膜；将 300mg 泊洛沙姆溶于 pH6.0 的 PBS 缓冲液 10ml 中，再将盐酸多西环素 100mg 溶于该溶液中；将制得的溶液加入上述膜中，涡旋振荡分散得脂质体混悬液；最后在脂质体中加入重量百分比为 0.1% 的亚硫酸氢钠。

所得到的盐酸多西环素脂质体的粒径用 Nicomp 380ZLS（美国 Particle Sizing Systems）粒径测定仪测得在 200~300nm，将产品用超滤离心法测定包封率为 60%。

实施例 2

将 900mg 蛋黄卵磷脂、90mg 胆固醇和 6.3mg 的维生素 E 共溶于乙醇中，于 30℃ 的水浴中通过旋转蒸发成膜；将 100mg 泊洛沙姆溶于 pH7.3 的磷酸盐缓冲液 5ml 中，将盐酸多西环素 180mg 溶于该缓冲溶液中；再将制得的溶液加入上述膜中，涡旋混合后磁力搅拌匀化 1 小时，得脂质体混悬液；在脂质体中加入重量百分比为 0.1% 的亚硫酸钠。

所得到的盐酸多西环素脂质体粒径在 80~200nm，将产品应用超滤离心法测定包封率为 70%。

实施例 3

将总共为 5mg 的大豆卵磷脂与合成磷脂酰丝氨酸（重量比 20:1）和 0.5mg 胆固醇、2.1mg 的维生素 E 溶于氯仿中，于 40℃ 的水浴中通过旋转蒸发成膜；将 100mg 吐温 80 溶于 pH6.5 的磷酸盐缓冲液 2ml 中，再将盐酸多西环素 1mg 溶于上述溶液中；将制得的溶液加入上述膜中，振荡分散后搅拌匀化 1 小时，得脂质体混悬液；在脂质体中加入重量百分比为 0.1% 的硫代硫酸钠。

所得到的盐酸多西环素脂质体粒径在 100~300nm，将产品应用超滤离心法测得包封率为 80%。

实施例 4

将总共为 50mg 的脑磷脂与磷脂酸（重量比 15:1）、10mg 胆固醇、2.3mg 维生素 C 棕榈酸酯溶于乙醚中，于 30℃ 的水浴中通过旋转蒸发成膜；将 200mg 泊洛沙姆溶于

pH7.2 的磷酸盐缓冲液 2ml 中，将盐酸多西环素 5mg 溶于上述缓冲溶液中；将制得的溶液加入上述膜中，振荡分散后搅拌匀化 1 小时得脂质体混悬液。在脂质体中加入重量百分比为 0.1% 的焦亚硫酸钠。

所得到的盐酸多西环素脂质体粒径在 100～200nm；将产品应用超滤离心法测定包封率为 68%。

实施例 5

将 1000mg 合成二棕榈酰磷脂酰胆碱（DPPC）、100mg 胆固醇和 16mg 维生素 E 溶于乙醚中，于 30℃ 的水浴中通过旋转蒸发成膜；将 700mg 吐温 80 溶于 pH6.8 的磷酸盐缓冲液 14ml 中，将盐酸多西环素 200mg 溶于上述缓冲溶液中；将制得的溶液加入上述膜中，涡旋混合后磁力搅拌匀化 1 小时得脂质体混悬液。在脂质体中加入重量百分比为 0.1% 的亚硫酸氢钠。

所得到的盐酸多西环素脂质体粒径在 200～300nm；将产品应用超滤离心法测定包封率为 50%。

上述实施例采用的是薄膜分散法。

另外，本发明盐酸多西环素脂质体可采用注入法制备。

实施例 6

取 20mg 盐酸多西环素溶于含有 250mg 泊洛沙姆的 5ml 磷酸缓冲溶液（pH = 7.3）中，把 80mg 大豆卵磷脂、10mg 胆固醇和 5.4mg 的维生素 E 共溶于 10ml 乙醇中，将含有药物的缓冲溶液置于容器中，在恒温 50℃ 并搅拌下，匀速滴加上述乙醇溶液，加完后继续搅拌 1 小时（挥尽乙醇），通过高压乳匀机 2 次，得到脂质体混悬液，在此混悬液中加入重量百分比为 0.1% 的亚硫酸氢钠。

所得到的盐酸多西环素脂质体粒径在 300～500nm，将产品应用超滤离心法测定包封率为 40%。

实施例 7

取 1mg 盐酸多西环素溶于含有 50mg 的吐温 80 的 2ml 磷酸缓冲溶液（pH = 7.3）中，把总共为 4mg 的蛋黄卵磷脂和磷脂酸（重量比 18：1），以及 0.5mg 胆固醇共溶于 10ml 乙醚中，将含有药物的缓冲溶液置于容器中，在恒温 30℃ 并搅拌下，匀速滴加上述乙醚溶液，加完后继续搅拌 0.5 小时（挥尽乙醚），得到脂质体混悬液。

所得到的盐酸多西环素脂质体粒径在 300～500nm，将产品应用超滤离心法测定包封率为 50%。

实施例 8

取 200mg 盐酸多西环素溶于含有 500mg 泊洛沙姆的 10ml 磷酸缓冲溶液（pH = 7.2）中，把总共为 1000mg 的大豆卵磷脂和磷脂酰丝氨酸（重量比 15：1）、100mg 胆固醇和 11.8mg 的维生素 C 棕榈酸酯共溶于 10ml 甲醇中，将含有药物的缓冲溶液置于容器中，在恒温 50℃ 并搅拌下，匀速滴加上述甲醇溶液，加完后继续搅拌 1.5 小时（挥尽甲醇），得到脂质体混悬液，在此混悬液中加入重量百分比为 0.1% 的亚硫酸氢钠。

所得到的盐酸多西环素脂质体粒径在 200～500nm，将产品应用超滤离心法测定包封率为55%。

实施例9

取100mg盐酸多西环素溶于含有250mg的吐温80的8ml磷酸缓冲溶液（pH=7.0）中，把总共为800mg的合成磷脂（二棕榈酰鞘磷脂）和磷脂酸（重量比20∶1）、80mg胆固醇和9.2mg的维生素C棕榈酸酯共溶于15ml氯仿中，将含有药物的缓冲溶液置于容器中，在恒温60℃并搅拌下，匀速滴加上述氯仿溶液，加完后继续搅拌（挥尽氯仿），得到脂质体混悬液，在此混悬液中加入重量百分比为0.1%的亚硫酸氢钠。

所得到的盐酸多西环素脂质体粒径在100~500nm，将产品应用超滤离心法测定包封率为60%。

另外，本发明盐酸多西环素脂质体可采用逆相蒸发法制备。

实施例10

取100mg蛋黄卵磷脂和8mg胆固醇以及5.4mg维生素E共溶于5ml乙醇中，将10mg的盐酸多西环素溶于250mg泊洛沙姆的5ml磷酸缓冲溶液（pH=7.0）中，将含有盐酸多西环素的溶液加入乙醇溶液中，进行超声使形成初乳，初乳经减压蒸发以除去乙醇而得到水性混悬液，此脂质体混悬液中加入脂质体总重量0.1%的亚硫酸氢钠。

所得到的盐酸多西环素脂质体粒径在100~400nm，将产品应用超滤离心法测定包封率为60%。

实施例11

取总共为1000mg的二棕榈酰磷脂酰胆碱、磷脂酸和磷脂酰丝氨酸的混合物（摩尔比12∶1∶1），以及100mg胆固醇和14.3mg维生素E共溶于12ml乙醚中，将200mg的盐酸多西环素溶于500mg泊洛沙姆的12.5ml磷酸缓冲溶液（pH=6.8）中，将含有盐酸多西环素的溶液加入乙醚溶液中，用高速剪切机剪切使形成初乳，初乳经减压蒸发以除去乙醚而得到水性混悬液，此脂质体混悬液中加入占脂质体总重量0.1%的亚硫酸钠。

所得到的盐酸多西环素脂质体粒径在200~400nm，将产品应用超滤离心分离脂质体和未包封的游离药物，测得包封率为60%。

实施例12

取10mg二硬脂酰磷脂酰胆碱和1mg胆固醇共溶于1ml氯仿中，将2mg的盐酸多西环素溶于50mg吐温80的1ml磷酸缓冲溶液（pH=7.3）中，将含有盐酸多西环素的溶液加入氯仿溶液中，混合溶液进行高速剪切使形成初乳，初乳经减压蒸发以除去氯仿而得到水性混悬液，此脂质体混悬液中加入脂质体总重量0.1%的焦亚硫酸钠。

所得到的盐酸多西环素脂质体粒径在100~400nm，将产品应用超滤离心法测定包封率为40%。

为更利于保存和运输，上述实施例得到的脂质体混悬液还可经常规的喷雾干燥或冷冻干燥等工艺，进一步得到其粉剂。

上述实施例中的各种磷脂为上海太伟药业有限公司生产、胆固醇为上海源聚生物科技有限公司产品、盐酸多西环素为扬州华曙威斯曼制药有限公司生产、泊洛沙姆和吐温80为南京威尔化工有限公司生产；磷酸盐缓冲液按中国药典自配；余试剂均为常规市售产品。

摘录三

效果实施例3　体外透皮实验

采用TK-12A型药物透皮扩散实验仪（上海锴凯科技贸易有限公司生产），考察2%（2g/100ml）盐酸多西环素脂质体（实施例8制得）和2%（2g/100ml）盐酸多西环素水溶液对离体鼠皮的透皮作用和体外释放规律。具体方法：将制得的新鲜皮肤置于扩散池的接合部（表皮层面向供给池，真皮层面向接受池），剪去多余的皮肤。接受池容积6.5 ml，内盛接受液，有效扩散面积为2.8$cm^2$。将皮肤置于扩散池上后，分别将含相同体积的脂质体和药物的水溶液置于表皮上，夹紧两池口密封，排尽气泡。开启磁力搅拌（200rpm），系统保持恒温（32±0.2）℃。在0、0.5h、1h、1.5h、2h、4h、6h、10h、14h、24h分别将接受池内液体取出，再加入相同体积的接受液。应用高效液相色谱法测定接受液中盐酸多西环素的量，结果表明盐酸多西环素脂质体的透过率明显加快，24小时累计透皮百分率是普通水溶液的1.4倍（n=3）（结果见图1）。透皮实验进行24h后，将皮取下，用生理盐水洗去表面的脂质体，重新固定，更换接受液，于7h后取样，测定接受液中药物的浓度。洗去脂质体皮肤接收液中含盐酸多西环素的量平均为70ug（n=3），洗去水溶液皮肤接收液中含盐酸多西环素的量平均为25ug（n=3），结果表明24h透皮实验结束后盐酸多西环素脂质体存留于皮肤中的药物浓度高于盐酸多西环素水溶液。由此表明了盐酸多西环素脂质体具有良好的经皮渗透速率，并有延长药物作用时间的效果。

**☞ 相关对比文件公开内容**

摘要：以薄膜-振荡分散法制备盐酸多西环素脂质体，再以卡波姆为基质制备脂质体凝胶剂。比较了制品及普通凝胶剂对离体鼠皮的经皮渗透作用。结果表明，制品平均粒径为200~30nm，包封率为80.1%。体外透皮实验中，脂质体凝胶剂24h的药物浓度为156.7μg/ml，明显高于普通凝胶剂（83.3μg/ml）。

2.1　脂质体的制备

2.1.1　逆向蒸发法

将注射用大豆磷脂-胆固醇按10∶1（w/w）混合，溶于适量乙醚中，加入1的水溶液，超声至形成o/w型乳剂，减压蒸除乙醚，得胶状物，加入含5%泊洛沙姆的磷酸盐缓冲液（PBS，pH7.3）涡旋振荡，得1脂质体。

2.1.2　乙醇注入法

将注射用大豆磷脂-胆固醇按10∶1（w/w）混合，溶于适量无水乙醇中，缓慢注入50℃的含5%泊洛沙姆的1PBS中，搅拌挥除乙醇后继续搅拌2h，得1脂质体。

2.1.3　薄膜-振荡分散法

将注射用大豆磷脂-胆固醇按10∶1（w/w）混合，溶于适量无水乙醇中，减压蒸除乙醇，使其在瓶壁上形成薄膜，加入含5%泊洛沙姆的1PBS，涡旋振荡至薄膜完全脱落，搅拌2h，得1脂质体。

2.1.4　薄膜-高压乳匀分散法

将注射用大豆磷脂-胆固醇按10∶1（w/w）混合，溶于适量无水乙醇中，减压蒸除乙醇，使其在瓶壁上形成薄膜，加入含5%泊洛沙姆的1PBS，用高压乳匀机分散，50MPa循环3次，得1脂质体。

2.3　包封率试验

取1脂质体1ml置25ml量瓶中，用去离子水定容，取3ml置离心管中，离心（6000r/min）5min，量取上层液体0.5ml置超滤离心管中，离心（6000r/min）5min，取澄清液体按“2.2”项下方法进样测定游离药物的浓度。另取1脂质体1ml置25ml量瓶中，用少量异丙醇溶解，用60%异丙醇水溶液定容，按“2.2”项下方法测定药物总浓度，计算得上述4法所得脂质体的包封率分别为28.9%、45.6%、80.1%和18.9%（$n=3$）。置冰箱冷藏1周后观察，用逆……

2.5.2　透皮实验

分别比较1脂质体凝胶剂和普通凝胶剂的透皮作用。将离体鼠皮固定在扩散池上，扩散面2.92cm$^2$，接受池体积7ml，角质层面向给药室，真皮层面向接受室，接受液为生理盐水，温度（37±1）℃、转速200r/min。精密称取两种凝胶各0.3g，均匀涂布于鼠皮表面，分别于0.5h、1h、1.5h、2h、2.5h、3h、3.5h、4h、4.5h、5h、6h、8h、10h和24h取样0.1ml（同时补充同温同体积生理盐水），照“2.2”项下方法测定，以外标一点法计算接受液中的药物浓度，见图1。结果表明，随时间的延长1脂质体凝胶剂组的药物浓度明显大于普通凝胶剂组，24h药物浓度脂质体凝胶剂为156.7μg/ml，普通凝胶剂为33.3μg/ml。

2.5.3　贮库效应

透皮实验进行24h后，将皮取下，用生理盐水洗去表面凝胶，重新固定，更换接受液，同“2.5.2”项下方法操作，分别于2h、4h、6h和8h取样，测定接受液中药物的浓度。

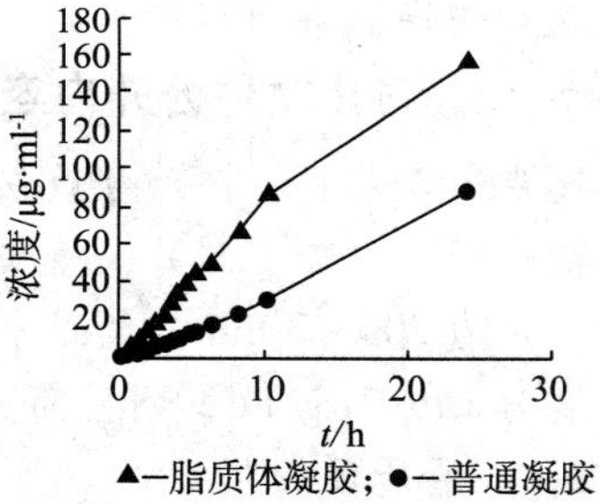


图1　两种凝胶剂的药物浓度（$n=3$）

结果表明，洗去脂质体凝胶剂后，2h、4h、6h和8h接受液中的药物浓度分别为15.3μg/ml、16.0μg/ml、17.9μg/ml和20.6μg/ml，普通凝胶剂则分别为4.9μg/ml、6.3μg/ml、10.2μg/ml和13.6μg/ml。表明凝胶剂作用于皮肤一段时间后，均出现一定的贮库效应，但脂质体凝胶剂的贮库缓释效应优于普通凝胶剂。

### ☞ 审查意见

1. 修改后的权利要求1仍不具备《专利法》第22条第3款规定的创造性。对比文件1（芦洁等，中国医药工业杂志，盐酸多西环素脂质体凝胶剂的制备与评价，2006年2月20日，第37卷第2期第93~95页，）公开了一种盐酸多西环素脂质体凝胶剂。虽然对比文件1中所最终制得的产品为盐酸多西环素脂质体凝胶剂，但在制备过程中，实际上已制备得到了盐酸多西环素脂质体，见“2.1脂质体的制备”一节，其中具体公开了脂质体的组分有大豆磷脂、胆固醇、泊洛沙姆。由此可见，对比文件1已公开了大致相同的技术方案，不同在于权利要求1要求对各组分的比例作出限定，然而该技术内容是本领域技术人员不需要花费创造性劳动，通过有限次试验就可以得出的。

因此权利要求 1 的技术方案相对于对比文件 1 和公知常识的结合，不具备突出的实质性特点和显著进步，因而不具备《专利法》第 22 条第 3 款规定的创造性。

申请人在意见陈述中认为，新权利要求 1 实际解决的技术问题是，使盐酸多西环素实现更好更有效的应用，提供其脂质体，并且其中对各组分的含量选择是非显而易见的，因为对比文件 1 没有公开各组分之间的配比，因此不存在任何技术启示，而为了实现脂质体的稳定性等问题，并不是经过简单有限次试验就可得出。然而审查员认为：由于盐酸多西环素的水溶性使局部给药时出现了难以被皮肤吸收的技术问题。而脂质体是本领域常用的药物递送系统，其中的磷脂可促进药物渗透并有一定缓释作用。虽然对比文件 1 的最终目的是制备脂质体凝胶剂，但是对比文件 1 的制备过程中已得到了盐酸多西环素脂质体，并且在对比文件 1 的首段也公开了将盐酸多西环素从普通凝胶剂改进成脂质体凝胶剂，正是因为脂质体具有上述优点，如可促进药物渗透，延长作用时间并具有一定缓释效果。由此可见，为了解决和本申请需要解决的相同的技术问题，对比文件 1 已给出了将盐酸多西环素制成脂质体的技术启示，并公开了磷脂、胆固醇、泊洛沙姆作为脂质体的组分，所不同的是没有公开上述组分和盐酸多西环素之间的配比，然而脂质体是本领域常用的剂型，磷脂，胆固醇和乳化剂都是制备脂质体必需或常用的辅料，本领域技术人员在现有技术的教导下，通过有限次试验可以得到各个组分之间的合适配比，而并不需要花费创造性劳动。在此请申请人注意：虽然在实际操作中，对于确定各个组分之间的配比很可能需要进行大量的筛选试验，但这并不能给技术方案带来实质性特点进而使权利要求具有创造性。

**☞ 答辩要点分析思路**

此案二通答辩要点之一为论述该发明实现了比对比文件 1 更佳的技术效果。（至此，能得出此答辩要点所有相关信息已经在上文呈现给读者。在阅读下文此案代理师的处理思路前，请尝试用“放大镜”和“显微镜”的分析方式，看看您能否比对出该发明相对对比文件 1 所实现的更佳的技术效果。）

在该案的分析过程中，代理师对该发明说明书及对比文件 1 中记载的效果进行了全面深入的重新整理分析，挖掘出了该发明在技术效果上优于对比文件 1 的两个闪光点：

（1）该发明的盐酸多西环素脂质体对各类制备方法的适应性（获得较高包封率）优于对比文件 1。代理师仅仅通过将冗长的具体实施方式中每个实施例涉及的制备方法种类及所获得的包封率数据归纳入一张数据表中，再将对比文件 1 的数据以并排对比的方式列在对应的该发明数据旁边，稍加对比，上述优势效果就清晰地呈现在眼前。

（2）该发明的盐酸多西环素脂质体比对比文件 1 实现了更优的贮库效应的提升。对于贮库效应，该发明和对比文件 1 都进行了相关实验。但对比文件 1 最终制得的为脂质体凝胶剂，而非该发明的脂质体。因此，无法将对比文件 1 与该发明的贮库效应数据进行直接对比。代理师几经思索，终于另辟蹊径：虽然绝对值不能对比，但相对于普通制剂的贮库效应的提升倍数不恰能说明该发明与对比文件 1 的脂质体对于这一效果的改善程度吗？比较相对提升量，即可消除该发明与对比文件 1 的剂型差别。按照此思路，代理师对相对提升量进行了计算，优势效果即显。

### ☞ 意见陈述原文摘录

本发明的技术方案实现了一种药物渗透力更强、透过皮肤和黏膜的能力更高的盐酸多西环素脂质体；并且该盐酸多西环素脂质体能够由各种制备方法制得，且包封率好。在实施例 1~12（说明书第 4~8 页）以及效果实施例 1~4（说明书第 9~12 页）实施了本发明的技术方案，其结果证明了所述的优异效果。具体分析如下：

（1）本发明特定配方比例的盐酸多西环素脂质体适于各种制备方法制备

本发明的盐酸多西环素脂质体，均可按照现有技术中制备脂质体常规方法，如薄膜分散法、注入法或逆向蒸发法进行脂质体的制备，并且制得的脂质体效果良好，包封率均远优于对比文件 1 制得脂质体的包封率，并且完全不同于对比文件 1 制备脂质体对其制备方法有明显依赖性，具体对比如下：

| 制备方法 | 包封率 | | |
|---|---|---|---|
| | 本发明 | | 对比文件 1 |
| 薄膜分散法 | 实施例 1 | 60% | 80.1% |
| | 实施例 2 | 70% | |
| | 实施例 3 | 80% | |
| | 实施例 4 | 68% | |
| | 实施例 5 | 50% | |
| 注入法 | 实施例 6 | 40% | 45.6% |
| | 实施例 7 | 50% | |
| | 实施例 8 | 55% | |
| | 实施例 9 | 60% | |
| 逆向蒸发法 | 实施例 10 | 60% | 28.9% |
| | 实施例 11 | 60% | |
| | 实施例 12 | 40% | |
| 薄膜高压乳匀分散法 | — | | 18.9% |

由上述实验数据对比可知：一方面，本发明盐酸多西环素脂质体在特定原料配比范围下，使用不同方法制得的产品的包封率之间没有较大差异，仅薄膜分散法略微突出；而对比文件 1 中仅以薄膜分散法制得脂质体的包封率尤为突出，但该方法制得脂质体与其他方法制得脂质体包封率数值差异很大，脂质体包封率数值最大相差 60% 以上（对比文件 1 中薄膜分散法与薄膜高压乳匀分散法制得脂质体包封率差距为 81.0% − 18.9% = 62.1%）；由此可见，对比文件 1 中脂质体的制备对制备方法有明显的依赖性，仅能以薄膜分散法制得的脂质体适用。另一方面，比较本发明与对比文件 1 之间同种制备方法制得脂质体的包封率，除薄膜分散法两者基本相当外，本发明的盐酸多西环素脂质体使用其他方法制得产品的包封率明显优于对比文件 1。由此表明，只有采用本发明特定原料配比制备盐酸多西环素脂质体的实施例 1~12 才能获得上述预料不到的技术效果。

（2）本发明特定配方比例的盐酸多西环素脂质体具有特别好的贮库效应

以本发明的效果实施例 3 为例，使用的盐酸多西环素脂质体为实施例 8 制得的产品（包封率为55%，制备方法为注入法），在透皮实验进行24h后（说明书第10页），进行贮库效应实验。将其与对比文件的贮库效应对比，比较两者相对于常规药剂的倍增数值。

<table>
<tr><td></td><td colspan="4">对比文件1</td><td colspan="2">本发明效果实施例3</td></tr>
<tr><td>脂质体种类</td><td colspan="4">由薄膜分散法制得的包封率为80.1%的盐酸多西环素脂质体</td><td colspan="2">由实施例8注入法制得的包封率为55%的盐酸多西环素脂质体</td></tr>
<tr><td>剂型</td><td colspan="2">盐酸多西环素脂质体凝胶剂</td><td colspan="2">普通盐酸多西环素凝胶剂</td><td>盐酸多西环素脂质体</td><td>盐酸多西环素水溶液</td></tr>
<tr><td>洗去药物后测定接受液的取样时间</td><td>6小时</td><td>8小时</td><td>6小时</td><td>8小时</td><td>7小时</td><td>7小时</td></tr>
<tr><td>接受液中药物浓度（μg/mL）</td><td>17.9</td><td>20.6</td><td>10.2</td><td>13.6</td><td>70</td><td>25</td></tr>
<tr><td rowspan="2">脂质体对于普通剂型贮库效应效果倍增数值</td><td colspan="4">6小时，倍增1.75倍</td><td colspan="2" rowspan="2">7小时，倍增2.8倍</td></tr>
<tr><td colspan="4">8小时，倍增1.51倍</td></tr>
</table>

由上述实验数据的比较可知：尽管本发明与对比文件1两者具体使用剂型不同，但单从贮库效应的倍增数值来说，本发明使用较低包封率的药品却能获得更高的倍增效果，这样的效果也是完全不可预料的。

## 三、提供对比实验数据以体现发明的更优技术效果

有些情况下，由于缺少可直接进行对比的参照，说明书中记载的一些技术效果很难让人一眼明了其优越性。例如，说明书本身就没有给出对比实验数据，仅给出了发明本身所实现的技术效果数据。又如对于此发明所属技术领域的技术水平并不了解，单看此效果数据并不能知道该技术效果的优劣。再例如，审查员所引用的最接近的现有技术中对于效果的描述很简略甚至没有，或者描述的方式与涉案发明不同，无法直接比对出两者技术效果上的优劣。对于诸如此类无法确定发明的技术效果的水平高低情况，审查员通常的做法是，先推定涉案发明相对于现有技术没有技术效果上的优势，没有预料不到之处，从而认定该发明不具备创造性。在答复审查意见时，若希望说服审查员认可涉案发明在技术效果上具有某方面的优越性，申请人有义务提供有理有据的论述。如果仅仅是通过语言直接陈述发明具有在某些方面的效果上具有某优点，会显得非常苍白，不具有说服力。一种常用的方法是提供对比实验的效果数据，与之相比，从而充分体现出涉案发明在技术效果上的优异之处。需要说明的是，此处所讨论的补充对比实验的数据，不是在审查过程中补充申请文件中没有记载的新的技术效果，而仅仅是提供在申请所要求保护的范围外的技术方案的效果数据作为涉案发明的技术效果的对比参照，以作为阐述发明创造性的依据。这样的做法在审查过程中是可以接受的。在国家知识产权局内部制定的审查操作规程中，多处提到可以接受这样的对比实验数据（《专利审查操作规程》第十章，化学领域发明专利申请的审查）。具体而言，主要有下述几种方式：

对于涉及与审查员所引用的对比文件的技术方案进行效果对比的情况，一种常用的方式是：重复对比文件的技术方案，用涉案发明检测技术效果的方式及标准测定其效果数据。按照有利于申请授权的设想，实验所得结果应当是：测定的对比效果数据比涉案发明效果差，甚至是对比文件的技术方案根本无法实施。通过此参照的对比，可清楚地说明发明具有相对于对比文件更优的技术效果。此外，还有一种方式也可以尝试使用。发明人当初在研发涉案发明时，极有可能进行过一些失败的尝试。这些失败实验的效果数据也可以与说明书中记载的效果数据进行直接对比，以体现涉案发明效果上的优点。如果这些失败的实验技术方案，同审查员所引用的最接近的现有技术的技术方案相比，与涉案发明的技术方案更为接近，则可按下述逻辑间接推导出涉案发明比审查员引用的对比文件的技术方案有更佳的技术效果。既然更接近于涉案发明的技术方案的效果都差于涉案发明，那么理所当然地可见，与涉案发明相差更远的审查员所引用的对比文件的技术方案，在效果上必定更加差于涉案发明。因此，只需要提供上述这类发明人在当初研发时已经进行过的失败实验的效果数据，同样可达到说明涉案发明技术效果优势的目的。采用此方式的优点在于，可避免发明人在审查过程中花费人力、物力和财力进行实验的麻烦。从道理上说，这样的效果数据及逻辑推导是充分的、有说服力的，也是合理的。但在实践中，可能会遇到审查员非常固执，坚持一定要以其所引用的对比文件的技术方案作为对比基础的情况，若不能说服审查员，只能麻烦发明人按审查员意见，重复审查员引用的对比文件的技术方案并测定其效果数据作为对比。

对于不涉及与对比文件的技术方案的效果进行对比，仅单纯向审查员阐明该发明具有的某技术效果具有优越性，且采用某区别技术特征对实现该技术效果很关键，可以按下述方式提供对比实验数据：设计对比实验的技术方案时，与涉案发明的区别技术特征所对应的特征应选择在涉案发明的保护范围之外，其他技术特征的条件则选择在涉案发明保护范围之内。实施这样的对比技术方案并以涉案发明的效果测试方法及标准测定其效果数据，即可证明涉案发明的区别技术特征带来了优异的技术效果。可以在审查过程中，为答辩而专门进行这样的对比实验，也可查阅申请之前发明人的研发记录查找是否已有这样的实验。

## 【案例 No. 1210894】维大列汀及其类似物、中间体及其制备方法和应用

### ☞ 案由简要

该申请涉及一种维大列汀类似物 10（权利要求 1）、维大列汀类似物 10 的制备方法（权利要求 2 ~ 14）、N－取代吡咯烷类化合物 1 的制备方法（权利要求 16）及其制备中间体（权利要求 17）。

➢ 一通：审查员引用两篇对比文件 1 和 2）认为权利要求 17 不具备新颖性，权利要求 1 ~ 17 不具备创造性。

➢ 答一通：删除原权利要求 1，根据说明书第 4 ~ 9 页记载的内容对原权利要求 2 进行修改，形成新权利要求 1，并且删除原权利要求 3、5 和 7 以及原权利要求 8 和 13 中相应的附加技术特征，在此基础上论述新权利要求 1 具备创造性，进而论述其他权

项创造性。

➢ 二通：审查员不认可之前意见陈述，认为全部权利要求不具备创造性。

➢ 答二通：缩小独立权利要求范围，删除其中 $R_1$ 为 H 的技术方案，在此基础上进一步重申答一通观点。

➢ 三通：审查员认可制备方法的创造性，但仍不接受制备中间体的创造性。

➢ 答三通：直接进行意见陈述。

➢ 审查结果：授权。

☞ **相关权利要求**

2. 一种如通式 10 所示的维大列汀及其类似物的制备方法，其特征在于包括以下步骤：将如通式 1 所示的 N－取代吡咯烷类化合物进行脱除胺基保护基的反应，得到维大列汀及其类似物 10，即可；

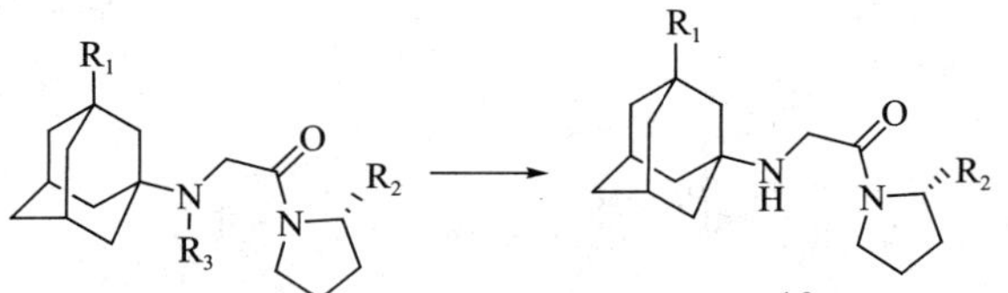

1　　　　10

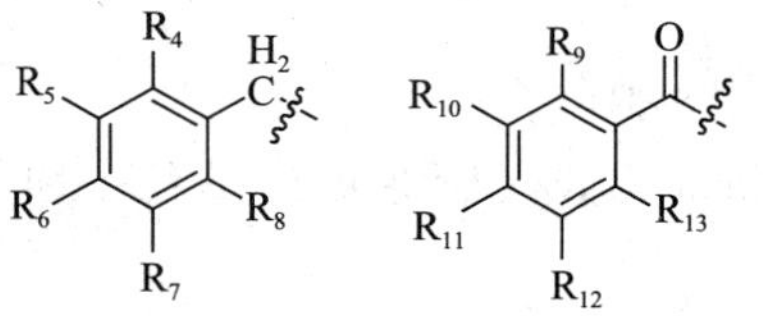

A　　　　B

其中，$R_1$ 为氢、羟基、三乙基硅氧基、三氟乙酰氧基、苄氧基或叔丁基二甲基硅氧基；$R_2$ 为氰基或甲酰胺基；$R_3$ 为 $C_{1\sim4}$ 的烷氧羰基、苯氧羰基、苄氧羰基、如通式 A 所示的取代苄基，或如通式 B 所示的取代苯甲酰基；所述的如通式 A 所示的取代苄基中 $R_4$、$R_5$、$R_6$、$R_7$ 和 $R_8$ 各自独立的为氢、卤素、甲氧基或硝基；所述的如通式 B 所示的取代苯甲酰基中 $R_9$、$R_{10}$、$R_{11}$、$R_{12}$ 和 $R_{13}$ 各自独立地为氢、卤素、甲氧基或硝基。

7. 如权利要求 2 所述的维大列汀及其类似物的制备方法，其特征在于：所述的如通式 1 所示的 N－取代吡咯烷类化合物通过下述方法制得：在溶剂中，在缩合剂存在的条件下，将化合物 3 与化合物 2 进行缩合反应，得到 N－取代吡咯烷类化合物 1；再按照权利要求 2 所述的维大列汀及其类似物的制备方法制得维大列汀及其类似物 10 即可。

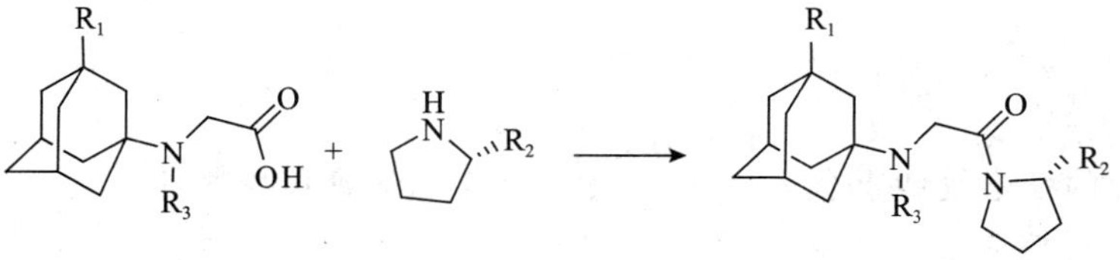

2　　　　3　　　　1

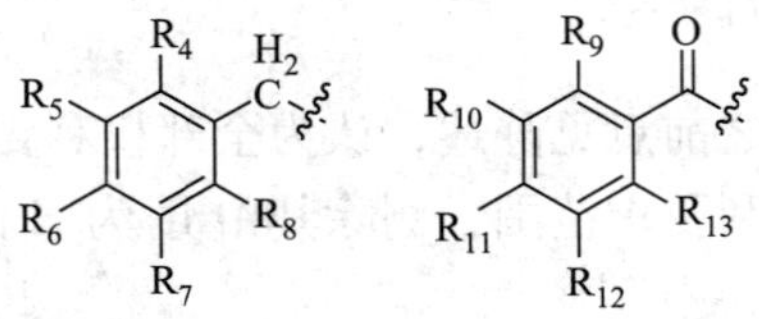

A　　B

16. 一种如通式1所示的N－取代吡咯烷类化合物的制备方法，其特征在于包括下列步骤：在溶剂中，在缩合剂存在的条件下，将化合物3与化合物2进行缩合反应，得到如通式1所示的N－取代吡咯烷类化合物即可；

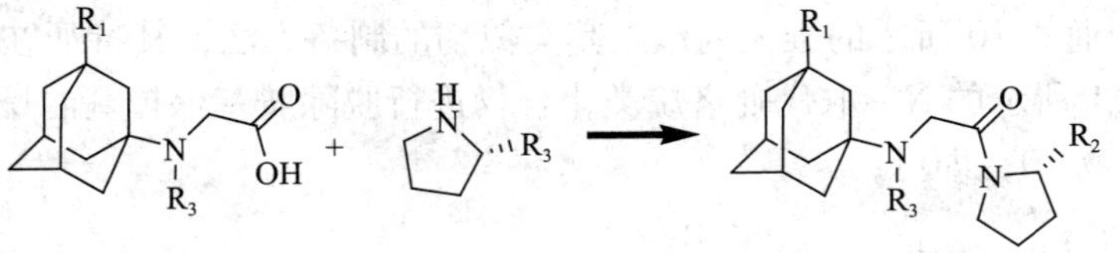

2　　3　　1

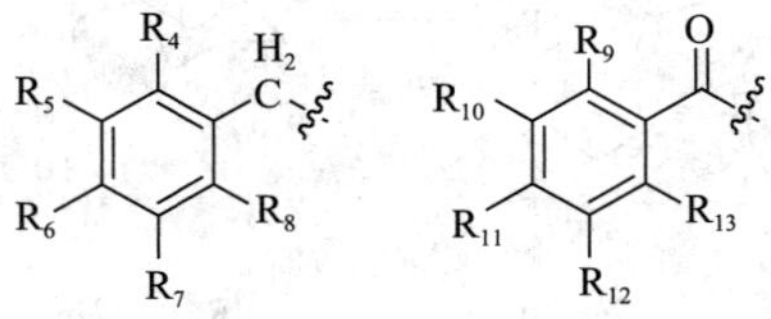

A　　B

其中，各取代基和反应条件均如权利要求2～8任一项所述。

☞ **相关说明书内容**

摘录一

维大列汀是一类取代的吡咯烷类化合物，其最早公开的制备路线见专利US6166063A1，WO9819998A2以及J. Med. Chem. 2003，46，2774－2789。其代表性的合成路线如下所示：

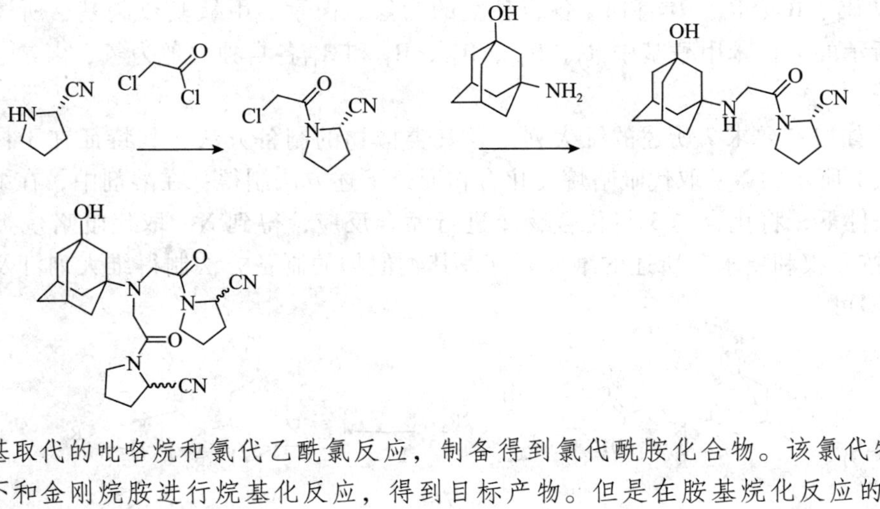

氰基取代的吡咯烷和氯代乙酰氯反应，制备得到氯代酰胺化合物。该氯代物在碱的作用下和金刚烷胺进行烷基化反应，得到目标产物。但是在胺基烷化反应的同时，存在双烷基化的情况，协同产生了双取代的副产物。从化学反应的原理上讲，这种双取代副产物是不可能避免的。

在US2008167479A1中，研究者对胺基取代反应的条件进行了一系列优化，单取代产物和双取代副产物的比例为5：1～40：1，即使最好的选择结果，相关副产物的比例约占2.5%。根据药品相关杂质研究的指导原则，这样的杂质还是会对产品的最终纯化产生负面影响。另一个缺陷是，偶联的操作要求非常严格，局部浓度不均或者有少量残留试剂的存在，均会额外增加双取代副产物的比例，工业放大生产的技术挑战很大。

WO2011101861公开的技术方案如下：

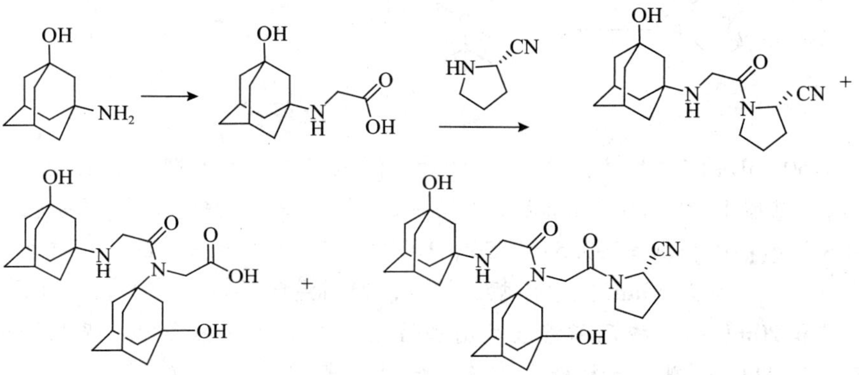

将取代的金刚烷胺进行单烷基化反应，制备得到氨基酸中间体。该中间体和氰基取代的吡咯烷进行缩合反应，制备产物。同样的问题在于，缩合反应时，金刚烷胺结构上的胺基会和吡咯烷的胺基产生竞争作用，也会产生部分双取代的副产物。工艺的缺陷导致双取代副产物的不可避免，产品质量和生产效率受到影响。

摘录二

本发明的积极进步效果在于：

1. 本发明提供了维大列汀及其类似物的制备方法。本发明的制备方法，反应条件温和，副产物少，转化率高，后处理操作简单，产品收率高，纯度好，生产成本低，产业化前景好。

2. 本发明提供了制备抗糖尿病药物维大列汀及其类似物的关键中间体N－取代吡咯烷类化合物1及其制备方法，该合成方法反应条件温和，原料廉价易得，转化率和收率均较高，成本低，环境友好，适合于工业生产。

摘录三

实施例8由Boc保护中间体1a（$R_1$为羟基，$R_2$为氰基，$R_3$为叔丁氧羰基）制备化合物10a（$R_1$为羟基，$R_2$为氰基，$R_3$为氢）。

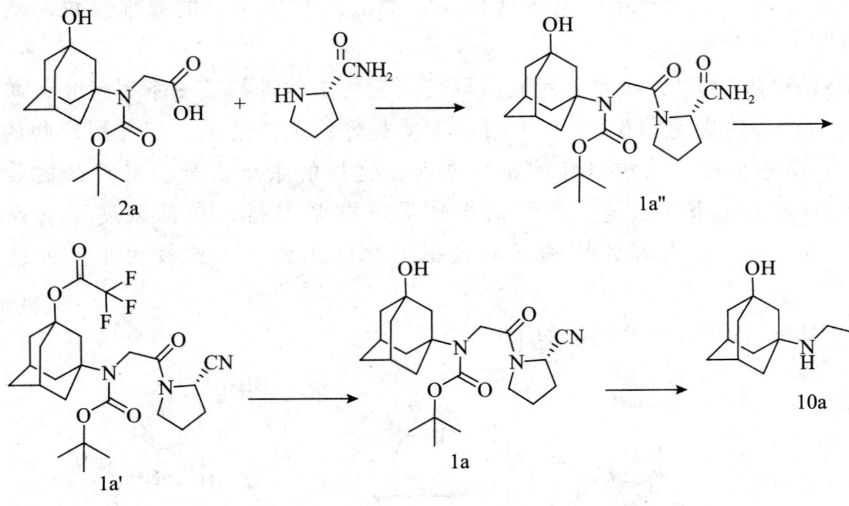


取用一500mL的三口烧瓶，装备温度计，恒压滴液漏斗和磁力搅拌器。准确称量Boc保护的氨基酸15.0g（0.046mol），（S）-2-甲酰胺基吡咯5.79g（手性纯度ee=99%，即S构型：R构型=99.5：0.5），HOBt9.33g和EDC 13.2g，一并加入氮气氛围下的反应瓶中，加入60mL无水乙腈，搅拌，控制温度不超过25℃，滴加5.91g二异丙基乙基胺和20mL的乙酸乙酯溶液。滴加后期，利用反应热将内温提升到40℃并保温反应3小时TLC检测，原料转化完全，生成低极性的产物斑点。向混合物中加入400ml饱和$NH_4Cl$溶液，乙酸乙酯萃取液。有机相用饱和食盐水洗涤一次，无水硫酸钠干燥，减压浓缩蒸干，超重。

取部分粗品柱层析纯化或者乙酸乙酯/正己烷体系结晶纯化得到化合物1a″。

$^1$HNMR（300MHz，$CDCl_3$）δ：7.07（1H，s），5.26（1H，s），4.61（1H，m），4.07（1H，dd，J=28Hz，13Hz），3.64（1H，m），3.41（1H，m），2.39（1H，m），2.28（2H，s），2.20~2.01（8H，m），1.90（1H，m），1.70~1.47（7H，m），1.45（9H，s）。

上述偶联粗品（理论0.046 mol）溶解在300ml无水THF中，氮气保护下冷却到0℃，加入吡啶18.7ml（5.0equiv），控制内温不超过5℃，滴加三氟醋酸酐16.4ml，搅拌反应1小时，TLC检测原料反应完全，减压脱溶。

取部分粗品过柱纯化得到如式1a′所示的三氟乙酰酯中间体。

$^1$HNMR（300MHz，$CDCl_3$）δ：4.76（5/6H，m），4.70（1/6H，m），4.04（2H，m），3.65（1H，m），3.46（1H，m），2.66（2H，m），2.37（2H，s），2.35~2.04（10H，m），1.95（2H，m），1.59（2H，m），1.45（9H，s）。[构象异构体（rotamers）的比例约为1：5]

残余物用甲醇200ml溶解，加入10%的$K_2CO_3$，室温搅拌1h补加200ml水，乙酸乙酯萃取产物，1N的稀盐酸洗涤一次，$NaHCO_3$洗涤一次。浓缩旋干，乙酸乙酯-石油醚体系结晶纯化，得到白色固体产物1a（$R_1$为羟基，$R_2$为氰基，$R_3$为叔丁氧羰基）15.6g，两步收率84%，HPLC纯度97.9%。

$^1$HNMR（300MHz，$CDCl_3$）δ：4.79（5/6H，m），4.77（1/6H，m），4.20～4.00（2H，m），3.63（1H，m），3.46（1H，m），2.28～2.01（12H，m），1.71～1.47（7H，m），1.45（9H，s）（构象异构体的比例约为1∶5）。

称取上述固体8.0g，悬浮在16ml异丙醇和16ml水中，加入0.5ml 35%的浓盐酸。油浴加热到65℃，再滴加2.3ml浓盐酸，固体渐渐完全消失，体系澄清。TLC跟踪，1h后原料反应完全。体系冷却至室温，加入160ml水，冰浴控温不超过20℃，用2N的NaOH溶液调pH约为9，后期用$Na_2CO_3$溶液调节pH。二氯甲烷萃取3次，合并有机相，水洗，干燥浓缩，残余物加入16ml乙酸乙酯，析出固体，再加入32ml正己烷，冷却后过滤，得到白色固体产物10a（$R_1$为羟基，$R_2$为氰基，$R_3$为氢）5.12g，结晶收率85%。HPLC纯度98.8%，不存在二取代杂质，也没有明显的其他相关杂质。手性HPLC纯度S构型：R构型=99.8：0.2。

$^1$HNMR（300MHz，$CDCl_3$）：4.86（1/6H，d，J = 5.6Hz），4.77（5/6H，d，J = 5.6Hz），3.74～3.56（1H，m），3.54～3.40（3H，m），2.48～2.03（6H，m），1.90～1.51（15H，m）。（构象异构体的比例约为1∶5）

实施例9　无羟基Boc保护中间体1b（$R_1$为氢，$R_2$为氰基，$R_3$为叔丁氧羰基）制备化合物10b（$R_1$为氢，$R_2$为氰基，$R_3$为氢）。

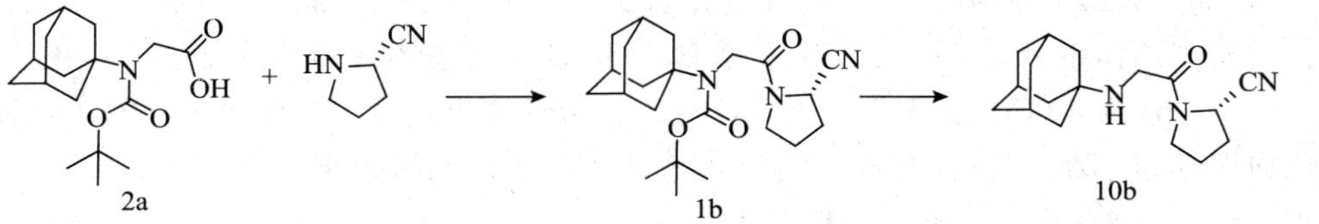


取用一100mL的三口烧瓶，装备温度计，恒压滴液漏斗和磁力搅拌器。准确称量Boc保护的氨基酸0.50g，(*S*)-2-氰基吡咯0.18g（e.e% = 99%），HOBt 0.31g和DCC 0.47g，一并加入氮气氛围下的反应瓶中，加入15mL无水乙腈，搅拌，升温到40℃反应2小时，TLC检测，原料转化完全。向混合物中加入30ml饱和$NH_4Cl$溶液，乙酸乙酯萃取，有机相用饱和食盐水洗涤1次，无水硫酸钠干燥，减压浓缩蒸干，称重。乙酸乙酯结晶纯化，得到白色固体产物1b。

$^1$HNMR（300MHz，$CDCl_3$）δ：4.80（5/6H，d，J = 7Hz），4.75（1/6H，d，J = 7Hz），4.20～4.00（2H，m），3.64（1H，m），3.48（1H，m），2.35～2.03（12H，m），1.75～1.60（7H，m），1.47（9H，s）。（构象异构体的比例约为1∶5）

上述粗品悬浮在5ml异丙醇和5ml水中，加入0.2ml 35%的浓盐酸。油浴加热到65℃，再滴加0.6ml浓盐酸，体系变澄清。0.5h后反应完全。体系冷却至室温，加入20ml水，冰浴控温不超过20℃，用2N的NaOH溶液调pH约为9，后期用$Na_2CO_3$溶液调节pH。二氯甲烷萃取3次，合并有机相，水洗，干燥浓缩，残余物加入5ml乙酸乙酯，析出固体，再加入10ml正己烷，冷却后过滤，得到白色固体产物10a（$R_1$为氢，$R_2$为氰基，$R_3$为氢）0.33g，结晶收率74%，HPLC纯度99.4%。手性HPLC纯度S构型：R构型=99.7∶0.3。

$^1$HNMR（300MHz，$CDCl_3$）δ：4.97（1/6H，d，J = 6.0Hz），4.78（5/6H，d，J =

6.0Hz)，3.75 ~ 3.60（1H，m），3.60 ~ 3.38（3H，m），2.45 ~ 2.15（4H，m），2.09（3H，s），1.78（2H，s），1.75 ~ 1.51（12H，m）。（构象异构体的比例约为1∶5）

实施例10　由Cbz保护中间体1c（$R_1$为羟基，$R_2$为氰基，$R_3$为苄氧羰基）制备化合物10a（$R_1$为羟基，$R_2$为氰基，$R_3$为氢）。

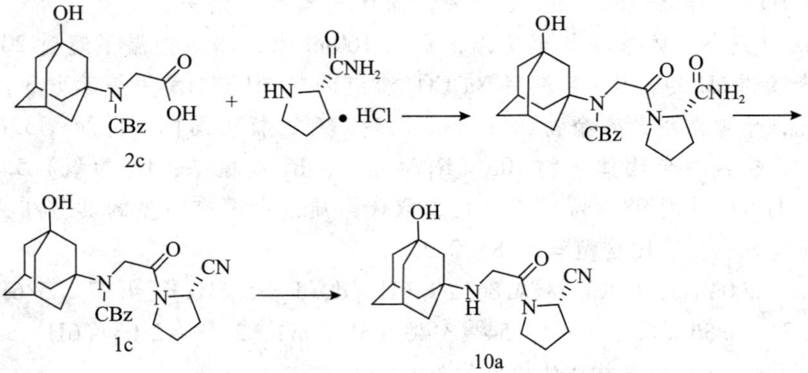


取用一100mL的三口烧瓶，装备温度计，恒压滴液漏斗和磁力搅拌器。准确称量Cbz保护的氨基酸2c 3.30g，（S）-2-甲酰胺基吡咯盐酸盐1.34g（ee = 98.9%），HOBt 1.86g和EDC2.64g，一并加入氮气氛围下的反应瓶中，加入30mL无水乙腈，搅拌，控制悬浮体系稳定不超过25℃，滴加1.8g二异丙基乙基胺和15mL的乙酸乙酯溶液。滴毕升温到40℃反应3小时，TLC检测，原料转化完全，生成低极性的产物斑点。

向混合物中加入60ml饱和$NH_4Cl$溶液，乙酸乙酯萃取，有机相用饱和食盐水洗涤1次，无水硫酸钠干燥，减压浓缩蒸干，超重。

上述偶联粗品化合物溶解在30mL无水吡啶中，加入咪唑1.21g，氮气保护下冷却到-30℃，滴加三氯氧磷3.3ml，保温反应1小时。将反应混合物滴加到冰水中终止反应，稀盐酸调pH为6~8，乙酸乙酯萃取物料。有机相用$NH_4Cl$洗涤1次，$NaHCO_3$洗涤1次。浓缩旋干，乙酸乙酯-石油醚体系结晶纯化，得到白色固体产物化合物1c（$R_1$为羟基，$R_2$为氰基，$R_3$为苄氧羰基）3.25g，两步收率81%。

$^1$HNMR（300MHz，$CDCl_3$）δ：4.80（5/6H，d，J = 7Hz），4.75（1/6H，d，J = 7Hz），4.20 ~ 4.00（2H，m），3.64（1H，m），3.48（1H，m），2.35 ~ 2.03（12H，m），1.75 ~ 1.60（7H，m），1.47（9H，s）。（构象异构体的比例约为1∶5）

称取上述固体2.0g，溶解在30ml乙酸乙酯中，加入0.2g10%的Pd/C催化剂，常温常压氢化反应，TLC检测原料反应完全后，过滤催化剂，乙酸乙酯洗涤。滤液浓缩蒸干得到黏状固体。乙酸乙酯-正己烷混合体系结晶得到白色固体产物10a（$R_1$为羟基，$R_2$为氰基，$R_3$为氢）1.26g。结晶收率91%，HPLC纯度98.9%。手性HPLC纯度S构型：R构型 = 99.5∶0.5。

$^1$HNMR数据同实施例9。

实施例11　由Bn保护中间体1d（$R_1$为羟基，$R_2$为氰基，$R_3$为苄基）制备化合物10a。

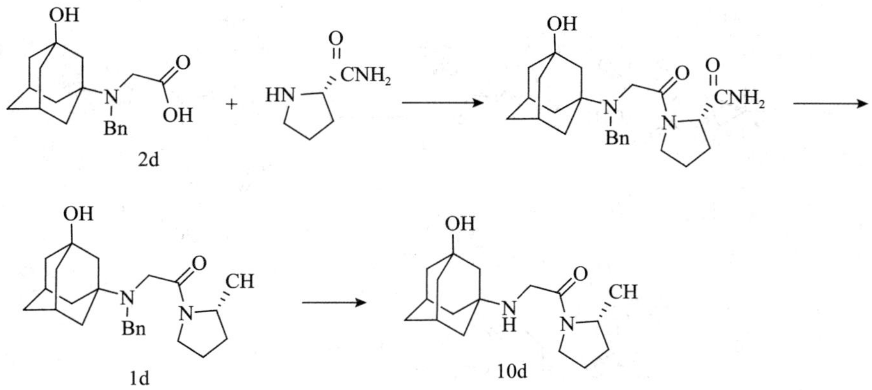

取用一100mL的三口烧瓶，装备温度计，恒压滴液漏斗和磁力搅拌器。准确称量Bn保护的氨基酸2.90g，（S）-2-甲酰胺基吡咯1.20g（ee=99%），HOBt 1.92g和EDC 2.70g，一并加入氮气氛围下的反应瓶中，加入20mL无水乙腈，搅拌，控制悬浮体系稳定不超过25℃。滴毕升温45℃反应4小时，TLC检测，原料转化完全，生成低极性的产物斑点。

向混合物中加入40ml饱和$NH_4Cl$溶液，乙酸乙酯萃取。有机相用饱和食盐水洗涤一次，无水硫酸钠干燥，减压浓缩蒸干，称重。

上述偶联粗品溶解在30mL无水THF中，氮气保护下冷却到0℃，加入吡啶3.6mL，约5.0equiv)，控制内温不超过5℃，滴加三氟醋酸酐3.3ml，搅拌反应1小时，TLC检测原料反应完全，减压脱溶。

残余物用甲醇30ml溶解，加入10%的$K_2CO_3$，室温搅拌1h补加60mL水，乙酸乙酯萃取产物，1N的稀盐酸洗涤一次，$NaHCO_3$洗涤一次。浓缩旋干，得到淡黄色黏状物1d（$R_1$为羟基，$R_2$为氰基，$R_3$为苄基）2.82g，两步收率78%。

$^1$HNMR（300MHz，$CDCl_3$）δ：7.35～7.26（4H，m），7.25～7.20（1H，m），5.17（1H，d，J=7.6Hz），4.05～3.95（1H，m），3.72（1H，d，J=15Hz），3.56（1H，d，J=15Hz），3.50～3.20（3H，m），2.39-2.33（2H，m），2.15～1.45（17H，m）。

称取上述产物2.0g，溶解在20ml乙酸乙酯中，加入0.2g10%的Pd/C催化剂，常温常压氢化反应16小时。过滤催化剂，乙酸乙酯洗涤。滤液浓缩蒸干得到黏状固体产物10a（$R_1$为羟基，$R_2$为氰基，$R_3$为氢）1.43g，收率93%，HPLC纯度98.1%。手性HPLC纯度S构型：R构型=99.6：0.4。

$^1$HNMR数据同实施例9。

实施例12 由3，5-二硝基苯甲酰基保护的中间体1f（$R_1$为羟基，$R_2$为氰基，$R_3$为3，5-二硝基苯甲酰基）制备化合物10a（$R_1$为羟基，$R_2$为氰基，$R_3$为氢）。

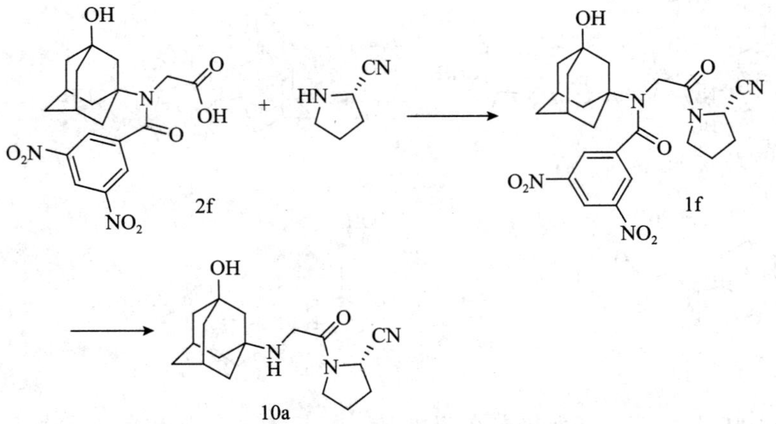


10a

取用一100mL的三口烧瓶，装备温度计，恒压滴液漏斗和磁力搅拌器。准确称量3，5－二硝基苯甲酰基保护的氨基酸0.55g，（S）－2－氰基吡咯0.18g（ee＝99%），HOBt 0.31g和DCC 0.47g，一并加入氮气氛围下的反应瓶中，加入15mL无水乙腈，搅拌，控制温度不超过25℃。滴毕升温到40℃反应2小时，TLC检测，原料转化完全。向混合物中加入30mL饱和$NH_4Cl$溶液，二氯甲烷（含少量甲醇）萃取液。有机相用饱和食盐水洗涤一次，无水硫酸钠干燥，减压浓缩蒸干，得到灰白色固体。

$^1$HNMR（300MHz，$CDCl_3+CD_3OD$）δ：8.92（1H，t，J＝2Hz），8.55（1.5H，d，J＝2Hz），8.47（0.5H，d，J＝2Hz），4.65（5/6H，m），4.46（1/6H，m），4.05～3.85（2H，m），3.41（1H，m），3.17（1H，m），2.30～2.03（12H，m），1.70～1.40（7H，m）。[构象异构体（rotamers）的比例约为1∶5]

上述中间体溶解在5mL无水甲醇中，加入100mg无水碳酸钾粉末，室温搅拌反应半小时，原料转化完全。加入水和乙酸乙酯，分液，水相萃取2～3次。有机相合并干燥，浓缩得到浅紫色固体。产物用活性炭脱色后，重结晶纯化，得到白色的固体350mg，两步收率87.5%。HPLC纯度97.7%。手性HPLC纯度S构型：R构型＝99.4∶0.6。

$^1$HNMR数据同实施例9。

实施例13

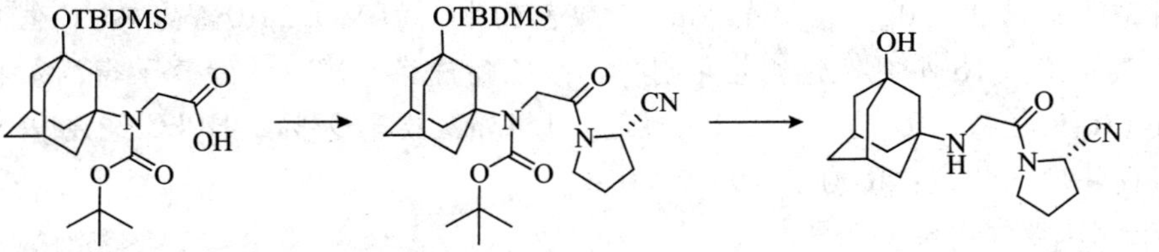


2e　　　　1e　　　　10e

取100mL的三口烧瓶，装备温度计，恒压滴液漏斗和磁力搅拌器。准确称量TBDMS和Boc双保护的氨基酸2e 0.60g，（S）－2－氰基吡咯0.18g（ee＝99%），HOBt 0.31g和DCC 0.47g，一并加入氮气氛围下的反应瓶中，加入15mL无水乙腈。升温到40℃反应2小时TLC检测，原料转化完全。向混合物中加入30ml饱和$NH_4Cl$溶液，乙酸乙酯萃取液。有机相用饱和食盐水洗涤一次，无水硫酸钠干燥，减压浓缩蒸干，柱层析纯化，得到白色黏状物 0.62g，收率 93%。

$^1$HNMR（300MHz，$CDCl_3$）δ：4.75（5/6H，m），4.68（1/6H，m），4.18～4.02（2H，m），3.62（1H，m），3.47（1H，m），2.30～2.01（12H，m），1.71～1.45（6H，m），1.44（9H，s），0.92（9H，s），0.30（6H，s）。（构象异构体的比例约为 1：5）

取上述黏状物 200mg 溶于 3ml 二氯甲烷中，冰浴下滴加 0.3ml 三氟醋酸，自然升室温反应 5 小时，原料点完全消失。冰浴控温不超过 20℃，用 2N 的 NaOH 溶液调 pH 约为 9，后期用 $Na_2CO_3$ 溶液调节 pH。二氯甲烷萃取 3 次，合并有机相，水洗，干燥浓缩得到 109mg 白色粉末状固体 10a（$R_1$ 为氢，$R_2$ 为氰基，$R_3$ 为氢）109mg，收率 93%，HPLC 纯度 98.6%。手性 HPLC 纯度 S 构型：R 构型 =99.7：0.3。

$^1$HNMR 数据同实施例 9。

☞ **相关对比文件公开内容**

对比文件 1（J. Med. Chem. 46，13，2774－2789）公开了化合物 12j

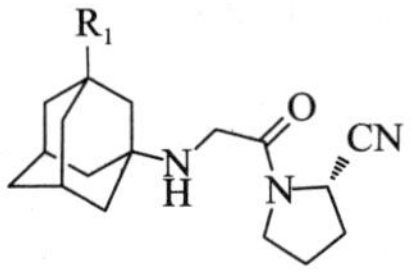


并公开了其制备方法。

**1-[[(3-Hydroxy-1-adamantyl)amino]acetyl]-2-cyano-(*S*)-pyrrolidine (12j).** Method A: 3-hydroxy-1-aminoadamantane[32] as amine and use of **3a**. Product was a white solid; mp: 138−140 °C (when recrystallized from EtOAc and 2-propanol: mp: 148−150 °C); OR: [d] = −78.3° (*c* = 9.73, MeOH); $^1$H NMR ($CDCl_3$) (5 to 1 mixture of trans to cis amide rotomers): δ 1.47−1.79 (m, 12H), 1.67 (s, 3H), 2.05−2.25 (m, 2H), 2.25−2.38 (m, 4H), 3.40−3.54 (m, 1H), 3.45 (d, 2H, *J* = 1.9 Hz), 3.57−3.67 (m, 1H), 4.77 (dd, 5/6H, *J* = 7.5, 2.3 Hz, C*H*CN), 4.86 (dd, 1/6H, *J* = 7.9, 1.9 H, C*H*CN); (ESI) MH/e 304 ($MH^+$ of free base), Anal. ($C_{17}H_{25}N_3O_2$) C, H, N.

**General Method A.** A 0.5 M solution of **3a**, **3b**, or **3f** (1 equiv) in THF was added dropwise over 0.5 h into an ice−water-cooled 0.3 M mixture of the appropriate amine (2 to 3 equiv) and $K_2CO_3$ (3 equiv) in THF. The resulting reaction was stirred at ice−water temperature for 2 h and then at room temperature for 1 to 3 days. The resulting mixture was then filtered to remove $K_2CO_3$, concentrated, and then partitioned between $CH_2Cl_2$ and saturated aqueous $NaHCO_3$. The aqueous layer was then washed with $CH_2Cl_2$ (2×), and the combined organic layers were washed with water, dried over $Na_2SO_4$, concentrated in vacuo, and chromotographed on silica gel with 5% $CH_3OH$ in $CH_2Cl_2$ or 20% EtOAc in hexane to provide the free base of the target product. Alternatively, the reaction may be carried out using $CH_2Cl_2$ as solvent in the reaction while EtOAc may be substituted for $CH_2Cl_2$ in the partitioning with water. The free base may be converted to the mono- or dihydrochloride salt by slowly passing HCl gas into a 0.1 M solution (THF or $Et_2O$) of the free base. The resulting solids are then filtered and dried in vacuo. The amine coupling step with **3a** or **3b** provided chromatographed yields that ranged between 30 to 50%.

同时，对比文件 1 还公开了一种结构极为类似的维大列汀类似物化合物 12c 的制备方法。

**1-[[(1-Adamantyl)amino]acetyl]pyrrolidine, Monohydrochloride (12c).** To an ice−water cooled mixture of 1-aminoadamantane (15.9 g, 105.0 mmol), $K_2CO_3$ (19.4 g, 140 mmol) and $CH_2Cl_2$ (168 mL) was added a solution of ethyl bromoacetate (5.17 mL, 140 mmol) and $CH_2Cl_2$ (50 mL) dropwise over 20 min. The resulting cloudy, yellow-white mixture was then stirred at ice−water temperature for 1.5 h, then at RT for 18 h and then filtered through a plug of Celite (50 g). The solids and Celite plug were then washed with 100 mL of $CH_2Cl_2$, and the combined organic fractions were concentrated in vacuo to provide a cloudy, yellow-white oil. Purification via chromatography (4/1 mixture of hexane/ethyl acetate as eluent) followed by concentration in vacuo provided 6.9 g (83% yield) of ester **4** as a white solid. To an ice−water cooled mixture of ester **4** (6.87 g, 28.9 mmol), $K_2CO_3$ (15.9 g, 115 mmol), and $CH_2Cl_2$ (80 mL) was added a solution of benzyl chloroformate (4.34 mL, 30.4 mmol) in $CH_2Cl_2$ (26 mL) over 15 min. The resulting cloudy, white mixture was then stirred at ice−water temperature for 1.5 h, then at RT for 18 h, filtered, and concentrated in vacuo to provide a white crunchy solid. Purification via chromatography (9/1 mixture of hexane/ethyl acetate as eluent) followed by concentration in vacuo provided 7.89 g (73.6% yield) of CBZ-protected **4** as a white solid. A solution of this CBZ-protected **4** (7.89 g, 21.3 mmol), THF/$H_2O$: 1/1 (85 mL), and $LiOH{\cdot}H_2O$ (7.14 g, 170 mmol) was stirred at 50 °C for 22h, cooled to RT, and poured into a 303 mL mixture of EtOAc/$H_2O$/AcOH (200/100/3 ratio). The organic layer is then isolated, washed with 2 × 50 mL of $H_2O$, dried over $MgSO_4$, filtered, and concentrated in vacuo to provide (6.7 g, 92%) of acid **5** as an off-white solid. To a solution of acid **5** (0.500 g, 1.46 mmol) in $CH_2Cl_2$ (20 mL) were added HOBT (0.195 g, 1.46 mmol), NMM (0.440 g, 4.37 mmol), and finally DIC (0.460 g, 3.64 mmol). After stirring at room temperature for 10 min, pyrrolidine (0.195 g, 1.46 mmol) was added to the cloudy-white solution via syringe, and the reaction was stirred at RT for 18 h. A $CH_2Cl_2$/$NaHCO_3$(aq) workup and purification via chromatography (40% EtOAc in hexane as eluent) provided 0.428 g (74% yield) of the CBZ-protected **12c** as a white solid. Deprotection of this intermediate was accomplished by shaking 0.428 g (1.08 mmol) of the CBZ-protected **12c** in a solution of EtOAc (50 mL), 10% Pd/C (0.100 g) and $H_2$ (1atm) at RT for 18 h. The solution was filtered through Celite and concentrated in vacuo to yield the free base of **12c** as a clear oil. HCl gas was gently bubbled into a solution of this free base in THF (25 mL) for ~20 s stirred at RT for 15 min and then concentrated in vacuo to provide the monohydrochloride salt of **12c** as a white solid (63% yield from **5**); mp 242 °C, sublimes; $^1H$ NMR ($D_2O$) δ 1.67 (bq, 6H, $J_{ab}$= 16.5 Hz), 1.89 (s, 6H), 1.80−2.00 (m, 4H), 2.16 (bs, 3H), 3.40 (q, 4H, $J$ = 6.3 Hz), 3.87 (s, 2H); (ESI) MH/e 263 ($MH^+$ of free base); Anal. ($C_{16}H_{26}N_2O_1{\cdot}1HCl{\cdot}0.5H_2O{\cdot}0.1THF$) C, H, N.

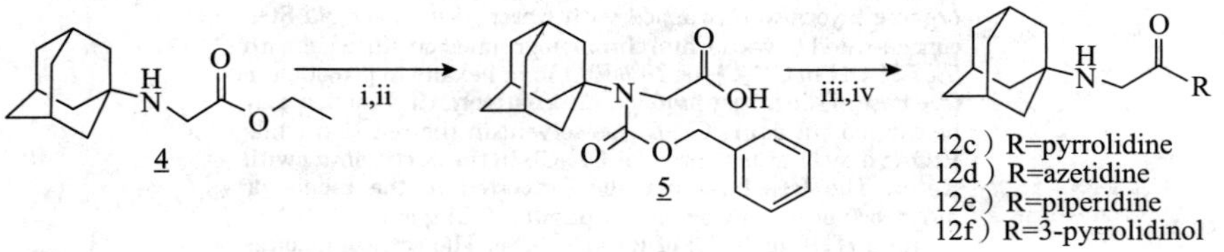

12c) R=pyrrolidine
12d) R=azetidine
12e) R=piperidine
12f) R=3-pyrrolidinol

## ☞ 审查意见

第一次审查意见通知书摘录

摘录一

二、权利要求 17 不具备《专利法》第 22 条第 2 款规定的新颖性

（1）对比文件 1（Edwin B. Villhauer 等，1 − [ [ (3 − Hydroxy − 1 − adamantyl) amino] acetyl] − 2 − cyano − (S) − pyrrolidine: A Potent, Selective, and Orally Bioavailable

Dipeptidyl Peptidase Ⅳ Inhibitor with Antihyperglycemic Properties, J. Med. Chem. , 2003年，第46卷第13期，第2774～2789页）公开了化合物CBZ－protect4和化合物5（参见第2779页Scheme3和第2784页12c），落入了式2和式6化合物的保护范围内，破坏了权利要求17的新颖性。

（2）对比文件2（WO03057666A2，公开日为2003年7月17日）公开了化合物14（参见说明书第58页Scheme2），落入了式2化合物的保护范围内，破坏了权利要求17的新颖性。

因此，权利要求17不具备《专利法》第22条第2款规定的新颖性。

三、权利要求1～17不具备《专利法》第22条第3款规定的创造性

1. 权利要求1请求保护一种维大列汀类似物。对比文件1公开了维大列汀（即化合物12j）（参见第2774页Chart1）。权利要求1的化合物与对比文件1公开的化合物的区别在于：金刚烷上的取代基不同，权利要求1的化合物$R_1$为三乙基硅氧基、三氟乙酰氧基、苄氧乙酰氧基、苄氧基或叔丁基二甲基硅氧基，而对比文件1的化合物相应位置为羟基。因此，确定权利要求1实际解决的技术问题是：提供维大列汀的类似物。然而，选择合适的取代基团对化合物进行取代基结构改造是本领域的常规手段，而且三乙基硅氧基、三氟乙酰氧基等也都是本领域常用的取代基团，本领域的技术人员为了获得更多种维大列汀的类似物，很容易想到并使用上述基团对金刚烷上的取代基进行结构修饰和改造，从而得到权利要求1请求保护的化合物。因此，在对比文件1的基础上结合本领域的常规技术手段得到权利要求1请求保护的技术方案，对本领域的技术人员而言是显而易见的。而且，本申请说明书实施例中并未给出请求保护的化合物的合成和/或活性实验数据，也未给出化合物的结构表征数据，根据说明书记载的有限技术内容无法得出权利要求1请求保护的化合物取得了预料不到的技术效果的结论。因此，权利要求1不具有突出的实质性特点和显著的进步，不具备《专利法》第22条第3款规定的创造性。

2. 权利要求2请求保护一种维大列汀及其类似物的制备方法。对比文件1公开了一种维大列汀（化合物12j）的制备方法，包括：3－羟基－1－金刚烷胺与1－氯乙酰基－2－氰基－吡咯烷（化合物3a）反应得到化合物12j（参见第2785页12j）。权利要求2与对比文件1的区别在于：两者的制备方法不同。本领域技术人员已知，氯代酰基吡咯烷与金刚烷胺进行胺基烷化反应时，可能会出现双烷基化的情况，产生（N，N）－双烷基化的副产物，降低产品的收率和纯度，也给后续的纯化造成困难。因此，确定本申请实际解决的技术问题是：克服维大列汀制备方法中双取代副产物的问题。

对比文件1还公开了一种结构极为相似的维大列汀类似物（化合物12c）的制备方法，具体公开了：将1－金刚烷胺、$K_2CO_3$、$CH_2Cl_2$和溴代乙酸乙酯混合，冰水浴中搅拌1.5h，然后在室温下反应18h，得到化合物4。将化合物4、$K_2CO_3$、$CH_2Cl_2$和氯甲酸苄酯混合，冰水浴中搅拌1.5h，然后在室温下反应18h，得到CBZ－保护的化合物4。将CBZ－保护的化合物4、THF/$H_2O$和LiOH·$H_2O$混合搅拌，在50℃下反应22h，冷却至室温，得到化合物5。将化合物5、HOBT、NMM和DIC在$CH_2Cl_2$中室温下混合搅拌，再加入吡咯烷，室温下搅拌18h，得到CBZ－保护的化合物12c。将CBZ－保护

的化合物 12c、EtOAc、10% Pd/C 和 $H_2$ 在室温下反应 18h，得到化合物 12c（参见第 2784 ~ 2785 页 12c）。其合成路线图为（参见第 2779 页 Sch. 3）：

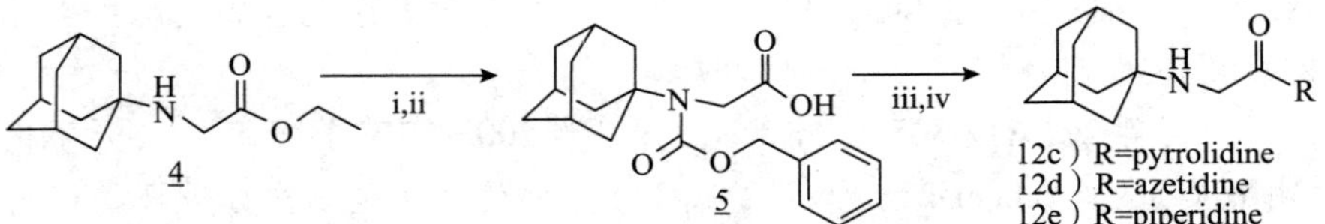

12c）R=pyrrolidine
12d）R=azetidine
12e）R=piperidine
12f）R=3-pyrrolidinol

化合物 12c 与维大列汀的化学结构非常相似，并且其合成路线中采用了 CBZ 对胺基进行氨基保护，从而避免了（N，N）－双取代副产物的产生。因此，本领域的技术人员为了克服维大列汀制备方法中双取代副产物的问题，有动机采用对比文件 1 公开的化合物 12c 的合成路线和方法用于维大列汀的制备。

因此，在对比文件 1 的基础上得到权利要求 2 请求保护的技术方案，对本领域的技术人员而言是显而易见的。而且，根据说明书记载的内容也无法得出权利要求 2 的制备方法取得了预料不到的技术效果的结论。因此，权利要求 2 不具有突出的实质性特点和显著的进步，不具备《专利法》第 22 条第 3 款规定的创造性。

3. 权利要求 3 ~ 4 对取代基作了进一步限定。如前所述，对比文件 1 公开了：氨基保护基为 CBZ（参见第 2784 ~ 2785 页 12c）。而且，这些进一步的限定也未给本申请带来任何预料不到的技术效果。因此，在其引用的权利要求不具备创造性的情况下，权利要求 3 ~ 4 也不具备《专利法》第 22 条第 3 款规定的创造性。

4. 权利要求 5 对脱水反应和脱水剂作了进一步限定。然而，使用脱水剂将－(C＝O)$NH_2$脱水处理得到氰基是本领域的常规手段，而且三氟乙酸酐和三氯氧磷也都是本领域常用的脱水剂。而且，这些进一步的限定也未给本申请带来任何预料不到的技术效果。因此，在其引用的权利要求不具备创造性的情况下，权利要求 5 也不具备《专利法》第 22 条第 3 款规定的创造性。

5. 权利要求 6 对脱氨基保护反应作了进一步限定。如前所述，对比文件 1 公开了：将 CBZ－保护的化合物 12c、EtOAc、10% Pd/C 和 $H_2$ 在室温下反应 18h，得到化合物 12c（参见第 2784 ~ 2785 页 12c）。而且，将酰基保护基在酸性或碱性条件下水解除去是本领域的常规手段，所述的酸、碱、有机溶剂、反应温度和压力的选择也都是本领域常用的试剂和反应条件，属于本领域技术人员的常规选择范围内。而且，这些进一步的限定也未给本申请带来任何预料不到的技术效果。因此，在其引用的权利要求不具备创造性的情况下，权利要求 6 也不具备《专利法》第 22 条第 3 款规定的创造性。

6. 权利要求 7 ~ 8 对化合物 1 的制备作了进一步限定。如前所述，对比文件 1 公开了：将化合物 5、HOBT、NMM 和 DIC 在 $CH_2Cl_2$ 中室温下混合搅拌，再加入吡咯烷，室温下搅拌 18h，得到 CB2－保护的化合物 12c（参见第 2784 ~ 2785 页 12c）。而且，所述的有机溶剂、盐、缩合剂、活化剂、碱和反应温度的选择都是本领域的常规选择。而且，这些进一步的限定也未给本申请带来任何预料不到的技术效果。因此，在其引用的权利要求不具备创造性的情况下，权利要求 7 ~ 8 也不具备《专利法》第 22 条第 3 款规定的创造性。

7. 权利要求9对化合物2的制备作了进一步限定。如前所述，对比文件1公开了：将CBZ－保护的化合物4、THF/$H_2O$和LiOH·$H_2O$混合搅拌，在50℃下反应22h，冷却至室温，得到化合物5（参见第2784～2785页12c）。因此，在其引用的权利要求不具备创造性的情况下，权利要求9也不具备《专利法》第22条第3款规定的创造性。

8. 权利要求10对羟基保护反应作了进一步限定。然而，对比文件1还公开了：将化合物6的羟基转变成酯，获得化合物7a～7f，进一步得到化合物12m～12r，其反应路线为（参见第2779页Scheme 3）：

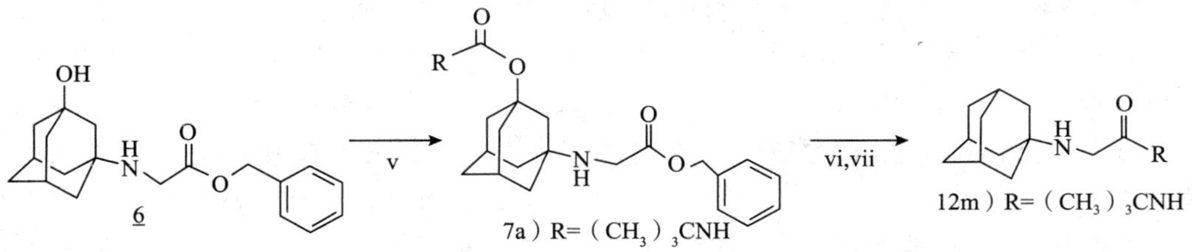


可见，对比文件1已给出了对羟基进行保护的技术启示。而且，醇的化学性质活泼，易被氧化、卤化等，将羟基转变为酯基或硅氧基等亦是本领域常用来保护羟基的方法。因此，为了保护羟基避免副反应，本领域的技术人员根据对比文件1的教导有动机使用羟基保护剂对羟基进行保护。

因此，在其引用的权利要求不具备创造性的情况下，在对比文件1的基础上得到权利要求10请求保护的技术方案，对本领域的技术人员而言是显而易见的。而且，根据说明书记载的内容也无法得出采用了羟基保护后给本申请带来了预料不到的技术效果的结论。因此，权利要求10不具有突出的实质性特点和显著的进步，不具备《专利法》第22条第3款规定的创造性。

9. 权利要求11对羟基保护反应作了进一步限定。然而，所述的羟基保护试剂、溶剂、碱和反应温度的选择都是本领域常用的试剂和反应条件，属于本领域技术人员的常规选择范围内。而且，这些进一步的限定也未给本申请带来任何预料不到的技术效果。因此，在其引用的权利要求不具备创造性的情况下，权利要求11也不具备专利法第22条第3款规定的创造性。

10. 权利要求12～13对化合物6的制备作了进一步限定。如前所述，对比文件1公开了：将化合物4、$K_2CO_3$、$CH_2Cl_2$和氯甲酸苄酯混合，冰水浴中搅拌1.5h，然后在室温下反应18h，得到CBZ－保护的化合物4（参见第2784～2785页12c）。而且，所述的溶剂、氨基保护剂、碱和反应都是本领域的常规选择。而且，这些进一步的限定也未给本申请带来任何预料不到的技术效果。因此，在其引用的权利要求不具备创造性的情况下，权利要求12～13也不具备《专利法》第22条第3款规定的创造性。

11. 权利要求14对氨基保护反应作了进一步限定。然而，将胺与活性羰基（如苯甲醛）反应生成亚胺（希夫碱），然后用还原剂（如三乙酰氧基硼氢化钠、氰基硼氢化钠等）还原为胺，从而实现对氨基的保护是本领域的常规手段，而且，所述的还原剂也都是本领域常用的还原胺化的还原剂，反应温度也都是本领域的常规选择，本领域技术人员很容易想到并实施上述步骤。而且，这些进一步的限定也未给本申请带来任何预料不到的技术效果。因此，在其引用的权利要求不具备创造性的情况下，权利要求14也不具备《专利法》第22条第3款规定的创造性。

12. 权利要求15对化合物5的制备作了进一步限定。如前所述，对比文件1公开了：将1－金刚烷胺、$K_2CO_3$、$CH_2Cl_2$和溴代乙酸乙酯混合，冰水浴中搅拌1.5h，然后在室温下反应18h，得到化合物4（参见第2784～2785页12c）。因此，在其引用的权利要求不具备创造性的情况下，权利要求15也不具备《专利法》第22条第3款规定的创造性。

13. 权利要求16请求保护一种通式1所示的化合物的制备方法。对比文件1公开了：将化合物5、HOBT、NMM和DIC在$CH_2Cl_2$中室温下混合搅拌，再加入吡咯烷，室温下搅拌18h，得到CBZ－保护的化合物12c（参见第2784～2785页12c）。参见第三部分第6点评述的理由，在对比文件1的基础上得到权利要求16请求保护的技术方案，对本领域的技术人员而言是显而易见的。而且，根据说明书记载的内容也无法得出权利要求16的技术方案取得了预料不到的技术效果的结论。因此，权利要求16不具有突出的实质性特点和显著的进步，不具备《专利法》第22条第3款规定的创造性。

摘录二

二、权利要求1～19不具备《专利法》第22条第3款规定的创造性。

1. 权利要求1请求保护一种通式10所示的维大列汀及其类似物的制备方法。对比文件1公开了一种维大列汀（化合物12j）的制备方法，包括：3－羟基－1－金刚烷胺与1－氯乙酰基－2－氰基－吡咯烷（化合物3a）反应得到化合物12j（参见第2785页12j）。权利要求1与对比文件1的区别在于：两者的制备方法不同。根据申请人提供的数据，对比文件1的收率为38%，收率较低：对比文件1公开的是一种经典的维大列汀的制备方法，在本申请说明书背景技术部分也有提及，而且本领域技术人员也知晓，这种方法会产生双取代的副产物。因此，确定本申请实际解决的技术问题是：如何提高产物的收率，并且克服双取代副产物的问题，提供一种新的维大列汀的制备方法。

对比文件1还公开了一种结构极为相似的维大列汀类似物（化合物12c）的制备方法，具体公开了：将1－金刚烷胺、$K_2CO_3$、$CH_2Cl_2$和溴代乙酸乙酯混合，冰水浴中搅拌1.5h，然后在室温下反应18h，得到化合物4。

将化合物4、$K_2CO_3$、$CH_2Cl_2$和氯甲酸苄酯混合，冰水浴中搅拌1.5h，然后在室温下反应18h，得到CBZ－保护的化合物4。将CBZ－保护的化合物4、THF/$H_2O$和LiOH·$H_2O$混合搅拌，在50℃下反应22h，冷却至室温，得到化合物5。将化合物5、HOBT、NMM和DIC在$CH_2Cl_2$中室温下混合搅拌，再加入吡咯烷，室温下搅拌18h，得到CBZ－保护的化合物12c。将CBZ－保护的化合物12c、EtOAc、10%Pd/C和$H_2$在室温下反应18h，得到化合物12c（参见第2784～2785页12c）。并且，对比文件1根据该方法还制备得到了化合物12d～12g（参见第2785页左栏），其合成路线图为（参见第2779页Scheme 3）：

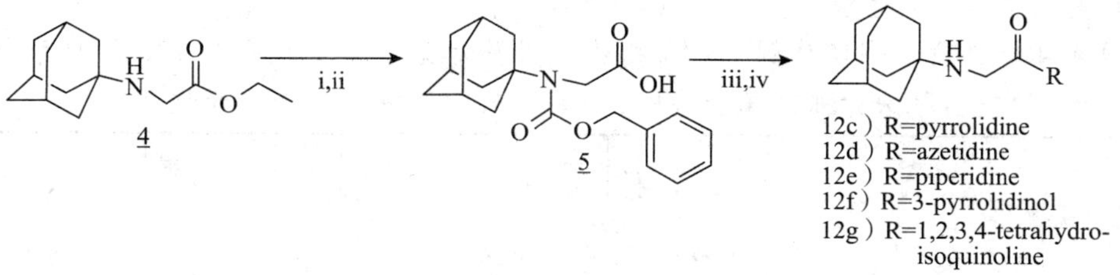


化合物12c与维大列汀的化学结构非常相似，而且本领域技术人员也可以预期氢与羟基的差异并不会影响反应的进行。在化合物12c的合成路线中，由于采用了CBZ对仲胺进行了氨基保护，使其转变成叔胺，这就使得在进行缩合反应时可以避免双取代的情况，从而避免了双取代副产物的产生，而且，化合物12c的收率要高于化合物12j。因此，为了提供收率并且克服双取代副产物的问题，本领域技术人员有动机采用对比文件1化合物12c的合成路线和方法用于维大列汀的制备。

其次，使用脱水剂将氨甲酰基脱水处理得到氰基是本领域的常规手段，三氟乙酸酐和三氯氧磷也都是本领域常用的脱水剂。而且，对比文件1中也提到了这一点，公开了吡咯烷上的氨甲酰基在TFAA或$POCl_3$的作用下脱水得到氰基的方法（参见第2775页Scheme1步骤ii，第2776页Scheme2步骤i和iv和第2775～2776页Chemistry部分）。因此，本领域技术人员很容易想到当R为氨甲酰基时，使用TFAA或$POCl_3$脱水处理得到R为氰基。

最后，DCC、EDC和CDI都是本领域常用的缩合剂，这些缩合剂的使用也未显示出预料不到的效果。

因此，在对比文件1的基础上结合本领域的常规实验手段，得到权利要求1请求保护的技术方案，对本领域的技术人员而言是显而易见的。而且，根据说明书记载的内容也无法得出权利要求1的制备方法取得了预料不到的技术效果的结论。因此，权利要求1不具有突出的实质性特点和显著的进步，不具备《专利法》第22条第3款规定的创造性。

申请人陈述的意见概括如下：

（1）对比文件1化合物12c的三步反应的总收率为58%，远低于本申请64.2～77.8%的收率，因此不能够给出技术启示。

（2）对比文件1给出了两种不同方向的技术启示，对比文件1的发明人也是本领域技术人员，但是对比文件1的发明人却选择了这条可能出现双取代副产物且收率低的路线来制备化合物12j，没有采用化合物12c的合成路线。

（3）本申请的反应底物金刚烷3位为羟基，而对比文件1的化合物12c相应位置为氢，氢与羟基在空间位阻、电性或其他取代基的作用都不同，对于反应位点的影响也不同，本领域技术人员无法预期氢与羟基的差异会对该反应造成怎样的影响。

（4）对比文件1仅公开了缩合剂为DIC，有机领域中常用的缩合剂有上百种，在对比文件1没有给出筛选方向的前提下，本领域技术人员很难想到采用DCC、EDC和CDI作为缩合剂，并且取得了良好的效果。

（5）本申请所取得的技术效果是各个区别技术特征共同作用的结果。

审查员不认同上述观点，理由如下：

(1) 本申请说明书实施例1~13的收率以及对比文件1化合物12c的收率归纳如下表所示（“空白”表示未实施此步骤，“无”表示实施了但未公开收率）。

| 实施例编号 | 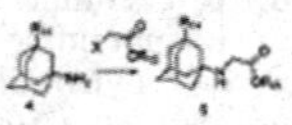 4→5 | 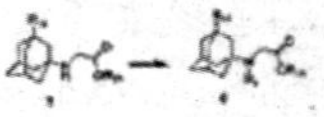 5→6 | 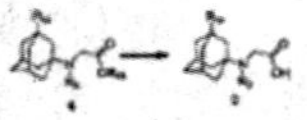 6→2 | 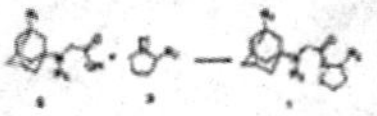 2→1 | 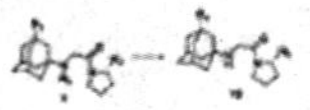 1→10 |
|---|---|---|---|---|---|
| 1 | 65% | 90.2% | 96% | | |
| 2 | 70% | 92% | 98% | | |
| 3 | | 无 | 88% | | |
| 4 | | 83% | 95.6% | | |
| 5 | | 无 | 87% | | |
| 6 | | | 90% | | |
| 7 | | 无 | 66% | | |
| 8 | | | | 84% | 85% |
| 9 | | | | 无 | 74% |
| 10 | | | | 81% | 91% |
| 11 | | | | 78% | 93% |
| 12 | | | | 两步收率87.5% | |
| 13 | | | | 93% | 93% |
| D1化合物12c | 83% | 73.6% | 92% | 74% | 最后两步收率63%（已包括74%） |

权利要求1只涉及最后两步反应，因此仅考虑最后两步反应所得收率的情况。经计算，实施例8~13（由于实施例9未给出2→1的收率，故暂排除实施例9）最后两步的收率分别为71.4%、73.7%、72.5%、87.5%和86.5%，而对比文件1的化合物12c最后两步的收率为63%，此外，对比文件1按照化合物12c的合成路线还合成了一系列化合物12d~12g，其最后两步的收率分别为67%、68%、51%和53%（参见第2785页左栏），这些化合物所取得的收率也都代表了现有技术的水平。由此可见，本申请最后两步的收率为71.4%~87.5%，而现有技术所达到的水平为51%~68%。由于实施例8~13均落在权利要求1的保护范围内，因此在比较收率时这些实施例所取得的收率都应当考虑在内。本申请实施例8的收率为71.4%，仅比现有技术所取得的最高收率68%高出3.4%，实施例10和11的收率为73.7%、72.5%，也仅比68%高出5.7%、4.5%，在有机合成领域中，这种程度的收率提高仅仅是误差范围内一定程度的提高，并不能认为是取得预料不到的技术效果，因此本申请权利要求1请求保护的所有技术方案相比于对比文件1在收率上并未均取得了预料不到的提高。而且，化合物12c的收率要高于化合物12j，那么本领域技术人员自然有动机借鉴化合物12c的合成路线用于合成化合物12j。

(2)《审查指南》第二部分第四章第2.4节规定了：发明是否具备创造性，应当基于所属技术领域的技术人员的知识和能力进行评价。设定这一概念的目的就是避免主观因素的影响。具体到该案中，对比文件 1 的作者没有采用化合物 12c 的路线制备化合物 12；可能会有各种各样的原因，无须去猜测对比文件 1 的作者是出于何种原因没有这么做，这并不影响本申请是否具备创造性的评价。创造性的评价不是基于对比文件 1 的作者进行的，而是基于本领域的技术人员的角度进行的，如审查意见中所述，本领域技术人员有动机采用化合物 12c 的路线用于合成化合物 12j，因此本申请权利要求 1 的技术方案对本领域技术人员而言是显而易见的。

（3）首先，本申请的反应底物事实上也有金刚烷 3 位为氢的情况（例如实施例 9），并非申请人所述的“该发明的反应底物金刚烷 3 位为羟基”，而且权利要求 1 中也限定了“$R_1$ 为氢、羟基…”。其次，羟基比氢原子只多了一个氧原子，其空间位阻比较小，而且缩合反应的反应位点在另一端的羧基上，与金刚烷 3 位上的取代基相距非常远，因此本领域技术人员可以预期氢与羟基的不同并不会影响反应的进行。

（4）DIC 的化学全称是二异丙基碳二亚胺，DCC 化学全称是二环已基碳二亚胺、EDC 是 N－二甲氨解丙基－N′－乙基一碳二亚胺，都是本领域中代表性的碳二亚胺型缩合剂（例如参见王德心，组合化学原理、技术及应用，北京：中国协和医科大学出版社，2005 年 1 月，第 120～121 页），本领域技术人员很容易想到并完成它们之间的替换。CDI 化学全称是羰基二咪唑，本申请没有给出使用 CDI 的实施例，权利要求 1 限定的 CDI 也是申请人推测出来的内容，而且 CDI 是本领域常用的缩合剂（例如参见刘守信，药物合成反应基础，北京：化学工业出版社，2012 年 10 月，第 148 页），本领域技术人员也很容易想到使用 CDI 作为缩合剂。而且，这些缩合剂的使用也未取得预料不到的技术效果。

（5）如前所述，本申请权利要求 1 的技术方案对本领域技术人员而言是显而易见的，而且所包含的所有技术方案并未均取得了预料不到的技术效果，因此，申请人陈述的意见不能证明本申请具备创造性。此外，还需要说明的是，申请人在意见陈述中反复强调了本申请的光学纯度高、化学纯度高，但由于对比文件 1 未公开化合物 12c～12g 的产物纯度，申请人也没有给出纯度的对比数据，因此无法将本申请与对比文件 1 在产物纯度上进行比较，也就无法得出本申请产物的纯度优于对比文件 1 化合物 12c～12g 的结论。

### ☞ 答辩要点分析思路

审查员在第一次审查意见通知书中指出，对比文件 1 中公开的化合物 12j 的制备方法与该发明权利要求 2 要求保护的制备方法相比，区别在于制备方法不同，而对比文件 1 中公开的化合物 12c 的制备方法对此给出了技术启示，因此权利要求 2 不具备创造性。

针对审查员的上述意见，专利代理师首先对该申请权利要求 2 与对比文件 1 中化合物 12j 的制备方法在技术方案和技术效果方面分别进行比较：该申请的制备方法涉及氨基保护基的脱除步骤，对比文件 1 中化合物 12j 则由缩合反应制备得到，制备方法完全不同；该申请的反应收率（以实施例 8 为例）为 85%，而对比文件 1 中反应收率未知。可见，要论证该申请权利要求 2 的创造性，则需要：①重复对比文件 1 中公开的化合物 12j 的制备实验，确定其收率如何，以及本申请与之相比是否具有效果优势；

②论证该申请采用氨基脱除反应来合成最终产物相较于对比文件1采用缩合反应来讲，具有难以预料的效果优势。然而根据代理师与该案发明人的技术沟通可知：该案制备方法的设计关键点并不在于氨基脱除这一步骤，且该申请的氨基脱除反应采用了常规的脱保护反应条件，并未进行相关优化改进；另外，对比文件1中同时还公开了化合物12c的制备方法中氨基脱除步骤的收率也能达到85%，与该申请的效果相当。这种情况下，不经修改对权利要求2进行创造性论述十分困难。

经过代理师与该案发明人的密切技术沟通，考虑到该案所涉及的整条合成路线中，最关键的发明点在于：在特别设计的反应底物结构基础上，配合特别设定的合成路线，以及合成路线中特别设定的缩合反应条件，可以大大提高产物合成总收率。代理师进而建议该案发明人：将原从属权利要求5和7限定的合成路线并入原权利要求2中，同时将原从属权利要求3、8和13限定的具体反应条件也增加到原权利要求2中，从而形成新权利要求2。由此，该申请新权利要求2所请求保护的制备方法即变为一合成路线，其涉及缩合反应、氰基还原反应以及氨基脱除反应。考虑到对比文件1化合物12j的制备方法并未公开收率、纯度以及手性纯度数据，仍需重复该制备实验，确定该申请与之相比的效果优势。因此，发明人重复了对比文件1的制备方法，确定采用对比文件1的制备方法会出现双烷基化产物，反应收率仅为38%。

这一数据对于该案的答辩十分有利。在答复第一次审查意见通知书的意见陈述中，结合上述实验数据，代理师重点强调了：该申请在将反应底物改变、反应路线改变并且限定了缩合反应的具体条件后使得反应的总收率大大提高，通过这些反应参数的特别设定，可以获得效果优势如此显著的技术效果，这是包括对比文件1在内的现有技术难以给出技术启示的。

然而，审查员在第二次审查意见通知书中继续指出，该案在反应收率上的提升幅度是有限的，并不能认为是取得了预料不到的提高；对比文件1中公开的其他信息，包括化合物12c的合成方法以及缩合反应中的具体缩合剂等，对于该申请为了提高反应收率对于整条合成路线的设计以及具体反应条件的设定给出了技术启示。

代理师经过分析后认为：若想要说服审查员认同该案创造性，还需要进一步强调该申请技术方案所带来的技术效果的显著性以及技术方案中反应底物与对比文件1化合物的差异性。在这种答辩思路下，代理师建议发明人在此次修改中删除了反应底物中金刚烷3位为氢的情况，其对应的实施例9的两步收率低于74%，与对比文件12c～12g的制备例收率（63%、67%、68%、51%和53%）相比，无明显技术优势。将技术效果相对较差的部分技术方案（即反应底物中金刚烷3位为氢对应的技术方案）放弃后，还带来了附加的好处，那就是进一步拉大了该申请与对比文件在反应底物结构上的差异性，从而更有利于答辩。

在上述答辩思路的引导下，在第三次审查意见通知书中，该案终于获得了审查员对于其制备方法创造性的认同。回顾该案创造性的争辩历程可以发现：重复对比文件1中公开的化合物12j的制备实验，确认该申请制备方法与之相比所具备的显著效果优势，即占领了创造性争辩的制高点。而若在效果优势未知或缺失的前提下，仅仅通过语言直接陈述发明具有在某些方面的效果上具有某优点，是完全没有说服力的，极有可能导致创造性争辩的失败。

☞ **意见陈述原文摘录**

答复第一次审查意见陈述摘录

一、新权利要求1具备创造性

1. 新权利要求1具备突出实质性特点

对比文件1（J. Med. Chem. 46，13，2774～2789）第2785页化合物12j的制备实施例，被认为是最接近的现有技术，其公开了一种化合物12j的制备方法，其包括以下步骤：将3－羟基－1－金刚烷胺与1－氯乙酰基－2－氰基－吡咯烷反应得到化合物12j。

发明人重复过对比文件1的制备方法，具体如下：

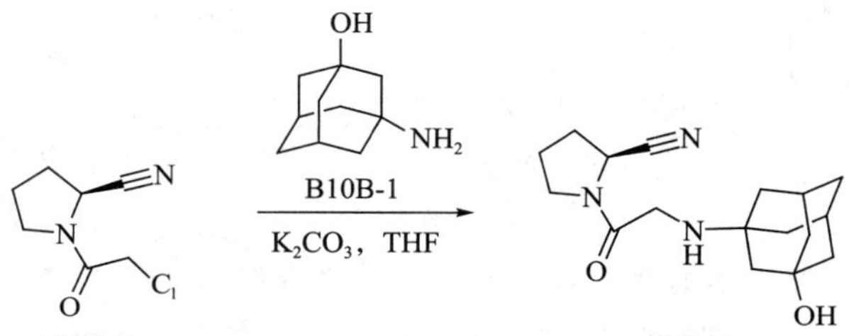


A10B-5　　T9B

投料比：

| No. | 原料 | Source | 分子量 | 投料量 | 摩尔量 | Eq. |
|---|---|---|---|---|---|---|
| 2 | B10B－1 | AR | 167.2 | 100 g | 0.598 | 1 |
| 1 | A10B－5 | DIY | 172.6 | 80 g | 0.463 | 0.78 |
| 3 | $K_2CO_3$ | AR | 138 | 100 g | 0.725 | 1.21 |
| 4 | THF | | | 1500 mL | | |
| | T9B | | 303.35 | 236.613 | | 0.78 |

反应步骤：

称取100克的B10B－1于5L三颈烧瓶中，加入1500mL的THF，使之完全溶解，加入$K_2CO_3$固体粉末100g，冷却到10℃以下，滴加80g的A10B－5溶于100mL的THF溶液。加毕，于室温下搅拌过夜，TLC检测可知，还有少许B10B－1，同时二取代的副产物也相应增多，于是过滤，除去不溶固体。浓缩至干，加入乙酸乙酯（EA）500mL，搅拌，析出固体，TLC表明还有少许副产物，再结晶一次，得到90g合格的白色固体T9B，收率为38%。

实验结果表明，采用对比文件1的制备方法会出现双烷基化产物，导致产品的收率大大降低，这在本发明说明书第2页背景技术中也有记载。

本发明要求保护一种如通式10所示的维大列汀及其类似物的制备方法，其包括以下步骤：将如通式1所示的N－取代吡咯烷类化合物在脱水剂的作用下进行反应，得到$R_2$为氰基的产物，再进行脱除胺基保护基的反应得到维大列汀及其类似物10即可；所述的脱水剂为三氟乙酸酐或三氯氧磷；

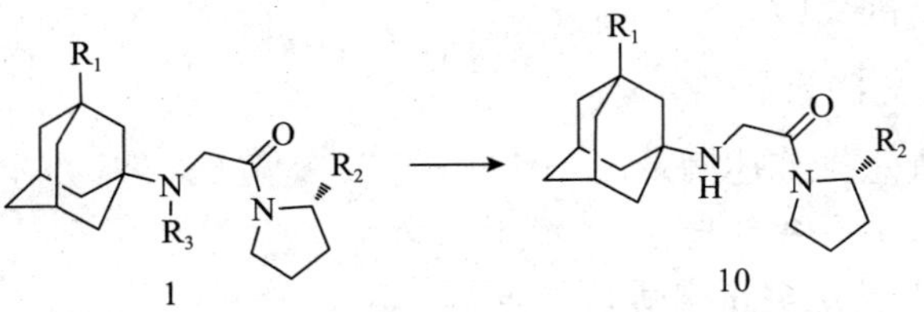

1　　　　　　　　10

所述的如通式1所示的N－取代吡咯烷类化合物通过下述方法制得：在溶剂中，在缩合剂存在的条件下，将化合物3与化合物2进行缩合反应，得到所述的N－取代吡咯烷类化合物1；所述的如通式1所示的N－取代吡咯烷类化合物的制备方法中，还加入活化剂和/或碱；

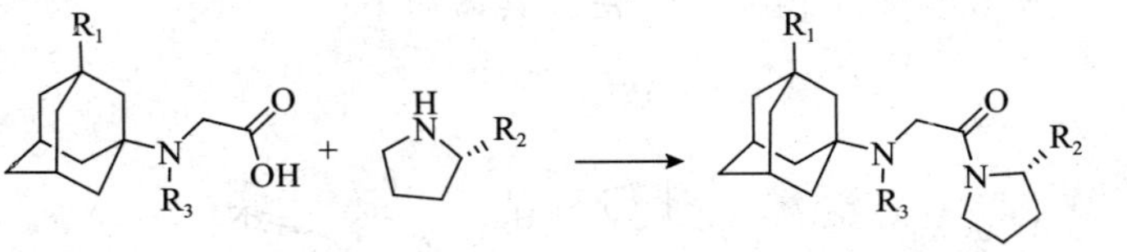

2　　　　3　　　　1

在所述的如通式1所示的N－取代吡咯烷类化合物的制备方法中，所述的缩合剂为DCC、EDC和CDI中的一种或多种；所述的活化剂为HOBT、氯甲酸甲酯、氯甲酸叔丁酯、氯甲酸乙酯、二氯亚砜、草酰氯、甲磺酰氯或对甲苯磺酰氯；所述的碱为二异丙基乙基胺、三乙胺、DBU、DIPEA和氮甲基吗啉中的一种或多种；其中，$R_1$为氢、羟基、三乙基硅氧基、三氟乙酰氧基、苄氧基或叔丁基二甲基硅氧基；$R_2$为氰基或氨甲酰基；$R_3$为甲氧羰基、乙氧羰基、叔丁氧羰基、苯氧羰基、苄氧羰基、苄基、4－氯苄基、4－溴苄基、2，4－二氯苄基、2，4－二硝基苄基、4－氯苯甲酰基、4－溴苯甲酰基、2，4－二氯苯甲酰基、3，5－二硝基苯甲酰基或3－硝基苯甲酰基。

本发明的制备方法副产物少、反应收率大大提高、得到的产品化学和光学纯度高、生产成本更低、更加适合于工业化生产。例如，本发明说明书第27～33页记载的实施例1～7酯基水解的反应收率达到66%以上，7个实施例中6个达到87%以上，实施例1、2、4分别达到96%、98%和95.6%。本发明说明书第33～40页记载的实施例8～13缩合、脱保护基重结晶纯化两步反应的总收率达到71%以上，实施例13甚至达到86.5%。本发明实施例1～13记载的从化合物2制备化合物10三步反应的总收率达到64%以上，实施例9、12和13分别达到72.5%、76.1%和77.8%。而对比文件1的一步反应收率仅为38%。本发明三步反应的收率比对比文件1一步反应的收率高出26.1%～39.8%，故本发明的制备方法反应收率大大提高。本发明实施例制得的产品的HPLC纯度达到98%以上，实施例9甚至达到99.4%。本发明制得的产品中R异构体的含量低于0.5%，实施例8甚至达到0.2%。故本发明制得的产品化学纯度和光学纯度均很高。因此，本发明的制备方法副产物少、反应收率大大提高、得到的产品化学和光学纯度高、生产成本更低、更加适合于工业化生产。

本发明要求保护的维大列汀及其类似物的制备方法与对比文件1化合物12j的制备方法相比，其主要区别技术特征在于：1）反应底物结构不同，本发明是将化合物2和

3 进行缩合反应得到化合物 1，化合物 1 再进行脱水、脱除氨基保护基的反应得到化合物 10，而对比文件 1 是将氯代酰基吡咯烷与金刚烷胺进行胺基烷化反应；2）本发明还限定了缩合反应的具体条件，例如碱的种类、缩合剂和活化剂的种类等，而对比文件 1 没有。

基于上述区别技术特征以及上述区别技术特征与本发明其他必要技术特征相配合实现的技术效果，本发明实际解决的技术问题是提供了一种与现有技术完全不同的，副产物少、反应收率大大提高、得到的产品光学纯度高、化学纯度高、生产成本更低、更加适合于工业化生产的维大列汀及其类似物的制备方法。

采用新权利要求 1 的技术方案解决上述技术问题，达到上述技术效果，对于本领域技术人员而言是非显而易见的，具体阐述如下：

第一，对比文件 1 化合物 12c 的制备方法反应收率远低于本发明，不能够对本发明的技术方案给出任何技术启示。

对比文件 1 化合物 12c 的制备方法，从与本发明类似的反应底物化合物 CBZ 保护的化合物 4 制备到化合物 5 的反应收率为 92%，由化合物 5 制备化合物 12c 收率为 63%，三步反应的总收率为（92% ×63% =58%）。对比文件 2 中并没有提及如何进一步提高反应的总收率，应该对哪些反应条件进行改进、如何改进、其他反应条件需要做怎样的调整以及能够达到怎样的反应效果。因此，本领域技术人员在面对本发明所要解决的反应收率大幅提高，提高至 64% 以上的技术问题时，完全没有动机从反应收率较低的对比文件 1 化合物 12c 的合成路线中寻求技术启示。

进一步讲，对比文件 2 的三步反应总收率仅为 58%，而本发明所要解决的技术问题是要达到 64. 1% ~77. 8% 的反应收率，二者相差 6. 1% ~19. 8%，对比文件 2 的反应收率远低于本发明的反应收率，不可能对本发明的技术方案给出任何技术启示。

再进一步讲，在有机合成领域中，反应收率提高 5% 已经可以算是大的提高了，提高 26. 1% ~39. 8% 可谓是巨大的进步了，如果不付出创造性劳动是不可能达到收率如此巨大提高的！

第二，对比文件 1 对本发明的技术方案给出了两种不同方向的技术启示，本领域技术人员没有动机选择本发明的技术方案。

对比文件 1 公开了化合物 12j（即维大列汀）和化合物 12c 的制备方法，但是没有给出化合物 12j 反应的收率数据，故二者无法进行反应收率的比较。而化合物 12j 与本发明的反应底物更接近，因此，本领域技术人员在对比文件 1 公开了两种不同反应路线的基础上，并没有动机选择从与本发明反应底物结构差距较大的化合物 12c 的合成路线中寻求技术启示。

进一步讲，如果如审查员认为的“本领域技术人员已知，氯代酰基吡咯烷与金刚烷胺进行胺基烷化反应时，可能会出现双烷基化的情况，产生（N，N）- 双烷基化的副产物，降低产品的收率和纯度，也给后续的纯化造成困难。”

对比文件 1 的发明人也是本领域技术人员，为何对比文件 1 的发明人选择了这条可能会出现双烷基化副产物的合成路线呢？很可能是采用其他路线，例如化合物 12c 的合成路线不能够得到化合物 12j 或者反应效果很差。因此，对比文件 1 给出的技术启示为结构相近的化合物12j和12c适用的合成路线并不相同。因此，本领域技术人员在对比文件1公开的内容基础上，很难想到将对比文件1化合物12c的合成路线用于本发明的反应底物并且配合其他区别技术特征得到本发明的技术方案，更加不可能想到本发明的技术方案还能够带来反应收率大大提高、得到的产品化学和光学纯度高、副产物少、生产成本更低、更加适合于工业化生产的技术效果。

第三，对比文件1化合物12c与本发明的反应底物结构差异较大，不能够对本发明的技术方案给出任何技术启示。

本发明的反应底物金刚烷3位为羟基，而对比文件1的化合物12c金刚烷3位为氢，氢与羟基在空间位阻、电性与其他取代基的作用方面都不同，对于反应位点的影响也不相同，导致分子的反应活性不同，二者适用的反应条件也不相同。而对比文件1的化合物12j与化合物12c分别采用了不同的合成路线也证明了这一点。因此，本领域技术人员很难想到将对比文件1化合物12c的合成方法用于本发明的反应底物，再配合其他区别技术特征得到本发明的技术方案，更难想到本发明的技术方案能够带来反应收率提高26.1%～39.8%的技术效果。

第四，对比文件1不能够对本发明的缩合剂给出任何技术启示。

对比文件1化合物12c合成中采用的缩合剂为DIC，对比文件1也没有任何地方提及还可以采用其他缩合剂。有机合成领域中，常用的缩合剂有上百种，按大类分可以分为碳二亚胺类缩合剂、鎓盐类缩合剂、有机磷类缩合剂、其他类缩合剂等，每一大类缩合剂都有几十种。在对比文件1没有给出筛选方向的前提下，本领域技术人员很难想到采用DCC、EDC和CDI中的一种或多种为缩合剂，也难想到再配合其他区别技术特征得到本发明的技术方案，更难想到本发明的技术方案能够带来反应收率提高26.1%～39.8%、得到的产品化学纯度达到98.1%以上、光学纯度达到99.4%以上、副产物少、生产成本更低、更加适合于工业化生产的技术效果。

第五，本发明的技术效果是各区别技术特征共同作用的结果。

本发明的反应效果是上述各区别技术特征共同作用的结果，并不是单一因素的作用结果。申请人还想进一步强调的是，对于合成路线发明来说，反应的每个因素，例如反应底物的结构、反应顺序的变化、酸碱性、缩合剂等都是非常重要的。很多时候，即使是反应底物的结构做细微的变化，整个反应适用的反应路线或反应条件都可能完全不同，需要付出创造性劳动才能够得到适用于新底物的反应路线和反应条件，这也正是化合物合成的复杂之处，所以有机合成既是一门科学又是一门艺术。对比文件1化合物12c的合成路线收率仅为58%，并不能够对本发明的适用于更多结构的反应底物，对反应收率、产品化学和光学纯度都有更高要求的技术方案给出任何技术启示。

因此，本领域技术人员在面对本发明所要解决的技术问题时，完全没有动机对对比文件1化合物12j的合成路线进行改进，没有动机将对比文件1化合物12c的合成路线和条件与化合物12j结合，更加不可能得到本发明的技术方案，不可能预料到本发明的技术方案所能获得的技术效果。因此新权利要求1的方案1具有突出的实质性特点。

从创造性论述的另外一种方式来看，本发明的方案1还取得了预料不到的技术效果，本发明在将反应底物改变、反应路线改变并且限定了缩合反应的具体条件后使得反应的总收率提高26.1%~39.8%、得到的产品化学纯度达到98.1%以上、光学纯度达到99.4%以上、副产物少、生产成本更低、更加适合于工业化生产，这是对比文件1，其他现有技术及它们的结合都不能给出任何启示的，故本发明的技术方案取得了预料不到的技术效果。

2. 新权利要求1具备显著进步

本发明还取得了显著进步，本发明在将反应底物改变、反应路线改变并且限定了缩合反应的具体条件后使得反应的总收率提高26.1%~39.8%、得到的产品化学纯度达到98.1%以上、光学纯度达到99.4%以上、副产物少、生产成本更低、更加适合于工业化生产，这是对比文件1、对比文件2、其他现有技术及它们的结合都不能给出任何启示的，故本发明的技术方案取得了显著的进步。

综上所述，新权利要求1具备突出实质性特点和显著进步，具备创造性，符合《专利法》第22条第3款的规定。

**答复第二次审查意见陈述摘录**

一、新权利要求1具备创造性

1. 新权利要求1具备突出实质性特点

本申请新权利要求1请求保护一种如通式10所示的维大列汀及其类似物的制备方法，其特征在于包括以下步骤：在溶剂中，在缩合剂存在的条件下，将化合物2与(S)-2-氰基吡咯烷进行缩合反应，得到N-取代-2-氰基吡咯烷类化合物；再将其进行脱除胺基保护基的反应，得到维大列汀及其类似物10即可；

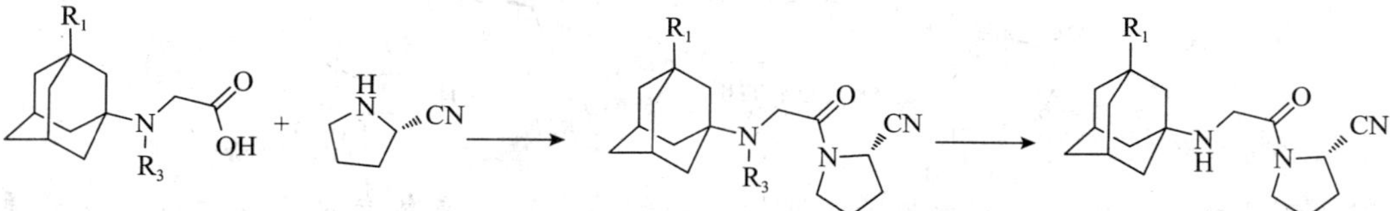


2　　10

或者，在溶剂中，在缩合剂存在的条件下，将化合物2与(S)-2-氨甲酰基吡咯烷进行缩合反应，得到N-取代-2-氨甲酰基吡咯烷类化合物；将所述的N-取代-2-氨甲酰基吡咯烷类化合物在脱水剂的作用下进行反应，得到相应的N-取代-2-氰基吡咯烷类化合物，再进行脱除胺基保护基的反应得到维大列汀及其类似物10即可；所述的脱水剂为三氟乙酸酐或三氯氧磷；

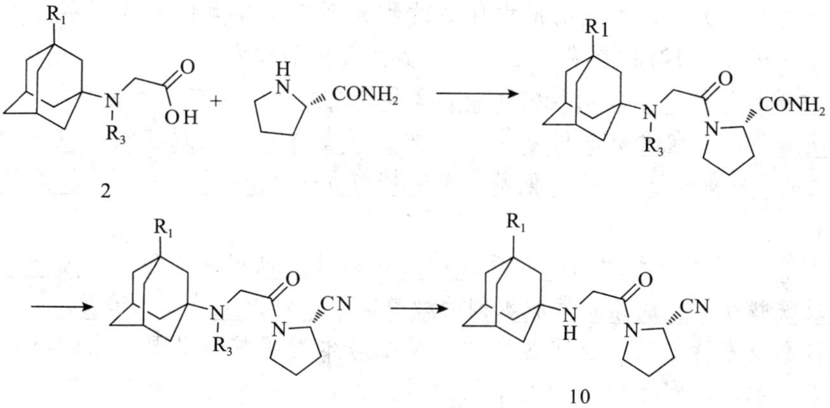


10

所述的缩合反应中，还加入活化剂和/或碱；所述的缩合剂为DCC、EDC和CDI中的一种或多种；所述的活化剂为HOBT、氯甲酸甲酯、氯甲酸叔丁酯、氯甲酸乙酯、二氯亚砜、草酰氯、甲磺酰氯或对甲苯磺酰氯；所述的碱为二异丙基乙基胺、三乙胺、DBU、DIPEA和氮甲基吗啉中的一种或多种；

其中，$R_1$为羟基、三乙基硅氧基、三氟乙酰氧基、苄氧基或叔丁基二甲基硅氧基；$R_3$为甲氧羰基、乙氧羰基、叔丁氧羰基、苯氧羰基、苄氧羰基、苄基、4-氯苄基、4-溴苄基、2，4-二氯苄基、2，4-二硝基苄基、4-氯苯甲酰基、4-溴苯甲酰基、2，4-二氯苯甲酰基、3，5-二硝基苯甲酰基、3-硝基苯甲酰基、3-甲氧基苄基或苯甲酰基。

本申请中新权利要求1请求保护的技术方案，其技术效果为：提供了一种维大列汀及其类似物的制备方法，此制备方法生产成本更低、更适合于工业化生产、反应副产物少、反应收率大大提高、产品化学纯度和手性纯度都很优秀。

对比文件1（J. Med. Chem. 46，13，2774-2789）第2785页公开了一种维大列汀的制备方法（参见化合物12j，即维大列汀的制备实施例），其包括以下步骤：将3-羟基-1-金刚烷胺与1-氯乙酰基-2-氰基-吡咯烷反应得到化合物12j，但未给出相应的实验数据。

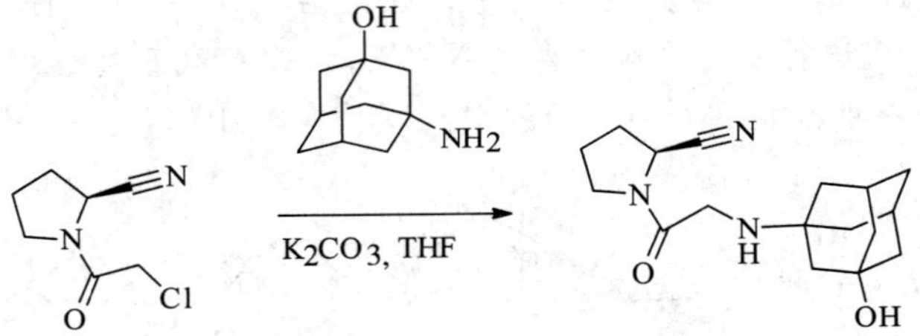


发明人重复对比文件1的制备方法的实验结果表明（具体参见第一次审查意见通知书的意见陈述内容），对比文件1的制备方法其产品收率仅有38%，采用这一制备方法会出现双烷基化产物，导致产品的收率大大降低，这在本发明说明书第2页背景技术中也有记载。

可见，对比文件1的制备方法，其技术效果为：提供了一种维大列汀的制备方法，此制备方法收率为38%，且存在双烷基化副产物。

因此，由上述对比可知，本发明请求保护的维大列汀及其类似物的制备方法与对比文件1所公开的化合物12j的制备方法相比，其主要区别技术特征在于：

a. 反应底物结构不同，本发明是将化合物2和3进行缩合反应得到化合物1，化合物1再进行（进一步还可包含酰胺脱水步骤）脱除氨基保护基的反应得到化合物10，而对比文件1是将1-氯代酰基-2-氰基-吡咯烷与3-羟基-1-金刚烷胺直接进行胺基烷化反应。

b. 本发明还限定了如上所述的缩合反应的具体条件，包括碱的种类、缩合剂、活化剂的种类以及酰胺脱水生成氰基的脱水剂的种类等，而对比文件1未涉及。

基于上述区别技术特征以及上述区别技术特征与本发明其他必要技术特征相配合实现的技术效果，本发明实际解决的技术问题是：提供了一种与现有技术不同的维大列汀及其类似物的制备方法，此制备方法生产成本更低、更适合于工业化生产、反应副产物少、反应收率大大提高、产品化学纯度和手性纯度都很优秀。

上述区别技术特征与其他技术特征结合以得到新权利要求1中的技术方案，达到本发明所述技术效果，解决本发明实际需要解决的技术问题，相对于对比文件1和其他现有技术是非显而易见的。

针对本发明的非显而易见性，申请人认为下述观点有必要重申：

1）对比文件1化合物12c的制备方法反应收率远远差于本发明，不能够对本发明的技术方案给出任何技术启示。

本申请的制备方法能够将本领域制备维大列汀及其类似物的关键步骤的收率提高到高达87.5%，同时还伴随了产品的高化学纯度和手性纯度，而审查员却将其简单归于“误差范围内”的提高而予以否定，对此，申请人完全无法认同，具体地：

对比文件1公开了如下式所示的化合物12c的制备方法（参见对比文件1第2784～2785页），其包括缩合和脱保护基两步反应，总收率为63%；12c的结构类似物12d～12g可采用同样的制备方法制得，收率分别为67%、68%、51%和53%。

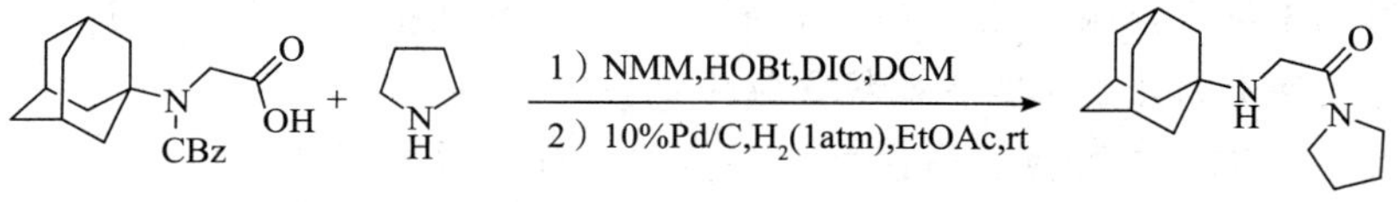


5　　　　　　12c

本申请实施例12和13记载了本申请请求保护的技术方案中只包含缩合和脱保护基两步反应的制备方法，其收率分别为87.5%和86.5%；而实施例8、10和11则记载了本申请请求保护的技术方案中包含了缩合、酰胺脱水生成氰基、脱保护基三步的制备方法，三步总收率分别为71.4%、73.7%和72.5%。

首先，本申请实施例8、10和11的制备方法与对比文件1中12c的制备方法相比，还多了酰胺脱水生成氰基的步骤（单步收率必然<100%），直接将两者进行对比不合理！即使酰胺脱水生成氰基这一反应的收率十分理想，可高达95%，那么通过换算，本申请实施例8、10和11与对比文件1相对应的两步缩合和脱保护基反应的真实收率也应该在75.2%～77.6%。因此，与对比文件1中化合物12c的制备方法相对应的缩合和脱保护基两步反应的真实收率是大于（有可能远远大于）审查员所说的3.4%。

其次，退一步讲，假设上述推定过程不可靠，那么当直接以本申请中同样只包含缩合和脱保护基两步反应的实施例12和13（收率分别为87.5%和86.5%）与对比文件（收率分别为63%、67%、68%、51%和53%）进行对比分析，可知，本申请的制备方法与对比文件的制备方法相比，在收率上的优势是显然不止有5%以下，而是有18.5%～36.5%之多的！

再次，通过上述数字的直观对比可知：本申请中只包含了缩合和脱保护基两步反应的制备方法（实施例12和13的收率分别为87.5%和86.5%）与进一步还包含了酰胺脱水生成氰基的步骤的制备方法（实施例8、10和11的收率分别为71.4%、73.7%

和72.5%），其收率相差了12.8%～14.5%，并且两者相比，前者稳定在80%以上，而后者稳定在70%以上，这一规律是十分明显的，这就进一步对上述论点进行了佐证：如果将本申请的制备方法中缩合和脱保护基两步的真实收率与对比文件1进行对比的话，必然具有十分显著的提升。因此，既然本申请的制备方法在收率上确实显著优于对比文件的收率水平，那么申请人再次强调，对比文件1所公开的化合物12c的制备方法完全不能够对本发明的技术方案给出任何技术启示。

最后，暂不考虑以上所述的本申请的显著技术优势，申请人认为审查员不结合技术背景而直接对收率的提升进行直观判断过于贸然，因为在药物合成领域尤其是药物合成的工业化生产中，微小的收率提高也是极有可能代表了极大的技术进步的，尤其是当这种提升属于现有技术中的技术难题而难以攻克时，即使是0.1%的进步，也是巨大的进步。因此，申请人在此恳请审查员：请结合上述事实重新判定。

2）对比文件1与本发明的制备方法中反应底物结构差异较大，不能够对本发明的技术方案给出任何技术启示。

首先，通过修改后，本申请新权利要求1请求保护的技术方案中所述的制备方法的底物金刚烷3位为羟基、三乙基硅氧基、三氟乙酰氧基、苄氧基或叔丁基二甲基硅氧基；对比文件1的底物12c金刚烷3位为氢。

以取代基为羟基的底物为例，审查员认为：羟基与氢原子只多了一个氧原子，其空间位阻比较小，而且缩合反应的反应位点在另一端的羧基上，与金刚烷3位上的取代基相距非常远，因此本领域技术人员可以预期氢与羟基的不同并不会影响反应的进行。上述审查员的观点，申请人认为有待商榷。

在有机合成领域，无论从任何一个方面来说，氢和羟基的差别都无法被认为是“只多了一个氧原子”。甲醇与甲烷的区别难道因为只多了一个氧原子而类似吗？苯和苯酚的区别难道因为只多了一个氧原子而类似吗？深入到化学的本质去深究后，会发现这种认知是极为荒谬的。再谈到空间位阻的问题，和氢原子（原子半径1.2Å）大小最接近的是氟原子（原子半径1.35Å），但将一个简单的C－H键氟化后，所带来的化合物的化学性质将会发生巨大的变化（氟化物具有的独特性能包括稳定的C－F化学键、氟碳相特性、亲脂性以及伪拟效应、代谢稳定性和氢键作用等）。审查员怎能够妄加揣测，羟基取代氢后对本申请的化合物结构以及反应活性造成的影响是可以忽略的呢？至于“与金刚烷3位上的取代基相距非常远这一点”，更不能成为可以忽略本申请底物结构差异大到无法从现有技术中得到提高其相关反应活性的技术启示的理由。因为在空间结构中，金刚烷3位上的羟基与反应位点羧基并不像平面结构式所示的分隔在结构两端，底物结构本身是多官能团的结构，其中的羟基可能由于氢键作用与羧基在空间位置上互相吸引，也有可能作为活性基团参与到缩合反应中起到辅助作用。没有真实的实验数据，所有的推测都是徒劳的，都是不可靠的。

其次，对比文件1中12c～12g的制备例，胺作为反应底物之一为各种脂肪环胺或取代脂肪环胺类（包括四元环胺、五元环胺、六元环胺）；本申请的制备方法中，胺作为反应底物之一则为2位氰基或氨甲酰基取代的环胺。氰基与氨甲酰基的引入，足以带来反应底物化学性质以及反应活性的巨大变化，更为本领域技术人员只通过对比文件1的技术方案的简单结合就希冀能够实现本申请的技术效果，解决本申请所实际解决的技术问题带来了完全无法预测的各种可能性。

最后，申请人认为：当面对本申请所要解决的技术问题时，本申请的技术方案与对比文件1的技术方案中底物的较大差异性足以使得本领域技术人员无法从对比文件或其与任何现有技术的结合中得到任何技术启示。

3）本发明的技术效果是各个区别技术特征共同作用的结果。

申请人强调：本发明的反应效果是上述各个区别技术特征共同作用的结果，并不是单一因素的作用结果。申请人还想进一步强调的是，对于路线发明来说，反应的每个因素，例如反应底物的结构、反应顺序的变化、酸碱性、缩合剂等都是非常重要的。很多时候，即使是反应底物的结构细微的变化，整个反应适用的反应路线或反应条件都可能完全不同，需要付出创造性劳动才能够得到适用于新底物的反应路线和反应条件，这也正是化合物合成的复杂之处，所以有机合成既是一门科学又是一门艺术。对比文件1化合物12c的合成路线收率仅为63%，并不能够对本发明的适用于更多结构的反应底物，对反应收率、产品化学和光学纯度都有更高要求的技术方案给出任何技术启示。

因此，本领域技术人员在面对本发明所要解决的技术问题时，完全没有动机对对比文件1化合物12j的合成路线进行改进，没有动机将对比文件1化合物12c的合成路线和条件与化合物12j结合，更加不可能得到本发明的技术方案，不可能预料到本发明的技术方案所能获得的技术效果。因此新权利要求1的方案1具有突出的实质性特点。

此外，从创造性论述的另外一种方式来看，本发明的方案1还取得了预料不到的技术效果，本发明在将反应底物改变、反应路线改变并且限定了缩合反应的具体条件后使得反应的总收率大大提升、得到的产品化学纯度达到98.1%以上、光学纯度达到99.4%以上、副产物少、生产成本更低、更加适合于工业化生产，这是对比文件1、其他现有技术及它们的结合都不能给出任何启示的，故本发明的技术方案取得了预料不到的技术效果。

2. 新权利要求1具有显著的进步

本发明还取得了显著进步，本发明在将反应底物改变、反应路线改变并且限定了缩合反应的具体条件后使得反应的总收率大大提高、得到的产品化学纯度达到98.1%以上、光学纯度达到99.4%以上、副产物少、生产成本更低、更加适合于工业化生产，这是对比文件1、对比文件2、其他现有技术及它们的结合都不能给出任何启示的，故本发明的技术方案取得了显著的进步。

综上所述，新权利要求1具备突出的实质性特点和显著的进步，具备创造性，符合《专利法》第22条第3款的规定。

二、新权利要求2~17具备创造性

新权利要求2~17为新权利要求1的从属权利要求，在新权利要求1具备创造性的前提下，其从属权利要求也具备创造性，符合《专利法》第22条第3款的规定。

三、新权利要求18具备创造性

新权利要求18请求保护N－取代－2－氰基吡咯烷类化合物的制备方法，通过对本申请的实施例的数据分析，N－取代－2－氰基吡咯烷类化合物的反应收率也是远远优于对比文件1中12c的制备方法收率的（如本申请实施例13收率为93%，对比文件1中化合物12c的收率为74%）；且同样地，其反应底物结构差异较大。两者均足以说明对比文件1公开的信息不能够对本发明的技术方案给出任何技术启示。因此，基于前述相同的理由，新权利要求18请求保护的技术方案中也具备创造性，符合《专利法》第22条第3款的规定。

## 四、通过逻辑推导分析比较出发明的更优技术效果

上述第三点提供对比实验数据的方式可清楚直接明了地向审查员证明发明的更优技术效果，在创造性问题的实务答辩中屡试不爽。尝过该方法甜头的代理师在答辩处理中往往会首选或仅选建议申请人准备对比实验数据。但实践中，提供对比实验数据对申请人或发明人而言，往往意味着较大的人力、财力的负担。甚至有些情况下，由于研究项目早已结束，客观上不再具有进行相关对比实验的条件。一旦申请人表示不能提供对比实验数据，有些代理师便认为无计可施，转而考虑缩小保护范围或建议放弃申请。这样的处理方式对代理师而言相对轻松，但缺乏深度分析的思维过程，没有从申请人角度出发，忽略了申请人的实际负担。

对于不能直接比对涉案发明和对比文件的技术效果的情况，在考虑采用提供对比实验数据的方式前，代理师应当先基于已有的信息，尝试是否可通过逻辑推导分析比较得出发明的更优效果。这一分析过程当然会较为耗费脑力，对代理师的逻辑思维分析能力的要求也比较高。但如果仅通过分析推导，即可获得发明的更优技术效果，不仅获得答辩的突破点，也可免去申请人补充实验数据的负担。代理师高超的专业素养正是在这样的深度挖掘分析过程中得以体现的。

## 【案例No. 1410724】2－溴－5－氟三氟甲苯的制备方法

### ☞ 案情简要

该申请涉及一种2－溴－5－氟三氟甲苯的制备方法。审查员引用对比文件对比文件1，认为不具备创造性。

### ☞ 相关权利要求

1. 一种2－溴－5－氟三氟甲苯的制备方法，其特征在于其包括以下步骤：无水条件下，有机溶剂中，将无水化合物1或化合物1’进行裂解反应，制得2－溴－5－氟三氟甲苯即可；

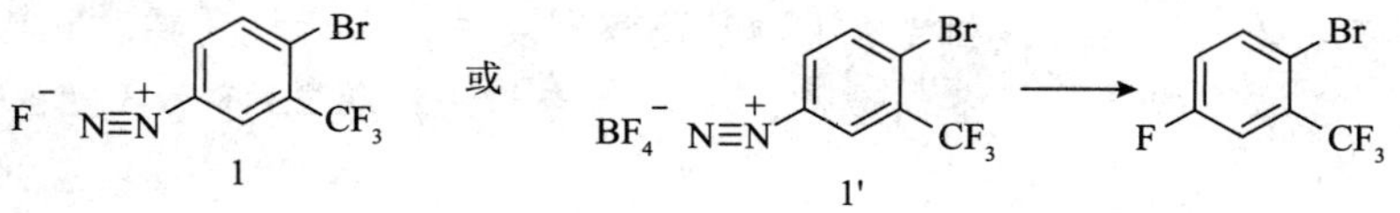

3. 如权利要求 1 所述……和/或，……在溶剂中，将化合物 2 与氟硼酸进行离子交换反应，得到所述的化合物 1’即可；

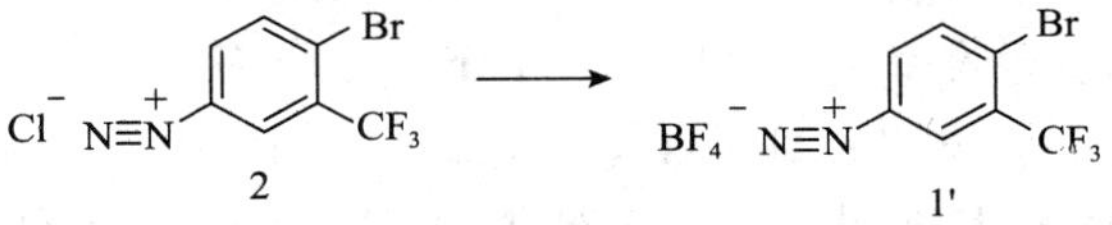

5. 如权利要求 1 所述……在溶剂中，将 3 - 三氟甲基 - 4 - 溴苯胺与盐酸和亚硝酸钠进行重氮化反应，得到所述的化合物 2 即可；

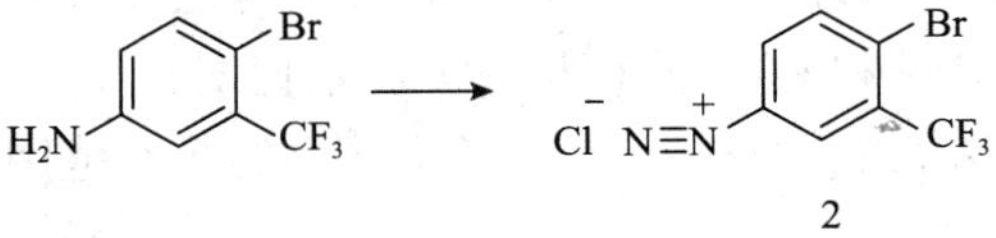

☞ **相关说明书内容**

实施例仅公开了从 A 到终产物的收率为 85%，未公开分步收率。

☞ **相关对比文件公开内容**

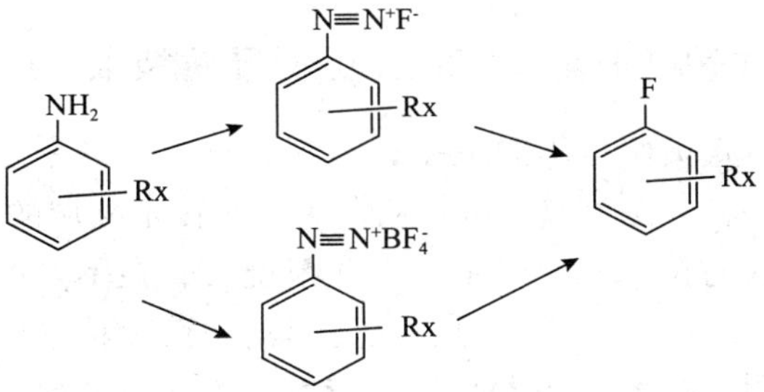

第一步　　第二步

第一步收率为 55% ~80%，

第二步收率为 25% ~60%，

代理师计算总收率 13.75% ~48%。

☞ **相关审查意见**

审查员认为，本发明与对比文件 1 区别仅在于底物的苯环上多一个溴取代基，而该基团不涉及反应位点。本领域技术人员可容易想到采用对比文件 1 的路线用于本发明的底物，因此不具备创造性。

笔者注：至此，能得出此本发明实现更优技术效果的相关信息已经在上文呈现给读者。在阅读下文代理师的处理思路前，请尝试用“放大镜”和“显微镜”的分析方式，看看您能否比对出该发明相对对比文件 1 所实现的更佳的技术效果。

☞ **代理师处理思路**

对于该发明与对比文件 1 的技术效果对比，由于说明书实施例仅公开从 A 至终产物收率，未公开分步收率，不能直接比较原权利要求 1 步骤与对比文件 1 第二步的收率差异。因此，将权利要求 5 和权利要求 3 的前序合成步骤加入权利要求 1，论述该发明实现总收率 85%，优于对比文件 1 总收率（55% ~80%）×（25% ~60%）=13.75% ~48%。

☞ **实检组建议处理思路**

虽然说明书未公开原权利要求1的一步收率（1或1’到终产物收率），但通过下述方式可推导证明该步骤收率优于对比文件1第二步收率：

该发明总收率为85% =（A到1或1’收率）×（1或1’到终产物收率）。

1或1’到终产物收率 = 85% ÷（A到1或1’收率）。A到1或1’收率必定≤100%，代入上式计算可得：

1或1’到终产物收率≥85% ÷100% = 85% >对比文件1第二步收率25% ~60%

基于此，可直接论述原权利要求1方法实现了比对比文件1更优的技术效果，不用将前序合成步骤限定入权利要求1，避免了不必要的缩小范围的修改。

☞ **问题总结**

当不能直接对发明和对比文件进行技术效果的平行比对时，不应轻易放弃，应尽力开动脑筋，尝试通过逻辑推理等迂回方式推导出想要证明的更优技术效果，从而找到创造性答辩的突破点。

## 五、依据所属技术领域研发历程阐述发明的更优技术效果

对于前述无法将审查员所引用的最接近的现有技术与涉案发明直接比对技术效果优劣的情况，还有另一种方法可以尝试：从发明所属技术领域的研发历程中寻找证据，以阐明涉案发明所实现的技术效果优势。有些情况下，在不了解发明所属技术领域技术发展过程的情况下，仅仅以一个普通公众的视角阅读申请文件和审查员引用的对比文件，看不出涉案发明在技术效果上有什么特别之处，但如果对该发明所述领域研发历程有一定的了解，能够尽量以一个本领域技术人员的视角来深入理解和评价该发明，即可敏锐地分辨出该发明在技术效果上所实现的预料不到之处。

对于从发明所属技术领域研发历程中寻找证据，大部分情况下在发明之前的现有技术中进行检索。但有些情况下，发明申请日之后的一些文献也能作为有力的证据，以证明该发明技术效果的预料不到，因此，也不应忽视这些申请日之后的文献。在了解发明所属技术领域研发历程的过程中，专利代理师应当与最熟悉该技术领域研发情况的发明人多做沟通交流，在熟悉技术的发明人的协助下，可以事半功倍。此外，专利代理师应当熟练掌握查阅专利文献的技巧，以利于快速寻找有用证据。专利文献中的背景技术，尤其是进入中国的外国专利文件中的背景技术，往往有很详尽的研发历程的综述，可以帮助专利代理师迅速了解该领域技术发展情况。通过这些专利文献的背景技术中引用的其他文献以及同族专利，可以迅速由一点扩展成面，以较为准确地方向定位至有用证据。

### 【案例No. 1310401】玻璃钢压力容器及包括其的水处理装置

☞ **案由简要**

该申请涉及一种玻璃钢压力容器（权利要求1~15），及一种水处理装置（权利要

求16~19)。

➢ 一通：审查员引用两篇对比文件（CN201173289Y 和 CN101680580A）认为权利要求1~7 不具备创造性。

➢ 答一通：修改权利要求1，论述新的权利要求1~7具备创造性。

➢ 二通：审查员未认可之前的意见陈述，仍然认为权利要求1~7不具备创造性。

➢ 答二通：修改权利要求1，论述新的权利要求1~7具备创造性。

➢ 审查结果：授权。

**☞ 相关权利要求**

原权利要求1

1. 一种玻璃钢压力容器，包括同轴设置的一中空的内胆层、一螺纹镶件和一缠绕层，其特征在于，所述玻璃钢压力容器还包括一中空的转接镶件；所述转接镶件的下端部外表面设有一第一外螺纹，所述转接镶件通过所述第一外螺纹与所述螺纹镶件螺纹连接；所述缠绕层包覆于所述内胆层的外壁面上，且包覆住所述转接镶件与所述内胆层的连接处。

一通修改后的权利要求1，其中画线部分为添加的技术特征。

1. 一种玻璃钢压力容器，包括同轴设置的一中空的内胆层、一螺纹镶件和一缠绕层，其特征在于，所述玻璃钢压力容器还包括一中空的转接镶件；所述转接镶件的下端部外表面设有一第一外螺纹，所述转接镶件通过所述第一外螺纹与所述螺纹镶件螺纹连接；所述缠绕层包覆于所述内胆层的外壁面上，且包覆住所述转接镶件与所述内胆层的连接处，

<u>其中，所述转接镶件具有径向向外突出的突出部，所述突出部位于所述第一外螺纹的上方，所述缠绕层包覆所述突出部从而包覆住所述转接镶件与所述内胆层的连接处。</u>

二通修改后的权利要求，其中画线部分为添加的技术特征。

1. 一种玻璃钢压力容器，包括同轴设置的一中空的内胆层、一螺纹镶件和一缠绕层，其特征在于，所述玻璃钢压力容器还包括一中空的转接镶件；所述转接镶件的下端部外表面设有一第一外螺纹，所述转接镶件通过所述第一外螺纹与所述螺纹镶件螺纹连接；所述缠绕层包覆于所述内胆层的外壁面上，且包覆住所述转接镶件与所述内胆层的连接处，

其中，所述转接镶件具有径向向外突出的突出部，所述突出部位于所述第一外螺纹的上方，所述缠绕层包覆所述突出部从而包覆住所述转接镶件与所述内胆层的连接处，<u>所述缠绕层为玻璃纤维，所述转接镶件用于与非螺纹口的控制阀连接</u>。

**☞ 相关说明书内容**

摘录一

<u>背景技术</u>

玻璃钢压力容器作为水处理装置的必要配件，其具有承压能力强、耐腐蚀、洁净、

重量轻、成本低等优点，因此在水处理装置中的应用越来越广泛。水处理装置一般还包括一与该玻璃钢压力容器配合使用的控制阀，以实现密封和水处理功能。

市场上最常见的是标准螺纹口的玻璃钢压力容器，与其配套的控制阀是标准螺纹口的控制阀，标准螺纹是指2.5－8－NPSM和4－8－UN这两种规格。如图1所示，玻璃钢压力容器的内胆层2上设置有一标准螺纹镶件1，便于将标准螺纹口的控制阀6旋紧在玻璃钢压力容器的口部，从而实现两者之间的标准螺纹连接。这种连接方式的通用性相对较强，成本较低，但不易拆装，需要转动标准螺纹口的控制阀6来实现。

此外，市面上还存在非标准接口的控制阀，非标准接口包括除上述两种标准螺纹规格以外的所有接口结构，其包括非标准螺纹口和非螺纹口两类。图2为非螺纹口的控制阀6′与其配套的非螺纹口的玻璃钢压力容器，该玻璃钢压力容器由插接镶件1′、内胆层2和缠绕层（缠绕层在图中省略）组成。插接镶件1′与内胆层2之间由胶水粘结固定，通过插接镶件1′与非螺纹口的控制阀6′的卡接实现连接。这种连接方式拆装方便，只需拆装卡箍和卡片即可。但配件的可替代性差，往往只能寻求原厂的配件用以替换；且插接镶件1′与内胆层2依靠胶水粘结固定，对生产工艺要求较高，还容易产生密封不牢、引起外泄露等问题。

在实际运用中，常常出现非标准接口的控制阀与螺纹口的玻璃钢压力容器配套使用的情况，而市场上尚无此类转接件产品。若能对玻璃钢压力容器的螺纹口加以改进，解决其与非标准接口的控制阀之间的匹配矛盾，使其具有螺纹连接的通用性，或具有快插式连接的便捷性，由此组装而成的水处理装置将具有可观的市场前景。

摘录二

<u>具体实施例</u>

……

如图3所示，本实施例提供的玻璃钢压力容器，其包括螺纹镶件1″、内胆层2、缠绕层3、转接镶件4和O型密封圈5。所述转接镶件4的下端部外表面设有若干第一外螺纹，所述转接镶件4通过所述第一外螺纹与所述螺纹镶件1″螺纹连接，所述转接镶件4的上端部与非螺纹口的控制阀6′（图4）连接。所述缠绕层3包覆于所述内胆层2的外壁面上，所述缠绕层3还包覆所述转接镶件4与所述内胆层2的连接处。

……

可见，在解决玻璃钢压力容器与非标准接口的控制阀的连接问题时，通过改变图3中转接镶件4上端部的结构，本发明可以实现螺纹口的玻璃钢压力容器与多种非标准接口的控制阀的适配。转接镶件4在缠绕层3包覆之前可以灵活更换，但一旦缠绕成型完成后，则无法再更换。

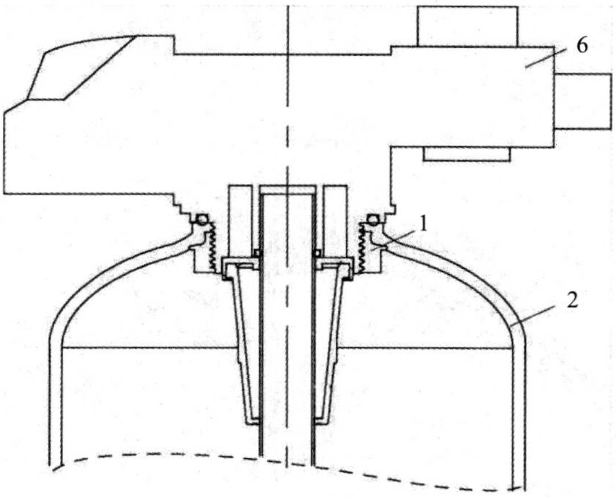


图 1

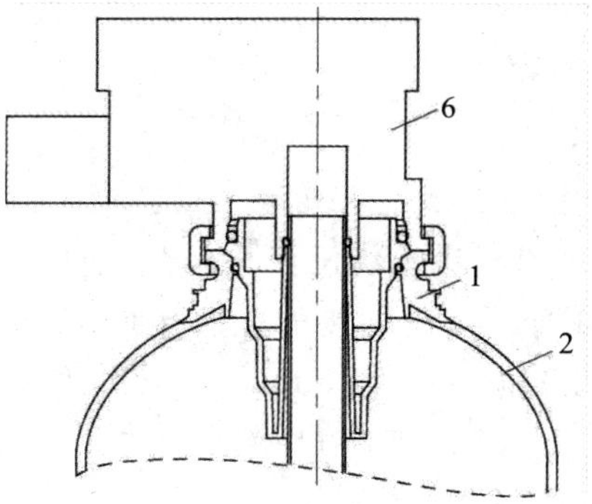


图 2

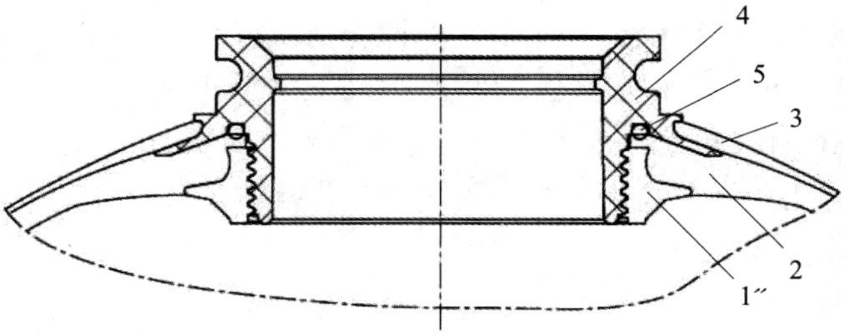


图 3

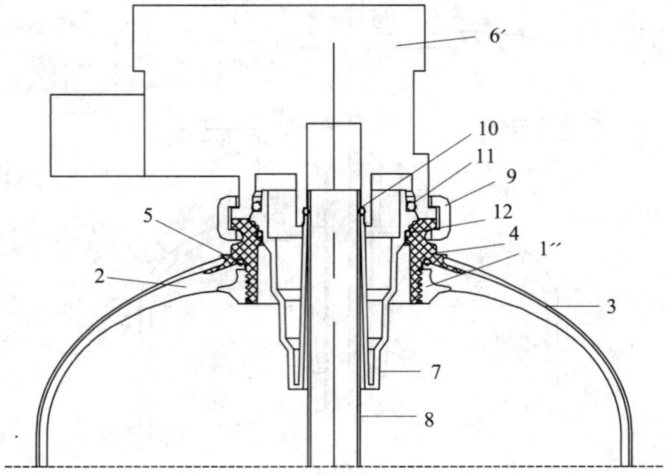


图4

## ☞ 相关对比文件公开内容

**【对比文件1】**

下面举个较佳实施例，并结合附图来更清楚完整地说明本实用新型。

如图3～图8所示，本玻璃纤维缠绕压力容器1，包括内胆13、密封部件12、内胆顶部和/或底部的口颈部131处所固定连接的螺纹接口11（即螺口），外层玻璃钢缠绕材料14，阀体4上的密封圈3与螺纹接口11的密封面132压紧，螺纹接口11的顶面114直接与阀体4接触。其中，螺纹接口11在外侧中间部位有若干条密封槽113可以容纳密封部件12，外侧底部弧面上开有数个防旋转台阶孔112，并且在底部弧面的边缘上开有数个同样是防旋转的缺口111。

密封部件12置于螺口11外侧中间部位对应的密封槽113内，并且被内胆口颈部131所压实；内胆口颈部131除与密封部件12接触的面外，其余地方全部直接与螺口11熔合。内胆13两端封头的轮廓轨迹线15采用长短轴比为2∶1的椭圆的一段，这段曲线轮廓的封头16轨迹形成等压力曲面，可以使整个封头16上所受的压力均等，从而减少了某一个地方因为受压较大而产生失效的可能性。

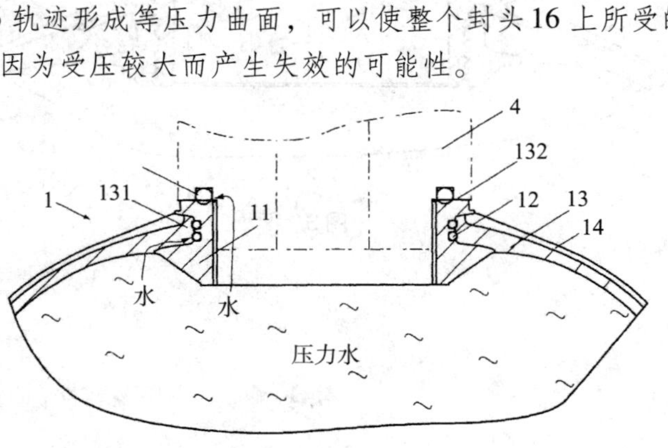


图6

【对比文件2】

如图1到图3所示，流体压力单元10包括减小加压流体压力的调节器12，靠近调节器12且能够在加压流体的流动状态之间切换的双通阀14，以及介于调节器12和双通阀14之间以用于将它们互相连接在一起的连接设备16。下面将描述与连接设备16相连的一对联结构件（凸起）18a、18b被事先设置在前述调节器12上的情况。联结构件18a、18b不设置在双通阀14上。适配器（连接器）20被置于双通阀14的一个端口28a中，由此调节器12和双通阀14被连接设备16通过适配器20互相连接。

调节器12起流体压力装置的作用，该流体压力装置能够较小从外界供给的加压流体的压力直到到达期望的压力为止，并且能够将加压流体输出到其外部。调节器12包括具有一对端口22a、22b的主体部24、连接到主体24端部的壳体26和一对联结构件18a、18b（见图3），加压流体通过端口22a、22b供给和排放，联结构件18a、18b以互相面对的关系形成在主体24的上面布置有端口22a、22b的端面的外缘部分上。此外，端口22a、22b的内周表面上刻有螺纹。

双通阀14起能够在从外界供给的加压流体的流动状态之间切换的流体压力装置的作用。双通阀14由具有一对端口28a、28b的阀体30和连接到阀体30上部的螺线管部32形成，加压流体通过端口28a、28b进入和流出，螺线管部32在通电时被磁激励并且使阀塞（未显示）移位。阀体30包括前述的在其上开口的端口28a、28b和连接至另一个流体压力装置的附接表面（端面）34，其中附接表面34形成平坦的平面。进一步地，端口28a、28b的内周表面上刻有螺纹。

如图4到图6所示，转接器20包括具有在中心形成有孔36的基体（本体）38、安置在孔36的外周区域周围的密封构件40（见图3），以及插通孔36的连接塞（连结构件）42，连接塞42与构成流体压力装置之一的双通阀14的端口28a螺纹结合。

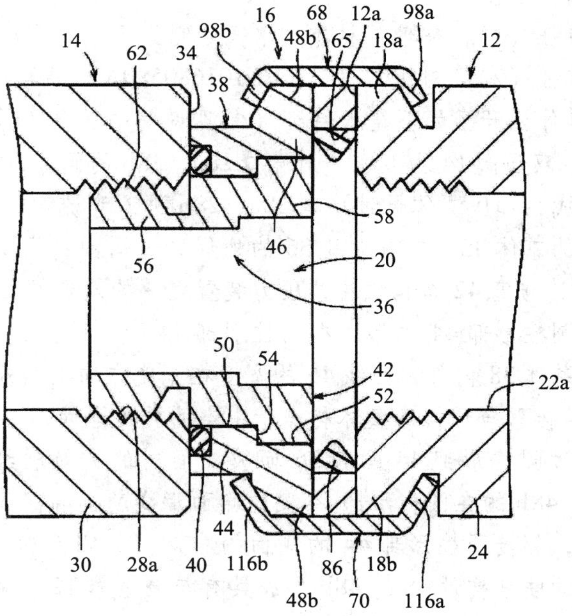


图3

## ☞ 审查意见

第二次审查意见通知书摘录

权利要求1要求保护一种玻璃钢压力容器。对比文件1（CN201173289Y）公开了一种玻璃纤维缠绕压力容器，并具体公开了如下技术特征（参见说明书第3页最后1段至第4页第3段及图3~图8）：如图3~图8所示，本玻璃纤维缠绕压力容器1，包括内胆13（与本申请的中空的内胆层相对应）、密封部件12、内胆顶部和/或底部的口颈部131处所固定连接的螺纹接口11（与本申请的一螺纹镶件相对应），外层玻璃钢缠绕材料14（与本申请的一缠绕层，缠绕层包覆于所述内胆层的外壁面上相对应），阀体4上的密封圈3与螺纹接口11的密封面132压紧，螺纹接口11的顶面114直接与阀体4接触。其中，螺纹接口11在外侧中间部位有若干条密封槽113可以容纳密封部件12，外侧底部弧面上开有数个防旋转台阶孔112，并且在底部弧面的边缘上开有数个同样是防旋转的缺口111。密封部件12置于螺口11外侧中间部位对应的密封槽113内，并且被内胆口颈部131所压实；内胆口颈部131除与密封部件12接触的面外……由图6可以看出，内胆与压力容器同轴设置（与本申请的同轴设置的一中空的内胆层相对应），外层玻璃钢缠绕材料包覆于内胆的外壁面上。权利要求1要求保护的技术方案与对比文件1公开的内容相比，区别技术特征为：（1）本压力容器为玻璃钢材质；（2）该压力容器还包括一中空的转接镶件，该转接镶件的下端部外表面设有一第一外螺纹，转接镶件通过第一外螺纹与螺纹镶件螺纹连接；（3）转接镶件具有径向向外突出的突出部，突出部位于第一外螺纹的上方，缠绕层包覆突出部从而包覆住转接镶件与内胆层的连接处。

基于上述区别技术特征，确定权利要求1实际要解决的技术问题是：如何方便地将压力容器与外接阀体连接和拆卸。

对于区别技术特征（1），玻璃钢材质是本领域制作压力容器常用的材料。

对于区别技术特征（2），对比文件2（CN101680580A）公开了一种用于流体压力装置的连接器，并具体公开了如下技术特征（参见说明书第3页最后1段至第4页最后1段及图1~11）：双通阀14由具有一对端口28a、28b的阀体30和连接到阀体30上部的螺线管部32形成，加压流体通过端口28a、28b进入和流出，转接器20包括具有在中心形成有孔36的基体38、安置在孔36的外周区域周围的密封构件40，以及插通孔36的连接塞42，连接塞42与构成流体压力装置之一的双通阀14的端口28a螺纹结合……基体38包括圆柱形部44和形成在圆柱形部44的一端上的凸缘46，孔36通过圆柱形部44穿入到基体38内部，凸缘46的宽度在宽度方向上相对于圆柱形部44成大致矩形形状扩大（转接器与连接塞整体相当于中空的转接镶件）。

凸缘46包括越过圆柱形部44的孔36而彼此面对的一对联结构件（凸起）48a、48b。联结构件48a、48b的在圆柱形部44侧的端面形成朝其端部逐渐变细的锥形形状。另外，在凸缘46上，邻接圆柱形部44的侧面的相对侧的侧面形成大致一致的平面形状。此外，凸缘46的联结构件48a、48b形成具有与调节器12的将与之相连的联结构件18a、18b大致相同的形状……连接塞42由诸如黄铜等的金属材料形成，并且从通孔的第二孔部 52 侧插通孔 36。连接塞 42 包括形成在其一端上的小直径部 56、形成在其另一端上的大直径部 58 和中心穿过小直径部 56 和大直径部 58 的端口孔（孔）60，小直径部 56 通过第一孔部 50 插入孔 36，大直径部 58 通过第二孔部 52 插入孔 36。连接塞 42 不局限于由上述金属材料形成，而是还可以例如由树脂材料形成。沿着小直径部 56 端部附近的外周表面刻螺纹（螺钉部）62。通过螺纹 62 相对于双通阀 14 的端口 28a 的螺纹结合（与本申请的转接镶件的下端部外表面设有一第一外螺纹，转接镶件通过所述第一外螺纹与螺纹镶件螺纹连接相对应），连接塞 42 相对于端口 28a 联结，如图 7 到图 11 所示，连接设备 16 包括在其大致中心处具有装配孔 65 的大致正方形的本体 66，置于本体 66 的各个侧面上的第一和第二保持构件 68、70。可见，对比文件 2 中通过设置转接器与连接塞来方便流体压力调节器 12 的安装与拆卸，与本申请中转接镶件的作用相同，因此，对比文件 2 给出了技术启示。

对于区别技术特征（3），使转接镶件与内胆层之间紧固是本领域技术人员的通常考虑，在第一外螺纹的上方设置突出部，用缠绕层包覆转接镶件的突出部从而包覆住转接镶件与内胆层的连接处是本领域技术人员在对比文件 1 和对比文件 2 的基础上容易想到且有动机改进的。

**☞ 答辩要点分析思路**

在答辩时，代理师注意到，对比文件 1 和该发明的区别在于转接结构不同，而对比文件 2 也揭示了一种转接结构，因此，该案的主要争论点应当是该发明的转接结构与对比文件 2 的转接结构的不同。

专利代理师在答复第一次审查意见的过程中，增加了技术特征“<u>所述转接镶件具有径向向外突出的突出部，所述突出部位于所述第一外螺纹的上方，所述缠绕层包覆所述突出部从而包覆住所述转接镶件与所述内胆层的连接处</u>”，使其相对于对比文件 1 和对比文件 2 的结合具有一明显区别：被缠绕层包覆的突出部。但是在第二次审查意见通知书中，审查员指出：“使转接镶件与内胆层之间紧固是本领域技术人员的通常考虑，在第一外螺纹的上方设置突出部，用缠绕层包覆转接镶件的突出部从而包覆住转接镶件与内胆层的连接处是本领域技术人员在对比文件 1 和对比文件 2 的基础上容易想到且有动机改进的。”

这里可以看出：由于缠绕层已经被揭示，且是常规设置，因此，审查员认为在转接镶件上设置突出部，而且突出部被缠绕层包覆对于本领域的技术人员来说应当是很容易想到的。

专利代理师在与发明人沟通之后得知，并不是这样。该专利对应的是申请人的一款具体产品，在研发这款产品的过程中，经历了反复的试验和调整（比如调整转接镶件的壁厚、筛选转接镶件的材料、测试转接镶件与内胆层的连接强度等），最终才得到该申请所要求保护的产品，而不是如审查员所认为的通过了解本领域的一些公知常识就可以轻易进行的改进。于是，专利代理师将发明人的研发历程也写进了意见陈述中，强调该发明并不是容易想到的，并且该产品最终实现的效果和功能也相比同类产品更加突出，并以此来凸显该发明相对于现有技术是非显而易见的，是具备创造性的。

☞ **意见陈述原文摘录**

答复第二次审查意见陈述摘录

如本申请的背景技术的图2所示，不论是现有的用于接合非标准接口的控制阀的玻璃钢压力容器（如对比文件1所示），还是用于接合标准螺纹接口的控制阀的玻璃钢压力容器，其组成构件的数量都是两个——内胆层和与内胆层直接接合的镶件。额外引入新的构件以接合控制阀是本领域的技术人员未曾想过的，因为这必然会增加成本而且会产生一些新的问题，如新的转接镶件的承压能力。一般来说，玻璃钢压力容器的承压会达到40个大气压，所以必须考虑转接镶件是否能够承受这样的压力而不失效。在现有技术中，本领域的技术人员一般考虑的都是如何将内胆层和与内胆层直接接合的镶件结合更加紧密，而不会想到额外增加一个构件以接合非标准接口的控制阀的玻璃钢压力容器，这样是给自己增加新的麻烦。

但是，现有技术中具有非标接口的玻璃钢压力容器与内胆层直接接合的镶件一般与内胆层一体成型，需要预备不同的用于成型内胆层的吹塑模具（请参见本申请的说明书第［0026］段，与内胆层直接接触的镶件是作为嵌件放入吹塑模具中，因此对应于不同的非标接口的控制阀就需要预备不同的吹塑模具），由于内胆层的体积远远大于镶件的体积，这增加了企业用于放置这些吹塑模具的库存成本和用于制造这些吹塑模具的制造成本。

在租借成本不断上涨的现今，这是企业需要极力避免的。

因此，该发明的发明人才另辟蹊径，通过增加一个新的构件——转接镶件来接合非标准接口的控制阀。

但是，如上所述，这又会引起新的问题：转接镶件的承压能力。

发明人也曾经尝试过增加转接镶件的壁厚以解决承压的问题，但是根据发明人实验测得的数据显示，未采用缠绕层包覆转接镶件的突出部的形式，转接镶件的壁厚必须制成6 mm以上，才能抗住玻璃钢容器内的压力（一般为40个大气压），而这样会导致转接镶件的内口变小，与转接镶件接合的部件无法插入。

发明人还考虑过通过选取转接镶件的材料来增强转接镶件的强度；然而，常见的塑料PP、PE等均不能满足强度要求，而满足强度要求的材料又会存在成本过高或塑形困难的问题。

发明人也尝试过通过增加紧固件来增强转接镶件的强度，但是紧固件如何与转接镶件配合是一个难题，现有的常规的紧固件例如卡箍等均不能与转接镶件和内胆层很好地配合以增加二者的连接强度。

发明人还尝试过其他解决方案，但是都会极大地增加制造成本或使得产品实现的功能打折。

发明人在排除了众多备选方案之后，才最终得到该发明的优选技术方案。

在本发明中，缠绕层为玻璃纤维，其包覆转接镶件的突出部，玻璃纤维的抗拉性非常强，缠绕层包覆住内胆层后会与内胆层结合为一体，从而增强内胆层的抗压能力，而通过缠绕层包覆转接镶件的突出部，内胆层与转接镶件也形成紧密的不可分割的结合，从而转接镶件的抗压力也大大提升，避免了转接镶件由于压力过大导致螺纹接合失效而被弹出，并且避免了增加转接镶件的壁厚。

此外，本发明通过额外设置转接镶件来接合非标准接口的控制阀，因此在生产本发明的玻璃钢容器时，可以采用制作标准螺纹接口的内胆层的吹塑模具，然后将具有特殊构造（突出部）的转接镶件安装到吹塑好的内胆层中，再在将缠绕层缠绕在整个内胆层的外表面的同时，使得缠绕层包覆转接镶件，本发明只需要另外备用几个不同结构的转接镶件，即可成型出多种不同非标接口的玻璃钢压力容器。

一般转接构件确实只起到转接作用，但是在本发明中，通过将具有突出部的转接镶件通过特定的手段（所述缠绕层包覆所述突出部从而包覆住所述转接镶件与所述内胆层的连接处）设置在玻璃钢压力容器上，产生了预料不到的技术效果：提高了玻璃钢压力容器的使用安全性并且降低了玻璃钢压力容器的生产成本。

## 【案例 No. 1210287】辅助行车安全系统及方法

### ☞ 案由简要

该案涉及一种辅助行车安全系统（权利要求 1 ~ 7）及方法（权利要求 8 ~ 12）。

➢ 一通：审查员引用对比文件 1（CN102582621A），认为权利要求 1、5、7、8 不具备新颖性，权利要求 2 ~ 4、6、9 ~ 12 不具备创造性。

➢ 答一通：删除原权利要求 1 ~ 3 和 8 ~ 10，将原权利要求 4 上升为新的独立权利要求 1，将原权利要求 11 上升为新的并列独立权利要求，论述新权利要求 1 ~ 6 具备创造性。

➢ 二通：审查员认可了之前的意见陈述，指出权利要求 1 和 5 不清楚。

➢ 答二通：修改权利要求 1 和 5，以克服权利要求不清楚的缺陷。

➢ 审查结果：授权。

### ☞ 相关权利要求

原权利要求 1、2 和 4：

1. 一种辅助行车安全系统，其特征在于，其包括：

一前置测距设备，用于获取本车与前车的距离 $s$，其设置有一无线通信装置；

一 GPS 设备，用于获取本车的车速 $v$，其设置有与该前置测距设备上相同的一无线通信装置；

一数据接收处理设备，其设置有与该前置测距设备上相同的一无线通信装置，能够接收到该前置测距设备和该 GPS 设备获取得到的信息，该数据接收处理设备还预置有一计算安全距离 $d$ 的公式和一预警模块，当计算出的 $s < d$ 的时候，该预警模块发出提示警告驾驶者与前车的距离小于安全距离。

2. 如权利要求 1 所述的辅助行车安全系统，其特征在于，该辅助行车安全系统还包括一设置在该 GPS 设备或者该数据接收处理设备上的网络数据模块，用于从网上获取道路的天气信息和/或道路的坡度指数∠。

4. 如权利要求2所述的辅助行车安全系统，其特征在于，该计算安全距离 $d$ 的公式采用方案二：$d=[1.47\times v\times t+v\times(0.348-0.01\angle)/30]\times N$，其中 $v$ 的单位为km/h，$d$ 的单位为m，∠为道路的坡度指数，$N$ 为天气指数，根据该天气信息确定数值，∠和 $N$ 均为无量纲系数，$t$ 为驾驶员的反应时间，为一预设值。

☞ **相关说明书内容**

摘录一

[0004] 本发明要解决的技术问题是为了克服现有技术中的防碰撞系统无法在正常行驶状态下实时地监控与前车的间距，并在间距过小时发出提示，从而控制追尾风险的缺陷，提出一种能够实时获得本车与前车的间距和即时的车速信息并加以计算，得出当前车距是否安全并在车距过小时发出提示的辅助行车安全系统。

摘录二

[0036] 本发明的积极进步效果在于：提供了一种辅助行车安全系统，能够实时测量与前车的间距以及本车车速，通过预置的公式判断本车与前车的间距是否在安全距离范围内，并在车距小于安全距离时发出提示警告驾驶者。

摘录三

图1所示为本发明的一种辅助行车安全系统，其包括：

[0040] 一前置测距设备1，用于获取本车与前车的距离 $s$，其设置有一无线通信装置；

[0041] 一GPS设备2，用于获取本车的车速 $v$，其设置有与该前置测距设备1上相同的一无线通信装置；

[0042] 一数据接收处理设备3，其设置有与该前置测距设备1上相同的一无线通信装置，能够接收到该前置测距设备1和该GPS设备2获取得到的信息，该数据接收处理设备3还预置有一计算安全距离 $d$ 的公式和一预警模块，当计算出的 $s<d$ 的时候，该预警模块发出提示警告驾驶者与前车的距离小于安全距离。

摘录四

[0050] 为了更全面地考虑影响行车安全的因素，并得出更为准确的安全距离 $d$，该计算安全距离 $d$ 的公式可以采用方案二：

[0051] $d=[1.47\times v\times t+v\times(0.348-0.01\angle)/30]\times N$，该公式为车辆制动距离的经验公式。其中 $v$ 的单位为km/h，$d$ 的单位为m，∠为道路的坡度指数，$N$ 为天气指数，根据该天气信息确定数值，∠和 $N$ 均为无量纲系数，$t$ 为驾驶员的反应时间，为一预设值。其中坡度指数∠的取值，上坡时取正值，下坡时取负值。天气指数 $N$ 根据获得的天气信息确定数值。确定 $N$ 的数值规则可以如下：晴天，$N=1$；小到中雨，$N=2$；大到暴雨，$N=3$；雪天，$N=10$。采用方案二的前提是必须设置有该网络数据模块，从而能够获取道路的坡度指数∠和天气指数 $N$。驾驶员的反应时间 $t$ 预设为一经验值，可以选择0.5~1.0秒中的某一数值，选定该预设值后，$t$ 在公式中作为一个常数。

摘录五

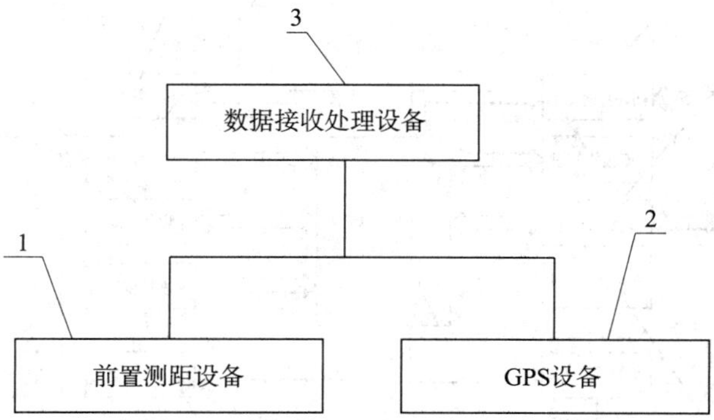


☞ **相关对比文件公开内容**

摘录一

[0011] 结合图1，本发明的一种智能型车载GPS导航防撞预警系统，包括GPS导航模块1、速度计算模块2、中央处理器3、预警信号模块4、环境传感模块5、红外测距模块6、雷达速度距离模块7、激光测距模块8、超声测距模块9、图像采集模块10、信息处理模块11、图像处理模块12、面板控制键13、显示输出14、尾部警示器15、影音系统16、显示屏17、汽车功放18、L扬声器组19、R扬声器组20、预警扬声器21、预警功率放大器22。由GPS导航模块1输出GPS位置信号、参数和运行轨迹、距离等数据到速度计算模块2，由速度计算模块2根据每秒的速度计算值得出即时平均速度输入到中央处理器3，同时，由各种测距模块进行测距，一般由激光测距模块8、超声波测距模块9根据车速选择向车前方进行测距的工作状态，也可由环境传感模块5根据车外的环境情况选择激光测距模块8、超声波测距模块9、红外测距模块6、雷达速度距离模块7的第一、第二种对行驶方向进行测距，并将速度信号和距离信号输入信息处理模块11，中央处理器3，或是选择图像采集模块10、图像处理模块12将信息处理数据输入中央处理器3，中央处理器根据速度、距离预警值公式的计算结果，发出预警信号到预警信号模块4和显示输出14、显示屏17，此时，液晶显示屏显示切换为距离警示图案，预警功率放大器22、预警扬声器21和汽车功放18、L扬声器组19、R扬声器组20发出语音和警示音调，提示驾驶者进行减速处理，智能型车载GPS导航防撞预警系统检测到速度、距离处于安全值时，液晶显示屏显示切换为导航图，预警信号模块4停止提示；在超声测距模块9接收到安装于后保险杠上的传感器的距离逼近信号时，中央处理器3启动尾部警示器15，提醒后车减速，达到主动防被撞的目的。通过面板控制键13，可以进行人工设定工作参数和对由影音系统16、显示屏17、汽车功放18、L扬声器组19、R扬声器组20组成的车载娱乐系统进行控制操作。

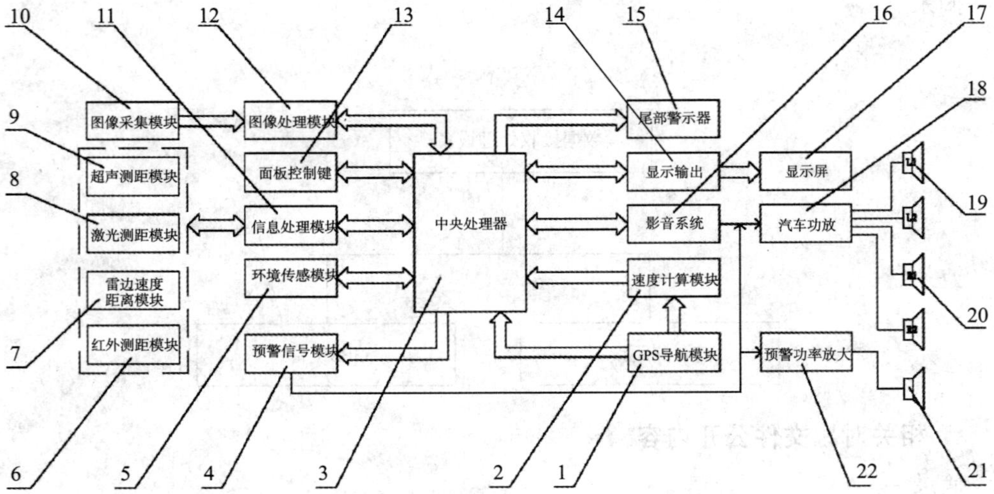


图1

## ☞ 审查意见

第一次审查意见通知书摘录

本申请涉及一种辅助行车安全系统，基于审查员的理解，本申请要解决后车的速度过快、与前车的间距过短导致后车驾驶者反应不及追尾的技术问题，经审查现提出如下的审查意见。

1. 权利要求1所要求保护的技术方案不具备《专利法》第22条第3款规定的新颖性

权利要求1要求保护一种辅助行车安全系统，对比文件1（CN102582621A）（参见对比文件1的说明书第0011~0016段，图1）公开了一种智能型车载GPS导航防撞预警系统，也是一种辅助行车安全系统，并具体公开了：其包括一前置测距设备，用于获取本车与前车的距离$s$，其设置有一无线通信装置（雷达速度距离模块7为无线通信装置）；一GPS导航模块6（即GPS设备），用于获取本车的车速$v$，其设置有与该前置测距设备上相同的一无线通信装置；一数据接收处理设备（信息处理模块11与中央处理器3对接收的信号进行处理），其设置有与该前置测距设备上相同的一无线通信装置（接收前置测距设备发送的信号，则数据接收处理设备设置有与该前置测距设备上相同的一无线通信装置可以从对比文件1直接得出），能够接收到该前置测距设备和该GPS导航模块6获取得到的信息，该数据接收处理设备还预置有一计算安全距离$d$的公式（可以从对比文件1直接得出）和一预警模块，当计算出的$s<d$的时候，该预警模块发出提示警告驾驶者与前车的距离小于安全距离。

由此可见，对比文件1已经公开了该权利要求的全部技术特征，且对比文件1所公开的技术方案与该权利要求所要求保护的技术方案同属于汽车辅助安全领域，都是解决与前车距离太近报警的技术问题，并产生同样的技术效果，因此该权利要求所要求保护的技术方案不具备新颖性。

2. 权利要求2不具备《专利法》第22条第3款规定的创造性

权利要求2是权利要求1的从属权利要求，其附加特征为“该辅助行车安全系统还包括一设置在该GPS设备或者该数据接收处理设备上的网络数据模块，用于从网上获取道路的天气信息和/或道路的坡度指数∠”，对比文件1是最接近的现有技术，其公开了一种智能型车载GPS导航防撞预警系统，也是一种辅助行车安全系统（参见对比文件1的说明书第0011～0016段，图1）。

该权利要求所要求保护的技术方案与对比文件1的区别特征即为上述附加特征。

基于上述区别特征，本申请实际要解决的技术问题为如何接收网络数据；对于上述区别特征，在GPS设备或者该数据接收处理设备上设置网络数据模块是本领域对GPS设备信息更新，获得设定道路的天气信息或坡度指数等信息而进行的常规设计。因此，在对比文件1的基础上结合公知常识，以获得该权利要求所要求保护的技术方案，对所属技术领域的技术人员来说是显而易见的，因此该权利要求所要求保护的技术方案不具备突出的实质性特点和显著的进步，因而不具备创造性。

3. 权利要求3～4不具备《专利法》第22条第3款规定的创造性

从属权利要求3～4，它们的附加特征“该计算安全距离$d$的公式采用方案一：$d=v\times lh/1000$，其中$v$的单位为km/h，$lh$为1小时，$d$的单位为m”“该计算安全距离$d$的公式采用方案二：$d-[1.47\times v\times t+v\times(0.348-0.01\angle)/30]\times N$，其中$v$的单位为km/h，$d$的单位为m，∠为道路的坡度指数，$N$为天气指数，根据该天气信息确定数值，∠和$N$均为无量纲系数，$t$为驾驶员的反应时间，为一预设值”均为常规的计算距离的方式；因此，在其引用的权利要求不具备新颖性或创造性的情况下，该权利要求不具备《专利法》第22条第3款规定的创造性。

☞ **答辩要点分析思路**

该案中，审查员在一通中的大部分认定都没有问题，但是关于原权利要求4没有创造性的判断有待商榷。代理师发现原权利要求4所保护的技术方案中安全距离$d$的计算涉及一个包括4个参数的公式，而审查意见中直接认定其是一个常规的计算距离的公式，很显然是缺乏说服力的。面对如此复杂的一个公式，代理师凭借着职业敏感度判断该公式不可能是本领域的公知常识。就此发现，代理师查阅相关资料，发现影响安全距离$d$的参数众多，在众多的参数中做出选择，以及在选择了4个参数后如何利用这4个参数计算出更加科学、准确的安全距离都是需要经过一系列的研发投入才能得出的。也就是说，该申请中该公式对于各个参数的系数的选择以及参数之间的结合关系的确定都是经过多次试验后择优得出的，这些对于本领域技术人员而言不是显而易见的。至此，代理师找到了该案的答辩思路。

在意见陈述中，首先重新确定新独立权利要求1的区别技术特征，然后论述重新确定的区别技术特征不是常规的计算距离的方式。该案答辩要点之一为论述时从本领域的研发历程阐明该发明所实现的技术效果的优势。第一，由对比文件1公开的内容可知其公开的技术方案中仅提到了该发明区别技术特征所引用的4个参数中的一个参数车速$v$，其他3个参数均未涉及，也未给出任何计算安全距离的具体公式。所以，可以理解为现有技术中常规计算安全距离的公式仅用到了速度参数$v$。而该申请在计算安

全距离 $d$ 时用到了4个参数，分别为车速 $v$、道路的坡度指数∠、天气指数 $N$ 以及驾驶员的反应时间 $t$。第二，论述影响安全距离 $d$ 的参数众多，在众多的参数中进行选择，以及如何平衡计算复杂度和安全距离的准确性本身就是一个需要大量研发投入才能解决的技术问题。第三，论述在得到影响安全距离 $d$ 的4个参数后，如何利用这4个参数计算出更加科学、准确的安全距离也是需要经过一系列的研发历程才能得出的，该申请的区别技术特征（尤其是各个参数的系数以及参数之间的结合关系）都是经过多次试验后择优得出的，这些对于本领域技术人员而言都不是显而易见的，由此说明该发明的安全距离是经过一系列复杂的研发历程后得到的，该安全距离更加科学和准确，该发明相对于现有技术具有技术效果上的优势，最终得出该发明具备创造性的结论。

☞ **意见陈述原文摘录**

一、新的权利要求1

1. 新的权利要求1具有突出的实质性特点

（1）区别技术特征认定。

新的权利要求1请求保护的是一种辅助行车安全系统，对比文件1公开的技术方案是一种智能型车载GPS导航防撞预警系统，对比文件1公开的技术方案为最接近的现有技术，新的权利要求1与对比文件1公开的技术方案相比，存在以下区别技术特征：

该辅助行车安全系统还包括一设置在该GPS设备或者该数据接收处理设备上的网络数据模块，用于从网上获取道路的天气信息和/或道路的坡度指数∠，计算安全距离 $d$ 的公式采用方案：$d=[1.47\times v\times t+v\times(0.348-0.01\angle)/30]\times N$，其中 $v$ 的单位为km/h，$d$ 的单位为m，∠为道路的坡度指数，$N$ 为天气指数，根据该天气信息确定数值，∠和 $N$ 均为无量纲系数，$t$ 为驾驶员的反应时间，为一预设值。

（2）实际解决的技术问题。

利用所述区别技术特征，新的权利要求1相较于对比文件1公开的技术方案所能达到的技术效果为：区别技术特征中计算安全距离 $d$ 的公式引入了4个参数，分别为车速 $v$、道路的坡度指数∠、天气指数 $N$ 以及驾驶员的反应时间 $t$，该公式并不是4个参数的随意组合，而是经过多次试验得到的带来技术效果的技术特征，经该公式计算出的安全距离 $d$ 更科学、合理和准确，更加贴近真实情况；最终能够使得辅助行车安全系统更科学、及时、准确地发现驾驶车辆与前车的危险距离，及时发出警报，从而更有效地规避追尾事故的发生，降低事故发生的概率，保证行车更加安全。

因此，根据所述区别技术特征及其所能达到的技术效果，确定出本技术方案实际解决的技术问题是如何更科学、合理和准确地获取驾驶车辆与前车的安全距离。

（3）新的权利要求1的技术方案对本领域的技术人员来说是非显而易见的

所述区别技术特征不是本领域的常规设计，即不是本领域的公知常识。

首先，对比文件1作为与本申请技术上最密切相关的现有技术，可以以其为例作为本领域常规设计认定的一个参考，具体为，其公开的技术方案中速度计算模块用于获取车辆的速度 $v$，环境传感模块用于根据车外的环境情况选择使用哪种测距模块，该环境传感模块虽然和环境有关，但是并不是用于获取计算安全距离的参数天气指数，这两个模块的最终目的都是用于得到车辆的运行速度和实际距离，即对比文件1公开的技术方案中仅提到了本申请区别技术特征所引用的4个参数中的一个参数车速 $v$，其他3个参数均未涉及，也未给出任何计算安全距离的具体公式。所以，可以理解为现有技术中常规的计算安全距离的公式仅用到了速度参数 $v$。而本申请在计算安全距离 $d$ 时用到了4个参数，分别为车速 $v$、道路的坡度指数∠、天气指数 $N$ 以及驾驶员的反应时间 $t$。从所引用的参数的数量及类型来看，本申请所述的区别技术特征不是本领域的公知常识。

其次，影响安全距离 $d$ 的参数众多，例如车子的性能参数、路面情况等，如何在众多的参数中筛选出合适的参数本身就需要经过创造性劳动才能得出，因为如果参数考虑太多，那么计算安全距离 $d$ 必然会相对复杂，而过多的参数也不一定能有效提升安全距离 $d$ 的准确性，在众多的参数中进行选择，以及如何平衡计算复杂度和安全距离的准确性本身就是一个技术难题。

最后，在得到影响安全距离 $d$ 的4个参数后，如何利用这4个参数计算出更加科学、准确的安全距离也是需要经过创造性劳动才能得出的，本申请的区别技术特征对于各个参数的系数的选择以及参数之间的结合关系的确定都是经过多次试验后择优得出的，譬如车速 $v$ 和驾驶员的反应时间 $t$ 相乘后的系数1.47的得出就不是一蹴而就的，还有车速 $v$ 和道路的坡度指数∠两个参数的结合也不是公知常识，该公式的得出本身就是一个创造性劳动的过程。

可见，现有技术中常规的计算安全距离的公式仅简单地利用了一个参数即速度参数 $v$，而本申请基于现有技术经历了一系列复杂的研发历程才得出安全距离 $d$ 的计算公式。具体研发历程如下：首先，确认能够影响安全距离 $d$ 的参数；其次，为了平衡计算复杂度和安全距离的准确性在众多的参数中选择出4个参数；最后，又经过多次试验得出各个参数的系数以及参数之间的结合关系，最终才确定了安全距离 $d$ 的计算公式。该安全距离更加科学和准确，本发明相对于现有技术具有技术效果上的优势。

基于上述内容，在对比文件1公开的技术方案的基础上结合本领域的公知常识是不能得到本技术方案的，现有技术整体上没有给出将所述区别技术特征应用到所述最接近的现有技术以解决本发明所要解决的技术问题的启示。

因此，新的权利要求1具有突出的实质性特点。

2. 新的权利要求1具有显著的进步

新的权利要求1能够达到以下有益效果：使得计算出的安全距离 $d$ 更科学、合理和准确，更加贴近真实情况，最终能够使得辅助行车安全系统能够更科学、及时、准确地发现驾驶车辆与前车的危险距离，及时发出警报，从而更有效地规避追尾事故的发生，降低事故发生的概率，保证行车更加安全，具有显著的进步。

综上所述，新的权利要求1具有突出的实质性特点和显著的进步，具备《专利法》第22条第3款规定的创造性。

# 第六章　从专利法角度挖掘论述创造性的突破点

本书中，从专利法角度挖掘突破点是指针对“创造性”这一法律概念实质的理解，更确切地说，是针对创造性的核心含义“非显而易见性”的理解寻找论述创造性的突破点。当确认一项发明创造具有与现有技术在技术方案上的差异，满足新颖性的要求后，进一步需要评价的是这样的差异是否足以达到专利法中“创造性”这一法律概念所要求的创新价值高度，值得保护。在专利法之外，对一项发明创造的创新价值有不同的评价标准、方法和视角。在专利法中，围绕鼓励发明创造和促进科学技术进步和经济社会发展的宗旨，对可授予专利权的发明创造的创新价值高度设定了“非显而易见”的标准，并进一步通过设定“所述领域的技术人员”的判断主体、明确使发明创造显而易见的现有技术的技术启示的含义，确立了可尽量使评价标准客观统一的创造性判断方法。但实践中，很多审查员对于如何判断“非显而易见”仍然存在理解上的偏差，以致在评价创造性时常常受其主观因素的影响，有失偏颇。此外，在分析创造性答辩策略的过程中，当找到审查员没有找出的技术方案和/或技术效果上的差异点时，如果专利代理师自己对“非显而易见”的理解也不准确，就可能错误地判断这些从技术角度新找出的差异点是显而易见的，而白白丢弃。因此，准确地把握“非显而易见”的含义及判断方法，避免理解上的误区，非常重要！下面列举几种在判断发明“非显而易见”中常见的误区及处理对策。

## 第一节　只关注技术方案的比较，忽略技术效果的比较

很多质疑创造性的审查意见在评述发明不具备创造性的理由中，完全忽略发明所取得的技术效果，只孤立地关注于技术方案本身与对比文件的比较。这样的理解方式完全将技术方案和技术效果割离。

《审查指南》对于创造性的审查原则中强调：“在评价发明是否具备创造性时，审查员不仅要考虑发明的技术方案本身，而且还要考虑发明所属技术领域、所解决的技术问题和所产生的技术效果，将发明作为一个整体看待。”《审查指南》中在判断非显而易见的方法中还明确指出［《审查指南》第二部分第四章 3.2.1.1（3）］：要确定“现有技术中是否给出将上述区别特征应用到该最接近的现有技术以解决其存在的技术问题（即发明实际解决的技术问题）的启示”。由此可见，“非显而易见”的判断中不仅包括对于技术方案本身的比较，还涵盖了对技术效果的分析。简单地说，“非显而易见”的正确理解应当是：基于现有技术，发明的技术方案通过采用其区别技术特征从而解决其实际解决的技术问题非显而易见。因此，判断是否“非显而易见”并非只是孤立地看发明与现有技术在技术方案上比较是否非显而易见，而是针对发明在技术方

案上进行的技术改进从而实现其技术效果是否基于现有技术而言非显而易见。技术方案和技术效果在“非显而易见”的判断中是紧密关联的，缺一不可。发明与最接近的现有技术相比在技术方案上的差异大小并不能说明什么，关键的还要考察技术效果上的差异。

若遇到此类忽略技术效果比较的审查意见，专利代理师应当首先向审查员阐明“非显而易见”的正确理解，强调技术效果在“非显而易见”判断中同技术方案一样具有重要的地位，两者紧密联系。在此前提下，再基于区别技术特征及其带来的技术效果，论述发明的非显而易见性。

### 一、技术方案与最接近的现有技术非常接近的发明创造

对于此类发明创造，由于技术方案与最接近的现有技术差别非常小，看上去进行这样微小的技术手段上的改变在实施上并没有什么技术困难，似乎很容易就可得到发明的技术方案。在忽略了对技术效果进行考察的情况下，审查员很可能就得出发明显而易见，不具备创造性的结论。

对此类意见，专利代理师应重点分析发明在技术效果上与最接近的现有技术相比是否有更佳的或新的技术效果，以及通过采用这样微小的技术改进产生这样的效果是否在对比文件中有相应的启示。如果发明实现了更佳的或新的技术效果，在对比文件中也没有相应启示，则此发明非显而易见，具备创造性。

### 【案例 No. 1410138】应用于移动终端上的珠算系统及方法

#### ☞ 案由简要

该案涉及一种应用于移动终端上的珠算系统（权利要求 1 ~5）及珠算方法（权利要求 6 ~10）。

➢ 一通：审查员引用一篇对比文件（CN10357772A），认为权利要求 1、6 不具备创造性。

➢ 答一通：删除原权利要求 1，将原权利要求 2 上升为新权利要求 1，克服原权利要求 1 ~4 不具备创造性的缺陷；删除原权利要求 6，将原权利要求 7 上升为新权利要求 6，克服原权利要求 5 ~8 不具备创造性的缺陷。

➢ 二通：审查员重新进行检索，引用对比文件 2（CN101308451A）作为最接近的现有技术，认为权利要求 1 ~8 不具备创造性。

➢ 答二通：在答一通的修改基础上，将权利要求 4 上升为新权利要求 1；将权利要求 8 上升为新权利要求 4，论述修改后的新权利要求 1 ~6 具备创造性。

➢ 审查结果：授权。

#### ☞ 相关权利要求

1. 一种应用于移动终端上的珠算系统，其特征在于，其包括算盘模块、输入模块、移动模块、第一识别模块和第一输出模块，该算盘模块包括显示的算盘，该算盘上布设有算珠；

该输入模块用于接收移动算珠的指令的输入；

该移动模块用于根据该指令移动该算盘中相应的算珠；

该第一识别模块用于识别移动后的该算盘中的珠码；

该第一输出模块用于输出识别出的珠码所表示的珠算结果。

2. 如权利要求 1 所述的珠算系统，其特征在于，该指令为下述手势中的两种以上手势的组合：托算珠的手势、拨算珠的手势和挑算珠的手势。

5. 如权利要求 2 所述的珠算系统，其特征在于，该珠算系统还包括预显预存模块、第一判断模块、第二判断模块和第二输出模块；

该预显预存模块用于预先显示计算式和预先存储由该计算式计算出的标准值以及该计算式对应的标准手势；

该第一判断模块用于判断该指令与该标准手势是否一致，若是则调用该移动模块，否则重新调用该输入模块；

该第二判断模块用于判断该珠算结果与该标准值是否相等，若是则该第二输出模块输出第一信息，否则该第二输出模块输出第二信息，其中该第一信息表示该珠算结果正确的信息，该第二信息表示该珠算结果错误的信息。

☞ **相关说明书内容**

摘录一

本实施例提供了一种应用于移动终端上的珠算系统，即该珠算系统运行在移动终端上，例如智能手机或平板电脑。该珠算系统包括算盘模块 1、预显预存模块 2、输入模块 3、第一判断模块 4、第二识别模块 5、匹配模块 6、移动模块 7、第一识别模块 8、第一输出模块 9、第二判断模块 10 和第二输出模块 11，该算盘模块 1 包括显示的算盘，该算盘上布设有算珠（图中未示出），该珠算系统中存储有多个预设轨迹。

上面介绍了该珠算系统包括的部件，下面具体介绍各部件所具有的功能：

该算盘模块 1 用于显示出一个带有算盘的显示界面，方便用户通过手指或语音输入移动算盘上的算珠；

该预显预存模块 2 用于预先显示计算式（例如 5 +8）和预先存储由该计算式计算出的标准值（例如 5 +8 计算出的标准值为 13）以及该计算式对应的标准手势（例如拨算珠的手势、托算珠的手势和挑算珠的手势）；

该输入模块 3 用于接收用户移动算珠的手势的输入，该手势为下述手势中的两种以上手势的组合：托算珠的手势、拨算珠的手势、挑算珠的手势；

该第一判断模块 4 用于判断该指令与该标准手势是否一致，若是则调用该第二识别模块 5，否则重新调用该输入模块 3；

该第二识别模块 5 用于识别该手势产生的轨迹；

该匹配模块 6 用于将该轨迹与所有的预设轨迹进行匹配，若匹配则调用该移动模块 7，否则重新调用该输入模块 3，即通过手势划过的轨迹来判别是否移动该算盘中相应的算珠；

该移动模块 7 用于根据该手势移动该算盘中相应的算珠；

该第一识别模块 8 用于识别移动后的该算盘中的珠码；

该第一输出模块 9 用于输出识别出的珠码所表示的珠算结果。

该第二判断模块10用于判断该珠算结果与该标准值是否相等，若是则该第二输出模块11输出第一信息，否则该第二输出模块11输出第二信息，其中该第一信息表示该珠算结果正确的信息，该第二信息表示该珠算结果错误的信息。

摘录二

下面举具体的例子，以进一步说明本发明，以使本领域的技术人员能够更好地理解本发明：

将该珠算系统置于平板电脑上，该平板电脑的显示界面上显示算盘，同时显示一计算式（5+8-2-7+6+3-1），该珠算系统计算出该计算式的数值（12）并保存，作为通过珠算获得的珠算结果的比较基准，该珠算系统还存储该计算式对应的标准手势，作为用户对算珠实施的操作对应的手势的比较基准。

用户的手指触摸显示界面，通过托算珠、拨算珠以及挑算珠的手势打出5+8-2-7+6+3-1，该珠算系统判断出用户打出的手势与存储的标准手势一致，而且用户打出的手势会在显示界面上划出轨迹，所以该珠算系统进一步识别该轨迹，并判断该轨迹与预先存储的轨迹是否匹配，若匹配则说明用户的手势操作恰当，该珠算系统根据该手势移动该算盘中相应的算珠，然后识别移动后的该算盘中的珠码为12，并输出识别出的珠码所表示的珠算结果（12），下一步判断该珠算结果（12）与该标准值（12）是否相等，判断出相等则输出一个表示珠算结果正确的信息。

将本实施例应用在实际场合中，选用100名5岁的儿童操作平板电脑的显示界面上显示的算盘，通过该珠算系统对其进行加、减、乘、除训练，并不断跟踪这些儿童的训练学习进度，经过一段时间的训练后，这些儿童通过该珠算系统打算盘的正确率达到98%。而且，这些儿童在平板电脑上不断地打算盘的操作，这些儿童的脑中会逐渐建立算盘的影像，并透过影像的仿真操作在脑中进行加、减、乘、除等计算，即他们经过长时间的训练后能够实现珠心算、意念珠算。

### ☞ 相关对比文件公开内容

**【对比文件2】**

1. 创造了新的数制显示模型来代替数字。

2. 用计算机绘制成数值模拟图形，通过触摸屏实现点击、拨动相应“珠”、图形，完成数值输入进行计算。

3. 通过对模拟图形的操作，可以完成四则运算及数制间转换。

4. 将运算结果以“权位”的数值图形输出到显示设备上。其中的优化操作方法，属于技术诀窍，不做叙述。

应用此发明可以解决：计算机软件对于数制的使用；应用中解决了键盘的加减法不灵活、误操作修改不快、输入多位零需要重复操作等，用此技术可以设计一系列的计算工具、教具、娱乐产品、中国珠算器、计算机终端等。

### ☞ 审查意见

第二次审查意见通知书摘录

摘录一

1. 权利要求1请求保护一种珠算系统，对比文件2（CN101308451A）公开了一种用图像代替数制的方法，具体公开了如下内容（参见说明书第1、2页），本发明用算珠组合的图形来代替数字表示数制及数值，数制的图形由珠、权位、中梁所组成，可构成多种数制的数值（公开了显示算盘，算盘上布有算珠）；用计算机绘制数值模拟图形，通过触摸屏实现点击、拨动相应“珠”、图形，完成数值输入进行计算（公开了接收移动算珠的指令输入，根据指令移动算盘中相应的算珠）；将运算结果以权位的数值图形输出到显示设备上（公开了移动后的珠码）。权利要求1与对比文件1的区别在于：(1) 权利要求1用于移动终端，且输出识别出珠码表示的计算结果；(2) 该指令为下述手势中两种以上手势的组合：托算珠的手势、拨算珠的手势和挑算珠的手势。

对于区别计算特征(1)，对比文件2公开了其用于计算机中，通过触摸屏进行输入，在此基础上，本领域技术人员很容易想到，将其用于具有触摸屏的移动终端中，而且在对比文件2中，用数值图形代表运算结果，本领域技术人员很容易，可以对珠算结果进行识别输出，这是本领域的常规选择。

对于区别技术特征(2)，对比文件2公开了通过触摸屏实现点击、拨动“珠”的操作，对于本领域技术人员来说，在触摸屏操作时，采用托、拨、挑等手势是本领域的常规选择，因此本领域技术人员很容易想到，可以将上述手势两种以上进行组合，用于移动算珠。

因此在对比文件2的基础上，结合本领域常规选择，得到权利要求1的方案，对于本领域技术人员来说，是显而易见的，因此该权利要求所要求保护的技术方案不具备突出的实质性特点和显著的进步，因而不具备创造性。

摘录二

4. 权利要求4是权利要求1的从属权利要求。在对比文件2公开了通过触摸屏实现点击、拨动相应“珠”、图形的基础上，本领域技术人员很容易想到，可以预设计算结果和操作手势，当输入手势与预设手势不一致时，则不进行移动；而判断珠算结果与预设结果是否一致，则输入表示正确或错误的结果，也是本领域常规选择。因此在其引用的权利要求不具备创造性的情况下，该从属权利要求也不具备创造性。

### ☞ 答辩要点分析思路

在审查意见通知书的分析过程中，应当将该发明的区别技术特征以及对应的技术效果与对比文件逐一进行比较，从而找到答辩的突破点。

具体到该案，审查员在对上述技术特征进行评述时，只孤立地关注于技术特征本身比较，忽略了对技术效果的比较。因此，代理师首先论述修改后的权利要求1所能达到的技术效果为：在“验证”的过程中，珠算系统会判断用户打出的手势与存储的标准手势是否一致，并通过识别移动后的珠码计算、输出珠算结果，从而实现对用户的拨珠手势、计算结果的验证，使得该发明可适用于珠算初学者，也即珠算初学者能利用该算盘进行学习，提高打算盘的正确率。而现有技术中的算盘不存在验证过程，也就不能达到上述技术效果，即用户不能得知其拨珠手势和珠算结果是否正确，对于初学者则不适用，仅适用于能够熟练打算盘的用户。

进而得出结论，现有技术的算盘由于不能对用户的拨珠手势和计算结果进行验算，因此达不到新权利要求1所能达到的技术效果，该发明在技术方案上进行的技术改进实现其技术效果的技术方案是非显而易见的，现有技术不存在这种技术启示。

☞ **意见陈述原文摘录**

答复第二次审查意见陈述摘录

一、新权利要求1的创造性

1. 新权利要求1具有突出的实质性特点

1.1 最接近的现有技术

审查意见中引用对比文件2，对比文件2公开了一种用图像代替数制的方法，将其作为最接近的现有技术。

1.2 区别技术特征及实际解决的技术问题的认定

由于对比文件2并未公开原权利要求4的附加技术特征，因此，申请人认为新权利要求1相比于对比文件2的区别技术特征为：用于移动终端的珠算系统，且输出识别出珠码表示的计算结果；该指令为下述手势中两种以上手势的组合：托算珠的手势、拨算珠的手势和挑算珠的手势；该珠算系统还包括预显预存模块、第一判断模块、第二判断模块和第二输出模块；该预显预存模块用于预先显示计算式和预先存储由该计算式计算出的标准值以及该计算式对应的标准手势；该第一判断模块用于判断该指令与该标准手势是否一致，若是则调用该移动模块，否则重新调用该输入模块；该第二判断模块用于判断该珠算结果与该标准值是否相等，若是则该第二输出模块输出第一信息，否则该第二输出模块输出第二信息，其中该第一信息表示该珠算结果正确的信息，该第二信息表示该珠算结果错误的信息。

对比文件2公开的技术方案只是通过触摸屏实现点击、拨动相应"珠"、图像，完成数值输入进行计算，并将运算结果以"权位"的数值图形输出到显示设备上（参见说明书第2页第7段至第9段）。由于对比文件2并没有对拨珠的过程以及计算结果进行判断比较，也就是说，对比文件2的技术方案不能验证用户的拨珠过程以及计算结果正确与否，可见，对比文件2的技术方案只适用于能够熟练打算盘的用户，而对于初学者则不适用。

而新权利要求1利用上述区别技术特征后，可判断用户移动算珠的指令与标准手势是否一致，还能判断珠算结果与标准值是否相等，也就是说，新权利要求1的技术方案能够对用户的拨珠手势和拨珠结果进行验证，并输出验证结果，因此新权利要求1适用于珠算初学者，且珠算初学者能利用该算盘进行学习，提高打算盘的正确率。

综上，基于上述区别技术特征，新权利要求1的技术方案实际解决的技术问题是：通过移动终端实现一种能对用户的拨珠手势和拨珠结果进行验证，适用于珠算初学者的珠算系统。

1.3 新权利要求1的技术方案对本领域技术人员来说是非显而易见的

审查员认为在对比文件2公开了通过触摸屏实现点击、拨动相应"珠"、图形的基础上，本领域技术人员很容易想到，可以预设计算结果和操作手势，当输入手势与预设手势不一致时，则不进行移动；而判断珠算结果与预设结果是否一致，则输出表示正确或错误的结果，也是本领域常规选择。对此，申请人有不同意见。

申请人认为，上述区别技术特征并不是本领域常规选择，这是因为：虽然对比文件2公开了通过触摸屏实现点击、拨动“珠”、图形，但对于不懂珠算或者珠算的初学者来说，其并不懂得不同档位的“珠”表示不同的数值，相同档位的上珠和下珠也表示不同的数值，四则运算对应不同的拨珠手势等珠算规则。也就是说，对不懂珠算或者珠算初学者来说，在触摸屏点击、拨动“珠”、图形实现的只是“珠”或图形的移动的过程，并无实际意义，也就不能通过对比文件2的技术方案实现算盘计算。对比文件2是与本申请最接近的现有技术，由此可以推断本领域的公知常识是：在计算机上实现算盘运算，但该算盘仅适用于熟悉算盘运算规则的用户。

而本方案，参见说明书第［0071］和第［0072］段，预显预存模块可预先显示计算式和预先存储由该计算式计算出的标准值（作为珠算获得的数算结果的比较基准）以及计算该计算式对应的标准手势（作为用户对算珠实施的操作对应的手势的比较基准）。用户则可根据显示的计算式移动算珠，通过托算珠、拨算珠以及挑算珠的手势打出计算式，在该过程中，珠算系统会判断用户打出的手势与存储的标准手势是否一致，而且用户打出的手势会在显示界面上划出轨迹，所以该珠算系统进一步识别该轨迹，并判断该轨迹与预先存储的轨迹是否匹配，若匹配则说明用户的手势操作恰当，该珠算系统根据该手势移动该算盘中相应的算珠，然后识别移动后的该算盘中的珠码，并输出识别出的珠码所表示的珠算结果，下一步判断该珠算结果与该标准值是否相等，并输出判断结果。因此，珠算初学者可利用该算盘进行学习，矫正错误的拨珠手势，提高打算盘的正确率，本方案的算盘适用于珠算初学者。

可见，本申请的技术方案与本领域技术人员通常的做法完全不同，并且上述区别技术特征使得本申请的算盘适用于不懂珠算者、珠算的初学者及低龄儿童（参见说明书［0073］段），而对比文件2显然不适用于不懂珠算者、珠算的初学者及低龄儿童，也就是说本申请的技术方案与对比文件2的适用群体不同，且本申请的技术方案能够为不懂珠算者或珠算的初学者提供学习珠算的机会，提高打算盘的正确率。退一步讲，即使本领域技术人员想到要扩大对比文件2的适用群体，但是具体的实现方式都是不能由公知常识所得到的，相反这些都是需要经过创造性劳动得出的。

由上述分析可知，本领域技术人员在面对上述技术问题时，在对比文件2的基础上，是不容易想到预设计算结果和操作手势，当输入手势与预设手势不一致时，则不进行移动，还判断珠算结果与预设结果是否一致，并输出判断结果的，也就没有动机在对比文件2的基础上将公知常识结合得到权利要求1的技术方案。

因此，本领域技术人员在面对上述技术问题时，现有技术从整体上无法给出将上述区别技术特征应用到该最接近的现有技术以解决本发明实际解决的技术问题的启示。独立权利要求1的技术方案具有突出的实质性特点。

2. 新权利要求1具有显著的进步

新权利要求1的技术方案中，预显预存模块可预先显示计算式和预先存储由该计算式计算出的标准值（作为珠算获得的数算结果的比较基准）以及计算该计算式对应的标准手势（作为用户对算珠实施的操作对应的手势的比较基准）。用户则可根据显示的计算式移动算珠，通过托算珠、拨算珠以及挑算珠的手势打出计算式，该珠算系统判断出用户打出的手势与存储的标准手势一致，而且用户打出的手势会在显示界面上划出轨迹，所以该珠算系统进一步识别该轨迹，并判断该轨迹与预先存储的轨迹是否匹配，若匹配则说明用户的手势操作恰当，该珠算系统根据该手势移动该算盘中相应的算珠，然后识别移动后的该算盘中的珠码，并输出识别出的珠码所表示的珠算结果，下一步判断该珠算结果与该标准值是否相等，并输出判断结果。也就是说，本申请的技术方案能对用户的每一次拨珠的手势进行验证，矫正错误的手势，从而使得不懂珠算者或珠算初学者能很快掌握珠算，提高打算盘的正确率。

因此，新权利要求 1 的技术方案具有显著的进步。

综上，新权利要求 1 相对于现有技术具有突出的实质性特点和显著的进步，具备《专利法》第 22 条第 3 款所规定的创造性。

## 【案例 No. 1310689】用于船舶的污水井

### ☞ 案由简要

该申请涉及一种用于船舶的污水井。

➢ 一通：审查员引用三篇对比文件，分别为对比文件 1（CN202490490U）、对比文件 2（CN103395583A）和对比文件 3（KR1020110116670A），认为相对于对比文件 1、2、3 和公知常识的结合权利要求 1～6 不具备创造性。

➢ 答一通：删除权利要求 1，将权利要求 5 和权利要求 6 合并为新的权利要求 1，论述新权利要求 1～4 具备创造性。

➢ 审查结果：授权。

### ☞ 相关权利要求

答一通时修改后的新权利要求 1：

1. 一种用于船舶的污水井，其包括有焊接为一体的一井体和一井底板，所述井体的上端盖合有一井盖，其特征在于，所述井体由一上井体和一下井体拼合形成，所述上井体和所述下井体均为圆筒形钢管，且通过螺纹连接的方式固定；

所述上井体的直径大于所述下井体，所述上井体的下端的内圆周面上环设有一第一垫环；

所述下井体的上端的外圆周面上环设有一第二垫环；

所述第一垫环和所述第二垫环相互搭合并通过螺栓相固定；

所述上井体与所述下井体以轴线呈一钝角夹角的形状相固定；

……

### ☞ 相关说明书内容

摘录一

背景技术

目前，船用污水井一般采用现场作业，将材料在现场进行拼接和焊接，这样的方案在船舶下水后，需要在舷侧水线以下靠外板设置时，对作业精度要求非常高。另外，现有的船用污水井通常为方盒形，这样设置体积较大，制作工序较复杂，例如，焊接作业的工作量会非常大，且需要宽阔的作业和设置空间。现有的方盒形污水井与主体多面连接，主体面的板厚都需要额外加厚，且在进行改造时，由于全部采用焊接连接，难以将污水井拆除。

摘录二

本发明的积极进步效果在于：通过设置井体为圆筒形简化了污水井的制作工艺；通过预制污水井在现场拼接的方式缩短了工时，提高了效率；通过螺纹连接的方式使得污水井的安装和维修拆卸更方便，应用工况更广；通过使用倾斜的下井体使得污水井可以适用于特殊的作业空间。

摘录三

本实施例涉及的用于船舶的污水井，包括有上井体 11、下井体 12、井盖 2 和井底板 3，上井体 11 和下井体 12 均为直径相同的圆筒形钢管，上井体 11 的下端和下井体 12 的上端的外圆周面上均焊接有翼边，通过螺栓固定该些翼边使得上井体 11 和下井体 12 相固定。

摘录四

实施例 3

图 6 为本实施例的用于船舶的污水井的截面的结构示意图，如图 6 所示，本实施例与实施例 2 的区别在于，上井体 11 与下井体 12 以轴线呈一钝角夹角的形状相接的固定。

本实施例可以较好地解决施工空间有限问题。

摘录五

实施例 4

图 7 为本实施例的用于船舶的污水井的截面的结构示意图，图 8 为本实施例的上井体与下井体的连接结构示意图，如图 7、图 8 所示，本实施例与实施例 2 的区别在于，上井体 11 的直径大于下井体 12，上井体 11 的下端的内圆周面上环设有垫环 64。下井体 12 的上端的外圆周面上环设有垫环 65。垫环 64 和垫环 65 相互搭合，并通过螺栓相固定。本实施例特别适合舱底 4 下面施工空间有限时，下井体 12 由上向下放入安装。

摘录六

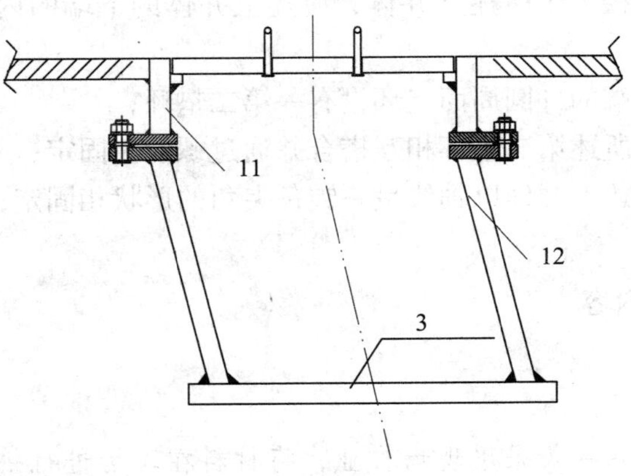


**图 6**

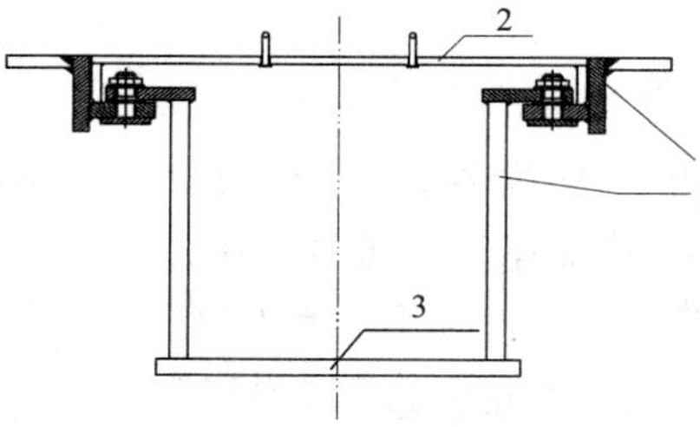


图 7

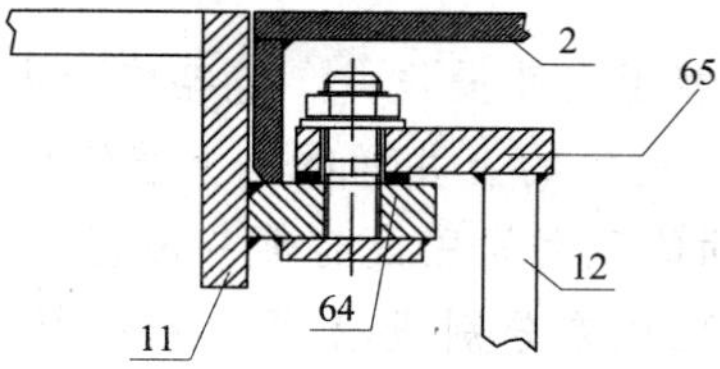


图 8

☞ **相关对比文件公开内容**

**【对比文件 1】**

摘录一

船舶水处理装置 A 还可以包括一下盖板 5，下盖板 5 边缘上设有数个与滤板 42 上的连接孔 421 相匹配的连接孔 51，下盖板 5 通过这些连接孔 51 设置于滤板 42 的上方，图 2 中显示了下盖板 5 的上表面还有一金属垫圈 73。下盖板 5 的表面还可以设置多个漏水孔。货舱中的水从这些漏水孔流入到滤板 42 的上表面。由于滤筒 41 口处的滤板 42 通常为铁丝网状，因此水可以流入滤筒 41 中。在下盖板 5 的表面没有设置漏水孔的情况下，滤板 42 的连接孔 421 的上表面和下盖板 5 的连接孔 51 的下表面之间还可以设有橡胶垫圈。由于水流可以通过滤板 42 和下盖板 5 之间的夹缝流入到滤筒 41 中，因此橡胶垫围的厚度的选择非常关键，设置时可以根据实际情况而定。船舶水处理装置 A 还包括一空心的柱状上盖板 6，上盖板 6 包括一顶板 64 和一环形截面的侧板 65，顶板 64 罩设于下盖板 5 的上方，侧板 65 支撑于座圈 2 的上表面，顶板 64 的上表面与货舱内底板 1 的上表面平齐。上盖板 6 的设置保证了货舱内底板 1 的平整，方便了货物的存放。对于运输货物的巨轮，一些装送货物的铲车也可以在平整的上盖板 6 上作业。为了增加上盖板 6 的抗压强度，并防止上盖板 6 在水平方向上的移动，还在该上盖板 6 和下盖板 5 的中心位置均设有数个相匹配的螺纹连接孔，即该上盖板 6 的螺纹连接孔 62 和该下盖板 5 的螺纹连接孔 52，该上盖板 6 通过该些螺纹连接孔和若干紧固件 8 连接于该下盖板 5 上。为了使紧固件 8 的不凸出在该上盖板 6 的上表面，该上盖板 6 还设有一凹槽 61。

摘录二

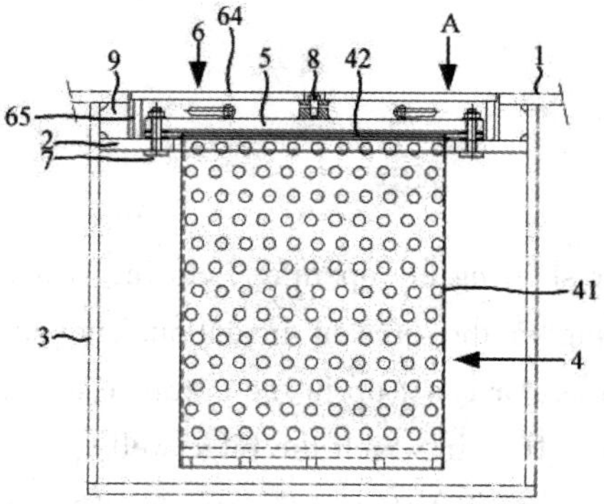


图 1

【对比文件2】

摘录一

一种储罐人孔操作井，包括有上井桶体1、下井桶体2，所述的上井桶体1上端设有井盖3，所述的上井桶体1上端的口径小于下井桶体2上端的口径，所述的上井桶体1、下井桶体2之间压设有第一内密封环4、第一外密封环5，所述的上井桶体1、下井桶体2对应位置分别设有第一上定位孔11、第一下定位孔21，所述的第一上定位孔11、第一下定位孔21均位于第一内密封环4、第一外密封环5之间，所述的第一上定位孔11、第一下定位孔21内穿设有第一定位件6，形成上井桶体1与下井桶体2的固定连接，第一定位件6可以为定位销、螺栓等，本发明具体实施例中，第一定位件6采用螺栓，通过一内一外设置的第一内密封环4、第一外密封环5，可以保证上井桶体1、下井桶体2之间密封性好；通过螺栓将上井桶体1、下井桶体2固定，这样无须涂胶，从而使得其加工、安装、拆卸方便；而且，由于上井桶体1上端的口径小于下井桶体2上端的口径，从而可以根据需要，将上井桶体1拆卸，这样能方便多个操作人员由下井桶体2上端进入操作，更加实用。

· 摘录二

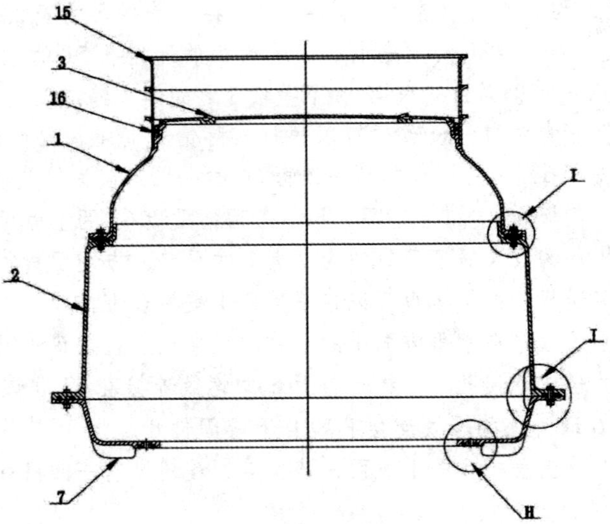


图1

【对比文件3】

摘录一

Figure 4 is a plane view showing the opening – closing structure of the inside of the cargo space the bilge well according to the present invention. The attachable and separable cover (12) for the access of the operator is set up in the entrance for removing the precipitated some contaminant within the space (16) in which the bilge well (10) is formed in the bottom surface of the floor construction among 2. That is, the space (16) comprises the form shut tightly by the body outer wall part among 2 forming the ship bottom (14) in the lower part of the floor construction for the formation of the bilge well (10).

Moreover, the space (16) includes the hole for the access of the operator through the appointed area of the ship bottom (14). It is installed to be attachable and detachable for opening and shutting of the hole in which the cover (12) passes through the ship bottom (14). For this, perpendicular the total circumference region of the hole is welded about the ship bottom (14) and the nose Ming part (18) closing the edge part is formed into the elliptic shape.

Fig. 5 is the V – V line profile of fig. 4. The support (20) which is horizontal is protruded through the total circumference in which the nose Ming part (18) enlarges and illustrates the main part of fig. 5 the inner side is combined with the welding. Then, the support (20) settles the edge bottom region of the cover (12) in the upper portion and the space (16) of the bilge well (10) is enabled to open and close as the screwing. For this, the ring pad (22) of the ring shape in which the edge part of the cover (12) is settled by the upper portion of the support (20) in the lower part is combined with the welding.

Moreover, the cover (12) numerously forms the first through – hole (12a) for the-screwing with the support (20) through the total circumference. That is, in order to reinforce the intensity – decreases of the cover (12) according to the formation of the first through – hole (12a) in the edge part of the cover (12) to multiple in order to stick to the bottom surface of the cover (12) the ring pad (22) is combined in the lower part of the edge part of the cover (12) to the welding. And the separate joint hole (12b) for the combination with the hand grip of the T – square shape is formed on the site in which the cover (12) is adjacent to the first through – hole (12a) and the attachable and separable hand grip can be assembled through the joint hole (12b) to the screw – clamping manner.

And the support (20) mounts the nut (24) for the screwing with the ring pad (22) and the ring pad (22) forms the second through – hole (22a) for the penetration installation of the bolt (26) connected with the screw nut (24).

In the meantime, the support (20) forms the third through – hole (20a) for the installation of the screw nut (24) for the screwing with the bolt (26) and the third through – hole (20a) fixes the position the screw nut (24) on the inner periphery to the welding. Then, the screw nut (24) can be replaced with thecap nut in which the screw part of the bolt (26) is not exposed by the lower part of the support (20).

摘录二

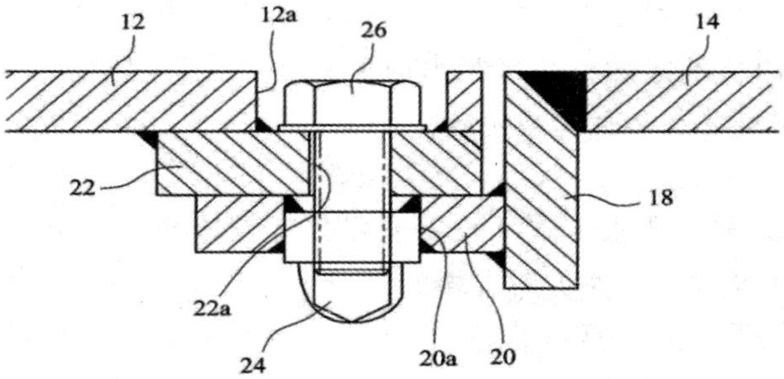

### ☞ 审查意见

摘录一

1. 权利要求1请求保护一种用于船舶的污水井，对比文件1（CN202490490U）公开了一种用于船舶水处理的压载井，并具体公开了（参见说明书第31、第35段及附图1）：由图1可知包括有一体的井体和井底板，井体的上端盖合有一盖板6（即该权利要求中的井盖），货舱（即该权利要求中的船舱）的内地板1（即该权利要求中的舱底）开设有一开口，井体的上端与内地板1连接，并且井体的上端口直径大于开口的内径，井体的下端与井底板连接。权利要求1所要保护的技术方案与对比文件1相比，其区别特征为：1）井体和井底板通过焊接连为一体，井体的上端与舱底通过焊接连接，井体的下端与井底板通过焊接连接；2）井体由一上井体和一下井体拼合形成，上井体和下井体均为圆筒形钢管，且通过螺纹连接的方式固定；3）井体、井盖和井底板以设定的尺寸进行预制，组装于一船舱内。基于上述区别特征，权利要求1所要解决的技术问题是如何将井体和井底板连接为一体、如何将井体的上端与舱底连接、如何将井体的下端与井底板连接以及如何缩短污水井的安装工时和如何使得污水井的安装和维修拆卸更方便。

对于区别特征1，在船舶建造领域，钢铁之间的连接通常采用焊接实现，因此井体和井底板通过焊接连为一体，井体的上端与舱底通过焊接连接，井体的下端与井底板通过焊接连接是本领域的常规手段。

对于区别特征2，对比文件2（CN103395583A）公开了一种储罐人孔操作井（参见说明书第7、第17段及附图1~附图2），其井体由上井桶体1和下井桶体2拼合而成，且通过螺栓6连接，“在保证上井桶体、下井桶体之间密封性的同时，又能使得其加工、安装、拆卸方便”。对比文件2公开的内容在对比文件2中所起的作用与其在本发明中为解决其技术问题所起的作用相同，都是通过将井体设为由上、下井体拼接形成，且上、下井体采用螺纹连接方式固定，从而实现设备的安装和维修拆卸方便，也就是说在对比文件2启示下，本领域技术人员有动机将污水井井体设置为由上井体和下井体拼合形成，且通过螺纹连接的方式固定。至于上井体和下井体采用圆筒形钢管制成，是本领域技术人员在面对实际问题时所作出的常规选择。

对于区别特征3，在船舶建造领域，为了节省建造时间，船体结构通常采用分段建造，而船上设备通常也是根据相关图纸标注尺寸预先制作好，并在后期装配阶段组装到船体上。因此，井体、井盖和井底板以设定的尺寸进行预制，组装于一船舱内是本领域的常规手段。

综上所述，在对比文件1的基础上，结合对比文件2和本领域的常规手段得到权利要求1所要求保护的技术方案，对于本领域技术人员来说是显而易见的。因此权利要求1所要求保护的技术方案不具有突出的实质性特点和显著的进步，不符合《专利法》第22条第3款有关创造性的规定。

摘录二

5. 权利要求5对权利要求1作了进一步限定。对比文件1公开了用于船舶水处理的压载井包括井体和滤器4，井体的上端的直径大于滤筒直径，井体的内圆周面上环设有座圈2（即该权利要求中的第一垫环），滤器4的上端设有滤板42（相当于该权利要求中的第二垫环)，座圈2和滤板42相互搭合并通过螺栓71相固定（参见第29～30段及图1～图2)。对比文件3公开了一种船舶污水井（参见说明书第5～9段及图1～图2)，由图1可知其包括带有网眼的井盖53。在对比文件3采用带网眼的井盖来实现过滤污水杂物的功能的启示下，本领域技术人员有动机对对比文件1公开的压载井进行改造，取消滤器4，并将其替换为下井体，从而得到该权利要求所要保护的技术方案。

因此，在其引用的权利要求不具备创造性的前提下，从属权利要求5也不具有突出的实质性特点和显著的进步，不符合《专利法》第22条第3款有关创造性的规定。

摘录三

6. 权利要求6对权利要求1作了进一步限定。然而，本领域技术人员考虑到舱底下方空间大小，会根据施工空间的限制给下井体设置一个与上井体呈合适角度的形状并与之相固定。因此将上井体与下井体以轴线呈一钝角夹角的形状相固定是本领域技术人员面对实际问题时所容易想到的。

因此，在其引用的权利要求不具备创造性的前提下，从属权利要求6也不具有突出的实质性特点和显著的进步，不符合《专利法》第22条第3款有关创造性的规定。

**☞ 答辩要点分析思路**

在对第一次审查意见通知书的分析过程中，应当将该发明的区别技术特征以及其对应的技术效果与对比文件逐一进行比较，从而找到答辩的突破点。

在比较的过程当中，专利代理师注意到该发明的上井体的直径大于下井体的直径这一区别技术特征。由于该发明的这个区别技术特征，因此该发明与对比文件的安装方式和维修方式都不一样，从而带来了意想不到的技术效果。

同时，根据第一次审查意见通知书中对权利要求5的论述可以看出，审查员认为在对比文件1的滤器与对比文件3的井盖两个不同结构具有相同技术效果的启示下，对比文件1在具有井盖时可以取消滤器并将滤器替换为下井体。但是，审查员只孤立地关注于滤器与下井体的比较，完全忽略了滤器和下井体的技术效果。滤器用于过滤污水中的杂物，下井体用于盛装污水，两者的结构和作用都完全不同，本领域技术人员不会想到将滤器替换为下井体。且对比文件1中压载井也是用于盛装污水，若滤器替换为下井体之后则压载井的技术效果就无法实现。因此，对比文件1中滤器根本就不能替换成下井体。

**☞ 意见陈述原文摘录**

关于新权利要求1的创造性

(一) 权利要求1具有突出的实质性特点

1. 确定最接近的对比文件

审查员引用了对比文件（CN202490490U)，该对比文件的实施例披露了本发明的部分技术特征，因此将对比文件的实施例（以下简称“对比文件1”）作为最接近的现有技术。

2. 权利要求1相对于对比文件1的区别技术特征和实际解决的技术问题

将本申请新权利要求1与对比文件1相比较可知，本申请的用于船舶的污水井与对比文件1所公开的船舶水处理装置的区别技术特征在于：

A. 所述井体由一上井体和一下井体拼合形成，所述上井体和所述下井体均为圆筒形钢管，且通过螺纹连接的方式固定；所述上井体的直径大于所述下井体，所述上井体的下端的内圆周面上环设有一第一垫环；所述下井体的上端的外圆周面上环设有一第二垫环；所述第一垫环和所述第二垫环相互搭合并通过螺栓相固定；

B. 所述上井体与所述下井体以轴线呈一钝角夹角的形状相固定。

在进一步论述前，先进一步解释一下上述区别技术特征：

关于区别技术特征 A，首先，本发明井体由一上井体和一下井体拼合形成，上井体和下井体均为圆筒形钢管，且通过螺纹连接的方式固定，通过对井体采用分体设计并螺纹连接，上井体与下井体之间可以装卸，安装方便且后续处理污水时使用方便。同时，上井体的直径大于下井体，在安装污水井的过程中，先将安装好上井体后，下井体可以通过舱底的开口向下放入并安装，这种安装方式使得井体安装和维修灵活，几乎不受船舶建造阶段和空间限制，尤其对修船非常实用。

其次，上井体的下端的内圆周面上环设有一第一垫环；下井体的上端的外圆周面上环设有一第二垫环；第一垫环和第二垫环相互搭合并通过螺栓相固定。通过第一垫环、第二垫环的设置位置可以大范围地调节井体的长短，通过螺栓连接方式可以小范围地用于调节井体的长短，因此污水井可以根据具体施工状态、安装控件和设备布置等需求选择合适的形式设置并安装，有效避免污水井对船上设备的干涉，满足使用要求和施工需求。

然而，经过仔细阅读，可以发现对比文件 1 之中并没有记载有“上井体和下井体”或者类似结构。进一步的，也就没记载过上井体与下井体之间是如何连接的以及上井体与下井体的结构形式。可见，参照对比文件 1 的公开内容，根本不可能实现方便的安装和维修，且满足施工需求。

关于区别技术特征 B，本发明的上井体与下井体以轴线呈一钝角夹角的形状相固定，其包含的形式有：首先，上井体和下井体的结构可以分别设计成弯曲形状并且轴线呈一钝角夹角的形式。污水井的上井体和下井体由于采用圆管设计，使得上井体和下井体可以很好地避开与其他船上设备的干涉更加容易，而且圆管加工成弧度成本较低。同时，下井体为弯曲形状，可以将原本需要朝天施工的设备安装改变为侧面施工，大大降低施工强度。其次，上井体和下井体均为直圆管，可控制成本。上井体与下井体之间连接时呈现弯曲形状，从而使得轴线呈一钝角夹角的形式。也可以有效地避开与船上其他设备的干涉，同时下井体在通过舱底的开口向下放入并安装时更加方便，且下井体的空间可以设计成最大，从而可以盛装污水量大。

然而，对比文件 1 并没有记载这一技术特征。

综上所述，本技术方案相对于对比文件 1 实际解决的技术问题是，安装和维修方便，有效避免对船上其他设备的干涉，能够满足不同施工环境的需要。

3. 权利要求 1 中的技术方案对于本领域技术人员来说是非显而易见的

首先，区别技术特征 A 是不容易想到的。

对比文件 2（CN103395583A）虽然公开了上井桶体和下井桶体，但是并不能等同于本发明的上井体和下井体。如对比文件 2 说明书实施例以及附图所示，上井桶体上端的口径小于下井桶体上端的口径，将上井桶体拆卸，方便多个操作人员由下井桶体上端进入操作使用。可以看到上井桶体和下井桶体是用于操作人员进行操作使用的，并不具有排污水功能。同时，上井桶体的口径小于下井桶体，下井桶体的空间大于上井桶体的空间，在安装时不存在从上井桶体的口径放入安装的过程，在拆装时均是对上井桶体进行操作，也就谈不上对下井桶体的放入安装及空间的要求。此外，对比文件1的结构和作用也和对比文件2的结构和作用完全不同。所以，对比文件2并没有公开区别技术特征A，也就没有将区别技术特征A应用于对比文件1以获得本发明的启示。

对比文件3（KR1020110116670A）公开了带有网眼的井盖，带有网眼的井盖用于实现过滤污水杂物的功能，审查员认为本领域技术人员在对比文件3的启示下有动机将对比文件1的滤器替换为下井体。对此，申请人持有不同的看法。在对比文件3中带有网眼的井盖用于过滤杂物后，实现污水会流入到下方的井体中而不会有杂物。在对比文件1中滤器也是用于过滤杂物后，实现污水会流入到下方的压载井中而不会有杂物，取消掉滤器并替换为下井体，将不会有过滤杂物的功能，本身有压载井实现盛装污水的功能再增加下井体的结构，反而使得压载井不能实现之前起到的作用。因此，本领域技术人员不可能在对比文件3的启示下对对比文件1进行改进，自然也无法以对比文件1为基础去改进。

其次，区别技术特征B是不容易想到的。

本发明的上井体与下井体以轴线呈一钝角夹角的形状相固定，使得安装维修方便，大大降低施工强度；且避免井体对船上其他设备的干涉。而对比文件1中的压载井和滤器主要是用于盛装污水的，并使得污水中的杂物不会进入到压载井中。从对比文件1的说明书实施例以及附图可知，压载井是一个整体并固定安装在底板下，并没有对压载井进行分体设计，也没有将压载井设计成弯曲形状。也就是说，对比文件1中不存在专门解决井体对船上其他设备的干涉以及安装维修的问题，设计人员自然也无法以对比文件1为基础去改进。此外，对比文件1中的船舶水处理装置的作用和结构都与本发明不同，而且设置的位置也不同。不存在在对比文件1基础上将井体改进的可能。

综上所述，独立权利要求1的技术方案，是本领域技术人员根据对比文件1并结合其他现有技术也是不容易想到的，具有非显而易见性，故具有突出的实质性特点。

（二）权利要求1具有显著的进步

本技术方案使得安装和维修方便，大大降低了施工强度，有效避免对船上其他设备的干涉，能够满足不同施工环境的需要。因而获得了有益的技术效果，具有显著的进步。

综上所述，独立权利要求1具有突出的实质性特点和显著的进步，具备《专利法》第22条第3款所规定的创造性。

## 【案例No. 111360】一类吡咯烷衍生物、其制备方法及应用

### ☞ 案由简要

该申请涉及一种吡咯烷衍生物或其药学上可接受的盐（权利要求1~4），其应用（权利要求5）、含其的药物组合物（权利要求6）及制备方法（权利要求7~9）。

➢ 一通：审查员引用对比文件1（WO2006106432A2），并认为权利要求1~9不具备创造性。

➢ 答一通：未修改权利要求，直接论述权利要求1~9具备创造性。

➢ 二通：审查员认可了权利要求1~9的创造性，但认为权利要求1~9得不到说明书的支持。

➢ 答二通：删去权利要求1~9中的某些并列技术方案，并论述新权利要求1~9得到说明书的支持。

➢ 审查结果：授权。

☞ **相关权利要求**

1. 一类如式Ⅰ所示的吡咯烷衍生物或其药学上可接受的盐；

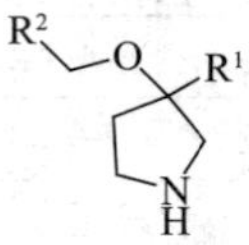

I

其中，$R^1$ 为 $C_6$ ~ $C_{10}$的芳基或被1~2个卤原子取代的 $C_6$ ~ $C_{10}$的芳基；$R^2$ 为苯基、被1~2个卤原子取代的苯基、被1~3个 $C_1$ ~ $C_3$ 的烷氧基取代的苯基、$C_5$ ~ $C_6$ 的杂芳基、被1~2个卤原子取代的 $C_5$ ~ $C_6$ 的杂芳基、被1~3个 $C_1$ ~ $C_3$ 的烷氧基取代的$C_5$ ~ $C_6$ 的杂芳基或被1~3个 $C_5$ ~ $C_6$ 的杂芳基取代的 $C_1$ ~ $C_3$ 的烷基；其中，所述的杂芳基为含有1~3个选自O、S和N的杂原子的杂芳基。

☞ **相关说明书内容**

**表1**

| 化合物编号 | 平均值 | | |
|---|---|---|---|
| | SERT | NET | DAT |
| DOV216303 | 1.000 | 1.000 | 1.000 |
| 实施例18 | 0.927 | 0.922 | 0.702 |
| 实施例19 | -0.076 | -0.870 | 0.060 |
| 实施例20 | 1.104 | 1.134 | 0.866 |
| 实施例21 | 0.940 | 1.397 | 0.171 |
| 实施例22 | 0.975 | 0.951 | 0.234 |
| 实施例23 | 1.025 | 1.019 | 0.800 |
| 实施例24 | 0.855 | 0.770 | 0.165 |
| 实施例25 | 0.953 | 0.925 | 0.811 |
| 实施例26 | 0.980 | 1.062 | 0.758 |
| 实施例27 | 1.080 | 1.051 | 0.987 |
| 实施例28 | 1.004 | 0.900 | 0.946 |
| 实施例29 | 1.013 | 1.051 | 0.974 |
| 实施例30 | 0.024 | 0.551 | 0.932 |

☞ **相关对比文件公开内容**

摘录一：对比文件 1 说明书第 11 页。

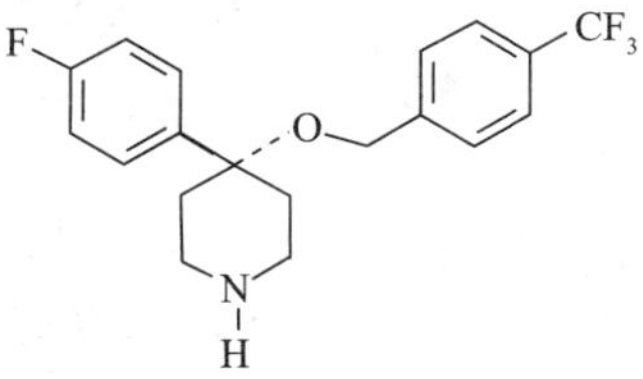
(A)

摘录二：对比文件 1 说明书第 10 页。

| | SERT $K_1$ pM | DAT $K_1$ pM |
|---|---|---|
| Compound A | 26.8 | >1000000 |

摘录三：对比文件 1 说明书第 9 页最后一段。

原文：The test results indicated that the compounds of the invention possess very high affinity towards the serotonin transporter (SERT), which entirely overlaps to that of paroxetine and which is significantly higher than that of fluoxetine. Furthermore, the high affinity towards SERT is advantageously accompanied by high selectivity. Indeed, the following table shows that the affinities of the compounds of the invention towards the dopamine transporter (DAT) are negligible.

译文：试验结果表明，本发明化合物与血清素转运蛋白（SERT）具有非常高的亲和力，其与帕罗西汀完全重叠，并且明显高于氟西汀。此外，对 SERT 的高亲和力有利于伴随着高选择性。实际上，下表显示本发明化合物对多巴胺转运蛋白（DAT）的亲和力可忽略不计。

☞ **审查意见**

第一次审查意见通知书摘录

权利要求 1 请求保护类如式 I 所示的吡咯烷衍生物或其药学上可接受的盐。对比文件 1（WO2006106432A2，公开日：2006.12.10）公开了一类用于治疗中枢神经紊乱，特别是作为对 5－羟色胺的运输具有重大亲和性和选择性的抗抑郁剂芳基哌啶类衍生物，其为如式（Ⅰ）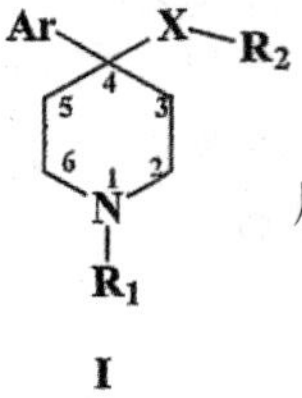 所示的哌啶环 4 位二取代的哌啶类衍生物或其药学上可接受的盐（参见对比文件 1 说明书第 1 页第 4～5 段，第 7 页第 4 段），并具体公开了符合该通式结构的化合物 4－(4－氟苯基)－4－[(4－三氟甲基) 苯氧基] 哌啶盐酸盐

(化合物 A): 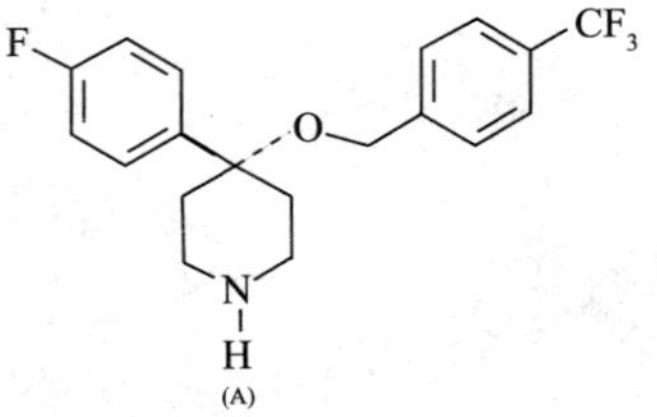 (参见对比文件 1 说明书实施例 1)。

由此可见，权利要求 1 请求保护的式 I 所示的吡咯烷衍生物与对比文件 1 公开的上述该具体化合物 A 相比，区别技术特征是：(1) 二者母环有所不同，权利要求 1 所述式 I 化合物母环为吡咯环，而对比文件 1 相应为哌啶环；(2) 取代基 $R^2$ 有所不同，权利要求 1 中 $R^2$ 为苯基，由卤原子、烷氧基取代的苯基或取代杂芳基以及取代杂芳基烷基，而对比文件 1 相应取代基为三氟甲基苯基；(3) 取代基 $R^1$ 还可以是 $C_6 \sim C_{10}$ 的芳基或被两个卤原子取代的 $C_6 \sim C_{10}$ 的芳基。基于上述区别技术特征可以确定，权利要求 1 实际解决的技术问题是提供更多可用于抗抑郁药物的替代化合物。

对于上述区别技术特征 (1)，在对比文件 1 已经公开了饱和含氮六元哌啶环 4 位二取代化合物具有抗抑郁活性的基础上，为了得到更多具有抗抑郁活性的含氮杂环化合物，本领域技术人员能够想到采用不同的饱和含氮杂环代替哌啶环，而含氮的五元吡咯环也是本领域常见的饱和含氮杂环；对于上述区别技术特征 (2)，对于 $R^2$ 基团的选取情况，对比文件 1 还公开 $R^2$ 是 $-(CH_2)_n-Y$，其中 n 是 1 至 4 的整数，Y 是独立地选自由一个或多个卤素……取代的芳基（参见对比文件 1 说明书第 2 页第 1 段第2 ~ 6 行）。由此可见，对比文件 1 已经给出了 $R^2$ 可为卤代芳基，并且芳基可被不同取代基取代所得的化合物仍具有抗抑郁活性的技术启示。在此基础上，本领域技术人员能够想到以本领域常见的烷氧基取代基对苯基进行修饰，或是以杂芳基替换芳基以得到更多具有抗抑郁活性的化合物；对于上述区别技术特征 (3)，对比文件 1 还公开当 X 是氧原子时，Ar 是独立地选自一个或多个卤素……取代的苯基（参见对比文件 1 说明书第 2 页第 1 段第 7 ~ 9 行）。因此，对比文件 1 已经给出了其 Ar 可以为多个卤素取代的苯基的技术启示。

因而，综上所述，为了获得更多可用于抗抑郁药物的替代化合物，本领域技术人员能够对其饱和杂环进行替换，并对其上的取代基进行选择和调整。因此，在对比文件 1 公开内容的基础上，结合本领域常规实验手段得到权利要求 1 请求保护的技术方案，对本领域技术人员而言是显而易见的；并且，与对比文件 1 公开其化合物可作为抗抑郁剂的作用相比较，权利要求 1 所要求保护的化合物及其药学上可接受的盐也没有取得任何预料不到的技术效果。因此，权利要求 1 不具备突出的实质性特点和显著的进步，不符合《专利法》第 22 条第 3 款规定的创造性。

**☞ 答辩要点分析思路**

在上述的审查意见中，审查员指出权利要求 1 所解决的技术问题是“提供更多可用于抗抑郁药物的替代化合物”，并认为“权利要求 1 所要求保护的化合物……也没有取得任何预料不到的技术效果”。很明显，审查员：①直接忽略了两者效果的比较；②认为两者的效果无法比较；或者，③认为与对比文件 1 的效果相比，权利要求 1 的效果没有优势。

经核对，对比文件1的效果数据与该申请的效果数据均涉及了SERT，但对比文件1记载的是对SERT的亲和力数据（$K_i$），该申请记载的是化合物对SERT的抑制率比（以DOV216303为阳性对照药），两者不能直接比较，且难以经过换算后比较。一般而言，此时专利代理师会①建议发明人补充对比文件1化合物A对SERT的抑制率比（以DOV216303为阳性对照药，使用该申请效果实施例的测试方法测量）以通过比较体现该申请的优势；②寻找其他可以体现该申请优势的效果数据。

此时，专利代理师注意到审查意见中对对比文件1的评述“特别是作为对5-羟色胺的运输具有重大亲和性和选择性的抗抑郁剂芳基哌啶类衍生物”，该“对于SERT的选择性”也是对比文件1说明书所强调的重点之一（请见摘录二和摘录3）。但是，这与该申请特别强调的“化合物对SERT、NET和DAT均有较好的再摄取抑制作用（也即没有选择性）”明显不同。

就此不同，专利代理师特地请教了发明人，发明人指出并提供了文献（张方喜等，三重再摄取抑制剂类抗抑郁药的研究进展和盐酸安舒法辛的发现，中国新药杂志，2014年，第23卷，第16期，第1918~1923页）证明下述观点：根据最新研究，单一抑制剂“起效缓慢，不能有效治疗抑郁患者的快感缺乏，不能改善认知、奖励、激励驱动和目标导向行为，且易导致性功能障碍等缺陷，尚无法满足大量抑郁患者的需求”，而三重抑制剂具有“能够较为快速地起效，可以有效改善患者快感缺乏和性功能障碍，增加认知、奖励激励驱动和目标导向行为”的优势。因此，基于该研究结果，本领域技术人员可以确定该申请的三重抑制剂理应优于对比文件1的单一抑制剂。

在有此优势的情形下，考虑到审查员未引用其他现有技术就该优势给出技术启示，再结合“母环结构显著影响化合物的药物用途”的观点（母环即对比文件1的六元环、权利要求1的五元环，具体见王镜岩、朱圣庚、徐长主编，生物化学，高等教育出版社，2002年9月，第3版，第567页、第569页），专利代理师认为已足以认定权利要求1具备创造性。

**☞ 意见陈述原文摘录**

由本申请的效果实施例可知，权利要求1要求保护的化合物Ⅰ是三重抑制剂，其对于三种单胺转运蛋白5-羟色胺转运蛋白（SERT）、去甲基肾上腺素转运蛋白（NET）和多巴胺转运蛋白（DAT）都具有良好的再摄取抑制作用。同时，对比文件1的化合物A是高选择性的单一抑制剂，其仅对于SERT有高选择性再摄取抑制作用，其对多巴胺的再摄取抑制作用可以忽略（见对比文件1说明书第9页第3段）。具体地讲，本发明说明书第20~22页效果实施例的表1中记载的实施例18~30的化合物对三种单胺转运蛋白5-羟色胺转运蛋白（SERT）、去甲基肾上腺素转运蛋白（NET）和多巴胺转运蛋白（DAT）的再摄取抑制作用与已报道的三胺再摄取抑制剂DOV216303的抑制作用相当，其中，实施例20的化合物对SERT的再摄取抑制作用甚至比已报道的三胺再摄取抑制剂DOV216303高，实施例21的化合物对NET的再摄取抑制作用甚至比已报道的三胺再摄取抑制剂DOV216303高。

进一步讲，在抗抑郁药物的领域中，三重抑制剂的药效远高于单一抑制剂。附件2（张方喜等，三重再摄取抑制剂类抗抑郁药的研究进展和盐酸安舒法辛的发现，中国新药杂志，2014年，第23卷，第16期，第1918～1923页）第1919页左栏第1段中明确记载了单一抑制剂“起效缓慢，不能有效治疗抑郁患者的快感缺乏，不能改善认知、奖励、激励驱动和目标导向行为，且易导致性功能障碍等缺陷，尚无法满足大量抑郁患者的需求”，而三重抑制剂具有“能够较为快速地起效，可以有效改善患者快感缺乏和性功能障碍，增加认知、奖励激励驱动和目标导向行为”的优势，可见三重抑制剂的应用药效远高于单一抑制剂。由此可推知，相较于作为单一抑制剂的对比文件1化合物A，作为三重抑制剂的权利要求1要求保护的化合物Ⅰ，其起效时间更短、疗效更好。

综上，权利要求1实际所解决的技术问题是：现有化合物为单一抑制剂，其具有起效时间长、疗效差等缺陷。

针对上述所解决的技术问题，审查员并未引用对比文件1的其他部分以及其他现有技术给出的技术启示。同时，本领域技术人员均知晓5－羟色胺转运蛋白（SERT）、去甲基肾上腺素转运蛋白（NET）和多巴胺转运蛋白（DAT）的结构并不相同，它们各自所结合的抑制剂的结构也理应不同。如果说获得对于单个转运蛋白具有抑制活性的化合物具有一定的难度的话，那么，获得能够同时抑制三种转运蛋白的三重抑制剂的难度要比获得单一抑制剂的难度明显更高！仅以此而论，在现有技术未给出相应启示的情形下，已足以认定权利要求1是非显而易见的，具备创造性。

进一步讲，现有技术甚至还给出了不利启示（母环结构显著影响化合物的药物用途，因此，本领域技术人员难以预知母环结构变化后的药效），使得上述的优势效果更显珍贵，具体如下：

对比文件1的六元杂环与权利要求1的五元杂环，结构、环张力、稳定性、环上电子云密度和环上取代基的距离以及相互作用力等都是完全不同的，其在通式化合物中与其他取代基的相互配合作用也是完全不同的，其与靶标的相互作用也是完全不同的，故其相互变换后对化合物效果的影响更是无法预料的。

众所周知，在药物化学领域中，尤其是构效关系不太明确的领域，母环结构的改变很可能导致化合物活性发生明显的变化，其效果变化的结果是很难预料的。例如，附件1（王镜岩、朱圣庚、徐长主编，生物化学，高等教育出版社，2002年9月，第三版，第567页、第569页）中记载的雌二酮是效果比较强的雌激素，其主要生理功能为促进雌性动物性器官的发育，使子宫肥大、动情、发生性欲，促进副性器官（乳腺）的发育及产生月经等。睾酮是活性最高的雄激素，其主要作用为促进性器官的发育、促进精子生成和第二性特征的显现，在性成熟后注射雄性激素，能刺激动物发情，并维持雄性特征。雌二酮和睾酮是作用完全不同的两种激素，一种为雌激素，一种雄激素，但是二者的化学结构非常相似，二者的结构对比如下式所示：

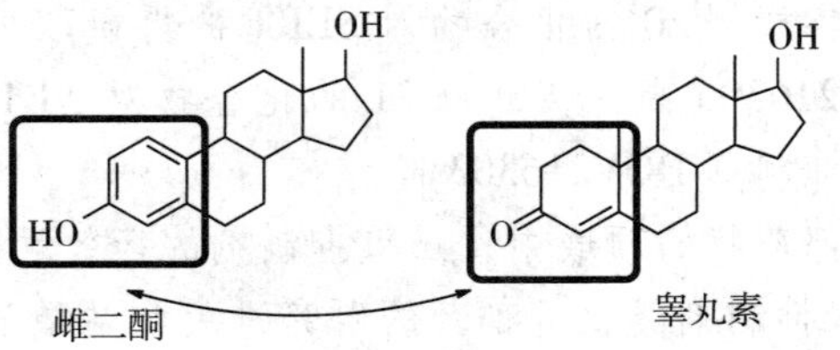

由对比可知，二者的母环结构发生了微小的变化，由环状烯酮变为带羟基的苯环结构，其效果就发生了质的变化，由雌激素变为了雄激素。可见，药物化学领域中，母环结构对化合物的药物用途具有显著影响。

具体到权利要求1，在面对其所要解决的技术问题（起效时间长、疗效差）时，本领域技术人员完全没有动机对对比文件1化合物A的六元环进行改进，理由如下：现有技术不仅未针对该技术问题给出技术启示，甚至还给出了不利启示（改变母环结构后，效果难以预知），同时，母环改变还要配合 $R^2$ 改变，这进一步使得本领域技术人员难以预知改进方式与改进后效果的关系，又何谈从现有技术中获得启示，并预料到权利要求1的化合物能够具备起效时间更短，疗效更好，对SERT、NET和DAT均有良好的再摄取抑制作用的技术效果。

因此，权利要求1非显而易见，再结合上述的技术效果（即显著的进步），已足以认定权利要求1具备创造性。

## 第二节 只关注技术效果的比较，忽略技术方案的比较

同上述第一节相反的另一个极端误区，则是只关注技术效果的比较，而忽略技术方案同最接近的现有技术的差异性。同前文分析，技术方案和技术效果在非显而易见的判断中具有同样重要的地位，缺一不可。仅关注发明在技术效果上是否相对于最接近的现有技术有优势，并不能得出此发明是否非显而易见的结论。

### 一、技术效果与最接近的现有技术水平相当没有优势的发明创造

某些发明创造的技术效果仅仅与最接近的现有技术相当，并未取得更优的技术效果。此类发明创造似乎看上去没有相对于现有技术的优势。若持有只看效果优劣以评价发明是否非显而易见的错误理解，则容易得出此类发明不具备创造性的结论。

但按照正确的非显而易见判断方法，不仅应当关注技术效果的比较，还应当关注技术方案上与最接近的现有技术相比的差异。若采用不同构思的技术方案实现了与最接近的现有技术相当的技术效果，并且现有技术整体上也没有给出此不同构思的技术方案可以实现这样的技术效果的启示，则此类发明无疑是不容易想到、非显而易见的。

### 【案例No. 1211016】一种利伐沙班中间体及其制备方法

**☞ 案由简要**

该发明涉及一种利伐沙班的中间体（权利要求1）及其制备方法（权利要求2~10为中间体的制备方法，权利要求11~16为由该中间体制备利伐沙班的方法）。

➢ 一通：审查员引用三篇对比文件（对比文件1~3，其中对比文件1为抵触申请，对比文件2、对比文件3为现有技术）认为权利要求1、2、4、6~8不具备新颖性，权利要求1~16不具备创造性。

➢ 答一通：删除原权利要求 1 和 2，将原权利要求 3 上升为新权利要求 1，并根据说明书第 4 页第 2 段和第 6 段记载的内容，将“溶剂为 N，N－二甲基甲酰胺和甲醇的体积比为 10：1～15：1 的混合溶剂”和“在 10～30℃进行反应”的技术特征限定到新权利要求 1 中，论述新权利要求 1～12 具备创造性。

➢ 审查结果：审查员认可一通新权利要求 1～6 的创造性，但不认同新权利要求 7～11 的创造性，最后将新权利要求 7～11 删除，故此处不再详述。

☞ **相关权利要求**

原权利要求 1～5：

1. 一种如式 I 所示的化合物，

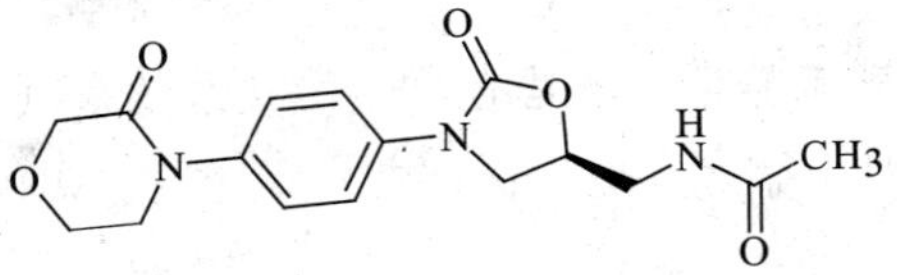

I 。

2. 一种如式 I 所示的化合物的制备方法，其特征在于包括如下步骤：溶剂中，在碱的作用下，将化合物Ⅱ与化合物Ⅲ进行反应，得到化合物 I 即可；所述的碱为 $C_1$～$C_4$ 的烷基醇与碱金属所形成的碱；

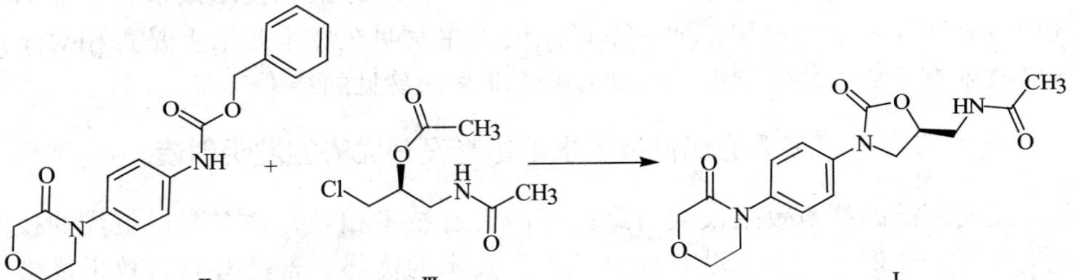

Ⅱ Ⅲ I 。

3. 如权利要求 2 所述的如式 I 所示的化合物的制备方法，其特征在于：所述的制备方法包括下述步骤：在 5～25℃下，将化合物Ⅱ的溶液、碱和化合物Ⅲ混合后，在 10～50℃进行反应，得到化合物 I 即可。

4. 如权利要求 2 所述的如式 I 所示的化合物的制备方法，其特征在于：所述的溶剂为低级醇类、醚类、酮类、芳香烃、卤代烷烃、N，N－二甲基甲酰胺、N，N－二甲基乙酰胺、二甲基亚砜和乙腈中的一种或多种。

5. 如权利要求 2 所述的如式 I 所示的化合物的制备方法，其特征在于：所述的溶剂为 N，N－二甲基甲酰胺和甲醇的体积比为 10：1～15：1 的混合溶剂。

新权利要求 1：

1. 一种如式 I 所示的化合物的制备方法，其包括如下步骤：在 5～25℃下，将化合物Ⅱ的溶液、碱和化合物Ⅲ混合后，在 10～30℃进行反应，得到化合物 I 即可；溶剂为 N，N－二甲基甲酰胺和甲醇的体积比为 10：1～15：1 的混合溶剂；

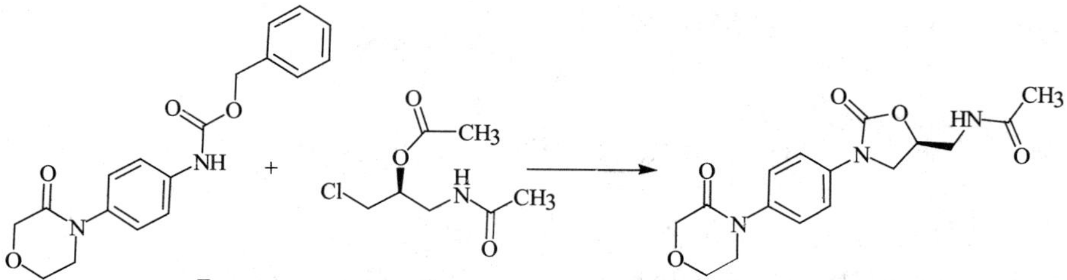

Ⅱ Ⅲ Ⅰ 。

☞ **相关说明书内容**

实施例1：化合物Ⅰ的制备

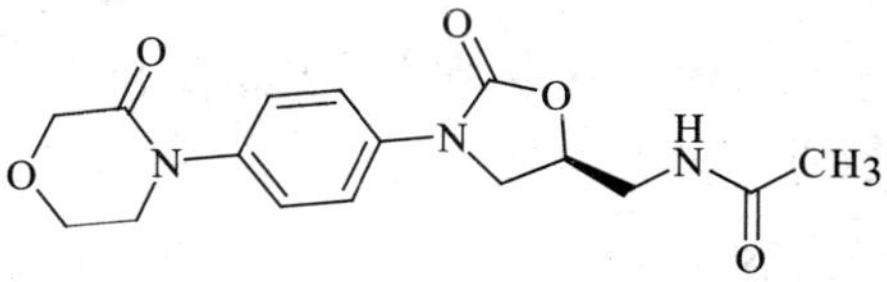

Ⅰ

将式Ⅱ化合物（30.0g，92mmol）加入到250mL的四颈瓶中，然后加入75mL DMF和甲醇（7.5mL，185mmol），于5°C下缓慢加入叔丁醇锂（22.1g，276mmol）和式Ⅲ化合物（35.6g，184mmol）。于30°C条件下继续反应30小时，反应完毕。将反应液移入分液漏斗中，加入150mL饱和氯化铵溶液、360mL水和360mL二氯甲烷，分出有机层，水层用二氯甲烷萃取两次（360mL×2），合并有机层，减压浓缩，得粗品用乙醇重结晶，得白色粉末状产物16.9g，收率55.2%。

HPLC纯度：98.5%［HPLC柱型号：Acclaim$^{R}$120 $C_{18}$（4.6×250mm，5μm）；流动相：乙腈/0.1%磷酸水溶液（20/80v/v）；检测波长：245nm］。

熔点：170~171℃。

比旋度：$[\alpha]_D^{25}=-12$（c=0.10，二氯甲烷）

$^1$HNMR（$CDCl_3$，400MHz）：δ 2.01（s，3H），3.65（dd，2H），3.92（4H），3.95（dd，2H），4.38（s，2H），4.79（m，1H），6.20（s，1H，加重水消失），7.50（AA'BB'，4H）。

MS（ES+）：333［M+］

实施例2：化合物Ⅰ的制备

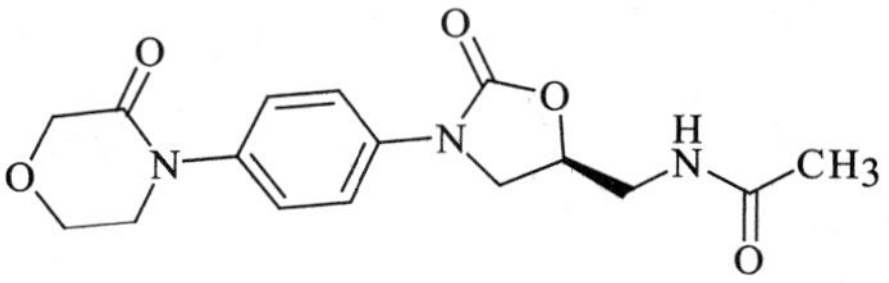

Ⅰ

将式Ⅱ化合物（5.0g，15.3mmol）加入到100mL的三颈瓶中，然后加入15mL DMF和甲醇（1.0mL，24.7mmol），于10℃条件下，缓慢加入叔丁醇钾（6.8g，60.7mmol）和式Ⅲ化合物（4.43g，22.9mmol）。于20℃条件下继续反应35小时，反应完毕。将反应液移入分液漏斗中，加入30mL饱和氯化铵溶液、60mL水和60mL二氯甲烷，分出有机层，水层用二氯甲烷萃取两次（60mL×2），合并有机层，减压浓缩，得粗品用乙醇重结晶，得白色粉末状产物1.9g，收率37.3%。

实施例3：化合物Ⅰ的制备

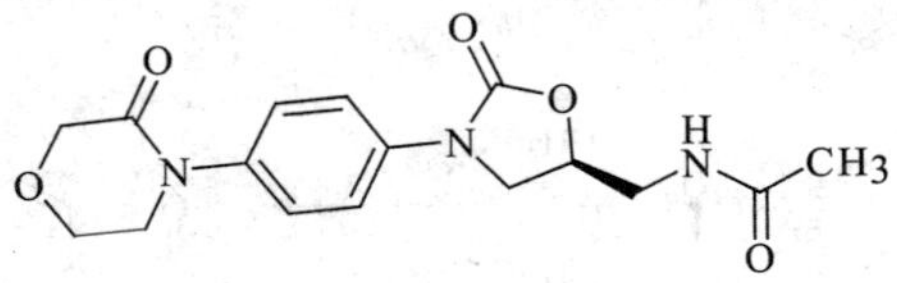

Ⅰ

将式Ⅱ化合物（10.0g，30.67mmol）加入到100mL的三颈瓶中，然后加入30mL DMF和甲醇（2.5mL，61.72mmol），于25℃条件下缓慢加入甲醇钠（5.0g，92.6mmol）和式Ⅲ化合物（6.0g，31mmol）。于30℃条件下继续反应25小时，反应完毕。将反应液移入分液漏斗中，加入60mL饱和氯化铵溶液、120mL水和120mL二氯甲烷，分出有机层，水层用二氯甲烷萃取两次（120mL×2），合并有机层，减压浓缩，得粗品用乙醇重结晶，得白色粉末状产物4.4g，收率43.1%。

☞ **相关对比文件公开内容**

**【对比文件1】**（申请日为2012年12月13日，早于该申请的申请日2013年12月26日，公开日为2014年6月8日）说明书第8页第74段和第10页第94~95段：

[0074]

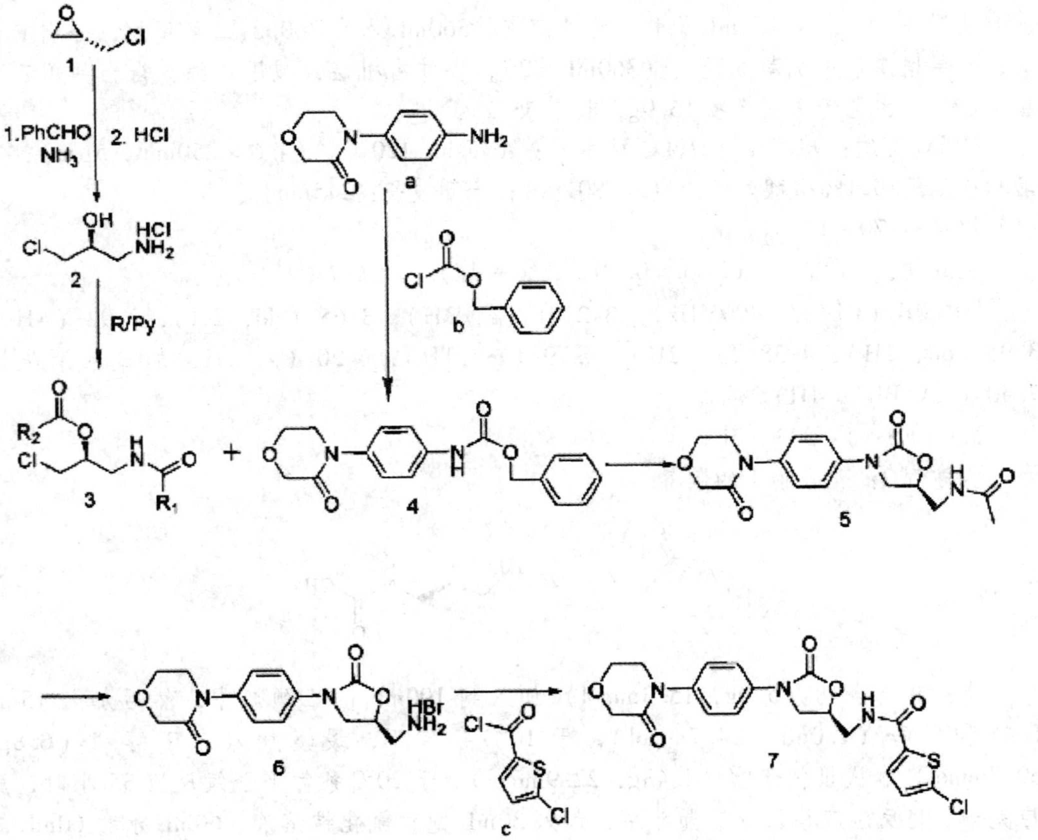

[0094] 实施例9（S）-N-（2-羰基-3-[4-（3-氧代吗啉基）苯基］唑烷基-

5－甲基）乙酰胺［式（5）］的合成

［0095］向反应瓶中，加入4－(3－氧代吗啉酮基）苯胺甲酰苄酯［式（4）］(20.5g，62.8mmol)，N，N－二甲基甲酰胺（51mL），室温下，滴加叔丁醇锂(18.6g，232.5mmol）的二氯甲烷（300mL）溶液，然后将（S）－N－(2－乙酰氧基－3－氯丙基）－1－乙酰胺［式（3）］（18.4g，94.9mmol）加入反应瓶中，升温至回流，搅拌反应10小时。反应毕，减压蒸出溶剂，加入二氯甲烷（300mL），用纯化水(200mL）洗涤3次，无水$MgSO_4$，干燥，浓缩后异丙醇重结晶，得类白色固体19.4g，收率93.0%。$^1$HNMR（400MHz，DMSO）：δ7.52（t，J＝8.8Hz，2H），7.39（t，J＝8.8Hz，2H），4.80（m，1H），4.16（t，J＝7.6Hz，3H），3.94（t，J＝4.4Hz，2H），3.83（m，1H），3.69（t，J＝5.6Hz，2H），3.59（t，J＝5.6Hz，2H），1.91（s，3H）；MS：334.2（M＋Hf）。

**【对比文件2】**（CN102827154A）：公开了一种利伐沙班中间体

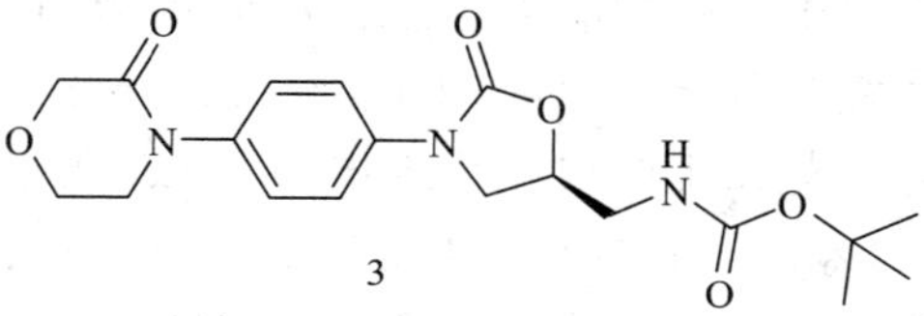

，并公开了其制备方法（参见对比文件2说明书第2页第7段）：

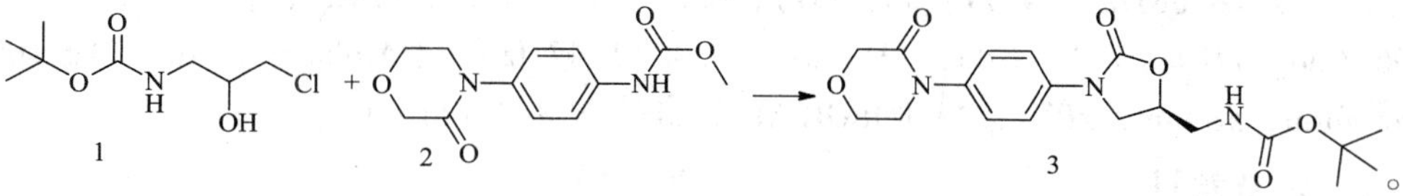

实施例1

化合物3的制备

将8.35克化合物1和5.0克化合物2加入到30ml四氢呋喃中，冰浴降温至10℃，缓慢加入6.4克叔丁醇锂，混合物在20～30℃反应24小时，加入100ml水和100ml二氯甲烷，搅拌后静置分液，二氯甲烷层浓缩至干，用甲苯20ml加热溶解，搅拌降温至5～10℃析出固体，抽滤得类白色固体7.0克，产率为90%。

实施例2

化合物3的制备

将25.0克化合物1和15.0克化合物2加入到30ml N，N－二甲基甲酰胺和50ml四氢呋喃的混合溶剂中，冰浴降温至10℃，慢慢加入20.0克叔丁醇锂，混合物在20～30℃反应24小时，加入300ml水和300ml二氯甲烷，搅拌后静置分液，二氯甲烷层浓缩至干，用甲苯40ml加热溶解，搅拌降温至5～10℃析出固体，抽滤得类白色固体22.7克，产率为97%。

实施例3

化合物3的制备

将1.7克化合物1和1.0克化合物2加入到2ml N，N－二甲基甲酰胺和4ml四氢呋喃的混合溶剂中，冰浴降温至10℃，慢慢加入0.7克甲醇锂，混合物在20～30℃反应24小时，加入20ml水和20ml二氯甲烷，搅拌后静置分液，二氯甲烷层浓缩至干，用甲苯2ml加热溶解，降温至5~10℃析出固体，抽滤得类白色固体0.97克，产率为62%。

**【对比文件3】**（CN102267955A，公开日为2011年12月7日）公开了一种利奈唑胺的制备方法，并具体公开了（参见说明书第5页第39段）如下技术方案：

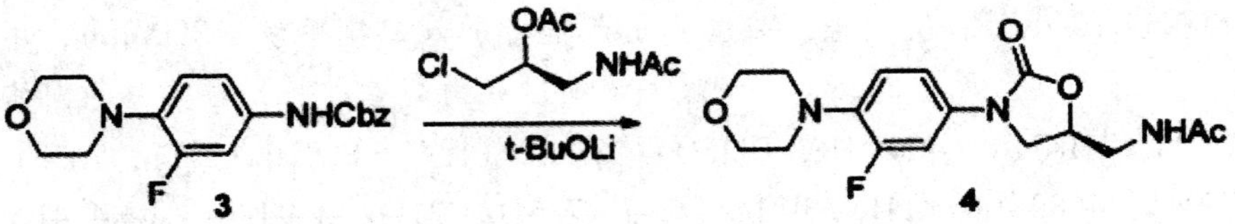

[0039] 利奈唑胺：向化合物N－Cbz－3－氟－4－吗啡啉苯胺（2g，6.05mmol）和t－BuOLi（1.45g，18.16mmol）的DMF（4.0mL）溶液中，加入甲醇（0.488mL，12.11mmol），搅拌30min。反应液冰浴冷却到5℃，加入中间体（2s）3－氯－2－乙酰氧基乙酰丙胺（2.34g，12.11mmol）。反应搅拌过夜。反应结束后，加入饱和$NH_4Cl$（10mL）、水（60mL）、饱和食盐水（40mL）、二氯甲烷提取（40mL）。分液，水相用二氯甲烷提取（3×40mL）。合并有机相，$MgSO_4$干燥，真空浓缩得油状物。在二氯甲烷和正己烷中重结晶（1.66g，三次重结晶收率82%）。$^1$HNMR（$CDCl_3$）δ：2.03（s，3H），3.06（t，4H），3.62~3.67（m，2H），3.74（dd，1H），3.88（t，4H），4.02（t，1H，J=8.88Hz），4.77（m，1H），6.28（brt，1H），6.92（t，1H，J=9.0Hz），7.06（dd，1H），7.43（dd，1H，J=14.4，1.47Hz）；（Alpha = －10°，1g/100ml，chloroform，589nm，20℃，AUTOPOL Ⅵ）；MS：338.2（M+1）。

### ☞ 审查意见

新颖性问题

1. 权利要求1~2、4、6~8不具备《专利法》第22条第2款规定的新颖性。权利要求1要求保护一种如式Ⅰ所示的化合物，对比文件1（CN103864773A）的申请日为2012年12月13日，早于本申请的申请日2012年12月26日，公开日为2014年6月18日。对比文件1公开了利伐沙班及其中间体的制备方法，并具体公开了（参见说明书第8页第74段）化合物5 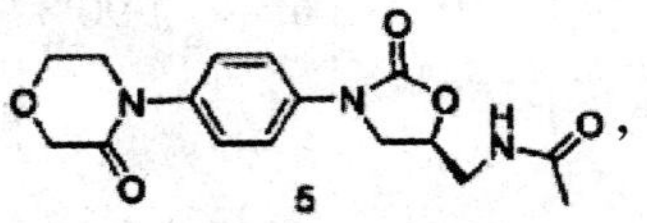，其即为本申请中的式Ⅰ化合物。

由此可见，权利要求1所要求保护的化合物已经被对比文件1所公开，且两者同属于药物化学领域，所要解决的技术问题相同，并能产生相同的技术效果。因此，该对比文件1是在本申请的申请日之前向中国专利局提出并在申请日之后公布的同样的发明申请，构成本申请权利要求1的抵触申请，从而导致该权利要求1不具备《专利法》第22条第2款规定的新颖性。

权利要求2要求保护式Ⅰ化合物的制备方法，对比文件1公开了化合物5（即本申请中的式Ⅰ化合物）的制备方法，并具体公开了（参见说明书第10页第94~95段）

如下技术方案：向反应瓶中加入4-(3-氧代吗啉酮基)苯胺甲酰苄酯［式(4)］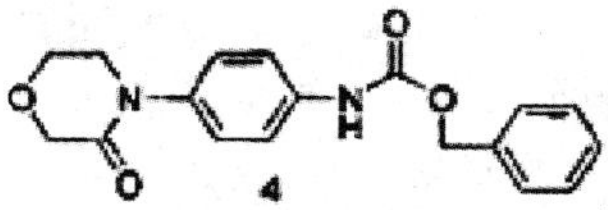
4
(20.5g，62.8mmol)(即权利要求2中的式Ⅱ化合物)，N，N-二甲基甲酰胺(51mL)，室温下，滴加叔丁醇锂(18.6g，232.5mmol)(权利要求2中所述碱的具体下位概念)的二氯甲烷(300mL)溶液，然后加入(S)-N-(2-乙酰氧基-3-氯丙基)-1-乙酰胺［式(3)］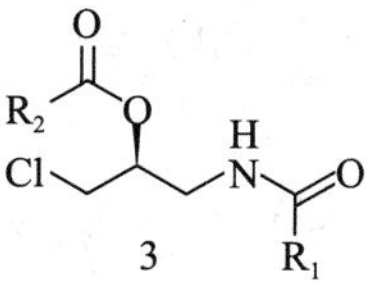
3
(其中$R_1$、$R_2$为甲基，即权利要求2中的式Ⅲ化合物)(18.4g，94.9mmol)加入反应瓶中，升温至回流，搅拌反应10小时。后处理得白色固体19.4g，收率93.0%。由此可见，权利要求2所要求保护的技术方案已经被对比文件1所公开，因此，对比文件1构成了权利要求2的抵触申请，从而导致该权利要求2不具备《专利法》第22条第2款规定的新颖性。

权利要求4为权利要求2的从属权利要求，其对所述溶剂进行了进一步的限定。然而对比文件1中公开了(参见说明书第10页第94~95段)反应溶剂为N，N-二甲基甲酰胺、二氯甲烷(卤代烷烃的具体下位概念)，即该附加技术特征被对比文件1所公开。因此，当其引用的权利要求2不具备新颖性时，权利要求4也不具备《专利法》第22条第2款规定的新颖性。

权利要求6和7为权利要求2的从属权利要求，其进一步限定了所述碱以及化合物Ⅱ与碱的摩尔比。对比文件1公开了(参见说明书第10页第94~95段)反应所用碱为叔丁醇锂，由此可见，所述碱已经被对比文件1所公开；经换算化合物Ⅱ与碱的摩尔比为1∶3.7，其落入了权利要求6和7的保护范围。因此，当其引用的权利要求2不具备新颖性时，权利要求6和7也不具备《专利法》第22条第2款规定的新颖性。

权利要求8为权利要求2的从属权利要求，其进一步限定了化合物Ⅱ和化合物Ⅲ的摩尔比。经换算，对比文件1中化合物Ⅱ与Ⅲ的摩尔比为1∶1.5，其落入了权利要求8的保护范围。因此，当其引用的权利要求2不具备新颖性时，权利要求8也不具备《专利法》第22条第2款规定的新颖性。

创造性问题

权利要求1要求保护一种如式Ⅰ所示的化合物，对比文件2(CN102827154A，公开日为2012年12月19日)为最接近的现有技术，其公开了(参见说明书第2页第7段)一种利伐沙班中间体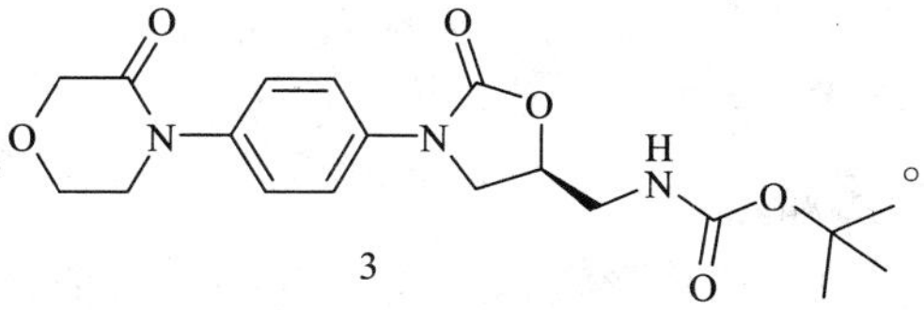
3
。权利要求1中所要求保护的化合物与对比文件2中所公开的化合物相比，其区别特征为：权利要求1中氨基被乙酰基取代，对比文件2中的氨基被叔丁氧酰基取代。基于上述区别特征，可以确定本发明实际解决的技术问题是：提供一种替代的利伐沙班中间体。本领域技术人员为了制备得到最终产物利伐沙班，有动机将中间产物的氨基先保护起来，随后再脱除保护基，通过酰胺化反应制备得到利伐沙班。而乙酰基与叔丁氧酰基均为常用的氨基保护基，本领域技术人员在此基础上不难想到将氨基保护基由叔丁氧酰基替换为乙酰基。因此，对于本领域技术人员而言，在对比文件2的基础上结合本领域常规技术手段，得到权利要求1中所要求保护的技术方案是显而易见的，权利要求1不具备突出的实质性特点和显著的进步，不具备《专利法》第22条第3款规定的创造性。

权利要求2要求保护一种式Ⅰ化合物的制备方法，对比文件2为最接近的现有技术，其公开了一种利伐沙班中间体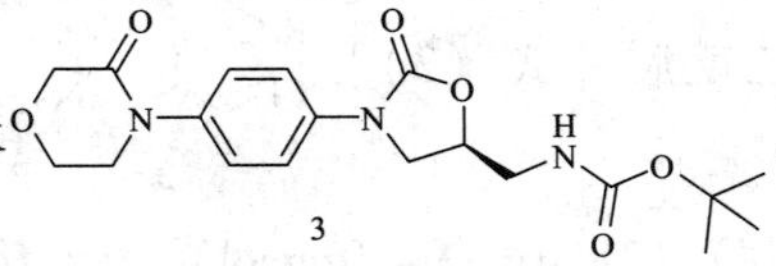，并公开了（参见说明书第2页第7段）其制备方法，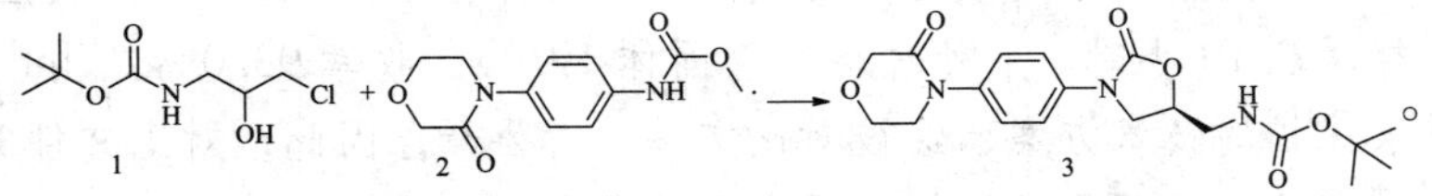

由此可见，权利要求2所要求保护的技术方案与对比文件2所公开的内容相比，其区别特征为：(1) 制备得到的化合物不同；(2) 制备方法不同。基于上述区别特征，可以确定本发明实际解决的技术问题是：提供一种利伐沙班中间体的合成方法。

关于区别技术特征（1），参见权利要求1中的创造性评述。关于区别技术特征（2），对比文件3（CN102267955A，公开日为2011年12月7日）公开了一种利奈唑胺的制备方法，并具体公开了（参见说明书第5页第39段）如下技术方案：

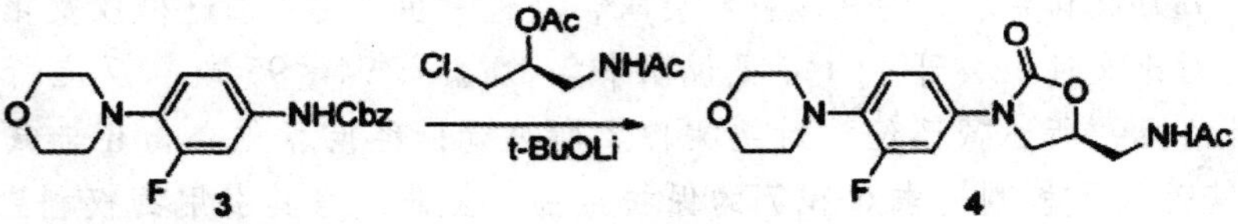


向化合物N-Cbz-3-氟-4-吗啡啉苯胺（2g，6.05mmol）和t-BuOLi（1.45g，18.16mmol）的DMF（4.0mL）溶液中，加入甲醇（0.488mL，12.11mmol），搅拌30min。反应液冰浴冷却到5℃，加入中间体（2s）3-氯-2-乙酰氧基乙酰丙胺（2.34g，12.11mmol），反应搅拌过夜，后处理得目标产物。由此可见，对比文件3已经公开了N-Cbz-吗啉类化合物与3-氯-2-乙酰氧基乙酰丙胺在碱的作用下，可以构造噁唑环，进而得到噁唑烷吗啉类化合物。本领域技术人员在基础上，为了制备得到权利要求2中该不具备创造性的式Ⅰ化合物，有动机去现有技术中寻找类似化合物的合成方法，进而有能力将对比文件3中的制备方法应用到对比文件2的化合物制备中；而在此基础上，在保持化合物反应活性位点不变的情况下，有动机选用相应原料制备得到利伐沙班中间体，并可预期反应的可行性。

☞ **答辩要点分析思路**

代理师在处理该案时，首先核实对比文件1是否为抵触申请。该申请的申请日为2012年12月26日，而对比文件1的申请日为2012年12月13日，公开日为2014年6月18日。对比文件1恰好构成抵触申请。因此，对比文件1公开的内容能够影响该发明的新颖性。由对比文件1说明书第8页第74段和第10页第94～95段可知，该发明权利要求1、2、4、6~8确实不具备新颖性。故针对新颖性问题，代理师与申请人沟通后，删除原权利要求1~2。将原权利要求3上升为新权利要求1，并根据说明书第4页第2段和第6段记载的内容，将“溶剂为N，N-二甲基甲酰胺和甲醇的体积比为10：1~15：1的混合溶剂”和“在10~30℃进行反应”的技术特征限定到新权利要求1中。

克服了新颖性问题，如何克服创造性问题呢？通过分析对该发明申请文件和对比文件2~3，由该发明说明书实施例1~3可知，该发明化合物Ⅰ的制备方法，反应最后收率为37.3%~55.2%，而由对比文件2实施例1~3可知，对比文件2公开的类似化合物的制备方法，反应最后收率在62%~97%。可见，从反应最后收率来看，该发明和对比文件2相当或比对比文件2更差。若只看反应最后收率这一效果的优劣来评价发明是否非显而易见，该发明显然不具备创造性。针对此类发明，创造性的论述的关键和重点在于技术方案与最接近现有技术的差异。具体到该发明中，该发明新权利要求1请求保护一种利伐沙班中间体的制备方法，对比文件2为最接近的现有技术，公开了类似结构的利伐沙班中间体的制备方法，而对于该发明新权利要求1与对比文件2的区别技术特征，审查员认为是本领域常规技术手段，或者对比文件3给出了技术启示。对于审查员的上述观点，乍一看似乎很有道理。但是代理师在仔细阅读对比文件2和对比文件3后发现，虽然对比文件2和对比文件3公开的化合物结构与新权利要求1非常相似，但仍有不同。新权利要求1的反应底物和产物结构均与对比文件2和对比文件3不同。基于结构上的差异，对于对比文件2和对比文件3中未公开或记载的区别技术特征——乙酰基氨基保护基，代理师从利伐沙班的研究现状和利伐沙班中间体的结构特征上详细说明，其并非本领域常规氨基保护基。而对于对比文件3给出启示的区别技术特征——反应的具体操作，代理师则从利伐沙班和利奈唑胺结构上的不同出发，将二者结构进行“解剖”，找到不同之处，针对这些结构上的不同，论述其电子效应也不同，进而上升到化合物电子效应、理化性质和反应位点的活性的不同，相互之间没有参考性。并且，代理师还特意向审查员解释说明了利伐沙班和利奈唑胺的研究现状，即现有技术中公开的利伐沙班和利奈唑胺的制备方法非常多，但并没有一个制备方法可用于同时制备这两个化合物，并且目前仍然有相当多的研发人员不断地致力于利伐沙班和利奈唑胺化合物的制备工艺的研发和改进中，这也充分说明了利伐沙班和利奈唑胺这两类化合物结构上的差异对反应的影响比较明显。基于此，本领域技术人员没有动机将对比文件3中公开的与新权利要求1结构差异非常明显的化合物中的N保护基应用到该发明的方法中。

退一步讲，由于对比文件3反应底物和产物结构与新权利要求1仍有明显不同，即使本领域技术人员在看到对比文件3公开的内容后，有动机将对比文件3的方法应用到对比文件2的方法中，基于对比文件3公开的众多的技术特征，本领域技术人员也无法得知，针对以化合物Ⅱ和化合物Ⅲ为反应底物制备化合物Ⅰ的方法，应该选择哪些条件，如何选择，在与对比文件2结合时，能够解决该发明所述的技术问题并实现所述的效果。

☞ **意见陈述原文摘录**

Ⅰ. 关于新颖性

1. 新权利要求 1 具备新颖性

对比文件 1 公开了化合物 5 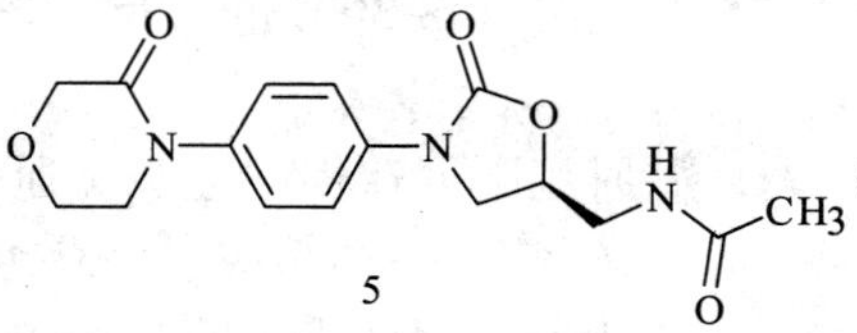 的制备方法，并具

5

体公开了：向反应瓶中加入 4 -（3 - 氧代吗啉酮基）苯胺甲酰苄酯［式（4）］

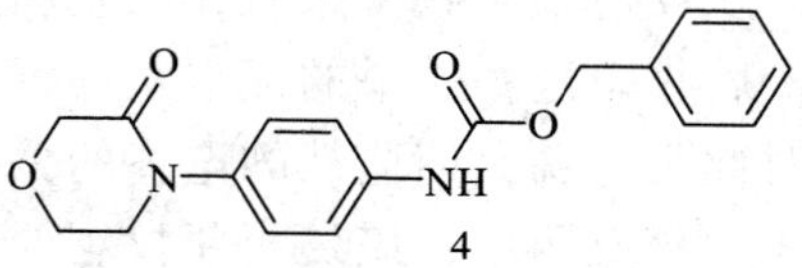（20.5g，62.8mmol）、N，N - 二甲基甲酰胺

4

（51mL），室温下，滴加叔丁醇锂（18.6g，232.5mmol）的二氯甲烷（300mL）溶液，然后加入（S）- N -（2 - 乙酰氧基 - 3 - 氯丙基）- 1 - 乙酰胺［式（3）］

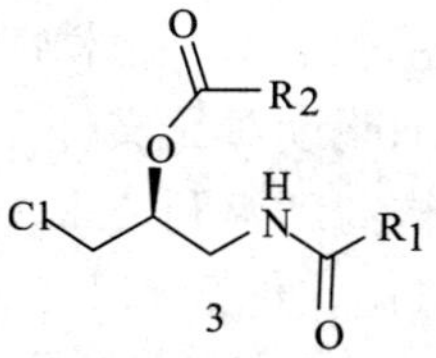（其中，$R_1$和 $R_2$ 为甲基）（18.4g，94.9mmol）加入反应瓶中，升温

3

至回流，搅拌反应 10 小时。后处理得白色固体 19.4g，收率 93.0%。

新权利要求 1 请求保护一种如式Ⅰ所示的化合物的制备方法，其包括如下步骤：在 5 ~ 25℃下，将化合物Ⅱ的溶液、碱和化合物Ⅲ混合后，在 10 ~ 30℃进行反应，得到化合物Ⅰ即可；所述的化合物Ⅱ的溶液中的溶剂为 N，N - 二甲基甲酰胺和甲醇的体积比为 10∶1 ~ 15∶1 的混合溶剂；

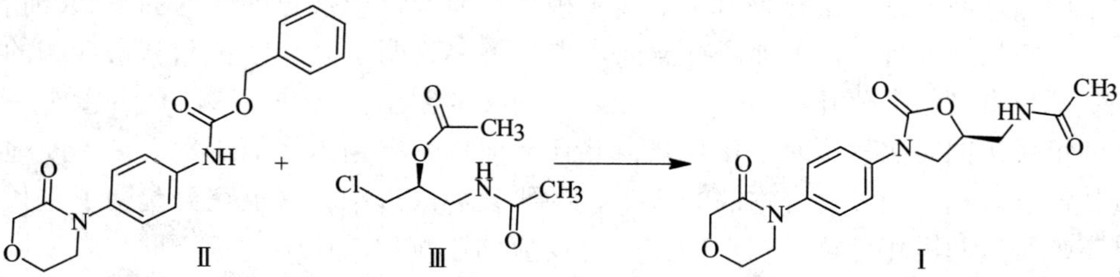

Ⅱ　Ⅲ　Ⅰ

。

由上述对比可知：与对比文件 1 相比，新权利要求 1 的区别技术特征在于：

（1）溶剂不同：新权利要求 1 的溶剂为 N，N - 二甲基甲酰胺和甲醇的体积比为 10∶1 ~ 15∶1 的混合溶剂；而对比文件 1 实质上为 N，N - 二甲基甲酰胺和二氯甲烷的体积比为 0.17∶1 的混合溶剂；

（2）反应温度不同：新权利要求 1 的反应温度为 10 ~ 30℃；而对比文件 1 的反应温度为溶剂回流温度（至少在 40℃以上）。

可见，新权利要求 1 的技术方案与对比文件 1 公开的技术方案实质上不同，其技术领域、所解决的技术问题和达到的技术效果也不同。因此，新权利要求 1 所要求保护的技术方案具备新颖性，符合《专利法》第 22 条第 2 款的规定。

Ⅱ. 关于创造性

对比文件2公开了一种利伐沙班中间体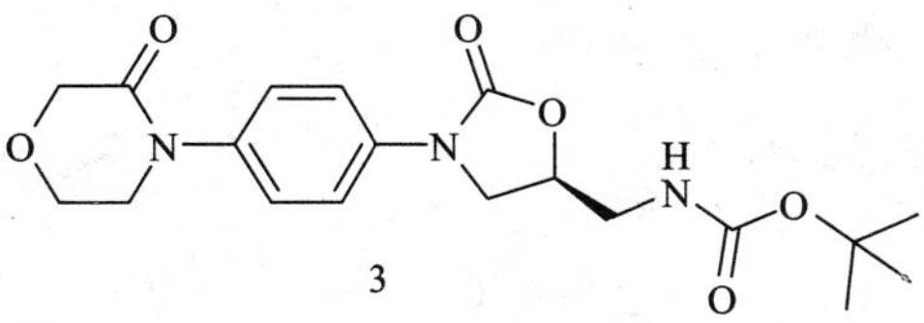

3

，

并公开了其制备方法（参见对比文件2说明书第2页第7段）：

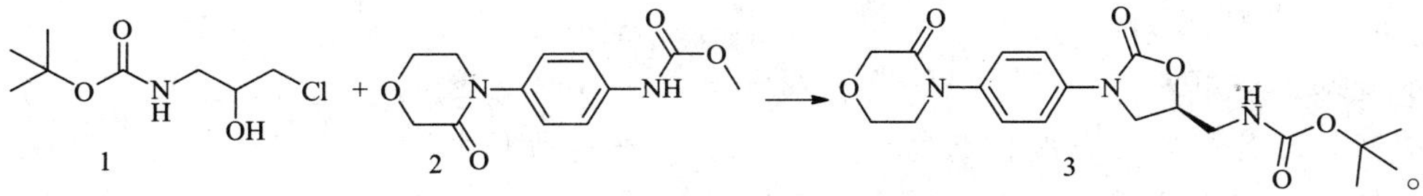

1　　2　　3

。

由对比文件2公开的上述内容可知：对比文件2公开的上述方法中化合物1和化合物3中的氨基保护基为叔丁氧羰基（Boc），而本领域技术人员均清楚，叔丁氧羰基类氨基保护试剂的价格昂贵。

新权利要求1请求保护一种如式Ⅰ所示的化合物的制备方法，其包括如下步骤：在5～25℃下，将化合物Ⅱ的溶液、碱和化合物Ⅲ混合后，在10～30℃进行反应，得到化合物Ⅰ即可；溶剂为N，N－二甲基甲酰胺和甲醇的体积比为10∶1～15∶1的混合溶剂；所述的碱为甲醇钠或叔丁醇锂；

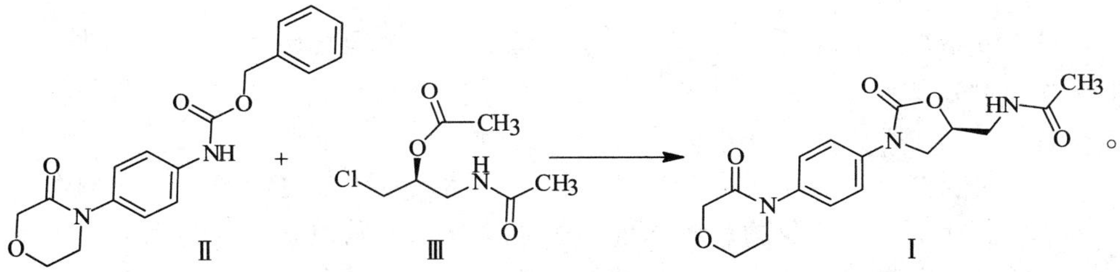

Ⅱ　　Ⅲ　　Ⅰ

。

新权利要求1中的化合物Ⅲ和化合物Ⅰ中的氨基保护基为乙酰基（Ac），而本领域技术人员均清楚，乙酰基类氨基保护试剂廉价易得。

由上述对比可知，与对比文件2相比，新权利要求1的区别技术特征在于：

（1）反应底物和产物结构不同：新权利要求1的反应底物化合物Ⅲ和产物化合物Ⅰ的氨基保护基为乙酰基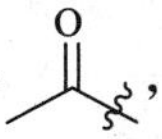，而对比文件2对应的化合物的氨基保护基为叔丁氧羰基（Boc）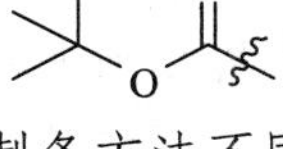；

（2）制备方法不同：新权利要求1限定了反应的具体操作，例如加料顺序、加料温度、反应温度、溶剂等，而对比文件2未限定。

由上述区别技术特征，与其他技术特征相结合，采用新权利要求1的制备方法，目标化合物的HPLC纯度在98%以上，例如98.5%（参见本发明实施例1），目标化合物的纯度较高；同时，新权利要求1的制备方法原料廉价易得，成本低，更适用于工业化生产。

基于上述论述，可以确定，新权利要求1实际解决的技术问题是：提供一种与现有技术完全不同的利伐沙班中间体的制备方法，该方法获得的目标化合物的纯度较高，原料廉价易得，成本低，更适用于工业化生产。

对于上述区别技术特征（1），审查员指出“乙酰基与叔丁氧酰基均为本领域常用的氨基保护基，在对比文件2的基础上，本领域技术人员不难想到将氨基保护基由叔丁氧酰基替换为乙酰基”。对此，申请人有不同意见与您商榷：

（1）乙酰基并非本领域常用的氨基保护基，基于此，在利伐沙班的制备方法中，本领域技术人员根本不会想到使用乙酰基作为氨基保护基。

本领域技术人员均清楚，常用的氨基保护基通常为叔丁氧羰基、苄氧羰基、邻苯二甲酰基、对甲苯磺酰基等，并不涉及审查员所说的乙酰基。并且，乙酰基作为氨基保护基时，其中的酰胺键特别稳定，也不容易进行脱保护反应。基于此，在氨基保护基的选择上，本领域技术人员通常不会选择乙酰基。

（2）由于利伐沙班结构的特殊性，乙酰基并非该类化合物常用的氨基保护基，基于此，本领域技术人员根本不会想到使用乙酰基保护的利伐沙班中间体为反应底物，进行后续反应制备利伐沙班，也就无法解决新权利要求7所述的技术问题并实现所述的效果。

利伐沙班结构中含有氧代吗啉环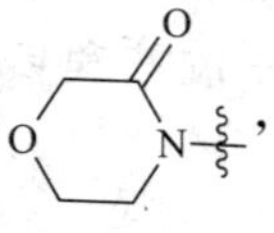，其中含有亚酰胺基，而本领域技术人员均清楚，亚酰胺基和酰胺基均属于酰胺类基团，二者理化性质相似。因此，若使用乙酰基作为利伐沙班中间体的氨基保护基，在进行后续的脱氨基保护基的反应时，本领域技术人员通常会认为：在脱除乙酰基的同时，氧代吗啉环中的亚酰胺基也极有可能会发生开环反应，进而无法得到所需要的化合物，也无法进行后续反应制备利伐沙班。可见，由于利伐沙班结构的特殊性，本领域技术人员通常不会想到采用乙酰基作为该类化合物的氨基保护基。而利伐沙班作为已上市的药物，关于其制备方法及其中间体的报道数不胜数；而现有技术报道的利伐沙班中间体中常用的氨基保护基却仅有寥寥几种，例如叔丁氧羰基、苄氧羰基或邻苯二甲酰亚胺，而没有任何地方记载或暗示，乙酰基为该类化合物常用的氨基保护基或者其可作为利伐沙班中间体的氨基保护基，这也很好地说明了乙酰基不是利伐沙班中间体化合物常用的氨基保护基，甚至不能作为该类化合物的氨基保护基，并且，从另外一个角度，也说明了乙酰基并非常用的氨基保护基。基于此，本领域技术人员也根本不会想到使用乙酰基保护的利伐沙班中间体为反应底物，进行后续反应制备利伐沙班，也就无法解决新权利要求1所述的技术问题并实现所述的效果。

另外，申请人还想要强调的是：若“乙酰基和叔丁氧酰基均为常用的氨基保护基，二者可以互相替换”，那么，本领域技术人员在对利伐沙班的制备方法及其中间体的研发过程中，在氨基保护基的选择上，通常来讲，很有可能会想到使用乙酰基。但是迄今为止，现有技术却没有任何地方记载了使用乙酰基保护的化合物Ⅰ作为反应底物，进行脱保护反应制备利伐沙班中间体化合物Ⅳ。这恰好也说明了新权利要求1中的乙酰基并非利伐沙班中间体化合物常用的氨基保护基。而本发明的发明人却采用乙酰基作为氨基保护基的化合物Ⅰ制备化合物Ⅳ，提供了一种与现有技术完全不同的全新的利伐沙班及其中间体的制备方法，这为解决利伐沙班制备方法中存在的成本高、分离纯化困难、工艺烦琐和不易工业化生产等缺陷，提供了一种全新的研究的思路和方向，这无疑是对利伐沙班及其中间体制备方法的巨大贡献。在这种前提下，化合物Ⅰ本身就难想到，其能够制备并且得到就更佳不容易想到，基于此，化合物Ⅰ的制备方法，即新权利要求1~6也必然具备创造性。

对于上述区别技术特征（2），审查员指出“对比文件3公开了N-Cbz-4-吗啉类化合物与3-氯-2-乙酰氧基乙酰丙胺在碱的作用下，可以构造噁唑环，进而得到噁唑烷吗啉类化合物。本领域技术人员在此基础上，有动机去现有技术中寻找类似化合物的合成方法，进而有能力将对比文件3中的制备方法应用到对比文件2的化合物制备中”。申请人认为：对比文件3公开的化合物的结构与新权1的结构差别很大，本领域技术人员难以想到到对比文件3去寻找解决本发明所述技术问题的任何技术启示。

对比文件3公开的其化合物4为利奈唑胺的中间体化合物，其苯环上的取代基为吗啉环和F原子，而新权利要求1中的化合物Ⅰ为利伐沙班的中间体化合物，其苯环上的取代基只有氧代吗啉环，结构差异非常明显，而本领域技术人员均清楚，吗啉环与氧代吗啉环相比，氧代吗啉环上含有羰基，而羰基上又连有双键，具有较强的吸电子诱导效应，所以吗啉环和氧代吗啉环的电子效应不同；而F与H相比，F是强吸电子基，所以F和H的电子效应也完全不同，因此，吗啉环和氧代吗啉环，F和H电子效应差别较大的情况下，必然会影响苯环上含有吗啉环和F的化合物与苯环上仅含有氧代吗啉环的化合物的电子效应和理化性质，进一步影响反应位点的活性。因此，对于上述两种结构的化合物来说，即使苯环上取代基不直接参与反应，但是会影响化合物电子效应、理化性质和反应位点的活性，使得最后的反应效果会有明显差异。并且，现有技术中公开的利伐沙班和利奈唑胺的制备方法非常多，但并没有一个制备方法可用于同时制备这两个化合物，并且目前仍然有相当多的研发人员不断地致力于利伐沙班和利奈唑胺化合物的制备工艺的研发和改进中，这也充分说明了利伐沙班和利奈唑胺这两类化合物结构上的差异对反应的影响比较明显。因此，本领域技术人员没有动机将对比文件3中公开的与新权利要求1结构差异非常明显的化合物中的N保护基应用到本发明的方法中。

退一步讲，即使本领域技术人员在看到对比文件3公开的内容后，有动机将对比文件3的方法应用到对比文件2的方法中，基于对比文件3公开的众多技术特征，本领域技术人员也无法得知，针对以化合物Ⅱ和化合物Ⅲ为反应底物，制备化合物Ⅰ的方法，应该选择哪些条件，如何选择，在与对比文件2结合时，能够解决本发明所述的技术问题并实现所述的效果。并且，对比文件2和对比文件3都没有任何地方记载或暗示了新权利要求1中的物料加料顺序、溶剂等反应条件，因此，新权利要求1的制备方法对本领域技术人员来说是非显而易见的。

综上，在面对本发明实际解决的技术问题时，现有技术没有给出任何技术启示，使本领域技术人员有动机将前述区别技术特征应用于对比文件2中，得到本发明的技术方案。新权利要求1的技术方案对本领域技术人员来说是非显而易见的，具备突出的实质性特点。

2. 新权利要求 1 具备显著的进步

由本申请实施例 1 可知，采用新权利要求 1 的制备方法，目标化合物的 HPLC 纯度在 98% 以上，例如 98.5%，目标化合物的纯度较高，同时，新权利要求 1 的制备方法原料廉价易得，成本低，更适用于工业化生产。因此，新权利要求 1 取得了显著的进步。

综上所述，新权利要求 1 具备突出的实质性特点和显著的进步，符合《专利法》第 22 条第 3 款的规定。

## 【案例 No. 111845】手机、群组管理系统以及群组管理方法

### ☞ 案由简要

该发明涉及一种手机（权利要求 1 ~ 7）、群组管理系统（权利要求 8）以及群组管理方法（权利要求 9 ~ 15）。

➢ 一通：审查员引用了对比文件 1（CN101188814A）和对比文件 2（CN101217727A），将对比文件 1 作为最接近的现有技术，认定权利要求 1 ~ 15 不具备创造性。

➢ 答一通：未修改权利要求，论述权利要求 1 ~ 15 具备创造性。

➢ 二通：审查员将对比文件 2 作为最接近的现有技术，坚持认为权利要求 1 ~ 15 不具备创造性。

➢ 答二通：未修改权利要求，论述权利要求 1 ~ 15 具备创造性。

➢ 三通：审查员认可了之前的意见陈述，指出权利要求 10 保护范围不清楚。

➢ 答三通：修改权利要求 10，以克服权利要求不清楚的缺陷。

➢ 审查结果：授权。

### ☞ 相关权利要求

权利要求 1：

一种手机，其包括：

一短信收发模块，用于发送和接收短信；一提醒模块，用于闹铃提醒和文字提醒；其特征在于，所述手机还包括：

一群组管理模块，用于供一群主建立群组、为已建立的群组添加群组成员、从已建立的群组中删除群组成员以及解散群组；

一发送模块，用于向群组成员的手机发送指令；

一接收模块，用于从群主的手机接收指令；

其中，所述指令为一用于闹铃提醒并包括提醒时间的闹铃提醒指令或一用于文字提醒并包括提醒时间的文字提醒指令，所述提醒模块用于基于所述接收模块接收到的所述指令在相应的提醒时间发出闹铃提醒或文字提醒。

### ☞ 相关说明书内容

摘录一

目前手机中都存储有联系人的姓名、联系方式等信息，手机中有建立联系人的群组来管理群组成员的功能，但是只能对所述群组进行单一的发送信息、增减人员等简

单的操作。而手机中还没有通过发送指令给群组成员并在具体提醒时间来进行闹铃提醒、活动安排提醒以及会议安排提醒等的功能，因而不便于通过手机对群组成员进行统一协调管理、统一安排会议和活动，从而导致群组步调不统一、办事效率不高。

摘录二

本发明涉及多个手机用户组成的群组管理方法，这些手机便构成了一个群组管理系统。在群组管理系统中，如图 1 所示，每个手机均包括一短信收发模块 1、一群组管理模块 2、一发送模块 3、一接收模块 4 以及一提醒模块 5。

本发明利用所述群组管理系统实现的群组管理方法，其工作原理为：在所述群组管理系统中，有一个手机为供群主使用的手机、其余手机为供群组成员使用的手机。所述群主通过所述群主的手机的所述群组管理模块 2 建立一群组，并通过所述群主的手机的所述群组管理模块 2 为所述群组添加群组成员。然后通过所述群主的手机的所述发送模块 3 调用所述短信收发模块 1 发送一确认短信至所述群组成员的手机，所述群组成员通过所述群组成员的手机的所述接收模块 4 调用所述短信收发模块 1 接收所述确认短信，确认后即被成功添加至所述群组。所述群主通过所述群主的手机的所述发送模块 3 向所述群组成员的手机发送所述指令，所述群组成员的手机的所述提醒模块 5 基于所述群组成员的手机的所述接收模块 4 接收到的所述指令发出闹铃提醒或文字提醒。

其中，在所述群组管理方法的具体实施过程中所述群主的手机发送确认短信以及所述群组成员的手机接收确认短信的动作可以省略，即所述群主通过所述群主的手机的所述群组管理模块 2 添加群组成员后就默认所述群主成员被成功添加，并且所述群主可以直接发送指令至所述群组成员。

所述群组管理模块 2 还可以在检测到所述发送模块 3 在一时间段内未发送指令后供群主选择是否解散群组，从而可以在不再需要群组的时候解散群组，以便于群组的更新。

摘录三

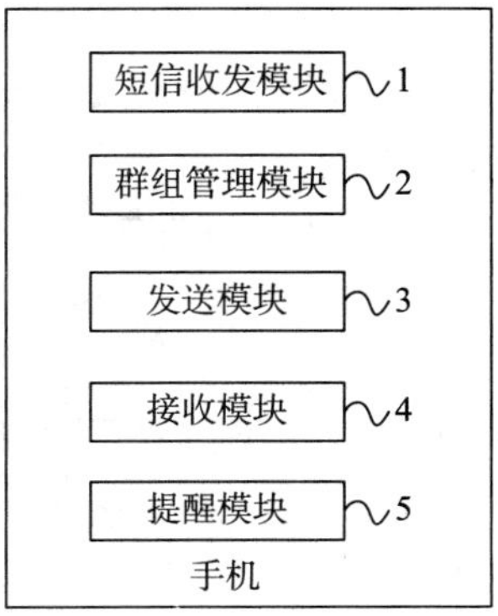


图 1

## ☞ 相关对比文件公开内容

**【对比文件 1】**

摘录一

如图 1 所示，本发明的集群通信系统，包括集群终端和调度中心两个部分，这两个部分在现有技术的系统已经存在，不同之处是，本发明在每……

摘录二

601. 作为群组管理员的集群终端1号（也就是本文提到过的第一集群终端）通过终端信令处理模块向调度中心发送建组请求消息（201）；

602. 调度中心的系统信令处理模块收到上述建组请求消息（201）后，向系统群组信息管理模块发出建组指令，系统群组信息管理模块根据该建组指令分配、保存群组建立的相关信息，并将此群组建立信息返回给系统信令处理模块，这里所提到的群组建立信息包括：系统群组信息管理模块分配的群组标识、群组名称等相关信息；

603. 系统信令处理模块通过建组应答消息（202）把上述群组建立信息发送给集群终端1号；

604. 第一集群终端的终端信令处理模块收到上述建组应答消息（202）后，向终端群组管理模块发送保存指令以及该群组建立信息，所述终端群组管理模块接收到保存指令后，对该群组建立信息进行保存。

摘录三

当然，除了上述给出的群组建立方法，后续还涉及对新的集群终端发出邀请、删除群组成员或删除群组以及群组成员主动提出退组的管理方法。

摘录四

综上所述，集群终端或调度中心的信令处理模块主要功能是处理建组和群组管理的信令、完成终端和调度中心的交互、实现终端和调度中心群组信息的同步；而集群终端或调度中心的群组信息管理模块主要功能是存储群组信息，群组信息包括一个群组列表，以及每个群组下的成员列表，以及管理添加、删除、更新数据的操作。终端群组信息管理模块只能维护该终端归属的群组信息，而系统群组信息管理该系统中所有的群组信息。

摘录五

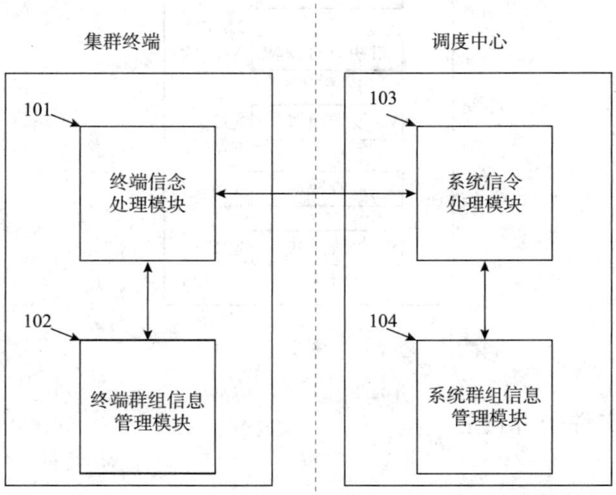


图1

**【对比文件 2】**

摘录一

本发明的实施例还提供了设置提醒的系统，如图 7 所示，包括发送终端和与其通信的接收终端，发送终端为手机或个人数字助理或个人电脑，接收终端为手机或个人数字助理或个人电脑。发送终端包括发送模块，用于发送提醒设置信息；接收终端包括：接收模块，用于接收提醒设置信息；设置模块，用于根据提醒设置信息设置提醒记录。当终端为个人电脑时，个人电脑上提醒应用软件的接口函数根据接收的提醒设置信息，设置提醒时间等提醒记录，在提醒时间到时，提醒应用软件出现提醒界面，对用户进行提醒。

摘录二

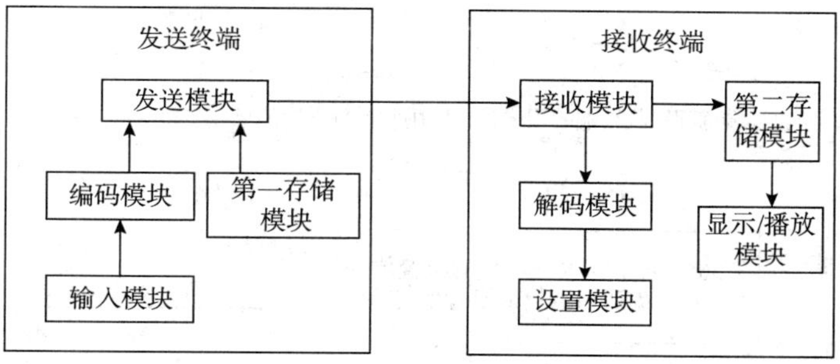


**图 7**

摘录三

301. 发送终端将多媒体数据发送给接收终端，同时将提醒设置信息发送到接收终端；多媒体数据为提醒内容，可以由用户编辑生成，多媒体数据包括音频、视频、图片、动画之一以及它们之间的任意组合；发送终端可以发送的多媒体资源类型由 MMS 协议定义；发送终端也可以通过 USB 接口或蓝牙接口等其他通信方式发送给接收终端，提醒内容可以为文本数据或者多媒体数据等。

其中，将提醒设置信息发送到接收终端的步骤具体包括：

(a) 给发送终端输入提醒设置信息，提醒设置信息包括提醒时间、提醒周期等。

摘录四

307. 接收终端根据设置的提醒记录进行提醒；当接收终端的用户选择对闹钟的提醒记录设置时，在设定的提醒时间到来时，接收终端振动和/或播放预先设定的音乐进行响铃，对终端用户进行提醒；当选择对日程的提醒记录设置时，在设定的提醒时间到来时，接收终端振动和/或播放预先设定的音乐进行响铃，接收终端用户进行查看（对于不同终端，查看的操作方式不同，例如按某个按键或者开盖等，也可以不需要用户操作），接收终端停止振动和停止播放铃声，然后接收终端根据提醒记录中记录的多媒体信息保存位置，读取保存的多媒体数据，并且在接收终端的屏幕上播放，对接收终端的用户进行提醒。

摘录五

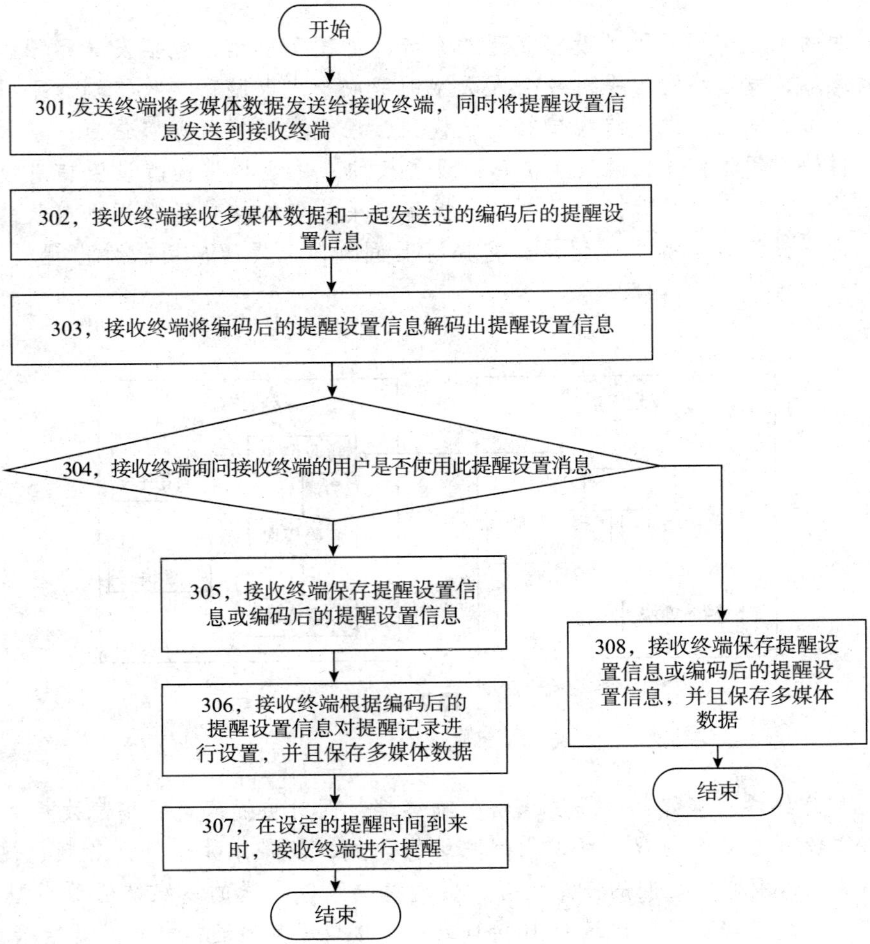


图3

## ☞ 审查意见

第二次审查意见通知书摘录

1. 权利要求1请求保护一种手机，对比文件2（CN101217727A，参见其说明书第5页第1段至第15页第2段）公开了设置提醒的方法、发送装置、接收装置以及系统，并具体公开了以下内容：

发送终端（相当于群主的手机）为手机或个人数字助理或个人电脑，接收终端（相当于群组成员的手机）为手机或个人数字助理或个人电脑。发送终端包括发送模块，用于发送提醒设置信息（相当于一发送模块用于向群组成员的手机发送指令）；接收终端包括：接收模块，用于接收提醒设置信息（相当于一接收模块用于从群主的手机接收指令）；设置模块，用于根据提醒设置信息设置提醒记录。发送终端可以将提醒设置信息发送给多个接收终端，从而对多个接收终端的提醒记录进行设置。发送终端和接收终端可以采用短消息协议进行通信，则必然包括相应的模块用于实现短消息收发功能，隐含公开了一短信收发模块用于发送和接收短信。

301. 发送终端将多媒体数据发送给接收终端，同时将提醒设置信息发送到接收终端；多媒体数据为提醒内容，可以由用户编辑生成，提醒内容可以为文本或者多媒体数据等；提醒设置信息包括提醒时间、提醒周期等（相当于所述指令为一包括提醒时间的指令）；302. 接收终端接收多媒体数据和一起发送过来的编码后的提醒设置信息；……307. 接收终端根据设置的提醒记录进行提醒；当接收终端的用户选择对闹钟的提醒记录设置时，在设定的提醒时间到来时，接收终端振动和/或播放预先设定的音乐进行响铃，对终端用户进行提醒（相当于所述指令为一用于闹铃提醒并包括提醒时间的闹铃提醒指令）；当选择对日程的提醒记录设置时，在设定的提醒时间到来时，接收终端振动和/或播放预先设定的音乐进行响铃，接收终端根据提醒记录中记录的多媒体信息保存位置，读取保存的多媒体数据，并且在接收终端的屏幕上播放（当提醒内容为文本时，即对用户进行文字提醒，相当于所述指令为一用于文字提醒并包括提醒时间的文字提醒指令），对接收终端的用户进行提醒（相当于基于所述接收模块接收到的所述指令在相应的提醒时间发出闹铃提醒或文字提醒）。接收终端必然包括实现闹钟提醒或显示提醒记录的模块，即隐含公开了提醒模块。

该权利要求所要求保护的技术方案与对比文件2公开的内容相比，区别特征为：该权利要求所限定的手机还包括一群组管理模块，用于供一群主建立群组、为已建立的群组添加群组成员、从已建立的群组中删除群组成员以及解散群组。基于上述区别，该权利要求所要求保护的技术方案相对于对比文件2实际所要解决的技术问题是：手机如何实现群组管理。

对于上述区别，对比文件1（CN101188814A，参见其说明书第5页第1段至第8页第1段）公开了一种集群通信系统，包括集群终端（相当于该权利要求中手机）和调度中心，并具体公开了以下内容：作为群组管理员（相当于群主）的集群终端1号（相当于群主的手机）（也就是本文提到过的第一集群终端）通过终端信令处理模块向调度中心发送建组请求消息（201）；第一集群终端的终端信令处理模块接收调度中心发送的建组应答消息（202），通过终端群组管理模块建立群组。此外，还涉及对新的集群终端（相当群组成员的手机）发出邀请、删除群组成员或删除群组以及群组成员主动提出退组的管理方法（相当于群主建立群组、为已建立的群组添加群组成员、从已建立的群组中删除群组成员以及解散群组）。其在对比文件1中所起的作用与其在该权利要求中所起的作用相同，都实现了终端对群组的管理，即对比文件1给出了将上述特征应用到对比文件2中以解决其技术问题的启示。对比文件2公开了发送终端可以将设置提醒信息发送给多个接收终端以对多个接收终端进行提醒，并且对比文件1公开了对终端进行集群管理，因此本领域技术人员在对多个终端进行管理时有动机将对比文件2与对比文件1进行结合，即采用集群管理的方式对群组成员发送提醒信息进行相应的提醒，这是常用的技术手段，属于公知常识；对比文件1中采用终端信令处理模块和终端群组管理模块实现群组管理，而将这两个模块构成一个管理模块也是本领域的常用技术手段，属于公知常识。

由此可知，在对比文件2的基础上结合对比文件1以及本领域的公知常识得到该权利要求所要求保护的技术方案，对本领域的技术人员来说是显而易见的。因此，该权利要求所要求保护的技术方案不具备突出的实质性特点和显著的进步，不符合《专利法》第22条第3款规定的创造性。

### ☞ 答辩要点分析思路

该案中，审查员在一通中将对比文件1作为最接近的现有技术，确定区别技术特征，并认为对比文件2结合公知常识给出了将审查员所认定的区别技术特征应用到对比文件1中以解决相应的技术问题的启示。经代理师答一通后，审查员虽然没有认可代理师答一通时的观点，但是其调整了审查思路，将对比文件2作为最接近的现有技术，认为对比文件1结合公知常识给出了将审查员所认定的区别技术特征应用到对比文件2中以解决相应的技术问题的启示，重新认定该发明没有创造性。

观察审查员从一通到二通审查思路的转变过程能够发现，审查员在该发明没有创造性的认定上把握不足，实际上其在一定程度上还是认可代理师答一通时的观点的。代理师感觉到仅凭对比文件1和对比文件2所公开的内容是无法否定该发明的创造性的。此时，代理师信心大增，仔细分析二通中审查员的观点发现，其将对比文件2作为最接近的现有技术后确定的区别技术特征貌似不多，解决的技术问题也同对比文件1类似，但是其忽视了技术手段的比较，并不是技术效果相当就没有创造性的。由此代理师找到了审查员在二通中审查思路中的问题所在，即此案中对比文件1所公开的技术方案同该发明权利要求1所要求保护技术方案的技术效果貌似相当，但是按照正确的非显而易见的判断方法，不仅应当关注技术效果的比较，还应当关注技术方案上与最接近的现有技术相比的差异，而审查员恰恰忽视了这一点。

在明确了审查员的审查思路中存在的上述问题后，代理师在意见陈述过程中采用了如下的陈述思路：重新确定独立权利要求1相对于最接近的现有技术即对比文件2的区别技术特征，并进一步论述虽然对比文件1也公开了集群终端能够进行群组管理操作的技术效果，但是其采用的技术手段同该发明权利要求1完全不同。具体为：对比文件1虽然公开了集群终端进行群组管理操作，但集群终端必须与调度中心进行信令交互，集群终端必须要借助调度中心的控制才能实现建组的操作，而该发明权利要求1中群主的手机不需要借助外部控制终端的指令控制，就能够独立完成建立群组、添加群组成员、删除群组以及解散群组的操作，也就是说该发明权利要求1的区别技术特征中的群组管理模块这一技术手段没有被对比文件1所公开，即对比文件1没有给出将区别技术特征群组管理模块应用到最接近的现有技术以解决手机能够独立完成关于建立群组的操作的技术问题的启示。

### ☞ 意见陈述原文摘录

答复第二次审查意见陈述摘录

一、权利要求1

1. 权利要求1具有突出的实质性特点

关于本发明的区别技术特征，审查意见中认为对比文件2公开了本发明的群主的手机和群组成员的手机，以及公开了群主的手机的发送模块向群组成员的手机发送指令，群组成员手机的接收模块从群主的手机接收指令，以及所述指令为一用于闹铃提醒并包括提醒时间的闹铃提醒指令或一用于文字提醒并包括提醒时间的文字提醒指令，以及所述提醒模块用于基于所述接收模块接收到的所述指令在相应的提醒时间发出闹铃提醒或文字提醒。

申请人对审查意见中的上述认定有完全不同的意见，首先，申请人认为对比文件2中的发送终端不能相当于本发明的群主的手机，接收终端也不能相当于本发明的群主成员的手机，在本发明中，通过群组管理模块建立群组后，群组中就分为群主和群组成员，其中群主具有最高的权限，只有群主向群组成员发送指令，群组成员只能被动接收指令而不能反过来向群主发送指令，即群主的手机和群组成员的手机在本发明中具有严格的权限区分，二者具有主从关系，并不是任意两个平等手机之间的关系。而在对比文件2中，发送终端和接收终端都是手机或个人数字助理或个人电脑，从对比文件2公开的技术内容可以确定，发送终端和接收终端之间并没有任何权限区分，二者之间可以任意转换，二者的地位完全平等，并不是像本发明的群主的手机和群组成员的手机一样具有主从关系。因此，对比文件2中公开的发送终端和接收终端与本发明的群主的手机和群主成员的手机并不相当。

其次，本发明与对比文件2的发送模块发送的内容完全不同，在本发明中，发送模块发送的指令为闹铃提醒指令或文字提醒指令，而在对比文件2中，发送模块会同时发送提醒设置信息和多媒体数据，在本发明中仅通过单一指令就实现了提醒功能，而在对比文件2中，需要根据提醒设置先进行提醒，然后再显示多媒体数据，与本发明相比，对比文件2中发送的内容更繁杂，而本发明中显然更精简。

再次，本发明与对比文件2中对待提醒指令的操作方式完全不同，在本发明中，由于群主与群组成员具有严格的权限区分，群主具有最高的权限，因此，群组成员只能被动接收群主发送的指令，并在群组成员的手机中严格执行该指令而不能拒绝该指令，但参见对比文件2说明书第7页倒数第3段，在对比文件2中接收终端会提示接收终端的用户收到一个提醒设置消息，并询问接收终端的用户是否使用此提醒设置消息，显然，对比文件2中由于发送终端和接收终端地位平等，因此接收终端可以选择拒绝该提醒设置消息，这种需要接收终端主动选择的操作方式与本发明中严格执行的操作方式完全不同，这也侧面反映了本发明的群主与群组成员和对比文件2中的发送终端和接收终端之间的地位关系完全不同。

最后，本发明与对比文件2中进行提醒的方式完全不同，在本发明中，由于群主具有最高权限，因此，发送指令后在相应的提醒时间，群组成员的手机就会自动发出提醒，无须在群组成员的手机中进行专门设置，而在对比文件2中，则需要在接收终端中对提醒设置信息进行专门设置，然后才能够进行提醒，这种方式无疑增加了接收终端的操作，与本发明中群组成员的手机被动提醒的方式完全不同。

综上，本发明与对比文件2具有很大区别，对比文件2中的发送终端和接收终端并不能相当于本发明的群主的手机和群组成员的手机，本发明与对比文件2在发送的内容、对待提醒指令的操作方式以及进行提醒的方式上完全不同，对比文件2并没有公开本发明的上述内容。因此，申请人认为若将对比文件2作为最接近的现有技术，则其并没有公开本发明的任何区别技术特征，即本发明的区别技术特征为权利要求1的整个技术方案的全部技术特征。

在答复第一次审查意见通知书时，申请人指出本发明权利要求1中的群组管理模块不需要借助任何其他控制终端的指令控制，即可独立完成建立群组、添加群组成员、删除群组成员以及解散群组的操作，而审查意见中对此持不同意见，认为本领域技术人员不能从权利要求1的特征直接地、毫无疑义地得出群组管理模块不需借助任何其他控制终端的指令控制就实现上述群组操作，申请人对此表示不赞同，原因在于，本发明权利要求1中公开的即是一个完整的技术方案，并且包括了不可缺少的全部必要技术特征，根据权利要求1的技术方案的描述，本发明中的群组管理模块本身就具有建立群组、添加群组成员、删除群组成员以及解散群组的操作的功能，那么自然地，群组管理模块本身就可以实现上述群组操作，其并不需要借助任何其他控制终端的指令控制，若审查员对此表示质疑，则属于对本发明权利要求1是否记载全部必要技术特征的质疑，这与本发明的创造性之间并没有必然联系，既然审查意见中并没有对本发明的必要技术特征提出质疑，则表明任何权利要求1记载了实现技术方案的全部必要技术特征，也就说明本发明的群组管理模块不需要借助外部控制，其本身就可以实现上述群组操作，因此，申请人认为审查意见中上述结论并没有相应的证据支持，上述结论自然也无法成立。

而根据所述区别技术特征，权利要求1的技术方案能够达到的技术效果为：本发明的手机不需要借助外部控制终端的指令控制，就能够独立完成建立群组、添加群组成员、删除群组成员以及删除群组的操作，并且在本发明中通过对群主的手机和群组成员的手机进行严格的权限划分，利用群主的手机能够对群组成员的手机发出设有提醒时间的提醒指令，且接收端基于提醒指令能够在相应的提醒时间发出提醒，从而能够对群组成员进行统一协调管理、统一安排会议和活动，进而统一了群组的步调，提高了办事效率。

根据所述区别技术特征及其所能达到的技术效果确定本发明实际解决的技术问题为：如何使得手机能够独立完成关于建立群组的操作以及如何对群组成员的手机进行提醒。

关于本发明是否非显而易见，申请人认为对比文件1没有给出将上述区别技术特征应用到对比文件2中以解决本发明实际解决的技术问题的启示。

对比文件1虽然公开了集群终端进行群组管理操作，但集群终端必须与调度中心进行信令交互，集群终端必须要借助调度中心的控制才能实现建组的操作，同理，对于为已建立的群组添加群组成员、从已建立的群组中删除群组成员以及解散群组等操作，在本发明中群主的手机均能够独立完成，而在对比文件1中集群终端也必须要借助调度中心的指令控制才能完成，由此可见，本发明的群主的手机不需要借助外部控制终端的指令控制，就能够独立完成建立群组、添加群组成员、删除群组以及解散群组的操作，而对比文件1中并没有公开相应的技术内容，进而也不可能给出在不需要外部控制的情况下，直接利用群主的手机实现上述群组管理操作的技术启示。

另外，对比文件1中也没有公开为群组中群主的手机和群组成员的手机设置不同的权限，以使得群主的手机具有最高的权限，群组成员的手机必须严格执行群主的手机发出的指令而不能拒绝该指令等技术手段，即对比文件1中没有公开本发明中群主和群组成员的手机之间的信令交互以及指令控制的关系，进而也不可能给出利用本发明的群主的手机和群组成员的手机具有严格的权限区分来进行指令控制的技术启示。

综上，对比文件1中并没有公开本发明的上述区别技术特征，也不可能给出将上述区别技术特征应用到对比文件2中已解决本发明实际解决的技术问题的启示。另外，对比文件2的其他部分也没有公开本发明的上述区别技术特征，上述区别技术特征也不属于本领域的公知常识，即现有技术从整体上均没有给出将上述区别技术特征应用到对比文件2已解决本发明实际解决的技术问题的技术启示，因此，权利要求1对本领域技术人员来说是不容易想到的，是非显而易见的，具有突出的实质性特点。

2. 权利要求1具有显著的进步

权利要求1能够解决上述技术问题，使得本发明的手机不需要借助外部控制终端的指令控制，就能够独立完成建立群组、添加群组成员、删除群组成员以及删除群组的操作，并且在本发明中通过对群主的手机和群组成员的手机进行严格的权限划分，利用群主的手机能够对群组成员的手机发出设有提醒时间的提醒指令，且接收端基于提醒指令能够在相应的提醒时间发出提醒，能够对群组成员进行统一协调管理、统一安排会议和活动，从而统一了群组的步调，提高了办事效率，进而取得了有益的技术效果，具有显著的进步。

综上所述，权利要求1与现有技术相比，具有突出的实质性特点和显著的进步，具备《专利法》第22条第3款规定的创造性。

## 【案例 No. 1310915】开关柜的断路器合闸旋钮的锁定装置及开关柜组

### ☞ 案由简要

该申请涉及一种开关柜的断路器合闸旋钮的锁定装置（权利要求1~5）以及一种开关柜组（权利要求6）。

➢ 一通：审查员引用对比文件1（CN203351460U）、对比文件2（CN202363375U）和对比文件3（CN203706944U），认为权利要求1~3、5~6不具备创造性。

➢ 答一通：删除原权利要求1，将原权利要求4上升为新的权利要求1，论述新权利要求1~5具备创造性。

➢ 二通：审查员认可之前的意见陈述，但重新检索了新的对比文件4（CN2188619Y），认为权利要求1~5没有创造性。

➢ 答二通：在原权利要求1中增加技术特征“所述挡板在所述储能机构和所述合闸旋钮之间一体成型地设置有一凸起部，当所述锁定构件处于锁定状态且所述挡板位于所述第二设定位置时，所述锁舌抵接所述凸起部靠近所述合闸旋钮的一条边，从而阻挡了所述挡板往所述第一设定位置的方向的移动；另外，当所述挡板位于所述第一设定位置，且所述合闸旋钮转动合闸后，所述随动件抵接所述凸起部靠近所述储能机构的另一条边，从而阻挡了所述挡板往所述第二设定位置的方向的移动”，以形成新的权利要求1；论述新权利要求1~5具备创造性。

➢ 审查结果：授权。

☞ **相关权利要求**

原权利要求摘录

1. 一种开关柜的断路器合闸旋钮的锁定装置，所述开关柜带有一断路器和一操作面板，所述断路器上带有合闸旋钮和储能机构，其特征在于，所述锁定装置包括有：一底板、一挡板、一锁定构件和一随动件；

所述底板覆盖于所述操作面板上，并在对应所述合闸旋钮以及所述储能机构的位置分别设有开口；

所述挡板通过若干连接件在一第一设定位置与一第二设定位置之间活动的设置于所述底板上，用于当所述挡板移动至所述第二设定位置时阻止所述合闸旋钮的旋转；

所述锁定构件设置于所述底板上，用于在所述挡板位于所述第二设定位置时，锁定所述挡板；

所述随动件与所述储能机构相固定，用于在所述挡板位于所述第一设定位置且合闸旋钮旋转后，所述随动件在所述储能机构带动下发生转动后停止，并阻挡所述挡板往所述第二设定位置的方向移动。

4. 如权利要求1所述的开关柜的断路器合闸旋钮的锁定装置，其特征在于，所述锁定构件包括有一锁芯、一锁舌和一钥匙；

所述锁芯旋转地嵌设于所述底板，所述锁舌与所述锁芯固定；

所述锁舌用于在所述锁芯处于锁定状态时阻挡所述挡板往所述第一设定位置的方向的移动；

所述钥匙用于解除所述锁芯的锁定状态。

☞ **相关说明书内容**

摘录一

本实施例涉及的开关柜的断路器合闸旋钮的锁定装置设置于一开关柜上，该开关柜带有一断路器和一操作面板，断路器上带有合闸旋钮3和储能机构71，锁定装置包括有：底板8、挡板1、锁定构件和随动件7。

摘录二

锁定构件包括有锁芯5、锁舌4和钥匙6，用于在挡板1位于第二设定位置时，锁定挡板1。其中，锁芯5旋转地嵌设于底板8，锁舌4与锁芯5固定；锁舌4用于在锁芯5处于锁定状态时阻挡挡板1往第一设定位置的方向的移动；钥匙6用于解除锁芯5的锁定状态。

摘录三

挡板1在储能机构71和合闸旋钮3之间一体成型地设置有一凸起部13，当锁定构件处于锁定状态且挡板1位于第二设定位置时，锁舌4抵接凸起部13靠近合闸旋钮3的一条边，从而阻挡了挡板1往第一设定位置的方向的移动。另外，当挡板1位于第一设定位置，且合闸旋钮3转动合闸后，随动件7抵接凸起部13靠近储能机构71的另一条边，从而阻挡了挡板1往第二设定位置的方向的移动。

另外，当挡板1位于第一设定位置时，锁定构件处于非锁定状态，处于锁定状态时的锁舌4的位置被凸起部13所占据，即，凸起部13在挡板1位于第一设定位置时阻挡了锁舌4向锁定位置的移动。这样一来，钥匙6在挡板1位于第一设定位置时，及合闸旋钮3可以自由转动时，是无法从锁芯5中拔出的。

附图一为该案的锁定装置在锁定状态下的结构示意图。

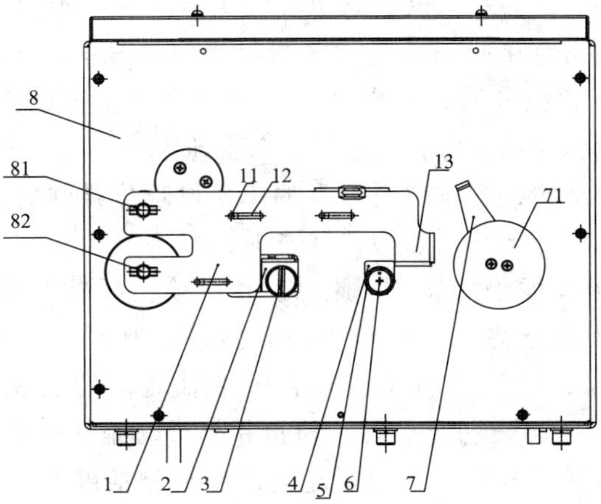


附图一

附图二为该案的锁定装置在未锁定状态下的结构示意图。

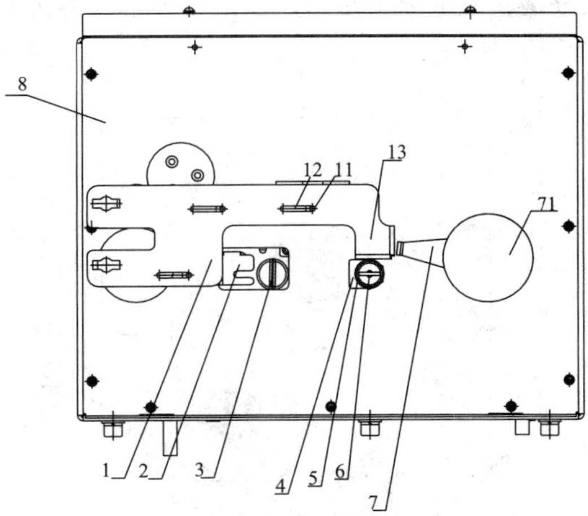


附图二

## ☞ 相关对比文件公开内容

**【对比文件1】**

［0012］该操动机构机械防误操作装置是安装于操动机构中，操动机构包括安装板1，以及轴接于安装板的凸轮2、输出拐臂10、合闸扣板4、合闸半轴7、分闸扣板、分闸半轴。凸轮通过其带有的储能保持滚轮3与合闸扣板的一端联动，合闸扣板另一端

与合闸半轴联动，合闸半轴的轴部连接锁板6、手动脱扣板8，安装板连接有与手动脱扣板联动的手动合闸按钮9。输出拐臂连接一推杆销11，输出拐臂与凸轮、分闸扣板联动，分闸扣板与分闸半轴联动。在安装板上设有一定向滑动的顶板12，顶板设有两条平行的滑槽1201，通过相应的销轴13穿过滑槽与安装板固接，实现顶板与安装板之间的滑动。顶板与锁板、推杆销之间的联动关系为：当操动机构处于合闸状态时，在拉簧作用下，顶板与锁板的斜面相抵，限制锁板连接的合闸半轴转动，输出拐臂的推杆销与顶板分离；在操动机构由合闸状态转变为分闸状态的过程中，输出拐臂带动推杆销与顶板相抵，并推动顶板与锁板分离；当操动机构处于分闸状态时，输出拐臂被分闸扣板、分闸半轴保持，推杆销保持顶板与锁板分离。以上即为本实用新型的具体结构。

[0013] 结合上述结构，对本实用新型的工作原理作详细的说明。

[0014] 当操动机构处于分闸已储能状态时，即合闸扣板一端与凸轮的储能保持滚轮相抵，另一端与合闸扣板相抵限位，此时，由于输出拐臂的推杆销与顶板相抵限位，并保持顶板与锁板之间的分离，故操动手动合闸按钮时，手动合闸按钮推动手动脱扣板，带动合闸半轴转动，实现合闸扣板与合闸半轴之间的脱扣，操动机构进行合闸。在合闸过程中，凸轮带动输出拐臂转动，输出拐臂带动推杆销转动，解除推杆销对顶板的限位，顶板在拉簧作用下与合闸半轴所连接的锁板相抵限位。当操动机构达到合闸已储能状态时，由于锁板与顶板限位，输出拐臂被分闸扣板、分闸半轴保持，故合闸半轴无法转动，合闸扣板与合闸半轴之间无法脱扣，即达到合闸联锁的目的。当操动机构进行分闸操作时，通过分闸扣板与分闸半轴之间的脱扣，输出拐臂带动推杆销反转，并由推杆销带动顶板与锁板分离，完成分闸过程。以上即为本实用新型的操动原理。

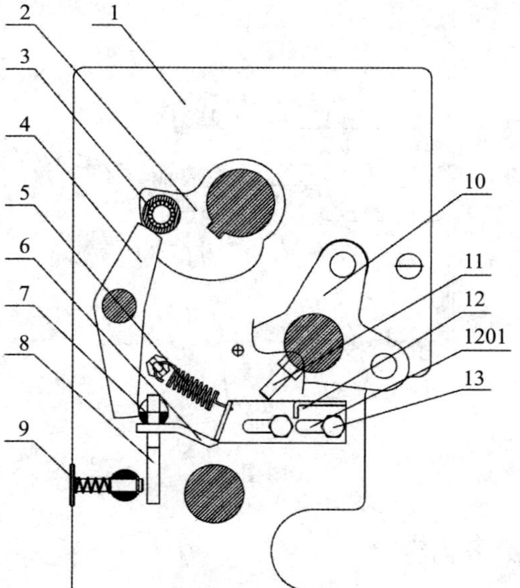


图1

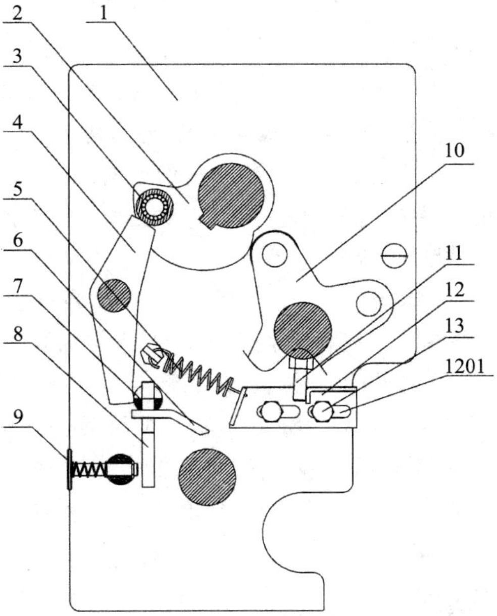


图2

【对比文件4】

如图1所示，本实施例所描述的轴式车辆防盗锁由锁芯1、锁舌2、锁壳3组成，锁壳3为一筒体并在筒壁上开有与锁舌相对应的锁孔4，锁芯1和锁舌2都设置于锁壳3内，锁芯1带动锁轴5来转动锁轴5上固定的凸轮6，以控制锁舌2进出锁孔4，为了保证锁舌2灵活进出锁孔4，在锁舌内设有弹簧7，当凸轮6回转时，弹簧7便将锁舌2弹回锁壳3内，将此作为车轴装入车轮的轴壳8内，如图2所示，轴壳8上设有由锁舌2进出的锁匣9，锁匣9为凸形，与锁舌2相对应，当锁舌2伸出锁壳3，进入锁匣9后，与车轮连为一体的轴壳8就无法再与锁壳3做相对转动，也即，车轮不能绕车轴转动，因此也就锁住了车轮。在此，轴壳8上锁定锁舌……

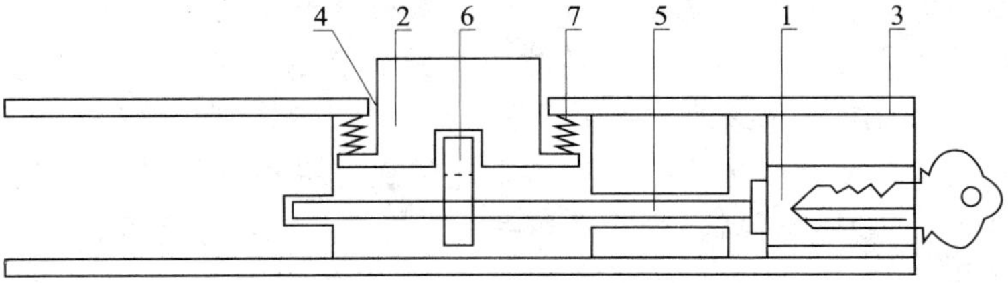


图1

☞ **审查意见**

第二次审查意见通知书摘录

1. 权利要求1请求保护一种开关柜的断路器合闸旋钮的锁定装置。对比文件1（CN203351460U）公开了一种操动机构机械防误操作装置，并具体公开了如下的技术特征（参见说明书第0012段至0014段以及图1、图2）：包括有操动机构，操动机构包括安装板1（相当于底板），安装板1上轴接有合闸半轴7和储能机构，推动销11（相当于随动件）、顶板12（相当于挡板）（安装板1、推动销11以及顶板12相当于锁定装置），根据安装板1上轴接有合闸半轴7和储能机构，本领域技术人员能够确定安装板1上对应合闸半轴7和储能机构的位置分别设置有开口，顶板12定向滑动地设置在安装板1上，顶板设有两条平行的滑槽1201，通过相应的销轴13穿过滑槽与安装板固接，实现顶板与安装板之间的滑动（销轴13相当于连接件），顶板12能够在安装板1上定向滑动的位置分别为第一设定位置和第二设定位置，合闸半轴的轴部连接锁板6，在操动机构处于合闸状态时，在拉簧作用下，顶板与锁板的斜面相抵，限制锁板连接的合闸半轴转动（相当于公开了当挡板移动至第二设定位置时阻止合闸旋钮的旋转），推动销11与输出拐臂10连接（相当于公开了随动件与储能机构相固定），当操动机构进行分闸操作时，通过分闸扣板与分闸半轴之间的脱扣，输出拐臂带动推杆销反转，并由推杆销带动顶板与锁板分离并保持顶板与锁板的分离，完成分闸过程（相当于公开了挡板位于第一设定位置时，随动件在转动机构带动下发生转动后停止，并阻挡挡板往第二设定位置移动）；另外，该过程中必然包括合闸半轴旋转。

权利要求1所要保护的技术方案与对比文件1公开的内容相比，其区别技术特征是：(1) 权利要求1中要求保护的是一种用于开关柜中的断路器合闸旋钮的锁定装置，开关柜带有一断路器和一操作面板，底板覆盖于操作面板上；(2) 锁定装置还包括一锁定构件，锁定构件设置于底板上，用于在挡板位于第二设定位置时，锁定挡板，所述锁定构件包括有一锁芯、一锁舌和一钥匙；所述锁芯旋转地嵌设于所述底板，所述锁舌与所述锁芯固定；所述锁舌用于在所述锁芯处于锁定状态时阻挡所述挡板往所述第一设定位置的方向移动；所述钥匙用于解除所述锁芯的锁定状态。

基于区别技术特征 (1) 可以确定权利要求1实际解决的技术问题之一是：如何将对比文件1中公开的机械防误操作装置用于开关柜中的断路器合闸旋钮的锁定装置中。对于该区别技术特征，对比文件1中已经公开了操动机构中合闸半轴的定位保持装置，本领域技术人员根据对比文件1中公开的内容，能够想到将该装置用于开关柜中的断路器合闸旋钮的锁定装置中，这是本领域技术人员容易想到的；另外，本领域技术人员能够根据设计的需要想到在操动机构中设置操作面板并将底板覆盖于操作面板上，这是本领域技术人员容易想到的。基于区别技术特征 (2) 可以确定权利要求1实际解决的技术问题之一是：如何对挡板在第二设定位置时将挡板锁定。对于该区别技术特征，对比文件4（CN2188619Y，参见说明书第3页实施例1以及图1）公开了一种车辆防盗锁，并具体公开了：轴式车辆防盗锁由锁芯1、锁舌2、锁壳3组成，锁芯1和锁舌2都可旋转地设置于锁壳3内，锁芯1带动锁轴5来转动锁轴5上固定的凸轮6，以控制锁舌2进出锁孔4，当锁舌2伸出锁壳3，进入锁匣9后，与车轮连为一体的轴壳8就无法再与锁壳3做相对转动，即锁舌2用于在锁芯处于锁定状态时阻挡锁匣9的转动，钥匙用于解锁锁芯的锁定状态。由此可见，对比文件4中公开了一种包括锁芯、锁舌和钥匙的锁定构件，且该技术特征在对比文件4中的作用与在权利要求1中的作用相同，即对比文件4给出了本领域技术人员解决上述问题的启示，本领域技术人员容易想到将该技术特征即锁定构件用于对比文件1中，将锁芯旋转地嵌设于对比文件1中的底板，使锁舌能够在挡板位于第二设定位置时，锁定挡板，以阻挡挡板往第一设定位置的方向移动，这是本领域技术人员容易想到的；另外，本领域技术人员能够根据设计的需要想到将锁舌与锁芯固定，这也是本领域技术人员容易想到的。

### ☞ 答辩要点分析思路

我们去分析不同的发明创造是否相同或相近，是从解决的技术问题、达到的技术效果以及采取的技术方案三个方面进行整体的比较的。在有些时候，即使能够解决同一个技术问题、达到同一个的技术效果，但由于采取了非显而易见的不同的技术方案，也是非显而易见的发明创造。因此，在对创造性进行分析的时候，不应该只关注解决的技术问题和达到的技术效果，更应该按照《审查指南》中实质审查对审查创造性的“三步法”要求，全方位地将该申请中技术方案的具体内容与现有技术进行对比。

结合该案，通过分析该申请文件和对比文件，可以得知该申请中的锁定构件与对比文件4中的轴式车辆防盗锁是完全不同的。该申请和对比文件4中锁的技术领域相差很大，而在该案中，技术领域的不同就导致了两者的具体结构会具有不同的设计思路，从而去达到各自应用领域的特定目的。对比文件4中的轴式车辆防盗锁用于锁定车辆的车轴与轴壳之间的相对转动，该申请的锁定装置用于锁定高压开关设备的开关柜的断路器合闸旋钮。所以，两者不仅包含的零部件不同，而且零部件之间的连接关系、位置关系都是不同的，从而使得两者是完全不同的。

从判断两个技术特征是否作用相同的起点出发，也就是具体来分析每一个零部件和零部件之间的配合关系，对比文件4中的车辆防盗锁是通过“锁芯1带动锁轴5来转动锁轴5上固定的凸轮6，以控制锁舌2进出锁孔4”，也就是说对比文件4的车辆防盗锁的工作原理是通过锁舌进出锁孔的相对位置关系来实现锁定。而该申请中，是通过钥匙带动锁芯转动，而锁芯则带动锁舌转动，锁舌转动到阻挡挡板往第一设定位置方向移动的位置后，拔出钥匙即完成对挡板的锁定。对比文件4中的车辆防盗锁的结构与该申请的结构也有很大的区别。

综上，申请人应该全方位地对该申请的技术方案内容进行分析，深度挖掘该申请的技术方案与现有技术之间存在的不同之处，并在此基础上进行重点阐述，才能从根本上论述该申请是具备创造性的，从而说服审查员老师。

### ☞ 意见陈述原文摘录

新的权利要求1具备创造性

（一）新的权利要求1具有突出的实质性特点

1. 确定最接近的对比文件

审查员引用了对比文件1（CN203351460U）和对比文件4（CN2188619Y），其中，将对比文件1作为最接近的现有技术。

2. 新的权利要求1相对于对比文件1的区别技术特征和实际解决的技术问题

审查员已经指出，本技术方案的锁定装置与对比文件1所公开的操动机构机械防误操作装置的区别有：

A. 一种用于开关柜的断路器合闸旋钮的锁定装置，所述开关柜带有一断路器和一操作面板，所述底板覆盖于所述操作面板上；

B. 所述锁定构件包括有一锁芯、一锁舌和一钥匙；所述锁芯旋转地嵌设于所述底板，所述锁舌与所述锁芯固定；所述锁舌用于在所述锁芯处于锁定状态时阻挡所述挡板往所述第一设定位置的方向的移动；所述钥匙用于解除所述锁芯的锁定状态；

之外，至少还包括：

C. 所述挡板在所述储能机构和所述合闸旋钮之间一体成型地设置有一凸起部，当所述锁定构件处于锁定状态且所述挡板位于所述第二设定位置时，所述锁舌抵接所述凸起部靠近所述合闸旋钮的一条边，从而阻挡了所述挡板往所述第一设定位置的方向的移动；另外，当所述挡板位于所述第一设定位置，且所述合闸旋钮转动合闸后，所述随动件抵接所述凸起部靠近所述储能机构的另一条边，从而阻挡了所述挡板往所述第二设定位置的方向的移动。

在进一步论述前，先进一步解释一下上述区别技术特征：

关于区别技术特征A，本技术方案中的锁定装置是专门使用于开关柜的断路器合闸旋钮，是一种高压开关设备的联锁控制方式，为了保证高压开关按照规定的程序操作，从而保证操作人员人身安全以及电力设备安全。

关于区别技术特征B，本技术方案中，通过锁芯、锁舌和钥匙之间的配合，在挡板位于第二设定位置时，锁定挡板。正确的钥匙插进锁芯后，可以带动锁芯转动，而锁芯则带动锁舌转动。具体地说，当挡板处于第二设定位置时，将钥匙插进锁芯，带动锁芯转动，而锁芯则带动锁舌转动，锁舌转动到阻挡挡板往第一设定位置方向移动的位置后，拔出钥匙即完成对挡板的锁定。这种状态下，除非用钥匙打开锁芯转动，否则是不能解除锁定的。与此同时，挡板也限制了合闸旋钮的活动，所以锁定时无法合闸。锁芯、锁舌和钥匙之间的配合，进一步保证了挡板保持在第二设定位置，从而限制合闸旋钮的活动，从而更加确保了操作人员人身安全以及电力设备安全。

关于区别技术特征C，本技术方案中，所述挡板在所述储能机构和所述合闸旋钮之间一体成型地设置有一凸起部，当所述锁定构件处于锁定状态且所述挡板位于所述第二设定位置时，所述锁舌抵接所述凸起部靠近所述合闸旋钮的一条边，从而阻挡了所述挡板往所述第一设定位置的方向的移动；另外，当所述挡板位于所述第一设定位置，且所述合闸旋钮转动合闸后，所述随动件抵接所述凸起部靠近所述储能机构的另一条边，从而阻挡了所述挡板往所述第二设定位置的方向的移动。

更进一步，当挡板位于第一设定位置时，锁定构件处于非锁定状态，处于锁定状态时的锁舌的位置被凸起部所占据，即凸起部在挡板位于第一设定位置时阻挡了锁舌向锁定位置的移动。这样一来，钥匙在挡板位于第一设定位置时，及合闸旋钮可以自由转动时，是无法从锁芯中拔出的。

通过设置凸起部，达到凸起部与锁舌、随动件以联锁控制的方式，共同制约挡板的位置并确保挡板保持在该位置的稳定性，保证高压开关按照规定的程序操作，从而保证操作人员人身安全以及电力设备安全。

综上所述，本技术方案相对于对比文件1实际解决的技术问题是：提供了用于开关柜的断路器合闸旋钮的锁定装置，通过设置凸起部，达到凸起部与锁舌、随动件以联锁控制的方式，共同制约挡板的位置并确保挡板保持在该位置的稳定性；通过锁芯、锁舌和钥匙之间的配合，进一步保证了挡板保持在第二设定位置，从而限制合闸旋钮的活动，从而更加确保了操作人员人身安全以及电力设备安全。

3. 权利要求1中的技术方案对于本领域技术人员来说是非显而易见的

在审查意见中，审查员认为，在对比文件4公开内容的基础上，为了对挡板在第二设定位置时将挡板锁定，本领域技术人员经过合乎逻辑的分析、推理即可将区别技术特征B应用到对比文件1中得到权利要求1要求保护的技术方案。

对此，申请人持有不同的意见。

首先，对比文件4中的车辆防盗锁用于锁定车辆的车轴与轴壳之间的相对转动，本申请的锁定装置用于锁定高压开关设备的开关柜的断路器合闸旋钮，两者应用的领域区别很大。

其次，对比文件4中的车辆防盗锁是通过“锁芯1带动锁轴5来转动锁轴5上固定的凸轮6，以控制锁舌2进出锁孔4”，也就是说对比文件4的车辆防盗锁的工作原理是通过锁舌进出锁孔的相对位置关系来实现锁定。而本技术方案是通过钥匙带动锁芯转动，而锁芯则带动锁舌转动，锁舌转动到阻挡挡板往第一设定位置方向移动的位置后，拔出钥匙即完成对挡板的锁定。对比文件4中的车辆防盗锁的结构与本申请的结构有很大的区别。

不存在将区别特征B应用到对比文件1的技术启示：对比文件1中已经通过输出拐臂的推杆销相对于顶板的位置，并通过推杆销对顶板的限位，已经实现了合闸联锁可靠，有效防止合闸后再次合闸的问题发生。因此，对比文件4不存在将区别特征B应用到对比文件1的技术启示。本技术方案的这种结构，是在特殊的应用领域中结合创造性劳动而得到的。

区别技术特征C不是本领域惯用手段，也不是容易想到的。

本发明中，挡板的凸起部的设置，是兼顾多部件的联锁控制的关键，实现了本发明的锁定装置多重锁定挡板相对位置，确保了高压开关按照规定的程序操作，从而保证操作人员人身安全以及电力设备安全。

反观对比文件1，其已经通过输出拐臂的推杆销相对于顶板的位置，并通过推杆销对顶板的限位，已经实现了合闸联锁可靠，有效防止合闸后再次合闸的问题发生。因此对于对比文件1来说区别技术特征C完全是多余的技术手段。本领域技术人员根本没有动机去加入区别技术特征C。而且，区别技术特征C是在区别技术特征A和区别技术特征B的配合下才有了意义，是发明人通过联锁控制的方式来实现锁定高压开关设备的一个整体方案。

并且，区别技术特征A不是公知常识。

综上所述，独立权利要求1的技术方案，是本领域技术人员根据对比文件1并结合对比文件4以及其他现有技术不容易想到的，具有非显而易见性，故具有突出的实质性特点。

（二）权利要求1具有显著的进步

本申请提供了用于开关柜的断路器合闸旋钮的锁定装置，通过设置凸起部，达到凸起部与锁舌、随动件以联锁控制的方式，共同制约挡板的位置并确保挡板保持在该位置的稳定性；通过锁芯、锁舌和钥匙之间的配合，进一步保证了挡板保持在第二设定位置，从而限制合闸旋钮的活动，从而更加确保了操作人员人身安全以及电力设备安全。

综上所述，独立权利要求1具有突出的实质性特点和显著的进步，具备《专利法》第22条第3款所规定的创造性。

## 第三节　割裂评价单个区别技术特征，忽略技术特征之间的组合关系

在质疑创造性的审查意见中，常常可以看到这样的审查意见：审查员针对每一个区别技术特征分别进行评述该特征如何容易想到，最后得出总的结论：因为每个区别技术特征都很容易想到，因此该发明显而易见，不具备创造性。此外，实践中，很多专利代理师也习惯在论述非显而易见性时，一个文段对应一个区别技术特征，对每个区别技术特征本身分别进行非显而易见的陈述。

但这样分段割裂地评价每个区别技术特征的方式并非是论述发明的非显而易见性的理想方式。原因从评价非显而易见所涉及的技术方案和技术效果两方面进行分析：

第一，从技术方案角度而言，所采用的区别技术特征本身固然是构成发明非显而易见性的重要部分，但不能忽略的是，技术特征之间的组合关系其实也是一种技术特征，其同样是体现发明非显而易见性的重要部分！《审查指南》对判断发明的非显而易见性时也明确指出［《审查指南》第二部分第四章3.2.1.1（3）］，要确定“现有技术中是否给出将上述区别特征应用到该最接近的现有技术以解决其存在的技术问题（即发明实际解决的技术问题）的启示”。其中，所述的“应用到”一语就是表明在评价非显而易见性时，不仅仅应当考虑现有技术是否给出采用某区别技术特征的启示，更重要的是看采用此区别技术特征与该发明其他现有技术特征相组合以实现所述技术效果是否有现有技术给出过相应启示。如果按照前述分段割裂评价每个区别技术特征的方式，很容易忽略特征之间的组合关系。这样的论述方式没有准确地把握非显而易见的含义。对于发明点就着眼于技术特征的特定组合关系上的组合发明而言，若割裂地评价每个区别技术特征本身，则根本无法论述此类组合发明在技术特征的“组合”上所体现出的非显而易见性。

第二，从技术效果角度而言，某种技术效果的实现客观上无疑是由整个技术方案所实现的，而不可能是由一个孤立的技术特征所实现的。因此，在评述非显而易见性时，不应当割裂地看单个区别技术特征本身能实现什么效果，而应当关注的是区别技术特征与其他现有特征组合后所得的技术方案整体上实现了什么技术效果。如果按照前述分段割裂评价单个区别技术特征的方式，就很容易忽略技术特征的组合对于技术效果实现的重要性。在创造性的论述中，可以用这样的表述“某区别技术特征带来了某些效果”，但应当明确，这样的表述其实只是一种简便说法而已，其准确意思还是

指：在其他现有技术特征的基础上结合了此区别技术特征，使得整个技术方案实现了某某效果。对于那些单个区别技术特征对应于某些技术效果的发明，尚且可以用“某区别技术特征带来了某些效果”的方式单独针对此区别技术特征评述发明的非显而易见性。但对于那些并非各个技术效果都分别孤立地对应于某一个区别技术特征的发明而言，若割裂地评价每个区别技术特征本身，则根本无法论述此类发明通过技术特征的“组合”所实现某些优异技术效果所体现的非显而易见性。

综上，在论述发明非显而易见性时，不能将技术方案解剖开只关注单个技术特征本身，还需要关注技术特征之间的组合及由此组合所带来的技术效果。

### 一、所有技术特征均为现有技术已公开的发明创造

对此类发明，由于所有技术特征，包括区别技术特征都被现有技术所公开。在忽略对技术特征之间的组合及由此组合所实现的技术效果的考察的前提下，审查员很容易认为，只要将相关的对比文件拼凑起来，即可显而易见地获得该发明。

看到此类审查意见，专利代理师应当敏锐地抓住审查员分析思路中的漏洞：其忽略了对技术特征之间的组合，及现有技术中是否存在与此组合相关的技术启示的分析。事实上，除了开拓发明，大部分发明创造的技术方案都是由现有技术已经存在的技术特征组合而得。但每个技术特征都属于已知的技术特征，并非意味着由这些技术特征组合而成的技术方案就一定没有创造性。根据《审查指南》中对现有技术给出的技术启示定义，创造性评价中，应当着眼的是技术特征组合而成的技术方案整体，而非割裂地评价各个技术特征。如果现有技术没有给出，由这些现有技术特征组成的技术方案能够解决某一技术问题的技术启示，则根据《审查指南》的指导原则，这样的发明无疑是非显而易见的。如果认为一个发明的技术特征都是现有特征，则该发明不具备创造性，则除了全新的开拓发明，绝大多数的发明都不具备创造性，这显然是不合理的。

## 【案例 No. 1210893】一种顺反异构化方法

### ☞ 案由简要

该申请涉及一种 2 或 4 位取代的环己烷甲酸类化合物的顺反异构化方法（权利要求 1 ~ 10）。

➢ 一通：审查员引用对比文件 1（CN1319583A），并认为权利要求 1 ~ 10 不具备创造性。

➢ 答一通：删去原权利要求 1，将原权利要求 2 的部分技术方案与权利要求 5 合并形成新权利要求 1，并论述新权利要求 1 ~ 10 具备创造性。

➢ 二通：审查员认可了部分技术方案（取代基为羧基）的创造性，但仍不认可新权利要求 1 ~ 10 的创造性。

➢ 答二通：删去原权利要求 1，将原权利要求 6 的部分技术方案提升为新权利要求 1，并论述新权利要求 1 ~ 8 具备创造性。

➢ 答二通后主补：将原权利要求 1 中的某些技术方案分出、限定形成新权利要求 8 ~ 11，原权利要求 1 剩余的技术方案形成新权利要求 1，并简述新权利要求 1 ~ 11 具备创造性。

➢ 审查结果：授权。

☞ **相关权利要求**

答二通后主补时修改出的权利要求 1：

一种 2 或 4 位取代的环己烷甲酸类化合物的顺反异构化方法，其特征在于包括下列步骤：在含有水的溶剂中，在压强为 3 ~ 5atm、温度为 150℃及强碱的作用下，将顺式 2 或 4 位取代的环己烷甲酸或其盐转化为反式 2 或 4 位取代的环己烷甲酸盐即可；所述的取代的基团为羧基；所述的强碱为无机强碱；所述的无机强碱为 KOH、NaOH 或 LiOH。

☞ **相关说明书内容**

实施例 1：反式 1，2 – 环己烷二酸的制备

称取自来水 220 克于 500mL 的不锈钢反应釜中，分批加入 NaOH 固体 126 克，接着加入顺式 1，2 – 环己烷二酸 70 克，密封，然后加热到 150℃，反应体系的压力达到 3atm，并且在该温度下搅拌反应 72 小时，HPLC 跟踪检测，直到转化超过 95%，即可停止反应。冷却至室温，加入 140 克自来水，搅拌下加入浓盐酸（250 克），直至其 pH = 1 ~ 2，则有大量白色固体析出，冷却至 25℃，过滤，滤饼再用水 140 克水洗涤，真空烘干得到 68 克白色固体，检测可知，含有 2% 的原料，则用 50mL 乙醇打浆，过滤，干燥，得到 65 克 99.5% 的反式 1，2 – 环己烷二酸。收率 92.9%。

实施例 3：反式 1，2 – 环己烷二酸的制备

具体操作参考实施例 1，与实施例 1 的区别在于，将 NaOH 改为 KOH，410 克的顺式 1，2 – 环己烷二酸得到 312 克纯的反式目标分子。收率 76.1%。

实施例 4：反式 1，2 – 环己烷二酸的制备

具体操作参考实施例 1，与实施例 1 的区别在于，110 克的顺反式混合的 1，2 – 环己烷二酸（顺式原料：反式原料 = 41 : 59，摩尔比），用 KOH 作碱，140℃ 异构化 5 小时。最后得到 89 克纯的反式产物。收率 80.9%。

实施例 6：反式 4 – 异丙基 – 环己烷甲酸的制备

加自来水 166 克于 500mL 的不锈钢反应釜中，分批加入 KOH 固体 125 克，接着加入顺反式混合的 4 – 异丙基 – 环己烷甲酸混合物 150 克（反式的摩尔比占 27%，顺式占 73%），该反应体系为澄清液，密封，然后加热到 150℃，并且在该温度下搅拌反应 20 小时，HPLC 跟踪检测，直到转化率超过 99%，即可停止反应。冷却至室温，加入 140 克的自来水，搅拌下加入浓 HCl（大约 300 克），调至 pH = 1 ~ 2，则有大量白色固体析出，冷却至 25℃，过滤，滤饼再用水 140 克水洗涤，真空烘干得到 140 克纯的反式 4 – 基异丙 – 环己烷甲酸。

实施例 8：反式 1，4 – 环己烷二酸的制备

称取乙二醇 220 克于 500mL 的不锈钢反应釜中，分批加入 KOH 固体 126 克，接着加入顺反式混合物 1，4 – 环己烷二酸 70 克，密封，然后加热到 150℃，（反应体系的压

力达到 5atm），并且在该温度下搅拌反应 72 小时，HPLC 跟踪检测，直到转化超过 95%，即可停止反应。冷却至室温，减压除去大部分乙二醇，再加入 140 克自来水，搅拌下加入浓盐酸（250 克），直至其 pH = 1 ~ 2，则有大量白色固体析出，冷却至 25℃，过滤，滤饼再用 140 克水洗涤，真空烘干得到 60 克白色固体，检测可知，含有 2% 的原料，则用 50mL 乙醇打浆，过滤，干燥，得到 55 克 99.5% 的反式 1，4 - 环己烷二酸。收率 78.6%。

**☞ 相关对比文件公开内容**

摘录一：对比文件 1 权利要求。

1. 一种反 -4 - 异丙基环己基甲酸（Ⅰ）的合成方法，其特征是在高压釜中，每 10g 枯茗酸（Ⅱ）溶于 100ml 乙酸，加入 0.25g 二氧化铂；常温下，通氢气，排空气，搅拌，反复通氢气至氢气压不再下降，终止反应；减压蒸去溶剂，得到无色液体（Ⅲ）；将Ⅲ溶于 10% ~35% 的无机碱水溶液，（Ⅲ）与无机碱的摩尔比为 1：3 ~1：15，50 ~150℃回流 10 ~20 小时，终止反应；冷却，用盐酸水溶液酸化至 pH =2，析出白色固体，过滤，白色固体用甲醇重结晶，得到目的产物（I）。

3. 根据权利要求 1 所述的方法，其特征是所用无机碱为氢氧化钡、氢氧化镁、氢氧化钾或氢氧化钠。

摘录二：对比文件 1 说明书第 2 页。

实施例 1

在高压釜中，10g（61mmol）枯茗酸（Ⅱ）溶于 100ml 乙酸，加入 0.25g 二氧化铂，通氢气，排空气，反复三次，通氢气至 P（$H_2$） =4MPa，搅拌，反复通氢气至氢气压不再下降（约 3 小时），终止反应。减压蒸去溶剂，得到无色液体（Ⅲ），取 1g（5.9mmol）该无色液体悬浮于 25ml 水中，加入 9.3g（29.5mmol）氢氧化钡八水合物，充分搅拌，100℃回流 12 小时，终止反应，冷却，过滤，滤液用 1mol/L 的盐酸水溶液酸化至 pH =2，析出白色固体，过滤，白色固体用甲醇重结晶，得到目的产物（Ⅰ），mp =93 ~94℃，总产率 60%。

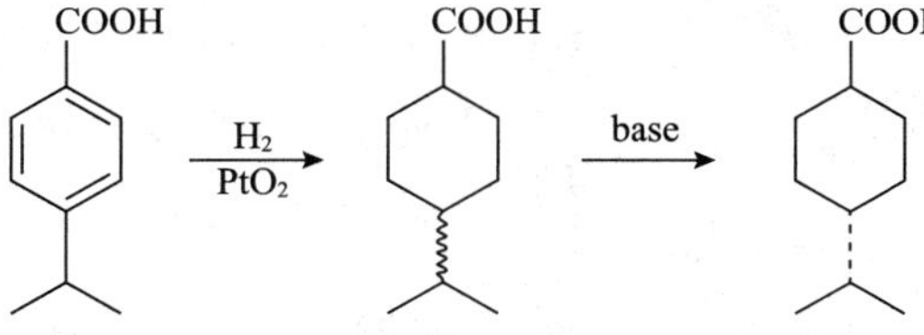


由于对比文件 1 中并没有给出第二步反应的具体收率，发明人重复了对比文件 1 的第二步反应，具体操作如下：

取 lg（5.9mmol）4 - 异丙基环己烷甲酸浮于 25ml 水中，加入 9.3g（29.5mmol）氢氧化钡八水合物，充分搅拌，100℃回流 12 小时，终止反应，转化率达到 90%，冷却，过滤，滤液用 1mol/L 的盐酸水溶液酸化至 pH =2，析出白色固体，过滤，白色固体用甲醇重结晶，得到目的产物（Ⅰ），收率 65%，纯度 95%。

### ☞ 审查意见

第一次审查意见通知书摘录

摘录一

在权利要求1中转化的是4位取代的环己烷甲酸的技术方案与对比文件1公开的方法的区别在于：反应温度略有不同，权利要求1为120～200℃，对比文件1为100℃；另外，权利要求1具体限定了压强，而对比文件1未公开反应压强。

基于上述区别，权利要求1实际解决的技术问题是：提供一种4位取代的环己烷甲酸类化合物的顺反异构化的替代方法。

而对于温度，对比文件1还公开了50～150℃（参见对比文件1权利要求1），尽管并未公开反应压强，但是，收率、纯度等反应结果与反应压强等反应条件有关，本领域技术人员为了获得更好的反应结果能够想到通过采用有限常规试验来调节反应压强并具体选择。综上，在对比文件1的基础上，结合本领域的常规技术手段而得到权利要求1请求保护的技术方案，对本领域技术人员来说是显而易见的，而且本申请说明书中并没有提供证据表明权利要求1请求保护的方法相对于对比文件1取得了预料不到的技术效果，因此权利要求1不具备创造性，不符合《专利法》第22条第3款的规定。

对于权利要求1中转化的是2位取代的环己烷甲酸的技术方案，其与对比文件1的区别还在于产物和相应的原料略有不同，但两者仅在于取代基位置不同，性质非常类似，本领域技术人员能够想到借鉴和参考对比文件1的异构化方法，且可预期获得类似的异构化效果。因此，权利要求1不具备创造性，不符合《专利法》第22条第3款的规定。

另外，对于权利要求1中原料为盐的技术方案，在对比文件1的异构化反应中本领域技术人员能够预期将甲酸化合物替换为相应的羧酸盐也可获得类似的技术效果，因此，权利要求1不具备创造性，不符合《专利法》第22条第3款的规定。

摘录二

对比文件1还用盐酸的酸化过程，pH=2，还公开了无机碱为氢氧化钾、氢氧化钠（参见权利要求1～6），本领域技术人员可知用盐酸酸化之前得到的是反-4-异丙基环己基甲酸钾盐和钾盐，Ⅲ与无机碱的摩尔比为1∶3～1∶15（参见说明书第2页第3段），至于未被公开的氢氧化锂，但其也是本领域常规的无机碱，与氢氧化钠等性质类似，能够相互替代。

摘录三

另外，将异丙基替换为甲基、三氟甲基和羧酸并未引入新的反应位点，本领域技术人员可预期其不会实质上影响异构化反应的进行。

### ☞ 答辩要点分析思路

在上述的审查意见中，审查员指出权利要求1所解决的技术问题是“提供一种4位取代的环己烷甲酸类化合物的顺反异构化的替代方法”，并认为“没有提供证据表明权利要求1请求保护的方法相对于对比文件1取得了预料不到的技术效果”，随后其评述权利要求1中的区别技术特征：①在对比文件1的其他部分曾有提及；②可通过采用有限常规试验来具体选择；或者③可以预期，从而认定权利要求1不具备创造性。

首先，专利代理师注意到对比文件1实施例记载了两步的总产率为60%，第一步为氢化反应，第二步才是与权利要求1最相关的异构化反应，一般而言，氢化反应的收率均极高（甚至是定量反应），这将使得异构化反应收率很可能与两步的总产率60%十分接近（随后专利代理师补充的对比例印证了该点，收率65%，纯度95%）。与此同时，该申请中采用了对比文件1同一底物（4-异丙基-环己烷甲酸混合物）的实施例6的收率高达93%，该申请中采用了顺反式混合物1，4-环己烷二酸的实施例的收率也高达76.1%~92.9%。如此明显的提升足以说明权利要求1具备预料不到的技术效果，自然具备创造性。

基于上述优势效果，进一步分析：即使权利要求1中各个技术特征都如审查员认为的是现有的或常规的，但对于在众多的现有技术手段或条件中特定的选择权利要求1中的技术特征进行特定的组合能实现预料不到的技术效果，现有技术并未给出相应启示，因此，权利要求1具有非显而易见性，具备创造性。

☞ **意见陈述原文摘录**

由本申请的实施例可知，相较于对比文件1（收率65%，纯度95%），权利要求1要求保护的方法的转化率更高（超过95%）、收率更高（可达76.1%~92.9%）、得到的产品纯度更高（HPLC纯度>99.5%），更适合于工业化生产。

综上，权利要求1实际所解决的技术问题是：现有的顺反异构化方法收率低、纯度低。

针对该技术问题，审查员并未引用对比文件1的其他部分以及其他现有技术给出启示。相反，审查员仅仅是在无视该技术问题的前提下，逐条评述了区别技术特征是否曾在对比文件1的其他部分提及，是否容易想到，这并无任何价值。具体如下：

①对比文件1、其他现有技术及其结合都不能够对本发明的反应温度给出任何技术启示。

申请人将对比文件1的反应条件应用于本发明的1，2-环己烷二甲酸，具体反应条件如下：

取1.02g（5.9mmol）顺式1，2-环己烷二甲酸悬浮于25ml水中，加入9.3g（29.5mmol）氢氧化钡八水合物，充分搅拌，100℃回流12小时，发现反应完全不能够进行。

而且，申请人进一步尝试，其他条件不变的情况下，将碱由氢氧化钡换做对比文件1权利要求3中提到的其他碱NaOH、KOH和$Mg(OH)_2$反应也均不能够进行。

该实验是发明人多次重复过的、实验结果是真实可靠的，实验结果表明，当4位为羧基时，采用对比文件1的反应条件，甚至其他条件相同将碱换做强碱，反应都完全不能进行，可见，反应温度对反应有重要的影响，只有温度达到150℃才能够使得本发明范围内的底物都能够进行反应。

对比文件1采用的反应温度为100℃，虽然对比文件1权利要求1中还提到反应温度可以为50~150℃，但是该温度仅仅是针对对比文件1的反应底物4-异丙基环己烷甲酸而言，完全没有考虑其他位置取代或者其他类型取代基的反应底物，例如1，2-环己烷二甲酸。本领域技术人员在对比文件1的基础上最多能够想到对于环己烷甲酸4位带有烷基的底物可以适用于50~150℃的反应温度。而对于4位带有羧基这类强吸电子且容易形成氢键的化合物来说，其顺式结构的稳定性大大增加，转化为反式的难度大大增加，这样的反应底物适用于怎样的反应温度是对比文件1及本领域常识都完全没有提及的。本领域技术人员在对比文件1的基础上很难想到环己烷2或4位带有羧基的底物究竟适用于怎样的反应温度，其他反应条件需要做怎样的改变，以及如何使得反应收率达到30%左右的提高。即使，对比文件1权利要求1的反应温度与本发明的反应温度接近也仅仅是巧合而不是必然，不是本领域技术人员在对比文件1的基础上能够想到的。

②对比文件1、本领域常识及其结合都不能够对本发明的碱的种类给出任何技术启示。

对比文件1采用的碱为氢氧化钡，即使，对比文件1权利要求3还提到了氢氧化钾、氢氧化钠，但是其仅仅是针对对比文件1的反应底物4－异丙基环己烷甲酸而言，完全没有考虑其他反应底物，例如1，2－环己烷二甲酸。对于2或4位带有羧基这类强吸电子且容易形成氢键、顺式结构的稳定性大大增加的本发明的反应底物，适用于怎样的反应碱是对比文件1及本领域常识都完全没有提及的。而且，前面的实验也证明了在对比文件1的条件下即使采用强碱氢氧化钾或氢氧化钠，反应也完全不能进行。因此，本领域技术人员在对比文件1的基础上很难想到环己烷2或4位带羧基的底物究竟适用于怎样的碱，其他反应条件需要做怎样的改变，以及如何使得反应收率达到30%左右的提高。

进一步讲，本发明的反应还可以采用氢氧化锂，氢氧化锂与氢氧化钠、氢氧化钾或氢氧化钡相比碱性大大降低，本领域技术人员在对比文件1的基础上很难想到在反应底物难度大大增加的情况下，还可以使用碱性更弱的碱来代替氢氧化钡，也更难想到碱替换后再配合本发明的其他区别技术特征得到的本发明的技术方案能够使得反应的收率有近30%的提高。

③本发明的反应收率、转化率、制得的产品的纯度与对比文件1相比均有巨大的提高，这是对比文件1、本领域常识及其结合都不能够给出任何技术启示的。

本发明与对比文件1相比反应收率提高了11%～28%，在有机合成领域中，尤其是涉及工艺改进的领域，收率提高10%已经是很大的进步了，更何况可达30%，足以达到预料不到的效果了。而且，本发明的产品纯度还能够有5%左右的提高，本领域技术人员都知道，当产品纯度达到95%之后，再想进一步提高纯度的难度会大大增加，更何况是不采用柱色谱分离的情况下，而本发明的方法能够使得产品纯度提高5%至99.5%以上，这也是本领域技术人员很难想到的。因此，本领域技术人员在对比文件1的基础上即使结合本领域常识也很难想到本发明的技术方案，更加不可能想到本发明的技术方案所能够带来的效果。

④本发明的反应效果是各个技术特征共同作用的结果，各技术特征之间的关系也是对比文件1、本领域常识及其结合无法给出技术启示的。

前面已经论述过了，对比文件1的反应条件仅仅改变碱而不改变反应温度，反应也是完全不进行的。可见，本发明的反应效果是上述各个区别技术特征共同作用的结果，并不是单一因素的作用结果。申请人还想进一步强调的是，对于工艺改进发明来说，反应的每个因素，例如反应底物、温度、酸碱性等都是非常重要的。很多时候，即使是反应底物的结构做细微的变化，整个反应效果都可能完全不同，需要付出创造性劳动才能够得到适用于新底物的反应条件，这也正是化合物合成的复杂之处，所以有机合成既是一门科学又是一门艺术。对比文件1仅仅提到了某种具体的底物4－异丙基环己烷甲酸适用的反应条件，并不能够对于结构更复杂、反应难度更大的反应底物适用的反应条件给出任何技术启示。

最后需要强调的是，本申请实施例6和实施例8所揭示的规律（羧基取代底物的收率低于异丙基底物的收率约15%），更加体现了上述收率的提高十分难得：以顺反式混合的4－异丙基－环己烷甲酸为底物的实施例6的收率可达93%，然而类似的但以顺反式混合的1，4－环己烷二酸为底物的实施例8的收率仅为78%，收率降低了约15%。也即，该类反应对底物上的取代基十分敏感，尤其是权利要求1所涉及的羧基容易降低该类反应的收率；然而，权利要求1的收率不仅没有因其降低，还在其他技术特征的配合下明显提升，这是十分难得的！进一步讲，如何通过这种配合提升收率，审查员并未引用对比文件给出启示。

综上，在面对本发明所要解决的转化率更高、收率更高、产物纯度更高的技术问题时，本领域技术人员完全没有动机对对比文件1进行改进。因对比文件1的其他部分并未针对该技术问题给出任何启示，本领域技术人员根本想不到采用了上述区别技术特征之后的方法会具备如此出众的技术效果。

因此，权利要求1非显而易见，再结合上述的技术效果（即显著的进步），已足以认定权利要求1具备创造性。

## 【案例 No. 1211014】摊铺船

### ☞ 案由简要

该申请涉及一种摊铺船（权利要求1～6）。

➢ 一通：审查员引用对比文件1（CN201738297U）和对比文件2（CN102758462A），认为权利要求1～6不具备创造性。

➢ 答一通：删除原权利要求1和2，将说明书的“所述定位器为双GPS”增加至原权利要求3，并将原权利要求3上升为新权利要求1，论述新权利要求1～4具备创造性。

➢ 审查结果：授权。

### ☞ 相关权利要求

原权利要求

1. 一种摊铺船，包括一船体，其特征在于，所述船体上设置有至少一摊铺器、一定位系统及一升降系统，所述船体的艉部开设有一开槽，所述至少一摊铺器通过旋转球形接头布置在所述开槽内，所述摊铺器与所述定位系统及所述升降系统连接。

2. 如权利要求1所述的摊铺船，其特征在于，所述定位系统为一四缆定位系统，所述四缆定位系统包括四台无级调速的液压绞车、四根钢丝绳和四只锚，所述钢丝绳和所述锚与所述液压绞车相连接。

3. 如权利要求2所述的摊铺船，其特征在于，每一所述液压绞车上还设有一定位器和一移船控制系统。

☞ **相关说明书内容**

摘录一

所述摊铺船包括一船体1，在船体1上设置有至少一摊铺器2、一定位系统及一升降系统。船体1的艉部开设有一开槽，摊铺器2通过旋转球形接头21布置在所述开槽内。同时，摊铺器2与所述定位系统及所述升降系统连接，所述升降系统主要用于在操作过程中升降摊铺器2，所述定位系统主要用于对摊铺器2进行准确定位，从而精确控制船位。

摘录二

所述定位系统可以选用一四缆定位系统，其包括四台无级调速的液压绞车5、四根钢丝绳和四只锚4，所述钢丝绳和锚4与液压绞车5相连接。另外，在每一液压绞车5上还设有一定位器和一移船控制系统，所述定位器可以为双GPS（全球定位系统）。所述移船控制系统可以根据所述双GPS（全球定位系统）进行精确的测量船位和船向，并且根据泥浆流量、浓度精确控制各绞车速度，从而控制移船速度和方向，根据海底地形精确控制摊铺器下放深度。当然所述移船控制系统还可以对机舱监测报警。

摘录三

同时，驾驶室根据GPS（全球定位系统）进行船位监控，通过移船控制系统牵引四个锚的钢丝，实现船体移动。

摘录四

综上所述，采用本摊铺船可以实现根据不同的海底深度把摊铺器下放到合适的海底深度，并且其出口口径变大，喷射流速变小，可实现消能吹填，以降低泥浆流速，从而达到减少泥土流失的目的。

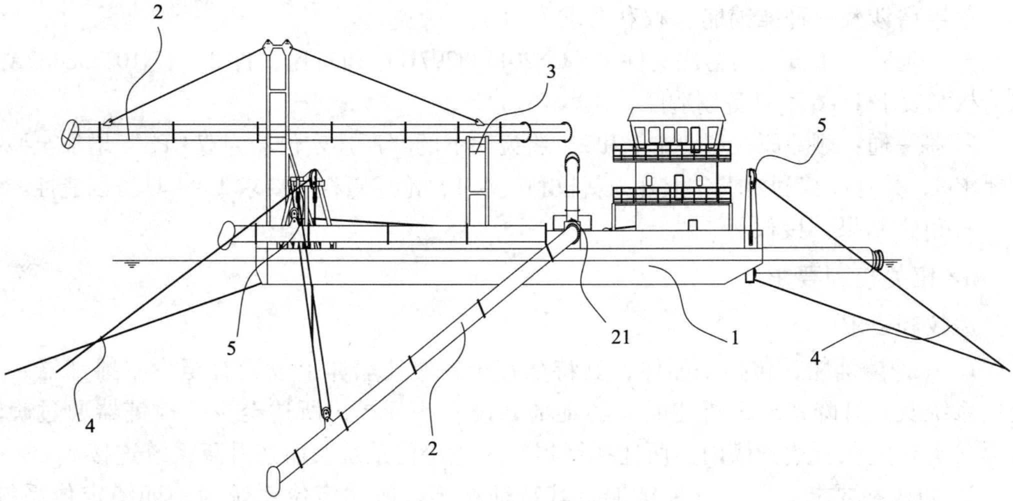


图1

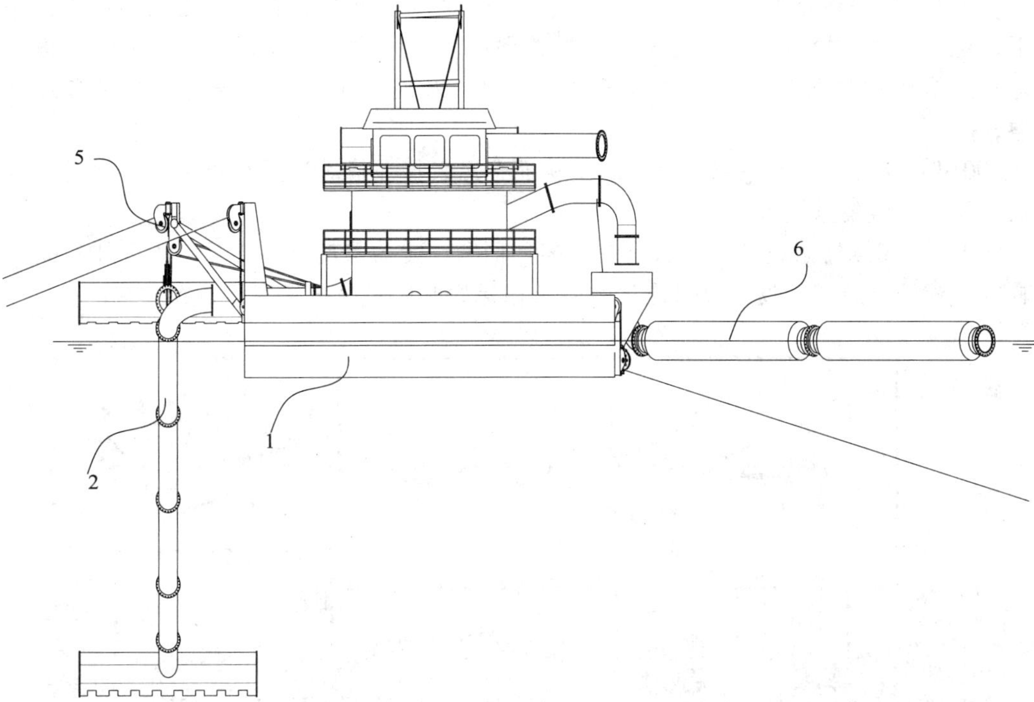


图 2

## ☞ 相关对比文件公开内容

**【对比文件 1】**

摘录一

［0008］②改良泥浆的摊铺系统 B，包括：连接管段 7、能够移动的软管或者皮带运输机 8 和承载及移动装置 9。该连接管段 7 为能够快速连接的内径 50 ~ 500mm 管道，连接管段 7 用于连接混合泥浆拌合输送装置 6 和能够移动的软管或者皮带运输机 8；该能够移动的软管或者皮带运输机 8 为输送改良泥浆的软管或者皮带运输机；该承载及移动装置 9 为可移动的船体或铺摊车。

［0009］本实用新型一种吹填淤泥造地的施工工艺是：抽取吹填淤泥区内先期吹填区域或沉淀池中已沉淀堆积的浓稠淤泥泥浆，进行改良处理，并将改良后的淤泥快速均匀地铺摊或浇注在需吹填的位置，经短期沉积固化后，使该处地基承载力能够满足后续施工的要求。

［0010］本实用新型一种吹填淤泥造地的施工方法如下：

［0011］①按普通吹填工艺将高含水量淤泥泥浆吹填至吹填区某一区域或沉淀池中，经短时间沉淀，大量淤泥沉积，形成浓稠淤泥泥浆的堆积层；

［0012］②用泵抽装置 1 抽取沉积下来的浓稠淤泥泥浆，同时从固化剂贮料装置 3 中向浓稠淤泥泥浆输送固化剂，在泵前管道或泵后管道内将浓稠淤泥泥浆与固化剂初步混合形成混合泥浆。在输送固化剂过程中，可以按固化剂掺量要求控制固化剂的输入量；

［0013］③将混合泥浆输送至混合泥浆拌合输送装置6中，在压缩空气和导向片作用下，混合泥浆在输送过程中高速回旋搅拌形成均匀的改良泥浆，通过压缩空气输入量与输入速率和导向片轴向、径向倾角的变化，对混合泥浆的混合速度与状态加以调整；

［0014］④将改良泥浆以一定的速度从混合泥浆拌合输送装置6中输出，通过连接管段7输送至摊铺系统B；

［0015］⑤摊铺系统B可以按一定时间间隔和一定的厚度分层逐层将步骤④得到的改良泥浆铺设至指定厚度，分层厚度和各层摊铺的时间间隔根据实际情况确定。

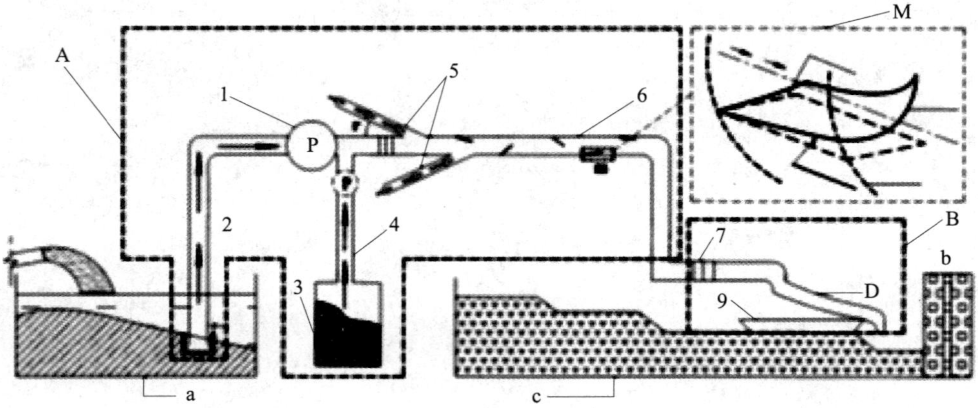


图1

**【对比文件2】**

摘录一

［0018］如图1、图2所示，一种自航耙吸式挖泥船艏冲装置，它包括自航耙吸式挖泥船。所述艏冲装置包括桁架结构的艏冲架，耙冲架主结构材料采用16mm钢管，艏冲架宽度8m，疏浚深度0～4.5m。所述艏冲架位于自航耙吸式挖泥船艏8，艏冲架的一端与船艏8铰接，艏冲架的另一端头部设有起吊滑轮7，该起吊滑轮7通过起吊钢丝4与自航耙吸式挖泥船船艏8上的起升绞车1相连。船艏8上设有门型吊架3，门型吊架3横梁上固定有导向滑轮2，所述起吊钢丝4穿过导向滑轮2与起升绞车1相连。起升绞车1和导向滑轮2用于将艏冲架下放至工作深度的下放位舶冲架10和起升至航行状态的升起位艏冲架11。所述艏冲架前端设有若干冲水喷嘴14，冲水喷嘴14通过喷水橡胶管6与高压冲水泵相连，冲水压力可达6～7bar。冲水喷嘴为高分子纳米材料制成，具有强度高、耐磨的特点。所述艏冲架前端还设有吸泥口，吸泥口通过管径400mm的吸泥橡胶管9与舱内吸泥泵相连。

摘录二

［0019］上述自航耙吸式挖泥船的施工方法为：自航耙吸式挖泥船13到达施工区前降低航速，到达浅区时，控制船位逆流施工。操纵起升绞车1下放艏冲架至水面以下，先启动舱内吸泥泵后再启动高压冲水泵，再继续下放艏冲架至接触泥面的下放位，开始进行艏冲施工。通过高压冲水破土，艏冲架吸泥口吸入泥浆通过疏浚管系进入泥

舱，沉淀装舱。随时观察吸入泥浆浓度，当泥浆浓度下降时，可继续下放艏冲架。当需疏浚的泥层较厚时，应分层施工，优选为1～1.5m分为一层。根据施工经验，分层太厚，泥层会塌方到艏冲架吸泥口后面，影响疏浚效果。艏冲施工宽度一般与冲高压冲水的压力影响范围相当，因此，应将施工区按耙吸船艏冲施工宽度划分若干条，每条分条之间互相有搭接。耙吸船每次沿划分的分条逆流上线艏冲施工。每条分层完成后，如挖槽较短，耙吸船不需掉头倒槽顺流至下一条起点，重复进点进行舶冲施工。如挖槽较长，宜采用掉头至新至起点，进点上线艏冲施工。施工完毕后，起升艏冲架脱离泥面，关闭高压冲水泵。将箱冲架放入水中，舱内吸泥泵继续运转一段时间，以吸入清水防止泥沙堵塞吸泥管。之后关闭舱内吸泥泵，提升艏冲架出水至升起位。

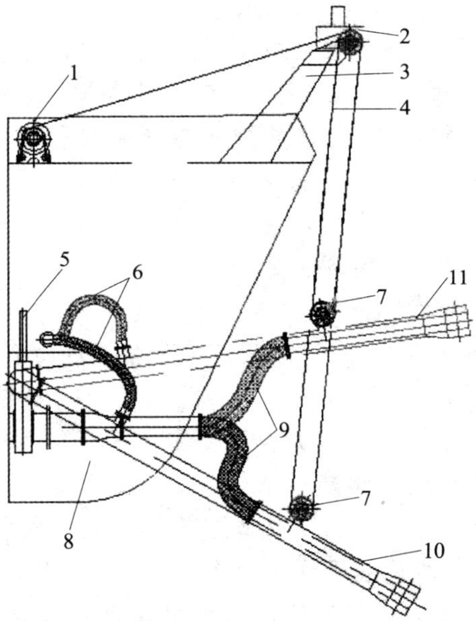


图1

### ☞ 审查意见

第一次审查意见通知书摘录

1. 权利要求1不具备《专利法》第22条第3款规定的创造性。

权利要求1请求保护一种摊铺船，对比文件1（CN201738297U）公开了一种摊铺系统B（相当于本申请的摊铺船），并具体公开了以下技术特征（参见说明书第[0008]～[0015]段、图1和图2）：该摊铺系统B包括一可移动的船体9、可移动的软管（因为该可移动的软管用于水底摊铺，因此其相当于本申请的摊铺器）。权利要求1所要求保护的技术方案与对比文件1公开的技术内容相比，其区别在于：（1）其还包括一定位系统及一升降系统，所述摊铺器与所述定位系统及所述升降系统连接；（2）所述船体的艉部开设有一开槽，所述摊铺器通过旋转球形接头布置在所述开槽内。基于上述区别技术特征，可以确定发明实际解决的技术问题是：（1）如何实现摊铺器的定位和升降；（2）如何使得摊铺器可以在一定的角度内旋转。

对于区别技术特征（1），对比文件2（CN102758462A）公开了一种耙吸式挖泥船装置，并具体公开了以下技术特征（参见说明书第［0004］~［0019］段、图1和图2）：该装置包括导向滑轮系统（相当于本申请的定位系统）和液压起升绞车1（本申请的升降系统的下位概念，其公开了本申请的升降系统）。由此可见，上述区别技术特征（1）中的“其还包括一定位系统及一升降系统”特征已被对比文件2公开，且该技术特征在对比文件2中所起的作用与其在本发明中为解决其技术问题所起的作用相同，都是为了实现部件的定位和升降，即对比文件2给出了将该技术特征用于对比文件1的技术方案以解决其技术问题的启示，在对比文件2公开了上述技术特征的基础上，为了实现摊铺器的定位和升降，本领域技术人员很容易想到将摊铺器与定位系统及升降系统连接以实现定位和升降，这是本领域的常用技术手段。

对于区别技术特征（2），为了使连接后的摊铺器可以在一定的角度内旋转，本领域技术人员很容易想到通过旋转球形接头将其与别的部件连接，这是本领域的常用技术手段，而在船体的艉部开设一开槽，将摊铺器布置在所述开槽内只是本领域技术人员为了安置该摊铺器而根据实际需要所采用的常用技术手段。因此，在对比文件1的基础上结合对比文件2以及本领域的常用技术手段得到权利要求1所要求保护的技术方案对本领域技术人员来说是显而易见的，该权利要求不具备突出的实质性特点和显著的进步，因此不符合《专利法》第22条第3款有关创造性的规定。

2. 权利要求2不具备《专利法》第22条第3款规定的创造性。

权利要求2对权利要求1作了进一步限定。对比文件2公开了以下技术特征（参见说明书第［0004］~［0019］段、图1和图2）：定位系统包括液压起升绞车1、起吊钢丝（相当于本申请的钢丝绳）和起吊滑轮，所述起吊钢丝和所述起吊滑轮与所述液压起升绞车相连接。由此可见，权利要求2中的附加技术特征“定位系统包括液压绞车、钢丝绳，所述钢丝绳与所述液压绞车相连接”已被对比文件2公开，在对比文件2公开了上述技术方案的基础上，为了使船体和摊铺器可以稳定地停留在一定的位置，本领域技术人员很容易想到使用锚来将船和摊铺器停留在一定的位置，因此，在定位系统中加入锚这个部件是本领域技术人员为了达到更好的定位效果所采用的常用技术手段；而液压绞车、钢丝绳和锚的个数是本领域技术人员根据实际需要而选择的，例如根据船体的大小、要定位的部件的大小、安装的要求、稳定性要求等因素来考虑，而具体数值的选择是本领域技术人员很容易做到的，并不能为发明带来预料不到的技术效果。因此，当其引用的权利要求1不具备创造性时，该权利要求也不具备《专利法》第22条第3款规定的创造性。

3. 权利要求3不具备《专利法》第22条第3款规定的创造性。

权利要求3对权利要求2作了进一步限定。而对于本领域技术人员而言，定位器是为了将摊铺器定在某一位置，因此，为了更精确地将摊铺器安置在某一位置，本领域技术人员根据实际需要很容易想到在每一个绞车上都设置一个定位器和一个移船控制系统，这样就可以精确地将摊铺器放置到想要放置的位置，这是本领域技术人员为了达到更好的定位精度所采用的常用技术手段。因此，当其引用的权利要求2不具备创造性时，该权利要求也不具备《专利法》第22条第3款规定的创造性。

### ☞ 答辩要点分析思路

从第一次审查意见书中可以看出审查员将该申请的多个区别技术特征拆解后，分别与对比文件2中相应的技术特征相比较，而忽略了该申请的多个技术特征之间的关联性，即该申请的多个技术特征之间的组合关系。

机械领域的技术特征（如零部件）之间的组合关系有如下几种方式：

（1）连接关系：如两个零部件之间的连接关系、多个零部件之间的连接关系；

（2）位置关系：如不同零部件的由内至外的位置关系、不同零部件的前后左右的位置关系；

（3）机械配合关系：如不同零部件静态的相互配合关系、不同零部件动态的相互配合关系。

上述技术特征之间的组合关系会产生下列三种不同的技术效果：

（1）组合在一起的技术特征没有产生新的技术效果；

（2）单个技术特征没有技术效果，要多个技术特征组合在一起才产生新的技术效果；

（3）单个技术特征具有技术效果，而多个技术特征组合在一起产生了新的预料不到的技术效果。

结合该案，该申请的零部件之间的组合关系是属于不同零部件动态的相互配合关系，而其组合关系产生的技术效果属于上述第三种情况，也就是该申请的技术方案所达到的技术效果，是在船体以及摊铺器在不断移动的过程中，待摊铺的海底面和摊铺器的下放深度具体位置均无法用肉眼观察的情况下，通过定位系统及升降系统结合控制摊铺器，并结合定位器和移船控制系统，达到在对船位和船向进行精确的测量、对海底地形进行精确的测量的基础上，精准地控制移船速度和方向以及控制摊铺器在海底三维空间的具体定位，而更有效地使待摊铺的海底面具有更好的平整度和密集度的覆盖效果，而该技术效果是无论如何无法从单个区别技术特征的技术效果的简单叠加中能够得出的。

### ☞ 意见陈述原文摘录

一、修改说明

1. 删除原权利要求1和2，将说明书的“所述定位器为双GPS”增加至原权利要求3，并将原权利要求3上升为新权利要求1。

2. 根据上述修改，相应地修改其他权利要求的编号及其引用的权利要求的编号。

具体请见权利要求书修改页和替换页。上述修改均未超出原说明书和权利要求书记载的范围，符合《专利法》第33条的规定。

二、新的权利要求1具备创造性

（一）新的权利要求1具有突出的实质性特点

1. 确定最接近的对比文件

审查员引用了对比文件1（CN201738297U）和对比文件2（CN102758462A），其中，对比文件1公开了本申请的较多技术特征，因此，可以认为对比文件1是最接近的现有技术。

2. 新的权利要求1相对于对比文件1的区别技术特征和实际解决的技术问题

将本申请新的权利要求1与对比文件1相比，其区别技术特征除了审查员所指出的下列区别技术特征：

A. 其还包括一定位系统及一升降系统，所述摊铺器与所述定位系统及所述升降系统连接；

B. 所述船体的艉部开设有一开槽，所述至少一摊铺器通过旋转球形接头布置在所述开槽内；

之外，至少还包括：

C. 所述船体上设置有至少一摊铺器；

D. 所述定位系统为一四缆定位系统，所述四缆定位系统包括四台无级调速的液压绞车、四根钢丝绳和四只锚；

E. 所述钢丝绳和所述锚与所述液压绞车相连接；

F. 每一所述液压绞车上还设有一定位器和一移船控制系统；

G. 所述定位器为双GPS。

在进一步论述前，先进一步解释一下上述区别技术特征：

关于区别技术特征A，本发明区别技术特征A中的摊铺器和所述定位系统及所述升降系统相互紧密结合，所述摊铺器通过所述定位系统及所述升降系统完成最后在海底的具体位置及下放深度的具体位置。

关于区别技术特征B，本发明区别技术特征B中的至少一摊铺器通过旋转球形接头布置在所述开槽内，通过所述旋转球形接头连接所述摊铺器而实现所述摊铺器的多方位转动和移位，大大地提高了对所述摊铺器定位的精准度。

关于区别技术特征C，发明人认为对比文件1中的可移动软管并不相当于本发明中的摊铺器，理由如下：

本发明中所述摊铺器由于“其出口口径变大，喷射流速变小”而具有“可实现消能吹填，以降低泥浆流速，从而达到减少泥土流失”的作用，而达到调整泥浆的流速以及流量满足对海底吹填工程的有较高浓度、深度的要求，实现更好的吹填效果。

然而对比文件1中说明书008段公开了“改良泥浆的摊铺系统B，包括：连接管段7、能够移动的软管或者皮带运输8和承载及移动装置9。该连接管段7为能够快速连接的内径50~500mm管道，连接管段7用于连接混合泥浆拌合输送装置6和能够移动的软管或者皮带运输机8；该能够移动的软管或者皮带运输机8为输送改良泥浆的软管或者皮带运输机；该承载及移动装置9为可移动的船体或铺摊车”。

由此可知，对比文件1中可移动软管只是简单的管子，通过所述移动装置实现简单的移动功能。所述可移动软管的作用只是简单地将改良泥浆从一个地方输送至另一个地方，对所运载的改良泥浆的流速以及流量都不做任何调整或控制，并不是用于调整泥浆的流速以及流量满足对海底吹填工程的有较高浓度、深度的要求。因此，对比文件1中的可移动软管所起的作用与该专利申请权利要求1中摊铺器所起的作用完全不同，即对比文件1中的可移动软管并不相当于本发明中的摊铺器。

关于区别技术特征D和E，本发明区别技术特征D和E对所述定位系统进一步定义为四缆定位系统，所述四缆定位系统包括四台无级调速的液压绞车、四根钢丝绳和四只锚，所述钢丝绳和所述锚与所述液压绞车相连接。该四缆定位系统不仅仅是对所述摊铺器进行精确定位，也对影响摊铺的各因素进行有效的监控；同时，根据泥浆流量、浓度精确控制各绞车速度，从而控制移船速度和方向、所述摊铺器的海底具体位置及下放深度具体位置。

关于区别技术特征F，本发明区别技术特征F中的定位器和移船控制系统相互紧密结合，针对为了解决现有技术中水下吹泥管需经常移动、可操控性较差的问题，所述移船控制系统通过所述定位器对船位和船向进行精确的测量，同时，根据泥浆流量、浓度精确控制各绞车速度，从而控制移船速度和方向。另外，根据所述定位器对海底地形精确测量，可以定位精准地控制摊铺器下放深度，而达到能很好地控制所要摊铺的海底面的平整度和密集度。

关于区别技术特征G，本发明区别技术特征G中所述定位器为双GPS，不仅仅是对所述摊铺器进行精确定位，也对船位和船向进行精确的测量，同时对影响摊铺的各因素进行有效的监控，如对海底地形进行精确的测量等，所述移船控制系统得到上述精确测量的数据，根据泥浆流量、浓度精确控制各绞车速度，从而控制移船速度和方向，控制摊铺器下放深度和海底具体位置。

综上所述，本技术方案相对于对比文件1实际解决的技术问题是：对影响摊铺的各因素进行有效的监控，可靠并精准地控制所述摊铺器的海底具体位置及下放深度具体位置，并改变摊铺器上泥浆出口的流速以对海底吹填工程实现更好的覆盖效果。

3. 新的权利要求1中的技术方案对于本领域技术人员来说是非显而易见的。

3.1 对比文件2没有公开上述区别技术特征A至G，也没有给出将上述区别技术特征A至G应用于对比文件1以解决上述技术问题的技术启示。

对比文件2中的所述导向滑轮与该专利申请新的权利要求1中所述定位系统并不相当。

在对比文件2（参见说明书第0018段、第0019段和附图1）中，“起升绞车1和导向滑轮2用于将艏冲架下放至工作深度的下放位艏冲架10和起升至航行状态的升起位艏冲架11”，“下放艏冲架至接触泥面的下放位”，得知所述导向滑轮所起的作用只是简单地将艏冲架下放至接触泥面的下放位。

而该专利申请新的权利要求1中所述定位系统所起的作用是在对所述摊铺器的进行精确定位、对船位和船向进行精确的测量、对影响摊铺的各因素进行有效的监控的基础上，再得出所述摊铺器应该在海底的具体位置及下放深度的具体位置后，再将所述摊铺器放至该具体位置，而达到更好的海底吹填覆盖效果。

因此，对比文件2中的所述导向滑轮与该专利申请新的权利要求1中所述定位系统两者的作用完全不同，即两者并不相当。从而，对比文件2没有公开上述区别技术特征A，也没有给出将上述区别技术特征A应用于对比文件1以解决上述技术问题的技术启示。同时，对比文件2没有公开上述区别技术特征D至G，也没有给出将上述区别技术特征 D 至 G 应用于对比文件 1 以解决上述技术问题的技术启示。

对比文件 2 中的所述喷水橡胶管与该专利申请新的权利要求 1 中所述摊铺器并不相当。在对比文件 2 中的所述喷水橡胶管所起的作用是除去河道中淤积的泥沙。而该专利申请新的权利要求 1 中所述摊铺器所起的作用是“可实现消能吹填，以降低泥浆流速，从而达到减少泥土流失”。

因此，对比文件 2 中的所述喷水橡胶管与该专利申请新的权利要求 1 中所述摊铺器两者的作用完全不同，即两者并不相当。从而，对比文件 2 没有公开上述区别技术特征 A 至 C，也没有给出将上述区别技术特征 A 至 C 应用于对比文件 1 以解决上述技术问题的技术启示。

对比文件 2 中所述液压起升绞车与该专利申请新的权利要求 1 中所述液压绞车并不相当。对比文件 2 中所述液压起升绞车所起的作用是对艏冲架进行下放和升起。而该专利申请新的权利要求 1 中所述液压绞车所起的作用不仅仅是对所述摊铺器进行下放和升起，同时与钢丝绳和锚共同对船体进行移位和定位。

因此，对比文件 2 中所述液压起升绞车与该专利申请新的权利要求 1 所述液压绞车两者的作用完全不同，即两者并不相当。从而，对比文件 2 没有公开上述区别技术特征 D，也没有给出将上述区别技术特征对比文件应用于对比文件 1 以解决上述技术问题的技术启示。

由此可见，对比文件 2 没有公开上述区别技术特征 A 至 G，也没有给出将上述区别技术特征 A 至 G 应用于对比文件 1 以解决上述技术问题的技术启示。

3.2　上述区别技术特征 A 至 G 不是常用技术手段。

本发明区别技术特征 A、C 至 G 中的摊铺器和所述定位系统及所述升降系统相互紧密结合；通过所述定位系统进一步定义为四缆定位系统，所述四缆定位系统包括四台无级调速的液压绞车、四根钢丝绳和四只锚，所述钢丝绳和所述锚与所述液压绞车相连接，再通过对每一所述液压绞车上还设有一定位器和一移船控制系统；进而所述定位器为双 GPS，解决了现有技术中水下吹泥管需经常移动、可操控性较差的问题，对影响摊铺的各因素进行有效的监控，可靠并精准地控制所述摊铺器的海底具体位置及下放深度具体位置，并改变摊铺器上泥浆出口的流速以对海底吹填工程实现更好的覆盖效果。

为了控制所述摊铺器的海底具体位置，业内一般只是通过普通定位器对船体的具体位置进行定位；而针对所述摊铺器下放深度具体位置，一般是通过肉眼观察而不借助其他仪器。而本发明中通过所述定位系统及所述升降系统结合控制所述摊铺器在海底三维空间的具体定位，是发明人在考虑到需要对船位和船向进行精确的测量、对海底地形进行精确的测量，并且所述移船控制系统在此基础上可靠并精准地控制所述摊铺器的海底具体位置及下放深度具体位置，而达到更有效地对海底吹填工程实现更好的覆盖效果。

也就是说，所述定位系统及所述升降系统并不是简单的各自工作，是发明人在考虑到在满足达到对海底吹填工程实现更好的覆盖效果，而达到能很好地控制所要摊铺的海底面的平整度和密集度的目的，而需要结合所述定位器对船位和船向精确的测量、对海底地形精确的测量，所述移船控制系统得到上述精确测量的数据，根据泥浆流量、浓度精确控制各绞车速度，从而控制移船速度和方向、控制摊铺器下放深度的设计方案。因此，本发明区别技术特征A、C至G不是常用技术手段。

另外，为了解决所述摊铺器的多方位转动和移位的技术问题，本领域技术人员通常会想到改变所述摊铺器和所述开槽相对应位置的形状来实现所述摊铺器的多方位转动和移位，而与本发明区别技术特征B中的至少一摊铺器通过旋转球形接头布置在所述开槽内，两者是截然不同的两种方式，而本发明区别技术特征B是发明人在考虑到如何更精准地对所述摊铺器定位而提出的设计方案。因此，本发明区别技术特征B不是常用技术手段。

此外，没有任何一本教科书或工具书披露解决摊铺船的上述技术问题，就要采用包含区别技术特征的技术方案。

综上，该专利申请新的权利要求1的技术方案是发明人在为了实现如何对影响摊铺的各因素进行有效的监控、可靠并精准地控制所述摊铺器的海底具体位置及下放深度具体位置的目标驱动下，而设计出的一种新型摊铺船，需要付出创造性劳动。即，区别技术特征A至G不是常用技术手段。

综上所述，新的权利要求1的技术方案，是本领域技术人员根据对比文件1和对比文件2并结合其他现有技术和公知常识也不容易想到的，故具有突出的实质性特点。

（二）新的权利要求1具有显著的进步

本技术方案通过对船位和船向进行精确的测量、对海底地形进行精确的测量，并且通过所述定位系统及所述升降系统在此基础上可靠并精准地控制所述摊铺器的海底具体位置及下放深度具体位置，并改变摊铺器上泥浆出口的流速以对海底吹填工程实现更好的覆盖效果。因而，本技术方案获得了有益的技术效果，具有显著的进步。

综上所述，新的权利要求1具有突出的实质性特点和显著的进步，具备《专利法》第22条第3款所规定的创造性。

## 【案例No. 1311039】移动终端及显示内容偏转方法

### ☞ 案由简要

该案涉及一种移动终端（权利要求1～4）以及显示内容偏转方法（权利要求5～8）。

➢ 一通：审查员引用对比文件1（CN103234514A）、对比文件2（CN102033689A）以及对比文件3（CN103247072A），认定权利要求1～8不具备创造性。

➢ 答一通：未修改权利要求，直接论述权利要求1～8具备创造性。

➢ 二通：审查员不认可前述意见陈述，坚持认定权利要求1～8不具备创造性。

➢ 答二通：未修改权利要求，直接论述权利要求1～8具备创造性。

➢ 审查结果：授权。

☞ **相关权利要求**

权利要求1：

一种移动终端，其包括一重力传感器，其特征在于，该移动终端还包括一开启模块、一检测模块、一判断模块、一计算模块、一偏转模块、一缩放模块及四个前置摄像头，该四个前置摄像头分别为位于该移动终端的屏幕的上方、下方、左侧、右侧的第一前置摄像头、第二前置摄像头、第三前置摄像头、第四前置摄像头；

该开启模块用于在该重力传感器检测到的加速度发生改变时开启该四个前置摄像头；

该检测模块用于通过人眼识别识别出前置摄像头捕获的图像中包括人眼并分别检测该第一前置摄像头、该第二前置摄像头、该第三前置摄像头、该第四前置摄像头与人眼的距离作为第一距离、第二距离、第三距离及第四距离；

该判断模块用于判断该移动终端是处于前后倾斜状态还是左右倾斜状态；

该移动终端处于前后倾斜状态时进入操作一：该计算模块用于通过该第一距离和该第二距离计算出该屏幕所在平面与人眼所在平面之间的第一偏转角度；该偏转模块用于根据该第一偏转角度将该屏幕的显示内容三维偏转至与人眼所在平面平行的一虚拟平面；该缩放模块用于对三维偏转后的显示内容进行缩放，以使得人眼观察到的显示内容的区域为矩形；

该移动终端处于左右倾斜状态时进入操作二：该计算模块用于通过该第三距离和该第四距离计算出该屏幕所在平面与人眼所在平面之间的第二偏转角度；该偏转模块用于根据该第二偏转角度将该屏幕的显示内容三维偏转至与人眼所在平面平行的一虚拟平面；该缩放模块用于对三维偏转后的显示内容进行缩放，以使得人眼观察到的显示内容的区域为矩形。

☞ **相关说明书内容**

摘录一

在本方案中，该移动终端处于前后倾斜状态或者左右倾斜状态时，且调用该偏转模块之后，三维偏转后的显示内容所在的虚拟平面与人眼所在平面平行，但从人眼的角度来看，因距离人眼远的该虚拟平面中的显示内容相对较小，距离人眼近的该虚拟平面中的显示内容相对较大，所以人眼观察到的该虚拟平面中的显示内容围成的区域为一个梯形，因而本发明还设置了该缩放模块，该缩放模块对距离人眼远的显示内容进行放大，同时对距离人眼近的显示内容进行缩小，以使得从人眼的角度来看，人眼观察到的显示内容所围成的区域为矩形，达到最佳观看效果。

摘录二

参考图1所示，本实施例提供一种移动终端，其包括一重力传感器1、一开启模块2、一检测模块3、一判断模块4、一计算模块5、一偏转模块6、一缩放模块7及四个前置摄像头8，四个该前置摄像头8分别为位于该移动终端的屏幕的上方、下方、左侧、右侧的第一前置摄像头、第二前置摄像头、第三前置摄像头、第四前置摄像头。

上面介绍了该移动终端包括的部件，下面具体介绍各部件所实现的功能：

该重力传感器1用于实时地检测加速度；

该开启模块2用于在检测到的加速度发生改变时开启四个该前置摄像头8；

该检测模块3用于通过人眼识别识别出前置摄像头8捕获的图像中包括人眼并分别检测该第一前置摄像头、该第二前置摄像头、该第三前置摄像头、该第四前置摄像头与人眼的距离作为第一距离、第二距离、第三距离及第四距离；

该判断模块4用于判断该第一距离和该第二距离的差值是否大于该第三距离和该第四距离的差值，若是则判断出该移动终端处于前后倾斜状态，否则判断出该移动终端处于左右倾斜状态。

该判断模块4判断出该移动终端处于前后倾斜状态时进入操作一：

该计算模块5用于通过公式 $\beta = 90° - \alpha$，$\alpha = \arccos\ [(L_+^2 H^2 - L_2^2)\ /2L_1H]$ 计算该屏幕所在平面与人眼所在平面之间的第一偏转角度，其中β为该第一偏转角度，$L_1$ 为该第一距离和该第二距离中的较大值，$L_2$ 为该第一距离和该第二距离中的较小值，H为该第一前置摄像头与该第二前置摄像头间的距离；

该偏转模块6用于根据该第一偏转角度将该屏幕的显示内容三维偏转至与人眼所在平面平行的一虚拟平面，该虚拟平面与该屏幕所在平面的夹角为该第一偏转角度；

该缩放模块7用于对三维偏转后的显示内容进行缩放，具体为：该缩放模块7用于对靠该第一距离和该第二距离中数值较大的距离对应的前置摄像头相对较近的显示内容进行放大，同时对靠该第一距离和该第二距离中数值较小的距离对应的前置摄像头相对较近的显示内容进行缩小，以使得人眼观察到的显示内容的区域为矩形。

该判断模块4判断出该移动终端处于左右倾斜状态时进入操作二：

该计算模块5用于通过公式 $\beta = 90° - \alpha$，$\alpha = \arccos\ [(L_3^2 + W^2 - L_4^2)\ /2L_3W]$ 计算该屏幕所在平面与人眼所在平面之间的第二偏转角度，其中β为该第二偏转角度，$L_3$ 为该第三距离和该第四距离中的较大值，$L_4$ 为该第三距离和该第四距离中的较小值，W为该第三前置摄像头与该第四前置摄像头间的距离；

该偏转模块6用于根据该第二偏转角度将该屏幕的显示内容三维偏转至与人眼所在平面平行的一虚拟平面，该虚拟平面与该屏幕所在平面的夹角为该第二偏转角度；

该缩放模块7用于对三维偏转后的显示内容进行缩放，具体为：该缩放模块7用于对靠该第三距离和该第四距离中数值较大的距离对应的前置摄像头相对较近的显示内容进行放大，同时对靠该第三距离和该第四距离中数值较小的距离对应的前置摄像头相对较近的显示内容进行缩小，以使得人眼观察到的显示内容的区域为矩形。

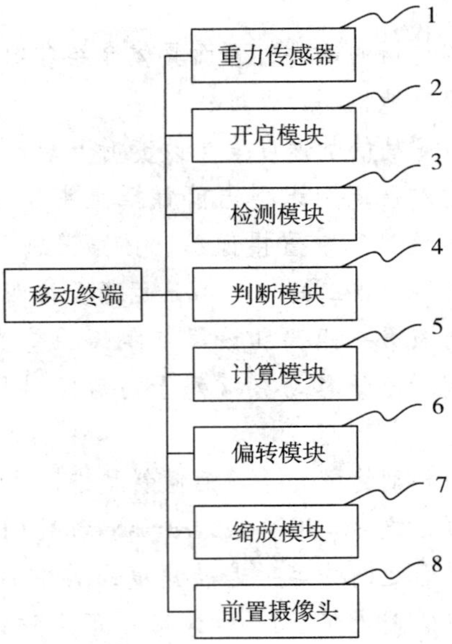


图1

### ☞ 相关对比文件公开内容

**【对比文件1】**

摘录一

[0010] 采集当前使用者面部的图像，获取所述采集图像的面部轮廓和眼部轮廓，利用数学方法计算所述面部轮廓和眼部轮廓的面积和基于整个画面中线的偏移值；

[0012] 将采集到的当前使用者数据与标准数据库的数据通过几何和线性数学方法计算出当前使用者观看的距离以及使用者面部偏离摄像头的水平偏移值。

[0020] 在本实施例中，采集使用者面部距离摄像头分别为0.5米和1米时的图像，通过黑白颜色容差方法获取所述采集图像的面部轮廓和眼部轮廓，利用数学方法计算所述面部轮廓和眼部轮廓的面积和基于整个画面中线的偏移值；将采集和计算获得的数据存入标准数据库；切换各组光栅采集上述两个采样距离不同组光栅的最佳视像的光栅遮挡角度和偏移；采集当前使用者使用时面部的图像，通过黑白颜色容差方法获取所述采集图像的面部轮廓和眼部轮廓，利用数学方法计算所述面部轮廓和眼部轮廓的面积和基于整个画面中线的偏移值；将采集到的当前使用者数据与标准数据库的数据通过几何和线性数学方法计算出当前使用者观看的距离D以及使用者面部偏离摄像头的水平偏移值H；根据上述距离值D和偏移值H通过公式计算获得人眼夹角A = arcsin（D/H）；根据此人眼夹角A的值并结合上述标准数据采集步骤中获得的两个采样距离不同组光栅的最佳视像的数据，选择光栅并调整光栅的光栅遮挡角度和偏移到最佳视觉状态。在使用过程中如发现效果不太好，可重新采集标准数据进行重新计算调整光栅数据，以恢复最佳观影效果。

摘录二

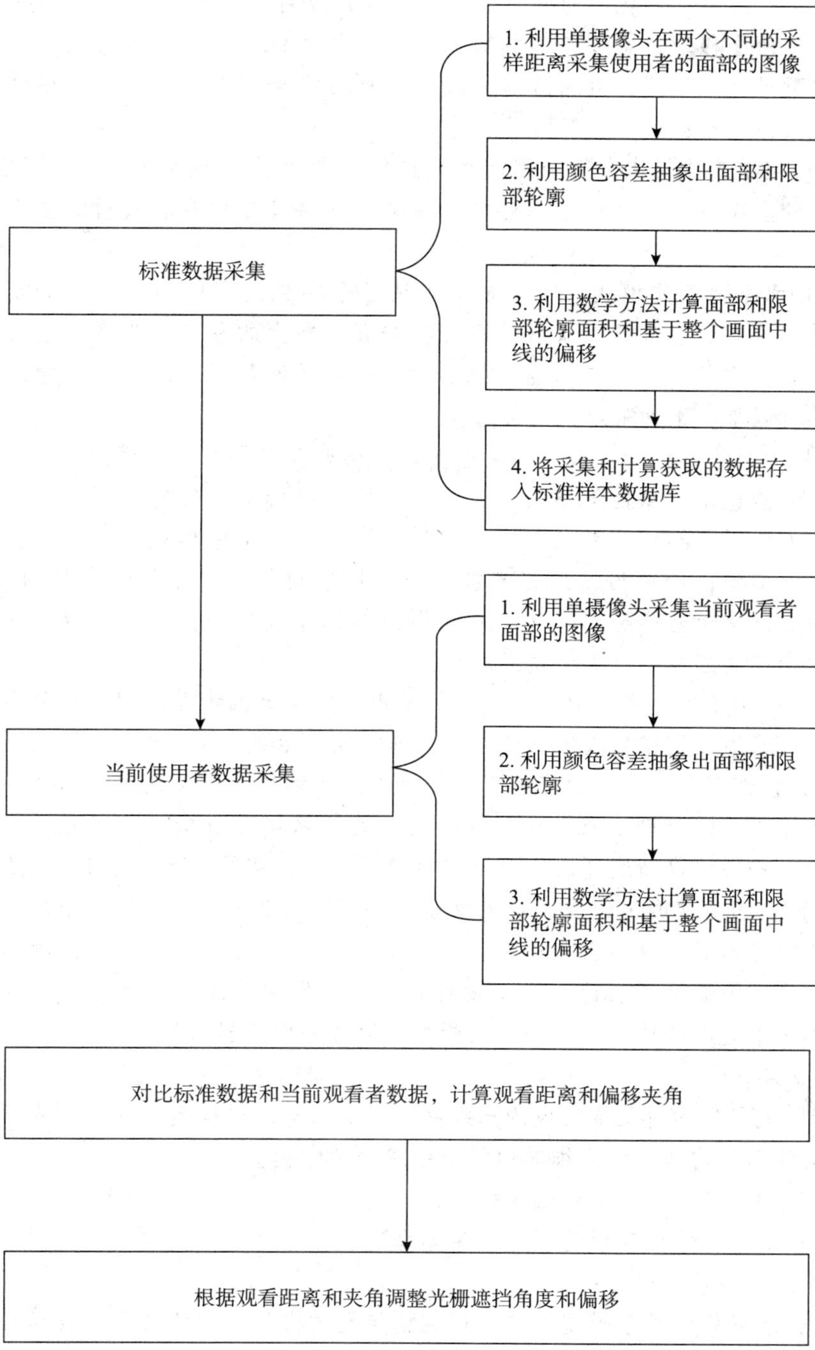


**【对比文件2】**

［0105］获取移动终端自身在空间中移动所形成的空间信号，还包括：当检测到所述移动终端在空间中的工作模式发生改变时，确定改变后用于获取空间信号的具体的

传感器；在每种工作模式下工作的传感器的数目至少为一个。鉴于移动终端的多用途性的特点，一个终端可能在不同的工作模式中得到应用，例如不仅可以在空间中移动，还可以在水平面上移动，两种工作模式之间存在细微的差别，其区别在于，当在水平面工作模式下时，不检测、检测后忽略或去除移动终端在垂直方向上的移动所生成的空间信号。具体包括：

[0106] 空中工作模式，可采用上述实施例中所揭示的技术方案，获取空间信号，根据空间信号生成显示调整指令，对显示窗口中的第二显示内容进行调整。比如采用加速度传感器。

[0107] 水平面工作模式，可以在本申请各个实施例中所揭示的技术方案的基础上，不检测、检测后忽略或去除移动终端在垂直方向上的移动所生成的空间信号，仅依据在水平面上的移动所生成的空间信号，生成显示调整指令，对显示窗口中的第二显示内容进行调整。比如采用光电传感器。

[0108] 检测终端的工作模式发生改变时，需要确定具体工作模式下用于获取空间信号的具体的传感器，包括但不限于，通过设置在终端的接触传感器，判断用户的工作模式。例如检测到终端被用户握持，即判断终端处于空中模式，发出设置指令，使加速度传感器工作；如果检测到终端被用户按压，则判定终端处于水平面工作模式，发出设置指令，使光电传感器工作。判断用户的工作模式还可以用其他方式，或者采用用户主动选择的方式进行工作模式的切换。

[0109] 高速工作模式，对应的工作场景中，仅需要低精度的空间信号即可完成操作，因此可以采用检测精度较低的传感器完成检测，生成空间信号。比如采用摄像头。

[0110] 低速工作模式，对应的工作场景中，例如作为鼠标使用，需要高精度的空间信号完成操作，因此单独采用检测精度较高的传感器完成检测，或者采用精度低的传感器检测，并再次以精度高的传感器进行校正，生成空间信号。比如用红外传感器。

[0111] 检测终端的工作模式发生改变时，需要确定具体工作模式下用于获取空间信号的具体的传感器，包括但不限于，通过设置在终端的速度计检测，例如检测到终端的速度大于一个速度阀值时，发出设置指令，使摄像头工作；如果检测到终端的速度小于等于一个速度阈值时，发出设置指令，使红外传感器工作。

**【对比文件3】**

[0007] 提取目标对象待实现的三维界面特征信息，根据提取的三维界面特征信息选取三维坐标系，构建映射三维界面特征信息的数学模型；

[0008] 将目标对象加载到数学模型；

[0009] 对进行纹理映射处理的数学模型进行坐标变换，获取与待实现的三维界面特征相匹配的倾斜数学模型：

[0010] 触发倾斜数学模型旋转，得到旋转数学模型，对旋转数学模型按照预先设置的视点进行透视投影，得到旋转数学模型对应的视平面坐标信息；

[0011] 将视平面坐标信息转换为屏幕平面坐标信息，根据转换的屏幕平面坐标信息呈现三维旋转界面。

☞ **审查意见**

第二次审查意见通知书摘录

一、权利要求1~8不具备《专利法》第22条第3款规定的创造性

1. 权利要求1请求保护一种移动终端。对比文件1（CN103234514A）公开了一种单摄像头测距和测偏移以及实现裸眼3D光栅调节的方法，并具体公开了以下特征（参见说明书第［0010］、［0012］、［0020］段）：包括一单摄像头，因为需要采集用户面部图像，所以必定是前置摄像头（相当于包括前置摄像头）；采集当前使用者面部的图像，获取所述采集图像的面部轮廓和眼部轮廓，将采集到的当前使用者数据与标准数据库的数据通过几何和线性数学方法计算出当前使用者观看的距离，因为需要计算人眼夹角，所以必然该距离是指摄像头与人眼之间的距离（相当于该检测模块用于通过人眼识别识别出前置摄像头捕获的图像中包括人眼并检测该前置摄像头与人眼的距离）；根据上述距离值D和偏移值H通过公式计算获得人眼夹角（相当于计算模块用于通过该距离计算出偏转角度）。

权利要求1与对比文件1的区别技术特征是：(1) 本申请的主题为一种移动终端该移动终端还包括一重力传感器，开启模块用于在该重力传感器检测到的加速度发生改变时开启该四个前置摄像头；(2) 偏转模块用于根据偏转角度将该屏幕的显示内容三维偏转至与人眼所在平面平行的一虚拟平面；缩放模块用于对三维偏转后的显示内容进行缩放，以使得人眼观察到的显示内容的区域为矩形；(3) 该移动终端包括四个前置摄像头，该四个前置摄像头分别为位于该移动终端的屏幕的上方、下方、左侧、右侧的第一前置摄像头、第二前置摄像头、第三前置摄像头、第四前置摄像头；并且分别计算出摄像头与人眼的距离；判断模块用于判断该移动终端是处于前后倾斜状态还是左右倾斜状态。基于上述区别技术特征可以确定，权利要求1实际解决的技术问题是如何在移动终端偏转时使用户达到更好的观看效果。

对于区别技术特征（1），对比文件2（CN102033689A）公开了一种移动终端、和在移动终端上显示信息的方法，并具体公开了以下技术特征（参见说明书第［0111］段）：包括了速度检测传感器，通过设置在终端的速度计检测，例如检测到终端的速度大于一个速度阈值时，发出设置指令，使摄像头工作。上述特征在对比文件2中所起的作用与其在本发明中为解决其技术问题所起的作用相同，都是采用传感器检测参数来触发摄像头工作，即对比文件2给出了将该技术特征应用到对比文件1以解决其技术问题的启示。在此基础上，本领域技术人员容易想到采用重力传感器来代替对比文件2中的速度检测器进行加速度的检测以作为触发摄像头工作的条件，而将对比文件1中公开的方法应用到移动终端进行实现是本领域的惯用技术手段。

对于区别技术特征（2），对比文件3（CN103217072A）公开了一种基于安卓系统实现三维旋转界面的方法及装置和在移动终端上显示信息的方法，并具体公开了以下技术特征（参见说明书第［0007］~［0012］段）：提取目标对象待实现的三维界面特征信息，根据提取的三维界面特征信息选取三维坐标系，构建映射三维界面特征信息的数学模型，对进行纹理映射处理的数学模型进行坐标变换，获取与待实现的三维界面特征相匹配的倾斜数学模型，触发倾斜数学模型旋转，得到旋转数学模型，对旋转

数学模型按照预先设置的视点进行透视投影，得到旋转数学模型对应的视平面坐标信息，将视平面坐标信息转换为屏幕平面坐标信息，根据转换的屏幕平面坐标信息呈现三维旋转界面，为了避免进行平面投影导致的三维旋转界面不具有近大远小的特点，可以根据透视投影原理，通过坐标变换方程，得到旋转数学模型对应的视平面坐标信息，从而使三维旋转界面中，目标对象具有近大远小的特点，使得立体感更强。上述特征在对比文件3中所起的作用与其在该发明中为解决其技术问题所起的作用相同，都是将屏幕的显示内容三维偏转至一虚拟平面，并对显示内容进行缩放以方便用户观看，即对比文件3给出了将该技术特征应用到对比文件1以解决其技术问题的启示。

对于区别技术特征（3），对比文件1已经公开了使用单摄像头计算眼睛与摄像头之间的距离和人眼夹角，而根据实际需要为得到终端在左右或者前后偏转时的倾斜角度，本领域技术人员很容易想到通过三角余弦定理进行求解计算，而根据三角余弦定理求解夹角时需要得到三角形三条边的长度，因此通过在移动终端的上、下、左、右分别设置四个摄像头并分别计算出相应到眼睛的距离是本领域技术人员根据实际需要所容易作出的常规选择，另外为方便终端进行后续的屏幕调整，通过设置判断模块以判断终端的倾斜状态是本领域的惯用技术手段，所带来的技术效果是可预料的。

由此可知，在对比文件1的基础上结合对比文件2、3以及本领域的惯用技术手段得出该权利要求所要求保护的技术方案，对本领域的技术人员来说是显而易见的，因此该权利要求所要求保护的技术方案不具有突出的实质性特点和显著的进步，因此不符合《专利法》第22条第3款规定的创造性。

**☞ 答辩要点分析思路**

该案权利要求1的技术方案较复杂，技术难度大且包括的技术特征较多。审查时审查员将确定的区别技术特征拆解为独立的三组，并针对其中的两组区别技术特征检索到了对应的对比文件，认为对比文件针对各自的区别技术特征给出了启示，并认为第三组区别技术特征为公知常识。申请人在一通意见陈述时按照审查员的审查思路针对每组区别技术特征的创造性进行了逐一争辩，认为现有技术均没有给出启示，但是审查员没有接受申请人的观点，在二通中继续坚持其一通的观点，认定该发明不具备创造性。

此时答辩陷入了僵局：如果继续单纯地按照审查员审查该案没有创造性的思路逐一进行争辩势必是公说公有理婆说婆有理，争辩不出所以然，同时还存在大概率被驳回的风险。鉴于此种情况，代理师需要寻找新的答辩思路，不能再被审查员牵着鼻子走。代理师考虑到该案技术方案复杂且区别技术特征较多，对于本领域技术人员来讲，能够不通过创造性劳动就找到每个如此复杂的区别技术特征本身就有难度，何况再想到将这些复杂的区别技术特征共同应用于最近接的现有技术中更是难上加难。由此，代理师考虑可以从以下角度进行争辩，即指出审查员的审查方式违背了《审查指南》中规定的创造性的审查原则，其将区别技术特征拆解评述的方式无形中降低了该发明的技术创新高度，至此新的答辩思路形成。

在明确了审查员的审查思路中存在的上述问题后，代理师在意见陈述过程中采用了如下的陈述思路：

此案二通答辩要点之一为在意见陈述中明确指出审查意见的审查方式违背了《审查指南》中规定的创造性审查原则，审查员忽略了对技术特征之间的组合及现有技术中是否存在与此组合相关的技术启示的分析。审查员在评价发明是否具备创造性时，未将发明作为一个整体看待，直接将其认定的区别技术特征划分成三个独立的部分进行评述，并没有考虑到该发明各个技术特征之间的相互协同关系。

答辩时首先重新认定区别技术特征和实际解决的技术问题，然后论述对比文件2（对比文件3也类似）没有公开该发明的任何区别技术特征，也不能与对比文件1结合，即使能够结合也达不到该发明权利要求1对应的技术效果，即会根据处于不同位置处的前置摄像头与人眼之间的距离来判断移动终端的不同偏转和倾斜状态，进而针对不同的倾斜状态（前后倾斜状态和左右倾斜状态）来进行不同的调整，三维偏转后的显示内容所在的虚拟平面与人眼所在平面平行，且人眼观察到的显示内容的区域为矩形，从而使得该发明可以在移动终端处于不同的偏转和倾斜状态时，都能够为用户提供最佳观看效果。这一技术效果的实现很显然是技术方案整体作用的结果。综上，根据《审查指南》的指导原则，这样的发明无疑是非显而易见的，具备创造性。

☞ **意见陈述原文摘录**

答复第二次审查意见陈述摘录

一、权利要求1

1. 权利要求1具有突出的实质性特点

关于审查意见的审查方式，申请人认为审查意见的审查方式违背了《审查指南》中规定的创造性的审查原则，《审查指南》第二部分第四章第3.1节规定了，在评价发明是否具备创造性时，应当将发明作为一个整体看待；但审查意见中在审查时并未做到这一点，具体地，审查意见中在评述本发明的创造性时，并没有将本发明权利要求1的技术方案作为一个整体，而是将其分割成了各个单独的技术特征，并分别用不同的对比文件来分别评述各个单独的技术特征，进而最终得出本发明权利要求1的整个技术方案不具备创造性的结论，申请人认为：在审查意见中并没有考虑到本发明各个技术特征之间的相互协同关系，这种将本发明整体技术方案分割成各个单独的技术特征的审查方式不仅违背了《审查指南》中的相关规定，并且无疑会降低本发明的技术创新高度，申请人认为这一审查方式对申请人是非常不公平的，进而最终得出的结论也很难令人信服。

关于本发明的区别技术特征，申请人对审查意见中在确定本发明区别技术特征时所采用的比对方式表示质疑，申请人认为审查意见中为了使得对比文件1与本发明权利要求1在技术上很相近，故意采用模糊的手段和偷换概念的方式来将本发明权利要求1与对比文件1进行比对，具体地：

首先，本发明权利要求1明确限定了：该移动终端包括四个前置摄像头，该四个前置摄像头分别为位于该移动终端的屏幕的上方、下方、左侧、右侧的第一前置摄像头、第二前置摄像头、第三前置摄像头、第四前置摄像头；即在权利要求1中，明确限定了前置摄像头的数量（即4个）以及位置（即分别位于屏幕上方、下方、左侧、右侧）；

但是在对比文件1中，并没有公开过移动终端包括四个前置摄像头，更加没有公开过四个前置摄像头分别位于屏幕上方、下方、左侧、右侧，即对比文件1中根本没有公开过前置摄像头的数量和位置，在此基础上，本发明权利要求1的关于前置摄像头的技术特征就完全没有被对比文件1公开过，其应当属于本发明的区别技术特征；

令申请人不解的是，对比文件1中明明没有公开本发明权利要求1的关于前置摄像头的技术特征，审查意见中却故意用括号标示出：对比文件1的单摄像头相当于前置摄像头，申请人在此需要明确说明，就算对比文件1的单摄像头相当于前置摄像头，那又如何呢？其照样没有公开移动终端包括四个前置摄像头，更加没有公开四个摄像头的设置位置，即照样没有公开本发明的上述关于前置摄像头的技术特征；所以，审查意见中故意强调对比文件1的单摄像头为前置摄像头，又有何意义呢？申请人认为这根本不能影响到对于本发明区别技术特征的认定，唯一的解释就是审查意见中想让对比文件1从技术上与本发明权利要求1相靠近，这种做法没有任何意义，并且有偷换概念的嫌疑。

其次，本发明权利要求1明确限定了：该检测模块用于通过人眼识别识别出前置摄像头捕获的图像中包括人眼并分别检测该第一前置摄像头、该第二前置摄像头、该第三前置摄像头、该第四前置摄像头与人眼的距离作为第一距离、第二距离、第三距离及第四距离；即在权利要求1中，明确限定了需要计算出四个前置摄像头与人眼的距离，共有四个距离（即第一距离、第二距离、第三距离及第四距离）；

但是在对比文件1中，由于其并没有公开移动终端包括四个前置摄像头，进而其根本不可能公开计算四个前置摄像头与人眼的总共四个距离；本发明权利要求1的计算四个前置摄像头分别相对于人眼的四个距离的技术特征完全没有被对比文件1公开过，其应当属于本发明的区别技术特征；

同样令申请人不解的是，对比文件1中明明不可能公开本发明权利要求1的计算四个距离的技术特征，审查意见中却故意用括号标示出：对比文件1相当于公开了该检测模块用于通过人眼识别识别出前置摄像头捕获的图像中包括人眼并检测该前置摄像头与人眼的距离；

申请人认为审查意见中的上述认定明显存在偷换概念的嫌疑！申请人认为审查意见中根本没有仔细确认本发明权利要求1中该检测模块的功能，权利要求1已经明确限定了：该检测模块分别检测该第一前置摄像头、该第二前置摄像头、该第三前置摄像头、该第四前置摄像头与人眼的距离作为第一距离、第二距离、第三距离及第四距离；即该检测模块的功能是：能够检测出四个距离！

那么申请人不禁要试问：对比文件1中公开过同时检测出四个前置摄像头相对于人眼的四个距离吗？答案很明显：没有！即对比文件1中根本没有公开过检测四个距离，在此基础上，对比文件1也完全没有公开过本发明该检测模块的功能，即完全没有公开过本发明的检测模块，其肯定为本发明一个区别技术特征，既然如此，审查意见中括号里的标示明显是偷换概念，其故意将本发明该检测模块能够检测四个距离的功能，修改为该检测模块能够检测距离，而故意忽略距离的数量是四个，这种确定区别技术特征的方式明显违背《审查指南》的规定，很难令人信服。

所以，在对比文件1根本不可能公开同时计算四个前置摄像头相对于人眼的四个距离的基础上，对比文件1根本不可能公开本发明权利要求1的该检测模块，其应当为本发明的一个区别技术特征。

最后，本发明权利要求1中明确限定了：在判断出移动终端是处于前后倾斜还是左右倾斜，并根据倾斜状态来计算该移动终端的屏幕所在平面与人眼所在平面之间的偏转角度，即在权利要求1中，明确限定了偏转角度的定义，即为屏幕所在平面与人眼所在平面之间的偏转角度；

但是在对比文件1中，仅仅公开了根据当前使用者观看的距离以及使用者面部偏离摄像头的水平偏移值来计算人眼夹角，由于对比文件1是为了实现裸眼3D，此处的人眼夹角即表示人的左右眼与摄像头之间连线的夹角，其是线与线之间的夹角，并不是人眼所在平面与移动终端屏幕所在平面之间的夹角（即不是面与面之间的夹角），即不是本发明的所述偏转角度，并且，对比文件1中并没有公开移动终端会发生前后倾斜或左右倾斜，进而更加不可能公开计算倾斜后的移动终端的屏幕所在平面与人眼所在平面之间的偏转角度，即不可能公开本发明的计算该偏转角度，由于对比文件1的人眼夹角与本发明的偏转角度是两个完全不同的概念，在此基础上，本发明权利要求1的关于计算偏转角度的技术特征并没有被对比文件1公开，其应当属于本发明的区别技术特征。

由此可知，对比文件1中并没有公开本发明的任何区别技术特征，本发明权利要求1的全部技术特征均为本发明的区别技术特征。即本发明权利要求1与对比文件1相比，其区别技术特征应当为：

一种移动终端，其包括一重力传感器，其特征在于，该移动终端还包括一开启模块、一检测模块、一判断模块、一计算模块、一偏转模块、一缩放模块及四个前置摄像头，该四个前置摄像头分别为位于该移动终端的屏幕的上方、下方、左侧、右侧的第一前置摄像头、第二前置摄像头、第三前置摄像头、第四前置摄像头；

该开启模块用于在该重力传感器检测到的加速度发生改变时开启该四个前置摄像头；

该检测模块用于通过人眼识别识别出前置摄像头捕获的图像中包括人眼并分别检测该第一前置摄像头、该第二前置摄像头、该第三前置摄像头、该第四前置摄像头与人眼的距离作为第一距离、第二距离、第三距离及第四距离；

该判断模块用于判断该移动终端是处于前后倾斜状态还是左右倾斜状态；

该移动终端处于前后倾斜状态时进入操作一：该计算模块用于通过该第一距离和该第二距离计算出该屏幕所在平面与人眼所在平面之间的第一偏转角度；该偏转模块用于根据该第一偏转角度将该屏幕的显示内容三维偏转至与人眼所在平面平行的一虚拟平面；该缩放模块用于对三维偏转后的显示内容进行缩放，以使得人眼观察到的显示内容的区域为矩形；

该移动终端处于左右倾斜状态时进入操作二：该计算模块用于通过该第三距离和该第四距离计算出该屏幕所在平面与人眼所在平面之间的第二偏转角度；该偏转模块用于根据该第二偏转角度将该屏幕的显示内容三维偏转至与人眼所在平面平行的一虚

拟平面；该缩放模块用于对三维偏转后的显示内容进行缩放，以使得人眼观察到的显示内容的区域为矩形。

关于本发明是否非显而易见。

审查意见中认为，对比文件2说明书第［0111］段公开了：包括速度检测传感器，通过设置在终端的速度计检测，例如检测到终端的速度大于一个速度阈值时，发出设置指令，使摄像头工作；并认为上述特征在对比文件2中所起的作用与其在本发明中为解决其技术问题所起的作用相同，都是采用传感器检测参数来触发摄像头工作。在此基础上，本领域技术人员容易想到采用重力传感器来代替对比文件2中的速度检测器进行加速度的检测以作为触发摄像头工作的条件，而将对比文件1中公开的方法应用到移动终端进行实现是本领域的惯用技术手段；

审查意见中还认为，对比文件3公开了一种基于安卓系统实现三维旋转界面的方法及装置和在移动终端上显示信息的方法，并认为对比文件3说明书第［0007］~［0012］段公开的技术内容在对比文件3中所起的作用与其在本发明中为解决其技术问题所起的作用相同，都是将屏幕的显示内容三维偏转至一虚拟平面，并对显示内容进行缩放以方便用户观看，即对比文件3给出了将该技术特征应用到对比文件1以解决其技术问题的启示；

审查意见中还认为，对比文件1已经公开了使用单摄像头计算眼睛与摄像头之间的距离和人眼夹角，而根据实际需要为得到终端在左右或者前后偏转时的倾斜角度，本领域技术人员很容易想到通过三角余弦定理进行求解计算，而根据三角余弦定理求解夹角时需要得到三角形三条边的长度，因此通过在移动终端的上、下、左、右分别设置四个摄像头并分别计算出相应到眼睛的距离是本领域技术人员根据实际需要所容易作出的常规选择，另外为方便终端进行后续的屏幕调整，通过设置判断模块以判断终端的倾斜状态是本领域的惯用技术手段，所带来的技术效果是可预料的。

进而，审查意见中认为，在对比文件1的基础上结合对比文件2、对比文件3以及本领域的惯用技术手段来得出本发明权利要求1的技术方案对本领域技术人员来说是显而易见的，进而认为权利要求不具备创造性，申请人对此有完全不同的意见：

申请人在上次意见陈述中已经明确说明了在对比文件1的基础上结合对比文件2、3以及本领域的公知常识并不能得到本发明权利要求1的技术方案，审查意见中似乎并不采纳申请人的上述观点，并在本次审查意见依然坚持认为：对比文件2给出了采用传感器检测参数来触发摄像头工作的启示，对比文件3给出了将屏幕的显示内容三维偏转至一虚拟平面，并对显示内容进行缩放以方便用户观看的启示，并且将其他的区别技术特征认定为本领域的常用技术手段，进而认为本发明权利要求1不具备创造性，申请人对审查意见中的这种审查认定方式表示质疑：

审查意见中在判断本发明是否非显而易见时，明显没有将本发明权利要求1的技术方案作为一个整体进行考虑，而是将权利要求1的整个技术方案划分为几个单独的技术特征，并仅针对其中的两个技术特征，分别引用了对比文件进行评述，对于其他的区别技术特征，仅仅一句属于本领域的惯用技术手段就一笔带过，这种审查方式明显违背《审查指南》中关于创造性的审查原则，并且审查意见中明显没有考虑到本发明权利要求1的技术方案中各个技术特征之间的相互协同作用，这种割裂本发明权利要求1的技术方案的审查方式无疑会严重降低本发明的创造性，申请人认为这种审查方式对申请人来说是很不公平的，并且违背了《审查指南》的审查原则，使得最终的审查结果很难令人信服。

事实上，申请人认为本领域技术人员根据对比文件1、2、3所公开的内容，再结合本领域的常用技术手段根本不可能得到本发明权利要求1的技术方案，具体地，

首先，关于对比文件2，虽然对比文件2说明书第［0111］段中公开了：通过设置在终端的速度计检测，例如检测到终端的速度大于一个速度阈值时，发出设置指令，使摄像头工作，即通过速度检测传感器检测参数来触发摄像头工作，而本发明中则通过重力传感器检测到的加速度发生改变时来开启前置摄像头，即通过重力传感器检测参数来触发前置摄像头工作，虽然表面上对比文件2和本发明中都是通过传感器检测参数来触发摄像头工作，但申请人认为若仔细比较对比文件2和本发明的技术方案，就可以得出：由于技术方案的工作原理和目的完全不同，对比文件2中的速度检测传感器与本发明中的重力传感器并不能相互替代，具体地，

在对比文件2的技术方案中，参见对比文件2说明书第［0105］~［0111］段，其中记载了利用传感器来检测移动终端当前的不同工作模式，并根据不同的工作模式获取移动终端自身在空间中移动所形成的空间信号。具体地，

高速工作模式，对应的工作场景中，仅需要低精度的空间信号即可完成操作，因此可以采用检测精度较低的传感器完成检测，生成空间信号，比如采用摄像头。

低速工作模式，对应的工作场景中，例如作为鼠标使用，需要高精度的空间信号完成操作，因此单独采用检测精度较高的传感器完成检测，或者采用精度低的传感器检测，并再次以精度高的传感器进行校正，生成空间信号，比如用红外传感器。

进而，可通过设置在终端的速度计进行检测，例如检测到终端的速度大于一个速度阈值时（即移动终端处于高速工作模式），发出设置指令，使摄像头工作；如果检测到终端的速度小于等于一个速度阈值时（即移动终端处于低速工作模式），发出设置指令，使红外传感器工作。

根据对比文件2的上述记载可知，对比文件2中之所以采用速度计这一传感器，是为了检测移动终端的运动速度，进而可根据检测的速度来判断移动终端的工作模式（高速工作模式或低速工作模式），并根据不同的工作模式启动不同精度的传感器来获取不同精度的空间信号。因此，在对比文件2中，如果想要触发摄像头工作，必须是移动终端处于高速工作模式，而如果想要检测出移动终端处于高速工作模式，必须采用速度检测传感器来对移动终端进行速度检测，可见，对比文件2中只有采用速度检测传感器才能够触发摄像头工作，而对于其他种类的传感器如重力传感器，其并不能检测移动终端的速度，进而也不能确定移动终端的工作模式，最终也无法通过判断移动终端处于高速工作模式来触发摄像头工作，所以，对比文件2中的速度检测传感器（即速度计）并不能被重力传感器代替，即本领域技术人员不可能想到采用重力传感器来代替对比文件2中的速度检测传感器，并且退一步说，即使采用重力传感器来代替速度检测传感器，由于重力传感器不能检测出移动终端的速度，在对比文件2的技术

方案中并不能触发摄像头工作，即对比文件2中的速度检测传感器也不可能被重力传感器代替。因此，对比文件2中的速度检测传感器与本发明中的重力传感器并不能相互替代。

另外，申请人认为本领域技术人员并不会想到将对比文件1中公开的方法应用到对比文件2的移动终端上，对比文件1公开的是一种利用单摄像头实现裸眼3D光栅调节的方法，而对比文件2中并没有公开移动终端具有裸眼3D的功能，对比文件2中也没有对光栅进行调节，更加没有涉及利用人眼与摄像头之间的距离和夹角来对移动终端进行调节的相关技术内容，在此基础上，由于对比文件1公开的方法与对比文件2在技术上没有任何关联，因此本领域技术人员不可能想到将对比文件1中公开的方法应用到对比文件2的移动终端上；并且，退一步说，即使将对比文件1公开的方法应用到对比文件2的移动终端上，由于二者没有任何技术关联，其也无法解决任何技术问题，与对比文件1相比没有任何技术上的进一步改进。

经过上述意见陈述可知，对比文件2没有公开本发明的任何区别技术特征，进而其不可能给出将本发明的上述区别技术特征应用到对比文件1中以解决本发明实际解决的技术问题的启示；同时，由于对比文件1和2在技术上没有任何关联，因此对比文件1无法与对比文件2进行结合，并且即使相互结合，结合后的技术方案与本发明权利要求1的技术方案也没有任何关联，即使结合也不可能得到本发明权利要求1的技术方案。

其次，关于对比文件3，虽然对比文件3公开的三维旋转界面的方法可以实现将屏幕的显示内容三维偏转至一虚拟平面，并对显示内容进行缩放以方便用户观看，但申请人认为对比文件3并没有公开本发明的主要发明点，进而也没有给出会影响本发明创造性的技术启示，并且，对比文件3公开的方法也无法应用到对比文件1中；

具体地，参见上述在确定本发明实际解决的技术问题时的意见陈述，本发明的主要构思在于：本发明会根据处于不同位置处的前置摄像头与人眼之间的距离来判断移动终端的不同偏转和倾斜状态，进而针对不同的倾斜状态（前后倾斜状态和左右倾斜状态）和不同的偏转角度来进行不同的调整，从而为用户提供更好的观看效果，这是本发明一个非常重要的发明点。而反观对比文件3，其对本发明的上述重要发明点以及与上述重要发明点相关的区别技术特征没有进行任何公开，即对比文件3中并没有公开在移动终端的不同位置处设置多个前置摄像头，没有公开如何根据不同前置摄像头与人眼之间的距离来计算和判断移动终端的偏转和倾斜状态，更加没有公开如何根据移动终端的不同偏转和倾斜状态来对移动终端进行相应的调整，对于上述相关的一些区别技术特征，对比文件3不可能给出任何技术启示。虽然对比文件3中公开了如何实现三维旋转界面，但申请人认为这并不是本发明的主要改进之处，对比文件3公开的技术内容并不会影响本发明的技术创新高度，也不会影响到本发明的创造性。

另外，申请人认为对比文件3的方法并不能应用到对比文件1中，具体地，在对比文件1的利用单摄像头实现裸眼3D光栅调节的方法中，其技术原理是当人脸与摄像头之间存在水平偏移时，通过调节光栅的遮挡角度，利用光栅的自动调整和适配，为用户实现最佳3D观看效果；而在对比文件3的三维旋转界面的方法中，其技术原理是通过提取目标对象的三维界面特征信息，选取三维坐标系并构建三维界面特征信息的数学模型，对进行纹理映射处理的数学模型进行坐标变换，来获取与三维界面特征信息相匹配的倾斜数学模型，再通过触发倾斜数学模型的旋转来呈现三维旋转界面；可见对比文件1的方法和对比文件3的方法的技术原理完全不同，对比文件1采用的是光栅调节，对比文件3采用的是三维建模、坐标变换和模型旋转，二者在技术上没有任何关联，并且二者的应用领域、想要解决的技术问题、技术方案以及最终达到的技术效果都完全不同，所以，由于二者的方法在技术上相差太远，对比文件3的方法并不能应用到对比文件1中。

经过上述意见陈述可知，对比文件3虽然公开了如何实现三维旋转界面，但其并没有公开与本发明的主要发明点相关的一些区别技术特征，进而不可能给出将与本发明的主要发明点相关的区别技术特征应用到对比文件1中以解决本发明实际解决的技术问题的启示；同时，由于对比文件1的方法和对比文件3的方法在技术上相差甚远，因此对比文件1无法与对比文件3进行结合，并且即使相互结合，结合后的技术方案与本发明的权利要求1的技术方案也相差甚远，并不能解决本发明想要解决的技术问题，即使结合也不可能得到本发明权利要求1的技术方案。

最后，审查意见中认为，在对比文件1公开了使用单摄像头计算眼睛与摄像头之间的距离和人眼夹角的基础上，本领域技术人员很容易想到通过三角余弦定理来计算移动终端在左右或者前后偏转时的倾斜角度，而根据三角余弦定理求解夹角时需要得到三角形三条边的长度，因此通过在移动终端的上、下、左、右分别设置四个摄像头并分别计算出相应到眼睛的距离是本领域技术人员根据实际需要所容易作出的常规选择，通过设置判断模块以判断终端的倾斜状态是本领域的惯用技术手段，申请人对审查意见中的上述认定有完全不同的意见：

申请人认为审查意见中将本发明中的“通过三角余弦定理来计算移动终端在左右或者前后偏转时的倾斜角度”“在移动终端的上、下、左、右分别设置四个摄像头并分别计算出相应到眼睛的距离”以及“通过设置判断模块以判断终端的倾斜状态”这些区别技术特征认定为本领域的惯用技术手段的这种认定方式有待商榷，审查意见中并没有引用本领域的教科书或工具书等技术资料作为证据来证明上述区别技术特征已被明确公开，而只是主观地、武断地认定上述区别技术特征为本领域的惯用技术手段，却并没有证据支持，申请人认为在没有明确证据支持的情况下，审查意见中的上述认定很难令人信服。

另外，参见本发明说明书背景技术部分的描述，在现有技术中由于手机偏转而处于前后倾斜状态或左右倾斜状态时，用户看到的屏幕显示内容存在倾斜和扭曲，这一技术缺陷在本领域中一直没有被克服，具体参见对比文件1、对比文件2和对比文件3，作为审查意见中检索出的与本发明在技术上非常接近的本领域的现有技术，其中均没有公开任何技术内容来克服上述缺陷，由此可以佐证本发明的技术方案并没有被现有技术公开，属于本发明相对于现有技术存在的上述缺陷所做出的针对性改进，因此，本发明的上述区别技术特征并不属于本领域的惯用技术手段，对本领域技术人员来说并不容易想到。

综上，申请人认为本发明的上述区别技术特征并没有被对比文件2和对比文件3公开，即对比文件2和对比文件3没有给出将上述区别技术特征应用到对比文件1以解决本发明实际解决的技术问题的启示，另外参见上述意见陈述，对比文件1也无法与对比文件2和对比文件3相结合来得到本发明权利要求1的技术方案，同时本发明的上述区别技术特征也不属于本领域的公知常识，因此现有技术从整体上没有给出将本发明的上述区别技术特征应用到对比文件1以解决本发明实际解决的技术问题的启示，即本发明权利要求1的技术方案对本领域技术人员来说是不容易想到的，是非显而易见的，具有突出的实质性特点。

2. 权利要求1具有显著的进步

本发明会根据处于不同位置处的前置摄像头与人眼之间的距离来判断移动终端的不同偏转和倾斜状态，进而针对不同的倾斜状态（前后倾斜状态和左右倾斜状态）来进行不同的调整，三维偏转后的显示内容所在的虚拟平面与人眼所在平面平行，且人眼观察到的显示内容的区域为矩形，从而使得本发明可以在移动终端处于不同的偏转和倾斜状态时，都能够为用户提供最佳观看效果，进而取得了有益的技术效果，具有显著的进步。

综上所述，与现有技术相比，权利要求1具有突出的实质性特点和显著的进步，具备《专利法》第22条第3款规定的创造性。

## 【案例No. 1310511】建筑玻璃幕墙投影成像膜

### ☞ 案由简要

该申请涉及一种建筑玻璃幕墙投影成像膜。

➢ 一通：审查员引用三篇对比文件（CN102029763A、CN203004423U、CN101809497A）认为权利要求1~11不具备创造性。

➢ 答一通：将说明书中部分内容修改如权利要求1并论述创造性。

➢ 二通：审查员补充检索两篇对比文件（CN1688929A、CN203004423U），依然认为权利要求1~11不具备创造性。

➢ 答二通：将权利要求6和权利要求4附加技术特征加入权利要求1并论述创造性。

➢ 三通：审查员认可之前意见陈述，并指出权利要求7不符合《专利法》第26条第4款。

➢ 答三通：删除权利要求7。

➢ 审查结果：授权。

### ☞ 相关权利要求

原权利要求1、4、6：

1. 一种建筑玻璃幕墙投影成像膜，其特征在于，该投影成像膜包括一个基膜层，该基膜层上阵列有多个透光基元，该些透光基元能够透射光线，该基膜层上还阵列有多个反光基元，该些反光基元能够反射投影光线，该些透光基元和该些反光基元相互间隔设置。

4. 如权利要求1~3中任意一项所述的建筑玻璃幕墙投影成像膜，其特征在于，每一透光基元为开设于该基膜层上的通光孔，每一反光基元为相邻的两个通光孔之间的相互连接区域。

6. 如权利要求4所述的建筑玻璃幕墙投影成像膜，其特征在于，该些通光孔为圆形孔，该些通光孔的孔径为0.7毫米至1.6毫米，相邻的两个通光孔的孔边距为0.15毫米至0.5毫米。

新权利要求1：

1. 一种建筑玻璃幕墙投影成像膜，其特征在于，该投影成像膜包括一个基膜层，该基膜层上阵列有多个透光基元，该些透光基元能够透射光线，该基膜层上还阵列有多个反光基元，该些反光基元能够反射投影光线，该些透光基元和该些反光基元相互间隔设置，每一透光基元为开设于该基膜层上的通光孔，每一反光基元为相邻的两个通光孔之间的相互连接区域，该些通光孔为圆形孔，该些通光孔的孔径为0.7毫米至1.6毫米，相邻的两个通光孔的孔边距为0.15毫米至0.5毫米。

☞ **相关说明书内容**

摘录一

请结合图1~图3予以理解，本实施例的建筑玻璃幕墙投影成像膜1包括依次相互黏结的一漫反射涂层11、一个基膜层12、一个胶层13和一个底层14，该基膜层12上阵列有多个通光孔120，该些通光孔120开设于该基膜层12上，该基膜层12上还阵列有多个反光基元121，每一反光基元121为相邻的两个通光孔120之间的相互连接区域，该些通光孔120和该些反光基元121相互间隔设置。

摘录二

本实施例的建筑玻璃幕墙投影成像膜的使用原理如下：

请结合图4予以理解，现有的楼宇2的外表面为玻璃基元结构，即为多个玻璃基元20的阵列。将图2所示的去除底层14的建筑玻璃幕墙投影成像膜1贴置于该些玻璃基元20上。

请结合图5予以理解，打开投影机，将光束投影至该楼宇2，即可实现实现投影显像的目的。

本实施例的建筑玻璃幕墙投影成像膜具有以下技术效果：

第一，兼具透光性和成像性能好的特点，需要指出的是，本发明的研发人员发现了PE塑料、PVC塑料或PET塑料具有高显像质量的这一新特性，该些通光孔120能够透射光线，保证了楼宇内部在正常办公情况下对光照强度的需要，该些反光基元121采用这些高显像质量的材质（PE塑料、PVC塑料或PET塑料），能够大幅度地提高成像质量。

第二，具有增益高、画面色彩饱和度高以及画面对比度高的特点，现有的铝箔反光纸显示的图像不仅色彩饱和度和对比度低，另外也容易形成镜面反射，并且长时间观看后会产生眼睛酸涩的问题，然而本实施例的建筑玻璃幕墙投影成像膜显示的图像光线不仅色彩饱和度和对比度高，反射的光线也较为柔和舒适。

第三，具有视角开阔的特点，在投影显示领域，图像视角范围是一个关键的性能参数，它决定了显示图像的可视范围。本实施例的建筑玻璃幕墙投影成像膜能够在160°的圆锥角内使得人们清晰地观测到，扩大了城市地标和普通楼宇的宣传范围。

第四，具有高的摩尔纹抑制率，在该基膜层上阵列有多个透光基元的设计需要克服摩尔纹效应的问题，本实施例的建筑玻璃幕墙投影成像膜具有高的摩尔纹抑制率。

鉴于摩尔纹抑制率是关系投影质量的一个重要参数，现在对影响摩尔纹产生的各个因素做以下分析：

请结合表1予以理解，为了测试不同种类的建筑玻璃幕墙投影成像膜对摩尔纹的抑制率，本实验设计并且测试了六个不同种类的投影成像膜，其中1号膜至5号膜是为了研究而设计的参考样品，6号膜是本发明的产品。

依据仅分析单一变量，保持其余各个变量均不变的对比分析原则进行相应的测试和分析：

**表1**

| | | 1号膜 | 2号膜 | 3号膜 | 4号膜 | 5号膜 | 6号膜 |
|---|---|---|---|---|---|---|---|
| 孔直径 | | 1.8mm | 1.8mm | 1.8mm | 1.5mm | 1.5mm | 1mm |
| 孔边距 | | 0.6mm | 0.3mm | 0.3mm | 0.3mm | 0.1mm | 0.3mm |
| 散射涂层 | | 无 | 无 | 有 | 有 | 有 | 有 |
| 投影距离 | 4m | 强 | 严重 | 较强 | 较轻 | 严重 | 较轻 |
| | 6m | 强 | 强 | 较强 | 较轻 | 强 | 无 |
| | 20m | 较强 | 较强 | 较轻 | 较轻 | 较强 | 无 |
| | 30m | 较强 | 较强 | 较轻 | 无 | 较强 | 无 |
| | 100m | 较轻 | 较轻 | 无 | 无 | 较轻 | 无 |
| | 120m | 较轻 | 较轻 | 无 | 无 | 较轻 | 无 |

在近距离（0~10m）测试过程中，使用1台投影机，投影机的亮度为6000流明，标准分辨率为1920×1200。

在中距离（10~100m）测试过程中，使用1台投影机，投影机的亮度为22000流明，标准分辨率为1920×1200。

在远距离（100~120m）测试过程中，使用4台投影机，投影机的亮度为2600流明，标准分辨率为1920×1200。

在表1中，各投影成像膜的基膜层的材质为白色PVC材料，为了衡量摩尔纹对显示图像的影响，按影响程度从高到低依次划分为以下五个等级：严重、强、较强、较轻和无。

依据仅分析单一变量，保持其余各个变量均不变的对比分析原则对测试数据进行分析，可以得到以下规律：

第一，摩尔纹的严重性和孔边距成反相关，即孔边距越小，摩尔纹越容易发生。在其他参数不变的情况下，不能够一直通过增加孔边距来抑制摩尔纹的产生，因为孔边距越大，建筑玻璃幕墙投影成像膜的透光率则越差。

第二，摩尔纹的严重性和通光孔的直径成正相关，即通光孔的直径越大，摩尔纹越容易发生，视觉感受越明显。

第三，漫反射涂层能够抑制摩尔纹的产生，其中 1 号膜和 2 号膜没有设置漫反射涂层，其余四个膜设置有漫反射涂层，比较时仅分析单一变量，保持其余各个变量均不变，例如对 2 号膜和 3 号膜进行对比，可以得知增加漫反射涂层对摩尔纹的影响。

本实施例的建筑玻璃幕墙投影成像膜综合考虑了反光性、透光性、色彩饱和度、对比度、增益、视角范围以及摩尔纹抑制率等各项光学参数，适用于近距离投影、中距离投影和远距离投影。另外，由于通光孔的孔径仅为 1 毫米，因此投影图像的像素损失率也较低。

本实施例的建筑玻璃幕墙投影成像膜具有以下替换结构：

实际制作时，该些透光基元的面积可以为 0.07mm$^2$ 至 2mm$^2$，较佳地，该些透光基元为通光孔，通光孔的孔径可以为 0.7 毫米至 1.6 毫米，相邻的两个通光孔的孔边距可以为 0.15 毫米至 0.5 毫米。通光孔的形状不必局限为圆形，椭圆形或正多边形的通光孔也可以达到透光的目的。另外，透光基元不必局限为通孔，实际制作时，基膜层可以制作成黑白相间的围棋盘样式的基元形状，该些透光基元为白色透光部分，该些反光基元为银黑色的反光部分，此时根本不需要冲孔。除了应用于建筑玻璃幕墙，投影成像膜还可以贴在建筑楼宇沙砾墙面、大理石墙面、铝板墙面等各种材质的墙面上，以便提高墙面的投影成像质量。

摘录三

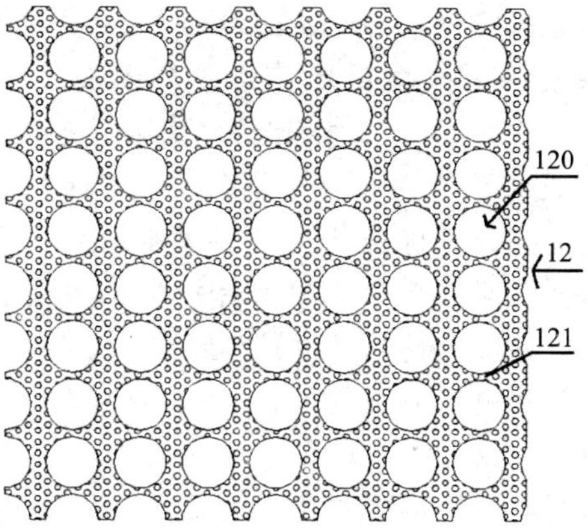


**图 3**

## ☞ 相关对比文件公开内容

摘录一

16. 如权利要求 1 ~ 15 中任一项所述的屏幕，其中，该屏幕的平面方向上设置并连续分布了开孔直径为 0.1mm ~ 8mm 的贯通屏幕厚度方向的通孔，所述通孔的间隔是孔与孔之间的最小距离为 0.1mm ~ 5mm。

摘录二

本发明的屏幕中，可以沿平面方向设置并连续分布贯通厚度方向并具有0.1mm～8mm（优选0.2mm～8mm）开孔直径的通孔，并设置该通孔的间隔为孔和孔之间的最小距离是0.1mm～5mm，优选0.2mm～5mm。

通过在本发明的屏幕中设置分布式通孔，可以确认不透明屏幕的背面上的状态或可以观看屏幕背后的风景。

根据开孔的形状，用于本发明的开孔直径按如下定义：

在开孔为正圆形的情况下为该圆的直径；

在开孔为椭圆形的情况下为该椭圆的短径或长径；

在开孔为三角形的情况下为该三角形的最短或最长的垂直线；

在开孔为除梯形之外的四边形或更多边形的情况下为该四边形或更多边形的最短或最长的对角线；

在开孔为梯形的情况下为该梯形的高度（垂直线）；

在开孔为不定形的情况下，所述开孔直径为该不定形的圆当量直径或任意连接孔圆周上一点和另一点的最长直径。

☞ **审查意见**

第二次审查意见通知书摘录

1. 权利要求1要求保护一种建筑玻璃幕墙投影成像膜，对比文件4（CN1688929A）公开了一种屏幕，并具体公开了以下技术特征（参见权利要求1～20，说明书第9页，倒数第3～5段，说明书第10页倒数第1段）：该屏幕包含含有聚烯烃类的薄膜层（相当于投影成像膜包括一个基膜层），可将该屏幕贴至墙壁表面、玻璃表面用于图像投影，该屏幕沿平面方向设置并连续分布贯通厚度方向并具有0.1mm～8mm直径的贯通屏幕厚度方向的通孔（相当于基膜层上阵列有多个透光基元，这些透光基元能够透射光线），并设置该通孔的间隔为孔和孔之间的最小距离是0.1mm～5mm，通过在屏幕中设置分布式通孔，可以确认不透明屏幕的背面上的状态或可以观看屏幕背后的风景，显然，孔和孔之间的部分能够反射投影光线（相当于基膜层上还阵列有多个反光基元，反光基元能够反射投影光线），显然，孔和孔之间的部分是相互间隔设置的（相当于透光基元和反光基元相互间隔设置），该权利要求所要求保护的技术方案与对比文件1的区别在于：该权利要求所要求保护的是一种建筑玻璃幕墙投影成像膜，基于该区别技术特征，本发明实际解决的技术问题是：用于建筑玻璃幕墙的投影成像。然而，对比文件4已经公开了该屏幕能够贴至墙壁表面或者玻璃表面用于图像投影，本领域技术人员能够将对比文件4中的屏幕用于建筑玻璃幕墙的投影成像，这种设置属于本领域的常用技术手段，其不存在任何技术上的障碍，且能够合理地预期其技术效果，因此，在对比文件4的基础上结合本领域的常用技术手段，得出该权利要求所要求保护的技术方案，对本领域的技术人员来说是显而易见的，因此该权利要求所要求保护的技术方案不具有突出的实质性特点和显著的进步，因而不具备创造性。

4. 权利要求4对权利要求1～3作了进一步限定，对比文件1同时公开了其屏幕沿平面方向设置并连续分布贯通厚度方向并具有0.1mm~8mm的贯通屏幕厚度方向的通孔，显然通孔之间的区域用于反射投影光（相当于每一透光基元为开设于该基膜层上的通光孔，每一反光基元为相邻的两个通光孔之间的相互连接区域），因此，在其引用权利要求不具备创造性的情况下，该权利要求同样不具备创造性。

6. 权利要求6对权利要求4作了进一步限定，权利要求7对权利要求6作了进一步限定，权利要求8对权利要求7作了进一步限定，对比文件1同时公开了通孔为圆形孔，其直径0.1mm~8mm，通孔的间隔为孔和孔之间的最小距离是0.1mm~5mm，显然，对比文件4中覆盖了该权利要求中的孔的直径及孔距的范围，本领域技术人员在对比文件4公开的基础上合理地设置孔径和间距的大小，因此，在其引用权利要求不具备创造性的情况下，该权利要求同样不具备创造性。

### ☞ 答辩要点分析思路

该案中，代理师发现权利要求6记载了技术特征"通光孔的孔径为0.7毫米至1.6毫米，相邻的两个通光孔的孔边距为0.15毫米至0.5毫米"，这是对比文件4所没有记载的。审查员认为对比文件4也记载过通光孔的孔径为0.1毫米至8毫米，相邻的两个通光孔的孔边距为0.1毫米至5毫米，所以对于通光孔的孔径和孔边距的设置属于常规设置。

此时，通过查看该申请的说明书部分，发现说明书的表1中进行了摩尔纹的实验参照。通过实验结果可以看到，在"通光孔的孔径为0.7毫米至1.6毫米，相邻的两个通光孔的孔边距为0.15毫米至0.5毫米"这个范围内的实施例的摩尔纹干涉情况要明显好于在范围外的实施例。因此，明显看到权利要求6的附加技术特征解决了摩尔纹干涉严重的技术问题。

回溯对比文件4，其中也记载了通光孔的孔径为0.1毫米至8毫米，相邻的两个通光孔的孔边距为0.1毫米至5毫米，但是对比文件4中并没有记载任何技术效果。因此，对比文件4只是给出了孔径和孔边距可以进行调整的记载，并没有给出孔径和孔边距能够对摩尔纹产生影响的技术启示。

对于本领域技术人员来说，根据对比文件4，对孔径和孔边距进行调整，但是由于不知道要解决的技术问题是哪个，其测试毫无目的。即使有机会进行无穷次数的测试，由于根本不知道朝哪个方向上进行测试，因此也得不到权利要求6中优选的范围。

### ☞ 意见陈述原文摘录

摘录一

将本申请新权利要求1与对比文件1相比较可知，本申请的建筑玻璃幕墙投影成像膜与对比文件1所公开的屏幕的区别在于：

A. 权利要求1要求保护一种建筑玻璃幕墙投影成像膜；

B. 该些通光孔的孔径为0.7毫米至1.6毫米，相邻的两个通光孔的孔边距为0.15毫米至0.5毫米。

关于区别技术特征B，具体参见本发明0052段的表1可以看到，区别技术特征B具有减少摩尔纹的有益效果。参见采用区别技术特征B的4号膜、6号膜，以及未采用区别技术特征 B 的 3 号膜和 5 号膜。可以明显地看到，相同情况下，4 号膜和 6 号膜在摩尔纹的抑制上完全优于 3 号膜和 5 号膜。

综上所述，本技术方案相对于对比文件 1 实际解决的技术问题是，提供一种建筑玻璃幕墙投影成像膜，该投影成像膜在保持楼宇内部正常透光的条件下，大幅度地提高建筑玻璃幕墙的投影质量，且有效抑制摩尔纹。

摘录二

本发明设置的区别技术特征 B 能够有效抑制摩尔纹。而对比文件 4 当中根本就没有涉及对摩尔纹抑制的相关内容。

而且参照对比文件 4 说明书第 11 页第 15 ~ 19 行的记载："如果开孔直径小于 0. 1mm 或孔和孔之间的最小距离大于 5mm，往往难以观看到屏幕背后的风景，并且这与本发明设置通孔的目的矛盾，而如果开孔直径大于 8mm 或孔和孔之间的最小距离小于 0. 1mm，往往难以观看到投影图像"，从中可以看到，对比文件 4 这一粗略的数值范围的确定，仅仅是根据能否看到风景和投影图形来确定的。这一数值范围的确定根本没有考虑过摩尔纹，也就是说并不是为了解决摩尔纹抑制的问题才确定的。

在这种情况下，对比文件 4 根本没有任何解决摩尔纹的记载，其数值范围所解决的技术问题与本发明区别技术特征 B 解决的技术问题也不相同。不存在任何技术启示去促使本领域技术人员在对比文件 4 基础上改进。

综上所述，独立权利要求 1 的技术方案，是本领域技术人员根据对比文件 4 并结合其他现有技术也是不容易想到的，故具有突出的实质性特点。

（二）权利要求 1 具有显著的进步

本技术方案提供一种建筑玻璃幕墙投影成像膜，该投影成像膜在保持楼宇内部正常透光的条件下，大幅度地提高建筑玻璃幕墙的投影质量，且有效抑制摩尔纹，因而获得了有益的技术效果，具有显著的进步。

综上所述，独立权利要求 1 具有突出的实质性特点和显著的进步，具备《专利法》第 22 条第 3 款所规定的创造性。

## 【案例 No. 111771】CDMA 手机天线性能测试方法及其测试系统

### ☞ 案由简要

该案涉及一种 CDMA 手机天线性能测试方法（权利要求 1 ~ 3）及其测试系统（权利要求 4 ~ 5）。

- 一通：审查员引用对比文件 1（CN201303331Y）和对比文件 2（CN102223662A），认定权利要求 1 不具备创造性。
- 答一通：未修改权利要求，论述权利要求 1 ~ 5 具备创造性。
- 二通：审查员认可了之前的意见陈述，指出权利要求 2 ~ 4 不清楚。
- 答二通及后续程序：略。
- 审查结果：授权。

☞ **相关权利要求**

权利要求1：

一种CDMA手机天线性能测试方法，其特征在于，所述CDMA手机天线性能测试方法包括以下步骤：

S1. 多个手机全部开机，并且将各个手机的身份验证信息分别注册到一综合测试仪上；

S2. 一计算机控制在每个手机与所述综合测试仪之间建立呼叫连接；

S3. 所述多个手机按如下流程依次测试：将其中一个手机放置在一耦合板的上面，并与所述计算机相连接，通过所述计算机与所述综合测试仪对所述耦合板上面的手机进行天线性能的测试，在测试过程中，其余手机放置在与所述耦合板上面的手机信号相互屏蔽的位置。

☞ **相关说明书内容**

摘录一

背景技术

在手机的生产过程中，对手机的天线性能进行测试是必不可少的一个环节。为了保证出厂手机的天线性能，每个手机都需要经过严格的天线性能测试，合格后才可以出厂。目前，通常的做法是：手机在组装好、经过基本功能的测试后，再进行天线性能的测试，也叫天线耦合测试。传统的手机天线性能测试方法中单台仪器一次只能测试一台手机，而在天线性能测试过程中需要经过手机开机、手机发送手机验证信息到综合测试仪器、手机与综合测试仪器之间建立通信链路以及综合测试仪器判断天线性能四个步骤。由于单台仪器一次只能测试一台手机，上述测试过程中的前三个步骤会多次重复，因此传统的手机天线性能测试方法非常浪费时间，测试效率也很低。

摘录二

本发明的积极进步效果在于：本发明提供的CDMA手机天线性能测试方法能够同时使得多个手机处于开机状态、注册身份验证信息以及建立呼叫连接，并能够依次检测多个手机的天线性能，而本发明提供的CDMA手机天线性能测试系统能够实现上述的CDMA手机天线性能测试方法。

摘录三

如图1所示，本发明的CDMA手机天线性能测试方法所采用的CDMA手机天线性能测试系统包括一综合测试仪1、一耦合板2、一计算机3以及一台面4。

所述综合测试仪1用于供多个手机注册身份验证信息，以使得对多个手机分别进行识别，并且分别与每个手机建立呼叫连接；

所述耦合板2用于放置所述手机中的一手机以进行天线性能测试，其余的手机放置在所述台面4的上面，且所述耦合板2上面的手机的与所述台面4的上面的手机的信号相屏蔽。

所述计算机3用于分别建立每个手机与所述综合测试仪1之间的呼叫连接，还用于与所述耦合板2上面的手机相连接，并且与所述综合测试仪1一起对所述耦合板2上面的手机进行天线性能的测试。

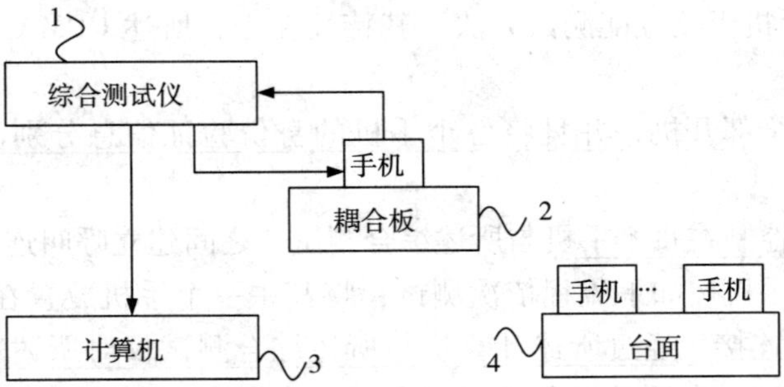


图1

☞ **相关对比文件公开内容**

**【对比文件1】**

摘录一

参照图1，一种射频线损校准仪，包括有计算机及控制软件1、综合测试仪2、测试台3、同轴射频电缆4、参照机5，所述参照机为数据存储区预留有用户自定义区域的正常手机，所述正常手机设有访问所述自定义区域数据的读写接口，参照机通过焊接同轴射频电缆与综合测试仪连接。

具体测试过程如下：选定一台正常手机作为参照机，该参照机的数据存储区预留用户自定义区域，并提供访问此区域数据的读写接口；在参照机的射频测试点上焊接一段同轴射频电缆，连接到综合测试仪，通过计算机的控制软件，测量参照机的功率数值，控制软件把该数值写入参照机的数据存储区；在测试台需要计算线损时，只需把参照机置于此测试台上，计算机的控制软件测量功率数值，把该数值和参照机数据存储区中的数值比较，差值即为本测试台的线损。

摘录二

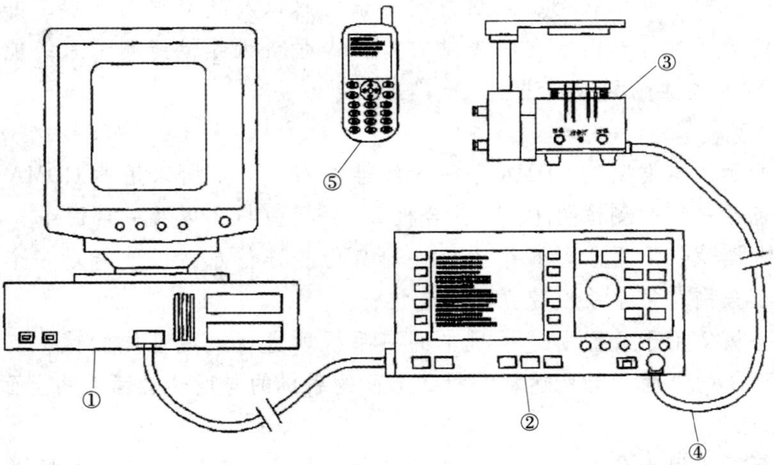


图1

【对比文件 2】

摘录一

[0021] 本发明实施例提供的一种测试手机掉卡的方法，用于对手机进行掉卡（如 SIM 卡错误、丢失电话本、无法注册网络等）测试工，如图 1 所示，主要包括以下步骤：

步骤 S110. 将手机 200 通过串口与安装担卡测试软件的电脑 300 连接，如图 2 所示，本实施例中使用下载线 10 的一端连接手机，另外一端连接到电脑 300 的串口 USB 端口。其中，所述下载线为：microUSB 线或 miniUSB 线。本发明实施例中可以同时将多台手机连接至电脑进行并行测试。

摘录二

[0028] 步骤 S140. 当通过 AT 指令控制手机开机后，电脑向手机发送第二 AT 指令，以获取手机开机过程中网络注册信息并进行统计保存；其中，所述手机开机过程中网络注册信息包括：手机搜网信息、注册网络信息、信号强度信息、SIM 卡是否插入的信息、SIM 卡电话本信息。

摘录三

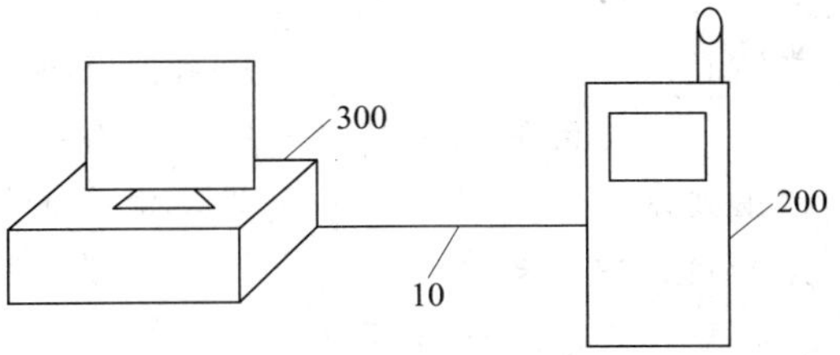


图 2

☞ 审查意见

第一次审查意见通知书摘录

1. 权利要求 1 不具备《专利法》第 22 条第 3 款规定的创造性。

权利要求 1 请求保护一种 CDMA 手机天线性能测试方法。对比文件 1（CN201303331Y）公开了一种射频线损校准仪，并具体公开了以下的技术特征（参见对比文件 1 的说明书第 3 页第 5 ~6 段、图 1）：一种射频线损校准仪，包括有计算机及控制软件 1（相当于权利要求 1 的计算机）、综合测试仪 2（相当于综合测试仪）、测试台 3（相当于耦合板），在参照机的射频测试点上焊接一段同轴射频电缆，连接到综合测试仪，通过计算机的控制软件，测量参照机的功率数值，控制软件把该数值写入参照机的数据存储区（相当于一计算机控制手机与所述综合测试仪之间建立呼叫连接；通过所述计算机与所述综合测试仪对所述耦合板上面的手机进行性能测试），在测试台需要计算线损时，只需把参照机置于此测试台上（相当于将其中一个手机放置在一耦合板上面）。由附图 1 可以直接、毫无疑义地得出测试台 3 通过综合测试仪 2 与计算机 1 连接（相当于手机与所述计算机相连接）。

权利要求 1 与对比文件 1 的区别技术特征在于“多个手机全部开机，并且将各个手机的身份验证信息分别注册到一综合测试仪上；计算机控制的是多个手机；对手机进行的是天线性能的测试；在测试过程中，其余手机放置在与所述耦合板上面的手机信号相互屏蔽的位置”。基于这些区别技术特征，本发明所要实际解决的问题是使测试方法节省时间，提高测试效率。

特征“多个手机全部开机，并且将各个手机的身份验证信息分别注册到一综合测试仪上；计算机控制的是多个手机”已经被对比文件2公开。对比文件2（CN102223662A）公开了一种测试手机掉卡的方法及系统，并具体公开了如下技术特征（参见对比文件2的说明书0021段、0028段、图1、图2）：步骤S110、将手机200通过串口与安装掉卡测试软件的电脑300连接，如图2所示，本实施例中使用下载线10的一端连接手机，另外一端连接到电脑300的串口USB端口。其中，所述下载线为：micro USB线或mini-USB线，本发明实施例中可以同时将多台手机连接至电脑进行并行测试（相当于多个手机全部开机，计算机控制的是多个手机）。步骤S140. 当通过AT指令控制手机开机后，电脑向手机发送第二AT指令，以获取手机开机过程中的网络注册信息并进行统计保存（相当于将各个手机的身份验证信息分别注册到一综合测试仪上）。

且其在对比文件2中所起的作用与其在本发明中为解决其技术问题所起的作用相同，都是用于使测试方法节省时间，提高测试效率，也就是说对比文件2给出了将上述技术特征用于该对比文件1以解决其技术问题的启示，而特征“对手机进行的是天线性能的测试：在测试过程中，其余手机放置在与所述耦合板上面的手机信号相互屏蔽的位置”是本领域的惯用技术手段，属于公知常识。由此可知，在对比文件1的基础上结合对比文件2以及本领域的公知常识，得出该权利要求的技术方案，对本技术领域的技术人员来说是显而易见的，因此该权利要求所要求保护的技术方案不具有突出的实质性特点和显著的进步，因而不具备创造性。

☞ **答辩要点分析思路**

关于该案，分析后发现审查员对于区别技术特征及实际解决的技术问题的认定存在一定的偏差，代理师对该案的区别技术特征进行了重新认定，并重新确定了实际解决的技术问题。

分析审查意见通知书后发现审查员质疑该案权利要求1没有创造性的关键点在于审查员认为区别技术特征“多个手机全部开机”已经被对比文件2公开，这也是该案答辩能否成功的关键点所在，也就是如何论述对比文件2没有给出将区别技术特征“多个手机全部开机”应用到对比文件1中以解决其存在的技术问题的启示。

审查员质疑的理由是对比文件2公开了可以同时将多台手机连接至电脑进行并行测试，并且其在对比文件2中所起的作用与区别技术特征“多个手机全部开机”在该发明中解决其技术问题所起的作用相同。乍一看貌似如此，但是仔细分析对比文件2和审查意见通知书后发现此处审查员犯了“事后诸葛亮”的错误。审查员在了解了该案权利要求1所要求保护的技术方案后主观上认为技术方案相对简单，据此作出判断，很容易对发明的创造性估计偏低，在此主观认定下审查员再去检索相应的对比文件，检索到对比文件2中公开了“可以同时将多台手机连接至电脑进行并行测试”后立刻对号入座，认为对比文件2给出了相应的技术启示，权利要求1是显而易见的。审查员并没有从技术方案整体出发，判断这两个技术特征的应用环境是否相同或相近似，也没有分析技术特征所起的作用是否相同或相近似，直接看到都有多个手机这一技术特征就直接得出存在启示的结论，这显然是不严谨的。粗看，对比文件2所公开的内容给出了多台手机与电脑相联系的信息，貌似给出了用于解决该发明权利要求1所对应的技术问题的预期，而实际上该预期还远远够不上使本领域技术人员认为“显而易见”的程度，因为对比文件2所公开的技术手段根本就不可能应用到该发明中用于解决对应的技术问题。

☞ **意见陈述原文摘录**

（2）确定本发明的区别技术特征和本发明实际解决的技术问题

审查意见中在确定本发明的区别技术特征时指出，所述最接近的现有技术中公开的“在参照机的射频测试点上焊接一段同轴射频电缆，连接到综合测试仪，通过计算机的控制软件，测量参照机的功率数值，控制软件把该数值写入参照机的数据存储区”相当于权利要求1中的“通过所述计算机与所述综合测试仪对所述耦合板上面的手机进行性能测试”，申请人对此有完全不同的意见与您商榷，申请人认为所述最接近的现有技术中并没有对手机进行任何性能测试，具体理由陈述如下：

参见对比文件1中对背景技术的描述（参见对比文件1的说明书第1页倒数第5行至倒数第1行），对于射频线损校准仪中的综合测试仪和测试台，二者之间通过同轴射频电缆连接，导致手机的射频信号在通过同轴射频电缆进行传输时，由于射频信号自身固有的特点，在传输过程中存在损耗。如果此部分损耗没有合适的方法被准确测量，则对手机进行的射频校准是不合理的，将造成校准后的手机的射频指标不能满足规范要求。因此，所述最接近的现有技术就是为了对由射频信号自身固有的特点而在传输过程中造成的损耗进行测量，显然这种损耗并不是由手机的原因，是由射频信号自身固有的特点（即传输过程中经过同轴电缆）而造成的，所以所述最接近的现有技术中只是计算线损，并没有对手机进行性能测试。

并且，在所述最接近的现有技术中，选取的参照机为一台正常手机，对于本领域技术人员来说，需要进行性能测试的必然是刚出厂的或者性能尚未确定的手机，不可能也没有必要再对一台所有性能已经正常的手机（即所述参照机）进行性能测试，否则会既不符合本领域的公知常识，也不符合手机厂商实际的生产测试要求。

所述最接近的现有技术中只是将所述参照机作为一个参考标准，通过其放置在测试台前后的功率不同来计算出测试台的线损，而所述参照机本身非常正常，并不需要而且也没有进行性能测试，其功率变化也仅仅是由射频信号自身固有的特点而导致的，与手机自身的性能没有任何关联。

由此可见，所述最接近的现有技术只是利用一台正常手机来计算测试台的线损，根本没有也不需要对手机进行任何性能测试。

将权利要求1的技术方案与所述最接近的现有技术进行比较，得到本发明的区别技术特征为：所述CDMA手机天线性能测试方法包括：S1多个手机全部开机，并且将各个手机的身份验证信息分别注册到一综合测试仪上；S2中计算机控制的是多个手机；S3通过所述计算机与所述综合测试仪对所述耦合板上面的手机进行天线性能的测试，在测试过程中，其余手机放置在与所述耦合板上面的手机信号相互屏蔽的位置。

利用所述区别技术特征，权利要求1的技术方案所能达到的技术效果为（参见本发明的说明书第2页倒数第4行至倒数第1行）：本发明提供的CDMA手机天线性能测试方法能够同时使得多个手机处于开机状态，使得多个手机在进行测试前都处于开机状态，避免了每次进行天线性能测试都需要开机一次而导致的浪费时间，并能够依次检测多个手机的天线性能，从而节省了进行手机天线性能测试的测试时间，提高了测试效率。

审查意见中指出本发明实际解决的技术问题是使测试方法节省时间，提高测试效率，申请人对此有不同意见与您商榷。《审查指南》中指出对本发明实际解决的技术问题的确定应当客观，在确定区别技术特征的基础上从本发明的技术方案整体出发进行考虑，权利要求1中明确指出本发明针对的是CDMA手机天线性能的测试方法，而不是其他任意的测试方法，这是由于手机天线性能测试具有其自身固有的特点，具体参见本发明说明书的背景技术部分的描述（参见本发明的说明书第1页第4段），本领域中由于手机天线性能测试装置的限制，一次只能测试一台手机，进而造成每次测试都需要对手机进行开机，导致测试非常浪费时间，测试效率也很低，而权利要求1的技术方案正是为了解决这一技术问题。因此，申请人认为在确定本发明实际解决的技术问题时一定要考虑到“CDMA手机天线性能测试”这一因素，这既是本发明技术方案中的一个重要技术特征，也是本发明技术效果的重要体现。

根据本发明的区别技术特征及其所能达到的技术效果确定本发明实际解决的技术问题为如何节省CDMA手机天线性能测试的测试时间，提高测试效率。

（3）权利要求1的技术方案对本领域的技术人员来说是非显而易见的

在审查意见中指出对比文件2公开的“本发明实施例中可以同时将多台手机连接至电脑进行并行测试”相当于权利要求1中的“多个手机全部开机”，并认为其在对比文件2中所起的作用与其在本发明中为解决其技术问题所起的作用相同，进而认为对比文件2给出了将上述技术特征用于该对比文件1以解决其技术问题的启示；同时指出特征“对手机进行的是天线性能的测试，在测试过程中，其余手机放置在与所述耦合板上面的手机信号相互屏蔽的位置”属于本领域的公知常识，进而认为在对比文件1的基础上结合对比文件2以及本领域的公知常识就能够得到权利要求1的技术方案，从而认为权利要求1不具备突出的实质性特点，申请人对此有完全不同的意见与您商榷。

首先，申请人认为对比文件2从整体上没有给出将所述区别技术特征应用到所述最接近的现有技术中以解决本发明所要解决的技术问题的启示。

其一，申请人认为在面对本发明实际解决的技术问题时，本领域技术人员不可能想到将对比文件1与对比文件2进行结合。本发明实际解决的技术问题是如何节省CDMA手机天线性能测试的测试时间，提高测试效率，参见上述在确定本发明的区别技术特征时的意见陈述，对比文件1中没有对手机进行任何性能测试，而对比文件2也仅提供了一种测试手机掉卡的方法，可见二者与手机天线性能测试都没有任何技术上的关联，所以本领域技术人员不可能想到将对比文件1与对比文件2进行结合来解决

“如何节省CDMA手机天线性能测试的测试时间，提高测试效率”这一技术问题，进而对比文件2也不可能给出任何解决所述技术问题的技术启示。

其二，退一步说，即使本领域技术人员能想到将对比文件1与对比文件2结合，申请人认为对比文件2也没有给出将所述区别技术特征应用到所述最接近的现有技术中以解决本发明所要解决的技术问题的启示。

对比文件2公开了可以同时将多台手机连接至电脑进行并行测试，并且其在对比文件2中所起的作用与区别技术特征“多个手机全部开机”在本发明中解决其技术问题所起的作用相同。乍一看貌似如此，但是仔细分析对比文件2和审查意见通知书后发现此处审查员犯了“事后诸葛亮”的错误。审查员在了解了该案权利要求1所要求保护的技术方案后主观上认为技术方案相对简单，然后再去检索相应的对比文件，检索到对比文件2中公开了“可以同时将多台手机连接至电脑进行并行测试”后立刻对号入座，认为对比文件2给出了相应的技术启示，权利要求1是显而易见的。审查员并没有从技术方案整体出发，判断这两个技术特征的应用环境是否相同或相近似，也没有分析技术特征所起的作用是否相同或相近似，直接看到都有多个手机这一技术特征就直接得出存在启示的结论，这显然是不严谨的。

申请人认为审查意见中指出的对比文件2公开的技术特征相当于权利要求1中的“多个手机全部开机”这一结论有待商榷，在确定权利要求1中的某一技术特征与对比文件2中的某一技术特征是否相当时，应当先从技术方案整体出发，判断技术特征的应用环境是否相同或相近似，然后再考虑技术特征所起到的作用是否相同或相近似，只有在上述判断均为相同或相近似之后，才有可能认为技术特征是相当的。

权利要求1提供了一种CDMA手机天线性能的测试方法，在本发明说明书的背景技术中也明确指出，在手机天线性能测试方法中一次只能测试一台手机，导致对于每台手机在测试时都要经过一次开机步骤，而手机的开机非常浪费时间，所以在权利要求1的步骤S1中控制多个手机全部开机，这样在进行天线性能测试之前就控制全部手机处于开机状态，从而省去了每次测试都要控制手机开机的时间，节省了测试时间，提高了测试效率。但是，对于手机的天线性能测试来说，每次依然只能测试一台手机，其不可能实现同时对多台手机进行测试。

对比文件2提供的则是一种测试手机掉卡的方法，采用AT指令自动测试手机掉卡，使手机在电脑程序的控制下重复开关机，并向电脑返回手机开关机信息，从而实现自动测试掉卡（参见对比文件2的说明书第0016段）。由于在对比文件2中，电脑可以具有多个串口（如USB接口），从而使得可以同时将多台手机连接至电脑进行并行测试，但其具体实现方式依然是分别控制每台手机重复开关机，分别对每台手机进行掉卡测试，其并没有在测试之前就控制全部的手机处于开机状态。

由此可见，权利要求1的技术方案与对比文件2相差很远。权利要求1的测试对象是CDMA手机的天线性能，对比文件2的测试对象则是手机掉卡，二者完全不同；并且在测试时所采用的测试装置也有很大不同，权利要求1的测试装置要求一次只能测试一台手机，而对比文件2的测试装置（即电脑）则可以同时对多台手机进行测试，所以权利要求1与对比文件2在技术方案上没有相同或相近似之处，导致具体技术特征的应用环境不相同也不相似。

对比文件2中虽然可以同时将多台手机连接至电脑进行并行测试，但是同时测试多台手机并不表示在测试之前就控制“多台手机全部开机”，并且，权利要求1中在进行手机天线性能测试时，根本不可能同时对多台手机进行并行测试，即权利要求1的技术方案中根本不可能具有“可以同时对多台手机进行并行测试”这一技术特征，这一技术特征也根本不可能在权利要求1的技术方案中实现，那么，对于一个技术方案中根本不具有也不可能实现的技术特征，又如何与权利要求1中的技术特征相当呢？

所以，申请人认为对比文件2中并没有公开“多台手机全部开机”这一区别技术特征，进而对比文件2也不可能给出将这一区别技术特征应用到所述最接近的现有技术中以解决所述技术问题的启示。另外，对于权利要求1中的“S2中计算机控制的是多个手机；S3通过所述计算机与所述综合测试仪对所述耦合板上面的手机进行天线性能的测试，在测试过程中，其余手机放置在与所述耦合板上面的手机信号相互屏蔽的位置”等区别技术特征，对比文件2也没有任何涉及，所以对比文件2也没有给出将上述区别技术特征应用到所述最接近的现有技术中以解决所述技术问题的启示。

由此可见，对比文件2从整体上没有给出将所述区别技术特征应用到所述最接近的现有技术中以解决本发明所要解决的技术问题的启示。

其次，申请人认为所述区别技术特征并不是本领域的公知常识。

申请人认为审查意见中指出的权利要求1中的“在对手机进行天线性能的测试过程中，其余手机放置在与所述耦合板上面的手机信号相互屏蔽的位置”属于本领域的公知常识这一结论有待商榷。

在确定某一区别技术特征是否为本领域的公知常识时，应当从本发明实际解决的技术问题出发进行考虑。本发明实际解决的技术问题是如何节省CDMA手机天线性能测试的测试时间，提高测试效率，本领域中在进行手机天线性能测试的过程中，由于一次只能测试一台手机，因此其余的手机都处于关机状态，进而被测试的手机根本不可能受到其余已关机的手机的信号干扰，所以本领域中在测试过程中，根本不需要考虑将其余手机放置在信号屏蔽的位置。即为了解决本发明实际解决的技术问题（即节省测试时间，提高测试效率），权利要求1中的“在测试过程中，其余手机放置在与所述耦合板上面的手机信号相互屏蔽的位置”并不是本领域的公知常识。

而且，本发明在进行测试之前就控制多个手机全部开机，为了避免已经开机的手机的信号干扰，才将其余手机放置在与耦合板上面的手机信号相互屏蔽的位置，进而节省了手机开机的时间，也节省了整个测试时间，提高了测试效率，从而对现有技术进行了改进，也解决了所述技术问题。由此可见，本发明的区别技术特征均是为了解决所述技术问题而在现有技术的基础上进行的实质上的技术改进，其不可能是本领域的公知常识。

最后，申请人认为对比文件1的其他部分也没有涉及本发明的任何区别技术特征，因而没有给出将所述区别技术特征应用到所述最接近的现有技术中以解决所述技术问题的启示，而且现有技术从整体上也没有给出将所述区别技术特征应用到所述最接近的现有技术中以解决所述技术问题的启示。因此，申请人认为权利要求1具有突出的实质性特点。

2. 权利要求 1 具有显著的进步

权利要求 1 的技术方案能够同时使得多个手机处于开机状态，使得多个手机在进行测试前都处于开机状态，避免了每次进行天线性能测试都需要开机一次而导致浪费时间，并能够依次检测多个手机的天线性能，从而节省了进行手机天线性能测试的测试时间，提高了测试效率，进而取得了有益的技术效果，具有显著的进步。

## 第四节 只抓住对比文件只言片语，未从现有技术整体上理解所给出的技术启示

实践中，审查员花费在一件申请上的审查时间有限，因此检索对比文件时，很多审查员没有太多时间仔细阅读大量现有文献，只急于找到能利用的只言片语作为依据评述发明不具备创造性。这样的情况下，往往审查员所认定的这些只言片语所给出的技术启示其实是在审查员主观设定思路下被扭曲理解的技术启示，偏离了现有技术整体上理解所给出的启示。

《审查指南》在判断创造性的“三步法”中对技术启示的理解中明确指出：“判断过程中，要确定的是现有技术整体上是否存在某种技术启示……”因此，在分析答辩策略寻找突破点时，专利代理师不仅应当仔细分析发明的技术方案和技术效果，还应当全文阅读、仔细分析审查员所引用的现有文献，甚至补充检索阅读其他现有文献，从现有技术整体上去理解其给出的技术启示，以核查审查员对于现有技术给出的技术启示的分析中是否存在漏洞。具体而言，实践中常会遇到的未从整体上理解技术启示的情况主要有两种：

第一，脱离上下文，孤立地理解所引用文段的字面含义，歪曲了原文在对比文件中的真实含义。这种情况大都是因为审查员没有仔细阅读对比文件上下文，了解对比文件整体表达的意思，生硬地摘录某些文段，从字面上孤立地错误地理解其意思，以套用于审查员评述发明不具备创造性的设定思路中。专利代理师仅需要多花一点时间，比审查员更仔细一点，联系上下文，了解所引用文段的前因后果，以准确地理解该文段在对比文件的整体中表达的真实含义，从而发现审查员的疏漏之处。

第二，特定地挑选利于评述发明不具备创造性的技术启示，摒弃现有技术给出的其他意思相左的技术启示。这种情况下，审查员对其所引用的文段的含义理解倒是正确的，看上去其的确找到了能破坏发明非显而易见性的技术启示。但事实上，除此外，现有技术中还存在其他意思不同甚至恰恰相反的技术启示。当现有技术中同时存在多种意思甚至相反意思的技术启示时，若综合起来看，很难说现有技术整体上就给出了审查员所认定的技术启示。只是审查员在寻找技术启示的过程中，戴上了有色眼镜，在多种技术启示中单单挑选了其所希望的那一种，以偏概全。这样带着特定目的进行挑选理解的方式违背了《审查指南》给出的要从整体上理解现有技术给出的技术启示的原则。专利代理师在分析答辩策略时，目光不应当仅仅集中在审查员所引用的文段上，还应当扩大视野，去寻找现有技术中可能存在的那些意思不同、最好是恰恰相反

的技术启示，以作为答辩的突破点。有可能，审查员引用的对比文件本身就记载了此类不同技术启示，仅需要仔细阅读对比文件全文就可轻易发现。还有可能，通过阅读申请文件背景技术、与发明人沟通和/或查阅本领域技术文献，对本领域技术研发情况有较全面的了解后，就可获知现有技术对相关问题存在不同的观点意见，进一步进行补充检索查阅，即可找到记载此类不同技术启示的现有技术作为证据。

在找到审查员对于技术启示的理解的漏洞之后，或纠正审查员的错误理解，或指出其他不同技术启示的存在，且应当向审查员强调《审查指南》对于整体上理解现有技术的技术启示的原则。

## 【案例 No. 1311004】固定床气化装置及包括其处理系统、废弃物处理方法

### ☞ 案由简要

该申请涉及一种固定床气化装置（权利要求 1 ~4）、包括其处理系统（权利要求 5 ~6）以及采用其废弃物处理方法（权利要求 7 ~10）。

➢ 一通：审查员引用对比文件 1（CN202829965U）、对比文件 2（CN201203127Y）和对比文件 3（文大缀，基于无焰氧化的气流床粉煤气化特性研究，中国优秀硕士学位论文全文数据库工程科技 I 辑，摘要及正文第 7 ~8 页，2012 年 6 月 15 日），并认为权利要求 1 ~10 不具备创造性。

➢ 答一通：删去原权利要求 1 ~6 和 9；将原权利要求 7 进行拆分并引入新的技术特征，形成新权利要求 1 ~4；将原权利要求 8 进行拆分，形成新权利要求 5 ~6；将原权利要求 10 进行拆分，形成新权利要求7 ~8；论述新权利要求 1 ~8 具备创造性。

➢ 二通：审查员已认可权利要求 1 ~8 的创造性，但认为权利要求 2 和 7 不符合《专利法》第 26 条第 4 款的规定。

➢ 答二通：对原权利要求 2 和 7 略做修改，并论述新权利要求 2 和 7 符合《专利法》第 26 条第 4 款的规定。

➢ 审查结果：授权。

### ☞ 相关权利要求

答一通时修改的权利要求 1：

1. 一种废弃物处理方法，其包括如下步骤：

将预处理后的废弃物进料至固定床气化装置，与含有氧气的混合气体混合，进行无焰氧化反应，得合成气和固废渣；其中，所述的含有氧气的混合气体满足氧气体积百分比不超过 15%；所述的废弃物为制革碎料、医用脱脂棉、纱布、口罩、乳胶制品、药品和聚丙烯材料制品中的一种或多种；

所述的固定床气化装置包括一气化腔体，一废弃物入口、一固液体出口、一第一气体入口、一气体出口、至少一第二气体入口；所述的废弃物入口设在所述的气化腔体顶部，并与气化腔体内部连通；所述的固液体出口设在气化腔体底部并与气化腔体内部连通，所述的固液体出口为固液体出料口；所述的第一气体入口设在气化腔体下

部并与气化腔体连通，所述的第二气体入口设在气化腔体的中部；所述的第二气体入口与所述的第一气体入口之间的垂直距离和所述的气化腔体高度比值为0.4～0.8；所述的气体出口设在气化腔体上方并与气化腔体内部连通，所述的气体出口为合成气出气口；

所述的第一气体入口中进入的混合气体中氧气量与所述的第二气体入口中进入的混合气体中的氧气总量的比值为3∶1～10∶1。

☞ **相关说明书内容**

实施例1

我国制革工业的快速发展和繁荣的背后，由于产业形态和加工方式，却加重了对环境的污染，很多制革聚集区域显现出严重的重金属铬污染。皮革碎料为皮革上切割下来的边角料，干基热值约13.7 MJ/kg。以日处理百吨制革废弃物规模为例，进料为皮革碎料，其成分如表1所示。符号含义：水分（M）、灰分（A）、挥发分（V）和固定碳（FC）。收到基（ar）：样品的状态为收到该批样品所处的状态。干燥基（d）：样品所处的状态为无水分状态。氧化剂为纯氧。

**表1　皮革碎料成分分析**

| | 工业分析/wt.% | | | | 元素分析/wt.% | | | |
|---|---|---|---|---|---|---|---|---|
| | $M_{ar}$ | $A_d$ | $V_d$ | $FC_d$ | $C_d$ | $H_d$ | $N_d$ | $S_d$ |
| 皮革碎料 | 47.85 | 8.19 | 79.00 | 12.81 | 37.99 | 6.089 | 13.56 | 1.575 |

如图1和图2所示，本实施例使用的固定床气化装置1，其包括气化腔体10、废弃物入口11、固液体出口16、第一气体出口17、气体出口12、两个第二气体入口14、分布器13、炉箅15；废弃物入口11设在气化腔体10顶部，并与气化腔体10内部连通，废弃物入口11设有分布器13；固液体出口16设在气化腔体10底部，并与气化腔体10内部连通；第一气体入口17设在气化腔体10下部并与气化腔体10连通，第二气体入口14设在气化腔体10的中部，第二气体入口14与第一气体入口17之间的垂直距离和气化腔体10高度比值为0.5；两个第二气体入口14对称设在气化腔体10中部两侧；气化腔体10下部设有炉箅15，并且位于第一气体入口17上方；气体出口12设在气化腔体10上方并与气化腔体10内部连通；气化腔体10的内壁和炉箅15使用水冷夹套装置（未在图中显示）进行保温，以免温度过高被损坏。

如图2所示，本实施例使用的废弃物系统，包括废弃物预处理器2、两个锁斗3、上述固定床气化装置1、换热器4、除尘装置5、脱硫净化装置6、灰斗7；废弃物预处理器2、锁斗3和废弃物入口11依次连接，气体出口12与换热器4、除尘设备5、脱硫净化设备6依次连接；灰斗7与固液体出口16连接。

上述皮革碎料经过废弃物预处理器预处理后，经过锁斗进入固定床气化装置与第一气体入口和第二气体入口进入的含有氧气的混合气体混合，发生无焰氧化反应，气化腔体内部一直保持氧气体积百分比不超过15%。气化腔体内部的无焰氧化反应温度为1000 ℃，气化腔体内部反应压力为0.5MPa，气化腔体中的表观气速小于1米/秒。第一气体入口和第二气体入口的通入的氧气量比为6∶1。无焰氧化反应中产生的合成气通过气体出口出气后经过换热器与氧气进行换热后，再经过除尘装置除尘，经过脱硫净化装置后得终产品合成气。无焰氧化反应中产生的固废渣通过固液体出口排出后进入灰斗。上述的含有氧气的混合气体是氧气通过换热器4预热后与烟气、蒸汽和二氧化碳中的一种或多种混合后形成，混合气体中氧气体积百分比不超过15%。

终产物指标如下：

固定床气化装置内部压力为0.5MPa，控制进入固定床气化炉的氧气浓度为15%。出口合成气温度1000℃，合成气产量约2.1t/h，其中$CO+H_2$含量43%；$Cr_2O_3$的含量为56%，灰渣约4t/d，含高浓度铬的灰渣适合于铬的回收利用。由于采用了高温无焰气化，灰渣中碳含量小于5%，整个过程没有焦油产生。

由此可见，本发明可对制革工业中产生的皮革碎料进行无害化处理和资源化利用，气化后产生高品质的合成气，并可对物料气化后高铬含量的气化灰渣进行回收。通过本发明的实施，可以为制革废弃物的节能、环保、资源化利用探索一条新的途径，具有显著的经济和环境效益，符合我国发展循环经济和生态工业的需求。

实施例2

医疗废弃物，是指医疗卫生机构在医疗、保健以及其他相关活动中产生的具有直接或者间接感染性、毒性以及其他危害性的废物。医疗废物中含有大量的病菌、病毒及化学药剂，是病原微生物富集和传播的媒介，对环境和人体能造成极大危害的废弃物，是一种典型的危险废物。以日处理百吨医疗废弃物规模为例，其成分如表2所示，干基热值约21.9MJ/kg。氧化剂为50%富氧。

**表2　医疗废弃物成分分析**

| | 工业分析/wt.% | | | | 元素分析/wt.% | | | |
|---|---|---|---|---|---|---|---|---|
| | $M_{ar}$ | $A_d$ | $V_d$ | $FC_d$ | $C_d$ | $H_d$ | $N_d$ | $S_d$ |
| 医疗废弃物 | 2.86 | 1.51 | 92.19 | 6.30 | 63.61 | 9.98 | 0.26 | 0.08 |

工艺操作条件和本实施例中使用的固定床气化装置结构与有机废弃物处理系统结构与实施例1相同，其不同点在于具体操作参数上。气化腔体内部的反应压力为0.2MPa，气化腔体内部的无焰氧化反应温度为1000℃，第一气体入口和第二气体入口的通入的氧气量比为4∶1。

产物指标如下：

出口合成气温度1000℃，合成气产量约5.2t/h，其中$CO+H_2$含量59%。由于采用了高温无焰气化，灰渣中碳含量小于5%，整个过程没有焦油产生。

实施例3

实施例3的第一气体入口和第二气体入口的通入的氧气量比为3∶1，第二气体入口与第一气体入口的垂直距离与气化腔体高度比值为0.4，气化腔体内部的无焰氧化反应温度为900℃，其余条件与实施例1的相同。

终产物指标如下：

出口合成气温度900℃，合成气产量约1.9 t/h，其中$CO+H_2$含量40%。灰渣中碳含量小于5%，整个过程没有焦油产生。

实施例4

实施例4的第一气体入口和第二气体入口的通入的氧气量比为10∶1，第二气体入口与第一气体入口的垂直距离与气化腔体高度比值为0.8，气化腔体内部的无焰氧化反应温度为900℃，其余条件与实施例1的相同。

终产物指标如下：

出口合成气温度900℃，合成气产量约1.8 t/h，其中 $CO+H_2$ 含量38%。灰渣中碳含量小于5%，整个过程没有焦油产生。

☞ **相关对比文件公开内容**

摘录一：对比文件1说明书第0004～0006段

本实用新型一种上吸式固定床由进料管1、布料器2、喉口段3、气化炉壁4、炉排5、灰斗6组成，气化炉壁上开有二次风进口9和燃气出口10，气化炉底部开有一次风进口8和蒸汽进口7。

进料管1位于气化炉顶部，生物质原料通过进料管1（相当于“原料入口”，本申请记载的原料入口为“废弃物入口”，由于“废弃物”的限定并没有使得固定床气化装置在结构上发生改变，因此，不予考虑，故相当于公开了“废弃物入口”）和布料器2从气化炉顶部均匀地进入炉膛（相当于“气化腔体”，且相当于公开了“废弃物入口设在气化腔体顶部，并与气化腔体内部连通”），进料管1上安装有阀门起到密封作用，布料器2锥段的角度为30～60°，布料器2距离炉顶200～500mm。在气化炉上部靠近进料口的位置设有喉口段3，生物质料在喉口段3堆积一定高度的料位起到密封作用，喉口段3距离气化炉顶部300～500mm，喉口段3与气化炉壁4的夹角为30°～45°。

气化炉下部设有二次风进口9（相当于“第二气体入口”）用来在反应过程中补充二次风，在炉膛温度过低时通过二次风进口9补充二次风补燃，维持炉膛温度，二次风进口9距离炉排的高度为100～500mm；燃气出口10设置在炉膛的上部（“燃气出口”相当于“气体出口”，且相当于公开了“气体出口设在气化腔体上方并与气化腔体内部连通”；另外，本申请的气体出口和对比文件1的燃气出口均是固定床气化装置气化产物的出料口，因此，无论“气体出口为合成气出气口”还是“气体出口为燃气出气口”并不能使得固定床气化装置在结构上发生改变，因此，技术特征“气体出口为合成气出气口”不予考虑），位于喉口段3形成的空隙内，与喉口段3底部在同一高度上。在炉排下部设有灰斗6（直接地、毫无疑义地确定还包含一固液体出口，且相当于公开了“固液体出口设在气化腔体底部并与气化腔体内部连通，固液体出口为固液体出料口”），炉底部设有一次风进风口8（相当于“第一气体入口”，且相当于公开了“第一气体入口设在气化腔体下部并与气化腔体连通”）和蒸汽进口7，当炉排5的温度过高时从蒸汽进口7通入降温蒸汽，保证炉排5的正常运转，一次风进口8与炉排5的距离为200～400mm，蒸汽进口7与一次风进口8交错布置，低于一次风进口8的距离为100～300mm。

摘录二：对比文件1说明书第0010～0013段

气化所需要的生物质原料通过进料管1提到气化炉上方，通过布料器2将生物质均匀分布到炉内。气化所需要的空气（相当于公开了“与含有氧气的混合气体混合”）

从底部的一次风进口8进入气化炉。

气化炉内生物质原料分为三层，最上面是干燥层，进入到气化炉内的生物质原料由于受气化炉内已反应燃料和热气体的传热，生物质原料吸收热量，蒸发出水分，变为干物料。随着物料的消耗，干物料向下移动进入热解层，生物质发生热解，分解为炭、燃气和焦油等，生成的燃气和焦油在高温状态向上经燃气出口10离开气化炉，生成的炭继续下落到氧化层与从底部进入的空气发生氧化反应，放出大量的热提供气化过程需要的热量，反应完的生物质灰通过炉排5落于灰斗6中排出气化炉。

在上吸式气化炉中，气流与生物质原料是反向运动的，空气依次通过氧化层、热解层和干燥层，产生的燃气温度逐渐降低，反应的能量主要是由生物质中的固定碳与空气氧化反应提供，生物质挥发份热解产生的燃气不经过高温的氧化层，所以不会被空气氧化，保证了较高的燃气品质。

本实用新型可以适用于多种生物质原料，包括稻壳、秸秆、木屑等，产生的燃气热值为5000~7000kJ/$Nm^3$，气化效率在65%~75%。

摘录三：对比文件3说明书第7页、第8页

无焰氧化也就是无焰燃烧，该技术不使用外部热源而只通过回收再利用燃烧产热或高温余热来预热反应物，使反应体系的整体温度水平显著升高，随着高温烟气余热利用效率的提高，燃烧温度及强度明显提升，烟气排放温度显著降低，燃烧效率得到极大提高。无焰氧化技术与传统燃烧技术相比，其火焰特征发生了重大变化，没有明显的火焰前沿或舌形火焰；整个燃烧室温度分布均匀，无局部高温或低温区，温度梯度下降，温差大大减小。它的显著优点在于其节能与环保的双重优越性，反应区域温度分布均匀，平均温度水平升高，炉内温度峰值显著降低，提高了燃烧效率；氧化反应强度增大，燃烧完全，扩展了燃料的燃烧范围，节约能源；通过控制燃烧室温度，可将排出的废烟中NOx浓度控制在很低的水平，减轻了环境污染；同时，还可以降低燃烧噪声并缩小燃烧设备尺寸等。

### ☞ 审查意见

第一次审查意见通知书摘录

摘录一

权利要求7所要求保护的技术方案与对比文件1公开的技术方案相比，其区别仅是：(1) 限定生物质原料替换为废弃物，所述的废弃物为制革碎料、医用脱脂棉、纱布、口罩、乳胶制品、药品和聚丙烯材料制品中的一种或多种，并限定预处理后的废弃物进料至气化装置；(2) 固定床气化装置第二气体入口设在气化腔体的中部，第二气体入口与第一气体入口之间的垂直距离和气化腔体高度比值为0.4~0.8；(3) 限定进行无焰氧化反应，得合成气和固废渣，含有氧气的混合气体满足氧气体积百分比不超过15%。

基于上述区别技术特征，可以确定权利要求7实际要解决的技术问题是进一步优化废弃物处理方法。

对于区别技术特征 (1)，为了实现废弃物的高效化利用，本领域技术人员会尝试将对比文件1的生物质原料替换为废弃物来实现废弃物的气化处理。另外，将废弃物预处理后进料至气化装置是本领域的常规技术手段。同时，制革碎料、医用脱脂棉、纱布、口罩、乳胶制品、药品和聚丙烯材料制品中的一种或多种是常见的有机废弃物。

对于区别技术特征（2），本领域技术人员可以根据气化腔体内的气化反应来调整第二气体入口位于气化腔体的具体位置。另外，将第二气体入口设置在气化腔体的中部也是本领域的常规技术手段。另外，限定第二气体入口与第一气体入口之间的垂直距离和气化腔体高度比值为0.4~0.8是本领域技术人员在合理范围内的常规选择，并没有取得意料不到的技术效果。

对于区别技术特征（3），如前所述，对比文件3描述了无焰氧化的优点。因此，对比文件3给出了无焰氧化反应具有节能和环保双重优越性的技术启示。在对比文件3的技术启示下，本领域技术人员会尝试在废弃物的固定床气化装置中也进行无焰氧化反应，进而得到合成气和固废渣。

本领域技术人员可以根据具体的气化装置中的气化进程来调整气化剂含有氧气的混合气体的氧气体积百分比，进而使其处于无焰氧化反应过程。

因此，在对比文件1的基础上结合对比文件3及本领域的常规技术手段得到权利要求7的技术方案对本领域技术人员来说是显而易见的，即权利要求7所要求保护的技术方案不具有突出的实质性特点和显著的进步，不具备《专利法》第22条第3款规定的创造性。

摘录二

第一气体入口中进入的混合气体中氧气量与所第二气体入口中进入的混合气体中的氧气总量的比值选为3∶1~10∶1或4∶1~6∶1是本领域技术人员在合理范围内的常规选择。

### ☞ 答辩要点分析思路

在上述的审查意见中，审查员认为权利要求1实际要解决的技术问题是进一步优化废弃物的处理方法，并认为对比文件3说明了无焰氧化的优点，且本领域技术人员可通过调整气化剂中氧气的体积百分比来实现无焰氧化。

然而，对比文件3所使用的设备是气流床，原料是干煤粉，与该申请所使用的设备（固定床）、原料（废弃物）截然不同，其完全不涉及在固定床中以废弃物作为原料实现无焰氧化的技术问题，更不用说给出解决这一技术问题的技术启示。

再者，对比文件3涉及的无焰氧化的效果（例如排出的废烟中$NO_X$浓度控制在很低的水平）不同于权利要求1实际解决的技术问题（例如，不生成焦油和六价铬）。故对比文件3完全不涉及“不生成焦油和六价铬”的技术问题，更不用说给出解决这一技术问题的技术启示。

由此可见，审查员仅仅是断章取义式地引用了对比文件3中对其有用的部分，而忽略了对其不利的部分，从整体上看对比文件3并未给出与该发明相关的启示（针对无焰氧化），更何况该申请还解决了对比文件3根本未提及的技术问题（例如，不生成焦油和六价铬）。由此，权利要求1具备创造性。

### ☞ 意见陈述原文摘录

由上述对比可知，与对比文件1的生物质气化方法相比，权利要求1的区别技术特征在于：

(1) 权利要求1的原料为废弃物（制革碎料、医用脱脂棉、纱布、口罩、乳胶制品、药品和聚丙烯材料制品），而对比文件1为生物质（木材、秸秆、稻草等）；

(2) 权利要求1中第二气体入口设在气化腔体的中部，并限定了第二气体入口与第一气体入口之间的垂直距离和气化腔体高度比值为0.4~0.8，而对比文件1中二次风进口设在气化炉下部，且未限定上述的比值；

(3) 权利要求1限定含有氧气的混合气体中氧气体积百分比不超过15%，而对比文件1为空气（其中氧气体积比为21%）；

(4) 权利要求1限定第一气体入口中进入的混合气体中氧气量与所述的第二气体入口中进入的混合气体中的氧气总量的比值为3:1~10:1，而对比文件1未限定。

由上述区别技术特征，与权利要求1中的其他技术特征相结合得到了权利要求1的技术方案。从本发明实施例1~实施例4可以得出，权利要求1的处理方法采用固定床，可进行无焰氧化，没有剧毒的六价铬生成，也没有焦油产生；从对比文件1的具体实施例方式可知，对比文件1为有焰氧化（其使用空气作为氧化剂，而附件1：唐志国，基于无焰氧化的煤粉气化炉模型设计与试验研究，中国电机工程学报，2010，8，50~55，第51页左栏图1指出氧浓度为21%时，一般为常规火焰、高温火焰），且会生成焦油。

因此，基于上述主要区别技术特征，以及权利要求1的技术方案在应用了这些区别技术特征之后所达到的技术效果，可以确定权利要求1实际解决的技术问题是：提供一种在固定床中进行无焰氧化，不生成焦油和六价铬的废弃物处理方法。

上述区别技术特征结合权利要求1的其他技术特征解决上述技术问题，相对于对比文件3和其他现有技术非显而易见，具体陈述如下：

①对比文件3和其他现有技术未启示区别技术特征（1）、区别技术特征（2）、区别技术特征（3）及对比文件1其他必要技术特征结合以解决权利要求1实际解决的技术问题（尤其是在固定床中进行无焰氧化）。

对比文件3记载了无焰氧化这一效果及实现该效果的技术方案（特别地，其具有下述两个技术特征：①气流床中进行；②以干煤粉为原料）；而对比文件1和权利要求1的技术方案均采用固定床，并分别以生物质或废弃物作为原料，具体的差异见表1：

**表1**

| | 气化炉 | 原料 |
|---|---|---|
| 对比文件3 | 气流床 | 干煤粉 |
| 对比文件1 | 固定床 | 生物质 |
| 权利要求1的技术方案 | 固定床 | 废弃物 |

在气化炉领域内，固定床和气流床完全不属于一个体系，不仅结构不同，操作方式和操作参数也不相同，例如，固定床从炉顶加料、气流床由气化剂夹带物料入炉。进一步讲，对比文件1以生物质为原料，而对比文件3以干煤粉为原料，两者不仅粒径（前者大，后者小）不同，预处理方式也不尽相同，更何况权利要求1的原料废弃

物的组成更为复杂（例如制革碎料含 Cr 元素）。所以，对比文件 3 完全不涉及在固定床中以废弃物作为原料实现无焰氧化的技术问题（即权利要求 1 实际解决的技术问题），更不用说给出解决这一技术问题的技术启示。

进一步讲，附件 1 第 51 页左栏图 1 指出，实现无焰氧化反应不仅需要氧气浓度不超过 15% 的氧化剂，还需要反应物温度高于 800℃；实际上，发明人在研发过程中也曾尝试，当在固定床中以废弃物作为原料（即区别技术特征 1）进行气化反应时，采用氧气浓度不超过 15% 的氧化剂（即区别技术特征 3），但并未实现无焰氧化（即不能解决权利要求 1 实际解决的技术问题）。

对此，发明人进行了不计其数的摸索和分析，创造性地发现在固定床中以废弃物作为原料（即区别技术特征 1）进行无焰氧化反应，不仅需要氧气浓度不超过 15% 的氧化剂（即区别技术特征 3），还需要对固定床气化炉的结构比例进行改进（即区别技术特征 2，第二气体入口设在气化腔体的中部；第二气体入口与第一气体入口之间的垂直距离，和气化腔体高度比值为 0.4 ~ 0.8）。也即，区别技术特征（1）、区别技术特征（2）、区别技术特征（3）之间的配合是实现无焰氧化的关键。然而，对比文件 3 仅仅改进了气流床气化炉各系统、进气方式、进料方式、氧碳原子比等以实现无焰氧化（见对比文件 3 摘要部分），并未改进固定床气化炉的结构比例，更何况是区别技术特征（1）、区别技术特征（2）、区别技术特征（3）之间的配合以解决权利要求 1 实际解决的技术问题（尤其是在固定床中进行无焰氧化）。故相对于对比文件 3 和其他现有技术，在固定床中进行无焰氧化是非显而易见的。

②现有技术未启示区别技术特征（1）、区别技术特征（2）、区别技术特征（3）、区别技术特征（4）及对比文件 1 其他必要技术特征结合以解决权利要求 1 实际解决的技术问题（尤其是不生成焦油和六价铬）。

对比文件 3 涉及的无焰氧化的效果（例如排出的废烟中 $NO_X$ 浓度控制在很低的水平）不同于权利要求 1 实际解决的技术问题（例如，不生成焦油和六价铬）。故对比文件 3 完全不涉及“不生成焦油和六价铬”的技术问题，更不用说给出解决这一技术问题的技术启示。

进一步讲，发明人在研发过程还发现，区别技术特征（1）、区别技术特征（2）、区别技术特征（3）及对比文件 1 其他必要技术特征结合可解决“在固定床中进行无焰氧化”的技术问题，但仍不能解决“不生成焦油和六价铬”的技术问题。发明人进一步进行了不计其数的摸索和分析，才创造性地发现“不生成焦油和六价铬”，不仅需要区别技术特征（1）、区别技术特征（2）、区别技术特征（3）以实现无焰氧化，还需要有比例的分级给氧［即区别技术特征 4，第一气体入口中进入的混合气体中氧气量与所述的第二气体入口中进入的混合气体中的氧气总量的比值为 3 : 1 ~ 10 : 1］。也即，区别技术特征（1）、区别技术特征（2）、区别技术特征（3）、区别技术特征（4）之间的配合是实现“不生成焦油和六价铬”的关键（即解决权利要求 1 实际解决的技术问题）。然而，现有技术对此并未明示或暗示。故相对于现有技术，“不生成焦油和六价铬”是非显而易见的。

综上所述，针对权利要求 1 所解决的技术问题，本领域技术人员没有动机将对比文件3、其他现有技术与对比文件1结合起来得到权利要求1的技术方案，也完全不可能预料到权利要求1的技术方案所能带来的技术效果。因此，权利要求1具备突出的实质性特点。

2. 权利要求1取得了显著的进步

权利要求1还取得了显著的进步。从本发明效果实施例1~4可以得出，权利要求1的处理方法采用固定床，可进行无焰氧化，没有剧毒的六价铬生成，也没有焦油产生。故权利要求1取得了显著的进步。

所以，权利要求1具备突出的实质性特点并取得了显著进步，具备创造性，符合《专利法》第22条第3款的规定。

## 【案例No. 1410513】移动机器人、移动机器人系统、移动及通信方法

### ☞ 案由简要

该案涉及一种移动机器人（权利要求1~5）、移动机器人系统（权利要求5）、移动方法（权利要求6~9）及通信方法（权利要求10）。

➢ 一通：审查员引用三篇对比文件，分别为：对比文件1（CN101561270A），对比文件2（牛继来，等，蓝牙Scatternet在足球机器人通信中的研究，计算机工程与科学，第31卷第1期，第93~94，106页），对比文件3（白文峰，等，实时专家系统在全自主足球机器人动态避障中的应用，仪器仪表用户，第14卷第3期，第74~75页），认为权利要求1~10不具备创造性。

➢ 答一通：删除原权利要求1和2，将原权利要求3上升为新权利要求1，删除原权利要求6和7，将原权利要求8上升为新权利要求4，论述新权利要求1~6具备创造性。

➢ 审查结果：授权。

### ☞ 相关权利要求

原始权利要求

1. 一种移动机器人，其特征在于，其包括一图像传感器、一处理模块、一动力模块以及至少两个用于带动所述移动机器人移动的移动滚轮，

所述图像传感器用于获取所述移动机器人前进方向上的地面的图像；

所述处理模块用于获取所述图像中一处于地面上的目标物体在所述图像中的位置，并根据所述目标物体在所述图像中的尺寸获取所述目标物体距离所述图像传感器的镜头的检测距离，所述处理模块还用于根据所述位置到一中心线的图像距离和所述检测距离控制所述动力模块牵引所述移动滚轮转动以使所述移动机器人接近所述目标物体，其中，所述中心线为所述图像的上、下边界的中点的连线。

2. 如权利要求1所述的移动机器人，其特征在于，两个移动滚轮分别为左移动滚轮和右移动滚轮，所述动力模块包括一用于牵引左移动滚轮的左牵引电机以及一用于牵引右移动滚轮的右牵引电机，所述处理模块用于根据公式 $V_1 = X \times K_1$ 控制所述动力

模块牵引所述移动滚轮转动以使所述移动机器人接近所述目标物体，

其中，$V_1$ 为左牵引电机和右牵引电机的转速差，X 为所述图像距离，$K_1$ 为所述图像距离转化为所述转速差的转化系数。

3. 如权利要求 2 所述的移动机器人，其特征在于，所述处理模块还用于根据公式 $V_2 = Y \times K_2$ 控制所述动力模块牵引所述移动滚轮转动以使所述移动机器人接近所述目标物体，

其中，$V_2$ 为两个牵引电机中转速较慢的牵引电机的转速，Y 为根据所述检测距离以及所述镜头到地面的高度获得的所述移动机器人到所述目标物体的水平距离，$K_2$ 为所述水平距离转化为转速较慢的牵引电机的转速的转化系数。

☞ **相关说明书内容**

本实施例提供一种移动机器人系统 1，其包括 5 个移动机器人 11 以及一控制终端 21。

所述移动机器人包括一图像传感器 12、一处理模块 13、一动力模块 14、两个用于带动所述移动机器人移动的移动滚轮 15、两个与所述移动滚轮配合支撑所述移动机器人的支撑滚轮、一用于获取所述移动机器人所在位置的定位装置 16 以及一通信模块 17。

所述图像传感器用于获取所述移动机器人前进方向上的地面的图像。图像传感器以每秒 640×480@60fps 的速率，将图像的数据输入到处理模块的图像识别引擎内。识别引擎可以全速将单帧图像数据中符合预先颜色标定的物体的区域范围标定出来。每台机器人可以分辨标定的 8 种颜色的物体。

两个移动滚轮分别为左移动滚轮和右移动滚轮，所述动力模块包括一用于牵引左移动滚轮的左牵引电机以及一用于牵引右移动滚轮的右牵引电机。

所述处理模块用于获取所述图像中一处于地面上的目标物体在所述图像中的位置，并根据所述目标物体在所述图像中的尺寸获取所述目标物体距离所述图像传感器的镜头的检测距离。

所述处理模块还用于获取所述位置到一中心线的图像距离。其中，所述中心线为所述图像的上、下边界的中点的连线。

所述处理模块用于根据公式 $V_1 = X \times K_1$ 控制所述动力模块牵引所述移动滚轮转动以使所述移动机器人接近所述目标物体。

其中，$V_1$ 为左牵引电机和右牵引电机的转速差，X 为所述图像距离，$K_1$ 为所述图像距离转化为所述转速差的转化系数。

所述处理模块还用于根据公式 $V_2 = Y \times K_2$ 控制所述动力模块牵引所述移动滚轮转动以使所述移动机器人接近所述目标物体，

其中，$V_2$ 为两个牵引电机中转速较慢的牵引电机的转速，Y 为根据所述检测距离以及所述镜头到地面的高度获得的所述移动机器人到所述目标物体的水平距离，$K_2$ 为所述水平距离转化为转速较慢的牵引电机的转速的转化系数。

## ☞ 相关对比文件公开内容

**【对比文件1】**

当自主导航过程中无机动目标出现时，主控DSP接收静态航标跟踪器发送的全景图像中左右双色航标的位置信息，通过坐标变换推导出车体在环境空间的坐标位姿，以此进行定位并进行相应的信息综合和导航策略选择。移动车体位姿推导的具体过程如下：如图8所示，以航标A，航标B为X轴，建立世界坐标系。航标的世界坐标系分别为：

$(X_1, Y_1)$，$(X_2, Y_2)$，图像坐标为（$X'_1$，$Y'_1$）和（$X'_2$，$Y'_2$）。车体的世界坐标系设为（$X_0$，$Y_0$）。鱼眼镜头中心设为（$X'_0$，$Y'_0$）。本鱼眼镜头严格满足等距投影定理，即投影距离与目标仰角满足 $r_i = kw_i$，其中 $r_i$ 为图像中目标与镜头中心的投影距离，$k$ 为镜头投影系数，$w_i$ 为该目标与镜头在实际空间中的仰角。同时航标在车体正前方投影的空间角度等于航标的映射角度，即 $\theta'_1 = \theta_1$，$\theta'_2 = \theta_2$，并且可由公式（$\theta_i = \mathrm{artan}\left(\frac{Y'_i - Y'_0}{X'_i - X'_0}\right)$，$i=1$，2求出。航标高度 $H1$，$H2$，航标间距 $L$，全向球视觉镜头高度 $H_0$ 为已知参数，配合航标仰角 $\theta_1$，$\theta_2$，和鱼眼镜头投影系数 $k$，可以推导出车体在世界坐标系下的空间坐标：$\begin{cases} X_0 = (H_1 - H_0)\sin\theta_1 \tan\left(\frac{r_1}{k}\right) \\ Y_0 = \frac{H_1 - H_0}{\tan\theta_1} \end{cases}$，再计算出车体位置和航标中心线的偏差 $\Delta r$，根据公式：

$$Speed\ L = Speed + K \times \Delta r$$
$$Speed\ R = Speed - K \times \Delta r$$

计算出车体左右轮速度，实现航标导航。

当自主导航过程中检测到机动目标时，由机动目标跟踪器向主控DSP发出始能信号，主控DSP自动切换到追踪导航策略。追踪导航策略利用机动目标跟踪器经连通域分析计算出的机动目标在图像中的位置，求出该位置与图像中心线的偏差 $\Delta r'$，根据公式：

$$Speed\ L = Speed - (K \times \Delta r')$$
$$Speed\ R = Speed + (K \times \Delta r')$$

计算出车体左右轮速度，实现寻迹导航。

## ☞ 审查意见

摘录一

权利要求1请求保护一种移动机器人。对比文件1（CN101561270A）公开了一种嵌入式全向球视觉目标检测和移动监控系统，适合于高实时性处理速度的车载移动，也适合于需要多种图像算法并行处理的高端应用领域，并具体公开了以下技术特征（见说明书第2~7页及图1~3）：

该嵌入式系统包括两个鱼眼式全景镜头（相当于“图像传感器”）、主控DSP和两路DSP并行图像处理器（相当于“一处理模块”），该嵌入式系统应用于自引导车辆后，引导车辆必然包括动力系统（相当于“一动力模块”）和两个驱动轮（相当于“至少两个用于带动移动的移动滚轮”）；

鱼眼式全景镜头对监控区域进行图像拍摄，该监控区域中存在机动目标，为导航方向，如图3所示，图像中包括地面的图像（相当于“所述图像传感器用于获取前进方向上的地面的图像”）；

两路图像处理DSP分别对静态航标进行跟踪和对动态目标进行检测，主控DSP利用静态航标的位置信息，通过坐标变换推导出车体环境空间的坐标位姿，以此进行定位并进行相应的信息综合和导航策略选择；鱼眼镜头满足等距投影定理，即投影距离与目标仰角满足 $r_i = kw_i$，其中 $r_i$ 为图像中目标与镜头中心的投影距离，$k$ 为镜头投影系数，$w_i$ 为该目标与镜头在实际空间的仰角；根据两个航标的高度和间距，可推导出车体的空间坐标：计算出车体位置和航标中心线的偏差 $\Delta r$，实现航标导航；

当自主导航过程中检测到机动目标时，分析计算出机动目标在图像中的位置（相当于“所述处理模块用于获取所述图像中一目标物体在所述图像中的位置”），求出该位置与图像中心线的偏差 $\Delta r$”，实现寻迹导航，其中必然控制车体的动力系统牵引驱动轮使车体接近机动目标（相当于“所述处理模块还用于根据所述位置到一中心线的图像距离控制所述动力模块牵引所述移动滚轮转动以使接近所述目标物体”）。

由此可见，权利要求1所请求保护的技术方案和对比文件1所公开的内容相比，区别技术特征如下：(1) 权利要求1的主题为移动机器人，有一个图像传感器；(2) 目标物体在地面上，中心线为图像的上、下边界的中点的连线，根据目标物体在图像中的尺寸获取目标物体距离图像传感器的镜头的检测距离，处理模块还根据检测距离控制动力模块牵引移动滚轮转动以使移动机器人接近目标物体。

基于区别技术特征 (1)，权利要求1所实际解决的技术问题为实现机器人的自主移动控制，简化系统。自主导航车辆、自移动机器人均属于无人控制驾驶的设备，且移动机器人多采用滚轮作为移动部件，因此为实现机器人的视觉导航，本领域技术人员很容易想到并做到将对比文件1所公开的技术方案嵌入移动机器人，使得其实现自主移动，不需要付出创造性劳动。采用一个图像传感器实现单目视觉相较使用两个图像传感器实现双目视觉，无论是系统结构还是图像算法上，都简单易行，因此为简化系统，采用一个图像传感器，属于本领域技术人员的常用技术手段。

基于区别技术特征 (2)，权利要求1所实际解决的技术问题为实现移动机器人在地面自主移动的辅助手段，降低图像分析算法的难度。

移动机器人多数放置于在地面上，因此选择将目标物体设置在地面上，并将中心线设置为图像上下边界的中点的连线，以降低图像分析算法的难度，辅助机器人在地面自主移动，是本领域技术人员容易想到并做到的，不需要付出创造性劳动。对比文件1中所公开的鱼眼镜头满足投影定理，为得出目标物体距离图像传感器镜头的检测距离，以辅助机器人在地面自主移动，简化图像分析算法，本领域技术人员很容易想到并做到利用目标物体的尺寸计算出其与镜头的距离，并使处理模块据此距离控制动力模块牵引移动滚轮转动以使移动机器人接近目标物体，不需要付出创造性劳动。

综上所述，在对比文件1的基础上结合本领域的常用技术手段，得到权利要求1请求保护的技术方案，对于本领域技术人员来说是显而易见的。因此，权利要求1不具备突出的实质性特点和显著的进步，因而不具备《专利法》第22条第3款规定的创造性。

摘录二

2. 权利要求2不具备《专利法》第22条第3款规定的创造性。

权利要求2对权利要求1作了进一步限定。对比文件1还公开了以下技术特征（见说明书第2~7页及图1~3）：根据公式

$$Seed\ L = Speed - (K \times \Delta r')$$

$$Seed\ R = Speed + (K \times \Delta r')$$

计算出车体左右轮（相当于“两个移动滚轮分别为左移动滚轮和右移动滚轮”）的速度，实现寻迹导航（相当于“控制所述动力模块牵引所述移动滚轮转动以使接近所述目标物体”）；左右轮必然被电机牵引，公式中，K为鱼眼镜头投影系数，$\Delta r'$为机动目标位置与图像中心线的偏差（相当于“X为所述图像距离”）。

为实现两个车轮不同速度，分别采用两个电机驱动两个轮，是本领域技术人员的常规选择。对于本领域技术人员来说，电机控制的轮，其中电机的转速和车轮的轮速等价，因此将公式中的速度替换为转速，是本领域技术人员的常规选择。本领域技术人员很容易想到并做到使用对比文件1中的两个公式相减，即得$Speed\ R - Speed\ L = 2K \times \Delta r'$，其中“2K”为所述图像距离转化为“速度”差的转化系数，因此无论是采用对比文件1中的两个式子，还是使用两个式子相减后的速度差，并转化为电机的转速差，转化系数也相应变化，对移动机器人进行控制，都是本领域技术人员的常规选择。

因此，在权利要求1不具备创造性的基础上，权利要求2不具备《专利法》第22条第3款规定的创造性。

摘录三

3. 权利要求3不具备《专利法》第22条第3款规定的创造性。

权利要求3对权利要求2作了进一步限定。对比文件1还公开3以下技术特征（见说明书第2~7页及图1~3）：根据公式

$$Seed\ L = Speed - (K \times \Delta r')$$

$$Seed\ R = Speed + (K \times \Delta r')$$

计算出车体左右轮的速度，实现寻迹导航；可以看出左轮的速度Speed L较右轮慢。对比文件1所公开的技术方案是分别计算出两个轮的速度，权利要求3请求保护的技术方案是计算出控制慢轮的电机转速度和两个轮之间的转速差，而在控制快轮时必然需要将慢轮的转速加上转速差得到快轮转速，因此对比文件1和权利要求3对于两个轮控制方法的思路是一致的。对于本领域技术人员来说，对于电机控制的轮，电机的转速和车轮的轮速等价，因此将公式中的速度替换为转速，是本领域技术人员的常规选择。使用根据检测距离以及镜头到地面的高度获得的移动机器人到目标物体的水平距离，替换机动目标位置与图像中心钱的偏差$\Delta A'$，以简化计算，是本领域技术人员很容易想到并做到的；在此基础上，使用转速替换轮速、水平距离替换距中心线的偏差后，将转化系数相应变化，也是本领域技术人员很容易想到并做到的，均不需要付出创造性劳动。

因此，在权利要求 2 不具备创造性的基础上，权利要求 3 不具备《专利法》第 22 条第 3 款规定的创造性。

### ☞ 答辩要点分析思路

在分析现有技术整体上是否能给出技术启示时，不仅要仔细研读审查员所引用的文段，还要研读审查员所引用的文段的上下文，清楚对比文件整体表达的意思之后，找到审查员的逻辑漏洞，以此为突破点。

在该案分析过程中发现，审查员仅根据对比文件 1 说明书第 4 页第 3 段中的两个速度公式 $Speed\ L = Speed - K \times \Delta r'$、$Speed\ R = Speed + K \times \Delta r'$得出结论：左轮的速度 $Speed\ L$ 较右轮慢，对比文件 1 和权利要求 3 对于两个轮控制方法的思路是一致的。

而代理师通过仔细阅读对比文件 1 公开的文字内容，具体在对比文件 1 说明书第 4 页第 3、4 段后发现，若仅是根据两个速度公式，对对比文件 1 的技术方案的理解会出现偏差，而结合说明书第 4 页第 3、第 4 段的文字内容，发现对比文件 1 与权利要求 3 对于两个轮控制方法的思路并不相同。

在具体论述时，摘录对比文件 1 说明书第 4 页第 3、第 4 段的文字并结合两个公式论述对比文件 1 对两个轮控制方法的思路实质上是：通过机动目标在图像中的位置与图像中心线的偏差计算出车体左右轮的速度，也即根据偏差值确定了左右轮的速度，进而才能获得左右轮的转速差。以此来反驳审查员认为对比文件 1 和权利要求 3 对于两个轮控制方法的思路是一致的观点。在此基础上，论述现有技术整体上不能给出技术启示。

### ☞ 意见陈述原文摘录

一、新权利要求 1 的创造性

1. 新权利要求 1 具有突出的实质性特点

1.1　最接近的现有技术

审查意见引用了对比文件 1 和对比文件 2，其中对比文件 1 公开了一种嵌入式全向球视觉目标检测和移动监控系统，将对比文件 1 作为最接近的现有技术。

1.2　区别技术特征及实际解决的技术问题的认定

由于对比文件 1 除公开了本申请原权利要求 2 和 3 中的技术特征“两个移动滚轮分别为左移动滚轮和右移动滚轮”及“控制动力模块牵引移动滚轮转动以使移动机器人接近所述目标物体”，并未公开原权利要求 2 和 3 的其他附加技术特征，因此，修改后的权利要求 1 中新增的未被对比文件 1 公开的原权利要求 2 和 3 的附加技术特征也应作为新权利要求 1 与对比文件 1 的区别技术特征。

进而，申请人认为，新的独立权利要求 1 相比于对比文件 1 具有的区别技术特征为：移动机器人，有一个图像传感器；目标物体在地面上，中心线为图像的上下边界的中点的连线，根据目标物体在图像中的尺寸获取目标物体距离图像传感器的镜头的检测距离，处理模块还根据检测距离控制动力模块牵引移动滚轮转动以使移动机器人接近目标物体；动力模块包括一用于牵引左移动滚轮的左牵引电机以及一用于牵引右移动滚轮的右牵引电机，处理模块用于根据公式 $V_1 = X \times K_1$，其中，$V_1$ 为左牵引电机和右牵引电机的转速差，$X$ 为所述图像距离，$K_1$ 为图像距离转化为转速差的转化系数；

处理模块还用于根据公式 $V_2 = Y \times K_2$ 控制动力模块牵引移动滚轮转动以使移动机器人接近目标物体，其中，$V_2$ 为两个牵引电机中转速较慢的牵引电机的转速，$Y$ 为根据所述检测距离以及镜头到地面的高度获得的移动机器人到目标物体的水平距离，$K_2$ 为水平距离转化为转速较慢的牵引电机的转速的转化系数。

最接近的现有技术公开的技术方案，通过分析计算机动目标在获取的图像中的位置，根据该位置与图像中心线的偏差，计算出车体左右轮速度，实现寻迹导航。与之相比，新权利要求1利用上述区别技术特征后，根据获取的图像中目标物体在图像中的位置到中心线的图像距离计算出左右牵引电机的转速差，实现控制机器人的转向，根据目标物体在图像中的尺寸获得检测距离，计算出转速较慢的牵引电机的转速，实现控制机器人的前进速度，从而根据上述两项参数控制机器人快速、准确地移动至目标物体处。

综上，基于上述区别技术特征，新权利要求1的技术方案实际解决的技术问题是：如何在机器人获得目标物体图像后，快速、准确地移动至目标物体处。

1.3　新权利要求1的技术方案对本领域技术人员来说是非显而易见的

审查意见指出，现有技术给出了将上述区别技术特征应用于对比文件1以解决其技术问题的启示。对此，申请人有不同意见。

首先，申请人认为，区别技术特征“根据目标物体在图像中的尺寸获取目标物体距离图像传感器的镜头的检测距离，处理模块还根据检测距离控制动力模块牵引移动滚轮转动以使移动机器人接近目标物体”不是本领域技术人员解决上述技术问题的惯用技术手段。

审查意见指出根据对比文件1所公开的鱼眼镜头满足投影定理，本领域技术人员很容易想到并做到利用目标物体的尺寸计算出其与镜头的距离，并使处理模块据此距离控制动力模块牵引移动滚轮转动以使移动机器人接近目标物体，对此，申请人有不同意见与您商榷：

对比文件1中使车体移动至机动目标处使用的方式是：根据机动目标在图像中的位置，计算出该位置与图像中心线的偏差，根据该偏差计算出车体左右轮的速度，实现寻迹导航。可见，为了使车体移动至目标位置处，对比文件1只是根据一项参数（即偏差值）计算出车体左右轮的速度，以牵引车体移动。由于对比文件1仅采用一项参数即确定了两个轮的转速，这样的方式得出的车辆速度往往精确度不高，从而车体移动至机动目标处的准确度不高。对比文件1为最接近的现有技术，可推论，现有技术中为使车体（或机器人）移动到机动目标处，一般均采用上述方法获得两个轮的转速，即通过图像距离这一项参数计算两个轮的转速，这样的方式存在精确度不高的缺陷。而且，现有技术中并没有公开采用检测距离确定两个轮的转速的技术方案。由此可知，现有技术并未给出通过将图像距离和检测距离相结合的方式确定两个移动轮的转速的教导，本领域技术人员即使利用目标物体的尺寸计算出其与镜头的距离，也不容易想到将该距离与图像距离结合来限定移动轮的转速。另外，根据对比文件1说明书的记载可知，为了提高车体移动的精确度，本领域技术人员在对比文件1的基础上容易想到的做法是提高采集的图像的清晰度以及采用更优质的图像处理算法以对目标物体进行检测，来提高车体移动的精确度，并不是本申请的采用两个参数对牵引电机的转速进行限定的方式。从而，上述提高采集的图像的清晰度以及采用更优质的图像处理算法的方式才是本领域技术人员在面对本申请实际解决的技术问题时惯用的技术手段。

而本申请并非采用上述方式来解决技术问题，而是根据图像距离计算两个牵引电机的转速差，通过两个滚轮的不同转速来实现机器人的转向。又根据检测距离以及镜头到地面的高度获得机器人到目标物体的水平距离，根据水平距离计算转速较慢的牵引电机的转速，该转速与机器人的前进速度有关。再根据上述计算得到的转速差及转速较慢的牵引电机的转速，得出转速较快的牵引电机的转速，从而确定两个电机的转速，两牵引电机带动两轮转动，进而实现控制机器人准确地向目标物体方向移动。由此可知，本申请为解决上述技术问题采用的手段并不是本领域技术人员在面对本申请实际解决的技术问题时惯用的技术手段。

其次，申请人认为，区别技术特征“处理模块用于根据公式 $V_1 = X \times K_1$ 控制动力模块牵引移动滚轮转动以使移动机器人接近所述目标物体”和“处理模块还用于根据公式 $V_2 = Y \times K_2$ 控制动力模块牵引移动滚轮转动以使移动机器人接近目标物体”不是本领域技术人员解决上述技术问题的惯用技术手段。

审查意见指出，根据对比文件 1 中左右轮的速度公式：$Speed\ L = Speed - K \times \Delta r'$，$Speed\ R = Speed + K \times \Delta r'$，可以看出左轮的速度较右轮慢，申请人认为，左轮的速度不一定比右轮慢，这与 $K$ 和 $\Delta r'$ 两个值的正负有关，例如，当 $K$ 为正数，$\Delta r'$ 为负数时，左轮的速度快于右轮。申请人还认为，即使左轮的速度一定慢于右轮，且将两个公式进行相减，本领域技术人员也不容易想到本申请中对两个轮的控制方法，具体陈述如下：

对比文件 1 是通过机动目标在图像中的位置与图像中心线的偏差计算出车体左右轮的速度，也即根据偏差值确定了左右轮的速度。而本申请是根据检测距离获得转速较慢的牵引电机的转速，又根据转速差确定了转速较快的牵引电机的转速，从而确定两个轮的转速。也就是说，对比文件 1 中获得转速差的前提是已知两个移动轮的速度，而本申请是通过图像距离获得转速差，根据检测距离获得转速较慢的牵引电机的转速，并根据转速较慢的牵引电机的转速以及转速差获得转速较快的牵引电机的转速，两个电机分别牵引两个轮转动，从而获得两个轮的转速，也即本申请中转速较快的轮的转速需根据转速差及转速较慢的轮来确定。可见，对比文件 1 与本申请对两个轮的控制方法的思路是不同的。

因此，本领域技术人员即使根据对比文件 1 中的速度公式获得了转速差，也不能实现将该转速差应用于对比文件 1 中得出本申请的技术方案，也即本领域技术人员不容易想到根据图像距离获得两轮的转速差，根据检测距离获得转速较慢的轮的转速，又根据转速差及转速较慢的轮的转速来确定转速较快的轮的转速。

另外，本申请的机器人移动过程中，两个牵引电机各自的转速可根据图像距离及检测距离进行调整，这使得机器人对方向的调整是瞬时的（参见本申请说明书第 2 页第［0013］段），也即机器人可实时调节转向，可提高机器人接近目标物体的速度及准确度。同样，根据本申请说明书第 2 页第［0016］段记载：根据镜头到目标物体的距离来控制移动机器人的前进速度，可以设置为当移动机器人距离目标物体越远移动机器人的速度越快，当接近目标物体时放慢速度，从而使移动机器人较快的接近目标物体。可见，与现有技术相比，本申请的控制两个轮的转速的方式非常灵活，且精确度很高。由上述分析可知，本申请为解决上述技术问题采用的手段并不是本领域技术人员在面对本申请实际解决的技术问题时惯用的技术手段。

另外，本申请采用一个传感器检测目标物体，并采用图像分割算法计算目标尺寸，将图像的上下边界的中点的连线设为中心线，根据目标物体在图像中的位置到该中心线的图像距离得出图像距离，而对比文件1采用的是双目视觉计算目标距离，因而，由于获取图像的方式及数量不同，本领域技术人员即使将对比文件1中的两张图像的中心线设置为图像的上下边界的中点的连线，也不能获得本申请中计算图像距离的技术方案，因此，将图像的中心线设为图像的上下边界的中点的连线，并将图像中目标物体距离中心线的距离设为图像距离，并不是本领域技术人员在面对本申请实际解决的技术问题时惯用的技术手段。

综上所述，上述区别技术特征不属于本领域公知常识，也未被对比文件2和3公开，本领域技术人员面临本申请的技术问题时，在对比文件1的基础上，并不能从现有技术中获得技术启示，以将上述区别技术特征应用到对比文件1中，并获得本申请新权利要求1的技术方案。

因此，新权利要求1所要求保护的技术方案是非显而易见的，具有突出的实质性特点。

2. 新权利要求1具有显著的进步

本申请根据获取的图像中目标物体在图像中的位置到中心线的图像距离计算出左右牵引电机的转速差，实现机器人的转向，根据目标物体在图像中的尺寸获得检测距离，计算出转速较慢的牵引电机的转速，来控制机器人的前进速度，且机器人在移动的过程中，两个牵引电机的转速实时可调，从而实现了机器人识别目标物体的准确度，且能快速、准确地移动至目标物体处。取得了有益的技术效果，具有显著的进步。

综上所述，与现有技术相比，新权利要求1具有突出的实质性特点和显著的进步，具备《专利法》第22条第3款规定的创造性。

## 【案例 No. 1310898】壁障位置调节设备

### ☞ 案由简要

该案涉及一种壁障位置调节设备（权利要求1～5）。

➢ 一通：审查员引用了一篇对比文件（CN102147324A），认为权利要求1～5不具备创造性。

➢ 答一通：在权利要求1中加入“所述电器控制部件发出指令，所述横向伺服电机驱动所述横向滚珠丝杆，所述横向滚珠丝杆的螺母带动所述横向滑块横向移动；所述纵向伺服电机驱动所述纵向滚珠丝杆，所述纵向滚珠丝杆的螺母带动所述纵向滑块纵向移动”的技术特征，论述新权利要求1具备创造性。

### ☞ 相关权利要求

原权利要求1

一种壁障位置调节设备，其包括一壁障和一位于所述壁障的后部的支撑部件，其

特征在于，

所述壁障位置调节设备还包括一横向动力机构、一位于所述横向动力机构上方的纵向动力机构和一电器控制部件；

所述横向动力机构固设于所述支撑部件上，所述横向动力机构包括一横向伺服电机和一所述横向伺服电机驱动的横向滚珠丝杆，所述横向滚珠丝杆的螺母固接有一横向滑块，所述纵向动力机构与所述横向滑块固接；

所述纵向动力机构包括一纵向伺服电机和一所述纵向伺服电机驱动的纵向滚珠丝杆，所述纵向滚珠丝杆的螺母固接有一纵向滑块，所述壁障与所述纵向滑块连接；

所述横向伺服电机和所述纵向伺服电机分别与所述电器控制部件连接。

修改后的权利要求 1

在原权利要求的基础上加入以下技术特征“所述电器控制部件发出指令，所述横向伺服电机驱动所述横向滚珠丝杆，所述横向滚珠丝杆的螺母带动所述横向滑块横向移动；所述纵向伺服电机驱动所述纵向滚珠丝杆，所述纵向滚珠丝杆的螺母带动所述纵向滑块纵向移动”。

**☞ 相关说明书内容**

摘录一

如图 1、图 2 和图 3 所示，一种壁障位置调节设备，其包括一壁障 1 和一位于壁障 1 后部的支撑部件 2，所述壁障位置调节设备还包括一横向动力机构 3、一位于横向动力机构 3 上方的纵向动力机构 4 和一电器控制部件 5；横向动力机构 3 固设于支撑部件 2 上，横向动力机构 3 包括一横向伺服电机 31 和一横向伺服电机 31 驱动的横向滚珠丝杆 32，横向滚珠丝杆 32 的螺母固接有一横向滑块 33，纵向动力机构 4 与横向滑块 33 固接；纵向动力机构 4 包括一纵向伺服电机 41 和一纵向伺服电机 41 驱动的纵向滚珠丝杆 42，纵向滚珠丝杆 42 的螺母固接有一纵向滑块 43，壁障 1 与纵向滑块 43 连接；横向伺服电机 31 和纵向伺服电机 41 分别与电器控制部件 5 连接。

电器控制部件发出指令，横向伺服电机驱动横向滚珠丝杆，横向滚珠丝杆的螺母带动横向滑块横向移动；纵向伺服电机驱动纵向滚珠丝杆，纵向滚珠丝杆的螺母带动纵向滑块纵向移动，这样，横向动力机构可以带动壁障横向移动，纵向动力机构可以带动壁障纵向移动。由于滚珠丝杆具有较高的精密度，本壁障位置调节设备可以将壁障移动到指定的位置，并且可以对该位置进行精准定位，不会产生偏差。满足了汽车行业对于汽车壁障（即被撞物体）精准定位的要求，达到汽车碰撞试验的要求，操作简单，可控性强，安全系数较高，很好地适用于汽车试验室的碰撞试验。

横向动力机构 3 还包括一横向导轨 34，横向导轨 34 固设于支撑部件 2 上，横向滚珠丝杆 32 位于横向导轨 34 的上方，横向滑块 33 带动纵向动力机构 4 沿横向导轨 34 横向移动。这样，可以实现横向动力机构的结构稳定，使运行更稳定。

纵向动力机构 4 还包括一纵向导轨 44，纵向导轨 44 固设于纵向滚珠丝杆 42 的侧面，纵向滑块 43 带动壁障 1 沿纵向导轨 44 纵向移动。这样，可以实现纵向动力机构的结构稳定，使运行更稳定。

壁障位置调节设备还包括一遥控器 51，电器控制部件 5 设有一用于接收遥控器 51 信号的天线。这样，可以实现远程控制，进一步提高了操作的安全性。

壁障 1 通过两连接杆 11 与纵向滑块 43 连接。这样，通过调节连接杆的长度，可以控制壁障可到达的位置，使壁障能到达的区域更大。

摘录二

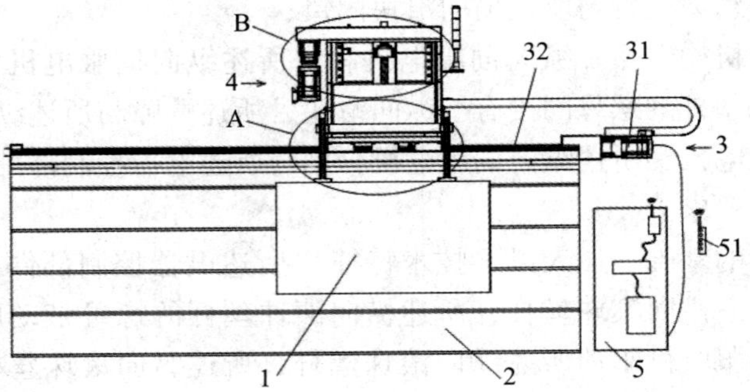


图 1

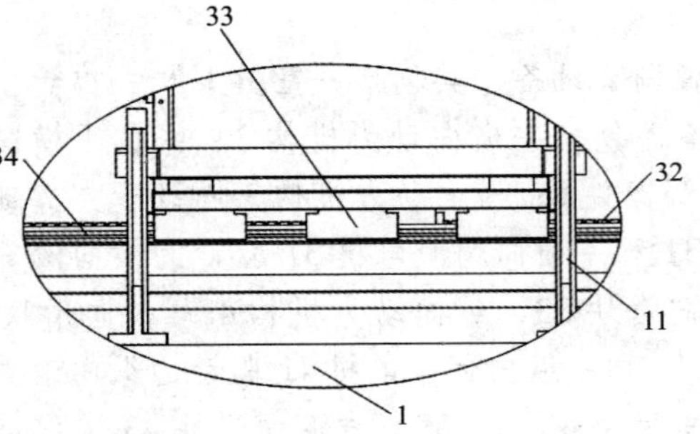


图 2

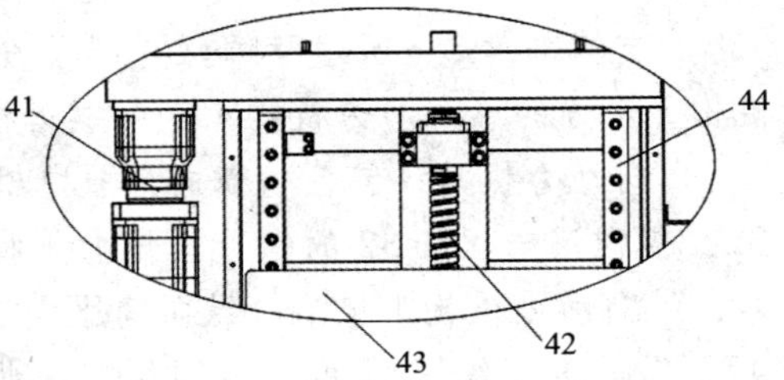


图 3

### ☞ 相关对比文件公开内容

摘录一

［0019］下面结合附图对本发明作进一步的说明：

［0020］如图 1 和图 2 所示，本发明所述的滑板车冲击试验机，它包括机架 18、链条 9、用于驱动链条 9 沿机架 18 运动的驱动机构、用于调节撞击速度的控制箱、可沿链条 9 运动方向滑动的移动板 10，以及用于装夹滑板车 5 的安装座 4；所述机架 18 为长方状立体架体，所述驱动机构设置于所述机架 18，所述控制箱控制连接所述驱动机构，所述安装座 4 与移动板 10 轨接，安装座 4 上放置有配重，所述链条 9 固定有用于推动移动板 10 滑动的推板 7，所述移动板 10 前端设置有缓冲块 11；所述机架 18 前端设置有用于与滑板车 5 前端碰撞的撞盘 17，以及与缓冲块 11 碰撞的缓冲器 15。作为优选的实施方式，所述安装座 4 与移动板 10 通过滑轨滑块机构 3 轨接，具有结构简单、紧凑的优点。

［0021］作为优选的实施方式，所述机架 18 设置有与机架 18 平行的圆导轨 6，所述移动板 10 与圆导轨 6 轨接，可保证移动板 10 沿圆导轨 6 平稳地滑动，有助于提高滑

板车冲击试验机的测试稳定性。

［0022］作为优选的实施方式，所述机架 18 前端设置有支架 2，所述撞盘 17 设置于所述支架 2，所述撞盘 17 还设置有手柄 1，手柄 1 通过丝杆连接所述撞盘 17，使用时，根据需要还可以通过旋转手柄 1，使丝杆动作来改变撞盘 17 的前后距离，从而可便捷地调节撞击位置。进一步地，所述支架 2 为“L”型架，其弯角处设有加强筋，由于撞击试验过程中，撞击的动能较大，“L”型架可以缓冲撞击变形，加强筋可以起到加强作用，使得支架 2 具有较优的撞击性能，避免因多次撞击而损坏，提高了滑板车冲击试验机的使用寿命。

［0023］作为优选的实施方式，所述驱动机构包括电机 16、主动轮 13、同步带 12、被动轮 14 和链轮 8，所述电机 16 驱动连接主动轮 13，主动轮 13 通过同步带 12 驱动连接被动轮 14，被动轮 14 与链轮 8 同轴连接，链轮 8 驱动连接所述链条 9，所述控制箱控制连接所述电机 16，具有结构简单、紧凑的优点，可减少设备的成本和占地面积。

［0024］作为优选的实施方式，所述缓冲器 15 为油压缓冲器，能有效缓冲撞击力，保护滑板车冲击试验机在多次撞击过程中不损坏，提高使用寿命。当然所述缓冲器 15 还可以为弹簧缓冲器等，能起到同样的效果。

［0025］本发明所述的滑板车冲击试验机，其工作原理是：机架 18 上固定的电机 16 经主动轮 13、同步带 12、被动轮 14 变速后，动力传递至与被动轮 14 同轴的链轮 8，然后再把动力传递给链条 9，链条 9 上固定的推板 7 可推动安装在圆导轨 6 上的移动板 10 滑动。滑板车 5 固定在安装座 4 上，绑上 50kg 的配重后，通过滑轨滑块机构 3 放置在移动板 10 上，把整个装置移到圆导轨 6 的一侧，启动电机 16 给装置加速，到达预定速度后电机 16 停止并复位，当移动板 10 上的缓冲块 11 接触缓冲器 15 后，移动板 10 停止滑动，此时滑板车 5 连同配重因惯性的作用，脱离移动板 10 撞击固定在支架 2 上的撞盘 17，最后检查冲击后的滑板车 5 的损坏情况。本发明所述的滑板车冲击试验机，通过机械结构使轨道上的滑板车 5 能产生一个动能撞击障碍物，并且撞击速度可以按需任意调节，适用于各类滑板车 5，检测结果科学合理。

摘录二

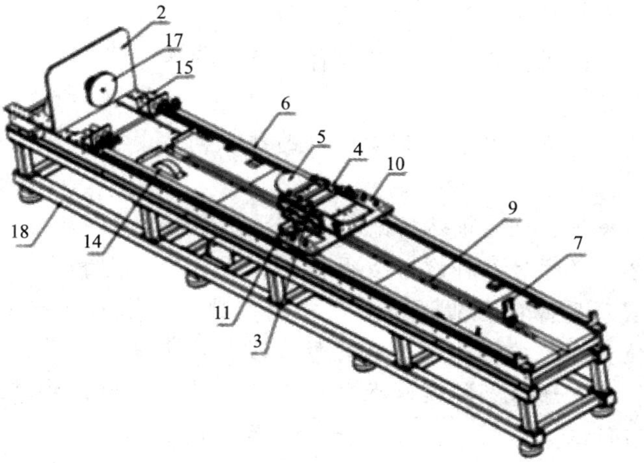


图 1

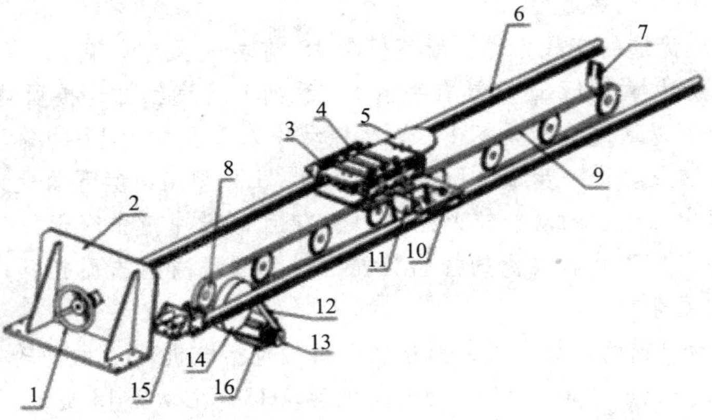


图 2

## ☞ 审查意见

1. 权利要求 1 所要求保护的技术方案不具备《专利法》第 22 条第 3 款规定的创造性。

权利要求 1 请求保护一种壁障位置调节设备，对比文件 1（CN102147324A）公开了一种滑板冲击试验机，其中涉及一种对用于与滑板车碰撞的撞盘进行调节的设备，并具体公开了以下的技术特征（参见对比文件 1 的说明书第［0019］~［0026］段及图 1、图 2）：包括一用于与滑板车 5 前端碰撞的撞盘 17（相当于权利要求 1 中的壁障），和一位于撞盘 17 的后部的支架 2（相当于权利要求 1 中的支撑部件）、旋转手柄 1、丝杆（旋转手柄和丝杆的组合相当于权利要求 1 中的动力机构），手柄 1 固设在支架 2 上，通过转动旋转手柄 1，使丝杆（相当于权利要求 1 中的滚珠丝杆）动作来改变撞盘 17 的前后距离，从而可便捷地调节撞击位置（可以直接毫无疑义地确定包括螺母）。

该权利要求所要求保护的技术方案与该对比文件所公开的技术内容相比，其区别技术特征为：本申请的动力机构是分为固设于支撑部件上的横向动力机构和位于横向动力机构上方的纵向动力机构，横向和纵向动力机构均是由相应伺服电机驱动相应滚珠丝杆，且相应丝杆的螺母分别与相应的滑块固接，纵向动力机构与横向滑块固接，壁障与纵向滑块连接；还包括电器控制部件，横向伺服电机和纵向伺服电机分别与电器控制部件连接。

基于该区别技术特征，本申请实际解决的技术问题是：如何实现壁障在横向和纵向的自动移动。

对于上述区别技术特征，虽然对比文件 1 没有公开如何使壁障在横向和纵向移动，但是对比文件 1 公开了通过丝杆螺母使得壁障在垂直于横向和纵向构成的平面的方向移动从而方便地实现壁障的位置调节，而在此基础上，本领域技术人员很容易想到：根据实际的调节位置的需求，通过丝杆螺母实现相应方向的调节，例如使壁障在横向和纵向方向移动，而在通过丝杆实现物体两个方向的调节时，将其中装有物体的第一方向的动力机构与第二方向的滑块相连接，从而通过第二方向的丝杆转动带动其螺母运动，螺母带动第二方向滑块运动，从而使得第一方向的动力机构整个跟着运动，从而使得物体在第二方向移动，并将第一方向的滑块与需要调节方向的物体相连接，再将滑块与螺母相连接，使得第一方向的丝杆运动带动该方向螺母运动，从而带动与螺母连接的滑块运动，由于滑块与物体固接，因此使得物体在第一方向运动，是本领域的惯用手段，在此基础上，“本申请的动力机构是分为固设于支撑部件上的横向动力机构和位于横向动力机构上方的纵向动力机构，横向和纵向动力机构均是由相应伺服电机驱动相应滚珠丝杆，且相应丝杆的螺母分别与相应的滑块固接，纵向动力机构与横向滑块固接，壁障与纵向滑块连接”是本领域技术人员很容易想到的；而为了实现自动控制，采用伺服电机来替代手柄，使得丝杆运动，并且设置电器控制部件，通过电器控制部件控制伺服电机实现丝杆的自动转动，是本领域的惯用手段。

因此，在对比文件1的基础上结合上述公知常识以获得该权利要求所要求保护的技术方案，对所属技术领域的技术人员来说是显而易见的，因此该权利要求所要求保护的技术方案不具备突出的实质性特点和显著的进步，因而不具备创造性。

### ☞ 答辩要点分析思路

审查员在审查意见中指出，虽然对比文件1没有公开如何使壁障在横向或纵向移动，但是对比文件1公开了通过丝杆螺母使得壁障在垂直于横向和纵向构成的平面的方向移动从而方便地实现壁障的位置调节。

审查员为了评论创造性，只抓住对比文件1的只言片语，带着特定目的在对比文件1中挑选了“手柄1通过丝杆连接所述撞盘17（见对比文件1说明书第［0022］段）”这句话，就把这句话扩展为“对比文件1公开了通过丝杆螺母使得壁障在垂直于横向和纵向构成的平面的方向移动”，并认为公开了该发明的区别技术特征。之所以出现上述现象，是因为审查员没有仔细阅读上下文，主观地进行了扭曲理解。

实际上，在“手柄1通过丝杆连接所述撞盘17”这句话后面，还具有如下语句“使用时，根据需要还可以通过旋转手柄1，使丝杆动作来改变撞盘17的前后距离”。结合图1和图2进行理解，可知，对比文件1中的撞盘17只能沿一个方向移动，且单方向移动的驱动机构也与该案不同。

代理师在答复审查意见时，应指出审查员的问题，对审查员的片面理解、扭曲解释的错误进行纠正，并说明应从对比文件1整体上理解是否有给出技术启示。

### ☞ 意见陈述原文摘录

一、独立权利要求1具备创造性

（一）权利要求1具有突出的实质性特点

1. 确定最接近的现有技术

对比文件1（CN102147324A）公开了本发明最多的技术特征，因此，对比文件1为最接近的现有技术。

2. 相对于对比文件1，权利要求1的区别技术特征和实际解决的技术问题

对比文件1公开了一种滑板车冲击试验机，所述机架18前端设置有支架2，所述撞盘17设置于所述支架2，所述撞盘17还设置有手柄1，手柄1通过丝杆连接所述撞盘17，使用时，根据需要还可以通过旋转手柄1，使丝杆动作来改变撞盘17的前后距

离，从而可便捷地调节撞击位置。

首先，对比文件1与本申请的技术领域是不同的，对比文件1用于滑板车冲击试验，而本申请用于汽车碰撞实验。滑板车与汽车的技术领域相差甚远，不应认为是相同或相邻的技术领域。

其次，即使认为对比文件1与本申请的领域相近，对比文件1也只公开了权利要求1中的“一壁障和一位于壁障的后部的支撑部件”，其余的技术特征均未公开，即权利要求1中的技术特征“所述壁障位置调节设备还包括一位于所述横向动力机构上方的纵向动力机构和一电器控制部件；所述横向动力机构固设于所述支撑部件上，所述横向动力机构包括一横向伺服电机和一所述横向伺服电机驱动的横向滚珠丝杆，所述横向滚珠丝杆的螺母固接有一横向滑块，所述纵向动力机构与所述横向滑块固接；所述纵向动力机构包括一纵向伺服电机和一所述纵向伺服电机驱动的纵向滚珠丝杆，所述纵向滚珠丝杆的螺母固接有一纵向滑块，所述壁障与所述纵向滑块连接；所述横向伺服电机和所述纵向伺服电机分别与所述电器控制部件连接；所述电器控制部件发出指令，所述横向伺服电机驱动所述横向滚珠丝杆，所述横向滚珠丝杆的螺母带动所述横向滑块横向移动；所述纵向伺服电机驱动所述纵向滚珠丝杆，所述纵向滚珠丝杆的螺母带动所述纵向滑块纵向移动”，均未公开。

因此，相对于对比文件1，权利要求1具有多个区别技术特征，其中之一为（其他区别技术特征不再赘述）：

所述壁障位置调节设备还包括一横向动力机构、一位于所述横向动力机构上方的纵向动力机构和一电器控制部件；所述横向动力机构固设于所述支撑部件上，所述横向动力机构包括一横向伺服电机和一所述横向伺服电机驱动的横向滚珠丝杆，所述横向滚珠丝杆的螺母固接有一横向滑块，所述纵向动力机构与所述横向滑块固接；所述纵向动力机构包括一纵向伺服电机和一所述纵向伺服电机驱动的纵向滚珠丝杆，所述纵向滚珠丝杆的螺母固接有一纵向滑块，所述壁障与所述纵向滑块连接；所述横向伺服电机和所述纵向伺服电机分别与所述电器控制部件连接；所述电器控制部件发出指令，所述横向伺服电机驱动所述横向滚珠丝杆，所述横向滚珠丝杆的螺母带动所述横向滑块横向移动；所述纵向伺服电机驱动所述纵向滚珠丝杆，所述纵向滚珠丝杆的螺母带动所述纵向滑块纵向移动。

上述区别技术特征所能达到的技术效果为：

横向动力机构可以带动壁障横向移动，纵向动力机构可以带动壁障纵向移动。由于滚珠丝杆具有较高的精密度，本壁障位置调节设备可以将壁障移动到指定的位置，并且可以对该位置进行精准定位，不会产生偏差，可以很好地实现对于汽车壁障（即被撞物体）的精准定位，达到汽车碰撞试验的要求，并且操作简单，可控性强，安全系数较高，很好地适用于汽车试验室的碰撞试验。

根据该区别技术特征所能达到的技术效果，重新确定发明实际解决的技术问题：

如何精确地调整壁障沿纵向和横向的位置，并对该位置进行精准定位。

3. 权利要求1中的技术方案对于本领域的技术人员来说是非显而易见的

1）最接近的现有技术（对比文件1）的其他部分未披露与区别技术特征相关的技

术手段，也不存在解决上述重新确定的技术问题的技术启示。

审查员在审查意见中指出，虽然对比文件1没有公开如何使壁障在横向或纵向移动，但是对比文件1公开了通过丝杆螺母使得壁障在垂直于横向和纵向构成的平面的方向移动从而方便地实现壁障的位置调节。对此，申请人有不同意见。

首先，对比文件1用于滑板车冲击试验，而本申请用于汽车碰撞实验。滑板车与汽车的技术领域相差甚远，本领域的技术人员不能从一个甚远的技术领域得到技术启示。

其次，对比文件1中只公开了“手柄1通过丝杆连接所述撞盘17，使用时，根据需要还可以通过旋转手柄1，使丝杆动作来改变撞盘17的前后距离”的技术方案（见对比文件1说明书第［0022］段），撞盘17只能沿一个方向移动，而本申请中的壁障能沿两个方向移动。

最后，对比文件1的撞盘17在支架2移动的技术方案，也与本申请不同。撞盘17在支架2移动，是旋转手柄1，使丝杆动作来改变撞盘17的前后距离（见对比文件1说明书第［0022］段）。而本申请是通过相互连接的横向动力机构、纵向动力机构，控制壁障沿两个方向的移动（见本申请说明书第［0016］段至第［0017］段）。虽然本申请中的横向动力机构、纵向动力机构具有丝杆，但本申请的丝杆与对比文件1中的丝杆的连接方式和作用均不相同，本申请的丝杆只是横向动力机构、纵向动力机构中的一个部件，本申请的丝杆还需要与其他多个部件相配合，实现壁障沿两个方向的移动。

综上，对比文件1，不仅与本申请的技术领域相差甚远，撞盘17只能沿一个方向移动，且撞盘17在支架2移动的技术方案也与本申请不同。通过对比文件1的单一方向移动撞盘17的技术方案，不可能得到本申请中的壁障沿两个方向移动的技术启示。因此，对比文件1的其他部分未公开区别技术特征，也未给出解决上述技术问题的技术启示。

2）该区别技术特征也不是公知常识。

横向动力机构可以带动壁障横向移动，纵向动力机构可以带动壁障纵向移动。由于滚珠丝杆具有较高的精密度，本壁障位置调节设备可以将壁障移动到指定的位置，并且可以对该位置进行精准定位，不会产生偏差，可以很好地实现对于汽车壁障（即被撞物体）的精准定位，达到汽车碰撞试验的要求，并且操作简单，可控性强，安全系数较高，很好地适用于汽车试验室的碰撞试验。因此，该区别技术特征也不是公知常识。

因此，权利要求1是非显而易见的，具有突出的实质性特点。

（二）权利要求1具有显著的进步

权利要求1，横向动力机构可以带动壁障横向移动，纵向动力机构可以带动壁障纵向移动，由于滚珠丝杆具有较高的精密度，本壁障位置调节设备可以将壁障移动到指定的位置，并且可以对该位置进行精准定位，不会产生偏差，可以很好地实现对于汽车壁障（即被撞物体）的精准定位，达到汽车碰撞试验的要求，并且操作简单，可控性强，安全系数较高，很好地适用于汽车试验室的碰撞试验，具有显著的进步。

综上所述，权利要求1具有突出的实质性特点和显著的进步，具有《专利法》第22条第3款所要求的创造性。

## 第五节 未以“所属领域的技术人员”的视角判断“非显而易见性”

在非显而易见性的判断中，主要是确认现有技术是否给出了《审查指南》中所述的能使发明显而易见的技术启示。这样的技术启示的给出方式可以是明示、也可以是暗示。明示的技术启示通常比较好判断。难以判断的多是属于暗示方式给出的技术启示。审查员常依据某对比文件公开的技术信息或者本领域普通技术知识，认为其隐含了对应于采用发明的区别技术特征解决其实际解决的技术问题的暗示，而否定发明的非显而易见性。这一认定过程中，寻找答辩突破点的关键在于审视审查员是否以“所属领域的技术人员”的视角推导出其认定的暗示的技术启示。当审查员以其自身的主观感觉或者以一普通公众或者一般技术领域的技术人员的角度进行判断时，其认定的现有技术给出的技术启示很可能与“所属领域的技术人员”基于现有技术所能得出的启示有所不同，从而导致得出的结论有失偏颇。

对于上述情况，专利代理师应当着重从“所属领域的技术人员”是创造性的判断主体的角度进行论述。具体的，可向审查员强调《审查指南》中规定的以“所属领域的技术人员”作为判断主体的重要性，解释“所属领域的技术人员”的含义，详细介绍与发明相关的其所属技术领域的技术及研发特点，力求将审查员的思路及视角从普通公众或一般技术领域的技术人员转移到“所属领域的技术人员”上，正确地进行非显而易见性的判断。

为使意见陈述更有说服力，专利代理师还应尽可能地运用反证这一有力工具，提供发明所属领域中与答辩涉及的情形相同或类似的鲜活实例说明，作为一个“所属领域的技术人员”，会对相同或类似的技术信息进行怎样的理解、分析和推导，会得到怎样的启示，以此说服审查员摈弃其凭主观感觉或对所属技术领域片面的了解而进行的不适当的显而易见性的推导方式。

### 【案例 No. 1410656】人口腔鳞癌 CAL-27-HCPT 耐药细胞株

#### ☞ 案由简要

该申请涉及一种人口腔鳞癌 CAL-27-HCPT 耐药细胞株。

- 一通：审查员引用两篇对比文件认为权利要求 1~2 不具备创造性。
- 答一通：代理师引入两篇文献，论述权利要求 1~2 具备创造性。
- 审查结果：授权。

#### ☞ 相关权利要求

权利要求 1：一种人口腔鳞癌 CAL-27 耐药细胞株，其特征在于，其是保藏号为 CCTCC NO：C2012151 的人口腔鳞癌 CAL-27-HCPT 耐药细胞株。

☞ **相关说明书内容**

摘录一

背景技术

针对鳞状细胞癌，虽然目前已经开发出了很多的治疗药物并且已经被有效应用于临床上，然而，在众多的化疗过程中经常遇到耐药和多药联用耐药的情况。耐药性一般由众多因素导致，其中不容忽视的是个体化基因的差异，差异基因的筛查与深入的耐药分子机制研究对未来的临床治疗有很深远的意义。传统诱导与筛选的方法建立的口腔鳞癌细胞株由于大剂量给药对细胞状态影响较大，造成差异基因的人为改变，不利于后期筛查。

摘录二

积极进步效果

本发明人首次提供了一种可以具有临床上的人口腔鳞癌的生物学性状，呈增殖促进且交叉耐5－Fu和MTX的人口腔鳞癌CAL－27－HCPT耐药细胞株。

摘录三：实施例—多药耐药测定。

以MTT法测定耐药指数。结果如表7所示。CAL－27－HCPT细胞耐药指数为33.208，与亲本细胞相比差异显著（$P<0.01$），而且除对羟基喜树碱（HCPT）有耐药性外，对5－氟尿嘧啶（5－Fu）和奥沙利铂（L－OHP）等也有一定的交叉耐药（具体耐药数据请参见下表）。CAL－27－HCPT细胞株的增殖较亲本细胞明显增加，但是转移能力明显下降。

**表7**

| 药物（Drug） | $IC_{50}$/（μg/ml） | | 耐药指数（RI） |
|---|---|---|---|
| | CAL－27 | CAL－27－HCPT | |
| HCPT | 0.101 | 3.365 | 33.208** |
| CDDP | 2.334 | 2.803 | 1.201 |
| 5－Fu | 1.650 | 6.099 | 3.695* |
| TAX | 0.407 | 1.098 | 2.698 |
| MTX | 0.855 | 2.221 | 2.599 |
| L－OHP | 5.327 | 19.803 | 3.717 |

注：＊＊$p<0.01$，＊$p<0.05$。

☞ **相关对比文件公开内容**

对比文件1（Gosepath EM et al., Acquired cisplatin resistance in the head－neck cancer cell line Cal27 is associated with decreased DKK1 expression and can partially be reversed by overexpression of DKK1, Int. J. Cancer, 2008, 123（9）: 2013－2019）被认为是最接近的现有技术。Treatment of the tongue cancer cell line Cal27 with 6 cycles of cisplatin（increasing from 10 to 50μM）each followed by a recoveryperiod resulted in a cell line named Cal27cis showing decreased chemosensitivity against cisplatin（～10－fold）.

对比文件2（邹健等，人结肠癌羟基喜树碱耐药细胞株SW1116/HCPT的建立与鉴定，胃肠病学，2006 年第 11 卷，第 6 期，第 327～331 页）公开了人结肠癌细胞 SW1116 羟基喜树碱耐药细胞株 SW1116/HCPT，其对 HCPT 耐药倍数增加 120.0 倍。

胃肠病学 2006 年第 11 卷第 6 期 ·327·

·论 著·

# 人结肠癌羟基喜树碱耐药细胞株 SW1116/HCPT 的建立与鉴定*

邹 健 冉志华# 黄美兰 萧树东

上海交通大学医学院附属仁济医院消化内科 上海市消化疾病研究所(200001)

**背景**:肿瘤细胞的多药耐药性是造成化疗失败的主要原因,其机制是多种耐药相关基因表达的改变。**目的**:探讨消化道肿瘤的多药耐药机制和逆转策略。**方法**:应用药物浓度递增诱导法建立羟基喜树碱(HCPT)耐药结肠癌细胞株 SW1116/HCPT;细胞计数法测定细胞生长曲线;流式细胞仪测定细胞周期分布;细胞染色体染色进行核型分析;四甲基偶氮唑蓝(MTT)比色法进行药物敏感实验;聚合酶链反应(PCR)-酶联免疫吸附测定(ELISA)检测细胞端粒酶活性;肿瘤药物耐受功能分类基因芯片筛选差异表达的耐药相关基因。**结果**:与亲代细胞相比,SW1116/HCPT 细胞生长曲线无明显改变;对 HCPT 的耐药倍数增加 120.0 倍,并与阿霉素(48.2 倍)、氧化苦参碱(2.1 倍)、阿糖胞苷(2.0 倍)、5-氟尿嘧啶(1.8 倍)、顺铂(1.3 倍)存在交叉耐药现象;细胞周期分布明显改变,G1 期细胞增加,S 期细胞减少;细胞染色体无明显变化,核型为非整倍体 54-69;细胞端粒酶活性无明显改变;功能分类基因芯片显示,耐药细胞株表达改变的基因有 30 个,其中表达下调 10 个,上调 20 个。**结论**:SW1116/HCPT 是研究消化道肿瘤多药耐药现象的模型之一。

## ☞ 审查意见

第一次审查意见通知书摘录

1. 权利要求 1 请求保护一种人口腔鳞癌 CAL－27 耐药细胞株，并具体限定了其是保藏号为 CCTCC NO：C2012151 的人口腔鳞癌 CAL－27－HCPT 耐药细胞株，对比文件 1（Gosepath EM et al，Acquired cisplatin resistance in the head－neck cancer cell line Cal27 is associated with decreased DKKI expression and can partially be reversed by overexpression of DKK1，Int J Cancer，2008，123（9）：2013－2019；公开日为 2008.11.01）公开了耐受顺铂（CDDP）的 CAL－27 细胞株，并具体公开了“用浓度不断增加的顺铂（10～50μM）处理 Cal－27 细胞系，最终筛选获得可以耐受顺铂的细胞系，命名为 Cal27cis，Cal27cis 表现出 10 倍降低的顺铂化疗敏感性”（参见摘要，第 2013 页右栏倒数第 2 段，第 2015 页右栏第 2 段），由此可见，对比文件 1 公开了可以耐受顺铂的 CAL－27 细胞株，权利要求 1 请求保护的技术方案与对比文件 1 的区别在于，耐受的化疗药物不同并限定了细胞株的具体保藏号。基于上述区别，权利要求 1 实际解决的技术问题是如何获得可以耐受其他化疗药物的 CAL－27 细胞株并保藏。然而，对于上述区别特征，在对比文件 1 公开了可以耐受顺铂的 CAL－27 细胞株的基础上，为了研究可以耐受其他化疗药物的 CAL－27 细胞株的基因表达情况，从而针对药物耐受细胞开发针对性的治疗，本领域技术人员容易想到针对常规的化疗药物建立相应的耐药细胞株，对比文件 2（邹健等，人结肠癌羟基喜树碱耐药细胞株 SW116/HCPT 的建立与鉴定，胃肠病学，2006 年，第 11 卷，第 6 期：第 327～331 页；公开日为 2006.06.25）公开了可以耐受羟基喜树碱的人结肠癌细胞株 SW1116/HCPT，并具体公开了“肿瘤细胞的多药耐药性是化疗失败的主要原因，其机制是多种耐药相关基因的改变，为进一步探讨结肠癌化疗耐药机制和寻找逆转策略提供实验模型，本研究以药物浓度递增诱导法建立人结肠癌羟基喜树碱耐药细胞株SW1116/HCPT，SW1116/HCPT细胞对HCPT的耐药倍数增加120倍，同时还与ADW、OM、Ara－c、5－Fu、CDDP存在交叉耐药现象”（参见摘要，第328页左栏第2段，第329页左栏倒数第2段～第331页右栏第2段）；由此可见，为了研究对羟基喜树碱的耐药机制以及筛选逆转药物，对比文件2给出了对肿瘤细胞建立相应的耐药细胞系的技术启示，在该启示下，本领域技术人员同样有动机对其他常见的肿瘤细胞系，比如对比文件1中的CAL－27细胞系建立相应的耐药细胞株，而对获得的细胞株进行保藏也是本领域常规的技术手段，因此在对比文件1的基础上结合对比文件2和本领域常规的技术手段获得权利要求1请求保护的技术方案，对本领域技术人员而言是显而易见的，权利要求1不具备突出的实质性特点和显著的进步，因而不具备创造性。

☞ **答辩要点分析思路**

该案中，审查员认为不具备创造性的结论基于这样一种认识：为获得一种耐受化疗药的细胞株，本领域技术人员是容易想到用相应药物，采用如对比文件2的药物浓度递增诱导的方法和本领域其他常规的方法处理，而且容易得到所需的耐药细胞株。而事实上，了解本领域技术情况的本领域技术人员不会有这样的认识。这一认识未考虑生物领域细胞株筛选领域特有的复杂性和不可预料性。耐药细胞株的筛选获得并非是一个采用常规固定流程就必然获得的过程。

为扭转审查员上述基于主观感觉而偏离本领域技术研发情况的认识，该案将答辩重点放在陈述耐药细胞株筛选这一技术领域的技术特点的介绍上。更为有力地，该案答辩提供了现有技术的例证，证明了对于特定耐药细胞株的筛选。处理方法及条件的选择以及所获得的细胞株习性都有不可预料的随机性。通过对审查员进行本领域研发情况及技术特点的“科普”，审查员重新认识到该发明的创造性所在，最终顺利获得授权。

☞ **意见陈述原文摘录**

首先，申请人先简介一下耐药细胞株制备的技术特点。当前对细胞株耐药筛选有许多需求，出发的细胞株不同，使用的药物不同，筛选的方法不同，可能得到的结果——细胞株耐药与否，耐药指数是多少，是否交叉耐药，细胞的生物学性状有何变化，耐药的性状稳定与否，都是无法预知的。并无任何现有技术或公知常识能够指明：对于特定的某种细胞株，用某种既定的药物、特定的筛选方法，就一定能得出其耐药株，并且其耐药性能确定。具体描述如下：

1）即使有获得耐药株的动机，但对于特定的细胞株，并非通过筛选就一定能获得耐药性能。实验中耐药株筛选经常会多次失败，例如药物浓度过高引起细胞死亡，浓度过低细胞不产生耐药等。大部分实验设计通常会失败，但失败的实验往往不会报道，这是公知常识。

2）耐药株的筛选方法有很多种，没有绝对的优劣之分。耐药株的筛选方法除了大剂量给药法、浓度梯度筛选法和本申请中提出的诱导方法以外，还有紫外线诱导耐药法和点突变、随机突变筛选耐药株的方法等。对于不同的细胞株的不同耐药，在创造性的劳动之前，无法确定哪一种方法就一定适于某一个细胞株进行某一种耐药筛选。例如，现有技术（附件1：应葳等，筛选 MDA - MB - 231 乳腺癌耐药细胞株两种方法的比较，医学分子生物学杂志，2011 年第 3 期：第 225 ~ 231 页）公开了大剂量药物间歇刺激法和浓度梯度递增法筛选乳腺癌耐药株的比较，得出大剂量药物间歇刺激法优于浓度梯度递增法的结论（见 230 页讨论部分）。现有技术（附件2：闫雪冬等，不同方式诱导卵巢癌顺铂耐药细胞系的比较，基础医学与临床，2006 年，第 7 期）对比了大剂量药物间歇刺激法和小剂量间歇刺激法（即低浓度梯度增加法）筛选乳腺癌耐药株，得出小剂量间歇刺激法获得的耐药株耐药指数高的结论（741 页，2.1 耐药指数）。可见不同的细胞株，对不同的药物耐受，其适用的筛选方法也不一样，需要创造性的劳动去排查、筛选。

3）即使能获得耐药株，也无任何公知常识公开对于特定的细胞株，用特定的筛选方法，就能获得特定的交叉耐药细胞。许多文献公开的耐药株并无交叉耐药的特性，而且对于特定的细胞株，其耐药诱导方法不同，如果能得到耐药株，其对药物的交叉耐受则是不一样的。

因此需要本领域技术人员结合各方面知识与技术，合理地分析、假定和设计实验，进行创造性的劳动，在失败的实验基础上调整策略，反复试错、纠错，才有可能而非一定能获得某一细胞株的一种或多种耐药性状。

对比文件 1 公开了用浓度不断增加的顺铂（10 ~ 50μM）处理 CAL - 27 细胞系，由 CDDP 的分子量为 300.05，计算得 10 ~ 50μM 对应的浓度是 3 ~ 15μg/ml，即对比文件 1 用浓度不断增加的顺铂（3 ~ 15μg/ml）处理 CAL - 27 细胞系。本发明的发明人尝试过直接以 3μg/ml 或 5μg/ml 作用 CAL - 27，发现细胞大量死亡，边界模糊，即便是存活细胞，其大小也不一，并且贴壁状态不佳，与临床细胞株生物学性状差异较大。

因此，对比文件 1 属于本申请说明书背景技术中所说的大剂量给药，可能对细胞状态影响较大，造成差异基因的人为改变。而本发明耐药株的培养筛选方法是用低浓度的药物先倍增至第一定值再渐增至第二定值的浓度变增诱导法。本发明首先确定初筛浓度，用 0.02μg/ml HCPT 作为起始浓度（0.00μg/ml 为实验的对照组）作用于 CAL - 27 细胞，通过 MTT 法及改良寇氏法计算得出 CAL - 27 的 $IC_{50}$ 浓度为 0.101μg/ml，根据 $IC_{20}$ 值选取 0.01μg/ml 作为初筛浓度。确定初筛浓度以后，药物浓度先选择倍增方式，当药物浓度达到第一定值 0.2μg/ml 时，改变浓度倍增为渐增（每次升高 0.05μg/ml）至第二定值 0.4μg/ml，此时细胞生长良好，细胞对药物耐受增加。因此本申请的筛选方法和对比文件 1 方法不同，制得的耐药细胞株生物学特性也不同。

由于本发明细胞株培养方法更真实模拟人体体内给药后药物的真实作用过程，故人口腔鳞癌 CAL - 27 - HCPT 耐药细胞株具有下述特点：

1）细胞株呈 HCPT 耐受，且其耐药指数是亲本细胞株 CAL - 27 耐药指数的 33.208 倍（$p < 0.01$）。

2）细胞株较亲本还具有增殖促进（$p < 0.01$）的特征，增殖促进节约了细胞生长时间，有利于缩短科研周期、降低生产及商用的成本。

3）本发明的人口腔鳞癌 CAL - 27 耐药细胞株性状稳定，可稳定多次传代，方便对导致细胞耐药的分子机制进行深入研究。

4）因使用低浓度的浓度渐增诱导法，获得的耐药细胞株具有临床上的人口腔鳞癌的生物学性状，较亲本细胞 CAL－27 胞体增大，核仁增大，细胞内颗粒增粗，细胞运动性显著下降。

5）除对 HCPT 外，还对 5－Fu（耐药指数 3.695，$p<0.05$）、MTX（耐药指数 2.599）和 L－OHP（耐药指数 3.717）有一定的交叉耐药。交叉耐药的特征使得本发明的 CAL－27－HCPT 耐药细胞株不仅可用于 HCPT 耐药机制研究，还可以用于 5－Fu 的耐药机制和 5－Fu 与 MTX、L－OHP 的交叉耐药机制研究。

本申请中发明人通过创造性劳动，对低浓度诱导的起始浓度、第一定值、第二定值、倍增及渐增浓度进行了精心选择，获得了具有临床上的人口腔鳞癌的生物学性状，呈增殖促进且同时交叉耐 5－Fu 和 MTX 的人口腔鳞癌 CAL－27－HCPT 耐药细胞株这样非常规的技术效果，这对本领域人员而言是非显而易见的。

## 【案例 No. 1310742】巨玫瑰葡萄促早栽培提高坐果率的方法

### ☞ 案由简要

该申请涉及一种巨玫瑰葡萄促早栽培提高坐果率的方法（权利要求 1～8）。

➢ 一通：审查员引用对比文件 1，认为权利要求 1～8 不具备创造性。

➢ 答一通：未修改，仅论述权利要求 1～8 具备创造性。

➢ 二通：审查员未认可一通的意见陈述，基于对比文件 1 仍然认为权利要求 1～8 不具备创造性。

➢ 答二通：未修改，进一步论述权利要求 1～8 具备创造性。

➢ 三通：创造性论述已接受，权利要求 4 中存在“较佳地”使权利要求的保护范围不清楚。

➢ 答三通：将“较佳地”技术方案拆分。

➢ 审查结果：授权。

### ☞ 相关权利要求

权利要求 1：

一种巨玫瑰葡萄促早栽培提高坐果率的方法，其特征在于，所述的方法包括下述步骤：

（1）在巨玫瑰葡萄萌芽后至开花前，不施氮肥，且保证土壤湿度为 75%～83%；

（2）初花前 7～10 天，进行主梢摘心、处理副梢后整花序；

（3）初花前 3～5 天，对徒长新梢进行扭梢，使直立的徒长新梢保持水平，使平行的徒长新梢斜向向下生长，即可；

所述的巨玫瑰葡萄的栽培环境为大棚保温栽培；步骤（3）中，所述的徒长新梢为长度为 60cm 以上的新梢；所述的扭梢的位置为花序以下 2～3 节。

### ☞ 相关说明书内容

摘录一

本发明的积极进步效果在于：

（1）徒长新梢扭梢后可达到坐果率30%～40%（即200个左右的花蕾可以达到60～80个结果），基本上满足了生产上的需要，如果再配合开花前的整花穗、掐穗尖，开花后的整果穗、疏果粒等项工作，巨玫瑰的果穗外形即可达到一等品的标准。

（2）本发明利用新梢综合管理技术提高巨玫瑰坐果率，确保了该品种果实品质的优良性，减少了激素在葡萄上的应用，符合目前提倡的环境友好型的生态型栽培的标准，是葡萄安全、优质生产的重要措施。

摘录二

实施例1

在温室栽培条件下，本实施例的巨玫瑰葡萄促早栽培提高坐果率的方法，包括如下步骤：

（1）开花前合理控制肥水：主要是控制氮肥与少浇水，以控制长势。一般情况下，巨玫瑰葡萄在发芽前后禁施氮肥如尿素、二铵等（长势弱的应施一点），开花前只浇一次小水，使土壤湿度保持为75%～83%，待坐果后追施氮肥后浇水。

（2）初花前7天，进行主梢摘心、处理副梢和整花序：主梢摘心与处理副梢的方法是新梢保留花序以上5～7片叶摘去顶尖部分，花序以下的副梢抹掉，花序以上的副梢留1片叶摘心。在摘心口处保留1～2个副梢不动，待生长到4～5叶时再次摘心。整花序是指对葡萄的花序进行处理，使每个花穗的花蕾数目留有200个左右。

（3）初花前3天，对徒长新梢进行扭梢，使徒长新梢保持水平或斜向向下生长。该扭梢操作为：将徒长新梢的花序以下第2～3节用拇指与食指捏紧向外扭转180～240度，手感徒长新梢的表皮与木质部分离，即可。花期后调查坐果率达到30%，200个左右的花穗坐果达60～70个果粒，符合50～60粒/穗的技术标准的要求。

**相关对比文件公开内容**

## 提高巨峰葡萄坐果率的技术措施

柳　强，刘翠美，王春荣，李　琳

（山东省龙口市诸由观镇政府，265705）

**摘　要**：通过对巨峰葡萄的观察和调查认为，造成其不同程度落花落果的原因主要是技术措施不当所致。花前控制氮肥、采收后早施基肥、适时摘心、合理负载及花期喷硼，可有效地提高巨峰葡萄的坐果率。

**关键词**：巨峰葡萄；坐果率；技术措施

**中图分类号**：S663.105　**文献标识码**：B　**文章编号**：1002-2910(2002)04-0040-02

近年来，龙口市的巨峰葡萄已形成规模化生产，东台葡萄园已成为诸由观镇三大农业示范园之一，小河口葡萄园已是优质葡萄栽培基地，但主栽品种主要是巨峰。由于巨峰葡萄长势旺，加上技术措施运用不当，每年总有不同程度的落花落果现象，对产量和质量都有影响。为解决这一问题，笔者进行了观察和调查，总结出防止落花落果的方法。

**1　巨峰葡萄落花落果重的原因**

1.1　偏重施氮肥及秋季施肥太晚

巨峰对氮肥敏感，施氮肥过多时易导致树势过旺，使树体营养消耗于生长，营养亏缺而造成严重的落花落果。采果后未能及时施肥，树体贮藏营养不足，导致来年坐果率降低。

相反，若疏果过重，幼树的壮果枝蔓也只留1穗果或不留果穗，又不利用其结二次果，结果会造成枝叶徒长，分化形成的花芽质量差，也影响到坐果。

1.4　缺硼

硼能使葡萄受精良好，缺硼时枝蔓节间缩短，花序不能正常发育，花冠干枯不能正常脱落，严重时引起大量落蕾。

**2　提高坐果率的措施**

针对上述原因，可采取如下措施来提高巨峰葡萄的坐果率。

2.1　开花前不施氮肥及早施基肥

巨峰葡萄喜肥水，但对氮非常敏感，一旦氮肥过多，特别是花前大量追氮，易导致梢蔓旺

1.2　摘心时期不当

有的葡萄园在花前 7～10 天或更早便摘心，留 5～7 片叶，这样叶量太少，在开花坐果时营养供应不足，造成坐果不均及出现大小粒现象，很易发生生理落果；有的摘心过轻、过晚，如花后 1 周才开始摘心，留 10～12 片叶，往往会使树体过旺，也影响坐果。

1.3　树体负载不合理

为追求高产而多留果穗，不仅影响浆果质量，也因树体营养消耗过量而影响下一年坐果。

长，引发落花落果。所以要掌握开花前不施氮肥，待幼果坐定后和秋季采收后再施氮肥。春季的追肥要在发芽前及早实施。确保树势中庸健壮，对提高坐果率非常重要。一年一次的基肥应于采收后及早施入，结果盛期葡萄园株施猪圈肥 40～50kg、过磷酸钙 2kg、复合肥 1kg、尿素 0.5kg。据调查，每 666.7m² 产量在2500～3000kg 的成龄巨峰葡萄园，每 666.7m² 施 3000kg 土杂肥，配合 50kg 磷酸二铵和 30kg 硫酸钾、30kg 尿素即可。

2.2　适时摘心

对结果蔓于花前 4～5 天至始花期留 7～8 片叶摘心，暂时终止结果蔓延长生长，使养分集中供给开花坐果所需。对摘心后萌发的副梢只保留顶端的 1 个，待长至 50cm 时留 5～6 片叶摘心。果穗下的副梢全部抹除，果穗以上的留 1～2 片叶摘心。

2.3　开花前绑蔓

对直立、长势旺的结果蔓，把先端部分拿成水平或斜生状，再将其绑缚固定在铁丝上，抑制顶端优势，促使养分向果穗运送。

2.4　根据长势调整负载量

花前根据树势和结果枝的强弱调整果穗留量。对个别的强旺枝留 3 个果穗，壮枝留 2 穗，中庸枝留 1 穗，弱枝不留。初花期，去掉保留果穗上的副穗，并将穗尖掐去 1/5。幼果长到似黄豆粒大小时疏去果穗中的小粒、畸形粒和密挤粒。将每 666.7m² 的产量控制在 2500～3000kg。

2.5　花前浇水和花期喷硼

为保证生长前期对水分的需要，宜在开花前浇水，不要在花期浇水。始花前至盛花期喷两次 0.2%硼砂，促进花粉管伸长，以利于受精，可明显提高坐果率。

试验证明，采用上述措施，可使巨峰葡萄的坐果率由不足 8%提高到 20%以上。

## ☞ 审查意见

第二次审查意见通知书摘录

摘录一

一、关于权利要求 1～8 的创造性评述

1. 权利要求 1 不符合《专利法》第 22 条第 3 款有关创造性的规定，其理由如下：

权利要求 1 请求保护一种巨玫瑰葡萄促早栽培提高坐果率的方法。对比文件 1（柳强等，提高巨峰葡萄坐果率的技术措施，落叶果树，第 4 期，2002 年 12 月，第 40～41 页）是最接近的现有技术，其公开了提高巨峰葡萄坐果率的技术措施，并具体公开了以下技术特征（参见第 40～41 页）：

(1) 开花前不施氮肥及早施基肥：花前大量追氮，易导致梢蔓旺长，引发落花落果；

(2) 适时摘心：对结果蔓于花前 4～5 天至始花期留 7～8 片叶摘心，暂时终止结果蔓延长生长，使养分集中供给开花坐果所需：对摘心后萌发的副梢只保留顶端的 1 个，待长至 50cm 时留 5～6 片叶摘心，果穗下的副梢全部抹除，果穗以上的留 1～2 片叶摘心（相当于本申请的处理副梢）。

权利要求 1 请求保护的技术方案与对比文件 1 公开的内容相比，区别技术特征为：(1) 本申请是提高巨瑰葡萄促早栽培的坐果率：所述的巨玫瑰葡萄的栽培环境为大棚保温栽培；不施氮肥的时机是在巨玫瑰葡萄萌芽后至开花前，且保证土壤湿度为 75%～83%；初花前 7～10 天，进行主梢摘心、处理副梢后整花序；(2) 初花前 3～5 天，对徒长新梢进行扭梢，使直立的徒长新梢保持水平，使平行的徒长新梢斜向向下生长，即可；所述的徒长新梢为长度为 60cm 以上的新梢；所述的扭梢的位置为花序以下 2～3 节。基于上述区别技术特征，本申请实际解决的技术问题是如何在巨玫瑰葡萄促早栽培时提高坐果率。

对于区别技术特征（1），对比文件1中公开了提高巨峰葡萄坐果率的技术措施，巨玫瑰葡萄和巨峰葡萄均是优良的葡萄品种，将提高巨峰葡萄坐果率的方法用于促早栽培条件下提高巨玫瑰葡萄的坐果率是本领域的常规技术手段；在促早栽培葡萄时采用大棚保温栽培是本领域的常规技术手段；对于不施氮肥的时机，对比文件1中已经公开了花前大量追氮，易导致梢蔓旺长，引发落花落果，在此基础上，本领域技术人员有动机在巨玫瑰葡萄萌芽后至开花前不施氮肥：对于土壤的湿度，在葡萄栽培领域，设施内湿度的大小取决于室内土壤水分的多少及放风程度，湿度管理在一定程度上关系着棚室葡萄的成败，葡萄在开始加温至萌芽期，要求较高的空气湿度，扣膜前灌足水并随时补水，使空气湿度保持在80%～90%，枝蔓处于较湿润的条件下，以提高萌芽率，萌芽抽梢后，湿度下调至70%～80%（例如，郭景南，鲜食葡萄，河南科学技术出版社，2006年12月第1版，第142～143页）；在此基础上，本领域技术人员可根据巨玫瑰葡萄的生长情况等，保证土壤的湿度为75%～83%；对比文件1中已经公开了对结果蔓于花前4～5天至始花期留7～8片叶摘心，而且本领域技术人员知晓葡萄的结果枝在开花前后生长迅速，势必要消耗很多的营养，影响花器的进一步分化和花蕾的生长，加剧落花落果，通过摘心，可以暂时抑制顶端生长，促使养分较多地进入花序，从而促进花序发育，提高坐果率和减少落花落果（例如，郭景南，鲜食葡萄，河南科学技术出版社，2006年12月第1版，第142～143页）；在此基础上，对主梢摘心，抑制主梢的生长是本领域的常规技术手段；对于摘心的时间，可根据巨玫瑰葡萄的生长情况确定；为节省树体营养，在开花前10天可以明显确定花序大小的时候疏除部分花序是本领域的常规技术手段（例如，郭景南，鲜食葡萄，河南科学技术出版社，2006年12月第1版，第142～143页）；在此基础上，本领域技术人员有动机在处理副梢后整花序。

对于区别技术特征（2），本领域技术人员知晓在花前在花序上部进行扭梢能提高坐果率（例如，郭景南，鲜食葡萄，河南科学技术出版社，2006年12月第1版，第142～143页）；在此基础上，本领域技术人员可根据巨玫瑰葡萄的生长情况，在初花前3～5天，对长度为60cm以上的徒长新梢，在花序以下2～3节处进行扭梢，使直立的徒长新梢保持水平，使平行的徒长新梢斜向向下生长以抑制徒长新梢的长势，提高葡萄的坐果率。

由此可知，在对比文件1的基础上结合本领域的公知常识得出该权利要求的技术方案，对本领域的技术人员来说是显而易见的，因此该权利要求所要求保护的技术方案不具有突出的实质性特点和显著的进步，不符合《专利法》第22条第3款有关创造性的规定。

摘录二

二、针对意见陈述

申请人在意见陈述书中主要阐述了以下观点：

（1）本发明的巨玫瑰葡萄在促早栽培，即保温栽培条件下，对徒长新梢扭梢后可达到坐果率30%～40%，基本上满足了生产上的需要，而且果实饱满甘甜，在扭梢的基础上再结合开花前的整花穗、掐穗尖、开花后的整果穗、疏果粒等项工作，巨玫瑰的果穗外形即可达到一等品的标准，而对比文件1提高坐果率的措施是针对巨峰葡萄的，与本发明的葡萄品种完全不同，而且其栽培并未披露是在保温栽培条件下进行的，其坐果率仅能提高到20%以上，明显低于本发明。

（2）权利要求1中巨玫瑰葡萄的土壤栽培湿度及花前施肥、主梢摘心、处理副梢和整花序等手段是在促早栽培，即保温栽培条件下进行的；然而对比文件1巨峰葡萄的栽培并未披露是在保温条件下进行的，而且其施肥、摘心等时机均与本发明权利要求1不同，本领域技术人员根据对比文件1及参考文献的描述，根本无法得到在保温栽培条件下应如何选择巨玫瑰葡萄的土壤栽培湿度及花前施肥、主梢摘心、处理副梢和整花序的时机才能实现坐果率达30%~40%的效果的技术启示。

（3）参考文献只是笼统地描述了花前在花序上部进行扭梢能提高坐果率，并未针对巨玫瑰葡萄，更加未给出对于巨玫瑰葡萄栽培过程中扭梢的对象、时机和位置该如何选择才能提高坐果率至30%~40%的技术启示，权利要求1通过特定的徒长新梢的识别，徒长新梢的扭梢时间和扭梢位置配合其他技术特征实现上述技术效果。

审查员对此意见如下：

对于上述意见陈述，在葡萄生长过程中，营养生长旺盛、气候因素、树体储藏营养不足、病害的影响、缺硼等会造成葡萄落花落果，在防治葡萄落果时，本领域技术人员有动机通过技术措施来改善葡萄的生长势，生长的气候条件、环境条件等从而达到提高坐果率的效果。本申请和对比文件1中针对的葡萄品种的确不同，但是造成葡萄落果的原因类似，均是树势长势过旺、营养亏缺，而对比文件1公开了提高坐果率的措施；开花前不施氮肥及早施基肥、适时摘心、开花前绑蔓、根据长势调整负载量等，采用上述措施的目的在于避免树势长势过旺；在面对促早栽培的巨玫瑰葡萄同样存在落果的技术问题时，本领域技术人员有动机参考对比文件1中公开的避免树势长势过旺的措施，并根据巨玫瑰葡萄的实际生长情况在适宜的时机进行处理以达到防止树势长势过旺、营养亏缺的效果。

对于本申请，巨玫瑰葡萄是在保温条件下进行的，促早栽培时要利用大棚提升温度，促进葡萄提早萌芽、开花、结果，因此在巨玫瑰葡萄促早栽培时，其栽培环境为大棚保温栽培是本领域的常规技术手段；促早栽培的葡萄同样存在落果的情况，而将对比文件1中公开的提高葡萄坐果率的措施应用于促早栽培的葡萄也是本领域的常规技术手段，不具有技术上的难度。

对于巨玫瑰葡萄的土壤栽培湿度及花前施肥、主梢摘心、处理副梢和整花序等手段，参考文献中给出了适宜葡萄生长的湿度，以及通过摘心、扭梢、疏除花序等手段能提高坐果率，巨玫瑰葡萄是常规的葡萄品种，在提高巨玫瑰葡萄的坐果率时，本领域技术人员有动机参考葡萄提高坐果率的方法，并结合巨玫瑰葡萄的实际生长情况，在适宜的时期、位置对巨玫瑰葡萄进行处理，并不需要付出创造性的劳动，其产生的效果也可以预期。

对于提高坐果率的技术效果，不同的葡萄品种坐果率不同，因而对比文件1中和本申请中达到的坐果率不具有可比性，但对比文件1中公开的措施可以提高坐果率，因而在对比文件1的基础上结合根据巨玫瑰葡萄生长实际情况对摘心、扭梢、整花序等手段的调整，本申请中巨玫瑰葡萄坐果率达到30%～40%的效果也是可以预期的，并未产生预料不到的技术效果。

☞ **答辩要点分析思路**

在两次意见通知书中，审查员均认为巨玫瑰葡萄和巨峰葡萄都是优良的葡萄品种，在促早栽培葡萄时采用大棚保温栽培是本领域的常规手段。审查员的这一观点是源于他认为巨玫瑰葡萄和巨峰葡萄都是葡萄，二者没有本质差别，因此它们的栽培方法是可以互相替换使用的。审查员的这个观点实际上暴露了他未以“所属领域的技术人员”的视角来判断“非显而易见性”，脱离了本领域实际情况，忽略了本领域公知常识的教导，也完全脱离了种植实际，导致结论有所偏颇。代理师了解到，按照国际植物命名法规，植物分类阶元如下：门、纲、目、科、族、属、组、系、种、亚种、变种和变型。而巨玫瑰葡萄为葡萄属欧美杂交品种，巨峰葡萄为葡萄属巨峰葡萄（种）。显然，二者并不属于同一品种。因此，巨玫瑰葡萄和巨峰葡萄品种不同，其各方面的性质完全不同，那么，二者的栽培方法等也会有很大差异。在此基础上，二者的栽培方法很可能不能通用。另外，在效果方面，该发明的方法通过特别选择新梢的扭梢时间和扭梢位置，可使巨玫瑰葡萄的坐果率提高至30%～40%。这在原始申请文件中就有相关实验数据的说明。综上，考虑到巨玫瑰葡萄和巨峰葡萄品种的差异，以及该发明通过选择特定的技术特征，与其他技术特征的配合所取得的优异效果，代理师分析后认为权利要求可不做任何修改，直接从以上两点与审查员进行争辩。

然而，审查员并未接受第一次意见陈述，随后发出第二次审查意见通知书。在第二次审查意见通知书中，审查员仍坚持认为在对比文件1公开的促早栽培为本领域常规技术手段且适用于所有葡萄品种，而该发明的方法通过特别选择新梢的扭梢时间和扭梢位置，可使巨玫瑰葡萄的坐果率提高至30%～40%的效果是可以预期的。另外，代理师注意到审查员在第二次审查意见中指出“对于提高坐果率的技术效果，不同的葡萄品种坐果率不同，因而对比文件1中和本申请中达到的坐果率不具有可比性”。可见，审查员的观点也前后矛盾，前面认为促早栽培为本领域常规技术手段，可以通用到所有葡萄品种，而后面又认为不同葡萄品种的坐果率不具有可比性。分析来说就是，对比文件1公开的对该发明不利的地方，审查员就认为是可以通用的，而该发明比对比文件1有益的地方，审查员就认为不具备可比性，显然审查员以其自身的主观感觉进行判断。因此，在第二次意见陈述中，代理师着重从“所属领域的技术人员”是创造性的判断主体的角度进行论述。另外，代理师同时结合第一次意见陈述的内容，更加详细地论述巨玫瑰葡萄和巨峰葡萄品种的不同，以及该发明的坐果率提高至30%～40%对本领域技术人员来说难以预料，最终审查员接受了第二次意见陈述。

☞ **意见陈述原文摘录**

答复第二次审查意见陈述摘录

一、权利要求1具备创造性

答复一通时，申请人已经阐述了<u>巨玫瑰葡萄由于其品种的特异性，并不适应促早栽培（即保温栽培），否则会导致严重的落花落果；若要对巨玫瑰葡萄进行促早栽培，</u>

在本发明申请日之前公开的现有技术普遍采用的均是植物激素方法（花期保果、幼果期膨大两次激素处理），然而该法在葡萄有机栽培中是禁止的，并且不符合人们对健康的需求。本发明的栽培方法正是针对现有的巨玫瑰葡萄促早栽培需借助激素处理并且落花落果严重的缺陷，而特别提出的一种促早栽培的生态型方法，本发明通过特定的扭梢手段及其他措施的配合，避免了巨玫瑰葡萄促早栽培下激素的使用，而且坐果率高达30%～40%，这足以体现出本发明的创造性！对比文件1及其他现有技术完全没有给出任何的技术启示。本发明采用权利要求1特定的栽培方法实现上述技术效果具有突出的非显而易见性。由此在上次意见陈述的基础上，申请人再针对二通意见进行进一步的充分论述：

1. 权利要求1具备突出的实质性特点

与对比文件1相比，权利要求1的区别技术特征在于：

①葡萄品种不同：权利要求1为巨玫瑰葡萄；对比文件1为巨峰葡萄；

②栽培方式不同：权利要求1的栽培环境为大棚保温栽培，即促早栽培；对比文件1未涉及促早栽培；

③扭梢措施不同：权利要求1还限定了初花前3～5天，对徒长新梢进行扭梢，使直立的徒长新梢保持水平，使平行的徒长新梢斜向向下生长，并限定了所述的徒长新梢为长度为60cm以上的新梢，所述的扭梢的位置为花序以下2～3节；对比文件1未涉及任何扭梢方面的内容；

④不施氮肥、主梢摘心、处理副稍的时机不同：权利要求1不施氮肥的时机是在巨玫瑰葡萄萌芽后至开花前，还限定了土壤湿度为75%～83%，并且主梢摘心、处理副梢和整花序的时机在初花前7～10天；对比文件1不施氮肥的时机是在开花前，未涉及土壤湿度，主梢摘心、处理副梢的时机在花前4～5天。

由上述区别技术特征，与权利要求1中的其他技术特征相结合，得到了权利要求1的技术方案。根据本发明申请文件记载，本发明利用新梢综合管理技术提高巨玫瑰坐果率，确保了该品种果实品质的优良性，减少了激素在葡萄上的应用，符合目前提倡的环境友好型的生态型栽培的标准。本发明的巨玫瑰葡萄在促早栽培方式下，对徒长新梢扭梢后坐果率可达到30%～40%，而且果实饱满甘甜，在扭梢的基础上再配合开花前的整花穗、掐穗尖，开花后的整果穗、疏果粒等项工作，巨玫瑰的果穗外形即可达到一等品的标准。而对比文件1提高坐果率的措施是针对巨峰葡萄的，与本发明的葡萄品种完全不同，而且其并未披露是在促早栽培条件下进行的，更重要的是，其坐果率仅能提高到20%以上，明显低于本发明。

本发明采用权利要求1的技术方案解决上述技术问题，达到上述技术效果，对于本领域技术人员而言是非显而易见的。

Ⅰ. 葡萄品种对栽培方式和葡萄产量品质具有重要的影响作用。权利要求1的巨玫瑰葡萄品种在促早栽培下坐果率高达30～40%对本领域技术人员来说具有突出的非显而易见性。

其一，根据本领域公知常识，巨玫瑰品种并不适合促早栽培。审查员在二通意见中指出的大棚保温栽培即促早栽培是本领域常规技术手段，完全违背本领域公知常识。

此处，申请人希望先向审查员普及一下葡萄品种与栽培方式和产量品质间的相关技术知识，以便审查员能够对本发明的技术方案及其技术效果有更进一步的了解。

首先，就栽培方式而言，目前葡萄栽培已从单纯的露地栽培模式发展到露地与设施并存的栽培模式，其中露地与设施并存的栽培模式是指在不适宜葡萄生长发育的季节或地区，在充分利用自然环境条件的基础上，利用温室、塑料大棚和避雨棚等保护设施，改善或控制设施内的环境因子（包括光照、温度、湿度和 $CO_2$ 浓度等），为葡萄的生长发育提供适宜的环境条件，进而达到葡萄生产目标的、可人工调节的模式。促早栽培是露地与设施并存的栽培模式的首选。然而，根据本领域常识，生产上促早栽培的葡萄品种通常选择早熟、极早熟品种和部分中熟品种，晚熟品种采用促早栽培其生产价值不大，特别是在江南地区。关于该点在现有技术中也已披露过，具体可参见附件1第2.1小节下划线标注的部分：促早栽培品种应当选择需冷量低、耐弱光、花芽容易形成、坐果率高、散射光着色良好、果实生长发育期短的早熟、极早熟品种；促早栽培一般不适宜选用中熟或晚熟品种；延迟栽培是指利用晚熟品种推迟各发育期以延迟果实采收期，可选择晚熟、极晚熟的优良品种。

由此可见，早熟、中熟、晚熟的葡萄品种在栽培方式的选择上是具有极大差异的。如答一通时所述，无论是本发明的巨玫瑰葡萄，还是对比文件1的巨峰葡萄均为中晚熟品种，而且根据审查员指出的参考文献《鲜食葡萄》中披露的内容，巨玫瑰葡萄为晚熟品种，巨峰葡萄为中熟产品。根据前述分析，巨玫瑰葡萄和巨峰葡萄均不适宜促早栽培，而且对比文件1公开的提高巨峰葡萄坐果率的技术措施也压根没有提到是在促早栽培下进行的，本领域技术人员根据本领域公知常识也根本不会认为其巨峰葡萄是在促早栽培条件下进行的，更不会有动机借鉴对比文件1不适合促早栽培的措施来应用于本发明的促早栽培，更加预料不到本发明的巨玫瑰葡萄在促早栽培条件下坐果率还能高达30%~40%，比对比文件1非促早栽培条件下的坐果率20%以上还要高出一大截。

因此，关于审查员在二通意见中指出的大棚保温栽培即促早栽培，是本领域常规技术手段，将对比文件1公开的提高巨峰葡萄坐果率的措施应用于促早栽培的巨玫瑰葡萄也是本领域的常规技术手段，不具有技术上的难度。申请人有完全不同意见。对于上述观点申请人认为，审查员的推导仅仅是为了评判本发明的创造性而将技术特征简单组合，未将本发明所解决的技术问题一并考虑，而且也完全未从本领域技术人员视角出发，忽略了本领域公知常识的教导，也完全脱离了种植实际。

巨玫瑰在长江以南地区是2008年以后才发展起来的，最早是我们上海马陆葡萄研究所2001年冬季向大连农科所率先引种，引种时巨玫瑰尚未定名，然后2004年开始向农民推广种植的。实践证明，这个品种不适应促早栽培，因为促早栽培开花期大田气温偏低，所以生产上也不提倡促早栽培。但是消费者对这个品种非常喜欢，所以生产上要考虑延长供应期问题，让这个品种具有促早、避雨栽培模式。而我们研究所对巨玫瑰的促早栽培进行了长期研究，采用徒长枝扭伤技术，并对扭梢具体方法、时间、对象都做了严格规定，付出了大量的创造性劳动，才能使巨玫瑰葡萄在促早栽培条件下坐果率达到30%~40%，这足以体现出本发明的创造性。

其次，除了根据萌芽至浆果的成熟时间粗略地按早熟、中熟、晚熟来划分葡萄品种，按照葡萄形态特征根据属种来划分，葡萄的品种全世界约8000种，仅我国就有700多种。各个品种的形态特征和生长习性均不相同，栽培的方法措施也都存在差异。某一葡萄品种适用的栽培措施极有可能不适用于另一葡萄品种。正如答一通时所述，本发明的巨玫瑰葡萄与对比文件1的巨峰葡萄品种明显不同，由于原产地、生长习性的差异，两者的栽培措施不存在借鉴的意义。

对此，审查员在二通意见中特别指出，本发明与对比文件1的葡萄品种的确不同，但是造成葡萄落果的原因类似，均是由于树势长势过旺，营养亏缺，在对比文件1公开的提高巨峰葡萄坐果率措施的基础上，本领域技术人员有动机根据巨玫瑰的实际生长情况在适宜的时机进行处理以防止树势长势过旺、营养亏缺的效果。至于提高坐果率的技术效果，不同的葡萄品种坐果率不同，对比文件1和本发明的坐果率不具有可比性，本发明中巨玫瑰葡萄坐果率达到30% ~40%是可以预期的。关于该评述，申请人有不同意见与审查员商榷。

果树落果确实通常均由树势长势过旺、营养亏缺造成，不仅葡萄如此，苹果、柿子、橘子、桃子等果实亦是如此，此为本领域公知常识。申请人认为，审查员不能仅根据落果均由树势长势过旺造成这一公知常识，就理想化地推导出对比文件1给出了本发明提高坐果率措施的技术启示，若按此逻辑，岂不是对于某一现象只要“为什么”相同时，“怎么办”都是可以借鉴的？不仅成千上万种葡萄提高坐果率的措施可以通用，甚至，苹果、柿子、橘子等不同果实提高坐果率的措施也可以通用？若真如此，本领域中如何提高果实坐果率也就没有了研究必要。显然事实情况并非如此，此领域中一直有若干专家在从事相关研究，但即使有若干专家在持续研究的前提下，到目前为止也没有形成一个对不同品种提高坐果率的通用措施，因为其必须根据具体的品种，结合生长习性反复考察施肥（施什么肥？什么时候施?）、摘心（摘哪个？什么时候摘？摘到什么程度?）、绑蔓（绑哪根蔓？绑在什么位置？什么时候绑?）、浇水（浇多少水？什么时候浇?），除花序、调整负载量（时机？程度?）等措施，可尝试的技术方案简直可以用“海量”来形容，而且葡萄的生长周期较长，一年一般就一熟，特殊栽培条件下一般也就两熟，可见其所需的试验时间何其之久，因此，要在众多条件中经历长期试验筛选出坐果率高的栽培条件无疑是需要付出创造性劳动的，绝非审查员所说的简单“根据葡萄实际生长情况在适宜的时机进行处理”即可，因为本领域技术人员连探寻“适宜时机”都需付出大量的创造性劳动。

其二，审查员关于葡萄品种对栽培方法和坐果率的影响并非建议在同一评价标准上，以此来评价本发明的创造性显然是有失偏颇的。

审查员在二通意见中评价本发明创造性时涉及葡萄品种的相关评述并非建立在同一评价标准基础上，而是为了反驳本发明创造性的目的，在具体推导过程中根据是否有利于实现这一目的来选择不同的评判标准。涉及栽培方法的技术方案评价时，审查员认为巨玫瑰葡萄和巨峰葡萄虽然品种不同，但栽培方法仍可借鉴，即认可在栽培方法上葡萄品种的影响关系不大，可一视同仁；涉及坐果率的技术效果评价时，审查员又认为葡萄品种不同，坐果率不具有可比性，即认可具体葡萄品种的栽培和坐果率需具体分析，不可一概论之。因此，申请人认为，审查员在技术方案和技术效果评价时就葡萄品种是否是重要影响因素完全是根据是否有利于反驳本发明创造性而进行不同选择的，并非建立在同一评价标准基础上，以此来判断本发明的创造性显然是有失偏颇的。

Ⅱ. 扭梢位置在花序以下第2~3节、扭梢时间在初花前3~5天、徒长新梢在60cm以上是本发明实现巨玫瑰促早栽培坐果率达30%~40%的关键影响因素，然而对比文件1并未给出任何技术启示，参考文献对巨玫瑰扭梢时机和徒长新梢的判别也未给出任何启示，其甚至对扭梢位置给出了完全相反的教导。

即使本领域技术人员抛开中熟和晚熟品种并不适合促早栽培的公知认识，也抛开巨峰和巨玫瑰因品种差异导致栽培条件不同的认知，欲借鉴对比文件1提高巨峰葡萄坐果率的措施，应用于本发明的巨玫瑰葡萄，在对比文件1未涉及任何扭梢方面的内容，也未给出任何该如何扭梢才能提高坐果率的技术启示的前提下，本领域技术人员根本不知道该如何选择徒长新梢以及扭梢的位置、时机等。

再者，即使本领域技术人员在对比文件1的基础上，结合参考文献《鲜食葡萄》关于扭梢部分的描述：花前在花序上部进行扭梢能提高坐果率（见参考文献《鲜食葡萄》第139页），并且也付出了创造性劳动“根据巨玫瑰葡萄实际生长情况在适宜的时机进行了处理”，其所栽培出来的巨玫瑰葡萄的坐果率也仅在7%~8%，但是该极低的坐果率，对生产商没有实际意义，具体可参见本发明原始申请文件记载的对比实施例4。本发明对比实施例4与实施例1的比较如下表1所示。

**表1**

| 编号 | 扭梢位置 | 其他步骤和条件 | 坐果率 |
|---|---|---|---|
| 实施例1 | 花序以下第2~3节 | 相同 | 30% |
| 对比实施例4 | 花序以上 | | 7%~8% |

可见，本发明的巨玫瑰葡萄花前在花序上部进行扭梢根本不能提高坐果率，参考文献可以说是给出了完全相反的教导！本领域技术人员根据参考文献的描述，根本无法预料到本发明的巨玫瑰葡萄采用与参考文献相同的扭梢位置，压根就起不到任何预期效果。

进一步，即使本领域技术人员抛开参考文献的教导，反其道而行之，对花序以下部位进行扭梢，在对比文件1及其他现有技术均没有给出任何技术启示的前提下，也完全无法得知需将扭梢位置精确定位到花序以下第2~3节，更无法得知扭的那枝梢的长度需精确定位到60cm以上。再进一步，即使将扭梢位置精确定位到了花序以下第2~3节，也完全无法得知扭梢时间需同时精确定位到初花前3~5天，才能实现坐果率高达30%~40%的技术效果。具体可参见本发明原始申请文件记载的对比实施例2和实施例3。本发明对比实施例2、实施例3与实施例1的比较如下表2所示。

表 2

| 编号 | 扭梢时间 | 其他步骤和条件 | 坐果率 |
|---|---|---|---|
| 实施例 1 | 初花前 3 天 | 相同 | 30% |
| 对比实施例 2 | 初花前 7～10 天 | | 低于 10% |
| 对比实施例 3 | 初花期 | | 13%～15% |

由此可见，本发明巨玫瑰葡萄在促早栽培下坐果率达到30%～40%，需权利要求1中特定的扭梢位置、扭梢时间以及其他各必要技术特征的紧密配合，任一特征条件不在权利要求1限定范围内，均有可能导致不能真正实现上述技术效果。然而，对比文件1和其他现有技术均未给出如何识别徒长新梢以及如何选择徒长新梢的扭梢时间和扭梢位置以实现巨玫瑰葡萄坐果率达30%～40%效果的技术启示。

Ⅲ. 本发明巨玫瑰的坐果率提高效果可以说是达到了预料不到的程度，绝非审查员在二通意见中所说的是本领域技术人员可以预期的。

诚如审查员所说，葡萄品种不同，坐果率不具有可比性。相同品种在不同栽培模式下坐果率也会不同，对于坐果率的提高效果比较，应当基于同一栽培模式的同一葡萄品种。对比文件1巨峰葡萄仅采用花前不施氮肥及早施氮肥、适时摘心、开花前绑蔓、根据长势调整负载量、花前浇水和花期喷砂措施，坐果率可由不足8%提高到20%以上。可见，巨峰葡萄在适宜的时机进行相应处理后，即使未经扭梢其坐果率也在20%以上。而本发明的巨玫瑰葡萄在适宜的时机进行相应处理后，未经扭梢的坐果率仅为10%，具体可参见本发明原始申请文件记载的对比实施例1（其与实施例1的比较结果如下表3所示）。这也从一定程度可以看出巨玫瑰和巨峰葡萄在符合各自生长习性的适宜条件下，巨玫瑰的坐果率明显要较巨峰来得低，这也从一侧面反映出巨玫瑰由于品种特征的限制，要提高坐果率将面临更大的技术难度。但即使在此前提下，巨玫瑰在相同栽培方法和条件下，采用本发明特定的扭梢措施后，坐果率可提高3倍以上，这对于主要以产量和品质来评价栽培方法好坏的作物栽培领域，该坐果率的提高程度完全称得上是预料不到的技术效果，更何况本发明的巨玫瑰不仅仅是坐果率高，果实品质还达到一等品的标准。

表 3

| 编号 | 措施 | 其他步骤和条件 | 坐果率 |
|---|---|---|---|
| 实施例 1 | 初花前 3 天对花序以下第 2～3 节进行扭梢 | 相同 | 30% |
| 对比实施例 1 | 不进行徒长新梢的扭梢 | | 10% |

综上，对比文件1及其他现有技术中都没有给出应当如何解决本发明技术问题，实现本发明技术效果，并得到本发明权利要求1的技术启示。因此，对于本领域技术人员来说，本发明权利要求1是非显而易见的，具备突出的实质性特点。

2. 权利要求1具有显著的进步

本发明的巨玫瑰葡萄促早栽培提高坐果率的方法减少了激素在葡萄上的应用，确保了该品种果实品质的优良性，符合目前提倡的环境友好型的生态型栽培的标准，是葡萄安全、优质生产的重要措施。本发明的巨玫瑰葡萄在保温栽培条件下，对徒长新梢扭梢后可达到坐果率30%~40%，即200个左右的花蕾可以达到60~80个结果，基本上满足了生产上的需要，而且果实饱满甘甜，果穗外形可达到一等品的标准。以实施例1为例，花期后调查坐果率达到30%，200个左右的花穗坐果达60~70个果粒，符合50~60粒/穗的技术标准的要求。可见，权利要求1产生了有益的效果，具有显著的进步。

综上，本发明的权利要求1具有突出的实质性特点和显著的进步，符合《专利法》第22条第3款规定的创造性。

## 【案例No.1410608】闪光灯模组和移动终端

### ☞ 案由简要

该案涉及一种闪光灯模组（权利要求1~6）及一种移动终端（权利要求7及8）。

➢ 一通：审查员引用对比文件1（CN103175101A）及对比文件2（CN2893737Y）认为权利要求1~8不具备创造性。

➢ 答一通：未修改权利要求，论述权利要求1~8具备创造性。

➢ 二通：审查员引用对比文件1（CN103175101A）及对比文件3（CN203686715U）认为权利要求1~8不具备创造性。

➢ 后续程序：略。

### ☞ 相关权利要求

权利要求1

一种闪光灯模组，其特征在于，包括一灯罩、一闪光灯和至少一导电弹性件，该灯罩下设有至少一卡扣结构，该闪光灯由该至少一卡扣结构卡扣固定于该灯罩内，该闪光灯相对于该灯罩的一底面固定连接有该至少一导电弹性件。

### ☞ 相关说明书内容

摘录一

闪光灯是一种极常用的摄影摄像设备。然而，闪光灯的结构设置却并不容易达到很好的效果。现有的闪光灯结构存在下述弊端：

1. 闪光灯距离设备壳体外观面高度不一，每款产品均需定制一套灯罩模具，且因闪光灯光学要求较高，灯罩的纹路需要专业光学厂商特别设计且做模拟仿真后再开模，费时费钱。

2. 为达成较好的闪光效果，闪光灯需垫高以尽可能靠近灯罩底部，往往需要另增加小板垫高闪光灯。

摘录二

如图1所示，一种闪光灯模组包括一灯罩1、一闪光灯2和两个弹簧3，该两个弹簧3采用导电材料制成。参考图2所示，该灯罩1下设有一卡扣结构11，该闪光灯2

由该卡扣结构11卡扣固定于该灯罩1内，该闪光灯2相对于该灯罩1的一底面固定连接有该两个弹簧3。该闪光灯和该两个弹簧3焊接为一体。

其中，该闪光灯模组还包括封装胶（图中未示出），该封装胶敷设于该灯罩、该闪光灯和该至少一导电弹性件的连接处。该闪光灯为LED灯。

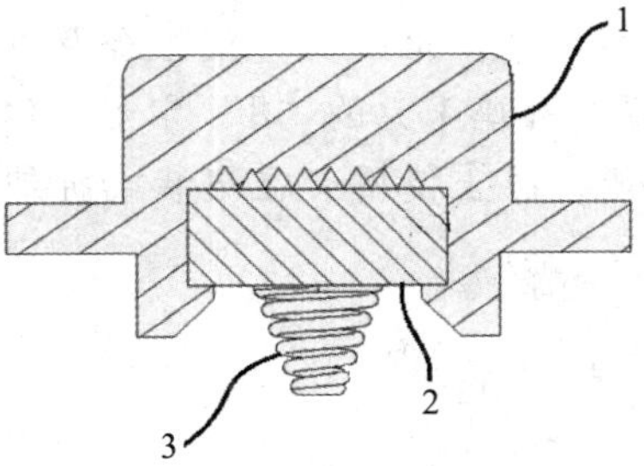

**图1**

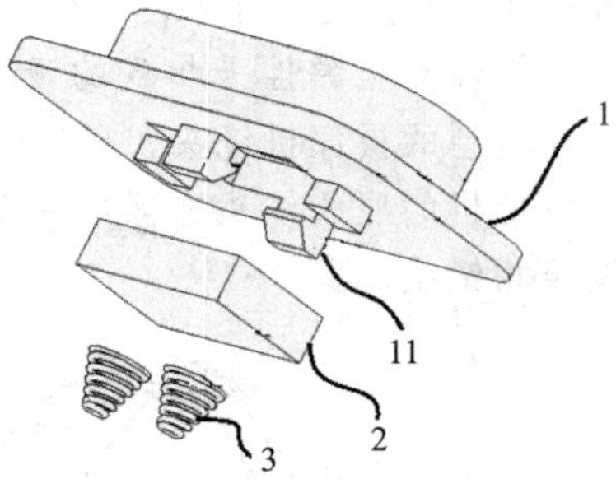

**图2**

☞ **相关对比文件公开内容**

**【对比文件1】**

摘录一

手持式电子装置100包括一壳体110、一电路板120、一闪灯元件130与一弹性导电端子组140，其中闪灯元件130与弹性导电端子组140的组合可构成一闪灯模块。

闪灯元件130包括一基板132、一发光二极134与一盖体136。基板132邻接弹性导电端子组140。发光二极134安装至基板132并与其电连接，且基板132的底部具有多个电极132a，以作为发光二极管134与电路板120之间的导电媒介。盖体136安装至基板132上，且组装于容置开口110a内，而发光二极管134所提供的光线由盖体136射出。

摘录二

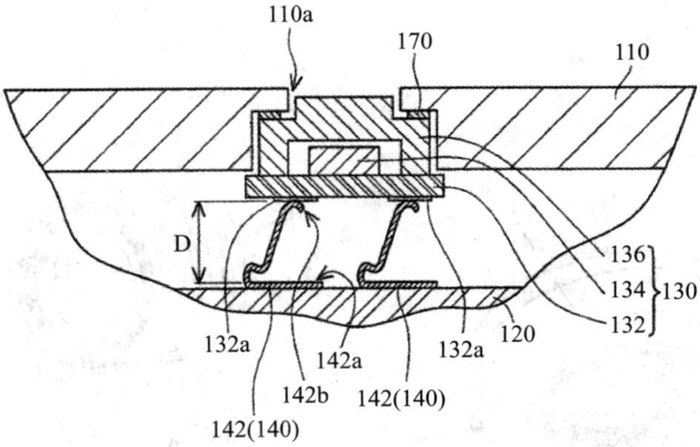


**【对比文件2】**

摘录一

配合图5所示，使用时，按压弹性卡扣3的卡片31，令摄像灯组装于镜头上，松开卡片31后其卡钩311便挂持在镜头内壁上，打开摄像机电源，如果需要补光，打开摄像灯的开关4，发光装置3即可发出环状灯束，由于LED具有亮度强、省电的特点，令该摄像灯具有很好的补光作用，因而其可以满足小型摄像机黑暗条件的拍摄，同时其利用镜头前方的有限空间，使其整体的体积较小，又其与摄像机共用电源，并设置了独立的开关4，因而使用可靠，不会浪费电源。

另外，该摄像灯上弹性卡扣3的设置，使其与摄像机镜头方便组合及拆卸，同时可适配于不同机型的摄像机镜头，通用性强。而且环座1为的“8”字形座体下方延伸的透孔，对摄像机的照相镜头亦具有一保护功能，防止使用者在组装或拆卸该摄像灯时不慎触到照相镜头。

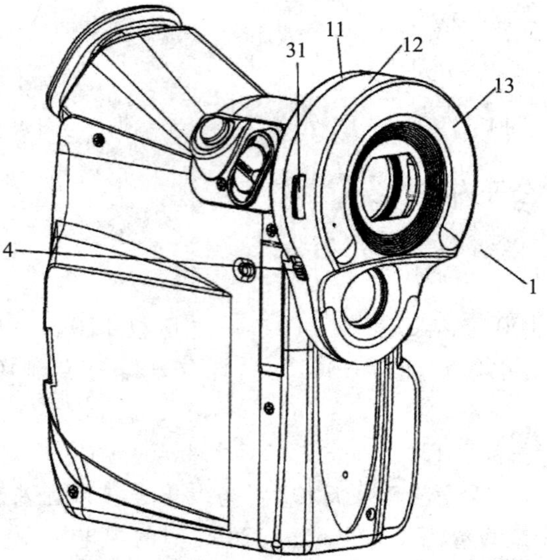


图5

摘录二

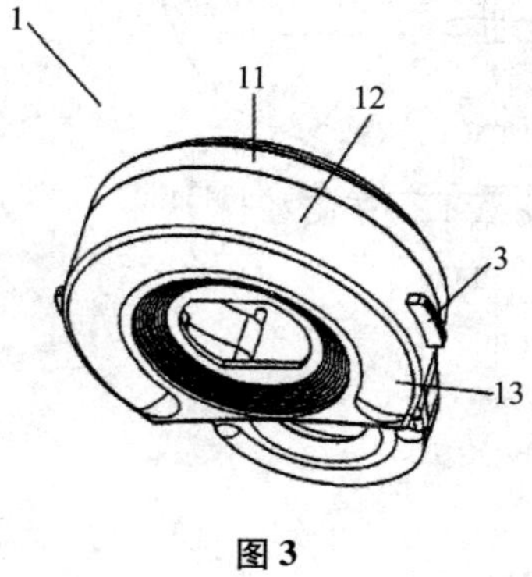


图3

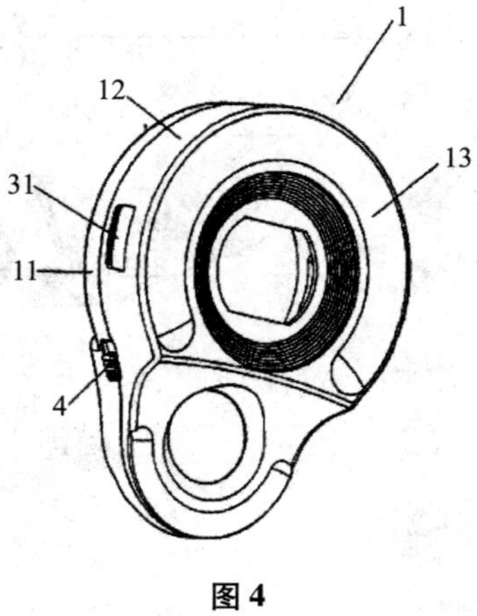


图4

### ☞ 审查意见

第一次审查意见通知书摘录

1. 权利要求1请求保护一种闪光灯模组，对比文件1（CN103175101A）公开了一种闪灯模块，并具体公开（参见说明书第38～45段及图1～图5，权利要求1～13）闪灯元件130与弹性导电端子组140的组合可构成一闪灯模块（相当于闪光灯模组），闪灯模块包括：

闪灯元件130：包括一基板132、一发光二极管134（相当于一闪光灯）、一盖体136（相当于一灯罩）；

弹性导电端子组140（相当于至少一导电弹性件）；

发光二极管134安装至基板132并与其电连接，盖体136安装至基板132上（参见图2，相当于闪光灯固定于灯罩内），而发光二极管134所提供的光线由盖体136射出。基板132邻接弹性导电端子组140（相当于该闪光灯相对于该灯罩的一底面固定连接有该至少一导电弹性件）。

权利要求1和对比文件1的区别特征在于：灯罩下设有至少一卡扣结构，闪光灯由该至少一卡扣结构卡扣固定于灯罩内。

基于该区别特征，本申请实际解决的技术问题是如何增加灯罩的通用性并方便灯罩和闪光灯之间的连接。

对比文件2（CN2893737Y）公开了一种摄像机摄影灯，与本申请技术领域相同，并具体公开（参见说明书具体实施方式部分及图1～图5）摄像机摄影灯主要包括一环座1、一发光装置2、两弹性卡扣3（相当于至少一卡扣结构）及开关4，使用时，按压弹性卡扣3的卡片31，令摄像灯装于镜头上，该摄影灯上的弹性卡扣3的设置，使其与摄像机镜头方便组合及拆卸，同时可适配于不同机型的摄像机镜头，通用性强，虽然对比文件2没有公开卡扣用于灯罩和闪光灯之间的连接，但对比文件2公开了至少一个卡扣结构，也公开了使用卡扣结构连接摄影灯和摄像机镜头的效果是可以增加摄影灯的通用性，并且能够方便它们之间的连接，在此基础上，本领域技术人员考虑为了增加闪光灯灯罩的通用性和方便灯罩与闪光灯之间的连接，有动机将对比文件2所述的卡扣结构使用到对比文件1中并结合本领域常规技术手段得到权利要求1要求保护的技术方案，因此，在对比文件1的基础上结合对比文件2和本领域常规技术手段得到权利要求1要求保护的技术方案对本领域技术人员来说是显而易见的，权利要求1不具有突出的实质性特点和显著的进步，不具备《专利法》第22条第3款规定的创造性。

### ☞ 答辩要点分析思路

该案一通答辩要点之一为论述审查员并未以“所属领域的技术人员”的视角判断“非显而易见”。针对此类情况，首先，需要说服审查员将思路及视角从普通公众或一般技术领域的技术人员转移到“所属领域的技术人员”上，之后，以“所属领域的技术人员”作为判断主体，进行创造性的判断。

具体到该案，基于对比文件2公开的内容，审查员认为本领域技术人员为了增加闪光灯灯罩的通用性和方便灯罩与闪光灯之间的连接，有动机将对比文件2所述的卡扣结构应用到对比文件1中并结合本领域常规技术手段得到权利要求1所要求保护的技术方案。此时，审查员明显受到对比文件2公开的内容的影响，而以其自身的主观感觉进行判断。因此，代理师论述了作为“所属领域的技术人员”应当对对比文件2的技术信息进行怎样的理解、分析和推导，从而说服审查员将思路及视角转移到“所属领域的技术人员”上。

具体地，“所属领域的技术人员”将对比文件2所述的卡扣结构应用到对比文件1时，也只是将其应用到闪灯元件与壳体的连接中，很明显这样是无法解决该发明实际解决的技术问题的。卡扣结构在某些领域的确是一种常规的连接方式，例如在对比文件2中的摄影灯与摄像机镜头连接领域，但是在灯罩与闪光灯连接领域却不是常规的连接方式。因此，以“所属领域的技术人员”作为判断主体的话，对比文件2根本不存在将区别技术特征A（参见意见陈述原文摘录）应用到最接近的现有技术以解决该发明要解决的技术问题的启示。另外，当论述区别技术特征不属于本领域的公知常识时，应当继续以“所属领域的技术人员”作为判断主体，阐明对于“所属领域的技术人员”来说本领域的常规技术手段应当是怎样的，再阐明该发明是采用不同的方式，进而论述区别技术特征不属于本领域的公知常识。

☞ **意见陈述原文摘录**

申请人认为本发明专利申请的权利要求1~8具备《专利法》第22条第3款规定的创造性，具体理由陈述如下：

一、权利要求1具备创造性

1. 权利要求1具有突出的实质性特点

（1）确定本发明的区别技术特征和本发明实际解决的技术问题

审查意见中引入对比文件1作为与本发明最接近的现有技术，并指出权利要求1所要求保护的技术方案与对比文件1的区别技术特征在于：

A. 该灯罩下设有至少一卡扣结构，该闪光灯由该至少一卡扣结构卡扣固定于灯罩内。

除此之外，申请人认为以下技术特征也应当属于区别技术特征：

B. 该闪光灯相对于该灯罩的一底面固定连接有该至少一导电弹性件。

这是因为：

结合对比文件1说明书的第［0040］段以及图3（参见下图）可知，闪灯元件130包括一基板132、一发光二极管134与一盖体136，基板132邻接弹性导电端子组140，发光二极管134安装至基板132并与其电连接，盖体136安装至基板132上。从对比文件1公开的内容可知，<u>发光二极管134是通过基板132与弹性导电端子组140连接的</u>。

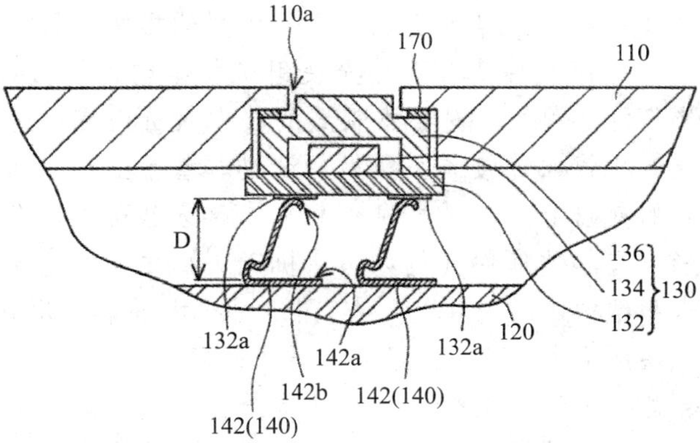


图 3

而本发明中，闪光灯相对于灯罩的一底面固定连接有该至少一导电弹性件，参见图 1，1 为灯罩，2 为闪光灯，3 为导电弹性件，也就是说，闪光灯直接与导电弹性件连接。

由上述分析可知，对比文件 1 中发光二极管与弹性导电端子组之间的连接关系和本发明中闪光灯与导电弹性件之间的连接关系截然不同，具体地，对比文件 1 中发光二极管通过基板与弹性导电端子组连接，而本发明中闪光灯直接与导电弹性件连接。因此，本发明中的特征“该闪光灯相对于该灯罩的一底面固定连接有该至少一导电弹性件”应当属于区别技术特征。

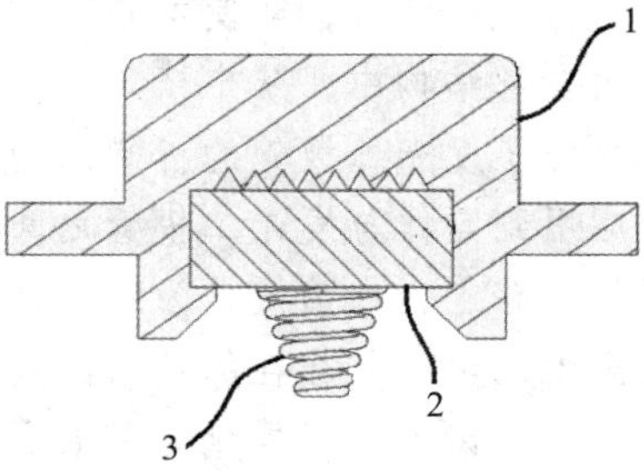


图 1

基于上述区别技术特征，本发明的闪光灯模组将闪光灯与灯罩合二为一，减少了设计成本与模具成本。进一步地，与现有技术中发光二极管和盖体均安装至基板相比，本发明中的闪光灯由卡扣结构卡扣固定于灯罩内，简化了闪光灯模组的组装和拆卸过程；与现有技术中发光二极管通过基板与弹性导电端子组连接相比，本发明中的闪光灯直接与导电弹性体连接，省去了基板的使用，节约了成本。因此，申请人认为本发明实际解决的技术问题应当是：提供一种成本低、方便组装和拆卸的高度可调的闪光灯模组。

（2）权利要求 1 的技术方案对本领域的技术人员来说是非显而易见的

申请人认为现有技术整体上不存在将上述区别技术特征应用到最接近的现有技术以解决其存在的技术问题的启示。

审查意见中指出，虽然对比文件 2 没有公开卡扣用于灯罩和闪光灯之间的连接，但对比文件 2 公开了至少一个卡扣结构，也公开了使用卡扣结构连接摄影灯和摄像机镜头的效果是可以增加摄影灯的通用性，并且能够方便它们之间的连接，在此基础上，本领域技术人员考虑为了增加闪光灯灯罩的通用性和方便灯罩与闪光灯之间的连接，有动机将对比文件 2 所述的卡扣结构使用到对比文件 1 中并结合本领域常规技术手段得到权利要求 1 要求保护的技术方案。

对此，申请人有不同意见与您商榷。

参见对比文件 2 说明书第 3 页的倒数第 2 段，摄像灯上弹性卡扣 3 的设置，使其与摄像机镜头方便组合及拆卸，同时也适配于不同机型的摄像机镜头，通用性强。正如审查意见中所指出的，对比文件2公开的是使用卡扣结构连接摄影灯和摄像机镜头，目的是增加整个摄影灯的通用性。对于本领域的技术人员而言，对比文件2的技术方案是针对摄影灯和摄像机镜头连接关系所做的改进。基于上述分析，申请人认为，在对比文件2公开内容的基础上，本领域的技术人员容易想到的是将对比文件2所述的卡扣结构使用到摄影灯与其他部件（例如摄像机镜头）之间的连接，也就是说，若将对比文件2所述的卡扣结构使用到对比文件1中，也只是将其应用到闪灯元件130与壳体110的连接中，无法解决本发明实际解决的技术问题。

而在本发明中，灯罩下设有至少一卡扣结构，且闪光灯由至少一卡扣结构卡扣固定于灯罩内，也就是说，本发明的技术方案是针对闪光灯模组自身结构所做的改进，因此，申请人认为，在对比文件2公开摄影灯与摄像机镜头之间采用卡扣连接的基础上，本领域的技术人员不容易想到将卡扣结构应用到对比文件1中闪光灯（相当于对比文件2中的摄影灯）的自身结构中。

退一步讲，即使本领域的技术人员想到了将卡扣结构应用到对比文件1中闪光灯的自身结构中，从申请人的角度看，也应当是直接将其应用到盖体与基板之间的连接，方便了发光二极管的拆卸，而不会想到先将闪光灯中的基板去掉，然后再将卡扣结构应用到盖体与发光二极管之间的连接。

综上，申请人认为对比文件2不存在将上述区别技术特征A应用到最接近的现有技术以解决其存在的技术问题的启示。

申请人还想提醒审查员的是，卡扣连接在某些领域的确是一种常规的连接方式，例如在对比文件2中的摄影灯与摄像机镜头连接领域，但是在灯罩与闪光灯连接领域却不是常规的连接方式。在以对比文件1为例的现有技术中，发光二极管和盖体均安装至基板上，从对比文件1的附图中也可以看出发光二极管位于盖体和基板围成的空间内。也就是说，对于盖体（灯罩）与发光二极管（闪光灯）连接领域的技术人员来说，上述这种连接方式才是本领域的常规技术手段。反观本发明，巧妙地在灯罩下设置了卡扣结构，使得闪光灯由卡扣结构卡扣固定于灯罩内，简化了闪光灯模组的组装和拆卸过程。因此，申请人认为上述区别技术特征A不属于本领域的公知常识。

另外，申请人认为上述区别技术特征B也不属于本领域的公知常识。这是因为：在以对比文件1为例的现有技术中，发光二极管通过基板与弹性导电端子组连接。也就是说，对于本领域的技术人员来说，上述这种连接方式才是本领域的公知做法。而本发明省去了基板的使用，将闪光灯直接与导电弹性体连接，节约了成本。退一步讲，假设本领域的技术人员为了节约成本想到了将对比文件1中的基板去掉，使得发光二极管直接与弹性导电端子组连接，但是去掉基板之后，盖体和发光二极管之间将无法连接。而本发明中，在不使用基板的情况下，灯罩与闪光灯可以通过灯罩下的卡扣结构实现连接。可见，本发明中闪光灯与导电弹性体的连接结构并不是本领域的公知常识，即上述区别技术特征B不属于本领域的公知常识。

综上，申请人认为上述区别技术特征A和区别技术特征B均不属于本领域的公知常识。

综上所述，申请人认为，现有技术整体上不存在将上述区别技术特征应用到对比文件1以解决其存在的技术问题的启示，即本领域技术人员在最接近的现有技术的基础上结合对比文件2和本领域的公知常识，仍然无法得到权利要求1的技术方案以解决上述技术问题，也就是说，权利要求1所要求保护的技术方案对本领域的技术人员来说是非显而易见的，具有突出的实质性特点。

2. 权利要求1具有显著的进步

本发明的闪光灯模组将闪光灯与灯罩合二为一，减少了设计成本与模具成本。进一步地，与现有技术中发光二极管和盖体均安装至基板相比，本发明中的闪光灯由卡扣结构卡扣固定于灯罩内，简化了闪光灯模组的组装和拆卸过程；与现有技术中发光二极管通过基板与弹性导电端子组连接相比，本发明中的闪光灯直接与导电弹性体连接，省去了基板的使用，节约了成本。

基于上述有益效果，申请人认为本发明具有显著的进步。

因此，独立权利要求1相对于现有技术具有突出的实质性特点和显著的进步，具备《专利法》第22条第3款所规定的创造性。

## 第六节　主观上低估发明的创造性，“事后诸葛亮”

实质审查过程中，由于审查员是在了解了发明内容之后才进行创造性判断，因而容易将对比文件公开的信息加上发明的申请文件所记载的信息作为判断创造性的参照基础，以事后倒推的思路分析发明的非显而易见性，从而主观上对发明的创造性估计偏低，犯“事后诸葛亮”的错误。对此，《审查指南》中明确指出（《审查指南》第二部分第四章6.2）：“审查员应当牢牢记住，对发明的创造性评价是由发明所属技术领域的技术人员依据申请日以前的现有技术与发明进行比较而作出的，以减少和避免主观因素的影响”。

但实践中，因为某些特别情况的发明表面上极具迷惑性使审查员容易形成简单、容易的主观印象，部分审查员对《审查指南》中给出的非显而易见判断原则理解掌握不准确，仍然常常犯“事后诸葛亮”的错误。对此类情况，专利代理师应当向审查员重申《审查指南》特别指明过应当避免“事后诸葛亮”，强调在创造性判断中以发明所属技术领域的技术人员的角度、以及仅以发明申请日以前的现有技术为判断的参照基础的重要性，以力图纠正审查员主观上的偏见，摈弃主观因素的影响，严格遵循《审查指南》给出的非显而易见的判断原则向审查员阐述发明的创造性。下面列举几种易出现“事后诸葛亮”的情况。

### 一、技术方案特别简单的发明创造

此类发明创造因其技术方案特别简单，看上去没有采用什么特殊的技术手段，所以审查员很容易产生简单容易的印象，从而主观上仅因为技术方案简单而认定此发明不具备创造性，忘记了按照《审查指南》给出的非显而易见判断原则进行分析。

对此，专利代理师应当向审查员阐明：简单不意味着一定显而易见，复杂也并不意味着一定非显而易见。技术方案的简单或复杂程度与发明的创造性之间并无必然的联系。实际上，由简入繁常常是某些技术领域常见的主流研究思路，能够化繁为简从而解决某些技术问题的技术构思往往是一些技术方案新颖独特、技术效果出人意料、具有高度创造性的发明创造。创造性的判断过程中，我们不能在了解发明之后，仅凭主观上对发明的简单复杂的感觉来进行臆断，而应该严格按照《审查指南》给出的非显而易见判断的原则，确认发明的申请日之前，现有技术整体上是否给出过相关且能使本领域技术人员有动机进行技术改进获得该发明的技术启示来判断发明是否具备创造性。如果没有这样的技术启示存在，则即使发明的技术方案再简单，也应当是具有非显而易见性的发明。

## 【案例 No. 1410024】一种喹啉或喹唑啉衍生物

### ☞ 案由简要

该申请涉及一种喹啉或喹唑啉衍生物（权利要求 1 ~ 17），其制备方法（权利要求 18 ~ 19）、中间体（权利要求 20），含其的可药用的组合物（权利要求 21）及其应用（权利要求 22）。

➢ 一通：审查员引用两篇对比文件（对比文件 1 和对比文件 2）认为权利要求 1 ~ 22 不具备创造性（审查员指出的清楚问题略）。

➢ 答一通：删去权利要求 1，将权利要求 3、4 和 15 合并作为新权利要求 1，论述新权利要求 1 ~ 19 具备创造性。

➢ 二通：审查员未认可之前意见陈述，基于对比文件 1 仍然认为新权利要求 1 ~ 19 不具备创造性。

➢ 答二通：进一步限定权利要求 1 范围，论述新权利要求 1 ~ 11 具备创造性。

➢ 审查结果：经一次主动补正后授权。

### ☞ 相关权利要求

答一通时，将权利要求 3、4 和 15 合并作为新权利要求 1：

1. 一种如式 I 所示的喹啉或喹唑啉衍生物、其药学上可接受的盐；

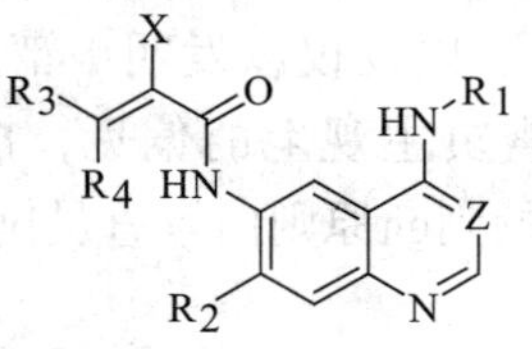

I

其中，Z 为 N 或 C－CN；

$R_1$为取代的 $C_{6\sim10}$芳基，所述取代为被一个或多个选自下列的取代基所取代：卤素、取代或未取代的 $C_{1\sim3}$烷氧基和取代或未取代的 $C_{5\sim8}$杂芳氧基；

$R_2$ 为取代或未取代的 $C_{1\sim3}$烷氧基或 3 ~ 8 元杂环氧基；

$R_3$ 和 $R_4$ 中至少一个为氢，当 $R_3$ 和 $R_4$ 中有一个为氢时，X 为氟；当 $R_3$ 和 $R_4$ 均为氢时，X 为氟或氯；

当 Z = N 时，$R_1$ 为 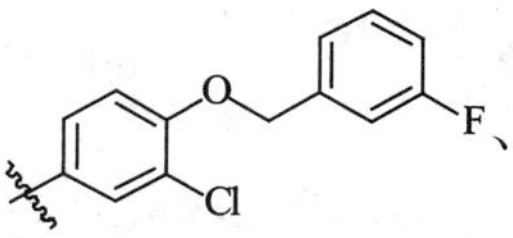、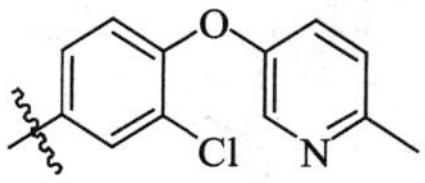、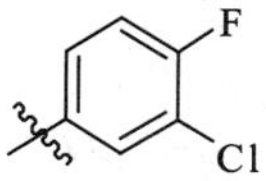、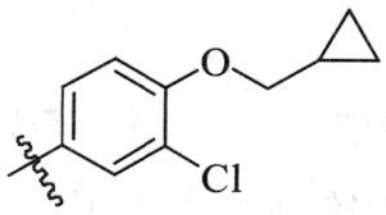、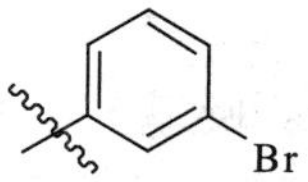、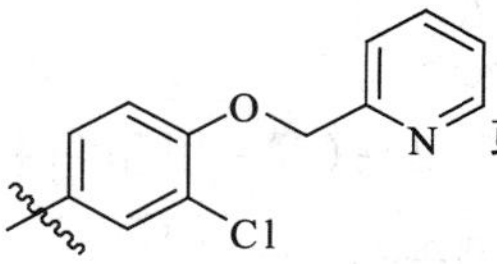或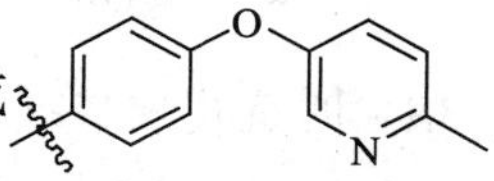；

或者，当 Z = N 时，$R_2$ 为甲氧基、乙氧基、3*S* – 四氢呋喃基氧基、2 –（N – 甲基 – 4 – 哌啶基）乙氧基、3 –（4 – 吗啉基）丙氧基、2 –（N，N – 二乙氨基）– 乙氧基、2，2，2 – 三氟乙氧基或 2 –（甲氧基）– 乙氧基；

或者，当 Z = N 时，$R_3$ 和 $R_4$ 各自独立地为氢、或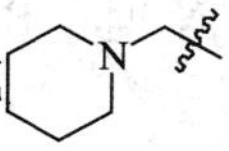；

或者，当 Z = C – CN 时，$R_1$ 为 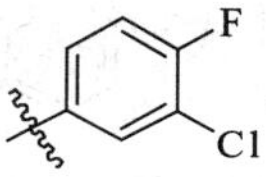、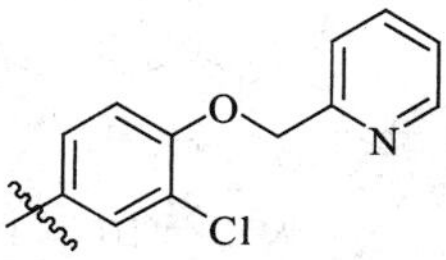、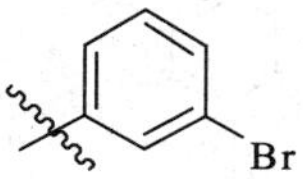、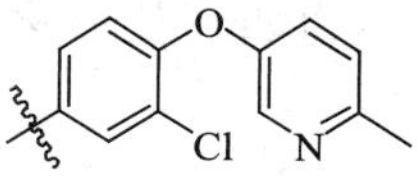、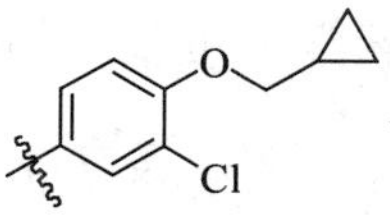、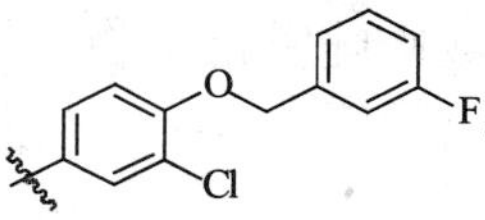或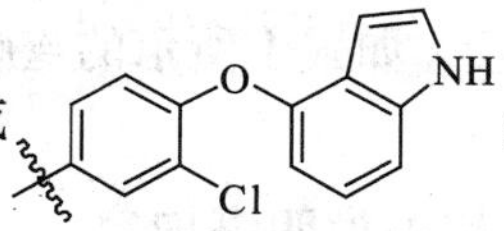；

或者，当 Z = C – CN 时，$R_2$ 为乙氧基；

或者，当 Z = C – CN 时，$R_3$ 和 $R_4$ 各自独立地为氢、N，N – 二甲氨基甲基或 1 – 哌啶基甲基；

并且，如式 I 所示的喹啉或喹唑啉衍生物、其药学上可接受的盐不为如下任一化合物……（略）。

答二通时，将权利要求 1 进一步限定为：

一种如式 I 所示的喹啉或喹唑啉衍生物、其药学上可接受的盐；

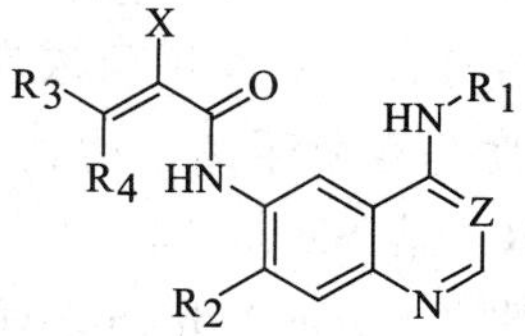

**I**

其中，Z 为 N 或 C – CN；

$R_3$ 和 $R_4$ 中至少一个为氢，当 $R_3$ 和 $R_4$ 中有一个为氢时，X 为氟；当 $R_3$ 和 $R_4$ 均为氢时，X 为氟或氯；

当 Z = N 时，$R_1$ 为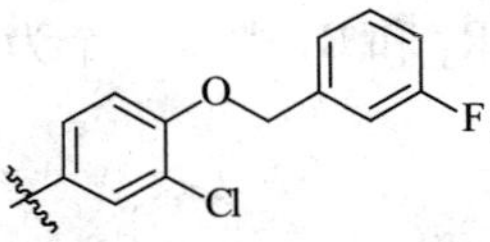、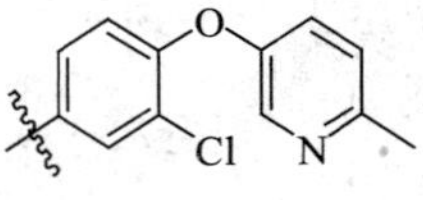、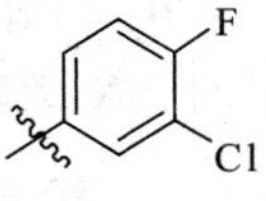、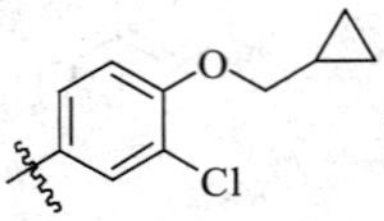、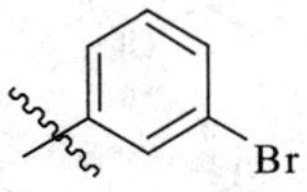、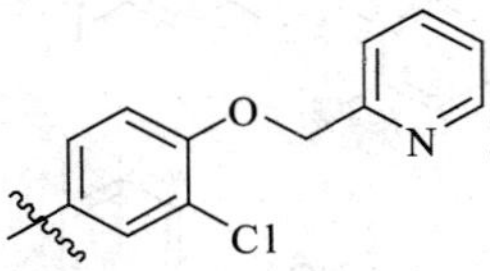或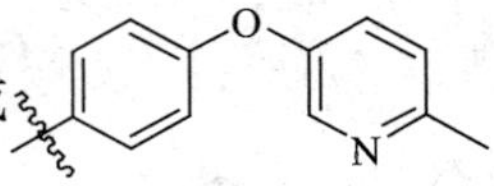；$R_2$ 为甲氧基、乙氧基、3*S*－四氢呋喃基氧基、2－(N－甲基－4－哌啶基）乙氧基、3－(4－吗啉基）丙氧基、2－(N，N－二乙氨基)－乙氧基、2，2，2－三氟乙氧基或2－(甲氧基)－乙氧基；$R_3$ 和 $R_4$ 各自独立地为氢、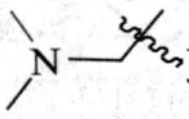或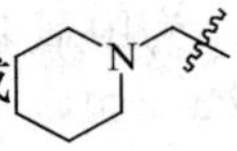；

当 Z = C － CN 时，$R_1$ 为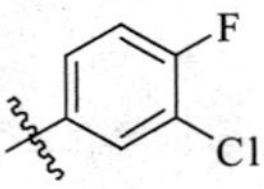、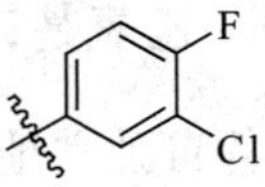、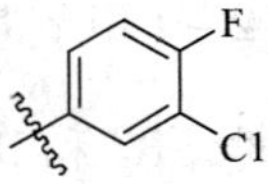、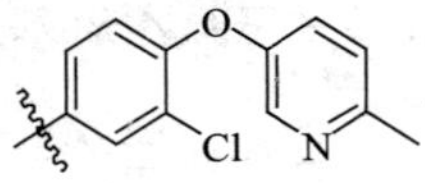、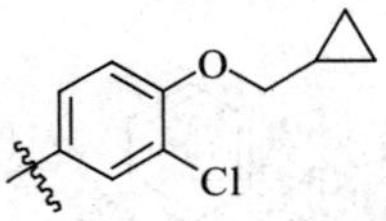、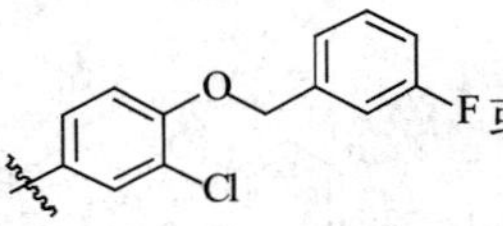或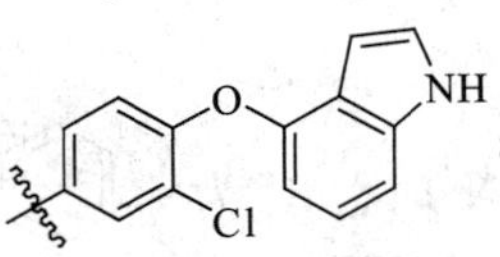；$R_2$ 为乙氧基；$R_3$ 和 $R_4$ 各自独立地为氢、N，N－二甲氨基甲基或1－哌啶基甲基；

并且，如式Ⅰ所示的喹啉或喹唑啉衍生物、其药学上可接受的盐不为如下任一化合物……。

### ☞ 相关说明书内容

摘录一

效果实施例1　该发明化合物对 EGFR 酪氨酸激酶活性的抑制作用

受试化合物对激酶的抑制活性用半抑制浓度 $IC_{50}$ 值来表示。该类试验采用均相时间分辨荧光（HTRF）技术进行测定，方法如下：将一系列梯度浓度的化合物，在室温条件下与特定浓度的酶溶液共同孵育5分钟，之后加入适量的酶反应底物、ATP，启动酶反应过程，30分钟后，向酶反应体系中加入适量的反应终止液和检测液，孵育1小时后，在 PerkinElmer 公司的 EnVision 2104 多标记微孔检测仪上，在 665nm 及 620nm 波长下测定特定化合物浓度下的酶活力，并计算不同浓度的化合物对酶活力的抑制活性，之后根据四参数方程，对不同浓度化合物下酶活力的抑制活性进行拟合，计算出 $IC_{50}$ 值。本实施例所采用的激酶 EGFR 购自 Sigma Aldrich，检测试剂盒 HTRF KinEASE－TK 购自 Cisbio Bioassays 公司，ATP 购自 Sigma Aldrich 公司。本发明受试化合物的 $IC_{50}$ 数据如下：

| 实施例编号 | $IC_{50}$（nM） | 实施例编号 | $IC_{50}$（nM） |
|---|---|---|---|
| | EGFR | | EGFR |
| 2－1 | 1.6 | 22 | 4.5 |
| 2－2 | 1.3 | 23 | 0.99 |
| 3 | 4.3 | 24 | 15 |

续表

| 实施例编号 | $IC_{50}$ (nM) | 实施例编号 | $IC_{50}$ (nM) |
|---|---|---|---|
| | EGFR | | EGFR |
| 7 | 2.6 | 25 | 0.16 |
| 8 | 5.0 | 26 | 1.0 |
| 9 | 0.17 | 27 | 0.34 |
| 10 | 0.11 | 28 | 0.72 |
| 12 | 13 | 29 | 4.1 |
| 13 | 39 | 31 | 33 |
| 14 | 2.6 | 32 | 1.1 |
| 15 | 2.6 | 33 | 80 |
| 16 | 0.18 | 36 | 30 |
| 17 | 0.32 | 37 | 1.0 |
| 18 | 0.19 | 38 | 7.8 |
| 19 | 0.21 | 39 | 9.4 |
| 20 | 22 | 41 | 45 |
| 21 | 3.9 | | |

摘录二

效果实施例2　化合物对A431、H1975细胞增殖抑制活性测定

本例用于测定本发明化合物对于EGFR野生型高表达细胞株A431及T790M点突变细胞株H1975的增殖抑制活性，化合物对细胞增殖的抑制活性用半数抑制浓度$IC_{50}$来表示。试验方案如下：EGFR野生型高表达细胞株A431及T790M点突变细胞株H1975细胞均购于ATCC，以适宜的细胞浓度（A431：20000个细胞/ml培养基；H1975：15000个细胞/ml培养基）将细胞接种于白色不透明的384孔培养板上；之后将细胞放置于37℃、5% $CO_2$的环境中进行培养，24小时后，向培养的细胞培养基中加入一系列浓度梯度的药物，一般选择10个浓度，之后将细胞放回原培养环境中继续培养48小时，之后按照CellTiter - Glo Luminescent Cell Viability Assay的方法，在PerkinElmer公司的EnVision 2104多标记微孔检测仪测定受试化合物对A431及H1975细胞增殖的影响，并计算不同浓度的化合物对细胞增殖的抑制活性，CellTiter - Glo Luminescent Cell Viability Assay检测试剂购自Promega公司。之后对不同浓度的化合物下A431及H1975细胞增殖抑制活性进行四参数拟合，本发明受试化合物的$IC_{50}$数据如下：

| 实施例编号 | $IC_{50}$ (A431) (μM) | $IC_{50}$ (H1975) (μM) |
|---|---|---|
| 12 | 3.5 | 3.6 |
| 13 | 25 | 6.4 |
| 14 | 5.3 | 2.4 |
| 15 | 5.5 | 2.4 |

续表

| 实施例编号 | $IC_{50}$（A431）（μM） | $IC_{50}$（H1975）（μM） |
|---|---|---|
| 16 | 1.8 | 4.4 |
| 17 | 1.3 | 2.4 |
| 18 | 5.9 | 7.7 |
| 20 | 11 | 7.5 |
| 21 | 10 | 8.2 |
| 23 | 2.5 | 9.4 |
| 24 | 11 | 9.2 |
| 26 | 3.5 | 22 |
| 32 | 9.6 | 11 |
| 37 | 6.8 | 17 |

结论：本发明化合物对A431及H1975具有明显的抑制增殖活性。

### ☞ 相关对比文件公开内容

对比文件1（CN1745073A）

发明领域

本发明涉及制备酪氨酸激酶的不可逆抑制剂的物质和方法，更具体地说，本发明涉及制备4，6，7－三取代喹唑啉如N－［4－(3－氯－4－氟－苯基氨基)－7－(3－吗啉－4－基－丙氧基)－喹唑啉－6－基］－丙烯酰胺的物质和方法。这些化合物用于治疗癌症、再狭窄、动脉粥样硬化、子宫内膜异位和牛皮癣。

权利要求1

1. 一种制备式1化合物或其药学上可接受的盐、酯、酰胺或前药的方法，其中，

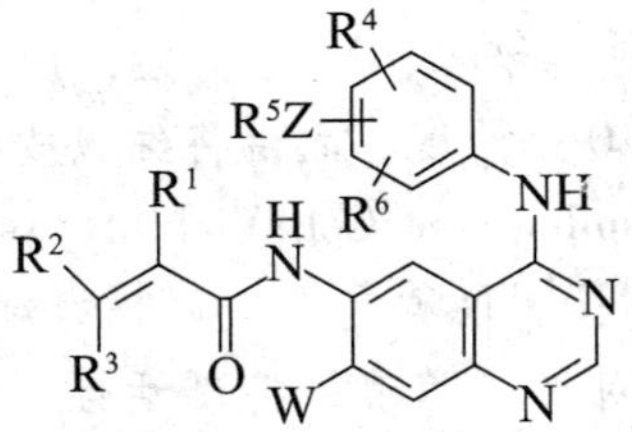

$R^1$、$R^2$和$R^3$独立地是氢、卤素、$NO_2$、CN、$CF_3$、$C_{1\sim6}$烷基、$C_{1\sim6}$卤代烷基、$C_{2\sim6}$链烯基、$C_{2\sim6}$炔基、$C_{3\sim8}$环烷基、$C_{3\sim8}$杂环基、羧基、$C_{1\sim6}$烷氧基羰基、$C_{1\sim6}$烷基氨基甲酰基、芳基－$(CH_2)_m$、杂芳基$(CH_2)_m$、杂环基－$(CH_2)_m$、$(CH_2)_mCO_2R^8$、$(CH_2)_mS(O)_nR^8$、$(CH_2)_mSO_2NR^8R^9$、$OR^8$、$SR^8$、$(CH_2)_mNR^8R^9$、$(CH_2)_mN(O)R^8R^9$、$(CH_2)_mP(O)(OR^8)(OR^9)$、$(CH_2)_mCOR^8$、$(CH_2)_mCO_2R^8$、$(CH_2)_mC(O)NR^8R^9$、$(CH_2)_mC(O)NR^8SO_2R^8$、$(CH_2)_mNR^8SO_2R^9$、$(CH_2)_mC(O)NR^8OR^9$、$(CH_2)_mS(O)_nR^8$或$(CH_2)_mSO_2NR^8R^9$，其中芳基－$(CH_2)_m$包括苯基烷基或具有1～3

个取代基取代的苯基烷基，所述取代基独立地是 $NO_2$、CN、$CF_3$、$C_{1-6}$烷基 - NH、($C_{1-6}$烷基)$_2$N 或单环杂芳基，以及每个 $C_{1-6}$烷基任选被 OH、$NH_2$ 或 - N（A）B 取代；

$R^4$和 $R^6$独立地是氢、羟基、卤素、$C_{1-4}$烷基、$C_{1-4}$烷氧基、$C_{1-4}$烷基氨基、$C_{1-4}$烷基二氨基、$C_{1-4}$烷硫基、$C_{1-4}$烷基亚磺酰基、$C_{1-4}$烷基磺酰基、$C_{1-4}$烷基羰基、$C_{1-4}$烷基氨基甲酰基、二氨基甲酰基、氨基甲酰基、$C_{1-4}$烷氧基羰基、氰基、硝基或三氟甲基；

$R^5$是苯基、吡啶基、呋喃基、噻唑基、咪唑基或噻吩基，每个任选具有一个或两个独立地为卤素、$C_{1-6}$烷基、$C_{1-6}$烷氧基、羟基、氨基、氰基、$C_{1-6}$烷基 - NH 或($C_{1-6}$烷基)$_2$N 的取代基；

W 是 $SR^7$、$OR^7$或 $NHR^7$；以及

Z 是氢、卤素、$C_{1-4}$烷基、$C_{3-8}$环烷基、$C_{1-6}$烷氧基、$C_{3-8}$环烷氧基、硝基、$C_{1-6}$卤代烷基、羟基、$C_{1-6}$酰氧基、$NH_2$、$C_{1-6}$烷基 - NH、($C_{1-6}$烷基)$_2$N、$C_{3-8}$环烷基 - NH、($C_{3-8}$环烷基)$_2$N、羟甲基、$C_{1-6}$烷基羰基、氰基、叠氮基、$C_{1-6}$硫烷基、$C_{1-6}$亚磺酰基烷基、$C_{1-6}$磺酰基烷基、$C_{3-8}$硫代环烷基、$C_{3-8}$亚磺酰基环烷基、$C_{3-8}$磺酰基环烷基、巯基、$C_{1-6}$烷氧基羧基、$C_{3-8}$环烷氧基羧基、$C_{2-4}$链烯基、$C_{4-8}$环烯基或 $C_{2-4}$炔基，条件是当 Z 是单价时，$R^5$ 不存在；

其中，$R^7$是氢、$C_{1-6}$烷基、哌啶 - 1 - 基 - ($CH_2$)$_m$、哌嗪 - 1 - 基 - ($CH_2$)$_m$、4 - $C_{1-6}$烷基 - 哌嗪 - 1 - 基 - ($CH_2$)$_m$、吡咯烷 - 1 - 基 - ($CH_2$)$_m$、吡啶基 - ($CH_2$)$_m$、咪唑基 - ($CH_2$)$_m$、咪唑 - 1 - 基 - ($CH_2$)$_m$、吗啉 - 4 - 基 - ($CH_2$)$_m$、硫代吗啉 - 4 - 基 - ($CH_2$)$_m$ 或六氢氮杂草 - 1 - 基 - ($CH_2$)$_m$，其中每个 $C_{1-6}$烷基任选包括一个或多个为 OH、$NH_2$ 或 - N（A）B 的取代基；$R^3$ 和 $R^9$ 每个独立地是氢、$C_{1-6}$烷基、$C_{1-6}$卤代烷基、$C_{2-6}$链烯基、$C_{2-6}$炔基、芳烷基、环烷基、杂环基、芳基、杂芳基或杂芳烷基；

A 和 B 独立地是氢、$C_{1-6}$烷基、($CH_2$)$_m$OH、哌啶 - 1 - 基 - ($CH_2$)$_m$、哌嗪 - 1 - 基 - ($CH_2$)$_m$、4 - $C_{1-6}$烷基 - 哌嗪 - 1 - 基（$CH_2$)$_m$、吡咯烷 - 1 - 基 - ($CH_2$)$_m$、吡啶基（$CH_2$)$_m$、咪唑基 - ($CH_2$)$_m$ 或咪唑 - 1 - 基 - ($CH_2$)$_m$；以及

n 是 0 ~ 2 的整数，包括 0 和 2，m 是 0 ~ 4 的整数，包括 0 和 4；

所述方法包括：

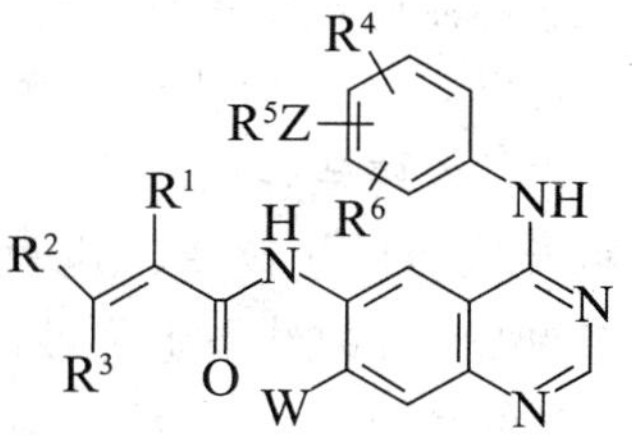

从式 10 化合物中除去保护基 G，得到式 1 化合物，以及任选将式 1 化合物转化为其药学上可接受的盐、酯、酰胺或前药。

实施例 7. N - [4 - (3 - 氯 - 4 - 氟 - 苯基 - 氨基) - 7 - (3 - 吗啉 - 4 - 基 - 丙氧基) 喹唑啉 - 6 - 基] - 丙烯酰胺的制备

方法A. 将N-[4-[(3-氯-4-氟-苯基)-(3, 4-二甲氧基-苄基)-氨基]-7-(3-吗啉-4-基-丙氧基)喹唑啉-6-基]-丙烯酰胺(0.044g, 0.069mmol)溶于三氟乙酸(4mL)中，然后加热回流6小时。冷却后，在减压下蒸发TFA，然后加入乙酸乙酯。将所得混合物用稀碳酸氢钠水溶液洗涤。然后，用盐水洗涤有机层，经硫酸镁干燥，过滤，在减压下蒸发，得到黄色泡沫形式的粗产物。在BIOTAGE 12S柱上进行色谱分析，用含10%异丙醇的二氯甲烷进行洗脱，得到白色固体形式的N-[4-(3-氯-4-氯-苯基-氨基)-7-(3-吗啉-4-基-丙氧基)-喹唑啉-6-基]-丙烯酰胺(0.031g, 92.9%)。$^1$HNMR(400MHz, DMSO-$d_6$)δ: 9.87(s, 1H, CONH), 9.67(s, 1H, NH), 8.93(s, 1H, H-5), 8.60(s, 1H, H-2), 8.20(dd, J=7.05, 2.5Hz, 1H, H-2), 7.89~7.85(m, 1H, H-6′), 7.49(t, J=9.0 Hz, 1H, H-5), 7.36(s, 1H, H-8), 6.78(dd, J=10.2, 17.1Hz, 1H, CH=$CH_2$), 6.38(dd, J=1.9, 17.1 Hz, 1H, CH=$CH_2$), 5.88(dd, J=1.9, 10.2Hz, 1H, CH=$CH_2$), 4.34(t, J=6.3 Hz, 2H, $CH_2O$), 3.66(bs, 4H, -$CH_2NCH_2$-), 2.51(bs, 4H-$CH_2OCH_2$-), 2.08(bt, J=6.6Hz, 2H, $CH_2CH_2CH_2$); MS(APCI+) m/z 486.2, 488.2(M+1)。

方法B. 在真空中减少N-[4-[(3-氯-4-氟-苯基)、(3, 4-二甲氧基-苄基)-氨基]-7-(3-吗啉-4-基-丙氧基)-喹唑啉-6基]-丙烯酰胺的THF溶液(50mL约0.72M, 36.2mmol)的体积减小(至约30mL)，接着冷却到0~5℃。在保持反应混合物的温度<15℃的同时，加入纯的甲磺酸(46mL, 710mmol)。在真空中在环境温度下将反应混合物的体积减少到约60mL，然后在环境温度下搅拌直到所有的起始物料消耗完为止(4~5小时)。用NaOH/NaCl水溶液(300mL, 3.0M的NaOH溶液)淬灭该混合物，过滤所得沉淀，获得粗产物。用水(4×25mL)洗涤所述粗产物，在$N_2$流下干燥过夜。将所述粗产物用丙酮重结晶，得到淡黄色固体形式的N-[4-[(3-氯-4-氟-苯基氨基)-7-(3-吗啉-4-基-丙氧基)-喹唑啉-6基]-丙烯酰胺(13.00g, 26.88mmol, 73.9%, 从(3-氯-4-氟-苯基)-(3, 4-二甲氧基-苄基)-[7-(3-吗啉-4-基-丙氧基)-6-硝基-喹唑啉-4-基]-胺中)。

☞ **审查意见**

8. 申请人在意见陈述中争辩：本发明与对比文件1的区别技术特征在于X不同，本发明的化合物对于EGFR酪氨酸激酶具有良好的抑制活性，对于A431和A1975具有明显的抑制增殖活性，因此本发明实际解决的技术问题为：提供一种具有对上述靶点和细胞株良好抑制活性和明显的抑制增殖活性的化合物。对于构效关系密切的化合物，取代基X的变化可能导致化合物活性的明显改变，这种改变后的结果本领域技术人员难以预料。同样Z取代基由N变为CN后的结果也是难以预料。对比文件1是制备方法发明并不是化合物发明，不能给出技术启示，也没有给出任何效果数据，不能给出构效关系的技术启示，也不能够对本发明化合物的EGFR酪氨酸激酶抑制活性和A431、H1975细胞增殖活性效果给出任何技术启示。对比文件1的发明人，做出部分化合物，不提供任何效果数据，就要求保护巨大的范围，对社会大众是不公平的。另外本发明也取得了预料不到的技术效果。

对于上述意见陈述，审查员认为：(1) 本申请说明书中仅仅提供了权利要求1所覆盖的相当大范围（出现了众多没有定义取代基范围的"取代或未取代的……"）内的少数化合物（参见本申请效果实施例1～实施例2）对EGFR酪氨酸激酶和两种细胞株的活性数据。本领域技术人员无法根据这些少数化合物的活性数据概括得出权利要求1所述的所有式I化合物都能具备抑制EGFR和A431、H1975活性的能力，即不能认定本申请所要求保护的权利要求1的技术方案解决了申请人所声称的"提供一种具有对上述靶点和细胞株良好抑制活性和明显的抑制增殖活性的化合物"这一技术问题。

(2) 药用化合物的结构改进并不是随意、盲目的。在对比文件1明确公开了$R^1$（权利要求1中的X）可选自卤素的基础上，本申请权利要求1所述技术方案仅是在对比文件1所公开的$R^1$基团可选情况中进行的选择，并非申请人所述的技术特征割裂。这种选择是基于对比文件1公开的具体化合物及其权利要求1中有关包含该具体化合物的通式基团定义而得来的。对于取代基Z，对比文件1公开的相应的Z为N，已经落入权利要求1定义的范围内，根本不构成与权利要求1的区别技术特征。如上所述，对于取代基Z，尽管对比文件1没有明确公开其还可以取C－CN，但C和N在杂环改造中通常可以替换使用，CN也是本领域常规的结构改造取代基。

在对比文件1公开的通式基础上，进行更多的常规变换，也可以获得更多同样活性的类似化合物。

对于上述意见陈述，审查员认为：(1) 本申请说明书中仅仅提供了权利要求1所覆盖的相当大范围（出现了众多没有定义取代基范围的"取代或未取代的……"）内的少数化合物（参见本申请效果实施例1～实施例2）对EGFR酪氨酸激酶和两种细胞株的活性数据。本领域技术人员无法根据这些少数化合物的活性数据概括得出权利要求1所述的所有式1化合物都能具备抑制EGFR和A431、H1975活性的能力，即不能认定本申请所要求保护的权利要求1的技术方案解决了申请人所声称的"提供一种具有对上述靶点和细胞株良好抑制活性和明显的抑制增殖活性的化合物"这一技术问题。

(3) 对比文件1还公开现已表明，某些取代喹唑啉（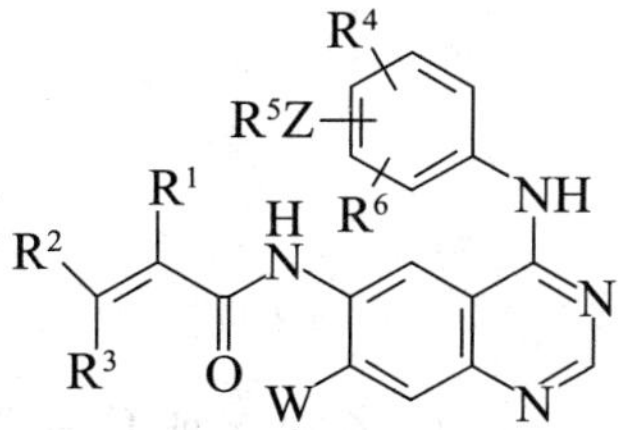）不可逆地抑制酪氨酸激酶表皮生长因子受体家族（erbB1、erbB2、erbB3和erbB4）（参见对比文件1说明书第1页第13～14行）。本领域技术人员根据普通技术知识可知，"表皮生长因子受体"即为EGFR，"erbB2"即为HER2，"erbB4"即为HER4。因此，对比文件1实际已公开其化合物可作用于EGFR、HER2和HER4，而并非申请人所述"在对比文件1中没有任何的记载或者暗示"。对比文件1不仅仅公开了制备方法，同样对所制备化合物的活性进行了公开。

(4) 对比文件1所公开的内容与其国别、保护范围是否得当、法律状态并无关联，这些都不影响对比文件1已经公开相关内容及给出其通式化合物中丙烯酰基的2位可被卤素取代且所得化合物仍具有相同用途的技术启示这一客观事实。

(5) 关于申请人声称的预料不到的技术效果，由于无法将本申请记载的化合物的活性与对比文件1公开的化合物的活性进行直接比较，因此无从得知孰优孰劣，也就无法得出本申请的化合物获得了预料不到的技术效果的结论了。

☞ **答辩要点分析思路**

此案二通答辩要点之一为技术问题的确立。技术问题是衡量一个技术方案是否具备创造性的标杆，技术问题确立的高度对判断技术方案是否具备创造性产生直接影响。实际上，技术方案简单与否与其是否具备创造性并无关联，本领域技术人员需要基于申请日前的现有技术水平判断，现有技术是否给出将区别技术特征用于解决该发明实际解决的技术问题的技术启示。

在该案分析过程中，代理师对该发明的技术方案与对比文件1技术方案进行了充分比对，虽然对比文件1提供的是一种制备方法，但是产品化合物与该发明在技术方案上非常接近。

对比文件1实施例7公开的化合物具体结构为：

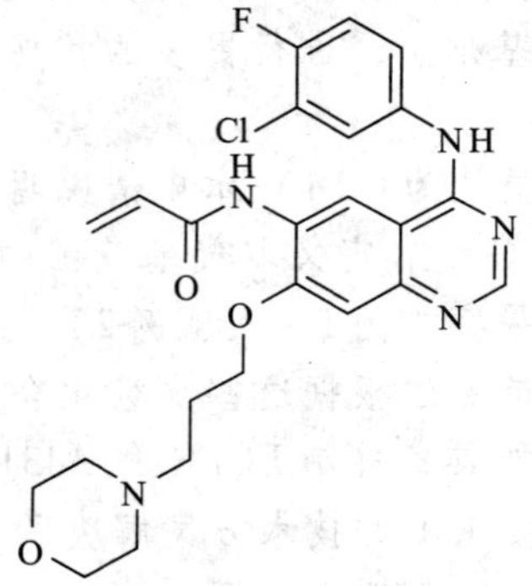

该发明通式：

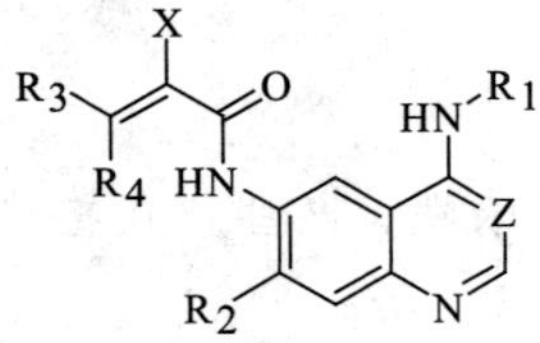

其中，Z为N或C－CN；

$R_1$为取代的$C_{6\sim10}$芳基，所述取代为被一个或多个选自下列的取代基所取代：卤素、取代或未取代的$C_{1\sim3}$烷氧基和取代或未取代的$C_{5\sim8}$杂芳氧基；

该发明与D1实施例7公开的具体化合物的区别技术特征至少在于：该发明通式I中X为氟或氯，而对比文件1中的具体化合物相应位置为氢。此外，对比文件1中$R_1$的可选项包括卤素（参见权利要求1），审查员以此认为对比文件1给出了R1可以为卤素的启示。

涉及化合物的功用，对比文件1的目标化合物与该发明化合物所具有的生物活性领域相同，均为酪氨酸激酶抑制剂，但对比文件1并没有公开其产品化合物的生物活性数据。

该案乍看上去与对比文件1十分接近，区别就在于将X由氢替换为氟或氯，以获得一种具有相同应用领域的化合物，而氢与氟和氯由于性质具有一定的相似性，在化学领域相互替换以获得一种新化合物的研发方式也不是没有，还可以说较为常见，这很容易让审查员单单从技术方案考虑，先入为主地认为该发明基于对比文件1是显而易见的，而忽略现有技术用该技术方案解决实际解决的技术问题是否给出启示。

在答复创造性时，论述非显而易见性之前，代理师并没有盲从审查员所概括的实际解决的技术问题：提供更多同样具有酪氨酸激酶抑制活性的替代喹唑啉衍生物；而是先将实际解决的技术问题重新确立为：获得一种酪氨酸激酶活性抑制 $IC_{50}$ 低于80nM且A431及H1975细胞增殖抑制 $IC_{50}$ 低于25μM的喹啉或喹唑啉衍生物。

上述实际解决的技术问题的重新确立，相当于站在了一个新高度审视该发明的创造性，如果说仅仅得到一种新的酪氨酸激酶抑制剂对比文件1可能给出了一定的启示，但是对于得到具有特定抑制效果的酪氨酸激酶抑制剂对比文件1并没有给出启示，具体地，在二通论述过程中代理师主要采用以下思路来争辩该发明的创造性：

1）对比文件1仅公开一类酪氨酸激酶抑制剂的制备方法及其定性活性，不具有具体效果数据，本领域技术人员无法从中得知构效关系，而该发明实际解决的技术问题是提供具有特定活性的酪氨酸激酶抑制剂，在没有方向性改进启示的前提下，本领域技术人员无法得知如何选择取代基可以解决该发明实际解决的技术问题。

2）代理师进一步引用现有技术文献证明X取代位置是构效关系敏感位点，在对比文件1没有给出任何酪氨酸激酶抑制剂构效关系研究的前提下，本领域技术人员无法得知改变取代基所能带来的效果上的变化，从而论述对比文件1没有给出该发明的启示。

3）对于通式Ⅰ中Z=C-CN的方案，C和N的替换使得化合物类型发生了改变，类型不同的化合物其化学性质通常不同，生物活性无法相互推导。

### ☞ 意见陈述原文摘录

对比文件1涉及一种酪氨酸激酶抑制剂的制备方法及其中间体，并不涉及新型酪氨酸激酶抑制剂的探索，对比文件1中没有任何关于酪氨酸激酶抑制剂结构与效果之间关系的记载。因此，本领域技术人员在想要获得具有特定活性的新型酪氨酸激酶抑制剂时，不会从仅记载有已知酪氨酸激酶抑制剂的制备方法而不涉及任何构效关系记载的对比文件1中寻找启示。而且，虽然对比文件1公开了其制备得到的通式化合物上取代基可以有多重选择，但是对化合物活性相关的记载仅为：“这些抑制剂，其包括N-[4-(3-氯-4-氟-苯基氨基)-7-(3-吗啉-4-基-丙氧基)-喹唑啉-6-基]-丙烯酰胺，用于治疗癌症……”（参见对比文件1摘要），仅为定性说明，并没有记载任何量化数据，例如抑制 $IC_{50}$ 值。本领域技术人员根据对比文件1最多只能知晓，其制备方法能够制得的酪氨酸激酶抑制剂的取代基选择情况，而无法获得任何关于取代基和化合物活性之间的趋势性变化关系。对比文件1中公开的取代基情况又非常多，组合形成的具体化合物可达上万个，在没有任何改进方向性启示的前提下，基于对比文件1，本领域技术人员根本无从得知应该如何选择取代基，才能将酪氨酸激酶抑制 $IC_{50}$ 控制为低于80nM且A431及H1975细胞增殖抑制 $IC_{50}$ 控制为低于25μM。对比文件1没有给出上述区别技术特征能够解决本发明实际解决技术问题的技术启示。

进一步地，对比文件1没有给出具有酪氨酸激酶活性抑制作用的喹唑啉衍生物中构效关系敏感位点，更没有给出如何改进敏感位点的取代情况能够实现本发明所述抑制效果的技术启示。对于对酪氨酸激酶具有抑制作用的喹唑啉衍生物来说，丙烯酰基2位为构效关系敏感位点，该位点取代情况变化会使化合物活性明显改变。为了证实上述观点，本发明发明人特别引用了附件1。根据附件1第2723页表1数据显示，化合物2和化合物17的结构差异仅在于丙烯酰基2位，化合物2的丙烯酰基2位上为氢而化合物17将氢替换为甲基，两者的EGFR抑制 $IC_{50}$ 值相差超过150倍，化合物2的EGFR抑制 $IC_{50}$ 为0.002μM而化合物17为0.339μM。可见，当喹唑啉衍生物中丙烯酰基2位上的氢被其他基团取代后，化合物酪氨酸激酶的抑制活性明显降低，而对比文件1并没有记载任何关于喹唑啉衍生物中丙烯酰基2位上取代情况与化合物活性之间的构效关系。为了将酪氨酸激酶抑制 $IC_{50}$ 控制为低于80nM且A431及H1975细胞增殖抑制 $IC_{50}$ 控制为低于25μM，基于对比文件1公开的内容，本领域技术人员没有动机将其具体化合物上丙烯酰基2位的氢替换为氟或氯，并能预料到其效果。

本发明通式I当Z=C-CN时，本发明与对比文件1中具体化合物的区别还在于：本发明Z=C-CN，而对比文件1中相应位置为N。虽然审查员指出，C和N在杂环改造中通常可以替换使用，CN也是本领域常规的结构改造取代基。但是，申请人想要指出，本发明C和N的替换位置处于母核结构中，当母核中N替换为C后化合物类型也发生了变化，当Z为N时，化合物为喹唑啉类化合物；而当Z为C时，化合物为喹啉类化合物，而类型不同的化合物其化学性质通常不同，生物活性更无法相互推导。而且，在对具有生物活性的化合物进行结构修饰时，通常不会涉及母核结构的改动。对比文件1也并没有指出其母核上的N替换为C-CN后仍然具有酪氨酸激酶抑制活性以及活性怎样的记载，而且审查员也没有其他现有技术证据表明当喹唑啉类化合物中N替换为C-CN、丙烯酰基2位被氯或氟取代后，其抑制活性能够达到本发明所述的效果。进一步地，上述已经论述了对于喹唑啉类化合物来说，构效关系紧密，仅一个取代基上的变化就能导致抑制活性发生上百倍的变化，而若母核结构发生了变动，本领域技术人员根本无法预测其是否还具有抑制酪氨酸激酶活性的效果。据此，为了获得酪氨酸激酶活性抑制 $IC_{50}$ 低于80nM且A431及H1975细胞增殖抑制 $IC_{50}$ 低于25μM的喹啉衍生物，本领域技术人员没有动机将对比文件1中喹唑啉上母核上的N替换为C-CN。

## 【案例 No. 1610735】一种软磁铁氧体磁芯自动输送和装运系统

### ☞ 案由简要

该申请涉及软磁领域，特别是涉及一种软磁铁氧体磁芯自动输送和装运系统。

➢ 一通：审查员引用三篇对比文件，分别为对比文件 1（CN201512113U）、对比文件 2（CN200961997Y）和对比文件 3（CN103453764A），认为相对于对比文件 1、对比文件 2、对比文件 3 和公知常识的结合认为权利要求 1 ~7 不具备创造性。

➢ 答一通：删除权利要求 1，将权利要求 3、权利要求 4、权利要求 6 和权利要求 7 合并为新的权利要求 1，论述新权利要求 1 ~3 具备创造性。

➢ 二通：审查员认可之前意见陈述，但认为新权利要求 1 不清楚。

➢ 答二通：修改形式问题，以克服清楚缺陷。

➢ 审查结果：授权。

### ☞ 相关权利要求

原权利要求：

1. 一种软磁铁氧体磁芯自动输送和装运系统，其特征在于，它包括：

一物料输送设备，它包括一安放或固定在地基上的底座支架、一用来提供动力的动力装置和一设置在上述底座支架上用来承载运输物品的轨道框架，其中，所述轨道框架包括两个边框以及若干个滚筒套件，以及一可放置在所述滚筒套件上并滑动的自动排坯机配套装坯盒，所述自动排坯机配套装坯盒包括一背板、分别与所述背板相连并围成三个面的两个侧板以及一抽板，其中，在所述每一侧板的下面设有支持所述抽板的支持结构，以便所述抽板可以在水平方向自由滑动。

3. 如权利要求 1 所述的软磁铁氧体磁芯自动输送和装运系统，其特征在于，所述自动排坯机配套装坯盒还包括一卡条，所述卡条的两端设有一直角弯边以便卡住所述每一侧边的外侧，从而进一步加固由所述背板与所述两个侧板构成的盒体。

4. 如权利要求 1 所述的软磁铁氧体磁芯自动输送和装运系统，其特征在于，所述支持结构是一抽槽架，它包括：

一可以与所述侧板固定的主面板；

一与所述主面板相互垂直的挡板，所述挡板用来盖住所述侧板的前端面；以及

一与所述主面板和挡板相互垂直的支持面板，所述支持面板沿所述主面板和挡板的下端延伸，从而可以从下面托住在其上述水平移动的所述抽板。

6. 如权利要求 4 所述的软磁铁氧体磁芯自动输送和装运系统，其特征在于，所述挡板沿内侧露出所述侧板的前端面以形成挡面。

7. 如权利要求 1 所述的软磁铁氧体磁芯自动输送和装运系统，其特征在于，所述自动排坯机配套装坯盒还包括若干用来挡住软磁铁氧体磁芯的垫板。

## ☞ 相关说明书内容

摘录一

在铁氧体磁芯成型这道工序中，目前本行业已有多家设备制造企业生产多种型号的铁氧体磁芯压制坯件自动排列机，其设置于全自动压机压制台面下方，替代了原先的坯件操作台面，使铁氧体磁芯压制坯件经落坯轨道移动至自动排列机坯件操作台面的不锈钢抽板上且整齐排列。然而，目前的自动排坯机功能都是每次只装一层的产品，无法实现自动一层一层的落坯叠装，自动将装坯盒装满。同时，现有的装坯盒都是四边围框的，而且坯盒有一定的高度，带有坯件的抽板在第二次落坯叠装时就会造成将前面第一次的坯件压坏。

摘录二

本发明提供的软磁铁氧体磁芯自动输送和装运系统，由于所述软磁铁氧体磁芯自动排坯机配套装坯盒可以在可放置在所述物料输送设备的滚筒套件上并滑动，而且，所诉由于其盒体框架仅有一背板和两个侧板，不但提高了生产效率，也节约了设备成本及辅助物料的支出，同时还大量降低人工成本，通过抽板的水平滑动可以将装好的软磁铁氧体磁芯坯体方便地放入到下一步骤的输送带或其他装运设备中，在实际的应用中，不仅提高了生产效率，而且大大地降低了人工成本，从而提升了企业的竞争力。

摘录三

本发明的自动排坯机配套装坯盒100包括背板11，分别与背板11相连并围成三个面的两个侧板12以及抽板13。在每一侧板11的下面设有支持所述抽板13的一支持结构（下面将要详细描述），以便抽板13可以在水平方向自由滑动（见图2的滑动方向）。由于盒体框架仅有一背板11和两个侧板12，这样本发明的装坯盒100就有一个单边开口C。当抽板13完全插入时（见图2），软磁铁氧体磁芯坯体就可以放置在盒体内的抽板13上。

摘录四

图4是上述支持结构的一个实施例的结构示意图。在该实施例中，支持结构是一抽槽架20，它包括可以与侧板12固定的主面板201、与主面板201相互垂直的挡板202以及与主面板201和挡板202相互垂直的支持面板203。挡板202用来盖住侧板12的前端面，支持面板203沿主面板201和挡板202的下端延伸，从而可以从下面托住在其上水平移动的抽板13（见图2）。主面板201设有若干个例如4个螺孔，这样，可以通过螺钉与侧板12固定。在安装时，可以使得支持面板203与侧板12的下端保持大于抽板13的厚度一定的距离，例如2mm左右，这样，以便抽板13可以自由滑动。挡板202沿内侧露出侧板12的前端面以形成一挡面F。该挡面F可以便于固定垫板（见图7）。

图5是所述支持结构的另一个实施例的结构示意图。它是在每一侧板12的内侧形成的沿侧板主体长度方向上延伸的卡槽301，抽板13嵌入卡槽13内并可以水平滑动。卡槽13的位置位于背板11的下方。卡槽13的高度大于抽板13的厚度一定的距离，例如2mm左右，这样，以便抽板13可以自由滑动。

摘录五

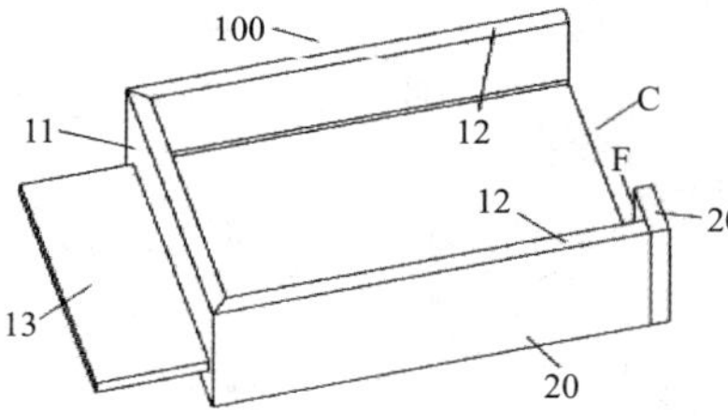


图2

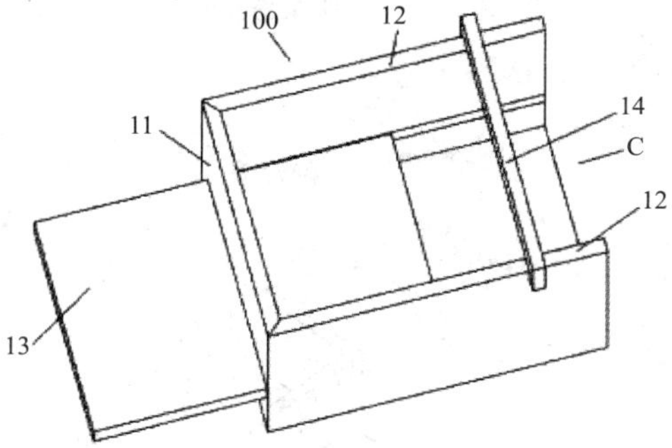


图3

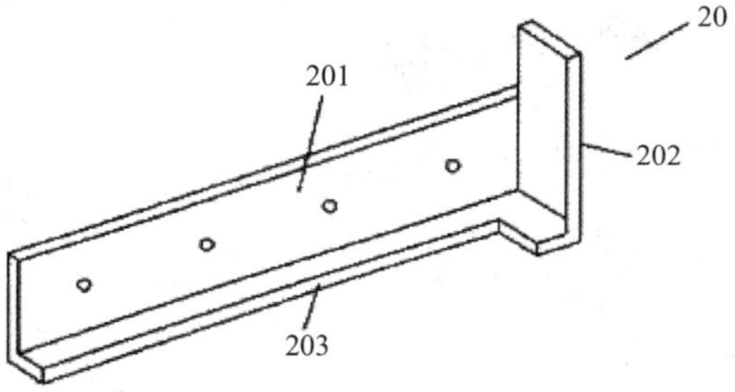


图4

☞ **相关对比文件公开内容**

**【对比文件1】**

［0035］如图6～图10，所示分别为图1实施例排坯架的主视、俯视、部分拆除、后视、立体示意图。所述出料口31包括底板和两侧的导轨311，该排坯架30包括平行的一对纵梁330和设在一侧的横梁320，在该对纵梁330之间装有多根水平辊轴341组成的辊道342，该辊道342之上滑动承载着所述载坯板Z，在所述纵梁330之上还设置有平行的轮轨36，轮轨36之上滑动承载有矩形框架的轮架37，框架两侧各装有2个在两边轮轨36上转动的转轮370；所述排坯架30还包括四根撑脚34和脚轮38，在四根撑脚34间的横杠上装配有架空脚轮38的螺栓35。所述辊道342的长度为所述载坯板长度的3～6倍。

**【对比文件2】**

摘录一

在图1中，盒体1为长方形的框架结构，既可以用固定螺钉6实现固定构成一个整体，也可以通过焊接构成一个整体，如果盒体1折正方形，则道理雷同。L形的导轨3通过螺钉7与盒体1的两外侧的偏下部固定，并且保证折边能与盒体1两侧的条板底面之间构成一道与底板2的厚度相适配的导槽4，以便使底板2的两侧容纳并且进退自如。优选地，底板2的一端伸出于盒体1，即底板2的长度略比盒体1的长度长，以便使工人能方便地抓捏。更优选地，在底板2所探出于盒体1的一端居中部位开设一个拉孔5，这样能更加省力地操纵底板2，尤其是拉出底板2。

摘录二

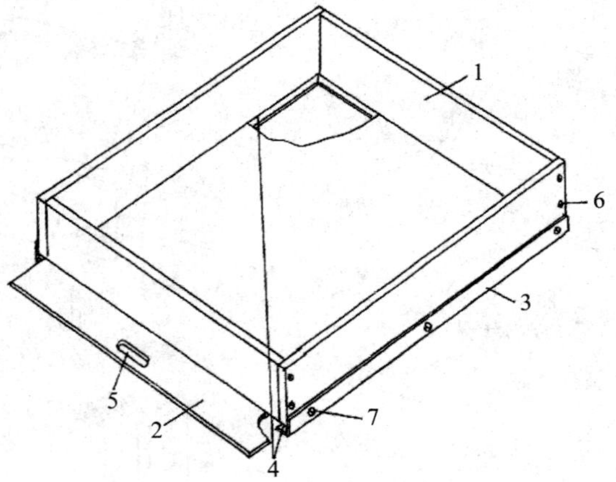


图1

## ☞ 审查意见

摘录一

1. 权利要求1请求保护一种软磁铁氧体磁芯自动输送和装运系统，对比文件1（CN201512113U）公开了一种自动排坯装置，该自动排坯装置用于对铁氧体软磁磁芯进行自动装运及输送，因此，对比文件1实质上公开了一种软磁铁氧体磁芯自动输送和装运系统，并具体公开了如下技术特征（参见对比文件1说明书第35~39段，图6~图10）：包括排坯架输送辊道342（相当于物料输送设备），它包括一安放或固定在地基上的四根撑脚34和脚轮38等组成的底座支架，一设置在底座支架上用来承载运输物品的轨道框架，其中轨道框架包括两个纵梁330（相当于边框）以及若干个水平辊轴341（相当于滚筒套件），以及一可放置在水平辊轴341上并滑动的自动排坯机配套载坯板Z。

与对比文件1相比，区别在于：（1）物料输送设备还包括一用来提供动力的动力装置；（2）该自动排坯机配套装坯设备为装坯盒，该装坯盒包括一背板、分别与一背板相连并围成三个面的两个侧板以及一抽板，在每一侧板下面设置有支持抽板的支持结构，以便抽板可以在水平方向自由滑动。

对于区别（1）：在对比文件1公开的辊道进行自动输送的情况下，动力辊道是本领域常规的自动输送装置，在该物料输送设备上还设置用来提供动力的动力装置以实现自动输送是本领域的常规技术手段。

对于区别（2）：对比文件2（CN200961997Y）公开了一种周转盒，其是将电子元器件半成品特别是铁氧体进行周转排列，因此，对比文件2实质上公开了一种排坯机套装坯盒（参见对比文件2说明书具体实施方式第1~3段，图1~图2，本通知书图A），该自动排坯机配套装坯盒包括背板，分别与背板相连并围成四个面的两个侧板以及一底板2（底板2可沿着导轨3抽拉，底板相当于抽板），其中，在每一侧板的下面设有支持底板2的支持结构，以便底板2可在水平方向上自由滑动。且上述特征在对比文件2中所起的作用与其在本申请中所起的作用相同，均是为形成一个排坯结构，即对比文件2给出了将上述特征应用到对比文件1中以进一步解决其技术问题的启示。

在对比文件2的启示下，为节省装坏盒制作材料，本领域技术人员容易想到将其设置为背板及与背板相连的两侧板以形成三个面的装坯盒结构，该设置不需要付出创造性劳动。

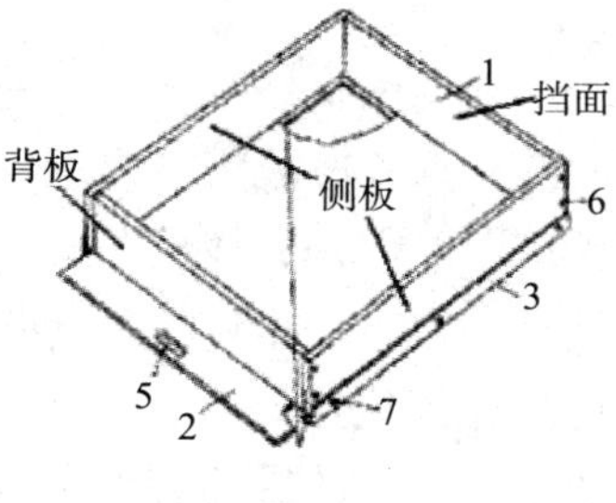

图A

由此可见，在对比文件1的基础上结合对比文件2以及本领域的常规技术手段得到权利要求1请求保护的技术方案对本领域技术人员来说是显而易见的。因此，权利要求1请求保护的技术方案不具备突出的实质性特点和显著的进步，不具备《专利法》第22条第3款规定的创造性。

摘录二

4. 权利要求4是权利要求1的从属权利要求。对比文件2公开了（参见对比文件2具体实施方式第1~3段，图1）：支持结构由导轨3与挡面形成，由对比文件2图1可知导轨3为L形，由两相互垂直的挡板构成。因此，可知该支持结构是一抽槽架，它包括可以与侧板固定的主面板；与主面板相互垂直的挡面（相当于挡板），该挡面用来盖住侧板的前端面，以及与主面板和挡面相互垂直的支持面板，支持面板沿主面板和挡面的下端延伸，从而可以从下面托住在其上述水平移动的底板2（相当于抽板）；本领域技术人员知晓在上述结构下，是在该底板2（即抽板）同样是完全插入时，软磁铁氧体可以放置在盒体内的底板2上，底板2嵌入导槽4内并水平滑动，可以将装好的软磁铁氧体磁芯坯体方便地放入到下一步骤的其他设备中。即对比文件2给出了将上述特征应用到对比文件1中以进一步解决其技术问题的启示。

因此，在其引用的权利要求不具备创造性的情况下，该从属权利要求也不具备《专利法》第22条第3款规定的创造性。

摘录三

6. 权利要求6是权利要求4的从属权利要求。对比文件2进一步公开了挡面沿两侧板的前端面密封以形成挡面。在此基础上，为了节省盒体的制作材料，在保持挡面基本功能结构的基础上，将挡板沿内侧落出侧板的前端面是本领域的常规设置，不需要付出创造性劳动。因此，在其引用的权利要求不具备创造性的情况下，该从属权利要求也不具备《专利法》第22条第3款规定的创造性。

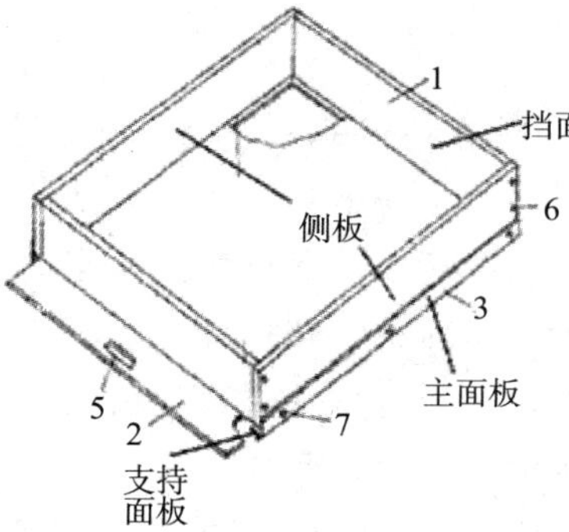

图C

### ☞ 答辩要点分析思路

在第一次审查意见中，审查员在论述创造性时，认为该发明的多个区别技术特征对于本领域技术人员来说容易想到，并不需要付出创造性劳动。实际上，技术方案简单与否与其是否具备创造性并无关联，对发明的创造性评价是由发明所属技术领域的技术人员依据申请日以前的现有技术与该发明进行比较而作出的，应减少和避免主观因素的影响。

该发明的自动排坯机配套装坯盒与现有技术相比，是将现有技术的盒体为四边围框的结构形式改成为三边围框的结构形式。同时，该发明的支持结构从结构看上去也较为简单。但是，该发明通过自动排坯机配套装坯盒与支持结构之间的配合使用，通过挡板使得自动排坯机配套装坯盒保证了原有四边围框的基本功能，且该发明与对比文件的坯件放置方式完全不一样，该发明坯件放置快速方便，且坯件放置排列整齐，有效避免坯件的损坏和凌乱。

在判断创造性的过程中，并不能通过主观上对发明的简单复杂的感觉来进行臆断，而需要在了解发明内容并客观分析之后再作出判断，才不会造成主观上严重低估发明的创造性，避免"事后诸葛亮"。

☞ **意见陈述原文摘录**

关于新权利要求 1 的创造性

（一）权利要求 1 具有突出的实质性特点

1. 确定最接近的对比文件

审查员引用了对比文件（CN201512113U），该对比文件的实施例披露了本发明的部分技术特征，因此将对比文件的实施例（以下简称"对比文件 1"）作为最接近的现有技术。

2. 权利要求 1 相对于对比文件 1 的区别技术特征和实际解决的技术问题

将本申请新权利要求 1 与对比文件 1 相比较可知，本申请的一种软磁铁氧体磁芯自动输送和装运系统与对比文件 1 所公开的一种自动排坯装置的区别技术特征在于：

A. 所述自动排坯机配套装坯盒包括一背板、分别与所述背板相连并围成三个面的两个侧板以及一抽板；

B. 在所述每一侧板的下面设有支持所述抽板的支持结构，以便所述抽板可以在水平方向自由滑动；所述支持结构是一抽槽架，它包括：一可以与所述侧板固定的主面板；一与所述主面板相互垂直的挡板，所述挡板用来盖住所述侧板的前端面；以及一与所述主面板和挡板相互垂直的支持面板，所述支持面板沿所述主面板和挡板的下端延伸，从而可以从下面托住在其上述水平移动的所述抽板；所述挡板沿内侧露出所述侧板的前端面以形成挡面；

C. 所述自动排坯机配套装坯盒还包括若干用来挡住软磁铁氧体磁芯的垫板；

D. 所述自动排坯机配套装坯盒还包括一卡条，所述卡条的两端设有一直角弯边以便卡住所述每一侧边的外侧，从而进一步加固由所述背板与所述两个侧板构成的盒体。

在进一步论述前，先进一步解释一下上述区别技术特征：

关于区别技术特征 A，本发明的自动排坯机配套装坯盒是由一个背板和两个侧板形成的盒体，该盒体为三个面。自动排坯机配套装坯盒在装坯件时的过程为：自动排坯机先将坯件摆放在不锈钢抽板上，待不锈钢抽板上的坯件放置数量达到自动排坯机的设定值时，自动排坯机将提醒工作人员拿走不锈钢抽板，工作人员将不锈钢抽板拿起并从自动排坯机配套装坯盒的开口面放进盒体内，从而可以将不锈钢抽板上的坯件一层层地抽落在抽板上，即将坯件放置在自动排坯机配套装坯盒内。这样使得放置坯件的高度落差非常小，避免坯件的损坏和凌乱。同时，不锈钢抽板上的坯件可以为所有规格的坯件产品，使得自动排坯机配套装坯盒可以适用所有规格的坯件产品，提高生产效率，大大降低了人工成本。

然而，对比文件1并没有记载这一技术特征。

关于区别技术特征B，本发明的支持结构包括有主面板、支持面板、挡板，三板之间采用垂直连接设置并固定连接自动排坯机配套装坯盒的侧板，实现了加强自动排坯机配套装坯盒的结构强度连接。同时，抽板在支持面板上滑动，挡板露出前端面以形成挡面可以阻止抽板向外滑动，防止抽板上的坯件抽落，方便于抽板的抽拉滑动。

然而，对比文件1并没有记载这一技术特征。

关于区别技术特征C，本发明的垫板是用于挤压装在抽板上的坯件，以便于排列整齐。同时，在装入自动排坯机配套装坯盒时，不锈钢抽板在抽出时垫板用于抵靠不锈钢抽板上的坯件，方便于抽出且坯件排列整齐，提高生产效率，降低了人工成本。

然而，对比文件1并没有记载这一技术特征。

关于区别技术特征D，本发明的卡条用于卡住自动排坯机配套装坯盒的两个侧板，进一步加强自动排坯机配套装坯盒的结构强度。同时，卡条可以将上下两个自动排坯机配套装坯盒之间相隔开，实现了自动排坯机配套装坯盒的层层叠放，节约空间资源。

然而，对比文件1并没有记载这一技术特征。

综上所述，本技术方案相对于对比文件1实际解决的技术问题是，可以适用所有规格坯件的放置，且放置快速方便，实现了坯件放置排列整齐，有效避免坯件的损坏和凌乱，提高生产效率，降低了人工成本，节约空间资源。

3. 权利要求1中的技术方案对于本领域技术人员来说是非显而易见的。

首先，区别技术特征A和B是不容易想到的。

对比文件2（CN200961997Y）虽然公开了用于将铁氧体坯件送往氮气窑烧结时的周转盒。审查员认为节约装坯盒制作材料，本领域技术人员容易想到将其设置为背板及与背板相连的两侧板以形成三个面的装坯盒结构以及在保持挡面基本功能结构的基础上，将挡板沿内侧露出侧板的前端面。

对此，申请人持有不同的看法。在对比文件2说明书实施例及附图，周转盒的盒体形状为矩形，即盒体为四个面，采用自动排坯机进行落坯放置时，自动排坯机先将坯件摆放在不锈钢抽板上，工作人员将不锈钢抽板拿起并需要放置在周转盒，只能将不锈钢抽板放置在周转盒的上方并将不锈钢抽板抽出，从盒体上方落入到抽板时高度落差大，容易导致坯件破损及凌乱，在一层层叠放时也容易将下面的坯件压损坏。

同时，本发明说明书的背景技术中第3页第［0005］段第4～7行记载的内容，已经明确记载现有的装坯盒都是四边围框无法实现自动一层一层的落坯叠装，且容易将坯件压坏。而对比文件2的周转盒只能适用于人工摆坯，而且也只能适用于比较大规格的产品，坯件过小工作人员手会抓不起，效率非常低，人工成本高，无法满足目前的工业需求。

本发明的区别技术特征A通过将现有的四边围框设计成三个面，以实现可以适用所有规格坯件的放置，且放置快速方便，实现了坯件放置排列整齐，有效避免坯件的损坏和凌乱。而区别技术特征B通过挡板形成的挡面，阻止抽板向外滑出，保证原有四边围框的基本功能，同时加强盒体连接强度。对比文件2中的周转盒的作用和结构都与本发明不同，因此对比文件2并没有公开区别技术特征A和区别技术特征B，也就没有将区别技术特征A和区别技术特征B应用于对比文件1的以获得本发明的启示。

其次，区别技术特征C是不容易想到的。

本发明的垫板是一长方形的棒，可以用于挤压装在抽板上的坯件，以便于排列整齐；还可以在装入坯件，不锈钢抽板在抽出时垫板用于抵靠不锈钢抽板上的坯件，防止不锈钢抽板在抽出时顺带将坯件带出；同时，方便于不锈钢抽板抽出且坯件排列整齐，从而实现快速整齐地将坯件放置在自动排坯机配套装坯盒中，降低了人工成本。这些并没有被对比文件2所公开，而本领域技术人员也不可能将区别技术特征C应用于对比文件1的以获得本发明的启示。

然后，区别技术特征D是不容易想到的。

审查员认为当将装坯盒设置成三个面的盒装结构时，本领域技术人员容易想到用卡条进一步加固盒体。对此，申请人持有不同的看法。本发明的卡条两端设有直角弯边用于卡住自动排坯机配套装坯盒的两个侧板，对比文件2本身就不包括卡条，而本发明的卡条本来也不光是为了加固盒体的结构强度。本发明的卡条主要是可以将上下两个自动排坯机配套装坯盒之间相隔开，实现了自动排坯机配套装坯盒的层层叠放，起到节约空间资源的作用。而在对比文件2说明书实施例及附图中，装坯盒并没有将盒体结构设置成三个面的技术启示，且对比文件2的周转盒根本不需要卡条，周转盒的连接方式具有足够的结构强度保障，不存在任何强度问题，因此，不存在在对比文件2中增加卡条的启示，也没有将区别技术特征D应用于对比文件1的以获得本发明的启示。

综上所述，独立权利要求1的技术方案，是本领域技术人员根据对比文件1并结合其他现有技术也不容易想到的，具有非显而易见性，故具有突出的实质性特点。

（二）权利要求1具有显著的进步

本技术方案保证了坯件放置排列整齐，且放置快速方便，有效避免坯件的损坏和凌乱，同时，可以适用所有规格坯件的放置，提高生产效率，降低了人工成本，节约空间资源。

综上所述，独立权利要求1具有突出的实质性特点和显著的进步，具备《专利法》第22条第3款所规定的创造性。

## 【案例 No. 111447】手机软键盘及其输入日期的方法

### ☞ 案由简要

该案涉及一种手机软键盘（权利要求 1 及 2），及一种手机软键盘输入日期的方法（权利要求 3 ~6）。其中，权利要求 1、2、3 及 5 均为独立权利要求。

➢ 一通：审查员引用对比文件 1（CN101149660A）及对比文件 2（CN101968784A）认为权利要求 1 ~6 不具备创造性。

➢ 答一通：权利要求 1 未进行修改，删除原权利要求 2、5 及 6，将原权利要求 3 修改为权利要求 2，将原权利要求 4 修改为权利要求 3，论述修改后的权利要求 1 ~3 具备创造性。

➢ 二通：审查员补充引用对比文件 3（CN1567155A）认为修改后的权利要求 1 ~3 不具备创造性。

➢ 后续程序：略。

### ☞ 相关权利要求

权利要求 1

一种手机软键盘，其特征在于，其包括一日期按钮，用于输入日期，所述日期按钮的输入界面包括四个小按钮，所述小按钮为年、月、日、返回，分别用于直接输入中文字的年、月、日或返回编辑界面。

### ☞ 相关说明书内容

摘录一

目前用手机发送短信、记录日程安排等功能已经成为人们的一种习惯。但是，每当需要输入日期的时候总是需要数字和汉字相交互，即需要切换输入法，这样十分麻烦，也很浪费时间。

随着社会发展越来越快，基于短信的各种用途也随之增加，像移动学习、订餐系统、违章通知等，需要输入日期的频率也逐渐增加。这样，以往输入日期的方法会对用户造成时间上的浪费，使用非常不方便。虽然目前其他输入法可通过快捷方式、组合键等方式输入日期，但是用起来还是很麻烦并没有提高便捷性。因此，把日期输入简洁化是十分重要的。

摘录二

如下图所示，本发明手机软键盘包括一日期按钮 1，用于输入日期。日期按钮 1 的输入界面包括四个小按钮，所述小按钮为年、月、日、返回。四个小按钮分别用于直接输入中文字的年、月、日或返回编辑界面。这样，当需要输入日期时，无须进行输入法的切换，有效缩短了输入时间，提高了输入效率。

摘录三

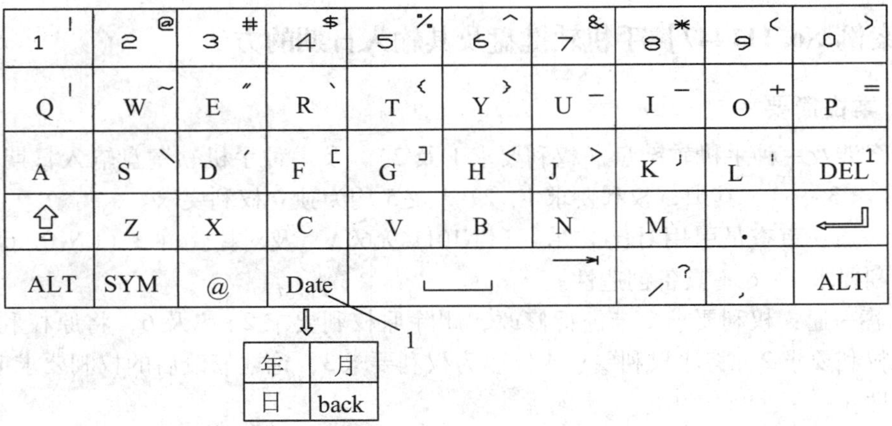


☞ **相关对比文件公开内容**

**【对比文件1】**

摘录一

虚拟键盘的实现步骤如下：

- 定义键盘结构，构建键值表
- 选择不同键盘
- 功能项的实现

双向书写体语种虚拟键盘的应用是多方面的，在支持双向书写体语种的电视菜单中，向指定的窗口的输入焦点键入用户数据的场合都可以采用。本发明以具有DVR功能的电视菜单中给节目命名为例进行说明。键盘上面为了让用户看到键入后的显示效果，提供了一个TEXT的显示窗口。实现效果如图1所示，包括：显示键入效果的TEXT显示窗口101；用于键盘选择的部分102，有大写英语、小写英语、特殊字符3种选项；键盘的字符键和数字键103；其他功能键104（空格键、删除键、左移键、右移键、确认键、取消键）。

摘录二

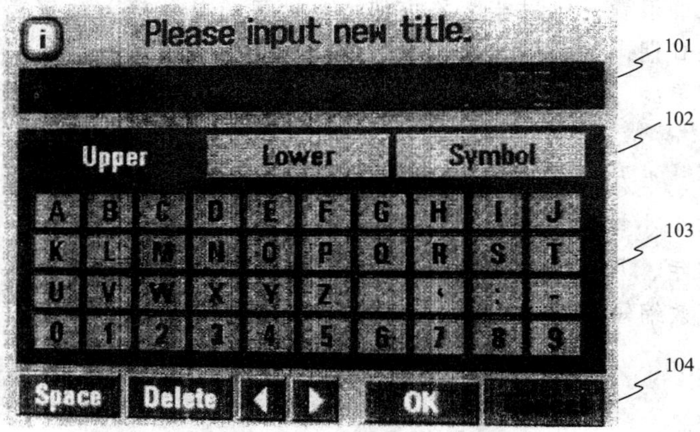


图1

☞ **审查意见**

第一次审查意见通知书

1. 权利要求1请求保护一种手机软键盘，对比文件1（CN101149660A）公开了一种适用于双向书写体语种的虚拟键盘，并具体公开了以下技术特征（参见对比文件1说明书第5页末段至第7页第3段，图1～图5）：自定义键结合多个功能键组成实际键盘及键值表，产生虚拟键盘，以提供数据键入的功能；包括：用于键盘选择的部分102，有大写英语、小写英语、特殊字符3种选项；键盘的类型由键盘状态来识别，显示当前选择的虚拟键盘；每类键盘的选择根据键盘状态来进行选择，键盘状态分为大写、小写、字符3种，根据当前键盘状态刷新键盘界面（也即通过选择激活键，激活对应的输入键盘界面）。

权利要求1与对比文件1的区别技术特征为：调用的是日期输入界面，且界面按照年月日及返回设置。该区别技术特征所要解决的实际技术问题是：确定被调用的虚拟键盘界面的具体设置规则和输入的字符类型。而对比文件1中已经公开了，可以通过功能键来调用不同的字符输入软键盘，并且不同的软键盘输入不同的字符类型，例如特殊字符等，而在这一教导下，本领域技术人员容易根据想要输入的字符，设定这一被激活或调用的软键盘界面的具体设计，而这种特殊字符的软键盘界面设置方式在本领域中有着广泛的应用，例如在车牌号码特殊字符输入中的软键盘界面、独立的数字软键盘输入界面、公开号为CN102081490A的圆形子键盘等。由此可知，在对比文件1的基础上结合本领域的惯用技术手段，得出该权利要求的技术方案，对本技术领域的技术人员来说是显而易见的，因此权利要求1所要求保护的技术方案不具有突出的实质性特点和显著的进步，不具备创造性。

☞ **答辩要点分析思路**

该案一通答辩要点之一为论述审查员不应当受主观因素的影响来判断该发明的创造性。当看到技术方案特别简单的专利申请时，一般人的思路很大程度上会受到主观影响，不会多加考虑，直接认为此专利申请不具备创造性，当然审查员也不例外。但实际上发明的创造性并不能仅以简单或复杂来进行判断，有些看似复杂的技术方案，由于其实质上是多个技术的拼凑，因此并不具备创造性；有些看似简单的技术方案，由于其带来了预料不到的技术效果，也依然会具备创造性。因此，针对此类情况，在进行答辩时，代理师不应当被审查员的思路所迷惑，而需要按照《审查指南》给出的创造性的判断原则进行分析。

具体到该案，因为该申请的技术方案看似“简单”，所以审查员直接认为该申请不具备创造性。但代理师发现该申请的创造性并不能仅以是否简单来进行判断，该申请的技术方案可以带来预料不到的技术效果。因此，代理师应当保持清晰的思路，阐明审查员必须以本领域的技术人员的角度以及仅以发明申请日以前的现有技术为判断的参照基础，以此纠正审查员主观上的偏见。

具体地，对比文件1仅公开了在某一类型的键盘界面上通过选择不同切换按钮来切换至另一类型的键盘界面内容，而该申请在原键盘界面的画面下进一步显示出四个小按钮，可以看出技术方案的区别较大。而且，代理师论述了现有技术应当是怎样的，进而向审查员强调现有技术中利用输入法输入中文字的年、月、日时的烦琐性，以及说明切换输入法的过程烦琐且出现容易误操作的情况。再结合该申请可直接输入中文字的年、月、日的技术方案和能够提高输入效率及用户体验度的技术效果来论述该申请的技术方案对本领域技术人员来说是非显而易见的，进而论述该申请是具备创造性的。

☞ **意见陈述原文摘录**

申请人认为，新权利要求1~3均具备《专利法》第22条第3款规定的创造性，理由如下：

一、权利要求1的创造性

1. 权利要求1具有突出的实质性特点

1.1　最接近的现有技术

审查意见中引用对比文件1，对比文件1公开了一种适用于双向书写体语种的虚拟键盘，将对比文件1作为最接近的现有技术。

1.2　区别技术特征及实际解决的技术问题的认定

审查意见中认为，权利要求1与对比文件1的区别技术特征为：调用的是日期输入界面，且界面按照年、月、日及返回设置。

对此申请人有不同的看法。

对比文件1中，自定义键结合多个功能键组成实际键盘及键盘表，产生虚拟键盘，以提供数据键入的功能；包括：用于键盘选择，有大写英语、小写英语、特殊字符3种选项；键盘的类型由键盘状态来识别，显示当前选择的虚拟键盘；每类键盘的选择根据键盘状态来进行选择，键盘状态分为大写、小写、字符3种，根据当前键盘状态刷新键盘界面（也即通过选择激活键，激活对应的输入键盘界面）。

权利要求1中，手机软键盘包括专门用于输入日期的日期按钮，且所述日期按钮的输入界面还进一步包括四个小按钮，分别为年、月、日及返回，可用于直接输入中文字的“年”“月”“日”或返回。权利要求1中公开的手机软键盘具有较强的针对性，即针对直接输入中文字。

对比文件1中通过键盘状态来选择键盘的类型，即在某一类型的键盘界面上通过选择不同切换按钮来切换至另一类型的键盘界面，例如，在大写英语键盘界面上选择小写英语切换按钮来切换至小写英语键盘界面。但是，在权利要求1提供的手机软键盘中通过日期按钮来进入年、月、日及返回的四个小按钮的输入界面，且四个小按钮分别用于直接输入中文字的“年”“月”“日”或返回编辑界面，此时，日期按钮并非切换出不同类型的键盘界面，而是在原键盘界面的画面下进一步显示出四个小按钮（参见本专利申请文件的说明书附图中的图1）。

经过以上论述可知，权利要求1与对比文件1的区别技术特征应为：手机软键盘包括一日期按钮，用于输入日期，所述日期按钮的输入界面包括四个小按钮，所述小按钮为年、月、日、返回，分别用于直接输入中文字的“年”“月”“日”或返回编辑界面。

本申请利用上述区别技术特征，能够在原类型的键盘界面上进一步显示出四个小按钮，并可方便地直接输入中文字的“年”“月”“日”，缩短了编辑中文字的“年”“月”“日”时的花费时间，从而大大缩短了发送短信息及记录日期等的时间，加强手机输入功能，提高输入效率。

因此，基于上述区别技术特征，权利要求1的技术方案相对于对比文件1实际解决的技术问题是：现有手机编辑文本信息时输入日期操作不便捷，且每次输入日期时花费时间较长。

1.3　权利要求1的技术方案对本领域技术人员来说是非显而易见的

审查意见中指出，现有技术给出了将上述区别技术特征应用于对比文件1以解决其技术问题的启示。对此，申请人有不同意见。

申请人认为，区别技术特征“手机软键盘包括一日期按钮，用于输入日期，所述日期按钮的输入界面包括四个小按钮，所述小按钮为年、月、日、返回，分别用于直接输入中文字的‘年’‘月’‘日’或返回编辑界面”不是本领域技术人员解决上述技术问题的惯用技术手段。

本申请的背景技术上记载过，现有技术中通过手机软键盘输入日期的时候需要数字输入界面和汉字输入界面相交互，即需要切换输入法，也有其他输入法有通过快捷方式或组合键等方式输入日期。但是，每次输入日期时需要切换输入法非常花费时间，尤其是手机出现卡顿等现象时更为明显，且汉字输入法具有特殊性，不同于英文字即可通过键盘一次性进行输入，中文字的输入基本上无法通过键盘一次性进行输入，例如，当要输入英文字“Y”时，仅需要点击软键盘界面中的Y按键即可直接输入；但当要输入中文字“年”时，需要依次点击N、I、A、N按键后再进行筛选才可输入（此处利用拼音输入法来说明，其他的常规中文输入法也需要较多的步骤），因此中文字的输入需要花费时间，会降低输入效率，导致用户操作不方便。而且，现有技术中虽然也有其他输入法通过快捷方式或组合键等方式输入日期，但是，一般都是在已有日期中选择某一特定日期的方式，例如，选择年份时在显示出的许多年份当中挑选出某一特定年份，采用这样的方式虽然不需要用户直接输入数字及中文字，但用户在挑选数字时也有可能出现误操作等现象，导致降低输入效率，且要通过快捷方式或组合键等方式时就必须切换其他输入法，切换过程非常烦琐，且花费时间，也导致降低输入效率。由此可知，现有技术中并未给出如何使手机输入日期变得既便捷又不花费时间的教导，本领域技术人员即使想到如何使日期输入变得相对快一些，也不容易想到在快速的同时也要便捷。从而，上述数字输入界面和汉字输入界面相交互的方式或者利用其他输入法的快捷方式或组合键的方式才是本领域技术人员在面对本申请实际解决的技术问题时惯用的技术手段。

而本申请并非采用上述方式来解决技术问题，而是根据在软键盘界面中的日期按钮来进一步显示出小按钮，再通过小按钮可一次性直接输入“年”“月”“日”的中文字，采用这样的方式不需要时常切换数字输入界面和汉字输入界面，而是在数字输入界面上进一步显示出四个小按钮来直接输入日期相关的“年”“月”“日”等中文字，而且也不需要切换至其他输入法，在默认输入法的数字输入界面上直接操作，更不需要在多组日期数据当中进行挑选，可直接通过数字输入法快速输入日期，从而既节省用户输入日期时花费的时间，同时为用户提供便捷，提高输入效率。由此可知，本申请为解决上述技术问题采用的手段并不是本领域技术人员在面对本申请实际解决的技术问题时惯用的技术手段。

另外，审查意见中还指出，特殊字符的软键盘界面设置方式在本领域中有着广泛的应用，例如在车牌号码特殊字符输入中的软键盘界面、独立的数字软键盘输入界面、公开号为 CN102081490A 的圆形子键盘等。对此，申请人也有不同意见。

申请人认为，车牌号码特殊字符输入中的软键盘界面为针对车牌号码的输入，并非针对日期的输入，不属于同一技术领域，且车牌号码特殊字符输入中的软键盘界面是属于其他输入法，并非默认的数字输入法，使用时必须进行切换，需要花费时间，因此无法给出如何使手机输入日期变得既便捷又不花费时间的教导。独立的数字软键盘输入界面仅仅为便捷输入数字的输入界面，并非针对日期的输入，不提供输入日期，不属于同一技术领域，因此无法给出如何使手机输入日期变得既便捷又不花费时间的教导。公开号为 CN102081490A 的圆形子键盘仅提供一种中文字的输入法，通过不同的组合方式来便捷中文字的输入，但并非针对日期的输入，不属于同一技术领域，且通过此输入法也无法快速直接输入中文字的“年”“月”“日”，因此无法给出如何使手机输入日期变得既便捷又不花费时间的教导。

综上所述，上述区别技术特征不属于本领域公知常识，也未被对比文件 1 公开，本领域技术人员在面临本申请的技术问题，在对比文件 1 的基础上，并不能从现有技术中获得技术启示，以将上述区别技术特征应用到对比文件 1 中，并获得本申请权利要求 1 的技术方案。

因此，权利要求 1 所要求保护的技术方案是非显而易见的，具有突出的实质性特点。

2. 新权利要求 1 具有显著的进步

本申请根据直接输入中文字的“年”“月”“日”，缩短了编辑中文字的“年”“月”“日”时花费的时间，从而大大缩短了发送短信息及记录日期等的时间，加强手机输入功能，提高输入效率。取得了有益的技术效果，具有显著的进步。

综上所述，与现有技术相比，权利要求 1 具有突出的实质性特点和显著的进步，具备《专利法》第 22 条第 3 款规定的创造性。

## 二、技术原理已知的发明创造

有些发明的申请文件中对发明进行了较详细的介绍，清楚地解释了该发明所采用的技术改进具体是如何实现其所述技术效果的技术原理的。或者，在答复审查意见时，为便于审查员对发明的理解，向审查员解释了发明的技术原理。这些技术原理可以是某些已知的自然科学规律，也可以是某些物质已知的固有特性，均属于已知知识，甚至是一般技术人员或一般公众所熟知的常识。由此，部分审查员很容易因技术原理的已知产生该发明容易想到的感觉，从而否定发明的非显而易见性。

但事实上，基于对自然科学规律或物质的固有特性的已知认识，以解决某些技术问题，正是绝大多数发明的共性，并不能以此否定一项发明存在创造性的可能。在某些情况下，虽然发明所采用的区别技术特征可以产生所述的技术效果是已知的，但发明仍然具有非显而易见性。分析时，可从为何利用、如何成功利用该自然科学规律或该物质的固有特性上寻找非显而易见性的立足点。

例如：当一项发明的实质在于首次发现造成某技术问题的原因。该原因一经发现，即可很容易想到采用已知的能获得相关技术效果以解决该技术问题的技术手段。由于现有技术中没能发现造成该技术问题的原因，因此没有给出利用某已知的自然科学规律或物质的固有特性以解决该技术问题的启示，更没有给出发明具体所采用的技术手段以解决该技术问题的启示，因此该发明非显而易见。

再例如：对于某一技术问题，现有技术已经揭示利用某自然科学规律或物质的固有特性可以解决该技术问题，现有技术甚至明确地揭示了具体可采用的技术手段。但由于存在某些技术上的困难或障碍，现有技术尚不能成功地实施，未能真正解决该技术问题。但某项发明的发明点在于在利用某自然科学规律或物质的固有特性的具体方式上进行了研究，克服了技术上的困难或障碍，成功地利用上了该自然科学规律或物质的固有特性，解决了技术问题。由于现有技术未能给出具体如何实施，可以利用该自然科学规律或物质的固有特性，以解决所面对的技术问题的技术启示，因此，该发明非显而易见。

总之，对于技术原理已知的发明创造的非显而易见性的判断，不应以事后的方式分析，基于技术原理的已知而主观上低估发明的创造性价值，应当把牢《审查指南》中给出的判断指导原则，确认发明的申请日之前现有技术整体上是否给出采用发明的区别技术特征用以最接近的现有技术以解决其实际解决的技术问题，使本领域技术人员有动机获得该发明的技术启示。如果没有这样的技术启示，即使该发明利用了已知的技术原理，其仍然具有非显而易见性。

## 【案例 No. 1490074】一种 2-氨基-4-乙酰氨基苯甲醚的制备工艺

### ☞ 案由简要

该申请是代理师从答复第一次审查意见开始接手的，涉及一种 2-氨基-4-乙酰氨基苯甲醚的制备工艺（权利要求 1~5）。

- 一通：审查员引用一篇对比文件 1 认为权利要求 1~5 不具备创造性。
- 答一通：删去权利要求 1，将权利要求 3 作为新权利要求 1，论述新权利要求 1~3 具备创造性。
- 二通：审查员指出清楚问题，认为新权利要求 1 不清楚。
- 答二通：修改形式问题，以克服清楚缺陷。
- 三通：审查员仍然基于对比文件 1 指出创造性问题，认为权利要求 1~3 不具备创造性。
- 答三通：论述权利要求 1~3 具备创造性。
- 审查结果：授权。

☞ **相关权利要求**

答一通时，将权利要求3作为新权利要求1：

1. 一种2-氨基-4-乙酰氨基苯甲醚的制备工艺，其特征在于：

（1）以甲醇为溶剂，以2，4-二硝基苯甲醚为原料，在催化剂存在条件下，通入氢气，进行催化加氢还原反应；

（2）固液分离，并回收催化剂；

（3）加入乙酸酐，进行乙酰化反应；

（4）回收甲醇，作为后续加氢还原的溶剂，循环使用；

（5）减压蒸馏回收醋酸；

（6）冷却结晶即为2-氨基-4-乙酰氨基苯甲醚产品；

所述的2，4-二硝基苯甲醚、乙酸酐、催化剂的配比为1100∶590∶5。

答二通时，修改形式问题后的权利要求1：

1. 一种2-氨基-4-乙酰氨基苯甲醚的制备工艺，其特征在于：

（1）以甲醇为溶剂，以2，4-二硝基苯甲醚为原料，在催化剂存在条件下，通入氢气，进行催化加氢还原反应；

（2）固液分离，并回收催化剂；

（3）加入乙酸酐，进行乙酰化反应；

（4）回收甲醇，作为后续加氢还原的溶剂，循环使用；

（5）减压蒸馏回收醋酸；

（6）冷却结晶即为2-氨基-4-乙酰氨基苯甲醚产品；

所述的2，4-二硝基苯甲醚、乙酸酐、催化剂的配比为1100∶590∶5。

答三通时，未修改权利要求。

☞ **相关说明书内容**

摘录一

发明内容

[0020] 本发明的目的在于提供一种2-氨基-4-乙酰氨基苯甲醚的制备工艺。

[0021] 上述目的通过以下方案实现：

[0022] 一种2-氨基-4-乙酰氨基苯甲醚的制备工艺，其特征在于：

[0023]（1）以甲醇为溶剂，以2，4-二硝基苯甲醚为原料，在催化剂存在条件下，通入氢气，进行催化加氢还原反应；

[0024]（2）固液分离，并回收催化剂；

[0025]（3）加入乙酸酐，进行乙酰化反应；

[0026]（4）回收甲醇，作为后续加氢还原的溶剂，循环使用；

[0027]（5）减压蒸馏回收醋酸。

[0028]（6）冷却结晶即为2-氨基-4-乙酰氨基苯甲醚产品。

摘录二

具体实施方式

[0050] 一种2-氨基-4-乙酰氨基苯甲醚的制备工艺，

[0051] 将准确计量的甲醇、2,4-二硝基苯甲醚、催化剂加入加氢釜,低压氮气置换后进行加氢反应,当体系不再吸氢后,冷却,过滤回收催化剂,然后在酰化釜中,加入乙酸酐,进行酰化反应,温度控制在5℃,酰化反应结束后,通过甲醇精馏塔回收甲醇后,物料进减压蒸馏釜,回收醋酸。釜内物料经冷却、结晶得到2-氨基-4-乙酰氨基苯甲醚产品。

[0052] 所述的2,4-二硝基苯甲醚、乙酸酐、催化剂的配比为1100:590:5。所述的催化剂指的是雷尼镍。

[0053] 本发明能够提供产量6000吨/年的能力,本项目实现工业总产值21000万人民币(按每吨产品3.5万元计),净利润2805万元。

☞ **相关对比文件公开内容**

实施例三

一种制备2-氨基-4-乙酰氨基苯甲醚的工艺,所述工艺步骤如下:

(1) 催化加氢还原反应,以甲醇为溶剂,将2,4-二硝基苯甲醚加入Raney-Ni为催化剂的催化加氢还原反应器釜式反应器中,催化剂的用量为硝基物的0.5%,催化剂颗粒为1.0mm,然后通入氢气,搅拌釜式反应器,反应釜配备配套控制仪,可显示或控制反应温度、压力及搅拌速度,最高耐压为15MPa,进行催化加氢还原反应,反应时控制温度为140℃,反应时间为9h,操作压力为2.4MPa,反应过程中要控制温度,防止飞温现象的发生。

(2) 固液分离,在催化加氢还原反应结束后,冷却、泄压后进行固液分离,将反应物料输送到催化剂回收装置叶片过滤装置和相应的过滤系统回收催化剂,回收的催化剂可循环使用,而脱去催化剂的物料进入下一步。

(3) 酰化反应,在酰化反应器中加入4.5℃醋酸酐溶液,加入酰化反应缚酸剂碳酸钠,加入上一步脱去催化剂的产物2,4-二氨基苯甲醚,进行酰化反应,反应操作温度为2℃,反应时间为9h。

(4) 液液分离,在酰化反应后进行液液分离,对水相进行蒸发分别用溶剂回收装置、乙酰回收甲醇、乙酸盐等,油相为2-氨基-4-乙酰氨基苯甲醚粗品。

(5) 将2-氨基-4-乙酰氨基苯甲醚粗品放入结晶分离器蒸发结晶釜中,加入甲醇作为溶剂,进行结晶分离精制,2-氨基-4-乙酰氨基苯甲醚与甲醇的用量比为100g:450ml,升温到回流温度,保持操作温度为20℃至甲醇回流温度,操作压力为0.5MPa,在回流条件下保持10min,然后慢慢降到20℃,然后慢慢降到30℃。

(6) 固液分离,分离出的母液甲醇由溶剂回收装置回收后,可直接作为2,4-二硝基苯甲醚催化加氢反应的溶剂,滤饼常规干燥处理后则为制备的2-氨基-4-乙酰氨基苯甲醚产品。

☞ **审查意见**

对比文件1是权利要求1所要求保护的技术方案最接近的现有技术,权利要求1与之相比,其区别在于:

(1) 权利要求1中回收的甲醇循环使用,减压蒸馏回收醋酸,而对比文件1没有明确提到，且权利要求1的后处理采用冷却结晶，而对比文件1采用重结晶；(2) 对比文件1的酰化反应中采用缚酸剂碳酸钠，而权利要求1中没有使用；(3) 权利要求1对物料配比进一步限定，而对比文件1没有明确提到。基于上述区别，本发明实际解决的技术问题是提供一种替代的2-氨基-4-乙酰氨基苯甲醚的制备工艺。

对于区别技术特征 (1)，对比文件1还公开了以下内容：酰化反应后，冷却结晶、过滤，滤饼为2-氨基-4-乙酰氨基苯甲醚粗品；所述的第四步冷却结晶分离后的滤液，升温蒸发回收甲醇、残留液中回收乙酸盐（参见对比文件1权利要求1，说明书附图），即对比文件1已经公开了酰化反应后进行冷却结晶以及蒸发滤液回收甲醇、乙酸盐，与权利要求1中的回收甲醇、醋酸后进行冷却结晶操作类似，所属技术领域的技术人员根据其实际情况，运用本领域的普通技术知识和常规实验手段即可选择并确定合适的操作顺序例如先回收甲醇、醋酸或醋酸盐后冷却结晶得到2-氨基-4-乙酰氨基苯甲醚产品，其效果是可以预期的；申请人在意见陈述中提到"对比文件1没有提及在乙酰化回收得到的甲醇可作为氢化反应的原料进行再利用，很可能是由于对比文件1的乙酰化反应过后，回收得到的甲醇含有较多的杂质，不适合再循环使用至氢化反应中，更不适合在本身已经具有较多副产物的乙酰化反应中"，对此，审查员认为，上述观点仅仅是申请人的个人推断。

而对于区别技术特征 (2)，虽然权利要求1的乙酰化反应中没有采用缚酸剂，但本申请说明书中却明确记载了"对后续乙酰化反应除了严格控制反应温度外，通过加入促进剂，使反应朝着生成2-氨基-4-乙酰氨基苯甲醚方向发展"，即申请人认为，加入促进剂（即缚酸剂）可减少副产物的生成，且在所属技术领域，乙酰化反应过程中必然会产生乙酸，所属技术领域的技术人员使用缚酸剂以促进反应的正向进行是常规实验手段，因此，所属技术领域的技术人员根据其实际需要，基于对比文件1公开的内容，完全有动机选择是否加入缚酸剂，作出该选择是显而易见的，并不需要付出创造性的劳动；且所属技术领域的技术人员根据本申请说明书记载的内容和对比文件1公开的内容，无法得出本申请不采用缚酸剂进行的乙酰化反应与对比文件1中采用缚酸剂的乙酰化反应的效果相当。

对于区别技术特征 (3)，对比文件1已经公开了催化剂的用量为硝基物的0.5%（参见对比文件1说明书第5~6页实施例三），所属技术领域的技术人员根据物料的化学计量比，基于对比文件1公开的催化剂用量，运用本领域的普通技术知识和常规实验手段即可选择并确定合适的物料配比以使反应完全，而无须付出创造性的劳动；申请人在意见陈述中反复多次提到"本申请特定的原料比例使得反应选择性变得非常好，几乎生成纯的2-氨基-4-乙酰氨基苯甲醚，其他副产物几乎没有产生，相应地，后处理简单、乙酰化回收甲醇含杂质少进而提高甲醇的回收利用率等"，对此，审查员有如下观点：首先，所属技术领域的技术人员根据本申请说明书记载的内容无法得出申请人所谓的特定投料比与反应效果之间的任何影响关系分析；其次，对比文件1已经公开了"本发明的酰化反应中转化率可达99%，双酰化产物在1%以内"以及"产品收率高，成本低，制备产品纯度高，可达98%以上；工艺过程安全、可靠、环保，无'三废'产生，是一种清洁生产工艺；可实现大规模工业化生产"（具体参见对比文件

1 说明书第 3 页倒数第 1 段，第 4 页第 1 段，第 6 页倒数第 1 段），所属技术领域的技术人员根据本申请说明书记载的“本发明能够提供产量 6000 吨/年的能力，本项目实现工业总产值 21000 万人民币，净利润 2805 万元”以及产品的各项性能指标，结合对比文件 1 公开的上述内容，并不能得出申请人所声称的“提高反应选择性、产品纯度明显优化、减少排放污染”等技术效果；最后，基于上述区别技术特征（1）和区别技术特征（2）的评述理由，对比文件 1 已经公开了酰化反应后进行冷却结晶以及蒸发滤液回收甲醇、乙酸盐，且所属技术领域的技术人员有动机选择乙酰化反应中是否加入缚酸剂，因此，所属技术领域的技术人员运用本领域的普通技术知识和常规实验手段即可选择酰化反应后回收甲醇、减压回收乙酸后冷却结晶直接得到 2 - 氨基 - 4 - 乙酰氨基苯甲醚，而无须付出创造性的劳动，且效果是可以预期的。

☞ **答辩要点分析思路**

此案三通答辩的要点之一为该发明发明人发现小试反应和工业化规模生产在放热效果上完全不同，工业化时，需要将酰化反应中两个原料按特定的加料方向进行加料，才可以高产率地得到目标产品，而在小试时对此并无严格要求。审查员引用的最接近的现有技术对比文件 1，其加料顺序为通常实验室中操作方式，该方式在小试反应时由于反应原料较少，放热效果并不会导致反应的难以进行或者其他不良现象，然而，一旦用于工业化规模生产时，该投料方式会导致严重的放热效应，使得量产困难。正是由于该发明发明人发现了酰化反应按照现有技术无法大规模工业化生产的原因（即热效应），才顺利地解决了该发明实际解决的技术问题。

这就属于之前提及的，当一项发明的实质在于首次发现造成某技术问题的原因的情况。该发明中，2 - 氨基 - 4 - 乙酰氨基苯甲醚若采用现有技术的方法制备，由于大规模放热效应无法实现 6000 吨/年的量产，该原因一经发现，即可很容易想到采用已知的能获得相关技术效果以解决该技术问题的技术手段，即采用变换加料方向，使得释放的热量能够得到更好的及时疏散，从而实现大规模生产的效果。由于现有技术中没能发现造成该技术问题的原因，因此没有给出利用某已知的自然科学规律或物质的固有特性以解决该技术问题的启示，更没有给出发明具体所采用的技术手段以解决该技术问题的启示，因此该发明非显而易见。

该发明与对比文件 1 均涉及以下反应过程制备相同的终产品——2 - 氨基 - 4 - 乙酰氨基苯甲醚：

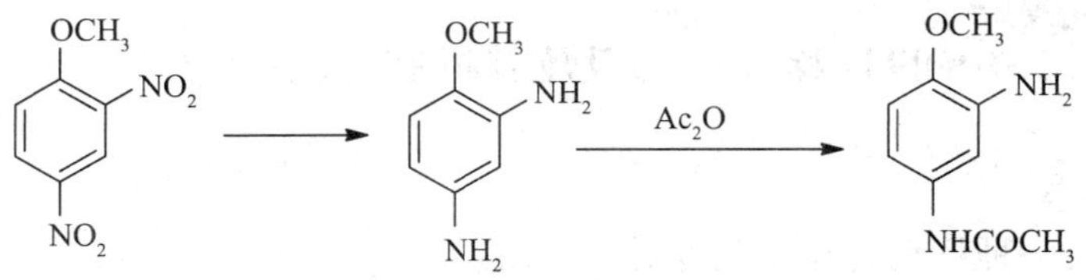


两者反应条件仅在酰化反应时的加料方向顺序、是否使用缚酸剂、反应物用量比以及后处理步骤顺序上有差别。

### ☞ 意见陈述原文摘录

本发明相对于现有技术的主要区别在于：变换酰化反应时的加料方向。这样改进目的在于解决酰化反应过程中的大量放热效应，阻碍大规模量化生产的问题，正是由于加料方向的改变使得本发明的反应能够实现6000吨/年的量产。由于现有技术中并未发现规模放热效应，因此本领域技术人员没有动机去改进最接近的现有技术，解决还未发现的技术问题。

本发明酰化反应中加料顺序为：将醋酸酐加入2，4-二氨基苯甲醚中，对比文件1为：将2，4-二氨基苯甲醚加入醋酸酐中，这两种顺序对反应效果具有实质影响，这是由于本发明人研究中发现，上述酰化反应伴随严重的放热现象，加料顺序变化后，放热效果明显不同。工业级别生产涉及的反应物的量通常以吨计，这种反应量下，产生的放热量非常大，而且会产生叠加放大，例如，当反应放热时，由于放热叠加现象而使温度比理论预计更高，这种现象一旦发生不仅会导致副反应大量出现，还可能给生产安全带来严重威胁，使反应不能顺利进行。为了进一步证明酰化反应的加料顺序对于反应效果影响程度很大，本发明发明人特别进行了单因素对比实验，具体如下：

采用本发明实施例方法，区别仅在于将酰化反应加料顺序颠倒，即将2，4-二氨基苯甲醚加入醋酸酐溶液中。实验结果显示，在酰化反应时，反应大量放热而温度过高，只能中途停止反应。

由此对比实验可知，酰化反应加料顺序严重影响了反应效果，甚至决定反应是否能够顺利进行。然而，对比文件1中除了指出将2，4-二氨基苯甲醚加入醋酸酐溶液中进行反应外，并没有任何关于通过调换酰化反应的加料顺序，能够提高收率、简化操作的记载或暗示。本领域技术人员根据对比文件1，无法得知在大规模生产时候该方法会产生何种问题，也无法预料这种方法是否可以进行大规模量化生产，也就是说对比文件1及其他现有技术根本没有指出或发现在大规模生产时，现有反应方法会产生严重放热效应的问题，谈何给出解决该问题的技术启示，因此，基于对比文件1，本领域技术人员为了获得一种能够工业化生产的2-氨基-4-乙酰氨基苯甲醚的制备方法没有动机颠倒对比文件1中酰化反应加料顺序，并能预知获得提高收率、简化操作的效果。

## 【案例 No. 1310609】移动终端以及其拆卸方法

### ☞ 案由简要

该申请涉及一种移动终端以及其拆卸方法。

➢ 一通：审查员引用两篇对比文件（CN103365517A、CN103260477A）认为权利要求1~10不具备创造性。

➢ 答一通：未修改权利要求书，直接论述权利要求1~10的创造性。

➢ 二通：审查员认可一通的陈述，后续因与该案无关，故不作赘述。

☞ **相关权利要求**

原申请权利要求 1

1. 一种移动终端，其包括一显示屏模组、一前壳，所述显示屏模组与所述前壳通过双面胶带粘接在一起，其特征在于，所述前壳包括拆卸孔、一第一表面和一第二表面，所述双面胶带包括粘接部和侧拉部，其中，所述粘接部粘接在所述第一表面上，所述侧拉部穿设于所述拆卸孔并延伸至所述第二表面。

☞ **相关说明书内容**

摘录一

实施例 1

如图 2～图 7 所示，本实施例的移动终端包括双面胶带 11、粘接部 111、侧拉部 112、双面胶带 12、粘接部 121、侧拉部 122、前壳 2、第一表面 21、第二表面 22、拆卸孔 231、拆卸孔 232、显示屏模组 3、保护框 31、显示屏玻璃 32、粘胶 33 和触摸屏 34。

如图 3 所示，其中，前壳 2 上设置有拆卸孔 231 和拆卸孔 232，且包括相对的一第一表面 21 和一第二表面 22，双面胶带 11 包括粘接部 111 和侧拉部 112，双面胶带 12 包括粘接部 121 和侧拉部 122，其中，粘接部 111 和粘接部 121 粘接在第一表面 21 上，侧拉部 112 和侧拉部 122 分别穿设于拆卸孔 231 和拆卸孔 232 并延伸至第二表面 22。

如图 3 和图 4 所示，本实施例的第二表面和第一表面是平行的两个面，即正反面，但也可以是互相垂直的两个面等其他形式，只需要能够留出抽离操作的空间即可。

如图 4 所示，正常状态下，侧拉部 112 和侧拉部 122 只在第二表面 22 露出一小部分。如图 5 和图 6 所示，在拆卸时，只需要通过侧拉部 122 抽取双面胶带 12，双面胶带 12 便会被抽离。同样也可以抽离双面胶带 11。当双面胶带全部抽离完成后，便完成了拆卸，拆卸非常简便，而且过程中前壳 2 或显示屏模组 3 不会受到压力，也不会变形，保证了各部件的完好，减少了报废率，大大降低了制造和维修成本。

也可以和现有技术一样，在前壳 2 上设置有若干顶出通孔。对于显示屏模组 3 和前壳 2，其拆卸时的着力点比较少。通过顶出通孔可以穿过前壳 2 向显示屏模组 3 施力，有助于拆卸。而且由于双面胶带已经抽离，此时的施力不需要很大，不会对显示屏模组 3 产生影响。

拆卸孔 231 和拆卸孔 232 的宽度大于对应双面胶带的宽度。当拆卸孔的宽度小于双面胶带时，由于拆卸孔的限制，双面胶带会形成弯折，横截面会形成“V”字形等，导致抽离阻力变强。所以通过本方案可以使得双面胶带的横截面不产生弯折，进一步有利于方便抽离。

为了撕拉方便，可以使得所述双面胶带延伸于所述第二表面的长度大于等于 5mm。

本实施例的双面胶带的数量为 2 条，各所述双面胶带沿所述前壳的宽度方向（即短边缘方向）依次排列，且各所述双面胶带长度方向与前壳的宽度方向垂直。所述双面胶带的宽度为 5mm，长度为 70mm。既保证了粘贴的稳固性，又保证了侧拉时的便利。表 1 表示沿前壳宽度方向排布时，采用不同长度、宽度的效果。

表 1

| | 双面胶带数量 | 长度 mm | 宽度 mm | 稳固性 | 侧拉便利性 |
|---|---|---|---|---|---|
| 1 | 1 | 50 | 4 | 不佳 | 容易 |
| 2 | 2 | 60 | 4 | 好 | 容易 |
| 3 | 2 | 70 | 4 | 好 | 容易 |
| 4 | 2 | 80 | 4 | 好 | 容易 |
| 5 | 2 | 90 | 4 | 好 | 不容易 |
| 6 | 2 | 60 | 5 | 好 | 容易 |
| 7 | 2 | 70 | 5 | 好 | 容易 |
| 8 | 2 | 80 | 5 | 好 | 容易 |
| 9 | 2 | 50 | 5 | 不佳 | 容易 |
| 10 | 3 | 70 | 6 | 好 | 容易 |
| 11 | 3 | 90 | 6 | 好 | 不容易 |
| 12 | 3 | 30 | 7 | 不佳 | 不容易 |

同样的，双面胶带也可以不同于本实施例，沿前壳长度方向排布，使各所述双面胶带长度方向与前壳的长度方向垂直。表 2 表示沿前壳长度方向排布时，采用不同长度、宽度的效果。

表 2

| | 双面胶带数量 | 长度 mm | 宽度 mm | 稳固性 | 侧拉便利性 |
|---|---|---|---|---|---|
| 1 | 2 | 30 | 7 | 不佳 | 容易 |
| 2 | 3 | 40 | 7 | 好 | 容易 |
| 3 | 3 | 45 | 7 | 好 | 容易 |
| 4 | 3 | 50 | 7 | 好 | 容易 |
| 5 | 3 | 60 | 7 | 好 | 不容易 |
| 6 | 3 | 40 | 8 | 好 | 容易 |
| 7 | 3 | 45 | 8 | 好 | 容易 |
| 8 | 3 | 50 | 8 | 好 | 容易 |
| 9 | 3 | 30 | 8 | 不佳 | 容易 |
| 10 | 4 | 45 | 9 | 好 | 容易 |
| 11 | 4 | 60 | 9 | 好 | 不容易 |
| 12 | 4 | 20 | 10 | 不佳 | 不容易 |

如图 7 所示，本实施例显示屏模组 3 包括一保护框 31、一显示屏玻璃 32 和一触摸屏 34，其中，保护框 31 贴设在显示屏玻璃 32 上，显示屏玻璃 32 与触摸屏 34 通过粘胶 33 粘接。现有的显示屏模组中，触摸屏和显示屏玻璃是分离的，本方案通过粘接的方式使

得显示屏玻璃和触摸屏固定在一起，增强了整体的结合强度，也为拆卸提供了便利。

摘录二

如图8所示，本实施例与实施例1的不同之处在于，本实施例显示屏模组3包括一保护框31、一显示屏玻璃32和一触摸屏34，其中，保护框31贴设在显示屏玻璃32上，显示屏玻璃32与触摸屏34也通过粘胶33粘接。保护框31包括贴合部311，贴合部311与触摸屏34通过粘胶33粘接。通过所述贴合部的粘接进一步增强了整体结合强度。现有的显示屏模组中，触摸屏和显示屏玻璃是分离的，本方案通过粘接的方式使得显示屏玻璃和触摸屏固定在一起，增强了整体的结合强度，也为拆卸提供了便利。

摘录三

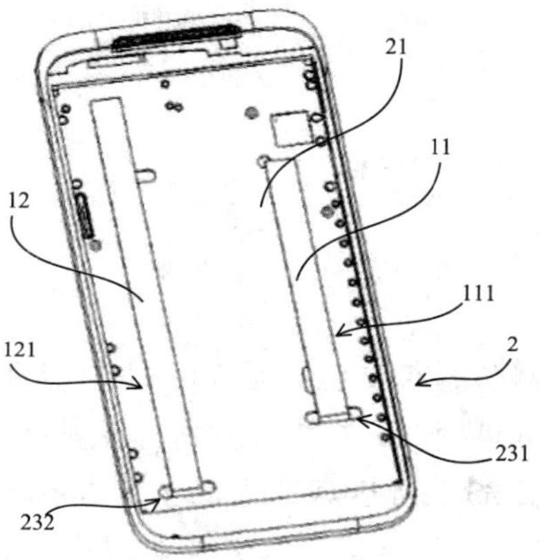


图1

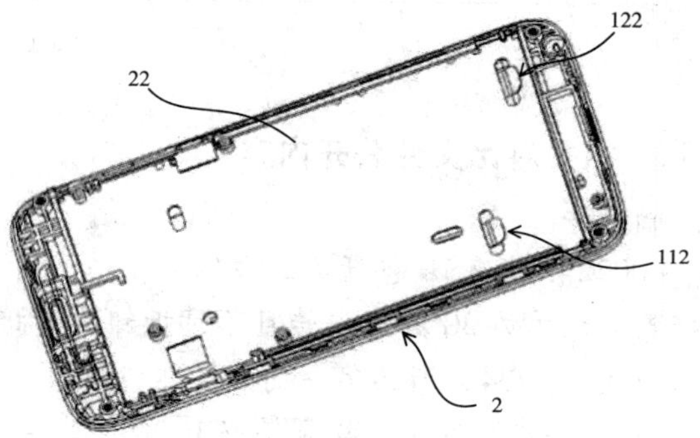


图2

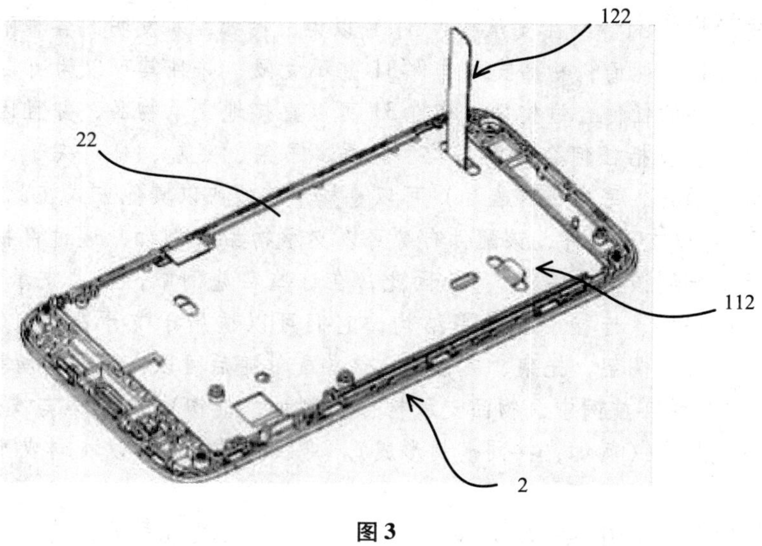


图3

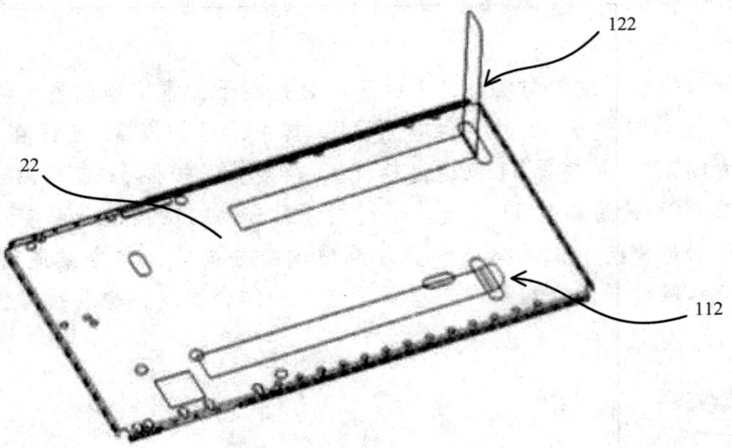


图 4

### ☞ 相关对比文件公开内容

摘录一

[0022] 基座 10 包括第二主侧 13，所述第二主侧包括第二主表面 14，并包括用于连接到支承主体 30 的可旋转且不可拆卸的连接。支承主体 30 包括第一向外主侧 32 和第二向底主侧 34，所述第一向外主侧包括第一主表面 33，所述第二向底主侧包括第二主表面 35 并包括用于连接到基座 10 的可旋转且不可拆卸的连接。本文这里及其他处所用的相对于支承主体 30 的术语“向外”是指在大体与基座 10（当装置 1 安装到壁 100 的安装表面 101 上时，还有壁 100）相对的方向中。支承主体 30 的第一主侧 32 包括至少一个物品支承构件 31。物品支承构件 31 可以为，例如，本发明的各种附图中以示例性方式示出的吊钩。然而，物品支承构件 31 并不受限，并且其可以为可以被直接或间接地用来支承物品的任何合适构件。构件 31 可以直接地支承物品，并且因此，在各种实施例中，它可以包括任何合适的吊钩、把手、吊架、突起、杆、夹子、夹具等，任何物品（例如，照片、毛巾、钟表等）可以悬挂于此处或以其他方式在此处得以支承。或者，构件 31 可以支承配件，该配件自身可以支承物品（例如，通过将物品放置在配件中、将物品附接到该配件等方式）。因此，在这些实施例中，物品支承构件 31 可以包括任何合适的耦接、连接、夹具等结构，它们可以适用于支承配件，例如，篮子、托盘、盘子、支架、搁架、托架、夹子等，这些配件随后可以支承任何所需物品。

[0023] 在各种实施例中，物品支承构件（例如，吊钩）31 可以与支承主体 30 的其他部分整体地形成（例如，共同模制形成）。可以使用彼此可以相同或不同的多个物品支承构件。

[0024] 支承主体 30 和基座 10 以可旋转且不可拆卸的方式彼此连接，以不可拆卸方式连接是指，在装置 1 的日常使用中，支承主体 30 和基座 10 一旦彼此连接上便不会意图彼此拆开来。物品支承装置包括一些零件，这些零件经设计用于在将该物品支承装置从安装表面上拆除的过程中会完全彼此分开来，但根据定义这种物品支承装置并

不包括不可拆卸的连接。应当理解，不可拆卸的连接可以在装置1（例如，在工厂）生产时建立，或者可以由用户在装置1的初始安装之前建立。也就是说，基座10和支承主体30可以在非连接状态下供应给用户，该用户随后将基座10与支承主体30以不可拆卸的方式彼此连接起来（例如，使它们扣在一起，从而形成可旋转且不可拆卸的连接）。在一些实施例中，该不可拆卸的连接可以经配置使得支承主体30和基座10一旦彼此附接后便不能彼此分离，除非损坏或折断支承主体30和/或基座10的至少一部分。

［0025］可旋转的连接（以及可旋转方式连接等）是指支承主体30与基座10享有共同的旋转轴，这样使得整个支承主体30可以相对于基座10旋转，所述共同的旋转轴大体垂直于基座10的第一表面12（当装置1安装在表面101上时，该轴还大体垂直于安装表面101），这样使得在支承主体30相对于基座10能够旋转时，支承主体30上的每个点会扫出一条大体与基座10的表面12平行（并且还与表面101平行，如果该表面存在的话）的平坦圆形路径。可旋转的连接（以及可旋转方式连接等）还指的是，支承主体30和基座10使该支承主体旋转之外，它还允许和/或需要相对基座在一个或多个方向中移动支承主体，这种设备的实例可以在，例如，授予Schumann的第6、第131、第864号美国专利中发现，该专利在图3a至图3d中示出了一种设备，在这种设备中，支承主体在旋转之前会相对基座向上移动，随后从所述基座向外移动。这种设备并不属于可旋转连接的当前定义中。

［0026］在支承主体30与基座10之间使用可旋转连接允许装置1可以如图3至图5中以示例性方式示出的那样配置和使用。图3所示为安装到安装表面101的示例性物品支承装置1的前视图。支承主体30与基座10（图1或图2中不可见）享有共同的旋转轴85，该轴大体垂直于表面101。在图3中，支承主体30（相对于基座10和胶带20）定位在第一（转动）位置，此处，基座10和胶带20均被隐藏。在上下文中，被隐藏指的是，基座10与胶带20无法被沿着旋转轴向外位置处的观察者看到；即，它们被支承主体30遮住。因此，支承主体30可以包括周边36，该周边周向地约束（围绕）基座10和胶带20（包括其拉舌25）。可能方便的有，如图3的示例性实施例所示，（例如，当物品支承构件31包括吊钩时）当支承主体30处于第一位置时，吊钩的终端经定位可以大体垂直向上地突出。在一些实施例中，支承主体30可以包括长轴：若如此，那么可能方便的是，当支承主体30处于第一位置时，支承主体30的长轴大体与基座10的长轴对齐，并且/或者是垂直向上/向下地对齐。然而，应当理解，支承主体30并非必须包括长轴（例如，它可以为大体圆形的而不是如图3中所示的细长形）。在这类情况下，支承主体30仍然可以相对于基座10和胶带20放置在第一位置，此处基座10与胶带20均被隐藏。在装置1的日常使用中，在将装置1安装到安装表面101之后以及在物品由装置1支承期间，支承主体30通常可以处于第一位置。

［0027］当需要将装置1与安装表面101解除安装（分离）时，支承主体30可以（例如，在用户手动作用下）旋转偏离第一位置而到达第二位置，从而允许胶带20的拉舌25可以被抓住并被拉动，由此来启用胶带20的拉伸剥离性质。如此，本文将第二位置定义为在此处拉舌25的至少一部分不再被隐藏的一个位置。方便的是，第二位置将会允许拉舌25有足够多部分能被接触到，从而有助于上述抓住和拉动拉舌25。图4

中示出了一个此类示例性第二位置。在此示例性第二位置中，拉舌25的一部分不再被隐藏，图5中示出了另一个示例性第二位置：在此第二位置中，旋转程度是足够的，并且支承主体30与基座10的设计使得当支承主体30处于该第二位置时，整个拉舌25以及/或者一部分的基座10现不再被隐藏。概括地说，当支承主体处于第一位置时，支承主体30中有一部分与拉舌25存在重叠关系，而支承主体30从第一位置旋转到第二位置使得，当支承主体30处于第二位置时，这一部分与拉舌25的至少一部分不再存在重叠关系，这样，拉舌25不再被隐藏，并且现可以被抓住并被拉动。一般技术人员将会认识到可以使用任何合适的第二位置，只要该位置处可以进行本文所述的抓住/拉动过程。

摘录二

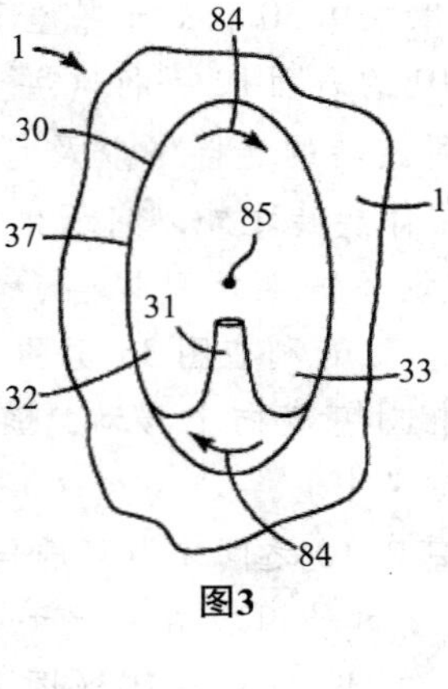


图3

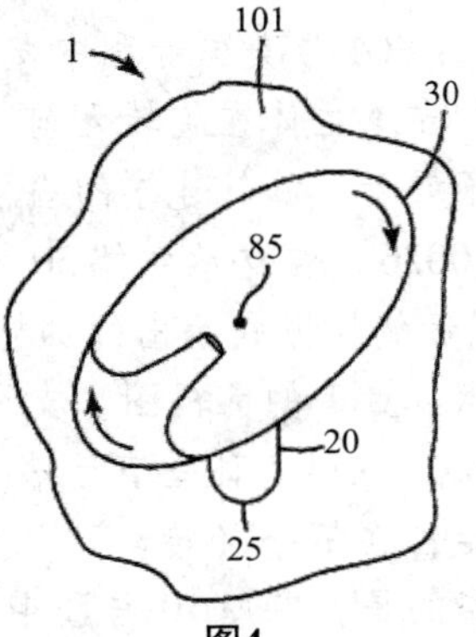


图4

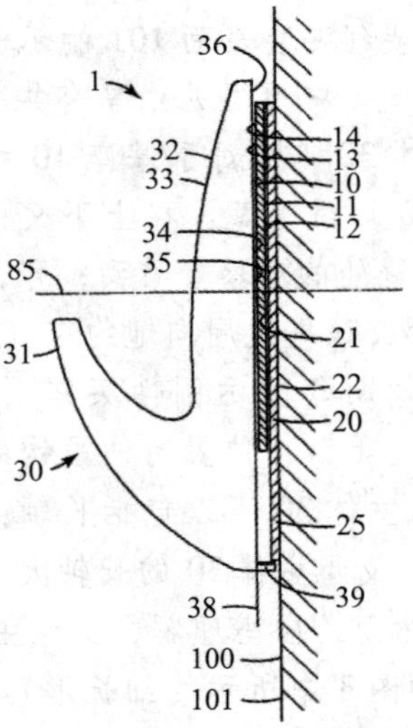


图1

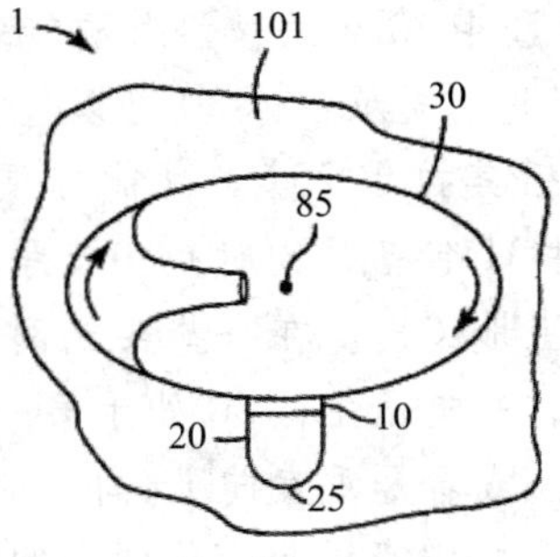


图5

☞ **审查意见**

第一次审查意见通知书摘录

权利要求1与对比文件1相比，其区别在于：权利要求1中的所述前壳包括拆卸孔，所述双面胶带包括粘接部和侧拉部，其中，所述粘接部粘接在所述第一表面上，所述侧拉部穿设于所述拆卸孔并延伸至所述第二表面。

基于上述区别技术特征可以确定，权利要求1相对于对比文件1实际要解决的技术问题是：

如何更好地实现显示屏模组与壳体之间的拆卸。

对于上述区别技术特征，对比文件2（CN103260477A，公开日为2013年8月21日）公开了一种包括可旋转连接的物品支承装置，并具体公开了如下技术特征（参见其说明书摘要、说明书第0027段以及图1、图2）：所述的可旋转连接的物品支承装置具备胶带结构20，所述的胶带结构20设置有利于抓住和拉动胶带的拉舌25（相当于本申请中的侧拉部）以及粘接部，通过侧拉所述胶带20的拉舌25（相当于本申请中的侧拉部）来实现将所述的支承结构从所述的安装表面方便剥离。由此可见，对比文件2公开了一种通过直接拉取双面胶带就可以实现两个部件之间的拆卸，实现了一种简单、快捷、也不损伤结构的特点。由于现有技术在实现显示模组与前壳的拆卸过程中也常常遇到上述的问题，因此，本领域技术人员在面对上述发明构思下，容易想到将其应用到对比文件1中来实现显示模组与壳体之间的拆卸。而对于移动终端结构，外壳一般都需要包围住显示模组而无法实现正常留出方便拉取胶带的部分。本领域技术人员很容易想到将侧拉部通过前壳的表面拉取出来，也就是说，采用在所述的前壳上设置拆卸孔，将所述的侧拉部穿过所述拆卸孔的方式属于本领域技术人员在实际应用中容易想到并进行改进的，属于本领域的常用技术手段。而且，对比文件2以及上述常用技术手段都很好地解决了对比文件1所遇到的技术问题。也就是说，对比文件2公开的内容以及上述常用技术手段均给出了本领域技术人员将其应用到对比文件1中以得到解决其技术问题的技术启示。因此，在对比文件1的基础上结合对比文件2以及上述常用技术手段来得到权利要求1中的技术方案对本领域技术人员来说是显而易见的。因此，权利要求1不具有突出的实质性特点和显著的进步，不具备《专利法》第22条第3款规定的创造性。

### ☞ 答辩要点分析思路

许多常用的原理，例如一些基础学科得到的成果，并不能够直接用在各个领域。正是发明人的不懈努力，克服了各种工程和产品应用上的困难，才使得这些常用的原理能够运用到各个领域，才使得社会产生了进步。

该案中，审查员找到了对比文件1（CN103365517A）以及对比文件2（CN103260477A），根据审查意见可以发现，对比文件1所公开的内容仅仅是移动终端领域的常规技术，该发明中实质的技术方案并没有被对比文件1公开。相反，审查员找的对比文件2所公开的技术方案在原理上和效果上是和该发明的技术方案相近的。可以说，在该案中，对比文件1仅仅是因为技术领域相同才成为最接近现有技术的。所以实质上该案的关键点在于对比文件2中的技术方案是否容易运用到移动终端领域。

回顾权利要求1，“所述前壳包括拆卸孔”以及“侧拉部穿设于所述拆卸孔并延伸至所述第二表面”这两个特征，其完全是为了在移动终端领域实现“撕开双面胶带实现两个物体之间的分离”而实施的。在对比文件2中，所采用的旋转露出侧拉部的方式是不可能用在移动终端中的（移动终端的显示屏模组不可能旋转）。因此，“所述前壳包括拆卸孔”以及“侧拉部穿设于所述拆卸孔并延伸至所述第二表面”完全是基于对移动终端领域的特殊考虑才做出的。由此，也证明了在对比文件2和对比文件1（移动终端）之间并不能直接组合。换句话说，对比文件2在应用到移动终端领域时是会产生新的技术问题的。为了克服这部分新产生的技术问题，发明人所做的努力显然是涉及了创造性劳动的，不是本领域技术人员能够容易想到的。

☞ **意见陈述原文摘录**

一、独立权利要求1具备创造性

（一）权利要求1具有突出的实质性特点

1. 确定最接近的对比文件

审查员引用了对比文件1（CN103365517A），该对比文件的实施例披露了该发明的部分技术特征，因此将对比文件1作为最接近的现有技术。

2. 权利要求1相对于对比文件1的区别技术特征和实际解决的技术问题

将本申请新权利要求1与对比文件1相比较可知，本申请的移动终端与对比文件1所公开的移动终端的区别在于：

A. 所述前壳包括拆卸孔，所述双面胶带包括侧拉部，所述侧拉部穿设于所述拆卸孔并延伸至所述第二表面。

在进一步论述前，先进一步解释一下上述区别技术特征：

本发明的双面胶带包括粘接部和侧拉部，其中，所述粘接部粘接在所述第一表面上，所述侧拉部穿设于所述拆卸孔并延伸至所述第二表面。通常现有的第一表面是和显示屏模组相邻的，所以很难从第一表面处抽离双面胶带，所以需要从第二表面处进行操作。通过设置拆卸孔，本方案的移动终端在拆卸时，只需要通过侧拉部抽取双面胶带，便完成了拆卸，拆卸非常简便，而且过程中显示屏模组或前壳不会受到压力，也不会变形，保证了各部件的完好，减少了报废率，大大降低了制造和维修成本。

而反观对比文件1，触控显示屏单体与前壳组件是通过第二粘接件粘接在一起的，没有侧拉部，也没有拆卸孔，所以需要通过组件加热的方式，让触控显示屏单体是和前壳组件受热，使得胶带失效，最后通过治具经过钢片孔顶出，过程中要经过5分钟200摄氏度左右的烘烤，另外在顶出过程中显示屏还会存在翘曲变形无法续用甚至本体损坏的情况，使得报废率特高，而且由于显示屏模组的单体费用在整机部件中价格是最高的，该部件遭到过多的破坏，使制造和维修成本过高，同时也影响到利润空间。

综上所述，本技术方案相对于对比文件1实际解决的技术问题是，可以大幅简化粘接组件的拆卸，且操作快捷，不会损伤部件，减少了报废率，大大降低了制造和维修成本。

3. 权利要求1中的技术方案对于本领域技术人员来说是非显而易见的

首先，审查员引出了对比文件2（CN103260477A）。对比文件2公开了一种包括可旋转连接的物品支承装置。从对比文件1和对比文件2的技术领域上就可以看到两者的差别非常大。对比文件1是移动终端的结构，对比文件2却是完全不相干的挂钩。《审查指南》第二部分第四章2.4对所述领域技术人员的定义中，记载了“他也应具有从该其他技术领域中获知该申请日或优先权日之前的相关现有技术、普通技术知识和常规实验手段的能力”。可以从对比文件1和对比文件2的方案中看到，对比文件2公开的挂钩完全和移动终端领域不相干，而且对比文件2也并不是该领域的普通技术知识。因此可以看到本领域技术人员根本不可能去将对比文件2结合到对比文件1之中。

其次，可以从对比文件2的结构中看到，对比文件2包括基座10，基座10通过胶带20粘接在安装表面101上，胶带20包括拉舌25，其中，拉舌25至少一部分不与基座10重叠（参见说明书0021段）。其中，安装面101是没有设置任何孔的，因此拉舌25始终是位于安装面101的同一侧，不可能穿入另一侧，因此，即使是对比文件2和对比文件1的结合，其结果也必然是位于触控显示屏单体和前壳组件之间的胶带伸出一部分来，其结构与本发明是本质上不同的。而且，这种简单地将对比文件1和对比文件2结合的结构，其必然是有一部分胶带伸出于前壳和触摸屏的缝隙，虽然拆卸方便，但是露出的胶带必定会影响移动终端的正常使用，而且露出的胶带容易误拉，导致屏幕脱离。所以可以说对比文件1和对比文件2结合的方案本身就是不切合实际，不能正常使用的，在这种情况下，本领域技术人员是没有动机去将这两者结合的，而进一步的改进更谈不上了。

然后，拆卸孔也并不是容易想到的。本发明是经过发明人创造性思考后整体设置的方案。胶带的侧拉部的设置和拆卸孔的设置都是在整体中才能实现本发明的技术效果。而单独的每个特征都是无法保证方便拆卸，因此不存在说从对比文件1到对比文件2，然后再进一步推导的可能。

最后，也没有任何证据证明，设置容纳侧拉部的拆卸孔在移动终端领域是惯用手段。如果这是惯用手段，对比文件1也不可能采用其说明书记载的结构。

综上所述，独立权利要求1的技术方案，是本领域技术人员根据对比文件1并结合其他现有技术也不容易想到的，故具有突出的实质性特点。

（二）权利要求1具有显著的进步

本技术方案可以大幅简化粘接组件的拆卸，且操作快捷，不会损伤部件，减少了报废率，大大降低了制造和维修成本。因而获得了有益的技术效果，具有显著的进步。

综上所述，独立权利要求1具有突出的实质性特点和显著的进步，具备《专利法》第22条第3款所规定的创造性。

## 【案例No. 1310705】移动终端及其物体测量方法

### ☞ 案由简要

该申请涉及一种移动终端的物体测量方法（权利要求1~5）及移动终端（权利要求6~10）。

➢ 一通：审查员引用对比文件1（CN103206919A）和对比文件2（CN102607423A），认为权利要求1~10不具备创造性。

➢ 答一通：删去原权利要求1，将原权利要求2作为新独立权利要求，删去原权利要求6，将原权利要求7作为新独立权利要求，论述新权利要求1~8具备创造性。

➢ 二通：审查员未认可之前意见陈述，仍然认为新权利要求1~8不具备创造性。

➢ 答二通：将原权利要求1、2、4合并，作为新独立权利要求，将原权利要求6、7、9合并，作为新独立权利要求，论述新权利要求1~6具备创造性。

➢ 审查结果：授权。

## ☞ 相关权利要求

1. 一种移动终端的物体测量方法，其特征在于，包括：

S1 将移动终端的摄像头采集到的图像信息显示在移动终端的显示屏中；

S2 从所述图像信息中提取被测物的轮廓；

S3 通过移动终端的距离探测器获取移动终端到被测物的距离 D；

S4 获取摄像头中的透镜的光心到成像平面的距离 $d_1$ 提取到的轮廓在显示屏中的尺寸 h 和从成像平面成像到显示屏成像的缩放比例 n；

S5 计算被测物的实际尺寸 H，$H = h \times D/(n \times d)$；

S6 输出所述实际尺寸。

2. 如权利要求 1 所述的移动终端的物体测量方法，其特征在于，S6 包括：显示一包含所述被测物的标尺框，所述标尺框的宽度等于被测物的最大宽度，所述标尺框的高度等于被测物的最大高度，所述标尺框还包括用于显示所述实际尺寸的刻度。

4. 如权利要求 1 所述的移动终端的物体测量方法，其特征在于，所述物体测量方法还包括：在 S1 之后、S2 之前，执行 T1；

T1 判断是否接收到一由用户选择测量区域的第一指令，若是，执行 T2；若否，执行 S2；

T2 在显示屏中显示一可调节尺寸和位置的测量区域选择框，获取测量区域选择框的尺寸 h′，然后执行 T3；

T3 通过移动终端的距离探测器获取移动终端到测量区域选择框中包含的物体所在的实际平面的距离 D′，然后执行 T4；

T4 获取摄像头中的透镜的光心到成像平面的距离 d′和从成像平面成像到显示屏成像的缩放比例 n′，然后执行 T5；

T5 计算测量区域选择框映射在物体所在的实际平面的实际尺寸 H′，$H' = h' \times D'/(n' \times d')$，然后执行 T6；

T6 输出 H′，然后结束流程。

6. 一种移动终端，其特征在于，其包括：一显示屏、一提取模块、一距离探测器、一获取模块、一计算模块和一输出模块；

所述显示屏用于显示移动终端的摄像头采集到的图像信息；

所述提取模块用于从所述图像信息中提取被测物的轮廓；

所述距离探测器用于获取移动终端到被测物的距离 D；

所述获取模块用于获取摄像头中的透镜的光心到成像平面的距离 $d_1$ 提取到的轮廓在显示屏中的尺寸 h 和从成像平面成像到显示屏成像的缩放比例 n；

所述计算模块用于计算被测物的实际尺寸 H，$H = h \times D/(n \times d)$；

所述输出模块用于输出所述实际尺寸。

7. 如权利要求 6 所述的移动终端，其特征在于，所述输出模块用于显示一包含所述被测物的标尺框，所述标尺框的宽度等于被测物的最大宽度，所述标尺框的高度等于被测物的最大高度，所述标尺框还包括用于显示所述实际尺寸的刻度。

9. 如权利要求 6 所述的移动终端，其特征在于，所述移动终端还包括一第一判断模块；

所述第一判断模块用于判断是否接收到一由用户选择测量区域的第一指令，并在判断结果为是时，调用一测量区域选择模块，在判断结果为否时，调用所述提取模块；

所述测量区域选择模块用于在显示屏中显示一可调节尺寸和位置的测量区域选择框，获取测量区域选择框的尺寸 h′，然后通过移动终端的距离探测器获取移动终端到测量区域选择框中包含的物体所在的实际平面的距离 D′，再获取摄像头中的透镜的光心到成像平面的距离 d′和从成像平面成像到显示屏成像的缩放比例 n′，计算并输出测量区域选择框映射在物体所在的实际平面的实际尺寸 H′，$H' = h' \times D' / (n' \times d')$，然后结束调用。

☞ **相关说明书内容**

摘录一

上述方案作为所述移动终端的物体测量方法的辅助功能，实现了由用户自主选择测量区域并测量出在物体所在的实际平面上测量区域的尺寸。更适用于实际物体较大，只测量其中一部分区域的尺寸的情况。

摘录二

本发明的积极进步效果在于：利用带有摄像头和距离探测器的移动终端，实现了物体尺寸的快速测量。同时，还可以具备由用户自主选择测量区域和被测物的功能，适用于多种情况，具有方便、快捷的优点。

摘录三

一种移动终端的物体测量方法，参见图 1，包括：

步骤 101. 将移动终端的摄像头采集到的图像信息显示在移动终端的显示屏中。

步骤 102. 判断是否接收到一由用户选择测量区域的第一指令，若否，执行步骤 103；若是，执行步骤 110。

步骤 103. 判断是否接收到一由用户选择被测物的第二指令，若是，执行步骤 104；若否，执行步骤 105。

步骤 104. 接收一选中显示屏中某一物体作为被测物的选中命令，其中所述选中命令为点击显示屏中作为被测物的物体，或用一取景框框出作为被测物的物体。

步骤 105. 从所述图像信息中提取被测物的轮廓，并显示所述轮廓。

步骤 106. 通过移动终端的距离探测器获取移动终端到被测物的距离 D。

步骤 107. 获取摄像头中的透镜的光心到成像平面的距离 $d_1$ 提取到的轮廓在显示屏中的尺寸 h 和从成像平面成像到显示屏成像的缩放比例 n。

步骤 108. 计算被测物的实际尺寸 H，$H = h \times D / (n \times d)$。

步骤 109. 显示一包含所述被测物的标尺框，所述标尺框的宽度等于被测物的最大宽度，所述标尺框的高度等于被测物的最大高度，所述标尺框还包括用于显示所述实际尺寸 H 的刻度，然后结束流程。

步骤 110. 在显示屏中显示一可调节尺寸和位置的测量区域选择框，获取测量区域选择框的尺寸 h′。

步骤 111. 通过移动终端的距离探测器获取移动终端到测量区域选择框中包含的物体所在的实际平面的距离 D′。

步骤 112. 获取摄像头中的透镜的光心到成像平面的距离 d′和从成像平面成像到显示屏成像的缩放比例 n′。

步骤 113. 计算测量区域选择框映射在物体所在的实际平面的实际尺寸 H′，$H' = h' \times D' / (n' \times d')$。

步骤 114. 输出 H′，即在测量区域选择框上显示所述实际尺寸的刻度。

所述移动终端的物体测量方法虽然包括上述步骤，但也可将其拆分成三个独立的技术方案，分别测量被测物的尺寸（步骤 101、步骤 105～109）、指定区域的尺寸（步骤 101、步骤 102、步骤 110～114）和指定被测物的尺寸（步骤 101、步骤 103～109），也可将这三个技术方案两两组合。

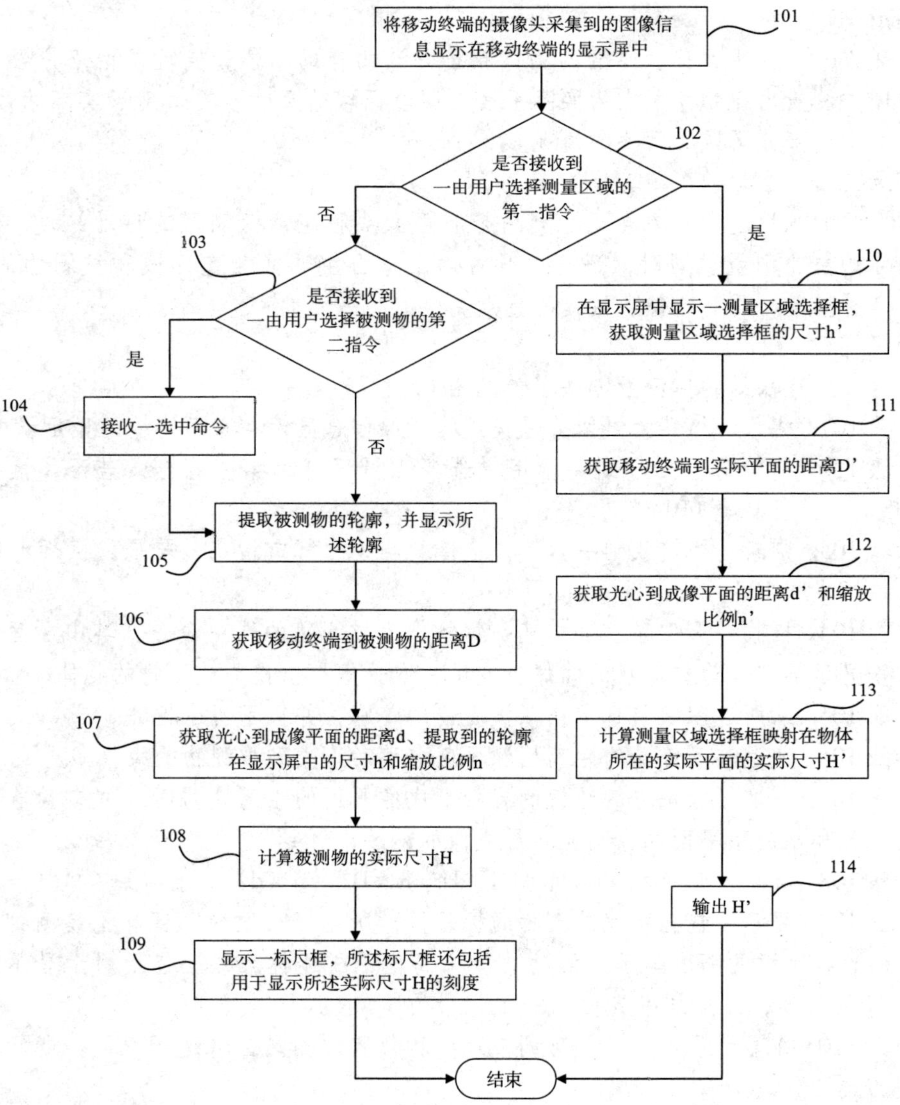


图 1

### ☞相关对比文件公开内容

**【对比文件1】**

摘录一

[0004] 因此，需要一种方便用户携带、测量方法简单、适用范围广的设备来测量物体尺寸。

摘录二

[0038] 图2是示出根据本发明示例性实施例的用于在便携终端中测量物体尺寸的方法的流程图。

[0039] 参照图2，在操作S1，图像拍摄单元100拍摄被测量物体的图像。对于本领域技术人员而言，图像拍摄单元100可采用任何适当的方式对被测量物体进行拍摄以产生相应的清晰的图像。

[0040] 在操作S2，像高获取单元200从被测量物体的图像获取被测量物体的像高。在本发明的各实施例中，像高为被测量物体在拍摄的像中的尺寸，被测量物体在图像中的尺寸可指示被测物体成像的高度和宽度，但并不受限于此。作为示例，像高获取单元200可基于图像拾取技术直接从被测量物体在图像传感器形成的图像获取被测量物体的像高，在这种情况下，拍摄的像距指示被测量物体的光学焦距。作为另一优选方式，像高获取单元200还可以从被测量物体在便携终端的显示屏上形成的图像获取由用户标注的被测量物体的像高，在这种情况下，拍摄的像距指示被测量物体的光学焦距与数码变焦的乘积。上述获取像高的方式使得本发明的技术方案不需要选取像高一定的参考物体，而直接对被测量物体进行测量。此外，在本步骤中，相比较直接从图像传感器上形成的图像获取被测量物体的像高，在便携终端的显示屏上直接获得像高更直观、更方便，同时准确性也更高。

[0041] 在操作S3，物距信息获取单元300获取被测量物体被拍摄时的物距信息。在本发明的各实施例中，物距信息可以为物距或物距差，其中，物距差为两次拍摄被测量物体时物距的差值。

[0042] 在这里，应注意，操作S2与操作S3的执行顺序可被颠倒，或者，操作S2与操作S3可被同时执行。

[0043] 在操作S4，物体尺寸计算单元400基于以上获取的像高和物距信息以及被测量物体被拍摄时的像距来计算被测量物体的物高，作为被测量物体的尺寸。这里，像距是指在图像拍摄单元100拍摄被测量物体时的光学焦距或光学焦距与数码变焦的乘积。

摘录三

[0060] 参照图3和图4，在操作S11，图像拍摄单元100拍摄被测量物体的图像。对于本领域技术人员而言，图像拍摄单元100可采用任何适当的方式对被测量物体进行拍摄以产生相应的清晰的图像。其中，被测量物体在便携终端的图像传感器上成像的高度为H1；被测量物体在便携终端的显示屏上成像的高度为h。

[0061] 在操作S21，像高获取单元200从被测量物体的图像获取被测量物体的像高。在此可以通过两种方式来获得被测量物体的像高，第一种为像高获取单元200从被测量物体在图像传感器形成的图像获取被测量物体的像高H1，在这种情况下，像距指示被测量物体的光学焦距F；第二种为像高获取单元200从被测量物体在便携终端的

显示屏上形成的图像获取由用户标注的被测量物体的像高 h，在这种情况下，像距指示被测量物体的光学焦距 F 与数码变焦 f 的乘积 F＊f（其中，“＊”表示相乘运算关系）。在第二种方式获得被测量物体的像高的过程中，像高由用户标注，若该便携终端为触屏终端，用户可以通过利用手指或触摸笔直接在触摸显示屏上点击被测量物体的图像来标注像高。若该便携终端为非触屏终端，可以利用非触屏终端的虚拟鼠标，通过控制虚拟鼠标的位置进行标注。具体地，便携终……

摘录四

［0063］在操作 S31，物距信息获取单元 300 获取被测量物体被拍摄时的物距。根据本发明的该示例性实施例，物距信息获取单元 300 可以是测距传感器。

［0064］在这里，应注意，操作 S21 与操作 S31 的执行顺序可被颠倒，或者，操作 S21 与操作 S31 可被同时执行。

［0065］在操作 S41，物体尺寸计算单元 400 基于像高、物距以及被测量物体被拍摄时的像距并根据下面的光学成像公式来计算被测量物体的物高：像距/物距 = 像高/物高。具体地，当在操作 S21，像高获取单元 200 从被测量物体在图像传感器形成的图像获取被测量物体的像高 H1 时，物高 H = H1 × L/F。作为另一实施方式，当在操作 S21，像高获取单元 200 从被测量物体在便携终端的显示屏上形成的图像获取由用户标注的被测量物体的像高 h 时，像距指示被测量物体的光学焦距 F 与数码变焦 f 的乘积，则物高 H = h × L/fF。

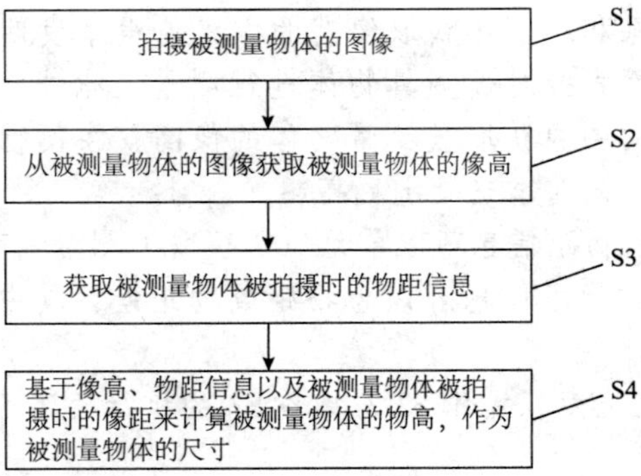


图 2

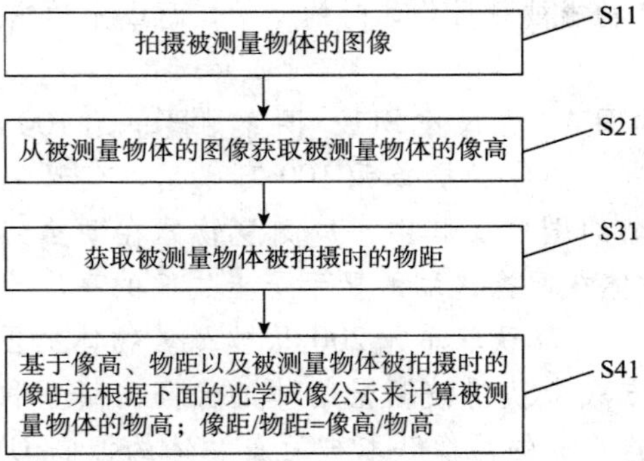


图 3

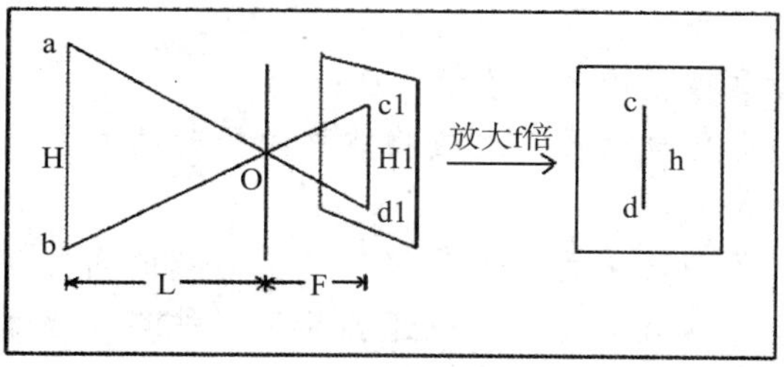


图 4

**【对比文件 2】**

摘录一

［0031］图 3 示出了根据本发明一个实施例的，用于使用移动终端 100 的摄像头 110 测量物体 10 的真实尺寸"H"的方法的示意图。如图所示，根据本发明一个实施例的，用于使用移动终端 100 摄像头 110 测量物体 10 的真实尺寸"H"的方法，包括步骤 S100 用于识别通过使用移动终端 100 的摄像头 110 获取物体影像 20，步骤 S200 用于测量识别的物体影像 20 的尺寸"h"，步骤 S300 用于测量物体 10 和摄像头 110 之间的距离"h"，用于计算物体 10 的真实尺寸"H"的步骤，以及步骤 S500 用于输出所述计算的物体 10 的真实尺寸"H"至所述移动终端 100。

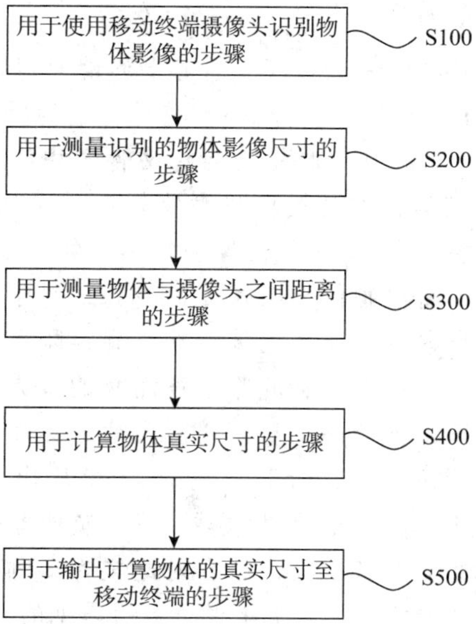


图 3

### ☞ 审查意见

权利要求 1 要求保护一种移动终端的物体测量方法，对比文件 1（CN103206919A）公开了一种移动终端的物体测量方法，具体公开了（参见说明书：第 6 ~ 18、32 ~ 36 段、60 ~ 68 段，图 1 ~ 图 4）

S1：拍摄被测量物体的图像；

S2：从被测量物体的图像获取被测量物体的像高；

S3：获取被测量物体被拍摄时的物距信息；

S4：基于像高、物距信息以及被测量物体被拍摄时的像距来计算被测量物体的物高，作为被测量物体的尺寸。

对比文件1中公开了拍摄单元可以为移动通信终端的内置相机，即公开了移动终端的摄像头采集图像信息。对比文件1中还公开了将被测量物体的图像在移动终端的显示屏上显示，物距信息通过测距传感器（相当于距离探测器）获取。像距，即被测物的像到透镜光心的距离，相当于公开了步骤S4中的获取摄像头中的透镜的光心到成像平面的距离d。对比文件1说明书第60～65段公开了在显示屏上形成的像高h，物高H的计算公式为H=h×L/fF，此时像距被定义为指示被测物体的光学焦距F与数码变焦f的乘积，图4中将f标注为放大倍数，可以理解为被测物从成像平面成像到显示屏成像的缩放比例n，因此步骤S4、步骤S5被公开。

权利要求所要求保护的技术方案与对比文件1的区别在于：S2. 从所述图像信息中提取被测物的轮廓，S6. 显示一包含所述被测物的标尺框，所述标尺框的宽度等于被测物的最大宽度，所述标尺框的高度等于被测物的最大高度，所述标尺框还包括用于显示所述实际尺寸的刻度；使用了S1～S6的顺序。

基于以上区别技术特征，权利要求的技术方案实际解决的技术问题是：直观地进行被测物测量。

对比文件2（CN102607423A）公开了一种移动终端的物体测量方法（参见说明书：第5～15、21～41段，图1～图4）：步骤S100移动终端的摄像头采集图像信息；通过轮廓分析识别物体的影像，上述技术特征在对比文件2中的作用与其在本发明中为解决其技术问题所起的作用相同，都是提取被测物轮廓，因此在对比文件2的启示下，本领域技术人员能够想到在步骤S1获取图像、显示图像之后进行步骤S2被测物轮廓提取。对比文件2还公开了输出物体真实尺寸的步骤；对于物体真实尺寸的输出，通过带有刻度的标尺框标示是本领域技术人员能够想到，即本领域技术人员能够想到显示一包含被测物的标尺框，标尺框的宽度等于被测物的最大宽度，标尺框的高度等于被测物的最大高度，标尺框还包括用于显示实际尺寸的刻度。本申请按照采集与显示（S1）、轮廓提取（S2）、物距获取（S3）、像距与缩放比例获取（S4）、尺寸计算（S5）、输出结果（S6）的顺序进行，是本领域技术人员能够想到的一种合理顺序。

由此可见，在对比文件1的基础上，结合对比文件2和公知常识得出权利要求所要求保护的技术方案对本领域的技术人员来说是显而易见的。

因此，权利要求所要保护的技术方案不具备突出的实质性特点和显著的进步，不具备《专利法》第22条第3款规定的创造性。

3. 权利要求3不具备《专利法》第22条第3款规定的创造性

权利要求3是权利要求1的从属权利要求，其对权利要求做了进一步限定。对比文件1公开了用户对像高进行标注，本领域技术人员能够想到将用户的其他操作也应用进来，比如对被测物所在区域、被测物的选择。对比文件2还公开了在从识别的影像中选择物体影像，为了从影像中选择被测物体，本领域技术人员能够想到通过用户选择的方式，权利要求3附加技术特征所限定的通过用户选择测量区域进而求取该区域内物体的实际尺寸，是本领域技术人员能够想到的。

由此可见，在其引用的权利要求不具备创造性的情况下，从属权利要求也不具备创造性。

### ☞ 答辩要点分析思路

此案二通答辩要点之一为论述该发明与现有技术在采用相同的已知的技术原理时解决的技术问题和技术方案本身都存在不同。

代理师经比对发现，该发明、对比文件1和对比文件2的主要目的都是通过拍照的方式计算得到被照物体的尺寸，并且在计算时采用了相同的光学成像原理，即物高=物距×像高/相距，这一光学成像原理属于已知的自然科学规律。由于采用的技术原理属于已知的自然科学规律，因此审查员主观上就容易低估该发明的创造性价值，如何说服审查员该发明虽然利用了已知的技术原理但仍具有非显而易见性是此次答辩的重点及难点。

同一技术原理在应用到不同的领域、解决不同的技术问题时所具体实施的技术方案很可能不同。也就是说，不同的技术领域、解决不同的技术问题的两个技术方案即使采用相同的技术原理，方案本身也不一定相同。出于这一原因，在论述一个技术方案是否具有非显而易见性时，应当着重分析该技术方案与现有技术是否属于相同的技术领域，利用相同的技术原理所解决的技术问题是否相同，在具体实施相同的技术原理时所采用的技术方案是否相同。

具体到该案中，该发明与对比文件1同属于物体测量领域，原权利要求1、3、5的技术方案与对比文件1区别不大，因此，不考虑争辩原权利要求1、3、5的创造性。在答一通时，删去了原权利要求1，将原权利要求2作为新方法独立权利要求争辩其具备创造性，但是审查员并未接受。在答二通时，考虑到如果按照答一通的观点再次答复，审查员很可能仍不会接受，该案存在较大被驳回的风险，所以为了避免该案被驳回，将原权利要求4并入到独立权利要求中（即将原权利要求1、2、4合并，作为新方法独立权利要求），争辩新方法独立权利要求的创造性。

原权利要求1、2、4合并后的新方法独立权利要求相比于对比文件1，虽然利用了相同的光学原理，但是其解决的技术问题与对比文件1解决的技术问题完全不同，在具体实施该相同的光学原理时所采用的技术方案与对比文件1具体实施该相同的光学原理时所采用的技术方案也存在很大区别。对比文件2与原权利要求1、2、4合并后的新方法独立权利要求虽然也利用了相同的光学原理且同属于物体测量领域，但是并没有给出将上述区别应用于对比文件1以原权利要求1、2、4合并后的新方法独立权利要求所实际解决的技术问题的启示。

### ☞ 意见陈述原文摘录

（1）区别技术特征及新的权利要求1实际解决的技术问题

新的权利要求1相比于对比文件1的区别技术特征为：

S2从所述图像信息中提取被测物的轮廓；

S6 显示一包含所述被测物的标尺框，所述标尺框的宽度等于被测物的最大宽度，所述标尺框的高度等于被测物的最大高度，所述标尺框还包括用于显示所述实际尺寸的刻度；

使用了 S1 ~ S6 的顺序；

在 S1 之后、S2 之前，执行 T1；

T1 判断是否接收到一由用户选择测量区域的第一指令，若是，执行 T2；若否，执行 S2；

T2 在显示屏中显示一可调节尺寸和位置的测量区域选择框，获取测量区域选择框的尺寸 $h'$，然后执行 T3；

T3 通过移动终端的距离探测器获取移动终端到测量区域选择框中包含的物体所在的实际平面的距离 $D'$，然后执行 T4；

T4 获取摄像头中的透镜的光心到成像平面的距离 $d'$和从成像平面成像到显示屏成像的缩放比例 $n'$，然后执行 T5；

T5 计算测量区域选择框映射在物体所在的实际平面的实际尺寸 $H'$，$H' = h' \times D' / (n' \times d')$，然后执行 T6；

T6 输出 $H'$，然后结束流程。

上述区别技术特征表明，新的权利要求 1 与对比文件 1 虽然都利用了相同的光学成像原理来测量物体的尺寸，但是新的权利要求 1 的技术方案与对比文件 1 的技术方案存在明显不同。

另外，新的权利要求 1 所解决的技术问题与对比文件 1 所解决的技术问题也存在明显不同。具体地，参见对比文件 1 说明书第［0004］段的记载，可知，对比文件 1 所解决的技术问题是提供一种方便用户携带、测量方法简单、适用范围广的设备来测量物体尺寸。而新的权利要求 1 所要解决的技术问题则完全与之不同，原因在于：

通过上述区别技术特征还可以看出新的权利要求 1 可以提供两种测量物体尺寸的模式：第一种是，由移动终端自行提取图像信息中的物体作为被测物，来直接测量被测物的实际尺寸；第二种是，由用户自主选择要测量的物体，大致的过程是用户通过调节测量区域选择框的尺寸和位置，框出要测量的物体，利用测量区域选择框的尺寸 $h'$、移动终端到测量区域选择框中包含的物体所在的实际平面的距离 $D'$、透镜的光心到成像平面的距离 $d'$和从成像平面成像到显示屏成像的缩放比例 $n'$，计算测量区域选择框映射在物体所在的实际平面的实际尺寸，该实际尺寸就等于测量区域选择框中的物体的实际尺寸，其中被框中的物体可以为某个物体的局部。上述两种测量物体尺寸的模式使得移动终端测量物体尺寸的模式更加多样化，能够根据被测物的具体情况选择不同的测量模式，满足不同的测量需求。尤其是第二种模式，在测量被框中的物体的尺寸时不再需要从图像信息中提取被测物的轮廓（即步骤 S2）以及获取提取到的轮廓在显示屏中的尺寸（即步骤 S4 中的 h），利用选择框的尺寸 $h'$就等于提取轮廓后获得的尺寸 h，通过获取选择框的尺寸计算测量区域选择框映射在物体所在的实际平面的实际尺寸，间接地获得了测量区域选择框中的物体的实际尺寸。这种模式简化了测量被测物的步骤，提高了计算效率，同时避免出现由于提取被测物的轮廓可能存在的不准确而导致的测量失准。

基于上述内容，利用上述区别技术特征，新的权利要求 1 所达到的技术效果为：提供了测量物体尺寸的多种模式，其中第一种模式由移动终端自行提取图像信息中的物体作为被测物并测量其实际尺寸；第二种模式由用户自主选择测量区域并测量出在物体所在的实际平面上测量区域的尺寸，更适用于实际物体较大，只测量其中一部分区域的尺寸的情况（参见说明书第 22 段），并且简化了测量被测物的步骤，提高了计算效率，同时避免出现由于提取被测物的轮廓可能存在的不准确而导致的测量失准。

根据所述区别技术特征及其所能达到的技术效果确定该发明实际解决的技术问题是如何提供一种有助于用户读取被测物的实际尺寸，以及能够由用户自主选择测量区域并测量出在物体所在的实际平面上测量区域的尺寸，更适用于实际物体较大，只测量其中一部分区域的尺寸的情况的，简化测量被测物的步骤，提高计算效率，同时避免出现由于提取被测物的轮廓可能存在的不准确而导致的测量失准的、具有多种测量模式的移动终端的物体测量方法。

因此，新的权利要求 1 所解决的技术问题不同于对比文件 1 所解决的技术问题。

（2）新的权利要求 1 的技术方案对本领域的技术而言是非显而易见的

审查员指出，对比文件 1 公开了用户对像高进行标注，本领域技术人员能够想到将用户的其他操作也应用进来，比如对被测物所在区域、被测物的选择。对比文件 2 还公开了在从识别的影像中选择物体影像，为了从影像中选择被测物体，本领域技术人员能够想到通过用户选择的方式，原权利要求 4 的附加技术特征所限定的通过用户选择测量区域进而求取该区域内物体的实际尺寸，是本领域技术人员能够想到的。

申请人对上述内容有不同意见：

一方面，即使对比文件 1 公开用户对像高进行标注，对比文件 2 公开了从识别的影像中选择物体影像，但是本领域技术人员仍然不容易想到将上述区别技术特征应用到最接近的现有技术以解决上述技术问题。

对比文件 1 公开了用户对像高进行标注，具体从说明书第［0061］段公开的内容可以看出，对比文件 1 中标注的作用是获取被测量物体的像高，标注的方式是由用户标注两个点，以此作为像的起始位置和结束位置，通过计算标注的两点之间的距离来获取被测量物体的像高。而新的权利要求 1 中通过用户测量区域选择框不仅可以由用户选择测量区域，还可以测量区域选择框的尺寸 h′，作为一个参数，用于计算实际尺寸 H′，也就是说，新的权利要求 1 中测量区域选择框的作用是选中要测量的区域，以及获取计算实际尺寸 H′所需的参数，选中的方式是由用户绘出一个框。因此，对比文件 1 中标注像高的作用和方式与新的权利要求 1 中绘制测量区域选择框的作用和方式都是不同的，并且对于新的权利要求 1 而言，没有直接测量被测物在图像信息中的尺寸（相当于被测物的像高），而是利用测量区域选择框间接地计算被测物的尺寸。本领域技术人员即使通过对比文件 1 知道了采用由用户标注两个点的方式来获取被测量物的像高，也不可能从中想到利用测量区域选择框来选中要测量的区域，以及将测量区域选择框的尺寸 h′作为计算实际尺寸 H′的参数，间接地计算被测物的尺寸。

另外，对比文件 2 公开了从识别的影像中选择物体影像，这表明，对比文件 2 计算被测物的尺寸必须要先识别影像，获取物体影像的尺寸，而上文已经陈述了，新的权利要求1不再需要获取被测物在影像中的尺寸，而是通过将测量区域选择框的尺寸h′作为计算实际尺寸H′的参数，间接地计算被测物的尺寸。因此，对比文件2并没有解决新的权利要求1实际解决的技术问题，也没有给出将上述区别技术特征应用到最接近的现有技术以解决上述技术问题的启示。

另一方面，上述区别技术特征不是本领域的公知常识。

本领域技术人员在解决上述技术问题时，通常采用的技术手段是利用图像中被测物的尺寸来计算被测物的实际尺寸，如对比文件1和对比文件2都是如此，而新的权利要求1在第二种模式中，没有获取被测物在影像中的尺寸，而是通过将测量区域选择框的尺寸h′作为计算实际尺寸H′的参数，间接地计算被测物的尺寸，进而达到了由用户自主选择测量区域以及简化测量被测物的步骤，提高计算效率，同时避免出现由于提取被测物的轮廓可能存在的不准确而导致的测量失准的技术效果。因此，上述区别技术特征不是本领域的公知常识。

基于上述内容，在对比文件1的基础上结合对比文件2和本领域的公知常识是不能得到新的权利要求1的技术方案的。新的权利要求1是非显而易见的。

原权利要求6、7、9合并后的新产品独立权利要求与上述方法独立权利要求相对应，基于与上述相同的理由，也是非显而易见的。

## 三、“经有限的试验获得”的发明创造

“经有限的试验获得”是审查意见中常常见到的一句套话。很多时候，审查意见没有给出多少实质性的评述发明显而易见的理由，草草一句“发明可以经过有限的试验获得因而不具备创造性”即下论断。这样的审查意见未能准确把握“非显而易见性”的判断方法，滥用“有限的试验”否定发明创造性。

分析审查员不适当地仅用“经有限的试验获得”否定创造性的原因，多是其未将发明置于申请日以前的现有技术的基础上，置于本领域技术研发特点及情况下进行分析，主观上产生低估创造性的印象。答复审查意见时，针对仅以“经有限的试验获得”的理由否定创造性的意见，专利代理师可以反驳：所有发明创造，包括开拓性发明，都是通过有限的试验得出的，而非通过无限的试验得出的。因此，在没有任何限制的前提下，“发明可以经过有限的试验获得因而不具备创造性”这句话本身是逻辑错误的，它否定了所有发明创造的创造性。进一步需要澄清的是，究竟什么样的“经有限的试验获得”的发明创造不具备专利法上的创造性。根据《审查指南》判断发明是否显而易见的指导原则，只有在现有技术中给出了将区别技术特征应用于最接近的现有技术，以解决所述技术问题，并且使本领域技术人员产生动机进行改进并获得所要求保护的发明的技术启示的情况下，该发明创造才可被认为显而易见，不具备创造性。由此可知，所谓的不具备创造性的“经有限的实验获得”的发明创造的前提是，现有技术整体上存在相应的技术启示。在这样的启示下，本领域技术人员通过少量的简单试验即可获得发明。若审查员引用的对比文件整体上不存在这样的技术启示，发明的显而易见就无从谈起。

## 【案例 No. 1111005】一种锂电池负极材料的制备方法、锂离子电池负极材料和锂离子电池

### ☞ 案由简要

该申请涉及一种锂电池负极材料的制备方法（权利要求 1 ~ 8），锂离子电池负极材料（权利要求 9）和锂离子电池（权利要求 10）。

- 一通：审查员引用两篇对比文件认为权利要求 1 ~ 10 不具备创造性。
- 答一通：未修改。
- 二通：审查员认可了创造性，指出清楚问题和形式问题。
- 答二通：略。
- 三通：清楚问题。
- 答三通：略。
- 审查结果：授权。

### ☞ 相关权利要求

答一通时，未修改权利要求 1：

1. 一种锂电池负极材的制备方法，其包括下述步骤：

（1）将硅和/或一氧化硅进行湿法球磨至平均粒径为纳米尺寸；

（2）将步骤（1）得到的物料与石墨和溶剂混合均匀后再与稳定剂混合均匀，得料浆，控制所述料浆的固含量为 10wt% ~ 30wt%；

（3）对所述料浆进行喷雾干燥得负极材料前驱物，喷雾干燥时的进口温度为 180 ~ 250℃，出口温度为 100 ~ 120℃；

（4）在惰性气体气氛下，对所述负极材料前驱物进行炭化处理，即可；步骤（1）中，硅和一氧化硅的总量占硅、一氧化硅和石墨总量的 5wt% ~ 50wt%。

### ☞ 相关说明书内容

摘录一

本发明的积极进步效果在于：

（1）本发明提供了一种具有特殊的球形结构的锂离子电池负极材料，球形颗粒之间存在一定的空隙，有效缓冲硅在充放电过程中的巨大体积变化，具有优异的循环性能和倍率放电性能，并且提高了锂离子电池的比容量。

（2）本发明所用原料均市售可得，工艺流程简单易于控制，且所用设备均为工业化普通设备，易于实现产业化生产。

摘录二

实施例 1

（1）分别称取 0. 75kg 的硅和一氧化硅，依次加入至超细循环球磨设备中，并加入 6kg 的水，循环球磨 5 小时，检测样品平均粒径为 400 ~ 600nm；

（2）称取 3. 5kg 的人造石墨（平均粒径为 4. 5μm）添加至循环球磨机中，并加入

14kg的水，循环球磨30分钟，待均匀混合，加入15g聚乙烯醇（分子量为5000），搅拌得到固含量为20wt%的料浆；

（3）将步骤（2）中的料浆通过离心喷雾干燥设备进行处理，喷雾干燥进口温度设定为220℃，出口温度设定为110℃，喷雾干燥处理完毕后得到锂离子电池负极材料前驱物；

（4）将步骤（3）中的锂离子电池负极材料前驱物进行炭化处理，炭化处理过程中全程采用工业用氮气进行保护，炭化处理温度是650℃，炭化处理时间为90分钟，保温结束后随炉冷却，最后得到锂离子电池负极材料。

图1是实施例1的XRD图谱。图谱中可以明显看到制备的锂离子电池负极材料以石墨相为主，存在少量的晶体硅相，但物相中没有观察到SiO相的存在，这是由于SiO原料即为无定形态，它属于非晶结构。图2是实施例1的SEM照片。从图中可以看出，所得产品具有球形结构特征，平均粒径为15μm。

将得到的负极材料制成电极。电极的制备方法如下：将所得产品按90∶10的重量比与溶于氮甲基吡咯烷酮的聚偏氟乙烯溶液（分子量为850）混合，用氮甲基吡咯烷酮来调节浆料的黏度；然后将浆料用刮刀均匀涂抹在经过丙酮清洗的铜箔上，在120℃下真空干燥烘干12小时，然后经过压片、裁剪，制得研究电极。

研究电极制成之后，在扣式电池中进行性能测试。电池组装方式如下：以锂片作为对电极，Celgard 2300作为隔膜，电解液采用含1M $LiPF_6$ 的EC－DMC（1∶1）溶液。测试时，温度为室温，采用恒流充放电，电流密度为0.3mA/$cm^2$，电压控制范围是0.005～2.0V。

电化学测试结果显示：本实施例所得产品的首次嵌锂容量为1039.4mAh/g，可逆脱锂容量为768.7mAh/g，首次库仑效率为73.9%。10次循环后可逆脱锂容量为524.8mAh/g，容量为首次容量的68.3%。可逆容量高于石墨碳材料（372mAh/g），循环寿命大大高于纯硅负极材料（10次循环后容量几乎衰减了首次容量的99%）。

实施例2

（1）称取1.5kg的硅，依次加入超细循环球磨设备中，并加入6kg的水，循环球磨5小时，检测样品平均粒径为400～600nm；

（2）称取3.5kg的人造石墨（平均粒径为4.5μm）添加至循环球磨机中，并加入14kg的水，循环球磨30分钟，待均匀混合，加入15g聚乙烯醇（分子量为5000），搅拌得到固含量为20wt%的料浆；

（3）将步骤（2）中的料浆通过离心喷雾干燥设备进行处理，喷雾干燥进口温度设定为220℃，出口温度设定为110℃，喷雾干燥处理完毕后得到锂离子电池负极材料前驱物；

（4）将步骤（3）中锂离子电池负极材料前驱物进行炭化处理，炭化处理过程中全程采用工业用氮气进行保护，炭化处理温度是650℃，炭化处理时间为90分钟，保温结束后随炉冷却，最后得到锂离子电池负极材料。

按照与实施例1相同的方法制备电极。电化学测试结果显示：本实例所得产品的首次嵌锂容量为1266.1mAh/g，可逆脱锂容量为1018.3mAh/g，首次库仑效率为

80.4%。10次循环后可逆脱锂容量为528.9mAh/g，容量为首次容量的51.9%。

实施例3

(1) 称取1.5kg的一氧化硅加入至超细循环球磨设备中，并加入6kg的水，循环球磨5小时，检测样品平均粒径为400~600nm；

(2) 称取3.5kg的人造石墨（平均粒径为4.5μm）添加至循环球磨机中，并加入14kg的水，循环球磨30分钟，待均匀混合，加入15g聚乙烯醇（分子量为5000），搅拌得到固含量为20wt%的料浆；

(3) 将步骤(2)中的料浆通过离心喷雾干燥设备进行处理，喷雾干燥进口温度设定为220℃，出口温度设定为110℃，喷雾干燥处理完毕后得到锂离子电池负极材料前驱物；

(4) 将步骤(3)中锂离子电池负极材料前驱物进行热处理，热处理过程中全程采用工业用氮气进行保护，热处理温度是650℃，热处理时间为90分钟，保温结束后随炉冷却，最后得到锂离子电池负极材料。

按照与实施例1相同的方法制备电极。电化学测试结果显示：本实施例所得产品的首次嵌锂容量为850.0mAh/g，可逆脱锂容量为571.8mAh/g，首次库仑效率为67.3%。10次循环后可逆脱锂容量为503.6mAh/g，容量为首次容量的88.1%。

实施例4

(1) 分别称取0.6kg的硅和0.9kg的一氧化硅，依次加入超细循环球磨设备中，并加入6kg的水，循环球磨5小时，检测样品平均粒径为400~600nm；

(2) 称取3.5kg的人造石墨（平均粒径为4.5μm）添加至循环球磨机中，并加入14kg的水，循环球磨30分钟，待均匀混合，加入15g聚乙烯醇（分子量为5000），搅拌得到固含量为20wt%的料浆；

(3) 将步骤(2)中的料浆通过离心喷雾干燥设备进行处理，喷雾干燥进口温度设定为220℃，出口温度设定为110℃，喷雾干燥处理完毕后得到锂离子电池负极材料前驱物；

(4) 将步骤(3)中锂离子电池负极材料前驱物进行热处理，热处理过程中全程采用工业用氮气进行保护，热处理温度是650℃，热处理时间为90分钟，保温结束后随炉冷却，最后得到锂离子电池负极材料。

按照与实施例1相同的方法制备电极。电化学测试结果显示：本实施例所得产品的首次嵌锂容量为987.8mAh/g，可逆脱锂容量为693.4mAh/g，首次库仑效率为70.2%。10次循环后可逆脱锂容量为502.2mAh/g，容量为首次容量的72.4%。

实施例5

(1) 分别称取0.9kg的硅和0.6kg的一氧化硅，依次加入超细循环球磨设备中，并加入6kg的水，循环球磨5小时，检测样品平均粒径为400~600nm；

(2) 称取3.5kg的人造石墨（平均粒径为4.5μm）添加至循环球磨机中，并加入14kg的水，循环球磨30分钟，待均匀混合，加入15g聚乙烯醇（分子量为5000），搅拌得到固含量为20wt%的料浆；

(3) 将步骤(2)中的料浆通过离心喷雾干燥设备进行处理，喷雾干燥进口温度设定为220℃，出口温度设定为110℃，喷雾干燥处理完毕后得到锂离子电池负极材料前驱物；

(4) 将步骤 (3) 中锂离子电池负极材料前驱物进行热处理，热处理过程中全程采用工业用氮气进行保护，热处理温度是650℃，热处理时间为90分钟，保温结束后随炉冷却，最后得到锂离子电池负极材料。

按照与实施例1相同的方法制备电极。电化学测试结果显示：本实施例所得产品的首次嵌锂容量为1156.4mAh/g，可逆脱锂容量为897.4mAh/g，首次库仑效率为77.6%。10次循环后可逆脱锂容量为636.0mAh/g，容量为首次容量的70.9%。

☞ **相关对比文件公开内容**

对比文件1 (CN102263245A) 公开了一种锂离子电池复合负极材料的制备方法，具体为：先将含硅氧化物在惰性气氛下高能球磨3~5小时，所述硅氧化物可以为一氧化硅，再将其转移至盛有黏结剂溶液的球磨罐中球磨6~8小时，所述黏结剂可为CMC，然后将其转移至容器中并加入天然石墨和分散介质，所述分散介质可为水，搅拌均匀后进行喷雾造粒，得到球形物料再置于电阻炉中在惰性气氛中进行烧结，筛分后得到球形多孔锂离子电池复合材料（参见［0004］段）。

对比文件1实施例1进一步公开：

［0016］实施例1. 在手套箱中将一氧化硅置于不锈钢球磨罐中，再加入不锈钢球，球料比为16∶1，密封后取出。在高能球磨机上进行高能球磨，转速475转/分钟，时间3~5小时。再将其转移至盛有CMC或PVA、PVB等溶液的球磨罐中于行星球磨机上球磨6~8小时，然后将其转移至烧杯中并加入一定量的石墨（氧化硅：石墨=1∶12）和分散介质，当黏结剂为CMC或PVA时，分散介质为水；黏结剂为PVB时，分散介质为无水乙醇，搅拌均匀后进行喷雾造粒，得到的球形材料再置于电阻炉中进行气氛（氩气）烧结，升温到200℃保温2小时后升温至900℃，保温3小时后冷却至室温，采用500目筛分后与乙炔黑、聚偏氟乙烯（PVdF）按3∶1∶1的质量比在N-甲基吡咯烷酮（NMP）介质中制成浆料，涂布于铜箔上，经过干燥、冲膜和压膜制成工作电极。以金属锂箔为对电极，Celgard聚丙烯膜为隔膜，1M $LiPF_6$/（PC+DMC+DEC，VC）(1∶1∶1) 为电解液，在0.15mA/$cm^2$的电流密度下，0.02~1.5V的电压范围内进行充放电实验。首次嵌锂容量为573.6mAh/g，脱锂容量为368.3mAh/g，库仑效率为64.2%。第100次循环的嵌锂容量为414.7mAh/g，脱锂容量为413.9mAh/g，库伦效率为99.8%。与比较例1中的材料相比，实施例1中的材料不仅具有较好的循环稳定性。还可保持较高的可逆容量，说明通过此种方法制备的复合材料较好地结合了天然石墨和硅材料的优点。

☞ **审查意见**

1. 权利要求1请求保护一种锂电池负极材料的制备方法，对比文件1 (CN102263245A) 公开了（参见该对比文件的摘要、权利要求1~5、说明书［0016］段）一种锂离子电池复合负极材料的制备方法，并进一步公开了以下技术特征：先将含硅氧化物在惰性气氛下高能球磨3~5小时，所述硅氧化物可以为一氧化硅（相当于将一氧化硅进行球磨），再将其转移至盛有黏结剂溶液的球磨罐中球磨6~8小时，所述黏结剂可以为CMC，然后将其转移至容器中并加入天然石墨和分散介质，所述分散介质可以为水，搅拌均匀［相当于将步骤（1）得到的物料与石墨和溶剂混合均匀后再与稳定剂混合均匀，得料浆］后进行喷雾造粒（相当于对所述料浆进行喷雾干燥得负极材料前驱物），得到的球形物料再置于电阻炉中在惰性气氛中进行烧结，筛分后得到球形多孔锂离子电池复合负极材料（相当于在惰性气体气氛中，对所述负极材料前驱物进行炭化处理），氧化硅：石墨＝1：12（经换算，氧化硅占氧化硅和石墨总量的7.69wt%，落入5wt%～50wt%的数值范围内）。

权利要求1所要求保护的技术方案与对比文件1公开的技术内容相比，区别在于：(1) 负极材料中的硅源还可以为硅或硅与一氧化硅的混合物；(2) 所述球磨为湿法球磨；(3) 硅源球磨后的平均粒径为纳米尺寸，所述料浆的固含量为10wt%～30wt%，喷雾干燥时的进口温度为180～250℃，出口温度为100～120℃。基于上述区别技术特征，可以确定本发明实际要解决的技术问题是：为硅碳复合负极材料提供合适的硅源，并进一步提高负极材料的性能。

对于区别技术特征（1），对比文件2（CN101931076A）公开了（参见该对比文件的摘要、权利要求1～2）一种作为锂离子电池负极材料的硅碳复合颗粒，其中硅源为硅粉和一氧化碳中的至少一种。由此可见，区别技术特征（1）已被对比文件2公开，且其在对比文件2中所起的作用与其在本发明中为解决其技术问题所起的作用相同，即对比文件2给出了将上述技术特征应用到对比文件1中以达到为硅碳复合负极材料提供合适的硅源这一技术效果的启示。

对于区别技术特征（2），湿法球磨是本领域技术人员在进行物料球磨时常用的技术手段，属于本领域的公知常识。

对于区别技术特征（3），为了进一步提高负极材料的性能，本领域技术人员可以通过有限的试验来确定硅源的适宜尺寸、料浆的适宜固含量以及喷雾干燥时进出口的适宜温度，譬如为权利要求1所限定的数值范围，而无须付出创造性劳动，且其效果可以预期。

因此，在对比文件1的基础上结合对比文件2以及本领域的公知常识、有限的试验得出权利要求1所要求保护的技术方案，对于本领域技术人员来说是显而易见的，故权利要求1所要求保护的技术方案不具备突出的实质性特点和显著的进步，不符合《专利法》第22条第3款规定的创造性。

**☞ 答辩要点分析思路**

该案答辩要点在于之一在于强调参数的选择并不是任意的，在现有技术没有给出任何方向性启示的前提条件下，对于参数如何选择以及选择怎样的参数才能优化反应得到具有所述效果的目标产物，本领域技术人员根本无从知晓，由此可知，这种情况下筛选出特定的参数并不是有限次实验可以获得的，而是必须付出创造性劳动的。审查员在审查时容易先入为主地思考问题，但是，在答复时代理师需要将其思路逆转过来，使其从发明人的角度去思考，在本申请申请日以前，究竟现有技术有没有给出上述区别技术特征可以用以解决该发明实际解决技术问题的启示。

另外，在对比文件中可能会存在有利于证明该发明创造性的证据，因此代理师在分析阅读对比文件时需要全文整体阅读，切忌审查员指哪看哪。

仔细分析对比文件2可发现，对比文件2公开了采用“球磨法”无法提高电性能的内容，因此对比文件2全文并不涉及球磨法操作，更无法给出球磨参数选择的启示；同样地，对比文件2并不涉及喷雾干燥过程，基于此也不可能给出喷雾干燥的参数选择启示。

**☞ 意见陈述原文摘录**

对比文件1（参见［0004］段，实施例1）公开了一种锂离子电池复合负极材料的制备方法，具体为：先将含硅氧化物在惰性气氛下高能球磨3～5小时，所述硅氧化物可以为一氧化硅，再将其转移至盛有黏结剂溶液的球磨罐中球磨6～8小时，所述黏结剂可为CMC，然后将其转移至容器中并加入天然石墨和分散介质，所述分散介质可为水，搅拌均匀后进行喷雾造粒，得到球形物料再置于电阻炉中在惰性气氛中进行烧结，筛分后得到球形多孔锂离子电池复合材料。

根据对比文件1实施例1的记载，其负极材料的性能效果如下：首次嵌锂容量为573.6mAh/g，脱锂容量为368.3 mAh/g，库伦效率为64.2%。

本发明请求保护一种锂电池负极材料的制备方法，其包括下述步骤：

（1）将硅和/或一氧化硅进行湿法球磨至平均粒径为纳米尺寸；

（2）将步骤（1）得到的物料与石墨和溶剂混合均匀后再与稳定剂混合均匀，得料浆，控制所述料浆的固含量为10wt%～30wt%；

（3）对所述料浆进行喷雾干燥得负极材料前驱物，喷雾干燥时的进口温度为180～250℃，出口温度为100～120℃；

（4）在惰性气体气氛下，对所述负极材料前驱物进行炭化处理，即可；步骤（1）中，硅和一氧化硅的总量占硅、一氧化硅和石墨总量的5wt%～50wt%。

根据本发明实施例可知，本发明获得了以下技术效果：

A. 本发明的负极材料大幅度提高了电性能，具体为：首次嵌锂容量达到850.0mAh/g以上，最高可达1266.1mAh/g；可逆脱锂容量可达571.8mAh/g以上，最高可达1018.3mAh/g；库伦效率可达67.3%以上，最高可达80.4%。且经过10循环后，还能保持非常优秀的电性能。

B. 本发明无须2次球磨，避免了对比文件1中所述“与黏结剂球磨6～8小时”的球磨过程，简化过程。

C. 本发明还可以使用硅以及硅和一氧化硅的混合物作为硅源。

根据上述论述可知，本发明与对比文件1的区别技术特征至少在于：

Ⅰ. 本发明步骤（1）采用湿法球磨，并限定球磨至纳米尺寸；

Ⅱ. 本发明的混合顺序与对比文件1不同，具体为：将硅源与石墨和溶剂先混，再与稳定剂混合，同时，本发明还限定了步骤（2）获得的浆料的固含量；而对比文件1中先将硅源与黏结剂混合球磨，再与石墨和分散介质混合；

Ⅲ. 本发明限定了喷雾干燥的进口温度和出口温度；

Ⅳ. 本发明对前驱物进行炭化处理，而对比文件1对其获得的球形物料进行烧结。

基于上述区别技术特征和本发明实现的技术效果，确定本发明实际解决的技术问题在于，拓展硅源适用面，简化锂电池负极材料的制备过程，并将制得材料的电性能提高至首次嵌锂容量达到850.0mAh/g以上，可逆脱锂容量可达571.8mAh/g以上，库伦效率可达67.3%以上。

审查员指出对比文件2（参见摘要、权利要求1~2）公开了一种作为锂离子负极材料的硅碳复合颗粒，其为硅量子点、硅粉和一氧化硅中的至少一种，且两者所起作用相同，因此，对比文件2给出了将硅或硅和一氧化硅的混合物应用到对比文件1中，以实现拓展硅源的效果的启示。

申请人想要指出，本发明的制备方法是一个整体，技术效果是同时取得的，在判断现有技术是否给出启示时，并不能剥离出某个技术特征单独看，并以此确定某个区别技术特征带来了某个技术效果，而忽略了特征与特征之间的配合作用。例如，在想要实现拓展硅源的效果时，若忽略制备方法中其他特征的配合作用，仅考虑使用的硅材料特征，那意味着只要含硅化合物以及硅单质均可以实现拓展硅源的效果，而这明显是不合理的，有些硅材料显然并不能用于本发明的制备方法中。为了能够适用更多的硅源，本发明的发明人对现有的制备方法进行了改进。而对比文件2并没有指出，对于对比文件1中的锂电池负极材料的制备方法应该怎样改进才能够适用于更广泛的硅源。

对于区别特征Ⅰ，对比文件2给出了利用球磨法制备硅碳复合材料均一性较差的反向启示。对比文件2中记载硅碳复合材料存在均一性较差的问题，通常的热解法、球磨法、气相沉积法和聚合—热解法等均无法解决（参见对比文件2第3页背景技术［0008］段倒数第1~2行），而为了解决该问题对比文件2采用了静电喷雾法。本领域技术人员均知晓，电极材料的均一性与其能够实现的电性能成正相关，均一性越好，电性能越佳。可见，在制备硅碳复合材料的领域中，采用球磨法提高其电性能并不是常用的技术手段。而本发明采用的湿法球磨显然为球磨法中一种，基于对比文件2的记载，为了提高负极材料的电性能，并达到首次嵌锂容量达到850.0mAh/g以上，可逆脱锂容量可达571.8mAh/g以上，库伦效率可达67.3%以上的效果，本领域技术人员没有动机将区别特征1应用于对比文件1。

对于区别特征Ⅱ，对比文件2并不涉及球磨法制备硅碳复合材料，更没有记载采用何种混合顺序，能够拓展硅源适用面，简化锂电池负极材料的制备过程，并将制得材料的电性能提高至首次嵌锂容量达到850.0mAh/g以上，可逆脱锂容量可达571.8mAh/g以上，库伦效率可达67.3%以上。对比文件1中先与黏结剂（CMC）进行球磨的结果是黏结剂将含硅氧化物粘结在一起，后续无法再分散开，随后再与石墨、分散介质混合，其得到的混合物实质上与本发明混合后得到的产物完全不同。在对比文件2根本不涉及球磨法的基础上，其根本无法给出应该如何改进对比文件1中混合顺序来解决本发明实际解决技术问题的技术启示。

而且，改变原料的混合顺序来拓展硅源适用面，简化锂电池负极材料的制备过程，并将制得材料的电性能提高至首次嵌锂容量达到850.0mAh/g以上，可逆脱锂容量可达571.8mAh/g以上，库伦效率可达67.3%以上也不属于本领域的公知常识。

对于区别特征Ⅲ，喷雾干燥的进口温度和出口温度的限定并不为本领域技术人员通过有限次实验可以确定。根据上述论述可知，对比文件2根本不涉及球磨法，也不涉及喷雾干燥过程，其无法给出喷雾干燥进口温度和出口温度选择的启示。而审查员没有给出任何现有技术证据，表明喷雾干燥进口温度、出口温度与负极材料电性能之间有趋势性关系，基于此，喷雾干燥的进口温度和出口温度选择可以有无穷组合，不可能穷尽。因此，本领域技术人员无法通过有限次实验确定能够解决本发明实际解决的技术问题的喷雾干燥的进口温度和出口温度。

## 【案例 No. 111376】用于双转子连续混炼机的转子及包括其的混炼机

### ☞ 案由简要

该申请涉及一种用于双转子连续混炼机的转子及包括其的混炼机。

➢ 一通：审查员引用三篇对比文件（CN101247932A、CN1362320A、CN201841650U）认为权利要求 1 ~ 13 不具备创造性。

➢ 答一通：删除原权利要求 1，合并权利要求 2 和 3，并论述权利要求 1 ~ 11 的创造性。

➢ 二通：审查员认可一通的陈述，后续因与该案无关，故不做赘述。

➢ 审查结果：授权。

### ☞ 相关权利要求

原权利要求 1 ~ 3

1. 一种用于双转子连续混炼机的转子，该转子沿轴向从右至左依次为一螺纹状的加料段、混炼段和一卸料段，其特征在于，所述混炼段为至少三个，每个所述混炼段具有至少一对方向相反、螺旋角不相同的间断螺棱，且所述间断螺棱相互之间为非啮合或相切。

2. 如权利要求 1 所述的用于双转子连续混炼机的转子，其特征在于，每个所述混炼段具有 1 ~ 5 对方向相反、螺旋角各不相同的间断螺棱。

3. 如权利要求 1 所述的用于双转子连续混炼机的转子，其特征在于，所述混炼段的长度与直径的比值为 1.5 ~ 3。

新权利要求 1

1. 一种用于双转子连续混炼机的转子，该转子沿轴向从右至左依次为一螺纹状的加料段、混炼段和一卸料段，其特征在于，所述混炼段为至少三个，每个所述混炼段具有至少一对方向相反、螺旋角不相同的间断螺棱，且所述间断螺棱相互之间为非啮合或相切，每个所述混炼段具有 1 ~ 5 对方向相反、螺旋角各不相同的间断螺棱，所述混炼段的长度与直径的比值为 1.5 ~ 3。

### ☞ 相关说明书内容

摘录一

如图 1 所示，本发明为一种用于双转子连续混炼机的转子 1。该转子 1 沿轴向从右至左依次为一螺纹状的加料段 A、混炼段 B 和一卸料段 C。混炼段 B 为至少三个，如图 2 所示，每个混炼段具有至少一对方向相反、螺旋角不相同的间断螺棱 11，且间断螺棱 11 相互之间为非啮合或相切。

进一步地，每个混炼段具有 1～5 对方向相反、螺旋角各不相同的间断螺棱。每一对间断螺棱 11 在轴线方向可以相互交叉，也可以存在间隙，但是相互之间不相连接。该结构由于没有原有转子混炼段螺棱的交汇连接点，可以有效地防止物料在该区域的停滞，降低该区域的料温。同时，交叉或分离的相向的螺棱，增加了物料在混炼段所经历的分流作用和流动的紊乱程度。

特别地，每个混炼段的长度与直径的比值为 1.5～3，且各个混炼段之间采用螺纹相连接。

如图 3a 所示，现有技术中的转子横截面为轴对称结构，其产生的流道为等深状态，容易产生物料的堆积现象。如图 3b 所示，本发明用于双转子连续混炼机的转子横截面为非对称的偏心结构。所述螺棱的推进面和背面均采用三段式曲面结构，所述螺棱的底部和顶部均为圆弧形曲面，在所述螺棱推进面处的所述圆弧形曲面之间采用螺旋面连接，在所述螺棱背面处的所述圆弧形曲面之间采用相切的平面连接，使得所述螺棱深度渐变，形成收敛流道。其中，圆弧形曲面的圆心不在转子轴线上，存在一个偏心距 e，从而使得物料的流动更加有序，不会出现死角。

其中，螺棱顶部为圆弧形面，而非平面，与转子内腔表面形成非平行的收敛流道，提高了物料在该区域所受到的拉伸与剪切作用。同时，该结构还使得转子螺棱具有良好的推进角度，与通体内腔相配合，形成有利于物料拉伸流动的收敛流道。而收敛流道的形成使得物料的流动更加有序，不会出现死角。此外，由于收敛流道的增压效果，转子在工作时具有一定的自定心作用，防止该区域发生过大的磨损。

如图 4 所示，所述收敛流道的收敛角度 α 为 10°～30°。该收敛角度 α 保证了物料均匀地通过螺棱顶部的高剪切区，防止物料在螺棱推进面流道中形成涡旋流动和跟随转子的空转，影响混炼效率。

如图 1、图 2 所示，螺棱 11 的顶部还设有若干个贯通槽 12，贯通槽 12 与所述转子的轴线方向呈 45°～135°。贯通槽 12 的横截面为圆形或矩形，槽深为所述螺棱深度的 1/10～1/4。贯通槽 12 的开设增加了缝隙区的流道横截面积，提高了物料在缝隙区的流动体积速率。此外，由贯通槽 12 中流过的物料流对物料形成一个扰动作用，增加了物料流动的紊乱程度。

此外，卸料段 C 的横截面为椭圆形或圆柱形，可以顺利将混炼后的物料排出筒体混炼腔。加料段 A 的螺纹为啮合、半啮合或非啮合，推动物料进入混炼段 B。

本发明还提供了一种双转子连续混炼机，其包括如上所述的转子。如图 5 所示，双转子连续混炼机包括一料筒，该料筒上的混炼腔 2 为两个相互贯通的、横截面为∞形的孔。在混炼腔 2 内为两个相向旋转的上述转子 1。转子 1 的所述螺棱底部的圆弧直径与所述混炼机的料筒混炼腔 2 内径相同。这样保证了该区域螺槽深度渐变，形成一个收敛流道，使得物料的流动更加有序，不会出现死角。

如图 6 所示，在混炼腔 2 内的转子 1 的螺棱顶部形成若干收敛流道 21，螺棱顶部的贯通槽 12 将前后两个收敛流道连接起来形成非等距离的间隙，从而增加了缝隙区的流道横截面积，提高物料在缝隙区的流动体积速率。此外，流过贯通槽中的物料还会对物料形成一个扰动作用，增加了该区域物料流动的紊乱程度，使得物料充分混合。

本发明用于双转子连续混炼机转子的工作原理为：在混炼过程中，将第一混炼段的温度控制在足够低的温度（通过混炼机的料筒上的加热装置进行控制温度），保证该区域的物料处于未熔融状态。第二混炼段的温度控制在物料的熔点附近（通过混炼机的料筒上的加热装置进行控制温度），保证物料熔融。物料由加料口加入，然后在输送段螺纹的推进作用下进入第一混炼段。在第一混炼段，物料在此发生固相混合。在第一混炼段螺棱的作用下，未熔融的固体颗粒腾空飞舞，与添加剂团聚体发生碰撞，导致团聚体发生解聚，类似于在球磨机中。在后加入的物料的推进作用下，第一混炼段的物料被逐步推进到第二混炼段。此处，物料在正反螺棱的作用下发生堆积、挤压、熔融、分散和混合，最终从卸料口排出。

本发明通过多个螺棱为非啮合或相切的混炼段的设置，延长物料在混炼腔内的停留时间。并通过控制温度，使得个别混炼腔内的物料处于未熔融的固相预包覆混合，有效防止物料温度过高，这样可以大大提高转子的分布混合能力。

摘录二

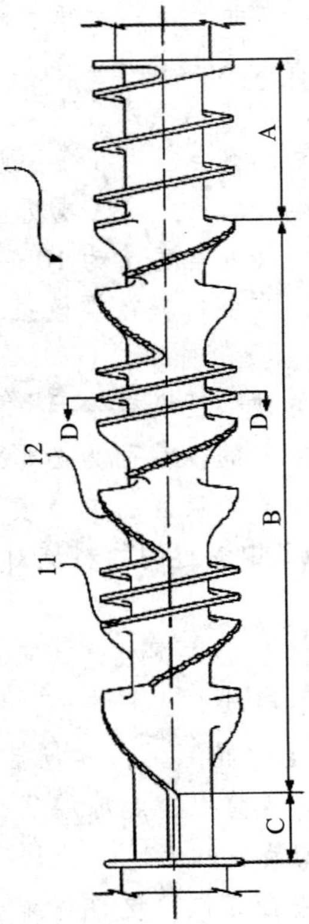


图1

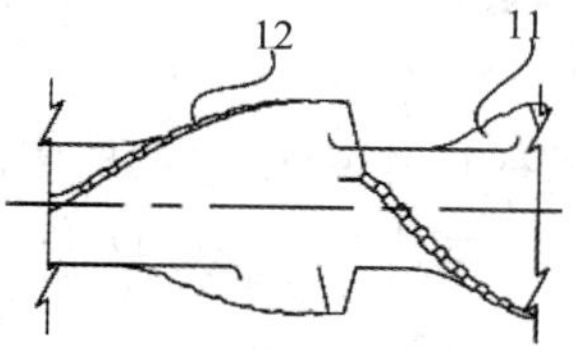


图2

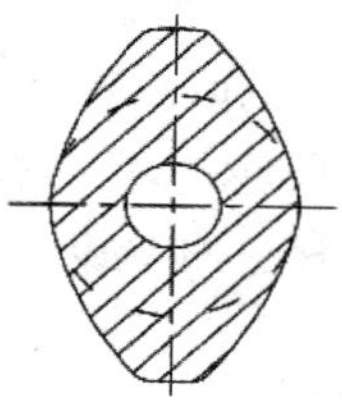

图3a

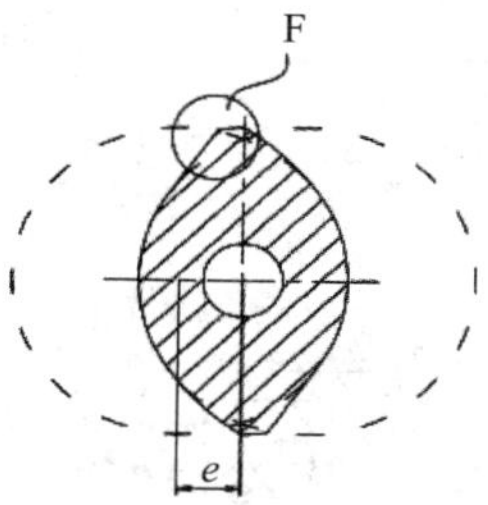


图3b

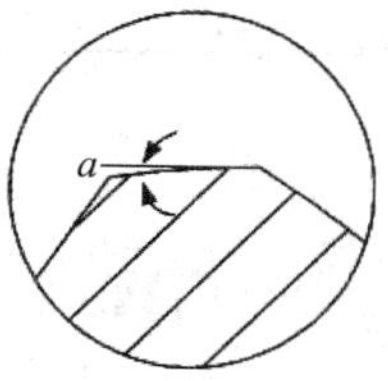


图4

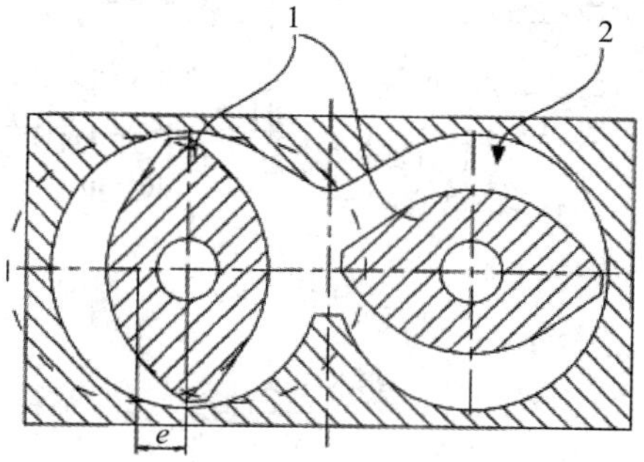


图5

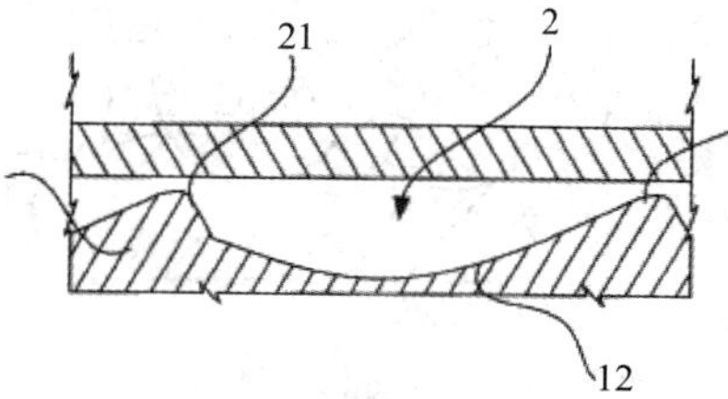


图6

### ☞ 相关对比文件公开内容

摘录一

螺杆元件12形成了用于将材料从进料口7向下供给到第一混合段44的第一传送段34，第一混合段44包括第一混合区45和第二混合区46。每个混合区45、46在每个转子5、6上分别具有两个前传翼14、15和21、22，以及两个后传翼17、18和24、25。

在第一混合段44中，主要进行分散混合，因而，待混合的粉末材料的颗粒被打碎。在第一混合段44中，材料的熔化主要是由于剪切力，部分是由于外部热。聚合材料在第一混合区45中开始熔化并在第二混合区46中继续熔化。

熔化的材料从节流阀40流向螺杆元件27，螺杆元件27形成第二传送段47并向第二混合段48供应熔化的材料，第二混合段48只包含一个混合区49，混合区49在每个转子5、6上具有三个前传翼30、31、32和三个后传翼34、35、36。在第二混合段48中，主要进行分布混合，也就是说，熔体被搅拌从而进一步使不同的聚合物、填充物和添加剂等在熔体中均匀地分布。聚合物熔体从第二混合段48通过卸料口8排出。

摘录二

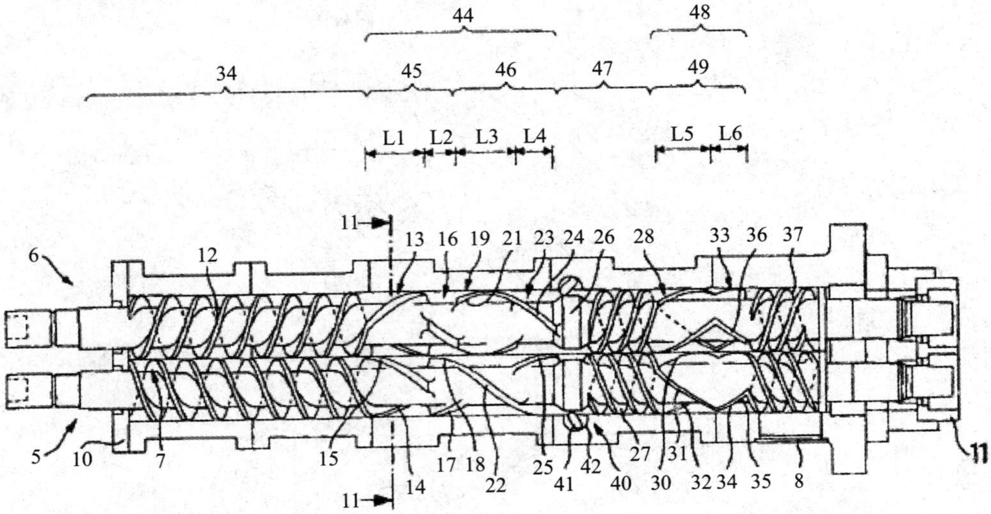

图1

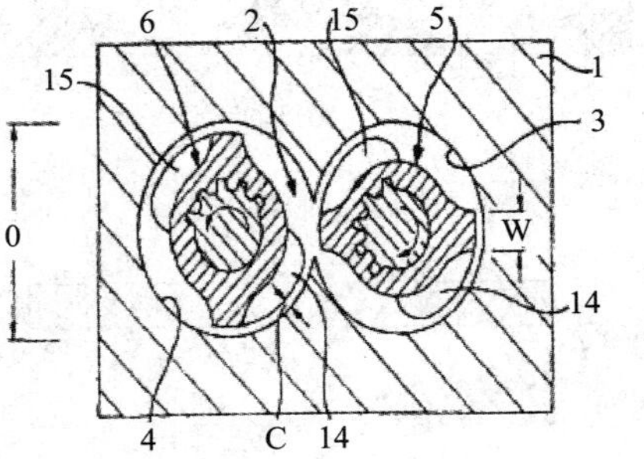

图2

☞ **审查意见**

第一次审查意见通知书摘录

1. 权利要求1要求保护一种用于双转子连续混炼机的转子，该转子沿轴向从右至左依次为一螺纹状的加料段、混炼段和一卸料段。对比文件1（CN101247932A）公开了一种异向旋转双螺杆挤出机，并具体公开了以下内容（参见对比文件1说明书第9页第2~4段、图1）：螺杆元件12形成了用于将材料从进料口7向下供给到第一混合段44的第一传送段34（其中对比文件1所述进料口7以及螺杆元件12形成的第一传送段34即是权利要求1所述螺纹状的加料段）；第二混合段48；聚合物熔体从第二混合段48通过卸料口8（卸料口对应的转子部分即是权利要求1所述卸料段）排出；熔化的材料从节流阀40流向螺杆元件27，螺杆元件27形成第二传送段47并向第二混合段48供应熔化的材料，第二混合段48只包含一个混合区49，混合区49在每个转子5、6上具有三个前传翼30、31、32和三个后传翼34、35、36（对比文件1所述，第一混合段44和第二混合段48共同构成权利要求1所述混炼段，结合说明书附图1，对比文件1公开了权利要求1所述混炼段具有至少一对方向相反、螺旋角不相同的螺棱（螺杆元件的螺旋片和前传翼、后传翼），第一混合段44包括第一混合区45和第二混合区46。每个混合区45、46在每个转子5、6上分别具有两个前传翼14、15和21、22，以及两个后传翼17、18和24、25，同时说明书附图1明确地、毫无疑义地公开了混炼段44具有至少一对间断棱，每对螺棱方向相反，且之间为非啮合或相切；且图1同时明确地毫无疑义地公开了螺纹状的加料段，第一传送段、第一混合段、第二混合段和卸料段沿轴向依次排列。

因此，权利要求1要求保护的技术方案与对比文件1公开的内容相比，其区别技术特征在于：1. 用于双转子连续混炼机的转子；2. 加料段、混炼段和卸料段的排列顺序为沿轴向右至左；3. 混炼段为至少三个，每个混炼段都具有所述方向相反、相互之间为非啮合或相切的方向相反的间断螺棱；4. 间断螺棱螺旋角不同。根据上述区别特征所能达到的技术效果可以确定发明所要解决的实际技术问题为：得到用于双转子连续混炼机的转子，设定螺棱具有不同螺旋角以增强混炼过程中的混合效果。

针对区别技术特征1：权利要求1要求保护的是一种用于双转子连续混炼机的转子，对比文件1公开了一种双螺杆挤出机的转子，二者同属于塑橡材料加工领域，都为了解决加工过程中物料混合不充分的技术问题且能够达到同样的技术效果，因此，对比文件1给出了设置如对比文件1所述螺杆以增强混合效果的技术启示使得本领域技术人员有动机将对比文件1所述转子转用于双转子连续混炼机而不需要付出创造性劳动。

针对区别技术特征2：沿转子轴向从右至左依次排列加料段、混炼段和卸料段对所属领域技术人员来讲是容易想到的。

针对区别技术特征3：对比文件1公开了使用两个混炼段，且公开了混炼段44具有至少有一对间断棱，每对螺棱方向相反，且之间为非啮合或相切，所属领域技术人员为了增强混合效果容易想到设置至少三个相同结构的混炼段而不需要付出创造性劳动。

针对区别技术特征4：本领域技术人员知晓，现有转子包含按其断面形状基本分为椭圆形（两棱和四棱转子）、圆筒形和三角形。其中以椭圆形转子占大多数，椭圆形转子中二棱转子包含二棱同步转子和功能二棱同步转子等。功能二棱同步转子的两条棱具有不同的螺旋角，故而能够产生很强的剪切力，轴向流动效果好，分散混炼和分布混炼效果也好。因此，所属领域技术人员容易想到选择具有不同螺旋角的转子以增强混合效果。

综上，在对比文件1的基础上结合本领域的公知常识得到权利要求1要求保护的技术方案对本领域技术人员来讲是显而易见的，权利要求1没有突出的实质性特点和显著的进步，不具备《专利法》第22条第3款所规定的创造性。

2. 权利要求2对权利要求1进行了进一步的限定，其附加技术特征为：每个所述混炼段具有1~5对方向相反、螺旋角各不相同的间断螺棱。如权利要求1所述，对比文件1公开了第一混合段44包含2对相反的间断螺棱（参见对比文件1说明书第9页第2~4段、说明书附图1），选择螺旋角不同的螺棱是所属领域技术人员容易想到的。且所属领域技术人员为了实现更好的混炼效果容易想到在每个混炼段都设置方向相反、螺旋角各不相同的间断螺棱而不需要付出创造性劳动。因此，权利要求2要求保护的技术方案对本领域技术人员来说是显而易见的，在其引用的权利要求1不具备创造性时，该从属权利要求也不具备《专利法》第22条第3款所规定的创造性。

3. 权利要求3和4的附加技术特征分别为：所述混炼段的长度与直径的比值为1.5~3，所述转子横截面为非对称的偏心结构。本领域技术人员知晓，偏心结构会产生弯矩，对于转子而言，其偏心结构会促使物料更有序地流动；并且为了得到更好的混合效果，所属领域技术人员能够经过有限次试验得到混炼段的长径比而不需要付出创造性劳动。因此，权利要求3和4要求保护的技术方案对本领域技术人员来讲都是显而易见的，权利要求3和4要求保护的技术方案都没有突出的实质性特点和显著的进步，不具备《专利法》第22条第3款所规定的创造性。

### ☞ 答辩要点分析思路

在审查过程中，审查员经常会分解权利要求1~3的区别技术特征，由于每个单独的技术特征都是简单的或者是数值上的变化，审查员会分别认为每个区别技术特征容易想到。尤其是数值上的变化，审查员会认为可以单独进行有限次实验得到。但是，很多案例中，权利要求对数值范围的限定并非是孤立的，往往和其他的技术特征结合之后才能达到一定的技术效果的。对于这种情况，需要结合其他技术特征进行论述。

该案涉及一种双转子连续混炼机的转子。审查员找到了对比文件1（CN101247932A），对比文件1公开的是一种双螺杆挤出机。该案的权利要求书中，权利要求3对权利要求1进一步限定，对于权利要求3的附加技术特征“所述混炼段的长度与直径的比值为1.5~3”，审查员认为所属领域技术人员通过有限次实验就能得到。

然而，权利要求3的附加技术特征“所述混炼段的长度与直径的比值为1.5~3”虽然是数值上的变化，但是其与权利要求1和2的其他技术特征是协同工作的，并不是独立的变化的。例如，实际工作中，若想要使得混炼段的长度与直径的比值变大，需要增加混炼段的数量来增加混炼段的长度，或者增加混炼段的间断螺棱数量来增加混炼段的长度。在极端情况下，若混炼段的长度与直径的比值改变后，混炼段或间断螺棱的数量并没有适应变化的话，就会导致混炼段的直径太小或太大，整个产品不能运行。因此，显然不是能够单纯地对长度与直径的比值进行有限次试验就可以确定1.5~3的比值的。在其他条件没有考虑的情况下，单纯改变混炼段的长度与直径的比值是没有任何意义的。

由于对比文件2不仅没有混炼段和间断螺棱的数量的记载，也没有混炼段的长度与直径的比值的记载，本领域技术人员根本预料不到混炼段的长度与直径的比值设置的目的，而且更加预料不到“混炼段的长度与直径的比值”“混炼段的数量”和“间断螺棱的数量”这三者结合的关系。由此可以证明修改后的权利要求1具备创造性。

☞ **意见陈述原文摘录**

摘录一

将本申请新权利要求1与对比文件1相比较可知，本申请的用于双转子连续混炼机的转子与对比文件1所公开的异向旋转双螺杆挤出机的区别在于：

A. 权利要求1的转子用于双转子连续混炼机；

B. 加料段、混炼段和卸料段的排列顺序为沿轴向右至左；

C. 所述混炼段为至少三个，每个所述混炼段具有至少一对方向相反、螺旋角不相同的间断螺棱，且所述间断螺棱相互之间为非啮合或相切；

D. 间断螺棱螺旋角不同；

E. 混炼段的长度与直径的比值为1.5~3。

摘录二

首先，权利要求1的双转子连续混炼机与对比文件1的双螺杆挤出机属于完全不同的混合设备。从混合机理上看，双转子连续混炼属于连续型的密炼机，混合过程中筒体内物料没有充满，依靠转子对物料的推挤和交换完成混合，而双螺杆挤出机属于螺杆混炼机的范畴，主要依靠螺杆表面对物料的摩擦与剪切作用完成对物料混合作用，其工作原理与工作过程具有本质性的区别。所以虽然对比文件1与权利要求1转子的结构有部分类似，但是由于工作原理与工作过程不同，本领域技术人员是需要利用创造性思维，并克服许多跨领域产生的困难才可以将对比文件1的转子用到权利要求1的转子中的。

即使要将对比文件1应用到权利要求1，也需要从对比文件1众多的结构中分辨出可以运用的部分和不可运用的部分。可以看到对比文件1是有一些与权利要求1相同的特征（如前传翼、后传翼、间断棱等），但对比文件1还有一些权利要求1没有的特征（如环状节流元件26、旋转槽杆41、半圆形凹陷42等，参见对比文件1说明书第8页倒数第5行、第9页第1行）。这些特征是作为一个整体记载在对比文件1之中的，而且对比文件1中也并没有记载之中的哪些部件可以运用到双转子连续混炼机中。那在本申请的申请日前，要将对比文件1中能运用到权利要求1中的特征区别开来是非常不容易的。技术人员首先要对两个领域都有着充分的认识，且必须在毫无文字记载的情况下，通过自己的推断和思维，判断出哪些结构能用，那些结构不能用。这一过程是需要创造性思维的，对于《审查指南》中的“本领域技术人员”来说，其虽然熟知本领域技术，但是其不具备创造性思维，是无法凭空推断和思维的。他是无法将对比文件1中有效的部分鉴别出来的。

然后，权利要求1中具有区别技术特征E：混炼段的长度与直径的比值为1.5~3。申请人认为区别技术特征E是和区别技术特征B、区别技术特征C、区别技术特征D以及其他特征一起是作为一个整体存在的。机械领域每一个技术特征单独看，都是已知或简单能推得的，但不仅要逐个比对技术特征，更要从整体上看该技术方案，当这些技术特征组合在一起时是否有实质性的进步和显著的特点。

现有的双转子连续混炼机的转子一般为单混炼段和等长的双混炼段（参见本申请

说明书第1页0005段第1行）。本申请的申请日前，并没有技术人员进一步将混炼段的数量增加以增加物料的停留时间，因为单纯地增加混炼段的数量并不能获得确定的有效效果。物料混炼时是经过转子整体的，当转子的混炼段的数量发生改变时，势必会造成转子长度或者其他方面的变化，而物料的混炼过程也势必变化，这时，原本单混炼段和等长的双混炼段的转子没遇到的一些技术问题就会显示出来，造成效果并不能达到预先的效果。

然而本发明则合理设置一定的混炼段数、特定的间断螺棱及恰当的混炼段长径比，当这些都具备后，才能保证有效克服混合过程不易控制，容易发生物料堆积和滞留，导致物料由于局部温度过高产生降解，严重影响混炼效果和质量，甚至引发物料在混炼过程中发生自燃的缺陷。

而且在本发明的申请日以前，也无从得知混炼段长径比会影响到混炼效果，这本身就是不容易想到的。而且本发明进一步将长径比设定为1.5~3是基于一定的混炼段数、特定的间断螺棱的情况下进行的。脱离权利要求1的其他特征，单纯地将长径比设定为1.5~3是没有任何意义的。

### 四、"经常规实验手段"获得的发明创造

"经常规试验手段获得"是另一句让很多申请人和专利代理师头疼的套话。审查员一句"发明可经常规试验手段获得"就否定了发明的创造性，主观臆断的痕迹非常明显。

针对发明经常规试验获得即不具备创造性的观点，专利代理师可以反驳：发明经"常规试验手段获得"与发明具备创造性与否并不具有必然的联系。任何在实验室中进行过研发工作的技术人员都知道，研发工作中具体进行的试验方法步骤基本都是已知的常规试验手段。研发成果的获得绝大部分都是通过选取不同的测试对象、不同的试验条件，采用常规的试验方法一遍一遍进行摸索尝试所得。在没有任何限制的前提下，"发明创造经常规实验手段获得因而不具备创造性"这句话否定了绝大多数发明创造的创造性。判断发明是否具备创造性，不是仅看发明通过什么样的手段方式获得，还是应该回到《审查指南》中给出的判断非显而易见性的指导原则上，只有当现有技术中给出了将区别技术特征应用于最接近的现有技术，以解决所述技术问题，并且使本领域技术人员产生动机进行改进的技术启示时，在这样的技术启示的促使下，本领域技术员采用常规试验手段经过简单的试验即可获得该发明，该发明才可被认为显而易见，不具备创造性。若审查员引用的对比文件整体上不存在这样的技术启示，发明就不能被认为是显而易见的。

## 【案例No.1211038】一种恩替卡韦的中间体的制备方法

### ☞ 案由简要

该申请涉及一种恩替卡韦的中间体的制备方法（权利要求1~9），恩替卡韦的中间体（权利要求10）。

➢ 一通：审查员引用两篇对比文件认为权利要求 1 ~ 9 不具备创造性，权利要求 10 不具备新颖性。

➢ 答一通：删去权利要求 10，论述权利要求 1 ~ 9 具备创造性。

➢ 二通：审查员认可了创造性，指出支持问题。

➢ 答二通：略。

➢ 审查结果：授权。

☞ **相关权利要求**

答一通时，未修改权利要求 1：

1. 一种如式Ⅷ所示的恩替卡韦的中间体的制备方法，其特征在于包含下列步骤：非质子有机溶剂中，在碱的作用下，将化合物Ⅸ和Ⅷ′进行如下所示的开环反应，即可；

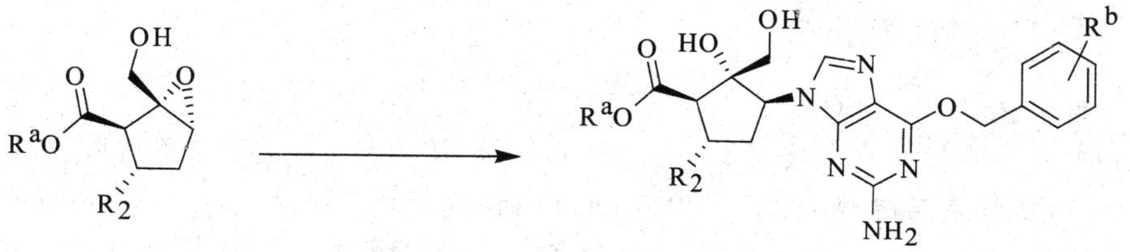


Ⅸ　　　　Ⅷ

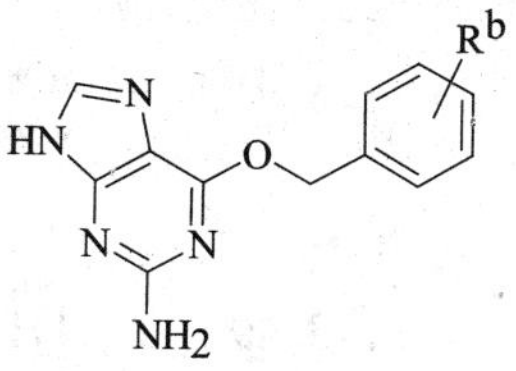


Ⅷ′

其中，$R^a$ 为 $C_1$ ~ $C_4$ 的直链烷基；$R^b$ 表示苯环上的一个或多个选自卤原子、甲氧基或者甲基的取代基或 H；$R_2$ 为如下所示的取代基：

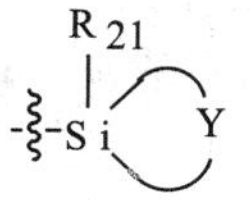


其中，$R_{21}$ 为取代或未取代的吡啶基或者取代或未取代的 $C_6$ ~ $C_{10}$ 芳基，所述的取代的吡啶基中的取代基为 $C_1$ ~ $C_3$ 烷基、卤素和 $C_1$ ~ $C_3$ 烷氧基中的一种或多种，每类取代基的数目为一个或多个；所述的取代的 $C_6$ ~ $C_{10}$ 芳基中的取代基为 $C_1$ ~ $C_3$ 烷基、卤素和 $C_1$ ~ $C_3$ 烷氧基中的一种或多种，每类取代基的数目为一个或多个；

Y 为连接或不连接其他取代基的 3 ~ 9 个碳，从而与 Si 形成取代或未取代的 4 ~ 10 元的饱和或不饱和的硅碳环；或者，Y 为连接或不连接其他取代基的，总数为 3 ~ 9 个的碳原子和杂原子，从而与 Si 形成取代或未取代的 4 ~ 10 元的饱和或不饱和的碳硅杂环，所述杂原子为 O、S 或 N，杂原子的数目为 1 ~ 3 个；所述的取代中的取代基为 $C_1$ ~ $C_3$ 烷基；所述的硅碳环或碳硅杂环为一个环或者并在一起的两个环。

☞ **相关说明书内容**

摘录一

实施例 8

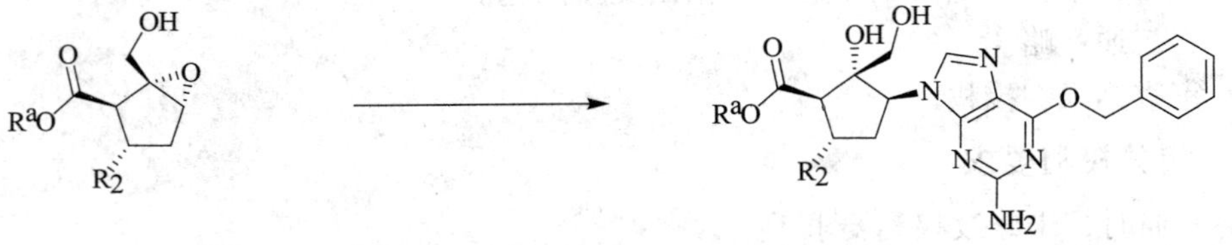

实施例 8 – a

$R_2$ = 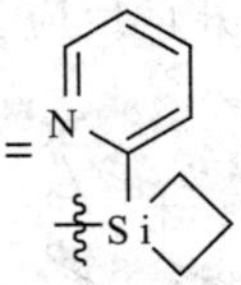 ，$R^a$为甲基。

在上式所示的起始化合物（250g，784 mmol）的 N，N – 二甲基甲酰胺（1000 mL）中加入 O – 6 – 苄基鸟嘌呤（227g，941mmol）和氢氧化锂（1.88g，78.4mmol）。得到的悬浊液体在 95 摄氏度下搅拌 12 小时后，经减压蒸馏浓缩到 300mL。该浓缩液缓慢滴加到 1000mL 碳酸氢钠饱和溶液中。过滤收集生成的固体并用蒸馏水洗涤后干燥。该固体溶于乙酸乙酯（300mL）后经过 300g 硅胶过滤，硅胶经过 1200mL 乙酸乙酯进一步淋洗，合并所有滤出的乙酸乙酯相并蒸干有机溶剂。得到的淡黄色固体即为所需的目标化合物中间体（364g，收率 83%）。

$^1$HNMR（400MHz，$CD_3OD$）δ8.68（d，1H），7.80（s，1H），7.60 ~ 7.15（m，8H），5.64（s，2H），3.84 ~ 3.72（m，1H），3.74（d，1H），3.49（d，1H），3.67（s，3H），2.48（d，1H），2.24 ~ 2.16（m，1H），1.89 ~ 1.45（m，6H），1.25 ~ 1.05（m，2H）；

$^{13}$CNMR（400MHz，$CD_3OD$）δ174.6，167.9，161.1，156.5，153.1，149.4，139.0，137.1，133.8，129.8，129.7，129.3，128.2，122.8，117.4，83.8，74.9，66.1，63.4，52.2，40.3，21.9，21.6，16.4，4.1；

ESI – MS：561.2 $[M+H]^+$

**表 8　实施例 8 – b 至 8 – r（除表中条件外，其他条件同实例 8 – a）**

| 实例编号 | 起始原料分子结构 | | 投料量（g） | 温度（℃）和时间（小时） | 溶剂及试剂用量 | 分析数据 | 收率 |
|---|---|---|---|---|---|---|---|
| | $R^a$ = | $R_2$ = | | | | | |
| 8 – b | $CH_3$ | 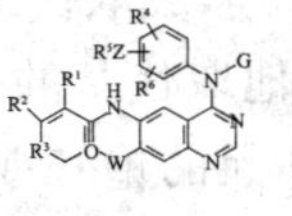 | 345 | 85℃，36 小时 | N，N – 二甲基甲酰胺 1.40L<br>O – 6 – 苄基鸟嘌呤 314.2g<br>氢化锂 2.6g | 略 | 74%，448.7g |

续表

| 实例编号 | 起始原料分子结构 | | 投料量（g） | 温度（℃）和时间（小时） | 溶剂及试剂用量 | 分析数据 | 收率 |
|---|---|---|---|---|---|---|---|
| | $R^a$ = | $R_2$ = | | | | | |
| 8 – c | $CH_3$ | 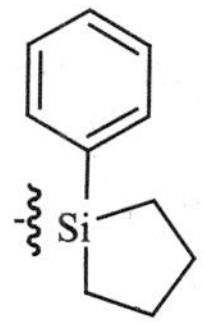 | 360 | 95℃，24 小时 | 二甲基亚砜 2. 16L<br>O – 6 – 苄基鸟嘌呤 314g<br>氢氧化锂 2. 6g | 略 | 67%，416. 2g |
| 8 – d | $CH_3$ | 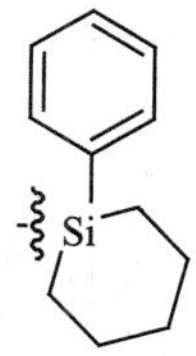 | 382 | 100℃，16 小时 | N – 甲基吡咯烷酮 3. 8L<br>O – 6 – 苄基鸟嘌呤 319. 7g<br>氢化钠 3. 92g | 略 | 68%，440. 6g |
| 8 – e | $CH_3$ | 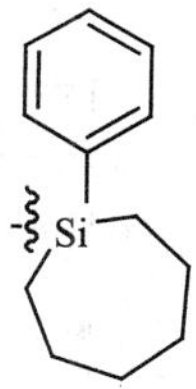 | 367 | 125℃，8 小时 | N，N – 二甲基甲酰胺 1. 45L<br>O – 6 – 苄基鸟嘌呤 295. 2g<br>氢氧化钠 14. 5g | 略 | 79%，483. 9g |
| 8 – f | $CH_3$ | 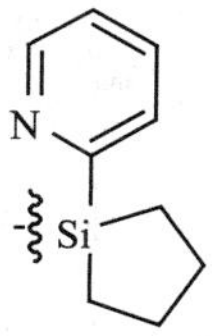 | 374 | 75℃，48 小时 | 二甲基亚砜 2. 25L<br>O – 6 – 苄基鸟嘌呤 325. 3g<br>氢氧化钾 23. 2g | 略 | 78%，502. 7g |
| 8 – g | $CH_3$ | 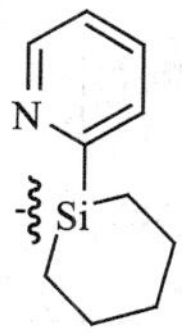 | 265 | 95℃，24 小时 | 二甲基亚砜 1. 6L<br>O – 6 – 苄基鸟嘌呤 221. 2g<br>氢化钾 4. 69g | 略 | 66%，296. 3g |
| 8 – h | $CH_3$ | 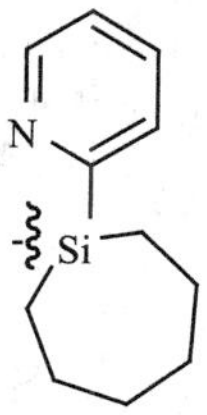 | 273 | 100℃，12 小时 | N – 甲基吡咯烷酮 2. 7L<br>O – 6 – 苄基鸟嘌呤 365g<br>氢化铯 15. 5g | 略 | 88%，400. 5g |

续表

| 实例编号 | 起始原料分子结构 | | 投料量（g） | 温度（℃）和时间（小时） | 溶剂及试剂用量 | 分析数据 | 收率 |
|---|---|---|---|---|---|---|---|
| | $R^a$ = | $R_2$ = | | | | | |
| 8－i | $CH_3$ | 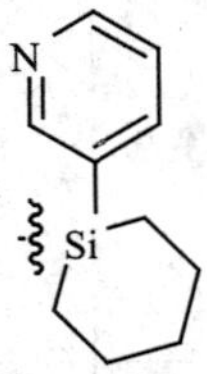 | 250 | 120℃，8 小时 | N－甲基吡咯烷酮 2.5L<br>O－6－苄基鸟嘌呤 208.7g<br>氢氧化铯 300g | 略 | 79%，334.6g |
| 8－j | $CH_3$ | 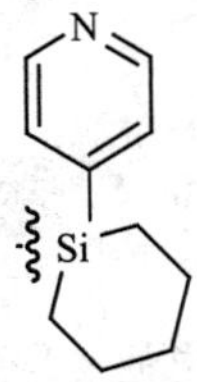 | 245 | 75℃，48 小时 | 二甲基亚砜 1.5L<br>O－6－苄基鸟嘌呤 204.5g<br>氢氧化锂 17g | 略 | 84%，348.6g |
| 8－k | $CH_3$ | 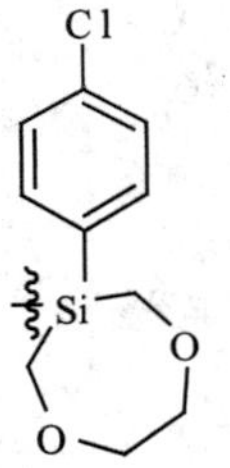 | 185 | 95℃，24 小时 | N－甲基吡咯烷酮 1.85L<br>O－6－苄基鸟嘌呤 134.5g<br>氢化钠 5，1g | 略 | 66%，195.9g |
| 8－l | $CH_2CH_3$ | 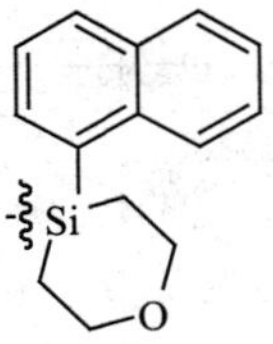 | 162 | 110℃，14 小时 | N，N－二甲基甲酰胺 650ml<br>O－6－苄基鸟嘌呤 113.9g<br>氢氧化钠 14.5g | 略 | 78%，200.3g |
| 8－m | $CH_2$<br>$CH_2$<br>$CH_2$<br>$CH_3$ | 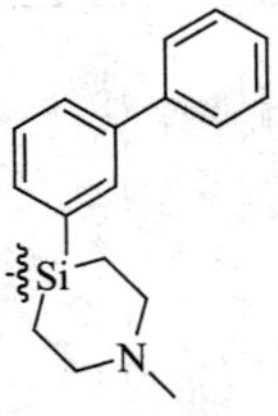 | 171 | 125℃，8 小时 | 二甲基亚砜 1L<br>O－6－苄基鸟嘌呤 103.4g<br>氢氧化锂 8.6g | 略 | 74%，190.2g |

续表

| 实例编号 | 起始原料分子结构 | | 投料量（g） | 温度（℃）和时间（小时） | 溶剂及试剂用量 | 分析数据 | 收率 |
|---|---|---|---|---|---|---|---|
| | $R^a$ = | $R_2$ = | | | | | |
| 8-n | $CH_3$ | 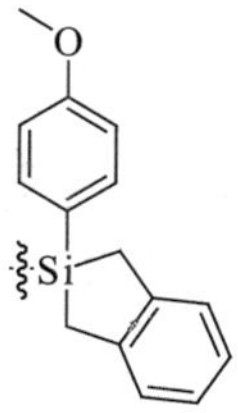 | 132 | 85℃，36 小时 | N-甲基吡咯烷酮 1.32L<br>O-6-苄基鸟嘌呤 116.5g<br>氢化钠 1.19g | 略 | 84%，176g |
| 8-o | $CH_3$ | 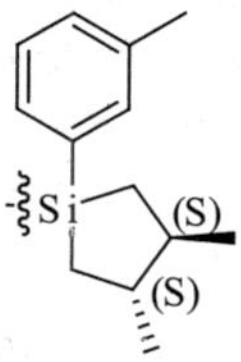 | 125 | 95℃，24 小时 | N，N-二甲基甲酰胺 500ml<br>O-6-苄基鸟嘌呤 116.5g<br>氢氧化钠 12.3g | 略 | 86%，176.7g |
| 8-p | $CH_3$ | 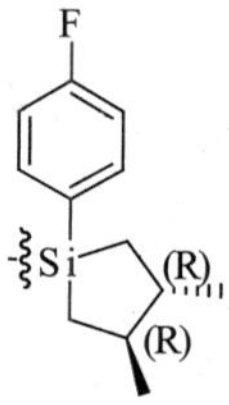 | 134 | 100℃，16 小时 | 二甲基亚砜 800ml<br>O-6-苄基鸟嘌呤 102.7g<br>氢氧化锂 8.5g | 略 | 78%，171.1g |
| 8-q | $CH_3$ | 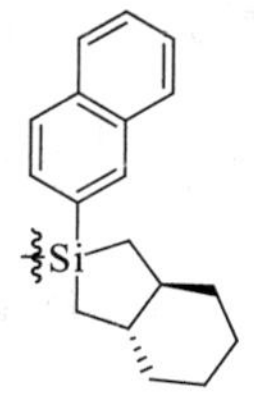 | 166 | 125℃，8 小时 | N-甲基吡咯烷酮 1.66L<br>O-6-苄基鸟嘌呤 110.3g<br>氢化钠 1.41g | 略 | 76%，195.8g |
| 8-r | $CH_3$ | 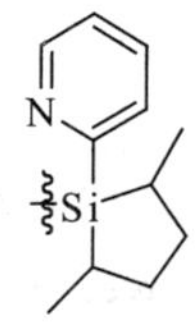 | 174 | 125℃，8 小时 | N，N-二甲基甲酰胺 700ml<br>O-6-苄基鸟嘌呤 139.6g<br>氢氧化钠 17.8g | 略 | 74%，214.7g |

### ☞ 相关对比文件公开内容

**【对比文件2】**

对比文件2（CN101899063A）公开了化合物73的制备方法。

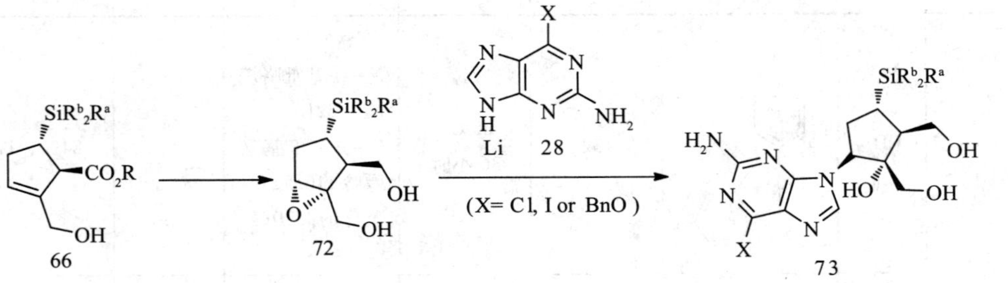

其中，R为$C_1 \sim C_4$烷基或苄基，优选甲基；$R^a$是烯丙基、苯基、$C_1 \sim C_6$烷基苯或$C_1 \sim C_6$烷氧基苯基，更优选$R^a$为选基、$C_1 \sim C_3$烷基苯基和$C_1 \sim C_3$烷氧基苯基；$R^b$是$C_1 \sim C_6$烷基，优选甲基。

说明书第［0244］段

［0244］［1S-（1α，2β，3α，4β）］-1-1-［2-氨基-6-（苯基甲氧基）-9H-嘌呤-6-基］-4-（二甲基苯基甲硅烷基）-2-羟基-2，3-环戊烷二甲醇（73，X=BnO）的制备。

［0245］向装有机械搅拌器和温度计的3L三口圆底烧瓶中加入2-氨基-6-苄氧基嘌呤（193g，0.8mol）、氢氧化锂-水合物（33.6g，0.64mol）和在DMF（800mL）中的化合物72（251g，0.8mol）。将混合物加热至80℃，搅拌约20小时。反应完全后，将反应混合物冷却至室温，用EtOAc（3000mL）萃取。有机萃取液用盐水（1500mL）洗。将有机层用柠檬酸（1000mL）、盐水（1000mL）洗，减压浓缩，得到三元醇粗品（330g），为黏稠的棕色油。将该产物自EtOAc-己烷中重结晶，得到标题化合物约225g，为晶状固体。

### ☞ 审查意见

1. 权利要求1请求保护一种如式Ⅶ所述的恩替卡韦的中间体的制备方法，对比文件2（CN101899063A，公开日：2010年12月1日）公开了一类恩替卡韦中间体化合物73的制备方法，其路线如下：

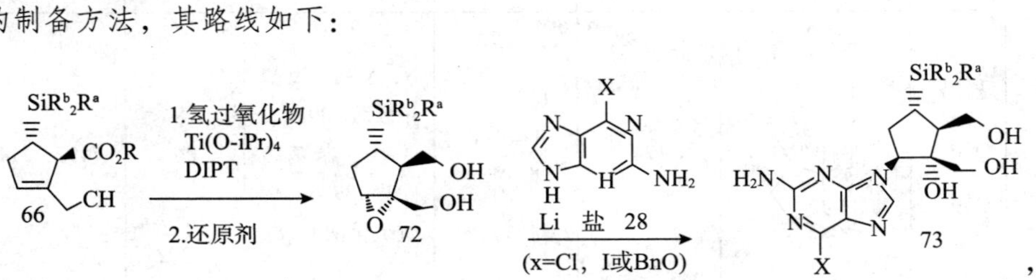

，

其中X可为BnO，R是$C_1 \sim C_4$烷基或苄基，优选甲基；$R^a$是烯丙基、丙基、$C_1 \sim C_6$烷基苯基或$C_1 \sim C_6$烷氧基苯基，更优选$R^a$是苯基、$C_1 \sim C_3$烷基苯基和$C_1 \sim C_3$烷氧基苯基；$R^b$是$C_1 \sim C_6$烷基，优选甲基（参见对比文件2说明书第［0113］段和第［0108］段）。权利要求1与对比文件2公开的上述由化合物72制备化合物73的技术方案相比，区别仅在于：(1) 反应物和产物中硅上的取代基不同，前者含硅保护基为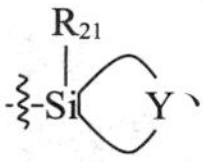、Y 与 Si 形成 4 ~ 10 元的饱和或不饱和的硅碳环；(2) 环戊环上的含硅保护基的邻位，前者为羟基甲基，而后者为酯基 $-CO_2R^a$，$R^a$ 为 $C_1$ ~ $C_4$ 烷基。可见，相对于对比文件 2，权利要求 1 实际解决的技术问题是：提供一种替代的恩替卡韦中间体的制备方法。

对于区别 (1)，对比文件 2 披露了 Si 上的两个取代基 $R^b$ 可选自 $C_1$ ~ $C_6$ 烷基，环硅烷基与二烷基硅性质相似，将 Si 上的两个烷基类取代基与 Si 共同形成环硅烷基为本领域的常规技术手段，本领域的技术人员能够预期其替换后的这类中间体化合物也能作为制备恩替卡韦的中间体，进行类似的合成反应，而具体的碳原子数，本领域的技术人员通过有限的试验能够确定；对于区别 (2)，对比文件 2 的上述技术方案还披露了，由化合物 66 制备该步反应物 72 的反应方法，其中化合物 66 的环戊环上含硅保护基的邻位为 $-CO_2R$（其中 R 是 $C_1$ ~ $C_4$ 烷基或苄基，优选甲基），经过还原剂还原得到相应的羟基，结合该技术教导，本领域的技术人员能够想到反应物 72 的含硅保护基邻位也可保留酯基 $-CO_2R$，在制备得到化合物 73 后再经过还原剂还原得到相应的羟基。此外，选择 Y 与 Si 形成取代或未取代的不饱和硅碳环、与 Si 形成取代或未取代的 4 ~ 10 元的饱和或不饱和的碳硅杂环也为本领域的常规选择，而上述含硅环上的原子个数或取代基种类，本领域的技术人员通过有限的试验能够确定。可见，权利要求 1 相对于对比文件 2 不具备突出的实质性特点和显著的进步，并且说明书中也没有任何证据足以表明，上述的替换或改变带来了何种预料不到的技术效果。

☞ **答辩要点分析思路**

该案与现有技术较为接近，区别特征之一在于：Si 上取代基为环硅烷。对于该区别特征审查员认为，现有技术已经给出了 Si 上为两个烷基时可以进行所述反应，那将 Si 上两个烷基连接形成环硅烷基以后显然也能够进行这类反应，为了能够获得一种新的反应，采用这样的变换属于本领域的常规实验手段。

对此答辩要点在于：(1) 将 Si 上两个烷基类取代基改变为与 Si 形成环硅烷取代基究竟是否为本领域常规技术手段的替换；(2) 对比文件 2 究竟有没有给出将 Si 上两个烷基类取代基改变为与 Si 形成环硅烷取代基可以提高所述环戊烷衍生物与嘌呤衍生物的立体选择性开环反应的产率达到 12% 以上的技术启示。

对于第 (1) 点，判断是否为常规技术手段的替换时，代理师应当结合技术领域来考虑，在实践过程中，审查员往往从技术方案本身考虑，忽略技术方案所处的技术领域。但是，代理师必须理清思路，综合考虑技术领域，再判断这种替换是否常规，得到的效果是否可以预期。领域不同，往往得出的结论会大不一样，在某些领域中常规的替换手段，对于另一些领域来说可能会引起翻天覆地的变化。

对于第 (2) 点，对比文件 2 并没有研究反应物结构与反应产率之间的对应性关系，该发明的结果已然证实了反应物的结构会带来效果上的明显变化，在对比文件 2 没有趋势性启示的前提下，本领域技术人员基于对比文件 2 没有动机将 Si 上取代基进行如此改变以求将产率提高至少 12% 以上。

☞ **意见陈述原文摘录**

对于此区别技术特征，审查员指出，环硅烷基与二烷基硅性质相似，将 Si 上两个烷基类取代基与 Si 共同形成环硅烷基是本领域的常规技术手段，本领域技术人员能够预期替换后的这类中间体能够用于制备恩替卡韦并进行类似反应。

申请人认为对于本发明的反应来说，将 Si 上两个烷基类取代基改变为与 Si 形成环硅烷取代基并不属于常规技术手段。在判断技术手段是否常规时，需要从该技术所处的技术领域出发，判断在该领域中这种技术手段是否常规，而不能脱离技术领域来考虑。对比文件 2 和本发明均涉及由环戊烷和嘌呤衍生物制备恩替卡韦中间体的立体选择性开环反应。因此，在判断 Si 上取代基从二烷基改为与 Si 形成环硅烷基是否为常规技术时，需要考虑在该类反应中这种替换是否常规。据此分析，本发明涉及的反应种类为有机化学领域中难度较大的立体选择性开环反应，反应物通式结构中包含多种官能团以及多个手性中心。在涉及多官能团反应物的立体选择性反应中，看似常规的反应物局部结构变化，也会导致反应效果截然不同。本发明即是如此。我们进行一下逆向思维，若环硅烷基与二烷基硅性质类似，那么替换前后的反应物性质应当相似，而性质、结构相似的反应物用于同种反应中，获得的反应效果应该也相似，理应无法得到大幅度提升反应产率的效果。然而，本发明却在将 Si 上两个烷基类取代基替换为与 Si 形成环硅烷取代基后，反应产率大幅度提升至少 12% 以上，这恰恰证实了，在本发明的反应中，环硅烷基与二烷基硅性质并不相似，它们之间的替换并不属于本领域的常规技术手段。

退一步讲，若对于本发明的反应来说，环硅烷基与二烷基硅基性质相似，那么，根据相似性质的反应物在同种反应中获得相似的反应效果的思路，本领域技术人员为了将反应产率提高至少 12%，根本没有动机将环硅烷基替换二烷基硅基。

进一步地，对比文件 2 没有给出将 Si 上两个烷基类取代基改为与 Si 形成环硅烷取代基可以提升反应产率至少 12% 的技术启示。对比文件 2 仅涉及了反应物 Si 上 $R^b$ 为 $C_{1\sim6}$烷基（参见对比文件 2 第［0108］段）的情形，并不涉及与硅形成环硅烷的反应物。对于制备方法中反应条件与产率之间的关系，特别是环戊烷衍生物中硅上取代情况与产率的关系，对比文件 2 并没有任何的记载。而且，根据上段论述可知，在立体选择性开环反应中，反应物局部取代情况的改变会导致反应效果产生显著变化。在对比文件 2 没有任何趋势性启示的前提下，面对众多的反应条件和存在的修改方案，本领域技术人员无法得知通过哪些反应条件的改进能够将反应产率提高至少 12% 以上，更无法想到通过将环戊烷衍生物的二烷基硅基改为环硅烷基后，可以实现本发明所述的效果。因此，对比文件 2 没有给出将区别特征 1）应用于对比文件 2 后，可以解决本发明实际解决的技术问题的技术启示。

## 五、本领域技术人员有能力获得的发明创造

对某些发明创造，现有技术已经公开了发明的区别技术特征所采用的技术手段，该技术手段客观上能够实现发明的申请文件中所述的技术效果。基于现有技术公开的信息，本领域技术人员有能力采用该技术手段，获得该发明，以解决其实际解决的技

术问题。当审查员在已经了解所要求保护的发明的情况下，若以事后分析的方式进行评判，很容易得出现有技术已经公开了发明的区别技术特征，并且也可以实现该发明的技术效果，因此该发明不具有非显而易见性。

上述思考方式偏离了《审查指南》中对非显而易见性判断中涉及的技术启示的定义。根据《审查指南》，能使某发明被认定为显而易见的技术启示，是能够促使本领域技术人员产生采用所涉及的区别技术特征改进最接近的现有技术以解决相关技术问题的主观意愿的一种信息提示。判断现有技术公开的信息是否构成这样的技术启示的关键在于，基于该信息，本领域技术人员“会不会”去进行那样的技术改进，而非“能不能”进行那样的技术改进。重要的是动机的产生，而非客观上能力的存在与否。当现有技术中仅仅是提供了能够实现发明所述技术效果的技术手段的信息，使得本领域技术人员具有能力获得该发明，但缺少促使本领域技术人员产生技术改进动机的提示信息时，尚且不能构成《审查指南》中所述的技术启示。换句话说，当置身于发明的申请日时回顾现有技术，如果没有了解过发明，没有相应的提示，很难会有目的地想到某公开的技术手段可以实现发明所述的技术效果，从而获得所要求保护的发明。上述思考方式实际上是将现有技术公开的信息加上发明申请文件中的提示信息结合起来认定为现有技术所给出的启示，而非仅以申请日之前的现有技术作为判断的基础。

## 【案例 No. 1410263】一种中空石墨烯球及其制备方法和用途

### ☞ 案由简要

该申请涉及一种中空石墨烯球的制备方法（权利要求 1 ~ 8）、由所述制备方法制备的中空石墨烯球（权利要求 9）及中空石墨烯球的用途（权利要求 10）。

➢ 一通：审查员引用对比文件 1（CN102306757A）和对比文件 2（CN103359709A），认为权利要求 1 ~ 10 不具备创造性。

➢ 答一通：未对权利要求进行修改，直接论述权利要求 1 ~ 10 具备创造性。

➢ 二通：审查员未认可一通的意见陈述，基于对比文件 1 和对比文件 2 仍然认为权利要求 1 ~ 10 不具备创造性。

➢ 答二通：将原权利要求 2 的附加技术特征和原权利要求 3 限定到原权利要求 1 中，形成新权利要求 1，并论述新权利要求 1 ~ 9 具备创造性。

➢ 审查结果：授权。

### ☞ 相关权利要求

原权利要求 1：

一种中空石墨烯球的制备方法，其特征在于，其包括下述步骤：

（1）将粉体与氧化石墨烯以重量比 1∶0.01 ~ 1∶20 的比例，分散于液体中，得分散悬浮液；所述的粉体为纳米粉体和/或微米粉体；所述液体不能溶解所述粉体和所述氧化石墨烯；

（2）将所述分散悬浮液进行雾化干燥，得前驱体；

（3）于保护气体中，将所述前驱体于200～1100℃下进行还原处理，处理后冷却至室温，得还原物；所述还原物中含有所述粉体或所述粉体的反应物；

（4）将所述还原物与溶剂混合，使所述粉体或所述粉体的反应物溶解；分离固体物，即得中空石墨烯球。

答二通修改后的新权利要求1：

1. 一种中空石墨烯球的制备方法，其特征在于，其包括下述步骤：

（1）将粉体与氧化石墨烯以重量比1∶0.01～1∶20的比例，分散于液体中，得分散悬浮液；

所述的粉体的粒径为1～100nm；

所述氧化石墨烯由下述制备方法制得：将1重量份鳞片石墨、0.8～1重量份硝酸钠和4～6重量份高锰酸钾加入到100～150重量份浓硫酸中，所述浓硫酸中的硫酸浓度在70wt%以上，搅拌75～150h，搅拌过程中加入300～600重量份去离子水，并同时加入30～80重量份的30wt%双氧水，然后过滤、洗涤，即得；

所述液体不能溶解所述粉体和所述氧化石墨烯；

（2）将所述分散悬浮液进行雾化干燥，得前驱体；

（3）于保护气体中，将所述前驱体于200～1100℃下进行还原处理，处理后冷却至室温，得还原物；所述还原物中含有所述粉体或所述粉体的反应物；

（4）将所述还原物与溶剂混合，使所述粉体或所述粉体的反应物溶解；分离固体物，即得中空石墨烯球。

☞ **相关说明书内容**

摘录一

本发明的积极进步效果在于：

本发明的中空石墨烯球的制备方法对环境友好，简便易行，产率高，可控性好，适合大规模工业化生产。本发明的中空石墨烯球具有优异的电化学性能，不需要任何金属催化剂，即可作为锂空气电池的正极材料。

摘录二

实施例1

一种中空石墨烯球的制备方法，其包括下述步骤：

（1）将0.4 g $SiO_2$粉体（平均粒径15nm）和0.1g氧化石墨烯分散在200mL去离子水中，超声30min使其分散均匀，得分散悬浮液；

（2）将分散悬浮液进行喷雾干燥，进口温度在200℃，出口温度在110℃，得前驱体；该前驱体为氧化石墨烯包裹$SiO_2$粉体的复合物；

（3）将前驱体置于高温炉中，通入氨气与氩气的混合气体，氨气与氩气的混合气体中氨气的体积含量在10%，以10℃/min的升温速度，升温至1100℃进行还原处理，然后不进行保温，直接自然冷却至室温，得还原物；

（4）将还原物与氢氟酸混合，至$SiO_2$完全溶解；利用抽滤的方法将溶解后所剩下的固体物质进行收集，再用去离子水洗净，于70℃下恒温干燥24小时，即得。

其中，氧化石墨烯的制备方法为：将0.3g粒径为30μm的鳞片石墨、0.24g硝酸钠和1.5g高锰酸钾加入到43g的98wt%的浓硫酸中，搅拌120h，在搅拌的同时加入120mL去离子水以及15mL的30wt%的双氧水，将所得产物过滤洗涤，即得到氧化石墨烯。

该中空石墨烯球为氮掺杂的中空石墨烯球，其结构测试及其作为锂空气电池正极材料的电化学性能测试结果如下：

该中空石墨烯球的透射电镜图如图1所示。从图中可以明显地看出，石墨烯球内部成多孔状，非常适合氧气的传导。从图2的X射线衍射光谱可以看出，只有在2θ为25°的位置有一个非常宽的衍射峰，对应C002特征峰，表明氧化石墨烯已还原为石墨烯。该材料的X射线光电子能谱如图3所示，从图中可以明显看到氮元素的能谱特征峰，证明氮元素已进入石墨烯结构中，氮原子含量约占碳原子的2.51%。图4为中空石墨烯球氧还原反应过程的循环伏安图。从图中可以明显地看到，在-250mV有一个强还原峰，说明所制备的中空石墨烯球具有很强的氧还原电催化活性。

将实施例1制得的中空石墨烯球按照下述步骤组装空气电池：将制备的材料与10wt%的黏结剂（固含量为2wt%的丁苯橡胶-羧甲基纤维素钠乳液或浓度为0.02g/mL的聚偏氟乙烯的N-甲基吡咯烷酮溶液）混合，搅拌均匀后涂覆在镍网上，放入烘箱中在60~80℃烘干。再用直径12~16mm的冲头冲成极片，放入真空烘箱中在60~120℃下干燥4~12h，然后转移到充满氩气的手套箱中。以金属锂片为对电极，ENTEK PE多孔膜为隔膜，1mol/L 2-(3-氟甲基磺酰）锂的二甲基亚砜混合溶液为电解液，组装成空气电池，在LAND电池测试系统（武汉金诺电子有限公司提供）上进行恒流充放电性能测试，充放电截止电压相对于 $Li/Li^+$ 为2~3.2V。首次放电曲线如图5所示，以50mA/g的电流密度充放电，首次放电容量达到14.2Ah/g。

### ☞ 相关对比文件公开内容

【对比文件1】（CN102306757A）

摘录一

本发明涉及的一种锂离子电池硅石墨烯复合负极材料，由硅粉、石墨烯和无定形碳组成，以重量百分比计，所述硅粉为10%~99%，石墨烯为1%~90%，无定形碳为0~40%；所述硅粉粒径为20nm~5μm；所述石墨烯构成具有内部空腔的三维立体导电网络，并将所述硅粉包裹在其内部空腔内，形成球形或类球形的复合颗粒，所述复合颗粒的粒径为500nm~15μm。

摘录二

[0010] 本发明还涉及上述锂离子电池硅石墨烯复合负极材料的制备方法，包括如下步骤：

（1）当无定形碳的重量百分比含量为0时，步骤为：

将1重量份的硅粉和0.017~15重量份的氧化石墨烯分散在溶剂中，通过搅拌或超声使其分散均匀，然后进行喷雾干燥，进口温度在120~220℃，出口温度在80~140℃；除去溶剂，然后将其置于高温炉中，通入保护气体，升温至500~1100℃进行高温退火处理，保温1~24小时，使氧化石墨烯发生还原，然后自然冷却至室温，得到锂离子电池硅石墨烯复合负极材料；

或者，将1重量份的硅粉和0.01~9重量份的石墨烯分散在溶剂中，通过搅拌或超声使其分散均匀，然后进行喷雾干燥，进口温度在120~220℃，出口温度在80~140℃；除去溶剂，得到锂离子电池硅石墨烯复合负极材料；

（2）当无定形碳的重量百分比含量>0且≤40%时，步骤为：

第一步，进行如下的（a）或（b）所述步骤，

（a）将1重量份的硅粉和0.017~15重量份的氧化石墨烯分散在溶剂中，通过搅拌或超声使其分散均匀，然后进行喷雾干燥，进口温度在120~220℃，出口温度在80~140℃；除去溶剂，然后将其置于高温炉中，通入保护气体，升温至500~1100℃进行高温退火处理，保温1~24小时，使氧化石墨烯发生还原，然后自然冷却至室温；

或者（b）将1重量份的硅粉和0.01~9重量份的石墨烯分散在溶剂中，通过搅拌或超声使其分散均匀，然后进行喷雾干燥，进口温度在120~220℃，出口温度在80~140℃；除去溶剂；

第二步，将所述步骤（a）或（b）制得的物质置于高温炉中，在保护气体中升温至600~1100℃，然后由保护气体载入气态碳源或液态碳源，保温1~12小时，使所述气态碳源或液态碳源裂解形成无定形碳，得到锂离子电池硅石墨烯复合负极材料；所述无定形碳在所述锂离子电池硅石墨烯复合负极材料中的重量百分比含量为0~40%：

或者，将所述步骤（a）或（b）制得的物质和固态碳源一起通过超声处理和搅拌使其均匀分散在溶剂中，然后蒸干溶剂，转移到高温炉内，在保护气体中升温至600~1100℃，保温1~12小时，使所述固态碳源裂解形成无定形碳，得到锂离子电池硅石墨烯复合负极材料；所述无定形碳在所述锂离子电池硅石墨烯复合负极材料中的重量百分比含量为0~40%。

【对比文件2】（CN103359707A）

摘录一

[0004] 一种氮掺杂石墨烯的制备方法，包括如下步骤：

[0005] 将氧化石墨分散于去离子水中，进行超声处理，然后抽滤，烘干，得到氧化石墨烯；

[0006] 将所述氧化石墨烯与二氧化硅依次加入去离子水中，搅拌2小时，过滤，烘干，得到氧化石墨烯/二氧化硅混合物；

[0007] 将所述氧化石墨烯/二氧化硅混合物置于惰性气体与氨气的混合气体氛围下，以10℃/分钟的升温速率加热至800℃，保温30分钟，冷却至室温，得到氮掺杂石墨烯/二氧化硅混合物；及

[0008] 将所述氮掺杂石墨烯/二氧化硅混合物加入到氢氟酸溶液中，搅拌12小时，真空抽滤，洗涤，烘干，得到氮掺杂石墨烯。

摘录二

[0032] 加热时，发生氧化热还原反应，氨气会与氧化石墨烯上的含氧官能团进行反应，温度继续上升，由于键能的不稳定，石墨烯上的结构会进行重排，使得N原子移至石墨烯的基面或边缘。在石墨烯中掺入氮，由于吡咯氮是五元环，而石墨烯在没掺氮前都为六元环，这样就会使得氮掺杂石墨烯产生褶皱，而这种褶皱可以在一定程

度上降低石墨烯的堆叠程度。在制备石墨烯时，在500℃以上温度进行还原时，石墨烯的片层由于氧官能团的除去会发生较为严重的紧密堆叠，因此还原前在氧化石墨烯的片层间加入一定量的纳米物质，且该物质在高温下不会发生分解，也不会与石墨烯发生任何反应，在高温处理氧化石墨烯后再通过一定手段除去纳米物质，这样能大大降低石墨烯片层发生的堆叠。而降低石墨烯片层的堆叠，能够使得石墨烯的比表面积大幅增加。

☞ **审查意见**

第二次审查意见通知书摘录

摘录一

一、本申请的权利要求1~10不具备《专利法》第22条第3款规定的创造性。

(1) 独立权利要求1请求保护一种中空石墨烯球的制备方法。对比文件1（CN102306757A）为最接近的现有技术，其公开了一种硅石墨烯复合材料的制备方法，并具体公开了（参见说明书第［0007］~［0051］段）硅石墨烯复合材料中，石墨烯具有内部空腔的三维立体导电网络，并将硅粉包裹在其内部空腔内，形成球形复合颗粒，制备方法包括以下步骤：将1重量份的粒径为50~200nm的硅粉和0.017~15重量份的氧化石墨烯分散在溶剂中，分散均匀，必然可得到分散悬浮液，然后进行喷雾干燥，将除去溶剂后的产物置于高温炉中，通入保护气体，升温至500~1100℃进行还原反应，然后自然冷却至室温，即得硅石墨烯复合材料。

权利要求1所要求保护的技术方案与对比文件1相比的区别技术特征为：本申请请求保护的技术方案是制备中空石墨烯球，其制备方法中还包括将还原物与溶剂混合，使所述粉体或所述粉体的反应物溶解，分离固体物，得中空石墨烯球；对比文件1制备的是包裹有硅粉的中空石墨烯球。基于该区别技术特征，该权利要求1所实际要解决的技术问题是：如何抑制石墨烯在制备过程中发生堆叠和团聚现象，以提高其电化学性能。对比文件2（CN103359709A）公开了一种氮掺杂石墨烯的制备方法，并具体公开了（参见说明书第［0003］~［0068］段）将氧化石墨烯和二氧化硅微球依次加入去离子水中，搅拌，过滤，烘干，然后置于惰性气体与氨气的混合气体氛围下，加热至800~1000℃，得到氮掺杂石墨烯/二氧化硅混合物，然后加入氢氟酸溶液，搅拌，真空抽滤，洗涤，烘干，得到具有高比表面积的石墨烯；在石墨烯中掺入氮，可以在一定程度上降低石墨烯的堆叠程度，再通过一定手段除去纳米物质，这样能大大降低石墨烯片层发生的堆叠。即对比文件2公开了使用二氧化硅微球作为模板，与氧化石墨烯混合后，还原为石墨烯，再使用氢氟酸除去模板可以降低石墨烯的堆叠程度的发明构思，即给出了使用溶剂去除石墨烯复合材料中除石墨烯外的材料以降低石墨烯的堆叠程度的技术启示。本领域技术人员在对比文件1的基础上有动机将对比文件2结合至对比文件1，进而选择合适的溶剂使粉体或粉体的反应物溶解，分离固体物，得中空石墨烯球，这是不需要付出创造性的劳动的。

由此可知，在对比文件1的基础上结合对比文件2得到权利要求1所要求保护的技术方案，对本领域技术人员而言是显而易见的。因此，权利要求1不具有突出的实质性特点和显著的进步，不具备《专利法》第22条第3款所规定的创造性。

摘录二

二、针对申请人意见陈述的答复

在意见陈述书中申请人认为：

（1）权利要求1实际解决的技术问题是：提供一种具有特定孔结构和比表面积的中空石墨烯微球的制备方法，使制得的中空石墨烯微球可用作锂空气电池的正极材料，并且具有优异的氢还原电催化活性、放电容量和充放电可逆性；

（2）对比文件1与权利要求1在电极材料结构和电池反应机理上存在显著区别，且对比文件1和对比文件2所解决的技术问题均与权利要求1相差较大，本领域技术人员没有动机将对比文件1和对比文件2结合以解决权利要求1的技术问题；

（3）对比文件1给出的技术启示是硅与石墨烯两者需协同配合，缺一不可，尤其是不能缺少主要容量贡献者的硅，也即对比文件1给出了不能去除粉体的启示；而对比文件2的目的在于提高石墨烯的比表面积，其必须去除石墨烯内包裹的粉体物质才能实现其目的。

（4）对比文件1或对比文件2未启示将对比文件2中去除粉体的步骤结合于对比文件1的技术方案，可获得具有特定孔结构和比表面积的中空石墨烯球，进而实现石墨烯优异的氧还原电催化活性、放电容量和充放电可逆性。

（5）权利要求1制备的中空石墨烯微球表面和内部都具有不同等级的孔，孔径分布在1～100nm，平均孔径约4nm，比表面积为300～500$m^2/g$，并且制得的中空石墨烯在50mA/g电流密度下的首次放电容量高达14.2Ah/g，充放电可逆性能优良，且具有很强的氧还原电催化活性。

对此，审查员持不同意见：

首先，权利要求创造性的判断是权利要求所限定的内容进行的，本申请的权利要求1仅限定了中空石墨烯球的制备步骤，没有限定其应做锂空气电池的正极材料；其次，根据本申请说明书第5段可知，“石墨烯在制备过程中十分容易发生片层堆叠和团聚现象，制约材料的性能”也是本申请所要解决的技术问题之一，而对比文件2说明书第32段已经明确公开了“在石墨烯中掺入氮……可以在一定程度上降低石墨烯的堆叠程度……再通过一定手段除去纳米物质，这样能大大降低石墨烯片层发生的堆叠”，尽管对比文件1和对比文件2与本发明所要解决的技术问题不完全相同，但不可否认，对比文件2已经明确给出了通过去除纳米物质（相当于本发明中的粉体）可以解决其要解决的技术问题之一的技术启示；基于该技术问题将对比文件2结合到对比文件1中后得到的技术方案必然也能达到申请人声称的其他技术效果；况且，根据本申请说明书第16段可知，粉体的粒径也是影响石墨烯孔结构和粒径大小的关键因素之一，而权利要求1中并没有对此做任何限定，因此，申请人声称的权利要求1“制备的中空石墨烯微球表面和内部都具有不同等级的孔，孔径分布在1～100nm，平均孔径约4nm……”审查员也不能够认同。

**☞ 答辩要点分析思路**

在处理该案时，代理师对该申请和对比文件进行了详细的分析。该发明的制备方法制备得到了孔径分布在1～100nm，平均孔径约4nm，比表面积为300～500$m^2/g$的中空石墨烯微球，该特定孔径和比表面积的中空石墨烯微球可以用作锂空气电池的正极材料，且具有优异的氧化还原电催化活性、放电容量和充放电可逆性。基于此，确定了该发明实际解决的技术问题。

代理师经分析后发现，对比文件 1 与权利要求 1 在电极材料结构和电池反应机理上存在显著区别。例如对比文件 1 公开的石墨烯紧密包裹硅粉的实心颗粒材料，其中硅是主要参与锂离子电池反应的活性物，石墨烯并不参与电池反应，而该发明的中空石墨烯球是作为锂空气电池正极使用的，且石墨烯是活性物质，参与锂空气电池反应。对比文件 2 的目的在于提高石墨烯的比表面积，根本没有涉及如何优化孔径和放电容量关系的内容。

另外，代理师还发现，对比文件 1 和对比文件 2 公开的内容存在矛盾，例如对比文件 1 给出了不能去除粉体的启示。然而，对比文件 2 的目的在于提高石墨烯的比表面积，其必须去除石墨烯内包裹的粉体物质。可见，对比文件 1 和对比文件 2 本身给出了截然相反的技术启示。

基于上述两个方面，结合该发明所取得的有益效果，在答复第一次审查意见时直接论述该发明具备创造性。

然而，审查员没有接受第一次的意见陈述。由于在该意见陈述中，代理师强调了该发明和权利要求 1 在电极材料结构和电池反应机理上存在显著区别，而审查员指出“本申请权利要求 1 没有限定其用作锂空气电池的正极材料”，因而不认同。另外，由于第一次意见陈述时强调了粉体的粒径也是影响石墨烯孔结构和粒径大小的关键因素之一，但是权利要求 1 未做任何限定，审查员也表示不认同。故在答复第二次审查意见时，代理师将原权利要求 2 中的粉体粒径和原权利要求 3 中氧化石墨烯的制备方法限定到原权利要求 1 中，形成新权利要求 1，进而得到特定孔径和比表面积的中空石墨烯微球。

另外，在第二次审查意见通知书中，审查员指出“对比文件 2 已经明确给出了通过去除纳米物质（相当于该发明的粉体）可以解决其要解决的技术问题之一的技术启示；基于该技术问题将对比文件 2 结合到对比文件 1 中后得到的技术方案必然也能达到申请人声称的其他技术效果”。对此代理师有完全不同的意见：

（1）审查员的上述评述方式完全忽略了《审查指南》对非显而易见性判断中涉及的技术启示的关键在于本领域技术人员“会不会”去进行那样的技术改进（即有无“动机”）的问题，而非“能不能”进行那样的技术改进（即客观上能力）的问题。

具体的，对比文件 2 仅仅是提供了能够实现技术效果“提高石墨烯的比表面积”所采用的技术手段“去除石墨烯内包裹的粉体物质”，使得本领域技术人员有能力获得该发明成为可能，但是如前所述非显而易见性判断中涉及的技术启示的关键在于本领域技术人员“会不会”，也即，是动机的产生，而非客观上能力的存在与否。在对比文件 1 技术方案同时还给出的技术启示是不能去除粉体的前提下，本领域技术人员完全没有动机采用对比文件 2 所涉及的“去除石墨烯内包裹的粉体物质”这一区别技术特征改进对比文件 1 以解决新权利要求 1 实际所解决的技术问题。

（2）代理师经分析后认为审查员的上述评述实质上是采用了类似 EPO“单行道”

(one way street) 的判断方式(即在多种选择下，由于缺少可选择要素而只存在一条道路可行)，认为本领域技术人员为解决石墨烯团聚这一技术问题不可避免地必然会选择去除粉体这一技术手段。然而该发明抑制石墨烯团聚与改善石墨烯孔结构属于两个不同的改进方向，去除粉体、解决石墨烯团聚这一技术问题并不必然获得孔径分布在1~100nm，平均孔径约4nm的特定孔结构。因此，在第二次意见陈述中，代理师重点反驳审查员的上述观点。代理师通过查找现有技术资料并与发明人沟通，在第二次意见陈述中提供了现有技术文献证明抑制石墨烯团聚与改善石墨烯孔结构没有必然性。即文献1“Xiaodan Huang, Kun Qian, Jie Yang, Jun Zhang, Li Li, Chengzhong Yu, and Dongyuan Zhao, Functional Nanoporous Graphene Foams with Controlled Pores Sizes, Advanced Materials, 2012, 24, 4419 - 4423”；文献2“Functional Nanoporous Graphene Foams with Controlled Pores Sizes, Advanced Materials, 2012, 24, 4419 - 4423”。

在此基础上，在结合第一次意见陈述的内容，该发明最终获得授权。

**☞ 意见陈述原文摘录**

一、新权利要求1具备创造性

1. 新权利要求1具备突出的实质性特点

新权利要求1公开了一种中空石墨烯球的制备方法，其特征在于，其包括下述步骤：(1) 将粉体与氧化石墨烯以重量比1:0.01~1:20的比例，分散于液体中，得分散悬浮液；所述的粉体粒径为1~100nm；所述氧化石墨烯由下述制备方法制得：将1重量份鳞片石墨、0.8~1重量份硝酸钠和4~6重量份高锰酸钾加入到100~150重量份浓硫酸中，所述浓硫酸中的硫酸浓度在70wt%以上，搅拌75~150h，搅拌过程中加入300~600重量份去离子水，并同时加入30~80重量份的30wt%双氧水，然后过滤、洗涤，即得；所述液体不能溶解所述粉体和所述氧化石墨烯；(2) 将所述分散悬浮液进行雾化干燥，得前驱体；(3) 于保护气体中，将所述前驱体于200~1100℃下进行还原处理，处理后冷却至室温，得还原物；所述还原物中含有所述粉体或所述粉体的反应物；(4) 将所述还原物与溶剂混合，使所述粉体或所述粉体的反应物溶解；分离固体物，即得中空石墨烯球。

对比文件1是最接近的现有技术，其公开的内容如审查意见通知书中所述。

与对比文件1相比，新权利要求1的区别技术特征在于：

①所得产物为中空石墨烯球；而对比文件1为硅石墨烯复合材料；

②步骤(4)用溶剂溶解除去粉体或粉体的反应物；而D1不进行该步骤。

通过采用上述区别技术特征，与新权利要求1中的其他技术特征相结合，使新权利要求1的技术方案制备得到了孔径分布在1~100nm，平均孔径约4nm(见说明书附图7)，比表面积为300~500$m^2/g$的中空石墨烯微球。并且，由新权利要求1制备的中空石墨烯在50mA/g电流密度下的首次放电容量高达14.2A/g，充放电可逆性能优良，且具有很强的氧还原电催化活性。然而，对比文件1制备的硅石墨烯复合材料呈现石墨烯紧密包裹硅粉的球形或类球形实心颗粒，颗粒粒径为500nm~15μm，且复合材料在200mA/g电流密度下的首次放电容量仅为562~1525mAh/g，明显低于本发明。

由此可确定新权利要求1实际解决的技术问题是：提供一种具有特定孔结构和比

表面积的中空石墨烯微球的制备方法，使制得的中空石墨烯微球具有优异的氧还原电催化活性、放电容量和充放电可逆性。

相对于对比文件1和对比文件2，通过上述区别技术特征解决上述技术问题，于本领域技术人员而言非显而易见。

审查员在二通意见中指出：对比文件2已经公开了“在石墨烯中掺入氮，可以在一定程度上降低石墨烯的堆叠程度，再通过一定手段除去纳米物质，这样能大大降低石墨烯片层发生的堆叠”，而抑制石墨烯制备过程中的堆叠、团聚也是本发明所解决的技术问题之一，因此对比文件2已经明确给出了去除粉体可解决本发明上述技术问题之一的启示，而将对比文件2去除粉体的步骤结合到对比文件1中也必然能够解决本发明的另一技术问题，即制备获得具有特定孔结构的中空石墨烯球。对此，申请人有不同意见与审查员商榷。

申请人认为，审查员上述评判创造性的方法实质上是认为获得特定孔结构的技术效果仅仅是本领域技术人员为解决石墨烯团聚这一技术问题而不可避免地获得的一种奖励式效果（bonus effect），这种判断方式完全忽略了现有技术并未给出解决本发明实际所解决的技术问题的技术启示，同时也未完全考虑到本发明所实现的预料不到的技术效果，并且还片面主观地认为这种预料不到的技术效果属于EPO“单行道”（one way street）的情形，不能体现出所要求保护主题的创造性。很显然按照《审查指南》的创造性判断标准，这样的评判方式是不合理的，具体阐述如下：

Ⅰ. 对比文件1和对比文件2本身给出了不能结合二者的技术启示，本领域技术人员根本不会有动机在对比文件1基础上结合对比文件2以解决新权利要求1实际所解决的技术问题。

正如答一通时所述，对比文件1的目的在于制备一种实心颗粒状的石墨烯紧密包裹硅粉的硅石墨烯复合材料，其中硅是主要参与锂离子电池反应的活性物，是复合材料电容量的主要贡献者（硅的理论容量高达4200mAh/g，石墨类碳的理论容量仅为372mAh/g），因此对比文件1给出的技术启示是硅石墨烯复合材料要实现高的电容量尤其不能缺少主要容量贡献者硅，也即对比文件1技术方案给出的启示是不能去除粉体。然而，对比文件2的目的在于提高石墨烯的比表面积，其必须去除石墨烯内包裹的粉体物质才能实现上述目的，因此对比文件2技术方案给出的启示是要去除粉体。

可见，对比文件1和对比文件2的技术方案及所实现的目的截然不同。

假设，当置身于发明的申请日以前，本领域技术人员若没有了解过本发明，在面临现有技术中已经公开的对比文件1和对比文件2时，基于对比文件1和对比文件2给出的上述截然不同的技术启示，本领域技术人员根本不会想到在对比文件1的基础上与对比文件2所涉及的“去除石墨烯内包裹的粉体物质”相结合，更加不会想到所得技术方案可以解决本发明的技术问题，实现本发明的上述优异效果。显然，审查员老师的上述观点实际上是将现有技术公开的信息加上发明申请文件中的提示信息结合起来认定为现有技术所给出的启示，而非仅以申请日之前的现有技术作为判断的基础。

也就是说，对比文件2仅仅是提供了能够实现技术效果“提高石墨烯的比表面积”所采用的技术手段“去除石墨烯内包裹的粉体物质”，使得本领域技术人员有能力获得本发明成为可能，但是《审查指南》中对非显而易见性判断中涉及的技术启示的关键在于：本领域技术人员“会不会”去进行那样的技术改进，而非“能不能”进行那样的改进，也即，动机的产生，而非客观上能力的存在与否。由于对比文件1同时还给出了“不能去除粉体”的反向技术启示，在此前提下，本领域技术人员完全没有动机采用所涉及的“去除石墨烯内包裹的粉体物质”这一区别技术特征改进对比文件1以解决新权利要求1实际所解决的技术问题。

根据《审查指南》的教导，创造性的判断应当从现有技术的整体去确定现有技术所给出的启示。包含了截然不同的技术方案和目的的对比文件1和对比文件2从整体上就给出了明确的不可结合对比文件1和对比文件2的启示。在此启示下，本领域技术人员根本不会产生任何动机去结合对比文件1和对比文件2以解决新权利要求1实际所解决的技术问题。

Ⅱ. 本领域技术人员即使生硬地在对比文件1基础上结合对比文件2拼凑出新权利要求1的技术方案，也完全无法预料到新权利要求1可实现远优于对比文件1和对比文件2的电池性能。

退一步，即使忽略对比文件1和对比文件2本身给出的明确不可结合二者的启示，本领域技术人员生硬地将分别公开了新权利要求1部分特征的对比文件1和对比文件2结合拼凑出新权利要求1的技术方案，也完全无法预料到新权利要求1在一定程度抑制石墨烯团聚的同时还可实现石墨烯孔径分布在1~100nm，平均孔径约4nm的优化孔结构，进而实现所得石墨烯首次放电容量高达14.2Ah/g，充放电可逆性能优良，且氧还原电催化活性强的技术效果。

新权利要求1中的上述优异性能远远超过了对比文件1和对比文件2中电极材料所实现的性能。正如答一通时所述，对比文件1并未涉及孔结构的优化，而且其在含有主要容量贡献者硅的前提下，所得硅石墨烯复合材料的电容量仍明显低于本发明；对比文件2仅是制备得到了比表面积为826$m^2/g$的氮掺杂石墨烯，也未获得优化的石墨烯孔结构，其氧化石墨烯/粉体前驱体在去除粉体后得到的多孔石墨烯依然是层状的，与本发明的三维球形表面多孔内部中空的结构明显不同，而且对比文件2也未披露任何孔径结构对电池性能影响方面的内容。因此，本领域技术人员根据对比文件1和对比文件2公开的内容，根本无法预料到采用新权利要求1这样的特定组合可实现如此优异的技术效果。

此处，申请人还要特别指出的是，本发明的发明人在对中空石墨烯的大量仔细深入研究过程中还发现石墨烯的孔径及其分布与电池性能间存在密切的联系，孔径分布在1~100nm，平均孔径约4nm的分级孔结构不仅可以让空气更好地在石墨烯电极中流通，还可作为电池反应的三相界面点，增加空气与电极的反应面积，进而实现材料更优异的电池性能。但在本发明之前，在没有任何相关启示的启发下，本领域技术人员不会轻易想到采用特定粒径的粉体和特定的氧化石墨烯与特定的工艺配合，可实现如此难以预料的优异的技术效果。

Ⅲ. 抑制石墨烯团聚与改善石墨烯孔结构属于两个不同的改进方向，解决石墨烯团聚这一技术问题并不必然获得孔径分布在1~100nm，平均孔径约4nm的特定孔结构。

审查员认为，对比文件2公开的“在石墨烯中掺入氮，可以在一定程度上降低石墨烯的堆叠程度，再通过一定手段除去纳米物质，这样能大大降低石墨烯片层发生的堆叠”，明确给出了去除粉体可解决本发明技术问题之一——抑制石墨烯团聚、提高石墨烯比表面积的启示，而将对比文件2去除粉体的步骤结合到对比文件1中也必然能够解决本发明的另一技术问题——获得孔径分布在1~100nm，平均孔径约4nm的优化孔结构。

审查员的上述评述实质上是采用了类似EPO“单行道”（one way street）的判断方式（即在多种选择下，由于缺少可选择要素而只存在一条道路可行），认为本领域技术人员为解决石墨烯团聚这一技术问题不可避免地必然会选择去除粉体这一技术手段，而基于现有技术也必然能够预见采用该技术手段能够获得孔径分布在1~100nm，平均孔径约4nm的优化孔结构。

就本发明而言，新权利要求1采用去除粉体这一技术手段及所实现的技术效果并不构成“单行道”情形，具体如下：

（1）抑制石墨烯团聚仅是本发明所要解决的一个次要问题，优化石墨烯的孔结构才是本发明所要解决的主要技术问题，本领域技术人员为优化石墨烯的孔结构并不必然会选择去除粉体这一技术手段。

在本领域中，抑制石墨烯团聚、提高比表面积与改善石墨烯孔结构属于对石墨烯改进的两个不同方向。而且，本领域中通常认为相较于比表面积，碳材料的孔结构与锂空气电池的放电容量关系更为密切，然而如何针对锂空气电池的应用有效构建具有孔道结构的三维石墨烯材料，并对其质量、结构进行调控仍是目前石墨烯研究领域的重要挑战（具体请参见本发明说明书中的背景技术第4段）。

本发明为实现石墨烯优异的氧还原电催化活性、放电容量和充放电可逆性，首要解决的也是石墨烯的孔结构问题而不是团聚问题，抑制石墨烯团聚仅仅是本发明在制备中空石墨烯中次要解决的问题。可见，本领域技术人员在面对本发明实际所解决的技术问题时，不可能置优化孔结构这一主要技术问题不顾，而单单从抑制团聚这一次要技术问题入手，以期在解决次要技术问题的同时将主要技术问题一并解决，这不符合本领域技术人员的常规逻辑。而且本领域技术人员在优化石墨烯的孔结构时也存在诸多选择，例如用KOH在石墨烯上刻蚀孔，并不必然会选择去除粉体这一技术手段。

（2）本领域技术人员基于公知常识也并不必然预见在抑制石墨烯团聚、提高石墨烯比表面积的同时能够获得孔径分布在1~100nm，平均孔径约4nm的优化孔结构。

石墨烯孔结构的优化会一定程度地提高石墨烯的比表面积，但是石墨烯比表面积的提高并不必然会得到优化的孔结构，特别是得到孔径分布在1~100nm，平均孔径约4nm的优化孔结构。为使审查员对此有更深入的了解，发明人提供了本发明申请日前的附件1和附件2，以供审查员参考。

附件1公开了一种纳米孔石墨烯泡沫（NGF），其制备方法与对比文件2类似，均是以硅颗粒为模板，通过自组装得到氧化石墨烯/硅粉前驱体，然后再通过过滤烘干制得（如图1所示）。但是附件1中硅纳米颗粒只起到了分散石墨烯片层的作用，并不能起到造孔的作用，其所得石墨烯依然是层状的，平均孔径高达32.5nm，与本发明的石墨烯球形表面多孔内部中空、平均孔径在4nm左右的结构明显不同（如图2所示），具体可参见附件1的红色标记处。

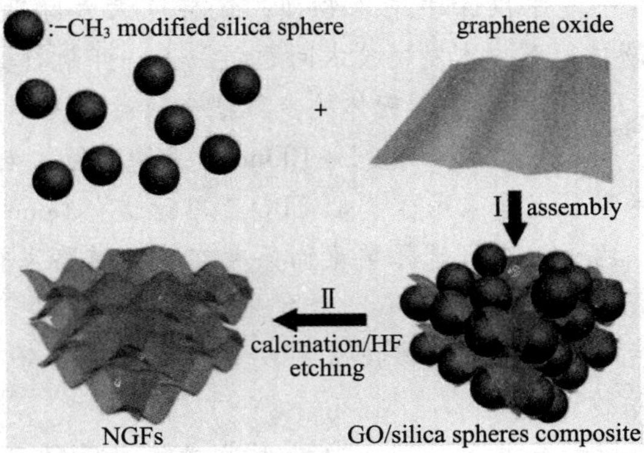


**图1　附件1中纳米孔石墨烯泡沫的制备示意图**

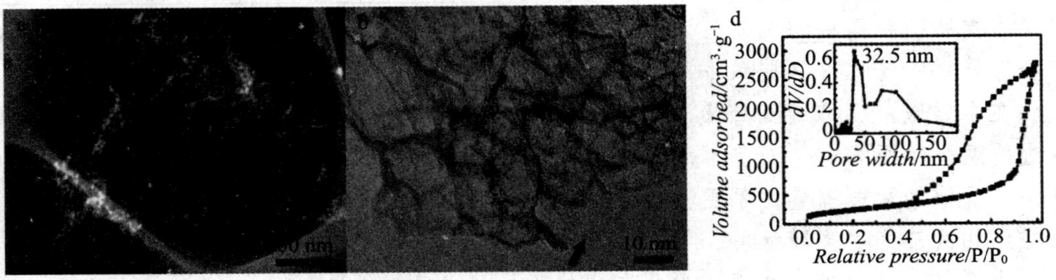


**图2　附件1纳米孔石墨烯的扫描透射显微镜图（左图）、透射电镜图（中图）和孔径分布图（右图）**

附件2是附件1的支持信息文件（Supporting Information），其还研究了不同硅粉粒径及工艺参数对纳米孔石墨烯泡沫（NGF）的比表面积和孔径的影响，如下表所示其制得的NGF－1孔径为32.5nm，比表面积高达851m²/g；NGF－2孔径为57.6nm，比表面积为354m²/g；NGF－3的孔径达93.6nm，比表面积仅为401m²/g（具体可参见附件2的红色标记处）。比较NGF－1和NGF－2可知，石墨烯比表面积提高，孔径变小；比较NGF－2和NGF－3又可知，石墨烯比表面积提高，孔径变大。由此推知，石墨烯比表面积的提高与获得的孔径大小间并不存在简单地正相关或负相关的联系。可见，本领域技术人员基于现有技术中披露的公知常识也并不必然预见在抑制石墨烯团聚、提高石墨烯比表面积的同时能够获得孔径分布在1～100nm，平均孔径约4nm的优化孔结构。

Table S1. Physicochemical properties of the nanoporous graphene foam samples.

| Sample | *Pore diameter* (nm) | $S_{BET}$ ($m^2g^{-1}$) | $V_p$($cm^3g^{-1}$) |
|---|---|---|---|
| NGF-1 | 32.5 | 851 | 4.28 |
| NGF-2 | 57.6 | 354 | 2.21 |
| NGF-3 | 93.6 | 401 | 4.31 |
| No porous GO[a] | / | 238 | 0.471 |
| treated GO[b] | / | 363 | 0.507 |

因此，新权利要求1采用去除粉体这一技术手段制备得到孔径分布在1~100nm，平均孔径约4nm（见说明书附图7），比表面积为300~500$m^2$/g的中空石墨烯微球并不构成“单行道”情形，这是本发明为实现改善石墨烯放电容量、充放电可逆性和氧还原电催化活性的目的从多种可能性中作出的选择，具有不可预见性。

综上，对比文件1和对比文件2均没有给出将新权利要求1上述区别技术特征与对比文件1结合以解决本发明技术问题，实现本发明技术效果的技术启示。本领域技术人员基于对比文件1和对比文件2也根本不会预料到新权利要求1采用特定的粉体和氧化石墨烯与特定的工艺配合，可实现如此优异的技术效果。因此，对于本领域技术人员来说，本发明新权利要求1非显而易见，具备突出的实质性特点。

2. 新权利要求1具有显著的进步。

新权利要求1制备的中空石墨烯微球表面和内部都具有不同等级的孔，孔径分布在1~100nm，平均孔径约4nm，比表面积为300~500$m^2$/g，并且制得的中空石墨烯在50mA/g电流密度下的首次放电容量高达14.2Ah/g，充放电可逆性能优良，且具有很强的氧还原电催化活性。权利要求1中空石墨烯微球可作为锂空气电池的正极材料，其表面多孔和内部中空的结构方便氧气进入空气电极内部，并在石墨烯表面进行氧化还原反应。可见，新权利要求1产生了有益的效果，具有显著的进步。

综上，本发明的新权利要求1具有突出的实质性特点和显著的进步，符合《专利法》第22条第3款规定的创造性。

## 【案例No.1410932】内燃机的两级可调增压系统

### ☞ 案由简要

该申请涉及内燃机的增压系统，特别涉及一种内燃机的两级可调增压系统。

➢ 一通：审查员引用两篇对比文件，分别为对比文件1（CN103097688A）和对比文件2（CN203271907U），认为相对于对比文件1、对比文件2和公知常识的结合权利要求1~6不具备创造性。

➢ 答一通：删除权利要求1，将权利要求4和权利要求5合并为新的权利要求1，并在新的权利要求1中引入说明书中的技术特征，论述新权利要求1~3具备创造性。

➢ 二通：审查员认可之前意见陈述，但指出说明书的撰写问题。

➢ 答二通：修改形式问题，以克服所存在的缺陷。

➢ 审查结果：授权。

### ☞ 相关权利要求

原权利要求：

1. 一种内燃机的两级可调增压系统，其特征在于，其包括有两组分别具有若干个内燃机气缸的内燃机气缸组；

所述内燃机气缸组在排气方向上依次连通设置有一高压级涡轮和一低压级涡轮；

所述内燃机气缸组在进气方向上依次连通设置有一低压级压气机、一中冷器和一高压级压气机；

所述高压级涡轮与同组的所述高压级压气机共传动轴，所述低压级涡轮与同组的所述低压级压气机共传动轴；

一进排气旁通阀的一侧连通两组所述高压级压气机的出口，另一侧连通两组所述高压级涡轮的进气口。

4. 如权利要求1所述的内燃机的两级可调增压系统，其特征在于，两组所述内燃机气缸组的进气口共用一内燃机气缸进气冷却装置。

5. 如权利要求1所述的内燃机的两级可调增压系统，其特征在于，所述中冷器的进气口和出气口分别设置有一进气腔和一出气腔，所述进气腔和所述出气腔内分别设置有至少一导流板，所述导流板的一端与所述中冷器的进气或者出气的气流方向平行，另一端弯折至垂直于所述中冷器的进气口或出气口。

☞ **相关说明书内容**

摘录一

具有增压压力调节能力的两级增压系统也有被应用，但这些系统都存在一定的问题。例如国际专利WO2010/097979A1采用低压级压气机旁通阀、高压级涡轮阀放气等5个旁通或者放气阀门调节增压压力，中国专利CN103615309A采用高压级涡轮旁通阀、低压级涡轮旁通阀等4个旁通阀门调节增压压力。但对于船用V型柴油机，由于其具有两列气缸、两列进气管和两列排气管的特殊结构，这些系统的增压压力控制阀门多，会造成系统结构复杂且难于布置、总体尺寸庞大、管路沿程损失大、控制方法复杂、制造成本高等问题。

摘录二

图1为本实施例的内燃机的两级可调增压系统的结构示意图，如图1所示，本实施例的内燃机的两级可调增压系统用于船用V型柴油机，其包括有两组分别具有若干个内燃机气缸的柴油机气缸组和两级增压模块2。

柴油机气缸组的排气管1和排气管13在排气方向上依次连通设置有高压级涡轮4和低压级涡轮8。两组柴油机气缸组的进气管15在进气方向上依次连通设置有低压级压气机6、中冷器5和高压级压气机3。

高压级涡轮4与同组的高压级压气机3共传动轴，低压级涡轮8与同组的低压级压气机6共传动轴。

进排气旁通阀12的一侧连通两组高压级压气机3的出口，另一侧连通两组高压级涡轮4的进气口。高压级涡轮旁通阀10一侧连通两组高压级涡轮4的进气口（即通过图1中所示的旁通管路11连通高压级涡轮4的进气口），另一端连通两组高压级涡轮4的出气口（即连通图1中高压级涡轮4与低压级涡轮8之间的涡轮间排气管7）。

两组中冷器5共用可调节流量的冷却水泵9。

两组柴油机气缸组的进气口共用一内燃机气缸进气冷却装置14。

摘录三

一方面，通过调节高压级涡轮旁通阀的开度，利用高压级涡轮的进口和低压级涡轮的进口之间的压力差，使部分柴油机排气不经高压级涡轮而直接进入低压级涡轮，降低两级涡轮总功率，达到降低增压压力的目的。另一方面，两列管路共用一台进排气旁通阀，可以通过调节进排气旁通阀的开度，利用高压级压气机出口和高压级涡轮进口之间的压差，使部分空气不进入中冷器而进入高压级涡轮，提高涡轮功率，达到提高增压压力的目的。

针对船用V型柴油机的结构形式，为每组气缸分别装备一台低压级增压器和一台高压级增压器，在两低压级压气机和高压级压气机之间各配置有中间冷却器，用以降低进入高压级压气机的空气温度。中间冷却器置于低压级增压器下方，通过这种构造，可以节约安装空间，控制柴油机尺寸。两列高压级压气机出口管路通过特殊设计，使两列增压空气通过一根进气总管进入内燃机气缸进气冷却装置4（其可以和中冷器5使用同一种冷却装置），该进气总管放置于柴油机的V型夹角内，内燃机气缸进气冷却装置位于柴油机的一端。这种构造，可以使两列增压空气共用一台内燃机气缸进气冷却装置，有效利用布置空间，减少了柴油机零件数量和尺寸，可使柴油机结构更紧凑。

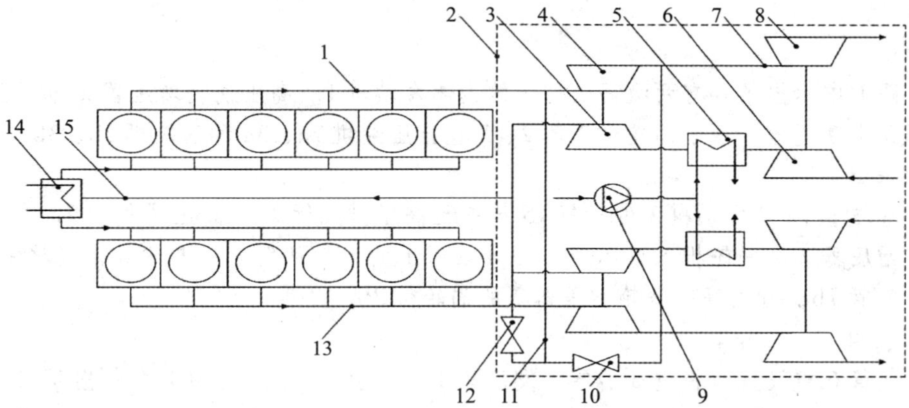


**图4**

## ☞ 相关对比文件公开内容

**【对比文件1】**

摘录一

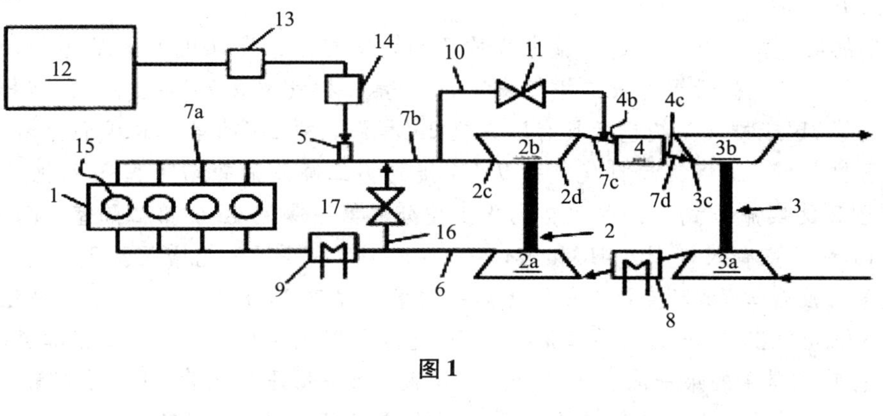


**图1**

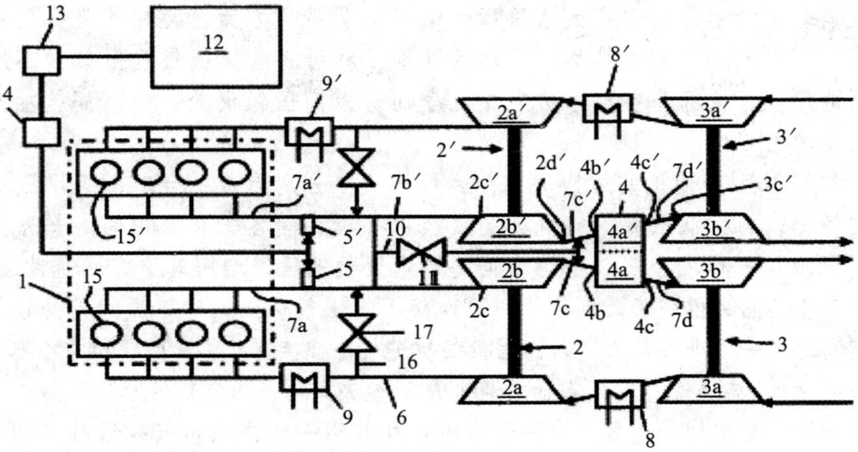


图 2

摘录二

在图 1 中示出了具有两级涡轮增压的内燃发动机 1。高压涡轮增压器 2 与低压涡轮增压器 3 串联连接。两个涡轮增压器 2、3 包括压缩机 2a、3a 和涡轮机 2b、3b。

摘录三

排气歧管 7a 将发动机 1 的气缸 15 连接至高压排气管 7b，高压排气管 7b 连接到高压涡轮增压器 2 的涡轮机入口 2c。来自发动机 1 的排气从发动机 1 流入排气歧管 7a 和高压排气管 7b，流到高压涡轮增压器 2 的涡轮机 2b。

摘录四

进气管 6 被设置为将进气引导到发动机 1 的气缸 15 中。在图 1 中示出了四个气缸 15，但是发动机 1 可以包括任意数量的气缸 15。进气首先通过低压涡轮增压器 3 的压缩机 3a，然后通过高压涡轮增压器 2 的压缩机 2a。低压增压空气冷却器 8 设置在低压涡轮增压器 3 的压缩机 3a 和高压涡轮增压器 2 的压缩机 2a 之间。高压增压空气冷却器 9 设置在高压涡轮增压器 2 的压缩机 2a 和发动机 1 之间。在进气管 6 和高压排气管 7b 之间存在旁通管 16，旁通管 16 设置有用于调节通过旁通管 16 的进气流的旁通阀 17。

摘录五

图 2 的实施方式与图 1 的实施方式的不同之处在于，发动机 1 是 V 型发动机。发动机 1 的另一排气缸设置有第二排气歧管 7a′，第二排气歧管 7a′将气缸 15′连接到第二高压排气管 7b′。排气系统包括具有压缩机 2a′和涡轮机 2b′的第二高压涡轮增压器 2′。第二高压排气管 7b′将第二排气歧管 7a′连接到第二高压涡轮增压器 2′的涡轮机入口 2c′。在图 2 的实施方式中，催化转化器 4 被分成第一隔室 4a 和第二隔室 4a′。两个隔室 4a、4a′都设置有入口 4b、4b′和出口 4c、4c′。第一高压涡轮增压器 2 的涡轮机出口 2c 通过第一混合管 7c 连接到催化转化器 4 的第一隔室 4a 的入口 4b。第二高压涡轮增压器 2′的涡轮机出口 2c′通过第二混合管 7c′连接到催化转化器 4 的第二隔室 4a 的入口 4b′。催化转化器 4 的第一隔室 4a 的出口 4b 通过第一低压排气管 7d 连接到第一低压涡轮增压器 3 的涡轮机入口 3c。催化转化器 4 的第二隔室 4a 的出口 4c′通过第二低压排

气管7d′连接到第二低压涡轮增压器3′的涡轮机入口3c′。

图2的实施方式中的发动机1同样设置有第二低压增压空气冷却器8′和第二低压增压空气冷却器9′。第一排气歧管7a和第二排气歧管7a′通过共用的废气通道10连接到第一混合管道7c和第二混合管道7c′。第二排气歧管7a′设置有用于将还原剂引入到排气系统中的第二喷射器5′。

☞ **审查意见**

第一次审查意见通知书摘录

摘录一

申请号：2014108433627

本申请涉及一种内燃机的两级可调增压系统。经审查，现提出如下的审查意见。

1. 权利要求1不符合《专利法》第22条第3款关于创造性的规定。

权利要求1请求保护一种内燃机的两级可调增压系统，对比文件1（CN103097688A）公开了一种用于选择性催化还原的排气系统及方法，其涉及一种内燃机的两级可调增压系统，并具体公开了（参见说明书第0009~0029段，图1~图2）：系统包括有两组分别具有若干个内燃机气缸的内燃机气缸组1：所述内燃机气缸组在排气方向上依次连通设置有一高压级涡轮（2b，2b′）和一低压级满轮（3b，3b′）；内燃机气缸组1在进气方向上依次连通设置有一低压级压气机（3a，3a′）、一中冷器（8，8′）和一高压级压气机（2a，2a′）：所述高压级涡轮（2b′，2b）与同组的所述高压级压气机（2a，2a′）共传动轴，所述低压级涡轮与同组的所述低压级压气机共传动轴；两个进、排气旁通阀的一侧分别连通对应的两组高压级压气机（2a，2a′）的出口，另一侧分别连通两组高压级涡轮（2b，2b′）的进气口；该权利要求与对比文件的区别在于：该申请采用一个进排气旁通阀连通两组涡轮和压气机；基于上述区别特征可以确定该权利要求实际要解决的技术问题是如何对两组涡轮和压气机连通。

对于上述区别特征，采用一个旁通阀连通两组涡轮和压气机统一控制或采用两个旁通阀分别连通两组涡轮和压气机分别控制或统一控制，是考虑到控制策略、安装空间限制、轻量化设计、成本控制等考虑做出的适应性常规设计，如在空间允许、成本许可并需分别控制两组涡轮、压气机机构时，本领域技术人员容易想到采用两个旁通阀分别连通两个涡轮、压气机机构；而当空间有限、降低成本和同时对两组机构统一控制时，本领域技术人员容易想到采用一个进排气旁通阀连通两组涡轮和压气机，因此特征采用一进排气旁通阀的一侧连通两组所述高压级压气机的出口，另一侧连通两组所述高压级涡轮的进气口是本领域的常规设计，对本领域技术人员来说是容易想到的。

综上，在对比文件1的基础上结合上述常规设计以获得该权利要求所要求保护的技术方案，对所属技术领域的技术人员来说是显而易见的，因此该权利要求所要求保护的技术方案不具备突出的实质性特点和显著的进步，因而不具备创造性。

摘录二

权利要求4对权利要求1做了进一步限定，其附加技术特征是“两组所述内燃机气缸组的进气口共用一内燃机气缸进气冷却装置”。然而上述特征为本领域的常规设计，即对于在两组涡轮增压机构与两组内燃机的气缸组进气口间的进气冷却装置，共用一个或分别用两个，这是从简化设计、轻量化设计、空间限制、制造成本等考虑根据所需做出的适应性设计，且本领域技术人员在考虑到上述因素后，共用一个内燃机气缸进气冷却装置是最易想到的。因此，在其引用的权利要求不具备创造性的情况下，该从属权利要求也不具备创造性。

☞ **答辩要点分析思路**

根据第一次审查意见，审查员认定的区别技术特征为该发明采用一个旁通阀来统一控制，而现有技术采用两个旁通阀来分别控制，且认为本领域技术人员考虑到控制策略、安装空间限制、轻量化设计、制造成本等，就能够容易想到将两个旁通阀进行改进而采用一个旁通阀进行统一控制。基于权利要求 1 的技术方案以及审查员的意见，代理师将从属权利要求书及说明书中的部分技术特征增加到原权利要求 1 中，以论述基于现有技术本领域技术人员是没有动机获得该发明的发明创造。

在判断创造性的过程中，要看本领域技术人员是否具有动机去进行技术改进，而非客观上是否具有能力去进行技术改进。而是否具有动机具体是指现有技术中是否存在将上述区别特征应用到最接近的现有技术以解决其存在的技术问题的启示。结合该发明，该发明并非简单地采用一个旁通阀来同时对两组气缸组统一控制，而且还将两组气缸组的进气管和排气管相连接，以实现对两组气缸组之间在进气方向和排气方向上的压力平衡，避免了差异性。而对比文件 1 采用两个旁通阀来实现对两组气缸组分别控制，两组气缸组并没有在进气方向以及排气方向上相互连接来解决压力平衡的问题。因此，对比文件 1 与该发明的技术方案以及技术效果是完全不同的。公知常识或对比文件 1 的其他部分中并没有给出解决两组气缸组之间在进气方向和排气方向上的压力平衡问题的启示，缺少本领域技术人员产生采用该区别技术特征改进最接近的现有技术以解决相关技术问题的主观意愿的一种信息提示，即本领域技术人员不具有动机去进行该发明的技术改进，本领域技术人员也就不会把现有技术中的两个旁通阀修改为一个旁通阀。

从另一个角度讲，假设本领域技术人员有能力进行该发明这样的技术改进，就是将两个旁通阀修改为一个旁通阀，并且解决两组气缸组之间在进气方向和排气方向上的压力平衡问题。但是这个“有能力改进”的前提也是要先有这样的动机去往该发明的这个方向去改进，在没有这个动机的情况下，本领域技术人员的视野是十分模糊的，根本不知道也想不到去将两个旁通阀修改为一个旁通阀，并且解决两组气缸组之间在进气方向和排气方向上的压力平衡问题。

因此，结合上述分析，判断现有技术公开的信息是否构成这样的技术启示的关键在于，基于该信息，本领域技术人员“会不会”去进行那样的技术改进，而非“能不能”进行那样的技术改进。

☞ **意见陈述原文摘录**

摘录一

关于修改

1. 删除原权利要求 1，将原权利要求 4 和原权利要求 5 合并为新权利要求 1，并在新权利要求1中增加技术特征："所述内燃机气缸组的第一排气管和第二排气管在排气方向上依次连通设置有一高压级涡轮和一低压级涡轮"，修改依据为说明书第4页第[0027]段第1~2行记载的内容，增加技术特征："一高压级涡轮旁通阀的一侧连通两组所述高压级涡轮的进气口，另一侧连通两组所述高压级涡轮的出气口，一旁通管路连通所述高压级涡轮的进气口"，修改依据为说明书第5页第[0029]段第2~4行记载的内容，增加技术特征："两列所述高压级压气机出口管路通过一进气总管进入所述内燃机气缸进气冷却装置"，修改依据为说明书第5页第[0035]段第4~5行记载的内容，增加技术特征："所述导流板的两端分别分割对应的接口为两等分"，修改依据为说明书第5页第[0032]段第6行记载的内容。

摘录二

权利要求1相对于对比文件1的区别技术特征和实际解决的技术问题。

将本申请新权利要求1与对比文件1相比较可知，本申请的内燃机的两级可调增压系统与对比文件1所公开的用于选择性催化还原的排气系统及方法的区别技术特征在于：

B. 一高压级涡轮旁通阀的一侧连通两组所述高压级涡轮的进气口，另一侧连通两组所述高压级涡轮的出气口，一旁通管路连通所述高压级涡轮的进气口；两组所述内燃机气缸组的进气口共用一内燃机气缸进气冷却装置，两列所述高压级压气机出口管路通过一进气总管进入所述内燃机气缸进气冷却装置；一进排气旁通阀的一侧连通两组所述高压级压气机的出口，另一侧连通两组所述高压级涡轮的进气口。

摘录三

在进一步论述前，先进一步解释一下上述区别技术特征：

关于区别技术特征B

权利要求1的技术方案中，首先，所述内燃机气缸组在进气方向上依次连通设置有一低压级压气机、一中冷器和一高压级压气机，两组所述内燃机气缸组的进气口共用一内燃机气缸进气冷却装置，两列所述高压级压气机出口管路通过一进气总管进入所述内燃机气缸进气冷却装置。由于两组高压级压气机的出口之间相汇集并共同连通于进气管，从而使得两组柴油机气缸组均在进气方向上的压力平衡，避免进气方向上管路的差异性，从而使得柴油机气缸组的工作状态一样，各缸曲柄连杆机构的受力受压也均相同，可提高运行效率，避免受力偏差造成的损坏，延长使用寿命。

其次，所述内燃机气缸组的第一排气管和第二排气管在排气方向上依次连通设置有一高压级涡轮和一低压级涡轮，一高压级涡轮旁通阀的一侧连通两组所述高压级涡轮的进气口，另一侧连通两组所述高压级涡轮的出气口，一旁通管路连通所述高压级涡轮的进气口；一进排气旁通阀的一侧连通两组所述高压级压气机的出口，另一侧连通两组所述高压级涡轮的进气口。由于柴油机气缸组的第一排气管和第二排气管在排气方向上通过旁通管路相连通，从而使得两组柴油机气缸组均在排气方向上的压力平衡，避免排气方向上管路内工质状态的差异性，提高运行效率，保证在排气方向上结构的可靠性和安全性，延长使用寿命。

最后，一进排气旁通阀的一侧连通两组所述高压级压气机的出口，另一侧连通两组所述高压级涡轮的进气口。仅仅采用一进排气旁通阀控制两组气缸组的增压压力以同时满足两组气缸组的空气流量需求，更易实现对两组气缸组管路中的调节控制。

然而，对比文件1中记载每一气缸组中的进气管和高压排气管之间存在旁通管，旁通管设置有用于调节通过旁通管的进气流的旁通阀。每组气缸组中的旁通阀只是将各组的进气管和出气管之间相连通，在对比文件1的图2中，很明显两列进气管路之间并没有连通，两列排气管路之间也并没有连通，且通过两个旁通阀分别控制各组的管路。因此，对比文件1之中并没有记载这一技术特征。

摘录四

权利要求1中的技术方案对于本领域技术人员来说是非显而易见的。

区别技术特征B是不容易想到的。

在对比文件1中，进气管和排气管之间设有旁通管，旁通管上设有旁通阀，通过旁通阀调节排气流。审查员认为只要考虑控制策略、安装空间限制、轻量化设计、成本控制等考虑做出的适应性常规设计，本领域技术人员容易想到采用一个旁通阀连通两组涡轮和压气机统一控制。

对此，申请人持有不同的看法。在对比文件1中进气管和排气管之间设的旁通阀是用于控制调节各自每组气缸组的进气管路和排气管路中的气体流量和压力，其效果是通过旁通阀使得部分高压气体能够直接到排气管路中并进入到涡轮中，在涡轮中高压气体的能量转化为机械能，涡轮与压气机共轴连接，使得通过压气机的气体压力进一步提高。对比文件1没有给出两组气缸组之间的进气管路和排气管路之间压力和流量的平衡，并没有考虑到两组气缸组在工作中的平衡问题。也就是说对比文件1中不存在解决如何避免两组气缸组之间的差异性，设计人员自然也无法以对比文件1为基础去改进。

同时，在对比文件1中采用两个旁通阀分别控制的技术难度低，且现有技术并没有将四通旁通阀应用到内燃机中来同时控制两个进气管路和两个排气管路的设计，其结构布置上具有技术难度，技术设计水平要求高。也就是说对比文件1中不存在采用一个旁通阀控制系统的运行工况，设计人员自然也无法以对比文件1为基础去改进。

## 【案例 No. 1210488】车辆监控系统

### ☞ 案由简要

该案涉及一种车辆监控系统（权利要求1～10）。

➢ 一通：审查员引用对比文件1（US2011/0208387A1）、对比文件2（US2012/0065834A1）以及对比文件3（CN201849853U），认定权利要求1～10不具备创造性。

➢ 答一通：未修改权利要求，论述权利要求1～10具备创造性。

➢ 二通：审查员不认可前述意见陈述，坚持认定权利要求1不具备创造性。

➢ 答二通：申请人将权利要求中的“车辆”修改为“奶罐车”，并进一步论述修改后的权利要求1～10具备创造性。

➢ 三通：审查员针对修改后的权利要求书进行再次检索，得到对比文件4，继续认定权利要求 1～10 不具备创造性。

➢ 答三通：未修改权利要求，论述权利要求 1～10 具备创造性。

➢ 审查结果：授权。

### ☞ 相关权利要求

修改后的新权利要求 1：

一种车辆监控系统，其特征在于，其包括：

一车辆运动状态监测装置，用于监测奶罐车的运动状态；

一位置信息获取装置，用于获取奶罐车的实时位置信息并且获得自起始地起至目的地止的当前运输路线；

一温度监控装置，用于实时检测奶罐车中的温度；

一控制装置，在该奶罐车到达该目的地时的温度高于一阈值时，用于将该当前运输路线与历史运输数据比较以调整再次运输的运输路线和/或运输时间。

### ☞ 相关说明书内容

摘录一

背景技术

流通中的温度和时间对奶品的品质起到决定性作用，为了保证质量、减少损耗，奶制品需在不间断的冷链中流通。温度和保质期对奶制品物流体系提出了比常温物流更高的要求，这不但需要更高技术、更多投资，还需要更快周转和更好协调。乳业运输智能化监控基本决定了物流系统的效率和成本；然而，目前市场上却恰恰缺乏一种监控系统，得以保证奶制品的安全、可靠的运输并且保证其质量。

摘录二

本发明的积极进步效果在于：该发明提供了一种能实现乳业运输的智能化实时监控的车辆监控系统，在乳制品的运输过程中，实时监控并记录该车辆的各种状态，并且得以根据监控所得的各种状态及时调整运输路线，使得乳制品的质量得到有效保证。

摘录三

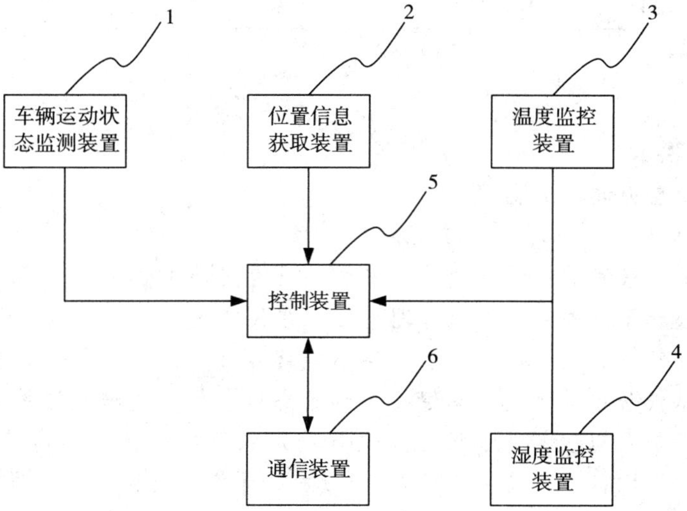

### ☞ 相关对比文件公开内容

**【对比文件4】**

摘录一

［0025］车载智能终端2将采集的车辆行驶信息（包括卫星定位信息、车辆状态信息等）传送至监控中心系统1，服务器经后台处理提供给系统用户。系统用户通过客户端的IE浏览器发出指令，通过GPRS网络发送到车载智能终端2，实现任务的派发、调度和车辆的管理工作。

摘录二

［0031］温度传感器221可根据用户需要安装在车厢内部不同位置检测温度，并将温度数据输入主机21。主机21根据存储模块213内的报警温度值进行比较判断，当温度异常时，告警模块214发出声光报警，同时，控制模块215通过GPRS网络向监控中心系统1发出报警信号，监控中心系统1发出声光报警。

摘录三

［0040］GPS定位模块211在控制模块的控制下采集卫星定位信息，并存储在存储模块213中，所述定位信息包括经纬度、速度方向等。

摘录四

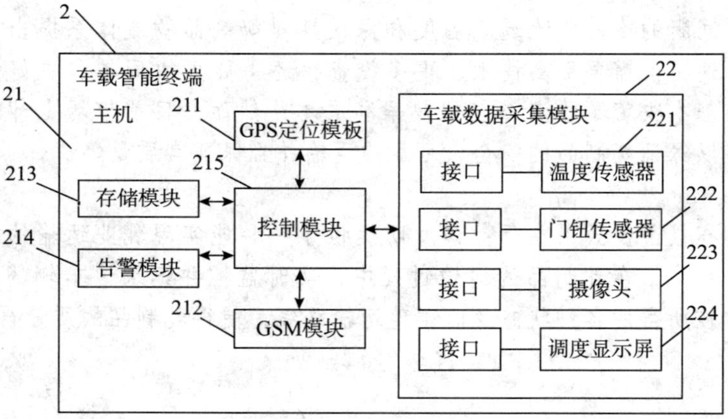


**图2**

### ☞ 审查意见

第三次审查意见通知书摘录

1. 权利要求1不符合《专利法》第22条第3款的规定

权利要求1要求保护一种车辆监控系统。对比文件4（CN101719233A）作为最接近的现有技术公开了一种冷链物流管理系统，并具体公开了以下技术特征（参见说明书［0008～0068］段，图1～图2）：车载智能终端2（相当于车辆监控系统）将采集的车辆行驶信息（包括卫星定位信息、车辆状态信息等）传送至监控中心系统，由此所属领域技术人员可以直接地、毫无疑义地确定系统中存在车辆运动状态检测装置，用于检测车辆的运动状态，温度传感器221（相当于温度监控装置）根据用户需要安装在车厢内部不同位置，检测温度（相当于实时检测车辆中的温度），并将温度数据输入主机21，主机21根据存储模块213内的报警温度值进行比较判断，当温度异常时，告警模块214发出声光报警，GPS定位模块（相当于位置信息获取装置）用于在控制模块的控制下采集卫星的定位信息（相当于获取车辆的位置信息）。

权利要求1要求保护的技术方案与对比文件4公开的内容相比，其区别技术特征在于车辆为奶罐车，位置信息获取装置获取实时信息并且获得的路线为自起始地起至目的地止的当前运输路线；控制装置在该车辆到达该目的地时的温度高于一阈值时，用于将该当前运输路线与历史运输数据比较以调整再次运输的运输路线和/或运输时间。基于上述区别技术特征，可以确定权利要求1实际解决的技术问题是如何实现如何提高奶罐车运输时乳制品质量。

对于上述区别技术特征，对比文件4公开了冷链物流管理系统，适用于食品生产、疫苗、血液运输过程中，对车辆制冷温度进行监控；奶罐车用于运输乳制品，而乳制品在运输过程中需要在冷链中流通，保证其温度在合理的范围内，防止其变质，因此所属领域技术人员容易想到将冷链物流管理系统用于奶罐车中；当车厢内温度过高时，乳制品容易发生变质，而为了防止在行驶过程中车厢内温度过高，最简便的方法是缩短行驶时间，而通过缩短行驶距离来缩短行驶时间是所属领域的公知常识，因此所属领域技术人员容易想到通过全程监控车辆的运行路线，在车辆到达目的地后进行路线分析，优化路线，要实现这一过程必然要监测车辆所运行的整个路线，因而所属领域技术人员很容易想到用位置信息获取装置获得自起始地起至目的地止的当前运输路线。当到达目的地时温度高于阈值时，说明行驶时间过长，因此所属领域技术人员容易想到在该车辆到达该目的地的温度高于一阈值时，用控制装置将该当前运输路线与历史运输数据比较以调整再次运输的运输路线和/减运输时间；至于位置信息获取装置获取奶罐车位置信息的频率是所属领域技术人员根据实际情况自由设定的，将获取位置装置时间设置为实时获取是所属领域技术人员的常规选择。

由此可见，所属领域技术人员在面临上述要解决的技术问题时，有动机将上述公知常识应用到对比文件4中，从而得出权利要求1要求保护的技术方案。也就是说，在对比文件4的基础上结合公知常识得到权利要求1所要求保护的技术方案对所属领域技术人员是显而易见的，因此，权利要求1不具备突出的实质性特点和显著的进步，因而权利要求1不具备创造性，不符合《专利法》第22条第3款的规定。

### ☞ 答辩要点分析思路

该案中，审查员将对比文件4作为最接近的现有技术，由此确定区别技术特征和权利要求1实际解决的技术问题，这些认定都没有问题。审查员接下去逐条推理论述区别技术特征为所属领域技术人员容易想到或者所属领域人员的常规选择，即审查员认定区别技术特征均为本领域的公知常识。

观察审查员论述区别技术特征为本领域公知常识的逻辑能够发现，其并没有提供任何客观有力的证据，其阐述的逻辑是将区别技术特征拆解为四个独立的技术特征，从第一个技术特征在现有技术中能够解决的问题出发，首先引出第一个技术问题，随后直接得出本领域技术人员面对第一个技术问题时容易想到该发明权利要求1中的第一个技术特征的结论，在解决了第一个技术问题后必然会面对第二个技术问题，审查员采用相同的套路想当然地认为本领域技术人员容易想到采用第二个技术特征去解决第二个技术问题，依次类推，最终认定所有的区别技术特征均为本领域的公知常识。不难看出，审查员上述论述区别技术特征为公知常识的逻辑是不合理的，其论述的顺序完全是按照该发明权利要求1所保护的技术方案中的技术特征一步步进行推导的。

现有技术中包括众多的通用技术，本领域技术人员在面对浩如烟海的技术手段时如何挑选这本身就不是一蹴而就的。实际上在没有相关启示的情况下，本领域技术人员根本就不会想到利用该发明的这四个区别技术特征去解决对应的技术问题，退一步讲，即使能够想到这四个区别技术特征，现有技术中也没有任何启示使得本领域技术人员将上述的四个区别技术特征相结合以解决该发明实际要解决的技术问题。所以，本领域技术人员根本就不会对现有技术进行相应的技术改进。

在明确了审查员的论述思路（“事后诸葛亮”的思路）存在上述问题后，代理师在意见陈述过程采取了如下的陈述思路：指出审查员主观上低估了该发明的创造性，存在“事后诸葛亮”的问题，也就是审查员关于该发明的区别技术特征是本领域公知常识的认定存在根据该发明的技术方案而倒推的嫌疑。实际上，当本领域技术人员置身于该发明的申请日时，仅参考对比文件4及本领域的现有技术，在没有了解过该发明特定的应用场景且没有相关启示的情况下，本领域技术人员根本不容易想到将上述的区别技术特征应用到对比文件4中来得到权利要求1的技术方案，所以该发明具备创造性。虽然割裂来看，每一个技术特征在现有技术中均已公开，但是现有技术中并没有启示促使本领域技术人员有动机去结合这四个区别技术特征去解决该发明实际要解决的技术问题。

**☞ 意见陈述原文摘录**

1. 权利要求1具有突出的实质性特点

关于本发明的区别技术特征，如审查意见中所认定的，与对比文件4公开的内容相比，本发明的区别技术特征为：车辆为奶罐车，位置信息获取装置获取实时信息并且获得的路线为自起始地起至目的地止的当前运输路线；控制装置在该车辆到达该目的地时的温度高于一阈值时，用于将该当前运输路线与历史运输数据比较以调整再次运输的运输路线和/或运输时间。

关于本发明的非显而易见性，审查意见中指出上述区别技术特征均属于本领域的公知常识，具体地，审查意见中认为为了防止在行驶过程中车厢内温度过高，最简便的方法是缩短行驶时间，而通过缩短行驶距离来缩短行驶时间是所属领域的公知常识，因此所述领域技术人员容易想到通过全程监控车辆的运行路线，在车辆到达目的地后进行路线分析，优化路线，要实现这一过程必然要监测车辆所运行的整个路线，因而所属领域技术人员很容易想到用位置信息获取装置获得自起始地起至目的地止的当前运输路线；当到达目的地温度高于阈值时，说明行驶时间过长，因此所属领域技术人员容易想到在该车辆到达该目的地的温度高于一阈值时，用控制装置将该当前运输路线与历史运输数据比较以调整再次运输的运输路线和/或运输时间，进而审查意见中认为本领域技术人员有动机将上述公知常识应用到对比文件4中来得出权利要求1的技术方案。申请人对审查意见中的上述认定有完全不同的意见与您商榷：

申请人认为审查员主观上低估了本发明的创造性，存在“事后诸葛亮”的问题，也就是审查员关于本发明的区别技术特征是本领域公知常识的认定存在根据本发明的技术方案而倒推的嫌疑，其无疑都是审查员在参考本发明权利要求1的技术方案之后，一步步地根据本发明的技术方案推导出来的，这种认定方式无疑会降低本发明的创造性。具体地，为了防止车辆在行驶过程中车厢内温度过高，本领域可采用的技术手段有很多种，例如在车厢中增设强力制冷装置来提升制冷效果、采用隔热效果好的材料来制作车厢等，可见在解决车厢内温度过高的问题时本领域技术人员可采用多种方式，而审查意见中直接就将本发明中缩短运输路线的区别技术特征认定为本领域的公知常识，这种审查方式显然存在倒推的嫌疑，申请人对此表示不认同。

另外，对于大多数的专利申请，其技术方案都是利用现有的技术手段就能够实现，但利用现有技术手段实现并不代表其技术手段必然属于本领域的公知常识；否则，基本所有的改进技术方案都会被直接认定为由公知常识就可以获得，进而都没有创造性，这显然是不合情理的。因此，判断某一区别技术特征是否属于本领域的公知常识，并不是判断其是否为利用现有技术实现，而是判断本领域技术人员是否容易想到将其应用到最接近的现有技术中，具体到本发明中，通过将本发明权利要求1的技术方案与作为最接近的现有技术的对比文件4进行对比可知：对比文件4除了公开获取车辆的位置信息以及检测车厢温度之外，并没有公开本发明的其他技术特征，即对比文件4中仅公开了本领域公知的、常用的技术手段，其在技术上与本发明有很大区别，其并没有涉及任何关于车辆行驶路线的技术内容，更加没有涉及以温度作为触发条件来调整车辆运输路线，进而来保证车辆的运输质量。因而对本领域技术人员来说，在面对本发明实际解决的技术问题时，仅参考对比文件4及本领域的现有技术，只能想到检测车厢温度及获取车辆位置，至于如何得到车辆的起始运输路线以及如何以温度作为触发条件来调整车辆运输路线，这些相关的区别技术手段并不是本领域技术人员容易想到的，即使其都是利用现有技术实现，但由于对比文件4中并没有公开任何相关技术内容，本领域技术人员根本不容易想到将上述的区别技术特征应用到对比文件4中来得到权利要求1的技术方案，因此，申请人认为本发明的上述区别技术特征并不属于本领域的公知常识，进而权利要求1的技术方案对本领域技术人员也是不容易想到的。

另外，审查意见中武断地认为本发明的区别技术特征均为本领域的公知常识，但其却并没有提供有力的证据，即没有提供本领域的教科书或工具书作为证据来证明其中记载有本发明的上述区别技术特征以及利用上述区别技术特征来解决本发明实际解决的技术问题，因此，在没有证据支持的情况下，申请人认为审查意见中的审查结果并不能令人信服。

综上，申请人认为本领域技术人员不容易想到将本发明的上述区别技术特征应用到对比文件4中，即上述区别技术特征并不属于本领域的公知常识，而且现有技术从整体上也没有给出技术启示来将上述区别技术特征应用到对比文件4中，即对本领域技术人员来说，利用上述区别技术特征形成本发明权利要求1的技术方案是不容易想到的，权利要求1的技术方案具有非显而易见性，具有突出的实质性特点。

2. 权利要求1具有显著的进步

权利要求1提供了一种能实现乳业运输的智能化实时监控的车辆监控系统，在奶罐车运输乳制品的运输过程中，实时监控并记录该车辆的各种状态，并且以根据监控所得的各种状态及时调整运输路线，使得乳制品的质量得到有效保证，从而取得了有益的技术效果，具有显著的进步。

## 六、现有技术给出了可能但非必然的预期的发明创造

对于某些发明创造，现有技术公开的信息可以使本领域技术人员对采用发明的区别技术特征以解决发明实际解决的技术问题产生可能的预期。据此，审查员在了解了所要求保护的发明后，回过头检索现有文献，看到记载这样信息的文献，立刻会对号入座，引用该文献认为现有技术已经给出了相应的技术启示，发明显而易见。

这样的判断结果似乎看上去是有道理的，但仔细深究，并非没有值得商榷之处。从文字上看，这样的现有文献的确已经给出了本领域技术人员某种提示，这样的提示可以使本领域技术人员对采用该发明的区别技术特征以解决其实际解决的技术问题产生一种可能的预期。但是，这样的预期非必然的预期。在这样的预期的推动下，本领域技术人员可以产生的动机仅仅是一种去尝试的动机，最终技术效果是否能如预期一样实现还要以具体实验的结果而定，并没有十足的把握。换句话说，现有技术给出的信息只能使人得到一种可能的推测或猜测，在没有经过试验确证之前无法使人确信以进行实际利用。在获得所要保护的发明之前，这样的推测或猜测远远够不上使人认为"显而易见"的程度。但若经过试验验证获得发明之后，基于发明得出的研究结果再倒过去看这些推测或猜测，很容易主观上认为发明是之前的这些推测或猜测已揭示的、显而易见的。这样的思考方式无疑有"事后诸葛亮"之嫌。

应当如何判断，关键点落在了对构成《审查指南》中所说的使发明显而易见的技术启示的启示程度的理解标准上。一种理解标准认为，该技术启示的启示程度应当达到要使本领域技术人员对采用发明的区别技术特征以解决其实际解决的技术问题产生必然的预期的程度，上述情况的发明应被判断为具有非显而易见性。另一种理解标准认为，该技术启示的启示程度仅仅只需要使本领域技术人员产生可能的预期即可，上述情况的发明应被判断为不具有非显而易见性。不同的理解标准意味着创造性判断标准的高低，采用前者则对可授予专利权的申请的创造性要求较低，采用后者则对可授予专利权的申请的创造性要求较高。实践中究竟采用哪种标准呢？我们先看一下美国的做法，其在最新的确定创造性标准的KSR案中，明确了显而易见的尝试也被认定为显而易见，但此标准中对尝试有"显而易见"的限定，即该尝试限于在少量的有很好预期的可尝试技术方案的范围内。中国国情与美国不同，因此并不意味着中国也应采用与之相同的标准。目前，对此问题国内采用何种标准并不明确。首先，以最权威的《审查指南》为依据，其对使发明显而易见的技术启示的定义的原文为："这种启示会使本领域的技术人员在面对所述技术问题时，有动机改进该最接近的现有技术并获得要求保护的发明"，此解释并未明确对该技术启示的启示程度的理解标准应当采用哪一

种。我们只能从其他的法律解释、案例分析的权威书籍、实践经验中去探寻目前国内对此问题的审查标准的线索:《审查指南》中给出的三种显而易见的技术启示的情况及判断示例，都属于技术启示可使本领域技术人员产生必然预期的情况。由原国家知识产权局专利复审委员会编著的《专利复审委员会案例诠释》中多个案例的分析中均体现了要否定发明的创造性时所需确认的技术启示与所要求保护的发明之间必然的联系性。国家知识产权局的内部资料《审查操作规程·实质审查分册》中对几种存在《审查指南》所述的技术启示的情形中采用了“可以预期其效果”的用语，而非“可能预期其效果”。实践中，此问题的理解可能存在争议，各知识产权局对此问题的审查标准上在不同的时期、对不同的案件或随审查主体的不同也有所不同。根据我们的代理经验，中国国家知识产权局对于创造性要求的审查标准日趋严格，总的趋势上采用第二种理解标准的情况较多。但作为专利代理师，站在申请人的立场上，应当尽可能地以维护申请人利益的原则进行争取，对于此类情况，从避免“事后诸葛亮”的角度进行反驳不失为一种可选的思路。

**【概述性案例】关于实验性技术领域现有技术提供的推测或猜测**

一项发明创造属于实验性技术领域（如医药领域、生物领域、化学领域）。某一份现有文献中记载了某种推测或猜测，该信息可以使本领域技术人员对采用发明的区别技术特征以解决发明实际解决的技术问题产生可能的预期。

当此类情况的发明属于实验性技术领域时，若按照上述第二种理解方式进行判断，以基于现有技术给出的推测或猜测性信息，来认定发明不具有非显而易见性，“事后诸葛亮”的嫌疑尤为明显。对于这些实验性技术领域，其研发特点之一在于，研究人员在发表自己的研究成果时，几乎都会对后续可能的研究方向给出推测性或猜测性的展望。可以说，这样的推测或猜测在这些技术领域的文献中比比皆是，并且都可以说是基于已有的研究成果有据可依、有一定道理、具有很好的预期的参考信息。但是，正是由于这些技术领域尚且属于实验性科学阶段，技术发展的程度还远达不到理论直接推导的程度。已有的研究经验已经充分说明了这些技术领域的不可预料性。这些技术领域所属的技术人员深知，这些具有很好预期的推测或猜测中，最终能被试验验证如预期一样的很可能凤毛麟角。因此，属于这些技术领域的技术人员绝不会轻易地将现有文献中的推测性或猜测性信息认定为是“显而易见”的正确结果。他们深知，要最终得出一个研究结果，需要进行严谨复杂的科学试验。有可能经历成百上千次的验证失败，才能获得最终验证成功的结果。这样的验证探索过程绝非简单的少量次的试验。这些技术领域的研究推进发展的方式及研究工作的意义所在，正是基于之前的研究得出的众多推测或猜测上进行进一步的摸索验证，寻找真理。对于这些技术领域的发明，如以事后分析的方式将目光特定地局限于与其相关的某一个现有文献给出的推测或猜测上，很可能认为该发明的得出不过是在前人的提示下进行了验证工作而已。但如果设想置身于在还未经试验得出研究结果获得发明之前，面对此领域如此众多的推测或猜测，没有人可预料到哪一个推测或猜测会被验证成功，没有人可以有目的地选择与发明专利相应的现有技术给出的推测或猜测去进行试验。这样的发明得出过程其实是在大海捞针，从众多的可能中寻找必然。这样的研究工作的意义怎能草率地以简单的验证、“显而易见”来下结论？因此，对于这些特殊技术领域的此类发明的创造性判断，尤其应当结合所属技术领域的特点，避免“事后诸葛亮”的判断方式。

## 第七节　对非显而易见性的判断违背专利法设立的宗旨

在创造性判断中，审查员有可能因为对法条法规机械僵化的理解，以及受限于对所属技术领域的片面了解，固执于一些不合理的观点，不知不觉中偏离了专利法设定“创造性”这一要求的初衷，违背了专利法本身设立的宗旨。为了能说服审查员从根本上扭转思路，除了上述按非显而易见性的定义列举各具体寻找突破点的角度外，还可跳出对细节问题的争执，站高一线，以宏观的全局性的眼光，从专利法设立的宗旨出发，阐述发明的非显而易见性。法不外乎理，晦涩的法律条文用通俗的道理进行解释往往使人更容易理解。当纠结于在非显而易见性理解的细节问题上难以说服审查员时，换个思路，从法设立的基本道理上进行解释，可能发明的创造性就会显得非常明了，更容易说服审查员。专利法设立的宗旨是鼓励发明创造，促进科学技术进步和经济社会发展。专利法设定授予专利权的发明创造需要满足“创造性”的要求，必定也要符合这一宗旨。若对某一项发明的创造性的否定会违背鼓励所属技术领域的发明创造，促进科技进步和社会发展的宗旨时，则这样的判断无疑是不合道理的，应当予以纠正。这一论述思路，尤其适合一些涉及非显而易见性理解标准的模糊地带或其他难以判断创造性的疑难案件的情况。

**【概述性案例】关于实验性技术领域现有技术提供的推测或猜测**

一项发明创造属于实验性技术领域（如医药领域、生物领域、化学领域）。某一份现有文献中记载了某种推测或猜测，该信息可以使本领域技术人员对采用发明的区别技术特征以解决发明实际解决的技术问题产生可能的预期。

如上一节第六部分分析，对此情况，如何判断此类发明的非显而易见性实质上涉及对技术启示的判断标准问题。仅仅争执于判断标准的问题力图说服审查员可能效果不理想，尤其是在没有官方的明确规定判断标准的情况下。划定判断标准的最根本出发点在于立法的宗旨。要判断应当采用怎样的判断标准才合适，可以直接看不同的标准下得出的判断结论是否合乎立法本意，是否合乎法理来判断。采用这种从基本的宏观的法理进行分析判断的方式可能更容易让人辨明是非。

对于这些实验性技术领域，尤其是医药领域的研究工作，几乎所有的进步发展都是建立在前人可能性推测上，但最终能验证成功的推测凤毛麟角。并且，进行这些筛选验证的研究工作所耗费人力、物力、财力和时间成本相当高昂。要鼓励这些领域的技术进步，需要用经济利益去激励研发人员愿意投入巨大的成本进行研究。如果不考虑这些特定技术领域的研发工作的特点，而轻易否认发明的创造性，势必极大地打击这些领域研发人员的积极性，阻碍这些领域的研发进步。这显然偏离专利法设立的鼓励发明创造、促进科学进步和创新的宗旨。

# 第七章　从判断创造性的其他考虑因素挖掘突破点

《审查指南》中，除了经典的“三步法”判断创造性之外，还给出了在创造性判断中需考虑的其他4种因素：发明解决了人们一直渴望解决但始终未能获得成功的技术难题，发明克服了技术偏见，发明取得了预料不到的技术效果，发明在商业上获得成功。当发明属于这4种情况时，即使不按照“三步法”的思路进行创造性分析，也可直接认定发明具备创造性。

在答复质疑创造性的审查意见时，除了按前文所介绍的遵循“三步法”的思路挖掘论述创造性的突破点外，还可从上述4种因素的角度进行挖掘。对于属于这些特殊情况的发明，即使采用“三步法”已经可以阐明其创造性，但若在意见陈述中专门阐述发明属于《审查指南》中特别指明的具备创造性的情况，可使审查员更加慎重地进行创造性的判断，更加理解体味这些发明的创造价值所在，以利于申请的授权。下面对属于这4种特殊情况的发明分析要点进行具体介绍。

## 第一节　发明解决了人们一直渴望解决但始终未能获得成功的技术难题

答辩时，应当在意见陈述书中对本领域与此技术问题相关的技术演进历程进行完整清晰的文字介绍，并提供足够的技术文献作为证据，着重说明下面三点，以充分证明该发明属于解决了人们一直渴望解决但始终未能获得成功的技术难题的情况。

（1）解决发明所实际解决的技术问题对本领域技术人员来说具有相当的渴求度。

具体可以从技术问题的存在所带来的缺陷、造成的困难，本领域技术发展的趋势等角度进行剖析，强调本领域技术人员对解决这一技术问题具有相当程度的渴求。只有充分说明对解决该技术问题的渴求度，才能为后续阐述发明解决了该技术问题具备创造性做好先决条件的铺垫。

（2）发明所实际解决的技术问题存在的时间跨越相当长的时期。

仅凭技术问题存在时间的长短这一指标并不足以直接说明发明是否具备创造性。因为，有可能所属技术领域对解决这一技术问题并无需求，所以没有人有兴趣花费精力进行研究。但是在已经充分说明前述第（1）点所属领域的技术人员对解决该技术问题有相当的渴求度的前提下，再结合该技术问题长期存在的事实，就可以充分说明，一旦出现某技术方案能够解决这一技术问题，无疑该技术方案具有高度的创造性。因为，既然本领域技术人员有解决该技术问题的渴求，则必然会想办法进行技术改进以期能解决该技术问题。如果解决该技术问题的办法很容易想到，则这一技术问题应当早已解决，不会长期存在。但如果事实上，这一技术问题长期存在一直未得到解决，就可以说明这是一个不容易解决的技术难题。所要求保护的发明能够解决这一长期未得到解决的技术问题。这绝不是一项可轻易想到的发明，其无疑是非显而易见的，具备创造性。

（3）对该技术问题，本领域技术人员进行了反复多次尝试解决的努力，但一直未获得成功。

结合本领域对解决该技术问题的渴求度以及该技术问题实际存在的时间长度，逻辑推导出发明具备创造性的结论，可以说是基于客观事实进行反向推导的思路。若能从正面的角度，通过文字介绍及文献证据，充分说明为解决该技术问题本领域技术人员曾做出过的不懈努力尝试均未获得成功，以此与所要求保护的发明成功解决了该技术问题的事实进行对比，可更加凸显出该发明对本领域技术革新的重大意义及其高度的创造性。在意见陈述中，应当对解决这一技术问题的难度、本领域技术人员之前曾尝试的解决该技术问题的研发构思、试验失败的原因及结果进行介绍。在此基础上，最好能提供相应的文献予以证明。当然，研发人员通常会基于已经得出某些成果的研究工作发表论文或申请专利，但对于一些失败、未能获得成功的研究工作基本不会发表论文。所以，此类能直接说明本领域技术人员进行过尝试但未能成功解决这一技术问题的文献可能较难查找。但有可能某些技术领域中这样的文献还是有少量存在的，应当尽量查找。或者，也可从发明人自己曾经的研发过程中，收集整理出相关的对解决该技术问题尝试失败的例证。

通过上述三点的论述，即可说明发明解决了人们一直渴望解决但始终未能获得成功的技术难题。

## 【案例 No. 071401】一种生物质油在线催化裂解精制的方法及装置

### ☞ 案由简要

该申请涉及一种生物质油在线催化裂解精制的方法（权利要求1～5），及实施该方法所用的装置（权利要求6～10）。

➢ 一通：审查员引用一篇对比文件对比文件1认为权利要求1～10不具备创造性。

➢ 答一通：删去权利要求1，将权利要求2和权利要求4合并作为新的权利要求1，论述新权利要求1～8具备创造性。

➢ 审查结果：授权。

### ☞ 相关权利要求

原权利要求1：一种生物质油在线催化裂解精制的方法，其包括将生物质原料进行快速裂解，所得的产物直接以气态的形式进行催化裂解，再冷凝得到生物质油，其特征是所述的快速裂解产物经气固分离去除固体颗粒后，再进行催化裂解。

原权利要求2：如权利要求1所述的方法，其特征在于所述的快速裂解在常压鼓泡流化床气化器中进行，其快速裂解温度为450～600℃，表压压力为10～1000mm$H_2O$，原料在流化床中的停留时间为0.5～10s，裂解气停留时间为0.1～4.0s。

原权利要求4：如权利要求1所述的方法，其特征在于所述的催化裂解在下行式常压固定床反应器中进行，催化裂解温度为 300 ~ 550℃，催化表压压力为 10 ~ 100mm$H_2O$，质量空速为 0.5 ~ 7.0$h^{-1}$。

新权利要求 1：

1. 一种生物质油在线催化裂解精制的方法，其包括将生物质原料进行快速裂解，所得的产物直接以气态的形式进行催化裂解，再冷凝得到生物质油，其特征是所述的快速裂解产物经气固分离去除固体颗粒后，再进行催化裂解；

快速裂解在常压鼓泡流化床气化器中进行，其快速裂解温度为 450 ~ 600℃，表压压力为 10 ~ 1000mm$H_2O$，原料在流化床中的停留时间为 0.5 ~ 10s，裂解气停留时间为 0.1 ~ 4.0s；

所述的催化裂解在下行式常压固定床反应器中进行，催化裂解温度为 300 ~ 550℃，催化表压压力为 10 ~ 100mm$H_2O$，质量空速为 0.5 ~ 7.0$h^{-1}$。

**☞ 相关说明书内容**

摘录一

本发明的背景技术部分有如下记载。

文献［Paul T. Williams，Patrick A. Horne. Journal of Analytical and Applied Pyrolysis 31（1995）39 - 61。］报道了生物质油的在线催化裂解。将生物质原料装入料斗，在载气的作用下进入以硅砂为流化介质的流化床反应器进行快速裂解。该流化床反应器的悬浮区设置固定床催化反应器，快速裂解气在载气的作用下向上通向催化反应器进行在线催化裂解。催化裂解气从催化反应器顶部出来后进入多级冷凝器冷凝分离液体产物，不凝气体产物废弃。但其固体产物仍然在快速裂解反应器中，随着时间的加长，停留在介质中的固体产物将不利于传热，影响快速裂解反应；悬浮在床层中的固体产物将加速裂解产物进行二次裂解；同时固体产物中的无机盐是有助于生物质气化反应的，将导致气体产物的增加，进而减少液体产率；此外，如果固体产物聚集在催化裂解反应器上，将会增加系统阻力，增加裂解产物的停留时间，增加二次裂解反应，降低液体产率。

摘录二

本发明的积极进步效果部分有如下记载。

与现有在线催化裂解精制的方法相比，本发明将快速裂解反应器与催化裂解反应器分开，并在其中间加入除尘装置，这样快速裂解的固体产物将被流化气带出反应器，并在催化裂解反应前被分离，不再影响后面的反应，有助于液体产率的提高和实验的连续性。

摘录三

本发明说明书第 5 ~ 8 页记载的具体实施方式中的实施例 1 ~ 5 及实施例 6 ~ 10 所得效果数据如下表 1 和表 2 所示。

**表 1　本发明温度范围内的在线催化裂解产物产率**

| 实施例 | 温度（℃） | 催化裂解产率（%） | | | 转化后（%） | | |
|---|---|---|---|---|---|---|---|
| | | 气体 | 固体 | 液体 | 气体 | 固体（结焦率） | 液体 |
| 1 | 300 | 29.2 | 25.4 | 45.4 | 16.7 | 11.7 | 71.6 |
| 2 | 380 | 31.0 | 23.1 | 45.9 | 19.6 | 8.0 | 72.4 |

续表

| 实施例 | 温度（℃） | 催化裂解产率（%） | | | 转化后（%） | | |
|---|---|---|---|---|---|---|---|
| | | 气体 | 固体 | 液体 | 气体 | 固体（结焦率） | 液体 |
| 3 | 450 | 31.8 | 22.0 | 46.2 | 20.8 | 6.3 | 72.9 |
| 4 | 500 | 32.2 | 21.1 | 46.7 | 21.5 | 4.9 | 73.7 |
| 5 | 550 | 33.1 | 22.1 | 44.8 | 22.9 | 6.5 | 70.7 |

**表2　本发明温度范围内在线催化裂解产物产率**

| 实施例 | 空速（$h^{-1}$） | 催化裂解产率（%） | | | 转化后（%） | | |
|---|---|---|---|---|---|---|---|
| | | 气体 | 固体 | 液体 | 气体 | 固体（结焦率） | 液体 |
| 6 | 0.5 | 33.7 | 20.4 | 45.9 | 23.8 | 3.8 | 72.4 |
| 7 | 1 | 32.2 | 21.1 | 46.7 | 21.5 | 4.9 | 73.7 |
| 8 | 3 | 30.2 | 21.7 | 48.1 | 18.3 | 5.8 | 75.9 |
| 9 | 4 | 30.0 | 22.8 | 47.2 | 18.0 | 7.6 | 74.4 |
| 10 | 7 | 29.4 | 24.6 | 46.0 | 17.0 | 10.4 | 72.6 |

### ☞ 相关对比文件公开内容

1. 对比文件1被认为是最接近的现有技术，其公开了一种生物质油的在线催化裂解的方法：将生物质原料装入料斗，在载气的作用下进入以硅砂为流化介质的流化床反应器进行快速裂解，该流化床反应器的悬浮区设置固定床催化反应器，快速裂解气在载气的作用下向上通向催化反应器进行在线催化裂解，催化裂解气从催化反应器顶部出来后进入多级冷凝器冷凝分离液体产物。

2. 对比文件1的流化床/催化剂床相结合的反应器的结构示意图如下图所示：

### ☞ 答辩要点分析思路

代理师和审查员检索到的最接近的现有技术正是本申请背景技术部分记载的一篇文献，代理师发现该文献的公开日期是1995年，而本申请是在2007年公开的，间隔12年之久。因此，代理师想到从“该发明解决了长期未解决的技术难题”这一角度进行答复。

意见陈述中，代理师紧紧围绕“该发明解决了长期未解决的技术难题”这一论点进行论述，具体思路如下：

（1）客观阐述发明人在研发过程中才发现对比文件1的技术方案存在的缺陷；

（2）进一步阐述，在1995~2007年长达12年期间，本领域技术人员均未对其做出成功改进；

（3）更进一步阐述，发明人历经种种尝试，抛开对比文件1“直接将快速裂解产物进行催化裂解”的理念，采用该发明的技术方案才解决了该发明的技术问题并实现了该发明的技术效果；

（4）进一步强调“审查指南中对非显而易见性评判标准的相关规定”，提醒审查员要始终站在本领域技术人员的角度来评价每个技术方案的创造性。

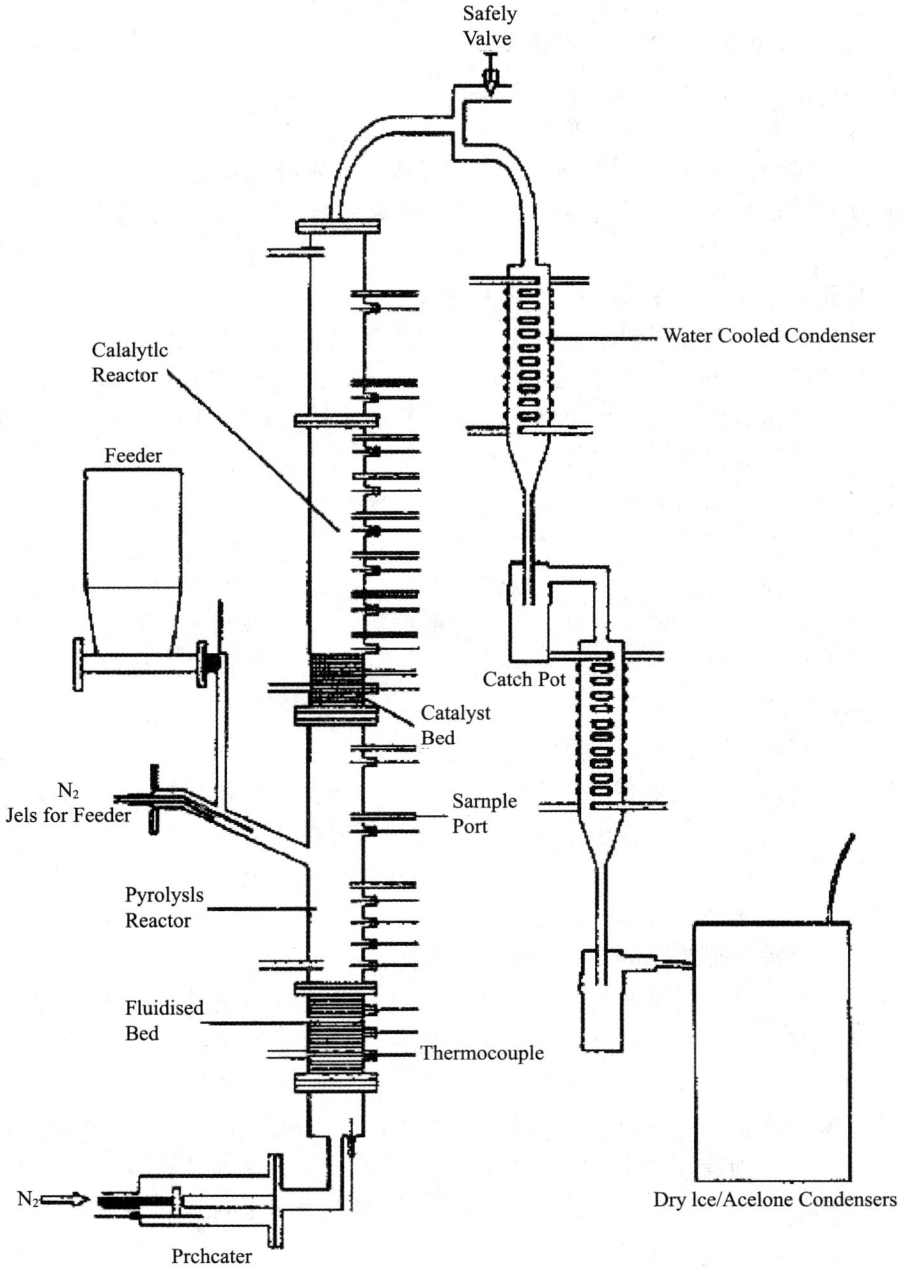


**☞ 意见陈述原文摘录**

一、新权利要求 1 具备创造性

1. 新权利要求 1 具有突出的实质性特点

1.1　区别技术特征的认定

与最接近的现有技术相比，新权利要求 1 的区别技术特征如下：

(1) 新权利要求 1 将快速裂解产物经气固分离去除固体颗粒后，再进行催化裂解；

（2）新权利要求 1 限定了快速裂解反应和催化裂解反应的工艺参数。

1.2　新权利要求 1 实际解决的技术问题

新权利要求 1 实际解决的技术问题是：提供一种液体产率更高、操作连续性更好的生物质油在线催化裂解精制的方法。

1.3　本发明的技术方案对于本领域技术人员来说是非显而易见的

对比文件 1 公开的生物质油在线催化裂解精制的方法，是本领域公认的经典方法，该方法经其作者于 1995 年公开发表后，一直作为生物质油在线催化裂解精制的有效方法使用。但是，本发明人在深入研究该方法后才发现，若按照对比文件 1 的方法进行生物质油裂解精制，随时间的延长，会有固体物质沉积在快速裂解反应器的流化介质中，固体物质的存在不利于传热，且会极大地影响快速裂解反应的进行，此外，该固体物质还会加速裂解产物进行二次裂解反应，导致气体产物的增加，液体产率的降低。本发明人还发现，该固体物质还会聚集在催化裂解反应器中，增加系统阻力，延长裂解产物的停留时间，增加二次裂解反应，降低液体产率。

申请人希望强调的是，自对比文件 1 的方法被公开的 1995 年起，直至本发明诞生的 2007 年，间隔 12 年之久。其间，本领域技术人员一直尝试如何在对比文件 1 的基础上进一步提高液体产率、进一步提高操作的连续性，但 12 年以来，对于液体产率及操作连续性不能进一步提高的根本原因是什么，并没有一个明确观点或说法，也没有一个可靠的解决方式。

正是在这样的领域背景下，本发明人进行了相关研究工作。最初，发明人试图通过改变快速裂解反应和催化裂解反应的工艺参数，来提高液体产率及操作连续性，均以失败而告终。后来，发明人才发现，不能进一步提高液体产率及操作连续性的根本原因在于快速裂解产物中夹杂着大量的固体物质，于是，发明人完全抛开对比文件 1 公开的理念（直接将快速裂解产物进行催化裂解），而将快速裂解产物经气固分离去除固体颗粒后，再进行催化裂解，才从根本上提高了液体产率及操作连续性。

将快速裂解产物经气固分离除去固体颗粒这一改进看似简单，但历经 12 年之久，本发明人才发现，只有将生物质在特定工艺条件下快速裂解并将快速裂解产物经气固分离去除固体颗粒后，再在特定条件下进行催化裂解，才能使液体产率及操作连续性得到显著改善。仅仅“知晓申请日或优先权日之前发明所属技术领域所有的普通知识、能够获知该领域中所有现有技术”“并且具有应用该日期之前常规实验手段的能力”“但不具有创造能力”的本领域技术人员如何经过常规技术手段来获得本发明的技术方案呢？

最后，申请人希望强调的是，判断本发明对本领域技术人员来说是否非显而易见，要确定的是，现有技术中是否给出了将上述区别技术特征应用于该最接近的现有技术，以解决其存在的技术问题的启示，这种启示会使本领域技术人员在面对所述技术问题时，有动机改进该最接近的现有技术并获得要求保护的发明。如果现有技术不存在这种技术启示，则发明是非显而易见的，具有突出的实质性特点。

基于上述分析可知，对比文件 1 的其他部分及其他现有技术中均未给将本发明的区别技术特征应用于最接近的现有技术即可解决本发明的技术问题并实现本发明的技术效果的任何技术启示，因此，新权利要求 1 是非显而易见的，具有突出的实质性特点。

2. 新权利要求 1 具有显著的进步

本发明说明书第 5 ~8 页记载的具体实施方式中的实施例 1 ~5、6 ~10 均实施了本发明的技术方案，并证明了所述的有益效果，即液体产率及操作连续性均得到很大提高，因此，本发明的技术方案具有显著的进步。

综上，新权利要求 1 具有突出的实质性特点和显著的进步，符合《专利法》第 22 条第 3 款规定的创造性。

## 【案例 No. 1310363】LED 面发光防爆灯具

### ☞ 案由简要

该案涉及一种 LED 面发光防爆灯具。在第一次审查意见通知书中，审查员引用了两篇对比文件，分别为对比文件 1（CN201916733U）和对比文件 2（CN201843039U），认为权利要求 1 ~7 相对于对比文件 1、2 和公知常识的结合没有创造性。

申请人在答复第一次审查意见通知书时，反驳了审查员的观点，并得到了审查员的认可。

### ☞ 相关权利要求

权利要求 1

一种 LED 面发光防爆灯具，其特征在于，其包括一外壳、一驱动电源、一 LED 光源基板、一发光扩散板和一防爆玻璃；所述的驱动电源和所述的 LED 光源基板均设于所述的外壳内部；所述的 LED 光源基板上设有若干 LED 发光芯片，所述的发光扩散板覆合于所述的防爆玻璃的内壁，所述的 LED 光源基板上的 LED 芯片排布密度 $\alpha$ 与 LED 光源基板到光源扩散板的距离 $h$ 的关系为 $1 = 1.48\alpha h$。

### ☞ 相关说明书内容

摘录一

背景技术

如图 1、图 2 所示，现有技术中的 LED 发光防爆灯具的 LED 光源基板上的 LED 发光芯片 10 排布单一，每颗 LED 发光芯片电流较大，防爆灯具发出光照射时光线刺眼让人感到眩晕、恶心。并且使用时每个 LED 发光芯片升温比较高，LED 长期工作光衰比较明显，影响 LED 发光防爆灯具整体功能。

摘录二

如图 3、图 4 所示，本方案的一种 LED 面发光防爆灯具，其包括一外壳、一驱动电源 6、一 LED 光源基板 4、一发光扩散板 3 和一防爆玻璃 2；所述的驱动电源和所述的 LED 光源基板均设于所述的外壳内部；所述的外壳包括一压盖 1、一光源壳体 5、一接线腔 7 和一接线腔盖 8；所述的压盖、光源壳体、接线腔和接线腔盖依次固接。所述的 LED 光源基板 4 上设有若干 LED 发光芯片 41；所述的发光扩散板覆合于所述的防爆玻璃的内壁；所述的 LED 光源基板上的 LED 芯片排布密度 $\alpha$ 与 LED 光源基板到光源扩散板的距离 $h$ 的关系为 $1 = 1.48\alpha h$。

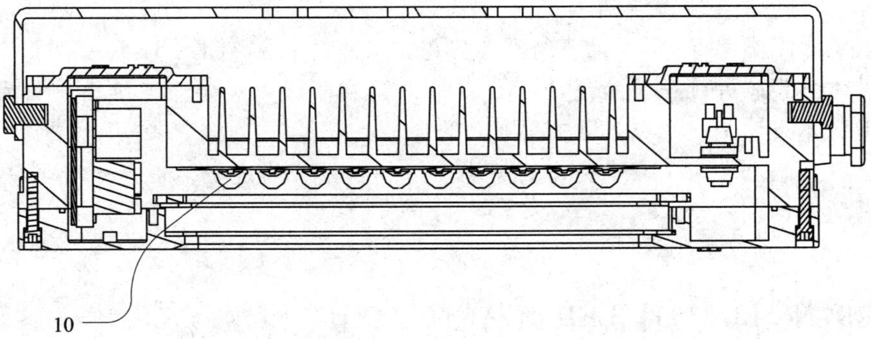


图 1

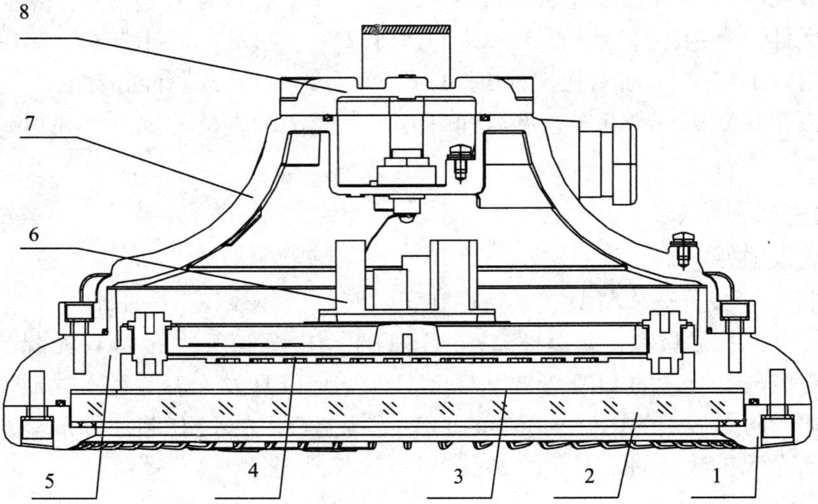


图 3

### ☞ 相关对比文件公开内容

**【对比文件 1】**

［0020］本实用新型设置了前盖 2、钢化玻璃灯罩 1、主壳体 4、LED 光源板 9 和螺钉 10，LED 光源板 9 设置在主壳体 4 内部，前盖 2 将钢化玻璃灯罩 1 压在主壳体 4 上，并用螺钉 10 固定，前盖 2 和主壳体 4 相连接的接触面上设置有前盖密封圈 3。主壳体 4 可设计成圆形、椭圆形、方形或其他多边形，以适应其适用场合。

**【对比文件 2】**

［0017］如图 1 所示，本实用新型的带散光板防水发光砖，它由磨砂玻璃板 1 和带翻边 21 的灯具 2 组成，在灯具 2 和磨砂玻璃板 1 之间还设有散光板 3，所述散光板 3 支撑在灯具 2 的部分翻边 21 上，灯具 2 与磨砂玻璃板 1 在散光板 3 的周边通过密封胶 4

粘接，灯具2的LED灯22通过支架23安装在灯具2的灯壳24内，灯具2的下面还接有防水接头5，LED灯22的电源线6从防水接头5引出，有效防止水汽从电源引线接头渗入。使用时，将本实用新型按普通地砖的铺设方法铺设在地面上，然后将电源线6接到电源控制总线上即可。

☞ **审查意见**

审查员认为对比文件1和对比文件2的结合公开了本申请的权利要求1所限定的防爆灯具的所有组成元件，即公开了除“所述的LED光源基板上的LED芯片排布密度$\alpha$与LED光源基板到光源扩散板的距离$h$的关系为$1=1.48\alpha h$”之外的所有技术特征，然后以技术特征“所述的LED光源基板上的LED芯片排布密度$\alpha$与LED光源基板到光源扩散板的距离$h$的关系为$1=1.48\alpha h$”是公知常识为由，否认权利要求1的创造性。

摘录一

1. 权利要求1所要求保护的技术方案不具备《专利法》第22条第3款所规定的创造性。权利要求1要求保护一种LED面发光防爆灯具，对比文件1（CN201916733U）公开了一种LED防爆灯具，并具体公开了如下的技术特征（参见说明书第2页第0018段至第0024段和图1～2）：该LED防爆灯具，包括一由前盖2、主壳体4、后壳体5和后盖6组成的外壳，一恒流板17（相当于驱动电源）、一LED光源板9（相当于LED光源基板）、一钢化玻璃灯罩1（相当于防爆玻璃），恒流板17和LED光源板9均设于外壳内部，LED光源板9上设有若干LED发光芯片。

权利要求1所要求保护的技术方案与对比文件1的区别在于：①灯具是面发光灯具，还包括一发光扩散板，发光扩散板覆合于所述的防爆玻璃的内壁；②LED光源基板上的LED芯片排布密度$\alpha$与LED光源基板到光源扩散板的距离$h$的关系为$1=1.48\alpha h$。基于上述区别技术特征，本发明实际解决的技术问题是：使光照均匀，防止眩光现象。

对于上述区别技术特征①，对比文件2（CN201843039U）公开了一种面发光灯具，并具体公开了如下的技术特征（参见说明书第2页第0017段至第0020段和图1～2）：该面发光灯具，包括磨砂玻璃板1（相当于防爆玻璃），还包括散光板3（相当于发光扩散板），散光板3覆合于磨砂玻璃板1的内壁。由此可见，上述区别技术特征①已经被对比文件2公开，且其在对比文件2中所起的作用与其在本发明中所起的作用相同，都是为了使光照均匀。因此，对比文件2给出了将上述区别技术特征应用于对比文件1以解决其技术问题的启示。

对于上述区别技术特征②，LED光源基板上的LED芯片排布密度$\alpha$与LED光源基板到光源扩散板的距离$h$的关系为$1=1.48\alpha h$是本领域技术人员为了防止眩光现象经有限的试验即可获得。

☞ **答辩要点分析思路**

在第一次审查意见中，审查员对于区别技术特征的确定没有问题，但在对于区别技术特征②"所述的LED光源基板上的LED芯片排布密度 $\alpha$ 与LED光源基板到光源扩散板的距离 $h$ 的关系为 $1=1.48\alpha h$"的论述却有失偏颇。审查员对于防爆灯领域的认知较少，认为防止眩光现象是一个很容易解决的技术问题。这一点，从审查员对区别技术特征②的评述就可以看出。审查员简单地认定了经过有限次的试验即可解决防止眩光的技术问题。

因此，针对审查员的错误认知，申请人进行了具体解释，使审查员具体了解到在防爆灯领域，眩光问题是一个长期未解决的技术难题，从而使审查员理解该发明的创造性高度。

当然，在实际答辩过程中，通常对于长期未解决的技术难题的论证是较为困难的，需要查找不同时间段的相关文献和资料以佐证技术难题处于长期未解决的状态，因此，在相关文献和资料难以获得的情况下，可以将该论点作为辅助论点写入意见陈述书中。

在此次答辩过程中，专利代理师从发明人处获知，眩光问题确实是该领域内一个长期未解决的技术难题，但是发明人无法提供详尽的证据来支持该论点，因此，在意见陈述中，该论点是作为""三步法""的一个辅助论点写入的。

☞ **意见陈述原文摘录**

权利要求1相对于对比文件1的区别技术特征至少在于：

A. 一种LED面发光防爆灯具；

B. 所述LED面发光防爆灯具包括一发光扩散板，所述的发光扩散板覆合于所述的防爆玻璃的内壁；

C. 所述的LED光源基板上的LED芯片排布密度 $\alpha$ 与LED光源基板到光源扩散板的距离 $h$ 的关系为 $1=1.48\alpha h$。

根据上述区别技术特征，权利要求1的技术方案相对于对比文件1实际解决的技术问题是：提供一种使用寿命长、发光均匀且防眩光的LED面发光防爆灯。

对比文件1的LED防爆平台灯虽然采用了镂空柱体的灯壳散热结构，但是由于每颗光源都罩设有光学透镜，极大地妨碍了散热，芯片的温升较高。且其采用单颗光源发光和高透光透镜，其发出的光呈点状，比较刺眼。

而在权利要求1的技术方案中，所述的LED光源基板上的LED芯片排布密度 $\alpha$ 与LED光源基板到光源扩散板的距离 $h$ 的关系为 $1=1.48\alpha h$。本方案采用了面发光技术，LED芯片以一定的密度排列，并且在预定的距离设置扩散板，形成一个整体的面发光，这个面不会有明显的点状光源或暗区，光线较为均匀，也不会产生眩光。而且由于不需要在每个LED芯片外罩设光学透镜，LED光源基板的散热性较好。

因此，权利要求1的技术方案相对于对比文件1实际解决的技术问题是：提供一种使用寿命长、发光均匀且防眩光的LED面发光防爆灯。

……

③权利要求1的技术方案对于本领域技术人员来说是非显而易见的。

本领域的技术人员在对比文件1的基础上结合对比文件2和公知常识不容易想到权利要求1的技术方案。对比文件1的防爆平台灯的每颗光源都罩设有高通光的光学透镜，平台灯的最前端设置半圆形的钢化玻璃灯罩，这种设置本身是为了最大限度地提高平台灯的照度，在对比文件1中并未考虑平台灯发出的光是否刺眼或眩光的问题。

而对比文件2的带散光板防水发光砖是设置在底面上，对光源的照度的要求不高，因此，设置有散光板3使得发光砖发出的光更加柔和。

然而，如果将对比文件2的散光板3结合到对比文件1中，由于散光板3的透光率较低，就会导致对比文件1的平台灯的照度下降，与对比文件1设置高通光的光学透镜和半圆形的钢化玻璃灯罩来提高平台灯的照度的初衷相违背。因此，本领域的技术人员不会想到将对比文件2的散光板3结合到对比文件1中。进一步，由于对比文件1中根本不适于设置扩散板，因此本领域的技术人员也不可能通过对比文件1想到将LED光源基板上的LED芯片排布密度$\alpha$与LED光源基板到光源扩散板的距离$h$的关系设置为$1=1.48\alpha h$，以解决LED面发光防爆灯的眩光问题。

因此，本领域的技术人员在对比文件1的基础上结合对比文件2和公知常识不容易想到权利要求1的技术方案。

上述区别技术特征C不是公知常识或惯用技术手段。

在LED面发光防爆灯领域中，眩光问题仍然是个难题，现有的解决眩光问题的手段一般有改进扩散板或如对比文件1那样在LED芯片外设置特殊透镜，而取得的效果都不好。而且，并没有任何一本教科书或工具书披露可以通过调节LED光源基板上的LED芯片排布密度与LED光源基板到光源扩散板的距离能够解决LED面发光防爆灯的眩光问题。

因此，申请人不认同上述区别技术特征C是公知常识。

综上所述，权利要求1的技术方案，是本领域技术人员根据对比文件1并结合公知常识等其他现有技术也是不容易想到的，是非显而易见的，故具有突出的实质性特点。

此外，权利要求1具备创造性的理由还在于：

权利要求1的技术方案解决了本领域的技术人员一直渴望解决但始终未能获得成功的技术问题。

眩光是一种不良的照明现象，当光源的亮度极高或是背景与视野中心的亮度差较大时，就会产生眩光。眩光现象不仅影响观看，而且对视力健康都有影响。防爆灯由于其亮度高，很容易产生眩光，使得使用者视力受损。解决该问题的难处在于：既要保证防爆灯的亮度足够，又要使其不产生眩光，要想二者兼顾，对于本领域的技术人员来说是一个难题。在本申请之前，发明人查找了相关专利文献和科学论文，均未找到可有效解决这一技术难题的方法。

本申请的发明人也曾经尝试用现有技术的一些手段来解决眩光问题，例如，改进扩散板或如对比文件1那样在LED芯片外设置特殊的透镜，然而并未取得良好的技术效果。

因此，发明人不再局限于现有的一些技术手段，而是另辟蹊径，提出将LED光源基板上的LED芯片排布密度$\alpha$与LED光源基板到光源扩散板的距离$h$的关系设置为$1=1.48\alpha h$，从而较好地解决LED面发光防爆灯的眩光问题，这是申请人付出了创造性的劳动得到的技术方案，也较好地解决了本领域的技术人员一直渴望解决但始终未能获得成功的技术问题。

因此，权利要求1的技术方案具备突出的实质性特点和显著的进步，是具备创造性的。

## 第二节 发明克服了技术偏见

要说明发明克服了技术偏见，首先需说明技术偏见的存在。《审查指南》中给出了技术偏见的定义：技术偏见，是指在某段时间内、某个技术领域中，技术人员对某个技术问题普遍存在的偏离客观事实的认识，它引导人们不去考虑其他方面的可能性，阻碍人们对该技术领域的研究和开发。根据此定义，要说明某一认识属于技术偏见，需要阐明下述几点。

（1）该认识是在申请日之前并至少延续至申请日的期间内存在的。

技术偏见的定义中所述“某段时间”应当是指，在所要求保护的发明的申请日之前并且一直延续至少至申请日的期间，即至少至该发明的申请日之时，发明所属技术领域存在某一偏离客观事实的认识，从未被破除过。如果在发明申请日之前曾经存在过某一偏离客观事实的认识，但在发明申请日之前已经有破除该认识的公开言论，即至发明申请日时偏见已经不存在了，这样的情况不属于《审查指南》中所述的“技术偏见”。

要说明某一偏离客观事实的认识至少至发明申请日时还存在，可以引用申请日之前的技术文献作为证据，也可以引用申请日之后的文献进行佐证。申请日之后的文献有可能会在对所属技术领域之前的研发历程的介绍中指出某期间存在过某一偏离客观事实的认识，如果所述的某期间涵盖发明的申请日起之前的时间，则可以直接证明发明申请日之前至申请日的期间内一直存在技术偏见。还有申请日之后的文献仍然采用某偏离客观事实的认识，这说明该技术偏见不仅在发明的申请日之前存在，在申请日之后仍然存在，这更能说明发明之前至发明申请日时一直存在该技术偏见。

（2）该认识在发明所属的技术领域是普遍存在的。

技术偏见不应当是发明所属的技术领域中一个或少数技术人员存在的，而应当是普遍存在的，确切地说是该技术领域的所有的技术人员都存在的。如果有破除该认识的言论存在，无论多少，无论是得到大部分还是少量技术人员认可，都不能说明所属技术领域“普遍存在”技术偏见。

要说明某一认识达到技术偏见所要求的“普遍存在”程度，最好是采用教科书、技术手册、辞典等典型的公知常识性证据证明技术偏见的普遍存在，其次是引用本领域影响因子较高的权威杂志发表的论文作为证据，最后是提供较多的一般文献作为证据。

（3）该认识是偏离客观事实的。

所谓“偏见”，一定是错误的，偏离客观事实的。如果所涉及的认识并不存在偏离客观事实的地方，则该认识不是技术偏见。因此，在阐述某一认识是技术偏见时，需要指出其错误之处。

除了上述三点外，有一种情况需要特别注意：对于解决某一技术问题，所属技术领域的技术人员在长久的时期内，从未考虑过所要求保护的发明所涉及的技术手段的可能性，而是一直采用其他的方式解决或尝试解决该技术问题。这种情况是否可说明发明所属领域长期存在某技术偏见，使得技术人员不去考虑发明所涉及的技术手段的可能性，阻碍该领域的研究和开发呢？答案是否定的。因为不能提供直接的证据证明，发明所属领域中存在偏离客观事实的认识的存在。技术人员长久未采用发明所涉及的技术手段，有可能是技术人员未想到，并不能说明技术人员因为存在某种错误认识，从而排斥考虑采用该技术手段。对于这种情况，不用勉强地采用发明克服了技术偏见的角度去论述发明的创造性，可以直接按照“三步法”的思路，论述本领域现有技术未给出采用发明的技术构思解决相关技术问题的技术启示，即可充分阐明发明的创造性。若属于技术人员长久采用其他方式尝试解决该技术问题且一直未获得成功的情况，还可采用发明解决了人们一直渴望解决但始终未能获得成功的技术难题的角度进行论述。

在充分说明了技术偏见的存在后，应当具体剖析发明人所发现的该技术偏见的偏离客观事实之处，以及发明人正是在认识到该技术偏见的错误之处后，采用了怎样的不同于该技术偏见的思路和技术手段构思出所要求保护的发明，解决了所涉及的技术问题。通过上述论述，即可充分说明发明克服了技术偏见。

## 【案例 No. 1210889】标定系统及方法、定位修正系统及方法以及定位系统

### ☞ 案由简要

该案涉及一种标定系统（权利要求 1 ~ 2）及方法（权利要求 3）、定位修正系统（权利要求 4 ~ 6）及方法（权利要求 7）以及定位系统（权利要求 8 ~ 9）。

➢ 一通：审查员引用对比文件 1（CN101206258A）和对比文件 2（CN10726294A），认为权利要求 1 ~ 7 不具备创造性。

➢ 答一通：删除原权利要求 1 和 3，增加说明书中的技术特征至原权利要求 4，将其上升为新的独立权利要求 1，论述新权利要求 1 ~ 7 具备创造性。

➢ 审查结果：审查员认可一通意见陈述，直接授权。

### ☞ 相关权利要求

原权利要求 1 ~ 4：

1. 一种标定系统，该标定系统包括一 GPS 信号接收机和一终端设备，其特征在于，该 GPS 信号接收机用于接收多个卫星的卫星信号，该终端设备用于从该些卫星信号中选取卫星信号信噪比大于一标准阈值或卫星仰角大于一标准角度的卫星信号，并将卫星信号信噪比大于该标准阈值或卫星仰角大于该标准角度的卫星信号对应的卫星标定为观测卫星。

2. 如权利要求 1 所述的标定系统，其特征在于，该标准阈值为 35，该标准角度为 20°。

3. 一种标定方法，其特征在于，其利用如权利要求 1 或 2 所述的标定系统实现，该标定方法包括以下步骤：

步骤 S1，该 GPS 信号接收机接收多个卫星的卫星信号；

步骤 S2，该终端设备从该些卫星信号中选取卫星信号信噪比大于该标准阈值或卫

星仰角大于该标准角度的卫星，对于卫星信号信噪比大于该标准阈值或卫星仰角大于该标准角度的卫星信号进入步骤 S3，否则结束流程；

步骤 S3，将卫星信号信噪比大于该标准阈值或卫星仰角大于该标准角度的卫星信号对应的卫星标定为观测卫星。

4. 一种定位修正系统，其特征在于，该定位修正系统包括一 GPS 信号接收机、一终端设备、一码相位计数器和一信息处理单元；

该 GPS 信号接收机的天线单元用于接收卫星信号，该 GPS 信号接收机的接收单元用于对接收到的卫星信号进行解码；

该终端设备用于基于经解码的卫星信号按定位解算算法进行定位计算，并计算出该 GPS 信号接收机所在地理位置作为一定位信息；

该码相位计数器用于测量卫星信号到达该 GPS 信号接收机的天线单元的时间差，并传输至该信息处理单元；

该信息处理单元用于接收该定位信息，并基于该定位信息计算出该 GPS 信号接收机在竖直方向上的位移，该信息处理单元还用于接收该时间差，并基于该时间差和该定位信息计算出该 GPS 信号接收机在竖直方向上的位移变化率，该信息处理单元还用于基于该位移变化率对该位移进行修正。

修改后的权利要求 1 包括如上的原权利要求 4 及如下的说明书中的技术特征：

该定位信息包括该 GPS 信号接收机的经纬度、高度、速度以及时间，设两卫星到达该 GPS 信号接收机的时间差为 $t$，利用公式计算出 $\angle\alpha$，根据 $\angle\alpha$ 和高度可计算出该 GPS 信号接收机在竖直方向上的位移，该公式为：

$$t = B \times s / C = B \times \cos\angle\alpha / C,$$

$C$ 表示光速，$B$ 表示两卫星之间的距离，$s$ 表示两卫星和该 GPS 信号接收机的方向矢量。

**☞ 相关说明书内容**

摘录一

GPS 即全球定位系统（Global Positioning System）。简单地说，这是一个由覆盖全球的 24 颗卫星组成的卫星系统。<u>这个系统可以保证在任意时刻，地球上任意一点都可以同时观测到 4 颗卫星，以保证卫星可以采集到该观测点的经纬度和高度，以便实现导航、定位、授时等功能。</u>

摘录二

本发明还提供了一种定位修正系统，其特点在于，该定位修正系统包括一 GPS 信号接收机、一终端设备、一码相位计数器和一信息处理单元；

该 GPS 信号接收机的天线单元用于接收卫星信号，该 GPS 信号接收机的接收单元用于对接收到的卫星信号进行解码；

该终端设备用于基于经解码的卫星信号按定位解算算法进行定位计算，并计算出该 GPS 信号接收机所在地理位置作为一定位信息；

该码相位计数器用于测量卫星信号到达该 GPS 信号接收机的天线单元的时间差，并传输至该信息处理单元；

该信息处理单元用于接收该定位信息，并基于该定位信息计算出该GPS信号接收机在竖直方向上的位移，该信息处理单元还用于接收该时间差，并基于该时间差和该定位信息计算出该GPS信号接收机在竖直方向上的位移变化率，该信息处理单元还用于基于该位移变化率对该位移进行修正。

其中，该定位信息包括该GPS信号接收机的经纬度、高度、速度以及时间等信息，设两卫星到达该GPS信号接收机的时间差为$t$，利用下列公式：

$t = B \times s / C = B \times \cos\angle\alpha / C$ 即 $d\angle\alpha/\mathrm{d}t = C/B\sin\angle\alpha$

$C$表示光速，$B$表示两卫星之间的距离，$s$表示两卫星和该GPS信号接收机的方向矢量，通过上述公式可计算出$\angle\alpha$，根据$\angle\alpha$和高度可计算出该GPS信号接收机在竖直方向上的位移。

在现有技术中，往往采用观测方程的平均值的方法进行定位操作，根据定位公式：

$((T-t)\times C)^2 = (X-x)^2 + (Y-y)^2 + (Z-z)^2$

可知，定位需要有4个未知数（$X$，$Y$，$Z$，$T$）建立4个方程组，才能够实现三维定位，这就需要至少4颗卫星来定位。而本发明只需要两颗卫星就能够计算出该GPS信号接收机在竖直方向上的位移，且B的数值越大，定位的精度就越高。

摘录三

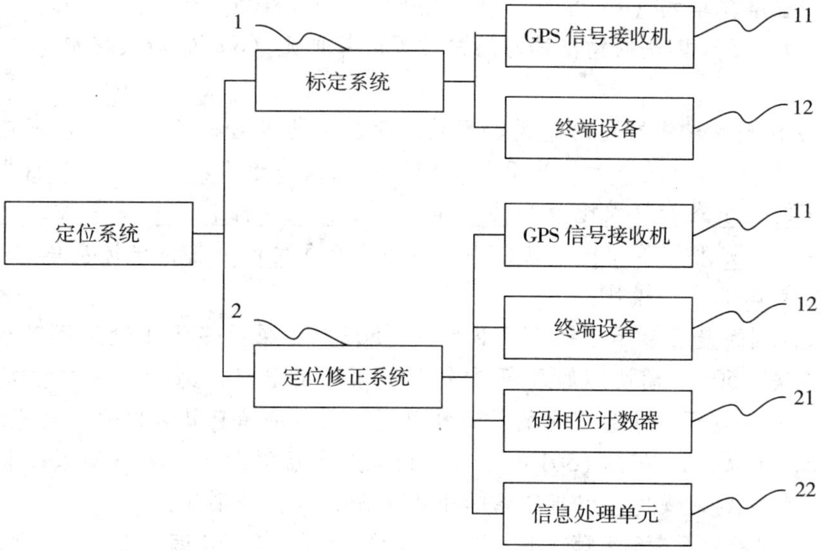


## ☞ 相关对比文件公开内容

**【对比文件1】**

摘录一

1. 一种高灵敏度辅助定位系统，该定位系统有服务器、接口、天线、接收机、射频模块、星座、通信网络及计算机，所述定位系统的发送端通过无线信号传输到接收机的接收端，其特征在于：参考接收机（9）输入输出端通过串口RS232与辅助信息处理服务器（10）的输出输入端相连接，辅助信息处理服务器（10）的发送端通过无线信号传输到用户接收机（11）的接收端，辅助信息处理服务器（10）的接收端和用户接收机（11）的接收端同时通过天线接收来自卫星（12）的信号，该系统至少包括：

采集并保存一段数据（7）、码相位提取单元（8）和用户接收机（11）模块，各模块组合为一整体的接收机；该接收机中的采集并保存一段数据（7）模块的输出端与码相位提取单元（8）模块的输入端相连接；

码相位提取单元（8）模块的一路输出端与用户接收机（11）中的卫星伪距提取单元（2）的输入端相连接，另一路输出端与用户接收机（11）中的发射时间提取单元（3）的输入端相连接；

参考接收机（9）的输出端与用户接收机（11）中的辅助信息提取单元（1）的输入端相连接；

一用户接收机（11）由辅助信息提取单元（1）、卫星伪距提取单元（2）、发射时间提取单元（3）、卫星位置解算单元（4）、选星单元（5）和用户位置解算单元（6）组成，其中：

辅助信息提取单元（1）的一路输出端与卫星伪距提取单元（2）的输入端相连接，另一路输出端与发射时间提取单元（3）的输入端相连接；

卫星伪距提取单元（2）模块的输出端与用户位置解算单元（6）的输入端相连接；

发射时间提取单元（3）模块的输出端与卫星位置解算单元（4）的输入端相连接；

卫星位置解算单元（4）模块的输出端与选星单元（5）的输入端相连接；

选星单元（5）模块的输出端与用户位置解算单元（6）的输入端相连接。

摘录二

7. 根据权利要求4所述的高灵敏度辅助定位数据处理的方法，其特征在于：所述的选星单元（5）执行过程为：当卫星（12）的数量多于4颗的时候，先根据相关时的近似信噪比的大小剔除信噪比最小的卫星；当信噪比剔除掉一颗卫星后，卫星的数目依然多于4颗，则利用仰角比较法，去掉仰角小于5度的卫星，该选星单元（5）模块执行过程的具体工作步骤是：

步骤1，判断是否多于4颗可用卫星A（503）如果是多于4颗可用卫星，则进入信噪比比较法（501）模块；如果不是多于4颗可用卫星，则进入用户位置解算单元（6）模块；当得到至少4颗卫星的伪距和卫星的位置的信息就可以进行位置的求解；

步骤2，信噪比比较法（501）根据码相位对齐后得到的累积值除以码相位未对准的累积值近似得到信噪比，将近似信噪比小于5dB的信号剔除；

步骤3，判断是否多于4颗可用卫星B（504）如果是多于4颗可用卫星，则进入仰角比较法（502）模块；如果不是多于4颗可用卫星，则进入用户位置解算单元（6）模块；

步骤4，仰角比较法（502）当接收机已经进行定位一次的时候，得到在用户位置来看卫星的仰角，剔掉仰角小于5度的卫星；

步骤5，信噪比比较法（501）和仰角比较法（502）的结合将信噪比比较法（501）和仰角比较法（502）相结合，就能够得到比较好的定位精度。

**【对比文件2】**

摘录一

［0014］图2是根据本公开内容的一个实施方案的定位方法的流程图。在步骤202，

在第一位置 A 使用光学组件 102 对准要测量的目标 C，此时启动目标标定装置 104，系统 100 的数据处理单元 108 从目标标定装置 104 接收目标标定指令，并根据目标对应的方位角刻度获得当前时刻的第一方位角 $\theta_1$，并将该第一方位角 $\theta_1$ 存储在数据处理单元 108 中，也可以存储在单独的存储器中。之后数据处理单元 108 控制加速度传感器 106 记录从该刻（T1 时刻）开始的该系统 100 的加速度数据 a。在步骤 204，所述系统 100 移动到第二位置 B。在步骤 206，再次使用光学组件 102 对准所述目标 C 并再次启动目标标定装置 104，数据处理单元 108 从目标标定装置 104 接收目标标定指令，并根据目标对应的方位角刻度获得当前时刻 T2 的第二方位角 $\theta_2$，并将该第二方位角 $\theta_2$ 存储在数据处理单元 108 中。同样地，也可以存储在单独的存储器中。同时，数据处理单元 108 控制加速度传感器 106 从此时 T2 停止记录所述加速度数据 a。在步骤 208，数据处理单元 108 对来自加速度传感器 106（以及/或者可选的电或磁罗盘系统）的所有加速度数据 a 进行分析运算。这些加速度数据 a 可以是三维加速度数据。将加速度数据 a 通过两次积分（积分一次可得速度 v，积分两次可得在积分时间间隔 T1 到 T2 中的位移 S），可以得到从 T1 时刻到 T2 时刻在水平和垂直方向上位移 $S_x$、$S_y$，从而得到第一位置 A 到第二位置 B 之间的距离 S 和方向 θ。

摘录二

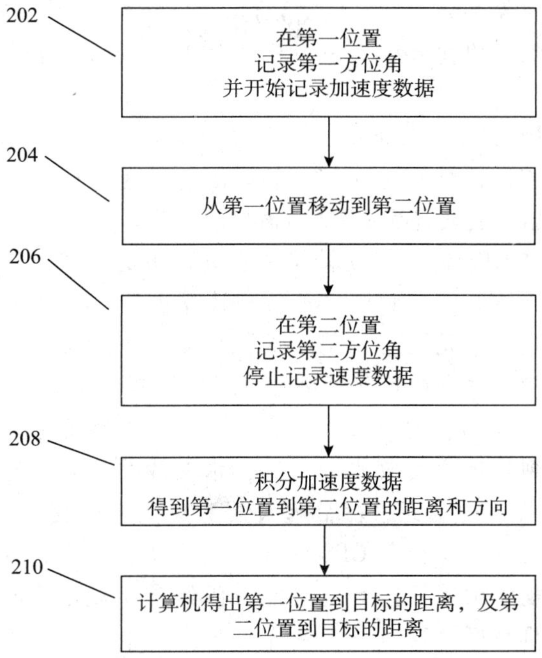


图 2

## ☞ 审查意见

摘录一

4. 权利要求 4 请求保护一种定位修正系统，对比文件 1（CN101206258A）为最接近的现有技术，其公开了一种高灵敏度辅助定位系统，并具体公开了如下技术特征（参见权利要求1、4、6、7）：该定位系统有服务器、接口、天线、接收机、射频模块、星座、通信网络及计算机，辅助信息处理服务器的接收端和用户接收机（相当于GPS信号接收机、终端设备和信息处理单元）的接收端同时通过天线接收来自卫星的信号（相当于GPS信号接收机的天线单元用于接收卫星信号）；用户接收机由辅助信息提取单元、卫星伪距提取单元、发射时间提取单元、卫星位置解算单元、选星单元和用户位置解算单元组成（GPS接收机接收卫星信号用于定位解算必然会对接收到的卫星信号进行解码，即隐含公开了GPS信号接收机的接收单元用于对接收到的卫星信号进行解码），辅助信息提取单元，是得到从参考服务器发送过来的进行位置解算所需要的各种辅助信息，辅助信息包含了当前时刻在当前区域内的各种参数，包括卫星号、星历的基准时间、卫星的位置、提取辅助信息时的GPS时间和参考服务器的位置；所述卫星伪距提取单元，用于在辅助信息的协助下得到同一时刻和不同时刻的卫星到达用户接收机的伪距，以及各颗卫星到达用户接收机之间的距离差；卫星解算单元，在得到了电文发射时间和辅助信息中的星历和时间参数，可以根据GPS卫星轨道方程得到，将电文码片时刻的卫星发射时间得到后，根据得到的卫星的星历参数，计算卫星的位置和钟差，根据卫星的钟差修正伪距，得到新的伪距（相当于终端设备用于基于经解码的卫星信号按定位解算算法进行定位计算）。

权利要求4请求保护的技术方案与对比文件1公开的技术内容相比，其区别技术特征在于：

（1）计算出该GPS信号接收机所在地理位置作为一定位信息：定位修正系统包括码相位计数器，该码相位计数器用于测量卫星信号到达该GPS信号接收机的天线单元的时间差，并传输至信息处理单元；（2）该信息处理单元用于接收该定位信息，并基于该定位信息计算出该GPS信号接收机在竖直方向上的位移，该信息处理单元还用于接收该时间差，并基于该时间差和该定位信息计算出该GPS信号接收机在竖直方向的位移变化率，该信息处理单元还用于基于该位移变化率对该位移进行修正。基于上述区别技术特征，可以确定本发明实际解决的技术问题是如何提高定位精度。

针对区别技术特征（1），对比文件1已经公开了在辅助信息的协助下得到同一时刻和不同时刻的卫星到达用户接收机的伪距，本领域技术人员熟知，卫星定位的原理是计算卫星到用户接收机的伪距，然后通过解算得到用户接收机的位置信息，因此，在对比文件1的基础上进一步得到GPS信号接收机所在地理位置，并作为定位信息是本领域技术人员的常规技术手段：对比文件1已经公开了在辅助信息的协助下得到各颗卫星到达用户接收机之间的距离差，在此基础上，本领域技术人员根据该距离差与信号传播速度、时间差之间的数学关系就可以得到卫星信号到达该GPS信号接收机的天线单元的时间差；而采用码相位计数器测量时间差是本领域技术人员容易实现的，将测得的时间差传输至信息处理单元用于定位及修正是本领域技术人员的常规技术手段。

针对区别技术特征（2），对比文件2（CN101726294A）公开了一种定位系统，并具体公开了如下技术特征（参见说明书第0014段）：在步骤208，数据处理单元108对来自加速度传感器106的所有加速度数据a进行分析运算，这些加速度数据a可以是三维加速度数据，将加速度数据a通过两次积分（积分一次可得速度v，积分两次可得在积分时间间隔T1到T2中的位移S），可以得到从Tl时刻到T2时刻在水平和垂直方向上位移$S_x$、$S_y$（相当于信息处理单元用于接收定位信息，并基于该定位信息计算出该GPS信号接收机在竖直方向上的位移）从而得到第一位置A到第二位置B之间的距离S和方向θ。可见，对比文件2公开了技术特征“信息处理单元用于接收定位信息，并基于该定位信息计算出该GPS信号接收机在竖直方向上的位移”，且该技术特征在对比文件2中所起作用与其在本申请中为解决技术问题所起作用相同，均为提高定位精度，即对比文件2给出了将上述技术特征应用于对比文件1以解决技术问题的启示；此外，本领域技术人员应当知晓，在时间差和定位信息的基础上，根据数学变换关系可以计算出GPS信号接收机在竖直方向上的位移变化率，为了提高定位精度，利用信息处理单元基于位移变化率对位移进行修正是本领域技术人员容易实现的。

由此可见，在对比文件1的基础上结合对比文件2以及本领域技术人员的常规技术手段得到权利要求4请求保护的技术方案是显而易见的，权利要求4不具有突出的实质性特点和显著的进步，不具备《专利法》第22条第3款规定的创造性。

**☞ 答辩要点分析思路**

代理师仔细研究审查意见通知书后发现，审查员对于该案原权利要求1和2对应的标定系统以及权利要求3所保护的标定方法没有创造性的认定都没有问题，而对于该案原权利要求4所保护的定位修正系统的创造性的认定存在一定的争辩空间，具体可以按照常规的“三步法”论述该申请的创造性。对于该案，如果仅就“三步法”原则进行意见陈述，审查员可能会继续发二通，所以如果能够再进一步找到其他的支撑该申请创造性的证据（例如《审查指南》中列举的几种判断发明创造性时需考虑的其他因素，包括发明克服技术偏见、取得了预料不到的技术效果等）势必会增加说服审查员认为该申请具备创造性的可能，甚至直接做出可以授权的决定，从而加快授权。

代理师仔细研究该案的原始申请文件后发现说明书中明确记载，现有技术中卫星定位需要有4个未知数（$X$，$Y$，$Z$，$T$）建立四个方程组，才能够实现三维定位，这就需要至少4颗卫星来定位。而该发明通过技术特征“该定位信息包括该GPS信号接收机的经纬度、高度、速度以及时间，设两卫星到达该GPS信号接收机的时间差为$t$，利用公式计算出$\angle\alpha$……”实现了只需要两颗卫星就能够计算出该GPS信号接收机在竖直方向上的位移，且B的数值越大，定位的精度就越高。看到此处，代理师眼前一亮，凭着职业敏感度及对本领域现有技术的了解认为该发明应该是克服了技术偏见。经查阅相关资料（具体参见《高中地理（中图版）必修（三）》第三章以及网站链接http：//blog. sina. com. cn/s/blog_5e4ec4e101017da7. html）后发现现有技术中确实都是需要4颗卫星才能实现定位的，由此代理师找到了论述该申请创造性的证据，即可以从本领域中的技术偏见的角度进行创造性的争辩。

在具体意见陈述过程中，代理师的主要答辩思路是：首先将克服技术偏见的技术特征增加到权利要求中，重新确定区别技术特征和所解决的技术问题，即如何提高定位精度以及如何克服只有利用4颗卫星才能实现定位的技术偏见实现只需要两颗卫星即可定位，然后进一步阐述本发明技术方案如何克服技术偏见。该案正是利用克服了技术偏见这一强有力的武器，改变了审查员的观点。审查员最终认定该发明具备创造性，直接给予授权。

**☞ 意见陈述原文摘录**

1.2　关于确定新权利要求1的区别技术特征和实际解决的技术问题

审查意见中认为，原权利要求4要求保护的技术方案与对比文件1所公开的技术方案的区别技术特征在于：（1）计算出该GPS信号接收机所在地理位置作为一定位信息，定位修正系统包括该码相位计数器用于测量卫星信号到达该GPS信号接收机的天线单元的时间差，并传输至该信息处理单元；（2）该信息处理单元用于接收该定位信息，并基于该定位信息计算出该GPS信号接收机在竖直方向上的位移，该信息处理单元还用于接收该时间差，并基于该时间差和该定位信息计算出该GPS信号接收机在竖直方向上的位移变化率，该信息处理单元还用于基于该位移变化率对该位移进行修正。申请人对此认定有不同看法，理由如下：

审查意见中认为对比文件1公开了以下技术特征，即“辅助信息处理服务器的接收端和用户接收机的接收端同时通过天线接收来自卫星的信号”，审查员认定该技术特征中的用户接收机相当于原权利要求4中“GPS信号接收机、终端设备和信息处理单元”，申请人对该认定有不同意见。申请人认为，对比文件1中的用户接收机仅相当于新权利要求1中的“GPS信号接收机和终端设备”，用户接收机并不能相当于“信息处理单元”，即对比文件1并未公开“信息处理单元”，理由是新权利要求1中限定的信息处理单元是用于接收该定位信息，并基于该定位信息计算出该GPS信号接收机在竖直方向上的位移，该信息处理单元还用于接收该时间差，并基于该时间差和该定位信息计算出该GPS信号接收机在竖直方向上的位移变化率，该信息处理单元还用于基于该位移变化率对该位移进行修正，对比文件1中的用户接收机并没有公开新权利要求1中限定的信息处理单元的这些功能。所以，审查意见中认定的原权利要求4要求保护的技术方案与对比文件1所公开的技术方案的区别技术特征并不完整。

基于上述分析可以得出新权利要求1相比于对比文件1的区别技术特征为：

（1）计算出该GPS信号接收机所在地理位置作为一定位信息，定位修正系统包括该码相位计数器用于测量卫星信号到达该GPS信号接收机的天线单元的时间差，并传输至该信息处理单元；

（2）定位修正系统还包括信息处理单元，该信息处理单元用于接收该定位信息，并基于该定位信息计算出该GPS信号接收机在竖直方向上的位移，该信息处理单元还用于接收该时间差，并基于该时间差和该定位信息计算出该GPS信号接收机在竖直方向上的位移变化率，该信息处理单元还用于基于该位移变化率对该位移进行修正；

（3）该定位信息包括该GPS信号接收机的经纬度、高度、速度以及时间，设两卫星到达该GPS信号接收机的时间差为$t$，利用公式计算出$\angle\alpha$，根据$\angle\alpha$和高度可计算出该GPS信号接收机在竖直方向上的位移，该公式为：$t = B \times s/C = B \times \cos\angle\alpha/C$，$C$表示光速，$B$表示两卫星之间的距离，$s$表示两卫星和该GPS信号接收机的方向矢量。

申请人认为，利用上述重新确定的区别技术特征，新权利要求1所能达到的技术效果为：只需要两颗卫星就能够计算出该 GPS 信号接收机在竖直方向上的位移，且 B 的数值越大，定位的精度就越高，这部分效果说明见说明书第 3 页第 7～8 段；同时利用时间差和定位信息计算能够得出该 GPS 信号接收机在竖直方向上的位移变化率，基于该位移变化率对该位移进行修正，以进一步提高定位精度。

申请人认为，基于上述重新确定的区别技术特征以及新权利要求 1 所达到的技术效果，能够确定新权利要求 1 实际解决的技术问题是如何提高定位精度以及如何克服只有利用 4 颗卫星才能实现定位的技术偏见——实现只需要两颗卫星即可定位。

1.3　关于判断权利要求 1 对本领域技术人员来说是否显而易见

因为审查意见中审查员认定的区别技术特征是不正确的，所以在这个错误认定的基础上论述的权利要求 1 对本领域技术人员是否显而易见也是有问题的。具体理由如下：

第一，对于审查员所认定的区别技术特征（1）中“定位修正系统包括该码相位计数器用于测量卫星信号到达该 GPS 信号接收机的天线单元的时间差，并传输至该信息处理单元”，审查员认为对比文件 1 已经公开了在辅助信息的协助下得到各颗卫星到达用户接收机之间的距离差，在此基础上，本领域技术人员根据该距离差与信号传播速度、时间差之间的数学关系就可以得到卫星信号到达该 GPS 信号接收机的天线单元的时间差；而采用码相位计数器测量时间差是本领域技术人员容易实现的，将测得的时间差传输至信息处理单元用于定位及修正是本领域技术人员的常规技术手段。申请人对此认定有不同意见，理由如下：

首先，审查意见中所论述的“本领域技术人员根据该距离差与信号传播速度、时间差之间的数学关系就可以得到卫星信号到达该 GPS 信号接收机的天线单元的时间差”和“而采用码相位计数器测量时间差是本领域技术人员容易实现的”是互相矛盾的，既然可以根据距离差与信号传播速度、时间差之间的数学关系得出时间差，为什么还要采用码相位计数器测量时间差呢，既然是矛盾的观点，那么得出的结论也是有偏差的。

其次，申请人认为采用码相位计数器测量时间差也不是本领域技术人员容易实现的，同时将测得的时间差传输至信息处理单元用于定位及修正也不是本领域技术人员的常规技术手段。理由如下：对比文件 1 中有公开“辅助信息提取单元，是得到从参考服务器发送过来的进行位置解算所需要的各种辅助信息，辅助信息包含了当前时刻在当前区域内的各种参数，包括卫星号、星历的基准时间、卫星的位置、提取辅助信息时的 GPS 时间和参考服务器的位置；所述卫星伪距提取单元，用于在辅助信息的协助下得到同一时刻和不同时刻的卫星到达用户接收机的伪距，以及各颗卫星到达用户接收机之间的距离差；卫星解算单元，在得到了电文发射时间和辅助信息中的星历和时间参数，可以根据 GPS 卫星轨道方程得到，将电文码片时刻的卫星发射时间得到后，根据得到的卫星的星历参数，计算卫星的位置和钟差，根据卫星的钟差修正伪距，得到新的伪距”，由此可知，对比文件 1 中并未涉及任何时间差的技术手段，更不会公开如何得到时间差以及使用时间差进行定位及修正；恰恰相反，对比文件 1 公开的修正伪距的方式是通过首先获取一系列复杂参数，然后再根据这些参数计算出钟差，根据钟差修正伪距。也就是说最接近的现有技术是使用钟差修正伪距，而由本申请背景技术又可以获知，“在GPS信号接收机观测量中包含了卫星和接收机的钟差、大气传播延迟、多路径效应等误差，在定位计算时还要受到卫星广播星历误差的影响”。综上所述，不难看出，无论是最接近的现有技术，还是本申请背景技术所提供的现有技术，都是从钟差、大气传播延迟、多路径效应等方面讨论修正的方向，并未涉及任何时间差的技术手段，更不会公开如何得到时间差以及使用时间差进行定位及修正，所以采用码相位计数器测量时间差也不是本领域技术人员容易实现的，同时将测得的时间差传输至信息处理单元用于定位及修正也不是本领域技术人员的常规技术手段。

第二，审查意见中认为，对比文件2公开了审查员所认定的区别技术特征（2）中的技术特征“信息处理单元用于接收该定位信息，并基于该定位信息计算出该GPS信号接收机在竖直方向上的位移”，且该技术特征在对比文件2中所起作用与其在本申请中为解决技术问题所起作用相同，均为提高定位精度，即对比文件2给出了将上述技术特征应用于对比文件1以解决技术问题的启示，申请人对此认定有不同意见，理由如下：

对比文件2公开的“在步骤208，数据处理单元108对来自加速度传感器106的所有加速度数据a进行分析运算，这些加速度数据a可以是三维加速度数据，将加速度数据a通过两次积分（积分一次可得速度v，积分两次可得在积分时间间隔T1到T2中的位移S），可以得到从T1时刻到T2时刻在水平和垂直方向上位移$S_X$、$S_Y$”并不相当于权利要求1中的“信息处理单元用于接收该定位信息，并基于该定位信息计算出该GPS信号接收机在竖直方向上的位移”，对比文件2中公开的计算位移的参数是由加速度传感器测得的加速度数据a，对这些加速度a采用二次积分得到位移S，而权利要求1中用于计算竖直方向上的位移是基于定位信息，该定位信息包括该GPS信号接收机的经纬度、高度、速度以及时间，不难看出，计算位移的参数类型以及参数数量均不同，这必然导致计算位移时技术手段不同，所以对比文件2公开的“在步骤208，数据处理单元108对来自加速度传感器106的所有加速度数据a进行分析运算，这些加速度数据a可以是三维加速度数据，将加速度数据a通过两次积分（积分一次可得速度v，积分两次可得在积分时间间隔T1到T2中的位移S），可以得到从T1时刻到T2时刻在水平和垂直方向上位移$S_X$、$S_Y$”并不相当于权利要求1中的“信息处理单元用于接收该定位信息，并基于该定位信息计算出该GPS信号接收机在竖直方向上的位移”。二者不相关，为不同的技术特征，所起的作用自然也不相同，所以对比文件2没有给出将上述技术特征应用于对比文件1以解决技术问题的启示。

第三，审查意见中认为，本领域技术人员应当知晓，在时间差和定位信息的基础上，根据数学变换关系可以计算出GPS信号接收机在竖直方向上的位移变化率，为了提高定位精度，利用信息处理单元基于位移变化率对位移进行修正是本领域技术人员容易实现的。申请人对此认定有不同意见，理由如下：由前述第二点论述可知，将测得的时间差传输至信息处理单元用于定位及修正不是本领域技术人员的常规技术手段，所以本领域技术人员更不会知晓结合时间差和定位信息进一步得到GPS信号接收机在竖直方向上的位移变化率，再根据该位移变化率对该位移进行修正。由第二点论述可知，无论是最接近的现有技术，还有本申请背景技术所提供的现有技术，都是从钟差、大气传播延迟、多路径效应等方面讨论修正的可能方向，所以，利用信息处理单元基于位移变化率对位移进行修正不是本领域的惯用手段也不是本领域技术人员容易想到的。

可见，审查意见中认定的在对比文件1的基础上结合对比文件2以及本领域的惯用技术手段得出权利要求1所要求保护的技术方案，对本领域的技术人员来说是显而易见的是不正确的。

申请人认为，现有技术没有给出将申请人重新确定的区别技术特征应用到最接近的现有技术以解决技术问题的启示。第一，对比文件2没有给出启示，理由是根据前述分析可知对比文件2公开的技术特征同本申请的权利要求1的技术方案无关，即没有公开本申请权利要求1的区别技术特征。第二，重新确定的区别技术特征也不是本领域惯用技术手段。另外，同本申请权利要求1保护的技术方案在技术上最相关的现有技术也未涉及任何本申请权利要求1的区别技术特征，这也恰恰说明了重新确定的区别技术特征不是本领域的公知常识。

基于上述内容，在对比文件1的基础上结合对比文件2和本领域的公知常识，是不能得到权利要求1的技术方案的。因此，权利要求1具有突出的实质性特点。

……

2. 权利要求1具有显著的进步

权利要求1具有以下有益的技术效果：

只需要两颗卫星就能够计算出该GPS信号接收机在竖直方向上的位移，且B的数值越大，定位的精度就越高；同时利用时间差和定位信息计算能够得出该GPS信号接收机在竖直方向上的位移变化率，基于该位移变化率对该位移进行修正，以进一步提高定位精度。

因此，权利要求1具有显著的进步。

综上所述，与现有技术相比，权利要求1具有突出的实质性特点和显著的进步，符合《专利法》第22条第3款规定的创造性。

3. 权利要求1克服了技术偏见，具备创造性

申请人认为，包括重新认定的区别技术特征（3）的新权利要求1克服了现有技术中的技术偏见。原因如下：

首先，由GPS导航系统的基本原理可知，由于用户接收机使用的时钟与卫星星载时钟不可能总是同步，所以除了用户的三维坐标 $x$、$y$、$z$ 外，还要引进一个 $\Delta t$ 即卫星与接收机之间的时间差作为未知数，然后用4个方程将这4个未知数解出来。所以如果想知道接收机所处的位置，至少要能接收到4个卫星的信号。本领域技术人员基于对GPS导航系统的基本原理的理解，始终认为必须接收到4个卫星的信号才能对接收机进行定位。

其次，参见本申请说明书第［0022］段，明确记载有现有技术中卫星定位需要4个未知数（$X$，$Y$，$Z$，$T$）建立4个方程组，才能够实现三维定位，这就需要至少4颗卫星来定位。由此可知，现有技术中只有利用4颗卫星才能实现定位。

最后，参见对比文件1中说明书第7页第5段至本页结束，公开了"……当得到至少4颗卫星的伪距和卫星的位置的信息就可以进行位置的求解……"由此也证明了现有技术中只有利用4颗卫星才能实现定位。

综上，只有利用4颗卫星才能实现定位是本领域技术人员对于解决卫星定位这个技术问题普遍存在的认识，而且该认识在本领域中是普遍存在的。

而本发明通过技术特征"该定位信息包括该GPS信号接收机的经纬度、高度、速度以及时间，设两卫星到达该GPS信号接收机的时间差为$t$，利用公式计算出$\angle\alpha$……"实现了只需要两颗卫星就能够计算出该GPS信号接收机在竖直方向上的位移，且$B$的数值越大，定位的精度就越高，从而克服只有利用4颗卫星才能实现定位的技术偏见。

本发明权利要求1所保护的技术方案符合《审查指南》第二部分第四章第5.2节关于发明克服了技术偏见的情况，所以，本发明具有突出的实质性特点和显著的进步，具备创造性。

## 【案例No. 101302】自由落体式喂料机

### ☞ 案由简要

该申请涉及一种自由落体式喂料机。

➢ 一通：审查员引用一篇对比文件（US5811038A）认为权利要求1~2不具备创造性。

➢ 答一通：未修改权利要求书，直接论述权利要求1~2具备创造性。

➢ 二通：审查员认可之前意见陈述，并指出与CN201020212042.9专利存在重复授权问题。

➢ 答二通：形式上修改权利要求书。

➢ 审查结果：授权。

### ☞ 相关权利要求

原申请权利要求

1. 一种自由落体式喂料机，其特征在于包括：连接锥型搅拌机下出口的第一层锥形下料斗；所述的锥型搅拌机下出口靠在第一层锥形下料斗的斗壁右侧；还包括：第二层锥形下料斗；所述第一层锥形下料斗的出口靠在第二层锥形下料斗的沿边壁处右侧；第三层锥形下料斗；所述第二层锥形下料斗的出口放置在第三层锥形下料斗的入料口中心处；第三层锥形下料斗的出料口放置在双螺杆制胶机的入料口垂直方向；在第二层锥形下料斗的出料口的上方内置一连接调速电机的三角形叶片。

### ☞ 相关说明书内容

摘录一

由图2可见，本发明包括：连接锥型搅拌机10下出口的第一层锥形下料斗2；所述的锥型搅拌机10下出口靠在第一层锥形下料斗1的斗壁右侧；还包括：第二层锥形下料斗3；所述第一层锥形下料斗1的出口靠在第二层锥形下料斗3的沿边壁处右侧；

第三层锥形下料斗7；所述第二层锥形下料斗3的出口放置在第三层锥形下料斗7的入料口中心处；第三层锥形下料斗7的出料口放置在双螺杆制胶机8的入料口垂直方向；在第二层锥形下料斗3的出料口的上方内置一连接调速电机4的三角形叶片5；

在第二层锥形下料斗3的出口的上方还安置一通过挡板和螺杆调节大小的闸口6。

本发明用三阶式的锥形下料斗喂料：

第一层料斗高为1m，上直径为0.8m，下直径为0.1m；

第二层料斗高度为0.5m，上直径为0.4m，下直径为0.065m；

第三层料斗高度为0.3m，上直径为0.2m，下直径为0.04m。

让锥型搅拌机的下出口靠在第一层料斗斗壁的右侧，中心高度离第一层出料口距离为0.8m；

让第一层料斗的下出料口靠在第二层料斗沿边壁处右侧，中心高度离第二层出料口距离为0.35m；

让第二层料斗的下出料口放置在第三层料斗入料口的中心处，中心高度离第三层出料口距离为0.2m；

让第三层料斗的下出料口放置在双螺杆制胶机的入料口垂直方向，并连接到入料口。

在第二层料斗出料口的上方10cm处安装一个调速电机，将电机转轴上安装一个三角形小叶片，并沿60度斜角开一个闸口，用挡板和螺杆调节闸口的大小来控制出料的流量和喂料的均匀度。

本发明由于采用三阶式的下料，并且沿斗壁自由落体的原理，每个阶层可以反冲自由落体所产生的重力加速度，这样可强行地控制重力加速度所导致的出料忽大忽小，可达匀衡送料的目的，确保产品稳定的性能；垂直式的喂料，可减轻喂料电机的负载，不会产生原料架桥和堵塞，既不会因为烧坏电机而烦恼，还提高近10倍的生产效能；无须采用复杂螺杆式的喂料结构，完全避免了螺杆长时间摩擦所产生高温使原料发生老化变质的现象，有利于保证产品的品质。

摘录二

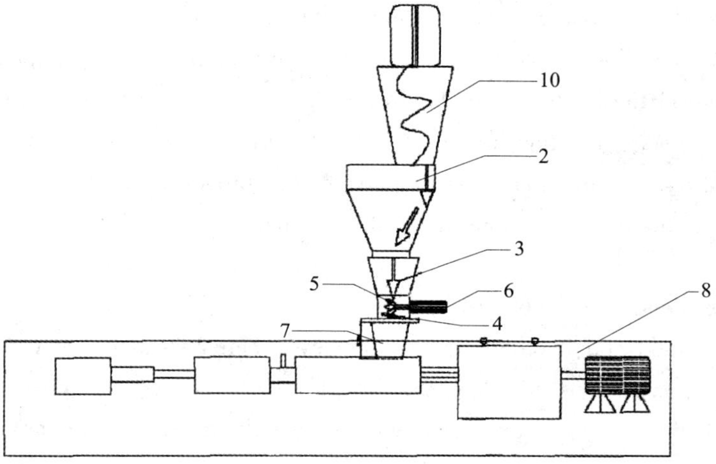


**图2**

## ☞ 相关对比文件公开内容

摘录一

Referring to FIG. 1 in particular, electrical control box 55 controls all of the vacuum loading in accordance with the invention. For example, control box 55 controls the level sensors that informs the extruder system and apparatus when to call for material, whether the material is thermoplastic binder or crumb rubber particles. The rubber particles are vacuum loaded from a vertical blender 50. The vertical blender 50 may be used to further break up the crumb rubber and homogenize the particles where the rubber particles are from reclaimed product and are not exactly identical samples. Blender 50 permits a large amount of rubber, upwards of 1250 pounds, to be blended and mixed prior to introduction of the themoplastic binder component. The extrusion apparatus 10 consists of a conventional flight extruder which is unvented due to the inherently dry condition of the extrudable materials. A preferred example is a conventional 3. 5 inch, 24 to 1 ratio of length to diameter extruder, which is both non - vented and aircooled.

Preferably, a drier chamber 11 is provided to fully dry the crumb rubber particles prior to mixing. The crumb rubber may be received from blender 50 by conventional methods, ie, an electric motor 52 and a drive serew 54. Vacuum loading hoppers 12 and 60 are mounted on the upper region of the extruder apparatus to initially receive the rubber crumb and polyethylene binder from blender 50 and binder feeder hopper or silo 17. Vacuum loader 12 loads the rubber crumb particles that have been mixed and substantially homogenized in blender 50 for smooth delivery of the crumb rubber. Feeder silo 17 is provided to contain the binder material, i. c. , linear low density polyethylene resin, which can be mounted on an upper region of the extruder or may be located in a position for easy loading. An electric motor 18 may used to drive a feeder screw 19 to deliver the polyethylene binder from silo 17 to vacuum loader 60.

Below vacuum loaders 12 and 60 are separate chambers 83 and 62 which receive the rubber particles and polyethylene binder. Chamber 83 receives the rubber crumb particles and has an agitator 82 inside the chamber that is operated by a motor 15 and gear box 16 that is located on top of the chamber. The agitator keeps the rubber from settling out or bridging over. Rubber, in general, whatever the mesh or particle size, is fairly hard to move in a uniform manner.

However, constant agitation allows the rubber particles to fall in a more uniform manner. Chamber 62 receives the thermoplastic polyethylene binder and because polyethylene flows rather easily, this hopper is adequate to handle the material.

摘录二

Underneath blending chamber 68 is a set - off blender 70. This blender helps to continue the blending operation and it blends the product even better so that a more consistent blend and, therefore, a more consistent leak rate in the irrigation or aeration pipe is achieved. It is very important to have a consistent leak rate, especially in agricultural or commercial uses where the products are buried permanently under ground and go for a lot longer length of time than would normally be seen in a retail soaker hose or a ceramic dome diffuser. Thus, it is very important that it leak evenly along the length of the pipe and its porosity is uniform providing for a quality and durable product.

Thereafter, the blended product drops into a rate auger 72. All of the augers, rate auger 72 and metering augers 64 and 66, are driven by DC drive motors. Thus, each of these contributes to the speed of the input of the blended materials into the extruder and may vary the speeds to achieve maximum efficiency. This also helps keep from overloading the extruder while maintaining a constant flow rate into extruder 21 to provide maximum production of the product out of the entire extruding apparatus.

The several dried and thoroughly blended materials are introduced into a feed throat 20 which is water – cooled and then into extruder 21. The extruder has a gear – driven mixing screw 22 which is driven by a gear box 23 having a reduction ratio of about 17. 5 to 1.

Gear box 23 is driven by a relatively large electric motor 24 through a connecting drive belt 25. The extruder barrel 26 extends horizontally and is provided with a carbide – hardened liner as is well known in the art. The barrel is provided with about 4 or 5 electrically – heated, air – cooled elements 27 spaced along the barrel which control the zonal heating of the extrudate in the barrel. An annular pipe mandrel or die 30 having about two annular heating elements mounted around the die is used to precisely control the die temperature and the newly formed porous pipe 31 extruding therefrom.

摘录三

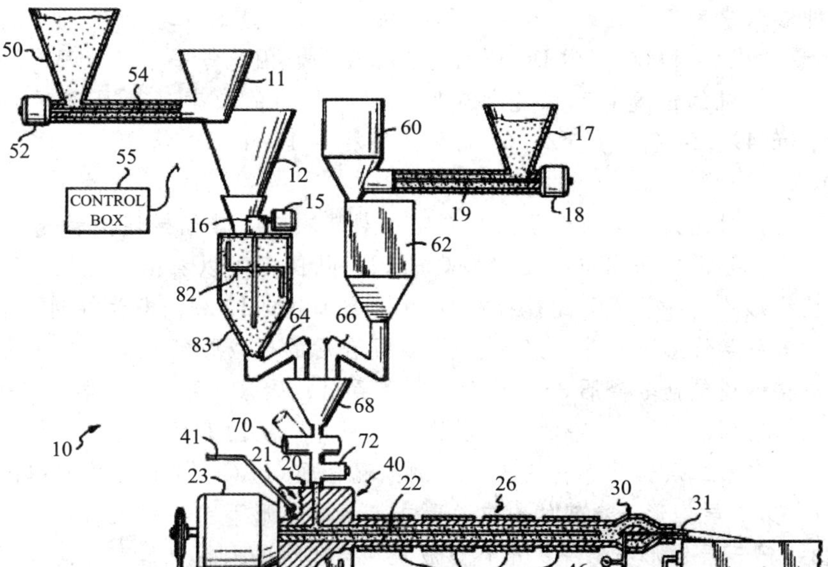


FIG.I

### ☞ 审查意见

(1) 权利要求1要求保护一种自由落体式喂料机，对比文件1（US5811038A）公开了一种混合组分来制备多孔塑料管的工艺以及所用的设备，并具体公开了"特别参见图1，电控盒55依照本发明控制所有的真空加载。比如，电控盒55控制液面检测器来告知挤出系统和设备何时需要材料，是否材料是热塑性黏合剂或破碎的橡胶颗粒。来自竖直混合机50的橡胶颗粒被真空装载。竖直混合机50可以被用于进一步破碎橡胶颗粒和均化橡胶颗粒，这里的橡胶颗粒是回收的产品且不是相同的产品。混合机50允许大量的橡胶，上至1250磅，被混合且在引入热塑性黏合剂之前被混合……可以通过常规方法如电机52和驱动螺杆54来接收来自混合机50的破碎橡胶。真空加载料斗12和60安装在挤出机的上部区域来开始接收橡胶颗粒和乙烯黏合剂……真空加载机12加载已经在混合机50中被混合和均化的橡胶颗粒来平稳地传输橡胶颗粒……在真空加载机12和60下面就是分离厢83和62，其接收橡胶颗粒和聚乙烯黏合剂。厢83接收橡胶颗粒且在其内部具有一个搅拌机82，搅拌机被位于厢顶部的电机15和齿轮箱16操作……. 容积计量螺旋64和66坐落在厢的下部，其保留聚乙烯和橡胶颗粒。优选的是，这些计量螺旋通过DC驱动马达控制且足够的小因而不会对整个设备产生妨碍。此外，计量螺旋64和66是速度可变的螺旋，其将聚乙烯带出厢62且将橡胶颗粒带出厢83，且将产品传输至位于螺旋下面的混合厢68……如果工艺需要更多的材料，控制盒55将会加速螺旋或者减速，不管需求是什么，来实现一个持续一致的混合物进入混合厢68。在混合厢下面是一个断流混合机70，该混合机帮助继续进行混合操作且其可以将产品混合得更好以便于一个更一致的混合物且因而可以实现一个更加一致的灌溉或通风管道的渗漏速率……之后，被混合的产品落入速率螺旋72。所有的螺旋，速率螺旋72和计量螺旋64和66都由DC驱动电机来驱动。因此每一个螺旋都有助于将混合物料供应到挤出机的速度且可以变化速度来得到最大的效率（参见说明书第5栏第33～43行，第49、54行，第62～67行，第6栏第1～4行，第9、17行，第25～30行，附1）。"

由此可见，对比文件1公开了一种真空加载喂料机，其包括连接混合机50（即权利要求1中的搅拌机）下出口的真空加载机12，从图1可以看出，搅拌机呈锥形，真空加载机呈锥形的料斗状，因此搅拌机50和真空加载机12分别即为权利要求1中的锥型搅拌机和第一层锥形下料斗，经混合机50混合后的橡胶颗粒从第一层锥形下料斗的斗臂左侧进料；还包括分离厢83，从图1可以看出，该分离厢83呈锥形的料斗状，因此分离厢83即为权利要求1中的第二层锥形下料斗：从图1可以看出，第一次锥形下料斗的出口靠在第二层锥形下料斗的偏左侧：混合厢68（即权利要求1中的第三层锥形下料斗），第二层锥形下料斗的出口放置在第三层锥形下料斗的入料口偏左侧，从图1可以看出，第三层锥形下料斗的出料口放置在挤出机的入料口垂直方向：第二层锥形下料斗的出口的上方内置一连接电机15的搅拌机82。因此权利要求1的技术方案与对比文件1公开的上述技术内容相比，区别特征在于：权利要求1中的喂料机是自由落体式，锥型搅拌机下出口靠在第一层锥形下料斗的斗臂右侧，第一层锥形下料斗的出口靠在第二层锥形下料斗的沿边壁处右侧，第二层锥形下料斗的出口放置在第三层锥形下料斗的入料口中心处，挤出机为双螺杆制胶机，搅拌机是三角形叶片式。基于上述区别特征，本申请实际解决的技术问题是如何提高颗粒喂料时的均匀性。

在挤出机的进料领域，进行自由落体式进料是惯用手段；对本领域技术人员而言，由于锥形下料斗的出口靠在左侧或右侧都可以反冲自由落体产生的加速度，在对比文件1中锥形下料斗的出口靠在左侧的情况下，为满足设备的安装空间的需求，选择其靠在右侧是容易想到的；至于第二层锥形下料斗的出口放置在第三层锥形下料斗的中心处抑或是右侧处，则是本领域技术人员根据实际安装需求，如安装空间大小等，所做出的常规选择。使用双螺杆制胶机且使搅拌机设为三角形叶片式也是本领域的惯用手段。

综上所述，在对比文件1的基础上，结合本领域公知常识得到权利要求1要求保护的技术方案对本领域技术人员而言是显而易见的，同时权利要求1的技术方案未取得预料不到的技术效果，因此权利要求1不具有突出的实质性特点和显著的进步，不符合《专利法》第22条第3款关于创造性的规定。

### ☞ 答辩要点分析思路

权利要求1相对于对比文件1的区别技术特征包括搅拌机、两层下料斗和三角形叶片之间的位置关系。审查员认为关于位置关系的区别技术特征仅仅是为了满足安装空间的需要进行的设置。根据这样的判断，由于这些位置关系的区别技术特征本身比较简单，因此被认为是常用技术手段。然而，仔细查看该专利公开文本，该发明关于这些位置关系的区别技术特征实际所解决的技术问题并不是如何设置安装空间，而是进行均衡的送料。由此，确认了这些位置关系的区别技术特征实际解决的技术问题。同时根据均衡送料的效果，在对比文件1之中找到了同样实现均衡送料的螺杆54。

所以通过技术问题的重新确认，区别技术特征的观察角度就产生了变化。在解决如何设置安装空间方面，权利要求1的区别技术特征并没有和其他的布置方式有显著的区别，但是在解决均衡送料方面，区别技术特征和原先的螺杆54有着显著的区别。

螺杆54是靠着螺杆的旋转，机械地将物料进行传送。该发明通过位置关系的设置，使得物料进行自由落体式的传送，完全区别于螺杆的机械传动，不仅抛弃了采用螺杆的结构，而且舍弃了采用机械传动的方式运输物料。

从现有文献看，不仅是对比文件1，而且该发明的背景技术所公开的结构，都是以螺杆机械物料输送。通过对文献的搜索，例如对中国专利文献的记载，在该申请申请日前，在B29分类（塑料的加工；一般处于塑性状态物质的加工）中，以“给料”作为检索要素进行查询，可以得到429条专利文献；而以“给料”和“螺杆”作为检索要素进一步进行查询，可以得到226条专利文献，达到整体的50%以上。而包括“给料”且不包括“螺杆”的专利文献中，部分文献是压根没有提到传输部分，部分文献是采用其他机械主动传输结构，并没有采用自由落体式的传输结构。因此可以证明在本领域中，采用螺杆输送物料是最普遍的选择。即使螺杆之外有其他各种各样输送物料的技术手段，但是在公知常识中，必定是通过一些机械装置进行机械传动，无论如何不会想到采用自由落体的方式。

因此，可证明该发明克服了在输送物料上依赖于螺杆以及主动传输机构的技术偏见。而且，原先螺杆存在以下问题：（1）因螺杆喂料，与螺杆套壁产生巨大的摩擦力，而树脂经摩擦高温熔化后产生很强的黏力，时常将喂料机的螺杆粘住或堵住，使喂料机电机超负荷的运载，常常烧坏电机，给生产上带来非常大的不便和困扰；（2）由于两条小螺杆不停地摩擦温度升高达200℃以上，树脂和橡胶的老化点在160℃，导致树脂和橡胶遇高温后老化，从而大大降低产品的黏合力；（3）由于喂料的角度不同，全部靠的是螺杆强制挤压的方式喂料，均匀度极差，时常出现喂料大小不均，所产生在双螺杆制胶机中配方比例失衡，从而严重地影响产品稳定性。

所以该发明不仅克服了长久以来送料必须采用螺杆或者其他主动传输机构的技术偏见，还解决了螺杆传动带来的一系列问题，因此权利要求1具备创造性。

☞ **意见陈述原文摘录**

摘录一

将本申请权利要求1与对比文件1相比较可知，本申请的自由落体式喂料机与对比文件1所公开的用来混合组分来制备多空塑料管的工艺的设备的区别在于：

A. 所述的锥型搅拌机下出口靠在第一层锥形下料斗的斗壁右侧，所述第一层锥形下料斗的出口靠在第二层锥形下料斗的沿边壁处右侧；

B. 所述第二层锥形下料斗的出口放置在第三层锥形下料斗的入料口中心处，第三层锥形下料斗的出料口放置在双螺杆制胶机的入料口垂直方向；

C. 在第二层锥形下料斗的出料口的上方内置一连接调速电机的三角形叶片。

摘录二

关于区别技术特征A，权利要求1的技术方案中，所述的锥型搅拌机下出口靠在第一层锥形下料斗的斗壁右侧；所述第一层锥形下料斗的出口靠在第二层锥形下料斗的沿边壁处右侧；原料下落时，沿着斗壁下落。由于采用了原料沿斗壁自由落体的原理，每个阶层可以反冲自由落体所产生的重力加速度，这样可以强行地控制重力加速度所导致的出料忽大忽小，可以达到均衡的送料目的（参见本申请说明书第3页最后一段）。

对比文件1中，橡胶颗粒从搅拌机50是通过螺杆54喂料到干燥厢11，再进入真空加载机12，接着进入到分离厢83。附图中，搅拌机50并不是直接设置在真空加载机12上的（中间还有干燥厢11，从图中明显可以看出），可见，搅拌机50根本不是靠在真空加载机12的侧壁处右侧；而且真空加载机12明显不是靠在分离厢83的边壁上（图中，表示真空加载机12的线条中，没有一条是相交在表示分离厢83的边壁的线条上的），可见真空加载机12明显不是靠在分离厢83的沿边壁处。

所以对比文件1的设备不能使得橡胶颗粒沿着真空加载机12和分离厢83的边壁下落，所以对比文件1中橡胶颗粒从搅拌机50送到干燥厢11是通过螺杆54，也就是对比文件1采用了螺杆54来均衡送料，以控制原料的速度。但是，螺杆的结构明显产生不好的影响，本申请背景技术中也明确指出了，螺杆喂料容易发生故障（被粘住或堵住，烧坏电机），而且摩擦温度高。

所以，区别技术特征A实际解决的技术问题是：如何在均衡送料的同时，减少故障，避免送料时原料的温度升高以至于影响产品品质。

关于区别技术特征B，权利要求1的技术方案中，所述第二层锥形下料斗的出口放置在第三层锥形下料斗的入料口中心处；第三层锥形下料斗的出料口放置在双螺杆制胶机的入料口垂直方向；原料落入第三层锥形下料斗后，又垂直落入制胶机的入料口。出于均衡送料目的，所以在刚落下时采用沿侧壁下料起到反冲作用。但是由于送入制胶机的原料有很强的黏力，而且在进入制胶机时会产生较大的阻碍，所以本申请采用技术特征B的设置，使得原料进入双螺杆制胶机入料口的整个过程没有阻碍，非常通畅，不会产生原料架桥和堵塞（参见本申请说明书第3页最后一段）。

对比文件1中，分离厢83和混合厢68之间设置有计量螺旋64。首先对比文件1中计量螺旋64并没有直接设置在混合厢68的中心处，而是设置在侧部，接着在混合厢68中，橡胶颗粒和聚乙烯才刚刚开始混合。本申请背景技术中也明确指出了，螺杆喂料容易发生故障（被粘住或堵住，烧坏电机），而且摩擦温度高，而且由于计量螺旋64的存在，这无疑影响了材料下落时的通畅，容易产生原料架桥和堵塞。在混合厢68时，材料下落的同时还在进行混合，这进一步影响了给料的通畅，也影响了生产效能。

所以，区别技术特征B实际解决的技术问题是：如何使给料过程非常通畅，不会产生原料架桥和堵塞，同时提高生产效能。

关于区别技术特征C，权利要求1的技术方案中，在第二层锥形下料斗的出料口的上方内置一连接调速电机的三角形叶片。可以通过调速电机对原料下落速度进行调速和搅拌。而且由于设置在第二层锥形下料斗处，原料被调速和搅拌后会在第三层锥形下料斗处恢复自由流畅的流动状态，所以叶片对原料产生的阻碍影响，不会影响到原料进入制胶机入料口。

对比文件1中，原料搅拌是通过搅拌机实现的，原料下落的速度实际是通过速率螺旋70和72实现的，速率螺旋70和72是设置在混合厢68下方的。所以，原料经过速度螺旋的阻碍后，还没恢复流畅的流动，就需要进入挤出机的入料口。而原料进入挤出机入料口后，会改变运动方向，无疑又产生一次阻碍作用。所以实际情况中，速率螺旋70和72处，非常容易阻塞。本申请背景技术中也明确指出了，螺杆喂料容易发生故障（被粘住或堵住，烧坏电机），而且摩擦温度高。速率螺旋的螺旋部也是螺杆，用其调节速率显然也会产生上述问题。

所以，区别技术特征C实际解决的技术问题是：如何简化结构，在调速的同时，避免原料架桥和堵塞，防止原料的温度升高以至影响产品品质。

摘录三

区别技术特征A实际解决的技术问题是：如何在均衡送料的同时，减少故障，避免送料时原料的温度升高以至于影响产品品质。

通过对文献的检索，例如在中国专利文献的记载中，在本申请申请日前，在B29分类（塑料的加工；一般处于塑性状态物质的加工）中，以“给料”作为检索要素进行查询，可以得到429件专利文献；而以“给料”和“螺杆”作为检索要素进一步进行查询，可以得到226件专利文献，达到整体的50%以上。而包括“给料”且不包括“螺杆”的专利文献中，部分是没有提到传输部分，部分采用其他机械主动传输结构，并没有采用自由落体式的传输结构。所以可以看出，本领域技术人员为了均衡送料的同时，减少故障，避免送料时原料的温度升高以至于影响产品品质，采用了各种技术手段，但绝大多数还是采用螺杆进行传输。权利要求1的技术方案中，不仅抛弃了螺杆这种最常见的传输方式，而且避免了采用其他的机械结构，由此可见区别技术特征A克服了长久以来送料必须采用螺杆或者其他主动传输机构的技术偏见，区别技术特征A这一技术手段并非公知常识。区别技术特征B实际解决的技术问题是：如何使给料过程非常通畅，不会产生原料架桥和堵塞，同时提高生产效能。

在某技术领域中，解决某一技术问题的技术手段肯定是无穷尽的。本领域技术人员思考时，能想到的必定是其中最通用、最简单的几个技术手段。所以也仅仅是这几个最通用、最简单的几个技术手段才能算作解决该技术问题的惯用手段，才算是公知常识。

本领域中，有着诸多手段使给料通畅，如增加通道的管径，可以使得给料通畅，又比如增加通道的加工精度，使得通道内壁对材料的阻碍更小，从而实现给料通畅。显然这些简单又通用的技术手段才更能称为惯用手段。

而区别技术特征B实际对设备的布置做了很大的改进，并非是进行一点点的修改就可以实现的。而且这些结构设置是根据本申请其他区别技术特征相应设计的，其本身不是很通用，改进又复杂，所以不是惯用手段，也不是公知常识。区别技术特征C实际解决的技术问题是：如何简化结构，在调速的同时，避免原料架桥和堵塞，防止原料的温度升高以至于影响产品品质。

对比文件中，搅拌是由搅拌机实现的，调速是由速率螺旋实现的。首先这两种装置都能实现各自独立的技术效果，本领域技术人员简化结构也只能是从搅拌机和速率螺旋各自进行简化，不会想到通过一装置同时实现两种功能。本领域中，有着诸多手段，如增加通道的管径，可以使得给料通畅；又比如增加通道的加工精度，使得通道内壁对材料的阻碍更小，从而实现给料通畅。显然本领域技术人员更容易去选择这些简单又通用的技术手段，而不会想到区别技术特征C。

区别技术特征C实际对设备的布置做了很大的改进，对电机和三角叶片的位置做了很大修改，而且这些结构设置是根据本申请其他区别技术特征相应设计的，其本身并不通用，改进又复杂，所以不是惯用手段，也不是公知常识。

而且申请人还想说明的是，上述三个区别技术特征结合的方案更是通过创造性劳动得出的。无论对比文件1还是其他现有技术都是基于螺杆设计的，而本申请设备的设计一开始就是按照抛弃螺杆的理念设计的，所以其设计完全是重新思考后确定的，其结构也是明显不同的。

综上所述，独立权利要求1的技术方案，是本领域技术人员根据对比文件1并结合其他现有技术是不容易想到的，故具有突出的实质性特点。

## 第三节　发明取得了预料不到的技术效果

发明取得了预料不到的技术效果是这四种特殊情况中出现频率最高的。当发明取得预料不到的技术效果时，其一定是在技术效果上比现有技术有显著的优势。通常，在采用“三步法”论述创造性时，必定已经涉及对此技术效果优势的说明。在此基础上，在专门论述发明属于取得了预料不到的技术效果，应重点强调技术效果所达到的优异程度相当显著，已远远超过所属领域技术人员可预料的范围。具体而言，预料不到的技术效果包括两类：发明同现有技术相比，在技术效果上产生了“质”或“量”上的显著变化。其中，“质”的变化是指发明所实现的现有技术没有获得过的新的技术效果，“量”的变化是指同一技术效果上发明比现有技术有相当大程度的提升。对于“质”变，应重点强调该技术效果的新，即该技术效果首次被实现。对于“量”变，应当通过具体的效果数据比较，证明效果提升的程度非常显著。论述中，可结合所属技术领域及所解决的技术问题本身的特点，阐述获得这样的优异技术对于所属技术领域而言，是相当了不起的成就，从而更加凸显技术效果的优异性。在对技术效果的优异程度进行详细评述的基础上，进一步说明发明所实现的技术效果的优异程度远远超过所属领域技术人员能够预期的范围。由此，即阐明发明取得了预料不到的技术效果。

## 【案例 No. 1210208】2－(氨基）乙基甲基砜盐及其中间体的制备方法

### ☞ 案由简要

该申请涉及一种 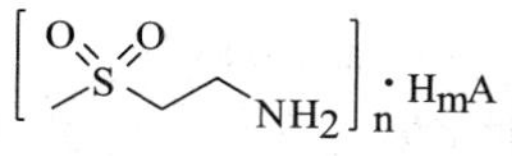 的制备方法（权利要求 1～9），及一种

1

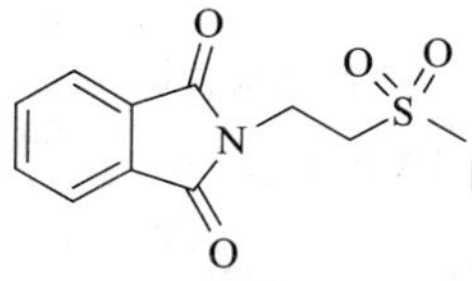 的制备方法（权利要求 10）。

2

➢ 一通：审查员引用对比文件 1（季兴等，拉帕替尼的合成，中国医药工业杂志，第 40 卷第 11 期，第 801～804 页）、对比文件 2（Stephen M. Liebowitz 等，Sulfone Analogues of Taurine as Modifiers of Calcium Uptake and Protein Phosphorylation in Pat Retina，Biochemical Pharmacology，第 38 卷第 3 期，第 399～406 页）和对比文件 3（Stanley P. Rowland 等，Reagent Effects on Distribution of Methylsulfonylethyl Substituents in The D－glucopyranosyl Unit of Cotton Cellulose，Canadian Journal of Chemistry，第 46 卷第 3 期，第 451～457 页），并认为权利要求 1～10 不具备创造性。

➢ 答一通：未修改权利要求，直接论述权利要求 1～10 具备创造性。

➢ 二通：审查员已认可权利要求 1～10 的创造性，但认为权利要求 8 和 10 不符合《专利法》第 26 条第 4 款的规定。

➢ 答二通：对权利要求 8 和 10 略作修改，并论述新权利要求 8 和 10 符合《专利法》第 26 条第 4 款的规定。

➢ 审查结果：授权。

### ☞ 相关权利要求

1. 一种如式 1 所示的 2－(氨基）乙基甲基砜盐的制备方法，其特征在于包括下列

步骤：

（1）有机溶剂中，在取代反应催化剂的作用下，将化合物3和化合物4进行反应，得到化合物2即可；

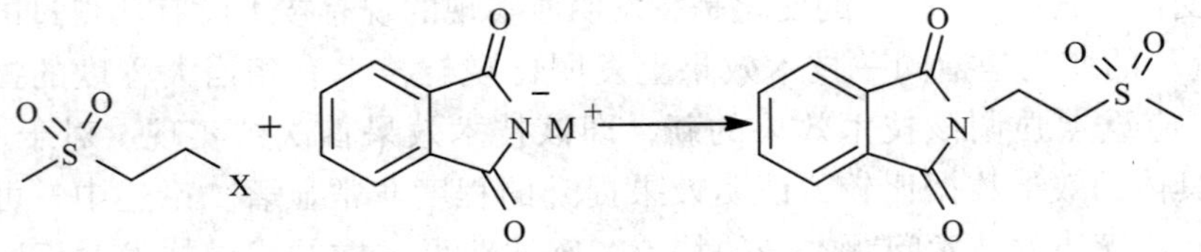

3　　4　　2

其中，X为卤素，M为碱金属或碱土金属；

（2）将按步骤（1）制得的化合物2与酸性水溶液进行反应，得到化合物1即可；

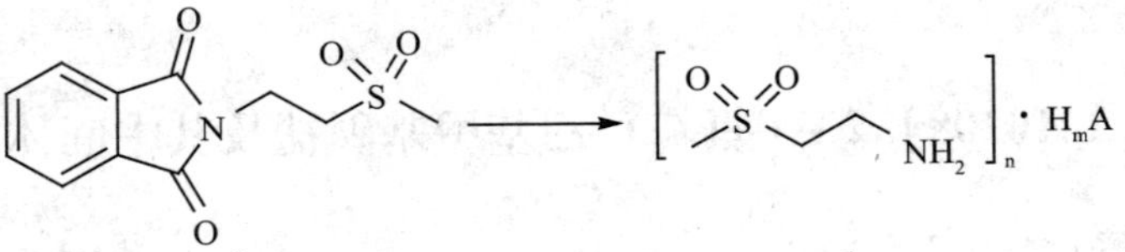

2　　1

其中，$n=1$ 或2；$m=1$ 或2；$H_mA$ 为有机酸或无机酸。

☞ **相关说明书内容**

实施例3　2-(2-甲砜基乙基）异吲哚-1，3-二酮的合成

在250ml反应瓶中加入邻苯二甲酰亚胺钾（5.56g，30mmol）、碘化钠（0.42g，2.8mmol）和30ml DMF，升温至100℃，滴加2-氯乙基甲基砜（4.2g，30mmol），保温100℃反应2.5h，冷却。加入50ml水搅拌1h，过滤，滤饼烘干后得白色固体6.75g，熔点172～174℃，收率88.8%。

结构鉴定数据如下：H-NMR（$CDCl_3$）：δ 7.88（m，2H），7.75（m，2H），4.20（t，2H），3.43（2，1H），3.03（s，3H）。

实施例7　2-(2-甲砜基乙基）异吲哚-1，3-二酮的合成

在250ml反应瓶中加入邻苯二甲酰亚胺钾（5.56g，30mmol）、碘化钾（0.83g，5mmol）和30ml二甲基亚砜，升温至120℃，滴加2-氯乙基甲基砜（2.84g，20mmol），保温120℃反应3h，冷却。加入50ml水搅拌1h，过滤，滤饼烘干后得白色固体6.45g，熔点172～174℃，收率85%。

实施例12　2-(2-甲砜基乙基）异吲哚-1，3-二酮的合成

在250ml反应瓶中加入邻苯二甲酰亚胺钠（5.07g，30mmol）、碘化钾（2.07g，12.5mmol）和30ml乙腈，升温至60℃，滴加2-溴乙基甲基砜（4.7g，25mmol），保温60℃反应5h，冷却。加入50ml水搅拌1h，过滤，滤饼烘干后得白色固体6.35g，熔点172～174℃，收率83.7%。

实施例4　2-(氨基）乙基甲基砜一盐酸盐的合成

在100ml反应瓶中加入2-(2-甲砜基乙基）异吲哚-1，3-二酮（2.53g，10mmol）和25ml浓盐酸，加热至100℃反应10h。冷却，过滤，滤液浓缩，加入20ml

乙醇搅拌 1h，过滤，滤饼烘干得白色固体 1.47g，熔点 168～169℃，收率 92.1%，HPLC 纯度：99.9%。

结构鉴定数据如下：H－NMR（DMSO－$d_6$）：8.38（bs，3H），3.52（m，2H），3.22（m，2H），3.15（s，3H）。

实施例 5　2－(氨基）乙基甲基砜—对甲苯磺酸盐的合成

在 100ml 反应瓶中加入 2－(2－甲砜基乙基）异吲哚－1，3－二酮（2.53g，10mmol）和 10mol/L 对甲苯磺酸水溶液（30ml），加热至 100℃反应 36h。冷却，过滤，滤液浓缩，加入 20ml 乙醇搅拌 1h，过滤，滤饼烘干得白色固体 2.78g，收率 94.2%，HPLC 纯度：99.8%。

实施例 8　2－(氨基）乙基甲基砜—硫酸盐的合成

在 100ml 反应瓶中加入 2－(2－甲砜基乙基）异吲哚－1，3－二酮（2.53g，10mmol）和 2mol/L 硫酸水溶液（50ml），加热至 80℃反应 10h。冷却，过滤，滤液浓缩，加入 20ml 乙醇搅拌 1h，过滤，滤饼烘干得白色固体 2.07g，收率 93.5%，HPLC 纯度：99.8%。

实施例 9　2－(氨基）乙基甲基砜—氢溴酸盐的合成

在 100ml 反应瓶中加入 2－(2－甲砜基乙基）异吲哚－1，3－二酮（2.53g，10mmol）和 10mol/L 氢溴酸（40ml），加热至 100℃反应 24h。冷却，过滤，滤液浓缩，加入 20ml 乙醇搅拌 1h，过滤，滤饼烘干得白色固体 1.88g，收率 91.6%，HPLC 纯度：99.9%。

实施例 13　2－(氨基）乙基甲基砜—草酸盐的合成

在 100ml 反应瓶中加入 2－(2－甲砜基乙基）异吲哚－1，3－二酮（2.53g，10mmol）和 1mol/L 草酸水溶液（50ml），加热至 100℃反应 4h。冷却，过滤，滤液浓缩，加入 20ml 乙醇搅拌 1h，过滤，滤饼烘干得白色固体 2.03g，收率 95.4%，HPLC 纯度：99.8%。

实施例 14　2－(氨基）乙基甲基砜—乙酸盐的合成

在 100ml 反应瓶中加入 2－(2－甲砜基乙基）异吲哚－1，3－二酮（2.53g，10mmol）和 15mol/L 乙酸水溶液（50ml），加热至 100℃反应 10h。冷却，过滤，滤液浓缩，加入 20ml 乙醇搅拌 1h，过滤，滤饼烘干得白色固体 1.65g，收率 90.3%，HPLC 纯度：99.7%。

### ☞ 相关对比文件公开内容

摘录一

对比文件 1 第 803 页左栏：

N－(2－甲砜基乙基）酞酰亚胺（购自曲阜弘利化工有限公司，99%，2.53g，0.01mol）加至浓盐酸中，加热至 100℃反应 10h；冷却至室温，过滤，滤液浓缩至干，剩余物经无水乙醇重结晶，得白色粉末状固体，收率 81%。

摘录二

对比文件 2 第 401 页左栏：

原文：Synthesis of 2－aminoethylmethyl sulfone hydrochloride（AEMS）. 2－Chloroethylmethyl sulfide（2.70g，24.3mmol）was added to a stirred slurry of freshly prepared potassium phthalimide（5.0g，27mmol）in dimethylformamide（13ml）. The mixture was heated to 110° and stirred until the complete disappearance of starting chloride was determined by thin－layer chromatography. The reaction mixture was cooled，diluted with water（15ml），and extracted with methylene chloride. The combined organic extracts were washed with brine（1×30ml），dried（$MgSO_4$），concentrated in vacua，and the resultant crude solid recrystallized from ethanol to yield 3.9g（75%）of 2－phthalimidoethylmethyl sulfide as white crystals。

译文：2－氯乙基甲基硫醚（2.70g，24.3mmol）加入新制备的酞酰亚胺钾（5.0g，27mmol）的二甲酰胺（13ml），混合物加热到110℃，搅拌，直至薄层层析显示初始氯化物完全消失；反应物冷却，水稀释，二氯甲烷萃取，合并有机相萃取物用食盐水（1×30ml）水洗，干燥（$MgSO_4$），真空浓缩，乙醇重结晶，得到2－酞酰亚胺乙基甲基硫醚3.9g（75%）。

### ☞ 审查意见

第一次审查意见通知书摘录

权利要求1请求保护一种如式I所示的2－(氨基）乙基甲基砜盐的制备方法，对比文件1公开了2－(甲磺酰基）乙胺盐酸盐：N－(2－甲砜基乙基）酞酰亚胺（购自曲阜弘利化工有限公司，99%，2.53g，0.01mol）加至浓盐酸（25ml）中，加热至100℃反应10h；冷却至室温，过滤，滤液浓缩至干，剩余物经无水乙醇重结晶，得白色粉水状固体（1.3g，81%）。

权利要求1与对比文件1公开的内容相比，其区别在于：1）制备得到2－(氨基）乙基甲基砜盐不完全相同；2）权利要求1还限定了N－(2－甲砜基乙基）酞酰亚胺的制备。基于上述区别，可以确定权利要求1实际解决的技术问题是提供一种由卤代乙基甲基砜制备2－(氨基）乙基甲基砜盐的方法。

对于上述区别1)，对比文件1公开了由N－(2－甲砜基乙基）酞酰亚胺和浓盐酸（即盐酸水溶液）反应制备2－(氨基）乙基甲基砜盐酸盐，在此基础上，为了制备更多的2－(氨基）乙基甲基砜盐，本领域技术人员容易想到对其酸部分进行选择替换，进而选择相应酸水溶液与N－(2－甲砜基乙基）酞酰亚胺反应制备，其效果也是可以预期的。

对于上述区别2)，虽然对比文件1并未公开N－(2－甲砜基乙基）酞酰亚胺的制备，但是对比文件2公开了以下内容：2－氯乙基甲基硫醚（2.70g，24.3mmol）加入新制备的酞酰亚胺钾（5.0，27mmol）的二甲酰胺（13ml），混合物加热到110℃，搅拌，直至薄层层析显示初始氯化物完全消失；反应物冷却，水（15ml）稀释，二氯甲烷萃取，合并有机相萃取物用食盐水（1×30ml）水洗，干燥（$MgSO_4$），真空浓缩，乙醇重结晶，得到2－酞酰亚胺乙基甲基硫醚3.9g（75%），虽然对比文件2公开制备的2－酞酰亚胺乙基甲基硫醚不同于本申请限定的N－(2－甲砜基乙基）酞酰亚胺，但是其主结构是相同的，而且反应位点相同，即两者都是由取代的氯乙基与酞酰亚胺钾发生取代反应制备相应的目标产物，在对比文件2的教导下，为了制备N－(2－甲砜基乙基）酞酰亚胺，本领域技术人员容易想到将对比文件2中的2－氯乙基甲基硫醚替换为氯乙基甲基砜通过相类似的反应制备相应的目标产物；而且对于类似的取代反应根据实际需要加入催化剂，将离去基团替换为其他易于离去的基团，例如卤素以及将酞酰亚胺钾的金属离子替换为其他的碱金属或碱土金属也是本领域的常规实验手段，其效果也是可以预料的。综上所述，在对比文件1的基础上，结合对比文件2，得到权利要求1所要求保护的技术方案对本领域技术人员而言是显而易见的。因此，权利要求1不具备突出的实质性特点和显著的进步，从而权利要求1不具备创造性。

☞ **答辩要点分析思路**

对比文件1和2分别涉及的两步反应的总收率为61%（75×81＝61%），相应地，权利要求1要求保护的制备方法也包括取代反应和酸解反应，取代反应对应的实施例3、7和12的收率可达83.7%～88.8%，酸解反应对应的实施例收率可达90.3%～95.4%，故权利要求1的制备方法的总收率可达到75.6%～84.7%（83.7%×90.3%＝75.6%、88.8×95.4＝84.7%），远高于对比文件1和2的收率。这已然属于预料不到的技术效果。仅以此点而论，权利要求1具备创造性。

☞ **意见陈述原文摘录**

……

由上述对比可知，与对比文件1的制备方法相比，权利要求1的区别技术特征在于：在催化剂的作用下，由化合物3和化合物4进行反应制得化合物2［即N－(2－甲砜基乙基）酞酰亚胺］。

从本发明实施例可知，通过上述区别技术特征及其与权利要求1的其他必要技术特征相配合，权利要求1的制备方法的收率可达到75.6%～84.7%，且可达到后处理简单的效果。从本发明实施例3、7和12可知步骤（1）的收率可达到83.7%～88.8%，后处理为加水析出产物，操作简单；从本发明实施例4、5、8、9、13和14可知步骤（2）的收率可达到90.3%～95.4%，故权利要求1的制备方法的收率可达到75.6%～84.7%。

基于此，可确定权利要求1实际解决的技术问题是：提供了一种与现有技术完全不同、收率较高且可达到后处理简单的效果的2－(氨基）乙基甲基砜盐的制备方法。

上述区别技术特征结合权利要求1的其他技术特征解决上述技术问题，相对于对比文件2和其他现有技术非显而易见，具体陈述如下：

①对比文件2与对比文件1结合后的收率仅为61%，故对比文件2不能给出解决本发明所要解决的技术问题（尤其是收率较高）的启示。

审查员在审查意见中指出“对于上述区别特征，对比文件2公开了2－酞酰亚胺乙基甲基硫醚的制备方法，其对应于权利要求1的步骤1，尽管结构有所不同，但其主结构是相同的，而且反应位点相同”，即便其可以与对比文件1［公开了2－(氨基）乙基甲基砜盐酸盐的制备方法，对应于权利要求1的步骤2］结合，但是对比文件2中制备2－酞酰亚胺乙基甲基硫醚的收率为75%，对比文件1中制备2－(氨基）乙基甲基砜盐酸盐的收率为81%，结合后收率也仅为61%（75%×81%），远低于本发明所达到的较高的收率（75.6%～84.7%）。

故对比文件2不能给出解决上述技术问题（尤其是收率较高）的启示，本领域技术人员在面对本发明所要解决的技术问题时，不会想到将上述的区别技术特征与对比文件1结合，进而上述区别技术特征与对比文件1的结合是非显而易见的。

②对比文件2的原料2－氯乙基甲基硫醚替换为权利要求1的原料2－甲砜基卤乙烷，不仅不是审查员指出的“容易想到的替换”，本领域技术人员一般认为其会导致收率下降，且具有后处理烦琐的效果，故现有技术不能给出解决本发明所要解决的技术问题（尤其是收率较高、后处理简单）的启示。

审查员在审查意见中指出“本领域技术人员容易想到将对比文件2中的2－氯乙基甲基硫醚替换为氯乙基甲基砜通过相类似的反应制备相应的目标产物”，发明人对此有不同的见解：审查员认为的“容易想到的替换”是以“对反应不会产生影响”为前提的。但是具体到权利要求1，本领域技术人员一般会认为甲砜基替代甲硫基后收率会下降，进而该替换不是容易想到的；众所周知，一级卤代烷容易按 $S_N2$ 机理进行反应，且烷基结构对 $S_N2$ 反应的影响主要是空间效应（见附件1：邢其毅，《基础有机化学上册》，高等教育出版社，2005年第3版，第259～260页）；同时，甲砜基的空间位阻显著大于甲硫基，因而，本领域技术人员一般会认为2－甲砜基氯乙烷（即上述氯乙基甲基砜）为底物时，收率会（在上述61%的基础上）下降，更加不会想到可以解决权利要求1所解决的技术问题（尤其是收率较高，75.6%～84.7%）。此外，对比文件2和其他现有技术也未就此效果给出任何技术启示。

同时，对比文件2的后处理为萃取、重结晶，众所周知，反应后处理时如进行萃取，其目的在于将副产物留在反应母液中；后处理时如进行萃取液的重结晶，其目的在于除去萃取物中的残余副产物，综上可见，对比文件2的后处理采用萃取、重结晶，不仅操作本身烦琐，也间接体现了副产物较多、反应本身的缺点。因而，本领域技术人员在对比文件2的启示下一般会认为2－甲砜基氯乙烷（即上述的氯乙基甲基砜）为底物时，其也应副产物较多、后处理操作烦琐，如进一步使用加水析出产物，上述副产物将难以除去，不利于后续反应，而不会想到本发明权利要求1的技术方案可以直接通过加水析出产物（即后处理简单），并保持较高的收率。此外，对比文件2和其他现有技术也未就此效果给出任何技术启示。

故现有技术未给出解决上述技术问题（尤其是收率较高、后处理简单）的启示，因而，本领域技术人员在面对本发明所要解决的技术问题时，不会想到将上述区别技术特征与对比文件1结合，进而上述区别技术特征与对比文件1的结合是非显而易见的。

③权利要求1限定了取代反应催化剂，但本领域技术人员一般认为催化剂仅影响反应速率，不影响反应收率，故现有技术不能给出解决本发明所要解决的技术问题（尤其是收率较高）的启示。

审查员在审查意见中指出“对于类似的取代反应根据实际需要加入催化剂是本领域的常规实验手段”，加入催化剂作为“常规实验手段”，也具有“常规的效果”：不影响反应收率；众所周知，催化剂的作用是加快反应速率，但并不影响化学平衡本身（见附件2：傅献彩，《物理化学下册》，高等教育出版社，2006年第5版，第286页），因而，本领域技术人员一般认为催化剂仅影响反应速率，不影响反应收率（即仍为上述的61%)。

故现有技术未给出解决上述技术问题(尤其是收率较高,75.6%~84.7%)的启示,因而,本领域技术人员在面对本发明所要解决的技术问题时,不会想到将上述区别技术特征与对比文件1结合,进而上述区别技术特征与对比文件1的结合是非显而易见的。

需要特别指出的是,根据《审查指南》判断显而易见的指导原则,判断过程中,关键是要确定现有技术整体上是否给出将区别技术特征应用于最接近的现有技术以解决其存在的技术问题(尤其是收率较高、后处理简单)的启示。即使认为对比文件2公开了权利要求1的区别技术特征本身(何况两者的原料并不相同,即对比文件2并未公开该区别技术特征),但对比文件2并未给出这一区别技术特征可以应用于对比文件1的技术方案以解决其存在的技术问题(尤其是收率较高、后处理简单)的启示,也不能认为对比文件2给出了技术启示。

综上所述,针对权利要求1所解决的技术问题,对比文件2和其他现有技术均未给出将上述区别技术特征与对比文件1结合的技术启示。故权利要求1是非显而易见的,具有突出的实质性特点。

2. 权利要求1取得了显著的进步

权利要求1还取得了显著的进步。由本发明实施例可知,权利要求1的制备方法与现有技术完全不同、收率较高且可达到后处理简单的效果。故权利要求1取得了显著的进步。

所以,权利要求1具备突出的实质性特点并取得了显著进步,具备创造性,符合《专利法》第22条第3款的规定。

换一个角度讲,权利要求1还取得了预料不到的技术效果!如前所述,权利要求1要求保护的制备方法收率可达到75.6%~84.7%,远优于对比文件1和2结合后的收率61%,大幅提高了15%~25%。这已然是预料不到的技术效果,仅从此点也可推知权利要求1具备创造性。

## 第四节 发明在商业上获得成功

发明在商业上获得成功的情况比较少见。若要说明发明属于此种情况,需要说明下面三点:

(1)在商业上取得成功的技术方案是申请中所要保护的发明创造。

专利申请人所持有的已实现商业化应用的技术有可能不同于其申请专利中权利要求保护的技术方案。要说明专利申请中要求保护的发明在商业上获得成功,首先要将实现商业化应用的技术与申请中所保护的发明进行技术方案上的比较,证明商业上获得成功的技术正是专利申请所要求保护的技术方案。这是论述发明在商业上获得成功的基础。

(2)发明在商业上获得了成功。

对于发明在商业上所获得的成功,可提供相关的财务数据、统计数据等予以证明。

最好可通过与商业化的同类技术进行比较，以证明发明在商业上获得的成功程度。

（3）发明在商业上所获得的成功是由发明的技术特征直接导致的。

对发明在商业上获得的成功是由发明的技术特征直接导致的，可以正面地剖析发明通过怎样的技术手段取得了怎样的技术效果，博得了消费者的喜爱，从而实现了商业上的成功。此外，还需要从反面的角度介绍该发明在商业应用中销售方式与广告宣传的情况与同类商业化的技术相比较没有特别之处，以排除发明在商业上获得的成功是由销售技术的改进或者广告宣传造成的可能性。

通过上述三点，可说明所要求保护的发明属于《审查指南》中所述的具备创造性为在商业上获得成功的发明。

## 【案例 No. 1490074】一种 2－氨基－4－乙酰氨基苯甲醚的制备工艺

### ☞ 案由简要

该申请是代理师从答复第一次审查意见开始接手，申请涉及一种 2－氨基－4－乙酰氨基苯甲醚的制备工艺（权利要求 1～5）。

➢ 一通：审查员引用一篇对比文件对比文件 1 认为权利要求 1～5 不具备创造性。

➢ 答一通：删去权利要求 1，将权利要求 3 作为新权利要求 1，论述新权利要求 1～3 具备创造性。

➢ 二通：审查员指出清楚问题，认为新权利要求 1 不清楚。

➢ 答二通：修改形式问题，以克服清楚缺陷。

➢ 三通：审查员仍然基于对比文件 1 指出创造性问题，认为权利要求 1～3 不具备创造性。

➢ 答三通：论述权利要求 1～3 具备创造性。

➢ 审查结果：授权。

### ☞ 相关权利要求

答一通时，将权利要求 3 作为新权利要求 1：

1. 一种 2－氨基－4－乙酰氨基苯甲醚的制备工艺，其特征在于：

（1）以甲醇为溶剂，以 2，4－二硝基苯甲醚为原料，在催化剂存在条件下，通入氢气，进行催化加氢还原反应；

（2）固液分离，并回收催化剂；

（3）加入乙酸酐，进行乙酰化反应；

（4）回收甲醇，作为后续加氢还原的溶剂，循环使用；

（5）减压蒸馏回收醋酸；

（6）冷却结晶即为 2－氨基－4－乙酰氨基苯甲醚产品；

所述的 2，4－二硝基苯甲醚、乙酸酐、催化剂的配比为 1100：590：5。

答二通时，修改形式问题后的权利要求 1：

1. 一种 2－氨基－4－乙酰氨基苯甲醚的制备工艺，其特征在于：

（1）以甲醇为溶剂，以2，4－二硝基苯甲醚为原料，在催化剂存在条件下，通入氢气，进行催化加氢还原反应；

（2）固液分离，并回收催化剂；

（3）加入乙酸酐，进行乙酰化反应；

（4）回收甲醇，作为后续加氢还原的溶剂，循环使用；

（5）减压蒸馏回收醋酸；

（6）冷却结晶即为2－氨基－4－乙酰氨基苯甲醚产品；

所述的2，4－二硝基苯甲醚、乙酸酐、催化剂的配比为1100：590：5。

答三通时，未修改权利要求。

**☞ 相关说明书内容**

摘录一

发明内容

［0020］该发明的目的在于提供一种2－氨基－4－乙酰氨基苯甲醚的制备工艺

［0021］上述目的通过以下方案实现：

［0022］一种2－氨基－4－乙酰氨基苯甲醚的制备工艺，其特征在于：

［0023］（1）以甲醇为溶剂，以2，4－二硝基苯甲醚为原料，在催化剂存在条件下，通入氢气，进行催化加氢还原反应；

［0024］（2）固液分离，并回收催化剂；

［0025］（3）加入乙酸酐，进行乙酰化反应；

［0026］（4）回收甲醇，作为后续加氢还原的溶剂，循环使用；

［0027］（5）减压蒸馏回收醋酸：

［0028］（6）冷却结晶即为2－氨基－4－乙酰氨基苯甲醚产品。

摘录二

具体实施方式

［0050］一种2－氨基－4－乙酰氨基苯甲醚的制备工艺，

［0051］将准确计量的甲醇、2，4－二硝基苯甲醚、催化剂加入加氢釜，低压氮气置换后进行加氢反应，当体系不再吸氢后，冷却，过滤回收催化剂，然后在酰化釜中加入乙酸酐，进行酰化反应，温度控制在5℃，酰化反应结束后，通过甲醇精馏塔回收甲醇后，物料进减压蒸馏釜，回收醋酸。釜内物料经冷却、结晶得到2－氨基－4－乙酰氨基苯甲醚产品。

［0052］所述的2，4－二硝基苯甲醚、乙酸酐、催化剂的配比为1100：590：5，所述的催化剂指的是雷尼镍。

［0053］本发明能够提供产量6000吨/年的能力，本项目实现工业总产值21000万人民币（按每吨产品3.5万元计），净利润2805万元。

**☞ 相关对比文件公开内容**

实施例三

一种制备2－氨基－4－乙酰氨基苯甲醚的工艺，所述工艺步骤如下：

(1) 催化加氢还原反应，以甲醇为溶剂，将2，4－二硝基苯甲醚加入Raney－Ni为催化剂的催化加氢还原反应器釜式反应器中，催化剂的用量为硝基物的0.5%，催化剂颗粒为1.0mm，然后通入氢气，搅拌釜式反应器，反应釜配备配套控制仪，可显示或控制反应温度、压力及搅拌速度，最高耐压为15MPa，进行催化加氢还原反应，反应时控制温度为140℃，反应时间为9h，操作压力为2.4MPa，反应过程中要控制温度，防止飞温现象的发生。

(2) 固液分离，在催化加氢还原反应结束后，冷却、泄压后进行固液分离，将反应物料输送到催化剂回收装置叶片过滤装置和相应的过滤系统回收催化剂，回收的催化剂可循环使用，而脱去催化剂的物料进入下一步。

(3) 酰化反应，在酰化反应器中加入4.5℃醋酸酐溶液，加入酰化反应缚酸剂碳酸钠，加入上一步脱去催化剂的产物2，4－二氨基苯甲醚，进行酰化反应，反应操作温度为2℃，反应时间为9h。

(4) 液液分离，在酰化反应后进行液液分离，对水相进行蒸发分别用溶剂回收装置、乙酰回收甲醇、乙酸盐等，油相为2－氨基－4－乙酰氨基苯甲醚粗品。

(5) 将2－氨基－4－乙酰氨基苯甲醚粗品放入结晶分离器蒸发结晶釜中，加入甲醇作为溶剂，进行结晶分离精制，2－氨基4－乙酰氨基苯甲醚与甲醇的用量比为100g：450ml，升温到回流温度，保持操作温度为20℃至甲醇回流温度，操作压力为0.5MPa，在回流条件下保持10min，然后慢慢降到20℃，然后慢慢降到30℃。

(6) 固液分离，分离出的母液甲醇由溶剂回收装置回收后，可直接作为2，4－二硝基苯甲醚催化加氢反应的溶剂，滤饼常规干燥处理后则为制备的2－氨基－4－乙酰氨基苯甲醚产品。

**☞ 审查意见**

对比文件1是权利要求1所要求保护的技术方案最接近的现有技术，权利要求1与之相比，其区别在于：

(1) 权利要求1中回收的甲醇循环使用，减压蒸馏回收醋酸，而对比文件1没有明确提到，且权利要求1的后处理采用冷却结晶，而对比文件1采用重结晶；(2) 对比文件1的酰化反应中采用缚酸剂碳酸钠，而权利要求1中没有使用；(3) 权利要求1对物料配比进一步限定，而对比文件1没有明确提到。基于上述区别，本发明实际解决的技术问题是提供一种替代的2－氨基－4－乙酰氨基苯甲醚的制备工艺。

对于区别技术特征(1)，对比文件1还公开了以下内容：酰化反应后，冷却结晶、过滤，滤饼为2－氨基－4－乙酰氨基苯甲醚粗品；所述的第四步冷却结晶分离后的滤液，升温蒸发回收甲醇、残留液中回收乙酸盐（参见对比文件1权利要求1，说明书附图），即对比文件1已经公开了酰化反应后进行冷却结晶以及蒸发滤液回收甲醇、乙酸盐，与权利要求1中的回收甲醇、醋酸后进行冷却结晶操作类似，所属技术领域的技术人员根据其实际情况，运用本领域的普通技术知识和常规实验手段即可选择并确定合适的操作顺序例如先回收甲醇、醋酸或醋酸盐后冷却结晶得到2－氨基－4－乙酰氨基苯甲醚产品，其效果是可以预期的：申请人在意见陈述中提到“对比文件1没有提及在乙酰化回收得到的甲醇可作为氢化反应的原料进行再利用，很可能是由于对比文件1的乙酰化反应过后，回收得到的甲醇可能含有较多的杂质，不适合再循环使用至氢化反应中，更不适合在本身已经具有较多副产物的乙酰化反应中”，对此，审查员认为，上述观点仅仅是申请人的个人推断，而对于区别技术特征（2），虽然权利要求1的乙酰化反应中没有采用缚酸剂，但本申请说明书中却明确记载了“对后续乙酰化反应除了严格控制反应温度外，通过加入促进剂，使反应朝着生成2－氨基－4－乙酰氨基苯甲醚方向发展”，即申请人认为，加入促进剂（即缚酸剂）可减少副产物的生成，且在所属技术领域，乙酰化反应过程中必然会产生乙酸，所属技术领域的技术人员使用缚酸剂以促进反应的正向进行是常规实验手段，因此，所属技术领域的技术人员根据其实际需要，基于对比文件1公开的内容，完全有动机选择是否加入缚酸剂，做出该选择是显而易见的，并不需要付出创造性的劳动；且所属技术领域的技术人员根据本申请说明书记载的内容和对比文件1公开的内容，无法得出本申请不采用缚酸剂进行的乙酰化反应与对比文件1中采用缚酸剂的乙酰化反应的效果相当。

对于区别技术特征（3），对比文件1已经公开了催化剂的用量为硝基物的0.5%（参见对比文件1说明书第5～6页实施例三），所属技术领域的技术人员根据物料的化学计量比，基于对比文件1公开的催化剂用量，运用本领域的普通技术知识和常规实验手段即可选择并确定合适的物料配比以使反应完全，而无须付出创造性的劳动：申请人在意见陈述中反复多次提到“本申请特定的原料比例使得反应选择性变得非常好，几乎生成纯的2－氨基－4－乙酰氨基苯甲醚，其他副产物几乎没有产生，相应地，后处理简单、乙酰化回收甲醇含杂质少进而提高甲醇的回收利用率等”，对此，审查员有如下观点：首先，所属技术领域的技术人员根据本申请说明书记载的内容无法得出申请人所谓的特定投料比与反应效果之间的任何影响关系分析；其次，对比文件1已经公开了“本发明的酰化反应中转化率可达99%，双酰化产物在1%以内”以及“产品收率高，成本低，制备产品纯度高，可达98%以上；工艺过程安全、可靠、环保，无‘三废’产生，是一种清洁生产工艺；可实现大规模工业化生产”（具体参见对比文件1说明书第3页倒数第1段，第4页第1段，第6页倒数第1段），所属技术领域的技术人员根据本申请说明书记载的“本发明能够提供产量6000吨/年的能力，本项目实现工业总产值21000万人民币，净利润2805万元”以及产品的各项性能指标，结合对比文件1公开的上述内容，并不能得出申请人所声称的“提高反应选择性、产品纯度明显优化、减少排放污染”等技术效果；最后，基于上述区别技术特征（1）和（2）的评述理由，对比文件1已经公开了酰化反应后进行冷却结晶以及蒸发滤液回收甲醇、乙酸盐，且所属技术领域的技术人员有动机选择乙酰化反应中是否加入缚酸剂，因此，所属技术领域的技术人员运用本领域的普通技术知识和常规实验手段即可选择酰化反应后回收甲醇、减压回收乙酸后冷却结晶直接得到2－氨基－4－乙酰氨基苯甲醚，而无须付出创造性的劳动，且效果是可以预期的。

**☞ 答辩要点分析思路**

该案三通答辩要点之一为强调方法的改进使产品产量和产值大幅提升，从而在商业上获得成功。

经分析，该申请记载的效果比较特殊并非直接以反应产率来体现，而是通过年产量和相应产值来体现该方法的效果，并且进一步记载了净利润。根据与发明人的沟通，这些数据显示了该发明方法具有很高的商业价值，相对现有方法的产量和产值得到大幅提高。

虽然在创造性评价时，商业上取得成功是一个评判标准，但通常，很少有单独以商业上取得成功来争取发明创造性，因为，商业上取得成功其实很大程度也是委于技术方案改进和技术效果的提升，因此代理师在答复创造性的过程中往往会着重分析技术方案和技术效果与现有技术的差异。不过，也有少部分特殊情况，申请中强调了商业上的价值，并且没有进一步的效果体现，这个时候，代理师可以考虑将商业上取得成功作为一个争辩点进行争辩。

☞ **意见陈述原文摘录**

1.1　区别技术特征

根据上述论述，可以确定本发明相对于对比文件1的区别技术特征为：1）酰化反应中，原料的加料顺序不同；2）本发明酰化反应不使用缚酸剂；3）本发明原料2，4－二硝基苯甲醚、乙酸酐、催化剂的配比为1100：590：5；4）本发明乙酰化后回收的甲醇用于后续加氢还原反应，并且采用减压蒸馏回收醋酸；5）本发明的后处理为冷却结晶，而对比文件1则需要重结晶。

1.2　实际解决的技术问题

根据上述区别技术特征和本发明实现的技术效果，确定本发明实际解决的技术问题在于，在不采用缚酸剂条件下，提高2－氨基－4－乙酰氨基苯甲醚收率，简化2－氨基－4－乙酰氨基苯甲醚制备工艺。

1.3　非显而易见性

（1）对于区别特征1），对比文件1和本发明具有本质差异，对比文件1并没有给出本发明酰化反应加料顺序能够用于解决本发明实际解决的技术问题的技术启示。本发明酰化反应中加料顺序为：将醋酸酐加入2，4－二氨基苯甲醚中，对比文件1中加料顺序为：将2，4－二氨基苯甲醚加入醋酸酐中，这两种顺序对反应效果具有实质影响，这是由于本发明人研究中发现，上述酰化反应伴随严重的放热现象，加料顺序变化后，放热效果明显不同。工业级别生产涉及的反应物的量通常以吨计，这种反应量下，产生的放热量非常大，而且会产生叠加放大，例如，当反应放热时，由于放热叠加现象而使温度比理论预计更高，这种现象一旦发生不仅会导致副反应大量出现，还可能给生产安全带来严重威胁，使反应不能顺利进行。为了进一步证明酰化反应的加料顺序对于反应效果影响程度很大，本发明发明人特别进行了单因素对比实验，具体如下：

采用本发明实施例方法，区别仅在于将酰化反应加料顺序颠倒，即将2，4－二氨基苯甲醚加入醋酸酐溶液中。实验结果显示，在酰化反应时，反应大量放热而温度过高，只能中途停止反应。

由此对比实验可知，酰化反应加料顺序严重影响了反应效果，甚至决定反应是否能够顺利进行。然而，对比文件1中除了指出将2，4－二氨基苯甲醚加入醋酸酐溶液中进行反应外，并没有任何关于通过调换酰化反应的加料顺序，能够提高收率、简化操作的记载或暗示。本领域技术人员根据对比文件1，没有动机颠倒其酰化反应加料顺序，并能预知获得提高收率、简化操作的效果。

（2）对于区别特征2），对比文件1并没有给出不加缚酸剂可以提高反应收率、简化操作的技术启示。本发明请求保护的方法中未添加缚酸剂，并且本发明具体实施方式也证实了不添加缚酸剂可以获得本发明所述的效果。正如审查员所指出的："乙酰化反应过程中必然会产生乙酸，所属领域技术人员使用缚酸剂促使反应正向进行是常规实验手段。"可见，本领域中，为了提高反应收率和效率，本领域常规的选择应该在酰化反应中添加缚酸剂（例如对比文件1），而本发明的方法恰恰与其背道而驰，在不添加缚酸剂的条件下，提高了反应收率、简化了操作。对比文件1除了记载添加缚酸剂进行酰化反应的方案外，并没有提及在不添加缚酸剂条件下酰化反应是否还能够进行，反应效果怎样。因此，本领域技术人员没有动机将原本需要缚酸剂进行酰化的对比文件1的方法，修改为不添加缚酸剂的方法，以求提高目标产物收率、简化操作。由此可见，对比文件1并没有给出采用区别特征2）可以用于解决本发明实际解决的技术问题的技术启示。

（3）对于区别特征3），对比文件1并没有给出选择本发明特定原料比以解决本发明实际解决的技术问题的技术启示。对于氢化催化反应中催化剂，对比文件1中记载的用量为硝基物的2.0%、4.8%以及0.5%，而本发明采用的用量为硝基物的0.45%（$5 \div 1100 \times 100\% = 0.45\%$），即比对比文件1中最少的用量还要少0.05%。对比文件1并没有给出任何关于催化剂用量与收率关系的记载。然而，本领域技术人员为了提高收率和反应效率，根据常规选择，通常会在对比文件1基础上增加催化剂的用量，而非减少催化剂的用量。基于此，本领域技术人员根据对比文件1，没有动机将其催化剂用量进一步减少到硝基物的0.45%，以求解决本发明实际解决的技术问题。

对于酰化反应中乙酸酐的用量，对比文件1没有任何记载和说明，也没有指出该用量与反应收率之间的趋势性变化关系。而且，本发明的酰化反应中，反应位点非常多，可能形成的产物种类也多，在对比文件1未给出任何记载和暗示的条件下，本领技术人员没有动机将硝基物与乙酸酐的比例特别选择为1100∶590，并预料得到在该投料比下，能够提高反应收率、简化操作。

对于区别特征4）和5），对比文件1并没有给出回收甲醇用于后续加氢还原反应，并且采用加压蒸馏回收醋酸，可用于解决本发明实际解决的技术问题的技术启示。审查员认为："对比文件1已经公开了酰化反应后，冷却结晶以及蒸发滤液回收甲醇、乙酸盐（参见对比文件1权利要求1及附图），与本发明回收甲醇、醋酸后进行冷却结晶操作类似，本领域技术人员根据实际情况，可以选择合适的操作顺序，且效果可以预期。"申请人却不这样认为。申请人认为对比文件1的处理方法看似与本发明类似，但实质上有本质差异。本领域技术人员均知晓，对于蒸馏操作来说，需要在回流温度下进行，因此通常伴随加热，而对比文件1之所以先结晶再回收溶剂和乙酸盐，其目的很显然是想要避免在加热蒸馏过程中产生副反应，降低收率，因此先将产物结晶出来，再回收甲醇和乙酸盐。然而，对比文件1虽然先结晶分离产物，再回收甲醇和乙酸盐，避免了高温对于产物的影响，但是由于体系中杂质较多，结晶过程中往往会将杂质一同结晶出来（特别是乙酸盐呈固态，容易一起结晶出来），降低纯度，因此，其需要采用重结晶继续纯化。而本发明却无须该复杂操作，直接先回收甲醇和减压蒸馏回收乙酸，再进行结晶，产品纯度即可大于等于98%，这正是本发明未采用缚酸剂所带来的，由于本发明未采用缚酸剂，体系中不会产生醋酸盐，而乙酸本身具有易挥发性，容易被蒸馏出，因此，即使在较低温度下也能够回收甲醇和乙酸，避免了高温条件下副产物的产生，简化了反应操作。

进一步地，审查员指出"对比文件1已经公开了回收甲醇、乙酸盐等以及分离出母液甲醇回收后可直接作为2，4－二硝基苯甲醚催化加氢反应的溶剂"。然而，根据对比文件1记载，其仅指出了重结晶后母液中回收的甲醇可重复使用，而并未指出酰化反应后回收得到的甲醇还可重复用于催化加氢。本领域技术人员均知晓，重结晶母液中杂质含量较少（对比文件1在重结晶前已经先行进行液液分离，分离了一部分物质），其纯度显然比直接从反应体系中蒸馏出的甲醇纯度要高。而为了提高收率，通常要在反应体系中尽可能少地引入杂质，基于此，本领域技术人员根据对比文件1，没有动机将纯度较低的酰化反应后回收的甲醇直接用于加氢还原反应，以求提高反应收率、简化操作。

更进一步地，对比文件1方法中由于乙酸盐是固体，无法将其蒸发出反应体系进行分离，因此对比文件1的分离方式实质为：先结晶出产物，再将乙醇蒸发出体系，最后剩余的固体即为乙酸盐，根本无法进行本发明中的先回收甲醇再蒸馏出乙酸最后结晶产品的操作。

由此可知，对比文件1不仅没有给出区别特征4）和5）能够用以解决本发明实际解决的技术问题的技术启示，而且对比文件1根本无法与区别特征4）和5）相结合，得到本发明的技术方案。

综上所述，在面对本发明实际解决的技术问题时，本领域技术人员没有动机将上述区别特征与D1相结合，以在不采用缚酸剂条件下，提高收率且简化2－氨基－4－乙酰氨基苯甲醚制备工艺。因此，本发明相对于现有技术是非显而易见的，具有突出的实质性特点。

申请人特别想要强调，本发明在商业上获得了成功。本发明的制备工艺具有非常大的工业化价值，该项目投资过亿，已经完成工业化生产的全套生产线准备，并且在试运行阶段获得了良好效果，被国内外合作伙伴认可。本发明的方法提高了中国在2－氨基－4－乙酰氨基苯甲醚生产上的竞争力，在本发明方法之前，国内该产品的生产技术与国外具有一定差距，很多国内厂商需要依赖国外进口商品，这不仅耗费原料资本，还无益于国内企业对2－氨基－4－乙酰氨基苯甲醚生产工艺的研究。然而，本发明的方法大幅提高了2－氨基－4－乙酰氨基苯甲醚生产能力，能够提供产量6000吨/年的能力，生产线规模12000吨/年，可以实现工业产值21000万人民币（按每吨产品3.5万元计），净利润2805万元（参见说明书第［0053］段）；而且本发明的生产工艺后处理非常简单，生产过程实现零排放，这对于工业化大规模生产2－氨基－4－乙酰氨基苯甲醚来说非常重要。

## 第五节　可用于创造性论述的其他辅助点

前文遵循《审查指南》中判断创造性的原则及方法介绍了寻找论述创造性的突破点的可能的角度和环节。除此外，对于一些对申请人特别重要或是涉及重大科技和经济价值的专利申请，在撰写论述创造性的意见陈述书时，还可将发明所涉及的一些专利法之外的特殊情况及背景，在意见陈述中进行相关介绍。前者是按专利法的规定向审查员“晓之以理”；后者是从专利法之外的软性因素“动之以情”。以法为主，以情辅之，两者结合，在实践中有时会取得不错的效果。

当然，需要说明的是，此处所说的“动之以情”并非是希望审查员网开情面，降低审查标准，只是考虑目前专利申请中充斥大量含金量极低的所谓“垃圾专利申请”的现实情况，为了能使真正有科技和经济价值、会给科技发展和社会进步带来益处的发明创造区别于这些“垃圾专利申请”，希望审查员能够更加慎重严谨地按《专利法》及《审查指南》的规定对这些专利申请进行创造性的评价。

下面，列举几点可以考虑在意见陈述书末尾部分加入的介绍内容。

（1）所要求保护的发明在所属技术领域相关的科技创新类的评选中获得过的奖项或所得到过的所属领域的专家的肯定。

（2）发明人是发明所属技术领域处于国际前沿的知名科学家、领军者，对所属领域技术的前沿发展状况非常熟悉。

（3）所要求保护的发明对所属技术领域而言，具有重大的科技创新价值。

（4）所要求保护的发明已经处于产业化阶段，涉及重大经济价值。

# 附　录　挖掘创造性答辩突破点思维导图

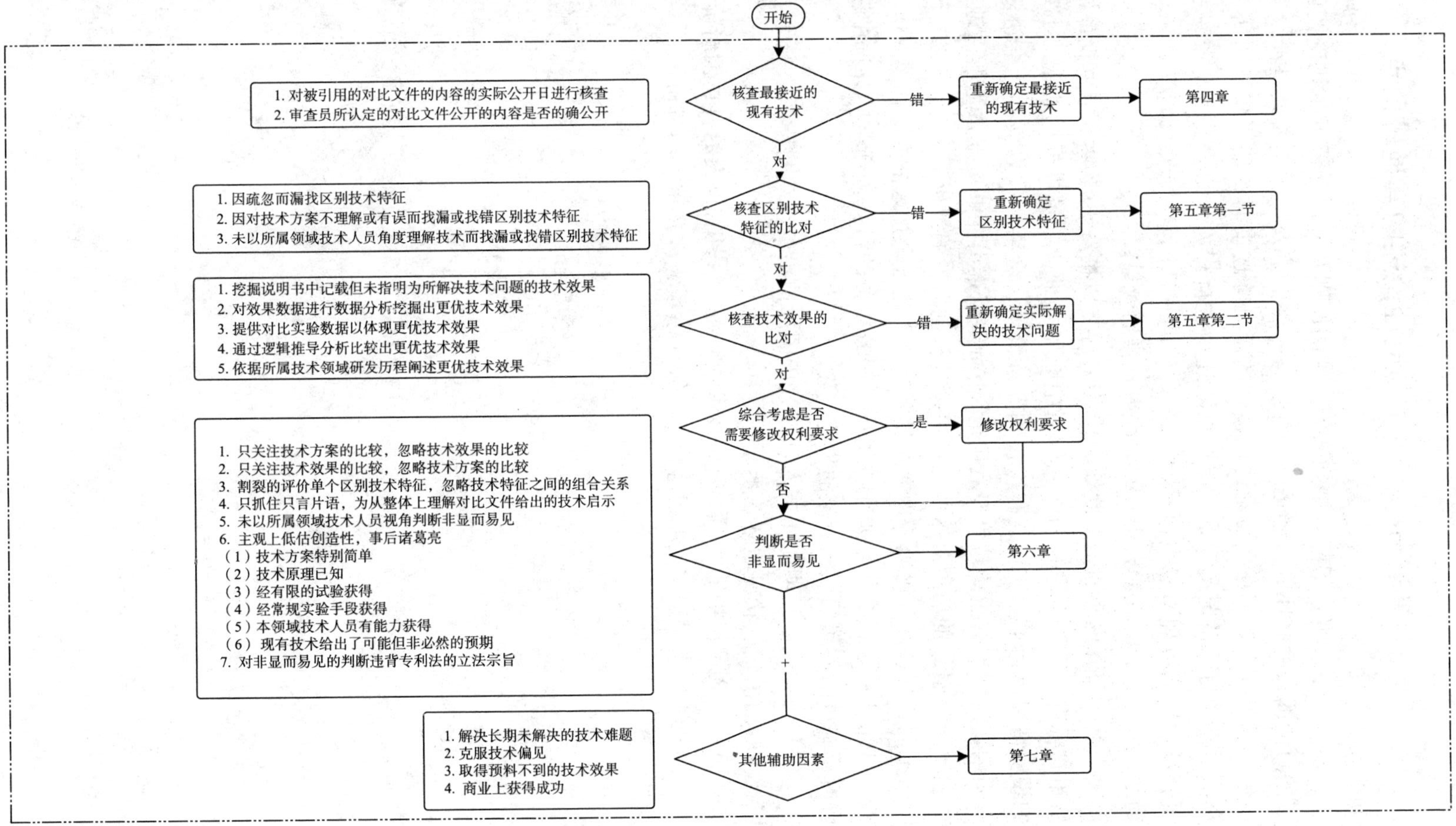

# 后　记

一个人（一群人）想把自己头脑里的思想有逻辑地、有条理地、系统地表达出来，不是一件很容易的事。创造性是专利法中的难点、重点和关键点，对创造性的理解和答辩是检验专利从业者专利工作能力的试金石。

自中国专利法实施35年来，本书是首本从理论和实务两个角度对专利法创造性答辩进行论述的书，有以下六个特点。第一，首次对创造性答辩从形式到实质，从理论到实务进行总结归纳和论述；第二，首次给出创造性答辩的逻辑思维导图，给读者提供了一套缜密的答辩思路；第三，首次给出创造性答辩的几十种不同思路和突破口；第四，首次给出近百个专利创造性答辩案例，涉及了机械、化学、电学、生物等几乎所有技术领域；第五，首次完整给出每个案例的意见陈述书，真实还原了实务操作过程；第六，首次在每个案例中给出了“答辩思路”这一部分，提纲挈领地总结和归纳了整个答辩的思考过程，并确立了一些原则，总结了一些规律。

本书适合以下五类读者：一是专利工程师和专利代理师（包括刚入行的，从业几年至几十年的从业者）；二是企业知识产权管理者（包括专利管理人员，知识产权总监和法务总监）；三是专利局的审查员；四是法院审理专利相关案件的法官；五是技术研发人员。

从我最初有著书的想法，到七年前撰写理论部分，再到五年前收集和整理案例部分，至今已经十年了。本书从开始动笔到完稿，历时七年，正是我从创立上海弼兴律师事务所时的40人到目前近200人发展的七年，正体现了事务所的核心价值观——专业、负责、简单、阳光、奋进。这近百个案例是我们从几千个案例里精挑细选的，每个案例都是经历专利代理师、部门主管、主管合伙人和我本人四级审核确定的。本书的出版凝聚了事务所团队近20年来的经验和智慧，希望能为我国的知识产权行业贡献一份力，发出一份光。

最后在本书付梓之际，感谢陪伴了我几年至十几年的同事们，没有他们，就没有现在的弼兴，也不会有本书的出版。尤其要感谢与我共事18年的朱水平，是她让我工作上一直进步和成长；还要感谢钟华，是她完成了本书的开篇（理论部分的撰写）和整本书的统稿和校对，付出了辛勤的汗水和高超的智慧。最后还要感谢我的妻子马丽黎和岳父、岳母，是她（他）们让我没有了家庭的后顾之忧，让我在事业上一路前行。

我们在本书的出版上是全心全意的，尽心尽力的，但一定有很多不足之处，希望同行们批评指正，让我们共同成长和进步。

最后，以上海弼兴律师事务所的使命结尾，以共勉。

为中华法律之昌明及科技文化之振兴而奋斗！

薛琦

2020年7月12日